十大
重点罪名
案例精选

Selected Cases of Ten Major Crimes

王朝勇　陆云英　赵慧卿　童　姜　赵　璐
贾为中　庄洁萍　胡裕岭　刘贺澎　刘　泳　主编

中国政法大学出版社

2025 · 北京

图书在版编目（CIP）数据

十大重点罪名案例精选 / 王朝勇等主编. -- 北京 : 中国政法大学出版社, 2025. 3. -- ISBN 978-7-5764-1977-1

Ⅰ . D920.5

中国国家版本馆 CIP 数据核字第 20252XR561 号

书　名　十大重点罪名案例精选
　　　　SHIDA ZHONGDIAN ZUIMING ANLI JINGXUAN

出版者　中国政法大学出版社

地　址　北京市海淀区西土城路 25 号

邮　箱　bianjishi07public@163.com

网　址　http://www.cuplpress.com (网络实名：中国政法大学出版社)

电　话　010-58908466(第七编辑部) 010-58908334(邮购部)

承　印　固安华明印业有限公司

开　本　710mm×1000mm　1/16

印　张　55.5

字　数　935 千字

版　次　2025 年 3 月第 1 版

印　次　2025 年 3 月第 1 次印刷

定　价　256.00 元

《十大重点罪名案例精选》
编委会

顾　　问：许身健　阮齐林　陈永生　李奋飞　王　旭
　　　　　张　中　周博生　倪　铁　于国旦　徐化耿
主　　编：王朝勇　陆云英　赵慧卿　童　姜　赵　璐
　　　　　贾为中　庄洁萍　胡裕岭　刘贺澎　刘　泳
执行主编：刘绪光　单子峰　李哲睿　赵姝赟　徐　猛
　　　　　陆一凡　刘志宇　武树梅　曹　振　吴　科
　　　　　姚明明　马靖涵　聂钰林　吴修合　刘丽莎
　　　　　董玉彦　张　斌　张艺潇　吴海斌　雷华伶
副 主 编：杨文叶　王贤文　赵　钊　周庆祥　刘清清
　　　　　盛桂迪　陈金剑　郭永军　纪　科　郝友福
　　　　　陆一行　赵文骋　杨鹏斌　吴月媚　边社平
　　　　　袁红枫　赵法杏　罗　立　徐　瞳　曹　莹
　　　　　贺　刚　蓝　鹏　陈一洲　于宪宏　赵凌锋
　　　　　张小兵　那日苏　周甲德　汤忠元　包思博
　　　　　王　进　花正路　乌云其木格　乌力吉达来
　　　　　新吉乐夫
编　　委：顾　乾　任小利　王朝刚　陈奎良　林　敏
　　　　　徐灵燕　王立红　鲁文杰　李　勤　蔡绪清
　　　　　蔡煜坤　武让芳　付庆刚　刘印铭　周伟灵

陈 月　高 萌　肖雅丹　陶 宽　魏 丽

李晓娟　马宏辉　施 歌　刘雪炜　徐思成

宋 阳　罗 菊　佟永胜　包月宝　白 鑫

陈文峰　赵龙吉　纪鹏飞　王志江　王心彤

高 雅　付婉婷　陈彦君　张 丽　熊亚林

梁晓轩　崔帅帅　李有恒　王美祺　刘竞遥

江志明　张国斌　杜程媛　王 洁　李 景

蒋佳斯　李贾锜　韩图布新　额尔德木图

作者简介

王朝勇

  律师、仲裁员。北京市京师律师事务所权益合伙人、北京大学法学院法律硕士研究生兼职导师、清华大学法学院法律硕士专业学位研究生联合导师、中国政法大学法律硕士学院研究生兼职导师、中国政法大学证据科学研究院硕士研究生实务导师、中国人民大学法学院法律硕士专业学位研究生实务导师、中国人民大学虚假诉讼治理研究中心执行主任、高级研究员 。著有《洗钱罪——类案释解与法律实务》《开设赌场罪——类案释解与法律实务》《说赢就赢——虚假诉讼案件一本通》《拒不执行判决、裁定案件一本通》《民间借贷——新型疑难复杂案例精选》《说赢就赢——虚假诉讼案例指导》《有效辩护之道——我为法律人辩护》《扫黑除恶——司法观点与辩护要点》《说成就成——律师点评大要案》《说过就过——司法考试通关大全》《中学生法治教育读本》等。

陆云英

  律师、仲裁员。中国政法大学企业合规研究中心执行主任、高级研究员，中国政法大学法律硕士学院研究生兼职导师，国家司法文明协同创新中心、中国政法大学证据科学研究院硕士研究生实务导师，浙江师范大学法律硕士导师，中国人民大学虚假诉讼治理研究中心研究员。主编出版了《企业行政合规——基础理论与法律实务》《企业劳动用工合规》《开设赌场罪——类案释解与法律实务》《企

业经营管理法律风险》《说赢就赢——虚假诉讼案例指导》《说成就成——律师点评大要案》《民间借贷——新型疑难复杂案例精选》《企业合规实战案例解析》《说上就上——公司创业板上市法律实务和案例解析》《洗钱罪——类案释解与法律实务》《拒不执行判决、裁定案件一本通》《说赢就赢——虚假诉讼案件一本通》。

赵慧卿

内蒙古自治区鄂托克旗人民法院党组书记、院长,四级高级法官,审判委员会委员,鄂托克旗委政法委员会副书记。中国政法大学法学学士,内蒙古大学法律硕士。

1997年12月在内蒙古达拉特旗人民法院政工科工作,历任刑庭书记员、助理审判员、审判员,历任内蒙古达拉特旗人民法院民事审判第二庭副庭长、刑事审判庭副庭长、内蒙古自治区达拉特旗人民法院政治处主任、党组成员、审判委员会委员。2018年12月担任内蒙古自治区达拉特旗人民法院审判委员会专职委员,被聘为达旗监察委员会第一届特约监察员,2019年4月晋升为一级法官,2020年12月担任内蒙古自治区达拉特旗人民法院党组副书记、副院长。2021年12月起,担任内蒙古自治区鄂托克旗人民法院党组书记、代理院长,审判委员会委员,四级高级法官,兼任鄂托克旗委政法委员会副书记,2022年1月起担任鄂托克旗人民法院院长。在法律领域拥有深厚的专业知识和丰富的实践经验。

童 姜

律师、客座教授。北京市京师(长沙)律师事务所联合创始人,妇联主席,商事交易法律事务部主任,湖南师范大学实务课程中心兼职教授,湖南农业大学客座教授、创新创业与就业导师,湖南司法警官职业学院法律事

务专业行业专家、指导委员会副主任委员，九三学社长沙市委社会法制委员，湖南省法学会企业破产与重组研究会理事，湖南省法学会家事法学研究会理事，湖南金融中心新阶联理事。科研成果：新《刑事诉讼法》背景下律师辩护的掣肘与突破，"双一流"背景下法律事务专业群技能标准化培养及训练机制研究等。所撰写的《强化对民营企业申请破产的引导规范》被九三学社中央采用。童姜律师曾在法院任职多年，为名列湖南十大命案逃犯榜首的故意杀人嫌疑人张承禹提供法律援助，并获得"中国红十字会总会事业发展中心法律援助志愿者""长沙市芙蓉区教育局校园服务站优秀志愿者"等荣誉称号。

赵　璐

　　硕士研究生，律师。北京市京师（上海）律师事务所权益合伙人，北京市京师（上海）律师事务所不动产业务中心主任，北京市京师（上海）律师事务所虚假诉讼法律事务部主任，中国人民大学虚假诉讼治理研究中心研究员，公司金融资本专业指导委员会副主任，"四新"妇女联合会执委，京师律所（全国）合同法专业委员会理事，上海市工商联房地产商会理事、上海市房产经济学会科教专委委员。曾经荣获"上海市优秀毕业生"、校"三八红旗手"等多项荣誉，并获得国际注册高级私人财富管理师（SPWM）、国际注册高级家族财富管理师（SFWM）、交易并购师等称号。曾任职于德勤华永会计师事务所，主理过大型国际集团公司的资本运营与财税法务工作。2023年、2024年连续两年荣获京师律师事务所"年度优秀律师"、北京市京师（上海）律师事务所"年度优秀律师"，所带领的不动产业务中心荣获"年度优秀中心/专业委员会"，筹建并设立北京市京师（上海）律所专业分享《京案说法》栏目，著有《拒不执行判决、裁定案件一本通》等。

贾为中

律师。浙江泽大律师事务所高级合伙人、疑难案件工作室主任，兼任杭州市综合行政执法疑难案件工作室主任、浙江大学律师实务研究中心导师。贾为中律师有二十余年的法律从业经验，曾为浙江君安世纪律师事务所高级合伙人、浙江六和律师事务所高级合伙人。浙江大学法学本科、上海大学法律硕士，就读中国政法大学经济法方向在职博士研究生班。

庄洁萍

北京市东卫（深圳）律师事务所联合创始人。担任广东省律协经济犯罪辩护专业委员会委员、深圳律协前海律工委证券争议解决中心顾问、深圳律协商事犯罪辩护法律专业委员会秘书长、中国中小企业评价协会企业高级合规师。曾获评深圳市优秀女律师。其业务领域专注于重大疑难刑事案件的辩护，在集资诈骗、非法吸收公众存款、非法经营、内幕交易、泄露内幕信息、背信损害上市公司利益、违规披露重要信息、贪污贿赂、商业贿赂、走私、洗钱等经济犯罪及职务犯罪领域经验丰富，成功办理大量具有重大影响力的案件。著有《商事犯罪辩护宝典》《"双碳"视角下企业合规关注要点》《"套路贷"案件法律实务研究》《析案说法 —— 专业化的深度》、《半导体行业常见法律风险合规白皮书》等。

胡裕岭

法学博士，副教授，律师、司法鉴定人。任职于华东政法大学刑事法学院，硕士研究生导师，兼任《犯罪研究》编辑部副主任、华东政法大学经济犯罪治理研究中心执行主任、教育部科技部司法鉴定技术应用与社会治理学科创新基地研究员、中国企业反舞弊联盟科研中心副秘书长、中国人民大学虚假诉讼治理研究中心研究员、上海市犯罪学学会理事、上海市经济犯罪风险防控专业委员会秘书长等。著有《指纹证据技术的引入、发展与分歧》，主编或参编《经济犯罪侦查新论》《侦查学》等十余部著作。在《税务研究》《南方金融》《中国司法鉴定》等金融类、法学类学术期刊上公开发表学术论文 40 余篇，多篇被中国人民大学报刊复印资料或公安报刊复印资料转载。

刘贺澎

法学硕士，执业律师，法学客座教授，河北省人民检察院听证员、河北省行政复议委员会委员，自执业以来主攻刑事辩护领域，擅长经济犯罪，涉黑、涉恶犯罪，职务犯罪等刑事案件的辩护。在刑事辩护领域，运用自己专业、独到的办案技巧与诉讼经验，辩护有效率极高。曾办理全国扫黑办第六批挂牌督办案件一号案，公安部督办全国具有较大影响的网络涉枪案，某省公安厅督办民营企业家涉恶案，民营企业家涉外贸易被控合同诈骗案，某教育局长被控贪污、受贿罪案，某建筑企业负责人拒不支付劳动报酬罪案，以及在区域内具有较大影响的烟草类非法经营案，均获得了显著的辩护效果，得到了当事人及家属的广泛认可。曾出版书籍《洗钱罪——类案释解与法律实务》。

刘　泳

北京市京师（淄博）律师事务所主任，负责律所战略运营，同时兼任北京市京师（潍坊）律师事务所执行主任、北京市京师（威海）律师事务所执行主任。刘泳律师系中国人民大学虚假诉讼治理研究中心研究员，多年来在治理虚假诉讼领域有着丰富的理论和司法实务经验，协助山东地区多家著名企业打击虚假诉讼类侵权案件，获得很好的社会效果。参与编著《说赢就赢——虚假诉讼案件一本通》《民间借贷——新型疑难复杂案例精选》《拒不执行判决、裁定案件一本通》等专著。

序 言

　　在这个日新月异的时代，经济的飞速发展与社会结构的深刻转型，如同一把"双刃剑"，既带来了前所未有的繁荣与进步，也引发了一系列复杂多变的社会问题与严峻的法律挑战。作为法律工作者，我们有幸见证并参与这一历史进程，肩负维护社会正义、推动法治进步的重大使命。《十大重点罪名案例精选》的出版，正是我们履行这一使命的具体体现。本书旨在回应时代需求，帮助广大读者理解重点新型罪名的本质特征、法律适用及司法实践中的疑难问题，提升公众的法律意识与法治素养。它不仅是对当前社会经济活动中频发的违法犯罪行为的一次深刻剖析，更是对法治精神的一次坚定弘扬。

　　本书精心选取了非法吸收公众存款罪、洗钱罪、集资诈骗罪、合同诈骗罪、虚假诉讼罪、拒不执行判决裁定罪、开设赌场罪、组织领导传销活动罪、非法经营罪、非法采矿罪这十大重点罪名，通过人民法院案例库精选案例，最高人民法院、最高人民检察院的指导性案例、典型案例，为读者提供了丰富的学习资料。

　　综观这十大罪名，虽形态各异，却共同反映了在经济发展与社会转型过程中，部分个体或组织为追求非法利益，不惜挑战法律底线的社会现实，共同表现出几大共性特征：

　　第一，经济动机：多数犯罪行为作为"理性犯罪"的选择，背后往往存在着经济利益的驱动。

　　第二，隐蔽性强：犯罪手段越来越隐蔽，给侦查和打击带来了难度。

　　第三，技术依赖：随着互联网技术与现代科技的发展，犯罪行为越来越多地应用前沿技术手段实现以假乱真、追逐暴利和逃避打击。

　　第四，社会影响大：这些犯罪行为不仅损害了个体利益，而且严重地影响了经济安全和社会秩序，侵蚀了社会诚信体系，动摇了公众对法治的信心。

　　这些罪名大多与破坏经济秩序相关，如非法经营、非法采矿、集资诈骗等，它们的存在扰乱了正常的市场经济秩序，打击这些犯罪有助于维护经济稳定，保障经济持续健康发展；洗钱、非法吸收公众存款等行为则直接威胁金融安全，打击这些犯罪是金融体系维稳和发展的必要举措；开设赌场、组织领导传销活动等对社会秩序造成破坏，打击这些犯罪有利于维护社会的和谐稳定；集资诈骗、合同诈骗等直接侵害了公众的财产权益，打击这些犯罪是保护公众财产安全的重要措施。此外，非法采矿等活动往往伴随安全隐患，严重威胁到公众的生命财产安全；传销组织也可能通过欺诈、胁迫等手段侵犯参与者的人身自由。对于受害者而言，通过法律手段追究犯罪分子的责任并获得赔偿是恢复正义的重要途径，有助于维护受害者的合法权益和尊严。通过公开审判和宣传典型案例，亦可以提高公众的法律意识和防范意识，从而预防类似犯罪的发生；对犯罪分子进行严厉打击和惩处，则可以形成强大的震慑力，使潜在的犯罪分子望而却步。

因此，对于这些犯罪行为的严厉打击是维护国家法律尊严，保护人民群众的合法权益，维护社会和谐稳定的必然之举，具有重要的现实意义。

本书不仅是对司法实践的忠实记录，更是对法律精神的深刻诠释。书中精选的案例，各具特色，既有惊心动魄的犯罪过程，也有抽丝剥茧的司法推理；既有对法律条文的精准解读，也有对法律精神的深刻领悟。通过这些案例，我们可以清晰地看到，每一个犯罪行为的背后，都隐藏着对法律的无视与挑战；而每一次法律的判决，都彰显着正义的力量与法律的尊严。法律不仅是惩罚犯罪的工具，更是维护社会公正、保障人民权益的坚固盾牌。

本书的问世，是对法治精神的又一次深情呼唤，我们呼吁广大公众积极参与法治建设，树立正确的法律观念，增强法治意识；我们期待本书能够成为广大读者了解法律、学习法律、运用法律的重要参考。只有当我们每个人都成为法律的忠实信仰者、自觉遵守者和坚定捍卫者时，我们的社会才能真正实现公平正义、和谐稳定。

本书也是向所有坚守法治信仰、捍卫法律尊严的法律工作者的致敬之作。它不仅是同仁法律智慧与汗水的结晶，更是法治时代的一束强光，照亮了那些关乎社会公正、经济秩序与人民福祉的重要议题。在一场场法律与犯罪的较量之中，每一次判决的落下，都是对正义与邪恶的明确划分，都是对法律尊严的坚定维护。这些案例不仅让我们深刻理解了法律的力量与温度，而且让我们感受到了法治社会对于公平正义的不懈追求。我们坚信，在全体社会成员的共同努力下，中国的法治建设必将迎来更加辉煌的明天。

在此，请允许我再次向每一位读者推荐《十大重点罪名案例精选》。愿它成为您探索法律世界、增强法治信仰的良师益友，让我们共同为构建更加和谐、公正、有序的社会环境贡献力量。

最后，我诚挚地希望本书能够对读者有所启发和帮助，也期待读者们能够提出宝贵的意见和建议，以便我们在未来的工作中不断改进和完善。

本书也旨在通过精选人民法院案例库案例，最高人民法院、最高人民检察院的指导性案例、典型案例，以案说法，为当事人维权，公、检、法工作人员及律师办案，法考考生备考主观题，高校教学提供参考，并向中国人民大学虚假诉讼治理研究中心献礼！

中国人民大学虚假诉讼治理研究中心执行主任、高级研究员

2024 年 10 月 17 日于京师律师大厦

法律咨询邮箱：cnlaw365@163.com

法律咨询电话：13911652166、13720063789

目 录

第七章

《刑法》第 303 条　　开设赌场罪

第八章

《刑法》第 307 条之一　　虚假诉讼罪

第九章

《刑法》第 313 条　　拒不执行判决、裁定罪

第十章

《刑法》第 343 条　非法采矿罪

第一章
《刑法》[1]第176条
非法吸收公众存款罪

---

[1] 为行文方便，本书中所引用的我国法律法规，省去"中华人民共和国"字样。

非法吸收公众存款罪是指非法吸收公众存款或者非法变相吸收公众存款，扰乱金融秩序的行为。本罪犯罪构成如下：

本罪客体是国家的金融管理秩序。

本罪客观方面表现为非法吸收公众存款或者变相吸收公众存款，扰乱金融秩序的行为。成立本罪，首先，要求行为具有非法性。认定"非法性"，应以国家金融管理法律法规作为依据。对于国家金融管理法律法规仅作原则性规定的，可以根据法律规定的精神并参考中国人民银行、国家金融监督管理总局、中国证券监督管理委员会等行政主管部门依照国家金融管理法律法规制定的部门规章或者国家有关金融管理的规定、办法、实施细则等规范性文件的规定予以认定。行政部门对于非法集资的性质认定，不是非法集资刑事案件进入刑事诉讼程序的必经程序。违反国家金融管理法律规定，向社会公众（包括单位和个人）吸收资金的行为，同时具备下列四个条件的，除刑法另有规定的以外，应当认定为"非法"吸收公众存款或者变相吸收公众存款：（1）未经有关部门依法许可或者借用合法经营的形式吸收资金；（2）通过网络、媒体、推介会、传单、手机信息等途径向社会公开宣传；（3）承诺在一定期限内以货币、实物、股权等方式还本付息或者给付回报；（4）向社会公众即社会不特定对象吸收资金。未向社会公开宣传，在亲友或者单位内部针对特定对象吸收资金的，不属于非法吸收或者变相吸收公众存款。但是，在向亲友或者单位内部人员吸收资金的过程中，明知亲友或者单位内部人员向不特定对象吸收资金而予以放任的，或者以吸收资金为目的，将社会人员吸收为单位内部人员，并向其吸收资金的，属于向社会公众吸收资金。

其次，必须存在非法吸收公众存款或者非法变相吸收公众存款的行为。非法吸收公众存款是指以存款的形式非法吸收公众资金，表现为行为人没有吸收存款的主体资格，却以存款的形式非法吸收公众资金，或者虽有吸收存款的主体资格，但超出允许范围非法吸收公众资金。变相吸收公众存款是指不以存款的名义而是承诺通过出资可以获得回报，从而吸收公众资金的行为。如单位或个人假借开展网络借贷信息中介业务之名，未经依法许可，汇集不特定公众的资金设立资金池，控制、支配资金池中的资金，并承诺还本付息的，构成本罪。非法吸收公众存款或者非法变相吸收公众存款行为的本质是非法吸收公众资金，具体行为形式主要表现为：（1）不具有房产销售的真实内容或者不以房产销售为主要目的，以返本销售、售后包租、约定回购、销售房产份额等方式非法吸收资金的；（2）以转让林权并代为管护等方式非法吸收资金的；（3）以代种植（养殖）、租种植（养殖）、联合种植（养殖）等方式非法吸收资金的；（4）不具有销售商品、提供服务的真实内容或者不以销售商品、提供服务为主要目的，以商品回购、寄存代售等方式非法吸收资金的；（5）不具有发行股票、债券的真实内容，以虚假转让股权、发售虚构债券等方式非法吸收资金的；（6）不具有募集基金的真实内容，以假借境外基金、发售虚构基金等方式非法吸收资金的；（7）不具有销售保险的真实内容，以假冒保险公司、伪造保险单据等方式非法吸收资金的；（8）以网络借贷、投资入股、虚拟币交易等方式非法吸收资金的；（9）以委托理财、融资租赁等方式非法吸收资金的；（10）以提供"养老服务"、投资"养老项目"、销售"老年产品"等方式非法吸收资金的；（11）利用民间"会""社"等组织非法吸收资金的；（12）其他非法吸收资金的行为。需要注意的是，司法解释规定，违反国家规定，未经依法核准擅自发行基金份额募集基金，情节严重的，不以本罪定罪处罚，而以非法经营罪定罪处罚。

非法吸收公众存款或者变相吸收公众存款，扰乱金融秩序，涉嫌下列情形之一的，应予立案追诉：（1）非法吸收或者变相吸收公众存款数额在100万元以上的；（2）非法吸收或者变相吸收公众存款对象150人以上的；（3）非法吸收或者变相吸收公众存款，给集资参与人造成直接经济损失数额在50万元以上的。

非法吸收或者变相吸收公众存款数额在50万元以上或者给集资参与人造成直接经济损失数额在25万元以上，同时涉嫌下列情形之一的，应予立案追诉：（1）因非法集资受过刑事追究的；（2）2年内因非法集资受过行政处罚的；（3）造成恶劣社会影响或者其他严重后果的。

犯本罪的手段不限。通过传销手段向社会公众非法吸收资金，构成本罪的同时，又构成组织、领导传销活动罪的，依照处罚较重的规定定罪处罚。

所吸收资金的用途，不影响本罪的认定，但非法吸收或者变相吸收公众存款，主要用于正常的生产经营活动，能够在提起公诉前清退所吸收资金，可以免予刑事处罚；情节显著轻微危害不大的，不作为犯罪处理。

本罪主体既可以是自然人，也可以是单位。单位犯本罪的，适用自然人犯本罪的定罪量刑标准。

本罪主观方面是故意，不要求有非法占有目的。如果行为人具有非法占有目的，则应以集资诈骗罪论处。行为人是否具有非法占有目的，应当围绕融资项目真实性、资金去向、归还能力等事实、证据进行综合判断。

　　犯本罪的，根据《刑法》第 176 条的规定处罚。行为人在提起公诉前积极退赃退赔，减少损害结果发生的，可以从轻或者减轻处罚；在提起公诉后退赃退赔的，可以作为量刑情节酌情考虑。

2024-04-1-113-003

曾某某非法吸收公众存款案
——互联网股权众筹中融资人的民刑责任界限

基本案情 ≫≫

　　被告人曾某某系 A 公司（成立于 2005 年）实际控制人，公司在某市经营品牌连锁餐饮店。B 公司经营"某某宝"股权众筹平台（实际经营地位于北京市朝阳区），负责人王某。2015 年，B 公司向曾某某提出可为对方融资，2015 年 8 月至 2016 年，A 公司与 B 公司多次签订《融资居间协议》，约定 A 公司委托 B 公司进行融资，B 公司收取融资款的 4% 或 5% 作为居间费用。B 公司在其经营的股权众筹平台上发布 A 公司的融资项目向社会公众进行资金众筹。以旗下 C 中心（有限合伙）名义与投资人签订《个人投资协议》，承诺固定收益，到期归还本金。A 公司向投资该公司项目的投资人赠送特产礼包或厦门旅游礼包。

　　C 中心与 A 公司共同成立合伙企业，由 C 中心认购出资份额为实际投资人代持，将钱款投入项目企业。项目方每月支付 1% 的固定收益，每年度进行剩余利润分配。投资期满 12 个月后，实际投资人可以申请撤出投资，C 中心优先将股份转让给其他投资人，无法转让的由 A 公司回购该份额（投资本金）。经统计，有 400 余名投资人向 A 公司项目投资共计 1800 余万元，B 公司扣除相应居间费用后，向 A 公司转款 1700 余万元。A 公司后将钱款用于餐饮门店经营。

　　2017 年，因 A 公司不能按照合伙协议回购投资本金，后 C 中心向 H 法院提起民事诉讼。H 法院认定双方系联营合同关系，对于尚在运营中的项目，判决 A 公司支付回购款及投资收益，对于已经关闭的项目，依据合同约定应当进行解散并清算，故驳回C中心要求A回购其代持的全部股权及支付每月固定收益的诉讼请求。投资人向公安机关报案后，公安机关对B公司立案侦查，并抓获了工作人员郝某等3人。

在诉讼过程中，北京市朝阳区人民检察院以证据不足，不符合起诉条件为由，要求撤回对被告人曾某某的起诉。北京市朝阳区人民法院于2021年7月30日作出（2019）京0105刑初1754号刑事裁定，准许北京市朝阳区人民检察院撤回对被告人曾某某的起诉。宣判后，没有上诉，判决已发生法律效力。

裁判理由 》》

法院生效裁判认为：2015年7月18日，中国人民银行等十部委发布了《关于促进互联网金融健康发展的指导意见》（以下简称《指导意见》），指出股权众筹融资是"通过互联网形式进行公开小额股权融资的活动"。根据该意见，股权众筹融资是小微企业通过互联网众筹平台，以股权为回报，向特定投资人进行公开、小额的融资活动。在法律义务上，融资人具有信息披露义务，众筹平台为融资双方提供居间介绍服务，投资人与融资人就投资项目共享收益、共担风险。股权众筹融资中的融资人应为小微企业，具有信息披露义务，不得向投资人承诺还本付息，且融资款应投入实际生产经营项目。如果融资人不具有股权众筹的资格，以开展股权众筹融资为名，通过公开宣传的方式，向不特定的投资人承诺还本付息，则其行为构成非法吸收公众存款罪，如果不是将集资款投入生产经营，而是非法占有，则构成集资诈骗罪。

（1）涉案A公司属于小微企业，可以通过互联网股权众筹平台进行小额融资。《指导意见》明确指出，股权众筹融资方应为小微企业。《企业所得税法实施条例》第92条明确了小微企业的条件，若融资企业属于工业企业，则年度应纳税所得额不超过30万元，从业人数不超过100人，资产总额不超过3000万元，其他企业则要求年度应纳税所得额不超过30万元，从业人数不超过80人，资产总额不超过1000万元。本案中，曾某某经营的A公司作为年度应纳税所得额不超过30万元，从业人数不超过80人，资产总额不超过1000万元的小微企业具有开展股权众筹融资的资格。

（2）A公司通过众筹平台融资，并不等同于其具有非法吸收公众存款的主观故意。如果融资人主观上对于众筹平台的犯罪行为明知，依然通过站台宣传、提供投资赠品等形式帮助平台扩大非法吸收公众资金规模，后进行资金使用的，应认定为共同犯罪的帮助犯。如果融资人主观上对众筹平台的融资模式并无认识，或融资人客观上并未参与到融资的具体环节中，不得以融资人使用资金为由，认定其构成共同犯罪。B 公司非为 A 公司融资而成立，曾某某未参与 B 公司运营模式的提出、构建等，现有证据无法证明曾某某对 B 公司的具体融资模式具有明知，或明知资金来源于"不特定"投资人，不能认定曾某某具有非法吸收公众存款的犯罪故意。

（3）A 公司作为融资人，未参与非法吸收公众存款的行为。首先，A 公司未向投资人承诺还本付息。生效民事判决书认定 A 公司与 C 中心之间系联营合同关系，具有共负盈亏、共担风险的性质，不属于还本付息的关系。众筹平台以 C 中心名义与投资人签订的投资协议，却承诺向投资人还本付息。其次，A 公司提供投资项目、提供投资大礼包的行为，不能评价为非法吸收公众钱款的帮助行为。本案中，A 公司提供的投资项目是真实的，不是虚构项目或出借项目名义帮助融资。A 公司应 B 公司要求提供投资大礼包的行为，在缺乏犯罪故意的前提下，不能评价为帮助犯罪的行为。

综上所述，本案中曾某某经营的 A 公司作为小微企业具有开展股权众筹融资的资格，股权众筹融资平台负有寻找合格投资人的义务，曾某某对于投资人是否"特定"并无明确认识；A 公司与投资人之间的关系为共负盈亏的联营合同关系，并未承诺还本付息；A 公司应平台要求提供投资礼包的行为，在缺乏犯罪故意的前提下，仅能认定为支付用资成本的商业行为；A 公司基于生产经营需要，以真实的投资项目进行融资，融资款亦投入生产经营中，并无非法占有集资款。

法院认为，由于公诉机关对曾某某构成非法吸收公众存款罪的指控未达证据确实、充分的标准，曾某某的行为不构成犯罪。检察院的撤诉申请符合法律规定，应予准许。

裁判要旨 ≫

小微企业作为融资人通过互联网众筹平台进行公开、小额融资，应履行信息披露义务，不得向投资人承诺还本付息。互联网众筹平台在公开融资过程中，以向不特定社会公众承诺还本付息方式非法吸收公众存款的，对于融资人刑事责任的认定，应坚持主客观相一致原则，即融资人主观上具有非法吸收公众存款的犯罪故意，客观上实施了帮助扩大集资规模的行为，否则不应认定融资人构成犯罪。

《刑法》第176条

一审：北京市朝阳区人民法院（2019）京0105刑初1754号刑事裁定（2021年7月30日）

2024-03-1-113-001

陈某先非法吸收公众存款案

——"向社会不特定对象公开宣传"的审查认定

基本案情 ▶▶▶

2010年1月，被告人陈某先担任某担保公司实际控制人，经营银行贷款担保等业务。2011年至2013年，被告人陈某先在未经有关部门依法许可的情况下，以月息1分5至2分5的高额回报为诱饵，通过口口相传的方式进行宣传，共向46名社会不特定对象吸收存款1823万元，尚未归还893.037004万元。二审期间，陈某先自行退还集资参与人共计203.1598万元。

山东省滨州市滨城区人民法院于2022年11月2日作出（2022）鲁1602刑初439号刑事判决：一、被告人陈某先犯非法吸收公众存款罪，判处有期徒刑三年八个月，并处罚金人民币30万元；二、责令被告人陈某先退赔集资参与人895.957004万元。宣判后，被告人陈某先提出上诉。山东省滨州市中级人民法院于2023年4月10日作出（2023）鲁16刑终6号刑事判决，以非法吸收公众存款罪改判陈某先有期徒刑二年十个月，并处罚金25万元；责令陈某先退赔集资参与人689.877204万元。

裁判理由 ▶▶▶

法院生效裁判认为，本案争议焦点为被告人陈某先通过内部员工口口相传的方式吸收存款行为是否属于向社会不特定对象吸收资金。在案证据反映，陈某先虽向员工发布公司高息吸收存款信息，但未限制吸收存款对象范围，由员工以口口相传方式为公司宣传吸收存款，后陈某先以某公司名义与前来存款的员工、员工亲属、其他社会人员签订借款合同。陈某先未经批准，擅自通过公司员工以口口相传方式向公司外部人员公开宣传高息吸收存款信息，属于向社会不特定对象公开宣传，其行为符合非法吸收公众存款罪的构成要件。故法院依法作出如上裁判。

裁判要旨 ▶▶▶

非法吸收公众存款犯罪行为需具备非法性、公开性、利诱性、社会性四个特征，其中，公开性是指向社会不特定对象公开宣传，包括以各种途径向社会公众传播吸收资金的信息，以及明知吸收资金的信息向社会扩散而予以放任等情形。通常表现为通过媒体、推介会、传单、社交平台等各种途径向社会公众传播吸收资金信息。对于行为人通过员工、亲朋或者相关集资户以口口相传方式将集资信息传播给社会上人员，要根据主客观相一致原则进行具体分析。如果行为人以明示或暗示方式主动授意，或在获悉存在口口相传向社会人员吸收资金时不予控制或排斥，对社会人员直接或以内部人员名义投入的资金均予以吸收的，可以认定为以口口相传的方式向社会不特定对象公开宣传。

关联索引 ▶▶▶

《刑法》第 176 条

一审：山东省滨州市滨城区人民法院（2022）鲁 1602 刑初 439 号刑事判决（2022 年 11 月 2 日）

二审：山东省滨州市中级人民法院（2023）鲁 16 刑终 6 号刑事判决（2023 年 4 月 10 日）

2023-04-1-113-001

丁某忠等非法吸收公众存款案

——基于同一事实刑行竞合情形下应当优先退赔被害人

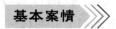 **基本案情**

（一）非法吸收公众存款事实

2018年2月13日，被告人丁某忠等注册成立某云数字商品公司，并相继成立某富商品公司等关联公司，为某云数字商品公司提供服务支持。丁某忠等开发了数字电商购物平台App，采取"以老带新人拉人"、分等级激励方式公开向社会宣传发展数字商城消费会员，故意拉高商品销售价格产生高额价差，向消费会员进行所谓的"消费返利"，后以虚拟货币投资为噱头，通过人为操控、虚假宣传包装打造出价格只升不跌的虚拟货币"云元"（并非基于算法产生的数字虚拟货币），诱使消费会员将"消费返利"投资购买"云元"，变相向社会公众公开吸收资金。经审计，2020年5月1日至2021年6月8日，某云数字App平台吸引全国477 720名消费会员购买"云元"113 933 646枚，销售金额共计人民币300 850 885.6元。前述消费会员在某云数字App平台上购买商品及投资"云元"支付的款项全部进入某富商品公司等由丁某忠等实际控制的关联公司账户。

另查明，2021年2月23日，湖北省云梦县公安局对本案立案调查。2021年11月16日，G市某区市场监督管理局作出行政处罚决定书，认定某云数字商品公司、某富商品公司违反《禁止传销条例》第7条第1项、第2项之规定，属于组织策划传销的违法行为，对某云数字商品公司罚款200万元，对某富商品公司罚款200万元，并对某云数字商品公司、某富商品公司违法所得299 995 918.97元予以没收。

（二）涉案资金追查情况

（1）2021年12月9日至20日，湖北省云梦县公安局依法对某富数字商品公司账户内涉案资金235 294 387.29元依法予以冻结。

（2）2022 年 5 月 24 日、27 日、31 日，G 市某区人民法院根据 G 市某区市场监督管理局行政处罚决定书强制执行了云梦县公安局冻结的某富商品公司账户内共计 235 294 387.29 元涉案资金。2022 年 5 月 30 日，G 市某区人民法院将前述强制执行资金中 141 284 069.23 元转入国家金库某市中心支库。2022 年 6 月 9 日，G 市某区人民法院将前述强制执行资金中 93 650 174.97 元转入 G 市某区财政局账户，2022 年 7 月 8 日，云梦县公安局对前述账户内 93 650 174.97 元涉案资金依法予以冻结。

湖北省云梦县人民法院于 2022 年 8 月 19 日以（2022）鄂 0923 刑初 153 号刑事判决，认定被告人丁某忠犯非法吸收公众存款罪，判处有期徒刑十三年，并处罚金 100 万元；被告人任某宏犯非法吸收公众存款罪，判处有期徒刑十一年六个月，并处罚金 80 万元；被告人徐某艳犯非法吸收公众存款罪，判处有期徒刑十一年六个月，并处罚金 80 万元；被告人宋某领犯非法吸收公众存款罪，判处有期徒刑十一年六个月，并处罚金 80 万元；被告人康某玮犯非法吸收公众存款罪，判处有期徒刑七年，并处罚金 60 万元；被告人王某廷犯非法吸收公众存款罪，判处有期徒刑九年，并处罚金 60 万元。对被告人非法吸收的资金及孳息依法予以追缴。对公安机关因该案查扣、冻结的财产由公安机关依法追缴后按比例发还给集资参与人，不足部分继续追缴，追缴财产返还集资参与人后剩余的部分上缴国库。

宣判后，被告人丁某忠等人不服，提出上诉。湖北省孝感市中级人民法院于 2022 年 10 月 28 日作出二审法院（2022）鄂 09 刑终 175 号刑事裁定，驳回上诉，维持原判。

裁判理由 >>>

法院生效裁判认为，被告人丁某忠等人明知某云数字商品公司不具有公开吸收公众资金的资质，违反国家金融管理法规，通过推介会、网络视频、媒体报道、"以老带新人拉人"等方式公开宣传推介，以投资虚拟货币"云元"实现资金保值增值为诱饵，公开向社会公众吸取资金，该行为属于以虚拟币交易方式非法吸收公众资金，构成非法吸收公众存款罪。某云数字商品公司、山东某富商品公司、秦皇岛某影视文化传媒公司均系丁某忠等实际控制用于非法吸收公众存款的资金通道平台，湖北省云梦县公安局查扣冻结的前述公司账户内资金及其孳息共计 235 302 395.15 元，依法应全部认定为非法吸收公众存款犯罪的违法所得。依照《刑法》第六十四条之规定，前述违法所得资金应当返还集资参与人，不足部分由丁某忠等退赔。

裁判要旨 ➤➤

（1）刑行交叉下同一行为的认定。同一行为既构成行政违法行为，又构成刑事犯罪时，程序上适用刑事优先处理原则。对"同一行为"的认定，在实体判断层面应坚持罪刑法定原则，即构成行政违法的行为，能够作为犯罪构成要件全部被某一具体犯罪构成所涵摄。

（2）非法吸收公众存款罪的构成要件行为属于复合行为，不仅包括吸收募集资金的行为，还包括为吸收募集资金所进行的公开宣传诱导行为。两者在事实层面属于同一行为。

（3）关于退赔被害人的执行顺位。按照同一行为刑行竞合情形下移交刑事处理原则，在案件已定性为刑事犯罪的情况下，应当在刑事程序框架下对涉案财产进行处置。依照《最高人民法院关于刑事裁判涉财产部分执行的若干规定》第 13 条之规定，"被执行人在执行中同时承担刑事责任、民事责任，其财产不足以支付的，按照下列顺序执行：……（二）退赔被害人的损失；……（四）罚金；（五）没收财产，在执行顺位上退赔集资参与人应当优先于罚金和没收财产的执行"。

关联索引 ➤➤

《刑法》第 176 条、第 64 条
《行政处罚法》第 27 条
一审：湖北省云梦县人民法院（2022）鄂 0923 刑初 153 号刑事判决（2022 年 8 月 19 日）
二审：湖北省孝感市中级人民法院（2022）鄂 09 刑终 175 号刑事裁定（2022 年 10 月 28 日）

2023-17-5-202-024

李某甲与某投资公司、某担保公司、
轩某某执行复议案
——民刑交叉案件的具体执行

基本案情 》》》

2017 年 7 月至 11 月，李某甲与某投资公司签订 6 份《借款合同》，6 份合同约定的借款本金总额为 130 万元，借款期限均为 6 个月，某投资公司按照月利率 4% 向李某甲支付利息及分红；某担保公司出具《承诺担保函》对某投资公司在上述 6 份合同中应支付的款项承担连带担保责任。2017 年 12 月 27 日，李某甲依据上述 6 份合同中的 4 份合同向北京仲裁委员会申请仲裁，请求某投资公司、某担保公司返还借款本金 85 万元并支付利息、分红及违约金。2018 年 4 月 27 日，北京仲裁委员会作出仲裁裁决：某投资公司、某担保公司向李某甲归还借款本金 85 万元，支付利息 3.15 万元。2018 年 5 月，李某甲依据仲裁裁决向北京市第三中级人民法院申请执行。2018 年 11 月，北京市第三中级人民法院依据李某甲的申请，以被执行人某投资公司为一人有限责任公司、轩某某系该公司股东且不能证明公司财产独立于自己的财产为由，裁定追加轩某某为被执行人，并查封轩某某名下房产一套。北京市第三中级人民法院经调查未发现某投资公司、某担保公司名下有可供执行财产。2019 年 5 月，北京市第三中级人民法院以轩某某涉嫌非法吸收公众存款罪被公诉为由，裁定中止仲裁裁决的执行。2019 年 12 月，北京市第三中级人民法院以李某甲已作为轩某某涉嫌非法吸收公众存款刑事案件的被害人参加诉讼、向该院撤销执行申请为由，裁定终结仲裁裁决的执行。

李某甲在申请仲裁前曾于 2017 年 12 月 4 日向公安机关报案，认为某投资公司涉嫌非法集资犯罪，要求公安机关查处。2019 年 5 月，检察机关提起公诉，指控轩某某、从某、柳某、王某某、李某乙、赵某某、禹某犯集资诈骗罪、非法吸收公众存款罪。北京市朝阳区人民法院于 2020 年 11 月至 12 月作出三份刑事判决，认定上述人员以某投资公司名义与集资参与人签订《借款合同》，并以某担保公司名义承诺担保的方式进行非法集资；判处轩某某、从某、李某乙、赵某某、柳某、王某某、禹某有期徒刑及罚金，责令李某乙退赔集资参与人的经济损失，继续追缴赵某某、禹某、柳某、王某某的违法所得发还集资参与人；刑事判决未责令轩某某、从某承担退赔责任，且认定某投资公司不构成单位犯罪。三份刑事判决确定包括李某甲在内集资参与人共计234名，总损失金额为近6000万元；李某甲报案时主张的投资金额为130万元、已返还金额为9.4万元；刑事案件审理过程中，经鉴定认定李某甲的投资金额为130万元、已返还金额为52.8万元、损失金额为77.2万元。三份刑事判决移送执行后，仅执行到位60余万元，且未向李某甲发还款项。

2021年3月24日，李某甲向北京市第三中级人民法院申请恢复对仲裁裁决的执行。

北京市第三中级人民法院认为，朝阳法院于2020年11月20日作出刑事判决，认定轩某某犯非法吸收公众存款罪。该刑事案件已在朝阳法院进入执行程序。李某甲作为被害人已进入该刑事案件执行程序中参与分配。仲裁裁决和刑事判决涉及的是同一事实，即包括轩某某在内的刑事案件被告人以某投资公司名义，以签订借款合同并由某担保公司提供担保的形式，向社会不特定人员吸收资金，其中包括本案申请人李某甲。鉴于仲裁裁决确定的借款事实与刑事判决确定的非法吸收公众存款事实系同一事实，应以刑事判决作为执行依据，受害人的民事权利保护应当通过刑事追赃、退赔的方式解决。现李某甲已作为被害人参与到刑事案件的执行程序中，其民事权利保护存在救济途径。故李某甲恢复执行申请应予驳回。故该院于2022年3月18日作出（2019）京03执恢74号之三执行裁定，驳回李某甲对仲裁裁决的恢复执行申请。

李某甲不服，向北京市高级人民法院申请复议。北京市高级人民法院于2022年7月10日作出（2022）京执复104号执行裁定：撤销北京市第三中级人民法院（2019）京03执恢74号之三执行裁定，北京市第三中级人民法院根据李某甲的申请依法恢复对仲裁裁决的执行。

裁判理由 ≫≫

法院生效裁判认为，本案的争议焦点为李某甲向北京市第三中级人民法院提出的恢复对仲裁裁决执行的申请应否予以支持。法院认为应当支持李某甲提出的恢复执行申请。

第一，本案中，刑事案件与仲裁案件的当事人不同，法律关系不同；相关刑事判决系认定李某乙、赵某某、禹某、柳某、王某某、从某、轩某某以某投资公司名义订立《借款合同》、非法募集资金的行为构成犯罪，判令李某乙退赔集资参与人的经济损失，继续追缴赵某某、禹某、柳某、王某某的违法所得发还集资参与人；而在仲裁案件中，李某甲是请求某投资公司和某担保公司，依据《借款合同》和《承诺担保函》分别承担合同责任及担保责任，仲裁裁决确定的是某投资公司和某担保公司向李某甲返还借款并支付利息。参照最高人民法院《全国法院民商事审判工作会议纪要》第128条、第129条的规定精神，刑事裁判认定行为人以法人、非法人组织或者他人名义订立合同的行为构成犯罪，如果合同相对方作为受害人以行为人为被告提起民事诉讼的，人民法院应当裁定不予受理或驳回起诉，合同相对方对行为人主张权利应当通过刑事追赃、退赔的方式解决；如果合同相对方以法人、非法人组织或者他人为被告提起民事诉讼，请求该法人、非法人组织或者他人依据合同承担民事责任的，人民法院应当依法审理。即刑事裁判认定行为人以法人、非法人组织或者他人名义订立合同的行为构成犯罪，并不能当然排除该法人、非法人组织或者他人依据合同应承担的民事责任。既然民商事案件与刑事案件应当分别审理，相关裁判结果也应分别执行。故李某甲有权依据仲裁裁决向法院申请执行，要求某投资公司和某担保公司承担相应的民事责任。

第二，作为本案执行依据的仲裁裁决仍然具有法律效力，李某甲在撤销执行申请后提出的恢复执行申请符合司法解释规定的条件，北京市第三中级人民法院应当依法受理其恢复执行申请。根据《最高人民法院关于审理民间借贷案件适用法律若干问题的规定》第12条的规定，借款人或者出借人的借贷行为涉嫌犯罪，或者已经生效的裁判认定构成犯罪，当事人提起民事诉讼的，民间借贷合同并不当然无效。本案中，仲裁裁决所依据的《借款合同》和《承诺担保函》不存在无效事由，该仲裁裁决也未经任何法定程序被撤销或裁定不予执行，仍然具有法律效力。根据《最高人民法院关于适用〈中华人民共和国民事诉讼法〉的解释》第518条的规定，因撤销申请而终结执行后，当事人在《民事诉讼法》第246条规定的申请执行时效期间内再次申请执行的，人民法院应当受理。北京市第三中级人民法院因李某甲撤销执行申请于2019年12月4日裁定终结执行，李某甲于2021年3月24日申请恢复执行，李某甲的恢复执行申请未超过《民事诉讼法》第246条规定的申请执行时效期间，应当依法受理。

第三，刑事案件与仲裁案件确定的责任范围不同，虽然刑事案件包含李某甲申请仲裁的 4 份《借款合同》，但刑事案件在认定李某甲的损失金额时依据的仅是 4 份《借款合同》约定的借款本金，而仲裁裁决确定返还李某甲的款项不仅包括本金，还包括利息，仲裁裁决确定的内容无法全部并入刑事案件执行。

第四，从法理上讲，各个债务人基于不同的发生原因而对于同一债权人负有以同一给付为标的的数个债务，构成不真正连带责任。在此情形下，每一债务人均负有全部履行的义务，并因任一债务人的履行而使全体债务人的债务归于消灭。本案中，就借款本金而言，李某乙、赵某某、禹某、柳某、王某某基于犯罪行为而对李某甲负有退赔返还义务，某投资公司、某担保公司则基于合同关系对李某甲负有给付义务，各债务人构成不真正连带关系。如果李某甲从刑事案件获得清偿，则应在仲裁裁决执行案件中作相应的扣减，以免其重复受偿；如果李某甲从仲裁裁决执行案件中获得清偿，则其对李某乙等人享有的权利在同等金额范围内转归向其清偿的某投资公司或某担保公司。从目前查明的情况看，李某甲并未从刑事案件中受偿（最终的受偿比例也会很低），其有权依据仲裁裁决向某投资公司、某担保公司主张权利。

第五，从实际效果来看，如果认定李某甲只能向相关刑事判决确定的退赔责任人主张权利，在相关刑事判决没有判令某投资公司、某担保公司承担退赔责任的情况下，为犯罪分子提供便利的某投资公司、某担保公司名下即使有财产可供执行，也因刑事判决的存在而被免除了对李某甲负有的合同义务，这明显违背基本的公平原则。虽然对某投资公司、某担保公司恢复执行也可能无法实际执行到位，但这并不是拒绝恢复执行的正当理由。

综上所述，李某甲的复议理由成立，对其复议请求应当予以支持。北京市第三中级人民法院（2019）京 03 执恢 74 号之三执行裁定，认定事实错误，结果应予纠正。故法院依法作出如上裁判。

裁判要旨 ≫≫≫

民事案件确定合同债务人依据合同对债权人承担民事责任，之后相关刑事案件又认定合同债务人之外的主体以合同债务人名义订立合同的行为构成犯罪，在刑事案件未认定合同债务人构成犯罪并判令承担退赔责任的情况下，并不能当然排除债权人依据生效民事法律文书要求合同债务人承担民事责任。

执行程序中，民事案件与刑事案件应当分别执行，但应避免债权人重复受偿。

关联索引 》》》

《最高人民法院关于审理民间借贷案件适用法律若干问题的规定》第 12
条、第 13 条

执行实施：北京市第三中级人民法院（2019）京 03 执恢 74 号之三执行
裁定（2022 年 3 月 18 日）

执行复议：北京市高级人民法院（2022）京执复 104 号执行裁定（2022
年 7 月 10 日）

2023-05-1-113-001

毛某等非法吸收公众存款案

——非法吸收公众存款罪从轻处罚的适用

基本案情 》》》

安某公司成立于 2001 年，法定代表人为被告人毛某清，2009 年变更为被
告人毛某，毛某占 95.1% 股份，被告人汪某珠占 4.9% 股份。安某公司经营范
围主要为房地产开发销售。2010 年 7 月，安某公司以人民币 1.6 亿元拍得原
江山啤酒厂地块项目开发权，其中 1.3 亿元为银行贷款以及向社会不特定对
象借款。为运作项目筹集资金以及支付前期借款本息，毛某、毛某清、汪某
珠以安某公司发展需要资金为由，以个人名义、安某公司担保或三人互相担
保等方式出具借条，许以月利率 2~5 分的利息，向社会不特定对象借款，所
借款项均先存入 3 人各自银行账户。毛某等人将借得的资金部分用于购买土
地、工程建设、公司运营以及日常开支，部分用于归还前期借款本息，还有
部分借贷给余某、邵某、周某等。当运作项目需要资金时，从毛某的银行账
户转至安某公司银行账户，若其账户资金不足，则由毛某清、汪某珠账户转
账给毛某。

毛某、毛某清、汪某珠共向吴某某、王某义等 148 名社会不特定对象非

法吸收存款达人民币 27 856.3 万元，支付利息人民币 3984.27 万元，归还本金人民币 4130.9 万元，至案发，尚有本金人民币 23 725.4 万元无法归还（经公司破产清算后，1178.936 万元无法归还）。

浙江省江山市人民法院于 2014 年 5 月 12 日作出（2013）衢江刑初字第 313 号刑事判决：以非法吸收公众存款罪，分别判处被告人毛某有期徒刑三年，缓刑五年，并处罚金人民币 5 万元；判处被告人毛某清有期徒刑三年，缓刑五年，并处罚金人民币 5 万元；判处被告人汪某珠有期徒刑三年，缓刑四年，并处罚金人民币 3 万元。一审宣判后，江山市人民检察院提起抗诉。浙江省衢州市中级人民法院于 2014 年 8 月 27 日作出（2014）浙衢刑二终字第 50 号刑事裁定，驳回抗诉，维持原判。

裁判理由 ≫

法院生效裁判认为，被告人毛某、毛某清、汪某珠的行为均构成非法吸收公众存款罪，且属数额巨大。基于本案所借款项基本用于生产经营，案发后各被告人悔罪态度好，能够主动配合有关部门处置财产，积极清退所吸资金。原判对各被告人予以从轻处罚并适用缓刑，并无不当。故一、二审法院依法作出如上裁判。

裁判要旨 ≫

（1）区分非法吸收公众存款罪中的"数额巨大"与"其他严重情节"，意在说明两者在缓刑适用的可能性方面应予区别对待：对于纯粹因"数额巨大"而提档处罚的，可在符合条件时考虑缓刑适用；对于具有"其他严重情节"的，则基于对司法裁判的社会可接受性等社会效果的考虑，纵然在三年有期徒刑的起点刑量刑，一般也不宜对其适用缓刑。

（2）在刑罚裁量上，不能为刑法分则规定的形式要件所囿，而应侧重考量集资目的及清退资金两个关键要素，在量刑幅度上适当灵活把握。

关联索引 ≫

《刑法》第 176 条第 1 款，第 25 条第 1 款，第 72 条第 1 款、第 3 款，第 52 条，第 53 条，第 64 条

一审：浙江省江山市人民法院（2013）衢江刑初字第 313 号刑事判决（2014 年 5 月 12 日）

二审：浙江省衢州市中级人民法院（2014）浙衢刑二终字第 50 号刑事裁定（2014 年 8 月 27 日）

2023-17-5-203-051

某煤业公司与王某某民间借贷
刑民交叉纠纷执行监督案
——涉嫌非法集资犯罪的刑民交叉案件中止执行的认定标准

基本案情 》》》

　　陕西省榆林市中级人民法院（以下简称榆林中院）在执行王某某与高某某、党某某、高某、某茂公司民间借贷纠纷执行一案中，府谷县公安局向榆林中院送达了府公函〔2019〕270 号《关于建议移交你院审理的诉（执行）高某某借款纠纷案的函》，建议榆林中院将正在审理的诉（执行）高某某借款纠纷案驳回起诉或者中止执行，并将相应案件移交府谷县公安局处非大队办理。2019 年 12 月 3 日，榆林中院作出《关于将本院立案执行的高某某作为被执行人的民间借贷纠纷类案件及涉案财产移送府谷县公安局处非大队办理的函》，决定将自 2002 年起至今在该院立案执行的高某某作为被执行人的民间借贷纠纷类案件中止执行，并将案件及涉案财产移送府谷县公安局处非大队办理。2019 年 12 月 18 日，榆林中院作出（2019）陕 08 执 437 号执行裁定，裁定中止陕西省高级人民法院作出的（2018）陕民初 19 号民事判决书的执行，并裁定终结本次执行程序。申请执行人王某某不服，向榆林中院提出执行异议，请求撤销榆林中院（2019）陕 08 执 437 号之一执行裁定，恢复执行陕西省高级人民法院（2018）陕民初 19 号民事判决书。

　　榆林中院经审查认为，根据公安机关的建议移交函，被执行人涉嫌非法吸收公众存款罪，本案中止执行并无不当，2021 年 4 月 27 日作出（2020）陕 08 执异 80 号执行裁定，驳回申请执行人的执行异议。申请执行人不服，向陕西省高级人民法院申请复议。陕西省高级人民法院经审查认为，公安机关建议移交函中，仅建议将正在审理的高某某借贷纠纷案中止执行，并未涉及其他被执行人。榆林中院未审查执行标的是否属于刑事案件涉案财物，就中止对其他被执行人的执行，无事实和法律依据，故 2021 年 4 月 27 日作出（2021）陕执复87号执行裁定，裁定：一、撤销榆林中院（2020）陕08执异80号执行裁定。二、撤销榆林中院（2019）陕08执437号执行裁定。三、撤销榆林中院（2019）陕08执437号之一执行裁定。被执行人不服，向最高人民法院申请监督。最高人民法院于 2022 年 6 月 21 日作出（2022）最高法执监58号执行裁定，驳回被执行人的申诉请求。

裁判理由 >>>

第一，《民事诉讼法》第263条规定，"有下列情形之一的，人民法院应当裁定中止执行：（一）申请人表示可以延期执行的；（二）案外人对执行标的提出确有理由的异议的；（三）作为一方当事人的公民死亡，需要等待继承人继承权利或者承担义务的；（四）作为一方当事人的法人或者其他组织终止，尚未确定权利义务承受人的；（五）人民法院认为应当中止执行的其他情形。中止的情形消失后，恢复执行。"根据上述法律规定，为适应执行工作的复杂性，虽然规定了第5项的灵活性规定，但进入执行程序后，对是否存在应当中止执行情形，人民法院应当严格审查。本案中，榆林中院根据《最高人民法院、最高人民检察院、公安部关于办理非法集资刑事案件适用法律若干问题的意见》第7条的规定，对于刑民交叉案件，作出中止执行本案的裁定，并将案件所涉财产移送至府谷县公安局处非大队处理。

《最高人民法院、最高人民检察院、公安部关于办理非法集资刑事案件适用法律若干问题的意见》第7条共三款，其中第2款规定："人民法院在审理民事案件或者执行过程中，发现有非法集资犯罪嫌疑的，应当裁定驳回起诉或者中止执行，并及时将有关材料移送公安机关或者检察机关。"第3款规定："公安机关、人民检察院、人民法院在侦查、起诉、审理非法集资刑事案件中，发现与人民法院正在审理的民事案件属同一事实，或者被申请执行的财物属于涉案财物的，应当及时通报相关人民法院。人民法院经审查认为确属涉嫌犯罪的，依照前款规定处理。"按照上述规定，对非法集资犯罪的刑民交叉案件中止审理或中止执行有两种情形：一是人民法院在审理或执行案件中自行发现了犯罪线索的，此时，案件"应当"中止审理或执行；二是公安机关、检察机关等发现犯罪线索而通报人民法院的，此时，审判阶段主要判断是否属于同一事实或同一法律关系，执行阶段则需判断是否属于刑事案件涉案财物。如确属同一事实、同一法律关系或执行标的属于涉案财物,则中止审理或执行。本案属于第二种情况,榆林中院在执行中收到公安机关犯罪线索的通报后,应当判断本案的执行标的是否属于刑事案件涉案财物。但榆林中院未进行审查判断,仅依据府谷县公安局的函就中止对本案的审查存在不当,陕西省高级人民法院依法纠正,符合法律规定。

第二,本案执行依据认定王某某与高某某等之间的民间借贷关系成立,案件审理期间未发现借款行为本身或者借款人涉嫌犯罪。同时,申诉人某茂公司系本案的连带保证责任人,根据《最高人民法院关于审理民间借贷案件适用法律若干问题的规定》第12条第2款的规定,申诉人某茂公司并不能因主债务人的借贷行为涉嫌犯罪为由免除自身的担保责任。况且,本案被执行人包括高某某、党某某、高某、某茂公司等多个主体,而府谷县公安局在府公函〔2019〕270号《关于建议移交你院审理的诉(执行)高某某借款纠纷案的函》中,仅建议榆林中院将正在审理的诉(执行)高某某借款纠纷案驳回起诉或者中止执行,未涉及其他被执行人。榆林中院应当对本案全体被执行人是否均涉嫌犯罪进行审查。榆林中院未经审查,即决定将自2002年起至今在该院立案执行有高某某作为被执行人的民间借贷纠纷类案件全部中止执行,缺乏法律依据和事实依据。陕西省高级人民法院的认定处理并无不当,应予支持。

裁判要旨 ▷▷▷

执行程序中对涉嫌犯罪的刑民交叉案件能否中止执行应当区分情形处理。对于人民法院在审理或执行案件中自行发现犯罪线索的,"应当"中止执行;对于公安机关、检察机关等发现犯罪线索而通报人民法院的情形,人民法院应当结合实际案情来判断"犯罪线索"是否与人民法院正在审理的民事案件属同一事实、执行标的是否属于涉案财物。尤其是涉被执行人众多的民间借贷案件,要审查同案其他被执行人与公安机关所述犯罪事实是否相关。人民法院未经审查,不得径行将案件中止执行。

关联索引 ▷▷▷

《民事诉讼法》第267条(本案适用的是2022年1月1日施行的《民事诉讼法》第263条)

《最高人民法院、最高人民检察院、公安部关于办理非法集资刑事案件适

用法律若干问题的意见》第7条

执行异议：陕西省榆林市中级人民法院（2020）陕08执异80号执行裁定（2021年4月27日）

执行复议：陕西省高级人民法院（2021）陕执复87号执行裁定（2021年4月27日）

执行监督：最高人民法院（2022）最高法执监58号执行裁定（2022年6月21日）

2023-04-1-113-003

苏某明等人非法吸收公众存款案

——私募基金管理人经登记、私募基金经备案或者部分备案的，不影响对非法集资行为"非法性"的认定

基本案情 ▶▶▶

被告人苏某明系弘某财富公司与弘某基金公司的实际控制人，上述两家公司在中国证券投资基金业协会（以下简称基金业协会）登记为私募股权、创业投资基金管理人。被告人高某系弘某财富公司副总裁、销售部负责人。被告人贺某系弘某基金公司副总裁、业务部负责人。

2016年7月至2018年7月，被告人苏某明以弘某财富公司、弘某基金公司作为私募基金管理人，先后成立深圳弘某天成添富投资企业、深圳弘某汇富贰号投资企业等有限合伙企业，以多个房地产开发项目为投资标的，隐瞒投资项目均为苏某明实际控制的公司开发或者与他人合作开发的实情，发行私募股权类基金产品5只（其中4只在基金业协会备案）。苏某明指使被告人高某、贺某组织销售团队以口口相传、召开产品推介会，通过其他金融机构和私募基金公司、同行业从业人员帮助推销等多种方式向社会公开宣传私募基金产品，允许不合格投资者通过"拼单""代持"等方式突破私募基金投资人数和金额的限制，由苏某明实际控制的关联公司与投资者签订回购协议，并由苏某明个人提供无限连带责任担保，约定年利率10%~14.5%的回报，变

相承诺保本付息。苏某明、高某、贺某等人通过上述方式共非法公开募集资金人民币 5.999 亿元。上述资金进入合伙企业募集账户后划转至苏某明控制的数个账户，各私募基金产品资金混同，由苏某明统一支配使用。其中，以募新还旧方式兑付本息 1.5 亿余元，用于私募基金约定的投资项目 1.3 亿余元，用于苏某明开发的其他房地产项目 1.2 亿余元，用于购买建筑材料 1.01 亿余元，用于支付员工薪酬提成、公司运营成本及归还公司债务 0.9 亿余元。因资金链断裂，苏某明无法按期兑付本息。截至案发，投资人本金损失 4.41 亿余元。

广东省深圳市福田区人民法院于 2021 年 5 月 20 日、9 月 1 日分别作出 (2020) 粤 0304 刑初 301 号刑事判决、（2020）粤 0304 刑初 1403 号刑事判决，以非法吸收公众存款罪对被告人苏某明判处有期徒刑五年，并处罚金人民币 30 万元；以非法吸收公众存款罪对被告人高某、贺某分别判处有期徒刑三年，并处罚金人民币 10 万元；继续追缴违法所得。宣判后，没有上诉、抗诉，判决已发生法律效力。公安司法机关共冻结涉案银行账户存款人民币 687 万余元，依法追缴被告人苏某明对他人享有的 1600 万元债权和 35 名投资人利息、分红、佣金、返点费等，判决生效后一并发还投资人。

裁判理由 ▶▶▶

法院生效裁判认为，本案的焦点问题是：私募基金管理人经登记、私募基金经备案或者部分备案的，是否影响对非法集资行为"非法性"的认定。

根据《证券投资基金法》《私募投资基金监督管理条例》（本案系依据《私募投资基金监督管理暂行办法》）规定，私募基金是指以非公开方式向投资者募集资金设立的投资基金，具有"非公开"和"向特定合格投资者募集"两个基本属性；私募基金不设行政审批，私募基金管理人应当向基金业协会申请登记，募集完毕后办理基金备案，但是经登记、备案不属于"经有关部门依法许可"向社会公众吸收资金。根据《商业银行法》规定，向不特定社会公众公开吸收存款是商业银行的专属业务，需经国务院银行业监督管理机构批准。违反《商业银行法》等规定，向不特定社会公众公开发行销售私募基金的，属于假借私募基金的合法经营形式，掩盖非法集资之实，既违反了私募基金管理法律规定，又违反了商业银行法的规定，故无论是否经基金业协会登记、备案，均具有非法性。

以私募基金为名非法集资的手段多样，实质上都是突破私募基金"私"

的本质和投资风险自负的底线，属于以具有公开性、社会性和利诱性的方式非法募集资金。常用的手段有：通过网站、电话、微信、讲座、推介会、分析会、撒网式代销推荐等方式向不特定对象宣传，具有公开性；通过组织不合格投资者私下协议代持基金份额、允许"拼单团购"、将私募基金份额或者收益权进行拆分转让、同一融资项目设立多只私募基金等方式，降低合格投资者标准，规避投资者人数限制，具有社会性；除私募基金认购合同外，通过另行签订补充协议或者口头承诺回购、担保、年化收益率等方式，以预期利润为引诱，承诺还本付息或者给付回报，具有利诱性。发行销售私募基金的行为具备上述特征的，属于非法集资或者变相非法集资，应当依法追究刑事责任。

是否具有非法占有目的，是区分非法吸收公众存款罪与集资诈骗罪的关键。私募股权类基金产品一般从事创业投资，以投资项目公司、企业的股权为标的，对于发行私募股权类基金产品符合非法集资犯罪"四性"特征，但大部分资金用于真实项目投资，没有抽逃、转移、隐匿、挥霍等情形的，可以不认定具有"以非法占有为目的"。本案中，苏某明等人以私募为名实施非法集资活动，募集资金除返本付息和维持运营外，主要用于约定房地产项目、其他房地产项目以及与项目相关的建筑材料采购，项目真实，依法认定不具有非法占有目的，以非法吸收公众存款罪追究刑事责任。故法院依法作出如上裁判。

裁判要旨 ▶▶▶

违反《商业银行法》《证券投资基金法》《私募投资基金监督管理条例》等的相关规定，向不特定社会公众公开发行销售私募基金的，属于假借私募基金之名，掩盖非法集资之实，无论是否经基金业协会登记、备案，均不影响对其非法集资行为的认定。根据行为人主观上是否具有非法占有目的，可以认定为非法吸收公众存款罪或者集资诈骗罪。

关联索引 ▶▶▶

《刑法》第176条

一审：广东省深圳市福田区人民法院（2020）粤0304刑初301号刑事判决（2021年5月20日）

广东省深圳市福田区人民法院（2000）粤0304刑初1403号刑事判决（2021年9月1日）

2024-04-1-133-007

苏某洗钱案

——行为人明知是非法集资犯罪所得，仍提供资金账户用于对外借贷的，构成洗钱罪

基本案情 》》

2015年3月至2019年6月，被告人刘某等人注册成立资产管理公司，并先后雇佣他人负责放款、账目管理等工作。该公司下设多家门店，采用在公共场所发放宣传单、组织相亲会、登报等多种方式公开宣传，许诺高息并承诺定期返本付息，共向2297名集资参与人非法吸收资金2 082 797 957.35元，给1050名集资参与人造成损失345 849 517.15元，资金主要用于放贷和返还投资人存款及利息。

2016年，被告人苏某通过他人介绍与刘某相识并每年均参加该公司的年会，其在知晓刘某所在公司的运行模式后有偿为刘某介绍借款人，使用其控制的账户将刘某提供的钱款借贷给他人或者公司，待借贷款到后扣除服务费，再将钱款和利息转回刘某实际控制的账户内。经统计，刘某及其公司关联账户共向苏某实际控制的账户内转款324 020 000元，自苏某实际控制的账户回款249 257 334元，差额74 762 666元。苏某在一审期间退赔100万元。

天津市南开区人民法院于2022年12月30日作出（2021）津0104刑初610号刑事判决，认定被告人苏某犯洗钱罪，判处有期徒刑6年10个月，并处罚金人民币35万元。宣判后，被告人苏某提出上诉。天津市第一中级人民法院于2023年4月17日作出（2023）津01刑终42号刑事裁定，驳回上诉，维持原判。

裁判理由 》》

法院生效裁判认为，被告人刘某等违反国家金融管理法律法规，未经国家金融监管部门许可，非法吸收公众存款，扰乱金融秩序，其5人行为均已构成非法吸收公众存款罪，且属数额巨大，依法应追究刑事责任；被告人苏

某明知是非法集资犯罪所得，提供资金账户，通过借贷转账的方式掩饰、隐瞒钱款的来源和性质，情节严重，其行为构成洗钱罪，依法应追究刑事责任。被告人苏某曾因犯罪被处罚，但不思悔改，再犯本罪，应当酌情从重处罚；六被告人均构成自首，其中刘某、董某某、王某、苏某认罪认罚，依法予以从轻处罚；另考虑董某某已超额退缴违法所得，苏某退赔了部分钱款以及公安机关查封、冻结的涉案财产的情况，酌情对各被告人予以从轻处罚。故而，法院依法作出如上裁判。

裁判要旨 》》

（1）被告人为非法吸收公众存款的上游犯罪提供资金账户是构成非法吸收公众存款犯罪的共犯还是单独认定构成洗钱罪，应看与上游犯罪行为人是否存在"事前通谋""事中共谋"。如果行为人明知是非法集资犯罪所得，仍提供资金账户，通过借贷转账的方式掩饰、隐瞒钱款的来源和性质，并且与上游犯罪行为人不存在"事前通谋"和"事中共谋"的，构成洗钱罪。

（2）对于"事前通谋"，应当着重判断被告人是否在非法吸收公众存款罪中就公司成立、开展经营进行商议等。对于"事中共谋"，应当着重判断被告人是否实际参与吸揽业务、领取佣金，是否为公司的工作人员、领取工资等。

（3）《刑法修正案（十一）》虽对《刑法》第191条洗钱罪删除了"明知"的表述，但并未改变洗钱罪之故意犯罪构成，具体包括知道和应当知道。

关联索引 》》

《刑法》第176条、第191条

一审：天津市南开区人民法院（2021）津0104刑初610号刑事判决（2022年12月30日）

二审：天津市第一中级人民法院（2023）津01刑终42号刑事裁定（2023年4月17日）

2023-03-1-169-009

魏某非法经营案

——以从事非法证券业务场外配资为目的又实施非法吸收公众
存款犯罪行为的，应择一重罪论处；投资者的炒股损失不宜在
刑事判决中判令由配资人承担全部退赔责任

基本案情 >>>

2013 年 6 月至 2019 年 5 月，被告人魏某先后在江西省新余市渝水区成立新余某公司和江西某公司，招聘业务员黄某、宋某、龚某等人以投资理财将集资人钱款用于股票配资的名义，许诺每月 1.5%~1.8% 不等的利息，通过拨打电话或口口相传的方式向不特定的社会公众吸收资金，共计吸收集资参与人刘某1、廖某某、刘某2 等 14 人资金共计人民币 438 万元。截至案发前，除返还利息外，造成集资参与人直接经济损失共计人民币 2 417 750 元。

同时，新余某公司和江西某公司在没有取得中国证监会批准的经营证券业务许可证、国务院证券监督管理机构审查批准的融资融券业务许可证的情况下，被告人魏某以上述公司总经理的名义向被害人龙某、余某、肖某等推销股票配资业务。被害人龙某、余某、肖某等以银行转账、现金支付等方式交付本金给被告人魏某后，被告人魏某按照 1:3 至 1:5 不等的比例杠杆提供资金给被害人进行炒股，同时规定被害人必须挂靠在被告人魏某提供的他人账户名下并下载指定的"涌乾管家""通达管家""华林证券"等 App 进行股票交易操作。魏某对客户账户情况进行监控，对配资炒股进行资金支付结算，并对配资资金收取月息 0.2% 的差额利息。被告人魏某通过股票配资非法经营金额共计人民币 3 354 500 元，截至案发前，尚未退还被害人炒股本金共计人民币 1 788 047 元。

新余市渝水区人民法院于 2021 年 12 月 14 日作出（2021）赣 0502 刑初 351 号刑事判决：一、被告人魏某犯诈骗罪，判处有期徒刑七年十个月，并处罚金人民币四万元上缴国库；犯非法吸收公众存款罪，判处有期徒刑三年十个月，并处罚金人民币 5 万元上缴国库；犯非法经营罪，判处有期徒刑二年

六个月，并处罚金人民币1万元上缴国库。决定执行有期徒刑十二年六个月，并处罚金人民币10万元上缴国库。二、责令被告人魏某退赔人民币5 675 257元并发还给各被害人。宣判后，原审被告人魏某不服，提出上诉。新余市中级人民法院于2022年5月6日作出（2022）赣05刑终1号刑事判决：一、撤销新余市渝水区人民法院（2021）赣0502刑初351号刑事判决。二、上诉人魏某犯诈骗罪，判处有期徒刑七年十个月，并处罚金人民币4万元；犯非法经营罪，判处有期徒刑三年，并处罚金人民币6万元，决定执行有期徒刑9年，并处罚金人民币10万元。三、责令上诉人魏某退赔人民币2 767 750元并发还给何某某、张某某及各集资参与人。

裁判理由 ▶▶▶

关于上诉人魏某是否构成非法吸收公众存款罪的问题，法院生效判决认为：魏某在未经国家金融管理部门批准许可，以做股票配资的名义，招募业务员以打电话及口口相传的方式向不特定的社会公众吸收资金，并允诺高额回报，数额较大，扰乱金融秩序，其行为构成非法吸收公众存款罪。其相关行为虽以公司名义开展，但相关公司的主要经营业务是非法吸收公众存款和非法经营业务，依法不能认定其属单位犯罪。魏某未获得国家证券监督管理机构批准从事证券融资业务的行为构成非法经营罪。魏某所犯的两罪属于手段行为与目的行为的牵连关系，属牵连犯，应择一重罪即非法经营罪论处。非法经营犯罪中用资人的炒股本金损失不宜一并纳入刑事判决追缴、退赔判项。

裁判要旨 ▶▶▶

（1）2014年《证券法》修正后，未经国务院证券监督管理机构批准为他人买卖证券提供融资业务即为他人提供场外配资的，属于《刑法》第225条第3项规定的"非法经营"行为。

（2）为筹集从事非法场外配资资金而未经金融监管部门批准，以承诺高额回报为诱饵擅自向不特定社会公众吸收存款的，犯罪目的与犯罪手段存在牵连关系，在《刑法》及刑事司法解释未明确规定应数罪并罚的情况下，应择一重罪论处。

（3）集资参与人的本金损失可按《刑法》第64条判决由非法集资犯罪行为人承担全部退赔责任，但对于利用场外配资从事证券投资的投资人损失，不宜按《刑法》第 64 条在刑事判决中判决由非法经营行为人全部承担，相关问题宜通过民事途径解决。

关联索引 ≫

《刑法》第 64 条、第 225 条第 3 项

《刑事诉讼法》第 236 条第 1 款第 2 项、第 3 项

《证券法》（2014 年修正）第 142 条

《全国法院民商事审判工作会议纪要》第 86 条、第 87 条

一审：江西省新余市渝水区人民法院（2021）赣 0502 刑初 351 号刑事判决（2021 年 12 月 14 日）

二审：江西省新余市中级人民法院（2022）赣 05 刑终 1 号刑事判决（2022 年 5 月 6 日）

2024-03-1-113-002

战某东非法吸收公众存款案

——前往侦查机关了解同案犯投案情况、配合投资人报案行为性质的认定

基本案情 ≫

2014 年至 2018 年，被告人战某东伙同何某、朱某玲（均已判刑）等人，在北京市东城区租赁场地，未经有关部门依法批准，以某泰公司名义，向社会公开宣传投资理财项目，承诺还本付息，向社会不特定对象吸收资金共计 2500 余万元，以工资、提成名义非法获利 140.674708 万元。战某东为了解同案犯何某的投案情况或配合投资人报案前往侦查机关，既无投案的意思，也未向侦查机关主动交代本人的犯罪事实，此后被侦查机关抓获归案。2021 年 6 月 2 日，战某东被侦查机关抓获归案。一审期间，战某东通过家属代为退赃 2 万元，部分投资人对战某东表示谅解。

北京市东城区人民法院于 2021 年 12 月 1 日作出（2021）京 0101 刑初

653号刑事判决：一、被告人战某东犯非法吸收公众存款罪，判处有期徒刑三年五个月，并处罚金人民币6万元。二、责令战某东退赔违法所得人民币1 406 740.8元，发还各投资人。宣判后，战某东以其具有自首情节等为由提出上诉，北京市东城区人民检察院以原判量刑过轻提出抗诉。北京市第二中级人民法院于2022年5月11日作出（2022）京02刑终104号刑事裁定，驳回抗诉和上诉，维持原判。

裁判理由

法院生效裁判认为，被告人战某东伙同他人变相非法吸收公众存款，扰乱金融秩序，其行为已构成非法吸收公众存款罪，且犯罪数额巨大，依法应予惩处。战某东为了解同案犯何某的投案情况或配合投资人报案前往侦查机关，既无投案的意思，也未向侦查机关主动交代本人的犯罪事实，此后被侦查机关抓获归案。综合战某东的到案经过认为，其不符合自动投案的要件，不应认定为自首。故一、二审法院依法作出如上裁判。

裁判要旨

被告人前往侦查机关了解同案犯投案情况或配合投资人报案，同时主动向司法机关交代自己的罪行，具有投案意愿和行为，应认为构成自动投案；未主动向司法机关交代自己的罪行，缺乏将自身交由法律制裁的意愿，不应认定为自动投案。

关联索引

《刑法》第67条、第176条

一审：北京市东城区人民法院（2021）京0101刑初653号刑事判决（2021年12月1日）

二审：北京市第二中级人民法院（2022）京02刑终104号刑事裁定（2022年5月11日）

杨某国等人非法吸收公众存款案

基本案情 >>>

望洲集团于 2013 年 2 月 28 日成立，被告人杨某国为法定代表人、董事长。自 2013 年 9 月起，望洲集团开始在线下进行非法吸收公众存款活动。2014 年，杨某国利用其实际控制的公司又先后成立望洲财富公司、望洲普惠公司，通过线下和线上两个渠道开展非法吸收公众存款活动。其中，望洲普惠公司主要负责发展信贷客户（借款人），望洲财富公司负责发展不特定社会公众成为理财客户（出借人），根据理财产品的不同期限约定 7%～15% 不等的年化利率募集资金。在线下渠道，望洲集团在全国多个省、市开设门店，采用发放宣传单、举办年会、发布广告等方式进行宣传，理财客户或者通过与杨某国签订债权转让协议，或者通过匹配望洲集团虚构的信贷客户借款需求进行投资，将投资款转账至杨某国个人名下 42 个银行账户，被望洲集团用于还本付息、生产经营等活动。在线上渠道，望洲集团及其关联公司以网络借贷信息中介活动的名义进行宣传，理财客户根据望洲集团的要求在第三方支付平台上开设虚拟账户并绑定银行账户。理财客户选定投资项目后将投资款从银行账户转入第三方支付平台的虚拟账户进行投资活动，望洲集团、杨某国及望洲集团实际控制的担保公司为理财客户的债权提供担保。望洲集团对理财客户虚拟账户内的资金进行调配，划拨出借资金和还本付息资金到相应的理财客户和信贷客户账户，并将剩余资金直接转至杨某国在第三方支付平台上开设的托管账户，再转账至杨某国开设的个人银行账户，与线下资金混同，由望洲集团支配使用。

因资金链断裂，望洲集团无法按期兑付本息。截至 2016 年 4 月 20 日，望洲集团通过线上、线下两个渠道非法吸收公众存款共计 64 亿余元，未兑付资金共计 26 亿余元，涉及集资参与人 13400 余人。其中，通过线上渠道吸收公众存款 11 亿余元。

检察机关履职过程 ⟫⟫

2017年2月15日，浙江省杭州市江干区人民检察院以非法吸收公众存款罪对杨某国等4名被告人依法提起公诉，杭州市江干区人民法院公开开庭审理本案。

法庭调查阶段，公诉人宣读起诉书指控杨某国等被告人的行为构成非法吸收公众存款罪，并对杨某国等被告人进行讯问。杨某国对望洲集团通过线下渠道非法吸收公众存款的犯罪事实和性质没有异议，但辩称望洲集团的线上平台经营的是正常P2P业务，线上的信贷客户均真实存在，不存在资金池，不是吸收公众存款，不需要取得金融许可牌照，在营业执照许可的经营范围内即可开展经营。针对杨某国的辩解，公诉人围绕理财资金的流转对被告人进行了重点讯问。

被告人的当庭供述证明，望洲集团通过直接控制理财客户在第三方平台上的虚拟账户和设立托管账户，实现对理财客户资金的归集、控制、支配和使用，形成了资金池。

举证阶段，公诉人出示证据，全面证明望洲集团线上、线下业务活动本质为非法吸收公众存款，并就线上业务相关证据重点举证。

第一，通过出示书证、审计报告、电子数据、证人证言、被告人供述和辩解等证据，证实望洲集团的线上业务归集客户资金设立资金池并进行控制、支配、使用，不是网络借贷信息中介业务。（1）第三方支付平台赋予望洲集团对所有理财客户虚拟账户内的资金进行冻结、划拨、查询的权限。线上理财客户在合同中也明确授权望洲集团对其虚拟账户内的资金进行冻结、划拨、查询，且虚拟账户销户需要望洲集团许可。（2）理财客户将资金转入第三方平台的虚拟账户后，望洲集团每日根据理财客户出借资金和信贷客户的借款需求，以多对多的方式进行人工匹配。当理财客户资金总额大于信贷客户借款需求时，剩余资金划入杨某国在第三方支付平台开设的托管账户。望洲集团预留第二天需要支付的到期本息后，将剩余资金提现至杨某国的银行账户，用于线下非法吸收公众存款活动或其他经营活动。（3）信贷客户的借款期限与理财客户的出借期限不匹配，存在期限错配等问题。（4）杨某国及其控制的公司承诺为信贷客户提供担保，当信贷客户不能按时还本付息时，杨某国保证在债权期限届满之日起3个工作日内代为偿还本金和利息。实际操作中，归还出借人的资金都来自于线上的托管账户或者杨某国线下经营的银行账户。（5）望洲集团通过多种途径向不特定公众进行宣传，发展理财客户，并通过明示年化收益率、提供担保等方式承诺向理财客户还本付息。

第二，通过出示理财、信贷余额列表，扣押清单，银行卡照片，银行卡交易明细，审计报告，证人证言，被告人供述和辩解等证据，证实望洲集团资金池内的资金去向：（1）望洲集团吸收的资金除用于还本付息外，主要用于扩大望洲集团下属公司的经营业务。（2）望洲集团线上资金与线下资金混同使用，互相弥补资金不足，望洲集团从第三方支付平台提现到杨某国银行账户资金为2.7亿余元，杨某国个人银行账户转入第三方支付平台资金为2亿余元。（3）望洲集团将吸收的资金用于公司自身的投资项目，并有少部分用于个人支出，案发时线下、线上的理财客户均遭遇资金兑付困难。

法庭辩论阶段，公诉人发表公诉意见，论证杨某国等被告人构成非法吸收公众存款罪，起诉书指控的犯罪事实清楚，证据确实、充分。其中，望洲集团在线上经营所谓网络借贷信息中介业务时，承诺为理财客户提供保底和增信服务，获取对理财客户虚拟账户内资金进行冻结、划拨、查询等权限，归集客户资金设立资金池，实际控制、支配、使用客户资金，用于还本付息和其他生产经营活动，超出了网络借贷信息中介的业务范围，属于变相非法吸收公众存款。杨某国等被告人明知其吸收公众存款的行为未经依法批准而实施，具有犯罪的主观故意。

杨某国认为望洲集团的线上业务不构成犯罪，不应计入犯罪数额。杨某国的辩护人认为，国家允许P2P行业先行先试，望洲集团设立资金池、开展自融行为的时间在国家对P2P业务进行规范之前，没有违反刑事法律，属民事法律调整范畴，不应受到刑事处罚，犯罪数额应扣除通过线上模式流入的资金。

公诉人针对杨某国及其辩护人的辩护意见进行答辩：望洲集团在线上开展网络借贷中介业务已从信息中介异化为信用中介，望洲集团对理财客户投资款的归集、控制、支配、使用以及还本付息的行为，本质与商业银行吸收存款业务相同，并非国家允许创新的网络借贷信息中介行为，不论国家是否出台有关网络借贷信息中介的规定，未经批准实施此类行为，都应当依法追究刑事责任。因此，线上吸收的资金应当计入犯罪数额。

法庭经审理认为，望洲集团以提供网络借贷信息中介服务为名，实际从事直接或间接归集资金，甚至自融或变相自融行为，本质是吸收公众存款。判断金融业务的非法性，应当以现行刑事法律和金融管理法律规定为依据，不存在被告人开展P2P业务时没有禁止性法律规定的问题。望洲集团的行为已经扰乱了金融秩序，破坏了国家金融管理制度，应受刑事处罚。

2018年2月8日，杭州市江干区人民法院作出一审判决，以非法吸收公众存款罪，分别判处被告人杨某国有期徒刑九年六个月，并处罚金人民币50万元；判处被告人刘某蕾有期徒刑四年六个月，并处罚金人民币10万元；判处被告人吴某有期徒刑三年，缓刑五年，并处罚金人民币10万元；判处被告人张某婷有期徒刑三年，缓刑五年，并处罚金人民币10万元。在案扣押冻结款项分别按损失比例发还；在案查封、扣押的房产、车辆、股权等变价后分别按损失比例发还。不足部分责令继续退赔。宣判后，被告人杨某国提出上诉后又撤回上诉，一审判决已生效。本案追赃挽损工作仍在进行中。

指导意义 》》》

（1）向不特定社会公众吸收存款是商业银行专属金融业务，任何单位和个人未经批准不得实施。根据《商业银行法》第11条规定，未经国务院银行业监督管理机构批准，任何单位和个人不得从事吸收公众存款等商业银行业务，这是判断吸收公众存款行为合法与非法的基本法律依据。任何单位或个人，包括非银行金融机构，未经国务院银行业监督管理机构批准，面向社会吸收公众存款或者变相吸收公众存款均属非法。国务院《非法金融机构和非法金融业务活动取缔办法》进一步明确规定，未经依法批准，非法吸收公众存款、变相吸收公众存款、以任何名义向社会不特定对象进行的非法集资都属于非法金融活动，必须予以取缔。为了解决传统金融机构覆盖不了、满足不好的社会资金需求，缓解个体经营者、小微企业经营当中的小额资金困难，国务院金融监管机构于2016年发布了《网络借贷信息中介机构业务活动管理暂行办法》等"一个办法、三个指引"，允许单位或个人在规定的借款余额范围内通过网络借贷信息中介机构进行小额借贷，并且对单一组织、单一个人在单一平台、多个平台的借款余额上限作了明确限定。检察机关在办案中要准确把握法律法规、金融管理规定确定的界限、标准和原则精神，准确区分融资借款活动的性质，对于违反规定达到追诉标准的，依法追究刑事责任。

（2）金融创新必须遵守金融管理法律规定，不得触犯刑法规定。金融是现代经济的核心和血脉，金融活动引发的风险具有较强的传导性、扩张性、潜在性和不确定性。为了发挥金融服务经济社会发展的作用，有效防控金融风险，国家制定了完善的法律法规，对商业银行、保险、证券等金融业务进行严格的规制和监管。金融也需要发展和创新，但金融创新必须有效地防控可能产生的风险，必须遵守金融管理法律法规，尤其是依法须经许可才能从事的金融业务，不允许未经许可而以创新的名义擅自开展。检察机关办理涉金融案件，要深入分析、清楚认识各类新金融现象，准确把握金融的本质，透过复杂多样的表现形式，准确区分是真的金融创新还是披着创新外衣的伪创新，是合法金融活动还是以金融创新为名实施金融违法犯罪活动，为防范化解金融风险提供及时、有力的司法保障。

（3）网络借贷中介机构非法控制、支配资金，构成非法吸收公众存款。网络借贷信息中介机构依法只能从事信息中介业务，为借款人与出借人实现直接借贷提供信息搜集、信息公布、资信评估、信息交互、借贷撮合等服务。信息中介机构不得提供增信服务，不得直接或间接归集资金，包括设立资金池控制、支配资金或者为自己控制的公司融资。网络借贷信息中介机构利用互联网发布信息归集资金，不仅超出了信息中介业务范围，同时也触犯了《刑法》第176条的规定。检察机关在办案中要通过对网络借贷平台的股权结构、实际控制关系、资金来源、资金流向、中间环节和最终投向的分析，综合全流程信息，分析判断是规范的信息中介，还是假借信息中介名义从事信用中介活动，是否存在违法设立资金池、自融、变相自融等违法归集、控制、支配、使用资金的行为，准确认定行为性质。

关联索引 》》》

《刑法》第176条

《商业银行法》第11条

《最高人民法院关于审理非法集资刑事案件具体应用法律若干问题的解释》第1条

最高人民检察院发布 7 件防范金融投资诈骗典型案例之五：马某等利用转让新三板挂牌公司股权集资诈骗案

基本案情

2015 年，安徽 R 股份有限公司在全国中小企业股权转让系统（新三板）挂牌，马某系该公司法定代表人。2017 年 9 月，因公司急需周转资金，马某与蔡某杰（另案处理）、陈某敏等商议，以正在筹备 A 股上市为名寻找投资者。在未经证券部门批准且不具备证券经营资质的情况下，蔡某杰控制的股权投资公司与 R 公司签订了《投资顾问协议》，约定以每股 7.8 元价格对外转让 R 公司股票，其中 R 公司实际每股获得 3.4 元，其他 4.4 元由股权投资公司占有。后股权投资公司找到宣传团队策划推广 R 公司股票。宣传团队雇佣大批代理商组建微信群、QQ 群，拉拢有投资意向的社会公众入群，并冒充投资者在群内分享虚假购买凭证营造哄抢氛围。同时，还雇人冒充国家高级证券分析师、股票讲师开设网络直播间，向投资者分析新三板股票、讲授炒股技巧，夸大宣传并预测 R 公司股票在 A 股上市的可能，鼓动投资者大量买入该公司股票。为获取投资者信任，马某制作并披露 R 公司虚假财务报表，自买自卖公司股票虚抬股价，出资对公司进行虚假宣传，并承诺 3 年内 R 公司将在主板上市并实现"翻番式"收益，如果上市失败或不能如期上市则以 10% 年利率进行回购。在未实际转让 R 公司股权的前提下，马某与投资者签订所谓"股权转让""股权代持"协议，假借增资扩股、转让股票的名义向 100 余名投资者募集资金 1910 余万元，部分资金用于 R 公司经营活动。

2018 年 4 月，马某在 R 公司已停工停产、资不抵债的情况下，仍以上述方式，伙同罗某等以每股 13 元的价格向 400 余名投资者募集资金 9900 万余元。截至案发，未兑付数额共计 1 亿余元。

检察机关履职过程 >>>

2019 年 11 月 11 日，安徽省亳州市公安局以马某涉嫌非法吸收公众存款罪、陈某敏等涉嫌擅自发行股票罪移送起诉。安徽省亳州市人民检察院审查起诉过程中，与中国证监会安徽监管局就本案股权转让行为定性进行两次会商研判，认定马某与投资者签订的并非股票转让合同，实际上 R 公司股权未发生变化，投资者未得到任何股权，不符合擅自发行股票罪的犯罪构成要件。结合马某等许诺获利、投资款用途、股权转让方式等方面综合分析，最终认定马某等以股权转让为名向社会公众募集资金，并承诺还本付息，构成非法吸收公众存款罪。同时，2018 年 4 月以后，在 R 公司已经停止生产经营、资不抵债的情况下，马某仍然继续通过虚假宣传向社会公众骗取投资款，属于使用诈骗方法，以非法占有为目的进行非法集资，2018 年 4 月以后的非法集资行为已经构成集资诈骗罪。

2020 年 5 月 25 日，安徽省亳州市人民检察院以非法吸收公众存款罪、集资诈骗罪对马某等提起公诉。

2021 年 12 月 21 日，安徽省亳州市中级人民法院以非法吸收公众存款罪、集资诈骗罪判处被告人马某无期徒刑，剥夺政治权利终身，并处罚金人民币五十万元；判处被告人陈某敏有期徒刑十三年，并处罚金人民币二十八万元；以集资诈骗罪或非法吸收公众存款罪判处其余 3 名被告人有期徒刑十五年至有期徒刑二年八个月不等，并处罚金。一审宣判后，部分被告人上诉，2022年 8 月 22 日，安徽省高级人民法院裁定，驳回上诉，维持原判。

最高人民检察院发布 7 起检察机关惩治养老诈骗
违法犯罪典型案例（第二批）之二：
刘某平等人非法吸收公众存款案
—— 通过"广场舞"应用软件向老年人非法集资

基本案情 >>>

2014 年至 2015 年间，被告人刘某平先后成立北京红舞联盟科技有限公司

（以下简称"红舞联盟"）等公司，伙同被告人李某鹏等人，在未经依法批准的情况下，以众筹开发老年人网络社交平台——"红舞联盟"手机应用软件为由，约定8%~14%年化收益率并承诺保本付息，向不特定社会公众，特别是爱好广场舞的老年人公开宣传。为吸引老年人投资，刘某平等人在"红舞联盟"手机应用软件推出聊天交友、舞蹈教学、舞场定位、活动报名、积分换购、推荐抽奖等对老年广场舞爱好者具有吸引力的功能，拉拢老年人下载注册。同时，在线下通过发放统一服装、组织广场舞比赛、申请万人同舞"吉尼斯"世界纪录、组织用户旅游考察等方式进行宣传，吸引老年人关注。为拓展吸收资金渠道，刘某平等人吸纳原有社区广场舞队加入"红舞联盟"，将部分广场舞组织者、教学者发展为业务员吸收资金。为解决老年人线上签合同、转账操作不熟练等问题并规避监管，业务员均在线下与老年投资者签合同收取资金。

至2019年7月，被告人刘某平等人向1200余人非法吸收公众存款8.7亿余元。上述资金被用于支付集资参与人本息、向业务员发放提成、投入"红舞联盟"应用软件运营以及其他经营项目，给集资参与人造成本金损失3.3亿余元。

2022年4月2日，北京市海淀区人民法院以非法吸收公众存款罪，判处刘某平有期徒刑九年，并处罚金50万元；判处李某鹏等24名被告人有期徒刑七年至二年四个月不等，并处罚金；判处王某华等7名被告人有期徒刑三年至二年，并处罚金，同时适用缓刑（本案根据从旧兼从轻原则，适用《刑法修正案（十一）》实施前的刑法条文）。一审判决后，刘某平等7名被告人上诉，2022年8月4日，北京市第一中级人民法院裁定，驳回上诉，维持原判。

检察机关履职过程 >>>

2019年3月26日，北京市公安局海淀分局对刘某平等人非法吸收公众存款案立案侦查。检察机关介入侦查后，建议公安机关以发布公告的方式查明其他未报案参与人、及时固定基础证据材料、尽快委托司法审计，同时以定期座谈方式向集资参与人代表通报案件进展，回应集资参与人关切的问题。2020年1月30日，公安机关以刘某平等人涉嫌非法吸收公众存款罪移送起诉。检察机关在审查起诉过程中，向犯罪嫌疑人告知认罪认罚从宽制度，26名犯罪嫌疑人认罪认罚并签署具结书。检察机关综合各犯罪嫌疑人在犯罪中的地位、作用以及认罪认罚、退缴违法所得等情况，提出不同的量刑建议。2020 年 8 月 7 日，北京市海淀区人民检察院以非法吸收公众存款罪对刘某平等人提起公诉。

北京市海淀区人民检察院对本案所暴露出的涉老年用户互联网应用软件领域风险进行了全面筛查，锁定"养老""广场舞""养生"等 17 个关键词，在各大应用软件下载平台筛查涉及养老服务、休闲娱乐、网络交友、消费购物及保健养生五类"涉老 App" 213 个，从中梳理出存在养老诈骗风险的"涉老 App" 26 个，将相关行政公益诉讼线索移送有关部门并获立案，将相关涉嫌违法犯罪线索移送公安机关、行政机关依法处理。在本案办理后，检察机关以本案事实为基础，改编拍摄了打击防范养老诈骗微电影《分生》，网络点击率近百万。

典型意义 >>>

当前，我国社会老龄化和互联网产业的高速发展，金融市场的不断创新，"银发族"与"互联网金融圈"的交集不断扩大。不法分子利用老年人网络风险意识不高、互联网运用不熟练等特点，专门针对老年人的兴趣爱好设计兼具交友、投资等功能的应用软件从事非法集资、诈骗等犯罪活动。这类犯罪以老年人的兴趣爱好为引子，以高额回报为诱饵，再通过身边人身边事打消老年人警惕心理，极易使老年人陷入骗局。老年人要牢记，任何未经金融管理部门批准，以高额回报为幌子吸收资金的行为，都是非法金融活动。检察机关在办理此类新型非法集资案件时，应当能动履职，延伸开展治理工作，从个案中研判类案风险，通过公益诉讼、线索移转等方式，积极协同有关监管部门开展相关行业领域溯源治理，实现"惩治一案、治理一片"的效果。对于手段翻新的养老诈骗案件，还可以通过视频短片等形式进行以案释法，及时向社会公众揭示新型犯罪手段，开展警示教育，提高防范意识。

最高人民检察院发布6件打击整治养老诈骗犯罪典型案例之二：戴某平等人集资诈骗、非法吸收公众存款案

——以预订养老公寓床位为名向老年人非法集资

基本案情

2010年，戴某平开始对外经营夕阳红老年公寓，收取费用作为日常经营资金。戴某平还通过民间借贷和银行贷款融资经营其他工程项目，但因经营不善而背负债务。为偿还上述民间借贷、银行贷款本息，戴某平与魏某升、徐某强、徐某刚、戴某擎分别设立夕阳红老年公寓市场部、夕阳红孝德广场、夕阳红旅行社，自2013年1月起开始非法集资。魏某升、徐某强、徐某刚、戴某擎等人分别组织营销团队，通过发放"投资养老"传单、开展讲座、组织聚餐等方式，宣传其名下养老公寓等项目，推广所谓"投资高回报+优惠享受养老服务"投资项目，即签订床位预订合同、缴纳预订金能够获得年化7%～12%的利息，后期入住可享受优惠价格，吸引中老年人签订预订养老服务合同、缴纳预订金。

至2018年3月，戴某平与魏某升、徐某强、徐某刚、戴某擎等人通过上述方式共向2100余人吸收资金1.36亿余元。上述资金中，绝大部分被戴某平个人任意支配使用，仅有744万元用于养老公寓等日常经营活动，其余资金用于支付集资参与人本息、归还所欠的民间债务和银行贷款、销售团队提成以及个人挥霍使用，给集资参与人造成本金损失9300万余元。

2021年2月1日，湖北省黄石市黄石港区人民法院以集资诈骗罪判处戴某平有期徒刑十五年，并处罚金40万元；以非法吸收公众存款罪判处魏某升等4名被告人有期徒刑八年十一个月至二年八个月不等，并处罚金。一审判决后，被告人上诉，2021年7月6日，黄石市中级人民法院裁定，驳回上诉，维持原判。

检察机关履职过程

2018年12月29日，公安机关刑事立案后，湖北省黄石市黄石港区人民检察院介入侦查，并建议公安机关发布公告，通知未报案登记的集资参与人，查明非法集资金额及损失情况。公安机关采纳检察机关建议，对1700余名集

资参与人的报案材料进行收集、整理、核对，核实赃款去向，查询、冻结涉案人员及单位的财产，聘请审计部门出具审计报告。2019 年 6 月 28 日，公安机关以戴某平等人涉嫌非法吸收公众存款罪移送起诉。检察机关审查起诉后两次退回补充侦查，引导公安机关从主观目的、赃款去向等方面进一步补充收集相关证据。2019 年 12 月 25 日，黄石市黄石港区人民检察院认为，在案证据尚不足以证明戴某平等人具有非法占有目的，遂以非法吸收公众存款罪对戴某平等人提起公诉。

提起公诉后，黄石市黄石港区人民检察院继续要求公安机关补充提供涉案资金去向相关证据。公安机关最终补充提供了相关证据。检察机关审查认为，戴某平个人实际控制集资款并将绝大部分集资款用于归还银行贷款及民间借贷本息、支付集资参与人本息等，只有极少部分投入夕阳红老年公寓等养老机构的日常经营活动，与所筹集资款规模明显不成比例，足以证明戴某平在非法集资过程中具有非法占有目的，构成集资诈骗罪。其余被告人主要负责实施非法吸收公众存款，不参与集资款的使用，构成非法吸收公众存款罪。2020 年 11 月 23 日，黄石市黄石港区人民检察院对戴某平变更起诉为集资诈骗罪。法庭审理中，检察机关发表公诉意见指出，本案犯罪对象是老年人，性质恶劣，社会危害性大，建议法院对戴某平等酌情从重处罚，法院予以采纳。

典型意义

（1）注重对非法集资款实际去向的引导取证和全面审查，准确判断非法集资人有无非法占有目的。

非法集资人是否具有非法占有目的，直接关系其构成非法吸收公众存款罪还是集资诈骗罪，进而影响其刑罚轻重。办理非法集资案件过程中，检察机关要注意引导公安机关加强对集资款实际去向相关证据进行全面侦查取证，通过对集资款实际去向的审查，准确判断非法集资人是否具有非法占有目的。对于明知没有归还能力，仍然以非法集资方式吸收资金，集资款主要用于归还个人债务、还本付息、业务员提成等非经营用途的，应当认定具有非法占有目的。

（2）对于以老年人为犯罪对象的非法集资案件，应当依法从严惩治。

老年人的积蓄是老年人幸福生活、安度晚年的重要保障，针对老年人的欺诈犯罪性质恶劣，检察机关在办理涉养老领域非法集资案件时，应当坚持依法从严的主基调。专门以老年人为犯罪对象的，可以结合犯罪手段恶劣程度、追赃挽损情况等，提出酌情从重处罚的量刑建议。此外，还要注意准确把握罪与非罪、轻罪与重罪的界限，对于以非法吸收公众存款罪移送起诉、提起公诉的案件，经过认真审查和补充侦查等工作发现构成集资诈骗罪的，应当及时变更罪名，做到不枉不纵。

（3）养老服务行业要依法规范经营，老年人要防范以缴纳预定金享受养老服务的推销陷阱。

养老公寓、养老旅游等养老服务行业关系老年人晚年生活的幸福，国家出台了一系列规范性文件和扶持政策，从业者应当依法规范经营。以享受定期高额回报，或者若干年后返还全部预订金并享受免费入住、免费度假旅游等为幌子，收取预订金、投资款等养老"促销"，实际是吸收公众资金的金融活动，没有取得国务院金融管理部门依法许可，不能擅自开展。对于此类非法营销，老年人要抵制诱惑、谨防受骗，否则这些预先缴纳的资金因不受任何监管，可能被经营者随意支配使用，给资金安全带来重大风险隐患，容易遭受巨大损失。

最高人民检察院发布 10 起检察机关全面履行检察职能推动民营经济发展壮大典型案例之五：广东省深圳市 J 公司、张某某非法吸收公众存款案

基本案情

广东省深圳市 J 网络科技有限公司（以下简称 J 公司）注册成立于 2012 年 7 月，旗下子公司主营业务包括基金销售、保险销售、私募证券等，2021 年度有员工 600 余人，纳税额连续 3 年达 2000 余万元，张某某系该公司股东、实际控制人。

2014 年 1 月，J 公司成立深圳 G 财富管理有限公司（以下简称 G 公司）并 100% 控股，G 公司于 2015 年 2 月上线 G 网贷平台（以下简称 G 平台），在未经许可的情况下通过网络向社会不特定对象公开宣传，承诺集资参与人 6%~10% 的年化固定收益，并通过助贷机构寻找借款人在 G 平台发标从事 P2P 业

务。2017年7月，J公司将G公司转让给唐某某等人并间接占股10%，唐某某等人于2018年11月将G公司转让给钟某某等人。2019年6月，G平台因资金链断裂爆雷。经鉴定，G平台在J公司经营期间共募集资金29亿余元，集资参与人全部金额已兑付完毕，在2017年7月后共计募集资金14.37亿元，集资参与人待兑付金额7200万余元。案发后，J公司退还唐某某以集资款支付的股权转让款等1340万元，张某某主动到公安机关接受调查。同时，同案人唐某某退还集资款1700万余元，钟某某退还集资款3900万元，公安机关冻结银行账户297万余元，连同J公司退还的1340万元，G平台自设立至爆雷期间募集资金全部兑付完毕。

2022年1月，深圳市公安局南山分局以张某某、唐某某（另案处理）、钟某某（另案处理）等涉嫌非法吸收公众存款罪移送南山区人民检察院审查起诉。南山区人民检察院于2022年4月将张某某涉嫌非法吸收公众存款罪一案分案处理，追加J公司作为犯罪嫌疑单位并启动涉案企业合规程序。2022年11月，南山区人民检察院经召开企业合规验收公开听证会后并综合犯罪事实、企业合规整改情况和认罪认罚从宽制度适用情况，依法对J公司、张某某作出相对不起诉处理。

检察机关履职过程 >>>

（1）深入调研，稳慎启动涉案企业合规程序。南山区检察院会同深圳市地方金融监督管理局、深圳市投资基金同业公会开展实地调查。经调查认为，J公司虽然在2015年设立G公司开展非法吸收公众存款业务，但2017年7月主动将G平台予以转让不再开展违法业务；J公司实际控制人张某某认罪认罚，具有自首情节，案发后积极退赔；J公司拥有国家级基金销售许可及保险代理双牌照，在业界较为稀缺，企业具有较好的发展势头，合规整改意愿强烈。经认真研究，南山区人民检察院对J公司作出适用第三方机制的合规监督考察决定。为确保监督考察的专业化水平和质效，检察机关商请第三方机制管委会邀请深圳市地方金融监管局、深圳私募基金业协会推荐具有金融实务经验的专家共同担任第三方专业人员，分别针对基金销售和私募证券经营业务进行考察。

（2）严把过程，强化举措保证合规整改效果。检察机关前期会同第三方组织通过现场走访等方式畅通与企业的沟通渠道，多次审核完善企业出具的合规计划，确保合规计划科学合理；中期通过审查合规制度、现场突击检查、送法上门等方式压实企业责任，督促合规计划有效执行；后期通过随机"考试"、预演模拟违规行为、预验收等方式监督合规举措，夯实合规整改效果，有效避免虚假整改、"纸面合规"。

（3）对症下药，精准切除民营金融企业涉罪"病灶"。检察机关经审查认为，J公司虽然将P2P业务从主营业务中剥离，但公司运营的私募业务仍存在与之相同的非法募集资金风险，需重点开展合规监督考察，有效预防再犯罪。后经会同第三方专业人员和行业专家分别针对基金销售业务和私募证券业务进行重点考察，对企业建立资金募集业务合规经营制度进行针对性辅导，要求企业建立企业基金销售合规机制，对私募基金业务进行风险排查、专项整改。同时，通过引入行业协会参与合规考察，将企业合规与行业管理有序衔接，为行业协会加强日常合规建设和管理提供示范。

典型意义 》》

1. 整改与预防并重，有力促进涉案民营企业健康可持续发展

通过启动涉案企业合规改革，围绕涉罪领域和潜在风险领域有针对性开展合规整改，J公司实现良性有序发展，法律意识和风险防范意识进一步增强，经营能力进一步提升。该公司2022年第四季度营业收入较第三季度提升13%，2022年12月获颁"2022年度金融科技公司奖"，2023年1月入围"2022金融科技双50榜单"。

2. 个案向行业延伸，助力优化民营金融企业行业生态

检察机关通过定期回访对合规制度及合规政策嵌入日常运营的情况进行分析研判，协助企业畅通制度运转，确保合规成效持续。在听证会特邀金融行业协会及10余家金融企业代表旁听公开听证，了解J公司展示的合规体系建设和私募风险防范处置工作等情况，深刻汲取涉案教训，为金融领域民营企业规范经营明确"红绿灯"，持续优化地区金融行业生态。

3. 平衡活力与秩序，探索金融领域民营企业合规有效途径

近年来，民营金融企业涉嫌证券期货犯罪、私募领域犯罪频发，严重扰乱金融管理秩序、侵害人民群众合法权益。从办案实践看，金融领域民营企业普遍合规经营意识较弱，容易陷入"野蛮生长"困局，亟需在治理结构和管理制度方面予以引导完善。本案采取的督促涉罪风险排查、商请专业人员辅导以及将合规与业务深度融合等监督考察模式，为以法治力量保障民营经济高质量发展作出了有益探索。

最高人民检察院发布第三批 6 件社区矫正法律监督典型案例之二：社区矫正对象顾某申请变更社区矫正执行地监督案

基本案情

社区矫正对象顾某，2021 年 11 月 25 日因犯非法吸收公众存款罪被上海市嘉定区人民法院判处有期徒刑二年三个月，宣告缓刑三年，罚金人民币 10 万元，对违法所得予以追缴，不足部分责令退赔。缓刑考验期自 2021 年 12 月 7 日至 2024 年 12 月 6 日止，判决时法院确定社区矫正执行地为上海市长宁区。

2021 年 12 月 27 日，顾某申请变更执行地至上海市松江区，但松江区社区矫正机构不同意接收。上海市长宁区人民检察院根据顾某申请，依法对顾某实际居住地开展调查核实，查明顾某确系居住于松江区，且其日常活动轨迹亦集中于松江区，遂依法提出书面纠正意见。经监督，社区矫正机构最终作出同意变更执行地的决定。

检察机关履职过程

（1）线索发现。2022 年年初，顾某认为松江区社区矫正机构不同意接收其在松江区接受社区矫正，侵犯其合法权益，对其正常工作和生活造成了不必要影响，遂向检察机关提出法律监督申请。

（2）调查核实。长宁区人民检察院开展了以下调查核实工作：一是调查松江区社区矫正机构不接收顾某的原因。通过前往松江区社区矫正机构，了解到其首次不同意接收顾某的原因是顾某无法出具长期居住在松江区的有效证明。二是了解顾某申请变更执行地的原因。通过与顾某谈话、审查变更执行地申请材料，发现顾某在法院确定社区矫正执行地时，居住于长宁区户籍地房屋中。但由于无业，缺少经济来源，且需履行罚金、退赔被害人损失等财产性判项，在至社区矫正机构报到前，顾某已将其居住的长宁区房屋出租给他人。此后，顾某长期借住于其位于上海市松江区的亲戚家，在长宁区已无居所。三是核实顾某实际居住地。对顾某在松江区居住地房屋所属物业公司的实地走访、派出所实有人口信息的查询等，均证明顾某实际居住于松江区亲戚房屋中。同时，通过查询上海市社区矫正和安置帮教一体化大平台移动监管信息，发现顾某自入矫后的日常生活及活动区域基本都在松江区。

（3）监督意见。长宁区人民检察院经审查认为，根据《社区矫正法》第二十七条及其实施办法的规定，松江区社区矫正机构不同意接收顾某在松江区接受社区矫正，对顾某正常工作和生活造成了不必要的影响，应当依法予以纠正。2022年7月8日，检察机关提出书面纠正意见，监督松江区司法局依法作出同意接收顾某在松江区接受社区矫正的决定。

（4）监督结果。2022年8月9日，松江区司法局重新作出同意接收顾某变更执行地至松江区的意见。后顾某及时到松江区社区矫正机构报到并接受社区矫正。

典型意义 >>>

人民检察院应当加强对社区矫正机构审批社区矫正对象变更执行地申请工作的法律监督，维护社区矫正对象合法权益。《社区矫正法》及其实施办法明确，社区矫正对象因工作、居所变化等原因，有权申请变更执行地。检察机关应当监督原执行地和新执行地社区矫正机构，根据有利于社区矫正对象接受矫正、更好地融入社会的原则，对符合变更执行地条件的社区矫正对象，依法履行审批职能，并做好法律文书和档案材料交接等工作，避免对社区矫正对象的正常工作和生活造成不必要的影响，并保证社区矫正效果。

人民检察院应当综合运用多种调查方式，准确认定社区矫正对象申请变更执行地的必要性和合理性，并依法准确提出监督意见。人民检察院在开展社区矫正法律监督工作中，通过调阅资料、个别谈话、实地走访等传统方式开展调查核实的同时，也可通过查询社区矫正信息化平台等信息化核查方式，核实社区矫正对象实际居住地，提升法律监督的准确性、有效性。

关联索引 >>>

《社区矫正法》第27条、第34条
《社区矫正法实施办法》第30条、第31条

最高人民检察院发布 7 件检察机关以案释法典型案事例之七：李某某等非法吸收公众存款案

——以案释法防范非法集资

近年来，非法集资类犯罪高发，严重威胁着人民群众的财产安全及正常的金融管理秩序。为切实提高广大居民对于非法集资类犯罪的防范意识和甄别能力，北京市东城区人民检察院配合北京市"打非办"、北京市人民检察院"防范非法集资宣传月"活动，以办理的非法集资典型案件为素材，依托东城区人民检察院"阳光检察进社区"活动平台，开展"警惕非法集资，远离'高息'诱惑"的主题活动，采取多种形式以案释法，向社区百姓宣传防范非法集资。

基本案情 》》

2011 年 5 月至 2015 年 6 月，被告人李某某先后伙同他人，未经有关部门依法批准，以北京某公司的名义，通过媒体、推介会、传单等途径向社会公开宣传投资项目，与投资人签订《投资理财协议》《基金理财协议书》等协议，承诺在一定期限内以 72%～12%的年利率还本付息，吸收资金共计人民币 26 亿余元。

典型意义 》》

2013 年以来，北京市东城区人民检察院办理集资诈骗、非法吸收公众存款等非法集资类犯罪案件共 60 件 129 人，且呈逐年上升趋势。尤其是 2016 年以来该类案件数比前 3 年受案数上升 228.5%，涉案金额亦不断增高。为了遏制非法集资高发态势，维护首都功能核心区金融安全与社会稳定，东城区人民检察院认为，在加大对此类犯罪打击力度的同时，应该积极开展以案释法和法治宣传工作，通过典型案例剖析与法律政策解读，揭示非法集资的欺骗性、风险性、社会危害性，引导群众自觉抵制非法集资，积极支持打击和处置非法集资。

检察机关履职过程 》》

2017 年 6 月 14 日，北京市东城区人民检察院在东花市枣苑社区，以"警惕非法集资,远离'高息'诱惑"为主题开展以案释法活动,主要包括五部分:一是介绍检察机关基本职能和办理非法集资类案件的整体情况;二是在保证办案安全的前提下,检察官通过自编自导自演的情景剧还原了李某某等涉嫌非法吸收公众存款案件的犯罪经过;三是检察官以案释法,总结分析案件特征、作案手法,揭露犯罪分子的惯用伎俩,并对案件中的法律问题和风险防范进行提示;四是检察官普及相关金融知识,让群众了解正规金融机构的金融服务和金融产品,引导广大群众理性投资,合法理财;五是由办案经验丰富的检察官现场答疑,为居民解惑。应邀参加活动的部分区人大代表、社区居民和媒体对此次活动给予了充分肯定。不少居民表示通过此次活动对非法集资有了清醒的认识,这次活动为其敲响了警钟。北京广播电台、《北京晚报》《北京青年报》等多家媒体对本次活动进行了报道。目前,东城区人民检察院已陆续收到多个社区邀请检察官前往开展以案释法活动。该院有关负责人表示,检察机关将继续坚持以案释法,进一步推动法治宣传教育取得实效。

最高人民法院、国家市场监督管理总局联合发布五个依法惩治网络传销犯罪典型案例之二：被告单位浙江某公司组织、领导传销活动案
——依法惩治企业在经营过程中实施的网络传销

基本案情 >>>

2020年4月至2022年1月，被告人钱某在经营被告单位浙江某公司期间，伙同被告人赵某等人以"智能充电桩商城系统"网络平台实施传销活动。被告单位及被告人以销售充电桩、提供充电桩经营服务为名，通过宣称国家支持等虚假宣传，安装运行少量充电桩，以充电、流量、广告收益为幌子，以直推奖、伯乐奖、级差奖、团队奖等奖项为诱饵收取费用发展会员，并以发展会员的数量作为计酬、返利依据，引诱、鼓励会员继续发展下一级会员。经统计，"智能充电桩商城系统"网络平台用户数共计2万余人，层级达25层，涉案资金10亿余元。钱某非法吸收公众存款、职务侵占的犯罪事实略。

裁判理由 >>>

浙江省嵊州市人民法院经审理认为，被告单位及被告人钱某等以投资智能充电桩项目为名，要求参加者以缴纳费用获得加入资格，并按照一定顺序组成层级，直接或间接以发展人员的数量作为计酬依据，引诱参加者继续发展他人参加，骗取财物，扰乱经济社会秩序，其行为均已构成组织、领导传销活动罪，且属情节严重；钱某还构成非法吸收公众存款罪、职务侵占罪。根据各被告人在共同犯罪中的作用、参与程度、主观恶性及犯罪后表现等情节，以组织、领导传销活动罪、非法吸收公众存款罪、职务侵占罪，合并判处钱某有期徒刑十八年；以组织、领导传销活动罪判处赵某等46名被告人有期徒刑七年二个月至十个月不等，并对张某等24名被告人宣告缓刑；对被告

单位、被告人判处罚金，违法所得予以追缴、没收，上缴国库。一审宣判后，被告单位、被告人均未上诉，检察机关未抗诉，判决已生效。

典型意义

本案是一起企业在经营过程中实施网络传销的典型案例。近年来，有的企业在生产经营中遇到资金困难时，不惜铤而走险借助网络实施传销犯罪，严重扰乱了市场管理秩序。本案中，被告单位实施以投资智能充电桩为名，线上线下同步推进的传销犯罪，将组织、领导传销活动置于企业经营活动中，具有很强的隐蔽性和欺骗性，直至司法机关办案期间，仍有个别参加者认为是参与正规投资。人民法院坚持罪刑法定原则，准确认定单位犯罪，对被告单位判处罚金，并根据各被告人参与犯罪的程度、作用、主观恶性及犯罪后表现等情节，依法认定钱某等 6 名被告人系主犯，判处五年以上有期徒刑及罚金；对其余 41 名从犯均予减轻处罚，并对其中参与时间较短、发展下线较少、涉案金额较小、退缴违法所得的张某等宣告缓刑，在法律框架内最大限度从宽处罚。同时，本案也警示公司经营管理人员，要摒弃侥幸心理，远离网络传销活动，守法合规经营。

最高人民法院发布 10 起人民法院依法惩治
金融犯罪典型案例之一："e 租宝"集资诈骗、
非法吸收公众存款案

——借互联网金融名义实施非法集资犯罪

基本案情

被告单位钰诚控股集团、钰诚国际控股集团有限公司于 2014 年 6 月至 2015 年 12 月，在不具有银行业金融机构资质的前提下，利用"e 租宝"平台、芝麻金融平台发布虚假融资租赁债权项目及个人债权项目，包装成"e 租年享""年安丰裕"等若干理财产品进行销售，以承诺还本付息等为诱饵，通过电视台、网络、散发传单等途径向社会公开宣传，向 115 万余人非法吸收资金 762 亿余元。其中，大部分集资款被用于返还集资本息、收购线下销售公司等平台运营支出，或被挥霍以及用于其他违法犯罪活动，造成集资款损失 380 亿余元。此外，钰诚国际控股集团有限公司、丁某等人还走私贵重金属、非法持有枪支、偷越国境。本案由北京市第一中级人民法院一审，北京市高级人民法院二审。

裁判理由

法院认为，被告单位安徽钰诚控股集团、钰诚国际控股集团有限公司及被告人丁甲、丁乙、张某等 10 人以非法占有为目的，使用诈骗方法非法集资，其行为均已构成集资诈骗罪；被告人王某某等 16 人违反国家金融管理法律规定，变相吸收公众存款，其行为均已构成非法吸收公众存款罪。二被告单位以及丁甲等被告人的非法集资行为，犯罪数额特别巨大，造成全国多地集资参与人巨额财产损失，严重扰乱国家金融管理秩序，犯罪情节、后果特别严重，应依法惩处。据此，依法以集资诈骗罪、走私贵重金属罪判处被告单位钰诚国际控股集团有限公司罚金人民币 1 800 000 000 元；以集资诈骗罪判处安徽钰诚控股集团罚金人民币 1 亿元；以集资诈骗罪、走私贵重金属罪、非法持有枪支罪、偷越国境罪判处丁甲无期徒刑，剥夺政治权利终身，并处没收个人财产 50 万元，罚金人民币 100 010 000 元；以集资诈骗罪判处丁乙无期徒刑，剥夺政治权利终身，并处罚金人民币 7000 万元。分别以集资诈骗罪、非法吸收公众存款罪、走私贵重金属罪、偷越国境罪，对张某等 24 人判处有期徒刑十五年至三年不等刑罚，并处剥夺政治权利及罚金。在案扣押、冻结款项分别按比例发还集资参与人；在案查封、扣押的房产、车辆、股权、物品等变价后发还集资参与人，不足部分继续责令退赔并按照同等原则分别发还。

典型意义

本案是利用互联网金融模式实施非法集资犯罪的典型案例。被告单位安徽钰诚控股集团、钰诚国际控股集团有限公司打着"金融创新"的旗号，依托互联网金融平台，以互联网金融创新、虚拟货币投资、网络借贷等为幌子，以高额利息为诱饵，虚构融资租赁项目，持续采用借旧还新、自我担保等方式进行非法集资活动，是一个彻头彻尾的"庞氏骗局"。本案涉案数额特别巨大，涉及众多集资参与人，造成集资参与人巨额经济损失，严重损害投资者合法权益，严重危害国家金融安全，犯罪情节、后果特别严重，应依法严惩。

法院以集资诈骗罪判处被告人丁甲、丁乙无期徒刑，并判处被告单位安徽钰诚控股集团、钰诚国际控股集团有限公司巨额罚金，充分体现了从严惩处的精神。

最高人民法院发布依法平等保护民营企业家人身财产安全十大典型案例之十：微微珠宝公司、吴某微非法吸收公众存款（宣告无罪）案

基本案情

微微珠宝公司系一家在沪经营多年的民营企业。2010年6月至2011年10月间，微微珠宝公司法定代表人吴某微以投资或者经营需要资金周转等为由，通过出具借据或签订借款协议等方式，分别向涂某等十余位借款人借款共计1.5亿余元，其中大多承诺较高利息，部分提供房产抵押或珠宝质押。所借款项主要用于偿还他人的借款本息、支付公司运营支出等。至案发，吴某微和微微珠宝公司对上述款项尚未完全支付本息，故被公诉机关指控犯非法吸收公众存款罪。

裁判过程

上海市黄浦区人民法院经审理认为，首先，从宣传手段上看，吴某微借款方式为或当面或通过电话一对一向借款人提出借款，并约定利息和期限，既不存在通过媒体、推介会、传单、手机短信等途径向社会公开宣传的情形，亦无证据显示其要求借款对象为其募集、吸收资金或明知他人将其吸收资金的信息向社会公众扩散而予以放任的情形。其次，从借款对象上看，吴某微的借款对象绝大部分与其有特定的社会关系基础，范围相对固定、封闭，不具有开放性，并非随机选择或者随时可能变化的不特定对象。对于查明的出资中确有部分资金并非亲友自有而系转借而来的情况，现有证据难以认定吴某微系明知亲友向他人吸收资金而予以放任，此外，其个别亲友转借的对象亦是个别特定对象，而非社会公众。最后，吴某微在向他人借款的过程中，存在并未约定利息或回报的情况，对部分借款还提供了房产、珠宝抵押，故

吴某微的上述行为并不符合非法吸收公众存款罪的特征。

综上，一审法院认为，公诉机关指控被告单位微微珠宝公司及被告人吴某微犯非法吸收公众存款罪的证据不足，指控罪名不能成立。依照《刑事诉讼法》第200条第3项之规定，判决：一、被告单位海微微珠宝公司无罪；二、被告人吴某微无罪。一审宣判后，公诉机关提起抗诉。上海市第二中级人民法院经审理认为，原判认定事实和适用法律正确，所作的判决并无不当，且诉讼程序合法，裁定驳回抗诉，维持原判。

典型意义 >>>

民间融资作为民营企业重要的融资渠道，在解决民营企业资金短缺困境的同时，也增加了民营企业经营的法律风险。司法实践中要严格把握民间融资与非法集资的界限，审慎对待由民间融资引发的经济纠纷，防止以刑事手段过度干预民营企业生产经营。本案通过审理依法认定被告人既未向社会公开宣传，借款对象亦非不特定人员，其借款融资行为不符合非法吸收公众存款罪的构成要件，依法应宣告无罪。当然，吴某微及微微珠宝公司的借款行为虽未构成犯罪，但依法要承担相应的民事责任。借款人可以陆续通过诉讼、协商等方式，确保其债权的实现。

最高人民法院发布10起人民法院依法惩治金融犯罪典型案例之二："昆明泛亚"非法吸收公众存款案
——借用合法经营形式实施非法集资犯罪

基本案情 >>>

2011年11月至2015年8月，被告单位昆明泛亚公司董事长、总经理（总裁）单某良与主管人员郭某、王某经商议策划，违反国家金融管理法律规定，以稀有金属买卖融资融货为名推行"委托受托"业务，向社会公开宣传，承诺给付固定回报，诱使社会公众投资，变相吸收巨额公众存款。被告单位云南天浩稀贵公司等3家公司及被告人钱某等人明知昆明泛亚公司非法吸收公众存款而帮助其向社会公众吸收资金。昆明泛亚公司非法吸收公众存款1678亿余元，涉及集资参与人13万余人，造成338亿余元无法偿还。此外，单某良、杨某红还在经营、管理昆明泛亚公司期间，利用职务之便，单独或共同将公司财物占为己有。

裁判过程 >>>

本案由云南省昆明市中级人民法院一审，云南省高级人民法院二审。

法院认为，被告单位昆明泛亚公司等4家公司、被告人单某良等21人违反国家金融管理法律规定，变相吸收公众存款，数额巨大，其行为均已构成非法吸收公众存款罪；单某良、杨某红利用职务便利，非法将本单位财物据为己有，数额巨大，其行为构成职务侵占罪，均应依法惩处。据此，以非法吸收公众存款罪判处昆明泛亚公司罚金人民币10亿元，分别判处云南天浩稀贵公司等3家被告单位罚金人民币5亿元、5000万元和500万元；以非法吸收公众存款罪、职务侵占罪判处单某良有期徒刑十八年，并处没收个人财产人民币5000万元，罚金人民币50万元。对其他被告人分别依法追究相应刑事责任。查封、扣押、冻结的涉案财物依法处置，按比例发还集资参与人；违法所得继续予以追缴，不足部分责令继续退赔，并按同等原则发还集资参与人。

典型意义 >>>

本案是借用合法经营的形式实施非法集资犯罪的典型案例。本案中，作为合法设立的被告单位昆明泛亚公司，以"稀有金属买卖融资融贷"为名，推行"委托交割受托申报""受托委托"业务，将其打造为类金融交易所机构，伙同部分金属生产、销售实体企业在泛亚交易平台上制造虚假资金需求、营造交易火爆假象，借助大型网络媒介、电视电话、经济学者咨询会、户外广告，甚至在银行柜台展示等途径，包装成收益与金属涨跌无关、资金随进随出的类金融理财产品，诱使社会公众投资，形成大量资金沉淀，并控制、分配沉淀资金，实现变相吸收公众存款的目的，其行为符合非法吸收公众存款罪的构成要件，依法应当追究刑事责任。本案警示各类公司、企业要依法依规经营，切莫借用合法经营的形式实施违法犯罪活动，否则，必然受到法律的制裁。

最高人民法院发布6起重点打击六类养老诈骗犯罪典型案例之四：沈某平集资诈骗、顾某祥非法吸收公众存款案

——以宣称"以房养老"为名实施非法集资犯罪

基本案情 〉〉〉

2015年1月至2017年11月，被告人沈某平先后成立、收购俐煜公司、灿宏公司，以投资经营德国米拉山奶粉、长青发公司等项目为幌子，以承诺高息回报为诱饵，通过借款方式向社会公众募集资金。2016年下半年，沈某平推出"以房养老"项目，引诱投资客户将房产抵押给小额贷款公司获取抵押款，再将抵押款转投灿宏公司。被告人顾某祥为获取好处费，明知沈某平通过俐煜公司、灿宏公司向社会不特定公众吸收资金，而引诱并帮助老年客户将房产抵押给小额贷款公司获取抵押款，再将抵押款转借给沈某平。截至案发，沈某平共计吸收资金2.98亿余元，造成集资参与人经济损失1.68亿余元。顾某祥参与房产抵押17套，帮助沈某平吸收资金5450万元，未兑付总额5006万元。顾某祥投案后家属退缴2954万余元。被告人沈某平集资诈骗案由上海市第二中级人民法院一审，宣判后，在法定期限内没有上诉、抗诉，原判已发生法律效力。被告人顾某祥非法吸收公众存款案由上海市静安区人民法院一审，上海市第二中级人民法院二审。

裁判理由 〉〉〉

法院认为，被告人沈某平与他人结伙以非法占有为目的，以诈骗方法非法集资，数额特别巨大，其行为已构成集资诈骗罪。被告人顾某祥违反国家金融管理法律规定，非法吸收公众存款，数额巨大，其行为已构成非法吸收公众存款罪。顾某祥在共同犯罪中起次要作用，系从犯，应从轻处罚。顾某祥虽自动投案，但未如实供述所犯罪行，不构成自首。顾某祥家属退缴2954万余元，可对顾某祥从轻处罚。据此，依法以集资诈骗罪判处沈某平无期徒刑，剥夺政治权利终身，并处没收个人全部财产；违法所得予以追缴，不足部分责令继续退赔。以非法吸收公众存款罪判处顾某祥有期徒刑三年四个月，并处罚金人民币5万元；责令顾某祥退赔违法所得，连同已冻结的钱款，按

比例发还各集资参与人。

典型意义 》》

　　本案是以宣称"以房养老"为名侵害老年人合法权益的典型犯罪案件，该类犯罪主要表现为以"房本在家无用""不耽误自住或出租"等类似话术为借口，诱骗老年人签订房产抵押担保的借贷合同或相关协议，将抵押房屋获得的资金购买其推介的所谓理财产品，借助诉讼、仲裁、公证等手段，非法占有老年人房屋。"以房养老"作为解决人口老龄化问题，缓解社会及家庭养老压力的可行方式，引起了社会广泛关注。然而，很多不法分子打着国家政策的旗号，营造"养老恐慌"，利用老年人金融防范意识较差的特点，恶意设套，借"以房养老"实施非法集资。被告人沈某平、顾某祥诱使老年人抵押房屋以获得资金，再购买所谓高收益理财产品，最终因理财公司资金链断裂，房屋被行使抵押权，老年人落得"钱房两空"。人民法院根据案件事实、情节以及二人在共同犯罪中的地位和作用，分别以集资诈骗罪、非法吸收公众存款罪对沈某平、顾某祥定罪处罚，充分体现了宽严相济的刑事政策，罚当其罪。人民法院提示老年人增强金融风险防范意识，投资理财时不要盲目被高收益诱惑，同时子女也要关心、照顾老人，国家、社会、家庭和个人联动起来，最大限度挤压犯罪分子"行骗空间"，让养老诈骗无处遁形，守护老年人幸福晚年。

最高人民法院发布6起重点打击六类养老诈骗犯罪典型案例之二：鲁某非法吸收公众存款案
——以投资"养老项目"为名实施非法集资犯罪

基本案情 》》

　　2016年4月，被告人鲁某和鲁某明（另案处理）注册成立太阳山老年公司，鲁某为法定代表人。2016年8月至2017年11月，鲁某未经有关部门批准，借用太阳山老年公司名义，通过发放宣传单、召开推介会等方式，公开宣传交费后可以享受老年公寓住房优惠，并承诺以高额福利消费卡、货币等方式返本付息，非法吸收 51 名老年人 165 万余元。所吸收资金被鲁某、鲁某明用于消费支出、提现支取或挪作他用。案发后，涉案公司账上余款、委托其他公司代管资金及老年公寓内物品折价转让费共 56 万余元退还集资参与人。

裁判过程 >>

本案由江西省乐平市人民法院一审，江西省景德镇市中级人民法院二审。

法院认为，被告人鲁某违反国家金融管理法律规定，通过发宣传单、开推介会等途径公开宣传，并承诺在一定期限内还本付息，向社会不特定老年对象吸收资金，数额巨大，其行为已构成非法吸收公众存款罪。鲁某如实供述所犯罪行，愿意接受处罚，可以从轻处罚。案发后退缴了部分赃款，可作为量刑情节酌情考虑。据此，依法以非法吸收公众存款罪判处鲁某有期徒刑四年，并处罚金 5 万元；继续追缴鲁某尚未足额退赔的违法所得，退赔各集资参与人。

典型意义 >>

本案是以投资"养老项目"为名侵害老年人合法权益的典型犯罪案件，该类犯罪主要表现为以开办养老院、购买养老公寓、入股养生基地等为由，以售后定期返点、高额分红为诱饵，诱骗老年人参与投资。开办养老院、养老公寓等"养老项目"关系到老年人晚年幸福生活，国家出台政策予以扶持，但一些"养老项目"监管还存在滞后，犯罪分子打着投资养老公寓、入股养生基地等幌子，诱骗老年人投资，骗取老年人钱财。被告人鲁某以承诺高额福利消费卡、货币等返本付息为幌子，引诱老年人投资太阳山老年公司"养老公寓"项目，实施非法集资，最终造成 51 名老年人的"养老钱"遭受损失，部分老年人因基本生活无法得到保障而经常懊恼自责，诱发了各种疾病，身心健康受到极大摧残，破坏家庭和谐、社会稳定。人民法院针对发现的行业监管漏洞和风险隐患，向当地市场监督管理部门发送司法建议书，建议加强营业执照办理和企业日常经营活动监管，有力促进行业源头治理。人民法院提示老年人要谨慎投资高额返利项目，多与子女沟通商量，投资"养老项目"时要"三看一抵制"：一看"养老项目"是否有登记、备案，二看"养老项目"是否真实合法，三看"养老项目"收益是否符合市场规律；抵制高利诱惑，拒绝非法集资，捂紧"钱袋子"。

第二章
《刑法》第 191 条
洗钱罪

一、洗钱罪的概念与法益

洗钱罪是指为掩饰、隐瞒毒品犯罪、黑社会性质的组织犯罪、恐怖活动犯罪、走私犯罪、贪污贿赂犯罪、破坏金融管理秩序犯罪、金融诈骗犯罪的所得及其产生的收益的来源与性质，提供资金账户，将财产转换为现金、金融票据、有价证券，通过转账或者其他支付结算方式转移资金，跨境转移资产，或者以其他方法掩饰、隐瞒犯罪所得及其收益的来源和性质的行为。通说认为，"洗钱罪侵犯的客体是复杂客体，包括国家金融管理秩序和司法机关的正常活动"。[1]这一观点的根据是，刑法将洗钱罪规定在"破坏金融管理秩序罪"中，因而直接表明，洗钱罪的法益首先是国家的金融管理秩序。另外，洗钱罪的对象是上游犯罪的所得及其产生的收益，而犯罪所得及其产生的收益是需要司法机关依法追缴（包括追缴后返还给被害人）没收的。洗钱行为无疑妨害了司法机关依法进行追缴、没收，所以，洗钱罪的客体也包括司法机关的正常活动。

可以肯定的是，金融管理秩序是洗钱罪的保护法益。虽然一般来说，洗钱行为都会妨害司法，但这只是客观事实，并不意味着刑法规定洗钱罪是为了保护司法活动。例如，虽然诬告陷害行为都会妨害司法，但不能认为刑法规定诬告陷害罪是为了保护司法活动。况且，刑法分则第六章将掩饰、隐瞒犯罪所得、犯罪所得收益罪规定为"妨害司法罪"，否认洗钱罪的法益包括司法活动，不会削弱刑法对司法活动的保护。换言之，当洗钱行为同时构成掩饰、隐瞒犯罪所得、犯罪所得收益罪时，按想象竞合处理，反而有利于发挥想象竞合的明示机能，有利于实现一般预防与特殊预防的目的。反之，如果认为洗钱罪的保护法益包括司法活动，就会导致洗钱罪成为掩饰、隐瞒犯罪所得、犯罪所得收益罪的特别规定，反而不利于发挥想象竞合的明示机能。不可否认的是，如果认为洗钱罪的法益只是金融管理秩序，那么，只有当行为主体是金融机构及其工作人员，或者行为人利用金融机构或者金融领域的相关活动（手段）时，才能成立洗钱罪。诚然，这样的观点会使洗钱罪的成立范围有所缩小，但不会放纵犯罪，因为对于没有破坏金融管理秩序的掩饰、隐瞒行为，完全能够以掩饰、隐瞒犯罪所得、犯罪所得收益罪论处。

---

〔1〕 王作富主编：《刑法分则实务研究》（上），中国方正出版社 2013 年版，第 488 页。

二、洗钱罪的构成要件

（一）行为主体

行为主体既可以是自然人，也可以是单位。上游犯罪人自己实施洗钱行为的（"自洗钱"），也成立洗钱罪。《刑法修正案（十一）》删除原法条中的"明知是""协助"等用语就是为了将"自洗钱"包括在内。

（二）犯罪客体

洗钱罪的对象是上游犯罪的所得及其产生的收益，对此应作广义理解。犯罪所得不仅包括犯罪行为的直接所得与间接所得，还包括犯罪行为所取得的报酬。例如，帮助他人实施金融诈骗犯罪所获得的报酬也是犯罪所得。"产生的收益"既包括上游犯罪所得产生的收益，也包括没有犯罪所得的上游犯罪行为直接产生的收益（参见后述内容）。根据《刑法》第191条的规定，上游犯罪包括"毒品犯罪、黑社会性质的组织犯罪、恐怖活动犯罪、走私犯罪、贪污贿赂犯罪、破坏金融管理秩序犯罪、金融诈骗犯罪"。

（1）毒品犯罪是指刑法分则第六章第七节所规定的犯罪，对此，没有必要再作限制解释。因为《刑法》第191条明文规定的毒品犯罪，当然包括所有的毒品犯罪，刑法理论不能没有根据地随便限制毒品犯罪的范围。例如，帮助他人持有毒品原植物种子、幼苗所获得的报酬，因为包庇毒品犯罪分子而从被包庇者那里获得的报酬，都应当认定为毒品犯罪所得。

（2）黑社会性质的组织犯罪与恐怖活动犯罪，是指以黑社会性质组织、恐怖活动组织及其成员为主体实施的各种犯罪。所以，不能简单地认为财产犯罪不是洗钱罪的上游犯罪。因为黑社会性质组织、恐怖活动组织及其成员所实施的财产犯罪的所得及其产生的收益，仍然是洗钱罪的对象。

（3）走私犯罪是指刑法分则第三章第二节所规定的全部走私犯罪。问题是，收购走私犯罪分子的走私物品的行为是否成立洗钱罪。依照2019年10月24日"两高"、海关总署《打击非设关地成品油走私专题研讨会会议纪要》规定，向非直接走私人购买走私的成品油的，根据其主观故意，分别依照《刑法》第191条规定的洗钱罪或者第312条规定的掩饰、隐瞒犯罪所得、犯罪所得收益罪定罪处罚。但在本书看来，单纯购买走私物品的行为，如果没有利用金融机构与金融手段的，并不符合洗钱罪的行为特征，没有侵犯金融管理秩序，不成立洗钱罪，但可能构成掩饰、隐瞒犯罪所得罪。

（4）贪污贿赂犯罪究竟包括哪些犯罪，还值得讨论。其一，《刑法》第163条规定的非国家工作人员受贿罪的所得及其产生的收益，能否成为洗钱罪的对象？本书持肯定回答。理由如下：《刑法》第191条所表述的是"贪污贿赂犯罪"，而没有直接采用刑法分则第八章的章名"贪污贿赂罪"。故不能将"贪污贿赂犯罪"等同于刑法分则第八章的"贪污贿赂罪"。我国刑法规定的上游犯罪范围比较窄，在不违反罪刑法定原则的前提下，宜对上游犯罪作扩大解释。其二，职务侵占罪能否成为洗钱罪的上游犯罪？本书持否定态度。因为在我国刑法中，职务侵占罪与贪污罪完全属于两个性质不同的犯罪，将职务侵占罪归入贪污罪中，有违反罪刑法定原则之嫌。其三，挪用公款罪是否属于上游犯罪？本书认为，对此需要具体分析。所挪用的公款本身不是上游犯罪"所得"，因为挪用公款只是暂时使用公款，而不要求将公款据为己有。例如，A挪用公款在境外开公司，B知道真相帮助A将公款汇往境外的，不应当认定为洗钱罪。[1]但是，挪用公款行为产生的收益，则是上游犯罪产生的收益，能够成为洗钱罪的对象。例如，挪用公款存入银行的利息，可以成为洗钱罪的对象。基于同样的理由，因行贿所获得的财产，也能成为洗钱罪的对象。其四，隐瞒境外存款罪难以成为上游犯罪。因为隐瞒境外存款罪所处罚的是隐瞒不报的行为，而该隐瞒行为本身不可能有犯罪所得及其收益。

（5）破坏金融管理秩序犯罪与金融诈骗犯罪，是指刑法分则第三章第四节与第五节所规定的犯罪。

洗钱罪的成立，应当以上游犯罪事实成立为认定前提。上游犯罪尚未依法裁判，但查证属实的，不影响对洗钱罪的审判。上游犯罪事实可以确认，因行为人死亡等原因依法不予追究刑事责任的，不影响洗钱罪的认定。上游犯罪事实成立，依法以其他罪名定罪处罚的，也不影响洗钱罪的认定。例如，只要上游犯罪人的行为符合破坏金融管理秩序犯罪、金融诈骗犯罪的犯罪构成，即使由于某种原因（如牵连犯、想象竞合等）而被认定为其他犯罪，其犯罪所得及其产生的收益，也能成为洗钱罪的对象。

（三）构成要件行为分类

构成要件行为包括五种类型：（1）提供资金账户。不仅包括提供银行的存款账户、储蓄账户，而且包括提供股票交易账户、期货交易账户等。提供

---

〔1〕 基于同样的理由，协助高利转贷的行为人将贷款转入其他账户的，也难以成立洗钱罪（可能成立高利转贷罪的共犯）。

资金账户，包括将自己持有的资金账户提供给上游犯罪人使用、将他人已有的资金账户提供给上游犯罪人使用、为上游犯罪人开设用于洗钱的资金账户。（2）将财产转换为现金、金融票据、有价证券。既包括将实物（包括不动产）转换为现金、金融票据、有价证券，也包括将现金、有价证券转换为金融票据或者将金融票据、有价证券转换成现金，还包括将此种现金（如人民币）转换为彼种现金（如美元），将此种金融票据（如外国金融机构出具的票据）转换为彼种金融票据（如中国金融机构出具的票据），将此种有价证券转换为彼种有价证券。（3）通过转账或者其他支付结算方式转移资金。是指通过利用支票、本票、汇票等金融票据或者采取汇兑、委托收款等结算方式，使上游犯罪所得及其产生的收益形式上成为合法收入从而掩饰、隐瞒上游犯罪所得的非法来源及其不法性质。（4）跨境转移资产。是指犯罪所得的资产或者作为犯罪所得产生的收益的资产，从境内转移至境外、从境外转移至境内，或者从境外的 A 国或 A 地区转移至境外的 B 国或者 B 地区。利用虚拟货币跨境兑换，将犯罪所得及其收益转换成境外法定货币或者财产的，也可以归入这一类。（5）以其他方法掩饰、隐瞒犯罪所得及其收益的来源和性质。根据 2009 年 11 月 4 日《最高人民法院关于审理洗钱等刑事案件具体应用法律若干问题的解释》的规定，这类行为主要是指：通过典当、租赁、买卖、投资等方式，协助转移、转换犯罪所得及其收益的；通过与商场、饭店、娱乐场所等现金密集型场所的经营收入相混合的方式，协助转移、转换犯罪所得及其收益的；通过虚构交易、虚设债权债务、虚假担保、虚报收入等方式协助将犯罪所得及其收益转换为"合法"财物的；通过买卖彩票、奖券等方式，协助转换犯罪所得及其收益的；通过赌博方式，协助将犯罪所得及其收益转换为赌博收益的；协助将犯罪所得及其收益携带、运输或者邮寄出入境的；通过其他方式协助转移、转换犯罪所得及其收益的。

三、洗钱罪的责任

洗钱罪的责任形式为故意（包括间接故意），行为人明知自己的行为会发生掩饰、隐瞒他人犯罪所得及其收益的来源和性质的结果，并且希望或者放任这种结果发生。其中特别重要的是，行为人必须明知是上游犯罪所得及其产生的收益。《刑法修正案（十一）》虽然删除了原法条中的"明知"规定，但删除的目的是将"自洗钱"纳入处罚范围，而不意味着过失可以构成本罪。就"自洗钱"而言，当然是明知的，容易认定犯罪的故意。但就为他人洗钱而言，则需要判断行为人是否具有故意，尤其是要判断是否明知是毒品犯罪、黑社会性质的组织犯罪、恐怖活动犯罪、走私犯罪、贪污贿赂犯罪、破坏金融管理秩序犯罪、金融诈骗犯罪的所得及其产生的收益。

2024-04-1-133-008

姜某军等洗钱案

——对洗钱犯罪案件中被告人主观"明知"的认定

基本案情 》》

2011年1月至2011年4月，时任某县县委常委、组织部部长的高某先（已判决）利用职务之便套取公款1 909 891.6元，后安排某县委组织部工作人员卞某冬将上述公款以卞某冬个人名义存入银行账户，其中1 706 681元为卞某冬个人存折、203 210.6元为4张户名为卞某冬的存单，卞某冬将上述存折、存单交给高某先。上述款项均为高某先贪污所得。

2015年3月，高某先的妻子被告人姜某军安排在某银行中海支行分理处上班的表外甥女李某将上述1 909 891.6元从卞某冬银行账户取出，存入李某个人银行。姜某军安排李某先将170万元通过银行转账方式转给在北京开宾馆的表姐夫被告人刘某章，由刘某章再将该款项转至被告人姜某军的儿子高某。刘某章明知是贪污贿赂犯罪所得仍将该170万元按照姜某军的安排转账至高某银行账户。姜某军又安排李某将203 210.6元通过银行转账方式转给其持有的张某彩（刘某章的妻子）的银行账户下，后姜某军将存有该款项的银行卡交给高某先。另查，2018年5月29日，刘某章经公安机关电话通知到案。

山东省滨州市滨城区人民法院于2018年11月30日作出（2018）鲁1602刑初358号刑事判决，认定被告人姜某军犯洗钱罪，判处有期徒刑二年，缓刑二年，并处罚金10万元；被告人刘某章犯洗钱罪，判处有期徒刑十个月，缓刑一年，并处罚金8.5万元。宣判后，没有上诉、抗诉，判决已发生法律效力。

裁判理由 》》》

法院生效裁判认为，被告人姜某军、刘某章明知是贪污贿赂所得及其产生的收益，为掩饰其来源和性质，通过转账方式协助近亲属、关系密切的人转移与其职业或者财产状况明显不符的财物，其行为均已构成洗钱罪。被告人姜某军起主要作用，系主犯。被告人刘某章起次要作用，系从犯，依法应当从轻处罚。被告人姜某军、刘某章当庭自愿认罪，且为可能判处的罚金刑提供财产保障，酌情均可从轻处罚。故而，法院依法作出如上裁判。

裁判要旨 》》》

（1）根据《刑法》第 191 条的规定，洗钱罪属于故意犯罪，其主观构成须以"明知"为要件。行为人明知是贪污贿赂犯罪的所得及其产生的收益，为掩饰、隐瞒其来源与性质，而提供资金账户、协助转移财物的行为，应当认定为洗钱罪。

（2）《最高人民法院关于审理洗钱等刑事案件具体应用法律若干问题的解释》采取"概括+列举式"的表述方式，对"明知"的认定问题进行了具体规定。据此，被告人协助他人转账时"怀疑"款项与其职业和财产状况明显不符，但仍协助他人转移贪污贿赂所得及其收益，且没有证据证明被告人确实不知道所转移的款项系犯罪所得及其收益的，依据该解释第 1 条第 2 款第 6 项"协助近亲属或者其他关系密切的人转换或者转移与其职业或者财产状况明显不符的财物的"规定，应当认定被告人明知该款项系犯罪所得及其收益。

关联索引 》》》

《刑法》第 191 条
《最高人民法院关于审理洗钱等刑事案件具体应用法律若干问题的解释》第 1 条第 1 款、第 2 款第 6 项
一审：山东省滨州市滨城区人民法院（2018）鲁 1602 刑初 358 号刑事判决（2018 年 11 月 30 日）

2023-04-1-133-007

杨某洗钱案

——上游犯罪为黑社会性质犯罪的洗钱罪认定

基本案情 >>>

被告人杨某，因犯行贿罪被天津市红桥区人民法院判处有期徒刑一年，缓刑一年。因涉嫌犯洗钱罪，于2020年11月16日被天津市公安局北辰分局取保候审。

天津市红桥区人民检察院以被告人杨某犯洗钱罪向天津市红桥区人民法院提起公诉。

被告人杨某及其辩护人对公诉机关指控的犯罪事实和罪名均无异议。其辩护人提出，杨某出于亲属关系出借银行卡，其主观上没有直接希望将穆某的违法所得转移或者隐瞒，杨某出借银行卡时穆某涉黑案件并未审结，其对行为的严重性没有意识。

法院经审理查明，杨某曾于2016年年初至2016年7月在穆某经营的小额贷款公司上班，同年4月至离开穆某公司期间，其将自己名下中国农业银行卡交给穆某使用。在借用上述银行卡期间，穆某组织、领导的黑社会性质组织以"套路贷"为手段，对借款客户实施敲诈勒索、抢劫等犯罪活动，用该账户收取被害人钱款62 600元。

2020年8月20日，被告人杨某被电话传唤至芥园派出所接受调查讯问，到案后如实供述了犯罪事实。

另查明，被告人杨某于2020年3月31日被本院（2020）津0106刑初51号刑事判决以行贿罪判处有期徒刑一年，缓刑一年。缓刑考验期为2020年4月11日至2021年4月10日，本案审理期间仍在缓刑考验期内。

天津市红桥区人民法院2021年3月25日作出（2021）津0106刑初32号刑事判决，认定公诉机关指控的罪名成立，杨某曾于2020年因行贿罪被判处刑罚，现仍在缓刑考验期内，本次犯罪系漏罪，依法应当撤销缓刑，对新发现的罪作出判决，把前罪和后罪所判处的刑罚数罪并罚，决定执行刑罚。综上，依照《刑法》第 191 条第 1 款第 1 项，第 67 条第 1 款，第 72 条，第 69 条、第 77 条，《刑事诉讼法》第 15 条、第 201 条，《最高人民法院关于审理洗钱等刑事案件具体应用法律若干问题的解释》第 1 条的规定，以洗钱罪判处被告人杨某有期徒刑一年，缓刑一年，并处罚金人民币 5000 元；撤销本院 (2020) 津 0106 刑初 51 号刑事判决对被告人杨某判处有期徒刑一年，缓刑一年的缓刑部分；数罪并罚，决定执行有期徒刑一年六个月，缓刑二年，并处罚金人民币 5000 元。宣判后，被告人未上诉。判决已发生法律效力。

裁判理由 >>>

法院生效裁判认为，我国《刑法》第 191 条规定，为掩饰、隐瞒七种上游犯罪的所得及其产生的收益的来源和性质，实施有关行为的，构成洗钱罪。洗钱罪的主观方面有两重含义，一是明知上游犯罪的情况，二是具有"掩饰、隐瞒"的故意。洗钱犯罪的主观方面重点要审查行为人是否明知上游犯罪的有关情况，这也是本罪与掩饰、隐瞒犯罪所得犯罪的本质区别，而对于"掩饰、隐瞒"的主观故意，除明确有相反证据的情况以外，可通过客观行为进行综合认定。本案中，杨某曾因为穆某以非法手段向被害人索取高利贷债务涉嫌的非法拘禁案件而向公安干警请托行贿，其对于穆某公司行为的犯罪性质存在明知，公安机关在侦查阶段讯问了杨某是否知道穆某公司的组织机构情况及催收手段，杨某称"知道有去招揽业务客户的，有审核放款的，有负责找客户要账的""听公司的孙某说过找客户要账的方法"。综上，杨某能够认识到穆某组织的架构及其通过犯罪手段进行催收的情况，再结合其与穆某之间的亲属关系，曾在穆某组织从事工作等情况，其对于穆某组织的黑社会犯罪组织性质以及银行卡的用途应当具有主观明知，此后，其于穆某公司工作期间将银行卡借给穆某用于公司转账使用，其客观行为符合《刑法》第 191 条第 1 款第 1 项，为涉黑组织犯罪"提供资金账户"的行为模式。综上，能够认定杨某具有洗钱罪的主观方面要件。

另外，本案的上游犯罪系涉黑犯罪，被告人杨某交予穆某组织使用的银行卡用于收取被害人的转账。法院认为，应当以上游犯罪中能够查明的被害人打入其账户的转账金额作为其犯罪数额。公诉机关指控，穆某组织用该账户收取 12 名被害人欠款共计 125 100 元。经查，在案证据中，穆某涉黑案判决书及证人证言等均能证明穆某涉黑组织使用该账户收取被害人马某某、于某等 7 名被害人欠款共计 62 600 元。对于剩余 5 人，并非穆某案件查明的被害人，同时在案证据不足以认定穆某组织对上述人员实施了违法犯罪行为，不能认定为涉黑犯罪所得，故上述 5 人的转账数额，不计入犯罪数额，应以能够查明的数额为准，最终判决对部分起诉事实未予认定。

裁判要旨 ▶▶▶

对于上游犯罪为涉黑犯罪的洗钱犯罪的认定，应当把握以下两个方面：（1）主观方面，重点审查行为人对于上游涉黑犯罪行为是否具有主观明知，而对于"掩饰、隐瞒"这一主观故意，除明确有相反证据的情况以外，可通过客观行为进行综合认定。在实践中应注意的是"明知"并非"确知"，尤其对于涉黑犯罪，行为人能够认识到其行为对象是通过有组织的，多人实施暴力或暴力胁迫犯罪的所得及其收益，再结合行为人过往经历、与组织成员的关系、参与犯罪活动的程度等全案情节，作综合判断较为妥当。（2）犯罪数额方面，应以行为人掩饰、隐瞒的，能够查明的涉黑犯罪所得及其收益数额为准，一方面结合已有的判决认定的事实，核对被害人有关损失情况，另一方面对于尚未裁判的，在实践中应慎重把握，对于在案证据难以查明的，依法不予认定，对于行为人的合法财产，应当予以扣除，确保依法公正裁判。

关联索引 ▶▶▶

《刑法》第 191 条

《最高人民法院关于审理洗钱等刑事案件具体应用法律若干问题的解释》第 1 条

一审：天津市红桥区人民法院（2021）津 0106 刑初 32 号刑事判决（2021年 3 月 25 日）

2023-04-1-356-012

古某某贩卖、运输毒品、洗钱案

—— 自洗钱行为的认定

基本案情

2021 年 3 月，被告人古某某与侯某（另案处理）商量确定进行毒品甲基苯丙胺（冰毒）交易后，古某某为掩饰、隐瞒其犯罪所得的来源和性质，利用陶某某（另案处理）名下中国农业银行账户接收侯某转存毒资 17 万元，并指使陶某某于同年 3 月 30 日、31 日分两次通过银行柜台取现方式支取。3 月 31 日，古某某又指使陶某某将毒品从湖北省武汉市送至北京市侯某处。同年 4 月 1 日 10 时许，民警在北京西客站出站口附近将陶某某查获，从其身上所背双肩背包内当场缴获白色可疑晶体 4 包（经鉴定含有甲基苯丙胺成分，计重 193.92 克）。2021 年 6 月 1 日，公安机关在湖北省武汉市将被告人古某某抓获。

北京市东城区人民法院于 2022 年 1 月 17 日作出（2021）京 0101 刑初 860 号刑事判决：一、被告人古某某犯贩卖、运输毒品罪，判处有期徒刑十五年，剥夺政治权利三年，并处没收个人财产 5 万元；犯洗钱罪，判处有期徒刑一年三个月，并处罚金人民币 2 万元；决定执行有期徒刑十六年，剥夺政治权利三年，罚金人民币 2 万元，没收个人财产 5 万元；二、继续追缴被告人古某某违法所得 17 万元，予以没收；三、在案扣押未移送本院之物品，由扣押机关依法处理。

一审宣判后，被告人古某某提出上诉，北京市第二中级人民法院于 2022 年 4 月 12 日作出（2022）京 02 刑终 92 号刑事裁定，裁定驳回上诉人古某某的上诉，维持原判。

裁判过程

法院生效判决认为：本案的争议焦点在于古某某利用他人账户接收、支取毒资是否属于自洗钱行为。

第一，2021 年 3 月 1 日起施行的《刑法修正案（十一）》对洗钱罪的刑法条文作了重大修改，将"自洗钱"纳入洗钱罪的打击范围。由于洗钱行为破坏了金融管理秩序，切断了犯罪所得资金与上游犯罪的关联，同时又具有助长上游犯罪的性质，加之洗钱行为对国家安全和国际政治稳定可能带来的高度风险，以及打击洗钱犯罪的国际趋势，自洗钱行为不再是上游犯罪的自然延伸，不属于事后不可罚行为，应单独认定为犯罪。

第二，应先明确洗钱行为的本质，以区分洗钱行为与非洗钱行为。行为人具有掩饰、隐瞒犯罪所得及其收益的故意，在《刑法》第191条规定的上游犯罪完成后，对犯罪所得及其产生的收益实施了转换、转化等清洗行为。洗钱行为的本质在于使上游犯罪所得"表面合法化"，最终是否成功掩盖犯罪所得的非法性不是其构成要素，即认定洗钱违法犯罪时无须要求其达到完全逃避监管和侦查的客观效果。如行为人仅对上游犯罪所得及其收益实施持有、藏匿、改变财物存放场所，增设或更换财物保管人，及未改变财物形态的日常使用和消耗型生活消费等情形，未转变非法所得及收益性状和本质的行为，不应认定为自洗钱行为。

第三，自洗钱行为与上游犯罪的区分。洗钱罪的认定以上游犯罪的认定为前提，因而属于犯罪构成的形式上的洗钱行为不宜认定为洗钱罪。例如，以财物交付、取得为既遂要件的犯罪中，利用他人提供账户接收上游犯罪所得，是犯罪目的的实现过程，属于上游犯罪构成要件的一部分，不需要再评价洗钱行为，如果接收犯罪所得或者帮助接收犯罪所得后进一步转账、取现等掩饰、隐瞒行为，可单独评价为洗钱行为。因而对于不以财物交付、取得为既遂要件的犯罪，即便财物交付、取得可能为上游犯罪的一个环节，不影响洗钱罪的认定。

本案中，其一，被告人古某某主观上具有掩饰、隐瞒犯罪所得及其产生的收益来源和性质的故意，客观上实施了虚构资金流向、改变毒资性质等掩饰、隐瞒犯罪所得及其产生的收益的来源和性质的行为，属于自洗钱。其二，古某某与陶某某仅为朋友关系，不存在双方使用同一银行卡进行生活收支的可能，因而古某某主观上存在利用他人账户改变毒资性质的主观故意。其三，作为上游犯罪的贩卖毒品罪以毒品实际转移给买方为既遂，转移毒品后行为人是否已经获取利益，并不影响既遂的成立，因而财物交付、取得为上游犯罪的一个环节，不影响洗钱罪的认定，根据罪责刑相适应的原则，应与上游犯罪数罪并罚。其四，在案证据未显示陶某某实质影响洗钱计划的制订，因而陶某某不构成上游犯罪的共犯。故古某某的行为构成洗钱罪。

裁判要旨 >>>

《刑法修正案（十一）》将自洗钱行为独立入罪，其法益应理解为金融管理秩序与上游犯罪的保护法益。在自洗钱的认定中，其一，以是否"掩饰、隐瞒上游犯罪所得及其产生的收益"来判断是否属于洗钱行为；其二，上游犯罪行为人使用他人账户获取违法所得的，可以通过账户的实际控制人及二者间的财物关联性区分自洗钱与他洗钱；其三，为避免洗钱罪重复评价上游犯罪构成要件，利用他人提供账户接收上游犯罪所得的，在以财物交付、取得为既遂要件的犯罪中一般不再评价洗钱行为；其四，自洗钱行为与《刑法》特别规定存在竞合的，应择一重罪定罪处罚；其五，上游犯罪行为人与他人在事前进行洗钱合谋的，应以他人是否实质影响洗钱行为的计划制订区分上游犯罪与自洗钱的共犯。

关联索引 >>>

《刑法》第 191 条

一审：北京市东城区人民法院（2021）京 0101 刑初 860 号刑事判决（2022 年 1 月 17 日）

二审：北京市第二中级人民法院（2022）京 02 刑终 92 号刑事裁定（2022 年 4 月 12 日）

2023-04-1-133-003

韩某龙洗钱案

——上游犯罪未被依法裁判不影响洗钱罪的认定

基本案情 >>>

2013 年 7 月 9 日，倪某永及其经营的"某泰公司"以集资诈骗的方式从王某华处骗得人民币 2000 万元，并通过"某瑜公司"账户收到该笔款项后，其中 1130 万元被转入被告人韩某龙个人账户，余款 870 万元被汇入倪某永经营的"某高公司",而其中805万元被"某泰公司"用于归还银行贷款。同日,"某泰公司"以提供虚假证明文件的方式从"中国某银行绍兴嘉会分理处"(以下简称"某行嘉会分理处")骗取贷款800万元,其中295万元经多次转账后,与上述870万元中的余款65万元以及其他款项合并成480万元,于7月10日被转入被告人韩某龙个人账户。7月11日,"某瑜公司"将合计727万元转入被告人韩某龙个人账户。倪某永以急用为由要求身处北京的被告人韩某龙将转入其账户的上述2337万元全部取现。7月11日至13日,被告人韩某龙按照倪某永的要求,将转入其账户中的2000万元转入韩海超账户,将其中200万元转入许某荣的账户并要求许某荣帮忙取现,将其中647.50万元用于归还倪某永的借款、支付房租和取现等。

2013年7月11日,倪某永离开绍兴,并与向其追讨债务的债权人失去联系。7月13日傍晚,被告人韩某龙回到绍兴并获知倪某永被人追债且有潜逃嫌疑后,仍于7月14日至15日,驾车从绍兴至杭州,沿途进入多个银行,将包括倪某永及"某泰公司"以集资诈骗和骗取贷款的方式从王某华、"农行嘉会分理处"骗得的合计642.50万元进行大量取现和分散转入多个账户,后将所取现金交给韩某娣,由韩某娣转交给倪某永。

浙江省绍兴市柯桥区人民法院于2016年8月17日作出(2016)浙0603刑初638号刑事判决:一、撤销绍兴市柯桥区人民法院绍柯刑初字第702号刑事判决对被告人韩某龙宣告缓刑的部分;二、被告人韩某龙犯洗钱罪,判处有期徒刑二年六个月,并处罚金人民币35万元;连同前罪判处的有期徒刑三年并罚,决定执行有期徒刑四年六个月,并处罚金人民币35万元。宣判后,被告人韩某龙以事实认定错误、犯罪数额认定错误、韩某龙具有自首情节为由分别提出上诉。浙江省绍兴市中级人民法院于2016年12月23日作出(2016)浙06刑终635号刑事裁定:认为原判认定事实清楚,适用法律正确,量刑基本适当,故驳回上诉,维持原判。

裁判过程

法院生效裁判认为:第一,涉案增值税专用发票的销货单位和购货单位均系造假。倪某永作为"某泰公司"法定代表人,以欺骗手段取得银行贷款,属于骗取贷款的犯罪行为。虽该犯罪行为尚未被依法裁判,但根据现有证据能够证明确实存在。根据《最高人民法院关于审理洗钱等刑事案件具体应用法律若干问题的解释》的相关规定,此种情况不影响对洗钱罪的认定。

第二，洗钱罪的"明知"是一种概括性认识，即只要行为人认为对方资金来路不明，可能来源于七类上游犯罪即可，并不要求行为人必须确切知道具体是哪一个上游犯罪。综合韩某龙的认知能力、其异常的取现方式、取现金额、其所获知倪某永被追债并出逃的信息及其供述等主、客观因素，可认定其已认识到涉案钱款可能是倪某永金融诈骗犯罪或破坏金融管理秩序犯罪所得，韩某龙主观上已达到洗钱罪所要求的概括性认识标准。本案中，韩某龙在倪某永的公司负责日常用品及配件的采购工作，平时并不负责资金取现、转账或财务相关工作，韩某龙不存在为倪某永大额取现的正当理由。韩某龙在获知倪某永被追债且存在潜逃嫌疑的异常情况下，驾车从绍兴出发赶往杭州，沿路遇见银行就停车取现，其取现方式、取现金额明显异常。

第三，关于洗钱数额的认定。在案证据证实汇入"某瑜公司"的款项来自倪某永向王某华等人集资诈骗和向"某行嘉会分理处"骗取贷款的犯罪所得，故应将"某瑜公司"汇入韩某龙银行账户的资金认定为洗钱犯罪金额。在韩某龙为掩饰、隐瞒犯罪所得及其收益而实施大量取现、转账等行为后，其洗钱犯罪已经既遂。至于最后上述钱款的具体用途，并不影响本案犯罪事实的认定。

综上，被告人韩某龙明知是金融诈骗和破坏金融管理秩序犯罪所得，通过转账、取现方式掩饰、隐瞒其来源和性质，其行为已构成洗钱罪。韩某龙在缓刑考验期内被发现判决宣告前还有其他罪没有判决，应当撤销缓刑，予以数罪并罚。

裁判要旨 >>>

（1）上游犯罪虽未依法裁判，但有证据证明确实存在的，不影响对洗钱罪的认定。倪某永作为"某泰公司"法定代表人，以欺骗手段取得银行贷款，属于骗取贷款的犯罪行为。虽该犯罪行为尚未被依法裁判，但根据现有证据确实存在。根据《最高人民法院关于审理洗钱等刑事案件具体应用法律若干问题的解释》的规定，此种情况不影响洗钱罪的认定。

（2）判断行为人是否"明知"涉案钱款系金融诈骗犯罪所得，应当综合行为人的认知能力，接触犯罪所得的情况、犯罪所得的数额、犯罪所得的转移方式等因素综合认定。本案中，根据被告人韩某龙的取款方式、金额、其所获知倪某永出逃的信息以及其供述情况和认知能力，足以认定韩某龙明知涉案钱款系犯罪所得。

关联索引 >>>

《刑法》第 191 条

一审：浙江省绍兴市柯桥区人民法院（2016）浙 0603 刑初 638 号刑事判决（2016 年 8 月 17 日）

二审：浙江省绍兴市中级人民法院（2016）浙 06 刑终 635 号刑事裁定（2016 年 12 月 23 日）

彭某峰受贿，贾某语受贿、洗钱违法所得没收案

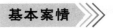
基本案情

（一）涉嫌受贿犯罪事实

2010年至2017年，彭某峰利用担任某市住房和城乡建设委员会副主任、轨道交通集团有限公司党委书记、董事长等职务上的便利，为有关单位或个人在承揽工程、承租土地及设备采购等事项上牟取利益，单独或者伙同贾斯语及彭某一等人非法收受上述单位或个人给予的财物共计折合人民币2.3亿余元和12万美元。其中，彭某峰伙同贾某语非法收受他人给予的财物共计折合人民币31万余元、2万美元。

2015年至2017年，彭某峰安排彭某一使用两人共同受贿所得人民币2085万余元，在长沙市购买7套房产。案发后，彭某一出售该7套房产，并向办案机关退缴房款人民币2574万余元。

2015年9月至2016年11月，彭某峰安排彭某一将两人共同受贿所得人民币4500万元借给邱某某；2016年11月，彭某峰和彭某一收受他人所送对邱某某人民币3000万元的债权，并收取了315万元利息。上述7500万元债权，邱某某以北京某国际投资咨询有限公司在某商业有限公司的40%股权设定抵押担保。案发后，办案机关冻结了上述股份，并将上述315万元利息予以扣押。

2010年至2015年，彭某峰、贾某语将收受有关单位或个人所送黄金制品，分别存放于彭某峰家中和贾某、蔡某家中。办案机关提取并扣押上述黄金制品。

（二）涉嫌洗钱犯罪事实

2012年至2017年，贾某语将彭某峰受贿犯罪所得人民币4299万余元通过地下钱庄或者借用他人账户转移至境外。

2014年至2017年，彭某峰、贾某语先后安排彭某一等人将彭某峰受贿款兑换成外币后，转至贾某语在其他国家开设的银行账户，先后用于在4个国家购买房产、国债及办理移民事宜等。应中华人民共和国刑事司法协助请求，相关国家对涉案房产、国债、资金等依法予以监管和控制。

诉讼过程

2017年4月1日，湖南省岳阳市人民检察院以涉嫌受贿罪对彭某峰立案侦查，查明彭某峰已于同年3月24日逃匿境外。同年4月25日，湖南省人民检察院对彭某峰决定逮捕，同年5月10日，国际刑警组织对彭某峰发布红色通报。

2017年4月21日，岳阳市人民检察院以涉嫌受贿罪、洗钱罪对贾某语立案侦查，查明贾某语已于同年3月10日逃匿境外。同年4月25日，湖南省人民检察院对贾某语决定逮捕，同年5月10日，国际刑警组织对贾某语发布红色通报。

2018年9月5日，岳阳市人民检察院将本案移交岳阳市监察委员会办理。岳阳市监察委员会对彭某峰、贾某语涉嫌职务犯罪案件立案调查，并向岳阳市人民检察院移送没收违法所得意见书。2019年6月22日，岳阳市人民检察院向岳阳市中级人民法院提出没收违法所得申请。利害关系人贾某、蔡某、邱某某在法院公告期间申请参加诉讼。其中，贾某、蔡某对在案扣押的38万元提出异议，认为在案证据不能证明该38万元属于违法所得，同时提出彭某峰、贾某语未成年儿子在国内由其夫妇抚养，请求法庭从没收财产中为其预留生活、教育费用；邱某某对检察机关没收违法所得申请无异议，建议司法机关在执行时将冻结的某商业有限公司40%股份变卖后，扣除7500万元违法所得，剩余部分返还给其公司。2020年1月3日，岳阳市中级人民法院作出违法所得没收裁定，依法没收彭某峰实施受贿犯罪、贾某语实施受贿、洗钱犯罪境内违法所得共计人民币1亿余元、黄金制品以及境外违法所得共计5处房产、250万欧元国债及孳息、50余万美元及孳息。同时对贾某、蔡某提出异议的38万元解除扣押，予以返还；对邱某某所提意见予以支持，在执行程序中依法处置。

检察机关履职过程

（1）提前介入完善证据体系。本案涉嫌受贿、洗钱犯罪数额巨大，涉案境外财产分布在 4 个国家,涉及大量通过刑事司法协助获取的境外证据。检察机关发挥提前介入作用,对监察机关提供的案卷材料进行全面审查,详尽梳理案件涉及的上下游犯罪、关联犯罪关系以及电子证据、境外证据、再生证据等,以受贿罪为主线,列明监察机关应予补充调查的问题,并对每一项补证内容进行分解细化,分析论证补证目的和方向。经过监察机关补充调查,进一步完善了有关受贿犯罪所得去向和涉嫌洗钱犯罪的证据。

(2)证明境外财产属于违法所得。在案证据显示彭某峰、贾某语将受贿所得转移至 4 个国家,用于购买房产、国债等。其中对在某国购买的房产,欠缺该国资金流向和购买过程的证据。检察机关认为,在案证据证明,贾某语通过其外国银行账户向境外某公司转账 59.2 万美元,委托该境外公司购买上述某国房产,该公司将其中 49.4 万美元汇往某国,购房合同价款为 43.5 万美元。同一时期内彭某峰多次安排他人,将受贿所得共计人民币 390 余万元(折合 60 余万美元)汇至贾某语外国银行账户,汇款数额大于购房款。因此,可以认定彭某峰、贾某语在该国的房产高度可能来源于彭某峰受贿所得,应当认定该房产为违法所得予以申请没收。检察机关对彭某峰、贾某语在上述 4 个国家的境外财产均提出没收申请,利害关系人及其诉讼代理人均未提出异议,法院裁定均予以支持。

(3)依法审慎适用特别程序追缴违法所得。本案彭某峰涉嫌受贿犯罪事实,大部分系伙同彭某一共同实施,彭某一并未逃匿,其受贿案在国内依照普通刑事诉讼程序办理,二人共同受贿犯罪涉及的部分境内财产已在彭某一案中予以查封、扣押或冻结。检察机关审查认为,本案系利用彭某峰的职权实施,彭某峰系本案主犯,对受贿行为起到决定作用,宜将彭某一案中与彭某峰有关联的境内财产,如兄弟二人在长沙市购买的房产、共同借款给他人的资金等,均纳入违法所得没收程序申请没收。利害关系人及其诉讼代理人和彭某一对此均未提出异议。人民法院作出的违法所得没收裁定生效后,通过国际刑事司法协助申请境外执行,目前已得到部分国家承认。

典型意义 >>>

(1)依法加大对跨境转移贪污贿赂所得的洗钱犯罪打击力度。犯罪嫌疑人、被告人逃匿境外的贪污贿赂犯罪案件,一般已先期将巨额资产转移至境外,我国《刑法》第 191 条明确规定此类跨境转移资产行为属于洗钱犯罪。《最高人民法院、最高人民检察院关于适用犯罪嫌疑人、被告人逃匿、死亡案件违法所得没收程序若干问题的规定》明确规定对于洗钱犯罪案件，可以适用特别程序追缴违法所得及其他涉案财产。检察机关在办理贪污贿赂犯罪案件中，应当加大对涉嫌洗钱犯罪线索的审查力度，对于符合法定条件的，应积极适用违法所得没收程序追缴违法所得。

（2）准确认定需要没收违法所得的境外财产。《最高人民法院、最高人民检察院关于适用犯罪嫌疑人、被告人逃匿、死亡案件违法所得没收程序若干问题的规定》明确规定对于适用违法所得没收程序案件，适用"具有高度可能"的证明标准。经审查，有证据证明犯罪嫌疑人、被告人将违法所得转移至境外，在境外购置财产的支出小于所转移的违法所得，且犯罪嫌疑人、被告人没有足以支付其在境外购置财产的其他收入来源的，可以认定其在境外购置的财产具有高度可能属于需要申请没收的违法所得。

（3）对于主犯逃匿境外的共同犯罪案件，依法审慎适用特别程序追缴违法所得。共同犯罪中，主犯对全部案件事实负责，犯罪后部分犯罪嫌疑人、被告人逃匿境外，部分犯罪嫌疑人、被告人在境内被司法机关依法查办的，如果境内境外均有涉案财产，且逃匿的犯罪嫌疑人、被告人是共同犯罪的主犯，依法适用特别程序追缴共同犯罪违法所得，有利于全面把握涉案事实，取得较好办案效果。

关联索引 ≫

《监察法》第 48 条

《刑法》第 191 条第 1 款、第 385 条第 1 款

《刑事诉讼法》第 298 条、第 299 条、第 300 条

《人民检察院刑事诉讼规则》第十二章第四节

《最高人民法院、最高人民检察院关于适用犯罪嫌疑人、被告人逃匿、死亡案件违法所得没收程序若干问题的规定》第 1 条至第 3 条，第 5 条至第 10 条，第 13 条至第 17 条

最高人民法院、最高人民检察院联合发布 5 起惩治
伪造公司、企业印章等破坏营商环境犯罪典型案例之四：
王某业等人非法吸收公众存款、洗钱案

基本案情 》》》

　　王某业、王某经他人介绍认识后协商合作融资，约定由王某负责贸易业务端，王某业负责寻找担保、融资备案等。2021 年 3 月至 7 月，王某业、王某等未经有关部门批准，以王某业实际控制的广州稼盛商贸发展有限公司（以下简称广州稼盛公司）为融资主体，公开虚假宣称该公司是中国储备粮管理集团全资控股的四级子公司，谎称该公司对外有数千万元的应收优质债权，并以王某业实际控制的中民公司、上海稼盛公司负责提供担保，对外亦谎称该两家公司系中储粮集团二级、三级子公司。王某业、王某等通过吉安中传金融资产服务中心有限公司、广西中安资产登记服务有限公司违规备案登记，将融资产品包装成《中储应收账款融资计划资产收益权产品》，以 7.6% ~ 8.8% 的年收益率为诱饵吸引不特定公众投资，非法吸收资金共计 4500 万余元，主要用于支付融资居间费、备案费、公司经营费用及王某个人贸易业务。在此期间，王某业指派王某斌任财务总监，负责融资款管理、审批；指使晏某负责相关融资产品的违规备案。

　　2021 年 9 月，王某业为防止部分融资款被冻结，指示王某斌将 1030 万元融资款进行拆分，从广州稼盛公司账户转出，先后经上海稼盛公司、中民公司等公司账户，最终于 2022 年 1 月底分多笔汇入王某业实际控制的上海与祥实业有限公司账户。

裁判结果 》》》

　　2022 年 9 月 9 日，广东省广州市公安局南沙区分局以王某业、王某等人

涉嫌非法吸收公众存款罪移送起诉。同月 15 日，广东省广州市南沙区人民检察院以非法吸收公众存款罪、洗钱罪对王某业、王某斌提起公诉，以非法吸收公众存款罪对王某、晏某提起公诉。同年 12 月 14 日，广东省广州市南沙区人民法院对被告人王某业以非法吸收公众存款罪、洗钱罪数罪并罚判处有期徒刑六年，并处罚金人民币 55 万元；对被告人王某以非法吸收公众存款罪，判处有期徒刑四年六个月，并处罚金人民币 40 万元；对被告人王某斌以非法吸收公众存款罪、洗钱罪数罪并罚判处有期徒刑一年十个月，并处罚金人民币 6 万元；对被告人晏某以非法吸收公众存款罪，判处有期徒刑一年六个月，缓刑二年，并处罚金人民币 5 万元。一审宣判后，部分被告人上诉。广州市中级人民法院综合考量二审期间退赃退赔、全额挽损情节酌情从轻处罚，2023 年 6 月 12 日，二审判决改判被告人王某业有期徒刑五年九个月、被告人王某有期徒刑四年，其余部分维持原判。

最高人民检察院发布检察机关"高质效办理毒品犯罪案件推进毒品问题综合治理"十大典型案事例之二：陈某南等人贩卖毒品、洗钱案

基本案情 >>>

2020年9月13日至2022年9月10日，被告人陈某南单独或指使被告人梁某辉、吴某坚在广东省肇庆市、佛山市贩卖毒品。其中，陈某南贩卖毒品135次，共计贩卖MDMA片剂（俗称"摇头丸"）84.075克、含MDMA成分的粉末27.46克、氯胺酮120.29克，违法所得共计164 550元。梁某辉协助陈某南贩卖含MDMA成分的粉末1.7克、氯胺酮18克。吴某坚协助陈某南贩卖含MDMA成分的粉末1.72克、氯胺酮1.03克。

被告人陈某南为逃避司法机关追查，长期使用被告人陈某琛实名认证的微信账号沟通毒品交易事宜及收取毒资，使用被告人陈某琛、严某妹、吴某铿与吴某坚的微信收款码收取毒资，指示被告人梁某辉将贩毒所得的部分毒资转化为现金，共计124 250元，其中2021年3月1日后共计112 350元。被告人梁某辉、吴某铿、陈某琛、严某妹明知是毒品犯罪所得，仍按照被告人陈某南指示收取、转移毒资。陈某南还利用部分毒资购买宝马牌汽车1辆，后被公安机关扣押。

检察机关履职过程 >>>

2023年3月1日，广东省佛山市三水区人民检察院以陈某南犯贩卖毒品罪、洗钱罪，梁某辉犯贩卖毒品罪，吴某坚犯贩卖毒品罪，吴某铿、陈某琛、严某妹犯洗钱罪依法提起公诉。同年4月12日，补充起诉陈某南25宗贩毒事实，梁某辉1宗贩毒事实，并追加认定梁某辉洗钱罪。同年6月1日，佛山市三水区人民法院认定陈某南犯贩卖毒品罪、洗钱罪，数罪并罚判处有期徒刑

十五年，剥夺政治权利五年，并处没收个人财产15万元、罚金1万元；认定梁某辉犯贩卖毒品罪、洗钱罪，数罪并罚判处有期徒刑四年，并处罚金4.4万元；认定吴某坚犯贩卖毒品罪，判处有期徒刑七个月，缓刑一年，并处罚金1万元；认定吴某铿、陈某琛、严某妹犯洗钱罪，判处有期徒刑八个月至一年，并处罚金等刑罚。认定在陈某南处扣押的宝马牌汽车为涉毒资产，予以没收，上缴国库。6名被告人均未提出上诉，该判决已生效。

第一，注重电子数据的精细审查，依法追诉两名漏犯。在审查逮捕陈某南、吴某铿一案中，检察机关注重对涉案聊天记录等电子数据的审查，发现漏犯梁某辉，查实其涉嫌协助陈某南贩卖毒品的事实，后将其追诉。同时，通过审查购毒人员梁某良交易记录等证据材料，发现其贩卖毒品嫌疑，引导侦查机关补充相关证据，对梁某良进行追诉，后法院以贩卖毒品罪判处梁某良有期徒刑十个月。

第二，引导侦查机关扩线侦查，追诉大量遗漏罪行。检察机关梳理分析陈某南贩卖毒品的交易记录等证据，充分运用侦查监督与协作配合工作机制，引导侦查机关扩线侦查，深挖毒品交易线索，从最初提请批准逮捕的3宗贩毒事实、移送审查起诉的5宗贩毒事实，到最终检察机关认定陈某南等人涉嫌135宗贩毒事实，成功追诉了100余宗被遗漏的犯罪事实。

第三，深挖毒资毒赃流转情况，依法追诉洗钱犯罪。针对明知是毒资，还提供资金结算账户收取毒资，允许将涉毒资产登记在自己名下等行为，引导侦查机关围绕洗钱罪全面收集证据，依法认定吴某铿、陈某琛、严某妹3人的洗钱犯罪。对于贩毒人员利用他人资金支付结算账户收取毒资、套现等掩饰、隐瞒毒资毒赃行为认定为自洗钱犯罪，依法追加陈某南和梁某辉自洗钱犯罪。对于在陈某南处查扣的宝马牌汽车，陈某南在侦查阶段否认车辆为其本人购买。检察机关经全面审查涉案财物证据，认定该汽车为涉毒资产，在事实和证据面前，陈某南承认该汽车系使用部分毒资购买。检察机关提出对涉案财物予以没收的处置意见，得到法院裁判采纳。

典型意义 >>>

检察机关办理毒品犯罪案件，应当充分发挥侦查监督与协作配合机制作用，引导侦查机关全面收集、补强证据，高度重视对毒品交易电子数据的甄别和审查，积极追诉漏罪漏犯。坚持"一案双查"，针对出于掩饰、隐瞒毒品犯罪所得的目的，借用他人资金支付结算账户收取毒资、套现、购置大宗物品等行为，依法认定自洗钱犯罪。同时，检察机关要注重毒品犯罪"打财断血"工作，引导侦查机关收集涉案财物证据，溯源查明资产的来源，依法认定并追缴涉毒资产，向法院提出涉案财物处置意见。

最高人民检察院发布"依法严惩毒品犯罪强化禁毒综合治理"十大典型案事例之四：袁某贩卖、制造毒品、洗钱案

基本案情 》》》

2020 年 2 月至 2021 年 6 月，被告人袁某在位于山东省滕州市的家中制造含有 γ-羟丁酸的液体（俗称"神仙水"），后予以贩卖。袁某共贩卖含有 γ-羟丁酸的液体 45 700 余支，获利 107 万余元。2021 年 6 月 10 日，公安机关在其家中查获含有 γ-羟基丁酸的液体 668 支以及制毒原料、工具。经称重、鉴定，上述含有 γ-羟丁酸的液体 668 支重 2460 余克，γ-羟丁酸含量为 36.3ug/ml 至 56.5ug/ml。

被告人袁某为掩饰、隐瞒其制造、贩卖毒品的犯罪所得，于 2021 年 3 月以其妻子名义在湖南某地投资购买房产，支付房款等费用共计 38 万元。

检察机关履职过程 》》》

2022 年 4 月 10 日，山东省滕州市人民检察院以被告人袁某犯贩卖、制造毒品罪、洗钱罪依法提起公诉。2022 年 9 月 3 日，滕州市人民法院以贩卖、制造毒品罪判处袁某有期徒刑 15 年，并处没收个人财产 10 万元；以洗钱罪判处袁某有期徒刑一年，并处罚金 5 万元，合并执行有期徒刑十五年六个月，并处没收个人财产 10 万元、罚金 5 万元，依法没收违法所得、收益以及孳息。被告人袁某未提出上诉，该判决已生效。

第一，积极引导公安机关侦查取证。2021 年 7 月 9 日，公安机关以袁某涉嫌贩卖、制造毒品罪提请批准逮捕。检察机关经审查，对袁某决定以证据不足不批准逮捕；同时经与具有专门知识的特邀检察官助理、食药监等部门人员对涉案新型毒品进行研讨，提出核实袁某从业经历、恢复袁某手机电子

数据等补查建议，依托侦查监督与协作配合办公室，引导公安机关查实袁某曾在化工厂工作、作案前曾多次查询该毒品相关知识，明知该液体含有的国家管制精神药品 γ-羟丁酸系毒品，夯实认定其毒品犯罪主观明知及贩毒故意的关键证据。8 月 27 日，公安机关对袁某再次提请批准逮捕，检察机关依法对其批准逮捕。同时，检察机关审查发现袁某涉嫌洗钱犯罪线索，引导公安机关重点围绕毒赃去向开展侦查，查明袁某收取毒赃后以其妻子名义投资购买房产，涉嫌洗钱犯罪。

2021 年 11 月 10 日，公安机关以袁某涉嫌贩卖、制造毒品罪、洗钱罪移送审查起诉。检察机关审查后发现，因犯罪嫌疑人以寄递方式交易毒品，袁某辩解部分资金转账非贩毒所得，而毒品交易记录已被删除，导致现有证据无法确定其贩卖毒品的具体数量，遂依托侦查监督与协作配合办公室，与公安机关共同补充侦查取证，重点收集、固定双方毒品交易的电子数据等客观性证据。经对购毒者相关电子数据恢复提取，梳理出双方毒品交易与转账记录，并调取通信详单、快递记录、车辆轨迹等证据，结合购毒者的证言确定了毒品交易的次数及数量。

第二，依法准确认定犯罪性质。庭审中，针对袁某及其辩护人提出的袁某无贩卖、制造毒品的故意，应构成生产、销售有毒、有害食品罪或者非法经营罪，以及涉案毒品含量极低，系新型液体毒品，应按毒品纯度认定犯罪数量的辩护意见，检察机关综合袁某职业背景、搜索查询记录、聊天记录、寄递方式、交易对象、交易价格及毒赃转移方式等方面的证据，证实袁某的行为构成贩卖、制造毒品罪；同时提出毒品数量应当以查证属实的贩卖、制造毒品的数量计算，不以纯度折算，袁某的毒品犯罪数量应按照贩卖、制造含有 γ-羟丁酸的液体重量予以认定，法院审理后全部采纳检察机关的指控意见。

第三，能动推进社会治理。案发后，检察机关对多个快递企业及末端网点进行实地走访调研，召集快递企业及监管部门座谈，公开送达检察建议，共商共建信息通报、问题调研、协作共赢机制。同时，立足本案定制普法，指出新形势下违禁品寄递风险和危害，对近年来出现的利用"网络+寄递"形式实施毒品犯罪情况进行重点宣讲，提升快递从业人员发现毒品的意识和能力。

典型意义 >>>

办理新型毒品犯罪案件，检察机关要善于借助具有专门知识的人的力量，重视对电子数据、通信记录、搜索查询记录、快递记录、车辆轨迹等客观性证据的审查、收集，结合被告人从业经历、交易价格、交付方式、毒赃转移路径等情况进行综合认定。引导侦查机关追踪毒赃流向、查明涉案资产的性质、权属，加大对毒品犯罪链条中的洗钱等次生犯罪的打击力度。同时，检察机关要依托侦查监督与协作配合办公室，发挥与侦查机关紧密协作的优势，完善情报会商、数据共享、案件反馈等协作机制，凝聚惩治毒品犯罪工作合力。有针对性地加强对寄递从业人员的法治宣传，增强快递从业人员发现毒品的能力及参与社会治理的责任意识，严防不法分子利用寄递渠道实施寄递毒品等违法犯罪。

最高人民检察院发布5件检察机关落实"七号检察建议"典型案例之二：天津孟某、苏某飞贩卖毒品、洗钱案

基本案情

2021年7月6日至23日，被告人孟某、苏某飞在明知高某某（另案处理）贩卖的电子烟内含有毒品合成大麻素的情况下，以牟利为目的，为高某某代理销售电子烟。苏某飞负责联系高某某发货，孟某负责销售，二被告人以273元至328元不等的价格先后8次通过快递向他人贩卖电子烟52支，非法获利14 341元。二被告人为掩饰、隐瞒毒品犯罪所得的性质和来源，利用孟某父亲的微信、支付宝账户收取毒资共计13 725元，转移后归个人使用。

检察机关履职过程

2022年1月11日，公安机关以孟某、苏某飞涉嫌贩卖毒品罪移送审查起诉。天津市东丽区人民检察院审查发现孟某、苏某飞还涉嫌自洗钱犯罪，遂积极引导公安机关补充侦查取证。同年2月11日，东丽区人民检察院以孟某、苏某飞涉嫌贩卖毒品罪依法提起公诉，3月15日对二被告人涉嫌洗钱罪补充起诉。4月1日，东丽区人民法院作出一审判决，认定被告人孟某、苏某飞犯贩卖毒品罪、洗钱罪，数罪并罚后均决定执行有期徒刑三年十个月，并处罚金22 000元。该判决已生效。

第一，依法打击寄递毒品犯罪，形成有力震慑。孟某、苏某飞与高某某等36人贩卖毒品案系重大寄递毒品犯罪关联案件，犯罪嫌疑人遍布全国17个省（自治区、直辖市）。东丽区人民检察院将该系列案作为贯彻落实"七号检察建议"的重大典型案件办理，深挖彻查，对寄递毒品犯罪形成有力震慑。截至目前，检察机关已提起公诉27人。

第二，落实"一案双查"要求，积极引导侦查取证。公安机关以孟某、苏某飞涉嫌贩卖毒品罪移送起诉后，东丽区人民检察院按照"一案双查"工作要求，对毒品交易资金流转情况进行审查，发现二被告人利用孟某父亲的微信、支付宝账号收取毒资，后又转移归个人使用，涉嫌自洗钱犯罪，遂引导公安机关调取被告人主观故意、行为手段、相关账户资金来源和去向等重要证据。由于需要补充侦查的证据较多，难以在审查起诉期限内完成全部工作，但二被告人涉嫌毒品犯罪的证据已确实、充分，东丽区人民检察院决定对二人以贩卖毒品罪先行起诉。补充侦查完成后，东丽区人民检察院依法对二人涉嫌洗钱罪进行了补充起诉。

第三，立足办案参与社会治理，开展普法宣传教育。针对本案中快递企业暴露出的问题，东丽区人民检察院依法制发检察建议，促进提升寄递企业安全管理水平。向社区居民发放禁毒宣传手册，普及毒品种类、毒品危害等相关知识。同时，联合公安、邮政管理部门对快递网点开展"七号检察建议"宣传工作，督促企业和从业人员提高安全意识、责任意识和法律意识，严格落实"实名收寄、收寄验视、过机安检"制度，织密寄递安全防护网。

典型意义 >>>

检察机关审查毒品案件时，应当着重从毒品流通链条和毒赃流转链条进行审查。对涉案财物的来源和去向进行全面查证，详细审查银行账户和第三方支付交易明细等客观性证据，查明毒赃流转情况，依法追捕追诉涉毒洗钱犯罪。对于遗漏犯罪事实或者遗漏犯罪嫌疑人的，应当及时引导公安机关补充侦查或者自行补充侦查，完善证据体系，及时进行补充起诉。针对犯罪分子利用快递贩运毒品等问题，通过制发检察建议，广泛开展预防寄递毒品宣传教育工作等方式堵塞漏洞，推动寄递行业依法规范经营。

最高人民检察院发布5件检察机关惩治洗钱犯罪典型案例之五：冯某才等人贩卖毒品、洗钱案

基本案情 ▷▷▷

2021年3月至4月，经缠某超介绍，冯某才两次将海洛因放置在指定地点出售给他人。4月7日晚，冯某才再次实施毒品交易时被新疆维吾尔自治区伊宁县公安局民警当场抓获。冯某才三次贩卖海洛因共计15.36克，收取缠某超毒赃共计12 350元。冯某才每次收取缠某超等人的毒赃后，通过微信转账将大部分或者全部毒赃转给其姐姐冯某，三次转账金额合计8850元。其中：（1）2021年3月21日22时59分，冯某才收到缠某超支付的毒赃4000元，于次日12时05分转至冯某微信2500元；（2）2021年4月7日21时15分，冯某才收到缠某超支付的毒赃7600元，于当日22时55分转至冯某微信5600元；（3）2021年4月7日23时27分，冯某才收到吸毒人员昔某支付的毒赃750元，于当日23时28分全部转至冯某微信。

2021年10月13日，新疆维吾尔自治区伊宁县人民法院以贩卖毒品罪判处冯某才有期徒刑九年，并处罚金5000元；以洗钱罪判处冯某才有期徒刑六个月，并处罚金1000元；数罪并罚，决定执行有期徒刑九年，并处罚金6000元。冯某才未上诉，判决已生效。

检察机关履职过程 ▷▷▷

2021年7月14日，新疆维吾尔自治区伊宁县公安局以缠某超、冯某才等人贩卖毒品罪移送起诉。伊宁县人民检察院审查发现，冯某才在接收缠某超转账的赃款后，很快就将赃款转入冯某账户，有洗钱嫌疑。经讯问，冯某才辩称向冯某转账是为了偿还借款。

针对冯某才的辩解，伊宁县人民检察院逐笔梳理冯某才与冯某的微信转账记录，有针对性地讯问冯某才，结合其他证据全面审查发现：（1）冯某才每次收到毒赃后均全部或大部转账，在作案时间段内呈现即收即转的特点。（2）冯某才与冯某对于借款金额、次数、已偿还金额以及未偿还金额等情况的陈述均含糊不清，且双方陈述的欠款数额差距较大。冯某才供称"我现在还欠她（冯某）一万多块钱"。而冯某称，"应该还有（欠）几万块钱吧"。

（3）除查明的三次毒赃转账外，2021年1~4月间，冯某才还有11次收取他人转账资金后即全部或大部转给冯某，其中有4笔共计13 480元来自缠某超。检察机关认为，冯某才关于归还借款的辩解不符合常理，且没有合理根据，冯某才收取毒赃后将赃款转移至他人的资金账户，具有掩饰、隐瞒犯罪所得及其收益的来源和性质的故意。上述行为发生在《刑法修正案（十一）》实施后，已构成洗钱罪，事实清楚，证据确实、充分。

2021年8月13日，伊宁县人民检察院以贩卖毒品罪、洗钱罪对冯某才提起公诉。伊宁县人民法院开庭审理前，冯某才认罪认罚，签署认罪认罚具结书。

典型意义 >>>

对上游犯罪人员的自洗钱行为以洗钱罪追究刑事责任，是《刑法修正案（十一）》根据反洗钱形势任务作出的重大调整，检察机关应当认真贯彻执行。办理《刑法》第191条规定的上游犯罪案件，要根据犯罪所得及其收益的去向，同步审查上游犯罪人员是否涉嫌洗钱犯罪。发现洗钱犯罪线索需要进一步侦查搜集证据的，应当及时移送公安机关立案侦查。公安机关移送起诉上游犯罪，检察机关审查认为洗钱罪（包括上游犯罪人员自洗钱和上游犯罪共犯以外的人员帮助洗钱）的事实清楚，证据确实、充分，符合起诉条件的，可以直接将洗钱罪与上游犯罪一并提起公诉，对上游犯罪共犯以外的人员帮助洗钱罪可以一并追诉。

完整把握刑法规定的犯罪构成条件，准确认定洗钱罪。要坚持主观因素与客观因素相统一的刑事责任评价原则，"为掩饰、隐瞒上游犯罪所得及其产生的收益的来源和性质"和"有下列行为之一"都是构成洗钱罪的必要条件，主观上具有掩饰、隐瞒犯罪所得及其产生的收益来源和性质的故意，客观上实施了掩饰、隐瞒犯罪所得及其产生的收益的来源和性质的行为，同时符合主客观两方面条件的，应当承担刑事责任，并与上游犯罪数罪并罚。认定上游犯罪和自洗钱犯罪，都应当符合各自独立的犯罪构成，上游犯罪行为人完成上游犯罪并取得或控制犯罪所得后，进一步实施的掩饰、隐瞒犯罪所得及其产生的收益的来源和性质的行为，属于自洗钱行为。上游犯罪实施过程中的接收、接受资金行为，属于上游犯罪的完成行为，是上游犯罪既遂的必要条件，不宜重复认定为洗钱行为，帮助接收、接受犯罪所得的人员可以成立上游犯罪的共犯。对于连续、持续进行的上游犯罪和洗钱犯罪，应当逐一分别评价，准确认定。

最高人民检察院发布 5 件检察机关惩治洗钱犯罪
典型案例之三：李某华洗钱案

基本案情

（一）上游犯罪

2002 年至 2019 年，李某组织、领导黑社会性质组织，非法霸占多个林场、采石场，非法组建"执法队"，垄断江西省宁都县石上镇林业并涉足采石场、房地产等领域攫取高额利润，以暴力、威胁及其他手段，有组织地实施强迫交易、敲诈勒索、滥伐林木、虚开增值税专用发票、虚开发票等系列违法犯罪活动，在江西省宁都县石上镇及周边区域、宁都县城为非作恶、欺压残害百姓，称霸一方，严重破坏当地经济、社会生活和管理秩序。2020 年 12 月 15 日，江西省赣州市中级人民法院判决李某犯组织、领导黑社会性质组织罪、寻衅滋事罪、强迫交易罪、敲诈勒索罪、聚众斗殴罪、滥伐林木罪、非法占用农用地罪等 15 个罪名，数罪并罚，决定执行有期徒刑二十四年十个月，并处没收个人全部财产。

（二）洗钱犯罪

2018 年 9 月至 2019 年 4 月期间，李某将在林场、采石场违法犯罪所得及其收益存入其控制经营的鑫某牧业公司、兴某牧业公司对公银行账户中。根据群众举报，江西省宁都县公安局于 2018 年 8 月 17 日、2019 年 3 月 26 日两次传唤李某，并于 2019 年 3 月对李某所涉多起犯罪立案侦查。2019 年 5 月 24 日，宁都县公安局以涉嫌寻衅滋事罪对李某执行刑事拘留，并于当日通知其妻子李某华。被采取强制措施前，李某将对公银行卡和 U 盾交予李某华保管。在李某被刑事拘留后，李某华为掩饰上述保管的黑社会性质组织犯罪所得及其收益的来源和性质，于 2019 年 5 月 25 日要求他人提供银行账户供其使用，并分别于 5 月 27 日、28 日从鑫某牧业公司对公账户分多笔转出 340 万元至他人银行账户。6 月 21 日、24 日，李某华又从兴某牧业公司对公账户分多笔转出 400 万元至他人银行账户。上述 740 万元转至他人账户后，李某华将其中的 141 万余元用于支付李某所办工厂工人工资、水电费、税费、贷款等，剩余 598 万余元由他人取现后交至其手中，李某华予以隐匿。

2021 年 5 月 26 日，江西省宁都县人民法院以洗钱罪判处李某华有期徒刑五年，并处罚金 60 万元。宣判后，李某华提出上诉。同年 8 月 27 日，江西省赣州市中级人民法院裁定驳回上诉，维持原判。

检察机关履职过程

江西省宁都县人民检察院介入侦查李某黑社会性质组织犯罪案后，引导公安机关对涉黑资金流向及流转过程中涉及的人员进行梳理，并会同公安机关商请人民银行反洗钱部门建立追踪洗钱犯罪资金去向的绿色通道，通过串联资金流向，查明鑫某牧业公司、兴某牧业公司对公银行账户中 740 万元犯罪所得的流转情况。

2020 年 8 月 17 日，江西省宁都县公安局以李某华涉嫌洗钱罪移送起诉。李某华到案后不供认犯罪事实，辩称对李某涉嫌黑社会性质组织犯罪不知情，转移资金时公安机关仅认定李某涉恶，系以涉嫌寻衅滋事罪拘留，未认定为涉黑；将相关账户资金转移、提现均是用于李某名下公司经营及还款。针对其辩解，宁都县人民检察院引导公安机关对李某华与李某平时关系、信任程度、是否参与公司经营、帮助保管资金，对李某多次因涉恶被询问、采取强制措施的了解程度及转移资金账户的异常情况等进行补充侦查，以证明李某华是否知道李某从事了体现黑社会性质犯罪组织特征、经济特征、行为特征、危害性特征的相关违法犯罪。

公安机关补充侦查后，在案证据证明：（1）李某华与李某夫妻关系密切，育有多名子女，多名家庭成员参与了该犯罪组织，且实施了多起违法犯罪活动，其子也是该犯罪组织的参加者。（2）李某华是李某实际控制的鑫某牧业公司的股东。（3）在李某被刑事拘留后，李某华立即将李某交付的公司账户中的资金转移，并支付工人工资等费用，表明李某华平时也参与相关经营活动。（4）李某华曾为维护女儿的利益鼓动李某等组织人员殴打他人。（5）李某华知道多起李某等人实施的寻衅滋事等犯罪活动的前因后果。（6）李某华、李某之子多次组织人员在镇上公开场合对村民进行拦截、辱骂、威胁、"罚款"等。（7）李某为人霸道，其违法犯罪行径引发多起群众上访，声名在外。（8）扫黑除恶专项斗争期间，公安机关立案侦查前曾两次询问李某，发布扫黑除恶征集线索公告后，李某之子以林场名义发布公告对抗线索征集。

上述事实证明，李某华应当知道李某等人形成了较稳定的犯罪组织，且李某是组织、领导者；应当知道李某及其组织成员有组织地实施了违法犯罪活动，欺压、残害群众；应当知道李某通过非法采矿、滥伐林木、开设赌场等违法犯罪手段获取经济利益，支持该组织活动；应当知道李某等人在当地形成了重大影响，严重破坏经济、社会生活秩序。李某华的辩解没有合理根据。

检察机关认为，李某华知道李某从事了反映黑社会性质组织的组织特征、经济特征、行为特征、危害性特征的相关事实，也知道李某在案发前交予的公司银行账户中的740万元系李某通过上述违法犯罪活动所得，仍然在李某被刑事拘留后次日将涉案账户中的740万元通过转账、取现等方式掩饰、隐瞒其来源和性质，构成洗钱罪。2020年11月10日，宁都县人民检察院以洗钱罪对李某华提起公诉。

宁都县人民法院经审理认为，李某华明知是黑社会性质的组织犯罪所得及其产生的收益而予以掩饰、隐瞒，情节严重，构成洗钱罪。支付李某所欠工人工资、水电费等141万余元不具有掩饰、隐瞒来源性质的故意，洗钱犯罪数额应当认定为598万余元，以洗钱罪判处李某华有期徒刑五年，并处罚金60万元。宣判后，李某华提出上诉。赣州市中级人民法院审理认为，犯罪所得款项一经转入他人的银行账户，洗钱罪已经既遂，最终款项如何处理不影响洗钱罪数额，洗钱罪数额应当认定为740万元，但综合李某华的犯罪事实及相关的犯罪情节，原判刑罚属罪刑相当，裁定驳回上诉，维持原判。

典型意义 》》》

（1）主观上认识到是黑社会性质组织犯罪所得及其产生的收益，是构成为他人的黑社会性质组织犯罪所得及其产生的收益洗钱的要件之一，认识内容是对黑社会性质组织犯罪事实的认识，而不是对法律性质的认识。对黑社会性质组织犯罪事实的认识，包括对上游犯罪人员从事的体现黑社会性质组织犯罪组织特征、经济特征、行为特征、危害性特征相关具体事实的认识。公安司法机关公开征集涉黑犯罪线索、发布涉黑犯罪公告、对相关黑社会性质组织成员采取强制措施后，仍帮助黑社会性质组织成员转移涉案资金的，可以认定其知道或者应当知道是黑社会性质组织犯罪所得及其产生的收益。

（2）为掩饰、隐瞒《刑法》第191条规定的七类上游犯罪所得及其产生的收益的来源和性质，将上游犯罪所得及其收益在不同账户中划转，或者转换为股票、金融票据，或者转移到境外的，即属刑法规定的洗钱犯罪，转移、转换的资金数额即为洗钱犯罪数额。要注意区分洗钱行为与洗钱后使用犯罪所得及其收益行为的不同性质，犯罪所得及其收益经转移、转换后的资金使用行为不影响洗钱罪的成立，转移、转换后的资金用途不影响洗钱数额的认定。

最高人民检察院发布 5 件检察机关惩治洗钱犯罪典型案例之二：丁某环、朱某洗钱，鹿某掩饰、隐瞒犯罪所得收益案

基本案情 >>>

（一）上游犯罪

2013 年 9 月至 2017 年 6 月，白某青以非法占有为目的，利用华某集团及关联公司，使用诈骗方法非法集资，造成集资参与人本金损失 48 亿余元。2019 年 8 月 27 日，北京市第二中级人民法院以集资诈骗罪判处被告人白某青无期徒刑，剥夺政治权利终身，并处没收个人全部财产；以非法吸收公众存款罪判处被告人王某振等 33 人有期徒刑 3 年至 10 年不等，并处罚金 5 万元至50 万元不等。白某青等人提出上诉，同年 12 月 27 日，北京市高级人民法院裁定驳回上诉，维持原判。此外，北京市东城区人民法院以非法吸收公众存款罪判处谭某玲等 81 人有期徒刑 3 年（部分适用缓刑）至有期徒刑 7 年 6 个月不等，并处罚金 5 万元至 50 万元不等。判决已生效。

（二）洗钱犯罪

2015 年 6 月至 2016 年 9 月，丁某环、朱某担任白某青利用非法集资款投资成立的易某网络科技有限公司（以下简称易某公司）总经理、副总经理。

白某青用非法集资所得 7000 万元收购众某网络信息技术有限公司（以下简称众某公司）及其子公司捷某信息技术有限公司（以下简称捷某公司），并以其儿子名义持有众某公司股权。当时捷某公司已向中国人民银行申请非银行支付机构牌照并进入公示阶段。2016 年 8 月，华某集团资金链断裂，无法兑付集资参与人本息。同年 10 月，白某青为隐匿资产，指使丁某环、朱某虚

假出售以其儿子名义持有的众某公司股权。

丁某环请朋友鹿某以虚假收购股权的方式帮助代持众某公司股权，并承诺支付鹿某5万元好处费。2016年11月9日，鹿某与白某青签订了股权代持协议，众某公司法定代表人及股东变更为鹿某。为制造鹿某出资收购股权假象，丁某环、朱某将白某青提供的现金200万元存入鹿某账户，再由鹿某转至白某青控制的账户，伪造虚假交易资金记录。

此外，丁某环、朱某还犯有职务侵占、非国家工作人员受贿、诈骗等犯罪。

北京市东城区人民检察院对被告人丁某环、朱某、鹿某依法提起公诉。经过一审、二审，2021年1月15日，北京市第二中级人民法院作出二审判决，以洗钱罪判处丁某环有期徒刑六年，并处罚金350万元，与其所犯职务侵占罪、非国家工作人员受贿罪数罪并罚，决定执行有期徒刑十一年六个月，并处没收财产50万元，罚金350万元。以洗钱罪判处朱某有期徒刑六年，并处罚金350万元，与其所犯职务侵占罪、非国家工作人员受贿罪、诈骗罪数罪并罚，决定执行有期徒刑十五年，并处没收财产50万元，罚金354万元。以掩饰、隐瞒犯罪所得收益罪判处鹿某有期徒刑二年六个月，并处罚金1万元。判决已生效。

检察机关履职过程

北京市东城区人民检察院对白某青等人非法集资案审查起诉时，发现公安机关移送的大量电子数据信息需进一步梳理。为缩短对电子数据的审查时间，深度挖掘电子数据中与证明非法集资案件事实有关的有效信息，检察官邀请检察技术人员对公安机关移送的140册电子鉴定卷、4.5TB电子数据进行辅助审查。经过技术分析发现，白某青等人将非法集资款7000万元用于收购众某公司及其子公司捷某公司，在华某集团资金链断裂后，众某公司的股东、法定代表人变更为鹿某，鹿某仅向白某青账户转账200万元，明显低于众某公司的注册资本及白某青收购价格，呈现出"高买低卖"可疑交易特征。检察机关经与公安机关沟通，引导侦查人员对与该交易有关的丁某环、朱某、鹿某等人进行询问，三人均表示交易属于正常市场行为，但对交易动因、细节等不知情。

检察机关研判认为，查清资金流向对于查明白某青集资诈骗案的犯罪事实、做好追赃挽损工作、发现是否存在洗钱犯罪具有重要作用，遂决定围绕该股权转让交易自行开展核实工作：（1）检察技术人员对白某青手机数据进行全面提取和分析，发现其与朱某长期使用某国外社交软件进行通联，聊天记录显示在上述公司法定代表人变更为鹿某后，白某青仍要求朱某帮助其寻找买家收购上述公司。（2）查询众某公司预留电话，发现该电话属于外包公司的报税会计人员，而委托人仍是丁某环，表明众某公司股权转让给鹿某后，仍处于丁某环实际掌控之中。

根据上述证据审查情况，检察机关认为，丁某环、朱某、鹿某等人涉嫌协助白某青掩饰、隐瞒集资诈骗犯罪所得及其收益的来源和性质，要求公安机关就丁某环等三人涉嫌洗钱犯罪线索进行核查。2018 年 7 月 30 日，北京市公安局东城分局对丁某环、朱某、鹿某立案侦查。

2018 年 10 月 31 日、2019 年 5 月 30 日，北京市公安局东城分局以朱某涉嫌洗钱罪、职务侵占罪，鹿某涉嫌洗钱罪，以丁某环涉嫌洗钱罪、职务侵占罪分别移送起诉。检察机关审查认为，丁某环、朱某、鹿某三人采用虚构股权交易的方式掩饰、隐瞒上游犯罪所得及其产生的收益的来源和性质，其中，丁某环、朱某明知交易的股权来自于非法集资犯罪，应当以洗钱罪追究刑事责任；证明鹿某知道或应当知道代持的公司股权来自于非法集资犯罪所得的证据不足，但能够证明其应当知道来自于犯罪所得，应当以掩饰隐瞒犯罪所得、犯罪所得收益罪追究刑事责任。北京市东城区人民检察院于 2019 年 5 月 6 日以朱某犯职务侵占罪、非国家工作人员受贿罪、诈骗罪、洗钱罪，鹿某犯掩饰、隐瞒犯罪所得、犯罪所得收益罪，于 2019 年 11 月 8 日以丁某环犯职务侵占罪、非国家工作人员受贿罪、洗钱罪，向北京市东城区人民法院提起公诉。

庭审中，丁某环及其辩护人提出，现有证据不能证明丁某环明知所交易股权系白某青非法集资犯罪所得，也不能证明丁某环指使鹿某提供资金账户以供转账。朱某及其辩护人提出，朱某对白某青找鹿某虚假出资、代持股份不知情。鹿某当庭表示认罪。

针对丁某环、朱某的辩解和辩护人的辩护意见，公诉人结合丁某环、朱某、鹿某等人的手机聊天记录、华某集团会议纪要、涉案公司员工证言等证据，就丁某环、朱某对所交易股权的来源和性质的认识进行答辩：首先，在帮助白某青隐匿资产的过程中，丁某环和朱某二人共同制造鹿某出资购买众某公司股权的假象，并向鹿某许诺支付好处费，且知道股权转让后公司仍然由白某青实际控制。其次，易某公司系白某青控制的华某集团的下属公司，易某公司的普通员工均知晓华某集团非法集资经营模式，作为公司高管的丁某环、朱某二人职务层级更高，且多次参与华某集团高层会议，对华某集团非法集资行为应当有明确的认知。最后，二人的手机聊天记录证实，二人事先已通过媒体报道得知白某青非法集资，白某青也明确告知虚假转让股权的目的是让众某公司与华某集团脱离关系。综上，认定丁某环、朱某二人为掩饰、隐瞒白某青用非法集资犯罪所得购买的股权的来源和性质，与鹿某进行虚假股权交易的事实清楚，证据确实、充分，二被告人及其辩护人意见不能成立。

典型意义 >>>

第一，对于资金交易复杂、电子数据海量的非法集资犯罪案件，检察机关同步审查洗钱线索时，要注意发挥检察技术辅助审查的作用。电子数据中含有大量与证明犯罪有关的信息，对于证明上游犯罪、发现下游犯罪具有重要价值。检察机关对电子数据需要作针对性挖掘梳理时，可以要求公安机关或者委托专门机构做专业技术分析，也可以应邀参与辅助审查。检察官要结合犯罪特征以及指控证明犯罪思路明确审查目的，提出审查的重点方向和具体要求，并与检察技术人员共同会商研判实现审查目的的技术路径及可行性。检察技术人员应根据审查目的运用专业方法对手机、电脑、电子设备存储电子数据等进行针对性审查，从已有电子数据中挖掘与上游犯罪及洗钱行为有关的数据信息。可以借鉴反洗钱大额交易监测、可疑交易分析等方法，对电子数据中有关大额资金流向及交易背景等，运用技术手段进行穿透式审查分析，并通过对电子数据与其他主客观证据的比对碰撞，发现及证明犯罪。

第二，股权交易是非法集资犯罪转移、隐匿犯罪所得及其收益的常见方法，频繁转让股权、虚假投资股权是洗钱的重要手段。检察机关在审查非法集资资金去向时发现股权转让、股权投资等情况，要跟进审查股权交易人员之间的关系、股权交易价格、股权交易后的实际控制人等相关证据，判断股权交易是否真实，发现洗钱犯罪线索，及时移送公安机关立案侦查。

第三，对于共同实施掩饰、隐瞒犯罪所得及其收益的人员，应当结合其接触上游犯罪的程度、身份背景、职业经历、交易方式等情况，分别判断其对上游犯罪的主观认识，并根据其认识内容准确定罪。知道或者应当知道犯罪所得及其收益是来自《刑法》第191条规定的七类上游犯罪的，应当认定为洗钱罪；知道或者应当知道犯罪所得及其收益是来自其他犯罪的，应当认定为掩饰、隐瞒犯罪所得、犯罪所得收益罪。

最高人民检察院发布5件检察机关惩治洗钱犯罪
典型案例之一：黄某洗钱案

基本案情 >>>

黄某，某银行原信贷员，系上游犯罪人员朱某成亲属。

（一）上游犯罪

2017年8月至2020年1月，朱某成等人在江苏省无锡市滨湖区成立海某体育发展有限公司（以下简称海某公司），以合买"体育彩票"为名，通过召开大会、体彩门店宣传、口口相传、微信宣传、授课等方式，向不特定社会公众公开宣传该公司配置顶尖专业体育竞彩分析师团队，团队下注方案可以取得高中奖率，以经营期间持续只赢不亏及高额月收益为诱饵进行非法集资。集资款大部分用于发放奖金、支付佣金、本金赎回，以及员工工资、宣传费用等开销。案发时，朱某成等人集资诈骗共计人民币（以下币种同）3亿余元。

2022年4月24日，江苏省无锡市滨湖区人民法院以集资诈骗罪判处朱某成有期徒刑十四年九个月，并处没收财产50万元；以偷越国境罪判处朱某成有期徒刑九个月，并处罚金2万元；数罪并罚，决定执行有期徒刑十五年三个月，并处没收财产50万元，罚金2万元。朱某成未上诉，判决已生效。

（二）洗钱犯罪

2018年12月至2019年1月，黄某为掩饰、隐瞒朱某成非法集资犯罪所得，帮助朱某成联系境外洗钱人员黄某杰（公安机关已作出刑事拘留决定并上网追逃），将朱某成账户内共计2306.7万元资金分散存入黄某杰提供的60余个"傀儡账户"中。随后，黄某杰所在团伙将上述账户内的资金又分散转至其他二级、三级账户，并以帮助换汇为由，通过境内将人民币转入"换汇客户"的银行账户、境外支付等值外币"对敲"方式，将资金转移至境外。此后，朱某成为在境内使用资金，又让黄某杰以上述对敲方式转移资金至境内黄某控制的他人银行账户。黄某指使他人从银行提取现金后交给朱某成及朱某成母亲，从中获取好处费 60 余万元。

2020 年 1 月，黄某知道朱某成实际控制的海某公司无法兑付集资参与人本息后，应朱某成的要求，代为出售朱某成用非法集资款购买的 2 辆汽车，取得售车款 104.3 万元后，将其中的 60 万元转至朱某成的银行账户。此外，黄某联系偷渡中介人员崔某印（已判刑）等人，帮助朱某成等 3 人偷渡至境外。同年 3 月 31 日，朱某成等 3 人被抓获归案。

2020 年 12 月 30 日，无锡市滨湖区人民法院以洗钱罪判处黄某有期徒刑五年六个月，并处罚金 300 万元；以偷越国境罪判处黄某有期徒刑六个月，并处罚金 5 万元，数罪并罚，决定执行有期徒刑五年九个月，并处罚金 305 万元。黄某未上诉，判决已生效。

检察机关履职过程

2020 年 6 月 19 日，江苏省无锡市滨湖区人民检察院在对朱某成等人涉嫌集资诈骗、偷越国境、职务侵占案审查逮捕时发现，朱某成供称有部分犯罪所得资金通过黄某转移，在案的银行交易记录证实与朱某成供述相互印证，无锡市滨湖区人民检察院认为黄某符合洗钱罪立案条件，于同年 7 月 29 日依法要求公安机关说明不立案理由。无锡市公安局滨湖分局对黄某以洗钱罪立案侦查。

检察机关应公安机关邀请介入侦查后，针对黄某到案后拒不供认犯罪事实、涉案洗钱账户众多且分布全国、部分资金流向境外的情况，重点围绕资金流转脉络等引导取证。公安机关商请中国人民银行无锡市中心支行协作配合，依托人民银行反洗钱工作平台和统筹调度优势，紧扣资金流出、回流两个关键节点，以朱某成起始资金账户为基础，核实接收洗钱资金账户情况，调取多个省市银行的 60 余个资金账户交易记录，分析资金走向，形成完整的资金流向图。上述资金流向与黄某司机证言、相关人员柜面提现记录等相互印证，最终认定洗钱后资金又回流至黄某处，黄某将洗钱资金交还给了朱某成及其母亲。公安机关依法从朱某成及其母亲处扣押、冻结人民币共计 900 余万元。同时，扣押黄某使用违法所得购入的汽车 1 辆、冻结涉案资金 49 万余元。

2020 年 11 月 16 日，无锡市公安局滨湖分局以黄某涉嫌洗钱罪、偷越国境罪移送起诉。在审查起诉阶段，黄某认罪认罚，签署认罪认罚具结书。2020 年 11 月 30 日，无锡市滨湖区人民检察院以黄某犯洗钱罪、偷越国境罪提起公诉。

典型意义 》》》

第一，跨境洗钱犯罪不仅造成上游犯罪赃款追缴困难，而且严重危害国家金融安全，必须依法严惩。办案当中发现跨境洗钱线索的，要着力查清资金流向和流转过程，加强对境内相关资金交易记录等证据的收集。要注重引导公安机关查明资金流出的起始账户、途经账户和跨境转移的具体方式，为认定洗钱犯罪和追赃挽损夯实证据基础。对于资金流转账户多、流转过程复杂的案件，要加强与人民银行反洗钱部门等专业机构的协作，提升侦查取证和审查质效。

第二，查清非法集资资金实际去向，既是追缴涉案资金，提升追赃挽损实际成效的重要措施，也是发现洗钱犯罪线索的有力抓手。在办理涉非法集资洗钱案件过程中，不仅要查清洗钱手段，还要尽可能查清洗钱后资金的实际去向，及时查封、扣押、冻结被转移、隐匿、转换的上游犯罪所得及其收益，依法追缴洗钱人员的违法所得，不让任何人从洗钱犯罪中得到经济利益。

最高人民检察院发布 5 件检察机关惩治洗钱犯罪典型案例之四：马某益受贿、洗钱案

基本案情 》》》

（一）上游犯罪

2002 年至 2019 年，马某益之兄马某军（已判决）在担任某地国有石化公司物资采购部副经理、主任等职务期间，利用职务便利，在多家公司与该石化公司签订合同中提供帮助，收受贿赂。其中，2001 年，马某军利用职务便利，为徐某控制的公司与马某军任职公司签订供货合同提供帮助，2002 年下半年，马某军收受徐某给予的人民币 100 万元，并用于购买理财产品。2015 年 8 月，马某军利用职务便利，为赵某控制的公司与其任职公司签订采购合同和资金结算方面提供帮助，收受赵某给予的现金美元 8 万元（折合人民币 49.66 万元）。

（二）洗钱犯罪

2004 年上半年，马某军使用收受徐某贿赂的人民币 100 万元投资的理财产品到期后，马某益使用本人的银行账户接收马某军给予的上述本金及收益共计 109 万元，后马某益将此款用于经营活动。

2015 年 8 月，马某军收受赵某贿赂的 8 万美元现金后，马某益直接接收了马某军交予的 8 万美元现金，后分 16 次将上述现金存入本人银行账户并用于投资理财产品。

马某益除为马某军洗钱外，还与马某军共同受贿：（1）2001 年至 2010 年，马某军利用职务便利为张某公司经营提供帮助，并介绍马某益与张某认识。2002 年，张某为感谢马某军的帮助提出给予其好处，马某军授意张某交给马某益现金 40 万元。2008 年，马某军再次授意张某将 50 万元存入马某益的银行账户。马某益收款后均告知马某军。（2）2005 年，马某军利用职务便利为徐某公司经营提供帮助，并介绍马某益与徐某认识。2008 年 7 月、9 月，马某军授意徐某，分别向马某益的银行账户汇款 45 万元、20 万元。2010 年 8 月，因马某益做生意需要资金，马某军与马某益商议后找到徐某帮忙，徐某通过公司员工银行账户向马某益的银行账户汇款 100 万元。马某益收款后均告知马某军。（3）2011 年 10 月至 2012 年 5 月，马某军利用职务便利为王某公司经营提供帮助，为感谢马某军，王某表示在苏州购买一处房产送给马某军，马某军与马某益商议后，由马某益前去看房并办理相关购房手续，该房产落户在马某益名下，价值 106 万元。（4）2012 年至 2013 年，马某军利用职务便利为苏某公司经营提供帮助，后苏某对马某益说要感谢马某军，马某益授意苏某使用他人身份证办理银行卡，将感谢费存在卡内。2013 年 9 月，苏某将其子名下存有 29.5 万元的银行卡送给马某益。马某益收款后告知马某军，该款由马某益用于日常花销。

2020 年 12 月 22 日，黑龙江省大箐山县人民法院以受贿罪判处马某益有期徒刑十年，并处罚金 50 万元；以洗钱罪判处马某益有期徒刑二年，并处罚金 10 万元；数罪并罚，决定执行有期徒刑十年六个月，并处罚金 60 万元。马某益未上诉，判决已生效。

检察机关履职过程 ▷▷▷

本案由最高人民检察院、最高人民法院指定黑龙江省大箐山县人民检察院、大箐山县人民法院管辖。大箐山县人民检察院于 2020 年 2 月 13 日以被告人马某益犯受贿罪，掩饰、隐瞒犯罪所得罪提起公诉。伊春市人民检察院依托检察业务应用系统对辖区开展洗钱线索排查工作中，对关联重点案件倒查发现大箐山县人民检察院已提起公诉的马某益一案可能涉嫌洗钱罪。

伊春市人民检察院、大箐山县人民检察院两级检察院根据犯罪事实会商研判后认为：（1）在马某益按照马某军的授意，直接收受请托人现金、银行转账汇款、银行卡及房产等行为中，马某益具有与马某军共同受贿的故意，其犯意产生于受贿行为实施前或实施过程中，属于帮助接收受贿款的行为，构成受贿罪共犯，检察机关以受贿罪起诉，适用法律正确。（2）马某益在马某军收受贿赂款即受贿完成后，使用本人银行账户接收马某军转入的受贿所得并用于投资经营的行为，属于掩饰、隐瞒马某军受贿款来源和性质的行为，综合马某益是马某军的弟弟，收到的款项中既有人民币又有美元，且曾多次与马某军伙同受贿等事实，可以认定马某益知道马某军交予的钱款为受贿所得，构成洗钱罪。检察机关以掩饰、隐瞒犯罪所得罪起诉系适用法律错误，应当变更起诉。经与监察机关沟通，监察机关同意检察机关提出的变更起诉为洗钱罪的意见。

2020 年 10 月 19 日，黑龙江省大箐山县人民检察院依法变更起诉，将起诉书指控的马某益掩饰、隐瞒犯罪所得罪变更为洗钱罪，洗钱罪数额为人民币 109 万元、美元 8 万元。

典型意义 >>>

第一，根据事实、证据和刑法规定的犯罪构成，准确区分洗钱罪与上游犯罪的共犯。洗钱罪是在上游犯罪完成、取得或控制犯罪所得及其收益后实施的新的犯罪活动，与上游犯罪分别具有独立的构成要件。在上游犯罪实行过程中提供资金账户、协助转账汇款等帮助上游犯罪实现的行为，是上游犯罪的组成部分，应当认定为上游犯罪的共犯，不能认定为洗钱罪。上游犯罪完成后掩饰、隐瞒犯罪所得及其收益的来源和性质的行为，才成立洗钱罪。办案当中要根据行为人实施掩饰、隐瞒等行为所发生时间节点及其与上游犯罪关系，准确区分上游犯罪与洗钱罪，不能将为上游犯罪提供账户、转账等上游犯罪共犯行为以洗钱罪追诉。

第二，《刑法》第 191 条规定的洗钱罪与《刑法》第 312 条规定的掩饰、隐瞒犯罪所得、犯罪所得收益罪是刑法特别规定与一般规定的关系，掩饰、隐瞒犯罪所得及其产生的收益，构成《刑法》第 191 条规定的洗钱罪，同时又构成《刑法》第 312 条规定的掩饰、隐瞒犯罪所得、犯罪所得收益罪的，依照《刑法》第 191 条洗钱罪的规定追究刑事责任。

第三，审查贪污贿赂犯罪案件过程中发现涉嫌洗钱犯罪线索的，可以商监察机关后移送公安机关立案侦查；对于洗钱犯罪事实清楚，证据确实、充分的，可以商监察机关、公安机关后，直接以洗钱罪追加、补充起诉。移送起诉将洗钱罪不当认定为其他犯罪的，应当商监察机关、公安机关后，依法变更起诉罪名为洗钱罪。

最高人民检察院、中国人民银行联合发布 6 个惩治洗钱犯罪典型案例之二：雷某、李某洗钱案
——准确认定以隐匿资金流转痕迹为目的的多种洗钱手段，行刑双罚共促洗钱犯罪惩治和预防

基本案情

（一）上游犯罪

2013 年至 2018 年 6 月，朱某（另案处理）为杭州腾某投资管理咨询有限公司（以下简称腾某公司）实际控制人，未经国家有关部门依法批准，以高额利息为诱饵，通过口口相传、参展推广等方式向社会公开宣传 ACH 外汇交易平台，以腾某公司名义向 1899 名集资参与人非法集资 14.49 亿余元。截至案发，造成 1279 名集资参与人损失共计 8.46 亿余元。2020 年 3 月 31 日，杭州市人民检察院以集资诈骗罪对朱某提起公诉。2020 年 12 月 29 日，杭州市中级人民法院作出判决，认定朱某犯集资诈骗罪，判处无期徒刑，剥夺政治权利终身，并处没收个人全部财产。宣判后，朱某提出上诉。

（二）洗钱犯罪

2016 年年底，朱某出资成立瑞某公司，聘用雷某、李某为该公司员工，并让李某挂名担任法定代表人，为其他公司提供商业背景调查服务。2017 年 2 月至 2018 年 1 月，雷某、李某除从事瑞某公司自身业务外，应朱某要求，明知腾某公司以外汇理财业务为名进行非法集资，仍向朱某提供多张本人银

行卡，接收朱某实际控制的多个账户转入的非法集资款。之后，雷某、李某配合腾某公司财务人员罗某（另案处理）等人，通过银行大额取现、大额转账、同柜存取等方式将上述非法集资款转移给朱某。其中，大额取现2404万余元，交给朱某及其保镖；大额转账940万余元，转入朱某实际控制的多个账户及房地产公司账户用于买房；银行柜台先取后存6299万余元，存入朱某本人账户及其实际控制的多个账户。其中，雷某转移资金共计6362万余元，李某转移资金共计3281万余元。二人除工资收入外，自2017年6月起收取每月1万元的好处费。

裁判过程

2019年7月16日，杭州市公安局拱墅分局以雷某、李某涉嫌洗钱罪将案件移送起诉。2019年8月29日，拱墅区人民检察院以洗钱罪对雷某、李某提起公诉。2019年11月19日，拱墅区人民法院作出判决，认定雷某、李某犯洗钱罪，分别判处雷某有期徒刑三年六个月，并处罚金360万元，没收违法所得；李某有期徒刑三年，并处罚金170万元，没收违法所得。宣判后，雷某提出上诉，李某未上诉。2020年6月11日，杭州市中级人民法院裁定驳回上诉，维持原判。

案发后，中国人民银行杭州中心支行启动对经办银行的行政调查程序，认定经办银行重业绩轻合规，银行柜台网点未按规定对客户的身份信息进行调查了解与核实验证；银行柜台网点对客户交易行为明显异常且多次触发反洗钱系统预警等情况，均未向内部反洗钱岗位或上级行对应的管理部门报告；银行可疑交易分析人员对显而易见的疑点不深究、不追查，并以不合理理由排除疑点，未按规定报送可疑交易报告。经办银行在反洗钱履职环节的上述违法行为，导致本案被告人长期利用该行渠道实施犯罪。依据《反洗钱法》第32条的规定，对经办银行罚款400万元。

典型意义

第一，在非法集资等犯罪持续期间帮助转移犯罪所得及收益的行为，可以构成洗钱罪。非法集资等犯罪存在较长期的持续状态，在犯罪持续期间帮助犯罪分子转移犯罪所得及收益，符合《刑法》第191条规定的，应当认定为洗钱罪。上游犯罪是否结束，不影响洗钱罪的构成，洗钱行为在上游犯罪实施终了前着手实施的，可以认定洗钱罪。

第二，洗钱犯罪手段多样，变化频繁，本质都是通过隐匿资金流转关系，掩饰、隐瞒犯罪所得及收益的来源和性质。本案被告人为隐匿资金真实去向，大额取现或者将大额赃款在多个账户间进行频繁划转；为避免直接转账留下痕迹，将转账拆分为先取现后存款，人为割裂交易链条，利用银行支付结算业务采取了多种手段实施洗钱犯罪。实践中除上述方式外，还有利用汇兑、托收承付、委托收款或者开立票据、信用证以及利用第三方支付、第四方支付等互联网支付业务实施的洗钱犯罪，资金转移方式更专业，洗钱手段更隐蔽。检察机关在办案中要透过资金往来表象，认识行为本质，准确识别各类洗钱手段。

第三，充分发挥金融机构、行政监管和刑事司法反洗钱工作合力，共同落实反洗钱义务和责任。金融机构应当建立并严格执行反洗钱内部控制制度，履行客户尽职调查义务、大额交易和可疑交易报告义务，充分发挥反洗钱"第一防线"的作用。人民银行要加强监管，对涉嫌洗钱的可疑交易活动进行反洗钱调查，对金融机构反洗钱履职不力的违法行为作出行政处罚，涉嫌犯罪的，应当及时移送公安机关立案侦查。人民检察院要充分发挥法律监督职能作用和刑事诉讼中指控证明犯罪的主导责任，准确追诉犯罪，发现金融机构涉嫌行政违法的，及时移送人民银行调查处理，促进行业治理。

最高人民检察院、中国人民银行联合发布6个惩治洗钱犯罪典型案例之三：陈某枝洗钱案
——准确认定利用虚拟货币洗钱新手段，上游犯罪查证属实未判决的，不影响洗钱罪的认定

基本案情 >>>

（一）上游犯罪

2015年8月至2018年10月间，陈某波注册成立意某金融信息服务公司，未经国家有关部门批准，以公司名义向社会公开宣传定期固定收益理财产品，自行决定涨跌幅，资金主要用于兑付本息和个人挥霍，后期拒绝兑付；开设数字货币交易平台发行虚拟币，通过虚假宣传诱骗客户在该平台充值、交易，

虚构平台交易数据，并通过限制大额提现提币、谎称黑客盗币等方式掩盖资金缺口，拖延甚至拒绝投资者提现。2018 年 11 月 3 日，上海市公安局浦东分局对陈某波以涉嫌集资诈骗罪立案侦查，涉案金额 1200 余万元，陈某波潜逃境外。

（二）洗钱犯罪

2018 年年中，陈某波将非法集资款中的 300 万元转账至陈某枝个人银行账户。2018 年 8 月，为转移财产，掩饰、隐瞒犯罪所得，陈某枝、陈某波二人离婚。2018 年 10 月底至 11 月底，陈某枝明知陈某波因涉嫌集资诈骗罪被公安机关调查、立案侦查并逃往境外，仍将上述 300 万元转至陈某波个人银行账户，供陈某波在境外使用。另外，陈某枝按照陈某波指示，将陈某波用非法集资款购买的车辆以 90 余万元的低价出售，随后在陈某波组建的微信群中联系比特币"矿工"，将卖车钱款全部转账给"矿工"换取比特币密钥，并将密钥发送给陈某波，供其在境外兑换使用。陈某波目前仍未到案。

裁判过程 >>>

上海市公安局浦东分局在查办陈某波集资诈骗案中发现陈某枝洗钱犯罪线索，经立案侦查，于 2019 年 4 月 3 日以陈某枝涉嫌洗钱罪将案件移送起诉。上海市浦东新区人民检察院经审查提出补充侦查要求，公安机关根据要求向中国人民银行上海总部调取证据。中国人民银行上海总部指导商业银行等反洗钱义务机构排查可疑交易，通过穿透资金链、分析研判可疑点，向公安机关移交了相关证据。上海市浦东新区人民检察院经审查认为，陈某枝以银行转账、兑换比特币等方式帮助陈某波向境外转移集资诈骗款，构成洗钱罪；陈某波集资诈骗犯罪事实可以确认，其潜逃境外不影响对陈某枝洗钱犯罪的认定，于 2019 年 10 月 9 日以洗钱罪对陈某枝提起公诉。2019 年 12 月 23 日，上海市浦东新区人民法院作出判决，认定陈某枝犯洗钱罪，判处有期徒刑二年，并处罚金 20 万元。陈某枝未提出上诉，判决已生效。

在办案过程中，上海市人民检察院向中国人民银行上海总部提示虚拟货币领域洗钱犯罪风险，建议加强新领域反洗钱监管和金融情报分析。中国人民银行将本案作为中国打击利用虚拟货币洗钱的成功案例提供给国际反洗钱组织——金融行动特别工作组，向国际社会介绍中国经验。

典型意义 >>>

第一，利用虚拟货币跨境兑换，将犯罪所得及收益转换成境外法定货币或者财产，是洗钱犯罪新手段，洗钱数额以兑换虚拟货币实际支付的资金数额计算。虽然我国监管机关明确禁止代币发行融资和兑换活动，但由于各个国家和地区对比特币等虚拟货币采取的监管政策存在差异，通过境外虚拟货币服务商、交易所，可实现虚拟货币与法定货币的自由兑换，虚拟货币被利用成为跨境清洗资金的新手段。

第二，根据利用虚拟货币洗钱犯罪的交易特点收集运用证据，查清法定货币与虚拟货币的转换过程。要按照虚拟货币交易流程，收集行为人将赃款转换为虚拟货币、将虚拟货币兑换成法定货币或者使用虚拟货币的交易记录等证据，包括比特币地址、密钥，行为人与比特币持有者的联络信息和资金流向数据等。

第三，上游犯罪查证属实，尚未依法裁判，或者依法不追究刑事责任的，不影响洗钱罪的认定和起诉。在追诉犯罪过程中，可能存在上游犯罪与洗钱犯罪的侦查、起诉以及审判活动不同步的情形，或者因上游犯罪嫌疑人潜逃、死亡、未达到刑事责任年龄等原因出现暂时无法追究刑事责任或者依法不追究刑事责任等情形。洗钱罪虽是下游犯罪，但仍然是独立的犯罪，从惩治犯罪的必要性和及时性考虑，存在上述情形时，可以将上游犯罪作为洗钱犯罪的案内事实进行审查，根据相关证据能够认定上游犯罪的，上游犯罪未经刑事判决确认不影响对洗钱罪的认定。

第四，人民检察院对办案当中发现的洗钱犯罪新手段新类型新情况，要及时向人民银行通报反馈，提示犯罪风险、提出意见建议，帮助丰富反洗钱监测模型、完善监管措施。人民银行要充分发挥反洗钱国际合作职能，向国际反洗钱组织主动提供成功案例，通报新型洗钱手段和应对措施，深度参与反洗钱国际治理，向世界展示中国作为负责任的大国在反洗钱工作方面的决心和力度。

最高人民检察院、中国人民银行联合发布6个惩治洗钱犯罪典型案例之一：曾某洗钱案

——准确认定黑社会性质的组织犯罪所得及收益，严惩洗钱犯罪助力"打财断血"

基本案情

（一）上游犯罪

2009年至2016年，熊某（另案处理）在担任江西省南昌市生米镇山某村党支部书记期间，组织、领导黑社会性质组织，依仗宗族势力长期把持村基层政权，垄断村周边工程攫取高额利润，以暴力、威胁及其他手段，有组织地实施故意伤害、寻衅滋事、聚众斗殴、非国家工作人员受贿等一系列违法犯罪活动，称霸一方，严重扰乱当地正常的政治、经济、社会生活秩序。熊某因犯组织、领导黑社会性质组织罪、故意伤害罪、寻衅滋事罪、聚众斗殴罪、非国家工作人员受贿罪、对非国家工作人员行贿罪被判处执行有期徒刑二十三年，剥夺政治权利二年，并处没收个人全部财产。

（二）洗钱犯罪

2014年，南昌市银某房地产开发有限公司（以下简称银某公司）为低价取得山某村157.475亩土地使用权进行房地产开发，多次向熊某行贿，曾某以提供银行账户、转账、取现等方式，帮助熊某转移受贿款共计3700万元。其中，2014年1月29日，曾某受熊某指使，利用众某公司银行账户接收银某公司行贿款500万元，然后转账至其侄女曾某琴银行账户，再拆分转账至熊某妻子及黑社会性质组织其他成员银行账户。2月13日，在熊某帮助下，银某公司独家参与网上竞拍，并以起拍价取得上述土地使用权。4月至12月，熊某利用其实际控制的江西雅某实业有限公司（以下简称雅某公司）银行账户，接收银某公司以工程款名义分4次转入的行贿款，共计3200万元。后曾某受熊某指使，多次在雅某公司法定代表人陈某陪同下，通过银行柜台取现、直接转账或者利用曾某个人银行账户中转等方式，将上述3200万元转移给熊某及其妻子、黑社会性质组织其他成员。上述3700万元全部用于以熊某为首的黑社会性质组织的日常开支和发展壮大。

2016年11月16日，熊某因另案被检察机关立案侦查，曾某担心其利用

众某公司帮助熊某接收、转移 500 万元受贿款的事实暴露，以众某公司名义与银某公司签订虚假土方平整及填砂工程施工合同，将上述 500 万元受贿款伪装为银某公司支付给众某公司的项目工程款。

裁判过程 >>>

2018 年 11 月 28 日，南昌市公安局以涉嫌组织、领导、参加黑社会性质组织罪等 6 个罪名将熊某等 18 人移送起诉。检察机关审查发现在案查封、扣押、冻结的财产与该黑社会性质组织经济规模严重不符，大量犯罪所得去向不明，随即依法向中国人民银行南昌中心支行调取该黑社会性质组织所涉账户资金去向等相关证据材料，并联合公安机关、人民银行反洗钱部门对本案所涉大额取现、频繁划转、使用关联人账户等情况进行追查、分析，查明曾某及其关联账户与熊某等黑社会性质组织成员的账户之间有大额频繁的异常资金转移。2019 年 3 月 30 日，南昌市东湖区人民检察院向南昌市公安局发出《补充移送起诉通知书》，要求对曾某以涉嫌洗钱罪补充移送起诉。南昌市公安局立案侦查后，于 5 月 13 日移送起诉。

曾某到案后，辩称对熊某黑社会性质组织犯罪不知情，不具有洗钱犯罪主观故意。东湖区人民检察院介入侦查，引导公安机关进一步查证曾某协助转移资金的主观心态：一是收集曾某、熊某二人关系的证据，结合曾某对二人交往情况的相关供述，证明曾某、熊某二人同是生米镇本地人，交往频繁，是好友关系，曾某知道熊某在当地称霸并实施多种违法犯罪活动。二是收集曾某身份及专业背景的证据，结合曾某对工程建设的相关供述，证明曾某长期从事工程承揽、项目建设等业务，知道银某公司在工程未开工的情况下付给熊某 3700 万元工程款不符合工程建设常规，实际上是在拿地、拆迁等事项上有求于熊某。根据上述证据，东湖区人民检察院认定曾某主观上应当知道其帮助熊某转移的 3700 万元系黑社会性质的组织犯罪所得，于 2019 年 6 月 28 日以洗钱罪对曾某提起公诉。东湖区人民法院于同年 11 月 15 日作出判决，认定曾某犯洗钱罪，判处有期徒刑三年六个月，并处罚金 300 万元。曾某未上诉，判决已生效。

典型意义 >>>

第一，检察机关办理涉黑案件时，要对与黑社会性质组织及其违法犯罪活动有关的财产进行深入审查，深挖为黑社会性质组织转移、隐匿财产的洗钱犯罪线索，"打财断血"，摧毁其死灰复燃的经济基础。发现洗钱犯罪线索的，应当通知公安机关立案侦查；发现遗漏应当移送起诉的犯罪嫌疑人和犯罪事实的，应当要求公安机关补充移送起诉；犯罪事实清楚，证据确实、充分的，可以直接提起公诉。

第二，黑社会性质的组织犯罪所得及其产生的收益，包括在黑社会性质组织的形成、发展过程中，该组织及组织成员通过违法犯罪活动或其他不正当手段聚敛的全部财物、财产性权益及其孳息、收益。认定黑社会性质组织及其成员实施的各种犯罪所得及其产生的收益，可以从涉案财产是否为该组织及其成员通过违法犯罪行为获取、是否系利用黑社会性质组织影响力和控制力获取、是否用于黑社会性质组织的日常开支和发展壮大等方面综合判断。

第三，对上游犯罪所得及其产生的收益的认识，包括知道或者应当知道。检察机关办理涉黑洗钱案件，要注意审查洗钱犯罪嫌疑人与黑社会性质组织成员交往细节、密切程度、身份背景、从业经历等证据，补强其了解、知悉黑社会性质组织及具体犯罪行为的证据；对黑社会性质组织称霸一方实施违法犯罪的事实知情，辩称对相关行为的法律定性不知情的，不影响对主观故意的认定。

第四，发挥行政、司法职能作用，做好行刑衔接与配合。中国人民银行是反洗钱行政主管部门，要加强对大额交易和可疑交易信息的收集分析监测，发现重大嫌疑主动开展反洗钱调查，并向司法机关提供洗钱犯罪线索和侦查协助。人民检察院办案中发现洗钱犯罪线索，可以主动向中国人民银行调取所涉账户资金来源、去向的证据，对大额取现、频繁划转、使用关联人账户等异常资金流转情况可以联同公安机关、中国人民银行反洗钱部门等进行分析研判，及时固定洗钱犯罪主要证据。

最高人民检察院、中国人民银行联合发布6个惩治洗钱犯罪典型案例之五：林某娜、林某吟等人洗钱案

——严厉惩治家族化洗钱犯罪，斩断毒品犯罪资金链条

基本案情 >>>

被告人林某娜，系深圳市菲某酒业有限公司（以下简称菲某公司）及广州市永某资产管理有限公司（以下简称永某公司）法定代表人。被告人林某

吟，系深圳市雅某酒业有限公司（以下简称雅某公司）法定代表人。被告人黄某平，系深圳市通某二手车经纪有限公司（以下简称通某公司）法定代表人。被告人陈某真，无业。

（一）上游犯罪

2011年，林某永贩卖1875千克麻黄素给蔡某璇等多人，供其制造毒品甲基苯丙胺，共计180千克。2009年至2011年，蔡某璇多次伙同他人共同贩卖、制造毒品甲基苯丙胺共计20余千克。

（二）洗钱犯罪

2010年至2014年，林某娜明知是毒品犯罪所得及收益，仍帮助哥哥林某永将上述资金用于购房、投资，并提供账户帮助转移资金，共计1743万余元。其中，2010年至2011年，林某娜多次接收林某永交予的现金共165万元，用于购买广东省陆丰市房产一套；2011年，林某娜购买深圳市瑞某花园房产一套，实际由林某永一次性现金支付239万余元购房款。以上房产均为林某娜为林某永代持。2011年至2013年，林某娜提供本人及丈夫的银行账户多次接收林某永转入资金共289万余元，之后以提现、转账等方式交给林某永、黄某平。2011年至2014年，林某娜使用林某永提供的1050万元，注册成立菲某公司和永某公司，并担任法定代表人，将上述注册资金用于公司经营。另外，2011年至2014年，林某娜三次为林某永窝藏毒赃，其中两次在其住处为林某永保管现金，一次从林某永的住处将现金转移至其住处并保管，保管、转移毒赃共约2460万元。

2011年至2014年，林某吟明知是毒品犯罪所得及收益，仍帮助哥哥林某永将上述资金用于投资，并提供账户帮助转移资金，共计1150万元。其中，2013年至2014年，林某吟使用林某永提供的350万元，注册成立雅某公司，并担任法定代表人，将上述注册资金用于公司经营。2011年至2014年，林某吟提供本人银行账户多次接收林某永转入资金共800万元，之后按林某永指示转账给他人700万元，购买理财产品、发放雅某公司员工工资共计100万元。

2011年至2013年，黄某平明知是毒品犯罪所得及收益，仍帮助男友林某永将上述资金用于购房、投资，并提供账户帮助转移资金，共计1719万余元。其中，2011年至2012年，黄某平使用林某永提供的200万元，注册成立通某公司，并担任法定代表人，将上述注册资金用于公司经营。2011年至

2013 年，黄某平提供本人及通某公司银行账户接收林某永转账或将林某永交予的现金存入上述账户，共计 1519 万余元，之后转账至双方亲友账户、用于消费支出、购买理财产品，以及支付以黄某平名义购买的深圳市荔某花园一套房产的首付款。

2010 年至 2011 年，陈某真明知是毒品犯罪所得及收益，仍帮助丈夫蔡某璇用于购买房地产，共计 730 余万元。其中，2010 年 9 月，陈某真使用蔡某璇交予的现金 60 余万元，以其子蔡某胜的名义购买陆丰市房产一套；2011 年 5 月，陈某真使用蔡某璇交予的现金 670 万元，与林某永合伙，以蔡某璇弟弟蔡某墙的名义，购买陆丰市某建材经营部名下 4680 平方米土地使用权。

裁判过程 >>>

2014 年 8 月 19 日，广东省公安厅将本案移送起诉。2014 年 9 月 25 日，广东省人民检察院指定佛山市人民检察院审查起诉。佛山市人民检察院经审查认为，林某娜、林某吟、黄某平、陈某真明知林某永、蔡某璇提供的资金是毒品犯罪所得及收益，仍使用上述资金购买房产、土地使用权，投资经营酒行、车行，提供本人和他人银行账户转移资金，符合《刑法》第 191 条的规定，构成洗钱罪。同时，林某娜帮助林某永保管、转移毒品犯罪所得的行为，符合刑法第 349 条的规定，构成窝藏、转移毒赃罪。

2015 年 3 月 30 日，佛山市人民检察院依法对林某娜以洗钱罪，窝藏、转移毒赃罪，对林某吟、黄某平、陈某真以洗钱罪提起公诉。2016 年 10 月 27 日，法院作出判决，认定林某娜犯洗钱罪，窝藏、转移毒赃罪，数罪并罚决定执行有期徒刑五年，并处罚金 100 万元，没收违法所得；林某吟、黄某平、陈某真犯洗钱罪，分别判处有期徒刑三年六个月至四年不等，并处罚金 40 万元至 100 万元不等，没收违法所得。宣判后，被告人均提出上诉。2019 年 1 月 24 日，广东省高级人民法院裁定驳回上诉，维持原判。

典型意义 >>>

第一，检察机关办理毒品案件时，应当深挖毒资毒赃，同步审查是否涉嫌洗钱犯罪。针对毒资毒赃清洗家族化、团伙化的特点，要重点审查家族成员、团伙成员之间资金来往情况，斩断毒品犯罪恶性循环的资金链条。对涉毒品洗钱犯罪提起公诉的，应当提出涉毒资产处理意见和财产刑量刑建议，并加强对适用财产刑的审判监督。

第二，广义的洗钱犯罪包括掩饰、隐瞒犯罪所得、犯罪所得收益罪，洗钱罪，窝藏、转移、隐瞒毒赃罪，应当准确区分适用。其一，洗钱犯罪是故意犯罪，三罪都要求对上游犯罪有认识、知悉。其二，掩饰、隐瞒犯罪所得、犯罪所得收益罪是一般规定，洗钱罪和窝藏、转移、隐瞒毒赃罪是特别规定，一般规定和特别规定的主要区别在于犯罪所得及其收益是否来自特定的上游犯罪，两个特别规定的主要区别在于是否改变资金、财物的性质。其三，适用具体罪名时要能够全面准确地概括评价洗钱行为，一个行为同时构成数罪的，依照处罚较重的规定定罪处罚；数个行为分别构成数罪的，数罪并罚。

第三，穿透隐匿表象，准确识别利用现金和"投资"清洗毒品犯罪所得及收益的行为本质。毒品犯罪现金交易频繁，下游洗钱犯罪也大量使用现金，留痕少、隐匿性强。将毒品犯罪所得及收益用于公司注册、公司运营、投资房地产等使资金直接"合法化"，是上游毒品犯罪分子试图漂白资金的惯用手法。办案当中要通过审查与涉案现金持有、转移、使用过程相关的证据，查清毒资毒赃的来源和去向，同步惩治上下游犯罪。

最高人民检察院、中国人民银行联合发布 6 个惩治洗钱犯罪典型案例之六：赵某洗钱案
——退回补充侦查追加认定遗漏犯罪事实，综合其他证据"零口供"定罪

基本案情 >>>

（一）上游犯罪

2012 年 1 月至 2018 年 6 月，武某（另案处理）利用担任电影集团金融部副部长、部长、金融顾问等职务便利，伙同王某（另案处理）等人非法侵占公款 5587 万余元，索取收受他人贿赂 680 余万元，向他人行贿 356 万元。武某因犯贪污罪、受贿罪、行贿罪，被判处有期徒刑二十二年，并处罚金 200 万元。

（二）洗钱犯罪

从 2012 年开始，赵某长期与武某保持情人关系。2013 年至 2018 年 6 月，赵某向武某提供个人银行账户，多次接收从武某本人银行账户或者武某贪污罪共犯王某实际控制的银行账户转入的武某贪污、受贿款项，共计 1200 余万元。其中，2013 年至 2014 年，赵某提供银行账户接收从武某银行账户转入的 16 笔汇款 270 余万元，后赵某将上述款项转入天津中某公司账户，以本人名义购买天津市河西区某小区一处房产及车位。2015 年 7 月至 11 月，赵某提供银行账户接收从武某银行账户转入的 1 笔汇款 60 万元，接收王某通过其母亲李某的银行账户转入的 1 笔汇款 100 万元，并从武某处得知该 100 万元系王某所给。后赵某将其中 20 万元转入天津市多家家具公司账户，为此前购买的君某小区房产购置家具，其余 140 万元以本人名义购买银行理财产品。2016 年 8 月，赵某提供银行账户接收从武某银行账户转入的 1 笔汇款 170 万元，后赵某全部转入中某公司账户，以本人名义购买君某小区的另一处房产。2017 年 1 月，赵某提供银行账户接收从武某银行账户转入的 1 笔汇款 100 万元，并从武某处得知系王某所给，后以本人名义购买银行理财产品。2018 年 6 月，赵某提供银行账户接收从武某银行账户转入的 1 笔汇款 500 万元，后将其中 300 万元转入本人其他银行账户，其余 200 万元仍存于原银行账户。

裁判过程 >>>

2018 年 11 月 12 日，天津市公安局东丽分局以赵某涉嫌洗钱 200 万元将案件移送起诉。东丽区人民检察院审查发现，公安机关认定洗钱数额 200 万元，系武某明确告知赵某钱款来源的数额；在此前后，武某另有多次向赵某转账，共计 1000 余万元，武某虽然没有对赵某明示钱款来源，但是资金来源、转账方式、用途与上述 200 万元一致，可能涉嫌洗钱犯罪。由于赵某否认是武某的密切关系人，否认知悉钱款性质，东丽区人民检察院两次退回补充侦查，列出详细的补充侦查提纲，要求公安机关查证赵某和武某的真实关系，赵某对上述 1000 余万元资金来源和性质的认知情况。公安机关调取了武某的工资收入、个人房产情况，查明武某财产状况和工资收入水平；调取了武某、赵某任职经历证据，查明二人多年同在电影集团金融部工作且长期为上下级关系；讯问武某、王某，二人供述赵某与武某在同一办公室工作，武某与王某谈业务从不回避赵某，赵某、武某二人长期同居。检察机关认为，补充侦查获取的证据证明，赵某是武某的密切关系人，对武某通过贪污贿赂犯罪获取非法利益应当有概括性认识，应当知道其银行账户接收的 1000 余万元明显超过武某的合法收入，系其贪污受贿所得。2019 年 5 月 16 日，东丽区人民检察院对赵某以洗钱罪提起公诉，认定犯罪金额 1200 余万元。

2019 年 9 月 4 日，天津市东丽区人民法院作出判决，认定赵某犯洗钱罪，犯罪数额 1200 余万元，判处有期徒刑五年，并处罚金 70 万元。宣判后，赵某提出上诉。2020 年 6 月 8 日，天津市第三中级人民法院裁定驳回上诉，维持原判。

典型意义 >>>

第一，检察机关办理贪污贿赂犯罪案件，应当同步审查贪污贿赂款物的去向及转移过程，发现洗钱犯罪线索，及时移交公安机关立案侦查。贪污贿赂犯罪人员的近亲属、密切关系人等是洗钱犯罪的高发人群，虽然没有参与实施贪污贿赂犯罪，但是提供资金账户接收、转移犯罪所得，以投资、理财、购买贵重物品等方式掩饰、隐瞒赃款来源和性质，符合《刑法》第 191 条规定的，应当以洗钱罪追究刑事责任。

第二，重证据，不依赖口供。犯罪嫌疑人不供认犯罪的，可以通过审查犯罪嫌疑人对贪污贿赂犯罪分子的职业、合法收入了解情况，双方交往、共同工作、生活情况，双方资金、财产往来情况，接收资金、财产后转移、投资情况，以及接受、转移的资产与其职业、收入是否相符等情况，综合认定犯罪嫌疑人对上游犯罪的了解、知悉状态。

第三，检察机关审查洗钱犯罪案件，要对上游犯罪中相关的涉案财物进行全面审查，不能局限于移送的犯罪事实。发现遗漏犯罪事实、遗漏其他犯罪嫌疑人的，应当及时通知公安机关补充侦查或者补充移送起诉。要加强与监察机关、公安机关的沟通配合、工作引导，在严厉查办上游犯罪的同时，重视转移、掩饰、隐瞒犯罪所得及收益等洗钱犯罪的查办，并通过查办洗钱犯罪，追缴犯罪所得，有效遏制上游犯罪。

最高人民检察院、中国人民银行联合发布6个惩治洗钱犯罪典型案例之四：张某洗钱案
——开展"一案双查"，自行侦查深挖洗钱犯罪线索

基本案情

（一）上游犯罪

2007年至2012年间，被告人张某的前夫陈某（另案处理）以个人或者徐州泰某投资管理有限公司等单位的名义，以投资生产蓄电池、硅导体等需要大量资金为由，通过虚构专利产品、夸大生产规模和效益等手段，在南京、徐州地区向社会公众非法集资人民币10亿余元，造成集资参与人损失7亿余元。陈某因犯集资诈骗罪被判处无期徒刑，剥夺政治权利终身，没收个人全部财产。

（二）洗钱犯罪

2007年至2012年，被告人张某明知陈某从事非法集资活动，先后开立6个银行账户，提供给陈某使用，共接收陈某从其个人及其实际控制的亲友银行账户转入的非法集资款6.6亿余元。张某前往银行柜台将其中的67万余元转账至陈某控制的其他银行账户，其中的1156万元以开具本票的方式支取并汇入陈某控制的其他银行账户、取现给陈某或者用于购物付款；张某还将网银U盾提供给陈某，由陈某及其公司会计将其余6.5亿余元使用U盾陆续转出。另外，2009年3月至2011年8月，张某将工资卡账户提供给陈某，接受陈某转入的非法集资款共计307万元，张某将转入资金与工资混用，用于消费、信用卡还款、取现等。

裁判过程

在陈某集资诈骗案审查起诉过程中，集资参与人返还投资款诉求强烈。经两次退回补充侦查，仍有部分集资诈骗资金去向不明，南京市人民检察院决定自行侦查，并依法向中国人民银行南京分行调取证据。中国人民银行南京分行通过监测分析相关人员银行账户交易情况，发现陈某本人及关联账户巨额资金流入其前妻张某账户。经传讯，张某辩称其名下银行卡由陈某开立

并实际使用，且已与陈某离婚多年，对陈某非法集资并不知情。针对张某辩解，检察机关进一步调取相关证据：一是调取银行卡开户申请、本票申请书、转账凭证等书证，并委托检察技术部门对签名进行笔迹鉴定，确认签名系张某书写，证明全部涉案银行卡、本票以及柜台转账均为张某本人前往银行办理。二是询问陈某亲属、公司工作人员证实，张某与陈某离婚不离家，仍然以夫妻名义共同生活、对外交往，公司员工曾告知张某协助陈某吸储的工作职责，张某曾向公司负责集资的员工表示将及时归还借款。上述证据证明张某应当知道陈某从事非法集资活动。检察机关自行侦查查明了陈某非法集资款的部分去向，同时发现张某明知陈某汇入其银行账户的资金来源于非法集资犯罪，仍然提供资金账户，协助将非法集资款转换为金融票证，协助转移资金，涉嫌洗钱罪。

南京市人民检察院依法对陈某以集资诈骗罪提起公诉后，将张某涉嫌洗钱罪的线索和证据移送公安机关立案侦查。南京市公安局鼓楼分局经立案侦查，于2016年3月21日对张某以涉嫌洗钱罪移送起诉。2016年9月26日，南京市鼓楼区人民检察院以洗钱罪对张某提起公诉。2017年8月9日，南京市鼓楼区人民法院作出判决，认定张某犯洗钱罪，判处有期徒刑七年，并处罚金4000万元。宣判后，张某提出上诉。2017年12月25日，南京市中级人民法院裁定驳回上诉，维持原判。

典型意义 ▶▶▶

第一，检察机关对需要补充侦查的案件，可以退回公安机关补充侦查，也可以自行侦查。特别是对经退回补充侦查，公安机关未按补充侦查要求补充收集证据，关键证据存在灭失风险，需要及时收集固定，侦查活动可能存在违法情形的，检察机关应当依法自行侦查，并将自行侦查的结果向公安机关通报，对侦查人员怠于侦查的情况提出纠正意见。

第二，检察机关对洗钱罪上游犯罪开展自行侦查的，应当同步审查是否涉嫌洗钱犯罪。在自行侦查、同步审查时，应当注意全面收集、审查上游犯罪所得及收益的去向相关证据，如资金转账、交易记录等。发现洗钱犯罪线索的，应当将犯罪线索和收集的证据及时移送公安机关立案侦查，并做好跟踪监督工作，依法惩治洗钱犯罪。

第三，有效运用自行侦查追缴违法所得，切实维护人民群众合法权益。非法集资案件中，犯罪分子往往通过各种违法手段转移非法集资款，集资参与人损失惨重。以追踪资金为导向，严惩转移非法集资款的洗钱犯罪，有利于及时查清资金去向，有效截断资金转移链条，提高追缴犯罪所得的效率效果。在依法查办陈某集资诈骗案过程中，检察机关主动作为，依法自行侦查、立案监督、追诉张某洗钱罪，会同公安机关及时查清、查封涉案资产，追缴犯罪所得，返还集资参与人，有力维护了人民群众合法权益。

最高人民检察院发布检察机关依法惩治和预防毒品犯罪典型案例之四：杨某洗钱案

基本案情 >>>

被告人杨某（女）与唐某（已判刑）系男女朋友同居关系，杨某无工作和经济收入。唐某纠集陈某等人在四川省某地制造甲基苯丙胺60余公斤用于贩卖。其间，唐某将毒品犯罪所得640万元交给杨某，杨某通过利用他人账户多次转账、取现等方式隐匿钱款的来源、性质，其中用140万元购买住房一套、用80万元购买轿车一辆、用420万元购买理财产品。

检察机关认为，杨某明知以上资金为唐某毒品犯罪所得，而帮助其掩饰、隐瞒，应当以洗钱罪追究其刑事责任。杨某辩称知道唐某在做工程，不知钱款是制毒所得，且大部分购买理财产品的钱是他人赠予，并非唐某所给。一审法院认为，杨某对唐某的工作及收入了解，应当明知仅凭唐某的合法收入，拿不出高额现金来买房买车，故杨某知道或应当知道唐某的钱来源不合法，认定杨某构成掩饰、隐瞒犯罪所得罪，判处有期徒刑4年6个月，并处罚金人民币5万元。四川省犍为县人民检察院认为一审判决定性错误，提出抗诉，同时积极引导侦查机关取证，进一步获取了唐某同案犯陈某等人的证言，证实杨某曾参与讨论制造毒品用塑料桶和铁桶哪个容易损坏等问题，证明杨某明知唐某从事毒品犯罪；进一步调取了银行转账记录，证实买理财产品及买车买房的资金均来源于唐某。乐山市中级人民法院采纳抗诉意见，认定杨某犯洗钱罪，判处有期徒刑五年，并处罚金人民币60万元。

典型意义 >>>

毒品犯罪是典型的贪利型犯罪，依法追缴毒品犯罪分子的违法所得及其产生的收益，以及供犯罪使用的本人财物，准确适用财产刑，是摧毁其犯罪经济基础的重要手段，对有效打击毒品犯罪具有重要作用。本案在依法追缴唐某犯罪所得的基础上，加大对洗钱等关联案件的打击力度，为积极推动缉毒反洗钱工作提供了可资借鉴的经验。同时也宣示，谁协助毒品犯罪分子洗钱，谁将受到法律的严惩。

最高人民法院发布 2022 年十大毒品（涉毒）犯罪典型案例之五：万某能等贩卖毒品、洗钱案

——贩卖含有合成大麻素成分的电子烟油并"自洗钱"，依法数罪并罚

基本案情 》》》

2021 年 7 月 1 日至 8 月 21 日，被告人万某能在明知合成大麻素类物质已被列管的情况下，为牟取非法利益，通过微信兜售含有合成大麻素成分的电子烟油，先后 6 次采用雇请他人送货或者发送快递的方式向多人贩卖，得款共计 4900 元。被告人黄某两次帮助万某能贩卖共计 600 元含有合成大麻素成分的电子烟油，被告人刘某勇帮助万某能贩卖 300 元含有合成大麻素成分的电子烟油。为掩饰、隐瞒上述犯罪所得的来源和性质，万某能收买他人微信账号并使用他人身份认证，收取毒资后转至自己的微信账号，再将犯罪所得提取至银行卡用于消费等。同年 8 月 23 日，公安人员在万某能住处将其抓获，当场查获电子烟油 15 瓶，共计净重 111.67 克。次日，公安人员在万某能租赁的仓库内查获电子烟油 94 瓶，共计净重 838.36 克。经鉴定，上述烟油中均检出 ADB-BUTINACA 和 MDMB-4en-PINACA 合成大麻素成分。万某能、黄某到案后，分别协助公安机关抓捕吴某某（另案处理）、刘某勇。本案由江西省南昌市西湖区人民法院一审，南昌市中级人民法院二审。

裁判理由 》》》

法院认为，被告人万某能、黄某、刘某勇向他人贩卖含有合成大麻素成分的电子烟油，其行为均已构成贩卖毒品罪。万某能为掩饰、隐瞒毒品犯罪所得的来源和性质，采取收买他人微信账号收取毒资后转至自己账号的支付结算方式转移资金，其行为又构成洗钱罪。对万某能所犯数罪，应依法并罚。万某能贩卖含有合成大麻素成分的电子烟油，数量大，社会危害大。万某能、

黄某、刘某勇到案后如实供述自己的罪行，万某能、黄某协助抓捕其他犯罪嫌疑人，有立功表现，黄某、刘某勇自愿认罪认罚，均可依法从轻处罚。据此，依法对被告人万某能以贩卖毒品罪判处有期徒刑十五年，并处没收个人财产人民币 6 万元，以洗钱罪判处有期徒刑十个月，并处罚金人民币 5 万元，决定执行有期徒刑十五年，并处没收个人财产人民币 6 万元、罚金人民币 5 万元；对被告人黄某、刘某勇均判处有期徒刑八个月，并处罚金人民币 1 万元。

南昌市中级人民法院于 2022 年 6 月 2 日作出二审刑事裁定，现已发生法律效力。

典型意义 >>>

合成大麻素类物质是人工合成的化学物质，相较天然大麻能产生更为强烈的兴奋、致幻等效果。吸食合成大麻素类物质后，会出现头晕、呕吐、精神恍惚等反应，过量吸食会出现休克、窒息甚至猝死等情况，社会危害极大。自 2021 年 7 月 1 日起，合成大麻素类物质被列入《非药用类麻醉药品和精神药品管制品种增补目录》进行整类列管，以实现对此类新型毒品犯罪的严厉打击。合成大麻素类物质往往被不法分子添加入电子烟油中或喷涂于烟丝等介质表面，冠以"上头电子烟"之名在娱乐场所等进行贩卖，因其外表与普通电子烟相似，故具有较强迷惑性，不易被发现和查处，严重破坏毒品管制秩序，危害公民身体健康。本案被告人万某能 6 次向他人出售含有合成大麻素成分的电子烟油，被抓获时又从其住所等处查获大量用于贩卖的电子烟油。人民法院根据其贩卖毒品的数量、情节和对社会的危害程度，对其依法从严适用刑罚，同时警示社会公众自觉抵制新型毒品诱惑，切莫以身试毒。

毒品犯罪是洗钱犯罪的上游犯罪之一。洗钱活动在为毒品犯罪清洗毒资的同时，也为扩大毒品犯罪规模提供了资金支持，助长了毒品犯罪的蔓延。《刑法修正案（十一）》将"自洗钱"行为规定为犯罪，加大了对从洗钱犯罪中获益最大的上游犯罪本犯的惩罚力度。本案中，被告人万某能通过收购的微信账号等支付结算方式，转移自身贩卖毒品所获毒资，掩饰、隐瞒贩毒违法所得的来源和性质，妄图"洗白"毒资和隐匿毒资来源。人民法院对其以贩卖毒品罪、洗钱罪数罪并罚，以同步惩治上下游犯罪，斩断毒品犯罪的资金链条，摧毁毒品犯罪分子再犯罪的经济基础。

最高人民法院发布 10 起人民法院依法惩治金融犯罪典型案例之九：袁某志洗钱案

——通过地下钱庄实施洗钱犯罪

基本案情 》》

被告人袁某志未经国家有关主管部门批准，非法经营外汇兑换业务，在上游客户报价的基础上，加价与下游客户进行资金兑换，从中加收手续费赚取差价牟利。2018 年 5 月至 2020 年 5 月，袁某志在明知曾某某等人（另案处理）从事走私犯罪的情况下，多次帮助曾某某等人将人民币兑换成美元。袁某志与曾某某等人通过微信群商谈好兑换汇率、兑换金额后，通过其控制的银行账户收取转入的人民币，扣除自己的获利后将剩余人民币转给上游客户指定的银行账户。上游客户收到转账后，通过我国香港地区的银行账户将非法兑换出的美元转入曾某某等人提供的香港地区收款账户中。经调查核实，袁某志为曾某某等人非法兑换外汇并将资金汇往境外，金额共计人民币约 1.7 亿元。本案由广东省东莞市第一人民法院一审，广东省东莞市中级人民法院二审。

裁判理由 》》

法院认为，被告人袁某志明知是走私犯罪的所得及其产生的收益，为掩饰、隐瞒其来源和性质，协助将资金汇往境外，情节严重，其行为已构成洗钱罪，依法应予惩处。据此，依法以洗钱罪判处袁某志有期徒刑六年，并处罚金人民币 100 万元。

典型意义 》》

本案是地下钱庄实施洗钱犯罪的典型案件。近年来，随着国内外经济形势变化，恐怖主义犯罪国际化，走私犯罪和跨境毒品犯罪增加，以及我国加大对贪污贿赂犯罪的打击力度，涉地下钱庄刑事案件不断增多。地下钱庄已成为不法分子从事洗钱和转移资金的最主要通道，不但涉及经济金融领域的犯罪，还日益成为电信诈骗、网络赌博等犯罪活动转移赃款的渠道，成为贪污腐败分子和恐怖活动的"洗钱工具"和"帮凶"，不但严重破坏市场管理秩序,而且严重危害国家经济金融安全和社会稳定,必须依法严惩。本案依法以洗钱罪对地下钱庄经营者追究刑事责任,充分体现对涉地下钱庄洗钱犯罪的严厉打击,更好发挥打财断血的作用。

最高人民法院发布10起人民法院依法惩治金融犯罪典型案例之十:周某成洗钱案
——跨境转移贪污公款实施洗钱犯罪

基本案情 》》》

2015年1月至2018年11月期间,同案被告人倪某菊(已判刑)教唆其姐姐倪某平(另案处理)利用职务便利,持续从浙江省丽水市庆元县工业园区管委会及其下属的国有企业侵吞巨额公款。其间,被告人周某成在明知倪某菊用于赌博的钱款为公款的情况下,仍通过提供自己的银行账户或联系赌场、地下钱庄提供银行账户,协助倪某菊接收倪某平贪污的公款,从国内转移到境外,金额合计人民币8782余万元。周某成在赌场为倪某菊"洗码"获得"佣金"人民币70余万元。本案由浙江省丽水市中级人民法院一审,浙江省高级人民法院二审。

裁判理由 》》》

法院认为,被告人周某成明知是贪污公款,仍协助将资金转移到境外,情节严重,其行为已构成洗钱罪。周某成在赌场为倪某菊"洗码"所得"佣金"系违法所得,应予以追缴或退赔。据此,依法以洗钱罪判处被告人周某成有期徒刑八年,并处罚金人民币900万元。被告人的违法所得予以追缴,不足部分责令继续退赔。

典型意义 》》》

本案是通过地下钱庄跨境转移贪污的公款实施洗钱犯罪的典型案件。被告人周某成明知同案被告人倪某菊用于赌博的资金来自公款,为非法牟利,将自己在我国澳门地区赌场开设的账户提供给倪某菊用于赌博,再通过提供自己的银行账户或者联系赌场、地下钱庄提供银行账户，帮助倪某菊接收倪某平侵吞后汇入到境外的公款，并与赌场对账确认，完成公款的跨境转移。在办理洗钱罪的上游犯罪案件时，要以"追踪资金"为重点，深挖洗钱犯罪线索，对洗钱犯罪同步跟进，落实"一案双查"的工作机制，依法惩治洗钱犯罪和上游犯罪。在本案办理过程中，发现大量赃款流向境外，遂坚持"一案双查"，深挖彻查职务犯罪背后的洗钱犯罪，并予以依法严惩，充分体现了从严打击洗钱犯罪的精神，不仅对维护良好的经济金融秩序起到积极作用，而且能够有效摧毁贪污贿赂犯罪等上游犯罪的利益链条，有效遏制了上游犯罪的发生。

第三章

《刑法》第 192 条

集资诈骗罪

集资诈骗罪是指以非法占有为目的，使用诈骗方法非法集资，数额较大的行为。《刑法修正案（十一）》修改了本罪，但对罪状未作修改。

（1）本罪客体是国家金融监管秩序和公私财产权利。

（2）本罪客观方面必须使用诈骗方法非法集资，并且数额较大。诈骗方法，是指行为人采取虚构资金用途，以虚假的证明文件和高回报率为诱饵，或者其他骗取集资款的手段。非法集资，是指单位或者个人，违反法律、法规有关集资的实体规定或者程序规定，向社会公众募集资金的行为。集资以承诺回报（如承诺还本付息或者承诺分红等）为前提，但所承诺的回报不必具有确定性。非法集资数额较大的，即数额在 10 万元以上的，才成立本罪。集资诈骗的数额以行为人实际骗取的数额计算，在案发前已归还的数额应予扣除。行为人为实施集资诈骗活动而支付的广告费、中介费、手续费、回扣或者用于行贿、赠与等的费用，不予扣除。行为人为实施集资诈骗活动而支付的利息，除本金未归还可予折抵本金以外，应当计入诈骗数额。

（3）本罪主体既可以是自然人，也可以是单位。单位犯本罪的，适用自然人犯本罪的定罪量刑标准。

（4）本罪主观方面只能是故意，并且具有非法占有的目的。这里的非法占有目的，不是指暂时占有、使用的目的，而是指非法占为己有（包括使第三者或者单位不法所有）的目的。换言之，行为人没有履行债务（如还本付息）和回报出资人的意图。集资诈骗罪中的非法占有目的，应当区分情形进行具体认定：行为人部分非法集资行为具有非法占有目的的，对该部分非法集资行为所涉集资款以集资诈骗罪定罪处罚；非法集资共同犯罪中部分行为人具有非法占有目的，其他行为人没有非法占有集资款的共同故意和行为的，对具有非法占有目的的行为人以集资诈骗罪定罪处罚。

认定集资诈骗罪，应注意区分罪与非罪的界限。对骗取数额较小资金且情节较轻的行为，不宜认定为犯罪。但情节严重的，即使实际上没有非法占有集资款的，也应认定为集资诈骗未遂。对没有非法占有目的，在特定范围内（如面向单位职工）筹集资金，即使使用了一定欺诈手段，也不能认定为本罪。

集资诈骗等金融诈骗犯罪都是以非法占有为目的的犯罪。在司法实践中，认定是否具有非法占有的目的，应当坚持主客观相一致的原则，既要避免单纯根据损失结果客观归罪，也不能仅凭被告人自己的供述，而应当根据案件具体情况具体分析。

集资诈骗罪和欺诈发行证券罪、非法吸收公众存款罪在客观上均表现为向社会公众非法募集资金。区别的关键在于行为人是否具有非法占有的目的。以非法占有为目的而非法集资，或者在非法集资过程中产生了非法占有他人资金的故意，均构成集资诈骗罪。在处理具体案件时要注意以下两点：一是不能仅凭较大数额的非法集资款不能返还的结果，推定行为人具有非法占有目的；二是行为人将大部分资金用于投资或生产经营活动，而将少量资金用于个人消费或挥霍的，不应仅据后一事实认定具有非法占有的目的。

网络借贷信息中介机构或其控制人，利用网络借贷平台发布虚假信息，非法建立资金池募集资金，所得资金大部分未用于生产经营活动，主要用于借新还旧和个人挥霍，无法归还所募资金数额巨大，应认定为具有非法占有目的，以集资诈骗罪追究刑事责任。

犯本罪的，根据《刑法》第 192 条的规定处罚。量刑时，既要考虑诈骗数额，也要考虑其他情节。

人民法院案例库精选案例

2024-04-1-134-001

阿某融资担保公司集资诈骗案

—— 非法集资类案件中单位犯罪的认定

基本案情 >>>

被告人鞠某等人成立被告单位阿某融资担保公司，鞠某担任法定代表人。该公司于2012年5月取得融资性担保机构经营许可证。鞠某控制20余家空壳公司用于代持资产和银行贷款。因经营不善，截至2015年年底，鞠某所控制的公司负债严重，对外有欠款6亿余元，亏损2亿余元。为筹集资金，鞠某于2015年12月成立并实际控制威海诺某民间融资登记服务公司。2016年1月至2019年11月，鞠某伙同其他被告人未经有关部门依法批准或者借用合法经营形式，公开宣传，采用通过诺某平台借款、从个人和企业手中借款、以项目名义向员工集资、从小额贷款公司和典当公司借款等方式向社会不特定对象吸收资金，承诺还本付息，并由鞠某控制的阿某担保公司提供担保，吸收资金进入鞠某等人控制的资金池，并由鞠某支配、使用。吸收资金共计82.24亿元，主要用于偿还吸收资金的本金、利息、对外借款等。被告人鞠某在上述非法集资过程中起组织、策划、指挥作用，造成经济损失共计7.79亿余元。

山东省威海市中级人民法院于2022年7月19日作出（2020）鲁10刑初48号刑事判决：被告单位阿某融资担保公司无罪；被告人鞠某犯集资诈骗罪，判处无期徒刑，剥夺政治权利终身，并处没收个人全部财产。宣判后，被告人鞠某提出上诉。山东省高级人民法院于2022年12月30日作出（2022）鲁刑终360号刑事裁定：驳回上诉，维持原判。

— 129 —

裁判理由 》》

法院生效裁判认为：单位实施非法集资犯罪活动，全部或者大部分违法所得归单位所有的，应当认定为单位犯罪。被告人鞠某进行非法集资活动过程中，以阿某担保公司名义为其融资行为提供担保，主观上系为了个人利益，相关担保事宜亦由鞠某个人决定，没有按照公司法和公司章程规定经过单位董事会、股东大会等集体决策，且其他股东代表对担保事项并不知情，阿某担保公司并未实际收取担保费用，不能认定阿某担保公司具有为非法集资犯罪提供帮助的单位意志；在案证据证实非法集资所得资金均由鞠某个人支配使用，审计报告显示阿某担保公司账户与涉案资金池之间的资金流动记载为应收应付款，不能证明上述款项系阿某担保公司的违法所得，更不能证实涉案的大部分违法所得归阿某担保公司所有，故公诉机关指控阿某担保公司构成集资诈骗罪的证据不足，不予支持。

被告人鞠某在已无力偿还到期大额债务的情况下，实施非法集资行为，集资后用于生产经营活动的资金与其筹集资金规模明显不成比例，致使巨额集资款不能返还，依法应认定鞠某主观上具有非法占有的故意，鞠某系采取欺骗手段非法吸收公众存款，依法应以集资诈骗罪追究刑事责任。

裁判要旨 》》

非法集资案件中，被告人往往通过成立公司，并以公司名义对外非法吸收公众存款。此种情形下，是否应认定为单位犯罪，不可一概而论。虽然系以单位名义对外非法吸收存款，但并非系经过单位集体决策，或者违法所得并没有归单位所有，不能认定系单位犯罪，而应该按照自然人犯罪处理。司法实践中，对于是否构成单位犯罪的认定，可以从以下三个方面着手审查：

（1）单位实施非法集资犯罪活动，全部或者大部分违法所得归单位所有的，应当认定为单位犯罪。要重点审查非法集资活动是否体现单位意志；违法所得是否归单位所有。

（2）个人为进行非法集资犯罪活动而设立的单位实施犯罪的，或者单位设立后，以实施非法集资犯罪活动为主要活动的，不以单位犯罪论处，对单位中组织、策划、实施非法集资犯罪活动的人员应当以自然人犯罪依法追究刑事责任。

（3）判断单位是否以实施非法集资犯罪活动为主要活动，应当根据单位实施非法集资的次数、频度、持续时间、资金规模、资金流向、投入人力物力情况、单位进行正当经营的状况以及犯罪活动的影响、后果等因素综合考虑认定。

关联索引 >>>

《刑法》第 192 条第 1 款、第 193 条、第 30 条

《最高人民法院关于审理单位犯罪案件具体应用法律有关问题的解释》第 2 条、第 3 条

一审：山东省威海市中级人民法院（2020）鲁 10 刑初 48 号刑事判决（2022 年 7 月 19 日）

二审：山东省高级人民法院（2022）鲁刑终 360 号刑事裁定（2022 年 12 月 30 日）

2023-03-1-134-001

陈某某、王某某集资诈骗案

——以传销方式骗取不特定公众财物的定性

基本案情 >>>

2012 年 5 月 30 日，被告人陈某某在重庆市彭水苗族土家族自治县注册成立某龙公司，注册资金 1000 万元系找人借资，验资后抽离，陈某某依靠民间借贷维持公司运转。2015 年，陈某某伙同被告人王某某，在明知某龙公司欠有大量外债，根本没有营利项目的情况下，编造某龙公司即将上市等虚假事实，承诺资金有保障，制定以高返利为诱饵的传销方案，即以某龙公司名义对外公开招聘代理商，分为准代理商、正式代理商、县区级经理、地市级经理、市场总监组五个层级，参加者缴纳 900 元加盟费成为某龙公司准代理商，每月可得到 450 元返利，连返三个月，另外还能获得某龙公司商品代理权、项目推广权和赠送的股权，各层级代理商均可以发展下线，并以直接或间接发展下级代理商的数量作为晋升层级、计酬、返利的依据，正式代理商以上层级每月可以获得 4200 元至 1.2 万元不等的补贴。经统计，参加非法传销活动人员共计 30 余万人，实际收取加盟费 3 亿余元，返利 1.7 亿余元，运作成

本 716 万余元，截留资金 1.6 亿余元，大部分被陈某某、王某某私分。

重庆市第四中级人民法院于 2018 年 9 月 26 日作出（2017）渝 04 刑初 26 号刑事判决：一、被告人陈某某犯集资诈骗罪，判处无期徒刑，剥夺政治权利终身，并处没收个人全部财产。二、被告人王某某犯集资诈骗罪，判处有期徒刑十五年，并处罚金人民币万元。三、犯罪所得财物予以追缴。宣判后，陈某某、王某某提出上诉。重庆市高级人民法院于 2019 年 3 月 20 日作出（2019）渝刑终 29 号刑事裁定：驳回陈某某、王某某的上诉，维持原判。

裁判理由

法院生效裁判认为，本案争议焦点为如何认定被告人陈某某、王某某的行为性质。陈某某、王某某以招收某龙公司代理商为名，要求参加者缴纳加盟费获得加入资格，并按照一定顺序组成五个层级，以发展人员的数量作为返利依据，引诱参加者继续发展他人参加，骗取财物，参加人数高达 30 余万人，收取加盟费共计 3 亿余元，二人的行为均符合组织、领导传销活动罪构成要件。陈某某、王某某作为传销活动的策划者、组织者、领导者，明知某龙公司欠有大量外债，根本没有营利项目，虚构某龙公司即将上市、加盟资金有保障等虚假事实，采用传销方式向社会公开募集资金，三个月内就要支付加盟费 1.5 倍的返利及其他补贴等，运作模式显然不具有可持续性，募集所得 3 亿余元中有 716 万余元用于运作，1.7 亿余元用于返利，截留的 1.6 亿余元大部分被二人私分，足见二人具有非法占有之目的，二人的行为又符合集资诈骗罪的构成要件。陈某某、王某某采用传销手段实施集资诈骗犯罪，同时构成组织、领导传销活动罪与集资诈骗罪，应当以处罚较重的罪名即集资诈骗罪予以惩处。故一审、二审法院依法作出如上裁判。

裁判要旨

组织、领导传销活动罪与集资诈骗罪并非对立、排斥关系，二者可能发生竞合。以非法占有为目的，采用传销手段和诈骗方法非法集资，同时构成组织、领导传销活动罪与集资诈骗罪，应当择一重罪按照集资诈骗罪定罪处罚。

关联索引

《刑法》第 192 条、第 224 条之一

一审：重庆市第四中级人民法院（2017）渝 04 刑初 26 号刑事判决

（2018年9月26日）

二审：重庆市高级人民法院（2019）渝刑终29号刑事裁定（2019年3月20日）

2024-04-1-134-002

陈某某等集资诈骗、非法吸收公众存款案
——集资诈骗罪非法占有目的的认定

基本案情

2019年5月，被告人陈某某通过他人购买"山东聊城某公司"并更名为"山东某某实业公司"（以下简称某某实业），让张某某（另案处理）担任公司法定代表人，陈某某为公司实际控制人。某某实业登记经营范围为化工原料及产品、商务信息咨询、企业管理咨询服务、酒店管理服务、房地产开发、经营等，但对外宣传拥有阿胶、腐殖酸、电影等产业。2019年7月，陈某某租用东阿紫金城某酒店作为某某实业办公地点，对外宣传经营"洗码"业务，宣称投资者当天以投资金额的95%存入（每1万元为1单，最低1000元，最高50万元），次日起每天以投资金额的5%返还，20天返还本金，40天返还投资金额的2倍后出局。为鼓励发展团队，吸引群众投资，某某实业设立趴点费和服务费：趴点费是按每天入单金额的5%至10%奖励团队领导人；服务费是介绍他人投资业绩在11万元至8001万元及以上的，分别给予介绍人每单每天20元至100元不等的奖励。在此期间，陈某某雇用被告人李某管理财务，雇用被告人马某负责后勤工作，先后雇用被告人程某某、郝某某等为会计。被告人张某某、马某、李某某等人在明知某某实业未经有关部门依法批准的情况下，面对高额返利仍作为某某实业团队头目积极参与、发展人员、吸收资金。陈某某等人通过微信自媒体、口口相传等方式，虚假夸大宣传某某实业运作阿胶产业、腐殖酸产业、"洗码"业务，但并未实际开展生产经营。在某某实业没有任何盈利的情况下，陈某某将大量资金用于购买虚拟币、发放员工工资、个人挥霍等，致使大量集资款不能返还集资参与人。经审计，

2019 年 7 月 25 日至 9 月 21 日，陈某某等人通过 22 个银行账户累计吸收公众资金 65 273.748307 万元。

2019 年 9 月 19 日至 10 月 3 日，被告人陈某某通过李某 1、李某 2、陈某账户转移大量集资款用于购买比特币、泰达币等虚拟币，因陈某某不提供存放虚拟币的账户及密码信息（其辩称已丢失），公安机关至今未能查清虚拟币下落。此外，陈某某向浙江某影业有限公司投资 850 万元未收回，接收李某现金 100 万元不能说明去向，未返还集资参与人资金在 3642.927399 万元以上。

山东省东阿县人民法院于 2021 年 5 月 22 日作出（2020）鲁 1524 刑初 148 号刑事判决：以集资诈骗罪判处被告人陈某某有期徒刑十四年，并处罚金人民币 50 万元（其他判项略）。宣判后，没有上诉、抗诉，判决已发生法律效力。

裁判理由 》》》

法院生效裁判认为，被告人陈某某以非法占有为目的，使用诈骗方法非法集资，数额巨大，其行为构成集资诈骗罪。关于被告人陈某某的辩护人提出"陈某某不构成集资诈骗罪，构成非法吸收公众存款罪"的辩护意见。经查，陈某某利用虚假或夸大宣传某某实业运作阿胶产业、腐殖酸产业、"洗码"业务等方式欺骗公众，在公司无任何盈利的情况下，用吸收的资金发放高额服务费、趴点费，肆意挥霍，在资金链断裂后转移大量资金购买虚拟币且拒不交代虚拟币下落，致使巨额集资款无法返还。陈某某的行为符合《最高人民法院关于审理非法集资刑事案件具体应用法律若干问题的解释》第 4 条第 2 款的规定，具有非法占有的目的，应当以集资诈骗罪定罪处罚。故法院依法作出如上裁判。

裁判要旨 》》》

集资诈骗罪的认定，除行为人是否使用诈骗手段非法集资外，关键在于行为人主观上是否具有非法占有目的。行为人利用虚假或夸大宣传的方式欺骗公众，在公司无任何盈利的情况下，用吸收的资金发放高额服务费、趴点费的，符合《最高人民法院关于审理非法集资刑事案件具体应用法律若干问题的解释》第 4 条第 2 款第 1 项规定的"集资后不用于生产经营活动或者用于生产经营活动与筹集资金规模明显不成比例"的情形；被告人在资金链断裂后转移大量资金购买虚拟币且拒不交代虚拟币下落的，符合第5项规定的"抽逃、转移资金、隐匿财产，逃避返还资金"，第7项规定的"拒不交代资金去向，逃避返还资金"的情形。使用欺骗手段非法集资，存在上述情形致使集资款不能返还的，应当认定为具有"非法占有目的"，构成集资诈骗罪。

关联索引

《刑法》第192条

《最高人民法院关于审理非法集资刑事案件具体应用法律若干问题的解释》（法释〔2022〕5号）第4条［本案适用的是《最高人民法院关于审理非法集资刑事案件具体应用法律若干问题的解释》（法释〔2010〕18号）第4条］

一审：山东省东阿县人民法院（2020）鲁1524刑初148号刑事判决（2021年5月22日）

2023-04-1-134-008

方某胜等集资诈骗案

——用后集资款支付前集资参与人本息造成资金损失的定性

基本案情

2016年年初，被告人方某胜与周甲共同建立"IFS慈善金融"互助平台进行资金运作，但很快因崩盘导致亏损。之后方某胜与周甲为弥补亏损，又建立"索菲世界金融社区"平台，并将"IFS慈善金融"互助平台的会员平移到"索菲世界金融社区"平台，被告人陶某军、周乙均参与发展会员，后因发展的新会员太少而崩盘。

2016年5月，被告人方某胜、陶某军、周乙、周甲、周丙、徐某堂、陆某共七人在长沙市温馨宾馆合谋建立"ACF亚洲慈善联盟"互助平台及"亚洲慈善联盟"网站，确定了平台制度，会员可通过静态、动态和团队三种方式获利，确定由方某胜负责后台具体操作，周乙、陶某军等人负责发展会员，并约定分成比例，方某胜、陶某军、周乙等人共同出资购买设备、创建平台。

之后，被告人方某胜等人找到程某，让其帮忙做平台系统和租用服务器。被告人周乙等人先后在东台市和长沙市召开地面招商会，宣传平台优势、运行方式、投资模式及获利方式等。

2016年6月1日左右，该平台开始排单。在该平台中，"提供帮助"代表打款，"接受帮助"代表收款。"提供帮助"会员与"接受帮助"会员经后台匹配后，由"提供帮助"会员打款至"接受帮助"会员的支付宝或银行账户，显示的状态为"交易成功"的，则"提供帮助"会员完成打款，"接受帮助"会员完成收款。

6月13日至15日间，被告人方某胜、陶某军、周乙与周甲等人经商量，利用会员匹配成功打款后无法提现的三天冻结期，由方某胜通过后台操作，将会员投资的人民币150万元左右匹配给方某胜等上述七人，方某胜、陶某军、周乙分别分得19.7万元、16.1万元和5.5万元。6月20日左右，方某胜又通过同样的方法将会员投资的49万元匹配给上述七人，方某胜、陶某军、周乙各分得7万元。2016年7月中旬，该平台崩盘。

另查明，本案所涉"ACF亚洲慈善联盟"互助平台无任何实体经营或投资理财项目，本身不产生任何收益。被告人方某胜负责后台操作，被告人陶某军、周乙等人以高息为诱饵发展会员，并以会员投资的资金来支付其他会员投资的本金及利息。现已查明集资参与人损失合计369 440元。

江苏省东台市人民法院于2017年11月27日以（2016）苏0981刑初662号刑事判决，认定被告人方某胜犯集资诈骗罪，判处有期徒刑六年，并处罚金人民币七万元；被告人陶某军犯集资诈骗罪，判处有期徒刑五年六个月，并处罚金人民币六万元；被告人周乙犯集资诈骗罪，判处有期徒刑五年，并处罚金人民币五万元。被告人方某胜退出的人民币70 000元，由暂扣机关东台市公安局依法发还相关被害人；责令被告人方某胜、陶某军、周乙与同案犯共同退赔相关被害人人民币合计299 440元。

宣判后，各被告人均未上诉，检察机关未抗诉。判决已生效。

裁判理由 》》》

法院生效裁判认为，本案的争执焦点是罪名和犯罪数额的认定以及各被告人在共同犯罪中的作用大小。

第一，关于本案的罪名认定。经查，被告人方某胜、陶某军、周乙等人为弥补先前平台亏损、获取非法利益，共同出资建立"ACF亚洲慈善联盟"平台，在明知无任何实体经营或投资理财项目，本身不产生任何收益的情况下，以慈善为幌子，以高息为诱饵发展会员，吸引不特定公众投资加入平台，并用后投资会员的资金来支付先投资会员的本金及利息，使资金集中到会员内部流转，制造赚钱假象，隐瞒了该平台"拆东补西"的本质，诱骗更多公众投资参与。所谓的投资，实质是会员根据平台的随机匹配打款给其他会员，会员投入资金后，即失去对资金的控制。在此过程中，各被告人虽未直接占有所有的投资资金，但为非法获利而不断发展会员，并通过后台匹配使会员投资，导致会员资金损失，故应认定各被告人具有非法占有的主观目的。综上，各被告人的行为均符合集资诈骗罪的构成特征。

第二，关于犯罪数额认定。经查，公诉机关指控的253.19万元缺乏依据。首先，将199万元指控为犯罪数额证据不足，关于各被告人有无将分配的资金用于弥补会员损失及弥补数额问题，公诉机关未能根据各被告人的辩解及提供的证据进行核实，且未到案的周甲等人弥补会员损失的情况亦不明确，无法认定案发前归还的数额，也无法认定相应的损失数额，故指控199万元为犯罪数额的证据不足。其次，因公诉机关未能排除199万元中与被害人的损失之间可能存在交叉部分，故公诉机关将两次后台匹配的199万元与部分被害人反映的损失进行相加来指控犯罪数额缺乏依据。最后，除上述已查明损失数额的被害人外，认定其余被害人损失情况的证据不足。根据相关证据查明，被害人损失合计为36.944万元，予以确认。

第三，关于各被告人在共同犯罪中的作用大小。经查，各被告人在前期参与的相关类似平台崩盘，并已造成投资者损失的情况下，为弥补亏损，仍合谋共同出资建立本案所涉ACF亚洲慈善联盟平台，并积极参与，分工协作。其中，被告人方某胜联系他人帮忙做平台系统、租用服务器，并具体从事后台操作，被告人陶某军、周乙参与相关宣传活动，发展团队，吸引他人投资加入。各被告人在共同犯罪中积极主动、作用明显。各辩护人提出的各被告人具有自首或坦白等可从宽处理的辩护意见，与查明事实相符，予以采信。

综上，被告人方某胜、陶某军、周乙以非法占有为目的，使用诈骗的方法非法集资，数额巨大，其行为均已构成集资诈骗罪。方某胜、陶某军归案后如实供述了主要犯罪事实，依法可以从轻处罚；周乙自动投案，并如实供述了基本犯罪事实，系自首，依法可以从轻处罚；方某胜退出小部分赃款，酌情从轻处罚；陶某军有前科，酌情从重处罚。故依法作出如上裁判。

裁判要旨 >>>

第一，被告人在无任何实体经营或投资理财项目，本身不产生任何收益的情况下，通过网络融资平台，用后投资会员的资金来支付先投资会员的本金及利息，并以此来支撑平台的运行，制造赚钱的假象，隐瞒了该平台"拆东补西"和无法避免崩盘的本质，其实质为"庞氏骗局"。而投资加入的会员，均误认为本案所涉的 ACF 亚洲慈善联盟平台为高收益的理财平台，根本不知晓该平台背后的实质，投资加入的会员均对各被告人设立的平台产生了错误认识。被告人在客观方面符合了诈骗犯罪的构成特征。

第二，被告人在未经相关部门批准的情况下，私自设立网络融资平台，以慈善为幌子、以高息为诱饵吸引不特定公众投资加入成为会员，使投资会员分散的资金集中到网络融资平台的会员内部进行流转，实现了资金的相对集中，符合司法解释所规定的"以投资入股的方式非法吸收资金的"和"以委托理财的方式非法吸收资金的"情形。被告人设立网络融资平台符合非法集资的特征。

第三，非法占有，不仅包括为自己非法占有，也包括为他人非法占有。在被告人所设立的网络融资平台上，会员所投资金根本不用于生产经营或投资理财，而是根据平台的随机匹配打款给其他会员，会员投入资金后，即失去对资金的控制。被告人虽未将会员投资的资金据为己有，但被告人为非法获利而不断发展新的会员，并通过后台匹配使会员打款给其他会员，最终导致会员资金损失。被告人的行为符合"集资后不用于生产经营活动或者用于生产经营活动与筹集资金规模明显不成比例，致使集资款不能返还的"情形，应认定被告人具有非法占有目的。

关联索引 >>>

《刑法》第 192 条第 1 款

一审：江苏省东台市人民法院（2016）苏 0981 刑初 662 号刑事判决（2017 年 11 月 27 日）

2024-03-1-134-001

李某某集资诈骗案

——以传销方式实施集资诈骗罪的行为认定

基本案情 >>>

2019年12月，被告人李某某委托郑州某科技有限公司仿照亚某逊公司的图标，制作一款"亚某逊跨境电商"App商城和源代码，公开宣传称"亚某逊跨境电商"是依托亚某逊平台将中国商品销售到其他国家，下载"亚某逊跨境电商"App后，缴纳500元注册成为会员后可以进行投资，会员通过投资日韩仓，1000元起投，14天可以得到20%的利润，并可以进行复利投资，介绍他人投资一代到三代能得到投资款项3%到1%的推荐奖，投资5万元可以成为店主，店主除享受普通会员的奖励外还享受七代会员投资款项3%的奖励。自2019年12月起，李某某伙同被告人徐某某宣传推广"亚某逊跨境电商"App平台，并先后发展东某某、杨某某等人。经统计，该平台发展会员层级达到9级以上，人数202人以上，涉案资金742万余元，李某获利262.224142万元。

2021年1月18日，被告人李某某到灵宝市公安局投案。李某某共支付被告人徐某某工资报酬2.4万元。案发后徐某某家属代其退缴全部违法所得。

河南省灵宝市人民法院于2021年11月25日作出（2021）豫1282刑初338号刑事判决：被告人李某某犯集资诈骗罪，判处有期徒刑十一年，并处罚金人民币20万元；被告人徐某某犯组织、领导传销活动罪，判处有期徒刑一年，并处罚金人民币5万元；被告人李某某违法所得262.224142万元，予以追缴；被告人徐某某已退缴违法所得2.4万元，予以没收，上缴国库。宣判后，被告人李某某不服，提出上诉。河南省三门峡市中级人民法院经审理于2022年1月19日作出（2021）豫12刑终358号刑事裁定：驳回上诉，维持原判。

裁判理由 >>>

法院生效裁判认为，被告人李某某通过虚假"亚某逊跨境电商"App平台，在并无实际货物交易的情况下，依托"金字塔"模式，通过高额投资返还比例、发展人员推荐奖励、组织人员参观考察等夸大宣传手段，发展人员组织、实施传销活动，吸引大量会员投资，但在后期拒不兑现给该 App 平台兑换提取现金的承诺，且在到案后直至到庭审中拒不交代吸收会员资金去向，主观上具有明显的非法占有他人财产的故意，属组织、领导传销活动罪与集资诈骗罪的想象竞合犯，依照从一重罪处罚原则，应当以集资诈骗罪对被告人李某某定罪。

被告人徐某某参与上述传销活动，承担宣传推广等职责，情节严重，其行为已构成组织、领导传销活动罪，亦应予以惩处。李某某集资诈骗金额 742 万余元，属数额特别巨大，对其主动到案可酌情从轻处罚；徐某某在组织、领导传销活动组织犯罪中起次要作用，系从犯，应当减轻处罚；其自愿认罪认罚、已退缴全部违法所得，对其可从轻处罚。

裁判要旨 ▶▶▶

区分集资诈骗罪与组织、领导传销活动罪的关键在于行为人是否以非法占有为目的虚构事实诈骗他人财物。行为人使用仿造与国际知名电商平台相似的 App、编造虚假投资项目等诈骗方法非法集资，将集资款用于违法犯罪活动，到案后拒不交代资金去向，逃避返还资金责任的，可以认定为"以非法占有为目的"，构成集资诈骗罪。

共同犯罪中其他行为人没有非法占有集资款的共同故意和行为，但其行为符合组织、领导传销活动罪犯罪构成的，应当认定构成组织、领导传销活动罪。

关联索引 ▶▶▶

《刑法》第 192 条、第 226 条

一审：河南省灵宝市人民法院（2021）豫 1282 刑初 338 号刑事判决（2021 年 11 月 25 日）

二审：河南省三门峡市中级人民法院（2021）豫 12 刑终 358 号刑事裁定（2022 年 1 月 19 日）

2023-04-1-134-007

马某某、余某某集资诈骗案

——以是否具有非法占有目的区分集资诈骗罪和非法吸收公众存款罪

基本案情 》》》

2014 年 8 月 27 日，被告人马某某以注册资本人民币 30 万元工商注册登记成立澧县某房地产经纪有限公司（以下简称某经纪公司）。自 2014 年 9 月开始，马某某便以二手房买卖中介居间代理、民间借贷投资等为名，先后向刘某甲、刘某乙、王某甲、王某乙、黄某甲等人集资达 173 余万元。由于某经纪公司投资项目不能按期偿还借款本息，欠下了大量债务无力偿还；被告人余某某 2012 年始亦因做生意、炒股亏损而利用假存单骗取他人钱财填补亏损留下多重债务。

2014 年马某某、余某某相识后，见互联网金融融资见效快，遂预谋成立了一家互联网融资公司来骗取资金偿还其二人债务。2015 年 6 月 15 日，二被告人租用湖南省某房地产开发有限公司五间门面作为公司经营场所，于 2015 年 10 月 10 日注册成立澧县某商务信息咨询有限公司（以下简称某咨询公司），由马某某担任该公司法人代表，余某某负责网络平台及相关的财务管理等工作，并先后聘用陈甲、王某丙、王某、陈乙、黄某乙、彭某某、周某某、谢某等人，以余某某及谢某某、马某某三人的名义，利用"联贷天下——鑫昊贷"网络平台，发布虚假投资项目，以每万元月息一分五厘至二分高息为诱饵，用口口相传、门面飞字广告、网络广告等形式进行宣传。并在该公司成立前后期于 2015 年 4 月 28 日开办澧县某汽车租赁部；2015 年 8 月 3 日工商注册登记成立澧县某旅行社有限公司；2015 年 12 月 15 日工商注册登记成立湖南某餐饮有限公司，给社会公众造成某咨询公司具有雄厚实力的假象，以骗取更多的社会资金。从 2015 年 10 月至 2016 年 4 月间，马某某、余某某以高额利息为诱饵，打着投资、资金周转的幌子，先后向刘某、淡某某、皮某某、徐某某等 46 人非法集资共计 7 628 020 元，其中线上 6 488 020 元，线下 1 140 000 元。上述集资款项用于支付某经纪公司原借款、余某某因实施金融凭证诈骗罪所诈骗的部分款项、偿还借款本息、发放员工工资等。实际集资诈骗 6 971 147.23 元。

湖南省澧县人民法院作出（2017）湘 0723 行初 157 号刑事判决，认定被告人马某某犯集资诈骗罪，判处有期徒刑十一年，并处罚金人民币 20 万元；被告人余某某犯集资诈骗罪，判处有期徒刑十年六个月，并处罚金人民币 20 万元，与原判金融凭证诈骗罪被判处的有期徒刑十四年，并处罚金人民币 30 万元并罚，决定执行有期徒刑二十年，并处罚金人民币 50 万元。被告人马某某、余某某违法所得予以追缴，返还被害人。

宣判后，被告人马某某、余某某均未上诉，检察机关未抗诉。判决已生效。

裁判理由 》》》

法院生效判决认为，本案的争议焦点为：被告人马某某、余某某是否以非法占有为目的，其行为是否构成集资诈骗罪；被告人马某某、余某某是以非法占有为目的，其行为构成集资诈骗罪，理由如下：

其一，二被告人无经济基础，没有能力偿还巨额高息的集资款。本案的证人刘某甲、刘某乙、王某甲、刘某香、王某、黄某萍等人的证言、借条以及二被告人供述等证据，证明被告人马某某在开办某经纪公司时，以居间人的身份向社会公众吸收资金，从中收取高额利息，逾期后，有 300 余万元到期借款不能偿还；被告人余某某 2012 年始亦因做生意、炒股亏损而利用假存单骗取他人钱财填补亏损留下多重债务达 600 多万元。因此，二被告人债务累累，为了资金链的延续，注册 200 万元的虚假资本成立某咨询公司，以高额利息为诱饵，非法集资。

其二，用虚构事实，隐瞒真相的方法，骗取巨额资金。本案的证人彭某某、周某某、黄某乙、谢某某等人的证言、相关书证及二被告人的供述，均证明二被告人打着投资的幌子，以资金周转为名，用高额利息为诱饵，利用某咨询公司设置的 P2P 网络借贷平台，以居间人的身份借用本单位聘请员工马某某、谢某某的名义在网络平台上发布虚拟借款标的，骗取多名被害人借款。并在某咨询公司成立前后期，注册成立多家公司，用广告等形式向社会作虚假宣传，给社会公众造成某咨询公司具有雄厚经济实力虚假景象，以此蒙骗众多被害人而骗取更多的社会资金。

其三，集资款项从不建账，肆意处置。被告人马某某供认"澧县某咨询公司成立之后，偿还他经营富民房地产咨询公司时的旧账 200 多万元，加上余某某帮他还的钱总共有 300 余万元，他与余某某从来没有记账"。由此可以看出，马某某对集资款从不建账，任意由其处置。此外，澧县公安局关于某咨询公司的账务账的情况说明及司法鉴定报告的鉴定依据，也证明某咨询公司没有账务账，其司法鉴定是根据网络平台投资和借款交易明细数据资料，北京 E 宝后台充值和提现明细数据资料，余某某、谢某某、马某某三人各银行流水明细资料，线下投资人报案资料以及证人证言和公安机关审讯记录来进行鉴定的，足以看出其财务混乱，同时亦可以看出二被告人成立某咨询公司的目的就是以集资款中偿还二人债务。

被告人马某某、余某某打着投资的幌子，以高额利息为诱饵，虚构借款用途，通过"鑫昊贷"网络平台上大肆向社会公众集资，且集资款并非用于生产经营而是恶意处分和挥霍，造成巨额集资款项不能返还，足以证明二被告人其主观上具有明显非法占有的故意。

综上，被告人马某某、余某某以非法占有为目的，采取隐瞒事实真相的方法，虚构资金用途，通过"鑫昊贷"网络平台以高额利息或高额投资回报为诱饵，实施集资诈骗，数额特别巨大，且集资款并非用于生产经营而是肆意处分和挥霍，造成巨额集资款项不能返还，其行为均构成集资诈骗罪。在共同犯罪中马某某、余某某均系主犯。马某某系累犯，依法应当从重处罚。余某某在刑罚执行完毕以前，发现还有其他罪没有判决，依法应予并罚。马某某有自首情节。遂作出如上判决。

裁判要旨 >>>

集资诈骗罪和非法吸收公众存款罪的区别在于行为人主观上是否有以非法占有为目的。非法占有为目的是主观认定，在行为人未予供述的情况下，需要通过行为人的外在客观表现来认定或者推定。

关联索引 >>>

《刑法》第 192 条

一审：湖南省澧县人民法院（2017）湘 0723 行初 157 号刑事判决（2017 年 9 月 5 日）

2024-16-1-134-001

孙某某集资诈骗、抽逃出资案

——罪犯未积极履行财产性判项，不明确交代赃款去向的，不予减刑

基本案情 >>>

罪犯孙某某，因犯集资诈骗罪、抽逃出资罪，被判处无期徒刑，剥夺政治权利终身，并处没收个人全部财产；责令被告人孙某某、商某退赔 738 名被害人人民币 91 862 250.98 元。判决生效后，交付执行。黑龙江省北安监狱以罪犯孙某某在服刑期间确有悔改表现为由，提请将其刑罚减为有期徒刑二十二年。黑龙江省人民检察院认为：罪犯孙某某集资诈骗、抽逃出资数额巨大，责令退赔但其未能退赔，且庭审中不能说明赃款去向，认为罪犯孙某某不符合减刑条件。

黑龙江省高级人民法院审理查明：罪犯孙某某属于"三类罪犯"，未履行财产性判项。大庆市中级人民法院于 2019 年 2 月 11 日作出（2018）黑 06 执 1159 号之四执行裁定，在执行孙某某、商某没收个人全部财产、责令退赔一案中，发现孙某某、商某名下所有的房产及车辆均已被相关司法部门另案查封，该院已对上述财产依法采取轮候查封措施，现被执行人孙某某已无可供执行的财产，终结本次执行程序。2022 年 5 月 31 日大庆市中级人民法院出具函，因未发现孙某某名下有可供执行财产，未对该案恢复执行。另查明，根据监狱报送的狱内收支明细记载该犯 2018 年 11 月 6 日至 2022 年 9 月 12 日狱内存款 1057.62 元，消费 350 元，为新农合医保消费，除此之外再无消费记录，未超额消费，余额 707.62 元。

黑龙江省高级人民法院于 2023 年 8 月 21 日作出（2023）黑刑更 201 号刑事裁定，对罪犯孙某某不予减刑。

裁判理由 >>>

法院生效裁判认为：罪犯孙某某未积极履行财产性判项，不能清楚交代赃款去向，认定其确有悔改表现的证据不充分，综合罪犯孙某某犯罪性质和

具体情节、社会危害程度、原判刑罚及财产性判项履行情况等情节，该犯不符合法定减刑条件，对罪犯孙某某不予减刑。故法院依法作出如上裁定。

裁判要旨 >>>

对于金融诈骗类犯罪罪犯，必须从严把握法律规定的"确有悔改表现"的标准。如果罪犯未履行生效裁判中的财产性判项，未积极退赔，拒不交代赃款去向的，不能认定其确有悔改表现，应当认为不符合法定减刑条件，不予减刑。

关联索引 >>>

《刑法》第 78 条

《最高人民法院、最高人民检察院、公安部、司法部关于加强减刑、假释案件实质化审理的意见》第 3 条、第 7 条

其他审理程序：黑龙江省高级人民法院（2023）黑刑更 201 号刑事裁定（2023 年 8 月 21 日）

2023-04-1-134-010

田某志集资诈骗案

—— 亲属提供线索抓获犯罪嫌疑人的能否认定自首

基本案情 >>>

2003 年 1 月至 2005 年 5 月，被告人田某志以与他人合作经营为名，采取编造虚假合作项目并签订合作经营合同书等方法，在社会上非法集资，以投资零风险及高额回报为诱饵，共计骗取 82 名被害人的人民币 832.9 万元。至案发时，尚有人民币 732.09 万元未予归还。

案发后，公安机关找到田某志的亲属田某，田某向侦查人员反映：田某志可能住在某饭店 405 房间；2005 年 5 月 21 日田某的手机有两个被叫电话，往回打打不通，可能是田某志的电话。侦查人员经过侦查，确认田某提供的

两个电话是崇文区某饭店的电话，并到该饭店查到田某志的住宿登记，遂于2005年5月27日13时30分，在崇文区某饭店405号房内将田某志抓获。

北京市第二中级人民法院认为，被告人田某志的行为已构成集资诈骗罪，犯罪数额特别巨大并且给国家和人民利益造成特别重大损失，依法应予惩处。鉴于被告人田某志的亲属有提供重要线索积极协助公安机关抓获田某志的行为，且田某志被抓获时予以配合，归案后如实供述自己的罪行，可视为具有自首情节，依法应予从轻处罚。依照《刑法》第192条、第199条、第57条第1款、第59条、第67条第1款、第64条、第61条及《最高人民法院关于处理自首和立功具体应用法律若干问题的解释》第1条、第3条之规定，以集资诈骗罪判处田某志无期徒刑，剥夺政治权利终身，没收个人全部财产。

一审宣判后，被告人田某志不服，向北京市高级人民法院提出上诉。北京市人民检察院第二分院向北京市高级人民法院提出抗诉。

被告人田某志上诉称：对原审判决认定的事实和证据没有意见。原审判决量刑过重，定性不公平，应当认定为非法集资。其辩护人提出：一审法院认定田某志的亲属提供重要线索积极协助公安机关抓获田某志，且田某志被抓获时予以配合，归案后如实供述自己的罪行，具有自首情节，适用法律正确，但仍判处无期徒刑，量刑过重。

北京市人民检察院第二分院抗诉意见为：被告人田某志的亲属向公安机关提供的是或然性线索，该线索经过侦查员侦查落实为确定性线索后将田某志抓获，田某志是被动被抓，且其在案发过程中始终没有主动投案的行为；一审法院将田某志亲属提供线索给侦查员导致田某志被抓的行为视为田某志的自首情节，是扩大了自首的司法解释，并依法予以从轻处罚，属于认定事实错误，适用法律不当。

北京市高级人民法院经审理认为，上诉人田某志已经构成集资诈骗罪，且诈骗数额特别巨大并且给国家和人民利益造成特别重大损失，依法应予惩处。鉴于田某志的亲属有提供重要线索并积极协助公安机关抓获田某志的行为，且田某志归案后如实供述自己的罪行等具体情节，对田某志可酌予从轻处罚。北京市人民检察院第二分院的抗诉意见正确，本院予以采纳。一审法院根据田某志犯罪的事实、性质、情节及对于社会的危害程度所作的判决，事实清楚，证据确实、充分，定罪准确，审判程序合法；唯对田某志的亲属提供重要线索并积极协助公安机关抓捕田某志的行为，认定田某志具有自首的情节不当，适用法律有误，依照《刑事诉讼法》第189条第1项、第2项及《刑法》第 192 条、第 199 条、第 57 条、第 64 条、第 61 条的规定，在维持原审量刑的同时，对自首的不当认定依法予以纠正。

裁判理由 >>>

法院生效裁判认为，被告人田某志的亲属向公安机关提供的是或然性线索，该线索经过侦查员侦查落实为确定性线索后将田某志抓获，田某志是被动被抓，且其在案发过程中始终没有主动投案的行为，不构成自首。鉴于田某志的亲属有提供重要线索并积极协助公安机关抓获田某志的行为，且田某志归案后如实供述自己的罪行等具体情节，对田某志可酌予从轻处罚。

裁判要旨 >>>

第一，对于由犯罪嫌疑人亲属提供线索，由侦查机关实施抓捕将犯罪嫌疑人抓获的情况是否应当认定为"自动投案"从而构成自首，需要根据具体情况进行判断。即使被告人在被抓获时予以配合，归案后亦如实供述了自己的罪行，如果其始终没有主动投案的意思表示或行为，既没有体现出对其所犯罪行的悔罪认识，也没有实施主动前往司法机关接受追究的行为，其人身危险性和主观恶性并没有发生变化。从侦查机关的角度来看，从接到线索，到核实线索，确定侦查方向，最终抓获犯罪嫌疑人，系通过侦查机关自身侦查工作的开展而自然取得的结果，并不属于被告人自动投案，虽然其亲属提供线索的行为从一定程度上降低了侦破的难度，但并没有达到自动投案所实现的大幅节约司法资源的程度。因此，对被告人亲属提供线索，由侦查机关将被告人抓获的情况，不能认定为"自动投案"，从而成立自首。

第二，犯罪嫌疑人亲属提供线索，由侦查机关实施抓捕将被告人抓获的情况，尽管不宜认定为自首，但是在量刑时应当根据案件的具体情况酌情从轻处罚。

关联索引 >>>

《刑法》第 192 条、第 67 条第 1 款

《最高人民法院关于处理自首和立功具体应用法律若干问题的解释》第 1 条、第 3 条

一审：北京市第二中级人民法院（2006）二中刑初字第 1230 号刑事判决（2006 年 12 月 13 日）

二审：北京市高级人民法院（2007）高刑终字第 38 号刑事判决（2007 年 9 月 11 日）

2023-04-1-134-009

王某集资诈骗案
——公诉人当庭发表与起诉书不一致意见的处理规则

基本案情 >>>

2015 年 8 月至 2016 年 2 月，被告人王某以天佐公司投资项目为名，承诺返本付息，在北京市朝阳区等地，向韩某伶等 102 人集资人民币 1800 余万元，造成经济损失人民币 1500 余万元。集资款主要用于员工提成、集资参与人返款及公司和被告人王某个人支出，少部分用于投资项目，造成资金链断裂。

被告人王某为解决天佐公司兑付问题，于 2016 年 3 月与苏某立成立中唐财富投资管理（北京）有限公司（以下简称中唐财富公司），公司法定代表人苏某立，实际负责人王某。2016 年 1 月至 8 月，中唐财富公司以投资辽宁天池葡萄酒有限公司开发及建设为由，公开宣传，以签订借款合同的形式，承诺按月返息，到期返本金，吸收杨某等 284 人资金人民币 3500 余万元，造成经济损失人民币 3300 余万元。集资款除用于员工工资、提成及日常支出，人民币 300 余万元用于投资项目外，被大量取现。王某于 2018 年 3 月 13 日被查获。

北京市朝阳区人民法院认为，被告人王某无视国法，以诈骗方法非法集资，数额特别巨大，其行为已构成集资诈骗罪。北京市朝阳区人民检察院指控被告人王某犯罪事实清楚，证据确实、充分，但指控罪名不当，本院予以纠正。关于本案定性，法院认为被告人王某的行为构成集资诈骗罪，理由如下：被告人王某以天佐公司投资项目为由，承诺高额返利并支付业务员高额提成非法集资，集资款除小部分用于投资项目外，主要用于业务员提成、集资参与人返款及日常支出，另有部分用于被告人王某还债等个人支出。此模式下，被告人王某根本不具有给集资参与人返本付息的可能性，只能是以后面集资款返还前面集资款的"庞氏骗局"，最终必然造成资金链断裂，巨额集资款无法返还，可以推定其主观上具有非法占有的目的；被告人王某明知天佐公司无法兑付，仍成立中唐财富公司，沿用相同集资模式，集资款除小部分用于投资项目外，主要被取现，造成资金去向难以查明，其非法占有的目的更为明显。非法占有不等同于非法所有，是指将他人的财物作为自己的财物进行支配、处分。被告人王某非法集资后用于生产、经营活动的资金与集资资金规模明显不成比例，而是将大量集资款用于员工工资、提成及犯罪支出，属于对集资款的处分和支配，被告人王某通过犯罪行为是否实际取得资金及取得资金数额多少，均不影响对其非法占有目的的认定，其行为已构成集资诈骗罪。依照《刑法》第 192 条、第 61 条、第 45 条、第 47 条、第 52 条、第 53 条、第 64 条及《最高人民法院关于审理非法集资刑事案件具体应用法律若干问题的解释》第 1 条、第 2 条、第 3 条、第 4 条、第 5 条之规定，判决如下：一、被告人王某犯集资诈骗罪，判处有期徒刑十四年，罚金人民币 45 万元。二、责令被告人王某退赔集资参与人的经济损失。

一审宣判后，公诉机关未抗诉，被告人未上诉。一审判决已发生法律效力。

裁判理由

法院生效裁判认为，关于被告人王某犯罪行为的定性，公诉机关起诉书指控非法吸收公众存款罪，并指派检察员出庭支持公诉。人民法院受理后，认为被告人的行为可能构成集资诈骗罪，依据《刑事诉讼法》及相关司法解释规定，组织控辩双方就被告人行为是否构成集资诈骗罪展开法庭辩论。在第二轮法庭辩论中，公诉人当庭发表与起诉书不一致的公诉意见，认为被告人的行为构成集资诈骗罪。对此，合议庭要求公诉人提交书面变更起诉决定书，公诉人在指定期限内未变更，合议庭评议后认为不应当采纳公诉人当庭意见，应以起诉书指控罪名认定公诉机关起诉指控的罪名，故在判决书中仍认定公诉机关指控罪名为非法吸收公众存款罪，并依法认定指控罪名不当，予以纠正。

裁判要旨

起诉书是人民检察院向人民法院提起公诉的标志，非因法定事由及法定程序不得变更、追加、补充或撤回。出庭的公诉人在法庭审理过程中，根据证据质证和法庭辩论情况，发现起诉书指控的事实或者罪名有误，需要变更、追加、补充或撤回起诉意见的，应当依据正当程序报请批准后，以书面形式，由人民检察院向人民法院提出变更、追加、补充或撤回起诉。必要时，可以建议人民法院宣布休庭。人民法院对出庭公诉人发表的与起诉书不一致的公诉意见应当区分情况处理。具体如下：

（一）公诉人当庭发表与起诉书基本内容不一致公诉意见的处理

（1）基本内容的界定。与起诉书基本内容不一致的意见主要包括三类：一是对被告人身份信息、案件基本事实、指控罪名及累犯、自首等重要量刑情节的变更。二是追加、补充指控新的事实。三是撤回起诉。三类情况足以影响对被告人的定罪量刑和人民法院裁判严肃性、准确性。

（2）处理原则。公诉人对起诉书指控基本内容进行变更、追加、补充或撤回起诉的，应当以书面形式提出，并加盖人民检察院印章。人民法院应当要求人民检察院提交变更、追加、补充或撤回起诉决定书。人民检察院不提交书面文书的，人民法院应当以起诉书为准，不以公诉人当庭变更、追加、补充或撤回起诉意见为准。

（3）庭审程序。如果公诉人作出对被告人不利的变更，应当宣判休庭，由人民检察院变更起诉后，继续开庭；如果公诉人作出对被告人有利的变更，被告人和辩护人同意开庭的，可以先行开庭，人民检察院庭后提交书面变更起诉书；如果公诉人追加、补充起诉的，因出现新的事实和新的证据，应当休庭或先行审理原起诉书指控事实，对追加、补充起诉事实再行开庭；如果公诉人作出撤回起诉的，可以休庭，也可以继续庭审但不作出裁判，公诉机关提交撤回起诉决定书后，再行裁判。

（4）例外情形。因提起公诉后，出现新的事实，如立功、退赔、认罪认罚等，公诉人当庭表示认可新的事实的，人民法院可以直接依据新的事实和新的证据作出裁判，无须要求人民检察院变更、补充起诉。

（二）对非基本内容的变更

（1）非基本内容的界定。实践中，非基本内容主要包括两类：一是对笔误的补正；二是对量刑建议的调整。

（2）处理原则。对笔误的补正，可以要求公诉机关以书面形式提出，对适用简易程序、速裁程序的，也可以由公诉人当庭补正，在庭审笔录中予以记录。但是，不得以补正笔误变更基本事实。对量刑建议的调整，可以由公诉机关以书面形式提出或由公诉人当庭提出。

（3）庭审程序。对笔误的补正，无须休庭，根据案件具体情况，以记录公诉人当庭意见或由公诉机关庭后提交变更起诉书方式处理。对量刑建议的调整，如公诉人当庭提出的，人民法院应当记入庭审笔录。

关联索引 ▶▶▶

《刑法》第192条

一审：北京市朝阳区人民法院（2019）京0105刑初183号刑事判决（2019年10月18日）

2024-02-1-134-002

翁某源等集资诈骗案

——非法集资案件中主观故意的认定

基本案情 ▶▶▶

被告人翁某源、钟某斌以非法占有为目的，雇用孙某、邓某翔等人，先后在福建省、湖北省等地成立多家实业公司、酒水商行，并雇佣李某艳（另案处理）等在未经国家金融监管机构批准的情况下，通过发放传单、举办宣传活动、口口相传等方式，假借公司生产经营需要大量资金，向不特定群体进行公开宣传，通过承诺高额返现，以及赠送投资金额等额的积分用以兑换礼品的方式非法募集资金。翁某源、钟某斌等未将所募资金用于实际生产经营活动，以借新还旧维持高额返利和集资平台运转，导致部分集资款无法返还。其中，翁某源全面负责所有事务，钟某斌协助翁某源进行日常管理，二人以非法占有为目的实际占有并控制募集资金；孙某根据钟某斌安排负责分配钱款、采购物资等事务；邓某翔负责福建区域市场销售等。

经统计，翁某源、钟某斌、邓某翔、孙某等人在福建省永安市向社会不特定对象75人吸收存款共计2 682 550元，给他人造成直接经济损失共计

1 461 718 元；在福建省南平市向社会不特定对象 149 人吸收存款共计 7 752 862 元，给他人造成直接经济损失共计 3 237 689 元；在湖北省安陆市向社会不特定对象 66 人吸收存款共计 1 333 800 元，给他人造成直接经济损失共计 805 340 元。

福建省永安市人民法院于 2019 年 11 月 29 日以（2018）闽 0481 刑初 531 号刑事判决，认定被告人翁某源犯集资诈骗罪，判处有期徒刑 13 年，并处罚金人民币 40 万元；被告人钟某斌犯集资诈骗罪，判处有期徒刑 10 年，并处罚金人民币 20 万元；被告人孙某犯非法吸收公众存款罪，判处有期徒刑 5 年，并处罚金人民币 15 万元；被告人邓某翔犯非法吸收公众存款罪，判处有期徒刑 4 年 6 个月，并处罚金人民币 10 万元；责令被告人翁某源、钟某斌、孙某、邓某翔对造成各集资参与人的损失承担共同退赔责任，前述款项按损失比例发还各集资参与人。宣判后，被告人翁某源、钟某斌、孙某提起上诉。福建省三明市中级人民法院于 2020 年 4 月 21 日以（2020）闽 04 刑终 101 号刑事裁定，驳回上诉，维持原判。

裁判理由

法院生效裁判认为，（1）在案证据证实，翁某源、钟某斌成立的众某实业公司销售酒均是向其他公司购买，自身并无酒厂、茶厂等实体产业，而是虚构扩大酒厂规模、研发新产品等需要大量资金的事实，以高额返现、赠送可用于兑换礼品的积分等手段向社会不特定群体非法集资，符合集资诈骗罪虚构事实、隐瞒真相的要件和特征；（2）众某实业公司没有实体产业，收入来源主要是非法吸收的公众资金，翁某源、钟某斌等人所吸收资金用途，仅从高额返利看，1000 元产品 6—8 个月需返利 1400 元，4000 元产品 6—8 个月需返利 5700 元，还需要支付兑换积分礼品、集资平台运转所需的人员工资、店铺租金以及旅游花费、酒店用餐等营销费用开支，该运营模式明显不具有营利性、可持续性；（3）根据《最高人民法院关于审理非法集资刑事案件具体应用法律若干问题的解释》第 4 条（现修改为法释〔2022〕5 号第 7 条）的规定，使用诈骗方法非法集资后不用于生产经营活动或者用于生产经营活动与筹集资金规模明显不成比例，致使集资款不能返还的，可以认定为具有非法占有目的。翁某源等人在福建永安、南平，湖北安陆共非法吸收近 300 名被害人资金 1100 万余元，给他人造成直接经济损失达 550 万余元，翁某源、钟某斌实际占有并控制非法吸收的资金，以借新还旧维持高额返现和集资平台运转，并未投入实际生产经营活动，应当认定二人具有非法占有目的；

孙某、邓某翔受雇于翁某源、钟某斌二人，从二人负责的具体工作看，并未实际占有、控制募集钱款，不能证明其二人具有非法占有的主观故意。

综上，翁某源、钟某斌以非法占有为目的，虚构事实、隐瞒真相进行非法集资，数额特别巨大，其行为均已构成集资诈骗罪；孙某、邓某翔受雇于他人，违反国家金融管理法规，以高额回报为诱饵，通过发放传单、举办宣传活动、口口相传等方式，向社会公众吸收资金，数额巨大，其行为均已构成非法吸收公众存款罪。

裁判要旨 >>>

第一，是否具有非法占有目的，是在主观方面区分非法吸收公众存款罪与集资诈骗罪的关键。

第二，在非法集资共同犯罪中，不同行为人，由于所处层级、职责分工、获利方式、对全部犯罪的知情程度等不同，其主观故意可能存在差异。行为人成立的公司自身没有实体产业，而是虚构扩大经营规模、研发新产品等需要大量资金的事实，以高额返现、赠送积分等手段向社会不特定群体非法集资，所非法吸收的公众资金系公司主要收入来源，并由行为人实际占有、控制，主要用于高额返利、集资平台运转开支，运营模式明显不具有营利性、可持续性，造成巨额集资款不能返还的，应认定行为人具有非法占有目的，其行为构成集资诈骗罪。

第三，行为人受雇负责或参与公司部分业务，获得报酬或提成，对公司运营模式和真实营利状况缺少整体认识的，可认定行为人不具有非法占有目的，以非法吸收公众存款罪追究其刑事责任。

第四，在办理非法集资共同犯罪案件时，应依法分类处理涉案人员，做到罚当其罪、罪责刑相适应，以更好地贯彻宽严相济刑事政策。

关联索引 >>>

《刑法》第192条第1款、第176条第1款

《最高人民法院关于审理非法集资刑事案件具体应用法律若干问题的解释》（修正后自2022年3月1日起施行）第7条（本案适用的是2011年施行的《最高人民法院关于审理非法集资刑事案件具体应用法律若干问题的解释》第4条）

一审：福建省永安市人民法院（2018）闽0481刑初531号刑事判决（2019

年 11 月 29 日）

二审：福建省三明市中级人民法院（2020）闽 04 刑终 101 号刑事裁定（2020年 4 月 21 日）

2023-08-2-043-003

吴某诉某信托公司财产损害赔偿纠纷案

——信托公司在通道类业务中未尽审慎注意义务的责任承担

基本案情

吴某诉称：其因被告人陈某成等集资诈骗行为投资受损，投资者系基于对某信托公司的信赖而进行投资，某信托公司明知信托的委托资金源于社会募集，却在电话回应投资者询问时做了误导性回应。某信托公司在信托存续期间曾出具内容虚假的中期报告误导投资者，没有对信托项目进行有效监管，导致吴某损失，某信托公司应该全额承担赔偿责任。请求判令某信托公司承担侵权赔偿责任。

某信托公司辩称，该信托产品是信托公司的通道业务，属于被动管理型信托。某信托公司系依照委托人指令发放贷款，无义务审查委托人的资金来源，无须对项目做实质性尽职调查，无义务对信托资金进行监管，更无义务保证全部收回信托贷款或刚性兑付。投资者损失系因犯罪分子集资诈骗，并将吸收的存款肆意挥霍造成的，与某信托公司无关，某信托公司从未参与基金销售和集资的过程，故不应承担任何责任。

法院经审理查明：2013 年 6 月，上海某投资中心与某信托公司签订《单一资金信托合同》（以下简称《信托合同》），约定该信托为指定管理单一资金信托。委托人上海某投资中心指定信托资金由受托人某信托公司管理，用于向浙江某建设公司发放贷款。信托资金金额为 2.8 亿元。

2013 年 6~8 月，上海某投资中心以"某保障房投资基金项目"为名向社会公众募集资金，募集文件中载明产品类型为"某信托公司联众单一资金信托贷款有限合伙基金。吴某认购 100 万元，《基金项目成立公告》载明募集资金于 2013 年 8 月 2 日正式成立并起息，项目期限为 24 个月，自成立之日起计算，每半年分配投资收益，项目结束返还本金。后，某信托公司与浙江某建设公司签订《流动资金贷款合同》，某信托公司根据《信托合同》约定将上海某投资中心交付的信托资金（包含吴某的投资款）向浙江某建设公司发放贷款。基金到期后，上海某投资中心未向吴某返还本金。吴某的投资款 100 万元被上海某投资中心执行事务合伙人委派代表陈某志等人用于归还案外人辽阳某公司股东的对外债务。

2018 年 6 月 29 日，上海市第一中级人民法院作出判决，认定陈某志、林某陈、王某犯集资诈骗罪等。该判决认定：上海某投资中心系于 2013 年 5 月 30 日成立，执行事务合伙人委派代表为陈某志。浙江某建设公司系被告人陈某志于 2007 年通过变更注册方式成立，陈某志系实际控制人。2013 年年初，被告人陈某志因辽阳某公司有融资需求，通过他人介绍认识了被告人王某等人，在王某等人的帮助下确定了以浙江某建设公司为融资主体的信托融资方案。其间，陈某志自行伪造了浙江某建设公司承建杭州保障房项目的合同，指使被告人林某陈伪造浙江某建设公司的虚假财务报告，授权王某成立并控制了上海某投资中心等 7 家有限合伙企业。陈某志、林某陈等人与某信托公司在 2013 年 6 月签订了《单一资金信托合同》以及相关《贷款合同》《保证合同》，约定上海某投资中心作为委托人，将资金交付受托人某信托公司，某信托公司再作为贷款人将资金贷款给借款人，辽阳某公司作为保证人为浙江某建设公司提供连带责任保证担保。2013 年 6~8 月，被告人王某使用上海某投资中心等有限合伙企业的名义，以年化利率 9.5%~12.5% 的高额利息为诱，向社会不特定公众销售"某保障房投资基金项目"，非法集资 2.8 亿余元。嗣后，王某依照上述合同约定划款 2.8 亿元至某信托公司，某信托公司再贷款给浙江某建设公司。浙江某建设公司收到后，划款 2.53 亿余元至辽阳某公司，划款 558 万余元至被告人陈某志银行账户，上述钱款主要用于归还辽阳某公司股东的对外债务。至案发，各投资人共计收到 5308 万余元，尚有 2.3 亿余元经济损失。

据公安机关在对犯罪嫌疑人王某等人的询问笔录记载，某信托公司有关项目负责人员曾接到投资者电话询问"是否有某信托这样一个产品"。某信托公司内部曾于 2013 年 12 月出具过《项目风险排查报告》，该报告称借款人财务状况良好，由建设的多项目保障营收稳定；保证人辽阳某公司的现金流充足，项目去化速度令人满意，担保意愿正常，担保实力佳。该项目为单一被动管理类信托项目，项目风险可控，本次检查未发现重大风险事项。

上海市浦东新区人民法院于 2019 年 10 月 31 日作出（2018）沪 0115 民初 80151 号判决：一、被告某信托公司应于本判决生效之日起 10 日内对原告吴某根据（2017）沪 01 刑初 50 号刑事判决通过追赃程序追索不成的损失在 20% 的范围内承担补充赔偿责任；二、驳回原告吴某的其余诉讼请求。宣判后，吴某、某信托公司均不服一审判决，提起上诉。上海金融法院于 2020 年 6 月 10 日作出（2020）沪 74 民终 29 号民事判决：驳回上诉，维持原判。

裁判理由 >>>

法院生效裁判认为：吴某系上海某投资中心所设浙江某建设公司项目的投资人，由于上海某投资中心和浙江某建设公司均受案外犯罪分子陈某志等人的控制，吴某所投资金被犯罪分子转移而无法收回。吴某与某信托公司之间并无投资、信托等直接的合同关系，吴某系以侵权损害赔偿为由起诉要求某信托公司承担责任。

上海某投资中心与某信托公司签订的《信托合同》为通道类信托业务，委托人和受托人之间的权利义务关系，应当依据信托文件的约定加以确定。信托公司在通道类信托业务中虽仅负责事务性管理，但仍应秉持审慎原则开展经营，并履行必要的注意义务。

某信托公司在开展单一资金信托业务中明知信托资金来源于社会募集，未对犯罪分子借用其金融机构背景进行资金募集的行为采取必要防控措施，也未对社会投资者作相应警示；信托存续期间内，某信托公司应委托人要求对虚构的项目出具内容明显失实的《项目风险排查报告》，足以误导案外人，上述行为客观上促成了犯罪分子的集资诈骗行为，对吴某等投资被骗受损负有一定责任。

法院综合考虑认为，犯罪分子陈某志等人的集资诈骗行为是吴某等投资者损失的根本和主要原因，某信托公司在管理涉案信托业务过程中的过错行为一定程度造成了吴某损失，而吴某同时系相关刑事判决的被害人，其民事权利可先通过刑事追赃、退赔方式得以保障，故判决某信托公司应就投资者刑事追赃程序追索不成的损失在其投资本金损失 20% 的范围内承担补充赔偿责任。

裁判要旨 >>>

通道类信托业务中，委托人和受托人之间的权利义务关系，应当依据信托文件的约定加以确定。信托公司在通道类信托业务中虽仅负责事务性管理，但仍应秉持审慎原则开展经营，并履行必要的注意义务。信托公司存在明知委托人借用其金融机构背景进行资金募集未采取必要警示防控措施、对信托项目情况出具内容虚假的调查文件等行为，造成外部投资者损失的，应当根据其过错程度，承担相应的侵权损害赔偿责任。

关联索引 >>

《民法典》第 120 条、第 1164 条、第 1165 条、第 1172 条、第 1173 条（本案适用的是 2010 年 7 月 1 日施行的《侵权责任法》第 2 条、第 3 条、第 6 条、第 12 条、第 26 条）

《信托法》第 25 条

《民事诉讼法》第 260 条

《全国法院民商事审判工作会议纪要》第 93 条

《中国人民银行、中国银行保险监督管理委员会、中国证券监督管理委员会、国家外汇管理局关于规范金融机构资产管理业务的指导意见》第 22 条、第 29 条

一审：上海市浦东新区人民法院（2018）沪 0115 民初 80151 号民事判决（2019 年 10 月 31 日）

二审：上海金融法院（2020）沪 74 民终 29 号民事判决（2020 年 6 月 10 日）

2023-04-1-134-004

某财富金融信息服务有限公司
非法吸收公众存款案
——P2P 网络借贷平台与大额借款人共谋欺诈借款的认定

基本案情 >>

被告人李某某为向社会融资，与被告人张某丙、陈某、桑某等人，于 2014 年 12 月 17 日成立某财富金融信息服务有限公司（以下简称某金融服务

公司）。某金融服务公司在未经有关部门批准从事金融业务的情况下，于2015年2月委托制作网址为 www.fhjr.com 的网站平台（以下简称某平台）并上线运营。某金融服务公司于2016年至2017年先后成立并实际控制9家子公司。某金融服务公司违反国家金融管理法律规定，通过网络、微信公众号、App等途径向社会公开宣传，由某金融服务公司及9家子公司分别在各自负责区域收集有资金需求的借款人资料，并在某平台发布借款标的公告，以承诺高息（10.8%~15%不等的年化利率）为诱饵，向社会不特定群体募集资金。被告人赵某、张某丙、陈某、桑某、韩某以及被告单位乌鲁木齐某咨询管理有限公司等大额借款人，以他人名义或他人公司名义在某平台发布虚假借款标的，在无法归还借款时，继续发布虚假标的进行借新还旧。为控制后期虚假标的所募集资金用于归还之前借款，某金融服务公司通过委托收款方式，将募集资金存至公司员工或其他关联人员银行卡为公司设立资金池。经审计，某金融服务公司及其实际控制的9家子公司在2014年12月17日至案发通过某平台非法募集资金累计人民币351 319万余元，造成集资参与人损失47 783万余元。

2014年12月至2017年7月28日，被告人李某某为某金融服务公司实际控制人；2017年7月29日至案发，被告人张某甲为某金融服务公司法定代表人、实际控制人（2014年12月起担任某金融服务公司总经理）。被告人王某甲、张某乙、郭某某分别担任某金融服务公司信贷风控部总监、市场部总监、运营部总监，分别负责借款人资质审核、发标、催收业务、宣传推广、催收业务、客户服务、网站运营维护、数据整理、对接存管方等工作。被告人王某乙、张某、白某某分别担任相关大额借款人的客户经理，负责上述大额借款人的建标、发标、催收及维护等工作。被告人韩某于2015年6月入职某金融服务公司市场部，2016年4月任石河子某公司法定代表人、总经理。

新疆维吾尔自治区乌鲁木齐市中级人民法院于2022年12月24日以（2021）新01刑初26号刑事判决，认定被告单位乌鲁木齐某咨询管理有限公司犯非法吸收公众存款罪，判处罚金人民币50万元；被告人张某甲犯集资诈骗罪，判处有期徒刑15年，并处罚金人民币50万元，犯非法吸收公众存款罪，判处有期徒刑9年，并处罚金人民币50万元，决定执行有期徒刑18年，并处罚金人民币100万元；（其他被告人略）。在案扣押、冻结款项分别按比例发还集资参与人。在案查封、扣押的房产、车辆、股权、物品等变价后分别按比例发还集资参与人，不足部分责令本案被告单位、被告人继续退赔并按照同等原则分别发还。

宣判后，被告人张某甲、李某某、赵某、王某甲、张某丙、陈某、张某乙、郭某某不服，提出上诉。新疆维吾尔自治区高级人民法院于2023年7月14日作出（2023）新刑终8号刑事判决：一、维持新疆维吾尔自治区乌鲁木齐市中级人民法院（2021）新01刑初26号刑事判决第十五项，即在案扣押、冻结款项分别按比例发还集资参与人；在案查封、扣押的房产、车辆、股权、物品等变价后分别按比例发还集资参与人，不足部分责令本案被告单位、被告人继续退赔并按照同等原则分别发还。二、撤销新疆维吾尔自治区乌鲁木齐市中级人民法院（2021）新01刑初26号刑事判决第一项至第十四项关于各原审被告单位、原审被告人定罪量刑部分。三、各原审被告单位、原审被告人均犯集资诈骗罪，并判处相应有期徒刑及罚金。

裁判理由 >>>

法院生效裁判认为：

（一）关于本案定性

经查，被告人李某某、张某甲、王某甲等人的供述，证人黄某某、林某、周某等新疆某公司员工的证言，证人何某某等某金融服务公司股东的证言及相关工商档案资料等证据证实，李某某、张某甲先后作为某金融服务公司的实际控制人，王某甲、张某乙、郭某某分别担任某金融服务公司信贷风控部总监、市场部总监、运营部总监，王某乙、张某、白某某为某金融服务公司客户经理。

某金融服务公司先后在李某某、张某甲的实际控制下，违反国家金融管理法律规定，通过网络、微信公众号、App等途径向社会公开宣传，以承诺高息（10.8%~15%不等的年化利率）为诱饵，向社会不特定群体募集资金。为控制后期虚假标的所募集资金用于归还之前借款，某金融服务公司通过委托收款方式，将募集资金存至公司员工或其他关联人员银行卡为公司设立资金池。某金融服务公司及各子公司累计分红、发放奖金2100余万元。李某某、张某甲先后负责公司经营管理，王某甲、张某乙、郭某某、王某乙、张某、白某某分别负责业务推广、网站维护、资质审核、借款催收、客户服务等非法集资全链条工作。上述公司实际控制人、高管的行为符合非法集资的违法性、公开性、利诱性、社会性特征，应认定为非法集资行为。

被告人李某某、张某甲、王某甲等人的供述、司法会计鉴定意见、借款协议、交易明细等证据证实,赵某、张某丙、陈某、桑某、韩某、乌鲁木齐某咨询管理有限公司等为某平台大额借款人。赵某假借 90 余家、张某丙假借 30 余家、陈某假借 50 余家、桑某假借 30 余家、韩某假借或伪造 9 家、乌鲁木齐某咨询管理有限公司假借 130 余家单位及个人名义,通过虚构资金用途、发布虚假借款标的形式进行欺诈借款,募集的资金并未用于生产经营活动,而分别主要用于放贷、偿还银行贷款、个人债务、购买股权、个人购房等,借款后明知其盈利能力不具有支付全部本息的现实可能性并在平台多次督促还款亦无法归还借款时,仍继续通过虚构借款人信息、发布虚假标的等虚构事实、隐瞒真相形式,骗取集资参与人投资款用于归还前期借款本息,导致数额巨大的投资款不能返还,综合集资行为的真实性、募集资金的目的、资金去向、还款能力等,上述大额借款人使用诈骗方法非法集资的行为符合《最高人民法院关于审理非法集资刑事案件具体应用法律若干问题的解释》等规定的"集资后不用于生产经营活动或者用于生产经营活动与筹集资金规模明显不成比例""明知没有归还能力而大量骗取资金""归还本息主要通过借新还旧来实现"等认定非法占有目的的情形,应认定具有非法占有目的,各被告人行为均构成集资诈骗罪。

上述公司实际控制人、高管明知某平台不具备盈利能力,大额借款人亦长期、反复借新还旧,客观上不可能归还逐渐累积的借款利息,非法募集的资金链必然会断裂,仍然大肆伙同上述大额借款人在平台上虚构借款人信息、发布虚假标的进行欺诈借款;且在自治区金融监管机构向新疆某公司发出整改意见后,使用虚假公司借款代替虚假个人借款进行虚假整改;在后期出现大额借款人怠于借新还旧时,又主动帮助发布虚假标的进行借新还旧,不断扩大借款范围,主观上均有基于骗取投资人钱款的故意,客观上实施了以诈骗方法非法集资的行为,均构成集资诈骗罪。

在乌鲁木齐某咨询管理有限公司集资诈骗犯罪中,李某某作为该公司直接负责的主管人员,亦构成集资诈骗罪;韩某按照某金融服务公司委派,筹建石河子某公司并担任法定代表人、总经理,负责与大额借款人石河子某担保公司对接借款业务,并向 2898 名集资参与人非法募集资金 6200 余万元,韩某主观上明知大额借款人在平台上虚构借款人信息、发布虚假标的进行欺诈借款,客观上帮助借新还旧,亦构成集资诈骗罪。

(二)关于各被告人在共同犯罪中的作用

经查,被告人李某某、张某甲先后作为某金融服务公司实际控制人,组织、策划、领导集资诈骗犯罪活动;被告人王某甲、张某乙、郭某某分别作为公司信贷风控部总监、市场部总监、运营部总监，分别负责借款人资质审核、发标、催收业务、宣传推广、客户服务、网站运营维护、数据整理、对接存管方等实施工作，参与公司决策，均系公司高层管理人员；被告人王某乙、张某、白某某作为客户经理，分别负责相关大额借款人的建标、发标、催收及维护等关键环节工作，均系骨干成员，属于主要实行犯。

上述公司实际控制人、高管、骨干成员与对应的大额借款人各司其职、互相配合，在集资诈骗犯罪中起重要作用，均应认定为主犯。

（三）关于犯罪数额的认定

1. 关于被告人李某某涉案数额

经查，（1）2014年12月至2017年7月28日，李某某组织、策划、领导某金融服务公司集资诈骗活动，应以其作为实际控制人期间公司集资诈骗金额来认定其犯罪数额。司法会计鉴定意见认定新疆某公司在李某某作为实际控制人期间非法集资154 182万余元，但该数额不包含各子公司非法集资数额，已属于对被告人有利的认定，故认定李某某任职期间涉案金额为154 182万余元；（2）李某某作为被告单位乌鲁木齐某咨询管理有限公司集资诈骗活动直接负责的主管人员，应以该公司集资诈骗的40 700万元认定其犯罪数额。上述两笔犯罪数额有重合，应去重后相加作为李某某犯罪数额，但司法会计鉴定意见未进行计算，从有利于被告人的原则，认定李某某犯罪数额为154 182万余元更为适当。

2. 关于被告人张某丙涉案数额及未归还数额，被告人马某某以张某丙名义募集的300万元、新疆某技术开发有限公司以张某丙名义募集的100万元及张某丙支付的手续费、担保费、利息是否予以扣除

经查，（1）马某某借款受阻时，张某丙受马某某请托，帮助在某平台发布借款标的300万元，所筹集资金由张某丙借给马某某使用，张某丙亦通过诉讼程序向马某某索要借款，张某丙后期继续发布虚假标的用于归还该借款本息，该募集资金行为不能割裂评价，应当作为张某丙非法集资款数额。（2）新疆某技术开发有限公司先后于2017年12月28日、2019年9月24日各借款100万元，系某金融服务公司借新还旧中一个环节，无证据证实该笔借款系张某丙募集、使用，张某丙亦始终未供认，应予以扣除。（3）本案全案为集资诈骗犯罪，应以实际骗取的数额计算，张某丙为实施集资诈骗活动而支付的手续费、担保费不予扣除；《最高人民法院关于审理非法集资刑事案件具体应用法律若干问题的解释》规定"行为人为实施集资诈骗活动而支付

的利息，除本金未归还可予折抵本金以外，应当计入诈骗数额"，系出于实践中很难要求本金尚未得到清偿的集资参与人先将利息退出后再按比例统一偿付的考虑，而支付利息本质上属于对实际骗取资金的处分，原则上应当计入诈骗数额。

3. 关于量刑

经查，各被告人集资诈骗数额巨大，根据从旧兼从轻原则，应判处七年以上有期徒刑或者无期徒刑，并处罚金或者没收财产。根据《刑事诉讼法》中上诉不加刑原则的规定，并结合各被告人在共同犯罪中的地位、作用，对相关上诉人的刑期不予改判加重。张某甲、李某某有自首情节，且李某某认罪认罚，依法可从轻处罚，一审法院以张某甲犯集资诈骗罪判处有期徒刑十五年、判处李某某有期徒刑七年，均在法律规定的量刑幅度内；赵某、张某丙、陈某、王某甲、张某乙、郭某某有自首情节，并主动退赔全部或部分数额，赵某、陈某、王某甲、张某乙、郭某某认罪认罚，张某乙、郭某某积极协助侦查机关收集相关证据材料，依法可减轻处罚，一审法院对该六人的量刑符合法律规定。

一审认定的事实清楚，证据确实、充分。审判程序合法。但定性有误，二审予以纠正。

裁判要旨 >>>

第一，集资诈骗罪中非法占有目的的认定，既要审查被告人实施的行为是否符合相关司法解释明确列举的非法占有目的的情形，还要审查非法募集资金的去向。大额借款人假借或伪造数个单位及个人名义，通过虚构资金用途、发布虚假借款标的形式进行欺诈借款，募集的资金并未用于生产经营活动，而分别主要用于放贷、偿还银行贷款、个人债务、购买股权、个人购房等，后在无法归还借款时，仍继续通过虚构事实、隐瞒真相形式，骗取集资参与人投资款用于归还前期借款本息，导致数额巨大的投资款不能返还，综合集资行为的真实性、募集资金的目的、资金去向、还款能力等，上述大额借款人使用诈骗方法非法集资的行为应认定具有非法占有目的。

第二，P2P网络借贷平台与大额借款人共谋的认定，应注意审查公司实际控制人、高管等对于大额借款人发布虚假借款标的进行欺诈借款是否明知。公司实际控制人、高管明知某平台不具备盈利能力，大额借款人亦长期、反复借新还旧，客观上不可能归还逐渐累积的借款利息，非法募集的资金链必然会断裂，仍然大肆伙同上述大额借款人在平台上虚构借款人信息、发布虚假标的进行欺诈借款；且在金融监管机构发出整改意见后，使用虚假公司借款代替虚假个人借款进行虚假整改；在后期出现大额借款人怠于借新还旧时，又主动帮助发布虚假标的进行借新还旧，不断扩大借款范围，主观上均有基于骗取投资人钱款的故意，客观上实施了以诈骗方法非法集资的行为，应认定为与大额借款人共谋实施集资诈骗犯罪。

第三，P2P网络借贷平台与大额借款人共谋集资诈骗犯罪中，主犯的认定应当从犯意提起、在犯罪中所处地位、实际参与程度、对危害后果的影响、对非法募集资金的控制使用等方面进行综合审查。公司实际控制人组织、策划、领导集资诈骗犯罪活动，高层管理人员、客户经理分别参与公司决策、负责非法集资关键环节工作，公司实际控制人、高管、骨干成员与对应的大额借款人各司其职、互相配合，在集资诈骗犯罪中起重要作用，均应认定为主犯。

关联索引 >>>

《刑法》第192条

一审：新疆维吾尔自治区乌鲁木齐市中级人民法院（2021）新01刑初26号刑事判决（2022年12月24日）

二审：新疆维吾尔自治区高级人民法院（2023）新刑终8号刑事判决（2023年7月14日）

2024-04-1-134-003

苑某某集资诈骗案

——以高额收益为诱惑，支付销售团队高额提成，无真实项目投资的非法集资行为的定性

基本案情 >>>

北京某某公司成立于2016年4月20日。被告人苑某某作为北京某某公司法定代表人、总经理，于2016年至2017年，伙同他人在北京市朝阳区等地，

以该公司的名义，虚构北京新机场石料供给等项目，以高达年化36%的高额收益为诱饵，通过支付销售团队高额提成，以发传单、开酒会等形式向社会公众公开宣传，通过签订《借款合同》《资产信托管理合同》等方式，集资诈骗200余人2000余万元。苑某某于2019年12月31日被抓获归案。

北京市朝阳区人民法院于2020年12月30日以（2020）京0105刑初1383号刑事判决，认定被告人苑某某犯集资诈骗罪，判处有期徒刑13年，罚金人民币45万元。依法责令被告人苑某某退赔集资参与人的损失。宣判后，被告人苑某某提起上诉。北京市第三中级人民法院于2021年3月12日以（2021）京03刑终129号刑事裁定：驳回上诉，维持原判。

裁判理由 》》》

法院生效裁判认为：被告人苑某某以非法占有为目的，使用诈骗的方法非法集资，数额特别巨大，依法应予惩处。关于被告人及其辩护人所提苑某某不构成集资诈骗罪的辩护意见，经查，苑某某作为北京某某公司的法定代表人、总经理，在资金募集过程中实际负责公司的日常经营。集资过程中在与项目没有合作关系的情况下，利用虚构的事实进行宣传，虚构担保资产进行集资。在集资过程中，承诺对集资参与人的返利达年化36%，并支付高额提成给销售团队，募集资金大部分未用于生产经营，对募集资金的处置具有放任性，苑某某的行为符合集资诈骗罪的犯罪构成，故对被告人及辩护人所提此点辩护意见，不予采纳。关于辩护人所提被告人系从犯的辩护意见，经查，苑某某负责公司的日常经营，作为公司领导出席活动，向客户介绍项目，接待客户。在日常经营中，管理公司的财务，将自己的银行卡给公司使用，掌握公司的银行账户并负责向集资参与人返利，同时负责支付房租等公司的日常经营活动，在犯罪中起主要作用，为主犯，故对此项辩护意见不予采纳。

裁判要旨 》》》

对于集资诈骗罪的认定，应当综合案件具体情况，作出准确判定。其中，以高额收益为诱惑，支付销售团队高额提成，无真实经营项目的，不应当认定为"用于生产经营"，实际系任意处置，可以作为认定行为人具有非法占有目的的重要依据。

关联索引 >>>

《刑法》第 192 条

一审：北京市朝阳区人民法院（2020）京 0105 刑初 1383 号刑事判决（2020 年 12 月 30 日）

二审：北京市第三中级人民法院（2021）京 03 刑终 129 号刑事裁定（2021 年 3 月 12 日）

周某集资诈骗案

2011年2月，被告人周某注册成立中宝投资公司，担任法定代表人。公司上线运营"中宝投资"网络平台，借款人（发标人）在网络平台注册、缴纳会费后，可发布各种招标信息，吸引投资人投资。投资人在网络平台注册成为会员后可参与投标，通过银行汇款、支付宝、财付通等方式将投资款汇至周某公布在网站上的8个个人账户或第三方支付平台账户。借款人可直接从周某处取得所融资金。项目完成后，借款人返还资金，周某将收益给予投标人。

运行前期，周某通过网络平台为13名借款人提供总金额170万余元的融资服务，因部分借款人未能还清借款造成公司亏损。此后，周某除用本人真实身份信息在公司网络平台注册2个会员外，自2011年5月至2013年12月陆续虚构34个借款人，并利用上述虚假身份自行发布大量虚假抵押标、宝石标等，以支付投资人约20%的年化收益率及额外奖励等为诱饵，向社会不特定公众募集资金。所募资金未进入公司账户，全部由周某个人掌控和支配。除部分用于归还投资人到期的本金及收益外，其余主要用于购买房产、高档车辆、首饰等。这些资产绝大部分登记在周某名下或供周某个人使用。2011年5月至案发，周某通过中宝投资网络平台累计向全国1586名不特定对象非法集资共计10.3亿余元，除支付本金及收益回报6.91亿余元外，尚有3.56亿余元无法归还。案发后，公安机关从周某控制的银行账户内扣押现金1.8亿余元。

2014年7月15日，浙江省衢州市公安局以周某涉嫌集资诈骗罪移送衢州市人民检察院审查起诉。

审查起诉阶段，衢州市人民检察院审查了全案卷宗，讯问了犯罪嫌疑人。

针对该案犯罪行为涉及面广，众多集资参与人财产遭受损失的情况，检察机关充分听取了辩护人和部分集资参与人意见，进一步核实了非法集资金额，对扣押的房产等作出司法鉴定或价格评估。针对辩护人提出的非法证据排除申请，检察机关审查后发现，涉案证据存在以下瑕疵：公安机关向部分证人取证时存在取证地点不符合《刑事诉讼法》规定以及个别辨认笔录缺乏见证人等情况。为此，检察机关要求公安机关予以补正或作出合理解释。公安机关作出情况说明：证人从外地赶来，经证人本人同意，取证在宾馆进行。关于此项情况说明，检察机关审查后予以采信。对于缺乏见证人的个别辨认笔录，检察机关审查后予以排除。

2015 年 1 月 19 日，浙江省衢州市人民检察院以周某犯集资诈骗罪向浙江省衢州市中级人民法院提起公诉。6 月 25 日，衢州市中级人民法院公开开庭审理本案。

法庭调查阶段，公诉人宣读起诉书指控被告人周某以高息为诱饵，虚构借款人和借款用途，利用网络 P2P 形式，面向社会公众吸收资金，主要用于个人肆意挥霍，其行为构成集资诈骗罪。对于指控的犯罪事实，公诉人出示了四组证据予以证明：一是被告人周某的立案情况及基本信息；二是中宝投资公司的发标、招投标情况及相关证人证言；三是集资情况的证据，包括银行交易清单，司法会计鉴定意见书等；四是集资款的去向，包括购买车辆、房产等物证及相关证人证言。

法庭辩论阶段，公诉人发表公诉意见：被告人周某注册网络借贷信息平台，早期从事少量融资信息服务。在公司亏损、经营难以为继的情况下，虚构借款人和借款标的，以欺诈方式面向不特定投资人吸收资金，自建资金池。在公安机关立案查处时，虽暂可通过"拆东墙补西墙"的方式偿还部分旧债维持周转，但根据其所募资金主要用于还本付息和个人肆意挥霍，未投入生产经营，不可能产生利润回报的事实，可以判断其后续资金缺口势必不断扩大，无法归还所募全部资金，故可以认定其具有非法占有的目的，应以集资诈骗罪对其定罪处罚。

辩护人提出：一是周某行为系单位行为；二是周某一直在偿还集资款，主观上不具有非法占有集资款的故意；三是周某利用互联网从事 P2P 借贷融资，不构成集资诈骗罪，构成非法吸收公众存款罪。

公诉人针对辩护意见进行答辩：第一，中宝投资公司是由被告人周某控制的一人公司，不具有经营实体，不具备单位意志，集资款未纳入公司财务进行核算，而是由周某一人掌控和支配，因此周某的行为不构成单位犯罪。第二，周某本人主观上认识到资金不足，少量投资赚取的收益不足以支付许诺的高额回报，没有将集资款用于生产经营活动，而是主要用于个人肆意挥霍，其主观上对集资款具有非法占有的目的。第三，P2P 网络借贷，是指个人利用中介机构的网络平台，将自己的资金出借给资金短缺者的商业模式。根据中国银行业监督管理委员会、工业和信息化部、公安部、国家互联网信息办公室制定的《网络借贷信息中介机构业务活动管理暂行办法》等监管规定，P2P 作为新兴金融业态，必须明确其信息中介性质，平台本身不得提供担保，不得归集资金搞资金池，不得非法吸收公众资金。周某吸收资金建资金池，不属于合法的 P2P 网络借贷。非法吸收公众存款罪与集资诈骗罪的区别，关键在于行为人对吸收的资金是否具有非法占有的目的。利用网络平台发布虚假高利借款标募集资金，采取借新还旧的手段，短期内募集大量资金，不用于生产经营活动，或者用于生产经营活动与筹集资金规模明显不成比例，致使集资款不能返还的，是典型的利用网络中介平台实施集资诈骗行为。本案中，周某采用编造虚假借款人、虚假投标项目等欺骗手段集资，所融资金未投入生产经营，大量集资款被其个人肆意挥霍，具有明显的非法占有目的，其行为构成集资诈骗罪。

法庭经审理，认为公诉人出示的证据能够相互印证，予以确认。对周某及其辩护人提出的不构成集资诈骗罪及本案属于单位犯罪的辩解、辩护意见，不予采纳。综合考虑犯罪事实和量刑情节，2015 年 8 月 14 日，浙江省衢州市中级人民法院作出一审判决，以集资诈骗罪判处被告人周某有期徒刑 15 年，并处罚金人民币 50 万元。继续追缴违法所得，返还各集资参与人。

一审宣判后，浙江省衢州市人民检察院认为，被告人周某非法集资 10.3 亿余元，属于《刑法》规定的集资诈骗数额特别巨大并且给人民利益造成特别重大损失的情形，依法应处无期徒刑或者死刑，并处没收财产，一审判决量刑过轻，遂于 2015 年 8 月 24 日向浙江省高级人民法院提出抗诉。被告人周某不服一审判决，提出上诉。其上诉理由是量刑畸重，应判处缓刑。

本案二审期间，2015 年 8 月 29 日，第十二届全国人大常委会第十六次会议审议通过了《刑法修正案（九）》，删去《刑法》第 199 条关于犯集资诈骗罪"数额特别巨大并且给国家和人民利益造成特别重大损失的，处无期徒刑或者死刑，并处没收财产"的规定。《刑法修正案（九）》自 2015 年 11 月 1 日起施行。

浙江省高级人民法院经审理后认为，《刑法修正案（九）》取消了集资诈骗罪死刑的规定，根据从旧兼从轻原则，一审法院判处周某有期徒刑 15 年符合修订后的法律规定。上诉人周某具有集资诈骗的主观故意及客观行为，原审定性准确。2016 年 4 月 29 日，二审法院作出裁定，维持原判。终审判决作出后，周某及其父亲不服判决提出申诉，浙江省高级人民法院受理申诉并经审查后，认为原判决事实清楚，证据确实充分，定性准确，量刑适当，于 2017 年 12 月 22 日驳回申诉，维持原裁判。

典型意义 》》

是否具有非法占有目的，是正确区分非法吸收公众存款罪和集资诈骗罪的关键。对非法占有目的的认定，应当围绕融资项目真实性、资金去向、归还能力等事实、证据进行综合判断。行为人将所吸收资金大部分未用于生产经营活动，或名义上投入生产经营，但又通过各种方式抽逃转移资金，或供其个人肆意挥霍，归还本息主要通过借新还旧来实现，造成数额巨大的募集资金无法归还的，可以认定具有非法占有的目的。

集资诈骗罪是近年来检察机关重点打击的金融犯罪之一。对该类犯罪，检察机关应着重从以下方面开展工作：一是强化证据审查。非法集资类案件由于参与人数多、涉及面广，受主客观因素影响，取证工作易出现瑕疵和问题。检察机关对重大复杂案件要及时介入侦查、引导取证。在审查案件中要强化对证据的审查，需要退回补充侦查或者自行补充侦查的，要及时退查或补查，建立起完整、牢固的证据锁链，夯实认定案件事实的证据基础。二是在法庭审理中要突出指控和证明犯罪的重点。要紧紧围绕集资诈骗罪构成要件，特别是行为人主观上具有非法占有目的、客观上以欺骗手段非法集资的事实梳理组合证据，运用完整的证据体系对认定犯罪的关键事实予以清晰证明。三是要将办理案件与追赃挽损相结合。检察机关办理相关案件时，要积极配合公安机关、人民法院依法开展追赃挽损、资产处置等工作，最大限度减少人民群众的实际损失。四是要结合办案开展以案释法，增强社会公众的法治观念和风险防范意识，有效预防相关犯罪的发生。

关联索引 》》

《刑法》第 192 条
《最高人民法院关于审理非法集资刑事案件具体应用法律若干问题的解

释》第 4 条

《最高人民检察院、公安部关于公安机关管辖的刑事案件立案追诉标准的规定（二）》第 49 条

张某强等人非法集资案

基本案情

2012 年 7 月至 2018 年，被告人张某强、白某杰相继成立国盈系公司，其实际控制的国盈投资基金管理（北京）有限公司、中兴联合投资有限公司、国盈资产管理有限公司在中国证券投资基金业协会（以下简称中基协）先后取得私募股权、创业投资基金管理人、私募证券投资基金管理人资格（以下简称私募基金管理人）。

2014 年 10 月至 2018 年 8 月，张某强、白某杰将其投资并实际控制的公司的经营项目作为发行私募基金的投资标的，并在南京等多地设立分公司，采取电话联络、微信推广、发放宣传册、召开推介会等方式公开虚假宣传，夸大项目公司经营规模和投资价值，骗取投资人信任，允许不适格投资者以"拼单""代持"等方式购买私募基金，与投资人订立私募基金份额回购合同，承诺给予年化收益率 7.5%～14% 不等的回报。鹿某自 2016 年 8 月起负责国盈系公司"资金池"及其投资项目公司之间的资金调度、划拨以及私募基金本金、收益的兑付。张某强、白某杰控制国盈系公司通过上述方式先后发行销售了 133 只私募基金，非法公开募集资金人民币 76.81 亿余元。张某强、白某杰指定部分公司账户作为国盈系公司"资金池"账户，将绝大部分募集资金从项目公司划转至"资金池"账户进行统一控制、支配。上述集资款中，以募新还旧方式兑付已发行私募基金本金及收益 49.76 亿余元，用于股权、股票投资 3.2 亿余元，用于"溢价收购"项目公司股权 2.3 亿余元，用于支付员工薪酬佣金、国盈系公司运营费用、归还国盈系公司及项目公司欠款等 17.03 亿余元，用于挥霍及支付张某强个人欠款等 4.52 亿余元。张某强所投资的项目公司绝大部分长期处于亏损状态，国盈系公司主要依靠募新还旧维持运转。案发时，集资参与人本金损失共计 28.53 亿余元。

检察机关履职过程

2018 年 12 月 14 日，江苏省南京市公安局以张某强、白某杰、鹿某涉嫌集资诈骗罪向南京市人民检察院移送起诉。

（一）审查起诉

侦查阶段，张某强等人辩称不构成集资诈骗罪，移送起诉后进一步辩称国盈系公司在中基协进行了私募基金管理人登记，发行销售的 133 只私募基金中有 119 只私募基金按规定进行了备案，是对项目公司投资前景的认可，公司与投资人签订回购协议是出于降低单个项目风险的考量，未将募集款全部投入项目公司是由于公司计划进行内部调配，使用后期募集款归还前期私募基金本息仅是违规操作。

针对张某强等人的辩解，南京市人民检察院对在案证据审查后认为，证明张某强等人销售私募基金违反有关规定，公开向不特定对象吸收资金以及具有非法占有目的的证据尚有不足，要求公安机关围绕国盈系公司在募集、投资、管理、退出各环节实际运作情况进行补充侦查：（1）调取国盈系公司私募基金备案资料，与实际募集资金的相关资料进行比对，查明国盈系公司是否存在向中基协隐匿承诺保本保收益、引诱投资人投资等违规事实。（2）询问集资参与人、发行销售工作人员，核实营销方式及发行销售过程中是否有承诺还本付息、突破合格投资者确认程序等事实。（3）调取发行销售人员背景资料、培训宣传相关证据，查明是否存在公开宣传情形。（4）调取相关项目公司的账册、审计材料等相关证据，询问张某强指派的项目公司管理人员及项目公司相关工作人员，查明项目公司的实际经营情况和盈利能力。（5）对募集资金流向进行逐项审计，查明募集资金实际去向，是否存在募新还旧情形等。

公安机关根据补充侦查提纲收集并移送了相关证据。南京市人民检察院审查后认为，在案证据足以证明张某强、白某杰、鹿某通过销售私募基金方式，以非法占有为目的，使用诈骗方法非法集资，造成集资参与人损失数额特别巨大，于 2019 年 6 月 28 日以三被告人犯集资诈骗罪提起公诉，2020 年 1 月 10 日又补充起诉了部分集资诈骗犯罪事实。

（二）指控和证明犯罪

2020 年 8 月 11 日至 12 日，南京市中级人民法院公开开庭审理本案。庭审阶段，公诉人结合在案证据指控和证明张某强等人的行为构成集资诈骗罪。

首先，公诉人出示证明张某强、白某杰控制国盈系公司利用私募基金非法吸收公众存款的有关证据，包括：一是出示国盈系公司微信公众号发布信息，组织投资人参加文旅活动方案，私募基金投资人、销售人员、活动组织人员关于招揽投资人、推介项目等方面的证言等，证实张某强等人进行了公开宣传。二是出示回购合同，资金交易记录，审计报告，被告人供述及私募基金投资人、销售人员证言等，证实张某强等人变相承诺还本付息。三是出示有关投资人实际信息相关书证、资金交易记录、被告人供述和私募基金投资人、销售人员证言等，证实张某强等人以"拼单""代持"等方式将不适格人员包装成合格投资者，向社会公众销售私募基金产品。公诉人指出，张某强等人实际控制的国盈系公司虽然具有私募基金管理人资格，发行销售的119只私募基金经过备案，但是其通过电话联络、微信推广、发放宣传册、召开推介会等方式招揽投资人，公开推介宣传、销售经过备案或者未经备案的私募基金，虚化合格投资者确认程序，允许不合格投资者通过"拼单""代持"等方式购买私募基金，并利用实际控制的关联公司与投资人签订回购协议变相承诺还本付息，既违反了《证券投资基金法》等私募基金管理有关规定，也违反了《商业银行法》关于任何单位和个人未经国务院金融管理部门批准不得从事吸收公众存款的规定。上述行为符合非法吸收公众存款活动所具有的"非法性""公开性""利诱性""社会性"特征。

随后，公诉人出示了募集资金实际去向和项目公司经营状况等相关证据，证明张某强等人在非法集资过程中使用了诈骗方法，并具有非法占有目的。一是出示国盈系公司及其项目公司账册，关于项目经营状况、募集资金去向、被告人供述、证人证言、审计报告等，证实募集资金转入项目公司后，绝大部分资金在鹿某等人的操作下回流至国盈系公司"资金池"账户。二是出示被告人、项目公司负责人、财务人员等关于项目公司投资决策过程、经营管理状况等言词证据，项目公司涉诉资料等，证实张某强等人在对外投资时不进行尽职调查，随意进行"溢价收购"，收购后经营管理不负责任，任由公司持续亏损。三是出示项目公司财务账册资料、"利益分配款"（利息）有关审计报告等，证实张某强等人投资的绝大多数项目持续亏损，自2015年1月起国盈系公司已依靠募新还旧维持运转。四是出示张某强等人供述、有关资金交易记录、审计报告等证据，证实张某强将巨额募集资金用于购买豪车、别墅、归还个人欠款等。公诉人指出，张某强等人实际发行销售的133只私募基金中，有 131 只未按照合同约定的投资方向使用募集资金，并向投资人隐瞒了私募基金投资的项目公司系由张某强实际控制且连年亏损等事实，属于使用诈骗方法非法集资。张某强等人募集的资金大部分未用于生产经营活动，少部分虽用于投资项目经营过程中，但张某强等人投资决策和经营管理随意，项目公司持续亏损、没有实际盈利能力，长期以来张某强等人主要通过募新还旧支付承诺的本息，最终造成巨额资金无法返还，足以认定被告人具有非法占有目的。综上，被告人张某强、白某杰、鹿某构成集资诈骗罪。

庭审中，张某强、白某杰、鹿某及辩护人对指控的主要犯罪事实及罪名没有异议。

（三）处理结果

2021 年 8 月 11 日，南京市中级人民法院以犯集资诈骗罪判处被告人张某强无期徒刑，剥夺政治权利终身，并处没收个人全部财产；判处被告人白某杰有期徒刑十五年，没收财产 1500 万元；判处被告人鹿某有期徒刑十二年，没收财产 1000 万元。张某强、白某杰、鹿某均提起上诉，同年 12 月 29 日，江苏省高级人民法院裁定驳回上诉，维持原判。

此外，国盈系公司在南京、苏州、广州设立的分公司负责人组织业务人员以销售私募基金为由，向社会不特定公众公开宣传，以获取定期收益、承诺担保回购为诱饵，向社会公众公开募集资金，根据案件证据不能证明相关人员具有非法占有目的，应以非法吸收公众存款罪追究刑事责任。经南京、苏州、广州相关检察机关依法起诉，相关人民法院以犯非法吸收公众存款罪，分别对 28 名分公司负责人、业务经理判处有期徒刑一年至五年（部分人适用缓刑）不等，并处罚金 1 万元至 50 万元不等。

典型意义 》》》

第一，打着发行销售私募基金的幌子，进行公开宣传，向社会公众吸收资金，并承诺还本付息的，属于变相非法集资。私募基金是我国多层次资本市场的有机组成部分，在资本市场中发挥着重要作用。与公募基金不同，私募基金只需经过备案，无须审批，但不能以私募为名公开募集资金。检察机关办理以私募基金为名非法集资的案件，应当结合《证券投资基金法》《私募投资基金监督管理暂行办法》等有关私募基金宣传推介途径、收益分配、募集对象等方面的具体规定，对涉案私募基金是否符合非法集资特征作出判断。违反私募基金有关管理规定，通过公众媒体或者讲座、报告会、分析会等方式向不特定对象宣传，属于向社会公开宣传；通过签订回购协议等方式向投资者承诺投资本金不受损失或者承诺最低收益，属于变相承诺还本付息；通过"拼单""代持"等方式向合格投资者之外的单位和个人募集资金或者投资者累计超过规定人数，属于向社会公众吸收资金。在发行销售私募基金过程中同时具有上述情形的，本质上系假借私募之名变相非法集资，应当依法追究刑事责任。

第二，以发行销售私募基金名义，使用诈骗的方法非法集资，对集资款具有非法占有目的，应当认定为集资诈骗罪。非法集资人是否使用诈骗方法、是否具有非法占有目的，应当根据涉案私募基金信息披露情况、募集资金实际用途、非法集资人归还能力等要素综合判断。向私募基金投资者隐瞒募集资金未用于约定项目的事实，虚构投资项目经营情况，应当认定为使用诈骗方法。非法集资人虽然将部分集资款投入生产经营活动，但投资决策随意，明知经营活动盈利能力不具有支付本息的现实可能性，仍然向社会公众大规模吸收资金，兑付本息主要通过募新还旧实现，致使集资款不能返还的，应当认定其具有非法占有目的。在共同犯罪或者单位犯罪中，由于行为人层级、职责分工、获利方式、对全部犯罪事实的知情程度不同，其犯罪目的也存在不同，应当根据非法集资人是否具有非法占有目的分别认定构成集资诈骗罪还是非法吸收公众存款罪。

第三，围绕私募基金宣传推介方式、收益分配规则、投资人信息、资金实际去向等重点，有针对性开展引导取证、指控证明工作。检察机关指控证明犯罪时，不能局限于备案材料、正式合同等表面合乎规定的材料，必须透过表象查清涉案私募基金实际运作全过程，提出引导取证意见，构建指控证明体系。（1）注重收集私募基金宣传推介方式、合格投资者确认过程、投资资金实际来源、实际投资人信息、实际利益分配方案等与募集过程相关的客观证据，查清资金募集过程及其具体违法违规情形。（2）注重收集募集资金投资项目、募集资金流向等与项目投资决策过程、经营管理状况、实际盈亏情况等相关客观性证据，在全面收集财务资料等证据的基础上，要求审计机构尽可能对资金流向进行全面审计，以查清募集资金全部流转过程和最终实际用途。（3）注重对犯罪嫌疑人、被告人和有关人员的针对性询问，结合客观证据共同证明募集资金方式、资金去向、项目公司经营情况等关键性事实。

关联索引 ＞＞＞

《刑法》第 176 条、第 192 条

《商业银行法》第 11 条

《证券投资基金法》第 87 条、第 91 条

《最高人民法院关于审理非法集资刑事案件具体应用法律若干问题的解释》第 1 条、第 2 条、第 7 条

《私募投资基金监督管理暂行办法》第 11 条、第 12 条、第 14 条、第 15 条、第 25 条

尹某某等人诈骗立案监督案

基本案情 >>>

2007 年 5 月，尹某某与由覃某某担任法定代表人的桂林乙公司商定合作开发商住楼项目，同时尹某某、申某某等人以挂靠的第三方公司名义承建了该商住楼的地基桩工程。2008 年 1 月，因桂林乙公司与某某银行存在借贷纠纷，经广西壮族自治区高级人民法院调解，并指定来宾市中级人民法院依法组织了对商住楼土地的司法拍卖。为阻止司法拍卖，尹某某、覃某某与乙公司的法律顾问全某某商议后，伪造工程资料，将 907 万元的地基桩工程造价虚增至 4191 万余元，并以挂靠公司名义向桂林市中级人民法院提起诉讼，后获法院判决确认。随后，尹某某等人以法律规定建设工程价款应优先受偿为由，向桂林市中级人民法院申请强制划扣拍卖款，致使某某银行通过司法拍卖实现债权的目的无法实现。后经某某银行和买受人申请，来宾市中级人民法院裁定撤销拍卖成交结果并终止执行。

2013 年 1 月，桂林乙公司股权结构发生变化，新入资公司成为控股公司，覃某某不再作为公司控股人和法定代表人。后尹某某、申某某等人以挂靠公司名义，多次向法院申请强制执行，要求查封拍卖桂林乙公司涉案项目土地，执行判决虚增工程款本息。同时还实施了阻止新项目进场施工、聚集民工闹访等行为。截至 2016 年 7 月，法院先后执行工程款、违约金及逾期利息合计 4729 万余元，另有 3427 万余元逾期利息因案发未得逞。同时，受民事诉讼、查封拍卖影响，与涉案土地相关的下岗职工安置、房屋产权登记等陷入停滞。

检察机关履职过程 ▶▶▶

2016年8月31日，桂林乙公司向桂林市人民检察院提出监督立案申请，称尹某某等人多次以伪造公章、虚增地基桩工程量等方式骗取其工程款，已构成犯罪，但该公司自2012年5月起多次向公安机关举报，公安机关均不予立案，请求检察机关监督立案。

本案相关民事案件经一审、申请再审、民事抗诉等多个诉讼环节，时间跨度长，但申请人提供的工程资料、民事诉讼材料不齐全，且涉案地基桩因规划变更被挖除，无法据以认定真实工程量，导致检察机关在审查判断当事人的立案监督申请是否成立时面临困难。为依法准确监督履职，桂林市人民检察院开展了以下调查核实工作。一是听取申请人及其代理律师意见，核实工程建设、工程款支付情况，了解相关民事诉讼及强制执行过程。二是询问公安机关工作人员，了解到未予立案侦查的理由，系认为该案事实与人民法院生效民事判决属于同一法律事实，且人民检察院未通知公安机关立案。三是调取民事诉讼卷宗材料和相关公司印章、地基桩设计图、施工合同、抽样质检报告、工程结算单等，比对发现原民事案件存在伪造桂林乙公司印章和工程结算单等行为。四是调取原地质、水文勘测资料、渣土运输审批记录等书证；询问勘测工程师、承运渣土司机等相关施工人员；实地勘测工程现场和倾倒渣土现场，排除因溶洞、地下暗河导致的工程量超出计划工程量的可能，发现尹某某等人有虚增工程量及相关土石方附属工程量的行为。五是委托相关专业机构对实际工程量和工程造价进行鉴定，核实尹某某等人在民事案件中诉请的工程款存在远超实际工程造价的情况。

2016年12月14日，桂林市人民检察院向桂林市公安局发出《要求说明不立案理由通知书》。12月19日，桂林市公安局回复《不立案理由说明书》称尹某某等人诈骗一案与生效民事判决的案件属于同一法律事实，没有犯罪事实发生。

桂林市人民检察院审查后认为，根据已有证据材料能够证明尹某某等人通过虚增地基桩工程量，获得法院判决确认后，通过申请强制执行获取虚增工程款，数额特别巨大，涉嫌构成诈骗罪，公安机关不立案理由不能成立。同日，桂林市人民检察院向桂林市公安局发出《通知立案书》，并将调查核实取得的证据材料一并移送至公安机关。12月29日，公安机关依法对尹某某等人涉嫌诈骗罪立案侦查。

公安机关立案侦查后，桂林市人民检察院加强与公安机关的协作配合，跟踪督促案件办理情况并及时提出侦查取证意见。一是督促公安机关依照法定程序，对检察机关调查核实所获取的证人证言、被害人陈述、书证等证据材料予以收集固定。二是与公安机关建立关键信息实时共享、重要证据实时联络、重要节点实时会商的协作配合机制，密切跟踪侦查取证进展情况，发现需要补充证据的，列明取证提纲并督促公安机关及时完成取证工作。公安机关根据检察机关意见和会商形成的侦查取证方案，依法搜查获取能够证明真实地基桩工程量的关键书证，查明尹某某伙同覃某某、申某某、全某某等人共同实施诈骗犯罪的事实。三是持续跟踪督促公安机关深挖彻查犯罪线索，最终查明覃某某、尹某某、申某某、全某某等人涉嫌实施诈骗、虚假诉讼、寻衅滋事、行贿、集资诈骗、挪用资金 6 个罪名 18 起违法犯罪事实，涉案金额高达 4 亿余元，并涉嫌构成恶势力犯罪集团。

针对该系列案件中存在的股权变更、土地解封、抵押手续异常等问题，桂林市人民检察院经分析研判，认为可能存在国家机关工作人员职务违法犯罪嫌疑，遂向纪检监察机关和检察机关职务犯罪侦查部门移送了相关线索。

自 2018 年 6 月起，桂林市人民检察院分批对覃某某、尹某某、申某某、全某某等人提起公诉。经依法审理，桂林市中级人民法院判决认定被告人覃某某、尹某某、申某某、全某某等人长期利用建设项目腐蚀拉拢国家机关工作人员，通过资本运作、弄虚作假、缠访闹访和暴力、软暴力手段攫取非法利益，属于恶势力犯罪集团，分别构成诈骗罪、集资诈骗罪、行贿罪、挪用资金罪、寻衅滋事罪、虚假诉讼罪等罪名，被判处有期徒刑 10 年至无期徒刑刑罚。一审判决后，部分被告人提出上诉。2021 年 9 月，二审法院裁定驳回上诉，维持原判。同时，有 4 名审判人员因犯受贿罪被判处有期徒刑并处罚金，相关行政机关工作人员受到党纪处分。

刑事判决后，人民法院撤销因虚假诉讼产生的民事判决，解封被查封土地、房产，桂林乙公司挽回经济损失 6 亿余元、止损 4 亿余元；900 余名购房户的产权证得以办理，400 余名下岗职工安置工作得以推动解决。

典型意义 》》》

（1）对于刑民交叉案件，应当遵循"先刑后民"原则，区分不同情形开展立案监督工作。公安机关以涉嫌刑事犯罪的案件与人民法院作出生效裁判文书的民事案件属于同一事实或者有牵连关系为由不予立案，当事人申请监督立案的，检察机关应当进行全面审查，准确把握实质法律关系。经审查认为民事案件与涉嫌犯罪案件系同一事实，全案不属于民事案件而涉嫌刑事犯罪，或者民事案件与涉嫌犯罪案件虽不是同一事实但有牵连关系，部分涉嫌刑事犯罪，需要追究刑事责任，符合立案条件的，应当依法监督公安机关立案侦查；认为没有犯罪事实发生，或者犯罪情节轻微不需要追究刑事责任，或者具有其他依法不需要追究刑事责任情形，不符合立案条件的，依法答复申请人。既要防止和纠正以刑事手段插手经济纠纷，也要注意避免以经济纠纷为由放纵刑事犯罪。

（2）开展立案监督，应当依法调查核实。在对监督事项、监督线索调查核实中，可以在不限制被调查对象人身、财产权利的情况下，依法运用讯问、询问、听取意见、勘验、检查、鉴定以及调取、查询、复制相关文书卷宗材料等手段，夯实事实和证据基础。

（3）对于监督立案的重大复杂案件，应当持续跟踪督促侦查取证工作。要通过重大疑难案件听取意见、案件会商、法律咨询等方式，就证据收集、事实认定、案件定性等提出必要、明确、可行的意见建议，推动公安机关及时依法收集、固定、转化检察机关调查核实获取的证据材料，切实提升侦查办案质效。

关联索引 >>>

《刑法》第 266 条

《刑事诉讼法》（2012 年修正）第 111 条（现适用 2018 年修正后《刑事诉讼法》第 113 条）

《人民检察院刑事诉讼规则（试行）》第 552 条、第 553 条、第 554 条、第 555 条、第 557 条、第 558 条、第 559 条、第 560 条（现适用 2019 年修订的《人民检察院刑事诉讼规则》第 557 条至第 561 条、第 563 条、第 564 条）

《最高人民检察院、公安部关于刑事立案监督有关问题的规定（试行）》第 4 条、第 5 条、第 7 条、第 8 条、第 9 条

最高人民法院、最高人民检察院联合发布 5 起惩治伪造公司、企业印章等破坏营商环境犯罪典型案例之五：孙某良集资诈骗案

基本案情

自 2020 年 7 月开始，孙某良负责管理成都兵哥梦科技有限公司（以下简称兵哥梦公司），并于 2020 年 8 月以 6000 元价格收购该公司，成为公司法定代表人，并将公司注册资本变更为认缴 1.8 亿元。2020 年 7 月至 2021 年 7 月，孙某良在兵哥梦公司没有实际生产经营活动、没有盈利能力的情况下，对外谎称兵哥梦公司由国企控股，具有资金实力，通过发放传单、集中宣讲、组织跟团旅游等方式开展宣传，向社会不特定公众非法集资。该公司通过与投资者签订《网约车经营权暨委托运营合同》《广告传媒项目合伙协议》等协议，承诺月息 3%，按月付息、到期返本，或办理到期返本付息的"兵哥旅居"会员卡等方式，共向 450 余名社会公众募集资金 2014 万余元，集资款主要用于孙某良个人挥霍和还本付息，造成实际损失 1673 万余元。

裁判结果

2022 年 1 月 18 日，四川省成都市公安局青羊区分局以孙某良涉嫌非法吸收公众存款罪移送起诉。同年 6 月 17 日，四川省成都市青羊区人民检察院以集资诈骗罪对孙某良提起公诉。同年 12 月 20 日，四川省成都市青羊区人民法院以集资诈骗罪判处被告人孙某良有期徒刑十三年，并处罚金人民币 200 万元。一审宣判后，被告人提起上诉，2023 年 5 月 8 日，二审维持原判对被告人孙某良的定罪量刑。

最高人民法院、最高人民检察院联合发布 5 件依法从严打击私募基金犯罪典型案例之二：中某中基集团、孟某、岑某集资诈骗案

——以发行销售私募基金为名，使用诈骗方法非法集资并对集资款具有非法占有目的的，构成集资诈骗罪

基本案情 >>>

被告单位中某中基集团；被告人孟某，系中某中基集团法定代表人、董事长；被告人岑某，系中某中基集团总经理；被告人庄某，系中某中基集团副总经理（已死亡）。

2015 年 5 月，孟某注册成立中某中基集团。2015 年 11 月至 2020 年 6 月，中某中基集团及其直接负责的主管人员孟某、岑某、庄某，通过实际控制的上海檀某资产管理有限公司（以下简称檀某公司）、上海洲某资产管理有限公司（以下简称洲某公司）、深圳市辉某产业服务集团有限公司（以下简称辉某集团）以及合作方北京云某投资有限公司（以下简称云某公司）等 10 多家公司，采用自融自用的经营模式，围绕中某中基集团从事私募基金产品设计、发行、销售及投融资活动。

孟某、岑某、庄某指使檀某公司、洲某公司工作人员以投资中某中基集团实际控制的多家空壳公司股权为名，使用庄某伪造的财务数据、贸易合同设计内容虚假的私募基金产品，将单一融资项目拆分为数个基金产品，先后以檀某公司、洲某公司、云某公司为私募基金管理人，发行 39 只私募股权类基金产品。上述三家公司均在基金业协会登记为私募股权、创业投资基金管理人，39 只产品均在基金业协会备案。

相关基金产品由不具备私募基金销售资质的"辉某集团"等 3 家"辉某系"公司销售。孟某、岑某指使"辉某系"公司工作人员以举办宣传会、召开金融论坛、峰会酒会，随机拨打电话，在酒店公共区域摆放宣传资料等方式向社会公开宣传私募基金产品，谎称由具有国资背景的中某中基控股集团有限公司出具担保函，以虚设的应收账款进行质押，变相承诺保本保息，超出备案金额、时间，滚动销售私募基金产品，累计非法募集资金人民币 78.81 亿余元。

募集资金转入空壳目标项目公司后，从托管账户违规汇集至中某中基集

团账户形成资金池，由孟某、岑某任意支配使用。上述集资款中，兑付投资人本息42.5亿余元，支付销售佣金、员工工资、保证金17.1亿余元，转至孟某、岑某控制的个人账户及个人挥霍3.9亿余元，对外投资17.5亿余元。中某中基集团所投资的项目处于长期亏损状态，主要依靠募新还旧维持运转。截至案发，投资人本金损失38.22亿余元。

检察机关履职过程

2019年8月15日，投资人薛某到上海市公安局浦东分局报案称其购买的檀某、洲某私募基金产品到期无法退出。同年10月14日，浦东分局以涉案私募基金均经中国证券基金业协会备案，没有犯罪事实为由作出不立案决定。上海市浦东新区人民检察院接到立案监督线索后审查发现，涉案私募基金管理人和产品虽经登记、备案，但募集、发行和资金运作均违反私募基金管理法律规定，属于假借私募基金经营形式的非法集资行为。2020年4月10日，浦东新区人民检察院向上海市公安局浦东分局制发《要求说明不立案理由通知书》。2020年4月13日，上海市公安局浦东分局对本案立案侦查，同年11月3日以孟某、岑某、庄某涉嫌集资诈骗罪移送起诉。因案件重大复杂，2020年11月30日，浦东新区人民检察院将本案报送上海市人民检察院第一分院审查起诉。2021年6月9日，上海市人民检察院第一分院以中某中基集团、孟某、岑某、庄某构成集资诈骗罪提起公诉。案件办理期间，上海市人民检察院第一分院分别向中国银保监会青岛监管局、中某中基控股集团有限公司制发检察建议，就办案发现的私募基金托管银行未尽职履责、国有企业对外合作不规范等问题提出建议，两家单位积极落实整改并及时回复检察机关。

2022年11月30日，上海市第一中级人民法院作出一审判决，以集资诈骗罪判处中某中基集团罚金人民币1亿元，判处孟某、岑某无期徒刑，剥夺政治权利终身，并处没收个人全部财产。被告人庄某在法院审理过程中因病死亡，依法对其终止审理。孟某、岑某提出上诉。2023年3月13日，上海市高级人民法院作出终审裁定，驳回上诉，维持原判。公安机关、司法机关共冻结涉案银行账户存款人民币6500万余元，查封、扣押房产、土地使用权、公司股权数十处。判决生效后，上海市第一中级人民法院对查封、扣押资产依法组织拍卖，与银行存款一并发还投资人。

典型意义 >>>

（1）以发行销售私募基金为名，使用诈骗方法非法集资，对集资款具有非法占有目的的，构成集资诈骗罪。司法机关应以私募基金发行中约定的投资项目、底层资产是否真实，销售中是否提供虚假承诺等作为是否使用诈骗方法的审查重点；应以资金流转过程和最终去向作为是否具有非法占有目的的审查重点，包括募集资金是否用于私募基金约定投资项目，是否用于其他真实投资项目，是否存在极不负责任的投资，是否通过关联交易、"暗箱操作"等手段进行利益输送，是否以各种方式抽逃转移资金，是否用于个人大额消费和投资等。本案中，孟某等人虚构对外贸易项目、伪造财务资料发行内容虚假的私募基金，以虚假担保诱骗投资人投资，属于典型的使用诈骗方法募集资金；募集资金汇集于中某中基集团资金池，主要用于兑付本息、支付高额运营成本和个人占有挥霍，虽有17亿余元用于投资，但是与募集资金的规模明显不成比例，且投资项目前期均未经过充分的尽职调查，资金投入后也未对使用情况进行任何有效管理，对资金使用的决策极不负责任，应依法认定具有非法占有目的。

（2）准确认定犯罪主体，全面审查涉案财产，依法追赃挽损。私募基金非法集资案件涉及私募基金设计、管理、销售等多方主体，认定犯罪主体应以募集资金的支配与归属为核心，对于犯罪活动经私募基金管理人或其实际控制人决策实施，全部或者大部分违法所得归单位所有的，除单位设立后专门从事违法犯罪活动外，应依法认定为单位犯罪，追缴单位全部违法所得。私募股权类投资基金的涉案资金以股权投资形式流向其他公司的，追赃挽损的范围不限于犯罪单位的财物，对涉案私募基金在其他公司投资的股权，应在确认权属后依法予以追缴。本案中，10多家关联公司围绕中某中基集团开展私募基金发行销售活动，募集资金归中某中基集团统一支配使用，司法机关依法认定中某中基集团为单位犯罪主体，对单位财产、流向空壳公司的财产以及投资项目财产全面追赃挽损。

（3）充分发挥司法职能作用，透过表象依法认定犯罪本质，保护投资者合法权益。私募基金是我国多层次资本市场的重要组成部分，在为投资者提供多样化的投资方式、推动新兴产业发展方面具有重要作用。但是，作为新兴金融产品，发展时间较短，各方了解认识不够深入，容易出现利用私募名义实施的违法犯罪行为。司法机关要发挥好职能作用，穿透各种"伪装"认识行为本质，依法严惩私募基金犯罪，通过办案划明行业发展"底线""红线"，切实维护人民群众合法权益。本案中，司法机关主动作为，检察机关对"伪私募"立案监督、依法追诉，对相关单位制发检察建议，人民法院对被告单位和被告人依法从重处罚，最大限度为投资人追赃挽损，体现了对利用复杂金融产品实施涉众诈骗行为的严厉惩治，突出了保护人民群众财产安全的司法力度，警示告诫私募行业规范运营、健康发展。

最高人民检察院发布7起检察机关惩治养老诈骗违法犯罪典型案例（第二批）之一：汪某、唐某等人集资诈骗、非法吸收公众存款案

——以投资区块链免费养老为名诈骗老年人

基本案情 >>>

2018年4月，被告人汪某以BVI公司（注：在英属维尔京群岛注册的公司）等名义，招募代理人以网络广告、线下发布会等多种途径，向不特定社会公众特别是老年人宣传"云储链"项目，宣称"云储链"是具有国际贸易流通、交互、结算、集仓、集采、集运等相关功能的公链，是国家"一带一路"贸易应用背景下的科技创新项目，属于"一带一路"贸易联盟筹建委员会联合中国云仓公司一起开发的支持"一带一路"的贸易体系。投资者可以通过购买公司的节点挖机在网络节点上挖掘"云储链"，所获得的"云储链"可以在交易所上市交易。投资者也可以购买云储链，购买后锁仓180天增值70%，解锁之后可以自由交易，也可以继续持有增值。为吸引养老群体关注，汪某等人还宣称每购买一个价值3美元的"云储链"，便配送一个价值3美元的"养老链"，投资即可到国家五星级养老机构享受免费养老服务。

至2019年10月，被告人汪某、唐某、刘某玉等人通过上述方式累计吸收资金2200万余元。除将极少部分集资款项用于支付集资参与人的本息外，其余大部分用于支付集资团队高额提成、购买奢侈品等，给集资参与人造成本金损失2000余万元。

2021年8月11日，浙江省桐乡市人民法院以集资诈骗罪，判处汪某有期徒刑十一年四个月，剥夺政治权利1年，并处罚金40万元；判处唐某有期徒刑十年六个月，剥夺政治权利1年，并处罚金30万元；以非法吸收公众存款罪判处刘某玉等其余10名被告人有期徒刑一年九个月至一年二个月不等。一审宣判后，汪某、唐某上诉。2022年1月6日，浙江省嘉兴市中级人民法院裁定驳回上诉，维持原判。

检察机关履职过程 ▷▷▷

2020 年 4 月 10 日，浙江省桐乡市公安局以汪某、唐某等人涉嫌集资诈骗罪，刘某玉等人涉嫌非法吸收公众存款罪移送起诉。汪某等人辩解"云储链"是将互联网新兴技术云计算、大数据等与区块链整合，属于数字资产和金融创新，其主观上不具有非法占有目的。浙江省桐乡市人民检察院审查认为，汪某、唐某在非法集资过程中宣称的"云储链"系其自行"开发"包装，并无其所宣传的功能，所谓"半年超 70% 高额回报""投资即可到国家五星级养老机构享受免费养老""支持国家'一带一路'发展"等均系虚假宣传，属于假借投资"区块链"赠送养老服务为名进行非法集资。汪某、唐某直接支配集资款用于还本付息、个人挥霍等，具有非法占有目的，构成集资诈骗罪。刘某玉等被告人从投资者转变为非法集资协助者，帮助汪某、唐某向不特定社会公众非法吸收资金，对于资金实际去向等不知情，主观上不具有非法占有目的，构成非法吸收公众存款罪。

2020 年 9 月 3 日，桐乡市人民检察院对汪某、唐某以集资诈骗罪，刘某玉等 10 人以非法吸收公众存款罪提起公诉。同时，检察机关在审查起诉过程中发现韩某等 5 人参与吸收公众存款且金额巨大，遂向公安机关发出《要求说明不立案理由通知书》，公安机关立案侦查后移送起诉。目前，法院已对 2 人判处非法吸收公众存款罪。

典型意义 ▷▷▷

随着老百姓生活日益富足，部分不法分子利用老年人经济宽裕投资需求旺盛，但对互联网金融等新生事物认识不足、缺乏投资专业知识等情况，以"区块链""元宇宙"等新科技概念为噱头或者假借"一带一路""乡村振兴"等重大国家政策蹭热点，搞虚假营销，并再以"投资获取高息""赠送养老服务"等为诱饵吸引老年人等社会公众"投资"，实际上所吸收资金用途与其宣称科技项目、国家政策毫无关系，目的是骗取老年人的养老钱。老年人在将养老钱用于投资理财时，要树立理性投资观念，既要了解所投资的项目，又要了解关于投资理财的相关规定，不要盲目跟风不了解或一知半解的新事物，不要投资于未经批准的非法金融活动。特别是在接触吸收新事物、新知识时，要注意了解社会上伴随出现的新型养老诈骗手法，增强防范意识，守好自己的钱袋子。

最高人民检察院发布6件打击整治养老诈骗犯罪典型案例之三：许某燕集资诈骗案

——以亲情关怀、溢价回购手段向老年人集资诈骗

基本案情

2017年5月，许某燕冒用他人名义，注册成立博某商贸有限公司，专门以"退休、有闲钱"的老年群体为对象，组织员工将低价购买的纪念币、邮票等物品渲染成具有艺术价值、收藏价值的收藏品，诱骗老年群体购买并承诺一年后溢价20%回购。为骗取老年群体对公司的信任，许某燕等人采取了诸多包装手段：一是租赁、装修经营场所，统一员工着装，并虚假宣传"公司总部位于北京、全国连锁经营、产品合法合规"，伪装成正规经营的假象。二是频繁组织公司员工到老年人经常聚集的小区、公园、菜市场等场所，以免费分发鸡蛋、洗衣液等方式，配合虚假宣传，获取老年人关注并拉近关系。三是对有购买可能的老年人，组织公司员工帮助老人打扫卫生、照顾老伴、陪同聊天，甚至以认"干亲"等方式骗取老年人信任。四是定期组织老年人参加公司的"拍卖会""交易会"，导演"拍卖""交易"公司收藏品的骗局，虚假宣传"早投资早受益、多投资多受益"。为防止老年人的家人发现，许某燕等人在销售时将所谓"收藏品"装入黑色袋子密封，以"防光防潮""影响回购"等理由叮嘱老人不得打开。案发时，许某燕共非法吸收资金192万余元，仅向部分老年人返还本金及收益18万余元，未兑付本金173万余元。

2021年3月22日，山东省邹城市人民法院以集资诈骗罪判处许某燕有期徒刑七年六个月，并处罚金人民币五万元。许某燕未上诉，判决已生效。

检察机关履职过程

2019年5月10日，山东省邹城市公安局接到报案后，以许某燕涉嫌诈骗罪立案侦查。2019年6月25日，邹城市公安局商请邹城市人民检察院介入侦查。邹城市人民检察院研判后认为，许某燕通过发放传单、举办讲座、赠送礼品等方式向不特定老年群体公开销售所谓"收藏品"，并承诺到期后溢价回购，涉嫌集资诈骗犯罪。遂建议公安机关围绕经营模式、宣传方式、资金去向等进行侦查取证，以查明是否构成集资诈骗犯罪。

2019 年 8 月 20 日，公安机关以许某燕涉嫌集资诈骗罪移送起诉。在审查起诉过程中，许某燕认罪认罚，并签署具结书。2020 年 2 月 18 日，邹城市人民检察院以集资诈骗罪对许某燕提起公诉，并依法提出确定刑量刑建议，法院采纳了检察机关的量刑建议。

邹城市人民检察院在开展认罪认罚工作过程中，与公安机关密切配合，将追赃挽损作为重要工作内容，督促引导许某燕及其家属自愿退赔房产一套、汽车一辆，为老年人挽回经济损失 120 万余元。

典型意义 》》》

（1）准确把握集资诈骗罪的犯罪构成要件，妥善区分诈骗罪与集资诈骗罪。当前，以销售收藏品等名目骗取老年人钱财的案件增多，有的构成诈骗罪，有的则构成集资诈骗罪，检察机关在办案时应当根据刑法规定的两罪的构成要件准确认定。通过承诺溢价回购等方式销售商品，向不特定社会公众非法吸收资金的行为，实际上销售商品不是主要目的，吸收资金才是主要目的，违反了《防范和处置非法集资条例》等金融法律规定，侵犯了金融管理秩序，属于非法集资。以非法占有为目的实施上述行为的，应当以集资诈骗罪追究刑事责任。对于主要通过虚假宣传等方式掩盖商品的真实价值，使购买者陷入"物有所值"的错误认识，并以虚高价格出售获取非法利益的，应当以诈骗罪追究刑事责任。

（2）注重把追赃挽损融入认罪认罚工作，根据退赃退赔情况确定从宽幅度。非法集资犯罪嫌疑人、被告人是否退赃退赔，是评价其是否真诚认罪认罚的重要因素之一。检察机关对涉养老领域非法集资案件的犯罪嫌疑人、被告人开展认罪认罚工作时，要将追赃挽损工作融入其中，督促引导犯罪嫌疑人、被告人主动退赃退赔。提出量刑建议时，要把退赃退赔表现、老年人损失挽回情况等作为从宽幅度的重要因素。

（3）谨防陌生人亲情关怀陷阱，避免"关怀"变"伤害"。现代社会老年人与子女各自生活逐渐成为常态。不法分子利用老年人需要亲情关怀、缺乏投资专业知识等特点，通过嘘寒问暖、上门服务等方式发起"亲情"攻势，骗取老年人的信任，灌输各种错误投资理财、健康养生等观念，以实现骗取老年人财物的最终目的。对于这种虚假伪善的"亲情关怀"，老年人要注意识别防范，不能轻易将养老钱托付他人。同时，为人子女，要更多地关心老年人的生活近况，勤联系、多关注、善提醒，让老年人能老有所养、老有所依、老有所乐、老有所安，不要让"伪亲情"成为养老诈骗的"温床"。

最高人民检察院发布6件打击整治养老诈骗犯罪典型案例之一：曹某铭集资诈骗案
——以投资养老产业为名集资诈骗

基本案情

2012年年底以来，曹某铭设立江苏爱晚投资股份有限公司等系列公司（以下简称"爱晚系"公司），未经依法批准，以提供居家养老服务、进行艺术品投资等"老龄产业"为幌子，由组建的负责集资的团队向有养老服务需求的不特定社会公众特别是老年人进行虚假宣传，夸大经营规模、投资价值，并许诺给付年化收益率为8%—36%的高额回报。为了诱骗老年人参与投资，"爱晚系"公司集团团队成员采取了一系列手段，例如，免费发放鸡蛋、米、油等生活用品；吸引养老群体参加公司活动，向老年人宣讲老龄健康、老龄金融、老龄文化等公司六大老龄板块，夸大宣传养老产业前景、规模；使用极少数集资款设立根本不具备养老条件的养老社区、打造居家服务项目等，组织老年人参观、试住；邀请影视明星广告代言，等等。骗取宣传对象的信任后，"爱晚系"公司通过与其签订"居家服务合同""艺术品交易合同"等方式收取集资款。

至2018年4月，"爱晚系"公司累计向11万余人吸收资金132.07亿余元。曹某铭将集资款主要用于支付集资参与人的本息，支付高管高额薪酬、奖金及销售团队薪酬、提成、个人支配使用、挥霍消费等，少部分用于对外投资。2018年5月，曹某铭因担心资金链断裂，大量转移、隐匿资产，销毁、掩藏证据后逃往国外。案发时，给集资参与人造成本金损失46.98亿余元。

2019年11月26日，江苏省南京市中级人民法院以集资诈骗罪判处曹某铭无期徒刑，剥夺政治权利终身，并处没收个人全部财产。一审判决后，曹某铭上诉，2020年6月12日，江苏省高级人民法院裁定驳回上诉，维持原判。

检察机关履职过程 〉〉〉

2018 年 5 月 14 日，江苏省南京市公安局建邺分局对"爱晚系"公司非法集资案立案侦查。同年 6 月 3 日，南京市建邺区人民检察院对曹某铭作出批准逮捕决定，6 月 12 日，国际刑警组织对曹某铭及其前妻徐某玲发出红色通报；同年 9 月 15 日，曹某铭、徐某玲被抓获归案。南京市人民检察院迅速启动市、区两级检察机关联动机制，成立办案组，介入侦查活动引导取证，并建议公安机关将下游洗钱犯罪列为重要侦查方向之一。

2018 年 12 月 15 日，公安机关将本案移送南京市建邺区人民检察院审查起诉。2019 年 6 月 24 日，因曹某铭可能被判处无期徒刑，南京市建邺区人民检察院将本案上报南京市人民检察院审查起诉。南京市人民检察院审查认为，曹某铭在非法集资过程中宣称的"老龄产业"均为吸引投资的噱头，吸收资金主要用于还本付息、支付高额薪酬和个人挥霍使用等，未实际投向所谓的"老龄产业"建设，曹某铭明知无法归还集资款，仍编造传播旗下公司在国外上市等虚假信息，进一步扩大吸收资金规模，"资金链"断裂后又携款潜逃，具有非法占有目的，构成集资诈骗罪。2019 年 8 月 6 日，南京市人民检察院对曹某铭以集资诈骗罪提起公诉。

办案过程中，为最大限度追赃挽损，检察机关会同公安机关对洗钱犯罪线索开展同步审查，发现徐某玲使用个人账户帮助曹某铭将赃款 1990 万元转至境外，金某海使用公司账户接收"爱晚系"公司赃款 3400 万元，并以转账、取现方式帮助曹某铭控制该款，获利 25 万元。南京市建邺区人民检察院以洗钱罪对徐某玲、金某海二人提起公诉，二人被依法追究刑事责任。至提起公诉时，依法追缴涉案财物折合人民币 7.2 亿余元。目前，资产处置工作正在进行中。

同时，对其他积极组织、参与实施非法吸收公众存款行为的 69 名集资团队主要成员，因其不具有非法占有目的，南京市建邺区人民检察院以非法吸收公众存款罪提起公诉。上述人员均被依法追究刑事责任。

典型意义 〉〉〉

（1）严格把握金融活动特许经营的基本原则，依法惩治以投资养老产业为名进行非法集资等非法金融活动。随着我国进入老龄化社会，中共中央、国务院先后印发了《关于加强新时代老龄工作的意见》《"十四五"国家老龄事业发展和养老服务体系规划》等文件，部署实施积极应对人口老龄化国家战略，推动老龄事业和产业协同发展，着力构建和完善兜底型、普惠型、多样化的养老服务体系。养老产业的发展离不开金融体系的支持，但是涉及养老产业金融活动同样必须遵守金融法律规定，坚持金融活动特许经营原则。向不特定社会公众公开吸收存款，必须取得国务院金融管理部门相关行政许可，否则便构成非法集资。对于非法集资行为人，根据其主观上是否具有非法占有目的，分别以集资诈骗罪和非法吸收公众存款罪追究刑事责任。认定行为人是否具有非法占有目的，应根据其在非法集资中的层级、职责分工、获取收益方式、是否参与对资金处置以及对资金实际用途知情程度等方面综合审查判断。

（2）办理非法集资案件必须同步审查洗钱犯罪线索，最大限度做好追赃挽损工作。追赃挽损工作关系到参与集资的老年人的切身利益，检察机关应当把追赃挽损作为办理非法集资案件的重要工作内容。但在非法集资案件中，往往因非法集资人将集资款用于还本付息、个人挥霍或者不负责任的投资，导致案发时资金链断裂，给追赃挽损带来诸多困难。检察机关在追赃挽损中要积极采取措施，最大限度做到应追尽追。要注意同步审查洗钱犯罪线索，依法追究洗钱行为人的刑事责任，并从中发现、追缴涉案财物，提升追赃挽损的实际效果。

（3）投资养老产业时注意辨识合法融资与非法集资，依法理性开展金融投资活动。社会公众投资养老产业时，要根据公司企业经营状况、宣传项目是否真实存在、是否许诺回报或分红、许诺的回报或分红是否超出合理范围、是否具有给付所承诺回报的盈利能力等方面，分辨融资活动是否属于吸收公众存款、公开发行证券等公开募集资金行为甚至诈骗行为。对于公开募集资金行为，还要进一步了解相关公司企业是否具有相应金融业务许可，判断是合法融资还是非法集资。没有取得相关金融业务许可，以入股、投资、预定等名义许诺还本付息或者给付其他投资回报，向不特定社会公众公开吸收资金的，就是非法集资，不能因其以养老产业政策、公司前景、承诺高额回报等为噱头，就误以为是合法业务，不顾风险进行投资。

最高人民检察院发布 6 起依法查处金融犯罪
典型案例之五：蔡某集资诈骗案

基本案情 》》》

2013 年 4 月，被告人蔡某委托他人注册成立一家投资管理有限公司，其系法定代表人。同年 8 月起，其租借上海市普陀区曹杨路一处住所为公司实际经营地，建立一家财富网，通过刊登虚假抵押信息，对外虚假宣传公司进行高利借贷等业务、并已取得相关抵押权，许诺给投资人年化利率 21% 的投资回报，吸引他人投资。其间，通过上述方法，骗取 20 名被害人共计人民币 105 万余元（以下币种均为人民币）。被告人蔡某在骗取上述钱款后归个人使用，未用于任何投资经营。

检察机关履职过程 》》》

2014 年 3 月 5 日，上海市普陀区人民检察院对蔡某作出批准逮捕决定，该院于 2014 年 10 月 21 日提起公诉，上海市普陀区人民法院以集资诈骗罪，判处被告人蔡某有期徒刑七年，并处罚金人民币 8 万元。

典型意义 》》》

目前，P2P、众筹等互联网金融形态发展迅猛，但其健康发展离不开完善的诚信机制与监管规则。在这二者均尚未完备的背景下，一些犯罪分子借用互联网金融的概念，以高额利息为诱饵诱骗投资者。以 P2P 网贷平台为例，各地屡屡出现兑付危机、倒闭、卷款跑路等乱象。本案被告人就是利用网贷平台信息不对称的特点，发布虚假信息，骗取投资者资金。本案提示了 P2P 网络借贷平台的业务经营红线，提示投资者树立风险意识，做好合理的资产配置规划，不要把 P2P 当作唯一的理财手段，更不要轻信平台许诺的高收益，以免误入歧途，造成损失。

最高人民法院发布典型案例

最高人民法院发布全国法院十大践行能动司法理念
优秀案例之五：王某、董某集资诈骗案

基本案情 >>>

被告人王某、董某以非法占有为目的，隐瞒金园汽车公司主要股份系虚假出资的真相，虚构金园汽车公司业绩良好和将要上市的事实，以购买金园汽车公司股份将获得巨大回报为诱饵，进行非法集资。受骗群众多达 2700 余人，涉及地区遍及全国 29 个省、市、自治区，涉案金额高达 7700 万元。为此，西安市人民检察院向法院起诉王某、董某构成集资诈骗罪。

法院受理本案后，针对该案涉案人数多、范围广、标的高、影响大等特点，通过反复研究讨论，正确认定了犯罪性质，以集资诈骗罪定罪处罚，有效打击了该类犯罪，获得社会一致认可，最大限度维护了被骗群众的合法权益。案件审理期间，一些被骗群众情绪激动，该案主审人及合议庭认真负责、热情接待来电来访群众 220 余人次，不厌其烦进行解释，消除了被骗群众的顾虑，受到了一致好评。

当发现一些被骗群众在网上"串联"，准备集体上访时，合议庭及时通过陕西法院网、西安法院网及其他媒体，发布案件二审结果，公布退赔方案，最终未出现一起上访事件，有效维护了社会稳定。案件审结后，案件主审人及合议庭认真总结此类案件的犯罪特点和犯罪手段，通过中央电视台法制频道、新闻频道陕西电视台、《法制日报》《陕西日报》《华商报》、中国法院网等媒体，介绍案情，发布法官提醒，扩大了办案效果，受到社会各界的一致好评。同时，还结合该院开展的审判"进社区、进农村、进学校、进企业、进军营"活动，将该案作为典型案例做成宣传资料，深入社区、乡村，广泛宣传非法集资犯罪手法和危害，提高了群众防范意识。

典型意义 >>

本案被公安部和中国证监会确定为全国非法证券活动八大要案之一。本案的妥善处理，具有以下四个方面的典型意义：

一是社会影响很大。本案受骗群众多达 2700 余人，涉及地区遍及全国 29 个省、自治区、直辖市，涉案金额高达 7700 万元，直接影响到金融秩序稳定和社会安定。

二是有效促进了社会管理创新。承办法院通过媒体发布法官提醒，积极开展司法预警，深入社区、学校、企业等单位加强宣传教育，提高群众防范意识，有效防止了类似非法集资案件发生，有效维护了良好金融秩序，有效促进了社会管理创新。

三是认定事实清楚、定罪量刑准确，具有案例指导价值。承办法院通过仔细审查被告的财务资料等，正确认定了犯罪性质。同时，通过对数万张票据的逐一核实，正确认定了诈骗数额，实现了准确量刑。本案成为指导全省的参阅案例，并且被《人民法院案例选》收录其中，为正确妥当处理同类案件提供了有益借鉴。

四是实现了三个效果的统一。本案正确认定犯罪性质，"狠、准、稳"打击非法集资犯罪，全力维护了金融秩序；准确认定犯罪数额，最大限度减少了被骗群众损失；积极释法解疑，消除被骗群众疑虑，维护了社会稳定；积极开展司法预警，防范同类案件发生，取得了良好的法律效果和社会效果。

最高人民法院发布 10 起人民法院依法惩治金融犯罪典型案例之三：上海"阜兴"集资诈骗案
——持牌私募机构以发行私募基金为名实施非法集资犯罪

基本案情 >>

2014 年 9 月起，被告人朱某某、赵某某等人决定利用阜兴集团开展融资业务，使用虚构投资标的、夸大投资项目价值、向社会公开宣传等方式，并以高收益、承诺到期还本付息等为诱饵，设计销售债权类、私募基金类等理财产品，向社会公众非法集资，并发新还旧，不断扩大资金规模，以维持资金链。至 2018 年 6 月，阜兴集团非法集资 565 亿余元，案发时未兑付本金 218 亿余元。其间，阜兴集团、朱某某、朱某某等人集中资金优势、持股或者持仓优势或者利用信息优势联合或连续买卖"大连电瓷"股票，并通过控制上市公司信息的生成或控制信息披露的内容、时点、节奏，误导消费者作出投资决策，影响证券交易价格或者证券交易量，操纵证券市场，情节特别严重。本案由上海市第二中级人民法院一审，上海市高级人民法院二审。

裁判理由 >>>

法院认为，被告单位阜兴集团以非法占有为目的，使用诈骗方法非法集资，其行为已构成集资诈骗罪。被告人朱某某、赵某某等作为阜兴集团直接负责的主管人员或其他直接责任人员，其行为均已构成集资诈骗罪；阜兴集团、朱某某、朱某某的行为还构成操纵证券市场罪，且情节特别严重，应数罪并罚。据此，依法以集资诈骗罪、操纵证券市场罪判处阜兴集团罚金人民币 21 亿元；以集资诈骗罪、操纵证券市场罪判处朱某某无期徒刑，剥夺政治权利终身，并处罚金人民币 1500 万元；以集资诈骗罪判处赵某某无期徒刑，剥夺政治权利终身，并处罚金人民币 800 万元。对其他被告人判处相应刑罚。对被告单位阜兴集团和各被告人的违法所得予以追缴，发还各被害人和被害单位，不足部分责令被告单位和各被告人继续退赔。

典型意义 >>>

本案是持牌私募机构以发行私募基金为名实施非法集资犯罪的典型案例。这些私募基金虽然名义上合规，但在"募、投、管、退"各环节实际上均不符合私募基金的管理规定和运行规律。例如，私募基金的销售过程实际上存在变相公开宣传、承诺固定收益、变相提供担保、向不合格投资者销售、未履行风险告知义务等情形；在投资和管理环节，实质上存在自融、"资金池"运作、挪用私募基金财产、未按约定用途投资、投资项目虚假、管理人未履行管理义务以及披露虚假信息等情形；在基金退出环节，普遍存在"发新还旧"、刚性兑付现象，还本付息并非依靠投资收益。这类私募基金型非法集资犯罪，在行为的"非法性、公开性、利诱性、社会性"认定过程中，与普通非法集资犯罪的认定有所不同，需要司法机关认真研判、甄别。同时，监管机构应当加强投资者教育和私募机构管理，投资者应当提高风险防范意识，掌握必要金融投资知识，积极维护自身合法权益。

最高人民法院公布 11 起诈骗犯罪典型案例之三：刘某珊等集资诈骗、非法吸收公众存款案

基本案情 》》

刘某珊是云南玉灵宝之堂珠宝有限公司的实际控制人。2011 年 3 月、5 月、7 月，刘某珊先后在泸州、南充、遂宁等地成立宝之堂分公司，组织杨某洪、相某吉、李某、侯某亮、刘某龙等人，以开展玉器戴养业务为名，以高额回报"劳务费"为诱饵，以聘请部分人缘好有一定宣传号召能力的客户为"理财顾问"进行宣传等手段，并通过虚构翡翠戴养养生增值、公司资金雄厚、投资有保障无风险等假象，鼓动社会不特定人员，特别是中老年人积极缴纳资金。至案发共吸收资金人民币 6242.68 万元，扣除期间已返还"劳务费"和退合同款，尚欠集资款项人民币 5814.795 万元。刘某珊等人将绝大部分资金用于还贷款、放高利贷、公司员工高额提成、公司日常开支运转、寻宝被骗等，致使大部分资金无法追回，不能返还，且公司无正常投资性营利收入。案发后，遂宁、南充、泸州等地有 2060 人分别向公安机关报案。公安机关先后追回赃款人民币 1371 万元。

裁判结果 》》

遂宁市中级人民法院一审判决：被告人刘某珊犯集资诈骗罪，判处无期徒刑，剥夺政治权利终身，并处没收个人全部财产；被告人杨某洪犯非法吸收公众存款罪，判处有期徒刑八年，并处罚金 30 万元；被告人侯某亮犯非法吸收公众存款罪，判处有期徒刑四年，并处罚金 15 万元；被告人相某吉犯非法吸收公众存款罪，判处有期徒刑三年，并处罚金 15 万元；被告人李某犯非法吸收公众存款罪，判处有期徒刑二年，并处罚金 10 万元；被告人刘某龙犯非法吸收公众存款罪，判处有期徒刑二年，并处罚金 10 万元；对于各被告人的违法所得和扣押在案的涉案财物予以追缴，返还被害人。被告人刘某珊、杨某洪、相某吉不服，提起上诉。四川省高级人民法院二审维持了遂宁市中

级人民法院的一审判决。

典型意义 >>>

近年来，社会财富的规模增大和正规金融的服务局限叠加影响，使民间融资的体量显著增加。而随着民间融资市场迅速活跃的，还有以非法集资等为代表的金融违法犯罪活动。

本案即是较为典型的非法集资类刑事案件，涉案金额大，达到 6000 多万元；受害人数多，涉及遂宁、南充、泸州多地数千人；该案吸收的大部分资金难以追回，造成的经济损失特别巨大，达 4000 余万元。由于受骗参与非法集资的以 40 岁至 60 岁年龄段中老年人居多，许多人毕生的积蓄一夜化为乌有，生活陷入困顿，引发受害群众集体上访，对遂宁、南充、泸州等地社会稳定造成极大危害。司法机关依法对刘某珊等人的非法集资犯罪行为进行了严惩，为被害群众追回了部分损失。本案对于督促相关职能部门加大对非法集资的日常监管力度，加强对集资诈骗行为的社会舆论宣传引导，增强人民群众投资风险意识和辨别能力，保障人民群众的财产安全，维护金融管理秩序和保障社会稳定具有重要意义。

2010 年《最高人民法院关于审理非法集资刑事案件具体应用法律若干问题的解释》，其中较为明确地列举了构成非法吸收公众存款罪的 4 个条件和 11 种行为，列举了构成集资诈骗罪的 11 种行为和 8 种情形，在很大程度上能够帮助普通大众甄别非法集资行为。然而，社会法治意识淡漠、民众风险识别能力不足为非法集资违法犯罪活动提供了可乘之机。

加强法治宣传、执法监管和司法保障，以形成社会对非法集资等违法犯罪的围剿，是解决当前民间融资乱象的重要途径。希望通过对本案的镜鉴，有助于形成对非法集资的法治高压和全社会参与的立体化防控体系建设。

最高人民法院发布四起集资诈骗犯罪典型案例之三：
被告人吕某强集资诈骗案

浙江省丽水市中级人民法院经审理查明：2004 年 8 月至 2008 年 3 月，被告人吕某强以支付高额利息为诱饵，虚构工程招投标、与他人合伙做外贸生意、投资基金等资金用途，采取出具借据、签订借款协议等方式，在浙江省丽水市莲都区、缙云县、青田县等地非法集资人民币 2.6 亿余元，所得款项除用于偿还前期集资款、支付高额利息外，其余部分被吕某强用于在澳门特区赌博、购买房产、汽车等个人挥霍。至案发时，尚有集资款人民币 4038 万余元无法归还。2008 年 4 月 24 日，被告人吕某强向公安机关投案自首。

丽水市中级人民法院以集资诈骗罪判处被告人吕某强死刑，缓期二年执行，剥夺政治权利终身，并处没收个人全部财产。宣判后，吕某强不服，提出上诉。浙江省高级人民法院经审理，依法驳回吕某强上诉，维持原判。

最高人民法院发布四起集资诈骗犯罪典型案例之四：被告人张某蕾集资诈骗案

广东省广州市中级人民法院经审理查明：1997 年 7 月至 2007 年 7 月，被告人张某蕾利用某人寿保险股份有限公司广州市分公司保险代理人的身份，以到期返回本金及每月高额回报为诱饵，虚构险种，并私刻公司印章制作假保险单证，欺骗被害人胡某东等多人投保，收取上述人员"保险费"共计人民币 2125 万余元，骗取款项除用于支付被害人到期的高额利息外，其余部分被用于个人挥霍。至案发时，尚有集资款人民币 488 万余元无法归还。

广州市中级人民法院以集资诈骗罪判处被告人张某蕾有期徒刑十二年，并处罚金人民币 10 万元。宣判后，张某蕾不服，提出上诉。广东省高级人民法院经审理，依法驳回张某蕾的上诉，维持原判。

最高人民法院发布 6 起重点打击六类养老诈骗犯罪典型案例之一：肖某俊、陈某集资诈骗案
——以提供"养老服务"为名实施非法集资犯罪

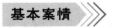 基本案情

2016 年 6 月，被告人肖某俊、陈某与蔡某（已判刑）共谋以开展养老服

务之名实施非法集资，先后成立自贡益寿园养老服务有限公司、四川归然养老服务有限公司，并在自贡市、内江市、攀枝花市等地设立分公司或营业网点。三人明知公司无融资资质，"养老基地"不可能建成使用，仍安排融资团队以养老服务名义，采取打电话、发传单、推介会、口口相传等方式，辅以发礼品、参观"养老基地"等手段，在自贡市等地公开集资，承诺支付每月1%~3%的固定收益、享有养老基地优先居住权和折扣及期满后返还本金，与集资参与人签订《预存消费协议》《预存合同》等，收取预存消费款，共吸收189名老年人562万余元。融资团队从集资款中提成45%~50%，其余除用于公司运转外，被肖某俊、陈某和蔡某等人分赃。本案由四川省自贡市自流井区人民法院一审，四川省自贡市中级人民法院二审。

裁判理由 >>>

法院认为，被告人肖某俊、陈某伙同他人以非法占有为目的，以诈骗方法非法集资，数额特别巨大，其行为均已构成集资诈骗罪。肖某俊、陈某在共同犯罪中起主要作用，系主犯，应当按照其所参与的或者组织、指挥的全部犯罪处罚。二人归案后如实供述主要犯罪事实，依法可以从轻处罚。据此，以集资诈骗罪判处肖某俊有期徒刑十三年，并处罚金人民币20万元；判处陈某有期徒刑十二年六个月，并处罚金人民币20万元；责令肖某俊、陈某退赔集资参与人经济损失。

典型意义 >>>

本案是以提供"养老服务"为名侵害老年人合法权益的典型犯罪案例，该类犯罪主要表现为以预售养老床位、虚构养老服务项目等名义，通过办理会员卡、明显超过床位供给能力承诺服务、预交养老服务费用等手段，诈骗老年人钱财。被告人肖某俊、陈某利用老年人寻求养老保障的心理，承诺高息回报、享受床位优先居住权、入住打折等，诱骗老年人大额预存消费投资，实施非法集资。二被告人明知"养老基地"不可能建成使用，将集资款的45%~50%用于融资团队提成，并按比例分赃，集资款未用于投资建设"养老基地"，具有明显的非法占有目的。一审、二审法院以集资诈骗罪对二被告人定罪处罚，于法有据。

人民法院提示广大老年人选择具有正规资质的养老服务机构，发现犯罪分子以"养老服务"进行非法集资的，要不听、不信、不参与，并及时向有关部门提供线索。同时，相关部门要规范养老服务行业准入，加强行业监管，保障养老服务行业健康发展，为广大老年人安享幸福晚年营造良好环境。

最高人民法院发布 10 起人民法院依法惩治金融犯罪典型案例之四：沈阳老妈乐公司集资诈骗案
——以"养老投资"为名实施非法集资犯罪

基本案情 »»

2013 年 8 月，被告人金某福成立沈阳老妈乐公司。2015 年 10 月，金某福招揽被告人梁某、张某等人为公司高级管理人员，共同实施非法集资活动，以发放传单、讲课和开会等方式向公众宣传，谎称投资老妈乐公司即能在一定期限后获得高额回报，且能享受免费旅游等待遇，诱骗公众投资。截至 2017 年 11 月，老妈乐公司在全国开设 1000 余家店铺，骗取 170 余万名集资参与人 62 亿余元，案发前返还 42 亿余元。本案由辽宁省沈阳市中级人民法院一审，辽宁省高级人民法院二审。

裁判理由 »»

法院认为，被告人金某福伙同梁某、张某等人以非法占有为目的，使用诈骗方法向社会公众非法集资，数额特别巨大，其行为均已构成集资诈骗罪。金某福、梁某、张某在共同犯罪中均系主犯，应予惩处。据此，依法以集资诈骗罪判处金某福无期徒刑，剥夺政治权利终身，并处没收个人全部财产；判处梁某有期徒刑十三年，剥夺政治权利三年，并处罚金人民币 50 万元；判处张某有期徒刑十二年，剥夺政治权利二年，并处罚金人民币 50 万元。

典型意义 »»

本案系以"养老投资"为名实施养老诈骗犯罪的典型案例。近年来，随着老年人口数量不断增长，养老服务需求不断增加，一些不法分子以提供养老服务、投资养老项目、销售养老产品等名义，利用老年人网络知识不足、辨识能力不强等特点，采用投资理财高额回报等手段设置陷阱、诱导投资、虚假宣传，实施养老诈骗犯罪，骗取老年人钱财。被告人金家福创建老妈乐公司，以会员投资返利为名，在全国20多个省（区、市）设立1000多家门店，以欺诈方法针对老年人进行非法集资，集资参与人达170万余人，造成经济损失约20亿元，严重损害老年人合法权益，社会危害巨大。法院依法以集资诈骗罪分别对三名被告人判处十年以上有期徒刑、无期徒刑，充分表明了人民法院依法从严惩处养老诈骗犯罪、坚决维护老年人"养老钱"的鲜明态度和坚定决心。同时，提醒人民群众尤其是老年群体要谨慎投资，提高识骗、防骗能力，避免陷入犯罪分子设置的圈套。

最高人民法院发布4起集资诈骗犯罪典型案例之二：被告人孙某明集资诈骗案

浙江省杭州市中级人民法院经审理查明：2006年12月至2007年11月，被告人孙某明以支付高额利息为诱饵，以杭州之江度假区开发售寄行、杭州长荣投资管理有限公司转塘分公司等需要资金为由，并虚构投资拍电视剧需要资金等事实，在杭州市先后骗取刘某龙等28名被害人集资款共计人民币1466万元，所得款项除少部分用于支付集资款利息外，大部分被孙某明用于赌博、还债、高利放贷及挥霍等。至案发时，尚有集资款人民币1299万余元无法归还。

杭州市中级人民法院以集资诈骗罪判处被告人孙某明死刑，缓期二年执行，剥夺政治权利终身，并处没收个人全部财产。宣判后，孙某明服判，未提出上诉。浙江省高级人民法院经复核，依法核准对孙某明的上述判决。

最高人民法院发布6起重点打击六类养老诈骗犯罪典型案例之四：沈某平集资诈骗、顾某祥非法吸收公众存款案

——以宣称"以房养老"为名实施非法集资犯罪

基本案情 >>>

2015 年 1 月至 2017 年 11 月，被告人沈某平先后成立、收购俐煜公司、灿宏公司，以投资经营德国米拉山奶粉、长青发公司等项目为幌子，以承诺高息回报为诱饵，通过借款方式向社会公众募集资金。2016 年下半年，沈某平推出"以房养老"项目，引诱投资客户将房产抵押给小额贷款公司获取抵押款，再将抵押款转投灿宏公司。被告人顾某祥为获取好处费，明知沈某平通过俐煜公司、灿宏公司向社会不特定公众吸收资金，引诱并帮助老年客户将房产抵押给小额贷款公司获取抵押款，再将抵押款转借给沈某平。截至案发，沈某平共计吸收资金 2.98 亿余元，造成集资参与人经济损失 1.68 亿余元。顾某祥参与房产抵押 17 套，帮助沈某平吸收资金 5450 万元，未兑付总额 5006 万余元。顾某祥投案后家属退缴 2954 万余元。被告人沈某平集资诈骗案由上海市第二中级人民法院一审，宣判后，在法定期限内没有上诉、抗诉，原判已发生法律效力。被告人顾某祥非法吸收公众存款案由上海市静安区人民法院一审，上海市第二中级人民法院二审。

裁判理由 >>>

法院认为，被告人沈某平与他人结伙以非法占有为目的，以诈骗方法非法集资，数额特别巨大，其行为已构成集资诈骗罪。被告人顾某祥违反国家金融管理法律规定，非法吸收公众存款，数额巨大，其行为已构成非法吸收公众存款罪。顾某祥在共同犯罪中起次要作用，系从犯，应从轻处罚。顾某祥虽自动投案，但未如实供述所犯罪行，不构成自首。顾某祥家属退出 2954 万余元，可对顾某祥从轻处罚。据此，依法以集资诈骗罪判处沈某平无期徒刑，剥夺政治权利终身，并处没收个人全部财产；违法所得予以追缴，不足部分责令继续退赔。以非法吸收公众存款罪判处顾某祥有期徒刑三年四个月，并处罚金人民币 5 万元；责令顾某祥退赔违法所得，连同已冻结的钱款，按比例发还各集资参与人。

典型意义 >>>

本案是以宣称"以房养老"为名侵害老年人合法权益的典型犯罪案件，该类犯罪主要表现为以"房本在家无用""不耽误自住或出租"等类似话术为借口，诱骗老年人签订房产抵押担保的借贷合同或相关协议，将抵押房屋获得的资金购买其推介的所谓理财产品，借助诉讼、仲裁、公证等手段，非法占有老年人房屋。"以房养老"作为解决人口老龄化问题，缓解社会及家庭养老压力的可行方式，引起了社会广泛关注。然而，很多不法分子打着国家政策的旗号，营造"养老恐慌"，利用老年人金融防范意识较差的特点，恶意设套，借"以房养老"实施非法集资。被告人沈某平、顾某祥诱使老年人抵押房屋以获得资金，再购买所谓高收益理财产品，最终因理财公司资金链断裂，房屋被行使抵押权，老年人落得"钱房两空"。人民法院根据案件事实、情节以及二人在共同犯罪中的地位和作用，分别以集资诈骗罪、非法吸收公众存款罪对沈某平、顾某祥定罪处罚，充分体现了宽严相济的刑事政策，罚当其罪。人民法院提示老年人增强金融风险防范意识，投资理财时不要盲目被高收益诱惑，同时子女也要关心、照顾老人，国家、社会、家庭和个人联动起来，最大限度挤压犯罪分子"行骗空间"，让养老诈骗无处遁形，守护老年人幸福晚年。

最高人民法院发布8起减刑、假释、暂予监外执行典型案例之三：罪犯陈某冰不予减刑案

——金融犯罪罪犯拒不退赃，依法不予减刑

基本案情 >>>

陈某冰，某公司退休职工，因犯集资诈骗罪于2011年3月被判处无期徒刑，剥夺政治权利终身，并处没收个人全部财产，继续追缴违法所得人民币875.59万元。判决生效后交付执行。执行机关安徽省未成年犯管教所以陈某冰在服刑期间确有悔改表现为由，报请对其减刑。安徽省高级人民法院于2014年11月19日立案后，将减刑建议书等材料通过互联网向社会公示，并

于12月4日公开开庭审理了本案。

安徽省高级人民法院经审理查明，罪犯陈某冰服刑期间，受到表扬3次，记功2次。另查明，原审认定陈某冰以非法占有为目的，使用诈骗方法非法向他人集资，数额特别巨大，且陈某冰案发后拒不供述赃款去向，至今未退回违法所得。

裁判结果 〉〉〉

安徽省高级人民法院认为，罪犯陈某冰作为金融犯罪罪犯，诈骗他人巨款，案发后拒不供述赃款去向，且至今不退赃，给被害人造成特别重大损失的社会影响未能消除，不能认定其"确有悔改表现"，依法裁定对其不予减刑。减刑裁定书已在中国裁判文书网公布。

第四章

《刑法》第 224 条

合同诈骗罪

合同诈骗罪是指以非法占有为目的，在签订、履行合同过程中，使用欺诈手段，骗取对方当事人财物，数额较大的行为。合同诈骗罪是诈骗罪的一种特殊形式。

（1）本罪客体是社会经济秩序和合同当事人的财产权利。

（2）客观方面表现为在签订、履行合同过程中，使用欺诈手段，骗取对方当事人数额较大的财物的行为。欺诈手段是指下列情形：①以虚构的单位或者冒用他人名义签订合同的；②以伪造、变造、作废的票据或者其他虚假的产权证明作担保的；③没有实际履行能力，以先履行小额合同或者部分履行合同的方法，诱骗对方当事人继续签订和履行合同的；④收受对方当事人给付的货物、货款、预付款或者担保财产后逃匿的；⑤以其他方法骗取对方当事人财物的。实施上述行为之一，骗取对方当事人财物数额较大，即数额在2万元以上的，即可成立本罪。

（3）主体既可以是自然人，也可以是单位。

（4）主观方面只能是故意，并且具有非法占有目的。非法占有目的既可以存在于签订合同时，也可以存在于履行合同的过程中，但产生非法占有目的后并未实施诈骗行为的，不能成立合同诈骗罪。《刑法》第224条第4项规定的"收受对方当事人给付的货物、货款、预付款或者担保财产后逃匿"，仅限于行为人在收受对方当事人给付的货物、货款、预付款或者担保财产之前便存在非法占有目的，而且对方之所以给付货物、货款、预付款或者担保财产，是由于行为人的诈骗行为。行为人收受对方当事人给付的货物、货款、预付款或者担保财产之后，才产生非法占有目的，但仅仅是逃匿，而没有采取虚构事实、隐瞒真相的手段使对方免除其债务的，难以认定为合同诈骗罪。

认定本罪应注意以下问题：

（1）正确区分本罪与经济合同纠纷的界限。二者之间为罪与非罪的区别，但容易混淆，尤其是行为人在签订、履行经济合同过程中，使用了一定欺诈手段时，难以区分罪与非罪。区分二者的关键在于是否具有非法占有对方当事人财物的目的。合同诈骗罪的行为人意欲利用合同非法占有对方当事人的财物，而经济合同纠纷的当事人，只是通过合同进行正常经济活动从而取得经济利益。在判断行为人主观上是否具有非法占有的目的时，首先要考察行为人是否采取了刑法所规定的欺诈手段。凡是使用刑法所规定的欺诈手段的，原则上均应认定为具有非法占有目的。其次要综合考虑其他情节，包括行为前、行为过程中以及行为后的各种情节。例如，对下列情形可以认定为具有非法占有目的：挥霍对方当事人交付的货物、货款、预付款、定金或者保证金，致使上述款物无法返还的；使用对方当事人的货物、货款、预付款或者定金、保证金进行违法犯罪活动的；合同签订后，以支付部分货款、开始履行合同为诱饵，骗取全部货物后，在合同规定的期限内或者双方约定的付款期限内，无正当理由拒不支付其余货款的；收到对方货款后，不按合同规定或双方约定组织货源，而是用于冒险投资的；等等。需要注意的是，刑法规定合同诈骗罪的行为是"在签订、履行合同过程中"实施的，因此，行为人在签订合同时没有非法占有的目的，但在履行过程中产生了非法占有的目的，进而实施诈骗行为，骗取对方当事人财物的，应认定为合同诈骗罪。反之，在签订合同时具有非法占有目的，但在履行过程中由于某种原因而放弃非法占有目的，积极全部履行合同义务的，不宜认定为合同诈骗罪。

（2）正确区分本罪与普通诈骗罪的界限。区分合同诈骗罪与诈骗罪时，不能简单地以有无合同为标准。合同诈骗罪中的"合同"不限于书面合同，还包括口头合同，但就合同内容而言，宜限于经济合同，即合同的文字内容是通过市场行为获得利润，这是由本罪性质决定的。基于同样的理由，至少对方当事人应是从事经营活动的市场主体，否则也难以认定为合同诈骗罪。例如，甲得知自己的朋友乙（一般公民）有大量存款，便产生诈骗故意。甲声称，自己有一笔绝对赚钱的生意，投资50万元后，3个月内可以赚100万元，但因自己没有50万元，希望乙投资30万元，3个月后返还乙60万元。甲按上述内容起草了一份书面合同，双方在合同上签字后，乙交付30万元给甲。甲获得乙的30万元后逃匿。对于甲的行为不宜认定为合同诈骗罪，而应认定为普通的诈骗罪。

（3）正确处理本罪与金融诈骗罪、生产销售伪劣商品犯罪的关系。刑法规定的各种金融诈骗罪，大多也会利用经济合同的形式，如保险诈骗罪事实上利用了保险合同，贷款诈骗罪事实上利用了贷款合同。但由于刑法对金融诈骗罪作了特别规定，所以，对于符合金融诈骗罪的犯罪构成的，原则上以金融诈骗罪论处。如利用合同诈骗银行或者其他金融机构贷款的，应认定为贷款诈骗罪。但是，金融诈骗罪中也有一些不需要利用合同的，如票据诈骗罪，在这种情况下，不发生法条竞合问题。行为人与他人订立合同，收到他人货款后，提供伪劣商品的，一般应认定为生产、销售伪劣商品犯罪，不认定为合同诈骗罪。

犯本罪的，根据《刑法》第 224 条和第 231 条的规定处罚。量刑时，既要考虑诈骗数额，也要考虑其他情节。

2024-04-1-112-002

安徽某电力公司、刘某等骗取贷款、合同诈骗、贷款诈骗案
——骗取贷款行为主观目的判定

基本案情 》》》

刘某先后于 2004 年 12 月 3 日、2006 年 8 月 29 日注册成立安徽某电力公司和安徽某电气公司。2017 年 11 月 8 日，安徽某电力公司法定代表人由刘某变更为刘某周；2018 年 7 月 4 日，公司名称变更为安徽某电力设备公司。刘某是上述两公司的实际控制人。

安徽某电气公司、安徽某电力设备公司以虚假应收账款作质押各自与某银行合肥分行签订了 8000 万元保理融资贷款协议；安徽某电气公司以欺骗手段与某融资公司签订 2000 万元借款协议，最终导致实际到账的资金 17 260.964 775 万元无法偿还。

安徽省合肥市中级人民法院于 2020 年 12 月 28 日作出（2020）皖 01 刑初 14 号刑事判决：一、被告单位安徽某电力设备公司犯合同诈骗罪，判处罚金人民币二千万元；二、被告人刘某犯合同诈骗罪，判处无期徒刑，剥夺政治权利终身，并处没收个人全部财产；犯贷款诈骗罪，判处有期徒刑十年，并处罚金十万元，决定执行无期徒刑，剥夺政治权利终身，并处没收个人全部财产；三、被告人胡某杰犯骗取贷款罪，判处有期徒刑二年二个月，并处罚金人民币 10 万元；四、被告人王某锋犯骗取贷款罪，判处有期徒刑二年，并处罚金人民币 10 万元；五、被告人游某犯骗取贷款罪，判处有期徒刑二年，并处罚金人民币 10 万元；六、被告人刘某锋犯骗取贷款罪，判处有期徒刑二年，并处罚金人民币 10 万元；七、责令被告单位安徽某电力设备公司退赔某融资公司经济损失人民币 2000 万元；责令被告人刘某退赔某银行合肥分

行经济损失人民币 2 066 850 元；扣押在案未随案移送的财务报表、报销凭证等相关财务资料由扣押机关依法处理。

宣判后，合肥市人民检察院提起抗诉，安徽省人民检察院支持抗诉，原审被告单位安徽某电力设备公司及原审被告人刘某不服，提出上诉。安徽省高级人民法院于 2021 年 12 月 12 日作出（2021）皖刑终 90 号刑事判决：一、维持合肥市中级人民法院（2020）皖 01 刑初 14 号刑事判决中的第三、四、五、六项，即对胡某杰、王某锋、游某、刘某锋的定罪量刑部分。二、撤销合肥市中级人民法院（2020）皖 01 刑初 14 号刑事判决中的第一、二、七项，即对上诉单位安徽某电力设备公司的定罪量刑、上诉人刘某的定罪量刑、责令上诉单位安徽某电力设备公司、上诉人刘某退赔经济损失以及财务资料处理部分。三、上诉单位安徽某电力设备公司犯骗取贷款罪，判处罚金人民币 50 万元。四、上诉人刘某犯骗取贷款罪，判处有期徒刑七年，并处罚金人民币 50 万元。五、责令上诉单位安徽某电力设备公司退赔某融资公司经济损失 2000 万元，退赔某银行合肥分行经济损失 76 425 256 元；责令安徽某电力公司退赔某银行合肥分行经济损失 76 184 391.75 元。扣押在案未随案移送的财务报表、报销凭证等相关财务资料由扣押机关依法处理。

裁判理由 >>>

法院生效裁判认为：本案的审查重点在于两公司向银行和其他金融机构融资贷款 1.72 亿余元未予偿还是否具有非法占有目的。

经查，两公司在取得银行和其他金融机构 1.72 亿余元贷款过程中，确系使用欺骗手段，且至案发未予偿还。但根据在案证据，两公司骗取上述贷款存在以下情况：一是从两公司所借金融机构贷款用途来看，绝大部分用来还款和生产经营，这种模式从 2015 年以来一直未有变化，偿还企业因经营所欠债务是为了企业的存续，是广义上的生产经营；二是从两公司还款能力来看，案涉贷款发生于 2016 年年底至 2017 年年底，两公司在案涉贷款发生前后还有实际生产经营行为以及实际投资项目；三是从案涉贷款发生时两公司的资债结构来看，专项审计报告反映贷款发生前一直到 2017 年 9 月，两公司结合在一起的资债结构基本平衡；四是从还款意愿来看，两公司之前对其向某融资公司和某银行合肥分行两家金融机构的贷款一直在归还，虽然案涉 1.7 亿余元贷款至案发时没有偿还，但没有证据证明两公司有获取资金后逃跑、肆意挥霍骗取资金、进行违法犯罪活动等逃避还款行为；五是案涉贷款发生前两公司确已出现经营亏损的情况，两公司在经营亏损的情况下仍在借入资金，维持生产经营，试图改善经营状况。综合考察上述五个方面情况，原判认定两公司具有非法占有目的的证据不充分。

两公司虽无非法占有目的，但两公司分别通过虚构事实骗取其他金融机构贷款和夸大公司经营规模获得银行授信额度进而以虚假的应收账款作质押等方式骗取银行发放贷款，获得银行和其他金融机构贷款后至案发 1.72 亿余元未予偿还，给银行和其他金融机构造成特别重大损失，骗取贷款的情节恶劣、后果严重，符合骗取贷款罪的犯罪构成。二审法院最终以骗取贷款罪定性作出前述判决。

裁判要旨 〉〉〉

使用欺骗手段向银行或者其他金融机构获得融资贷款，是否具有非法占有之目的，要综合考量企业有无实际生产经营行为、实际投资项目、资债结构及所贷资金的大部分用途等情况，不宜单纯以最终未能偿还贷款的客观结果而认定企业具有非法占有目的。

关联索引 〉〉〉

《刑法》第 175 条之一

一审：安徽省合肥市中级人民法院（2020）皖 01 刑初 14 号刑事判决（2020 年 12 月 28 日）

二审：安徽省高级人民法院（2021）皖刑终 90 号刑事判决（2021 年 12 月 22 日）

2023-16-1-167-002

陈某合同诈骗案
——如何把握合同纠纷与合同诈骗犯罪的区别

基本案情 〉〉〉

被告人陈某（个体商贩）受福建某贸易公司委托从事粮食购销业务，福建某贸易公司向其提供了合同专用章、业务介绍信等授权手续。1992年11月14日，陈某在江苏省南通市通州大厦以福建某贸易公司名义与江苏省宝应县城东工业供销经理部（以下简称宝应经理部）签订购买红小麦2000吨合同，每吨价格770元，总金额154万元，预付4万元定金（实际支付定金2万元），1992年12月30日前，货到南通码头交完后，一次性付清货款。合同签订后，陈某即向公司汇报，并与福建粮商林某口头协议，决定经由福建某贸易公司将该批红小麦运往福建销售给林某。陈某经手签订合同时正值福建某贸易公司法定代表人更换期间，原法定代表人陈某某拍电报表示不愿意做此笔业务，而后任法定代表人范某某则表示愿意承接此笔业务，遂出具委托书，委托詹某某前往南通接货，并在陈某某拍给陈某的电报上签注了同意承接此笔红小麦的意见。但詹某某到南通后，未能将福建某贸易公司同意做此业务的手续交给陈某，使陈某误以为公司不同意履行合同。

宝应经理部为履行与福建某贸易公司的合同，与宝应县黄浦粮管所签订了购销红小麦合同，该合同约定的货款结算方式为："分批发货、分批结算货款，12月底货款两清"。1992年11月25日至12月30日，黄浦粮管所按宝应经理部的指令分四批向南通码头发运红小麦2118.833吨，总货款1 631 140元。宝应经理部先后分四批向陈某交货，并在交第一批货时即提出要求改变协议分批支付货款，否则不予供货。

由于误以为福建某贸易公司不同意履行合同，且宝应经理部又提前要求支付货款，为减少损失，陈某遂将宝应经理部的红小麦进行降价处理，先后以680元至780元不等低于进价的价格分别卖给福建省连江县官头镇船主江某某、福州粮商林某，得款120余万元。陈某将其中的74万元（含定金2万元和宝应县人民检察院立案侦查后兑付的20万元汇票）提前支付给宝应经理部，其余货款用于偿还债务和借给他人。1993年1月5日，陈某向宝应经理部出具还款保证书，承诺愿意偿还剩余货款。同日，宝应经理部向宝应县检察院递交"民事诉状"，请求检察机关帮助追款。同年1月9日，陈某即被宝应县人民检察院带回宝应县监视居住。1993年1月17日，陈某被宝应县人民检察院侦查员带至南通追款时脱逃。逃脱后，陈某于1993年1月下旬至2月上旬，分别从林某、宁德粮油贸易公司处收取未结清的小麦款20万元，并将其中的15万元转借他人，对欠宝应经理部的89万元货款再未偿还。1994年9月11日陈某在宁德市被抓获。

另，1993年5月，宝应经理部以相同的事实向福建省宁德地区中级人民法院提起民事诉讼，要求福建某贸易公司承担归还货款的民事责任。宁德地区中级人民法院于 1994 年 6 月 19 日作出（1993）宁中法经初字第 22 号民事判决，认定福建某贸易公司与宝应经理部签订的购销合同合法有效，陈某以个人名义向宝应经理部出具的还款保证，应视为对该笔债务的担保，并据此判令福建某贸易公司的股东范某某、孙某某、陈某某、张某某、黄某某对宝应经理部的货款承担连带责任，陈某对于上述货款的归还亦承担连带责任。该判决已经发生法律效力。

江苏省宝应县人民法院于 1998 年 10 月 30 日作出（1997）宝刑初字第 99 号刑事判决，认定被告人陈某犯合同诈骗罪，判处有期徒刑十四年，并处罚金 3 万元。宣判后，被告人陈某不服，提出上诉。江苏省扬州市中级人民法院于 1999 年 2 月 13 日作出（1999）扬刑二终字第 7 号刑事裁定，驳回上诉，维持原判。上述裁判发生法律效力后，原审被告人陈某提出申诉。江苏省高级人民法院经再审，于 2003 年 2 月 25 日作出（2002）苏刑再终字第 004 号刑事判决：一、撤销江苏省扬州市中级人民法院（1999）扬刑二终字第 7 号刑事裁定和宝应县人民法院（1997）宝刑初字第 99 号刑事判决；二、原审被告人陈某无罪。

裁判理由 >>>

法院再审判决认为：本案是福建某贸易公司在履行与宝应经理部之间在签订和履行购销合同过程中，因福建某贸易公司没有全部支付货款而引起的一起民事合同纠纷，陈某不构成犯罪。首先，原审被告人陈某以福建某贸易公司名义与宝应经理部签订的红小麦购销合同，手续完备，得到了公司的合法授权，是代表公司的职务行为，其行为的后果依法应当由福建某贸易公司承担。根据宝应经理部的起诉，福建省宁德地区中级人民法院也以民事纠纷受理并作出了民事判决予以确认。其次，陈某在签订、履行合同的过程中没有实施欺骗行为，不具有非法占有宝应经理部财产的主观目的。陈某作为福建某贸易公司的合同经办人，在签订合同时，并没有虚构或者冒用福建某贸易公司名义的欺骗行为；陈某长期从事粮食购销业务，熟悉粮食购销市场，可以联系到销售客户，不能认定其对签订的合同没有履约能力；在合同签订后，陈某即与福建粮商进行了联系、磋商，并达成将粮食运往福建销售的口头协议，即使在福建某贸易公司是否同意履行合同有异议且宝应经理部违约要求按批分期支付货款的情况下，陈某仍然通过自己的努力，设法提前支付宝应方的部分货款，具有积极履行合同的诚意和行为；在履行期限届满后，陈某也没有隐匿逃跑，而是与宝应经理部协商归还货款，并出具还款保证表示愿意尽快还款。最后，陈某降价处理货物以及未全部归还货款有客观原因。福建某贸易公司在合同成立后致电陈某，使陈某误以为公司不同意履行合同。宝应经理部在履行合同时要求提前支付货款，否则将拒绝供货。这些复杂情况的出现，超出陈某代表福建某贸易公司签订合同时的预料。此时，陈某既要为福建某贸易公司信守已经签订的合同，又要应对宝应经理部分批按期支付货款的要求，不得不将货物以低于进价的价格销售，此举实属被迫无奈，并非其主观所愿。降价销售造成一定的亏损，这也是导致货款不能及时归还的原因之一。陈某将收取的货款部分用于偿还债务和借给他人使用，意图通过资金周转弥补降价销售造成的部分亏损，但同时也在积极筹措资金归还宝应经理部的货款，并与宝应经理部协商适当延缓付款期限。就在陈某与宝应经理部协商解决归还货款期间，检察机关对陈某限制人身自由，导致陈某最终无法支付全部货款。在陈某逃脱后，对于剩余货款，根据宝应经理部的起诉，宁德市中级人民法院已判决由福建某贸易公司股东和陈某承担连带责任。因此，原审被告人陈某在签订、履行合同过程中，客观上没有实施虚构事实或者隐瞒事实真相的欺骗行为，主观上不具有非法占有宝应经理部财产的目的，没有合同诈骗的故意，不符合合同诈骗罪的构成要件。故依法作出如上改判。

裁判要旨 ▶▶▶

合同诈骗与合同纠纷的区别主要在于行为人主观上是否具有非法占有对方当事人财物的目的，客观上是否利用合同实施骗取对方当事人财物。本案中，被告人陈某代表福建某贸易公司签订购销合同取得了宝应经理部的红小麦后，虽将红小麦进行降价销售收取货款，并将货款部分挪作他用，合同到期后也没有按约支付全部货款。但综观全案，陈某的行为在主、客观上都不符合合同诈骗罪的构成要件。

关联索引 ▶▶▶

《刑法》第 224 条

一审：江苏省宝应县人民法院（1997）宝刑初字第 99 号刑事判决（1998年 10 月 30 日）

二审：江苏省扬州市中级人民法院（1999）扬刑二终字第7号刑事裁定（1999年2月13日）

再审：江苏省高级人民法院（2002）苏刑再终字第004号刑事判决（2003年2月25日）

2024-04-1-113-002

陈某红非法吸收存款、非法经营、合同诈骗案

——被告人仅向与其具有相对特定关系的个人借款，
后因企业经营不善导致亏损无法偿还借款的，
不构成非法吸收公众存款罪

基本案情

法院经审理查明：2014年开始，被告人陈某红以高额利息为诱饵，采取"口口相传"的方式，向尹某荣、申某忠、张某、周某彤、翁某健等12名不特定对象吸收存款，经统计其吸收存款约370万元。至案发前，尚有约170万元本金未归还（非法经营事实、合同诈骗事实略）。

广东省广州市黄埔区人民法院于2020年12月4日以（2019）粤0112刑初861号刑事判决，认定被告人陈某红犯非法经营罪，判处有期徒刑二年三个月，并处罚金人民币8万元；犯合同诈骗罪，判处有期徒刑八个月，并处罚金人民币5000元，决定执行有期徒刑二年六个月，并处罚金人民币85 000元。宣判后，没有上诉、抗诉，判决已发生法律效力。

裁判理由

法院生效裁判认为：被告人陈某红的行为不符合非法吸收公众存款罪的构成要件。根据《最高人民法院关于审理非法集资刑事案件具体应用法律若干问题的解释》规定，非法吸收公众存款应同时具备非法性、公开性、利诱性、社会性；未向社会公开宣传，在亲友或者单位内部针对特定对象吸收资金的，不属于非法吸收或者变相吸收公众存款。被告人陈某红向尹某荣等人

的借款行为不具备上述条件。

第一，本案只有黄某某、蒙某某、伍某某是通过被告人陈某红的妻子陈某认识了陈某红，并借钱给陈某红，还有李某的妻子周某某通过李某认识了陈某红，并借钱给陈某红，虽然是"口口相传"，"口口相传"仅集中在夫妻之间形成的特定关系中，且人数相对较少，借款对象范围较小，故在案证据尚不能证明陈某红本人或委托他人有通过媒体、推介会、传单、手机短信等途径向社会公开宣传需要资金的行为，亦无证据显示其要求借款对象为其募集、吸收资金或明知他人将其吸收资金的信息向社会公众扩散而予以放任的情形。

第二，本案国某某、贺某、钟某某、张某某、尹某某与被告人陈某红都是商铺租户与房东的关系，李某、翁某某与陈某红是同事关系，以上借款人均与陈某红有特定的社会关系基础，范围固定、封闭，不具有开放性，并非随机选择或者随时可能变化的不特定对象。另外，张某是以投资入股参与项目运营的方式借款给陈某红，并非系陈某红以吸收资金为目的而将张某吸纳为合作伙伴，事实上张某也参与了项目的管理并对资金使用进行监督，故张某应为特定对象。结合第一点的分析可知，黄某某、蒙某某、伍某某、周某某系基于夫妻关系与陈某红认识后继而借钱给被告人陈某红的，亦均系相对特定的具体对象，而并非社会上不特定的人，故以上12名借款对象均为特定对象。

第三，申某某虽通过尹某某认识了被告人陈某红，但申某某与陈某红之间签订了借款协议，约定了抵押，并进行了公证。同时，贺某与陈某红的借贷又系通过第三方借贷平台进行。以上表现出较为典型的民间借贷举债的特点，无论从形式上、还是实质上都应属于民事法律所调整的范围，而不应由刑法予以调整。此外，陈某红在向国某某、张某某借款的过程中，还存在着未约定利息或回报的情况。

裁判要旨 >>>

认定行为人是否构成非法吸收公众存款罪，必须坚持主客观相统一原则，严格把握非法集资需同时具备的非法性、公开性、利诱性、社会性四个特征，特别是要准确把握非法吸收公众存款罪的公开性、社会性特征。仅向与其具有相对特定关系的个人借款，后因企业经营不善导致亏损无法偿还借款的，其行为不构成非法吸收公众存款罪。

关联索引 ≫≫

《刑法》第 176 条

《最高人民法院关于审理非法集资刑事案件具体应用法律若干问题的解释》第 1 条

一审：广东省广州市黄埔区人民法院（2019）粤 0112 刑初 861 号刑事判决（2020 年 12 月 4 日）

2023-03-1-167-001

陈某荣合同诈骗案

——诈骗罪与合同诈骗罪的界定

基本案情 ≫≫

2021 年 8 月至 9 月，被告人陈某荣因欠债较多无力偿还，遂产生非法占有的目的，并通过虚构单位需要用酒的方式骗得被害人董某某等人的大量白酒，合计价值 1 961 760 元。案发前，被告人陈某荣已归还 61 万元。具体如下：

2021 年 8 月 15 日，被告人陈某荣谎称某水泥构件有限公司需要采购招待用酒，采用高买低卖的方式从被害人孙某处以 1080 元/瓶的单价、总价 45.36 万元的价格骗得青花郎白酒 70 箱（每箱 6 瓶），并以低于 1080 元/瓶的价格出售给程某。经鉴定，上述白酒合计价值 42 万元。案发前，因被害人孙某多次催款、报警，被告人陈某荣先后支付被害人孙某货款共计 31 万元。

2021 年 9 月 1 日，被告人陈某荣冒用江苏某预涂膜公司采购人员的身份，使用假名，谎称需购买一批白酒用于中秋节送礼，采用高买低卖的方式从被害人董某经营的梦之蓝专卖店以 1380 元/瓶的单价、总价 93.84 万元的价格骗得洋河梦之蓝手工班白酒 170 箱（每箱 4 瓶），并以低于 1380 元/瓶的价格出售给程某。上述白酒合计价值 81.6 万元。案发前，被告人陈某荣先后支付被害人董某货款共计 15 万元。

2021 年 9 月 7 日，被告人陈某荣谎称江苏某预涂膜公司需要一批酒，采用高买低卖的方式从被害人徐某宏处以 850 元/瓶的单价、总价 91.8 万元的价格骗得水井坊典藏大师白酒 180 箱（每箱 6 瓶），并以低于 850 元/瓶的价格出售给程某。经水井坊牌白酒江苏某代理证实，上述白酒合计至少价值 725 760 元。案发前，被告人陈某荣先后支付被害人徐某宏货款计 15 万元。

案发后，被告人陈某荣被公安机关抓获归案，并如实供述了上述事实。

江苏省盐城市亭湖区人民法院于 2022 年 6 月 15 日作出（2022）苏 0902 刑初 137 号刑事判决：一、被告人陈某荣犯合同诈骗罪，判处有期徒刑七年，并处罚金人民币 20 万元。二、责令被告人陈某荣退赔人民币 1 351 760 元返还给相关被害人。一审宣判后，被告人在法定期间内未上诉，公诉机关未抗诉，判决已发生法律效力。

裁判理由 》》

法院生效判决认为：被告人陈某荣以非法占有为目的，在签订、履行合同过程中，骗取他人财物，数额巨大，其行为已构成合同诈骗罪。公诉机关的指控基本成立，法院予以支持。关于被告人陈某荣及辩护人提出的其在案发前已向被害人孙某支付欠款 31 万元的辩解意见。经查，被告人陈某荣在案发前以保证金的形式向公安机关缴纳人民币 1 万元，该款已由公安机关支付给被害人孙某。故案发前，被告人陈某荣已归还被害人孙某人民币共计 31 万元，该辩解意见予以采纳。被告人陈某荣归案后如实供述自己的罪行，系坦白，且认罪认罚，依法予以从轻处罚。辩护人的相关辩护意见予以采纳。

裁判要旨 》》

（1）合同诈骗罪与诈骗罪的区分关键在于：诈骗行为是否发生在签订、履行合同过程中，利用合同的形式骗取公私财物或者财产性利益。或者说，是否是以合同这种交易的形式为名进行的。

（2）本案中，被告人以非法占有为目的，假冒他人的名义，并通过虚构单位和销售商的"口头合同"，骗取销售方财物。这种采取虚构事实、隐瞒真相的方法骗取对方当事人财物用于个人挥霍，"非法占有"的主观故意明显；该行为发生在签订、履行合同的过程中，不但侵犯了对方的财产权，而且破坏了正常的市场交易秩序，符合合同诈骗罪的构成要件。

关联索引

《刑法》第 224 条

《刑事诉讼法》第 15 条、第 201 条

一审：江苏省盐城市亭湖区人民法院（2022）苏 0902 刑初 137 号刑事判决（2022 年 6 月 15 日）

2023-03-1-167-016

陈某元合同诈骗案

——案发前追回数额应从合同诈骗犯罪数额中扣减

基本案情

2016 年 5 月，被告人陈某元在未与某国际广场签订任何工程承包合同的情况下，以转包某国际广场部分楼段土建清包工程为由，与唐某国签订土建清包意向协议书，约定将某国际广场部分高楼交给唐某国清包，唐某国需支付信誉履约金 10 万元，唐某国及其合伙人实际支付 9 万元，其中唐某国出资 2 万元。唐某国等人因工程始终未能开工，要求陈某元退还信誉履约金。同年 9 月 17 日，陈某元退还唐某国 2 万元及 1 万元"利息"。12 月 14 日，其他合伙人发现被骗，向公安机关报案。案发后，陈某元退还剩余款项，并取得被害人谅解。

湖南省永州市零陵区人民法院于 2017 年 5 月 26 日作出（2016）湘 1102 刑初 166 号刑事判决，认定被告人陈某元的犯罪数额为 7 万元，以合同诈骗罪判处陈某元有期徒刑一年，缓刑一年六个月，并处罚金人民币 15 000 元。宣判后，陈某元未上诉，检察机关亦未提出抗诉，判决已发生法律效力。

裁判理由

生效判决认为，本案争议焦点为被告人陈某元在案发前退还唐某国的款项，是否应从合同诈骗犯罪数额中扣减以及扣减的具体金额。最高人民法院

研究室在《关于申付强诈骗案如何认定诈骗数额问题的电话答复》中提出，"在具体认定诈骗犯罪数额时，应把案发前已被追回的被骗款额扣除，按最后实际诈骗所得数额计算"。上述答复有利于鼓励被告人在案发前积极退赃，及时为被害人挽回损失。遵循答复精神，陈某元在案发前退还唐某国的款项，其中 2 万元应从犯罪数额中扣减。陈某元以"利息"形式自愿多退还唐某国 1 万元，未减少其他被害人的损失，不应从犯罪数额中扣减。故一审作出如上判决。

裁判要旨 >>>

合同诈骗罪犯罪数额的认定，应把案发前已追回的被骗款额扣除，按最后实际诈骗所得数额计算。在存在多名被害人的情形下，被告人在案发前以"利息"形式自愿多退还部分被害人的款项，未减少其他被害人的损失，不应从犯罪数额中扣减。

关联索引 >>>

《刑法》第 224 条

一审：湖南省永州市零陵区人民法院（2016）湘 1102 刑初 166 号刑事判决（2017 年 5 月 26 日）

2024-08-2-104-001

甘某诉李某某、刘某保证合同纠纷案
——刑民交叉案件中保证合同效力的认定

基本案情 >>>

原告甘某诉称：2018 年 7 月底，甘某通过刘某介绍认识了李某某，李某某声称自己是中央机关工作人员，沈某是高级领导身边的亲信，沈某手中有大量房产便宜出售。甘某基于对李某某、刘某的信任，与李某某和刘某约定案涉房屋的总价款为 900 万元，并就房屋买卖事宜签署合同。2018 年 8 月 31日，李某某、刘某共同向甘某出具保证书，约定对甘某购买涉案房产的过户，承担无限连带责任担保。2020 年 12 月初，甘某收到物业寄给真实房主的收车位通知，才知房屋所有权人另有其人，甘某才知道其已被骗。2022 年 3 月 29 日，沈某因涉嫌合同诈骗罪被北京市大兴区人民检察院提起公诉，经公安机关查明，沈某实际从李某某处收到甘某支付的购房款金额为 500 万元，其已通过李某某账户向甘某偿还 300 万元，沈某最终被北京市大兴区人民检察院认定其诈骗甘某的金额为 200 万元。故此，请求法院判令：被告刘某、李某某连带向原告偿还 400 万元及利息；诉讼费、保全费由被告刘某、李某某承担。

被告李某某辩称：不同意原告的诉讼请求，540 万元应由沈某退还给原告，刑事判决书认定的 240 万元是其退还给甘某的。同意和刘某一起退还原告 120 万元。

被告刘某辩称：不同意原告的诉讼请求。其未参与此事，担保合同已经超过了期限，担保合同已经失效了，不同意承担担保责任。

法院经审理查明：2018 年 8 月 31 日，原告甘某与被告李某某、刘某签订《保证（担保）书》。《保证（担保）书》载明："保证人李某某、刘某，自愿为被保证人甘某，购买位于北京市朝阳区某房产的过户，承担连带无限责任担保。上述保证人如无法将上述房产过户到甘某名下，自愿对交易金额（预付款）共计人民币 600 万元整的房款承担连带担保的还款责任。以上系三方的真实意思表示。担保人对以上的内容确认无误，对担保事项和数额承担无限连带责任。此担保单方不可撤销！"

甘某向李某某于 2018 年 7 月 31 日转账 600 万元，于 2019 年 3 月 25 日向李某某转账 300 万元。

2022 年 7 月 19 日，北京市大兴区人民法院判决沈某犯诈骗罪，载明具体犯罪事实如下："2018 年 7 月底，被告人沈某通过李某某、刘某介绍，将从张某霞处租赁的房屋出售给被害人甘某，并通过李某某收取甘某房款人民币 500 万元。案发前，被告人沈某已退还甘某人民币 300 万元（其中通过李某某向甘某退还人民币 240 万元）。"庭审中，甘某表示本案中主张的 400 万元系刑事判决书未处理的 400 万元。

庭审中，甘某和李某某均认可甘某于 2018 年 7 月 31 日向李某某转账 600 万元，李某某于 2018 年 7 月 31 日向沈某转账 300 万元，李某某于 2018 年 8 月 1 日向刘某转账 90 万元，李某某、刘某于 2018 年 8 月 31 日向甘某出具《保证（担保）书》，李某某于 2018 年 9 月 12 日向沈某转账 200 万元，甘某于2019年3月25日向李某某转账300万元；沈某收到的是预付款600万元中的500万元，李某某未将甘某的剩余尾款300万元支付给沈某；甘某在本案中起诉要求返还的400万元是刑事判决书中未处理的400万元。

北京市丰台区人民法院于2023年3月14日作出（2022）京0106民初18585号民事判决：一、被告李某某、刘某于本判决生效之日起十五日内向原告甘某返还100万元；二、被告李某某于本判决生效之日起十五日内向原告甘某返还300万元；三、驳回原告甘某的其他诉讼请求。宣判后，双方当事人未提出上诉，判决已发生法律效力。

裁判理由 >>>

法院生效裁判认为：依据生效法律文书认定，2018年7月底，沈某通过李某某、刘某介绍，将租赁的涉案房屋出售给甘某。沈某构成诈骗罪，该犯罪行为在民法上同时构成民事欺诈。在合同一方主体构成诈骗犯罪的情况下，受欺诈一方不行使撤销权的，如无其他法定合同无效情形，人民法院应依法认定该合同有效。在此基础上，现有证据不足以证明甘某知道或者应当知道李某某或者刘某是否被沈某诈骗，据此甘某与李某某、刘某之间签订《保证（担保）书》，其内容不违反我国法律、行政法规的强制性规定，现有证据亦不足以证明存在其他法定合同无效的情形，应为有效。当事人在保证合同中约定保证人和债务人对债务承担连带责任的，为连带责任保证。连带责任保证的债务人不履行到期债务或者发生当事人约定的情形时，债权人有权请求保证人在其保证范围内承担保证责任。甘某于2020年12月知晓被沈某诈骗，真实房主另有其人，沈某无法将房屋过户至其名下。甘某于2021年6月向公安机关报案，2022年7月19日刑事判决书作出后，甘某于2022年8月9日提起诉讼要求刘某、李某某承担保证责任，并未超过保证期间。关于剩余款项返还一节，法院认为，第一，依据甘某与李某某、刘某之间签订《保证（担保）书》约定，保证人如无法将房屋过户到甘某名下，自愿对交易金额（预付款）600万元的房款承担连带担保的还款责任。本案中，沈某收到的是预付款600万元中的500万元，李某某未将甘某的剩余尾款300万元支付给沈某。甘某要求返还的400万元，系刑事判决书未处理的400万元；即刑事判决书认定的甘某支付给李某某，李某某未支付给沈某的400万元。据此，《保证（担保）书》约定的李某某、刘某对预付款600万元承担连带担保责任，其中500万元系沈某收到的500万元，不在本案处理范围内。现房屋无法过户到甘某名下，李某某、刘某应对剩余 100 万元承担连带担保责任。第二，依据刑事判决书认定，甘某向李某某支付 900 万元，李某某向沈某转账 500 万元。沈某已向甘某退还 300 万元，其中包括通过李某某向甘某退还的 240 万元。剩余 200 万元责令沈某退赔违法所得，返还被害人甘某 200 万元。因生效的刑事判决书已就相关事实予以认定，民事案件的事实认定或者民事责任承担，需要以所涉刑事案件处理结果为依据，故对于李某某所称其向沈某转账 540 万元，刑事判决书载明的 240 万元是其退还给甘某的，并不是沈某退还给甘某的答辩意见，法院未予采纳。就李某某与沈某之间的纠纷，李某某可通过其他途径予以救济。据此，就剩余尾款 300 万元，应由李某某返还给甘某。甘某要求刘某就该笔 300 万元承担连带责任，缺乏依据，法院不予支持。关于甘某主张的利息，法院认为，因甘某在房屋交易过程中未尽到审慎审查的义务，现有证据不足以证明李某某、刘某具有诈害甘某的故意，故对于甘某要求支付利息的诉讼请求，法院不予支持。李某某、刘某承担责任后，就李某某、刘某与沈某之间的纠纷可另行解决。

裁判要旨 >>>

（1）合同一方当事人刑事上构成诈骗罪，使另一方意思表示不真实；民事上构成欺诈，属于意思表示不真实一方享有撤销权的可撤销合同，并不必然导致相关联民事合同无效。被害人不行使撤销权，且不存在其他合同无效情形的，相关联民事合同有效，其请求保证人承担保证责任的，人民法院应予支持。

（2）刑事判决与民事判决可以通过沟通和协调机制，借助网络信息科技有效解决执行过程中的重复受偿问题，即当被害人通过刑事判决责令退赔项所获得的款项，在民事判决执行中予以扣除，妥善解决刑事判决和民事判决的执行衔接。

关联索引 >>>

《民法典》第 143 条、第 146 条、第 148 条、第 688 条

一审：北京市丰台区人民法院（2022）京 0106 民初 18585 号民事判决（2023 年 3 月 14 日）

2023-03-1-167-014

高某华等合同诈骗案

——融资行为中签订合同并收取对方的保证金后挪作他用时非法占有目的的认定

基本案情 ▶▶▶

2011 年 7 月，经审定，唐山市丰润区某村被列为新民居建设示范村。8 月 18 日，该村村委会与被告人高某华任董事长、孙某海任总经理的鑫某公司签订意向书，准备在该村开发新民居房产项目。意向书主要内容是：（1）鑫某公司应尽快办理新民居项目所需的各项手续，于当年 8 月 17 日向该村委会账户汇入 400 万元保证金，并于当年 9 月 27 日前再汇入 4600 万元启动资金，该村委会提供 20 亩临建用地。（2）鑫某公司如不能在约定时间足额缴纳启动资金，该村委会有权与他人另议新民居项目，一切临建物归该村委会所有，经确认临建物无债务后退还 400 万元保证金。意向书签订后，鑫某公司依约将 400 万元保证金汇入该村委会账户，随后在临建用地上进行了平整土地等前期准备工作，并委托时任村委会主任付某钢承建部分临建工程，但未能按约定的时间筹集到 4600 万元启动资金，也未办理好项目所需的建筑工程规划及开发用地审批等手续，对此，该村委会并未向鑫某公司提出解约要求，也未与他人另议该项目。

2011 年 8 月，被告人高某华、孙某海与武汉某某公司项目经理王某元洽谈合作事宜，约定由某某公司承建某村新民居项目约 46 万平方米的建筑工程，并要求先向鑫某公司账户汇入 300 万元作为保证金。王某元按要求汇款后，鑫某公司与某某公司签订了承建合同，约定合同签订后三个月内保证开工建设。此后，由于鑫某公司未能按合同约定让某某公司按时入场开工，王某元开始向鑫某公司追要 300 万元保证金。

2012 年 2 月 20 日，被告人高某华、孙某海与世某公司市场部经理马某、项目经理唐某洽谈合作。孙某海告诉马某、唐某，项目是得到国家政策支持的新农村建设项目，并表态保证 20 至 30 日内把所需的所有手续弄全。马某、唐某认为鑫某公司提出的条件非常优惠，如能获得施工协议将会获得超出预期的利润，在仅看了项目效果图的情况下就签订了住宅楼工程施工协议，约定世某公司承建该项目约20万平方米共价值3.2亿元的工程，并在合同签订后向鑫某公司缴纳400万元保证金。协议签订后，孙某海开始以撕毁协议相威胁频繁催促世某公司交保证金。世某公司于当年2月27日将400万元保证金汇入鑫某公司账户，鑫某公司收到后，随即将其中的200万元用于退还2011年8月某某公司王某元所支付的保证金（欠王某元的剩余100万元亦在随后不久还清），另200万元用于项目施工及公司日常开支。世某公司与鑫某公司签订施工协议后，于2012年3月组织工人进入临建场地开始建设工人活动房，同年4月竣工。在鑫某公司与世某公司签订的施工协议中，约定签约后40天内让世某公司进场正式施工，但鑫某公司未能履约，后又承诺于当年5月25日前开工，但也一直未能兑现。在此情况下，世某公司开始追要400万元保证金，高某华、孙某海表示愿意退还，但由于鑫某公司账上没钱且没有筹集到资金，故一直未能归还，其间为了应付要账人员，高某华、孙某海还指使公司财务给世某公司开过两次空头支票。世某公司多次要账未果后，于2012年11月2日向公安机关报案。

河北省石家庄市中级人民法院于2014年12月18日作出（2013）石刑初字第184号刑事判决：一、被告人高某华犯合同诈骗罪，判处有期徒刑十五年，并处罚金200万元；二、被告人孙某海犯合同诈骗罪，判处有期徒刑十五年，并处罚金200万元。一审宣判后，被告人高某华、孙某海均提出上诉。河北省高级人民法院于2016年1月20日（2015）作出冀刑二终字第26号刑事判决：一、撤销石家庄市中级人民法院（2013）石刑初字第184号刑事判决；二、上诉人（原审被告人）高某华、孙某海无罪。

裁判理由 》》》

法院生效裁判认为，上诉人高某华、孙某海在与世某公司签订合同时存在欺诈行为，但鑫某公司的新民居建设项目真实存在且有一定的前期投入，收取的保证金主要用于归还项目经营形成的债务以及公司日常支出，认定二上诉人非法占有目的的证据不足。高某华、孙某海及其辩护人所提本案属于民事纠纷，二上诉人不构成合同诈骗罪的上诉理由和辩护意见予以采纳，依法改判高某华、孙某海无罪。

裁判要旨 》》》

融资行为是判断被告人履约意愿的重要方面，当被告人的融资行为的证据有限且真假未辨时，应当综合合同签订的背景、被告人为生产经营作出的努力、钱款的去向、用途等方面来判断被告人是否具有非法占有的目的，而不能简单地认为签订合同并收取对方的保证金后挪作他用时就一定具有非法占有目的，也不能从被告人客观上有欺骗行为而直接得出主观上具有非法占有目的的结论。对于民事活动中，虽有一定的欺骗行为，但不影响被害人通过民事途径进行救济的，不宜轻易认定构成合同诈骗罪。

关联索引

《刑法》第 224 条

一审：河北省石家庄市中级人民法院（2013）石刑初字第 184 号刑事判决（2014 年 12 月 18 日）

二审：河北省高级人民法院（2015）冀刑二终字第 26 号刑事判决（2016 年 1 月 20 日）

2023-03-1-167-011

郭某合同诈骗案
——隐瞒房屋被司法查封不能办理过户的事实骗取
他人购房款数额较大的，构成合同诈骗罪

基本案情

2018 年 8 月至 9 月，被告人郭某在北京市大兴区与被害人贾某签订房屋买卖合同，向贾某隐瞒某小区 401 号房屋已被法院查封不能办理过户，以及自己处于高额负债状态的事实，收取贾某支付的 680 万元购房款，双方约定其中 200 余万元应用于归还银行抵押借款并办理解押手续。郭某收到 680 万元后，全部用于偿还欠款等个人支出，未办理解除房屋查封和抵押，且更换手机号码逃匿至湖北省武汉市。2020 年 11 月 2 日，郭某被抓获归案。

北京市大兴区人民法院于 2022 年 9 月 6 日作出（2021）京 0115 刑初 1116 号刑事判决：一、被告人郭某犯合同诈骗罪，判处有期徒刑十三年，并处罚金人民币 26 万元。二、责令被告人郭某退赔违法所得人民币 680 万元，发还被害人。宣判后，郭某以其与被害人之间系民事纠纷，其行为不构成合同诈骗罪为由提出上诉。北京市第二中级人民法院于 2022 年 11 月 7 日作出（2022）京 02 刑终 351 号刑事裁定：驳回郭某的上诉，维持原判。

裁判理由

法院生效裁判认为，本案争议焦点为被告人郭某的行为性质是民事纠纷还是合同诈骗犯罪。郭某身负巨额债务，于 2018 年 8 月 25 日与被害人签订房屋买卖合同，双方约定不能履约时应当及时告知对方。证人刘某、郝某的证言与微信聊天记录相互印证，证明郭某至少在同年 9 月 5 日已知道所售房屋被司法机关查封。同年 9 月 10 日、21 日，郭某对被害人隐瞒房屋被查封、无法过户的事实，诱使被害人交付购房款 680 万元，双方约定其中 280 万元应用于归还银行抵押借款，郭某在收款后将 680 万元全部用于归还借款等个人支出。郭某在签订、履行房屋买卖合同过程中，向被害人隐瞒房屋的真实情况，骗取被害人购房款，既不具备办理房屋过户条件，亦无退款能力和行为，足见其具有非法占有他人钱款的主观目的，其行为已超出民事纠纷范畴，符合合同诈骗罪的构成要件，依法应予定罪处罚。故一审、二审法院作出如上裁判。

裁判要旨

被告人在签订、履行房屋买卖合同过程中，隐瞒房屋被司法查封不能办理过户的事实，骗取他人购房款且数额较大，用于归还借款等个人支出，既无履约条件，又无退款能力和行为，且更换手机号码后潜逃外地，应认定具有非法占有目的，其行为构成合同诈骗罪。

关联索引

《刑法》第 224 条

一审：北京市大兴区人民法院（2021）京 0115 刑初 1116 号刑事判决（2022 年 9 月 6 日）

二审：北京市第二中级人民法院（2022）京 02 刑终 351 号刑事裁定（2022 年 11 月 7 日）

2023-04-1-221-002

何某某盗窃、合同诈骗、信用卡诈骗案
——新型支付环境下侵财犯罪的刑事定性

基本案情 >>>

2015年12月5日16时许，被告人何某某在上海市嘉定区曹安路某大厦门口被害人吴某某车内，趁吴某某不备，秘密窃取吴某某放在车内的中国建设银行信用卡1张，后何某某至嘉定区曹安路农业银行ATM机上取走该信用卡内人民币2000元（以下币种相同），之后又用该信用卡去附近超市购买了价值20余元的物品，并将该信用卡丢弃。2015年12月24日，何某某趁吴某某不备，窃取了吴某某手机SIM卡，后使用该SIM卡登录吴某某的支付宝账号等，并擅自变更密码。

后何某某于同年12月间，通过多种方式多次秘密窃取吴某某的钱款，具体如下：

（1）2015年12月25日，被告人何某某登录被害人吴某某支付宝账号，通过支付宝"蚂蚁花呗"的形式，购买了iPhone6Plus手机1部，消费了吴某某6000余元。同日，何某某通过"蚂蚁花呗"的形式在大众点评网消费了吴某某计187元。

（2）2015年12月27日至28日，被告人何某某登录被害人吴某某支付宝账号，多次通过支付宝转账的方式，窃得与支付宝绑定的吴某某中国农业银行卡内的资金计10 500.5元。

（3）2015年12月25日，被告人何某某登录被害人吴某某京东商城账号，以"京东白条"的形式，购买了iPhone6s手机1部，消费吴某某5788元。

（4）2015年12月27日，被告人何某某申请了账户名称为"哈哈"的微信账号，并使用被害人吴某某手机SIM卡，将该微信账号绑定吴某某的上述农业银行卡，后多次通过微信转账的方式，窃得吴某某农业银行卡内资金计5200余元。

（5）2015年12月25日，被告人何某某通过支付宝关联被害人吴某某身份信息，新申请了一个支付宝账号，后以吴某某名义通过"蚂蚁借呗"，向支付宝阿里巴巴贷款 1 万元，并转至其自己的招商银行卡内。

2016 年 1 月 5 日，被害人吴某某至公安机关报案，经侦查，公安机关确认被告人何某某有重大嫌疑。1 月 14 日，何某某被民警抓获，到案后如实供述了上述犯罪事实。

公诉机关指控被告人何某某以非法占有为目的，多次秘密窃取公民财物，数额巨大，其行为已构成盗窃罪，向上海市嘉定区人民法院提起公诉。

被告人何某某对公诉机关指控的事实无异议，但认为自己的行为构成信用卡诈骗罪。其辩护人认为，何某某的行为应认定为信用卡诈骗罪，理由为：（1）公诉机关指控何某某盗窃被害人建设银行卡并使用的事实，以及何某某通过支付宝、微信使用被害人农业银行卡内资金的事实，均属于冒用他人信用卡的信用卡诈骗行为。（2）其余指控的事实中，京东商城、支付宝账号能进行金融操作，属于信用卡，故何某某从上述账号内获取资金的行为也属于信用卡诈骗行为。辩护人还认为，何某某如实供述自己的罪行，有退赔及悔过的意愿，建议法院对其从轻处罚。

上海市嘉定区人民法院于 2017 年 2 月 10 日作出（2016）沪 0114 刑初 681 号刑事判决：一、被告人何某某犯盗窃罪，判处有期徒刑六个月，并处罚金 1000 元；犯合同诈骗罪，判处有期徒刑八个月，并处罚金 4000 元；犯信用卡诈骗罪，判处有期徒刑一年六个月，并处罚金 2 万元；决定执行有期徒刑二年六个月，并处罚金 25 000 元。二、责令被告人何某某退赔违法所得，发还被害单位、被害人。一审宣判后，被告人未上诉，案件已生效。

裁判理由 》》》

法院生效判决认为，被告人何某某构成盗窃罪、合同诈骗罪、信用卡诈骗罪。理由如下：

关于本案的定性，控辩双方存在分歧，公诉人认为全案只成立盗窃罪，而被告人和辩护人认为全案只构成信用卡诈骗罪。但是，法院最终的认定采取的是区分原则，根据查明的事实，将被告人的犯罪事实进行归类，然后分别予以刑法评价。

第一类犯罪事实：2015 年 12 月 5 日下午，被告人何某某乘坐被害人吴某某驾驶的轿车至上海市嘉定区曹安公路 1509 号门口附近时，趁吴某某不备，窃得吴某某置于车内的中国建设银行信用卡 1 张。何某某利用事先知晓的密码，持该信用卡至农业银行真新支行自动取款机上取款 2000 元，后又至超市刷卡消费 20 余元。

第二类犯罪事实：（1）2015 年 12 月 25 日，被告人何某某登录吴某某支付宝账号，冒用吴某某的名义，通过操作支付宝"蚂蚁花呗"的方式，与被害单位阿里巴巴公司签订消费贷款合同，骗取 6000 余元用于购买手机 1 部，骗取 187 元用于购买电影票等。（2）2015 年 12 月 25 日，何某某登录吴某某京东商城账号，冒用吴某某的名义，通过操作"京东白条"的方式，与被害单位京东公司签订信用赊购合同，骗取 5788 元用于购买手机 1 部。（3）2015 年 12 月 25 日，何某某将自己新申请的支付宝账号与吴某某的身份进行关联，并冒用吴某某的名义，通过操作支付宝"蚂蚁借呗"的方式，与被害单位阿里巴巴公司签订贷款合同，骗取 1 万元。

第三类犯罪事实：（1）2015 年 12 月 27 日至 28 日，被告人何某某通过手机登录被害人吴某某的支付宝账号，利用支付宝的收付转账等功能及该账号所绑定的吴某某农业银行信用卡信息资料，冒用该信用卡，非法占有卡内资金 1 万余元。（2）2015 年 12 月 27 日，何某某申请了名称为"哈哈"的微信账号，并绑定被害人吴某某的农业银行信用卡，利用微信的收付转账等功能及该信用卡的信息资料，冒用该信用卡，非法占有卡内资金 5200 余元。

对于本案的定性，无争议的是对第一类犯罪事实的认定，因为被告人何某某趁被害人吴某某不备，窃取吴某某的建设银行信用卡 1 张，并使用该信用卡取现及消费，该行为属于《刑法》第 196 条第 3 款规定的"盗窃信用卡并使用"，且数额达 0.2 万余元，属于数额较大，应对何某某依照《刑法》第 264 条盗窃罪的规定定罪处罚。被告人和辩护人关于本节事实成立信用卡诈骗罪的辩解是不正确的。

存在争议的是关于第二类、第三类犯罪事实该如何认定，本案中按照公诉人的逻辑，被告人后续的行为均是在盗窃手机取得 SIM 卡并利用获知的信用卡信息通过支付宝非法获取被害人钱款的行为，换言之，被告人是在盗窃信用卡并使用的行为，因而成立盗窃罪。其缺陷是：第一，整体评价被告人的行为，是否掩盖了被告人行为的实质？可否将这一系列犯罪行为统合在被告人的一个犯罪故意之下？第二，被告人是盗窃信用卡并使用，还是冒充他人信用卡使用的行为？第三，京东商城、支付宝账户是否属于信用卡？根据辩护人的意见，何某某通过支付宝、微信使用被害人农业银行卡内资金的事实，均属于冒用他人信用卡的信用卡诈骗行为，其余指控的事实中，京东商城、支付宝账号能进行金融操作，属于信用卡，故何某某从上述账号内获取资金的行为也属于信用卡诈骗行为。其不足也是没有明确操作"京东白条""蚂蚁花呗""蚂蚁借呗"的方式获取钱款行为的真正犯罪性质。对本案中何某某的第二类、第三类犯罪事实，法院最后分别认定成立合同诈骗罪与信用卡诈骗罪。

首先，第二类犯罪事实是被告人何某某通过"蚂蚁花呗""京东白条""蚂蚁借呗"的方式购买商品、获得贷款的行为。何某某及其辩护人认为，京东商城、支付宝账号属于信用卡，何某某从上述账号内获取资金的行为属于信用卡诈骗行为，该意见不能成立。理由如下：

（1）京东商城、支付宝账号不属于商业银行或者其他金融机构发行的电子支付卡，不能认定为信用卡。2004年《全国人大常委会关于〈中华人民共和国刑法〉有关信用卡规定的解释》指出："刑法规定的'信用卡'，是指由商业银行或者其他金融机构发行的具有消费支付、信用贷款、转账结算、存取现金等全部功能或者部分功能的电子支付卡。"据此，《刑法》中所指的信用卡需要具备两个条件：一是特定的发行主体，即商业银行或者其他金融机构；二是特定的金融功能，即具有消费支付、信用贷款、转账结算、存取现金等全部功能或者部分功能。至于是否具备卡片实体，并非认定是否属于信用卡的必要条件。由于电商平台不是金融机构，因而其所发行的个人信用支付产品就不属于刑法上的信用卡。所以，相关的诈骗行为就不具有成立信用卡诈骗罪的可能性。

（2）经查，证人吴某某的证言、被告人何某某的供述、相关的《"蚂蚁花呗"用户服务合同》《权利义务转让及变更公告》《"京东白条"情况说明》《信用赊购服务协议》《京东订单信息》、支付宝账号明细、手机催还款信息等证据证实，"京东白条"属于被害单位京东公司提供给特定京东商城用户的信用赊购服务，"蚂蚁花呗""蚂蚁借呗"属于被害单位阿里巴巴公司提供给特定支付宝用户的信用贷款服务，但用户使用需经申请及两被害单位审核通过，两被害单位亦在相关页面上就信用额度、还款方式、期限等权利义务进行了释明。故京东商城用户通过"京东白条"赊购商品，支付宝用户通过"蚂蚁花呗""蚂蚁借呗"获得贷款，均属于签订合同。

（3）本案中被告人何某某未经吴某某的许可，以吴某某的名义登录京东商城、支付宝账号，通过操作"京东白条""蚂蚁花呗""蚂蚁借呗"的方式，非法占有京东公司、阿里巴巴公司的资金，该行为属于冒用他人名义签订合同，骗取对方当事人财物的合同诈骗行为。问题是，本案是否也成立贷款诈骗罪呢？《刑法》第 193 条规定的贷款诈骗罪是指以非法占有为目的，使用欺骗方法，骗取银行或者其他金融机构的贷款，数额较大的行为。前面已经阐述过三大电商平台不是商业银行或者其他金融机构，所以本案即使有通过"京东白条""蚂蚁花呗""蚂蚁借呗"从事贷款的行为且犯罪数额达到 2 万以上，也不成立贷款诈骗罪。第二类犯罪事实应该被评价为合同诈骗罪。

其次，第三类犯罪事实是何某某通过支付宝、微信使用吴某某农业银行卡内资金的行为，究竟是定盗窃罪，还是定信用卡诈骗罪？一种意见认为被告人以非法占有为目的，盗用他人支付宝绑定的银行卡内资金，实际上就是盗用他人信用卡并使用，且数额较大，其行为构成盗窃罪。另一种意见认为被告人以非法占有为目的，窃取支付宝账户绑定的银行卡信息资料进行网上转账，属于冒用他人信用卡进行诈骗，其行为构成信用卡诈骗罪。法院同意的是第二种意见，理由如下：

（1）该类犯罪事实中被告人何某某的行为不属于《刑法》第 196 条第 3 款所规定的"盗窃信用卡并使用"的盗窃行为。"盗窃信用卡并使用"是指盗窃他人信用卡之后使用该信用卡购买商品、在银行或 ATM 机上支取现金以及接受信用卡进行支付结算的各种服务，诈骗财物的行为。《刑法》第 196 条第 3 款是法律拟制，而非注意规定。申言之，假若没有该款的特别提示，盗窃信用卡并使用的应该成立信用卡诈骗罪。本案中被告人何某某虽然有盗窃银行卡的行为，但是其已经将该银行卡丢弃，其后续通过支付宝和微信来非法获取被害人银行卡的钱款，不是冒用真实的实体卡。从行为上看，何某某是通过支付宝、微信使用吴某某农业银行卡内资金，这是一种窃取他人信用卡信息资料并使用的行为，根据罪刑法定原则，不能说何某某盗窃信用卡并使用构成盗窃罪。

（2）被告人何某某的行为属于"冒用他人信用卡并使用"的信用卡诈骗行为。何某某未经被害人吴某某的许可，利用支付宝或微信的收付转账功能及绑定的吴某某农业银行信用卡信息资料，以吴某某的名义使用该信用卡，非法占有卡内资金。该行为属于以非法方式获取他人信用卡信息资料，并通过互联网、通讯终端使用，依照《最高人民法院、最高人民检察院关于办理妨害信用卡管理刑事案件具体应用法律若干问题的解释》第 5 条第 2 款第 3 项的规定，应认定为冒用他人信用卡的信用卡诈骗行为。何某某在作案过程中未窃取上述农业银行信用卡，其虽窃取了吴某某手机的 SIM 卡，但系为冒用信用卡及非法占有卡内资金创造条件，故其在上述犯罪事实中的行为不符合盗窃罪的构成要件。何某某冒用他人信用卡的数额达 1.5 万余元，其行为构成信用卡诈骗罪。

裁判要旨 ▷▷▷

涉及支付宝的侵犯财产权案件的刑事定性应当采取区分原则，对于不同情形下的侵财行为分别从刑法上加以评价。如果是利用"蚂蚁花呗""京东白条""蚂蚁借呗"的方式购买商品、获得贷款，构成合同诈骗罪；如果是通过支付宝、微信使用被害人的银行卡内资金，构成信用卡诈骗罪；如果是盗窃了支付宝内的钱款，构成盗窃罪。

关联索引 ▷▷▷

《刑法》第 264 条、第 224 条、第 196 条

一审：上海市嘉定区人民法院（2016）沪 0114 刑初 681 号刑事判决（2017 年 2 月 10 日）

2023-03-1-167-009

黄某合同诈骗案
——合同诈骗罪与诈骗罪的区分

基本案情 ▷▷▷

2022 年 4 月至 2022 年 7 月间，被告人黄某以非法占有为目的，利用其村委会工作人员的身份，冒用村委会的名义，先后九次在签订、履行合同过程中虚构村委会有工程的事实，骗取被害人陈某某、阳某某、汤某某、李某甲、李某等人工程保证金共计 130 万元，被害人刘某、曾某某土地合作经营款 18.6 万元，共计 148.6 万元，黄某将上述款项用于偿还债务及网络赌博。

江西省芦溪县人民法院于 2022 年 12 月 30 日作出（2022）赣 0323 刑初 185 号刑事判决：一、被告人黄某犯合同诈骗罪，判处有期徒刑七年四个月，并处罚金人民币 15 万元。二、责令被告人黄某退赔被害人的经济损失人民币 125.6 万元，其中陈某某人民币 8 万元，汤某某、阳某某人民币 3 万元，李某

甲、李某人民币8万元，张某、胡某某人民币18万元，彭某某、徐某某、李某乙人民币5万元，黄某甲、张某某人民币25万元，王某某人民币15万元，黄某乙人民币25万元，刘某、曾某某人民币18.6万元。宣判后，黄某未提出上诉，判决已发生法律效力。

裁判理由

法院生效裁判认为，本案争议焦点主要有：一是认定合同诈骗罪还是诈骗罪。该案涉及合同诈骗罪和诈骗罪的区分。合同诈骗罪是一种利用合同进行诈骗的犯罪，诈骗行为发生在合同签订、履行过程中，诈骗行为伴随着合同的签订、履行是此罪区别于诈骗罪的一个主要客观特征，而合同诈骗罪相比于诈骗罪最根本的差异在于侵犯的法益不同。该案中被告人黄某除了侵犯个人财物所有权的同时，还侵犯了市场经济秩序，符合合同诈骗罪的构成要件，因此认定为合同诈骗罪。二是合同诈骗金额的认定。在公诉机关的起诉书中，指控被告人黄某九次共计骗取人民币173.6万元，但根据在案证据分析可知在第四次骗取被害人张某、胡某基的事实中，其为了使胡某基不产生怀疑，主动于2022年6月12日退回5万元、6月24日退还15万元，该20万元应予以扣除。被告人黄某在第八次骗取被害人黄某恩事实中，收取黄某恩保证金15万元后，以黄某恩其中转账的5万元不符合要求退回，让黄某恩再行转账5万元，该5万元不应重复计算。

综上，被告人黄某以非法占有为目的，在签订、履行合同的过程中，虚构事实，骗取他人财物共计148.6万元，数额巨大，其行为已构成合同诈骗罪。黄某自动投案，并如实供述自己的罪行，系自首，且自愿认罪认罚，可从轻处罚；其案发后退赔部分被害人的经济损失，可以酌情从轻处罚。据此，根据黄某犯罪的事实、性质、情节和对于社会的危害程度，遂作出上述判决。

裁判要旨

合同诈骗罪中的合同应当包括口头合同等非书面合同形式。在界定合同诈骗罪的合同范围时，不应拘泥于合同的形式。在有证据证明确实存在合同关系的情况下，即便是口头合同，只要发生在生产经营领域，侵犯了市场秩序的，同样应以合同诈骗罪定罪处罚。合同诈骗罪的罪状，除《刑法》第224条在四种明确规定的客观表现形式外，还包括"以其他方法骗取对方当事人财物的"情形。

关联索引 ➤➤

《刑法》第 224 条

一审：江西省芦溪县人民法院（2022）赣 0323 刑初 185 号刑事判决（2022年 12 月 30 日）

2023-03-1-167-008

黄某某、周某、袁某某合同诈骗案
——欺骗行为对合同履行不产生根本影响的，不构成合同诈骗罪

基本案情 ➤➤

2012 年 11 月，被告人黄某某以承包方临川一建的名义与发包方公司签订了关于某社区工程土建工程施工总承包合同，总建筑面积约 25 万平方米，工程总造价约 4 亿元。黄某某作为实际施工人自筹资金组织施工，安排周某某为项目部经理、周某为现场技术员、袁某某为材料员、项某才为预算员，组织进行社区工程的施工。因该项目 1#、6#、7#楼地底有大量溶洞分布，发包方、监理方与施工方黄某某等人开会讨论决定，桩基施工按照先开挖土方达到设计标高要求后再施工桩基，桩基灌注砼按实际计算，以验收小票为依据。另确定采用水下冲击灌注桩方法进行地下桩基工程施工，并约定在工程实际处理过程中，使用的材料数量以现场实际发生并经三方签证的数量为准，溶洞填筑高度工程量以三方确认的数量为准，并折算成总桩长。发包方、监理方均派人在现场 24 小时监督施工，工程竣工结算时按桩基签证单结算。

2013 年 3 月至 8 月，涉案项目共施工完成 446 根基桩，混凝土供应商某混凝土有限公司向该项目供应用于水下灌注桩标号为 C35、C40、C45 的混凝土共计 12 044 立方米。在 446 根桩基施工过程中，黄某某以弥补前期施工混凝土损耗为名，要求某混凝土有限公司销售经理杨某另外提供一部分虚假送货单，并先后安排周某某和袁某某具体负责领取。起初，通过实际运输 6 方开具 9 方混凝土送货单的方式，虚开混凝土送货单用于结算工程款。由于这种方式不便于款项结算，不久后改为直接虚开未实际发生的送货单，由袁某

某领取虚假送货单。

领取的虚假送货单混杂在真实送货单中，全部交给周某填录在水下混凝土灌注桩工程量签证单中。现已查实虚报混凝土用量 218 立方米。发包方及监理方签证人员未经核实，均在签证单上签名认可。

在对 446 根桩基工程量签证过程中，黄某某和发包方公司商定，将残积土层套用卵石层和沙砾层的定额结算。在填录签证单数据期间，周某负责填录水下混凝土灌注桩工程量签证单的所有数据，黄某某授意周某不如实记录施工相关数据，虚增桩长和土层厚度数据，致使签证单上反映的工程量与实际施工情况不符。发包方公司和监理公司签证人员均在签证单上签名认可，但有部分未经核实。

2013 年 10 月，黄某某向发包方公司申请支付工程款。之后，发包方公司向黄某某支付工程款共计 1 177 855 04 元；双方确认已完成工程量 3 087 05 652 元。

江西省九江市濂溪区人民检察院指控被告人黄某某、周某、袁某某犯合同诈骗罪，向九江市濂溪区人民法院提起公诉。濂溪区人民法院于 2019 年 10 月 16 日作出 (2018) 赣 0402 刑初 271 号刑事判决，分别判决被告人黄某某、周某、袁某某无罪。宣判后，九江市濂溪区人民检察院以原审判决采信证据不当，定性错误，适用法律错误为由，提出抗诉。九江市中级人民法院于 2020 年 3 月 20 日作出 (2019) 赣 04 刑终 521 号刑事裁定，驳回抗诉，维持原判。

裁判理由 >>>

法院生效判决认为：原公诉机关先后出示了两份鉴定意见；其中，关于桩基工程混凝土用量工程造价的鉴定意见，存在鉴定依据不合理、鉴定意见不确定的情况，不能达到排除合理怀疑的证明标准，依法不应采信；关于虚增桩长、土层数据及工程造价的鉴定意见，因鉴定依据不充分，鉴定方法不科学，鉴定结论具有推定性，不符合刑事诉讼证明标准，不能作为定案依据，依法不予采信。被告人黄某某、周某、袁某某在施工单位与发包方公司建设工程施工合同履行过程中，虽有虚增混凝土用量 218 立方米的行为，但综合全案情况及本案建设工程合同履行的实际情况，不能认定黄某某等人具有非法占有的目的，其虚增混凝土用量的行为不符合合同诈骗罪的犯罪构成要件，不构成合同诈骗罪。抗诉机关的抗诉意见与在卷证据和查明的事实不符，不能成立，依法不予支持。原审判决认定部分事实不清，但定性准确，处理正确，审判程序合法，依法予以维持。

裁判要旨 >>>

（1）鉴定意见并非当然具备认定案件事实的证据效力，能否作为定案的根据，应当审查其客观性、关联性、合法性，根据在案证据加以综合判断，不能不加甄别、盲目采信。

（2）对于建设工程这种连续履行的合同中出现的欺诈行为，应从合同履行的整体情况进行综合判断，对合同最终适当、全面履行不存在根本、全面影响的，可通过协商或其他途径解决，一般不应作为刑事犯罪处理。

关联索引 >>>

《刑法》第 224 条

一审：江西省九江市濂溪区人民法院（2018）赣 0402 刑初 271 号刑事判决（2019 年 10 月 16 日）

二审：江西省九江市中级人民法院（2019）赣 04 刑终 521 号刑事判决（2020 年 3 月 20 日）

2023-06-1-167-001

黄某某合同诈骗案

——刑罚执行期间供述同种漏罪，但刑罚执行完毕后才被追诉漏罪的，应单独定罪并从宽处罚

基本案情 >>>

2007 年 6 月至 10 月，被告人黄某某利用"黄荣"的身份在广东省深圳市宝安区租用厂房、聘用员工开办华某公司，在未取得工商营业执照、没有生产需求的情况下，以公司名义与 22 家供应商签订采购合同骗取货物，总金额为人民币 1 468 463 元，之后以远低于市场价格进行变卖，携款逃跑并失去联系。2007 年 12 月，黄某某利用变卖货物的赃款在广东省东莞市开设皮包公司继续行骗，共骗取货款合计人民币 847 747.5 元。2008 年 9 月，广东省东莞市

人民法院对其在东莞的犯罪以合同诈骗罪判决其有期徒刑十一年。2011 年 10 月 20 日，黄某某主动向刑罚执行机关交代了其以华某公司为名行骗的事实，但未被移送惩处。其在服刑期间被减去刑期一年十个月，至 2017 年 6 月黄某某刑满出狱。2019 年 9 月，黄某某因漏罪被抓获。

广东省深圳市宝安区人民法院于 2020 年 11 月 16 日作出（2019）粤 0306 刑初 5925 号刑事判决：被告人黄某某犯合同诈骗罪，判处有期徒刑五年，并处罚金人民币 5 万元；与前罪判处的有期徒刑十一年，并处罚金人民币 5 万元，决定执行有期徒刑十二年六个月，并处罚金人民币 10 万元。宣判后，没有上诉、抗诉，黄某某于 2020 年 12 月 30 日被交付广东省从化监狱执行刑罚。2021 年 8 月 11 日，广东省监狱管理局致函广东省高级人民法院，认为原判对黄某某的漏罪作出判决时，与其刑罚已经执行完毕的前罪依据《刑法》第 70 条进行数罪并罚属适用法律错误，建议法院再审纠正。广东省高级人民法院于 2021 年 8 月 30 日作出（2021）粤刑监 13 号再审决定：指令广东省深圳市宝安区人民法院另行组成合议庭再审本案。广东省深圳市宝安区人民法院于 2022 年 5 月 13 日作出（2021）粤 0306 刑再 1 号刑事判决：黄某某犯合同诈骗罪，判处黄某某有期徒刑三年，并处罚金人民币 5 万元。判决已经发生法律效力。

裁判理由 ▶▶▶

法院生效裁判认为，被告人黄某某以假名"黄荣"实施本案犯罪行为的时间在前罪判决宣告以前，判决时其前罪刑罚已经执行完毕，故对于黄某某的漏罪应单独定罪处罚，原审判决在黄某某已判刑罚已经执行完毕后再与被追诉的漏罪数罪并罚没有法律依据，应予纠正。关于对被告人在服刑期间主动供述、在刑罚执行完毕后追诉的同种漏罪应否实行数罪并罚，《刑法》第 70 条规定："判决宣告后，刑罚执行完毕以前，发现被判刑的犯罪分子在判决宣告以前还有其他罪没有判决的，应当对新发现的罪作出判决，把前后两个判决所判处的刑罚，依照本法第六十九条的规定，决定执行的刑罚。已经执行的刑期，应当计算在新判决决定的刑期以内。"该规定是裁判规范，旨在明确人民法院在审判时被告人还有尚未执行完毕的刑罚，如何处理宣告刑和正在执行的刑罚合并执行问题，适用前提是被告人数罪刑罚均未执行完毕。对于刑罚执行完毕以后，人民法院才发现判决宣告之前还有其他罪应当追诉的，应当依法另行定罪量刑。至于因司法机关的原因导致被告人可能无法获得数罪并罚带来"减让"，可以通过适用坦白等从轻处罚情节在量刑上得以体现。故法院依法作出如上裁判。

裁判要旨 ➤➤➤

被告人在服刑期间主动向刑罚执行机关交代漏罪，所交代的漏罪在前罪刑罚执行完毕以后才被司法机关追诉的，人民法院应单独定罪并充分考虑坦白等情节给予从宽处罚。

关联索引 ➤➤➤

《刑法》第 225 条、第 70 条

一审：广东省深圳市宝安区人民法院（2019）粤 0306 刑初 5925 号刑事判决（2020 年 11 月 16 日）

再审审查：广东省高级人民法院（2021）粤刑监 13 号再审决定（2021 年 8 月 30 日）

再审：广东省深圳市宝安区人民法院（2021）粤 0306 刑再 1 号刑事判决（2022 年 5 月 13 日）

2023-16-2-111-003

甲公司诉乙公司租赁合同纠纷案
——个人犯罪行为对单位承担民事责任的影响

基本案情 ➤➤➤

案外人丙公司的法定代表人郑某于 2006 年 2 月 16 日，与乙公司经办人王某以乙公司名义签订《建筑设备租赁合同书》一份，约定由乙公司向丙公司租赁钢管、扣件，用于上海市金山区化工区东出口工程。合同还对租金、租赁费用的结算、违约金等作了约定，合同签订后，丙公司已依约提供了钢管 13 115 米、扣件 7680 只，均由王某或工地人员签收。同年 3 月 20 日，丙公司与甲公司签订《协议书》一份，约定丙公司将上述《建筑设备租赁合同书》中的权利义务转让给甲公司。同日，王某向丙公司负责人郑某支付押金 5000 元和乙公司的银行支票一张。嗣后郑某将该支票背书转让给上海市闵行区某建材经营部，同年 3 月 31 日，该 5000 元从乙公司账户中转出。因乙公司未如期支付租金，甲公司又于 2006 年 8 月 15 日向王某发出律师函，要求解除合同。甲公司认为合同约定的义务应由乙公司承担，故向上海市闵行区人民法院提起诉讼，要求判令解除乙公司与丙公司签订的《建筑设备租赁合同书》，判令乙公司支付所欠的租杂费，赔偿违约金，返还钢管和扣件。

乙公司经法院传唤，未到庭参加诉讼。上海市闵行区人民法院于 2006 年 10 月 16 日作出（2006）闵民二（商）初字第 2428 号民事判决，支持了原告甲公司的诉讼请求。

原审判决生效后，乙公司不服，申请再审称：（1）原审起诉状尚未送达到乙公司，甲公司提供的送达地址非乙公司的注册地或实际经营地。（2）债权转让应当通知债务人即乙公司。（3）王某冒用乙公司名义，私刻合同专用章，应追究其刑事责任。上海市闵行区人民法院于 2008 年 4 月 26 日决定对本案予以再审，乙公司和甲公司均到庭参加诉讼。除原审已查明的事实外，再审另查明：案外人王某与乙公司法定代表人王某甲原系朋友关系，2005 年 1 月至 2006 年 11 月期间，王某以乙公司的名义与多家公司签订租赁合同，支付部分押金，提走建筑脚手架、钢管、扣件等，然后售出牟利。其间，王某于 2006 年 1 月被上海市南汇区人民法院以诈骗罪判处有期徒刑三年，缓刑三年。2007 年 8 月 2 日王某被上海市闵行区公安分局抓获。2007 年 12 月 29 日又被上海市闵行区人民法院以合同诈骗罪连同原判诈骗罪有期徒刑三年，判处有期徒刑十六年，剥夺政治权利四年，并处罚金 236 000 元。上述刑事案件的判决书认定的犯罪事实中未涉及王某以乙公司名义与丙公司签订租赁合同的事实。

上海市闵行区人民法院经再审开庭审理，于 2009 年 5 月 19 日做出（2008）闵民二（商）再初字第 4 号民事判决，维持该院（2006）闵民二（商）初字第 2428 号民事判决。

裁判理由 >>>

法院生效裁判认为，根据《最高人民法院关于在审理经济纠纷案件中涉及经济犯罪嫌疑若干问题的规定》第 10 条的规定，人民法院在审理经济纠纷案件中，发现与本案有牵连，但与本案不是同一法律关系的经济犯罪嫌疑线索、材料，应将犯罪线索、材料移送公安机关或检察机关查处，经济纠纷案件继续审理。

本案的争议焦点在于：王某与丙公司签订合同的行为是否代表乙公司；

丙公司将债权债务转让给甲公司，乙公司是否知道；乙公司是否应当承担合同的义务。

针对上述争议焦点，再审认为：甲公司提供的证据及王某、郑某的陈述以及赵某的书面证明，可以证实乙公司于 2006 年 3 月确实向丙公司支付过押金 5000 元的支票一张，该支票的出票、流转、出账等情况，均有相应的书证和王某、郑某的陈述所证实，这些证据形成了证据锁链，证明了乙公司为系争的《租赁合同》支付过押金 5000 元，因此也可以证明乙公司确实知道上述《租赁合同》的存在。而王某、郑某的陈述及赵某的书证，又印证了王某受乙公司法定代表人王某甲的委托，由王某以乙公司名义与丙公司签订《建筑设备租赁合同书》的事实，该合同合法有效，此后，丙公司将合同的权利义务转让给甲公司，也于法无悖。王某已确认欠甲公司钢管、扣件数量，并承诺归还的日期，也证实乙公司知道合同权利义务转让事宜，故乙公司理应按约履行，其逾期不履行的行为于法有悖，应承担合同约定的民事责任。对于甲公司提出的诉请，原审判决中已阐明理由，再审予以认同，不再赘述。原审所查明的事实正确，作出的判决符合法律规定，再审应予以维持。

裁判要旨 》》》

个人犯罪行为是否影响单位对外承担民事责任，取决于个人的民事行为是否能够代表单位以及犯罪行为与案件是否属于同一法律关系。若单位以个人无权代理为由抗辩，则需判断该行为是否使对方足以相信其能够代表单位而构成表见代理，如果构成表见代理，那么该犯罪行为对外产生的民事责任，单位仍应当承担民事责任。

关联索引 》》》

《最高人民法院关于在审理经济纠纷案件中涉及经济犯罪嫌疑若干问题的规定》第 10 条

一审：上海市闵行区人民法院（2006）闵民二（商）初字第 2428 号民事判决（2006 年 10 月 16 日）

再审：上海市闵行区人民法院（2008）闵民二（商）再初字第 4 号民事判决（2009 年 5 月 19 日）

2024-03-1-167-002

贾某合同诈骗案
——一房多卖各行为中如何认定非法占有目的

基本案情

2017 年 8 月 13 日，被告人贾某与某县开发建设指挥部签订房屋拆迁补偿协议一份，贾某获得尚未交付使用的拆迁安置期房一套。2019 年 10 月至 12 月期间，贾某以售卖上述同一套期房为由，先后诱骗侯某、吴某、李某、崔某与其签订房屋买卖合同，骗取四人购房款共计 41 万元，用于个人投资、消费。二审期间，2021 年 5 月，贾某分得拆迁安置房后交由被害人处置，侯某、吴某、李某、崔某将该房屋出售，四人分别获得 6 万元；2021 年 5 月 14 日，某房产中介公司将从贾某处收取的中介费 1 万元退还李某。

山东省惠民县人民法院于 2021 年 3 月 31 日以（2021）鲁 1621 刑初 51 号刑事判决，认定被告人贾某犯合同诈骗罪，判处有期徒刑四年，并处罚金人民币 10 万元；责令被告人贾某退赔被害人侯某经济损失人民币 10 万元、被害人吴某经济损失人民币 10 万元、被害人李某经济损失人民币 11 万元、被害人崔某经济损失人民币 10 万元。宣判后，被告人贾某提出上诉。山东省滨州市中级人民法院于 2021 年 7 月 28 日作出（2021）鲁 16 刑终 143 号刑事判决，以合同诈骗罪改判被告人贾某有期徒刑一年七个月，并处罚金人民币 4 万元。

裁判理由

法院生效裁判认为，被告人贾某将其未交付使用的拆迁安置期房以 19 万元价格销售给侯某并实际获取房款 10 万元，在其与侯某签订房屋销售合同过程中未采用欺骗手段，且现有证据不能证实贾某向侯某卖房时已准备一房多卖，故该起行为不构成合同诈骗罪。在拆迁安置期房已销售给侯某后，贾某谎称其拥有该套拆迁安置期房，一房多卖，分别与吴某、李某、崔某签订房屋销售合同，骗取吴某三人共计 31 万元，其采用虚构事实、隐瞒真相的手段骗取他人财物，其上述行为构成合同诈骗罪。贾某与侯某签订房屋销售合同后，在合同履行过程中一房多卖，实施诈骗犯罪行为，其应退赔侯某四人经济损失。二审中，贾某通过将其交付的拆迁安置房交由被害人处置等方式，已分别退赔被害人部分损失，在量刑时予以体现。故法院依法作出如上裁判。

裁判要旨 ▷▷

对于"一房多卖"型案件，应当综合事件起因、行为人履行能力、交易情况等情节，综合认定行为人主观上是否具有非法占有目的。行为人故意隐瞒房屋已经出售的事实，仍与多人签订房屋买卖合同，骗取他人购房款的，可以认定其具有非法占有目的。对于第一次出售房屋行为，要结合其是否采用欺骗手段、是否提前预谋一房多卖、实际履行能力等，审慎认定非法占有目的。

关联索引 ▷▷

《刑法》第 224 条

一审：山东省惠民县人民法院（2021）鲁 1621 刑初 51 号刑事判决（2021年 3 月 31 日）

二审：山东省滨州市中级人民法院（2021）鲁 16 刑终 143 号刑事判决（2021 年 7 月 28 日）

2023-03-1-167-002

鞠某甲等合同诈骗案
——虚假电商代运营的性质认定

基本案情 ▷▷

2014 年 10 月，被告人鞠某甲、张某伙同王某甲（另案处理）以代为运营淘宝店铺骗取客户资金为目的，共同出资设立杭州某甲电子商务有限公司（以下简称某甲公司）。2015 年 5 月，鞠某甲、张某伙同被告人王某乙共同出资设立杭州某乙电子商务有限公司（以下简称某乙公司）。2015 年年底，王某乙拿回某乙公司投资款但仍占有少量股份。被告人唐某甲、鞠某乙及王某甲投资入股成为某乙公司股东。2016 年 4 月左右，鞠某甲、张某将某甲公司与某乙公司合并，并沿用某乙公司名称。之后，王某甲从公司退股离开。其间，鞠某甲实际控制上述两家公司并任某甲公司法定代表人，负责对外广告推广；张某负责公司财务、招聘及日常管理等；王某乙任某乙公司法定代表人，前期负责对外广告推广，后期负责售后管理、处理客户投诉等；唐某甲自2015年五六月份开始负责公司销售管理；鞠某乙先后从事某甲公司销售员、销售主管、人事管理等工作，后在某乙公司负责人事管理。被告人鞠某甲伙同张某、唐某甲、王某乙、鞠某乙等人利用某甲公司、某乙公司为平台，在明知公司无自产货源和固定合作货源，也无相应专业技能和运作能力代运营大量淘宝店铺的情况下，仍从社会上招募销售人员和售后人员，指使销售人员向被害人谎称仅需缴纳数千元至数万元不等的套餐服务费用即可获得高交易量、高等级的淘宝店铺，并向被害人承诺淘宝店铺达到一定的交易量即可一次性返还套餐对应的服务费，从而骗取被害人签订服务合同并交纳服务费用。合同签订后，售后人员仅提供了代开淘宝店铺、套用批发市场数据上架货物等基础服务并通过"自买自卖"完成少量虚假交易，根本无法完成合同约定的交易数量和店铺等级要求。在被害人提出质疑时，销售人员即以合同等级太低为由，诱骗被害人升级套餐并交纳更多的服务费用。升级后，公司并未实际提供相应服务，并对部分被害人消极应对或不予理会。至案发，被告人鞠某甲、张某利用上述模式骗取被害人唐某乙、达某甲等人支付服务费用共计人民币13 286 505.5元，被告人唐某甲、王某乙、鞠某乙参与骗取6 517 220元。上述款项除少部分用于公司日常开支外，大部分被鞠某甲等人以分红、提成等方式瓜分。

2016年11月8日，被告人鞠某甲等五人在杭州市被公安机关抓获归案。公安机关查封鞠某甲名下房产1套并冻结鞠某甲等人名下的银行账户及支付宝账户；另从某乙公司办公场所等地扣押电脑主机、笔记本电脑、手机等财物一批及唐某甲名下吉利汽车1辆。法院审理期间，张某退缴赃款人民币8000元，鞠某乙的家属代为退赃2万元。

浙江省杭州市中级人民法院于2018年12月18日作出（2017）浙01刑初170号刑事判决：被告人鞠某甲、张某、唐某甲、王某乙、鞠某乙均构成合同诈骗罪，分别判处鞠某甲有期徒刑十年，并处罚金人民币30万元，张某有期徒刑六年，并处罚金人民币18万元，唐某甲、王某乙有期徒刑四年，并处罚金人民币12万元，鞠某乙有期徒刑三年，并处罚金人民币10万元。宣判后，五被告人在法定期限内未提出上诉，公诉机关未抗诉，判决已发生法律效力。

裁判理由 》》

法院生效裁判认为：被告人鞠某甲伙同张某、唐某甲、王某乙、鞠某乙以非法占有为目的，明知自身没有履约能力仍通过虚假广告招揽客户，在签订、履行合同过程中骗取被害人财物，数额特别巨大，其行为均已构成合同诈骗罪。被告人鞠某甲等人的犯罪行为除侵犯被害人的财产所有权之外，还扰乱了电商行业的市场秩序，公诉机关指控罪名有误，依法予以纠正，被告人及辩护人所提本案构成合同诈骗罪的意见予以采纳。关于唐某甲及其辩护人所提本案系单位犯罪的辩解及辩护意见，经审理认为，鞠某甲伙同张某等人为实施诈骗犯罪成立某甲公司、某乙公司，上述公司成立后从事以淘宝代运营为幌子的诈骗活动，所得利益均被鞠某甲等人以分红或提成方式瓜分，本案不符合单位犯罪的构成要件，依法不构成单位犯罪。鞠某甲系某甲公司、某乙公司的主要出资者和实际控制人，负责公司对外推广并控制公司收款账户，在共同犯罪中系主犯，张某、唐某甲、王某乙、鞠某乙虽系公司股东或高管，但未参与经营决策且占股比例较低、实际分赃数额较少，起次要作用，依法可认定为从犯并减轻处罚，被告人及辩护人所提相关意见予以采纳。

裁判要旨 》》

从事虚假电商代运营的行为人明知自身无履约能力，仍通过虚假广告招揽客户，虚构拥有自有工厂，能够提供具有竞争力的产品，并编造成功案例等引诱客户签订或升级服务合同，所得资金大部分被以分红、提成等方式瓜分，不仅侵犯了被害人的财产权利，也破坏了以公平信用为基础的网络交易规则，损害了消费者合法权益，严重扰乱了电商行业的市场管理秩序，应构成合同诈骗罪。

关联索引 》》

《刑法》第 224 条

一审：浙江省杭州市中级人民法院（2017）浙 01 刑初 170 号刑事判决（2018 年 12 月 18 日）

2023-03-1-167-015

康某某合同诈骗案

——冒用他人名义与多人签订购销合同，前期按时支付货款，待被害人持续供货后逃避支付货款是否构成合同诈骗罪

基本案情 》》》

2018 年 2 月至 2020 年 5 月，被告人康某某冒用王某甲、王某乙名义，在辽宁省东港市和庄河市与 6 个草莓种植户签订草莓销售合同，在共计支付 1.19 万元购草莓款，收到草莓种植户草莓，尚欠其余购草莓款情况下，以不接电话、将草莓种植户微信拉黑等方式逃匿，骗取张某某等 6 人草莓款和草莓运输款共计人民币 123.585 28 万元购草莓款。

辽宁省东港市人民法院于 2021 年 9 月 10 日作出 (2021) 辽 0681 刑初 253 号刑事判决：一、被告人康某某犯合同诈骗罪，判处有期徒刑十年，并处罚金人民币十万元。二、责令被告人康某某退赔被害人姜某等 6 人共计人民币 123.585 28 万元。宣判后被告人上诉至辽宁省丹东市中级人民法院，丹东市中级人民法院作出 (2021) 辽 06 刑终 164 号刑事裁定书，驳回上诉，维持原判。

裁判理由 》》》

法院生效裁判认为：综合本案六起犯罪事实，被告人康某某采用冒用他人名义与多名草莓商户（口头）签订草莓购销合同，支付部分货款，骗取被害人信任，待被害人持续供货一段时间后就采用拒接电话、拉黑微信等方式逃避履行支付货款的义务，使得各被害人遭受损失的同时难以实现权利救济，其主观上有非法占有的目的，客观上实施了欺骗行为，使被害人陷入错误认识，该行为构成刑事犯罪，而非仅仅是民事纠纷。被告人康某某以非法占有为目的，在签订、履行合同过程中，骗取他人财物，数额特别巨大，其行为已构成合同诈骗罪，应予惩处。被告人曾支付过"小男孩果业"黄某兄弟部分货款 1.19 万元，在犯罪数额中予以扣除。被告人康某某犯罪所得，应当责令退赔。

冒用他人名义签订合同，以先履行小额合同，诱骗对方当事人继续履行合同，在收受对方当事人货物后逃匿的，足以认定主观上有非法占有目的。在签订、履行合同过程中实施上述行为，骗取他人财物，数额特别巨大的，构成合同诈骗罪。

《刑法》第 224 条

一审：辽宁省东港市人民法院（2021）辽 0681 刑初 253 号刑事判决（2021年 9 月 10 日）

二审：辽宁省丹东市中级人民法院（2021）辽 06 刑终 164 号刑事判决（2021 年 11 月 9 日）

2024-03-1-167-004

寇某等合同诈骗、非法占用农用地案
——合同诈骗罪非法占有目的的认定

2018 年 12 月，寇某、田某元获知金昌某新能源公司尚未批复立项的 50 兆瓦槽式聚光太阳能发电项目欲对外发包，寇某、田某元遂挂靠贵州某航南方机械化建设有限公司广东分公司（以下简称贵州某航广东分公司）与金昌某新能源公司洽谈项目工程承包事宜，双方未达成协议。2019 年 4 月份至案发，经被告人寇某、田某元预谋，由被告人寇某仿照金昌某新能源 50 兆瓦槽式聚光太阳能发电项目的前期项目申报手续，伪造了甘肃金某节能技术公司公章、法定代表人印章、甘肃金某节能技术公司中标金昌西坡"100 兆瓦项目"的发改委立项批复文件等资料，被告人田某元联系贵州某航广东分公司为工程总承包方，并作为授权委托人洽谈工程项目、负责项目管理。后被告人寇某、田某元以贵州某航广东分公司的名义将虚假工程大肆分包，以收取农民工工资保证金的方式骗取他人钱财。在工程施工期间，甘肃省金昌市自然资源局金川分局、金昌市金川区林业和草原局（以下简称金川区林草局）多次责令停工并下达停止违法行为通知书，被告人寇某、田某元仍将虚假的项目继续对外分包，以边施工边办手续等借口搪塞、欺骗工程承包人继续施工，致使金川区西坡前滩 1671.02 亩草地被严重毁坏。

甘肃省金昌市金川区人民法院于 2022 年 10 月 31 日作出（2021）甘 0302 刑初 157 号刑事附带民事判决：一、被告人寇某犯合同诈骗罪，判处有期徒刑八年六个月，并处罚金 5 万元；犯非法占用农用地罪，判处有期徒刑三年六个月，并处罚金 1 万元；数罪并罚，决定执行有期徒刑十年，并处罚金 6 万元；二、被告人田某元犯合同诈骗罪，判处有期徒刑六年一个月，并处罚金 3 万元；犯非法占用农用地罪，判处有期徒刑二年，并处罚金 6000 元；数罪并罚，决定执行有期徒刑六年七个月，并处罚金 36 000 元。宣判后，二被告人均提出上诉。金昌市中级人民法院于 2023 年 4 月 21 日作出（2023）甘 03 刑终 4 号刑事附带民事裁定，驳回上诉，维持原判。

裁判理由 ▶▶▶

法院生效裁判认为：被害人罗某林、王某岩等人是基于项目工程分包合同才向寇某支付保证金或借款，根据被害人陈述、银行交易明细、合同等证据，可以认定案涉款项系被告人寇某诈骗所得。在案被害人陈述、被告人寇某的供述以及微信聊天记录等证据相互印证，能够证实被告人田某元主观上明知涉案"100 兆瓦项目"系虚假项目。被告人田某元在明知项目虚假的情况下仍伙同被告人寇某编造事实向他人分包工程，在相关执法部门制止其施工后，以边建边办理手续为由授意他人继续施工，可以认定二被告人主观上具有非法占有目的，其行为构成合同诈骗罪。

裁判要旨 ▶▶▶

行为人通过伪造其他单位印章的方式虚构工程项目，在签订、履行合同过程中，引诱投资人垫资施工，骗取他人财物，数额较大的，可以认定被告人主观上具有非法占有目的，以合同诈骗罪定罪处罚。

《刑法》第 224 条、第 342 条

一审：甘肃省金昌市金川区人民法院（2021）甘 0302 刑初 157 号刑事附带民事判决（2022 年 10 月 31 日）

二审：甘肃省金昌市中级人民法院（2023）甘 03 刑终 4 号刑事附带民事裁定（2023 年 4 月 21 日）

2023-16-1-167-003

李某胜合同诈骗案

—— 在经营活动中，如不能排除当事人违约抗辩理由的正当性，
则不能认定其主观上具有非法占有目的

基本案情 >>>

河北省遵化市人民法院一审经审理查明：1997 年 12 月 31 日，经江苏省徐州市工商局核准，徐州某冶金公司、徐州某钢铁厂合资成立徐州市某钢铁炉料有限责任公司（以下简称徐州某钢铁公司），被告人李某胜为董事长兼公司法定代表人。1998 年 3 月至 1998 年 4 月间，李某胜通过张某在遵化某经销处购买三次焦炭，李某胜按约定以现金和以物抵款的方式给付了大部分货款，尚欠焦炭款 40 余万元。1998 年 5 月，张某受李某胜的委托来到遵化某经销处以口头方式约定，由遵化某经销处为徐州某钢铁厂发运焦炭 2800 吨，价格为每吨 480 元，货到付款。1998 年 5 月 22 日，遵化某经销处由山西某焦化厂通过铁路将 2700 吨焦炭发至徐州车站，5 月 23 日到站后卸到徐州二煤厂专用线，用于徐州某钢铁厂生产。当李某胜将该焦炭提到 1600 余吨时，由于李某胜未付款，山西某焦化厂副厂长徐某民和遵化某经销处的齐某水等人拒绝让李某胜继续提焦炭并与二煤厂联系租用场地，以储存尚剩余的 1000 余吨焦炭，并继续向李某胜追讨货款。在此期间，李某胜未经允许，又将剩余的 1000 余吨焦炭全部提走用于生产。后李某胜将办公地址易址，中断原通讯方式。1998 年 9 月 5 日，李某胜、张某找到遵化某经销处齐某水，要求齐某水

继续为其发焦炭。因上次焦炭款未付，齐某水未答应。齐某水与李某胜、张某又到山西省介休市，李某胜与齐某水在介休补签了已发的 2800 吨焦炭协议书，并签订了 2800 吨焦炭的还款协议。之后，李某胜分两次共给付遵化某经销处货款 40 万元。李某胜已提的 2700 吨焦炭款 129.6 万元至今未能归还。

遵化市人民法院认为，被告人李某胜以非法占有为目的，在签订、履行合同中，没有实际履行能力，以先履行小额合同或者部分履行合同的方法，诱骗对方当事人继续签订和履行合同，骗取对方当事人财物，数额特别巨大，其行为已构成合同诈骗罪，应依法惩处。依据《刑法》第 224 条第 1 款第 3 项、第 64 条、第 52 条、第 53 条之规定，于 2017 年 5 月 5 日作出（2016）冀 0281 刑初 304 号刑事判决，认定被告人李某胜犯合同诈骗罪，判处有期徒刑十年，并处罚金人民币 40 万元；继续追缴李某胜犯罪违法所得人民币 129.6 万元，发还给被害人齐某水。

宣判后，李某胜提出上诉。河北省唐山市中级人民法院经审理，于 2017 年 12 月 13 日作出（2017）冀 02 刑终 473 号刑事裁定，驳回上诉，维持原判。

原裁判发生法律效力后，李某胜不服，以其行为不构成犯罪为由，向河北省高级人民法院提出申诉。河北省高级人民法院于 2018 年 11 月 27 日作出（2018）冀刑申 56 号再审决定书，提审本案。

河北省高级人民法院经再审查明的事实和证据与遵化市人民法院重审认定的事实和证据基本一致。

河北省高级人民法院认为，原裁判仅依据还款协议认定李某胜诈骗焦炭款 129.6 万元的事实不清、证据不足；原裁判认定李某胜没有履行能力，事实不清、证据不足；原裁判认定李某胜办公地点转移、通讯中断、逃避债务的事实不清，以此认定李某胜具有非法占有目的的证据不足。故原审裁判认定李某胜犯合同诈骗罪的事实不清、证据不足，适用法律错误，应当予以纠正。经该院审判委员会讨论决定，于 2019 年 8 月 14 日作出（2019）冀刑再 5 号刑事判决：撤销唐山市中级人民法院（2017）冀 02 刑终 473 号刑事裁定及河北省遵化市人民法院（2016）冀 0281 刑初 304 号刑事判决；改判原审被告人李某胜无罪。

裁判理由 ≫≫

对于合同诈骗罪中的"非法占有目的"，主要可以从以下几方面审查：

（1）关于主体资格是否真实的审查。在正常的经济交易活动中，交易主体签订合同目的是履行合同，达到交易的目的，所以交易的主体是真实的。而在刑事诈骗中，行为人签约时往往会以虚假身份出现，以虚构的单位或者假冒他人的名义签订合同从而达到行骗目的。在本案中，原审被告人李某胜作为徐州某钢铁厂、某钢铁炉料有限公司等实体企业的经营人，签订合同使用的主体资格真实，未使用虚假身份。

（2）关于行为人有无履约能力的审查。对于行为人的履约能力，切忌单纯根据合同缔结时的亏损状态进行认定，应当结合企业整体经营状况、所从事项目的风险等综合判断，如确有必要，可进行整体资产审计。在审查中应注意以下几点：行为人虽不具备全部履约条件，但有证据证明其在履行期限内具有相应的生产经营能力，履约有一定保障的；行为人缔结合同时有履行合同的能力，但在履行合同过程中，由于客观原因丧失了履约能力，导致无力归还他人财物的；行为人签订合同时没有履行合同的能力，但是在取得他人财物后为履行合同做了积极努力，但因其他客观原因丧失归还能力的，上述情形应认定行为人具有一定履约能力。在本案中，齐某水、贾某启、张某均证实李某胜所经营的徐州某钢铁公司当时经营效益较好，生铁刚出来就被买主买走，且李某胜主张有价值 16 万元的某科技股原始股票和位于徐州市的价值 140 万元的房产一套，有一定履约能力，但侦查机关未对上述财产状况及其还款能力问题进行调查取证、审计，原裁判认定李某胜没有履约能力的事实不清、证据不足。

（3）关于实际履行合同的行为的审查。合同诈骗犯罪的行为人在签订合同时或在履行合同过程中没有履行或继续履行合同的主观意思，其目的在于利用签订合同的手段骗取对方财物，一般没有实际履约行为或为履行合同做出积极努力。即使有一些履行合同行为，也不过是为了掩人耳目，对合同条款细枝末节的部分履行一小部分而骗取更多的财物；行为人虽有履行合同的能力，但签订合同后没有为履行合同做任何努力或者仅履行少部分合同，将取得他人财物挥霍、用于其他非经营性活动，丧失归还能力的，应认定行为人具有非法占有的目的。司法实践中，"拆东墙补西墙"的行为不属于履约行为，应认定为行为人主观上具有非法占有目的。在本案中，虽然李某胜公司与遵化市某物资经销社存在购销焦炭关系及部分货款未履行的基本事实清楚，但本案涉案的前几笔焦炭，李某胜已经给付了大部分货款。2800 吨焦炭发到徐州后，也均用于李某胜公司生产。1998 年 9 月 5 日，李某胜和张某到遵化齐某水处，与齐某水协商再继续发焦炭，然后三人到山西介休徐某民处，签订了2800吨焦炭还款协议，后李某胜陆续分两次向齐某水支付40万元，其具有积极的履约行为。

（4）关于未履行合同原因的审查。在合同诈骗犯罪和合同经济纠纷中都会出现行为人没有履行合同的情形，但未履行合同并不一定是合同诈骗，还需具体分析其没有履行合同的主、客观两方面的原因。在合同诈骗犯罪中，行为人主观上逃避履行合同，客观上没有积极促成合同履行的行为，签订合同或收到货款、货物后肆意挥霍、转移隐匿；而在民事合同纠纷中，行为人为了获取经济利益，往往积极促成合同履行，合同最终未履行或未全部履行的原因往往具有正当性、合理性。在本案中，根据李某胜供述，其因焦炭存在质量问题及未给其开具增值税发票，故对支付剩余货款存在争议，待争议解决后再行付款，未履约原因应具有正当性，属于平等主体协商调节范围内的行为，即使未履约，仍可通过民事途径予以解决。

（5）关于是否隐匿、挥霍财产的审查。行为人主观故意不同，对合同标的物的处置方式也会有所不同。行为人将骗取的财物用于个人挥霍、非法活动、归还欠款、非经营性支出等方面的，一般可以认定行为人具有非法占有目的；对于行为人将骗取的资金用于实际经营活动，即使造成资金一定亏损或无法归还的，也不能以合同诈骗罪定罪处罚。这里财物的主要处置形式，指的是全部或大部分资金的去向、用途。在本案中，李某胜作为徐州某钢铁厂、某钢铁炉料有限公司等企业的经营人，有购买焦炭进行生产经营的需要，其向遵化市某物资经销社购买焦炭，焦炭运到徐州后，均用于企业生产，未隐匿、转移、挥霍。

（6）关于行为人事后态度是否积极的审查。行为人的事后态度，也是区分行为人主观上有无诈骗故意的重要因素。如果行为人因自己的行为导致合同没有履行之后，不是及时通知对方，积极采取补救措施，以减少对方的损失，而是无正当理由搪塞应付，东躲西藏，避而不见，甚至收受对方财物后逃匿，一般可以认定其具有非法占有目的；相反如果行为人事后能积极采取补救措施，用实际行动赔偿或者减少对方损失，则不能认定其具有非法占有目的。值得注意的是，逃匿的原因是携款、财物潜逃还是为躲债隐匿，也应有所区别，单纯的因无法履行合同而躲债逃匿，不应直接认定为具有非法占有目的。在本案中，证人贾某启、齐某生虽然证实，李某胜的办公地点易址、徐州某钢铁公司电话是空号、李某胜手机停机，但李某胜在庭审时供述，其下属的经销公司办公地点确曾换过地方，但钢厂没有换过地方，公司总部也没有换过地方，齐某水的人去过其钢厂。李某胜在再审期间提供了徐州市徐州某钢铁公司电话缴费单、工商登记信息，用以证明其电话没有停机，徐州某钢铁公司没有变更过地址。原裁判认定李某胜办公地点转移、通讯中断、逃避债务的事实不清。

综上，李某胜作为徐州某钢铁厂、徐州某钢铁公司等实体企业的经营人，主体资格真实，从事钢铁冶炼生产和销售，有一定的经济实力，其从齐某水处购买的焦炭也全部用于公司生产经营，并以现金和以物抵款的方式，陆续支付了齐某水部分焦炭款，认定其主观上具有非法占有目的的证据不充分，本案应属民事纠纷，再审依法对其改判无罪。

裁判要旨 >>>

行为人使用真实身份签订合同，客观上具备履约能力，并有积极履行合同的行为，虽未全额支付货款但不能排除其抗辩理由的正当性，也不存在挥霍、隐匿财产等情形的，不能认定其主观上具有非法占有目的，不构成合同诈骗罪。

关联索引 >>>

《刑法》第 224 条

一审：河北省遵化市人民法院（2016）冀 0281 刑初 304 号刑事判决（2017 年 5 月 5 日）

二审：河北省唐山市中级人民法院（2017）冀 02 刑终 473 号刑事裁定（2017 年 12 月 13 日）

再审：河北省高级人民法院（2019）冀刑再 5 号刑事判决（2019 年 8 月 14 日）

2023-03-1-167-010

陆某合同诈骗案

——合同诈骗罪中非法占有目的"三看"要素审查法

基本案情 ▶▶▶

　　某生物公司向某产业公司租赁位于上海市嘉定区的339号、359号、369号商铺，用于建设某生活广场。2011年8月至9月，某生物公司经理即被告人陆某在明知无能力建设某生活广场的情况下，与多人就369号商铺签订装饰工程承包协议，以收取工程保证金、定金等名义骗取他人钱款共计44.5万元。事后，被害人多次催讨钱款，陆某以不接电话等方式不予退还，并将办公室搬离。

　　上海市宝山区人民法院于2013年1月7日作出（2012）宝刑初字第1884号刑事判决：一、被告人陆某犯合同诈骗罪，判处有期徒刑四年六个月，并处罚金人民币5000元。二、追缴被告人陆某的违法所得，依法发还各被害人。宣判后，陆某以一审认定其犯合同诈骗罪的理由不充分为由提出上诉。上海市第二中级人民法院于2013年3月25日作出（2013）沪二中刑终字第145号刑事裁定，驳回陆某的上诉，维持原判。

裁判理由 ▶▶▶

　　法院生效裁判认为，本案争议焦点为被告人陆某是否具有非法占有目的。陆某向被害人隐瞒根本无法履行合同的事实，将同一工程同时发包给三名被害人，合同履行时间、期限相近，工程地点、承包范围和价款相同。陆某在签订合同并收取工程保证金、定金后，未按约定安排被害人进场施工，在被害人多次催促后以种种理由进行拖延，没有任何实质性的履约行为。在合同不能履行，被害人多次向陆某催讨钱款的情形下，陆某没有采取任何有效途径阻止和减少被害人的损失，并逃匿。据此，应认定陆某具有非法占有他人财产的主观目的，对其行为应按照合同诈骗罪定罪惩处。故一审、二审作出如上裁判。

裁判要旨 ▷▷▷

合同诈骗罪中被告人非法占有目的的认定，可采取"三看"要素审查法，亦即一看履约能力，二看履约行为，三看事后态度。被告人缺乏履约能力，亦无实际履约行为，事后又无承担违约责任的表现，应认定具有非法占有他人财物的主观目的。

关联索引 ▷▷▷

《刑法》第 224 条

一审：上海市宝山区人民法院（2012）宝刑初字第 1884 号刑事判决（2023 年 1 月 7 日）

二审：上海市第二中级人民法院（2013）沪二中刑终字第 145 号刑事裁定（2023 年 3 月 25 日）

2023-16-1-167-001

某证券营业部、滕某合同诈骗案
——合同诈骗罪中非法占有目的的认定

基本案情 ▷▷▷

2003 年 2 月 26 日至 4 月 14 日，原审被告单位某证券营业部与某集团公司、某实业公司和某机械公司分别签订了《委托国债保管协议》《委托国债投资补充协议》等协议。上述协议约定：某集团公司、某实业公司、某机械公司在某证券营业部开立资金账户，分别买入上交所 2001 年记账式国债票面金额 2000 万元、1000 万元和 800 万元，委托某证券营业部保管，保管期限为一年，某集团公司和某实业公司还明确授权某证券营业部进行国债回购业务；某证券营业部保证三家公司的年投资收益率为 8.2%~9%。同年 3 月至 4 月期间，某证券营业部将上述三家公司的 3800 万元资金交由某投资公司理财，并约定某投资公司保证三家公司的年投资收益率为 10%~11%。某投资公司在收到资金后，分别向某集团公司、某实业公司、某机械公司提前支付了约定的收益204.52万元、108万元和88万元。随后，某投资公司用3800万元购买了"桂某旅游"股票。2003年12月初，"桂某旅游"股票持续下跌，某证券营业部要求某投资公司补仓，某投资公司仅向某实业公司账户内补仓86 897股。原审被告人滕某（某证券营业部总经理）在了解到某投资公司因资金短缺已无法再进行补仓并且急需向股市融资以稳定股价这一情况后，于12月3日到某投资公司位于上海市中银大厦的办公地点，虚构了某控股公司可以为某投资公司融资2000余万元的事实，要求某投资公司以等值的股票作为保证金，诱使某投资公司拟定了融资2100万元的资产委托管理合同。12月4日，某投资公司在合同上盖章后，派业务员前往某证券营业部将融资合同文本交给滕某。同时，某投资公司按照合同约定，从河北省石家庄银某证券红旗营业部将该公司所有的"桂某旅游"股票1 401 150股（市值19 475 985元）转至某证券营业部的账户内。而滕某未按合同约定为某投资公司融资，并且在没有经过某投资公司授权的情况下，擅自将股票平仓，所得资金全部用于归还某集团公司、某实业公司和某机械公司委托投资的资金。某证券营业部后来全部归还了某集团公司等三家公司委托投资的本金3800万元（包括上述股票平仓得款），还分别给这三家公司支付了一定的收益。

　　青海省西宁市中级人民法院于2006年2月7日作出（2005）宁刑初字第94号刑事判决：被告单位某证券营业部、被告人滕某无罪。宣判后，检察机关提出抗诉。青海省高级人民法院于2006年9月1日作出（2006）青刑终字第24号刑事判决，维持一审对被告人滕某无罪的判决；撤销一审对被告单位某证券营业部无罪的判决；以合同诈骗罪判处被告单位某证券营业部罚金人民币100万元；被告单位某证券营业部非法所得19 475 985元，予以追缴。原审裁判发生法律效力后，原审被告单位某证券营业部向最高人民法院提出申诉。最高人民法院决定提审并于2009年4月21日作出（2007）刑提字第4号刑事裁定，撤销青海省高级人民法院二审判决中以合同诈骗罪判处被告单位某证券营业部罚金人民币100万元并追缴某证券营业部非法所得19 475 985元的部分，发回青海省高级人民法院重新审判。青海省高级人民法院重新审判后于2009年10月27日作出（2009）青刑再字第2号刑事判决，原审被告单位某证券营业部无罪。

裁判理由 ▶▶▶

　　法院生效裁判认为：原审被告单位某证券营业部在与某集团公司等三家

公司签订了 3800 万元国债资金委托保管协议后，又与某投资公司签订了理财合同。某投资公司将 3800 万元资金投入股票市场后，因股市低迷，造成了某集团公司等三家公司的损失。原审被告人滕某在得知某投资公司已无能力弥补某集团公司等三家公司资金损失的情况下，采用虚假手段将某投资公司作为保证金的 19 475 985 元股票平仓变现，所得资金全部归还某集团公司等三家公司。滕某及某证券营业部将某投资公司作为保证金的股票平仓，目的在于减少某证券营业部的损失，主观上不具有非法占有某投资公司财物的目的，其行为均不符合合同诈骗罪的构成要件，故本案不构成合同诈骗罪。本案属于民事法律关系调整的范围，原二审判决认定某证券营业部犯合同诈骗罪不当。

裁判要旨 〉〉〉

合同诈骗罪保护的客体是财产权，而不是交易中的诚实信用，不能因为一方在交易中有违反诚实信用原则的行为，就认定为合同诈骗犯罪。本案中，滕某以融资为幌子，诱使某投资公司转入股票继而抛售的事实，单从客观方面的这一表现来看，似乎符合合同诈骗罪客观方面的特征。但综合全案分析，滕某作为某证券营业部的总经理，其采取欺诈手段，将某投资公司转来作为保证金的股票平仓，目的在于减少某证券营业部按照相关协议对某集团公司等三家公司所承担的债务责任，且股票平仓所得款也全部归还了这三家公司，其主观上没有将该款项非法占为己有的目的。如果因此在某证券营业部与某投资公司之间发生争议或者纠纷，也属于民事法律关系调整的范围，原判按刑事犯罪处理错误。

关联索引 〉〉〉

《刑法》第 224 条、第 231 条

《刑事诉讼法》第 236 条第 1 款第 2 项（本案适用的是 1996 年 3 月 17 日修正的《刑事诉讼法》第 189 条第 2 项）

一审：青海省西宁市中级人民法院（2005）宁刑初字第 94 号刑事判决（2006 年 2 月 7 日）

二审：青海省高级人民法院（2006）青刑终字第 24 号刑事判决（2006 年 9 月 1 日）

再审：最高人民法院（2007）刑提字第 4 号刑事裁定（2009 年 4 月 21 日）

再审：青海省高级人民法院（2009）青刑再字第 2 号刑事判决（2009 年 10 月 27 日）

2023-16-1-113-001

倪某某非法吸收公众存款案

——空货交易拆借资金未能如期偿还的行为不构成合同诈骗罪

基本案情 >>>

（一）非法吸收公众存款罪

1995 年至 2008 年期间，被告人倪某某在担任被告单位吴江市甲公司、吴江市乙公司、上海丙公司法定代表人时，以购买原料等名义，约定高额利息为诱饵，采用支付部分本金、利息的手段，先后多次向被害人朱某某、卢某某、吴某某、徐某海、徐某等人变相非法吸收公众存款共计人民币 7004.8801 万元，其中被告单位吴江市甲公司变相非法吸收公众存款共计人民币 2017.5461 万元，被告单位吴江市乙公司变相非法吸收公众存款共计人民币 2365 万元，被告单位上海丙公司变相非法吸收公众存款共计人民币 100 万元，并个人变相非法吸收公众存款共计人民币 2522.334 万元，还本付息共计人民币 4136.647299 万元，造成损失共计人民币 2868.232801 万元。

（二）合同诈骗罪

2007 年，被告人倪某某在担任原审被告单位吴江市甲公司、吴江市丁公司、上海丙公司法定代表人期间，以投资购买原料为名，采用空货操作的形式以原审被告单位吴江市甲公司、吴江市丁公司、上海丙公司的名义同尤某某开设的扬州戊公司签订买卖合同，先后多次变相非法吸收被害单位扬州戊公司资金共计人民币 1303.38 万元，除归还被害单位人民币 774.4464 万元，购买原料花费人民币 20.3184 万元，余款用于归还其在非法吸收公众存款过程中所产生的本金、利息，造成被害单位损失计人民币 528.9336 万元。

江苏省吴江市人民法院于 2009 年 11 月 27 日作出（2008）吴江刑初字第 1326 号刑事判决：一、被告单位吴江市丁公司犯合同诈骗罪，判处罚金人民币 40 万元。二、被告单位上海丙公司犯合同诈骗罪，判处罚金人民币 40 万元；犯非法吸收公众存款罪，判处罚金人民币 10 万元，决定执行罚金人民币 50 万元。三、被告单位吴江市甲公司犯合同诈骗罪，判处罚金人民币 40 万元；犯非法吸收公众存款罪，判处罚金人民币 40 万元，决定执行罚金人民币 80 万元。四、被告单位吴江市乙公司犯非法吸收公众存款罪，判处罚金人民币 40 万元。五、被告人倪某某犯非法吸收公众存款罪，判处有期徒刑八年，并处罚金人民币 40 万元；犯合同诈骗罪，判处有期徒刑十三年，并处罚金人民币 40 万元，决定执行有期徒刑二十年（刑期从判决执行之日起计算。判决执行以前先行羁押的，羁押一日折抵刑期一日，即自 2008 年 3 月 25 日起至 2028 年 3 月 24 日止），并处罚金人民币 80 万元。六、责令被告单位吴江市甲公司、吴江市丁公司、上海丙公司、吴江市乙公司、被告人倪某某退赔本案尚未被追回的赃款，发还本案各被害人及被害单位。

宣判后，被告人倪某某不服，提出上诉。江苏省苏州市中级人民法院作出（2010）苏中刑二终字第 16 号刑事裁定书，驳回上诉，维持原判。

原审被告人倪某某不服已生效的一审判决、二审裁定，于 2018 年 11 月 9 日向苏州市中级人民法院提出申诉。苏州市中级人民法院经审查，于 2019 年 4 月 30 日作出（2018）苏 05 刑申 45 号再审决定，对本案提起再审。于 2019 年 9 月 29 日作出（2019）苏 05 刑再 5 号刑事判决：一、撤销江苏省苏州市中级人民法院（2010）苏中刑二终字第 16 号刑事裁定和原江苏省吴江市人民法院（2008）吴江刑初字第 1326 号刑事判决。二、原审被告单位吴江市甲公司犯非法吸收公众存款罪，判处罚金人民币 40 万元。三、原审被告单位吴江市乙公司犯非法吸收公众存款罪，判处罚金人民币 40 万元。四、原审被告单位吴江市丁公司犯非法吸收公众存款罪，判处罚金人民币 10 万元。五、原审被告单位上海丙公司犯非法吸收公众存款罪，判处罚金人民币 10 万元。六、原审被告人倪某某犯非法吸收公众存款罪，判处有期徒刑九年，并处罚金人民币 40 万元。七、对原审被告单位吴江市甲公司、吴江市乙公司、吴江市丁公司、上海丙公司、原审被告人倪某某的违法所得予以追缴，不足部分责令各原审被告单位、原审被告人在其所参与犯罪造成损失范围内退赔给各被害人、被害单位。

裁判理由

法院生效裁判认为：关于第一审判决认定非法吸收公众存款的事实，原审被告人倪某某对第一审判决查明的非法吸收公众存款的事实及定性均未提出异议。再审针对第一审判决认定的非法吸收公众存款的事实，经查明，与第一审判决一致。

关于第一审判决认定合同诈骗的事实：（1）原审被告单位、原审被告人倪某某主观上并无"非法占有他人财物"的犯罪故意。经查，原审被告人倪某某与尤某某在2006年秋就拆借资金开始协商，实际达成协议在2007年1月。尤某某向倪某某按协议约定提供借款期间，原审被告单位均处于正常经营状态，2007年度吴江市甲公司在2007年1~5月连续盈利，有一定的净利润。倪某某在与尤某某协商拆借资金之前，倪某某所经营的原审被告单位确已长期存在为经营所需，而非法吸收大量公众存款的事实，但该事实不能就此推定原审被告单位、原审被告人倪某某对变相吸收的借贷资金具有非法占有的主观目的。而从涉案拆借资金合同的实际履行情况看，倪某某在与尤某某签订的持续多笔拆借交易中，案发前已经如约履行多笔拆借合同，涉案的全部拆借资金中大多数都是如期、足额归还本息的。以原审被告单位、原审被告人倪某某不能按约支付部分拆借本金为由，而认定倪某某在与尤某某协商、签订拆借合同之初，在客观上即不具有清偿的能力，进而推定其在主观上即具有"非法占有"犯罪目的，该事实认定证据不足。

（2）倪某某并未向尤某某实施"虚构事实、隐瞒真相"等合同诈骗行为。本案涉案交易系由徐某某提出，其分别向倪某某及尤某某推荐了对方，并就合作模式提出了建议。本案现有在案证据不能证实尤某某是在倪某某"虚构事实、隐瞒真相"的欺骗之下、基于错误认识将资金出借给原审被告单位的。尤某某的陈述证实其对于空货流转、拆借资金的交易模式、内容均是明确知悉，且其曾亲自前往倪某某所属的原审被告单位考察并确定倪某某具有一定的经济实力后，为了赚取拆借资金利息而作出的上述借贷行为。

（3）原审被告单位与扬州戊公司之间拆借资金的行为应当计入倪某某参与的非法吸收公众存款的部分。原审被告单位、原审被告人倪某某向扬州戊公司借款的用途除部分系购买生产原料、经营所用外，另主要用于归还先前非法吸收公众存款的借款本金及利息，这与本案非法吸收公众存款部分中原审被告人倪某某以购买原料等名义，与他人约定高额利息，向他人变相非法吸收公众存款的行为目的、性质相同。因此原审被告人倪某某所属原审被告单位与扬州戊公司之间拆借资金的行为符合非法吸收公众存款的犯罪构成。

（4）原审被告单位吴江市甲公司、吴江市丁公司、上海丙公司各自参与变相非法吸收扬州戊公司借贷资金总额应分别计入各自犯罪数额。根据倪某某安排，上述原审被告单位分别以签订买卖合同，实现转账付款等方式共同完成变相吸收资金的行为，构成共同犯罪，且在共同犯罪中均起主要作用，均应共同承担向被害单位非法吸收资金的刑事责任，上述原审被告单位非法吸收被害单位资金总额应分别计入上述原审被告单位非法吸收公众存款犯罪的数额中。

综上，原审被告单位吴江市甲公司、吴江市乙公司、上海丙公司、吴江市丁公司变相非法吸收公众存款，数额巨大，其行为均已构成非法吸收公众存款罪；原审被告人倪某某系上述原审被告单位直接负责的主管人员，应当以非法吸收公众存款罪论处。原审判决认定被告单位吴江市甲公司、吴江市丁公司、上海丙公司构成合同诈骗罪以及对上述单位直接负责的主管人员即原审被告人倪某某以合同诈骗罪论处的定性错误，再审予以纠正。

裁判要旨 >>>>

合同诈骗罪之非法占有目的的认定，不能仅以行为人后来客观上未履行合同，就推定其签订合同时具有非法占有他人财物的故意，应当结合合同签订时企业经营状态、合同签订后履行情况、资金去向和用途等进行综合判断。

关联索引 >>>>

《刑法》第 176 条、第 224 条

《最高人民法院关于审理非法集资刑事案件具体应用法律若干问题的解释》第 1 条、第 3 条

一审：江苏省吴江市人民法院（2008）吴江刑初字第 1326 号刑事判决（2009 年 11 月 27 日）

二审：江苏省苏州市中级人民法院（2010）苏中刑二终字第 16 号刑事裁定（2010 年 3 月 29 日）

申诉审查：江苏省苏州市中级人民法院（2018）苏 05 刑申 45 号再审决定（2019 年 4 月 30 日）

再审：江苏省苏州市中级人民法院（2019）苏 05 刑再 5 号刑事判决（2019 年 9 月 29 日）

2024-05-1-167-001

彭某某合同诈骗案
——诈骗罪与合同诈骗罪的区别

基本案情 >>>

2017 年 3 月 3 日晚 9 点左右，被告人彭某某窜至四川省旺苍县某热电厂一楼厂房内，使用钢锯将 6 根电缆锯断并拖出某热电厂外的河边，用火烧掉电缆线外皮，将铜芯线盗走。次日早上 8 点左右在旺苍县城三桥附近，将铜芯线 10 斤 7 两，以每斤 14 元的价格卖给一个骑三轮车收废品的人，获得赃款 150 元；2017 年 3 月 4 日晚 10 点左右，彭某某又窜至该热电厂内，采用同样方法锯断 3 根电缆线，将铜芯线盗走。次日，在旺苍县城三桥附近将铜芯线以每斤 14 元的价格卖给一个骑三轮车收废品的人，获得赃款 80 元；2017 年 3 月 6 日晚 10 点左右，被告人彭某某再次窜入该热电厂内，使用同样方法，将 4 根电缆线锯断，正在将盗窃的电缆线拖走过程中，被热电厂工人发现而被现场抓获。2012 年 11 月底，杨某某将"广元市星河明珠工程"的施工图交给被告人彭某某，让被告人彭某某帮忙预算该工程的土木价格。被告人彭某某取得"广元市星河明珠工程"施工图后，于 2012 年 12 月至 2013 年 11 月 7 日期间，利用图纸虚构自己是该工程的承包商，以将该工程的混凝土、木工、内外防护的安装、拆卸、钢筋加工等项目分包为由，先后与董某、李某某、范某签订五份该工程的分包合同，同时分别以收取合同约定的工程保证金名义，先后骗取三人现金 7000 元、10 000 元、2000 元。后董某、李某某、范某未能入场施工，被告人改变联系方式隐匿。所获钱款已被其挥霍。

四川省广元市利州区人民法院于 2017 年 6 月 14 日作出（2017）川 0802 刑初 195 号刑事判决：一、被告人彭某某犯盗窃罪，判处有期徒刑七个月，并处罚金 2000 元；二、责令被告人彭某某退赔赃物折款人民币 1120.96 元，发还给被害人旺苍县某热电厂。宣判后，四川省广元市利州区人民检察院提出抗诉，后又于广元市中级人民法院审理过程中撤回抗诉，四川省广元市中级人民法院于 2017 年 11 月 30 日以（2017）川 08 刑终 77 号刑事裁定准予撤回抗诉。

裁判理由 >>>

法院生效裁判认为，被告人彭某某以非法占有为目的，多次秘密窃取他人财物，其行为已触犯了《刑法》第264条之规定，构成盗窃罪；被告人彭某某以非法占有为目的，隐瞒真相，虚构自己劳务总包的身份，与董某、李某某、范某分别签订了书面的工程分包合同，合同内容中均约定了工程标的、数量、价格、结算方式、违约责任等权利义务，并有双方当事人的签名、捺印，符合国家合同管理法律法规中有关"合同"的定义。被告人在与董某、李某某、范某签订合同的同时，以收取合同中约定的保证金的名义骗取了三人的现金，事后被告人改变联系方式并隐匿。被告人的诈骗行为在合同签订过程中产生、实施，以合同签订为手段骗取对方当事人财物，事后被告人隐匿，符合《刑法》第224条关于合同诈骗罪第4项"收受对方当事人给付的货物、货款、预付款或者担保财产后逃匿的"情形，但依照最高人民检察院、公安部发布的《关于公安机关管辖的刑事案件立案追诉标准的规定（二）》的规定："合同诈骗案数额在二万元以上的，应当予以立案追诉"，本案被告人彭某某的诈骗数额为19 000元，达不到立案追诉标准，故被告人的该行为不构成犯罪，不应追究刑事责任。综上，本案被告人该行为的性质应当属于合同诈骗，由于未达到入罪标准，不构成犯罪。对公诉机关指控被告人彭某某犯盗窃罪的意见予以采纳，对指控犯诈骗罪的意见不予采纳。

裁判要旨 >>>

诈骗罪与合同诈骗罪在实践中的边界较为模糊，在认定是否构成合同诈骗罪时，一要注意合同是手段而非目的，不能割裂整个诈骗过程单独看待"签订合同"的行为。二要注意合同诈骗罪侵犯的客体是复杂客体，诈骗罪规定在《刑法》第五章"侵犯财产罪"一章中，其犯罪客体是公私财产所有权，而合同诈骗罪规定在《刑法》第三章"破坏社会主义市场经济秩序罪"第八节"扰乱市场秩序罪"中，也即合同诈骗罪的犯罪客体除侵犯公私财产所有权以外，还包括扰乱了合同管理行业领域的市场秩序。

关联索引 >>>

《刑法》第224条、第264条

一审：四川省广元市利州区人民法院（2017）川0802刑初195号刑事判

决（2017 年 6 月 14 日）

二审：四川省广元市中级人民法院（2017）川 08 刑终 77 号刑事裁定（2017 年 11 月 30 日）

2023-16-1-167-004

王某某合同诈骗案

——欺诈借款但不具有非法占有目的，不构成合同诈骗罪

基本案情 >>>

某品公司的法定代表人为王某明，原审被告人王某某为实际控制经营人，王某明系王某某之兄。2011 年，某品公司开发位于通化县快大茂镇某小区（系通化县西山棚改建设项目）。为了征用土地，公司于 2013 年 12 月 24 日至 2014 年 2 月 18 日间，向通化县财政局交纳了 1.171 亿元的土地出让金。为解决公司交纳土地出让金的困局，王某某通过朋友梁某向被害人王某甲借款。2013 年 12 月 24 日，王某某用某品公司开发的 27 套商品房作为抵押，与王某甲签订借款合同，借款 500 万元，借期两个月，王某甲按合同约定扣除一个月的利息 25 万元（月利息 5 分）后，向王某某转账 475 万元。2013 年 12 月 25 日，王某某将此款及自筹的 20 万元合计 495 万元汇至农行通化县土地收储交易中心账户上。借款到期后，由于王某某没有及时还款，双方签订第二份合同，约定增加 3 套商品房，即以 30 套商品房作为抵押，延长还款日期至 2014 年 4 月 30 日，借款合同和抵押合同上均有公司印章和王某明、王某某的签字。借款合同到期后，王某甲以民事借款纠纷为由将某品公司、王某明、王某某起诉至吉林省辉南县人民法院。

2014 年 7 月 14 日，吉林省弘某药用植物有限公司（以下简称弘某公司）用银行存款 700 万元为某品公司、王某明、王某某担保，辉南县人民法院于同年 7 月 15 日作出裁定，冻结此款。辉南县人民法院于同年 11 月 6 日作出民事调解书，王某甲与王某明、王某某、某品公司约定至同年 12 月 30 日偿还 500 万元及利息。同年 11 月 12 日，辉南县人民法院作出裁定，解除对弘某公司银行存款 700 万元的冻结。由于公司资金困难，王某明、王某某、某品公

司没有及时还款。王某甲申请法院执行。某品公司为配合辉南县人民法院执行该案件，曾经提供房屋和车库，一共205套。法院执行过程中发现抵押给王某甲的30套商品房中，6套系回迁房、7套已售出、13套已顶账，认为此案涉嫌合同诈骗犯罪，遂于2015年2月2日将案件移送公安立案侦查。同年6月，王某某与吉林仲某投资有限公司杨某等人签订协议，将公司股份、债权债务及所开发的小区工程项目转让。某品公司于同年9月23日通过王某某妻子崔某将借款汇给王某甲，并与王某甲达成谅解协议。

吉林省辉南县人民法院于2016年4月21日作出（2015）辉刑初字第235号刑事判决，认定被告人王某某犯合同诈骗罪，判处有期徒刑五年，并处罚金人民币20万元。宣判后，被告人王某某提出上诉。吉林省通化市中级人民法院于2016年7月18日作出（2016）吉05刑终89号刑事裁定：一、撤销吉林省辉南县人民法院（2015）辉刑初字第235号刑事判决；二、发回辉南县人民法院重新审判。吉林省辉南县人民法院于2016年9月7日作出（2016）吉0523刑初123号刑事判决，认定被告人王某某犯合同诈骗罪，判处有期徒刑三年，缓刑三年，并处罚金人民币5万元。宣判后，被告人王某某提出申诉。吉林省通化市中级人民法院于2018年6月11日作出（2017）吉05刑申48号再审决定，认为原审判决适用法律确有错误，由吉林省通化市中级人民法院进行再审。吉林省通化市人民检察院于2018年7月9日作出通检控执刑申抗（2018）1号刑事抗诉书，亦认为原判属认定事实错误、适用法律不当，向吉林省通化市中级人民法院提出抗诉。吉林省通化市中级人民法院于2018年8月16日作出（2018）吉05刑抗1号刑事判决：一、撤销辉南县人民法院（2016）吉0523刑初123号刑事判决，即以被告人王某某犯合同诈骗罪判处其有期徒刑三年，缓刑三年。并处罚金5万元；二、原审被告人王某某无罪。

裁判理由 ❱❱❱

法院生效裁判认为：原审被告人王某某借款的目的是用于缴纳土地出让金。在借款到期后，又用他公司资金及其他房产作为重新置换抵押。案发后将借款及利息归还债权人，并取得了债权人的谅解，亦未逃匿。即王某某主观上无非法占有的故意，客观上亦无诈骗他人财物的行为。其行为不符合《刑法》第224条规定的情形，原审判决证据不足、适用法律错误，应予纠正。

裁判要旨

行为人是否具有非法占有目的是区分民事欺诈与合同诈骗的关键。对行为人的主观目的判断，需要综合全案情况进行推断，不能仅以行为人实施了某一行为而简单地推导出其具有非法占有的目的。应结合行为人的履约能力、履约行为、对取得财物的处置情况、合同未履行原因及事后态度等情况，加以综合评判。如果行为人在履行合同的过程中存在欺骗行为，但是其在签订合同时具有履约的现实可能性或者期待可能性，且积极创造条件履行合同，后续未履约有一定客观原因，事后又积极承担义务、采取补救措施，主动弥补对方损失，一般不认定具有非法占有的目的，不构成合同诈骗罪。

关联索引

《刑法》第 224 条

一审：吉林省辉南县人民法院 (2015) 辉刑初字第 235 号刑事判决 (2016 年 4 月 21 日)

二审：吉林省通化市中级人民法院 (2016) 吉 05 刑终 89 号刑事裁定 (2016 年 7 月 18 日)

一审：吉林省辉南县人民法院 (2016) 吉 0523 刑初 123 号刑事判决 (2016 年 9 月 7 日)

申诉：吉林省通化市中级人民法院 (2017) 吉 05 刑申 48 号再审决定 (2018 年 6 月 11 日)

再审：吉林省通化市中级人民法院 (2018) 吉 05 刑抗 1 号刑事判决 (2018 年 8 月 16 日)

2023-03-1-433-001

王某筠等国家机关工作人员签订、履行合同失职被骗案

——国家机关工作人员虽未在合同上签字署名，但在负责签订、

履行合同的调查、核实、商谈等工作过程中，

严重不负责任被骗的，如何定性

基本案情 ≫≫

（一）国家机关工作人员签订、履行合同失职被骗、合同诈骗、伪造国家机关印章部分

2010年5月，江苏省宜兴市某街道办事处成立景某某某小区安置小区筹建小组，并在会议上口头任命时任某街道城市建设管理办公室副主任的被告人王某筠为筹建小组负责人，聘用被告人闵某某等技术人员为筹建小组成员，全面负责安置小区的现场管理、矛盾协调等工作。2010年9月，某街道准备采购景某某某小区等安置小区高层住宅楼房电梯，王某筠安排闵某某统计电梯停靠层数等数据。闵某某在统计过程中，没有核对建筑施工图，将景某某某小区高层实际为二层地下室统计成一层地下室，并据此草拟了采购电梯的申请交给王某筠审核。王某筠亦没有核对建筑施工图，就按照闵某某拟定的采购电梯申请上报宜兴市财政局，后据此进行了电梯采购招标。2011年4月，景某某某小区等安置小区的上述电梯采购经公开招标，由金某公司和无锡某电梯公司联合体中标。同年6月，某街道办事处和金某公司签订了电梯供需合同。同年年底，金某公司与东某公司签订电梯销售合同。

2012年10月，金某公司派员至现场进行电梯安装准备工作时发现景某某某小区高层住宅有二层地下室，合同上电梯少算一层。金某公司法定代表人被告人薛某某立即通知某街道。经重新统计，共有59台电梯需要变更层数。后金某公司对某街道隐瞒东某公司仅有一台电梯安排生产、其余均未投产的事实，谎称电梯均已生产，需要对电梯进行改装，改装费用共需要人民币500余万元。某街道委派被告人王某筠、闵某某参与和金某公司就电梯改装费补偿问题的前期商谈工作。后薛某某提供了伪造的东某公司电梯改造报价清单

和金某公司支付改装费 300 万元的银行电子交易回执，并安排所谓的东某公司工作人员至工地现场与王某筠见面证实改装费用等情况。王某筠在未认真审核的情况下，将上述情况向某街道作了汇报，某街道遂安排其测算电梯改装费用，王某筠又安排闵某某根据招投标文件以及江苏省人工工资调整的相关规定测算改装费用。王某筠、闵某某在未实际至电梯生产商东某公司处实地核实的情况下，测算出改装费用为 271 万余元，此外增加井道照明费 24 万元。王某筠将上述数据向某街道汇报后，某街道于 2013 年 6 月与金某公司签订了补充合同，约定某街道再支付金某公司 59 台电梯增层费、人工工资和井道照明费合计人民币 295.5681 万元。后薛某某安排徐某某持补充合同分别至宜兴市招投标中心、宜兴市政府采购管理办公室盖章确认，在上述两部门不同意加盖公章的情况下，薛某某、徐某某指使他人，采用电脑扫描、复制技术，将伪造的上述两部门印章加盖在补充合同上。2013 年 12 月初，薛某某借用其他公司资质进行电梯安装，为了向宜兴市质量技术监督局申请报备，安排被告人徐某某指使他人采用上述相同手段，伪造宜兴市某街道办事处印章加盖在电梯安装合同上。

2013 年底，金某公司实际共安装电梯 36 台（均涉及变更层数），后双方同意解除电梯供需合同。2014 年 6 月，以上述补充合同为依据，某街道与金某公司就已安装的 36 台电梯签订了新的补充合同，约定某街道支付金某公司 36 台电梯的增层费、安装费和井道照明费等共计人民币 1 520 964 元（以下币种均为人民币，其中井道照明费为 115 200 元）。至案发，某街道应支付金某公司共计 7 674 824 元，已支付 7 290 836 元，尚有 383 988 元未支付。另查明，东某公司已安排生产的一台 19 层电梯所产生的已排产损费为 17 000 元。经鉴定，已安装的 36 台电梯增加一层的市场价格为 269 784 元。据此，金某公司实际骗得某街道总计 734 992 元。

（二）受贿部分

被告人王某筠于 2011 年春节前至 2015 年 5 月期间，先后利用担任宜兴市某街道城市建设管理办公室副主任、规划办主任、景某某某小区安置小区筹建小组负责人的职务便利，收受他人贿赂钱物折合人民币 104 000 元。

江苏省宜兴市人民法院于 2017 年 4 月 5 日作出（2015）宜刑二初字第 200 号刑事判决：（1）以国家机关工作人员签订、履行合同失职被骗罪判处被告人王某筠有期徒刑八个月，以受贿罪判处有期徒刑十个月，并处罚金人民币 10 万元，决定执行有期徒刑一年三个月零六日，并处罚金人民币 10 万元；以国家机关工作人员签订、履行合同失职被骗罪对被告人闵某某免予刑事处罚；以合同诈骗罪判处被告单位金某公司罚金人民币20万元；以合同诈骗罪判处被告人薛某某有期徒刑五年，并处罚金人民币10万元，以伪造国家机关印章罪判处被告人薛某某拘役五个月，决定执行有期徒刑五年，并处罚金人民币10万元；以伪造国家机关印章罪判处被告人徐某某有期徒刑八个月，缓刑一年。（2）尚未退还的人民币734 992元，责令金某公司退赔后发还被害单位。（3）扣押在宜兴市人民检察院的人民币87 000元予以没收，上缴国库。一审宣判后，被告人王某筠、薛某某和被告单位金某公司不服，提出上诉。江苏省无锡市中级人民法院于2017年11月7日作出（2017）苏02刑终184号刑事裁定，驳回上诉，维持原判。

裁判理由

法院生效裁判认为，被告人王某筠身为国家机关工作人员，被告人闵某某系受聘在国家机关中从事公务的人员，在签订、履行合同过程中，工作严重不负责任，未认真审核合同事实情况，导致上当受骗，致使国家利益遭受重大损失，其行为均已构成国家机关工作人员签订、履行合同失职被骗罪；王某筠还利用职务之便，为他人谋取利益，非法收受他人财物，其行为已构成受贿罪，应予数罪并罚。被告单位金某公司以非法占有为目的，在签订、履行合同过程中，采用隐瞒真相、虚构事实等手段，骗取某街道财物，数额巨大，被告人薛某某作为金某公司直接负责的主管人员，其行为均已构成合同诈骗罪。被告人薛某某、徐某某共同伪造国家机关印章，二被告人的行为均已构成伪造国家机关印章罪。故一审、二审作出如上判决。

裁判要旨

（1）国家机关工作人员虽未在合同上签字署名，但在负责签订、履行合同的调查、核实、商谈等工作过程中，严重不负责任被骗的，构成国家机关工作人员签订、履行合同失职被骗罪。

（2）玩忽职守类犯罪出现法条竞合时，应遵循特别法优于普通法的原则。当被告人的行为既符合玩忽职守罪的犯罪构成要件，同时又符合刑法第四百零六条的特别规定时，应当遵循特别法优于普通法的基本原则，依照法律及司法解释的规定，以国家机关工作人员签订、履行合同失职被骗罪定罪处罚。

关联索引 ▷▷▷

《刑法》第 406 条、第 167 条

一审：江苏省宜兴市人民法院（2015）宜刑二初字第 200 号刑事判决（2017 年 4 月 5 日）

二审：江苏省无锡市中级人民法院（2017）苏 02 刑终 184 号刑事裁定（2017 年 11 月 7 日）

2023-03-1-141-001

温某保险诈骗案

——网络交易中"材质保真险"诈骗行为的认定

基本案情 ▷▷▷

2019 年 8 月份开始，被告人温某伙同温某甲（已判决）等人，利用中国平安财产保险股份有限公司浙江分公司推出的材质保真险，骗取保险金。温某甲联系在天台县经营汽车坐垫的天猫商家，以需要订购大量汽车坐垫为由，要求对店铺内汽车坐垫投保材质保真险，把坐垫材质参数由原先的 PU 表层改成牛皮，销售价格调至人民币 750 元左右。温某甲随后将修改了参数的购买链接发给被告人温某等人，由他们自行下单购买，再以商品材质不合格为由，向保险公司申请理赔，并约定收取利润 30% 的好处费。被告人温某采取上述方式，骗取中国平安财产保险股份有限公司浙江分公司的保险理赔金总计人民币 448 286 元。

2021 年 8 月 17 日，被告人温某主动向公安机关投案，并如实供述了涉案事实。

浙江省天台县人民法院于 2022 年 7 月 12 日作出（2021）浙 1023 刑初 362 号刑事判决：一、被告人温某犯保险诈骗罪，判处有期徒刑六年六个月，并处罚金人民币 7 万元。二、责令被告人温某退赔赃款人民币 448 286 元，返还被害单位中国平安财产保险股份有限公司浙江分公司。一审宣判后，公诉机关未提起抗诉，被告人温某不服，提出上诉。浙江省台州市中级人民法院于 2022 年 11 月 4 日作出（2022）浙 10 刑终 246 号刑事判决：一、撤销浙江省天台县人民法院（2021）浙 1023 刑初 362 号刑事判决主文的第一项关于被告人温某的量刑部分及第二项，维持其余部分。二、被告人温某犯保险诈骗罪，判处有期徒刑三年十个月，并处罚金人民币 5 万元。三、被告人温某家属代为退出的赃款人民币 1 万元返还给被害单位中国平安财产保险股份有限公司浙江分公司，继续追缴赃款人民币 438 286 元退赔被害单位。

裁判理由 >>>

法院生效裁判认为，本案关键在于厘清保险事故是否发生以及编造的内容。

（1）本案的保险事故。凡是发生保险理赔的事故，均属于保险事故。本案的保险事故是：发生了与保险标的不符的事实，保险标的投保的产品是牛皮汽车座垫，而实际购买到的是 PU 汽车坐垫。这一保险事故符合天猫网购平台卖家与保险公司签订的保险合同中约定的保险责任范围的事故。也就是说，本案中的保险事故是指发生了由牛皮汽车坐垫变成 PU 汽车坐垫的事故。

（2）本案保险事故已经发生。这一事故是一个客观事故，即被告人温某确实收到的是 PU 汽车坐垫。这一事故并不是行为人故意编造出来的事故，因此本案中被告人温某并没有伪造保险事故。所谓伪造保险事故是指在没有发生保险事故的情况下，捏造保险事故，属于保险事故本身不存在却谎称存在。例如，行为人明明收到的是牛皮汽车坐垫，但是，行为人故意隐瞒真相，称收到的是 PU 坐垫；或者行为人故意用 PU 坐垫冒充牛皮坐垫等等。从本案的情况来看，事实上已发生了"PU 汽车坐垫"的事故，不是无中生有。

（3）本案是对已经发生的保险事故编造了虚假原因。本案之所以发生保险事故，是被告人温某在明知同案犯与卖家串通后，故意制造保险事故，故意虚构保险标的。"所谓虚构保险标的，一般表现为：原本不存在保险标的，却谎称存在保险标的，与保险人签订保险合同；恶意超值（超额）投保；以不合格的保险标的冒充合格的保险标的；等等"虽然投保人虚构了保险标的，但是，在发生事故后，被告人温某在保险理赔时，故意隐瞒真相，编造事故发生的原因。本案保险事故发生的真实原因，是被保险人与投保人串通一气，故意让卖家虚构保险标的，而卖家根据被告人温某的要求寄送了与投保标的不一样的产品。被告人温某在保险理赔时故意隐瞒原因，属于对保险事故"编造虚假的原因"。

（4）本案还存在夸大损失。被告人温某在卖家投保时，明明知道 PU 表层汽车坐垫，不仅让卖家故意修改为牛皮坐垫，以不合格产品冒充合格产品，还要求卖家故意将汽车坐垫的价格抬高，从而在理赔时夸大损失。

因此，本案的保险合同已经成立，卖家购买保险，并且支付保费，保险公司也承认保险合同的成立。被告人温某一方面使其所购商品必然不符合标准，以达到获取理赔金的结果，并且为规避商家对商品购买数量的限制，使用他人的大量支付宝账号用于下单，足以证实其主观上存在骗取保险理赔款的故意。另一方面，被告人温某诱使卖家违背了诚信经营的原则，扰乱了正常的市场经济秩序，并在理赔过程中，对保险公司隐瞒真相，导致保险公司认识错误，作出支付赔偿金的处分财产决定。被告人温某获取赔偿款确实来自保险公司账户，由此可以确认赔偿款属于保险理赔款的性质，保险公司合法财产权益已受到侵害。因此，根据我国《刑法》第 266 条和第 198 条第 1 款 2 项的规定，本案应认定为保险诈骗罪。

裁判要旨 ▶▶▶

材质保真险是网络交易发展过程的产物，具有合法性。行为人诱使卖家违背了诚信经营的原则，使得其所购商品必然不符合标准，以达到获取理赔金的结果，扰乱了正常的市场经济秩序，并在理赔过程中，对保险公司隐瞒真相，导致保险公司认识错误，作出支付赔偿金的处分财产决定。对该网络交易中的保险诈骗行为定性，优先考虑是否符合保险诈骗罪，再考虑合同诈骗罪或诈骗罪。保险诈骗罪行为方式的认定，主要在于厘清保险事故是否发生以及编造的内容。

关联索引 ▶▶▶

《刑法》第 198 条第 1 款

一审：浙江省天台县人民法院（2021）浙 1023 刑初 362 号刑事判决（2022 年 7 月 12 日）

二审：浙江省台州市中级人民法院（2022）浙 10 刑终 246 号刑事判决（2022 年 11 月 4 日）

2023-16-1-167-005

伍某合同诈骗案

——被"套路贷"的对象不构成合同诈骗罪

基本案情 》》

　　2016 年，黄某等人通过签订空白合同、虚增借款金额、提起虚假诉讼等"套路贷"手段从事非法放贷业务。被告人伍某的朋友陈某多次向黄某等人借款。伍某与陈某于 2011 年相识，伍某多次帮助陈某向贷款公司借款。

　　2016 年 11 月，黄某授意陈某可使用虚假房产材料办理抵押贷款，并要求借款人需为佛山或广州户籍。陈某请求伍某以其名义帮助借款。二人的微信聊天记录显示，陈某说"这次可一次搞定所有钱""这个月就会还钱"，还有"大家一起死"等恐吓语句。伍某说其仅配合陈某借款，应由陈某自己还款。伍某将其居住的房屋地址及结构等情况发给陈某后，陈某通过互联网购买了产权人为伍某的房地产权证、房屋登记信息查询记录等虚假资料。黄某等人在明知陈某提供的上述房产资料系伪造的情况下，同意向伍某、陈某提供借款。陈某在本案中的实际借款本金为 7.8 万元。2016 年 11 月 24 日，伍某在黄某名下的放贷公司签订了借款合同，合同约定伍某作为借款人以上述房产作为抵押借款 37.5 万元。黄某等人在实际借款金额为 7.8 万元的情况下，为制造合同约定的 37.5 万元借款全部交付伍某的银行流水痕迹，将 37.5 万元转至伍某账户后，在黄某及跟单员的监视下将高出实际借款全额部分提现返还黄某等人。2016 年 12 月和 2017 年 1 月，黄某先后两次收到陈某支付的案涉还款共 3.5 万元，后陈某无力归还剩余欠款。

　　因伍某、陈某未能偿还债务，黄某等人于 2017 年 2 月 16 日指使员工刘某至佛山市公安局南海分局平洲派出所报警，声称伍某以伪造房产证的手段诈骗了其 34 万元。

　　广东省佛山市南海区人民法院于 2017 年 11 月 27 日作出（2017）粤 0605 刑初 1882 号刑事判决，判决伍某犯合同诈骗罪，判处有期徒刑九个月，并处罚金人民币 3000 元。

　　后黄某等人涉黑刑事案件案发，黄某等人还涉嫌诬告陷害罪，而被害人正是本案的被告人伍某。广东省佛山市人民检察院对本案提起抗诉，广东省佛山市中级人民法院再审本案，并于 2019 年 12 月 26 日作出（2019）粤 06 刑再 1 号刑事判决：一、撤销广东省佛山市南海区人民法院（2017）粤 0605 刑初 1882 号刑事判决；二、原审被告人伍某无罪。

裁判理由 >>>

法院生效裁判认为：根据《刑法》第 224 条的规定，合同诈骗罪的主要构成要件，一是行为人具有以非法占有为目的，虚构事实、隐瞒真相的行为。二是欺骗行为须使对方（受骗者）产生错误认识，并基于错误认识处分财产。结合本案事实，黄某等人明知陈某无可供抵押的财产，在陈某系外省户籍亦不符合借款条件的情况下，授意陈某使用虚假房产证借款，并明确要求借款人需为佛山或广州户籍。黄某等人也在明知陈某系实际借款人且陈某提交的房产资料虚假的情况下，仍同意与伍某签订借款合同。借款合同约定的借款金额高达 37.5 万元，但其中的 29.7 万元已经取现后返还黄某等人。以上事实表明，虽然伍某经陈某恳求后向其提供了房产信息，并在黄某、陈某的授意和安排下在黄某的放贷公司办理了借款手续，但伍某主观上系帮助朋友陈某借款，其并无非法占有贷款资金的故意。伍某在客观上亦未实施虚构事实、隐瞒真相的行为。虚假的房产资料由陈某通过互联网制作购买，黄某等人也对该事实知情，并不存在错误认识，更非基于错误认识而将款项转账至伍某的账户。因此，综合上述分析，伍某的行为并不符合合同诈骗罪的构成要件。法院再审对抗诉机关的抗诉意见予以采纳，认定伍某的行为不构成犯罪，再审撤销一审刑事判决，并改判伍某无罪。

裁判要旨 >>>

如果行为人被他人用"套路贷"方式，与第三方签订远高于实际借款金额的借款合同，只要行为人主观上没有非法占有贷款资金的故意，客观上亦未实施虚构事实、隐瞒真相的行为，借款合同所需的虚假材料系他人所准备，第三方不是基于错误认识将款项转账至行为人账户的，被"套路贷"的行为人的行为就不符合合同诈骗罪的构成要件，不构成合同诈骗罪。

关联索引

《刑法》第 224 条

一审：广东省佛山市南海区人民法院（2017）粤 0605 刑初 1882 号刑事判决（2017 年 11 月 27 日）

二审：广东省佛山市中级人民法院（2019）粤 06 刑再 1 号刑事判决（2019 年 12 月 26 日）

2023-16-2-119-004

修水县某鞋业有限公司诉东莞市某贸易有限公司、成都某鞋业有限公司进出口代理合同纠纷案

—— 出借银行账户者对于刑事案件被害人损失承担与其过错程度相当的赔偿责任

基本案情

原告修水县某鞋业有限公司（以下简称修水某鞋业公司）诉称：2012 年 9 月 24 日，修水某鞋业公司与东莞市某贸易有限公司（以下简称东莞某贸易公司）签订《代理出口协议》。后修水某鞋业公司按约定将 82 万元订金汇入东莞某贸易公司指定的成都某鞋业有限公司（以下简称成都某鞋业公司）账上，汇款用途注明为货款。因东莞某贸易公司未履行合同，成都某鞋业公司与东莞某贸易公司之间没有签订鞋子加工合同，却将 82 万元款项提取后交与他人，修水某鞋业公司遂向公安机关报案，但 82 万元款项分文未追回。请求法院判令：（1）撤销 2012 年 9 月 24 日修水某鞋业公司与东莞某贸易公司签订的《代理出口协议》；（2）东莞某贸易公司返还订金 82 万元，并承担自 2012 年 10 月 24 日起至修水某鞋业公司起诉时止按月息 1% 计算的 5 个月利息 41 000 元，由成都某鞋业公司承担连带责任；（3）本案诉讼费由东莞某贸易公司、成都某鞋业公司承担。

被告东莞某贸易公司辩称，《代理出口协议》是双方真实意思表示，请求

确认该协议合法并继续有效。东莞某贸易公司是收到修水某鞋业公司预付货款 82 万元，但因其法定代表人被羁押，无法调动资金。成都某鞋业公司只是帮忙过账，不应承担责任。修水某鞋业公司诉请利息没有依据，鄢某某没有诈骗。请求驳回修水某鞋业公司的诉讼请求。

被告成都某鞋业公司辩称，成都某鞋业公司对修水某鞋业公司与东莞某贸易公司所签合同不知情，修水某鞋业公司受骗，根据合同相对性原则，应由东莞某贸易公司承担责任。成都某鞋业公司同意东莞某贸易公司的朋友打款到其公司账户是一种善意行为，不应承担连带责任。本案的刑事审判已结束，法院查明鄢某某（东莞某贸易公司法定代表人）是个人诈骗行为，已责令鄢某某退赔诈骗的赃款。请求驳回修水某鞋业公司对成都某鞋业公司的诉讼请求。

法院经审理查明：2012 年 9 月 24 日，修水某鞋业公司与东莞某贸易公司就东莞某贸易公司委托修水某鞋业公司代理鞋子等货物出口事宜签订《代理出口协议》，双方约定由东莞某贸易公司选择确定进行交易的外商和加工鞋的供应商，并负责组织生产和办理出口装运事宜，修水某鞋业公司在收到外商客户的信用证后，按信用证总金额的 30% 垫资转账给东莞某贸易公司指定的供货商公司账户作为预付货款。出口退税到账后，修水某鞋业公司按供货商开具的增值税发票金额的 6% 支付给东莞某贸易公司，其余退税归修水某鞋业公司所有。《代理出口协议》签订后，修水某鞋业公司和曾某先后从各自账户汇款共计 260 万元至鄢某某指定的账户，相关款项均未用于信用证订购鞋的生产。其中，2012 年 10 月 17 日，东莞某贸易公司通过国外客户提供信用证，经通知行通知，修水某鞋业公司按约定于同年 10 月 24 日将 82 万元汇入东莞某贸易公司指定的成都某鞋业公司账上，汇款用途注明为货款。10 月 25 日，成都某鞋业公司将 82 万元分两笔转入时任该公司法定代表人陈某某的账上，陈某某又将 82 万元转到鄢某某的妹夫谢某某账上。鄢某某控制使用的户名为谢某某账户内的资金被支取或转移。信用证到期后，曾某未见任何出口相关手续，多次要求还款未成遂报案。

2013 年 2 月 7 日，鄢某某被公安机关抓获归案，至今未退款。江西省修水县人民法院于 2013 年 8 月 13 日作出（2013）修刑初字第 140 号刑事判决书，判决鄢某某犯合同诈骗罪，判处有期徒刑十三年，责令鄢某某退赔曾某、修水某鞋业公司共计 260 万元。鄢某某不服该判决，提起上诉，江西省九江市中级人民法院于 2013 年 10 月 29 日作出（2013）九中刑二终字第 86 号刑事裁定书，裁定驳回鄢某某上诉，维持原判。

再审另查明：（1）成都某鞋业公司认可陈某某是公司负责人，其行为可以代表公司。（2）陈某某在公安机关对其询问时，认可将钱从成都某鞋业公司转到陈某某个人账户再由个人账户转给鄢某某不需要审批手续，成都某鞋业公司的钱陈某某随时可以支取转账。（3）修水某鞋业公司和成都某鞋业公司均认可，根据《代理出口协议》，正常流程是外商和货物供应商应与修水某鞋业公司签订合同。

江西省修水县人民法院于 2013 年 12 月 6 日作出（2013）修民二初字第 113 号民事判决：一、确认 2012 年 9 月 24 日修水某鞋业公司与东莞某贸易公司签订的《代理出口协议》无效。二、由东莞某贸易公司于本判决生效后十日内赔偿修水某鞋业公司 82 万元，并支付利息 20 500 元，由成都某鞋业公司承担连带责任。宣判后，成都某鞋业公司提起上诉。江西省九江市中级人民法院于 2014 年 7 月 16 日作出（2014）九中民二终字第 26 号民事判决：驳回上诉，维持原判。宣判后，成都某鞋业公司向江西省高级人民法院申请再审。江西省高级人民法院于 2015 年 10 月 30 日作出（2015）赣民提字第 11 号民事判决：一、撤销江西省九江市中级人民法院（2014）九中民二终字第 26 号民事判决。二、维持江西省修水县人民法院（2013）修民二初字第 113 号民事判决第一项。三、变更江西省修水县人民法院（2013）修民二初字第 113 号民事判决第二项为：由东莞某贸易公司于本判决生效后十日内赔偿修水某鞋业公司 82 万元，并支付利息 20 500 元。四、成都某鞋业公司在 378 225 元的范围内对鄢某某不能退赔、东莞某贸易公司不能赔偿的部分向修水某鞋业公司承担赔偿责任。五、驳回修水某鞋业公司的其他诉讼请求。

裁判理由 》》》

法院生效裁判认为，第一，成都某鞋业公司对修水某鞋业公司在本案中的损失应承担与其过错程度相当的赔偿责任。本案中，成都某鞋业公司在收到修水某鞋业公司汇款用途注明为货款的 82 万元款项后，既没有组织货源，又不将款项退还，也不向汇款人修水某鞋业公司问明缘由，而是直接将该款转入陈某某个人账户，而后由陈某某将该款再转入鄢某某控制使用的户名为谢某某的账户并被鄢某某支取或转移。成都某鞋业公司出借公司银行账户给鄢某某使用的行为是违反金融管理法规的违法行为，其在收到相关款项后，亦未尽到审慎的审查核实义务，为鄢某某骗取修水某鞋业公司的款项提供了方便，成都某鞋业公司存在一定的过错。修水某鞋业公司在其与成都某鞋业公司并无合同关系的情况下，事先未与成都某鞋业公司核实确定，即将涉案款项汇入成都某鞋业公司账户，事后亦未及时通知成都某鞋业公司，其对涉案款项被鄢某某骗取亦存在一定的过错。考虑到修水某鞋业公司在本案中的损失在根源上是因鄢某某的诈骗犯罪行为所致，而修水某鞋业公司和成都某鞋业公司对损失的发生均存在过错，根据《最高人民法院关于出借银行账户的当事人是否承担民事责任问题的批复》的规定，酌情确定成都某鞋业公司对修水某鞋业公司在本案中的损失承担 45% 即 378 225 元的赔偿责任。

第二，成都某鞋业公司对修水某鞋业公司在本案中的损失不应承担连带赔偿责任。从本案查明的事实看，鄢某某、东莞某贸易公司和成都某鞋业公司之间，对于修水某鞋业公司在本案中的损失，并不存在共同的过错，而修水某鞋业公司在本案中的损失，根据江西省修水县人民法院（2013）修刑初字第 140 号刑事判决书及江西省九江市中级人民法院（2013）九中刑二终字第 86 号刑事裁定书的裁判，鄢某某应为最终的责任承担者。为避免裁判的重复和冲突，对修水某鞋业公司在本案中的损失，成都某鞋业公司应在 378 225 元的范围内对鄢某某不能退赔、东莞某贸易公司不能赔偿的部分向修水某鞋业公司承担赔偿责任。

裁判要旨 ≫≫

出借银行账户的当事人，对于刑事案件中被害人的损失，应承担与其过错程度相当的赔偿责任。

关联索引 ≫≫

《最高人民法院关于适用刑法第六十四条有关问题的批复》

一审：江西省修水县人民法院（2013）修民二初字第 113 号民事判决（2013 年 12 月 6 日）

二审：江西省九江市中级人民法院（2014）九中民二终字第 26 号民事判决（2014 年 7 月 16 日）

再审：江西省高级人民法院（2015）赣民提字第 11 号民事判决（2015 年 10 月 30 日）

2023-03-1-167-003

杨某强合同诈骗案

——合同诈骗案件中非法占有目的之认定

基本案情 ≫≫≫

2012年，被害单位鹰某公司的法定代表人燕某民与未到案的同案关系人张某经朋友介绍相识。后因张某的澳某公司在上海市松江区新某镇投资开发的房地产项目（以下简称新某商铺）需要融资，故曾用该商铺做抵押于2012年10月25日向鹰某公司借款人民币2亿元，到期日为2013年5月8日。后张某为了归还上述欠款，准备用新某商铺向银行抵押贷款3.5亿元，但当时该商业地产上有法院查封，执行标的约409万元，因此，需借款进行解封。为此，张某在向燕某民借款未果的情况下，二人商量，张某将捷某公司名下的涉案房屋卖给燕某民。考虑到该房产上也有查封，执行标的也是400多万元，故燕某民、张某商定以900万元（当时市场价约1200万元）签订涉案房屋的买卖合同，张某以此900万元解除两处查封，以完成贷款归还2亿余元欠款和涉案房屋的过户。

为落实两处查封情况，燕某民通过谢某明（燕某民的朋友，杨某强的同学）约见被告人杨某明。2013年5月1日晚（签订合同前一晚），燕某民、谢某明、杨某强三人相见，杨某明通过电话向其助手律师张某甲核实后，如实向燕某民说明了当时两处房产的查封金额分别为409万余元和474万余元。同时，因当时张某的公司账户均被法院查封，当晚，经燕某民与张某电话商定，将900万元转入杨某强所在的上海兴某律师事务所（以下简称兴某律所）。2013年5月2日，被告人杨某强受张某委托代表捷某公司与被害单位鹰某公司签订了涉案房屋的买卖合同，金额为900万元，并约定了过户时间及鹰某公司于2013年5月3日前向捷某公司指定的兴某律所支付900万元。且双方同意将上述款项用于解除对房屋的司法查封及办理过户手续等事宜。同时双方签订了补充协议，约定了变更所有权时间为2013年7月16日前，捷某公司承担违约金300万元及张某作为保证人承担无限连带责任。后被害单位鹰某公司根据付款指令及合同约定依约向兴某律所转账。

收到上述款项后，被告人杨某强根据张某的指令于 5 月 3 日将 409 万余元转账至上海市松江区人民法院并解封了对新某商铺的查封和捷某公司的部分执行案件，但后因发生新某商铺小业主纠纷，张某指令被告人杨某强拆借 200 余万元购房所得款用于解决前述纠纷。另有 60 万元经张某确认，并应兴某律所合伙人的要求，由财务扣划了张某历年拖欠被告人杨某强的部分律师费，但杨某强未提取。其余款项亦经张某指令用于支付其对外债务等，故未成功解封涉案房屋，导致交易无法完成。

之后，双方一直就 900 万元购房款、300 万元违约金及 2.3 亿元的借款进行洽谈，杨某强也敦促张某还款。燕某民与张某双方也曾于香港会面，并洽谈相关公司股权转让协议，但被害单位鹰某公司未予接受。后于 2015 年 7 月，鹰某公司向澳大利亚某法院就涉案房屋的购房款、违约金及其余私人债务提起民事诉讼。

上海市浦东新区人民法院于 2017 年 6 月 26 日作出（2016）沪 0115 刑初 1995 号刑事判决：被告人杨某强无罪。宣判后，原公诉机关上海市浦东新区人民检察院提出抗诉。上海市第一中级人民法院于 2018 年 6 月 12 日作出（2017）沪 01 刑终 1350 号刑事裁定：驳回抗诉，维持原判。

裁判理由 >>>

法院生效裁判认为：本案控方指控的诈骗系被害单位鹰某公司的法定代表人燕某民与张某二人之间长期商业往来过程中的一个局部片段。涉案房屋买卖的目的在于用该笔 900 万元对两处查封解除后得到相关银行的贷款，并归还对被害单位鹰某公司的 2 亿余元的债务，同时完成涉案房屋的过户。被告人杨某强仅是作为法律顾问受张某委托就涉案房屋的买卖事宜签订买卖合同、支付钱款等。故对于被告人杨某强是否构成合同诈骗罪的共犯，基于其身份及地位，需以同案关系人张某是否构成合同诈骗罪作为前提之一。在本案中，尽管张某未将约定的专款用于解除涉案房屋的司法查封导致交易失败，但综合全案的证据，无论是在签订合同前还是在履行合同过程中及合同不能履行后，尚难以证实张某具有非法占有的目的，杨某强作为其委托人，更不能反映出杨某强具有非法占有的目的。因此，公诉机关现有证据之间尚未能形成完整证据锁链，尚不足以证明被告人杨某强的行为构成合同诈骗罪，故指控不能成立。

裁判要旨 ≫

评价行为人是否具有非法占有的目的，应从以下几个方面考量：

（1）有无欺诈行为。若未实施欺诈行为，则无必要再去追究其非法占有的目的。若实施了欺诈行为，则还需考察该行为是否在签订、履行合同过程中起到了决定性的作用，从而区分于一般民事欺诈行为。

（2）有无履约能力。行为人是否具有实际履行能力是合同目的得以实现的保障和前提，也是区分合同诈骗罪和民事欺诈的关键。审查时需注意综合考虑合同的磋商阶段、签订阶段、履行阶段行为人是否具有履约能力，应注意避免将订立合同时或者履约初期具有履约能力，但由于不可抗力或者意外导致难以实现合同约定或者必须延期履行的情况认定为无履约能力。

（3）有无履约行为及违约的真实原因。合同实际履行是实现合同目的的应有之义，也是考察非法占有目的的核心要素，在判断上应注意以下两个方面：一是行为人有无履约的诚意及履约的程度，注意将行为人有履约能力而不履行与行为人已经尽力履行，但未履行到位区分开来；二是不能履约是否系不可抗力或者对方不愿意接受替代方案等客观原因造成。

（4）行为人收款后不予返还的原因、事后双方行为表现等有关客观事实，并全面评价行为人的整体行为。若行为人收款后无逃匿、挥霍、用于违法犯罪活动等行为，而是将收取的钱款用于归还其他正常债务或者其他合法经营等正当用途的，认定行为人具有非法占有目的应特别慎重。

关联索引 ≫

《刑法》第 224 条

2012 年《刑事诉讼法》第 195 条第 3 项

一审：上海市浦东新区人民法院（2016）沪 0115 刑初 1995 号刑事判决（2017 年 6 月 26 日）

二审：上海市第一中级人民法院（2017）沪 01 刑终 1350 号刑事裁定（2018 年 6 月 12 日）

2024-03-1-167-003

叶某林、谭某竑、石某、乔某坤合同诈骗案
——借用特许经营加盟外壳实施合同诈骗行为的认定

基本案情 ▷▷▷

自 2020 年 8 月起，被告人叶某林、谭某竑实际控制并经营南京 A 公司，指使他人担任法定代表人、股东，购买"蜜××"商标转让注册至该公司名下。2021 年 2 月至 5 月，叶某林、谭某竑在明知 A 公司不具备特许经营资质、没有特许经营资源及成熟经营模式的情况下，委托李某（另案处理）实际控制的河北 B 公司提供短期快速招商加盟服务，以"蜜××"品牌对外招商加盟，所得加盟费由 A 公司、B 公司按照 22∶78 的比例分成，并由 A 公司承担 B 公司派驻的线下商务及其他派出人员的工资、提成、食宿等费用。

在招商过程中，B 公司招商人员采取虚构"蜜××"饮品品牌与其他知名品牌属同一集团或有合作关系等方式，诱骗被害人至南京市秦淮区蜜××直营店考察商谈，由 B 公司派驻的被告人石某、乔某坤及其商务团队在直营店内继续采取贴靠知名品牌、虚增经营业绩、购买知名品牌产品冒充自有产品等方式诱骗被害人签订加盟合同，骗取加盟费。之后，被告人一方消极履约，未能提供实质性的加盟经营指导、技术支持和业务培训等服务，放任被害人经营失败。截至案发，以上述手段骗取 300 余名被害人加盟费共计 5400 余万元。叶某林、谭某竑后被抓获，石某、乔某坤主动投案。

江苏省南京市秦淮区人民法院于 2023 年 1 月 16 日作出（2022）苏 0104 刑初 260 号刑事判决：一、被告人叶某林犯合同诈骗罪，判处有期徒刑十二年，并处罚金人民币 300 万元；二、被告人谭某竑犯合同诈骗罪，判处有期徒刑十一年六个月，并处罚金人民币 200 万元；三、被告人石某犯合同诈骗罪，判处有期徒刑五年，并处罚金人民币 20 万元；四、被告人乔某坤犯合同诈骗罪，判处有期徒刑五年，并处罚金人民币 20 万元；五、责令被告人叶某林、谭某竑、石某、乔某坤退赔各被害人经济损失。查封、扣押、冻结的财产依法处置后按比例返还各被害人（以执行时的实际价值计入已退赔数额）。宣判后，被告人叶某林、谭某竑提出上诉。南京市中级人民法院于 2023 年 6

月 7 日作出（2023）苏 01 刑终 67 号刑事裁定：驳回上诉，维持原判。

裁判理由 》》》

法院生效裁判认为：被告人叶某林、谭某竑、石某、乔某坤以非法占有为目的，在签订、履行合同过程中，骗取对方当事人财物，数额特别巨大，其行为已构成合同诈骗罪。

（1）被告人没有履行合同能力。根据《商业特许经营管理条例》第七条规定，特许人从事特许经营活动应当拥有成熟的经营模式，并具备为被特许人持续提供经营指导、技术支持和业务培训等服务的能力；特许人从事特许经营活动应当拥有至少两个直营店，且经营时间超过一年。本案中，"蜜××"品牌仅有 1 家线下直营店且经营时间未超过一年，该线下直营店未进行过正常开店活动，其开设目的仅为营造盈利假象欺骗线下考察的加盟方，不具有市场竞争力的核心产品、服务及经受市场考验的盈利模式，没有成熟的经营和管理经验，无法为加盟商提供充分的技术支持和服务保障，运营能力不存在让加盟方盈利的可能性，没有履行合同的能力。

（2）被告人实施欺诈诱骗对方签订合同。本案中，被告人虚构"蜜××"饮品品牌与其他知名品牌属同一集团或有合作关系，诱骗被害人至南京市秦淮区蜜××直营店考察商谈，再由 B 公司派驻的商务团队在直营店内继续采取贴靠知名品牌、虚增经营业绩、购买知名品牌产品冒充自有产品等方式诱骗被害人签订加盟合同，属于典型的通过欺诈方式诱骗对方签订合同。

（3）签订合同后被告人未实际履行合同。特许加盟中，特许经营许可人要为被特许人持续提供经营指导、技术支持和业务培训等服务，使得加盟商能够获得一系列支持，减少市场经营风险。本案中，被告人在合同签订后形式性地发放产品制作手册、进行课程培训等，而合同约定的实质全面系统的市场评估、选址装修、开业指导、业务培训、广告宣传等服务均未履行，加盟商因此直接置身于市场风险之中，大量亏损、倒闭。而且，绝大部分加盟费未用于后续产品开发、品牌推广、技术指导等公司运营，无提高合同履行能力的资金筹集、产品研发等行为。A 公司、B 公司按照 22：78 的比例对所得加盟费分成，并由 A 公司承担 B 公司派驻的线下商务及其他派出人员的工资、提成、食宿等费用。此种模式下 78% 的收入用于骗取加盟，只留 22% 的收入用于公司运营，再扣除基本的场地、人员等费用，能够用于产品开发、品牌推广、技术指导的已寥寥无几，无法为后续合同履行进行必要的资金投入，合同实际上已无法得到履行。

（4）被告人转移、隐匿骗取的财物。本案中，被告人不仅在收到加盟费后将绝大部分资金按照分成比例转给线上招商公司，留于公司运营的资金已所剩无几，加盟方在遭受损失后无法通过民事途径获得救济，而且在收到大量客户投诉后仅留下几名售后人员稳定客户情绪，之后迅速更换品牌和公司，切断与之前公司品牌的联系，将大量员工带至新公司，用新品牌以类似的方式继续从事特许经营招商加盟活动，无任何损失弥补的能力和行为，具有非法占有加盟费的主观目的。

综合全案情节，叶某林、谭某竑在共同犯罪中起主要作用，系主犯。石某、乔某坤在共同犯罪中起次要作用，系从犯，依法应当减轻处罚。石某、乔某坤系自首，依法可以从轻处罚。故一、二审法院依法作出如上裁判。

裁判要旨 >>>

认定《刑法》第224条规定的合同诈骗罪所涉"以其他方法骗取对方当事人财物"，应当遵从主客观相一致的原则，从行为人有无实际履行能力，是否采用欺骗方式诱骗对方签订合同，是否实际履行合同，是否转移、隐匿财产等方面，准确评判行为手段和损失结果，并判定行为人是否具有非法占有目的。

关联索引 >>>

《刑法》第224条

一审：江苏省南京市秦淮区人民法院（2022）苏0104刑初260号刑事判决（2023年1月16日）

二审：江苏省南京市中级人民法院（2023）苏01刑终67号刑事裁定（2023年6月7日）

2023-05-1-167-001

于某等合同诈骗案
——组织"网络水军"批量人工点击广告的，属于对广告推广
合作合同的虚假履行，构成合同诈骗罪

基本案情 >>>

2018年7月，北京某网讯科技有限公司（以下简称网讯公司）的小程序产品上线。小程序开发者可依照平台规则注册百青藤广告联盟会员，上传开发的小程序，网讯公司向小程序定向投放广告，并根据广告在小程序上的实际点击量向会员支付广告分成费用。同年夏天，被告人于某等4人到河南省新乡市学习通过相关业务合作骗取网讯公司广告费的方法。2019年3月，于某等6人在江苏省新沂市某大厦成立专门用于骗取网讯公司广告费的工作室。同年6月，于某又向汤某伟等3人传授骗取网讯公司广告费的方法，汤某伟等人也成立了类似工作室。同年10月以来，于某等12人作为开发者在网讯App上申请注册百青藤账号，并上传无实际功能的小程序。在通过平台审核并获得平台广告代码位后，直接复制提取代码位交由吴某（另案处理）等"网络水军"进行恶意点击。同年10月至11月，网讯公司共向于某等人支付广告分成费用136万余元。2020年5月至7月，于某等8人相继被抓获，汤某伟等4人主动投案。

江苏省新沂市人民法院于2021年1月29日作出（2020）苏0381刑初903号刑事判决：一、于某犯合同诈骗罪，判处有期徒刑三年，缓刑五年，并处罚金人民币12万元；二、被告人汤某伟犯合同诈骗罪，判处有期徒刑三年，缓刑三年，并处罚金人民币8万元（其他被告人判刑情况略）；三、被告人于某等人退缴的违法所得发还被害人网讯公司。宣判后无上诉、抗诉，判决已生效。

裁判理由 >>>

法院生效裁判认为：被告人于某、汤某伟等人以非法占有为目的，在履行合同过程中，骗取对方当事人财物，数额巨大，其行为均已构成合同诈骗

罪。被告人于某等人到案后能如实供述犯罪事实，可以从轻处罚。被告人汤某伟能主动投案，到案后如实供述犯罪事实，系自首，可以从轻处罚。故一审法院依法作出如上裁判。

裁判要旨 ▶▶▶

行为人组织"网络水军"批量人工点击广告，本质上属于带有欺骗性的无效恶意点击，不是对广告推广合作合同的正常履行，因此从平台处收取广告费的，构成合同诈骗罪。广告推广平台与被告人构成合同关系，是合同诈骗犯罪的受害人。

关联索引 ▶▶▶

《刑法》第 224 条，第 25 条第 1 款，第 67 条第 1 款、第 3 款，第 72 条第 1 款、第 3 款，第 73 条第 2 款、第 3 款，第 64 条

《刑事诉讼法》第 15 条

一审：江苏省新沂市人民法院（2020）苏 0381 刑初 903 号刑事判决（2021 年 1 月 29 日）

2023-05-1-226-002

虞某强职务侵占案
——利用代理公司业务的职务之便将签订合同所得之财物占为己有的，应认定职务侵占罪还是合同诈骗罪

基本案情 ▶▶▶

被告人虞某强受浙江省新昌县金某化工有限公司（以下简称金某公司）所雇，担任金某公司副总经理，负责原材料供应。2004 年 7 月后，浙江省东阳市陈某化工有限公司（以下简称陈某公司）与金某公司合作经营，双方约定由陈某公司提供场地、设备，金某公司提供资金，陈某公司的生产经营活动由金某公司总经理张某峰负责。此后，由于陈某公司生产资金不足，张某峰要求虞某强寻找垫资单位为陈某公司供应原料。虞某强先后找到衢州市衢

化宏某化工物资经营部（以下简称宏某经营部）、衢州市威某商贸有限公司（以下简称威某公司）、衢州市海某商贸有限公司（以下简称海某公司），约定由三家单位垫资向陈某公司供货，虞某强负责向陈某公司销售货物和回收货款，所产生的利润由三单位与被告人虞某强平分。此后，宏某经营部等三家单位通过虞某强先后向陈某公司销售多种化工原料。

2004 年年底，因陈某公司经营亏损，宏某经营部等三家单位为陈某公司所垫货款难以收回。宏某经营部等三家单位为了追索替陈某公司所垫的款项多次要求被告人虞某强归还货款。2005 年 1 月，金某公司最后需购进 3 吨己内酰胺，被告人虞某强遂产生非法占有之念，便以金某公司名义于同年 1 月先后 4 次从巨某集团公司锦纶厂（以下简称巨某锦纶厂）购进价值 757 000 元的 38 吨己内酰胺。被告人虞某强将其中的 3 吨运至金某公司用于生产，收取 50 000 元货款后占为己有；同时将其余 35 吨卖给衢州劲大化工有限公司、陈某宏等处，在取得销售 35 吨己内酰胺 702 000 余元货款后，虞某强在巨某锦纶厂多次追索货款的情况下，不仅未将己内酰胺的货款支付给巨某锦纶厂，反而在 2005 年 1 月底至 2 月初，用该货款中的 305 440 元支付给宏某经营部等三家单位作为陈某公司所欠的货款（宏某经营部 100 000 元，威某公司 150 000 元，海某公司 55 440 元），并将其余的 451 560 元用于偿还个人债务及炒股。案发后，虞某强的亲友向公安机关退回赃款 266 000 元。

浙江省衢州市柯城区人民法院于 2007 年 8 月 28 日作出（2007）衢柯刑初字第 174 号刑事判决：被告人虞某强犯合同诈骗罪，判处有期徒刑十二年，并处罚金 40 万元；犯职务侵占罪，判处有期徒刑二年。决定执行有期徒刑十三年，并处罚金 40 万元。

宣判后，虞某强提出上诉，辩称其行为不构成合同诈骗罪及职务侵占罪。

浙江省衢州市中级人民法院经审理，就原判对以下三个事实的认定予以否定或纠正：一是认定虞某强于 2005 年 1 月在金某公司需购进 3 吨己内酰胺时产生非法占有之念，缺乏证据证明，不能认定。二是认定虞某强将 38 吨己内酰胺中的 3 吨运至金某公司用于生产，收取 50 000 元货款后占为己有依据不足，因该 50 000 元系虞某强借故从本单位财务处领出，当时即出具收条留档，并非秘密侵吞。三是虞某强最后私吞的货款为 444 310 元，而非 451 560元。对原判决认定的其他事实，予以确认。于 2007 年 11 月 20 日作出（2007）衢中刑终字第 139 号刑事判决：撤销浙江省衢州市柯城区人民法院（2007）衢柯刑初字第 174 号刑事判决；上诉人虞某强犯职务侵占罪，判处有期徒刑九年，并处没收财产 40 万元。

裁判理由

法院生效裁判认为：被告人虞某强作为金某公司的副总经理以金某公司名义与巨某锦纶厂发生业务关系，巨某锦纶厂按惯例将 38 吨己内酰胺销售给代表金某公司的虞某强，是正常的经营行为，虞某强在收到本应交给公司的货物后，以非法占有为目的，擅自将货物予以销售，取得货款及销售款 759 750 元后，除用于支付宏某经营部等三家单位货款及运费 315 440 元外，个人将其余 444 310 元予以侵吞，数额巨大，其行为已构成职务侵占罪。原审法院认为本案分别构成合同诈骗罪和职务侵占罪的判决，定性不当，予以纠正。

裁判要旨

被告人利用代理公司业务的职务之便将依据合法、有效的合同取得的单位财物占为己有的，应当认定为职务侵占罪。

（1）本案中，被告人虞某强侵占的是本单位财物而非合同相对人财物。

被告人虞某强是本单位金某公司专门负责原材料采购的副总经理，有权直接代表公司购进生产原材料。虞某强于 2005 年 1 月再次以公司名义从巨某锦纶厂订购 38 吨己内酰胺的行为，应属职务行为及有权代理，依民法通则及合同法之规定，被告人虞某强在职务范围内与相对人签订的上述订购 38 吨己内酰胺的（口头）合同业已成立，且系合法、有效的买卖合同。38 吨己内酰胺的所有权从锦纶厂交货之时起转移给金某公司所有。因而，后来为虞某强所支配并擅自处置的 35 吨己内酰胺及最后变现的 702 000 元人民币，均是金某公司依法所有的财物，虞某强利用职务便利侵占其中 444 310 元货款，侵犯的是本单位的财物所有权。

（2）被告人虞某强擅自支配 35 吨货物并占有其变现后的部分金钱，是利用了其代理公司业务的职务之便。

（3）被告人虞某强在签订、履行合同过程中，并没有实施明显的诈骗行为。

关联索引

《刑法》第 271 条第 1 款

一审：浙江省衢州市柯城区人民法院（2007）衢柯刑初字第 174 号刑事

判决（2007 年 8 月 28 日）

二审：浙江省衢州市中级人民法院（2007）衢中刑终字第 139 号刑事判决（2007 年 11 月 20 日）

2023-03-1-167-004

张某搏合同诈骗宣告无罪案

——对企业经营中的纠纷准确定性，防范刑事手段干预经济纠纷

基本案情 >>>

山西某公司系股份有限公司，于 2016 年 11 月 15 日注册成立，被告人张某搏系法定代表人，实际控制该公司的经营活动。从 2017 年 1 月开始，山西某公司向清徐县某公司租赁洗煤厂从事洗煤加工，后遇清徐县政府部门要求环保改造。经清徐县某公司法定代表人刘某忠沟通，洗煤厂在整改期间仍继续生产。2017 年年底或者 2018 年年初，山西某公司不再承包洗煤厂，张某搏继续从事农业等其他经营。

2016 年 11 月至 2017 年 1 月，山西某公司因与晋中某公司业务合作，需向晋中某公司指定单位供应煤炭，山西某公司采购煤炭后均运至洗煤厂。其后，晋中某公司与部分指定单位产生合同纠纷，经法院判决解除合同，洗煤厂内大部分煤炭未向相关指定单位供应。在此期间，天津某公司为向指定客户供应主焦煤，派员赴洗煤厂考察，并与山西某公司洽谈业务合作。2017 年 4 月 12 日，天津某公司与山西某公司签订采购主焦煤的框架合同，山西某公司需向天津某公司指定客户供应主焦煤。其后，双方签订数份补充协议或者买卖合同时，天津某公司数次变更标的物质量标准等条款内容，并于 2017 年 4 月、5 月向山西某公司付款 1000 万元，山西某公司未向指定客户供应主焦煤。2017 年 9 月底，天津某公司中标低硫主焦煤以后，再次变更质量标准，通知山西某公司在指定日期发货，双方未达成一致。2017 年 10 月底，山西某公司发函与天津某公司协商解除合同事宜，天津某公司未予回函。

截至案发，山西某公司向天津某公司退款 10 万元，剩余款项未予退还。山西某公司将收取天津某公司的款项主要用于向晋中某公司退款以及日常经

营，部分款项转入张某搏名下银行卡后，主要用于山西某公司及张某搏从事农业公司的日常经营等事项。

案发后，张某搏多次表示因没有资金而无法退赔。原审期间，张某搏为偿还所欠天津某公司购煤款，与他人达成公司并购意向，因疫情及张某搏本人债务影响，尚未并购完毕。二审期间，张某搏认可所欠天津某公司购煤款应当退还。

天津市滨海新区人民法院经审判委员会讨论决定，于2022年6月29日作出（2019）津0116刑初89号刑事判决，宣告被告人张某搏无罪。原审被害单位天津某公司不服，请求天津市滨海新区人民检察院提出抗诉，天津市滨海新区人民检察院决定提出抗诉，天津市人民检察院第三分院支持抗诉。天津市第三中级人民法院经审判委员会讨论决定，于2022年12月29日作出（2022）津03刑终166号之二刑事裁定：驳回抗诉，维持原判。

裁判理由 〉〉〉

法院生效裁判认为：被告人张某搏作为山西某公司的法定代表人，在以山西某公司名义签订、履行合同过程中，虽与天津某公司产生纠纷并拖欠部分款项，但在案证据存在明显矛盾，不能证实被告人张某搏在明知没有履行能力的情况下仍采取欺骗手段与天津某公司签订煤炭买卖合同，且在合同签订后拒不履行合同导致合同履行不能并恶意逃避债务的指控事实，进而不能依据现有证据认定被告人张某搏对天津某公司支付的货款具有非法占有目的。同时，对于山西某公司是否具备合同履行能力、是否实施了履行行为、合同未能履行的原因等问题，在案证据存在明显矛盾，不能认定山西某公司构成单位犯罪。公诉机关指控被告人张某搏犯合同诈骗罪，事实不清、证据不足，不予支持。依照《刑事诉讼法》第200条第3项等规定，作出证据不足、指控的犯罪不能成立的无罪判决。

裁判要旨 〉〉〉

对于企业经营中产生的经济纠纷，需要严格遵循证据裁判原则客观认定事实，并根据查证属实的证据对起诉指控事实据实调整，特别是对被告人的主体身份、涉案企业的经营情况、涉案合同的签订履行情况、涉案资金的去向和用途等方面事实应予以充分关注，避免因事实认定不准确造成误判。合同诈骗罪发生在合同签订、履行过程中，具体可以从履行能力、告知义务、未履约原因等方面考察能否认定被告人客观上具有虚构事实、隐瞒真相的行为，从资金流向、资金用途等方面考察能否认定被告人主观上具有非法占有目的，严格按照犯罪构成并依据证据裁判原则认定案件性质，对于因客观原因导致履约不能的，不得以合同诈骗罪定罪处罚，切实防范利用刑事手段干预经济纠纷。

关联索引 ≫≫

《刑法》第 224 条

《刑事诉讼法》第 200 条第 3 项

一审：天津市滨海新区人民法院（2019）津 0116 刑初 89 号刑事判决（2022 年 6 月 29 日）

二审：天津市第三中级人民法院（2022）津 03 刑终 166 号之二刑事裁定（2022 年 12 月 29 日）

2023-03-1-167-006

郑某合同诈骗案
——合同诈骗罪与诈骗罪的区分与界定

基本案情 ≫≫

2020 年 4 月，被告人郑某虚构并散布其拥有某路灯维修维护项目并可以分包给他人的虚假消息。同年 4 月 5 日，童某与郑某在郑某实际控制的绵阳某建筑劳务有限公司办公室签订《安装工程施工劳务分包协议》，约定将某路灯维修维护项目分包给童某，工程总量为拆除和更换 750 套路灯灯头，每套施工费 500 元；劳务承包人交纳 15 万元保证金，待工程验收后将保证金返还。4 月 9 日，童某按照协议向绵阳某建筑劳务有限公司的公司账户转账 15 万元保证金，郑某让该公司会计将该款转至其个人银行账户。2020 年 6 月至 8 月，郑某以同样的方式分别骗取被害人吴某勇 11.6 万元，骗取被害人陈某松 20 万元。因上述工程系虚构，童某、吴某勇、陈某松未能进场施工。郑某将骗取的资金共计 46.6 万元用于归还网贷及个人消费。

四川省绵阳经济技术开发区人民法院于2023年2月21日作出（2022）川0793刑初32号刑事判决：一、被告人郑某犯合同诈骗罪，判处有期徒刑三年三个月，并处罚金人民币6万元；二、责令被告人郑某继续退赔被害人童某经济损失人民币13万元，退赔被害人吴某勇经济损失人民币116 000元，退赔被害人陈某松经济损失人民币5万元。宣判后，被告人未上诉，公诉机关亦未抗诉，判决已发生法律效力。

裁判理由 》》》

法院生效裁判认为：被告人郑某以非法占有为目的，在签订、履行合同过程中，虚构事实，骗取对方当事人财物，数额巨大，其行为已构成合同诈骗罪，应依法惩处。

裁判要旨 》》》

诈骗罪与合同诈骗罪可从以下两个方面进行区分。一是从法益侵害来看，诈骗罪侵害的是公私财物所有权，合同诈骗罪侵害的是国家对经济合同的管理秩序与公私财物所有权，并非所有诈骗罪中涉及合同，都一定构成合同诈骗罪。合同诈骗罪中的"合同"应当体现一定的市场秩序，体现财产转移或交易关系，是给行为人带来财产利益的合同。与市场秩序无关以及主要不受市场调整的合同，如不具有交易性质的赠与合同，婚姻、收养、扶养、监护等有关身份关系的协议等，不扰乱市场经济活动秩序，通常情况下不应视为合同诈骗罪中的"合同"。二是从犯罪手段来看，合同诈骗罪骗取的财物一定是合同的标的物或者与其他合同相关的财物，是履行、签订合同后的附随结果，如果骗取财产并未伴随合同签订、履行，即便收到财物后补签合同来掩盖诈骗行为，亦不能认定为合同诈骗罪。

关联索引 》》》

《刑法》第224条

一审：四川省绵阳经济技术开发区人民法院（2022）川0793刑初32号刑事判决（2023年2月21日）

王某明合同诈骗案

基本案情 >>>

2012 年 7 月 29 日，被告人王某明使用伪造的户口本、身份证，冒充房主即王某明之父的身份，在北京市石景山区链家房地产经纪有限公司古城公园店，以出售该区古城路 28 号楼一处房屋为由，与被害人徐某签订房屋买卖合同，约定购房款为 100 万元，并当场收取徐某定金 1 万元。同年 8 月 12 日，王某明又收取徐某支付的购房首付款 29 万元，并约定余款过户后给付。后双方在办理房产过户手续时，王某明的虚假身份被石景山区住建委工作人员发现，余款未取得。2013 年 4 月 23 日，王某明被公安机关查获。次日，王某明的亲属将赃款退还被害人徐某，被害人徐某对王某明表示谅解。

北京市石景山区人民法院经审理于 2013 年 8 月 23 日作出 (2013) 石刑初字第 239 号刑事判决，认为被告人王某明的行为已构成合同诈骗罪，数额巨大，同时鉴于其如实供述犯罪事实，在亲属帮助下退赔全部赃款，取得了被害人的谅解，依法对其从轻处罚。公诉机关北京市石景山区人民检察院指控罪名成立，但认为数额特别巨大且系犯罪未遂有误，予以更正。遂认定被告人王某明犯合同诈骗罪，判处有期徒刑六年，并处罚金人民币 6 万元。宣判后，公诉机关提出抗诉，认为犯罪数额应为 100 万元，数额特别巨大，而原判未评价 70 万元未遂，仅依据既遂 30 万元认定犯罪数额巨大，系适用法律错误。北京市人民检察院第一分院的支持抗诉意见与此一致。王某明以原判量刑过重为由提出上诉，在法院审理过程中又申请撤回上诉。北京市第一中级人民法院经审理于 2013 年 12 月 2 日作出 (2013) 一中刑终字第 4134 号刑事裁定：准许上诉人王某明撤回上诉，维持原判。

裁判理由 >>>

法院生效裁判认为：王某明以非法占有为目的，冒用他人名义签订合同，其行为已构成合同诈骗罪。一审判决事实清楚，证据确实、充分，定性准确，审判程序合法，但未评价未遂 70 万元的犯罪事实不当，予以纠正。根据刑法及司法解释的有关规定，考虑王某明合同诈骗既遂 30 万元，未遂 70 万元但可对该部分减轻处罚，王某明如实供述犯罪事实，退赔全部赃款取得被害人的谅解等因素，原判量刑在法定刑幅度之内，且抗诉机关亦未对量刑提出异议，故应予维持。北京市石景山区人民检察院的抗诉意见及北京市人民检察院第一分院的支持抗诉意见，酌予采纳。鉴于二审期间王某明申请撤回上诉，撤回上诉的申请符合法律规定，故二审法院裁定依法准许撤回上诉，维持原判。

本案争议焦点是，在数额犯中犯罪既遂与未遂并存时如何量刑。《最高人民法院、最高人民检察院关于办理诈骗刑事案件具体应用法律若干问题的解释》第 6 条规定："诈骗既有既遂，又有未遂，分别达到不同量刑幅度的，依照处罚较重的规定处罚；达到同一量刑幅度的，以诈骗罪既遂处罚。"因此，对于数额犯中犯罪行为既遂与未遂并存且均构成犯罪的情况，在确定全案适用的法定刑幅度时，先就未遂部分进行是否减轻处罚的评价，确定未遂部分所对应的法定刑幅度，再与既遂部分对应的法定刑幅度比较，确定全案适用的法定刑幅度。如果既遂部分对应的法定刑幅度较重或者二者相同的，应当以既遂部分对应的法定刑幅度确定全案适用的法定刑幅度，将包括未遂部分在内的其他情节作为确定量刑起点的调节要素进而确定基准刑。如果未遂部分对应的法定刑幅度较重，应当以未遂部分对应的法定刑幅度确定全案适用的法定刑幅度，将包括既遂部分在内的其他情节，连同未遂部分的未遂情节一并作为量刑起点的调节要素进而确定基准刑。

本案中，王某明的合同诈骗犯罪行为既遂部分为 30 万元，根据司法解释及北京市的具体执行标准，对应的法定刑幅度为有期徒刑三年以上十年以下；未遂部分为 70 万元，结合本案的具体情况，应当对该未遂部分减一档处罚，未遂部分法定刑幅度应为有期徒刑三年以上十年以下，与既遂部分 30 万元对应的法定刑幅度相同。因此，以合同诈骗既遂 30 万元的基本犯罪事实确定对王某明适用的法定刑幅度为有期徒刑三年以上十年以下，将未遂部分 70 万元的犯罪事实，连同其如实供述犯罪事实、退赔全部赃款、取得被害人谅解等一并作为量刑情节，故对王某明从轻处罚，判处有期徒刑六年，并处罚金人民币 6 万元。

裁判要旨 >>>

在数额犯中，犯罪既遂部分与未遂部分分别对应不同法定刑幅度的，应当先决定对未遂部分是否减轻处罚，确定未遂部分对应的法定刑幅度，再与既遂部分对应的法定刑幅度进行比较，选择适用处罚较重的法定刑幅度，并酌情从重处罚；二者在同一量刑幅度的，以犯罪既遂酌情从重处罚。

关联索引 >>

《刑法》第 23 条

《最高人民法院、最高人民检察院关于办理诈骗刑事案件具体应用法律若干问题的解释》第 6 条

一审：北京市石景山区人民法院（2013）石刑初字第 239 号刑事判决（2013 年 8 月 23 日）

二审：北京市第一中级人民法院（2013）一中刑终字第 4134 号刑事裁定（2013 年 12 月 2 日）

2023-03-1-167-012

周某波合同诈骗案
——被害人拒绝配合调查导致部分犯罪数额认定存疑，应将相应数额从犯罪金额中扣减

基本案情 >>

2010 年 9 月至 2011 年 3 月，被告人周某波在签订、履行合同过程中，利用伪造的购房合同及发票做担保，分别骗取被害人郝某、栾某利 27.05 万元、60.45 万元，以支付利息形式分别归还郝某、栾某利 7.25 万元、29.3 万元。周某波被抓获归案后向司法机关提交转账支票存根，辩称在案发前交给郝某一张金额为 5.25 万元的转账支票，收款人信息由郝某自行补记。经查询，银行已根据出票人指令将资金划转至第三方账户，金额与周某波与郝某约定利息相符。司法机关多次联系郝某，郝某答应到司法机关说明情况，此后拒绝接听电话。

北京市丰台区人民法院认定被告人周某波骗取被害人郝某 27.05 万元，已归还 7.25 万元，骗取被害人栾某利 60 余万元，已归还 29.3 万元，并于 2015 年 12 月 16 日作出（2015）丰刑初字第 894 号刑事判决：一、周某波犯

合同诈骗罪，判处有期徒刑十年，并处罚金人民币 10 000 元。二、责令周某波退赔被害人经济损失。宣判后，周某波以原判认定其犯罪数额有误、量刑过重为由提出上诉，并在二审期间缴纳案款 46.1 万元。北京市第二中级人民法院认定周某波骗取郝某 27.05 万元，已归还 12.5 万元，骗取栾某利 60 余万元，已归还 29.3 万元，并于 2016 年 3 月 29 日作出（2016）京 02 刑终 2 号刑事判决：一、周某波犯合同诈骗罪，判处有期徒刑三年六个月，罚金人民币 4000 元。二、在案扣押人民币 461 000 元中的 145 500 元发还郝某，311 500 元发还栾某利，4000 元折抵所判罚金刑。

裁判理由 ▶▶▶

法院生效判决认为，本案争议焦点为是否应从被告人周某波实际骗得被害人郝某钱款中扣减 5.25 万元。《刑事诉讼法》明确规定，定罪量刑的事实均需要有证据证明，综合全案证据，对所认定事实应达到排除合理怀疑程度。周某波提交转账支票存根，辩称以转账支票形式向郝某还款 5.25 万元，收款人信息由郝某自行补记，符合《票据法》关于支票补记事项的规定。经查询，银行已根据出票人指令将资金划转至补记第三方的账户，划转金额同周某波与郝某约定利息相符。在案证据虽不能确证收款账户由郝某控制或指定，但郝某拒绝配合司法调查，不能排除 5.25 万元系周某波在案发前归还郝某钱款的合理怀疑，根据证据裁判规则，应将 5.25 万元从周某波实际骗得郝某钱款中扣减。一审认定周某波犯罪数额有误，周某波在二审期间全额退赔被害人损失，可改判其较轻刑罚。故二审作出如上判决。

裁判要旨 ▶▶▶

合同诈骗金额系重要的定罪量刑事实，在认定时应达到排除合理怀疑程度。被告人辩称在案发前归还被害人部分款项，并提供相应证据引起合理怀疑，因被害人拒绝配合调查导致无法排除合理怀疑，应按照有利于被告人的原则认定相应事实。

关联索引 ▶▶▶

《刑法》第 224 条

一审：北京市丰台区人民法院（2015）丰刑初字第 894 号刑事判决（2015 年 12 月 16 日）

二审：北京市第二中级人民法院（2016）京 02 刑终 2 号刑事裁定（2016 年 3 月 29 日）

2023-05-1-167-003

朱某卫合同诈骗案
——合同诈骗案件的具体证明标准把握

基本案情 ≫≫

被告人朱某卫因资金紧张曾向被害人马某群借款，具体数额不详。2010 年 10 月至 11 月的一天，马某群在向朱某卫催要借款的过程中，朱某卫与马某群签订了 23 份房屋买卖合同，并在马某群未实际交款的情况下，向马某群出具了合同价值 5 430 023 元的收款收据。买卖合同和收款收据是由朱某卫委托售楼处的李某娟、周某填写。2012 年 3 月 12 日，马某群以朱某卫售予自己的房屋已售出，有人入住，造成自己损失 550 万元为由向河北省宣化县公安局报案，宣化县公安局于 2012 年 3 月 20 日立案。

河北省宣化县人民法院于 2013 年 12 月 9 日作出（2013）宣刑初字第 47 号刑事判决：被告人朱某卫无罪。宣判后，河北省宣化县人民检察院提出抗诉。河北省张家口市中级人民法院于 2014 年 3 月 18 日作出（2014）张刑终字第 13 号刑事裁定：驳回抗诉，维持原判。

裁判理由 ≫≫

法院生效裁判认为：公诉机关指控被告人朱某卫犯合同诈骗罪，但提供的相关证据仅能证实被告人朱某卫与马某群之间存在资金往来，其他事实依据现有证据无法查清。被告人朱某卫向马某群借款的具体数额、被告人朱某卫还款的具体数额、以房抵债的手段是朱某卫提出还是马某群提出，双方各执一词，没有确实、充分的证据予以证实。另外，公诉机关依据被告人朱某卫与马某群签订的 23 份房屋买卖合同认定被告人朱某卫的诈骗数额为 5 430 023 元，但被告人朱某卫和马某群均认可在签订合同时马某群并未向朱某卫支付购房款，在借款基础事实依据现有证据无法查清的情况下，仅依据购房合同数额认定诈骗数额，于法无据。依据合同诈骗罪的犯罪构成来看，合同诈骗罪主观方面要求被告人具有非法占有的目的，但依据现有证据来看，无法认定被告人朱某卫具有非法占有的目的；从客观方面来看，被告人朱某卫在签订合同过程中并未实际占有购房款，即没有通过合同方式取得任何财物。同时，依据控辩双方提交的证据来看，无论被告人供述、被害人陈述还是证人证言均存在矛盾、冲突之处，且无其他充分的客观性证据予以证实。在此情况下，就目前指控的事实和证据，认定被告人朱某卫犯合同诈骗罪，事实不清、证据不足，指控的罪名不能成立。故一、二审法院依法作出如上裁判。

裁判要旨 》》

判断是否构成合同诈骗罪，应当从以下两个方面认定：

（1）有无非法占有目的，这是关键。非法占有目的既可以存在于签订合同时，也可以存在于履行合同的过程中。判断行为人的主观目的，应当根据其是否符合刑法所规定的具体行为，并综合考虑事前、事中、事后的各种主客观因素进行整体判断。

（2）合同诈骗罪与普通诈骗罪在逻辑上是特殊与一般的关系。符合诈骗罪的犯罪构成，且利用了签订、履行合同的行为骗取了他人财物，就成立合同诈骗罪。参照普通诈骗罪的构成模式，合同诈骗罪的构成模式应当为：欺诈行为→被害人产生错误认识而签订合同→依据合同而处分财产→行为人或第三人获得财产→被害人的财产损失。

关联索引 》》

《刑法》第 224 条

一审：河北省宣化县人民法院（2013）宣刑初字第 47 号刑事判决（2013年 12 月 9 日）

二审：河北省张家口市中级人民法院（2014）张刑终字第 13 号刑事裁定（2014 年 3 月 18 日）

最高人民检察院发布指导性案例

温某某合同诈骗立案监督案

基本案情 >>>

2010年4月至5月间，甲公司分别与乙建设有限公司（以下简称乙公司）、丙建设股份有限公司（以下简称丙公司）签订钦州市钦北区引水供水工程《建设工程施工合同》。根据合同约定，乙公司和丙公司分别向甲公司支付70万元和110万元的施工合同履约保证金。工程报建审批手续完成后，甲公司与乙公司、丙公司因工程款支付问题发生纠纷。2011年8月31日，丙公司广西分公司经理王某某到南宁市公安局良庆分局（以下简称良庆公安分局）报案，该局于2011年10月14日对甲公司负责人温某某以涉嫌合同诈骗罪刑事立案。此后，公安机关未传唤温某某，也未采取刑事强制措施，直至2019年8月13日，温某某被公安机关采取刑事拘留措施，并被延长刑事拘留期限至9月12日。

检察机关履职过程 >>>

2019年8月26日，温某某的辩护律师向南宁市良庆区人民检察院提出监督申请，认为甲公司与乙公司、丙公司之间的纠纷系支付工程款方面的经济纠纷，并非合同诈骗，请求检察机关监督公安机关撤销案件。良庆区人民检察院经审查，决定予以受理。

经走访良庆公安分局，查阅侦查卷宗，核实有关问题，并听取辩护律师意见，接收辩护律师提交的证据材料，良庆区人民检察院查明：一是甲公司案发前处于正常生产经营状态，2006年至2009年，经政府有关部门审批，同意甲公司建设钦州市钦北区引水供水工程项目，资金由甲公司自筹；二是甲公司与乙公司、丙公司签订《建设工程施工合同》后，向钦州市环境保护局钦北分局等政府部门递交了办理"钦北区引水工程项目管道线路走向意见"的报建审批手续，但报建审批手续未能在约定的开工日前完成审批，双方因此另行签订补充协议，约定了甲公司所应承担的违约责任；三是报建审批手续完成后，乙公司、丙公司要求先支付工程预付款才进场施工，甲公司要求按照工程进度支付工程款，双方协商不下，乙公司、丙公司未进场施工，甲公司也未退还履约保证金；四是甲公司在该项目工程中投入勘测、复垦、自来水厂建设等资金 3000 多万元，收取的 180 万元履约保证金已用于自来水厂的生产经营。

2019 年 9 月 16 日，良庆区人民检察院向良庆公安分局发出《要求说明立案理由通知书》。良庆公安分局回复认为，温某某以甲公司钦州市钦北区引水供水工程项目与乙公司、丙公司签订《建设工程施工合同》，并收取履约保证金，而该项目的建设环评及规划许可均未获得政府相关部门批准，不具备实际履行建设工程能力，其行为涉嫌合同诈骗。良庆区人民检察院认为，甲公司与乙公司、丙公司签订《建设工程施工合同》时，引水供水工程项目已经政府有关部门审批同意。合同签订后，甲公司按约定向政府职能部门提交该项目报建审批手续，得到了相关职能部门的答复，在项目工程未能如期开工后，甲公司又采取签订补充协议、承担相应违约责任等补救措施，并且甲公司在该项目工程中投入大量资金，收取的履约保证金也用于公司生产经营。因此，不足以认定温某某在签订合同时具有虚构事实或者隐瞒真相的行为和非法占有对方财物的目的，公安机关以合同诈骗罪予以刑事立案的理由不能成立。对于甲公司不退还施工合同履约保证金的行为，乙公司、丙公司可以向人民法院提起民事诉讼。同时，良庆区人民检察院审查认为，该案系公安机关立案后久侦未结形成的侦查环节"挂案"，应当监督公安机关依法处理。2019 年 9 月 27 日，良庆区人民检察院向良庆公安分局发出《通知撤销案件书》。

良庆公安分局接受监督意见，于 2019 年 9 月 30 日作出《撤销案件决定书》，决定撤销温某某合同诈骗案。在此之前，良庆公安分局已于 2019 年 9 月 12 日依法释放了温某某。

典型意义 》》》

（1）检察机关对公安机关不应当立案而立案的，应当依法监督撤销案件。检察机关负有立案监督职责，有权监督纠正公安机关不应当立案而立案的行为。涉案企业认为公安机关对企业之间的合同纠纷以合同诈骗进行刑事立案，向检察机关提出监督申请的，检察机关应当受理并进行审查。认为需要公安机关说明立案理由的，应当书面通知公安机关。认为公安机关立案理由不能成立的，应当制作《通知撤销案件书》，通知公安机关撤销案件。

（2）严格区分合同诈骗与民事违约行为的界限。注意审查涉案企业在签订、履行合同过程中是否具有虚构事实、隐瞒真相的行为，是否有《刑法》第224条规定的五种情形之一。注重从合同项目真实性、标的物用途、有无实际履约行为、是否有逃匿和转移资产的行为、资金去向、违约原因等方面，综合认定是否具有诈骗的故意，避免片面关注行为结果而忽略主观上是否具有非法占有的目的。对于签订合同时具有部分履约能力，其后完善履约能力并积极履约的，不能以合同诈骗罪追究刑事责任。

（3）对于公安机关立案后久侦未结形成的"挂案"，检察机关应当提出监督意见。由于立案标准、工作程序和认识分歧等原因，有些涉民营企业刑事案件逾期滞留在侦查环节，既未被撤销，又未被移送审查起诉，形成"挂案"，导致民营企业及企业相关人员长期处于被追诉状态，严重影响企业的正常生产经营，破坏当地营商环境，也损害了司法机关的公信力。检察机关发现侦查环节"挂案"的，应当对公安机关的立案行为进行监督，同时也要对公安机关侦查过程中的违法行为依法提出纠正意见。

关联索引 >>>

《刑法》第224条

《人民检察院刑事诉讼规则》第557条至第561条、第563条

《最高人民检察院、公安部关于刑事立案监督有关问题的规定（试行）》第6条至第9条

最高人民法院、最高人民检察院联合发布 5 起惩治伪造公司、 企业印章等破坏营商环境犯罪典型案例之二： 孔某非合同诈骗案

基本案情 >>>

2022 年 12 月 12 日，孔某非冒用中北电力（内蒙古）有限公司名义与某信息有限公司签订产品购销合同购买电子产品，并通过 P 图方式在购销合同及验收单上加盖其自行伪造的中北电力（内蒙古）有限公司的公章，骗取该公司按合同约定交付了价值 101 万余元电子产品。2023 年 1 月 12 日至 31 日，孔某非又冒用国网内蒙古东部电力有限公司、内蒙古电力（集团）有限责任公司名义，以同样的方式与被害单位签订购买电子产品购销合同并加盖伪造公司的公章，骗取价值 120 万余元电子产品。

孔某非收到上述电子产品后未支付货款，经被害单位多次催要支付部分货款，实际骗得财物价值 159 万余元。

处理结果 >>>

2023 年 5 月 15 日，内蒙古自治区呼和浩特市公安局赛罕区分局以孔某非涉嫌合同诈骗罪移送审查起诉。同年 6 月 15 日，内蒙古自治区呼和浩特市赛罕区人民检察院以合同诈骗罪对孔某非提起公诉。同年 8 月 12 日，内蒙古自治区呼和浩特市赛罕区人民法院以合同诈骗罪判处被告人孔某非有期徒刑十一年，并处罚金人民币 20 万元。一审宣判后，被告人未上诉，判决已生效。

最高人民检察院发布第二届民营经济法治建设峰会
检察机关服务民营经济典型案例之十：
方某某诈骗案

——借 500 万元否认诈骗，检察官发现两套账目

基本案情 》》》

申诉人周某某，某汽车零部件有限公司法人代表，系原案被害人。

被不起诉人方某某，某五金有限公司负责人。

周某某经营的公司是某外资企业在中国的核心供应商，年纳税额上千万元，公司有员工 500 多人。2002 年 8 月，周某某成立某塑钢制品配件厂，至 2009 年年底已有银行贷款人民币 200 余万元，另高息向他人举债人民币 300 万元左右。其间，周某某个人消费支出巨大，另需支付高额利息，实际已资不抵债。然而，方某某仍以企业经营需要和归还高息借款为由，让周某某替其担保借款。2010 年 6 月 17 日，方某某又以归还高息借款为由，向周某某借款人民币 500 万元，同年 7 月 27 日离开当地。

案件办理情况 》》》

2010 年 9 月 9 日，周某某向该市公安局报案，该局决定立案侦查。2014 年 8 月 20 日，方某某被抓获归案。2015 年 9 月 24 日，市公安局以方某某涉嫌诈骗罪向市人民检察院移送审查起诉。市人民检察院于 2016 年 5 月 23 日对方某某作出存疑不起诉决定。周某某不服，向市人民检察院提出申诉。检察机关经立案复查，查明方某某公司存在"两套"账目，证实方某某提供的公司报表系虚假报表。方某某在其公司实际经营状况较差的情况下，仍通过虚构事实、隐瞒真相等方式骗取周某某人民币 900 万元。另，调查发现本案除周某某外还有其他受害人，新发现三笔诈骗金额合计 396 万元的犯罪线索。

检察机关将新调取到的证据材料移交给市公安局，并监督该局重新立案侦查。2018 年 9 月 6 日，市公安局以方某某涉嫌合同诈骗罪和诈骗罪移送审查起诉。2019 年 2 月 26 日，市人民检察院提起公诉。2019 年 12 月 20 日，市人民法院以合同诈骗罪、诈骗罪判处方某某有期徒刑十五年、罚金人民币 150 万元。方某某未提出上诉，判决已生效。检察机关对申诉人周某某进行了公开答复，周某某主动撤回申诉。

典型意义 〉〉〉

本案申诉人系当地知名民营企业家，本案关系到企业的生存发展和 500 多名职工的就业问题。检察机关充分履行刑事申诉检察职能，秉持客观公正原则，全面细致复查，有针对性地开展调查核实工作并进一步补强证据，形成环环相扣的证据锁链，有力证实犯罪，最大程度保护受害民营企业合法权益。

最高人民检察院发布 10 起检察机关全面履行检察职能推动民营经济发展壮大典型案例之一：上海市金某、刘某某、王某某等 69 人合同诈骗案

基本案情 〉〉〉

2014 年 7 月起，被告人金某、刘某某等人成立 A 公司从事餐饮招商加盟活动。为牟取非法利益，自 2018 年起，金某等人将 A 公司的网络中心、话务中心、运营中心等部门拆分成立 29 家关联公司，升级为 A 集团统一运营。通过 A 集团以"快招"形式在签订、履行合同过程中骗取加盟费，在此过程中形成以金某为首要分子，各层级人员较为固定、分工明确的犯罪集团。

金某等人在 A 集团不具备运营能力及相关资质的情况下，通过自营或与王某某成立东某公司等合作，采用短期内频繁更换品牌的方式对外招商加盟。在招商过程中，A 集团通过虚构 20 余个奶茶品牌影响力、虚构运营能力、提供虚假授权、聘请明星代言等方式诱使民营小微企业等市场主体签约，骗取加盟费。为掩盖诈骗真相，A 集团对加盟商的正当运营需求敷衍了事，导致

大量加盟商经营失败，在产生加盟纠纷民事诉讼后，又通过转移资金的方式逃避退款义务。至案发，A 集团累计骗取全国 5800 余名加盟商 4.4 亿余元，造成大量加盟的民营小微企业遭受重大经济损失。

2022 年 5 月，上海市松江区人民检察院以合同诈骗罪对金某、刘某某、王某某等 69 名被告人陆续提起公诉。2022 年 9 月至 2023 年 3 月，上海市松江区人民法院以合同诈骗罪对金某判处有期徒刑十四年六个月，剥夺政治权利三年，并处罚金 50 万元；对刘某某、王某某等其余被告人判处有期徒刑十二年至三年一个月不等，并处相应罚金。部分被告人提出上诉，二审维持原判，判决已生效。

检察机关履职过程

（1）厘清经济纠纷与刑事犯罪，依法对重大涉民营企业案件监督立案。2021 年 3 月 15 日，某加盟商就东某公司诈骗奶茶品牌加盟费一案向松江区人民检察院申请立案监督。松江区人民检察院受理后通过民事裁判查询发现有众多加盟商存在类似情况，经审查认为，虽然从个案角度看，形式上表现为加盟合同纠纷，但大量同类纠纷反映出东某公司存在签订加盟合同后恶意违约骗取加盟费的行为，具有合同诈骗的犯罪嫌疑。松江区人民检察院制发《要求说明不立案理由通知书》，并建议公安机关对与东某公司存在合作关系的 A 集团一并进行侦查。公安机关于 2021 年 3 月 22 日决定立案侦查。

（2）持续引导侦查，发挥检察一体化作用，构建指控犯罪的证据体系。由于本案涉案人数多、金额大、证据材料繁杂，且在罪与非罪、经济纠纷与经济犯罪的认定上存在重大分歧。松江区人民检察院报请市分院共同研究论证焦点问题，逐一厘清法律关系，同时介入侦查引导取证。一是查明犯罪手法，引导公安机关从海量电子数据中提取 A 集团"傍名牌"招商的网页快照、虚假授权书，以及从各品牌加盟合同中梳理查证出加盟环节均存在虚构运营团队、推广服务等"套路"。二是查明履约意愿和能力，引导公安机关梳理人员结构，查实 A 集团系由同一班人马不断更换公司、品牌、地点经营，完成招商后即消极应对，通过与知名品牌加盟流程进行对比，证明 A 集团开展加盟的虚假性。三是明确取证方法，针对被害人数多、分布广、取证难的问题，及时引导公安机关采用被害人自述、调取民事判决书等方式固定证据。

（3）保护被害人权益，多维度做好追赃挽损工作。松江区人民检察院坚持打击犯罪与追赃挽损并重，协同公安机关全面查明涉案资金去向。一是加大追赃力度，引导公安机关冻结 A 集团涉案资金 4000 万余元、查封房产 10 套，督促被告人在检察环节主动退赃近 200 万元。二是拓宽挽损渠道。松江区人民检察院经审查认为，某明星为涉案品牌代言未能尽到审慎义务，存在过错，据此，松江区人民检察院向该明星所在经纪公司制发检察建议，从规范明星广告代言活动、维护广告市场秩序、保障消费者合法权益等方面提出建议。经纪公司遂主动退还代言费，该明星通过微博向社会公众道歉并作出停止代言的声明。

典型意义

（1）加强检察履职，确保全面、及时发挥监督作用。本案系上海市首例"套路加盟"合同诈骗案，行为迷惑性强。对于刑民交织案件，检察机关注意准确把握犯罪构成，通过对是否存在诈骗行为、非法占有目的等关键性问题加强审查，注重实质判断，厘清案件定性，及时监督公安机关立案侦查。同时，适时介入侦查，全程引导公安机关取证，将证明思路转化为取证方向和证据标准，不断夯实事实及证据认定基础。持续发挥诉讼监督职能，成功追捕追诉 20 余人。

（2）加强一体履职，确保定性准确、指控有力。在疑难复杂新类型案件办理中坚持三级院上下联动、一体履职。三级院共同审查、接力研商，全面论证犯罪指控思路，认定 A 集团故意夸大运营能力、虚构品牌信息等行为符合合同诈骗特征；其抽逃转移资金、恶意逃避民事诉讼执行等行为充分反映被告人具有非法占有目的，符合合同诈骗罪的构成要件。为确保精准指控，还查明该团伙以金某为首要分子，重要成员及一般成员固定，层级架构清晰，横向分工明确，共享非法获利，可以认定系犯罪集团。最终，金某等七名主犯均被法院判处十年以上有期徒刑，受到法律严厉制裁。

（3）加强能动履职，确保追赃及时、挽损全面。坚持打击犯罪与追赃挽损并重，努力为加盟被害民营小微企业挽回损失。办案过程中，检察机关引导公安机关在收集固定定罪量刑证据的同时，加强对资金流向证据的收集固定，对使用违法所得购买的房产等财产及时查封、扣押。充分运用认罪认罚从宽制度做好释法说理，督促被告人主动退赃退赔。多措并举，对不当代言的行为予以规制，督促退还代言费用，最大限度挽回经济损失。

最高人民检察院发布 6 起全国检察机关依法惩治侵犯军人军属合法权益犯罪典型案例之六：曹某明司法救助案

基本案情

救助申请人曹某明，退役军人，系赵某某合同诈骗案被害人。

2020 年 3 月至 11 月，赵某某以能低价购房为由，通过签订购房协议的方式骗取 33 名被害人钱款共计人民币 524 万余元，其中，骗取曹某明为其子曹某杰（现役军人）购置婚房钱款共计人民币 39 万元。赵某某将骗取的钱款用于网络赌博及日常消费。2021 年 5 月 25 日，河北省景县人民检察院以赵某某犯合同诈骗罪提起公诉。同年 8 月 24 日，景县人民法院以合同诈骗罪判处赵某某有期徒刑十四年，并处罚金人民币 25 万元，并责令赵某某向各被害人退赔款项。

2021 年 8 月 26 日，景县人民检察院经依法审查作出司法救助决定，给予曹某明救助金 3 万元，并联合景县退役军人事务局、镇退役军人服务站对曹某明进行综合救助。

检察机关履职过程

（1）畅通衔接，主动救助。案件办理过程中，检察机关依法告知被害人申请国家司法救助的权利及程序，并主动履职，对 33 名被害人具体情况逐一筛查，发现曹某明可能符合司法救助条件的线索。检察机关与退役军人事务局组成工作专班，检察长多次带队到曹某明家实地调查，向镇包村干部、村"两委"干部、周边群众详细了解情况，查明曹某明一家两代军人，夫妻均患病，儿子长期戍边，家中有未成年女儿需要抚养，被骗款项中有 20 余万元是从亲友处借的，经济确有困难，曹某明符合司法救助条件。后经曹某明申请，检察机关启动司法救助程序。

（2）凝聚合力，多元施救。针对曹某明一家两代军人的情况，检察机关积极开辟"退役军人司法救助绿色通道"，优先办理该案，及时向曹某明发放司法救助金 3 万元，缓解曹某明一家"燃眉之急"。同时，协调多方力量综合施救，联系县退役军人事务局向其发放帮扶金 3000 元；协调镇退役军人服务站为其提供个性化帮扶拓展增收渠道，并为其小女儿争取到助学金 8000 元。

（3）多方配合，追赃挽损。案件办理过程中，检察机关积极引导公安机关加大对赃款去向、犯罪嫌疑人个人财产情况的调查取证，加大对可疑线索的侦查力度。最终查明，被告人赵某某与妻子刘某玲计划通过办理假离婚以转移财产逃避责任，检察机关建议法院对 75 万元涉案款项予以追缴，并依法返还各被害人。判决后按比例发还曹某明 5.5 万元。

典型意义 >>>

（1）司法救助既要照顾全面，也要突出重点。本案涉及被害人较多，各被害人家庭情况也各有不同，检察机关严格按照《人民检察院国家司法救助工作细则（试行）》的规定，在应救尽救、分类施策的基础上，依据《关于加强退役军人司法救助工作的意见》，将曹某明纳入重点救助对象范围，及时给予司法救助，帮助解决家庭困难，让曹某明的儿子曹某杰在部队安心服役。2021 年，曹某杰因表现突出晋升军衔，其所在部队得知案件办理结果后，专门向检察机关致信感谢。

（2）司法救助既要主动，也要及时。办理侵犯军人军属合法权益犯罪案件，检察机关应当对案件情况进行全面审查，对追赃挽损情况提前预判，同时对被害军人军属家庭情况主动进行调查，及时发现救助线索并启动救助程序。本案中，检察机关在办理合同诈骗案件时，主动筛查被害人家庭情况，及时查明曹某明作为退伍军人因案致困的情况，迅速启动司法救助程序，开辟司法救助绿色通道，及时发放救助资金，解决急难问题，取得较好效果。

（3）司法救助既要发挥"扶上马"的合力，更要突出"送一程"的耐力。检察机关应当能动履职，加强与民政、退役军人事务部门的沟通对接，构建国家司法救助与社会救助有效衔接机制，形成救助帮扶工作合力。还应当与乡村振兴部门及基层乡镇政府等建立协作机制，定期开展回访，评估救助帮扶效果，将"一次救助"延伸为"长期关怀"，进一步打通司法救助"最后一公里"。

检察机关办理涉产权刑事申诉典型案例之二：赵某帅申诉案

基本案情

申诉人赵某帅（原审被告人，因本案被判有期徒刑十六年，2010 年 7 月 14 日刑满释放）系甘肃省永昌县农牧机械总公司法定代表人，1997 年 1 月至 10 月，该公司与河南省新乡一拖签订合同购买各种型号的拖拉机 142 台，价值 1 463 530 元，共计拖欠货款 769 943 元，新乡一拖多次派人催要货款，赵某帅推托避而不见。

检察机关履职过程

1999 年 1 月 15 日，河南省获嘉县公安局以涉嫌合同诈骗罪将赵某帅刑事拘留，同年 2 月 14 日将其逮捕。2002 年 8 月 18 日，新乡市人民检察院以犯合同诈骗罪向新乡市中级人民法院提起公诉。2002 年 11 月 30 日，新乡市中级人民法院判决赵某帅犯合同诈骗罪被判处有期徒刑十三年，并处罚金 3 万元，与另案故意伤害罪判处有期徒刑三年，合并执行有期徒刑十六年，罚金 3 万元，犯罪所得的财物予以追缴；对被告单位永昌县农牧机械总公司终止审理。

赵某帅与永昌县农牧机械总公司不服提出申诉。河南省人民检察院经审查认为，原审判决认定申诉人构成合同诈骗罪事实不清、证据不足；有新的证据证明原审判决、裁定认定的事实确有错误；原审判决违反法律规定的诉讼程序，可能影响公正审判，据此向河南省高级人民法院提出抗诉，河南省高级人民法院经开庭审理后于 2017 年 3 月 8 日裁定撤销原审刑事判决，发回新乡市中级人民法院重新审判。

典型意义

办理有关产权刑事案件，必须严格区分经济纠纷与经济犯罪的界限，对于法律界限不明、罪与非罪界限不清的，不作为犯罪处理。河南省人民检察院复查认定原案事实不清、证据不足，原审裁判确有错误，依法提出抗诉，充分发挥了检察机关在产权保护中的法律监督职能。

最高人民法院发布 10 起人民法院服务新时代东北全面振兴典型案例之十：吕某涉嫌合同诈骗、诈骗宣告无罪案

基本案情

鄂尔多斯某公司向内蒙古某公司购买一煤矿，采矿权仍登记在内蒙古某公司名下。2004 年 6 月 11 日，经吕某介绍，鄂尔多斯某公司与刘某签订该煤矿转让协议，转让价格为 16 450 000 元，内蒙古某公司在煤矿转让协议上签署同意并加盖公章。合同履行过程中，吕某分两次代替刘某支付部分煤矿转让款共计 5 400 000 元。2004 年 10 月 9 日，鄂尔多斯某公司与刘某签订《付款确认书》载明：刘某已经支付了 9 400 000 元，其中吕某共代付 5 400 000 元。后吕某与刘某就吕某是否实际支付了 5 400 000 元，以及该 5 400 000 元能否作价入股事宜产生纠纷。经最高人民法院民事判决书确认，吕某支付给鄂尔多斯某公司的 5 400 000 元作价入股，享有案涉煤矿 49% 的股权。案发时，案涉煤矿采矿权已登记在刘某指定的其作为股东的公司名下。公诉机关指控吕某以非法占有为目的，在签订、履行合同过程中，骗取对方当事人数额特别巨大的财物；以非法占有为目的，骗取他人数额特别巨大的财物，应以合同诈骗罪、诈骗罪追究吕某的刑事责任。

裁判结果

辽宁省大连市中级人民法院一审认为，公诉机关指控吕某犯合同诈骗罪、诈骗罪的证据不足，指控的罪名不成立。关于合同诈骗罪，鄂尔多斯某公司签订煤矿转让协议时已明确告知该煤矿仍登记在内蒙古某公司名下，且煤矿转让协议得到内蒙古某公司同意并盖章，最终煤矿也变更产权至刘某指定的其作为股东的公司名下，合同得到了履行。吕某没有以非法占有为目的，在签订、履行合同过程中，没有虚构事实、隐瞒真相，骗取对方当事人财物，不

构成合同诈骗罪。关于诈骗罪，吕某实际支付 5 400 000 元购矿款的事实有鄂尔多斯某公司出具的收据、刘某与鄂尔多斯某公司签字的《付款确认书》、最高人民法院民事判决书等证据证实。吕某没有以非法占有为目的，骗取他人财物，不构成诈骗罪。本案属于经济纠纷，应通过民事诉讼方式寻求司法解决，不应适用刑法作为犯罪处理。经大连市中级人民法院审判委员会讨论决定，判决被告人吕某无罪。一审判决已发生法律效力。

典型意义 >>>

市场主体在经济活动中发生纠纷在所难免，为保护当事人合法权益，维护正常社会经济秩序，应当区分不同纠纷性质采取不同的法律解决途径。如果将经济纠纷不当"升格"为刑事犯罪，不仅对当事人生产生活产生严重影响，还会损害营商环境。因此，要严格区分经济纠纷与经济犯罪的界限，按照刑法规定的犯罪构成要件，准确把握经济违法行为的入罪标准，坚决防止利用刑事手段介入经济纠纷，防止把经济纠纷当作刑事犯罪。本案中，被告人吕某与刘某在投资经营过程中产生经济纠纷，但吕某主观上不具有非法占有目的，客观上未虚构事实、隐瞒真相，不符合合同诈骗罪、诈骗罪的犯罪构成。宣告吕某无罪，表明司法机关坚决划清经济纠纷与经济犯罪之间界限的鲜明立场。

最高人民法院公布11起诈骗犯罪典型案例之一：
李某强合同诈骗案

基本案情 >>>

2008 年 7 月 15 日，曲靖市某公司法定代表人夏某生以该公司名义与以昆明某公司名义从事业务的被告人李某强电话约定购买钢材后，夏某生按李某强的要求于同月 20 日从个人银行卡转账 21 万余元存入李某强个人银行卡账户，李某强收受货款后逃匿柬埔寨。李某强归案后赔偿全部货款和经济损失费 3 万元并取得谅解。

裁判结果 >>>

法院经审理认为，鉴于李某强能如实供述罪行、积极赔偿被害人经济损失并取得谅解的悔罪表现，可从轻处罚。被告人李某强犯合同诈骗罪，判处有期徒刑三年，缓刑五年，并处罚金人民币 5 万元。

典型意义 ▶▶▶

本案是典型的合同诈骗案。合同诈骗罪是指以非法占有为目的，在签订、履行合同过程中，采取虚构事实或者隐瞒真相等欺骗手段，骗取对方当事人财物，数额较大的行为。随着我国市场经济的不断发展，利用签订合同骗取钱财的案件多发，不仅侵犯了他人财产权，扰乱了市场秩序，而且与经济纠纷极难区分与识别，因而成为司法实践中的一个热点问题。

最高人民法院公布 11 起诈骗犯罪典型案例之六：
朱某明合同诈骗、信用卡诈骗案

基本案情 ▶▶▶

2011 年至 2013 年，被告人朱某明以"朱军"名义办理身份证，利用该虚假身份注册成立"商丘腾飞建筑装饰工程有限公司"。在经营该公司期间，朱某明以"朱军"名义采取签订合同、出具欠条等方法，骗取郁某强、李某等人材料款、工程款共 505 885 元。朱某明骗取该款后逃匿。

2012 年 8 月 3 日、8 月 10 日，朱某明利用虚假的身份证、行车证、房产证等证件，在夏邑县农业银行、夏邑县邮政储蓄银行办理了信用卡，分别透支 199 934.99 元、99 992.89 元。至案发时，经发卡银行催要，上述透支款未归还。

裁判结果 ▶▶▶

河南省夏邑县人民法院判决：被告人朱某明犯合同诈骗罪，判处有期徒刑六年，并处罚金人民币 100 000 元；犯信用卡诈骗罪，判处有期徒刑六年，并处罚金人民币 70 000 元。二罪并罚，决定执行有期徒刑十一年，并处罚金人民币 170 000 元。责令被告人朱某明退赔所骗取被害人的财产。

典型意义 >>>

本案中朱某明以非法占有为目的，采取签订合同、出具欠条等方法，收受对方当事人给付的货物、预付款后逃匿。朱某明使用虚假的身份证明骗领信用卡，超过规定期限透支，经发卡银行催收后仍不归还，恶意透支，是典型违反社会诚信的行为，对此类行为予以严惩，才能起到维护社会诚信、人民群众和谐生产生活的警示教育作用。

第五章
《刑法》第 224 条之一
组织、领导传销活动罪

一、组织、领导传销活动罪的概念与犯罪构成

组织、领导传销活动罪是指组织、领导以推销商品、提供服务等经营活动为名，要求参加者以缴纳费用或者购买商品、服务等方式获得加入资格，并按照一定顺序组成层级，直接或者间接以发展人员的数量作为计酬或者返利依据，引诱、胁迫参加者继续发展他人参加，骗取财物，扰乱经济社会秩序的传销活动的行为。传销组织内部参与传销活动人员在30人以上且层级在3级以上的，应对组织者、领导者追究刑事责任。组织者或者经营者利用网络发展会员，要求被发展人员以缴纳或者变相缴纳"入门费"为条件，获得提成和发展下线的资格，通过发展人员组成层级关系并以直接或者间接发展的人员数量作为计酬或者返利依据，引诱被发展人员继续发展他人参加，骗取财物，扰乱经济社会秩序的，以组织、领导传销活动罪追究刑事责任。下列人员可以认定为传销活动的组织者、领导者：（1）在传销活动中起发起、策划、操纵作用的人员；（2）在传销活动中承担管理、协调等职责的人员；（3）在传销活动中承担宣传、培训等职责的人员；（4）因组织、领导传销活动受过刑事处罚或者1年内因组织、领导传销活动受过行政处罚，又直接或者间接发展参与传销活动人员在15人以上且层级在3级以上的人员；（5）其他对传销活动的实施，传销组织的建立、扩大等起关键作用的人员。实施本罪的行为，同时触犯集资诈骗罪等罪的，从一重罪处罚。实施本罪的行为，并实施故意伤害、非法拘禁、敲诈勒索、妨害公务、聚众扰乱社会秩序等行为，构成犯罪的，依照数罪并罚的规定处罚。犯本罪的，根据《刑法》第224条之一和第231条的规定处罚。

（一）构成要件

构成要件的内容为，组织、领导传销活动。传销活动可以分为两大类：一类是原始型传销，其传销的是商品，以销售商品的数量作为计酬或者返利依据；另一类是诈骗型传销，并不是真正传销商品，只是以发展人员的数量作为计酬或者返利依据。本罪的传销活动，是指后一种传销活动。

本罪禁止的传销活动，是指组织者、领导者通过收取"入门费"非法获取利益的行为。加入传销活动的人，要么直接缴纳"入门费"，要么以购买商品、服务等方式获得加入资格。在后一种情形下，"商品、服务"仅仅是名义上的或者是虚拟的，或者虽有真实内容但物非所值，参加者不是为了获取商

品服务，只是为了获得加入传销组织的资格。参加者需要通过发展下线获取利益，而不是通过销售商品等方式获取利益。所以，层级越高的参加者（其中部分人属于组织者、领导者）获利就越多；案发时，层级最低的参加者就成为受害者。在判断是否属于组织、领导传销活动罪中的传销活动时，除层级等方面的条件外，可以逐步进行以下判断：（1）判断是否存在商品（包括服务），如果没有商品，符合其他条件的，就可以认定为传销活动。（2）倘若存在商品，则需要进一步判断商品是不是道具（如商品存放在何处，有没有人消费该商品，该商品是不是任何人都可以免费获得的虚拟产品，商品的价值与参与者实际支付的货款是否大体相当等）。如果商品只是道具（如事实上不转移占有，或者名义上转移占有与所有，或者任何人都可以免费获得的虚拟产品等），符合其他条件的，则应认定为传销活动。（3）商品发生占有转移时，是仅转移给参与传销的人员，还是转移给真正的消费者？如果仅在传销活动的参与者之间转移，参与者并不以使用商品为目的，而是为了获得参加资格，并符合其他条件的，也应认定为传销活动。换言之，获得商品的人如果不转移商品能否获利？如果得出肯定结论，并符合其他条件的，则是传销活动。（4）倘若有部分商品转移给真正的消费者时，则需要判断真正的消费者与传销人员的比例，如果大多数商品都是传销人员的道具，只有少数商品转移给真正的消费者，符合其他条件的，也属于传销活动。（5）倘若有部分商品转移给真正的消费者，还需要进一步判断行为人是通过销售商品获利，还是通过收取"入门费"获利。倘若通过收取"入门费"获利，符合其他条件的，也应认定为传销活动。依照 2013 年 11 月 14 日"两高"、公安部《关于办理组织领导传销活动刑事案件适用法律若干问题的意见》（以下简称《办理传销案件意见》），以推销商品、提供服务等经营活动为名，要求参加者以缴纳费用或者购买商品、服务等方式获得加入资格，并按照一定顺序组成层级，直接或者间接以发展人员的数量作为计酬或者返利依据，引诱、胁迫参加者继续发展他人参加，骗取财物，扰乱经济社会秩序的传销组织，其组织内部参与传销活动人员在 30 人以上且层级在 3 级以上的，应当对组织者、领导者追究刑事责任。[1]组织领导多个传销组织，单个或者多个组织中的层级

---

[1] 根据 2018 年 7 月 3 日最高人民检察院检例第 41 号（叶某生等组织、领导传销活动案），组织者或者经营者利用网络发展会员，要求被发展人员以缴纳或者变相缴纳"入门费"为条件，获得提成和发展下线的资格。通过发展人员组成层级关系，并以直接或者间接发展的人员数量作为计酬或者返利依据，引诱被发展人员继续发展他人参加，骗取财物，扰乱经济社会秩序的，以组织、领导传销活动罪追究刑事责任。

已达3级以上的,可将在各个组织中发展的人数合并计算。组织者、领导者形式上脱离原传销组织后,继续从原传销组织获取报酬或者返利的,原传销组织在其脱离后发展人员的层级数和人数,应当计算为其发展的层级数和人数。

需要指出的是,"团队计酬"式传销活动是否属于本罪的传销活动,不可一概而论。根据《办理传销案件意见》,传销活动的组织者或者领导者通过发展人员,要求传销活动的被发展人员(下线)发展其他人员加入,形成上下线关系,并以下线的销售业绩为依据计算和给付上线报酬,牟取非法利益的,是"团队计酬"式传销活动。以销售商品为目的,以销售业绩为计酬依据的单纯的"团队计酬"式传销活动,不作为犯罪处理。形式上采取"团队计酬"方式,但实质上属于"以发展人员的数量作为计酬或者返利依据"的传销活动,应当以组织、领导传销活动罪定罪处罚。本罪的实行行为是组织、领导诈骗型传销活动的行为,故参与传销的行为不成立本罪。

问题是,如何理解和认定本罪的"骗取财物"?

第一种观点认为,"组织、领导传销活动不以骗取财物为必要。所以,'骗取财物'属于本罪中可有可无的概念"。[1]这一观点实际上认为,"骗取财物"并不是组织、领导传销活动罪的构成要素。但是,这种解释的合理性存在疑问。在分则条文明确规定了"骗取财物"的情况下,解释者既不能直接宣布其为多余的要素,也不能直接删除该要素;而且,否认"骗取财物"是组织、领导传销活动罪的要素,意味着减少犯罪的成立条件,是对行为人不利的解释,需要特别慎重。

第二种观点认为,"虽然《刑法修正案(七)》在界定传销时使用了'骗取财物'的表述,但是从实际发生的传销活动看,'骗取财物'并不是传销活动的唯一目的,因此不能将组织、领导传销活动罪的目的仅限于诈骗财物",[2]这种观点也值得商榷。诚然,将"骗取财物"解释为传销活动的目的,或许具有一定的合理性。但是,既然认为刑法条文已经将本罪的目的限定为"骗取财物",就不能认为本罪还包括其他目的,否则就违反了罪刑法定原则。

第三种观点认为,"骗取财物——这是传销活动的最本质特征。传销活动

---

〔1〕 曲新久:《刑法学》,中国政法大学出版社2009年版,第378页。
〔2〕 赵秉志主编:《刑法修正案最新理解适用》,中国法制出版社2009年版,第75页。

的一切最终目的，都是为了骗取钱财".[1]这种观点实际上将组织、领导传销活动罪的处罚对象理解为骗取财物，据此，只有当行为人客观上骗取了财物时，才能成立组织、领导传销活动罪。但如下所述，这种观点存在缺陷。

《办理传销案件意见》规定："传销活动的组织者、领导者采取编造、歪曲国家政策，虚构、夸大经营、投资、服务项目及盈利前景，掩饰计酬、返利真实来源或者其他欺诈手段，实施刑法第二百二十四条之一规定的行为，从参与传销活动人员缴纳的费用或者购买商品服务的费用中非法获利的，应当认定为骗取财物。参与传销活动人员是否认为被骗，不影响骗取财物的认定。"但这一规定只是说明了应当认定为"骗取财物"的部分情形，而没有界定"骗取财物"的性质与外延。

本书认为，"骗取财物"是对诈骗型传销组织（或者活动）的描述，亦即只有当行为人组织、领导的传销活动具有"骗取财物"的性质或者危险时，才可能成立组织、领导传销活动罪（如果行为人组织、领导的是提供商品与服务的传销组织，则不可能成立本罪）。换言之，"骗取财物"是诈骗型传销组织（或者活动）的特征。这是因为，传销组织许诺或者支付给参加者的回报，来自参加者的"入门费"；由于组织者、领导者需要给参加者一定的返利，所以，要保证传销组织的生存，就必须不断成倍增加参加者。然而，由于参加者不可能无限量增加，所以，资金链必然断裂，刚参加的人或者最低层级的参加者，就必然成为受害者。这便具备"骗取财物"的特征。由于《刑法》第224条之一的处罚对象是对诈骗型传销组织进行组织、领导的行为，所以，不以客观上已经骗取了他人财物为前提。首先，《关于〈中华人民共和国刑法修正案（七）〉（草案）的说明》指出："当前以'拉人头'、收取'入门费'等方式组织传销的违法犯罪活动，严重扰乱社会秩序，影响社会稳定，危害严重。目前在司法实践中，对这类案件主要是根据实施传销行为的不同情况，分别按照非法经营罪、诈骗罪、集资诈骗罪等犯罪追究刑事责任的。为更有利于打击组织传销的犯罪，应当在刑法中对组织、领导传销组织的犯罪作出专门规定。"不难看出，《刑法修正案（七）》的宗旨就是处罚组织、领导诈骗型传销活动的行为。其次，将《刑法》第224条之一理解为对诈骗型传销组织的组织、领导行为的处罚，非法设立诈骗型传销组织的行为便成为组织、领导传销活动罪的实行行为，从而有利于禁止传销组织。

---

[1] 黄太云：《〈刑法修正案（七）〉解读》，载《人民检察》2009年第6期。

最后，如果将组织、领导传销活动罪中的"骗取财物"解释为必须客观上骗取了他人财物，就会造成处罚的不协调。反之，只要认为"骗取财物"是显示诈骗型传销组织（或者活动）特征的要素，那么，如果行为人确实骗取了财物，则另触犯了集资诈骗罪或者普通诈骗罪，属于想象竞合，从一重罪处罚。唯有如此，才能实现刑法的正义性。

（二）责任形式

责任形式为故意。行为人明知自己组织、领导诈骗型传销活动会扰乱经济社会秩序，并且希望或者放任这种结果的发生。

二、组织、领导传销活动罪的认定

（1）组织、领导诈骗型传销活动的行为，同时触犯集资诈骗等罪的，属于想象竞合，应从一重罪处罚。一方面，成立诈骗型传销组织的行为，同时就是骗取他人财物的行为，因而属于一行为触犯数罪名的想象竞合。另一方面，不应认为组织、领导传销活动罪与集资诈骗罪存在法条竞合关系，因为二者侵害的法益不同。

（2）犯组织、领导传销活动罪，并实施故意伤害、非法拘禁、敲诈勒索、妨害公务、聚众扰乱社会秩序、聚众冲击国家机关、聚众扰乱公共场所秩序、交通秩序等行为，构成犯罪的依照数罪并罚的规定处罚。

（3）一般参与行为不可能成立组织、领导传销活动罪，但是，这并不意味着参与行为不成立任何犯罪。就诈骗型传销活动而言，参与人员的行为仍然可能成立集资诈骗等犯罪。一方面，具有受害者身份并不是阻却犯罪成立的事由，充其量仅构成酌情从宽处罚的量刑事由。另一方面，认定参与人员的行为仍然可能构成集资诈骗等犯罪，能够维护刑法的公平正义性；组织者、领导者是诈骗犯罪的主犯，对参与人员可以作为诈骗犯罪的从犯乃至胁从犯处理。

三、组织、领导传销活动罪的处罚

根据《刑法》第224条之一和第231条的规定，犯本罪的，处五年以下有期徒刑或者拘役，并处罚金；情节严重的，处五年以上有期徒刑，并处罚金。单位犯本罪的，对单位判处罚金，并对其直接负责的主管人员和其他直接责任人员，依照上述规定处罚。

2023-05-1-168-001

危某某组织、领导传销活动案
——组织、领导传销活动罪的犯罪主体认定

基本案情 >>>

"珠海市林某盛贸易有限公司"是一家在珠海没有任何工商登记资料,并假借网络连锁在深圳市宝安区龙华镇大肆发展人员,积极从事非法传销活动的假公司。"珠海市林某盛贸易有限公司"衍生出"珠海市昌某盛贸易有限公司""珠海市合某盛贸易有限公司"等传销公司,这些公司按照传销人员在公司中各自发展的人数(包括下线及下下线的人数总和)来确定这些传销人员的等级地位。具体确定等级的标准是:发展1—2人属于一级传销商;发展3—9人属于二级传销商;发展10—59人属于三级传销商;发展60—240人属于四级传销商;发展240人以上属于五级传销商。而注册传销公司的传销人员(传销公司的法人代表及股东)则必须达到"五级传销商"的资格,被称为传销"总裁"。根据该传销组织的内部规定,每个被发展进传销公司的人都必须先交3600元购买"钢煲"或"臭氧饮水机"一个(如果不要钢煲或饮水机,可以返还500元)。加入人员购买上述产品后,即取得该传销组织所谓的"营销权",可以发展其下线人员,以此形成严密的人员网络,从中获取提成。另以"下线发展越多,提成越多"来诱骗新的人员参与传销活动。每介绍一人加入传销公司提成525元,被介绍人成为介绍人的下线;下线再介绍1人,介绍者可提成175元;下下线再发展1人,介绍者可提成350元;下线再发展1人,介绍者可提成280元。

2006年,被告人危某某通过其直接上线张某余的发展,加入了"珠海市林某盛贸易有限公司",在宝安区龙华街道以开展推销"钢煲""臭氧饮水机"等经营活动为名从事传销活动。经过发展下线及下下线,危某某已经成为传销公司珠海市康某源贸易有限公司的法人代表，属于五级传销商，其利用传销公司的名义直接发展下线及下下线 241 人以上，非法经营额至少为867 600 元。2010 年 8 月 12 日，公安人员将危某某抓获归案。

广东省深圳市宝安区人民法院于 2010 年 12 月 10 日作出（2010）深宝法刑初字第 4546 号刑事判决：被告人危某某犯组织、领导传销活动罪，判处有期徒刑二年，并处罚金人民币 2000 元。宣判后，危某某提出上诉。广东省深圳市中级人民法院于 2011 年 2 月 21 日作出（2011）深中法刑二终字第 294号刑事裁定：驳回上诉，维持原判。

裁判理由

法院生效裁判认为：被告人危某某无视国家法律，组织、领导以销售商品等经营活动为名，要求参加者以缴纳费用或者购买商品等方式获得加入资格，并按照一定顺序划分等级，直接或者间接以发展人员的数量作为计酬或返利依据，引诱参加者继续发展他人参加，骗取财物、扰乱经济社会秩序的传销活动，其行为构成组织、领导传销活动罪。鉴于危某某走上传销犯罪道路系出于维持家庭生活的目的，可酌情从轻处罚。

裁判要旨

传销犯罪是一种"涉众型"的经济犯罪，在组织结构上通常呈现出"金字塔形的特点，司法实务中应当贯彻宽严相济的刑事政策，根据传销活动参与者的地位、作用，科学合理地划定打击对象的范围：对于在传销网络建立、扩张过程中起组织、策划、领导作用的首要分子给予刑事处罚；对于并非策划、发起人，但积极加入其中，并在由其实施的传销活动中起组织、领导、骨干作用的，也应以组织者、领导者追究刑事责任；对于参与传销活动的一般人员则可以通过行政处罚、教育遣散等方式进行处理，不宜追究刑事责任。

关联索引

《刑法》第 224 条之一

一审：广东省深圳市宝安区人民法院（2010）深宝法刑初字第 4546 号刑事判决（2010 年 12 月 10 日）

二审：广东省深圳市中级人民法院（2011）深中法刑二终字第 294 号刑事裁定（2011 年 2 月 21 日）

2024-03-1-168-002

宿某、邓某等组织领导传销活动案

——组织、领导传销活动罪中主从犯的认定

基本案情 ≫≫

2019 年，被告人宿某成立公司，搭建某 App 平台并制定规则，以推销平台内书画、提供书画代卖服务等经营活动为名，设立普通会员、经销商、金牌经销商、合伙人和业绩股东五个级别。经他人推荐可在某 App 平台注册成为普通会员；在平台购买书画即可成为经销商，获得推荐他人的资格，并享受出售书画的 1% 利润；经销商直接推荐 5 名会员成为金牌经销商，并享受其直接推荐会员业绩的 1‰ 的提成；金牌经销商的团队下线 3 层内满 20 名经销商，升级为合伙人，享受其下线 3 层内的会员业绩的 1‰ 的提成；合伙人直接推荐 3 人成为合伙人，且其团队内满 80 名经销商，升级为业绩股东，享受其下线 3 层内的会员业绩的 1‰ 的提成，并获得公司奖励的汽车一辆。会员购买书画后可在次日规定时间内将书画在平台上出售，出售价格比购买价格上浮 2%，会员需先向平台支付购买价格 1% 的委托代卖费，平台于次日上架出售，购买者将款项转至售画会员账户后交易完成。此过程全部为平台虚拟交易，并不实际交易书画，购画会员可在次日继续以上浮 2% 的价格在平台上出售已购书画，当价格超过 5000 元时，平台将书画拆分为 3—5 幅总价相同的小额书画，并将超过 5000 元的书画邮寄给购画会员。被告人宿某作为公司及平台的发起人、实际控制人，全面管理该公司及平台，通过线下推介会及互联网推广宣传该平台，引诱他人参加，共发展会员 27 072 人，层级 20 层；被告人徐某作为公司财务负责人，负责管理该公司及平台的财务及日常经营，收取委托代卖费，发放会员推荐奖励及佣金；被告人张某作为公司的法定代表人、股东及平台业绩股东，被告人邓某作为公司股东及平台业绩股东，被告人张某梅、王某、杨某作为平台业绩股东，分别通过推介会及抖音、快手等互联网平台推广宣传该平台，引诱、发展他人参加。

山东省滨州市滨城区人民法院于 2022 年 7 月 7 日以 (2021) 鲁 1602 刑初 342 号刑事判决：认定被告人宿某犯组织、领导传销活动罪，判处有期徒

刑七年六个月，并处罚金人民币50万元；被告人徐某犯组织、领导传销活动罪，判处有期徒刑六年六个月，并处罚金人民币40万元；被告人张某犯组织、领导传销活动罪，判处有期徒刑五年，并处罚金人民币25万元；被告人张某梅犯组织、领导传销活动罪，判处有期徒刑四年，并处罚金人民币20万元；被告人邓某犯组织、领导传销活动罪，判处有期徒刑三年，并处罚金人民币15万元；被告人王某犯组织、领导传销活动罪，判处有期徒刑三年，缓刑三年，并处罚金人民币15万元；被告人杨某犯组织、领导传销活动罪，判处有期徒刑二年，缓刑二年，并处罚金人民币10万元。依法追缴各被告人违法所得。宣判后，被告人邓某提出上诉。山东省滨州市中级人民法院于2022年9月29日作出（2022）鲁16刑终203号刑事裁定：驳回上诉，维持原判。

裁判理由

法院生效裁判认为，被告人宿某、徐某、张某组织、领导整个传销组织开展传销活动，在共同犯罪中起主要作用，系主犯；被告人邓某、张某梅、王某、杨某仅在各自的分工内组织、领导传销活动，在共同犯罪中起次要作用，系从犯，依法减轻处罚。张某、徐某所起作用较宿某稍小，被告人杨某、王某、邓某所起作用较张某梅稍小，量刑时酌情予以考虑。综合各被告人在组织、领导传销活动中的地位、作用、发展人员数量等基本事实以及各量刑情节，对各被告人予以区别量刑。其中，邓某在公司享有6%股份，实际获取股份分红15万元，且所处层级为第二层，积极发展人员，发展下线11层1406人，从平台非法提现192 464.23元；邓某作为获取分红的公司股东，积极发展下线人员，根据其在公司的地位、层级、发展人员数量等，依法认定其为从犯。故一审、二审法院依法作出如上裁判。

裁判要旨

组织、领导传销活动共同犯罪中，对于行为人在传销活动中未起发起、策划、操作作用，也没有承担管理、协调等职责，仅在部分区域组织发展人员的，根据其在共同犯罪中的地位和实际所起作用，可以认定为从犯。

关联索引

《刑法》第224条之一

一审：山东省滨州市滨城区人民法院（2021）鲁1602刑初342号刑事判

决（2022年7月7日）

二审：山东省滨州市中级人民法院（2022）鲁16刑终203号刑事裁定（2022年9月29日）

2023-05-1-169-002

曾某某等非法经营案
——组织、领导传销活动尚未达到组织、领导传销活动罪立案追诉标准时的处理

基本案情

2009年6月始，被告人曾某某租赁广东省深圳市罗湖区某大厦A座3205房为临时经营场所，以亮某思集团（香港）有限公司发展经销商的名义发展下线，以高额回馈为诱饵，向他人推广传销产品、宣讲传销奖金制度。同时，曾某某组织策划传销，诱骗他人加入，要求被发展人员交纳入会费用，取得加入和发展其他人员加入的资格，并要求被发展人员发展其他人员加入，以下线的发展成员业绩为依据计算和给付报酬，牟取非法利益；被告人黄某某、罗某某、莫某某均在上述场所参加传销培训，并积极发展下线，代理下线或者将下线直接带到亮某思集团（香港）有限公司缴费入会，进行交易，形成传销网络：其中曾某某发展的下线人员有郑某妮、杨某湘、王某军、杨某芳、袁某霞等人，杨某芳向曾某某的上线曾某茹交纳人民币（以下未标明的币种均为人民币）20 000元，袁某霞先后向曾某某、曾某茹及曾某某的哥哥曾某建共交纳62 000元；黄某某发展罗某某、莫某某和龚某玲为下线，罗某某、莫某某及龚某玲分别向其购买了5000港元的产品；罗某某发展黄某梅为下线，黄某梅发展王某华为下线，黄某梅、王某华分别向亮某思集团（香港）有限公司交纳入会费67 648港元；莫某某发展龙某玉为下线，龙某玉发展钟某仙为下线，钟某仙发展周某花为下线，其中龙某玉向莫某某购买了5000港元的产品，钟某仙、周某花分别向亮某思集团（香港）有限公司交纳入会费67 648港元。2009年12月8日，接群众举报，公安机关联合深圳市市场监督管理局罗湖分局将正在罗湖区某大厦A座3205房活动的曾某某、黄某某、罗

某某、莫某某等人查获。

　　广东省深圳市罗湖区人民法院于 2011 年 3 月 25 日作出（2011）深罗法刑一重字第 1 号刑事判决：以非法经营罪判处被告人曾某某有期徒刑一年零六个月，缓刑二年，并处罚金 1000 元；以非法经营罪分别判处被告人黄某某、罗某某、莫某某免予刑事处罚。宣判后，被告人曾某某提出上诉。广东省深圳市中级人民法院于 2013 年 5 月 27 日作出（2011）深中法刑二终字第 619 号刑事判决：撤销深圳市罗湖区人民法院（2011）深罗法刑一重字第 1 号刑事判决；被告人曾某某、黄某某、罗某某、莫某某无罪。

裁判理由 ▶▶▶

　　法院生效裁判认为：上诉人曾某某与原审被告人黄某某、罗某某、莫某某的行为，应当认定为组织、领导传销活动行为，而不应以非法经营罪定罪处罚。鉴于现有证据不能证明曾某某、黄某某、罗某某、莫某某的行为已达到组织、领导传销活动罪的追诉标准，故其行为不应以组织、领导传销活动罪论处。曾某某上诉提出亮某思（香港）有限公司有真实的商品经营活动，其行为不构成非法经营罪，也没有达到组织、领导传销活动罪的立案追诉标准，该上诉理由成立。

裁判要旨 ▶▶▶

　　对组织、领导传销活动的行为，如未达到组织、领导传销活动罪的追诉标准，行为人不构成组织、领导传销活动罪，亦不宜再以非法经营罪追究刑事责任。

关联索引 ▶▶▶

《刑事诉讼法》第 236 条

　　一审：广东省深圳市罗湖区人民法院（2011）深罗法刑一重字第 1 号刑事判决（2011 年 3 月 25 日）

　　二审：广东省深圳市中级人民法院（2011）深中法刑二终字第 619 号刑事判决（2013 年 5 月 27 日）

2024-03-1-168-001

罗某某组织、领导传销活动案

——被告人在组织、领导传销活动中投入资金发生损失，不影响对其行为性质的认定

某网络科技公司开发 App，通过吸收会员从事虚拟货币承兑业务，会员从下至上分社工、主管、经理等级别，上级管理人员"易某"等人经常给会员进行网络授课。平台规定老会员推荐新会员注册账户后，新会员缴纳 100 元激活账户，会员间按照推荐发展的顺序组成上下线，根据发展下线数量和投资金额，平台以虚拟币形式进行返利。2021 年 1 月至 5 月，被告人罗某某经人介绍注册会员，其为晋升级别获得更多利益，直接或间接发展下线超过 30 人，层级在 3 级以上，团队人员合计投资 80 余万元，损失至少 30 余万元，罗某某本人损失 10 余万元。

江西省宜丰县人民法院于 2021 年 12 月 29 日作出（2021）赣 0924 刑初 342 号刑事判决：认定被告人罗某某犯组织、领导传销活动罪，判处有期徒刑一年二个月，并处罚金人民币 2 万元。宣判后，罗某某不服，提出上诉。江西省宜春市中级人民法院于 2022 年 2 月 10 日作出（2022）赣 09 刑终 41 号刑事裁定：驳回上诉，维持原判。

裁判理由 >>>

法院生效裁判认为，被告人罗某某以承兑虚拟货币为名，要求参加者以缴纳费用方式获得加入资格，将 30 人以上的参加者按照一定顺序组成 3 级以上的层级，直接或间接以发展人员数量作为计酬或者返利依据，引诱参加者继续发展他人参加，骗取财物，扰乱经济社会秩序，其行为已构成组织、领导传销活动罪。关于罗某某及其辩护人所提罗某某无组织、领导传销活动的故意，也不以发展人员数量作为返利依据，无实际获利，其行为不构成组织、领导传销活动罪的意见，经查，罗某某了解传销模式，为获得高额奖励，积极发展新会员，具有参与组织、领导传销活动的故意；罗

某某通过发展新会员，获得虚拟币奖励，并在发展一定新会员数量后获得会员等级晋升，从管理团队中获取额外奖励，直接或间接发展人员数量是罗某某获得返利的依据；结合罗某某发展团队人员的数量和层级，对其应按照组织、领导传销活动罪定罪惩处，因传销组织资金链断裂，罗某某本人投入资金未能收回，不影响对其行为性质的认定。故一审、二审法院依法作出如上裁判。

裁判要旨

被告人参与组织、领导以推销商品为名，要求参加者以缴纳费用获得加入资格，并按照一定顺序组成层级，直接以发展人员的数量作为返利依据，引诱参加者继续发展他人参加，其直接或间接发展下线人员在30人以上且层级在3级以上，其行为完全符合"两高一部"《关于办理组织领导传销活动刑事案件适用法律若干问题的意见》关于传销组织层级及人数的认定相关规定，对其应当按照组织、领导传销活动罪追究刑事责任。因传销组织资金链断裂，被告人本人投入资金发生损失的，不影响行为性质的认定。

关联索引

《刑法》第224条之一

一审：江西省宜丰县人民法院（2021）赣0924刑初342号刑事判决（2021年12月29日）

二审：江西省宜春市中级人民法院（2022）赣09刑终41号刑事裁定（2022年2月10日）

2023-03-1-168-001

陈某芝等人组织、领导传销活动案

——以平台提供虚拟货币增值服务为名要求投资者购币加入并根据其发展下线情况结算收益的行为性质认定

基本案情 ≫≫≫

2018 年 10 月，被告人陈某芝等人共同成立 EOS 生态平台（以下简称 EOS 平台）传销组织，并通过互联网以 EOS 币为载体在全国开展传销活动。主要宣传方式是组织现场会、培训、建立微信群等。平台以提供虚拟数字货币增值服务为名，对外宣传可以通过 EOS 币每年增发的配送、利差交易、糖果空投、系统资源出租、项目众筹抵押、持币增值等方式获得收益，但实际该平台并无上述大部分盈利方式。参加者需要缴纳 10~300 个 EOS 币获得加入平台资格。成员加入后，按照一定顺序组成层级，直接或者间接以投资金额、所发展人员的数量、发展层级作为返利依据，从而引诱参加者继续发展他人参加。各参与人除按自身投入的 EOS 币数量获得静态收益外，还按照发展下线人数及下线投资额获得动态收益。

经上海某数据司法鉴定中心司法鉴定，2018 年 10 月 20 日至 2020 年 4 月 19 日，EOS 平台共有会员账号 456 133 个，层级达 58 级，累计接收会员充值 52 456 878.725 个 EOS 币。经江苏省东台市物价局价格认定中心鉴定，在该期限内，EOS 币最低价值人民币 9.6893 元，以该价格计算，上述 EOS 币价值人民币 508 270 435 元。

EOS 平台初创人员为被告人陈某芝、丁某动、丁某、李某岩、余某、王某飞、孙某刚、周某政、张某林 9 人，负责该平台的运营、策划、培训、宣传及日常的管理、协调。被告人周某萍、陈某君、褚某界、王某兰、周某林加入后，积极参与推广和宣传，发展会员。各被告人通过上述传销活动，从中非法获利。

江苏省东台市人民法院于 2021 年 9 月 16 日作出（2020）苏 0981 刑初 600 号刑事判决：对各被告人以组织、领导传销活动罪处二年至五年十个月不等的有期徒刑，并处罚金。扣押的虚拟货币依法处理，所得资金及收益依法予以没收，上缴国库。追缴各被告人、传销参与人及其亲友等协助退出的赃款，依法予以没收，上缴国库。宣判后，张某林、丁某提起上诉，江苏省盐城市中级人民法院于2021年11月19日作出（2021）苏09刑终421号刑事裁定：驳回上诉，维持原判。

裁判理由 》》

法院生效裁判认为：关于本案是否符合组织、领导传销活动罪的构成要件问题。首先，刑法上的组织、领导传销活动罪是指以推销商品、提供服务等经营活动为名，要求参加者以缴纳费用或者购买商品、服务等方式获得加入资格，并按照一定顺序组成层级，直接或者间接以发展人员的数量作为计酬或者返利依据，引诱、胁迫参加者继续发展他人参加，骗取财物，扰乱经济社会秩序的行为。本案中被告人要求参与者在网上购买10—300个EOS币充值该平台，获得加入资格，平台按照其自身充值金额获得静态收益，按照其下线充值金额、充值人数等获得动态收益。收益的结算方式是EOS币，收益的来源主要取决于其下线人数及下线投资额，而非从EOS币的市场价涨跌获得收益，且EOS平台本身不具有其宣传的大部分盈利模式，基本是依靠拉人头发展下线来维持平台的运营。本案中各被告人的行为，应当认定为传销行为。其次，根据相关规定，在传销活动中起发起、策划、操纵作用，承担管理、协调、宣传、培训等职责的人员及其他对传销活动的实施、传销组织的建立、扩大等起关键作用的人员均可认定为传销活动的组织者、领导者。本案中各被告人均符合上述"组织者、领导者"的认定条件。而包括被告人张某林在内的9人，负责或参与平台日常运营、决策，作为该平台的核心成员，应当认定为主犯。最后，传销活动采取编造、歪曲国家政策，虚构、夸大经营、投资、服务项目及盈利前景，掩饰计酬、返利真实来源或者其他欺诈手段，实施《刑法》第224条之一规定的行为，从参与传销活动人员缴纳的费用或者购买商品、服务的费用中非法获利的，应当认定为骗取财物。本案中，EOS平台不具有各被告人对外宣传的大部分盈利能力，主要还是从各传销参与人的投资中获利。综上，本案各被告人的行为，均符合组织、领导传销活动罪的犯罪构成。

关于违法所得数额的认定问题，传销活动并非需要资质的合法经营活动，而是法律完全禁止的行为，计算犯罪数额时，不应当扣除传销人员培训、会务等费用开支，而传销参与人投入的资金系传销犯罪所用财物，均应当计入犯罪数额。

综上，被告人陈某芝、丁某动、丁某、李某岩、余某、王某飞、孙某刚、周某政、张某林、周某萍、陈某君、褚某界、王某兰、周某林以平台提供虚拟数字货币增值服务为名，要求参加者缴纳 10—300 个 EOS 币激活，并按照一定顺序组成层级，直接或者间接以所发展人员的数量、投入金额、发展层级作为返利依据，引诱参加者继续发展他人参加，骗取财物，扰乱经济社会秩序，情节严重，构成组织、领导传销活动罪。本案系共同犯罪。其中，被告人陈某芝、丁某动、丁某、李某岩、余某、王某飞、孙某刚、周某政、张某林在犯罪中起主要作用，系主犯。被告人周某萍、陈某君、褚某界、王某兰、周某林在共同犯罪中起次要、辅助作用，系从犯，对其减轻处罚。被告人褚某界主动投案，如实供述了犯罪事实，系自首，对其从轻处罚。被告人丁某动、丁某、孙某刚、张某林、周某萍、陈某君、王某兰、周某林归案后如实供述自己的罪行，可以从轻处罚。被告人陈某芝、丁某动、丁某、李某岩、余某、王某飞、孙某刚、周某政、张某林、周某萍、陈某君、褚某界、王某兰、周某林自愿认罪认罚，可以依法从宽处理。

裁判要旨 》》

（1）数行为人成立网络平台后，以平台提供虚拟货币增值服务为名，要求参与者购买一定数量的虚拟货币充值该平台获得加入资格，平台不具有行为人对外宣传的大部分盈利模式，主要从各层级参与人的投资中非法获利，参与者获得收益的结算方式为虚拟货币，收益主要取决于其下线人数及下线投资额，而非从虚拟货币的市场价涨跌中获得收益的，应当认定为传销。

（2）关于组织、领导传销活动罪违法所得数额的认定。计算传销犯罪数额时，不应当扣除传销人员培训、会务等费用开支，而传销参与人投入的资金系传销犯罪所用财物，均应当计入犯罪数额。

（3）关于涉案虚拟货币的处置。以虚拟货币为对象的组织、领导传销活动罪中，被告人以外的投资者虽是被引诱加入平台，并充值购买虚拟货币获得入会资格，但投资者为获取更高的收益，按照平台的要求不断发展下线，让他人继续在平台充值购买虚拟货币的行为已经使得各投资者成为传销的参与者，只是因为其未达到刑事处罚标准，而未受到刑罚处罚。因此，传销平台被扣押的虚拟货币不作为被害人的财产予以返还。

关联索引 ▷▷▷

《刑法》第 224 条之一

一审：江苏省东台市人民法院（2020）苏 0981 刑初 600 号刑事判决（2021 年 9 月 16 日）

二审：江苏省盐城市中级人民法院（2021）苏 09 刑终 421 号刑事裁定（2021 年 11 月 19 日）

叶某生等组织、领导传销活动案

基本案情 》》》

2011 年 6 月，被告人叶某生等人成立宝乔公司，先后开发"经销商管理系统网站""金乔网商城网站"（以下简称金乔网）。以网络为平台，或通过招商会、论坛等形式，宣传、推广金乔网的经营模式。

金乔网的经营模式：（1）经上线经销商会员推荐并缴纳保证金成为经销商会员，无须购买商品，只需发展下线经销商，根据直接或者间接发展下线人数获得推荐奖金，晋升级别成为股权会员，享受股权分红。（2）经销商会员或消费者在金乔网经销商会员处购物消费满 120 元以上，向宝乔公司支付消费金额 10% 的现金，即可注册成为返利会员参与消费额双倍返利，可获一倍现金返利和一倍的金乔币（虚拟电子货币）返利。（3）金乔网在全国各地设立省、地区、县（市、区）三级区域运营中心，各运营中心设区域代理，由经销商会员负责本区域会员的发展和管理，享受区域范围内不同种类业绩一定比例的提成奖励。

2011 年 11 月，被告人叶某松经他人推荐加入金乔网，缴纳三份保证金并注册了三个经销商会员号。因发展会员积极，经金乔网审批成为浙江省区域总代理，负责金乔网在浙江省的推广和发展。

截至案发，金乔网注册会员 3 万余人，其中注册经销商会员 1.8 万余人。在全国各地发展省、地区、县三级区域代理 300 余家，涉案金额 1.5 亿余元。其中，叶某松直接或间接发展下线经销商会员 1886 人，收取浙江省区域会员保证金、参与返利的消费额 10% 现金、区域代理费等共计 3000 余万元，通过银行转汇给叶某生。叶某松通过抽取保证金推荐奖金、股权分红、消费返利等提成的方式非法获利 70 余万元。

检察机关履职过程 ▷▷▷

2012年8月28日、11月9日，浙江省松阳县公安局分别以叶某松、叶某生涉嫌组织、领导传销活动罪移送浙江省松阳县人民检察院审查起诉。因叶某生、叶某松系共同犯罪，松阳县人民检察院作并案处理。

2013年3月11日，浙江省松阳县人民检察院以被告人叶某生、叶某松犯组织、领导传销活动罪向松阳县人民法院提起公诉。松阳县人民法院公开开庭审理了本案。

法庭调查阶段，公诉人宣读起诉书指控被告人叶某生、叶某松利用网络，以会员消费双倍返利为名，吸引不特定公众成为会员、经销商，组成一定层级，采取区域累计计酬方式，引诱参加者继续发展他人参与，骗取财物，扰乱经济社会秩序，其行为构成组织、领导传销活动罪。在共同犯罪中，被告人叶某生起主要作用，系主犯；被告人叶某松起辅助作用，系从犯。

针对起诉书指控的犯罪事实，被告人叶某生辩解认为，宝乔公司系依法成立，没有组织、领导传销的故意，金乔网模式是消费模式的创新。

公诉人针对涉及传销的关键问题对被告人叶某生进行讯问。

同时，公诉人向法庭出示了四组证据证明犯罪事实：

一是宝乔公司的工商登记、资金投入、人员组成、公司财务资料、网站功能等书证。证明：宝乔公司实际投入仅300万元，没有资金实力建立与其宣传匹配的电子商务系统。

二是宝乔公司内部人员证言及被告人的供述等证据。证明：公司缺乏售后服务人员、系统维护人员、市场推广及监管人员，员工主要从事虚假宣传，收取保证金及消费款，推荐佣金，发放返利。

三是宝乔公司银行明细、公司财务资料、款项开支情况等证据，证明：公司收入来源于会员缴纳的保证金、消费款。技术人员的证言等证据，证明：网站功能简单，不具备第三方支付功能，不能适应电子商务的需求。

四是金乔网网站系统的电子数据及鉴定意见，并由鉴定人出庭作证。鉴定人揭示网络数据库显示了宝乔网会员加入时间、缴纳费用数额、会员之间的推荐（发展）关系、获利数额等信息。鉴定人当庭通过对上述信息的分析，指出数据库表格中的会员账号均列明了推荐人，按照推荐人关系排列，会员层级呈金字塔状，共有68层。每个结点有左右两个分支，左右分支均有新增单数，则可获得推荐奖金，奖金实行无限代计酬。证明：金乔网会员层级呈现金字塔状，上线会员可通过下线、下下线会员发展会员获得收益。

法庭辩论阶段，公诉人发表公诉意见，指出金乔网的人员财物及主要活动目的，在于引诱消费者缴纳保证金、消费款，并从中非法牟利。其实质是借助公司的合法形式，打着电子商务旗号进行网络传销。同时阐述了这种新型传销活动的本质和社会危害。

辩护人提出：金乔网没有入门费，所有的人员都可以在金乔网注册，不缴纳费用也可以成为金乔网的会员。金乔网没有设层级，经销商、会员、区域代理之间不存在层级关系，没有证据证实存在层级获利。金乔网没有拉人头，没有以发展人员的数量作为计酬或返利依据。直接推荐才有奖金，间接推荐没有奖金，没有骗取财物，不符合组织、领导传销活动罪的特征。

公诉人答辩：金乔网缴纳保证金和消费款才能获得推荐佣金和返利的资格，本质系入门费。上线会员可以通过发展下线人员获取收益，并组成会员、股权会员、区域代理等层级，本质为设层级。以推荐的人数作为发放佣金的依据系直接以发展的人员数量作为计酬依据，区域业绩及返利资金主要取决于参加人数的多少，实质属于以发展人员的数量作为提成奖励及返利的依据，本质为拉人头。金乔网缺乏实质的经营活动，不产生利润，以后期收到的保证金、消费款支付前期的推荐佣金、返利，与所有的传销活动一样，人员不可能无限增加，资金链必然断裂。传销组织人员不断增加的过程实际也是风险不断积累和放大的过程。金乔网所谓经营活动本质是从被发展人员缴纳的费用中非法牟利，具有骗取财物的特征。

法庭经审理，认定检察机关出示的证据能够相互印证，予以确认。被告人及其辩护人提出的不构成组织、领导传销活动罪的辩解、辩护意见不能成立。

2013年8月23日，浙江省松阳县人民法院作出一审判决，以组织、领导传销活动罪判处被告人叶某生有期徒刑七年，并处罚金人民币150万元。以组织、领导传销活动罪判处被告人叶某松有期徒刑三年，并处罚金人民币30万元。扣押和冻结的涉案财物予以没收，继续追缴二被告人的违法所得。

二被告人不服一审判决，提出上诉。叶某生的上诉理由是其行为不构成组织、领导传销活动罪。叶某松的上诉理由是量刑过重。浙江省丽水市中级人民法院经审理，认定原判事实清楚，证据确实、充分，定罪准确，量刑适当，审判程序合法，驳回上诉，维持原判。

典型意义 >>>

随着互联网技术的广泛应用，微信、语音视频聊天室等社交平台作为新的营销方式被广泛运用。传销组织在手段上借助互联网不断翻新，打着"金融创新"的旗号，以"资本运作""消费投资""网络理财""众筹""慈善互助"等为名从事传销活动。常见的表现形式有：组织者、经营者注册成立电子商务企业，以此名义建立电子商务网站。以网络营销、网络直销等名义，变相收取入门费，设置各种返利机制，激励会员发展下线，上线从直接或者间接发展的下线的销售业绩中计酬，或以直接或者间接发展的人员数量为依据计酬或者返利。这类行为，不管其手段如何翻新，只要符合传销组织骗取财物、扰乱市场经济秩序本质特征的，应以组织、领导传销活动罪论处。

检察机关办理组织、领导传销活动犯罪案件，要紧扣传销活动骗取财物的本质特征和构成要件，收集、审查、运用证据。特别要注意针对传销网站的经营特征与其他合法经营网站的区别，重点收集涉及入门费、设层级、拉人头等传销基本特征的证据及企业资金投入、人员组成、资金来源去向、网站功能等方面的证据，揭示传销犯罪没有创造价值，经营模式难以持续，用后加入者的财物支付给先加入者，通过发展下线牟利骗取财物的本质特征。

关联索引 >>>

《刑法》第 224 条之一

《最高人民检察院、公安部关于公安机关管辖的刑事案件立案追诉标准的规定（二）》第 78 条

最高人民检察院发布7起"弘扬宪法精神落实宪法规定"典型案例之二：卢某某、成某某等人利用"虚拟货币"组织、领导传销活动案

——依法惩治传销，维护社会经济秩序

基本案情 》》》

2015年9月，卢某某、成某某等人看到"虚拟货币"等概念火爆，设立某科技有限公司，共同商议设立GGP共赢积分奖金制度，以投资购买产品的名义发展会员，并按照投资金额的多少确定会员级别，设普卡、银卡、金卡、钻卡四种，以投资额5:1的比例释放相应的GGP积分，可以在BTC100网站上交易变现。同时，为了发展更多下线，公司设置推荐奖、互助奖、管理奖、平级奖，并按照会员级别、管理级别给予会员不同比例的奖金。经查，该传销网络共计30个层级，涉及会员账号1万余个，涉案金额共计人民币3.2亿余元。

检察机关履职过程 》》》

检察机关以卢某某、成某某等11人涉嫌组织、领导传销活动罪向法院提起公诉。2019年9月，法院对本案作出判决，判处卢某某、成某某等11名被告人二年至五年不等的有期徒刑，并处罚金。

典型意义 》》》

传销活动直接或间接以发展人员的数量作为计酬或者返利依据，引诱、胁迫参加者继续发展他人参加，骗取财物，扰乱经济社会秩序，损害人民群众的合法权益。一些不法分子以"区块链""虚拟货币""消费投资""慈善互助"等新名词、新概念为噱头，以高额回报为诱饵，通过各种宣传培训吸引老百姓参与其中。这些纷繁复杂的犯罪手段，特别是以"金融创新"等名

义开展的各类金融投资业务，迷惑性强、难以识别，群众容易上当受骗，造成经济损失，严重扰乱社会经济秩序。检察机关通过严厉打击这类以新概念为噱头的传销、诈骗、非法集资犯罪，彰显法律的威严，切实维护人民群众的财产安全，维护良好的社会经济秩序。

2019 年度十大法律监督案例之五：
权健公司、束某辉等人涉嫌组织、领导传销活动案
——天津武清检察机关依法办理"权健案"，当庭指控非法传销情节严重

2019 年 12 月 16 日，天津市武清区人民法院公开开庭审理了武清区人民检察院提起公诉的被告单位权健公司及被告人束某辉等组织、领导传销活动一案。

2018 年 12 月 25 日，某自媒体发布《百亿保健帝国权健和它阴影下的中国家庭》一文，直指权健抗癌产品无效导致小女孩病情恶化身亡，并对权健公司的火疗、鞋垫、本草清液等产品提出了质疑，引发舆论关注。随后，市场监管、卫生健康等相关部门成立联合调查组，对公众关注的诸多问题展开调查核实。2019 年 1 月，天津市公安机关对权健公司涉嫌组织、领导传销活动罪和虚假广告罪立案侦查，对权健公司实际控制人束某辉等犯罪嫌疑人依法刑事拘留。1 月 13 日，经审查证据材料，告知犯罪嫌疑人诉讼权利并讯问犯罪嫌疑人后，武清区人民检察院对公安机关提请批准逮捕的束某辉等 16 名犯罪嫌疑人，以涉嫌组织、领导传销活动等罪依法作出批准逮捕决定。

11 月，武清区人民检察院将被告单位权健公司、被告人束某辉等人涉嫌组织、领导传销活动等罪案，向武清区人民法院提起公诉。武清区人民法院于 12 月 16 日公开开庭审理。武清区人民检察院派员出庭支持公诉，指控被告单位权健自然医学科技发展有限公司以高额奖励为诱饵，引诱他人高价购买产品，以发展会员的人数作为返利依据，诱使会员继续发展他人参加，收取传销资金，情节严重。被告单位权健公司及束某辉等被告人的行为均已构成组织、领导传销活动罪，应依法追究刑事责任。庭审中，检察机关出示了大量相关证据。各被告人进行了最后陈述，均当庭表示认罪悔罪。

后法院以组织、领导传销活动罪判处权健公司罚金 1 亿元，判处束某辉

有期徒刑九年，并处罚金 5000 万元。

最高人民检察院发布 11 起充分发挥检察职能推进网络空间治理典型案例之七：时某祥等 15 人组织、领导传销活动案

基本案情

2017 年 12 月，时某祥谋划成立亚泰坊传销组织，委托深圳华某未来科技有限公司实际负责人赵某宝等在互联网上搭建亚泰坊传销平台。2018 年上半年，时某祥等人通过召开会议、路演、微信群等方式公开宣传平台奖励制度，在宣传过程中假借国家"一带一路"政策，虚构海外投资项目，在无任何实际经营活动的情况下，谎称境外金融公司授权平台发行亚泰坊币，可信度高、收益高。投资者如要投资亚泰坊币，需要通过上线会员推荐并缴纳会费，才能成为亚泰坊平台的会员。会员按照推荐发展的顺序形成上下层级关系，可发展无限层级，以直接或间接发展下线会员的投资提成作为主要收益方式。同时，时某祥安排组织成员在境外某数字资产交易平台上线亚泰坊币进行公开交易，并用收取的会费控制亚泰坊币在平台上的交易价格，制造投资亚泰坊币可以赚钱的假象。

截至 2018 年 6 月 11 日，亚泰坊平台共有会员账号 41 万余个、会员层级 108 层，收取会费共计人民币 6.3 亿余元。此外，2018 年 4 月，时某祥套用亚泰坊平台组织架构，发展"码联天下"传销平台会员，涉案金额共计人民币 1.8 亿余元。

检察机关履职过程

2018 年 10 月 20 日，江苏省盐城市公安局直属分局以时某祥等 15 人涉嫌组织、领导传销活动罪，移送盐城经济技术开发区人民检察院审查起诉；2019 年 1 月 15 日，以深圳华某未来科技有限公司涉嫌组织、领导传销活动罪补充移送审查起诉。2019 年 2 月 21 日，盐城经济技术开发区人民检察院对时某祥等 15 人及深圳华某未来科技有限公司以组织、领导传销活动罪提起公诉。2019 年 11 月 8 日，盐城经济技术开发区人民法院作出一审判决，以组

织、领导传销活动罪分别判处时某祥、赵某宝等15名被告人有期徒刑二年至六年十个月不等，并处罚金；判处深圳华某未来科技有限公司罚金人民币30万元；对扣押、冻结的违法所得予以没收、上缴国库。宣判后，时某祥等12人提出上诉。2020年4月23日，盐城市中级人民法院作出裁定，准许上诉人时某祥等4人撤回上诉，驳回其他上诉人的上诉，维持原判。

典型意义 》》》

（1）依法严厉打击以金融创新为名实施的新型网络犯罪。近年来，随着区块链技术、虚拟货币的持续升温，一些犯罪分子打着"金融创新"的旗号，假借国家对外政策，实施违法犯罪活动，迷惑性很强，危害性巨大。检察机关办理此类案件，要坚持"穿透式"审查理念，结合行为方式、资金流向、盈利模式等，分析研判是否符合国家法律规定，准确区分金融创新与违法犯罪。构成犯罪的，依法严厉打击。

（2）准确认定传销活动行为本质。随着网络技术发展，传销活动借助网络技术，作案更加便捷，传播速度更快。但归根结底，传销的本质特征没有变，仍然是要求参加者缴纳会费或购买商品、服务等方式获得加入资格，并按照一定顺序组成层级，直接或者间接以发展人员的数量作为计酬或者返利依据。检察机关在办理此类案件时，要揭开"网络""技术"外衣，认清行为特征，依法准确认定传销犯罪。

（3）提高风险防范意识，谨防各类投资陷阱。在层出不穷的新技术、新概念、新渠道面前，广大群众切忌盲目跟风。要深入学习国家法律和相关政策，充分了解投资项目，合理预期未来收益，合理控制投资风险，谨慎作出投资决定，远离传销组织和非法集资活动，一旦发现上当受骗，应立即退出、及时报案。

最高人民法院发布典型案例

最高人民法院、国家市场监督管理总局联合发布五个依法惩治网络传销犯罪典型案例之二：被告单位浙江某公司组织、领导传销活动案

—— 依法惩治企业在经营过程中实施的网络传销

基本案情 >>>

2020年4月至2022年1月，被告人钱某在经营被告单位浙江某公司期间，伙同被告人赵某等人以"智能充电桩商城系统"网络平台实施传销活动。被告单位及被告人以销售充电桩、提供充电桩经营服务为名，通过宣称国家支持等虚假宣传，安装运行少量充电桩，用充电、流量、广告收益为幌子，以直推奖、伯乐奖、级差奖、团队奖等奖项为诱饵收取费用发展会员，并以发展会员的数量作为计酬、返利依据，引诱、鼓励会员继续发展下一级会员。经统计，"智能充电桩商城系统"网络平台用户数共计2万余个，层级达25层，涉案资金10亿余元。钱某非法吸收公众存款、职务侵占的犯罪事实略。

裁判理由 >>>

浙江省嵊州市人民法院经审理认为，被告单位及被告人钱某等人以投资智能充电桩项目为名，要求参加者以缴纳费用获得加入资格，并按照一定顺序组成层级，直接或间接以发展人员的数量作为计酬依据，引诱参加者继续发展他人参加，骗取财物，扰乱经济社会秩序，其行为均已构成组织、领导传销活动罪，且属情节严重；钱某还构成非法吸收公众存款罪、职务侵占罪。根据各被告人在共同犯罪中的作用、参与程度、主观恶性及犯罪后表现等情节，以组织、领导传销活动罪、非法吸收公众存款罪、职务侵占罪，合并判处钱某有期徒刑十八年；以组织、领导传销活动罪判处赵某等46名被告人有期徒刑七年二个月至十个月不等，并对张某等24名被告人宣告缓刑；对被告单位、被告人判处罚金，违法所得予以追缴、没收，上缴国库。一审宣判后，

被告单位、被告人均未上诉，检察机关未抗诉，判决已生效。

典型意义 》》》

本案是一起企业在经营过程中实施网络传销的典型案例。近年来，有的企业在生产经营中遇到资金困难时，不惜铤而走险借助网络实施传销犯罪，严重扰乱了市场管理秩序。本案中，被告单位实施以投资智能充电桩为名，线上线下同步推进的传销犯罪，将组织、领导传销活动置于企业经营活动中，具有很强的隐蔽性和欺骗性，直至司法机关办案期间，仍有个别参加者认为是参与正规投资。人民法院坚持罪刑法定原则，准确认定单位犯罪，对被告单位判处罚金，并根据各被告人参与犯罪的程度、作用、主观恶性及犯罪后表现等情节，依法认定钱某等 6 名被告人系主犯，判处五年以上有期徒刑及罚金；对其余 41 名从犯均予减轻处罚，并对其中参与时间较短、发展下线较少、涉案金额较小、退缴违法所得的张某等宣告缓刑，在法律框架内最大限度从宽处罚。同时，本案也警示公司经营管理人员，要摒弃侥幸心理，远离网络传销活动，守法合规经营。

最高人民法院、国家市场监督管理总局联合发布五个依法惩治网络传销犯罪典型案例之五：被告人杨某组织、领导传销活动案
——依法惩治利用封建迷信实施的网络传销

基本案情 》》》

2020 年起，被告人杨某等人假借"弘扬伏羲文化"创立"万某合"网络平台，先后发展罗某、晏某等骨干成员，采用线上线下相结合的公司化运营模式，对外销售"中华姓名学""即刻旺运""中华风水学"等课程。"万某合"网络平台将参与人按照不同交费额度设置多个级别，根据级别获取不同额度返利，并通过营造氛围、现身说法等方式，在线下授课过程中将杨某打造成"庚天缘大师"，配备四名"护法天使"，神化被告人杨某可改运势，助人逢凶化吉、时运发达，不断对参与人洗脑，蛊惑参与人购买课程并发展下

线。经统计，该传销组织共计吸纳会员 120 人以上，层级达 3 级以上。

裁判理由

江苏省无锡市滨湖区人民法院经审理认为，被告人杨某以利益引诱，要求参加者以缴纳费用的方式获得加入资格，并按一定顺序组成层级，以直接或间接发展人员的数量作为计酬或返利依据，引诱参加者继续发展他人参加，骗取财物，扰乱经济社会秩序，其行为已构成组织、领导传销活动罪，且属情节严重，依法判处有期徒刑五年六个月，并处罚金人民币 30 万元；违法所得予以追缴、没收，上缴国库。一审宣判后，杨某提出上诉。江苏省无锡市中级人民法院裁定驳回上诉，维持原判。

典型意义

本案是一起利用封建迷信蛊惑他人参加网络传销的典型案例。近年来，利用互联网从事与封建迷信有关的传销活动屡见不鲜，相关案件呈现公司化运作，参与人员陷入更深、挽救更难。本案中，被告人杨某等人利用互联网传播范围广的特点，先以利诱方式通过传销模式层层返利发展会员，再利用线下授课蛊惑他人参加传销，犯罪手段更加隐蔽，影响更为恶劣，应当依法严惩。人民法院依法认定杨某组织、领导传销活动情节严重，并综合全案量刑情节裁量刑罚，确保罪责刑相适应。同时，本案警示社会公众，参与宣称"改名改运"等封建迷信的传销活动，不仅可能触犯刑法，也会遭受财产损失，最终害人害己。

最高人民法院、国家市场监督管理总局联合发布五个依法惩治网络传销犯罪典型案例之三：被告人李某组织、领导传销活动案

——依法惩治以高额返利为名实施的网络传销

基本案情

2021 年 8 月，被告人李某经他人介绍下载"某某影视"App，明知该 App 以投资电影票房可获得高额回报为诱饵吸收会员，要求会员缴纳入会费，

并按会员投资金额和发展会员数量形成层级，直接或间接以发展会员的数量作为计酬返利的依据，其仍通过微信、熟人间宣传等方式推广该 App 并吸收会员。同年 10 月，李某被任命为"某某影视"山东区域总经理，11 月 19 日"某某影视"App 关闭，会员无法登录提现。经统计，李某发展下线 2152 人，层级达 8 级，涉案金额 380 万余元，获利 2 万余元。

裁判理由 ▷▷▷

山东省齐河县人民法院经审理认为，被告人李某以投资电影票房可获得高额回报为名，宣传推广"某某影视"App，要求会员缴纳入会费获得加入资格，并按会员投资的数额和发展会员的数量形成层级，直接或间接以发展会员的数量作为计酬返利的依据，骗取财物，扰乱经济社会秩序，其行为已构成组织、领导传销活动罪，且属情节严重。李某具有自首、退缴违法所得等从轻、减轻情节，以组织、领导传销活动罪判处有期徒刑二年六个月，并处罚金人民币 1 万元；违法所得予以追缴、没收，上缴国库。一审宣判后，李某提出上诉。山东省德州市中级人民法院裁定驳回上诉，维持原判。

典型意义 ▷▷▷

本案是一起以获得高额投资回报为诱饵实施网络传销的典型案例。近年来，各种商业投资的线上化、网络化趋势明显，一些犯罪分子以投资高额返利为名，实施网络传销犯罪，导致不少群众遭受财产损失。本案中，被告人李某伙同他人，利用少数群众对短期高额收益项目的投机心理，假借高收益电影票房投资项目，依托注册网站和手机 App 客户端，精心设置影视投资传销骗局，宣传推广"某某影视"App，不断发展会员、吸收资金，扰乱经济社会秩序，其行为已构成组织、领导传销活动罪。人民法院综合考虑李某系经他人介绍下载该 App 并推广，具有自首、退缴违法所得等情节予以减轻处罚，确保罪责刑相适应。本案也提醒广大网民要警惕高额回报投资骗局，避免误入网络传销陷阱。

最高人民法院、国家市场监督管理总局联合发布五个依法惩治网络传销犯罪典型案例之四：被告人陈某等组织、领导传销活动案

——依法惩治利用投资虚拟货币实施的跨境网络传销

基本案情 ▷▷▷

2018 年年初，被告人陈某等人以区块链为噱头，策划设立"某 Token"网络平台开展传销活动，要求参加者通过上线的推荐取得该平台会员账号，缴纳价值 500 美元以上的虚拟货币作为门槛费以获得增值服务，可利用平台"智能狗搬砖"技术在不同交易场所进行套利交易，并获得平台收益。会员间按照推荐加入的顺序组成上下线层级，并根据发展下线会员数量和投资数额，由平台按照智能搬砖收益、链接收益、高管收益三种方式进行返利，实际均是直接或间接以发展人员数量及缴费金额作为返利依据。为逃避打击，陈某等人于 2019 年 1 月将平台客服组、拨币组搬至国外，并继续以"某 Token"网络平台进行传销活动。经统计，"某 Token"网络平台注册会员账号超 260万个，层级达 3293 层，共收取会员缴纳的比特币、泰达币、柚子币等各类虚拟货币超 900 万枚。

裁判理由 ▷▷▷

江苏省盐城经济技术开发区人民法院经审理认为，被告人陈某等人以经营活动为名，要求参加者以缴纳费用方式获得加入资格，并按照一定顺序组成层级，直接或间接以发展人员的数量作为计酬或者返利的依据，引诱参加者继续发展他人参加，骗取财物，扰乱经济社会秩序，其行为均已构成组织、领导传销活动罪，且属情节严重。根据各被告人在共同犯罪中的作用、参与程度、主观恶性及犯罪后表现等情节，以组织、领导传销活动罪判处陈某有期徒刑十一年，并处罚金人民币 600 万元；判处其余被告人有期徒刑八年八个月至二年不等，并处罚金；违法所得予以追缴、没收，上缴国库。一审宣判后，陈某等提出上诉。江苏省盐城市中级人民法院裁定驳回上诉，维持原判。

典型意义 >>>

本案是一起以区块链、虚拟货币等新技术概念作伪装实施跨境网络传销的典型案例。虚拟货币立足区块链的去中心化结构，具有匿名性、无国界性等特点，已成为跨境违法犯罪活动的重要对象，并向网络传销领域蔓延。本案中，被告人陈某等人以区块链技术为噱头、以比特币等虚拟货币为交易媒介，打着提供虚拟货币增值服务的幌子，以发展会员数量来计算报酬及获取高额返利，非法收取比特币等虚拟货币超 900 万枚，为逃避侦查将平台服务器设置在境外，其行为已构成组织、领导传销活动罪。人民法院根据跨境网络传销活动的组织者、领导者在整个犯罪链条中的地位、作用，判处相应的刑罚，同时依法对涉案的比特币等虚拟货币予以没收，切断了被告人跨境再犯罪的经济能力，彰显了司法机关坚决捍卫互联网金融安全，维护金融市场秩序稳定健康发展的态度。

最高人民法院、国家市场监督管理总局联合发布五个依法惩治网络传销犯罪典型案例之一：被告人张某组织、领导传销活动案

——依法惩治冒用公益名义实施的网络传销

基本案情 >>>

2013 年 5 月，被告人张某注册成立深圳市善某汇文化传播有限公司（以下简称"善某汇"）。2016 年 3 月至 2017 年 7 月，张某伙同查某、宋某等人，开发了"善某汇众扶互生会员系统"并上线运行，以"扶贫济困、均富共生"为名开展传销活动，采取培训、宣传等多种方式在全国各地大肆发展会员，要求参加者以缴纳 300 元购买"善种子"的方式获得加入资格，并按照一定顺序组成层级，会员之间根据"善某汇"确定的收益规则进行资金往来，以发展下线的数量作为返利依据骗取财物。经统计，"善某汇"在全国共计吸纳会员 598 万余人，层级达 75 层，张某非法获利 25 亿余元。

裁判理由 》》》

湖南省双牌县人民法院经审理认为，被告人张某通过组建传销组织，打着"扶贫济困、均富共生"的幌子，要求参加者以缴纳费用的方式获得加入资格，以高额收益为诱饵，积极发展下线会员，并按照一定顺序组成层级，直接或间接以发展人员的数量作为计酬或者返利依据，引诱参加者继续发展他人参加，骗取财物，扰乱经济社会秩序，其行为已构成组织、领导传销活动罪，且属情节严重，依法判处有期徒刑十五年，并处罚金人民币1亿元；违法所得予以追缴、没收，上缴国库。一审宣判后，张某提出上诉。湖南省永州市中级人民法院裁定驳回上诉，维持原判。

典型意义 》》》

本案是一起假借公益名义实施网络传销犯罪的典型案例。近年来，一些犯罪分子打着"爱心慈善""共同富裕"等幌子，利用互联网的跨地域性大肆组织网络传销，以筹集"善款"等名义非法敛财。本案中，被告人张某等人以"扶贫济困、均富共生"为名，通过策划、操纵并发展人员参加传销活动，骗取巨额财物，非法获利25亿余元，严重扰乱市场经济秩序，严重影响社会稳定。人民法院依法准确认定被告人张某系主犯，判处最高刑期有期徒刑十五年，并加大罚金刑的处罚力度，释放从重惩治的强烈信号，坚决维护风清气正的网络慈善活动环境。同时，提醒广大人民群众要增强防范意识，面对以"慈善互助"方式开展营销的，务必保持警惕，不要轻信犯罪分子的花言巧语，自觉抵制传销等违法犯罪活动。

第六章

《刑法》第 225 条

非法经营罪

非法经营罪是指自然人或者单位，违反国家规定，故意从事非法经营活动，扰乱市场秩序，情节严重的行为。非法经营行为包括以下四种类型：（1）未经许可，经营法律、行政法规规定的专营专卖物品或者其他限制买卖的物品。在我国，对烟草制品等物品实行专营专卖。违反国家烟草专卖管理法律法规，未经烟草专卖行政主管部门许可，无烟草专卖生产企业许可证、烟草专卖批发企业许可证、特种烟草专卖经营企业许可证、烟草专卖零售许可证等许可证明，非法经营烟草专卖品情节严重的，构成本罪。持有烟草专卖零售许可证，但超范围和地域经营的，不宜按照非法经营罪处理，应由相关主管部门进行处理。违反国家规定，未经许可经营兴奋剂目录所列物质，涉案物质属于法律、行政法规规定的限制买卖的物品，扰乱市场秩序，情节严重的，应以非法经营罪定罪处罚。（2）买卖进出口许可证、进出口原产地证明以及法律、行政法规规定的其他经营许可证或者批准文件。（3）未经国家有关主管部门批准，非法经营证券、期货或者保险业务，或者非法从事资金支付结算业务。"非法从事资金支付结算业务"，是指使用受理终端或者网络支付接口等方法，以虚构交易、虚开价格、交易退款等非法方式向指定付款方支付货币资金；非法为他人提供单位银行结算账户套现或者单位银行结算账户转个人账户服务；非法为他人提供支票套现服务，以及其他非法从事资金支付结算业务的情形。（4）其他严重扰乱市场秩序的非法经营行为。是否属于其他严重扰乱市场秩序的非法经营行为，应当根据相关行为是否具有与《刑法》第225条前三项规定的非法经营行为相当的社会危害性、刑事违法性和刑事处罚必要性进行判断。对被告的行为是否属于"其他严重扰乱市场秩序的非法经营行为"，有关司法解释未作明确规定的，应当作为法律适用问题，逐级向最高人民法院请示。上述非法经营行为只有情节严重的，才构成本罪。

非法经营行为同时构成其他犯罪的，如非法从事资金支付结算业务或者非法买卖外汇构成非法经营罪，同时又构成帮助恐怖活动罪，生产、销售伪劣产品罪或者洗钱罪的，依照处罚较重的规定定罪处罚。

成立非法经营罪的前提，是违反国家规定即违反全国人民代表大会及其常务委员会制定的法律和决定，以及国务院制定的行政法规、规定的行政措施、发布的决定和命令。其中，"国务院规定的行政措施"应当由国务院决定，通常以行政法规或者国务院制发文件的形式加以规定。以国务院办公厅名义制发的文件，符合以下条件的，亦应视为《刑法》中的"国家规定"：（1）有明确的法律依据或者同相关行政法规不相抵触；（2）经国务院常务会议讨论通过或者经国务院批准；（3）在国务院公报上公开发布。对于行政机关内部文件，应当全面审查其是否符合行政法律法规的相关规定，不得单独据以认定行为人的行为构成犯罪。对被告人的行为是否"违反国家规定"存在争议的，应当作为法律适用问题，逐级向最高人民法院请示。非法经营罪的前三种类型往往容易认定，难以认定的是"其他严重扰乱市场秩序的非法经营行为"。根据近几年的立法与司法解释，下列行为应认定为非法经营罪：

（1）在国家规定的交易场所以外非法买卖外汇，扰乱市场秩序，情节严重的，以非法经营罪论处（如果属于"非法从事资金支付结算业务"，则适用《刑法》第225条第3项的规定）。违反国家规定，实施倒买、倒卖外汇或者变相买卖外汇等非法买卖外汇行为，扰乱金融市场秩序，情节严重的，以非法经营罪定罪处罚。

（2）违反国家规定，出版、印刷、复制、发行严重危害社会秩序和扰乱市场秩序的非法出版物（构成《刑法》第103条、第105条、第217条、第218条、第246条、第250条、第363条、第364条规定之犯罪的除外），情节严重的，或者非法从事出版物的出版、印刷、复制、发行业务，严重扰乱市场秩序，情节特别严重构成犯罪的，以非法经营罪定罪处罚。

（3）违反国家规定，采取租用国际专线、私设转接设备或者其他方法，擅自经营国际电信业务或者涉中国港澳台地区电信业务进行营利活动构成非法经营罪，同时又构成帮助恐怖活动罪，生产、销售伪劣产品罪或者洗钱罪的，依照处罚较重的规定定罪处罚。

（4）以提供给他人生产、销售食品为目的，违反国家规定，生产、销售国家禁止用于食品生产、销售的非食品原料，情节严重的，或者以提供给他人生产、销售食用农产品为目的，违反国家规定，生产、销售国家禁用农药、食品动物中禁止使用的药品及其他化合物等有毒、有害的非食品原料，或者生产、销售添加上述有毒、有害的非食品原料的农药、兽药、饲料、饲料添加剂、饲料原料，情节严重的，以非法经营罪定罪处罚；同时构成生产、销售不符合安全标准的食品罪，生产、销售有毒、有害食品罪等其他犯罪的，依照处罚较重的规定定罪处罚。

（5）在生产、销售的饲料中添加盐酸克仑特罗等禁止在饲料和动物饮用水中使用的药品或者销售明知是添加有该类药品的饲料，情节严重的，依照

《刑法》第 225 条第 4 项的规定，以非法经营罪追究刑事责任。

（6）违反国家规定，私设生猪屠宰厂（场），从事生猪屠宰、销售等经营活动，情节严重的，以非法经营罪定罪处罚。

（7）违反国家规定，擅自从事互联网上网服务经营活动，情节严重的，以非法经营罪论处。

（8）未经国家批准，擅自发行、销售彩票，构成犯罪的，以非法经营罪定罪处罚。

（9）违反国家规定，未经依法核准擅自发行基金份额募集基金，情节严重的，以非法经营罪定罪处罚。

（10）违反国家规定，使用销售点终端机具（POS 机）等方法，以虚构交易、虚开价格、现金退货等方式向信用卡持卡人直接支付现金，情节严重的，以非法经营罪定罪处罚。

（11）以提供给他人开设赌场为目的，违反国家规定，非法生产、销售具有退币、退分、退钢珠等赌博功能的电子游戏设施设备或者其专用软件，情节严重的，以非法经营罪定罪处罚。

（12）非法生产、销售"黑广播""伪基站"无线电干扰器等无线电设备情节严重的，以非法经营罪追究刑事责任。

（13）违反国家规定，以营利为目的，通过信息网络有偿提供删除信息服务，或者明知是虚假信息，通过信息网络有偿提供发布信息等服务，扰乱市场秩序，情节严重的，以非法经营罪定罪处罚。

（14）自 2019 年 10 月 21 日起，违反国家规定未经监管部门批准，或者超越经营范围，以营利为目的，以超过 36% 的实际年利率经常性地向社会不特定对象发放贷款，扰乱金融市场秩序，情节严重的，以非法经营罪定罪处罚。"经常性地向社会不特定对象发放贷款"是指 2 年内向不特定多人（包括单位和个人）以借款或其他名义出借资金 10 次以上。为从事非法放贷活动，实施擅自设立金融机构、套取金融机构资金高利转贷、非法吸收公众存款等行为，构成犯罪的应当择一重罪处罚。为强行索要因非法放贷而产生的债务，实施故意杀人、故意伤害、非法拘禁、故意毁坏财物、寻衅滋事等行为，构成犯罪的，应当数罪并罚。

（15）自 2020 年 1 月 1 日起，违反国家规定，未经许可经营兴奋剂目录所列物质，涉案物质属于法律、行政法规规定的限制买卖的物品，扰乱市场秩序，情节严重的，以非法经营罪定罪处罚。

犯本罪的，根据《刑法》第 225 条和第 231 条的规定处罚。

2024-05-1-222-010

陈某等 17 人诈骗案

——被告人以非法占有为目的，以假扮"炒股高手"等角色恶意
诱导及采用反向喊单等多种方式蓄意造成被害人亏损
以获取财物的行为构成诈骗罪

基本案情 >>>

2019 年 10 月至 2020 年 5 月，被告人陈某纠集潘某某、颜某某在广东省东莞市设立诈骗窝点，并陆续召集被告人谭某某、邱某某等人利用虚假投资平台实施电信网络诈骗。该组织共有六个小组，每小组有组长、助理及组员，各人分工配合实施犯罪活动，形成了以被告人陈某、潘某某、颜某某为组织、领导者，谭某某、邱某某等人为成员的犯罪集团。在该犯罪集团中，被告人陈某负责运营资金筹集、利润分配、购置办公用品、联系作案微信账号、打群及综合事务管理；被告人潘某某、颜某某负责联系对接平台、管理集团诈骗业务，参与并指导各小组实施诈骗；各组组长负责本小组诈骗业务，带领和指导小组成员实施诈骗；小组成员冒充股民，在微信群内骗取被害人信任，引导被害人在合作平台投资。具体诈骗方式为：被告人陈某购买微信账号并找人拉不特定人员进群（称为打群），之后将微信账号分发给各小组使用。各小组成员将购买的微信号包装成不同身份分三个阶段对微信群内成员实施诈骗。第一阶段在群内用交流股票方式吸引被害人注意，随之该集团成员吹捧群内有一炒股高手"老王"（由各组组长扮演）并邀请"老王"分享炒股经验，"老王"在微信群内分享炒股经验、推荐股票，该犯罪集团其他成员在微信群内以晒图、发红包的形式吹捧"老王"炒股成果，使被害人相信"老王"炒股能力，愿意在"老王"的指导下炒股。在取得被害人信任后，群成

员诱导被害人添加"老王"微信，随后诈骗进入第二阶段，"老王"以专门交流股票的名义，将被害人拉入新群，在集团其他成员配合下，引导被害人观看"老王"（直播间"老王"非该集团成员）网络直播，直播内容以炒股为主。"老王"在讲课期间以国内股票行情不好为由，鼓吹投资股指期货可以赚钱，向被害人推荐"老许"。之后"老许"（直播间"老许"非该集团成员）在直播间讲解股指期货交易，该集团其他成员配合吹捧，同时假装已经跟着"老许"（微信群内由潘某某、颜某某假扮）投资赚了钱，并在微信群内以晒单、发红包庆祝的形式骗取被害人信任。随后诈骗进入第三阶段（股指群），该犯罪集团成员假扮投资平台客服人员引导被害人下载"国浩国际""NEOS""汇盈期货"等虚假投资平台，微信群内"老许"或"老王"将被害人拉入专门的"股指交流群"，该群内一般只有一个被害人，其他数十名成员均为该犯罪集团成员假扮，每天在微信群内鼓吹跟着"老许"赚钱并发红包，诱导被害人投资。被害人投入的资金实际均转入平台控制的个人银行账户中，并未实际参与任何股指期货交易。随后该集团成员通过诱导被害人反向买卖、大额追加投资等形式致使被害人产生大额亏损。

"NEOS""汇盈期货"等平台及直播间"老王""老许"按约定比例提取被害人被骗资金后，将其余金额返还给被告人陈某、潘某某等人，后陈某等人将各小组诈骗金额给小组成员按照 2.5%～7% 不等比例提成，陈某、潘某某、颜某某不参与各小组提成，对所有被骗客户金额除去各小组工资、提成、团队开销后平分。2019 年 10 月至 2020 年 5 月，已查实该集团诈骗金额为188.265531 万元。被告人陈某等人伙同他人，以非法占有为目的，利用电信网络技术手段，虚构事实、隐瞒真相，骗取他人财物，其行为均已构成诈骗罪。

陕西省宝鸡市渭滨区人民法院于 2022 年 5 月 25 日作出（2021）陕 0302刑初 3 号刑事判决，以犯诈骗罪判处被告人陈某等 17 人十四年至三年二个月不等的有期徒刑，并处 140 000 至 35 000 元不等的罚金。宣判后，部分被告人提起上诉。陕西省宝鸡市中级人民法院于 2023 年 5 月 26 日作出（2022）陕 03 刑终 142 号刑事裁定：驳回上诉，维持原判。

裁判理由 》》》

法院经审理认为，被告人陈某等人伙同他人，以非法占有为目的，利用电信网络技术手段，虚构事实、隐瞒真相，骗取他人财物，其行为均已构成诈骗罪。各被告人为实施诈骗犯罪而组成较为固定的组织，实行公司化管理，有明显的组织、指挥者，核心成员固定，层级分明，分工明确，相互配合进行犯罪活动，依法应认定为犯罪集团，在该犯罪集团中，被告人陈某起组织、策划、指挥作用，系首要分子，应按照集团所犯的全部罪行处罚；被告人潘某某、颜某某负责管理工作，属于骨干成员，系主犯，应按照其所参与或组织、指挥的全部犯罪处罚；被告人谭某某等14人在犯罪中起次要作用，系从犯，对其应从轻或减轻处罚。关于各被告人及辩护人提出本案不应定为诈骗罪，应定为非法经营罪或者开设赌场罪的意见。经查，被告人陈某等人建立大量微信群，通过电信网络，发展潜在不特定客户，虚构各类第三方投资者身份，按照固定模式，通过各成员在微信群中烘托气氛、鼓吹由各组长假扮的"老王"、业务主管假扮的"老许"为"炒股高手"，骗取被害人信任，虚构该"炒股高手"能提供行情指导并已获得巨额收益等事实，骗取被害人进入非法投资平台投入资金。待被害人投资后，犯罪集团成员相互分工配合，假扮"炒股高手""客户"等角色，采用鼓动反向喊单、追涨杀跌等方式蓄意引导被害人频繁交易造成高额损失，后被害人亏损钱款由平台提成后返还被告人非法占有。本案中，犯罪集团成员并未实际经营非法平台，犯罪获利来自被害人交易亏损，犯罪集团成员在领取工资的基础上，按照比例就各自组的被害人亏损金额提成，即各被告人的获利与被害人利益全然相悖，足以反映出各被告人具有非法占有他人财物的犯罪动机，在案的被告人供述，聊天记录等也反映出犯罪集团成员培训、传达、研判做亏客户的相关情况，故各被告人具有非法占有他人财物的主观目的；行为表现上各被告人分工配合，通过多种欺骗手段，对被骗入局的被害人进行恶意诱导，且将被害人投入资金转入了平台控制的个人账户，并未使资金进入交易平台。故各被告人有虚构事实，借助虚假期货交易平台，以欺诈手段诱导被害人投资，骗取他人财物的客观行为。故被告人的犯罪行为符合诈骗罪的犯罪构成，均构成诈骗罪。非法经营罪侵犯的客体是社会市场秩序，其归根结底是一种经营行为，以从事商事活动为目标，赚取商业经营产生的利润，并无非法占有他人财物的犯罪故意，反观本案，该犯罪集团利润来源于客户亏损，集团成员的诱导行为本身和客户亏损之间具有直接的因果关系，因此本案构成诈骗罪而不构成非法经营罪。同时，本案中亦不具有利用赌博场所和利用被害人赌博行为获益的情形，赌博是基于偶然性来确定输赢，本案被害人是被诱骗进来从事"投资"的，并不是通过猜涨跌等形式参与赌博，被告人的获益并非取决于偶然而是来源于有指向的设局引诱，且被告人也没有开设赌场的行为和主观故意，故本案不构成开设赌场罪。

裁判要旨 》》

被告人陈某等人以非法占有为目的，借助虚假期货交易平台，诱骗被害人投入资金，以假扮"炒股高手"等角色恶意诱导及采用反向喊单等多种方式蓄意造成被害人亏损以获取财物，其行为构成诈骗罪。应按照各被告人诈骗金额、被害人人数、诈骗次数、诈骗手段、情节、危害后果等因素依法进行惩处。

关联索引 》》

《刑法》第 266 条

一审：陕西省宝鸡市渭滨区人民法院（2021）陕 0302 刑初 3 号刑事判决（2022 年 5 月 25 日）

二审：陕西省宝鸡市中级人民法院（2022）陕 03 刑终 142 号刑事裁定（2023 年 5 月 26 日）

2023-02-1-072-019

崔某等非法经营及陈某乙等生产、销售有毒、有害食品案
——准确打击危害食品安全上下游犯罪

基本案情 》》

吉林省通化市人民检察院以被告人崔某、郭某某、殷某某、陈某甲、王某某犯非法经营罪，被告人陈某乙、高某、冯某某、陈某丙、郑某某、刘某甲、刘某乙、齐某某、姚某某、曹某某、蔡某某、祝某某、佟某某犯生产、销售有毒、有害食品罪，向通化市中级人民法院提起公诉。

法院经审理查明：2012 年至 2016 年 5 月，被告人崔某指使被告人郭某某从河北省、山东省、山西省购进工业明胶 642.25 吨，购进款共计 1188.88 万元。崔某指使被告人殷某某、陈某甲在辽宁省沈阳市、黑龙江省哈尔滨市设立销售点，以提供给他人生产、销售食品为目的，将购进的工业明胶销往黑

龙江省、北京市等地，销售数量 640.85 吨，销售金额达 16 082 946.80 元，违法所得达 420 万余元。

2013 年 1 月至 2016 年 5 月，被告人王某某从殷某某处购买工业明胶 4000 公斤，其中 3671.2 公斤的工业明胶加价销售给他人用于食品加工，涉案数额 95 451.2 元。

2012 年至 2016 年 4 月，被告人陈某乙从崔某处购买工业明胶 6025 公斤，其中 5970.23 公斤工业明胶用于生产皮冻并予以销售，涉案金额 632 127.95 元。

2012 年 12 月至 2016 年 5 月，被告人高某从殷某某处购买工业明胶 7675 公斤，其中 7621.5 公斤用于制作皮冻并予以销售，涉案金额 533 505 元。被告人蔡某某作为高某的妻子，明知高某使用工业明胶生产皮冻并予以销售，仍在高某腰摔坏后帮其送货，涉案金额 9 万余元。

2013 年 4 月至 2015 年 11 月，被告人冯某某从殷某某处购买工业明胶 10 575 公斤，其中 10 512.5 公斤用于生产皮冻并予以销售，涉案金额 409 987.5 元。

2012 年 4 月至 2015 年 1 月，被告人陈某丙、郑某某从殷某某处购买工业明胶 1100 公斤，其中 1067.3 公斤用于生产皮冻并予以销售，涉案金额 226 843.75 元。

2012 年 11 月至 2016 年 3 月，被告人刘某甲、刘某乙从殷某某处购买工业明胶 1000 公斤，其中 990 公斤工业明胶用于生产皮冻并予以销售，涉案金额 226 274.4 元。

2014 年 12 月至 2016 年 4 月，被告人姚某某从殷某某处购买工业明胶 4675 公斤，其中 4655 公斤用于制作皮冻并销售，涉案金额 139 650 元。

2012 年 11 月至 2016 年 3 月，被告人齐某某从殷某某处共购买工业明胶 3900 公斤，其中 3889.85 公斤用于生产皮冻并销售，涉案金额 151 704.15 元。

2012 年 8 月至 2016 年 4 月，被告人曹某某从殷某某处购买工业明胶 1250 公斤，其中 1222 公斤用于生产皮冻并销售，涉案金额 58 641.34 元。

2013 年 10 月至 2014 年 10 月，被告人祝某某从殷某某处购买工业明胶 250 公斤，用于生产皮冻并销售；2016 年 4 月、5 月，祝某某从王某某处购买工业明胶 8.3 公斤，其中 7.2 公斤用于生产皮冻并予以销售，涉案金额 18 518.4 元。

2015 年 5 月、2016 年 6 月，被告人佟某某从王某某处 2 次购买工业明胶 50 公斤，其中 30 公斤用于生产皮冻并销售，涉案金额 6000 元。

吉林省通化市中级人民法院于 2018 年 1 月 23 日作出（2017）吉 05 刑初

12 号刑事判决：一、被告人崔某犯非法经营罪，判处有期徒刑十五年，并处罚金人民币 2000 万元（已缴纳 10 万元）；二、被告人郭某某犯非法经营罪，判处有期徒刑十二年，并处罚金人民币 1700 万元（已缴纳 2 万元）；三、被告人殷某某犯非法经营罪，判处有期徒刑十二年，并处罚金人民币 1700 万元（已缴纳 2 万元）；四、被告人陈某甲犯非法经营罪，判处有期徒刑十年，并处罚金人民币 1700 万元（已缴纳 2 万元）；五、被告人陈某乙犯生产、销售有毒、有害食品罪，判处有期徒刑十年，并处罚金人民币 60 万元；六、被告人高某犯生产、销售有毒、有害食品罪，判处有期徒刑十年，并处罚金人民币 50 万元；七、被告人冯某某犯生产、销售有毒、有害食品罪，判处有期徒刑八年，并处罚金人民币 40 万元；八、被告人陈某丙犯生产、销售有毒、有害食品罪，判处有期徒刑五年，并处罚金人民币 24 万元（已缴纳 1 万元）；九、被告人郑某某犯生产、销售有毒、有害食品罪，判处有期徒刑五年，并处罚金人民币 24 万元（已缴纳 1 万元）；十、被告人刘某甲犯生产、销售有毒、有害食品罪，判处有期徒刑五年，并处罚金人民币 22 万元（已缴纳 1 万元）；十一、被告人刘某乙犯生产、销售有毒、有害食品罪，判处有期徒刑五年，并处罚金人民币 22 万元（已缴纳 1 万元）；十二、被告人齐某某犯生产、销售有毒、有害食品罪，判处有期徒刑五年，并处罚金人民币 15 万元（已缴纳 1 万元）；十三、被告人姚某某犯生产、销售有毒、有害食品罪，判处有期徒刑五年，并处罚金人民币 15 万元（已缴纳 1 万元）；十四、被告人曹某某犯生产、销售有毒、有害食品罪，判处有期徒刑二年，并处罚金人民币 5 万元；十五、被告人王某某犯非法经营罪，判处有期徒刑一年六个月，并处罚金人民币 10 万元（已全部缴纳）；十六、被告人蔡某某犯生产、销售有毒、有害食品罪，判处有期徒刑一年六个月，缓刑二年，并处罚金人民币 5 万元（已缴纳 1 万元）；十七、被告人祝某某犯生产、销售有毒、有害食品罪，判处有期徒刑一年六个月，缓刑二年，并处罚金人民币 2 万元（已缴纳 2000元）；十八、被告人佟某某犯生产、销售有毒、有害食品罪，判处有期徒刑一年三个月，缓刑二年，并处罚金人民币 5000 元；十九、禁止被告人崔某、郭某某、殷某某、陈某甲、王某某、高某、冯某某、陈某丙、郑某某、陈某乙、刘某甲、刘某乙、姚某某、齐某某、曹某某自刑罚执行完毕或假释之日起五年内从事食品生产经营活动；二十、禁止被告人蔡某某、祝某某、佟某某在缓刑考验期内从事食品生产经营活动；二十一、扣押在案的赃款、赃物及作案工具由扣押机关依法处理。

宣判后，被告人郭某某、殷某某、陈某甲、高某、冯某某、郑某某、刘某甲、刘某乙、姚某某不服，提出上诉。其中，上诉人郭某某、殷某某、陈某甲及其辩护人均提出，三人受雇于崔某，在共同犯罪中处于从属地位，起次要作用，应认定从犯；且原审判处罚金过高，属适用法律错误等上诉理由及辩护意见。

吉林省高级人民法院于 2018 年 9 月 10 日作出（2018）吉刑终 105 号刑事判决：一、维持原判对被告人崔某、郭某某、殷某某、陈某甲、王某某的定罪和主刑量刑部分，并维持原判对其余各被告人的定罪量刑；二、撤销原判对被告人崔某、郭某某、殷某某、陈某甲、王某某的罚金刑部分；三、原审被告人崔某犯非法经营罪，判处有期徒刑十五年，并处罚金人民币 1000 万元（已缴纳 10 万元）；四、上诉人郭某某犯非法经营罪，判处有期徒刑十二年，并处罚金人民币 20 万元（已缴纳 2 万元）；五、上诉人殷某某犯非法经营罪，判处有期徒刑十二年，并处罚金人民币 20 万元；六、上诉人陈某甲犯非法经营罪，判处有期徒刑十年，并处罚金人民币 15 万元（已缴纳 2 万元）；七、原审被告人王某某犯非法经营罪，判处有期徒刑一年六个月，并处罚金人民币 2 万元（已全部缴纳）；八、继续追缴上诉人及原审被告人违法所得，上缴国库。

裁判理由 〉〉〉

法院经审理认为，被告人崔某、郭某某、殷某某、陈某甲、王某某以提供给他人生产、销售食品为目的，违反国家规定，销售禁止用于食品生产、销售的非食品原料，其行为均已构成非法经营罪；被告人陈某乙、高某、冯某某、陈某丙、郑某某、刘某甲、刘某乙、姚某某、齐某某、曹某某、蔡某某、祝某某、佟某某在生产、销售的食品中掺入有毒、有害的非食品原料，其行为均已构成生产、销售有毒、有害食品罪。郭某某、殷某某、陈某甲在崔某指使下购买、销售工业明胶给他人生产、销售食品，非法经营额特别巨大，情节特别严重；王某某购买、销售工业明胶给他人生产、销售食品，情节严重，均应依法惩处。陈某乙、高某生产、销售有毒、有害食品数额特别巨大，属情节特别严重；冯某某、陈某丙、郑某某、刘某甲、刘某乙、姚某某、齐某某情节严重，均应依法惩处。陈某甲在案发后主动投案，并如实供述犯罪事实，构成自首，依法从轻处罚；郭某某、殷某某、陈某乙、高某、蔡某某、刘某甲、刘某乙、齐某某、姚某某、王某某、祝某某、佟某某到案后如实供述犯罪事实，构成坦白，依法从轻处罚；郭某某、殷某某、陈某甲、陈某丙、郑某某、刘某甲、刘某乙、齐某某、姚某某、王某某、蔡某某、祝某某认罪悔罪，酌情从轻处罚；蔡某某在共同犯罪中起次要、辅助作用，属从犯，依法减轻处罚。关于上诉人郭某某、殷某某、陈某甲及其辩护人提出，三人受雇于崔某，在共同犯罪中处于从属地位，起次要作用，应认定从犯的上诉理由及辩护意见。经查，崔某及郭某某、殷某某、陈某甲均明知购买国家禁止用于食品生产的非食品原料工业明胶并销售给皮冻生产者用于制作皮冻，四人分工明确，郭某某负责购买，殷某某、陈某甲分别在沈阳市和哈尔滨市负责销售，三人均明知各自实施的行为性质，并在共同犯罪过程的主要环节起主要作用，均属主犯，但考虑三人在共同犯罪中系受崔某指使，在主犯中作用小于崔某，一审在量刑时已酌情考虑比照崔某从轻处罚。故该上诉理由及辩护意见，不予采纳。关于上诉人郭某某、殷某某、陈某甲及其辩护人提出，原审判处罚金过高，属适用法律错误的上诉理由及辩护意见。经查，根据刑法关于非法经营罪的法条规定，对三名上诉人在处以主刑的同时，应并处违法所得一倍以上五倍以下罚金或没收财产。三名上诉人受雇于崔某实施非法经营犯罪，在犯罪期间三人所得各项收入应当视为违法所得，一审根据非法经营额对三上诉人各判处罚金1700万元，确属过高，故对该上诉理由及辩护意见予以采纳。据此，一审、二审法院依法作出如上判决。

裁判要旨 》》》

实践中，大量危害食品安全犯罪都存在上下游不同参与者。只有既打市场，又打源头，才能有效遏制食品犯罪的发生。其中，生产、销售国家禁止用于食品生产、销售的非食品原料，是典型的危害食品安全的上游犯罪。而将这些禁用物质用于食品生产、销售的行为，则是典型的危害食品安全犯罪。工业明胶属于国务院卫生行政部门公布的《食品中可能违法添加的非食用物质名单》上的"物质"，被明令禁止用于食品生产。行为人以提供给他人生产、销售食品为目的，销售工业明胶的行为，依法构成非法经营罪。在食品生产加工过程中故意添加工业明胶的行为，依法构成生产、销售有毒、有害食品罪。

关联索引 》》》

《刑法》第225条、第144条

一审：吉林省通化市中级人民法院（2017）吉05刑初12号刑事判决（2018年1月23日）

二审：吉林省高级人民法院（2018）吉刑终 105 号刑事判决（2018 年 9 月 10 日）

2023-03-1-169-001

杜某狮非法经营案
——利用电商平台消费信用额度非法套现行为的性质认定

基本案情 >>>

2015 年 7 月，被告人杜某狮与杜某城（另案处理）等人共谋串通淘宝用户，在淘宝网上店铺虚构商品交易，利用"蚂蚁花呗"套现，并从中收取手续费。其具体手法是，杜某狮、杜某城等人在向杜某民（另案处理）等人购得可以使用"蚂蚁花呗"支付的淘宝店铺后，通过中介人员将店铺的链接发送给意图套现的淘宝用户，淘宝用户则根据其套现的金额点击链接购买同等价值的商品，同时申请由"蚂蚁花呗"代为支付货款。杜某狮、杜某城所掌控的淘宝店铺的支付宝账户在收到货款后，淘宝用户在无真实商品交易的情况下即在购物页面确认收货随即再申请退货，杜某狮、杜某城等人扣除 7%~10% 的手续费后，将剩余的款项转入淘宝用户的支付宝账户。杜某狮、杜某城等人所获取的手续费，除一部分支付给中介人员外，余款由二人分配。2015 年 11 月 10 日至 13 日，被告人杜某狮等人通过"阿斌8822""心心相印潮尚馆""大祥小祥大大祥""值得一饰潮尚馆"等淘宝网上店铺，串通多名淘宝用户，虚构交易 2500 余笔，利用"蚂蚁花呗"套取 470 万余元，被告人杜某狮获利 6000 余元。

"蚂蚁花呗"系重庆市某小额贷款有限公司于 2014 年下半年开发的小额信贷产品，该公司经营范围为在全国范围内开展办理各项贷款，票据贴现、资产转让业务。"蚂蚁花呗"的特点是用户在淘宝、天猫和部分外部商家消费时，可选择由"蚂蚁花呗"先行垫付货款，在规定的还款日之前向"蚂蚁花呗"偿还欠款无须支付利息及其他费用，但其不具备直接提取现金的功能。

重庆市江北区人民法院于 2017 年 11 月 14 日作出（2017）渝 0105 刑初 817 号刑事判决：被告人杜某狮犯非法经营罪，判处有期徒刑二年六个月，并处罚金人民币 3 万元。宣判后，被告人杜某狮未提出上诉，判决已发生法律效力。

裁判理由 》》》

法院生效裁判认为，被告人杜某狮伙同他人利用淘宝店铺虚构交易收款并扣除手续费后再通过支付宝向淘宝用户支付资金，数额达 470 万余元，扰乱了市场经济秩序，情节严重，其行为已构成非法经营罪，依法应予以处罚。公诉机关指控的事实清楚，证据充分，指控的罪名成立。

关于辩护人提出杜某狮的行为不属于非法从事支付结算业务，其行为不构成犯罪的辩护意见。经审理认为，根据中国人民银行《支付结算办法》的规定，支付结算是指单位、个人在社会经济活动中使用票据、信用卡和汇兑、托收承付、委托收款等结算方式进行货币给付及其资金结算的行为。银行是支付结算和资金清算的中介机构。根据国务院《非法金融机构和非法金融业务活动取缔办法》的规定，未经中国人民银行依法批准，任何单位和个人不得擅自从事金融业务活动。而杜某狮在没有真实交易的情况下，通过虚构交易，将重庆市阿里巴巴小额贷款公司的资金直接支付给淘宝用户，并从中获利，系未经国家有关主管部门批准非法从事资金支付结算业务的行为，符合我国《刑法》第 225 条第 3 项所规定非法经营罪的构成要件。杜某狮到案后，如实供述罪行，审理中认罪、悔罪，依法对其从轻处罚。

裁判要旨 》》》

采取虚构交易、虚开价格、交易退款等方式为他人提供电商平台消费额度套现服务，将交易货款支付给买家，违反了国务院《非法金融机构和非法金融业务活动取缔办法》的规定，属于非法从事资金支付结算行为，情节严重的，应以非法经营罪定罪处罚。

关联索引 》》》

《刑法》第 225 条第 3 项

一审：重庆市江北区人民法院（2017）渝 0105 刑初 817 号刑事判决（2017 年 11 月 14 日）

2024-03-1-169-001

侯某某、闫某、王某某非法经营案

——未取得药品经营许可证销售境外仿制药的行为定性

基本案情 ⟫

2015 年至 2018 年，在未取得药品经营许可证的情况下，被告人侯某某通过被告人闫某提供的联系方式，联系并从"蔡雷雷""印小天"（真名王某某）手中购进未经批准进口、用于治疗丙肝等疾病的 Sofosbuvir400mg＋Velpatasvir100mgTablets（俗称"吉三代"）、DaclatasvirandSofosbuvirTablets60mg/400mg（达拉他韦 60mg/片＋索非布韦"400mg/片）等药品。在北京某些医院就诊的部分肝病患者，经相关医生的推荐，联系被告人侯某某购买"吉三代"等印度仿制药品。在此过程中，被告人王某某负责帮助侯某某接收购进的药物、为购药患者邮寄药物，并提供其名下银行账户收取钱款等。经查，2018 年 6 月至 12 月，被告人侯某某从王某某处购买包括涉案药品在内的各类药品并支付钱款共计 80 余万元。2015 年至 2018 年，被告人闫某作为北京某医院肝病科医生，在为患者的诊治过程中，推荐患者向侯某某购买"吉三代"等药品，后收取侯某某给予的好处费。

北京市朝阳区人民检察院认为，被告人侯某某、闫某、王某某违反国家药品管理法律法规，未取得药品经营许可证，非法经营药品，扰乱市场秩序，应当以非法经营罪追究其刑事责任。在诉讼过程中，北京市朝阳区人民检察院以法律发生变化为由，要求撤回对被告人侯某某、闫某、王某某的起诉。北京市朝阳区人民法院于 2021 年 6 月 7 日作出（2019）京 0105 刑初 2822 号刑事裁定，准许北京市朝阳区人民检察院撤回起诉。

裁判理由 ⟫

法院生效裁判认为，涉案行为不构成妨害药品管理罪。2021 年 3 月 1 日施行的《刑法修正案（十一）》增设第 142 条之一，规定了妨害药品管理罪。根据该条规定，未取得药品相关批准证明文件生产、进口药品或者明知是上述药品而销售的，须满足"足以严重危害人体健康"的要件，才构成妨害药品管理罪。本案中，在案证据显示涉案药品对于治疗丙肝疾病确有疗效，并未造成患者身体健康损害的结果，也没有证据证明涉案药品存在严重危害人体健康的因素，故不构成妨害药品管理罪。而且，涉案行为亦不宜认定为非法经营罪。如果允许所涉情形再行适用处罚更重的非法经营罪，不仅会造成罪刑失衡，也会导致通过刑法修正案增设妨害药品管理罪的立法目的落空，无法合理划定妨害药品管理罪的界限范围。综上，由于针对涉案行为法律规定的变化，被告人侯某某、闫某、王某某的行为不构成犯罪。检察机关的撤诉申请符合法律规定，应予准许。故法院依法作出如上裁判。

裁判要旨 >>>

未取得药品相关批准证明文件生产、进口药品或者明知是上述药品而销售，足以严重危害人体健康的，应当依照《刑法》第 142 条之一的规定，以妨害药品管理罪论处。通常而言，对所涉情形适用非法经营罪应当特别慎重。

关联索引 >>>

《刑法》第 225 条、第 142 条之一

一审：北京市朝阳区人民法院（2019）京 0105 刑初 2822 号刑事裁定（2021 年 6 月 7 日）

2023-03-1-169-003

黄某某非法经营案
——未经许可从事长途客运经营的行为定性

基本案情 >>>

自 2012 年 3 月起，被告人黄某某在未取得交通运输主管部门道路客运经营许可和道路客运班线经营许可的情况下，先后购买了赣 CKXXXX 七座面包车、赣 CQXXXX 七座面包车、赣 C4PXXX 十五座中型客车，一个人从事高安市太阳镇与深圳市龙华区之间的客运业务经营，2017 年 1 月至 2021 年 4 月，被告人黄某某累计往返 300 余次，共收取乘客车费约 40 万元，非法获利约

30 000 元。2021 年 6 月 30 日，被告人黄某某接办案民警电话通知后，主动到案接受讯问。

江西省高安市人民法院于 2022 年 7 月 12 日作出（2022）赣 0983 刑初 255 号刑事判决：一、被告人黄某某犯非法经营罪，判处有期徒刑七个月，缓刑一年，并处罚金人民币 30 000 元。二、对被告人黄某某的违法所得人民币 30 000 元予以没收，上缴国库。三、对随案移送的作案工具黑色华为 P30 手机一部予以没收，上缴国库。宣判后，被告人未提出上诉，公诉机关未提起抗诉，判决已发生法律效力。

裁判理由 ▶▶▶

法院生效裁判认为，被告人黄某某违反国家规定，未经许可经营客运业务，严重扰乱了道路旅客运输市场秩序和客运班线的经营管理秩序，其行为已构成非法经营罪。公诉机关指控的犯罪事实和罪名成立。被告人黄某某犯罪后自动投案，并如实供述自己的罪行，系自首；且其自愿认罪认罚，对其依法从轻处罚。故一审作出如上裁判。

裁判要旨 ▶▶▶

从事客运经营应当具备一定的条件，依照相关规定程序申请获得经营许可。未取得道路运输经营许可，擅自从事长途大巴客运经营的行为，属于"其他严重扰乱市场秩序的非法经营行为"，情节严重的，以非法经营罪论处。

关联索引 ▶▶▶

《刑法》第 225 条第 4 项

一审：江西省高安市人民法院（2022）赣 0983 刑初 255 号刑事判决（2022 年 7 月 12 日）

2024-08-2-317-001

江西省某投资有限公司诉庄某某、
张某融资融券交易纠纷案

——非证券经营机构出借资金给他人用于股票交易并以平仓方式
收回资金的，其行为应认定为场外配资

基本案情 〉〉〉

江西省某投资有限公司（以下简称某投资公司）诉称：依法判令庄某某、张某共同向某投资公司偿还借款本金 23 754 535.39 元及利息 9 177 960.76 元（利息按照月息2%计算，其中 2018 年 1 月 28 日至 2018 年 5 月 28 日的利息，以 3000 万元为基数计算为 2 400 000 元；2018 年 5 月 29 日至 2019 年 7 月 31 日的利息，以 23 754 535.39 元为基数计算为 6 777 960.76 元，上述利息合计为 9 177 960.76 元，实际应计至被告还清全部欠款本息之日止）。

被告张某辩称：张某与某投资公司及案外人王某签订的融资合作协议，实际上是场外股票配资协议，该协议因为违反证券法是无效的，某投资公司依据民间借贷纠纷向张某主张权利没有事实和法律依据，应当予以驳回。因本案所签订的协议属于场外股票配资协议是无效协议，因此某投资公司请求张某支付利息的诉讼请求不应支持，且某投资公司已收取的 130 万元利息应予退还。

被告庄某某答辩称：庄某某并非融资协议的相对人，无须对某投资公司与张某签订的融资协议承担责任。融资合作协议实际的性质为场外股票融资协议，该协议违反了证券法等相关的法律规定，是无效协议，原告依据无效协议向张某收取利息，没有法律依据。其收取的利息应当退还给张某。

法院经审理查明：2017 年 9 月 25 日，张某受庄某某的委托，与某投资公司、案外人王某签订《融资合作协议》，约定某投资公司为实际资金出借方，张某为借款人，王某为个人证券账户提供方，就某投资公司出借资金注入王某证券账户，并由王某将该账户出借给张某用于投资沪、深证券交易所上市交易的有价证券等事宜。协议还约定：（1）某投资公司、张某掌握资金账号

和密码，并由张某实际操作进行股票交易。(2) 王某将 5000 万元（张某出资的 2000 万元保证金和某投资公司出借的 3000 万元）转入证券资金账户，并拆借给张某，由张某进行两融融资业务；某投资公司出借资金及两融融资总额与张某出资金额比例不得超过 4∶1。(3) 设定账户资金预警线、平仓线，以及某投资公司有权进行平仓变现的权力等。2017 年 9 月 29 日，庄某某向张某出具了《借款合同授权委托书及担保书》，载明庄某某授权张某。《融资合作协议》签订后，王某依约将银行账户及证券账户、资金账户交付给了张某，由张某使用某投资公司 3000 万元借款及自身的 2000 万元保证金进行股票投资。截至 2018 年 5 月 28 日某投资公司进行平仓时，张某（庄某某）剩余 2375.4535 万元未归还。同时，截至本案起诉之日，张某已向某投资公司支付利息 130 万元。某投资公司选定庄某某为还款义务人。某投资公司经营范围为"实业投资、投资管理、投资咨询（金融及衍生产品、期货、证券除外）、企业管理咨询、国内贸易。（依法须经批准的项目，经相关部门批准后方可开展经营活动）"。

江西省宜春市中级人民法院于 2021 年 12 月 28 日作出 (2019) 赣 09 民初 211 号民事判决：一、限庄某某于判决生效后十日内向某投资公司归还借款本金 23 754 535 元及利息（2018 年 1 月 28 日至 5 月 28 日的利息以 3000 万元为基数，2018 年 5 月 29 日至 2020 年 8 月 19 日的利息以 23 754 535 元为计算，均按照月利率 2% 的标准计算；2020 年 8 月 20 日以后的利息按照合同成立时一年期贷款市场报价利率 4 倍计算至付清款之日止）；二、驳回某投资公司的其他诉讼请求。

江西省高级人民法院于 2022 年 12 月 30 日作出 (2022) 赣民终 681 号民事判决：一、撤销一审判决第二项，即驳回某投资有限公司的其他诉讼请求；二、变更一审判决第一项为：限庄某某于判决生效后十日内向某投资公司归还借款本金 2375.4535 万元及利息（2017 年 9 月 28 日至 2018 年 5 月 28 日的利息以 3000 万元为基数，2018 年 5 月 29 日至 2020 年 8 月 19 日止的利息以 2375.4535 万元为基数，均按照年利率 4.35% 的标准计算；2020 年 8 月 20 日以后的利息以 2375.4535 万元为基数，按照全国银行间同业拆借中心公布的贷款市场报价利率计算至实际清偿之日），已支付的 130 万元利息在待支付的利息中予以扣除；三、驳回某投资公司的其他诉讼请求。

裁判理由 ▶▶▶

法院生效判决认为，本案的争议焦点为：第一，案涉《融资合作协议》

的性质及效力如何认定？第二，庄某某应否承担还款责任，如何承担？

（一）关于案涉《融资合作协议》的性质及效力问题

1. 关于该协议的法律性质

庄某某认为该协议系某投资公司在证券机构之外进行融资融券、买卖股票的行为，是场外股票配资合同。某投资公司认为其并非 P2P 公司或私募类配资公司，也未利用互联网信息技术和二级分仓功能搭建融资业务平台，主体上、行为方式上均不符合场外配资特征，该协议系借款合同。法院认为，场外股票配资合同的基础法律关系亦是借贷关系，表现为资金出借方将资金出借给用资方，由用资方进行融资融券买卖股票，资金出借方通过设定平仓线等手段控制股票账户，目的是逃避监管进行融资融券买卖股票获得收益，本案《融资合作协议》符合上述场外配资进行股票交易的特征。

首先，从《融资合作协议》的目的来看，该协议具有逃避监管进行融资融券买卖股票的特征。关于场外配资的概念，尚没有清晰的界定。《全国法院民商事审判工作会议纪要》第 86 条指出："……场外配资业务主要是指一些 P2P 公司或者私募类配资公司利用互联网信息技术，搭建起游离于监管体系之外的融资业务平台，将资金融出方、资金融入方即用资人和券商营业部三方连接起来，配资公司利用计算机软件系统的二级分仓功能将其自有资金或者以较低成本融入的资金出借给用资人，赚取利息收入的行为。这些场外配资公司所开展的经营活动，本质上属于只有证券公司才能依法开展的融资活动，不仅规避了监管部门对融资融券业务中资金来源、投资标的、杠杆比例等诸多方面的限制，也加剧了市场的非理性波动。在案件审理过程中，除依法取得融资融券资格的证券公司与客户开展的融资融券业务外，对其他任何单位或个人与用资人的场外配资公司，人民法院应当根据《证券法》第 142 条、《合同法司法解释（一）》第 10 条的规定，认定为无效。"可见，上述论述针对的是场外配资合同的效力，是从场外配资行为的目的、后果进行阐述，并非对场外配资行为概念的完整解释，其列举的 P2P 公司等主体以及"利用计算机软件系统的二级分仓功能"是在审判实践中抽象出来的，是概括表述主要的主体和方式，并非仅限于上述主体和方式。该论述的核心是强调上述抽象列举的主体实施该系列行为的目的及其法律后果，即通过出借资金进行融资融券买卖股票获取收益，违反国家特许经营的规定而认定为无效。为进一步了解关于场外配资的概念，参考《最高人民法院民事案件案由适用要点与请求权规范指引（第二版）》的表述，"场外配资，是指银行、信托、民间配资公司等非证券经营机构向投资者提供的股票融资行为。场外配资的类型比较复杂，既包括接受银保监会监管的商业银行、信托公司开展的集合资金信托计划，也包括以金融创新为名发展出来的各种互联网金融公司的网上配资平台，还包括没有任何监管的民间配资公司和个人之间的资金借贷等。"可见，场外配资并不仅限于 P2P 公司等主体，也不仅是利用二级分仓功能的手段进行资金的出借行为，而是"非证券经营机构向投资者提供的股票融资行为"。本案某投资公司虽不是 P2P 公司，也未利用互联网信息技术和二级分仓功能等手段，但是，该协议的目的是其作为非证券经营机构的某投资公司将资金出借给张某（庄某某）赚取利息收入，其行为规避了行政监管部门对融资融券业务中资金来源、投资标的、杠杆比例等诸多方面的监管限制，符合场外配资的特征。

其次，从案涉《融资合作协议》约定的内容来看。某投资公司为实际资金出借方，张某为借款人，王某为证券账户提供方，该协议将资金融出方、资金融入方和券商营业部三方连接起来了。王某将 5000 万元（张某出资的 2000 万元保证金和某投资公司出借的 3000 万元）转入户名为王某的证券资金账户，并拆借给张某，由张某再进行两融融资业务；同时协议约定了某投资公司出借资金和两融融资总额与张某出资金额的比例，由张某实际操作股票资金账户进行证券交易，某投资公司每月提取固定收益。协议还约定了账户资金预警线、平仓线，以及某投资公司有权进行平仓变现的权力等。可见，某投资公司为了逃避监管，未经批准将资金出借给庄某某进行融资融券买卖股票，违反了融资融券属于国家特许经营的规定，符合《全国法院民商事审判工作会议纪要》第 86 条规定的场外配资行为的基本交易结构和法律特征，某投资公司系配资方，张某（庄某某）系用资人。因此，本案案由应确定为融资融券交易纠纷。

2. 关于该协议的效力

鉴于案涉《融资合作协议》实质为场外股票融资性质，属于未经依法批准而擅自经营只允许有证券公司才能经营的融资行为，规避国家特许经营的金融业务，破坏经济秩序，损害社会公共利益，根据《证券法》（2014 年修正）第 142 条和《最高人民法院关于适用〈中华人民共和国合同法〉若干问题的解释（一）》第 10 条，以及《合同法》第 52 条第 4 项、第 5 项的规定，案涉《融资合作协议》无效。

（二）关于庄某某应否承担还款责任以及责任范围的问题

1. 关于庄某某应否承担还款责任的问题

法院认为，某投资公司在案件审理时明确表示选定庄某某作为相对人承担还款责任，本案应当由庄某某向某投资公司承担还款责任。

2. 关于庄某某承担还款责任的范围

根据查明的事实，截至 2018 年 5 月 28 日庄某某剩余 2375.4535 万元未归还。案涉《融资合作协议》无效，配资方某投资公司是合同无效的主要过错方。但是，本案并无证据表明某投资公司涉嫌非法经营罪。某投资公司无权依据该协议主张滞纳金等；用资人庄某某为追求高额收益，在不符合证券公司正规融资融券要求、不满足正规融资融券的配资比而要求更高杠杆的配资比例签订案涉协议，亦存在过错，其应支付资金占用期间的法定利息，即以同期银行贷款利率计算利息。该利息应以庄某某所欠借款本金为基数，分段计算。

裁判要旨 ▶▶▶

（1）非证券经营机构出借资金给他人用于融资融券、进行股票交易等，并通过控制证券账户、资金账户，以平仓变现等方式，收回资金、控制风险的，构成场外配资。

（2）以场外配资为目的签订借款合同，属于未经依法批准而擅自经营只允许证券公司才能经营的融资行为。该合同因规避国家特许经营的金融业务，破坏经济秩序，损害社会公共利益，应认定无效。

关联索引 ▶▶▶

《证券法》第 120 条、第 142 条

《民法典》第 144 条、第 153 条、第 155 条 [本案适用的是 1999 年《合同法》第 52 条第 4 项、第 5 项，第 58 条]

一审：江西省宜春市中级人民法院（2019）赣 09 民初 211 号民事判决（2021 年 12 月 28 日）

二审：江西省高级人民法院（2022）赣民终 681 号民事判决（2022 年 12 月 30 日）

解某某等非法买卖制毒物品、
张某某等非法经营案

——非法买卖麻黄碱类复方制剂以及将麻黄碱类
复方制剂拆改包装后进行贩卖的，如何定性

基本案情

法院经审理查明：

（1）2006 年年底至 2007 年，被告人解某、梁某先后两次从没有经营资质的被告人张某某处购买新康泰克 75 箱，二人将药品拆封后，将胶囊内的康泰克粉末装入塑料袋后向外出售。75 箱新康泰克胶囊中含盐酸伪麻黄碱 13 500 克。解某、梁某从中非法获利 150 余万元。

（2）2009 年 9 月至 2010 年 1 月，被告人解某某、梁某先后从没有经营资质的被告人张某某处购买新康泰克共计 620 余箱；后 2 人雇佣家政公司员工将药品拆封后，将胶囊内粉末装入塑料袋内，将其中的 200 袋康泰克粉末出售给李某（在逃），其余的 426 箱零 50 盒新康泰克分别在家政公司及解某某的别墅被起获。扣押的新康泰克胶囊中含有盐酸伪麻黄碱 76 680 克，贩卖给李某（在逃）的新康泰克胶囊中含有盐酸伪麻黄碱 36 000 克。

被告人张某某先后向被告人解某某、解某、梁某非法销售新康泰克共计 700 余箱，非法经营数额共计 137 万余元，非法获利 21 万余元。解某某、梁某从中非法获利 300 余万元。

（3）2009 年 2 月至 10 月，被告人田某某冒用北京某科技开发中心、北京某甲公司的销售代表的名义从北京某乙公司购买新康泰克 206 箱，冒用北京某科技开发中心的名义从北京某丙公司购买新康泰克 331 箱，并将其中的 300 箱新康泰克销售给被告人张某某。田某某非法经营数额共计 105 万余元，其从中非法获利 5000 余元。

（4）2009 年 8 月至 2010 年 1 月，被告人王某某以哈尔滨某医药公司的名义从某公司业务员杨某某处购买 350 箱新康泰克胶囊，后通过杨某某以黑龙江某甲公司的名义从黑龙江某乙公司购进新康泰克胶囊 500 箱。后王某某将其中 327 箱新康泰克从黑龙江省及河北省送至北京市销售给被告人张某某,其异地非法经营数额为 63 万余元,从中非法获利 2000 余元。

北京市昌平区人民法院于 2011 年 7 月 29 日作出(2011)昌刑初字第 243 号刑事判决:一、被告人解某某犯非法买卖制毒物品罪,判处有期徒刑三年六个月,罚金人民币 150 万元。二、被告人梁某犯非法买卖制毒物品罪,判处有期徒刑四年,罚金人民币 200 万元。三、被告人解某犯非法买卖制毒物品罪,判处有期徒刑二年,罚金人民币 100 万元。四、被告人张某某犯非法经营罪,判处有期徒刑一年十个月,罚金人民币 30 万元。五、被告人田某某犯非法经营罪,判处有期徒刑一年九个月,罚金人民币 1 万元。六、被告人王某某犯非法经营罪,判处有期徒刑一年八个月,罚金人民币 5000 元。宣判后,在法定期限内没有上诉、抗诉,判决已发生法律效力。

裁判理由 >>>

法院生效裁判认为,被告人解某某、梁某、解某违反国家法律规定,非法买卖制造毒品的原料,其行为均已构成非法买卖制毒物品罪,且解某某、梁某非法买卖数量大。被告人张某某、田某某、王某某违反国家规定,非法经营,扰乱市场秩序,情节严重,其行为均已构成非法经营罪。鉴于解某某、梁某、解某、张某某、田某某、王某某能够坦白犯罪事实,且田某某、王某某能够积极缴纳罚金,均予以从轻处罚。对于解某某辩护人提出的关于对起诉书认定解某某的犯罪数额及认定非法买卖制毒物品数量大有异议,并建议判处其三年以下有期徒刑,最好适用缓刑的意见;梁某辩护人提出的关于其系从犯,有未遂情节,建议法庭对其判处三年以下有期徒刑的意见;解某辩护人提出的关于其系从犯的意见;张某某辩护人提出的关于起诉书指控其销售新康泰克的数量应为 577 箱,建议法庭对其减轻或免除处罚的意见;田某某辩护人提出的关于起诉书指控的部分事实不清、证据不足,其销售给张某某的新康泰克的数量应为 250 箱的意见;经查,缺乏事实及法律依据,均不予采纳。对于辩护人提出的其他意见,均予以采纳。根据本案的犯罪事实、情节、社会危害程度及被告人在共同犯罪中的不同作用及悔罪态度,法院依法作出如上判决。

裁判要旨 >>>

将麻黄碱类复方制剂拆解成粉末进行买卖的,应当以非法买卖制毒物品罪追究刑事责任。非法买卖麻黄碱类复方制剂，在案没有证据证明系用于非法买卖制毒物品的，一般不应认定为非法买卖制毒物品罪，构成非法经营罪等其他犯罪的，依法定罪处罚。

关联索引 >>>

《刑法》第 52 条、第 53 条、第 25 条第 1 款、第 64 条、第 67 条第 3 款、第 225 条第 1 项、第 350 条第 1 款

《最高人民法院、最高人民检察院、公安部关于办理走私、非法买卖麻黄碱类复方制剂等刑事案件适用法律若干问题的意见》第 1 条第 3 款、第 4 款、第 6 条第 2 款

一审：北京市昌平区人民法院（2011）昌刑初字第 243 号刑事判决（2011 年 7 月 29 日）

2023-09-1-158-002

李某志等非法制造注册商标标识案

——仅有被害单位出具的证明不能作为确定非法经营数额的证据

基本案情 >>>

涉案 "HUAWEI" 商标，核定使用商品为手机用液晶显示屏在内的第 9 类。"SAMSUNG" 商标，核定使用商品第 9 类。

经查明，自 2016 年 8 月起，被告人李某志、巫某等人未经商标权人授权，在深圳市宝安区松岗街道大田洋鑫鑫安工业园宿舍楼一楼的加工厂，加工生产假冒 "三星""华为" 注册商标的手机玻璃面板，将排线贴附到手机盖板上。被告人李某志是该工厂的日常管理者，负责对工厂的机器设备进行调试以及对员工进行管理，被告人巫某协助李某志管理工厂，每加工完成一个手机玻璃面板收取客户 1 元至 1.8 元不等的加工费。2016 年 11 月 21 日 20 时许，民警在该地址抓获被告人李某志、巫某，并当场查获假冒 "三星" 手机玻璃面板 10 100 个、"华为" 手机玻璃面板 1200 个、销售单据 16 张及送货单 2 本。按被害单位报价计，所缴获面板共计价值人民币 648 000 元。

二审法院另查明，《深圳市宝安区价格认证中心》向侦查机关出具的《中止通知书》认为，标有"HUAWEI"和"SΛMSUNG"的手机面板在正规售后均没有单独更换及销售，无法确定市场中间价格。

深圳市宝安区人民法院于 2017 年 10 月 31 日作出（2017）粤 0306 刑初 4591 号刑事判决：一、被告人李某志犯非法制造注册商标标识罪，判处有期徒刑三年，并处罚金人民币 33 万元；二、被告人巫某犯非法制造注册商标标识罪，判处有期徒刑一年，并处罚金人民币 6000 元。三、没收缴获的假冒注册商标标识。宣判后，李某志提出上诉。深圳市中级人民法院于 2018 年 5 月 7 日作出（2018）粤 03 刑终 655 号刑事判决，认为一审法院按被害单位报价计所缴获面板金额作为本案非法盈利的数额不当，判决：一、维持深圳市宝安区人民法院（2017）粤 0306 刑初 4591 号刑事判决第二项、第三项；二、撤销深圳市宝安区人民法院（2016）粤 0306 刑初 4591 号刑事判决第一项；三、上诉人李某志犯非法制造注册商标标识罪，判处有期徒刑二年，并处罚金人民币 5 万元。

裁判理由 >>>

法院生效裁判认为，第一，本案应当以何种标准确定上诉人和原审被告人构成非法制造商标标识罪。

本案现场查获的手机玻璃面板全新且带防尘膜，部分三星品牌盖板在生产线上缴获，故上诉人李某志认为在部分杂物间搜查到的三星盖板不属于其非法制造的注册商标标识理由不成立。《最高人民法院、最高人民检察院关于办理侵犯知识产权刑事案件具体应用法律若干问题的解释》第 3 条规定，伪造、擅自制造他人注册商标标识或者销售伪造、擅自制造他人注册商标标识，具有下列情形之一的，属于《刑法》第 215 条规定的情节严重，应当以非法制造、销售非法制造的注册商标标识罪判处三年以下有期徒刑、拘役或者管制，并处或者单处罚金。第二款规定，伪造、擅自制造或者销售伪造、擅自制造两种以上注册商标标识数量在一万件以上，或者非法经营数额在 3 万元以上，或者违法所得数额在 2 万元以上的，属于"情节严重"。

本案现场查获带有"HUAWEI"注册商标的手机玻璃面板 1200 件，带有"SΛMSUNG"注册商标的手机玻璃面板 10 100 件。涉案的两个注册商标核定使用商品范围为包括手机用液晶显示屏在内的第 9 类。本案查获的手机玻璃面板并非手机用液晶显示屏，不符合《刑法》第 213 条假冒注册商标罪规定在同一种商品上使用与其注册商标相同的商标的犯罪构成要件。本案被告人李某志和巫某无视国家法律，生产、加工未经授权的带有"HUAWEI"和"SAMSUNG"注册商标的手机玻璃面板具有擅自制造他人注册商标标识的主观故意，数量超过1万件，属于情节严重，其行为符合非法制造注册商标标识罪的构成要件，应依法予以惩处。一审法院认定上诉人及原审被告人构成非法制造注册商标标识罪，并无不当。

第二，关于本案的非法经营数额的认定是否适当。

关于非法经营数额，一审法院认为，公诉机关以被害单位报价作为计算依据，真实可信，予以采纳。本院认为，《最高人民法院、最高人民检察院关于办理侵犯知识产权刑事案件具体应用法律若干问题的解释》第12条规定，非法经营数额是指行为人在实施侵犯知识产权行为过程中，制造、储存、运输、销售侵权产品的价值。已销售的侵权产品的价值，按照实际销售的价格计算。制造、储存、运输和未销售的侵权产品的价值，按照标价或已查清的侵权产品的实际销售平均价格计算。侵权产品没有标价或无法查清其实际销售价格的，按照被侵权产品的市场中间价格计算。本案中关于非法经营数额的加工费以及销售单价均只有两被告人的供述，现场查获的送货单上没有记载任何产品规格型号或种类，无法与被告人供述相印证。故本案的侵权产品的价值无法按照实际销售价格进行计算。鉴定中心认定正规售后均没有单独更换及销售玻璃面板，无法确定市场中间价格。而本案被害单位出具的《价格证明》不属于法律及相关司法解释规定的市场中间价格，故一审法院按被害单位报价计所缴获面板共计价值648 000元作为本案非法盈利的数额不当，本院对此予以纠正。上诉人及辩护人的该项上诉理由成立。二审予以改判。

裁判要旨 >>>

根据《最高人民法院、最高人民检察院关于办理侵犯知识产权刑事案件具体应用法律若干问题的解释》第12条的规定，制造、储存、运输和未销售的侵权产品的价值，按照标价或已查清的侵权产品的实际销售平均价格计算。侵权产品没有标价或无法查清其实际销售价格的，按照被侵权产品的市场中间价格计算。被侵权产品市场中间价格的确定，有同种合格产品销售的可以按照同种产品价格计算，若侵权产品属于不在市场上单独销售的配件，市场中间价格可以按照权利人生产、制造、加工的成本价格计算，无法确定成本价格的，可以根据权利人提供的配件更换、维修价格计算。

既没有实际销售价格，也无法确定市场中间价格的情况下，仅有被害单位出具的《价格证明》不属于法律及相关司法解释规定的市场中间价格认定的证据。在不能确定非法经营数额的情况下，按照伪造、擅自制造两种以上注册商标标识的数量予以量刑处罚。

关联索引 >>

《刑法》第 52 条、第 53 条、第 64 条、第 67 条第 3 款、第 215 条

《最高人民法院、最高人民检察院关于办理侵犯知识产权刑事案件具体应用法律若干问题的解释》第 3 条第 1 款第 1 项、第 12 条第 1 款

一审：深圳市宝安区人民法院（2017）粤 0306 刑初 4591 号刑事判决（2017 年 10 月 31 日）

二审：广东省深圳市中级人民法院（2018）粤 03 刑终 655 号刑事判决（2018 年 5 月 7 日）

2023-05-1-222-004

刘某燕等诈骗、非法经营、掩饰、隐瞒犯罪所得案
——成立公司，搭建虚假的交易平台进行虚拟交易，制造盈利假象，诱骗被害人入金并在平台反复操作，使被害人亏损入金，实现诈骗客户钱财的目的构成诈骗等犯罪

基本案情 >>

从 2017 年 10 月开始，被告人刘某燕、范某平、刘某英等人合谋以深圳前海汇某所网络科技有限公司（以下简称汇某所）为名，通过购买虚假的交易平台实施诈骗。之后由刘某燕出资购买了涉案 ECO 等交易平台，相关平台含有所谓外汇、黄金、原油、恒生指数等多个交易品种，但均是内部运作的虚拟交易，并未对接真实交易市场。平台搭建完毕后，被告人刘某燕等人成立了运营团队，并组建招商团队选募下级代理商，由代理商发展客户。组建讲师团队，在网上开设直播间，由代理商拉潜在客户到直播间听讲师讲课，

向客户推荐平台，诱导客户入金并指导客户多次交易，达到让客户亏损的目的，讲师团队可以分得客户亏损金额的6%。

被告人刘某燕等人与代理商约定对投资者入金的亏损进行"二八分成"，即汇某所分得客户亏损的二成，代理商团队分得客户亏损的八成，汇某所管理团队和业务员按级别和业绩提成。为解决资金流转问题，刘某燕等人还找到被告人李某旺等人的"创某公司"。由该公司组合多家第三方支付公司形成资金转移渠道，使客户入金经过多次转移后最终汇入到刘某燕等人控制的银行账户内。

被告人李某旺与被告人罗某有合作关系，罗某介绍有非法需求的商户给李某旺并从中分取提成。

被告人范某平和刘某英负责核实代理商返佣，被告人张某负责向代理商核实客户出金数额，再交由被告人张某阁等人转账给代理商和客户。

从2017年年底开始，汇某所招商业务员被告人张某寅、卢某惠、谭某永、马某青等人分别发展了被告人赵某松、匡某蛟、蒙某涛、黄某林等人作为代理商，上述各代理商又招聘人员成立团队，通过添加陌生人微信的方式将潜在客户拉入炒股群，拉到直播间听讲师讲课。在群内用微信小号冒充炒股客户，吹捧讲师，发布虚假盈利截图，烘托赚钱气氛，诱骗客户在平台入金并按照指令反复操作，最后达到使客户亏损入金，实现诈骗客户钱财的目的。

另查明，被告人余某，赖某琦、钟某、赖某腾等人也先后代理了涉案平台，采用上述类似手段诈骗财物。

还查明，被告人刘某云提供本人三张银行卡给虚假交易平台使用。刘某云明知被告人刘某燕等人在银行卡内的资金收入来源非法，仍使用卡内赃款购买银行理财产品。

综上，被告人刘某燕等人通过虚假交易平台非法交易虚拟产品，骗取投资者财产，造成投资者的经济损失数额特别巨大。经审计，已报案的454名被害人入金总额人民币13 055.69万元，出金总额人民币2863.12万元，入金总额大于出金总额人民币10 192.57万元。

广东省深圳市中级人民法院于2021年6月30日作出（2019）粤03刑初第488号刑事判决：对刘某燕等63名被告人分别处以诈骗罪、非法经营罪，掩饰、隐瞒犯罪所得、犯罪所得收益罪，分别判处十五年至三年不等的有期徒刑，并分别处以数额不等的罚金。判决将赃款、赃物按比例发还被害人，继续追缴赃款、赃物，发还被害人。刘某燕、陈某栩等43名被告人不服，提出上诉，后被告人陈某栩提出撤回上诉。广东省高级人民法院于2022年3月2日作出（2021）刑终字第1235号刑事裁定：一、准许上诉人陈某栩撤回上诉。二、驳回其他上诉人的上诉，维持原判。

裁判理由 >>>

法院生效裁判认为：

第一，以刘某燕为首的汇某所团队及代理商团队具有非法占有他人财产的主观故意，其等通过搭建虚假交易平台，隐瞒事实真相，诱骗客户入金参与平台交易，入金进入平台后即被控制，客户并无盈利的可能性，相关被告人实质上是以让客户亏损的形式来占有客户财产，应依法认定其等行为构成诈骗罪。（1）被告人刘某燕等人以汇某所为名购买涉案平台，包含有多个交易品种，但均是在平台内部实施封闭虚拟交易，并未对接真实市场。故应认定平台的虚假性。（2）刘某燕等人运营汇某所团队，由平台代理商、讲师团队向客户推荐平台，诱导客户入金并进行虚拟交易，客户入金不会产生收益，汇某所及代理商团队的利润和提成均来自客户入金亏损。（3）在具体运作中，代理商将客户拉进直播间，讲师和"水军"相互配合，冒充其他客户虚构盈利事实，发布虚假盈利截图，烘托赚钱气氛等方式诱骗客户开户入金。客户资金并没有进入国家允许炒作外汇指数、期货账户，而实际进入刘某燕等人对接的资金渠道流入其等控制的个人账户。客户入金后被收取手续费、过夜费，在讲师诱导下进行多次交易后就会亏损。客户亏损就是被告人的收益。（4）刘某燕通过技术手段控制客户本金退出，控制赚钱客户的账号，限制客户资金退出平台。（5）通过资金渠道进行多次转账，隐匿资金来源及资金走向。

第二，为涉案平台非法提供资金转移支付渠道的行为构成非法经营罪：本案中，被告人李某旺为涉案平台非法提供资金转移渠道，被告人罗某为李某旺介绍业务并收取报酬。二被告人均不具有法律规定的资质，其等非法为他人从事资金支付结算业务并从中获利，应认定构成非法经营罪。

第三，被告人张某阁并未直接参与诈骗犯罪，但其操作银行账户转移涉案资金，从事非法资金结算业务，收取远高于正常手续费的费用，应认定构成非法经营罪。

第四，被告人刘某云并未直接参与诈骗犯罪，但其向平台提供其本人的银行卡作为收支账户使用，并在明知卡内资金为犯罪所得的情况下仍使用卡内资金购买银行理财产品，应当以掩饰、隐瞒犯罪所得罪追究其刑事责任。

综上，被告人刘某燕、范某平、余某等 59 人以非法占有为目的，诱骗投资者入金，参与虚假平台交易，使用欺骗方法骗取他人财物，行为均已构成诈骗罪。被告人李某旺等三人为他人非法提供资金支付转移业务，情节特别严重，行为均已构成非法经营罪。被告人刘某云明知是犯罪所得及其产生的收益而予以转移，情节严重，其行为已构成掩饰、隐瞒犯罪所得、犯罪所得收益罪。故一审、二审法院依法作出如上裁判。

裁判要旨 >>>

被告人以非法占有他人财产为目的，通过搭建虚假交易平台，隐瞒事实真相，诱骗客户入金参与平台交易，入金进入平台后即被控制，客户并无盈利的可能性，相关被告人实质上是以让客户亏损的形式来占有客户财产，应依法认定其行为构成诈骗罪。

区别"对赌"行为和诈骗犯罪，关键要看行为人是否具有以非法占有为目的，采用虚构事实，隐瞒真相等手段，实施了骗取他人财物的行为。涉案平台实施虚拟交易，并未对接真实交易市场，客户入金也未进入国家允许交易的账户，而是通过非法获得的渠道进入被告人个人控制的账户。被告人隐瞒真相，通过讲师团队、代理商团队在微信群、QQ 群和直播间里发布虚假盈利截图，虚构赚钱事实，冒充客户烘托赚钱气氛等手段诱骗客户入金。客户入金后即被收取手续费、过夜费，并在讲师诱导下进行多次交易而导致亏损。应当以诈骗罪追究刑事责任。对于并未直接参与诈骗犯罪，但为涉案资金提供流转渠道和协助转移的人员，或者提供银行账户并实施窝藏、转移行为的人员，应分别以非法经营罪和掩饰、隐瞒犯罪所得罪追究刑事责任。

关联索引 >>>

《刑法》第 225 条、第 266 条、第 312 条

一审：广东省深圳市中级人民法院（2019）粤 03 刑初第 488 号刑事判决（2021 年 6 月 30 日）

二审：广东省高级人民法院（2021）刑终字第 1235 号刑事裁定（2022 年 3 月 2 日）

2023-04-1-169-003

满某、孙某非法经营案

——第四方支付平台为赌博等违法犯罪网站
提供资金转移服务的行为定性

基本案情 ≫

重庆市云阳县人民检察院指控被告人满某、孙某犯非法经营罪，向云阳县人民法院提起公诉。

被告人满某及其辩护人对指控的基本犯罪事实无异议，提出满某的行为不构成非法经营罪，应认定为帮助信息网络犯罪活动罪。

被告人孙某及其辩护人对指控的基本犯罪事实无异议，提出孙某的行为不构成非法经营罪，应认定为帮助信息网络犯罪活动罪；孙某应认定为从犯。

云阳县人民法院经审理查明，2019年年初，被告人满某、孙某得知第四方支付平台为赌博网站进行支付结算能获取巨额利润，遂产生了经营想法。同年4月，满某前往重庆某公司定制第四方支付平台即"交投保"平台租赁服务器，并与孙某接触，二人达成并实施了由满某提供平台、孙某提供赌博网站等客户、共同经营均分盈利的协议。后满某在重庆市江北区租赁房屋，召集客服、技术人员负责后台维护、收益分发等。满某、孙某通过网络发展多人为代理（以下简称"码商"），代理发展下线（以下简称"码农"）。"码商""码农"提供收集微信、支付宝收款二维码、银行卡并绑定"交投保"平台。当客户在赌博网站充值时，平台随机推送"码农"控制的支付宝或者微信二维码供客户充值，客户扫码将资金转账至"码农"控制的账户后，平台将"码农"确认收款的信息推送给赌博网站，赌博网站给客户"上分"。平台将赌博网站发起的转账信息通知"码农"，"码农""码商"、平台先后按约定扣除佣金，将剩余款项转入赌博网站提供的账号。

2019年5月至11月14日，被告人满某、孙某按照"交投保"平台结算资金流水的2%~3%比例抽成，并按照约定比例分配，满某非法获利10 461 348.76元、孙某非法获利10 007 490.02元。

案发后，公安机关扣押了被告人满某涉案款7 797 770元、被告人孙某涉案款 3 558 790 元，查封、扣押了孙某涉案车辆等资产。

云阳县人民法院依照《中华人民共和国刑法》第 225 条第 3 项、第 25 条第 1 款、第 26 条第 1 款、第 65 条第 1 款、第 67 条第 3 款、第 52 条、第 53 条第 1 款、第 64 条的规定，判决如下：一、被告人满某犯非法经营罪，判处有期徒刑八年，并处罚金人民币 1047 万元。二、被告人孙某犯非法经营罪，判处有期徒刑八年三个月，并处罚金人民币 1010 万元。三、扣押在案的被告人满某违法所得人民币 7 797 770 元、被告人孙某违法所得人民币 3 558 790 元，依法予以没收。继续追缴被告人满某违法所得人民币 2 663 578.76 元、孙某违法所得人民币 6 448 700.02 元，予以没收，上缴国库。四、被告人满某、孙某扣押在案的作案工具手机、U 盾、银行卡等予以没收。

宣判后，被告人满某、孙某不服，提起上诉。

重庆市第二中级人民法院审理认为，一审认定事实清楚，证据确实充分、定罪准确、量刑适当。审判程序合法。依照《刑事诉讼法》第 236 条第 1 款第 1 项之规定，裁定驳回上诉，维持原判。

裁判理由 >>>

法院生效裁判认为，被告人满某、孙某未经国家有关主管部门批准，非法从事资金支付结算业务，扰乱金融市场秩序，情节特别严重，其行为均构成非法经营罪。满某、孙某在共同犯罪中分工明确，相互配合，作用相当，均系主犯。孙某曾因故意犯罪被判处有期徒刑，在刑罚执行完毕后五年内再犯应当判处有期徒刑以上刑罚之罪，系累犯，应依法从重处罚。满某、孙某到案后如实供述自己的罪行，可从轻处罚。关于满某、孙某及其辩护人分别提出本案应当定性为帮助信息网络犯罪活动罪的意见，经查，根据《中国人民银行支付结算办法》（以下简称《办法》）的规定，支付结算是指单位、个人在社会经济活动中使用票据、信用卡和汇兑、托收承付、委托收款等结算方式进行货币给付及其资金清算的行为；本案中，满某、孙某为了能使"交投保"平台顺利运行，分别为平台找寻"码商"，通过"码商"（或"码农"）收取资金、完成资金转移，"码商""码农"是"交投保"不可或缺的部分，因此"交投保"平台具有支付结算功能；满某、孙某明知无资质而非法从事资金支付结算业务，其行为构成非法经营罪；相关意见，与查明事实不符，不予采纳。

裁判要旨 >>>

随着电子商务交易蓬勃发展，第四方支付通过聚合多种支付通道，以其显著的便捷性和高效性，被广泛运用于日常生活。由于第四方支付没有支付许可牌照的限制，并能根据需求个性化定制，容易被犯罪分子利用以逃避监管，造成资金"体外循环"，助长网络灰黑产业蔓延。本案争议焦点是被告人搭建、运营第四方支付平台为赌博等违法犯罪网站提供资金转移服务的行为定性。被告人未经国家主管部门批准，运营第四方支付平台，整合微信、支付宝二维码等收付款媒介，非法进行资金流转，属于非法从事资金支付结算业务，构成非法经营罪。同时亦构成帮助信息网络犯罪活动罪，依法择一重罪以非法经营罪处断。理由是：

（一）本案被告人的行为构成非法经营罪

《刑法》第 225 条第 3 项规定，未经国家有关主管部门批准，非法经营证券、期货、保险业务的，或者非法从事资金支付结算业务的，扰乱市场秩序，情节严重的，构成非法经营罪。判断本案被告人是否构成支付结算型非法经营罪，需要对"资金支付结算"要件的内涵与外延进行准确界定。

"两高"《关于办理非法从事资金支付结算业务、非法买卖外汇刑事案件适用法律若干问题的解释》《关于办理妨害信用卡管理刑事案件具体应用法律若干问题的解释》以类型化及概括性相结合方式对资金支付结算进行了明确，具体规定了以下情形：使用受理终端或者网络支付接口等方法，以虚构交易、虚开价格、交易退款等非法方式向指定付款方支付货币资金业务；非法为他人提供单位银行结算账户套现或者单位银行结算账户转个人账户服务的；非法为他人提供支票套现服务的；违反国家规定，使用销售点终端机具（POS机）等方法，以虚构交易、虚开价格、现金退货等方式向信用卡持卡人直接支付现金以及其他非法从事资金支付结算业务的情形。从前述规定来看，支付结算行为重点在于虚构交易、虚开价格、交易退款、套现、公转私等行为。本案中，虽然证据显示"码商""码农"或者平台抽成、赌场收钱的账户都是私人银行、微信、支付宝账户，且都是赌客直接扫描"码农"二维码支付，不存在虚假交易，不符合司法解释列举的典型情形，但是这并不当然意味着被告人的行为不是支付结算。一般认为，设立支付结算型非法经营罪是为了有效打击当时猖獗的"地下钱庄"逃避金融监管，非法为他人办理大额资金转移等资金支付结算业务的行为。最高人民检察院《关于办理涉互联网金融犯罪案件有关问题座谈会纪要》（以下简称《纪要》）第19条规定，具体办案时，要深入剖析相关行为是否具备资金支付结算的实质特征，充分考虑具体行为与"地下钱庄"同类犯罪在社会危害性方面的相当性以及刑事处罚的必要性。司法实践中，赌博网站大多采用类似本案第四方支付平台，首先从大量赌客手中违法收集赌资，然后汇聚成较大数额交由赌博网站指定的账户即"地下钱庄"，"地下钱庄"洗钱之后转至赌场开办者指定的账户。涉案平台与"地下钱庄"实质是为赌博网站收取赌资并逃避打击的前后两个环节，在社会危害性方面具有相当性以及刑事处罚的必要性。涉案平台的运营模式具备了非法支付结算的实质特征，即脱离监管的非法流转资金行为，应当认定为非法从事支付结算业务，同时情节特别严重，构成非法经营罪。

（1）本案存在支付结算业务。根据《办法》第3条的规定，支付结算是指单位、个人在社会经济活动中使用票据、信用卡和汇兑、托收承付、委托收款等结算方式进行货币给付及其资金清算的行为。该规定是金融主管部门针对金融行业本身合规运营提出的。而《纪要》第18条则透过现象，揭露本质，指出刑法意义上的支付结算业务实质是商业银行或者支付机构在收付款人之间提供的货币资金转移服务。因此，支付结算的本质是资金聚合基础上的货币转移支付（以避免将单纯提供收付款账号帮助转账行为认定为非法经营，如提供银行账户进行转账的"码农"，以符合社会观念的一般认知）。本案中，涉案第四方支付平台的资金流转过程和运营模式为平台通过技术手段对接上游网站与网站客户，涉案资金通过客户扫码支付进入平台提供、整合的"码商""码农"账户，"码商""码农"获取佣金后，扣除分成比例，按照平台提示信息，将剩余资金层层转出（存在入账与转出的时间差现象），汇集到上游网站指定账户，该系列行为完成了资金转移支付。平台通过"码商""码农"的收付款账户成为上游网站及其客户之间资金流转的中转、过渡环节，进而将大量的非法资金隐藏在"码商""码农"的日常流水中。虽然"码商""码农"的支付转移是完成本案支付结算的直接环节，涉案平台没有控制独立账户聚合资金、与上游网站完成支付结算，但是"码农"与"码商"、"码商"与被告人之间，通常是熟人关系，或者前者向后者缴纳了保证金才允许参与平台的运营，体现了被告人对"码商""码农"具有人身或者金钱控制属性，且运营、使用涉案平台的客观效果是代收钱款、将钱款转给特定收款人，发挥了资金支付结算的作用。在案件审理过程中，公安机关介绍，最初冻结"码商""码农"的涉案账户时，里面共计余额人民币8000多万元，因此，涉案平台实施了资金聚合基础上的货币转移支付行为。

（2）本案的支付结算业务是非法的。支付结算型非法经营罪的侵害客体是金融市场资金支付结算管理秩序。资金支付结算业务从参与主体、从业资质到经营范围、业务流程等，均要严格遵循相应规章制度，主动接受金融主管部门监管。凡是未经许可或超越许可范围，擅自从事或变相从事该业务的，即侵犯了国家在金融领域确立的资金支付结算特许专营制度。根据《办法》第六条的规定，银行是支付结算和资金清算的中介机构，未经中国人民银行批准的非银行金融机构和其他单位不得作为中介机构经营支付结算业务。《非金融机构支付服务管理办法》规定，非金融机构提供支付服务（包括网络支付），应当取得《支付业务许可证》。本案中，《协查函》《中国人民银行重庆营业部关于协助查询情况的复函》证实涉案平台没有取得《支付业务许可证》，没有支付结算资质。因此涉案平台非法流转资金的实质是非法从事支付结算。

（3）被告人的行为扰乱市场秩序，且系情节特别严重。被告人运营第四方支付平台，逃避正常资金监管，扰乱国家支付结算秩序，两人实施犯罪行为仅数月时间，完成支付结算数额达数亿元，分别非法获利千万元，扰乱金融秩序，具备极大的社会危害性。

（二）本案被告人构成帮助信息网络犯罪活动罪

依据《刑法》第287条之二的规定，帮助信息网络犯罪活动罪是指明知他人利用信息网络实施犯罪，为其犯罪提供互联网接入等技术支持，或者提供广告推广、支付结算等帮助，情节严重的行为。据此，认定该罪需满足明知他人利用信息网络实施犯罪、为犯罪提供帮助行为、情节严重三个要件，缺一不可。此处的明知，既包括确切的明知，也包括概括性明知。依据"两高"《关于办理非法利用信息网络、帮助信息网络犯罪活动等刑事案件适用法律若干问题的解释》第12条第2款的规定，确因客观条件限制无法查证被帮助对象是否达到犯罪程度，但相关数额总计达到前款第2项至第4项规定标准5倍以上，应当以帮助信息网络犯罪活动罪追究行为人的刑事责任。本案中，虽然上游网站是否构罪及该当何罪现有证据无法认定，但是被告人的供述、证人证言、网站截图足以认定上游网站从事违法活动。两被告人运营涉案平台为上游网站的违法行为提供支付结算服务分别非法获利千万余元，远超"解释"规定的违法所得1万元的5倍以上入罪标准，因此被告人的行为构成帮助信息网络犯罪活动罪。

（三）法条竞合下非法经营罪优先适用

如前所述，非法经营罪与帮助信息网络犯罪活动罪因为"支付结算"要件而交叉竞合。本案中，被告人运营涉案平台非法进行资金支付结算的行为同时符合非法经营罪和帮助信息网络犯罪活动罪全部构成要件，依照刑法理论通说以及《刑法》第287条之二第3款的规定"有前两款行为，同时构成其他犯罪的，依照处罚较重的规定定罪处罚"，相较于帮助信息网络犯罪活动罪的截堵性、补充性属性，非法经营罪的法定刑配置相对于帮助信息网络犯罪活动罪较重，据此，本案被告人运营第四方支付平台非法从事资金支付结算的行为应当以非法经营罪定罪量刑，符合罪责刑相一致原则。

需要注意的是，如果上游犯罪查证属实，且第四方支付事前与之通谋，为特定对象提供支付结算帮助，以共犯论处为宜。如果针对不特定对象提供支付结算服务，则以非法经营罪处断。

关联索引 >>>

《刑法》第225条

一审：重庆市云阳县人民法院（2021）渝0235刑初12号刑事判决（2021年5月25日）

二审：重庆市第二中级人民法院（2021）渝02刑终238号刑事裁定（2021年10月26日）

2023-03-1-097-001

钱某、孙某非法经营同类营业、行贿案

——国有公司从事业务不在登记经营范围，
不影响非法经营同类营业罪的认定

基本案情 >>>

上海某信息技术公司、上海某科创公司均系从事命题业务的国有公司，但该项业务均不在工商登记经营范围。2013年7月15日，被告人钱某担任上

海某信息技术公司考试与发展中心执行总经理。2015年12月至案发，钱某担任上海某科创公司总经理。

上海某信息技术公司与上海某考试院合作开展命题业务。2015年5月，被告人钱某为将命题业务转为个人经营，伙同时任考试与发展中心副总经理即被告人孙某，以他人名义注册成立A公司，从上海某考试院承接命题业务，钱某负责业务洽谈、签订合同以及安排收入分配、使用等，孙某负责联系命题专家、交接考试命题、发放专家命题费，钱某和孙某等人非法获利共计177.994922万元。钱某还以他人名义成立B公司，2016年12月至2018年，钱某以B公司名义与上海某考试院签订命题业务合同，钱某等人非法获利276.843998万元。

被告人钱某为获得某考试院领导对命题业务的关照，向某考试院领导行贿14.6万元（具体事实略）。

2019年11月28日、12月3日，被告人钱某、孙某先后主动到案后如实供述犯罪事实。案发后，钱某、孙某分别退缴违法所得350万元、36万元。

上海市崇明区人民法院于2020年9月17日作出（2020）沪0151刑初43号刑事判决：一、被告人钱某犯非法经营同类营业罪，判处有期徒刑二年，并处罚金人民币50万元；犯行贿罪，判处有期徒刑六个月，并处罚金人民币10万元，决定执行有期徒刑二年三个月，并处罚金人民币60万元。二、被告人孙某犯非法经营同类营业罪，判处有期徒刑八个月，缓刑一年，并处罚金人民币15万元。三、退缴在案的非法所得人民币386万元予以没收，不足部分继续追缴。宣判后，钱某提出上诉，认为其行为不构成非法经营同类营业罪，恳请二审宣告其无罪。上海市第二中级人民法院于2021年2月22日作出（2020）沪02刑终1276号刑事裁定：驳回钱某的上诉，维持原判。

裁判理由 ≫≫

法院生效裁判认为，本案争议焦点是被告人非法经营与任职国有公司同类的营业，但相关业务不在国有公司登记经营范围，是否影响非法经营同类营业罪的认定。1994年7月，我国首部《公司法》正式施行，第11条规定公司应当在登记经营范围内从事经营活动。随着市场经济快速发展，公司迫切需要更为宽松的市场环境。1999年12月，最高人民法院出台《关于适用〈中华人民共和国合同法〉若干问题的解释（一）》，第10条明确当事人超越登记经营范围订立合同，只要不违反国家限制经营、特许经营以及法律、行政法规禁止经营规定，不得因此认定合同无效。2005 年 10 月，《公司法》修改，删除公司应当在登记经营范围内从事经营活动的规定，不再将登记经营范围作为公司行为能力的绝对边界，对在登记经营范围外从事经营活动持宽松态度，以达到维护交易稳定、促进公司发展和市场经济繁荣的目的。《民法典》第 505 条延续上述立法精神，规定当事人超越经营范围订立合同的效力应当依照有关规定确定，不得仅以超越经营范围确认合同无效。

本案中，命题业务虽不在被告人钱某、孙某任职国有公司登记经营范围，但该项业务不违反国家限制经营、特许经营及法律、行政法规禁止经营规定，理应受到法律保护。钱某、孙某作为国有公司直接负责命题业务的高级管理人员，本应履行忠实义务，恪守竞业禁止规定，二人为谋取非法利益，合谋设立 A 公司，将所任职国有公司同上海某考试院开展的命题业务直接转移至 A 公司，钱某还单独成立 B 公司同上海某考试院开展命题业务。钱某、孙某经营与任职国有公司同类的营业，非法获利数额特别巨大，严重侵犯国有公司利益，二人的行为均已构成非法经营同类营业罪。故一审和二审依法作出如上裁判。

裁判要旨 >>>

非法经营同类营业罪中的"同类营业"，不以国有公司登记经营范围为限。国有公司在登记经营范围之外从事经营活动，不违反国家限制经营、特许经营及法律、行政法规禁止经营规定，董事、经理利用职务便利经营同类的营业，获取非法利益，数额巨大的，应当认定构成非法经营同类营业罪。

关联索引 >>>

《刑法》第 165 条

一审：上海市崇明区人民法院（2020）沪 0151 刑初 43 号刑事判决（2020 年 9 月 17 日）

二审：上海市第二中级人民法院（2020）沪 02 刑终 1276 号刑事裁定（2021 年 2 月 22 日）

2023-02-1-169-001

上海谷某贸易有限公司、上海睿某工贸有限公司、倪某钢非法经营案

——将工业用牛羊油销售给食用油生产企业的行为定性

基本案情 >>>

上海市金山区人民检察院指控被告单位上海谷某贸易有限公司（以下简称谷某公司）、上海睿某工贸有限公司（以下简称睿某公司），被告人倪某钢犯销售伪劣产品罪，向上海市金山区人民法院提起公诉。

法院经审理查明，被告单位谷某公司、睿某公司分别成立于2003年、2004年，经营范围包括销售饲料、饲料原料和化工原料及产品等，二被告单位的实际经营人均为被告人倪某钢。上海仕某油脂有限公司（以下简称仕某公司）成立于2003年，经营范围为食用动物油脂（牛油），生产产品是食用精炼牛油，公司法定代表人为顾某章（另案处理）。被告人倪某钢在经营被告单位谷某公司、睿某公司期间，从澳大利亚、新西兰购入工业用牛羊油开展销售。

自2009年起，倪某钢将进口的工业用牛羊油在仕某公司进行储存、中转。其间，倪某钢与顾某章进行了业务洽谈，双方就仕某公司购入涉案进口工业用牛羊油用于食用牛油生产的情况进行了沟通、交流。倪某钢也参观了仕某公司的生产车间等。倪某钢在明知仕某公司是一家专门生产食用牛羊油的食用油脂经营企业，且购入进口工业用牛羊油用于生产食用牛羊油的情况下，为牟利仍与顾某章达成购销协议，将二被告单位购入的工业用牛羊油销售给仕某公司用于食用牛羊油生产。2010年2月至2012年1月，谷某公司、睿某公司分别向仕某公司销售工业用牛羊油2 833 680公斤、2 706 940公斤，销售金额分别为人民币（以下币种同）1794万余元、1915万余元，合计3709万余元。仕某公司利用上述工业用牛羊油生产食用精炼牛油，并对外销售给相关食品企业。对于生产食用精炼牛油过程中分解出来的少量杂质、废料，由顾某章自行销售给相关化工企业。2012年3月22日，倪某钢主动向公安机

关投案。

上海市金山区人民法院于 2013 年 11 月 18 日做出（2013）金刑初字第 74 号刑事判决：一、被告单位谷某公司犯非法经营罪，判处罚金人民币 900 万元；二、被告单位睿某公司犯非法经营罪，判处罚金人民币 1000 万元；三、被告人倪某钢犯非法经营罪，判处有期徒刑十三年，并处罚金人民币 100 万元；四、责令被告单位谷某公司、睿某公司、被告人倪某钢于判决生效之日起十日内退缴违法所得并予以没收。宣判后，二被告单位及被告人均提出上诉。上海市第一中级人民法院于 2014 年 3 月 7 日作出（2013）沪一中刑终字第 1529 号刑事裁定，驳回上诉，维持原判。

裁判理由 》》》

法院生效裁判认为：

（1）涉案进口工业用牛羊油属于非食品原料。

根据 2009 年《食品安全法》第 62 条的规定，进口的食品应当经出入境检验检疫机构检验合格后，海关凭出入境检验检疫机构签发的通关证明放行。本案中，在案证据证实，被告单位谷某公司、睿某公司从澳大利亚、新西兰购入的工业用牛羊油系国外工厂利用牛羊内脏、骨头加工而成，专门用于工业，不属于进口食品，也未经我国出入境检验检疫机构进行食品方面的检验，故应认定其属于非食品原料。

（2）被告人倪某钢对仕某公司购入工业用牛羊油用于生产食用油具有主观明知。

经查，在案证据证实，仕某公司是一家生产加工食用动物油脂的企业，产品是食用精炼牛油，并销售给食品企业。被告人倪某钢在经营被告单位谷某公司、睿某公司期间，早在 2009 年就与顾某章发生业务关系，双方多次进行业务洽谈、互相介绍各自公司及产品情况，倪某钢还参观了仕某公司的生产车间等。虽然在具体销售环节上，双方说法有所差异，但倪某钢、顾某章均明确，仕某公司购买涉案进口工业用牛羊油产品的用途，是生产食用牛羊油，故足以认定倪某钢对贩卖非食品原料给他人用于生产食品具有主观明知。

（3）二被告单位和被告人倪某钢的行为构成非法经营罪。

根据 2013 年《最高人民法院、最高人民检察院关于办理危害食品安全刑事案件适用法律若干问题的解释》第 11 条第 1 款的规定，以提供给他人生产、销售食品为目的，违反国家规定，生产、销售国家禁止用于食品生产、销售的非食品原料，情节严重的，依照《刑法》第 225 条的规定以非法经营罪定罪处罚。本案中，被告人倪某钢在主观上具有将进口工业用牛羊油这一非食品原料提供给仕某公司生产食用牛羊油的目的，客观上实施了积极的销售行为，倪某钢负责经营的二被告单位的行为均违反了 2009 年《食品安全法》第 28 条第 1 项关于食品生产经营的禁止性规定，且二被告单位的销售金额分别为 1794 万余元、1915 万余元，其行为已构成非法经营罪，且均属于"情节特别严重"；被告人倪某钢作为二被告单位直接负责的主管人员，也应当以非法经营罪追究刑事责任，且属于"情节特别严重"。公诉机关指控的罪名不当，予以变更。二被告单位及倪某钢均系自首，可以从轻处罚。故一审、二审法院依法作出上述裁判。

裁判要旨 ▶▶▶

以提供给他人生产、销售食用油为目的，违反国家规定，销售国家禁止用于食用油生产、销售的进口工业用牛羊油等非食品原料，情节严重的，依照《刑法》第 225 条的规定以非法经营罪定罪处罚。

关联索引 ▶▶▶

《刑法》第 225 条

《食品安全法》第 34 条第 1 项（本案适用的是 2009 年 6 月 1 日施行的《食品安全法》第 28 条第 1 项）

《最高人民法院、最高人民检察院关于办理危害食品安全刑事案件适用法律若干问题的解释》第 16 条第 1 款（本案适用的是 2013 年 5 月 4 日施行的《最高人民法院、最高人民检察院关于办理危害食品安全刑事案件适用法律若干问题的解释》第 11 条第 1 款）

一审：上海市金山区人民法院（2013）金刑初字第 74 号刑事判决（2013 年 11 月 18 日）

二审：上海市第一中级人民法院（2013）沪一中刑终字第 1529 号刑事裁定（2014 年 3 月 7 日）

2023-05-1-300-001

沈某某等人掩饰、隐瞒犯罪所得、帮助信息网络犯罪活动案

——利用网络平台为他人"跑分"行为的定性

基本案情

2021年6月，被告人沈某某伙同王某、李某（均另案处理）等人为非法牟利，在明知系犯罪所得的情况下，在上海市青浦区多处公寓据点非法从事"跑分"业务，使用沈某某2张银行卡、"卡头"王某某（另案处理）及其招揽而来的"卡农"多人银行卡、支付宝或微信等支付账户，按照上家指示用于收取、转移多人被骗资金计130余万元。

2021年8月至9月，被告人沈某某在取保候审期间再次伙同王某、李某及被告人杨某某等人，非法从事"跑分"业务，按照上家指示接受、转移被骗资金86万余元。其中杨某某负责对接"卡头"和"卡农"，维持现场秩序。被告人高某、陈某某作为"卡头"，被告人陈某某介绍被告人马某等人作为"卡农"，在明知银行卡用于信息网络犯罪的情形下，仍将自己银行卡及关联手机交给上述"跑分"团伙使用，从中非法获利。

上海市青浦区人民法院于2022年7月7日作出（2022）沪0118刑初174号刑事判决：认定被告人沈某某犯掩饰、隐瞒犯罪所得罪，判处有期徒刑四年，并处罚金人民币3万元；被告人杨某某犯掩饰、隐瞒犯罪所得罪，判处有期徒刑一年一个月，并处罚金人民币1万元；被告人高某犯帮助信息网络犯罪活动罪，判处有期徒刑十个月，并处罚金人民币1万元；被告人陈某某犯帮助信息网络犯罪活动罪，判处有期徒刑九个月，并处罚金人民币9000元；被告人马某犯帮助信息网络犯罪活动罪，判处有期徒刑七个月，缓刑一年，并处罚金人民币7000元。一审宣判后，被告人沈某某提起上诉。上海市第二中级人民法院于2022年10月18日作出（2022）沪02刑终607号刑事裁定，驳回上诉，维持原判。

裁判理由 >>>

法院生效裁判认为，关于被告人沈某某及其辩护人提出本案应定性为帮助信息网络犯罪活动罪的辩解，经查，本案中有证人李甲、王某某、龚某等人的证言，被告人沈某某、杨某某、高某的供述等证据相互印证，形成证据链，证实被告人沈某某在明知系犯罪所得的情况下，为非法牟利从事"跑分"业务，实施了帮助上游犯罪转移财产的行为。沈某某主要负责与上家联系、租赁场地、提供银行卡、微信等支付账户信息，在共同犯罪中起积极主要的作用，系主犯，应当按照其所参与的全部犯罪处罚。

裁判要旨 >>>

"跑分"是指专门利用银行账户或者第三方支付平台账户为他人代收款，再转账到指定账户，从中赚取佣金的行为。作为一种新型犯罪形态，其具有将资金分散、匿名交易的特点，因此被用于黑灰资金的流转，与电信诈骗、网络赌博等犯罪活动密切相关，可能构成非法经营罪、帮助信息网络犯罪活动罪，洗钱罪，掩饰、隐瞒犯罪所得、犯罪所得收益罪，还可能构成诈骗罪、赌博罪、开设赌场罪等上游犯罪的共犯。实践中，应从主客观方面综合分析犯罪事实，准确认定"跑分"行为的性质。行为人明知他人涉嫌犯罪，其所经手的资金应系他人犯罪所得及其收益，仍用本人或收集来的银行卡为他人"跑分"的，依法构成掩饰、隐瞒犯罪所得、犯罪所得收益罪。行为人明知他人涉嫌利用信息网络实施犯罪，仅向他人出租、出售银行卡用于"跑分"的，达到情节严重标准，构成帮助信息网络犯罪活动罪。

在量刑时应注意主从关系。"跑分"团伙一般涉及人员众多，应结合各行为人具体作用大小，从而认定主从犯。"跑分"团伙领导者、主要管理者、操盘手等能够起到决定作用的人应认定为主犯，对于租赁场地、对接"卡农"、维持秩序、买水买饭等，并未参与到"跑分"关键环节或核心领域，仅起到次要辅助作用的，应认定为从犯。作为"跑分"操盘手及"跑分"团伙的管理者，应对所参与的或者组织、指挥的全部犯罪负责。

关联索引 >>>

《刑法》第 287 条之二第 1 款、第 312 条第 1 款

一审：上海市青浦区人民法院（2022）沪 0118 刑初 174 号刑事判决

（2022 年 7 月 7 日）

二审：上海市第二中级人民法院（2022）沪 02 刑终 607 号刑事裁定（2022 年 10 月 18 日）

2024-04-1-222-006

孙某、徐某、周某等诈骗、非法经营案

——诈骗人员实际控制受害人资金后未使用的应当认定为犯罪既遂

基本案情

（一）被告人孙某伙同徐某实施诈骗的事实

2017 年 5 月至 2018 年 4 月，被告人孙某以 KD 平台、AK 平台、FA 平台为载体，以公司形式组建电信网络诈骗犯罪集团。被告人徐某系 KD 平台、AK 平台两个虚假平台的持有人、使用人。被告人刘某等人系孙某等人组建的犯罪集团成员。同年 5 月，被告人孙某与被告人邹某创建南昌某公司，招募罗某等人，利用 KD 平台、AK 平台、FA 平台以发展代理商的形式，进行诈骗活动。

被告人孙某等人指使犯罪集团成员使用虚假身份，在互联网上以婚恋、交友等名义结识并骗得被害人信任，或者通过开设直播间等方式，谎称能够帮助被害人通过 KD 平台、AK 平台等进行"国际贵金属""国际期货""国际外汇"等交易获利，诱骗众多被害人将资金汇入上述平台。汇入 KD 平台、AK 平台、FA 平台的被害人资金，经第三方支付通道分别转移至被告人徐某、孙某控制的银行账户中。此外，孙某等人通过使用公司业务员骗取来的被害人平台账号和密码，编造交易数据，虚构交易，欺骗被害人投资受损的事实，实现非法占有被害人资金的目的。其间，徐某与孙某犯罪集团以非法占有的被害人资金数额为基础作为计酬依据，按照一定比例分成。在诈骗过程中，孙某对上述公司进行实际控制，负责操纵平台系统制造被害人资金损失假象；徐某作为 KD 平台、AK 平台的实际控制人，对两个平台内被害人入金、出金进行审核和发放，并帮助孙某集团对被害人资金进行虚假操作。孙某、徐某等采取上述方式通过 KD 平台、AK 平台骗取被害人资金共计 68 808 957.02

元，通过 FA 平台骗取被害人资金共计 16 374 168.03 元。

（二）被告人周某、江某等实施非法经营的事实

2016 年 2 月，被告人周某、江某注册成立上海 B 公司，公司经营范围主要为资产管理、投资咨询等。周某系上海 B 公司实际控制人，负责公司全面工作；江某系法定代表人、执行董事兼总经理。

2016 年下半年，上海 B 公司未经国家有关主管部门批准，利用日本 P 公司的平台开展外汇业务，寻找客户或者通过发展二级代理商方式吸引客户在该平台上进行交易。此外，上海 B 公司借助日本 P 公司的协助，通过提供 MT4、MT5 软件或者第三方支付平台、帮助联系海外公司注册等方式，为追求成立某标公司的客户搭建独立运营的外汇交易平台。某标公司成立后，独立运营，以自己的名义招揽公众在其平台上投入资金进行交易。上海 B 公司从发展的客户、代理商或者协助搭建的某标公司收取搭建费、流量费等费用。其间，周某作为公司实际控制人，负责全面工作，组织人员开展白标业务，并决定利润分配。经审计，2016 年 9 月至 2018 年 4 月上海 B 公司共发展某标公司 70 家，涉案金额共计折合人民币 19 475 778.67 元，对应收入折合人民币 6 491 926.24 元。

另查明，2018 年年初，上海 B 公司协助孙某的犯罪集团搭建 FA 平台。

天津市第二中级人民法院于 2021 年 6 月 16 日作出（2019）津 02 刑初 196 号刑事判决：一、被告人孙某犯诈骗罪，判处无期徒刑，剥夺政治权利终身，并处没收个人全部财产；二、被告人徐某犯诈骗罪，判处有期徒刑十三年，并处罚金人民币 100 万元；三、被告人周某犯非法经营罪，判处有期徒刑六年，并处罚金人民币 450 万元；四、被告人江某犯非法经营罪，判处有期徒刑三年六个月，并处罚金人民币 100 万元；（其他被告人判决情况略）。宣判后，被告人孙某、周某等人提出上诉。天津市高级人民法院于 2022 年 3 月 9 日作出（2021）津刑终 75 号刑事裁定：驳回上诉，维持原判。

裁判理由

法院生效裁判认为：

（1）关于犯罪数额计算的问题。

根据已收集在案的被害人陈述、发放账目、第三方支付公司提供的账户交易流水以及相关电子数据等证据，可以计算出被害人在 AK 平台资金汇入、汇出的差额和 KD 平台、FA 平台汇出资金流入被告人孙某及其代理商等人实

际控制的账户的数额，上述资金数额之和，即应认定为孙某整个电信网络诈骗犯罪集团的诈骗犯罪数额。由于涉案三个平台之间不存在互通的情况，故按照上述计算方式计算犯罪数额时不存在重复计算的问题。

（2）关于诈骗既遂的问题。

被告人孙某等人诱骗被害人到 KD 平台、FA 平台等平台进行"投资"，其目的为非法占有被害人的投资钱款。当被害人（即投资人）投入前述平台的资金通过第三方支付通道转入孙某等人公司账户后，已被孙某实际控制。此后孙某等人制造虚假交易的假象，只是使被害人误以为平台账户内的资金减少系投资受损造成的，放弃向被告人追索，进而掩盖涉案钱款已被非法占有的事实。因此，自被害人钱款进入被告人实际控制的账户后，诈骗行为即实行终了，应认定为犯罪既遂。

（3）关于非法经营数额的问题。

因犯罪行为持续时间较长，上海 B 公司所得美元收入与汇率无法一一对应，应当本着有利于被告人的原则，采用上述期间中人民币对美元汇率中间价最低值，将被告人违法所得的美元转化为人民币。

（4）关于被告人江某的立功问题。

江某到案后向公安机关揭发了同案犯参与非法经营的犯罪事实。但江某与揭发对象属于共同犯罪，因此江某的揭发实质上属于如实供述的范畴，不属于揭发同案犯共同犯罪以外的其他犯罪。根据刑法及相关司法解释规定，不应认定为具有立功表现，但可酌情予以从轻处罚。故法院依法作出如上裁判。

裁判要旨 >>>

（1）实施诈骗行为后，被害人因错误认识进行了转账等行为，导致被害人的资金实际受到被告人的控制时，即可认定为诈骗罪既遂。即使由于公安机关及时介入，被告人未成功使用其所控制的受害人资金的，不影响犯罪既遂的认定。

（2）计算犯罪数额涉及汇率转化的，存在多个适用标准或难以确定标准时，应当按照有利于被告人原则，确定换算结果最低值为犯罪金额。

关联索引 >>>

《刑法》第 225 条、第 266 条

一审：天津市第二中级人民法院（2019）津 02 刑初 196 号刑事判决（2021

年 6 月 16 日）

二审：天津市高级人民法院（2021）津刑终 75 号刑事裁定（2022 年 3 月 9 日）

2023-03-1-169-014

孙某阳等非法经营案
——未经批准从事境外期货业务的认定

基本案情 >>>

2016 年 4 月 16 日，被告人孙某阳在上海注册成立某咨询公司，并实际控制该公司，聘用被告人邱某强作为销售主管，未经国家主管机关批准，以香港某公司名义，通过发展代理商的方式开发客户，在未经国家有关部门批准的某平台从事非法黄金期货业务。

2017 年 1 月至 2020 年 5 月，孙某阳、邱某强发展被告人韩某为某平台代理商。被告人韩某伙同被告人陈某钦，在乌鲁木齐市某广场某座、乌鲁木齐市某大厦等地发展客户在某平台进行境外黄金合约买卖，约定客户可以在交易平台上买涨、买跌，客户存入保证金兑换成美金可以加杠杆放大数倍进行交易，从中收取高额佣金，非法经营数额共计 38 209 580.62 元。

新疆维吾尔自治区乌鲁木齐市天山区人民法院于 2022 年 12 月 5 日作出（2021）新 0102 刑初 90 号刑事判决：一、被告人孙某阳犯非法经营罪，判处有期徒刑七年，并处罚金人民币 100 万元；二、被告人韩某犯非法经营罪，判处有期徒刑四年，并处罚金人民币 80 万元；三、被告人邱某强犯非法经营罪，判处有期徒刑二年三个月，并处罚金人民币 50 万元；四、被告人陈某钦犯非法经营罪，判处有期徒刑二年三个月，并处罚金人民币 50 万元；五、被告人的非法所得予以没收。宣判后，被告人孙某阳、韩某提起上诉。新疆维吾尔自治区乌鲁木齐市中级人民法院于 2023 年 4 月 10 日作出（2023）新 01 刑终 12 号刑事裁定：驳回上诉，维持原判。

裁判理由 >>>

法院生效裁判认为，本案的争议焦点在于四被告人的行为是否属于非法经营期货。

首先，某公司交易平台经营的黄金交易本质上并非转移商品所有权，而是通过转移债权，期望在价格波动中赚取差额利润，利用价格杠杆予以投机，该交易平台实质在经营期货业务。

其次，《期货交易管理条例》规定，期货交易应当在期货交易所、国务院批准或者国务院期货监督管理机构批准的其他期货交易场所进行。该规定不仅为了限定交易场所，实现市场管理的需要而设置，也为了规范期货交易本身，保护公众投资者利益，维护市场正常经营而设立。本案被告人经营期货交易的行为，违反了前述规定，某平台严重扰乱了市场秩序，潜在地威胁到了客户的投资环境和资金安全。

最后，《外汇管理条例》《期货交易管理条例》等均规定，禁止任何机构和个人未经批准擅自组织境外期货、外汇保证金交易，如果违反规定，构成犯罪的，依法追究刑事责任。本案中，上海某公司的经营范围无外汇、期货交易项目，其经营境外期货交易并未经过相关部门批准。

综上，法院认为，上海某公司的经营范围无外汇、期货交易项目，某公司总部在马来西亚。我国刑法规定的非法经营罪侵犯的客体是国家限制买卖物品和经营许可证的市场管理制度。在客观方面表现为未经许可经营专营、专卖物品或者其他限制买卖的物品，买卖进出口许可证、进出口原产地证明以及其他法律、行政法规规定的经营许可证或者批准文件，以及从事其他非法经营活动，扰乱市场秩序，情节严重的行为。被告人孙某阳、韩某、邱某强、陈某钦违反国家规定，未经有关主管部门批准非法经营期货业务，情节特别严重，应当以非法经营罪追究刑事责任。

裁判要旨 >>>

期货交易场所由国务院批准或者国务院期货监督管理机构批准，任何单位或者个人不得设立期货交易场所或者以任何形式组织期货交易及其相关活动。境外期货交易场所向境内单位或者个人提供直接接入该交易场所交易系统进行交易服务的，应当向国务院期货监督管理机构申请注册，接受国务院期货监督管理机构的监督管理。境内单位或者个人违反规定从事境外期货交易，扰乱市场秩序，情节严重，侵犯了国家限制买卖物品和经营许可证的市场管理制度，构成非法经营罪。

关联索引 >>>

《刑法》第 225 条第 3 项、第 25 条、第 26 条、第 27 条、第 64 条、第 67 条

一审：新疆维吾尔自治区乌鲁木齐市天山区人民法院（2021）新 0102 刑初 90 号刑事判决（2022 年 12 月 5 日）

二审：新疆维吾尔自治区乌鲁木齐市中级人民法院（2023）新 01 刑终 12 号刑事裁定（2023 年 4 月 10 日）

2024-03-1-169-002

陶某党非法经营案
——对烟草专卖行政主管部门涉案烟草制品价值估算结果的司法审查和认定

基本案情 >>>

自 2021 年起，被告人陶某党未经烟草专卖行政主管部门许可，私自从广西壮族自治区宾阳县购买无牌散装烟支、烟丝，在本区横州市陶圩镇等地，按照每公斤 18 元至 70 元不等的价格对外销售，获利 1.6 万元。2023 年 3 月 25 日，横州市烟草专卖局执法人员从陶圩镇某铁皮屋，扣押陶某党存放的无牌散装烟支 29 万余支、烟丝 41.05 公斤。同年 5 月 24 日，横州市公安局联合横州市烟草专卖局，从陶某党家中查扣无牌散装烟支 6.9 万余支、烟丝 26.35 公斤。经广西壮族自治区烟草质量监督检测站检验，查扣无牌散装烟支均为伪劣卷烟，烟丝有异味，对卷烟企业无使用价值。此外，横州市烟草专卖局出具估价证明，估算在案查扣的无牌散装烟支、烟丝价值共计 27 万余元。

广西壮族自治区横州市人民法院于 2023 年 12 月 12 日作出（2023）桂 0181 刑初 531 号刑事判决：一、被告人陶某党犯非法经营罪，判处有期徒刑二年，并处罚金人民币 2 万元。二、追缴被告人陶某党的违法所得 16 000 万

元，予以没收，上缴国库。三、扣押在案的烟草制品由扣押机关依法处置。宣判后，被告人没有上诉、抗诉，判决已发生法律效力。

裁判理由 ≫

法院生效判决认为，本案争议焦点是如何认定被告人陶某党的非法经营数额及情节。在案陶某党的供述、记账单以及相关证人的证言证实，陶某党按照每公斤 18 元至 70 元不等的价格，非法销售无牌烟支、烟丝，即便全部按照最高售价每公斤 70 元进行计算，在案扣押烟草专卖品的价值亦未达到横州市烟草专卖局的估算价值。结合陶某党对外售价区间以及广西壮族自治区烟草质量监督检测站的检验结果，按照行政主管部门估算价值认定陶某党非法经营数额，并据此认定陶某党非法经营烟草专卖品"情节特别严重"的依据不充分。陶某党非法经营卷烟 35 万余支，超过非法经营烟草专卖品"情节严重"20 万支以上的数额标准，可依据陶某党非法经营烟草专卖品的数量，认定其行为构成非法经营罪。故法院依法作出如上裁判。

裁判要旨 ≫

在非法经营烟草专卖品案件审理中，虽能够查明非法经营烟草专卖品的销售价格区间，但据此难以认定被告人非法经营的具体数额，而结合涉案烟草专卖品质量检测结果和销售价格区间等证据，按照烟草专卖行政主管部门估算价值认定被告人的非法经营数额又明显过高的，可按照非法经营烟草专卖品的数量等其他标准，综合认定被告人非法经营烟草专卖品是否达到"情节严重""情节特别严重"等程度，以实现罪责刑相适应。

关联索引 ≫

《刑法》第 225 条

《最高人民法院、最高人民检察院关于办理非法生产、销售烟草专卖品等刑事案件具体应用法律若干问题的解释》第 3 条

一审：广西壮族自治区横州市人民法院（2023）桂 0181 刑初 531 号刑事判决（2023 年 12 月 12 日）

2023-03-1-169-011

通某气体有限公司、李某、谢某全、谢某祥非法经营案
——无证经营合格药品的行为不构成非法经营罪

基本案情 >>>

医用氧于 1953 年写入药典，在 2005 年、2010 年、2015 年、2020 年版本的药典可以查询医用氧标准。医用氧药品名称为氧，剂型为医用气体，药品分类为化学药品，国家实行批准文号管理。2008 年 3 月 17 日，南部县欣某气体有限公司（以下简称欣某公司）注册成立，2014 年 9 月 5 日公司名称变更为南部县通某气体有限公司（以下简称通某公司），登记的股东为被告人李某、谢某全、谢某祥和周某，分别占通某公司 32%、27%、30% 和 11% 的股份，公司类型为有限责任公司（自然人投资或控股），工商登记核准经营范围为氧气、乙炔零售。

2009 年 3 月 19 日，欣某公司申请将经营范围变更为氧气（医用氧、工业用氧）、乙炔、二氧化碳、氮气零售，同年 4 月，南部县工商行政管理局准予变更登记。通某公司成立后没有依法经过资格认定的药学技术人员和经营医用氧相适应的营业场所、设备、仓储设施、卫生环境等药品管理法规定的药品经营的软硬件条件。通某公司成立后，在没有办理药品经营许可证的情况下，用自有氧气瓶从永久公司和长平公司购买合格的医用氧气销售。通某公司成立至 2018 年 5 月 11 日，由被告人李某任法定代表人，负责公司的全面管理，并直接参与医用氧买卖及所联系用氧医院的货款结算，2018 年 5 月 11 日，法定代表人变更为被告人谢某祥。被告人谢某全、谢某祥直接参与医用氧买卖和各自联系用氧医院的货款结算。通某公司医用氧经营数额 6 914 543 元，被告人李某经办销售医用氧数额 1 514 161 元，被告人谢某全经办销售医用氧数额 5 080 377 元，被告人谢某祥经办销售医用氧数额 320 005 元。

四川省南充市顺庆区人民检察院指控南部县通某气体有限公司、李某、谢某全、谢某祥犯非法经营罪，向人民法院提起公诉。

四川省南充市顺庆区人民法院于 2021 年 9 月 10 日作出（2020）川 1302 刑初 330 号刑事判决：一、被告单位南部县通某气体有限公司犯非法经营罪，

判处罚金 100 万元；二、被告人李某犯非法经营罪，判处有期徒刑七年，并处罚金 20 万元；三、被告人谢某全犯非法经营罪，判处有期徒刑六年，并处罚金 15 万元；四、被告人谢某祥犯非法经营罪，判处有期徒刑二年，并处罚金 5 万元；五、被告单位南部县通某气体有限公司尚未收回的医用氧销售款予以追缴；六、除冻结的南部县通某气体有限公司银行存款 111 517.1 元、扣押的被告人李某的手机 1 部之外，公安机关扣押的氧气瓶 208 个及其他物品予以没收，由扣押机关依法处理。

宣判后，原审被告单位南部县通某气体有限公司及原审被告人李某、谢某全、谢某祥均不服，提出上诉。四川省南充市中级人民法院于 2022 年 5 月 9 日作出（2021）川 13 刑终 325 号刑事判决：撤销原判，宣告原审被告单位南部县通某气体有限公司及原审被告人李某、谢某全、谢某祥无罪。判决已生效。

裁判理由 >>>

法院生效裁判认为，原审法院依照《刑法》第 225 条第（4）项和当时的司法解释即 2014 年《最高人民法院、最高人民检察院关于办理危害药品安全刑事案件适用法律若干问题的解释》第 7 条第 1 款、第 3 款的规定，认定原审被告单位南部县通某气体公司违反国家药品管理法律法规，未取得药品经营许可证，非法经营药品的行为，构成非法经营罪且属于情节特别严重是正确的；同时认定南部县通某气体公司在从事非法经营期间，李某作为法定代表人，起组织等作用并直接参与非法经营活动，是直接负责的主管人员，应承担刑事责任；被告人谢某全、谢某祥直接实施非法经营行为，是直接责任人员，应分别对其参与经营的数额承担相应的刑事责任也是正确的。由于本案在二审审理期间，新的《最高人民法院、最高人民检察院关于办理危害药品安全刑事案件适用法律若干问题的解释》发布并于 2022 年 3 月 6 日起开始施行，该司法解释第 21 条对前述（法释〔2014〕14 号）司法解释予以废止。因此，认定本案各上诉人构成犯罪的部分法律依据因新的司法解释修改而废止，故根据《最高人民法院、最高人民检察院关于适用刑事司法解释时间效力问题的规定》第 3 条"对于新的司法解释实施前发生的行为，行为时已有相关司法解释，依照行为时的司法解释办理，但适用新的司法解释对犯罪嫌疑人、被告人有利的，适用新的司法解释"和《刑事诉讼法》第 200 条第 2 项"依据法律认定被告人无罪的，应当作出无罪判决"之规定，应当宣告上诉单位（原审被告单位）通某气体公司及上诉人（原审被告人）李某、谢某全、谢某祥无罪。

裁判要旨 》》

《最高人民法院、最高人民检察院关于办理危害药品安全刑事案件适用法律若干问题的解释》施行后，无证经营合格药品的行为不应当纳入《刑法》第 225 条第 4 项进行法律评价。

关联索引 》》

《刑法》第 225 条第 4 项

《刑事诉讼法》第 200 条第 2 项

2014 年《最高人民法院、最高人民检察院关于办理危害药品安全刑事案件适用法律若干问题的解释》第 7 条第 1 款、第 3 款

2022 年《最高人民法院、最高人民检察院关于办理危害药品安全刑事案件适用法律若干问题的解释》

《最高人民法院、最高人民检察院关于适用刑事司法解释时间效力问题的规定》第 3 条

一审：四川省南充市顺庆区人民法院（2020）川 1302 刑初 330 号刑事判决（2021 年 9 月 10 日）

二审：四川省南充市中级人民法院（2021）川 13 刑终 325 号刑事判决（2022 年 5 月 9 日）

2023-03-1-169-004

韦某乙等非法经营案
——购买含有非洲猪瘟病毒的猪进行私下屠宰后贩卖行为的定性

基本案情 》》

2021 年 5 月至 12 月，被告人韦某乙未经行政主管部门批准，从广西玉林市某地购买未经检验检疫的活猪运回柳州市，擅自在柳州市鱼峰区都乐路都乐桑果园内鱼塘边简易房私设生猪屠宰场（厂），从事生猪屠宰，然后将所得

的猪肉拉到柳州市城中区青云路的莫某某（另案处理）摊点进行售卖非法营利。其中，2021年9月3日至12月3日，韦某乙还雇用被告人韦某丙协助其从事生猪屠宰，将猪肉分解后拉到上述摊点。经统计，2021年5月至12月，被告人韦某乙向上述二人购买生猪转账金额为人民币（以下币种同）224 830元，非法获利12万余元。被告人韦某丙在其参与期间的犯罪数额为105 370元，非法获利30 000元。韦某乙已由其家属代其退缴非法所得67 989元至柳州市鱼峰区人民检察院账户。

2021年7月至2022年1月，被告人韦某甲（与韦某乙系叔侄关系）到广西平南县购买未经检验检疫的活猪运回柳州市，在柳州市鱼峰区都乐路都乐桑果园内鱼塘边简易房（韦某乙处），以及自己加建的猪栏处从事生猪囤货及屠宰，屠宰后将所得的猪肉拉到柳州市城中区青云路的摊点进行售卖非法营利。经统计，2021年7月至2022年1月，韦某甲向上述人员购买生猪共计转账金额为322 621元，非法获利30 000元。经检验，公安机关2022年1月13日扣押到的韦某甲的猪肉，检测出非洲猪瘟病毒，结果显示阳性。韦某甲的违法所得30 000元，已由其家属代其退赃至柳州市鱼峰区人民检察院账户。2022年1月13日，被告人韦某甲、韦某乙、韦某丙三人均被公安机关抓获归案。

柳州市鱼峰区人民法院于2022年11月4日作出（2022）桂0203刑初277号刑事判决：以非法经营罪，判处韦某甲有期徒刑二年三个月，并处罚金人民币3万元，判处韦某乙有期徒刑一年十个月，并处罚金人民币2万元，判处韦某丙有期徒刑七个月，并处罚金人民币8000元，没收作案工具以及追缴相应违法所得。宣判后，被告人韦某甲提起上诉，柳州市中级人民法院于2022年12月21日作出（2022）桂02刑终337号刑事裁定：驳回上诉，维持原判。

裁判理由 ▷▷▷

法院生效裁判认为，被告人韦某甲、韦某乙、韦某丙违反国家规定，私设生猪屠宰场（厂），从事生猪屠宰、销售等经营活动，情节严重，其行为均已触犯了《刑法》第225条，构成非法经营罪。公诉机关指控被告人韦某乙、韦某丙犯非法经营罪成立。指控韦某甲犯生产、销售不符合安全标准的食品罪成立，但亦应以非法经营罪定罪处罚，法院予以纠正。在共同犯罪中，被告人韦某乙、韦某丙均积极参与，均是主犯，依法可以应当按照其参与的罪行来处罚。被告人韦某甲、韦某乙、韦某丙归案后如实供述其犯罪事实，且韦某乙、韦某丙认罪认罚，依法可以从轻处罚。韦某甲有前科，法院在量刑时予以从重考虑。综上，法院决定对被告人韦某甲、韦某乙、韦某丙均适用从轻处罚。公诉机关对韦某乙、韦某丙的量刑建议适当，法院予以采纳，对韦某甲量刑建议不适当，法院予以纠正。

裁判要旨 》》

购买含有非洲猪瘟病毒的生猪私下屠宰后贩卖，情节严重的，以非法经营罪定罪处罚。根据《最高人民法院、最高人民检察院关于办理危害食品安全刑事案件适用法律若干问题的解释》第 17 条规定，违反国家规定，私设生猪屠宰厂（场），从事生猪屠宰、销售等经营活动，情节严重的，依照《刑法》第 225 条的规定以非法经营罪定罪处罚，以及第 18 条规定，实施本解释规定的非法经营行为，非法经营数额在 10 万元以上，或者违法所得数额在 5 万元以上的，应当认定为《刑法》第 225 条规定的"情节严重"；非法经营数额在 50 万元以上，或者违法所得数额在 25 万元以上的，应当认定为《刑法》第 225 条规定的"情节特别严重"，韦某甲、韦某乙、韦某丙的行为均构成非法经营罪，且属于情节严重情形。

关联索引 》》

《刑法》第 225 条

《最高人民法院、最高人民检察院关于办理危害食品安全刑事案件适用法律若干问题的解释》第 1 条、第 17 条、第 18 条

一审：广西壮族自治区柳州市鱼峰区人民法院（2022）桂 0203 刑初 277 号刑事判决（2022 年 11 月 4 日）

二审：广西壮族自治区柳州市中级人民法院（2022）桂 02 刑终 337 号刑事裁定（2022 年 12 月 21 日）

2023-05-1-300-005

闻某生掩饰、隐瞒犯罪所得案

——大量回收购物卡并出售获利的行为定性

基本案情 >>>

江苏省无锡市崇安区人民检察院以被告人闻某生的行为构成掩饰、隐瞒犯罪所得罪，向崇安区人民法院（后更名为无锡市梁溪区人民法院）提起公诉。

经审理查明，2003年至2012年，江苏省无锡市某商场团购部业务员邵某（因挪用资金罪已被判刑）用假冒客户单位名义与商场签订虚假购物卡赊购合同的手段，从商场骗领了大量购物卡再折价销售。2009年6月，邵某开始与挂牌回收礼品、购物卡的闻某林交易商场购物卡。不久，闻某林将交易交由被告人闻某生接手。邵某与闻某生约定：以购物卡面额的9折价格结算，购物卡每张面额为1000元，每盒价值20万元。

2010年年初至2012年4月，闻某生在其经营的烟酒店、无锡市某花园及某商场附近等处，向邵某收购了价值共计1.62亿元的购物卡，后陆续以9.05～9.1折的价格转手倒卖，获利100余万元。案发后，闻某生退出100万元。

后公诉机关以本案尚需继续侦查为由申请撤回起诉，江苏省无锡市崇安区人民法院于2013年10月24日作出（2012）崇刑初字第190号刑事裁定：准许公诉机关撤回起诉。

裁判理由 >>>

法院生效裁判认为，被告人闻某生主观方面不符合掩饰、隐瞒犯罪所得罪"明知是赃物"的构成要件，其大量回收购物卡的行为不构成犯罪。后公诉机关以本案尚需继续侦查为由撤回起诉，法院裁定准许。

裁判要旨 >>>

掩饰、隐瞒犯罪所得、犯罪所得收益罪要求行为人主观上明知是犯罪所得及其产生的收益，即对赃物性质有确定性认识。法律对行为人"明知"的推定有严格的规定，以防止客观归罪。根据《刑法》及司法解释关于"明知"认定的规定，可从以下方面综合判断行为人的明知状况：（1）行为或交易时间是否反常；（2）行为或交易地点是否反常；（3）财物交易价格是否反常；（4）财物是否具有特殊标志；（5）行为人对本犯或上游犯罪的知情程度；（6）交易的方式是否反常；（7）行为人是否因此获取了非法利益。

认定《刑法》第 225 条所规定的非法经营罪第 4 项"其他严重扰乱市场秩序的非法经营行为"，应当从以下三个方面加以界定：（1）该行为是一种经营行为；（2）该行为是违反国家规定；（3）该行为严重扰乱市场秩序，且情节严重，社会危害性已达到需要刑罚干预的程度。

关联索引 >>>

《刑法》第 225 条

《最高人民法院关于适用〈中华人民共和国刑事诉讼法〉的解释》第 296 条

一审：江苏省无锡市崇安区人民法院（后更名为无锡市梁溪区人民法院）（2012）崇刑初字第 190 号刑事裁定（2013 年 10 月 24 日）

2023-03-1-097-002

吴某军非法经营同类营业、对非国家工作人员行贿案
——非法经营同类营业罪主体范围及"同类营业"的理解

基本案情 >>>

检察机关以被告人吴某军犯非法经营同类营业罪、对非国家工作人员行贿罪，向淮安市中级人民法院提起公诉。

淮安市中级人民法院经公开审理查明：

（一）主体身份的事实

农银国联某投资管理有限公司（以下简称农银国联）设立于 2011 年 9 月 30 日。其股东包括：（1）无锡国某资本管理有限公司（以下简称无锡国某资

本，国有独资）股本占比 30%。2012 年 12 月将 30% 的股份转让给国联信托股份有限公司（国有控股）。（2）农银无锡某咨询有限公司（以下简称农银无锡）股本占比 70%。农银无锡系农银某投资有限公司（也被称为北京总部）的子公司。农银某投资有限公司的股东为农银某控股有限公司（在香港设立，以下简称农银控股）。农银控股的股东为中国农业银行股份有限公司和某骏公司（1 份股份）。而中国农业银行股份有限公司系国有控股金融企业。

吴某军原系中国农业银行江苏省分行（以下简称省农行）员工，2011 年 10 月 24 日，省农行聘任吴某军为投资银行部总经理（正处级）。省农行党委组织部研究同意吴某军提任正处级干部。经省农行党委研究决定，以中国农业银行总行发文推荐的方式，推荐吴某军为国有控股的农银国联总经理（正处级）人选，2011 年 12 月吴某军被派至农银控股，任农银国联总经理（正处级）。吴某军于 2011 年 12 月 31 日与省农行解除劳动合同。2011 年 12 月 22 日吴某军赴农银国联任职，2012 年 12 月 5 日吴某军向农银控股提交了个人辞呈，2013 年 1 月 25 日吴某军签订了离职承诺书，2013 年 4 月 9 日的农银国联的董事会决议，解聘吴某军的总经理职务。

（二）非法经营同类营业罪

被告人吴某军在担任农银国联总经理期间，利用本公司与苏某集团接洽并提供融资服务的便利，得知苏某集团有 10 亿元融资需求，遂安排工作人员以苏某集团需融资 5 亿元立项上报北京总部。在北京总部作出暂缓决议后，吴某军个人决定私下运作苏某融资项目。吴某军联系了中国农业银行秦皇岛分行作为资金托管行，大连银行作为出资行，安徽某元信托有限责任公司（以下简称安徽某元）作为信托通道。2012 年 7 月 19 日，苏某集团与安徽某元达成 10 亿元借款合同；相关各方也分别达成资金信托合同。吴某军通过其朋友控制的江苏中某担保有限责任公司与苏某集团签订财务顾问协议，收取顾问费，非法获利 7800 万元。

2012 年 6 月，被告人吴某军经原农行同事引荐，结识了某盛集团老总季某群。经商谈，初步认为可以用某盛集团"六合文化城"项目融资。吴某军遂安排农银国联工作人员和某盛集团对接，并完成项目尽职报告。2012 年 9 月，经北京总部审核，认为该项目有风险，未立即批准该项目。在与某盛集团接触过程中，吴某军得知某盛集团年底前还需融资 30 亿元。吴某军在未告知本公司的情况下，决定利用自己实际控制的某恩公司完成该业务。吴某军主要联系了某某汇智公司落实项目的资金方、过手方。以安徽某元作为信托通道和放款单位，确定了融资各方的利率。在吴某军的斡旋下，某盛集团30亿元融资项目得以落实。为确保自己收益，吴某军将自己的收益拆分为两部分，分别从某盛集团及安徽某元收取财务顾问费。至案发，吴某军将本公司承揽的业务转给其个人经营的公司运作，非法获利共计23 119.779453万元。

（三）对非国家工作人员行贿罪

2012年11月，被告人吴某军运作某盛集团融资项目时，联系了某某汇智公司的胡某（另案处理），由胡某负责安排出资方、名义担保方，并与各方确定收益比例。吴某军为了掩盖该项目系农银国联的业务，要求胡某为其保密。

2012年11月底，吴某军与胡某见面时，确定给予胡某个人好处费700万元。吴某军在扣除7.5万元税款后，由其控制的某恩公司向胡某指定的某山投资管理咨询有限公司、某友投资管理有限公司汇款共计692.5万元。

被告人吴某军对公诉机关指控事实不表异议，但提出其不构成非法经营同类营业罪。主要理由是：（1）主体不适格。非法经营同类营业罪的主体是"国有公司、企业的董事、经理"，刑法中的"国有公司、企业"仅限于国有独资公司、企业，而其所任职的农银国联是国有控股公司。（2）其没有经营"同类营业"的行为。其任职的农银国联的经营范围不包括"财务顾问业务"。

江苏省淮安市中级人民法院于2016年12月30日以（2015）淮中刑二初字第8号刑事判决，对被告人吴某军以非法经营同类营业罪判处有期徒刑四年，并处罚金人民币200万元；以对非国家工作人员行贿罪判处有期徒刑三年，并处罚金人民币100万元，决定执行有期徒刑六年，并处罚金人民币300万元。扣押在案的犯罪所得赃款共计292 980 823.13元予以没收，上缴国库。不足部分，继续追缴。宣判后，被告人吴某军提出上诉。江苏省高级人民法院于2017年9月6日作出（2017）苏刑终29号刑事裁定，驳回上诉，维持原判。

裁判理由

法院生效裁判认为，被告人吴某军原系省农行员工，后被委派担任国有控股的农银国联的总经理，负责公司全面工作，符合"国有公司、企业工作人员"所要求的"经委派"和"从事公务"的构成要件，可以被视为"国有公司、企业工作人员"。同时，吴某军又是国有控股的农银国联总经理，符合《刑法》第165条"国有公司、企业的董事、经理"的规定。吴某军的非法经营行为，是将本应属于农银国联的交易机会据为己有，损害了农银国联的利益，也损害了公司管理秩序、市场秩序，依法构成非法经营同类营业罪。吴某军在非法经营同类营业过程中，为谋取不正当利益，给予其他公司工作人员以财物，数额巨大，其行为已构成对非国家工作人员行贿罪。故一审、二审作出如上裁判。

裁判要旨 》》

"国有公司、企业的董事、经理"属于"国有公司、企业工作人员"的特定组成部分。经委派到国家出资企业中从事公务的人员，虽然其所任职的企业不能被认定为刑法意义上的"国有公司、企业"，甚至委派他的单位也不是刑法意义上的"国有公司、企业"，但其本人在符合特定条件情况下，仍可以被认定为"国有公司、企业人员"。所谓符合特定条件，主要从三个方面考察：一是委派的主体。适格的委派主体应当是国有公司、企业，或者国有控股、参股公司中负有管理、监督国有资产职责的组织。二是委派的实质内容。即委派是否体现国有单位、组织的意志。至于委派的具体形式、被委派单位是否通过特定程序对被委派人员进行任命等，均不影响委派的认定。三是是否从事公务。主要体现为"从事组织、领导、监督、经营、管理工作"。

是否属于同类营业，应采取实质审查标准。"同类营业"不等于"同样营业"，亦不以营业执照标示的范围为限，重点在于是否剥夺了本公司的交易机会。

关联索引 》》

《刑法》第 164 条、第 165 条

一审：江苏省淮安市中级人民法院（2015）淮中刑二初字第 8 号刑事判决（2016 年 12 月 30 日）

二审：江苏省高级人民法院（2017）苏刑终 29 号刑事裁定（2017 年 9 月 6 日）

2023-05-1-169-001

吴某强、黄某荣等非法经营案

——非法生产、经营国家管制的第二类精神药品盐酸曲马多的定性

基本案情 》》

被告人吴某强、黄某荣以牟利为目的，在没有依法取得药品生产、销售许可的情况下，于2010年年底合伙生产盐酸曲马多及其他药品，二人约定共同出资，并且由吴某强负责租用生产场地、购买生产设备和原料、联系接单及销售渠道，黄某荣负责调试生产设备、配制药品及日常生产管理。其后，吴某强租用陈某群位于潮安区一处老屋作为加工场地，并雇用被告人吴某源从事生产加工，雇用被告人陈某金帮助运输原料和生产出的药品成品。吴某强还安排吴某源找个体印刷厂印刷了"天某牌"盐酸曲马多包装盒及说明书。陈某金按照吴某强的指示，多次将加工好的盐酸曲马多药片及包装盒、说明书运送至潮州市潮安区潮汕公路等处交给汪某（另案处理）等人转卖。经查，2010年年底至2011年9月，吴某强共卖给汪某盐酸曲马多65件，汪某通过物流公司将盐酸曲马多等药品转至河北省石家庄市等地销售，公安机关在涉案的医疗器械经营部提取到部分违法销售的"天某牌"盐酸曲马多。2011年9月15日，公安机关查处了吴某强等的加工场地，现场扣押盐酸曲马多药片115.3千克、生产盐酸曲马多的原料1280.25千克及加工设备等。至查处为止，吴某强等生产和销售盐酸曲马多药片等假药，获取违法收入人民币50 750元。

广东省潮州市中级人民法院于2014年4月22日作出（2014）潮中法刑二初字第1号刑事判决：一、认定被告人吴某强犯非法经营罪，判处有期徒刑四年十个月，并处罚金人民币20万元。二、被告人黄某荣犯非法经营罪，判处有期徒刑四年四个月，并处罚金人民币10万元。三、被告人吴某源犯非法经营罪，判处有期徒刑二年八个月，并处罚金人民币5万元。四、被告人陈某金犯非法经营罪，免予刑事处罚。一审宣判后，各被告人均未提出上诉，公诉机关亦未抗诉，该判决已发生法律效力。

裁判理由 >>>

法院生效裁判认为，被告人吴某强、黄某荣、吴某源、陈某金违反药品管理法规，未经许可，合伙非法生产经营国家管制的精神药品曲马多，情节严重，其行为均已构成非法经营罪，应依法予以惩处。公诉机关指控被告人吴某强、黄某荣、吴某源犯贩卖、制造毒品罪，指控被告人陈某金犯生产假药罪的理由依据不足，不予支持。被告人吴某强、黄某荣共同出资生产假药，其中，被告人吴某强负责购买生产设备和联系销售，被告人黄某荣负责组织生产，在共同犯罪中均起主要作用，是主犯，依法应当按照其参与的全部犯罪处罚。被告人吴某源受被告人吴某强和黄某荣的雇用和指挥参与制售假药，在共同犯罪中起次要作用，系从犯，依法可从轻处罚。被告人陈某金帮助运输材料和假药，在共同犯罪中起辅助作用，系从犯，视其犯罪情节轻微，依法可免予刑事处罚。遂作出上述判决。

裁判要旨 >>>

对非法生产、销售国家管制的麻醉药品、精神药品的行为以制造、贩卖毒品罪定罪，必须同时符合以下条件：（1）被告人明知所制造、贩卖的是麻醉药品、精神药品，并且制造、贩卖的目的是将其作为毒品的替代品，而不是作为治疗所用的药品。（2）麻醉药品、精神药品的去向明确，即毒品市场或者吸食毒品群体。（3）获得了远远超出正常药品经营所能获得的利润。

行为人在构成生产、销售伪劣产品罪，生产、销售假药罪和非法经营罪的竞合时，应在三罪中择一重罪处罚。

关联索引 >>>

《刑法》第 25 条，第 26 条第 1 款、第 4 款，第 27 条，第 37 条，第 64 条，第 67 条第 3 款，第 225 条第 1 项

一审：广东省潮州市中级人民法院（2014）潮中法刑二初字第 1 号刑事判决（2014 年 4 月 22 日）

2023-03-1-169-015

杨某等非法经营案

——未经许可从事出版物的出版、发行并牟利的定性

基本案情 ≫≫

北京市顺义区人民检察院以被告人杨某、杨某虎犯非法经营罪，向北京市顺义区人民法院提起公诉。

被告人杨某对指控的事实、罪名及量刑建议没有异议，认罪认罚且签字具结，在开庭审理过程中亦无异议。其辩护人的辩护意见为：被告人杨某虎与杨某不属于共同犯罪，被告人杨某虎有部分版面费还未与杨某结算完毕，该部分钱款不应计入杨某非法经营数额。被告人杨某如实供述犯罪事实，自愿认罪认罚，系初犯偶犯，积极退赃，建议对其从轻处罚。

被告人杨某虎对指控的事实、罪名及量刑建议没有异议，认罪认罚且签字具结，在开庭审理过程中亦无异议。其辩护人的辩护意见为：被告人杨某虎系从犯，到案后如实供述，自愿认罪认罚，自愿退赃，系初犯偶犯，建议对其从轻处罚并适用缓刑。

法院经审理查明，2018年1月至2021年9月，被告人杨某在未取得出版许可的情况下，以《基层建设》《防护工程》《电力设备》《建筑细部》等期刊出版单位的名义进行组稿、收取版面费，并联系他人对收取的稿件排版、印刷，自行出版、发行后，向北京市顺义区等地进行邮寄，收取涉案期刊版面费共计人民币1200余万元。其间，被告人杨某虎协助杨某收稿并收取版面费共计人民币610余万元。2021年9月3日，被告人杨某、杨某虎被查获，从被告人杨某处扣押现金人民币65万元、证书8张、杂志社印章9枚等物，均已移送在案。经查证，上述印章系伪造。另冻结杨某工商银行账户人民币39万余元、支付宝账户人民币60余万元。被告人杨某另退赔赃款人民币30万元，被告人杨某虎退赔赃款人民币50万元，均已扣押。

北京市顺义区人民法院于2022年8月31日作出（2022）京0113刑初437号刑事判决：一、被告人杨某犯非法经营罪，判处有期徒刑三年八个月，并处罚金人民币200万元；二、被告人杨某虎犯非法经营罪，判处有期徒刑

二年，缓刑二年，并处罚金人民币50万元；三、在案扣押、冻结及退赔的赃款共计人民币2 451 603.93元，依法予以没收。四、随案移送的印章九枚、证书八张，依法予以没收。一审宣判后，公诉机关未抗诉，被告人杨某、杨某虎未提出上诉，判决已发生法律效力。

裁判理由 >>>

法院生效裁判认为，被告人杨某、杨某虎违反国家规定，未经许可非法从事出版物的出版、发行业务，扰乱市场秩序，情节严重，其行为已构成非法经营罪，且系共同犯罪，依法应予惩处。北京市顺义区人民检察院对被告人杨某、杨某虎犯非法经营罪的指控事实清楚，证据确实、充分，指控罪名成立。关于被告人杨某辩护人所提被告人杨某虎与杨某不属于共同犯罪，被告人杨某虎未与杨某结算完毕的版面费不应计入杨某非法经营数额的辩护意见。经查，被告人杨某虎于2017年起跟随杨某非法从事出版物的出版、发行业务，其负责联络客户，收集稿件并交由杨某联系印刷发行，二人系分工不同，且被告人杨某及杨某虎系姐弟，关系密切，二人并非普通的上下家关系，公诉机关认定二人系共同犯罪并无不当，法院予以认可。被告人杨某虎通过杨某发表的文章均已印刷发行，版面费尚未与杨某结算完毕系因二人结算方式为不定期结算，并非每篇结算所致，不影响杨某犯罪数额认定，且被告人杨某及杨某虎均无法提供证据证实二人之间未结算的版面费数额。鉴于被告人杨某、杨某虎到案后如实供述自己的罪行，自愿认罪认罚并退缴赃款，且被告人杨某虎在共同犯罪中起次要作用，系从犯，法院依法对二被告人从轻处罚并对被告人杨某虎宣告缓刑。

裁判要旨 >>>

未经许可从事出版物的出版、发行业务并牟利的行为认定，应当从侵犯客体和行为方式综合考虑。若行为人以散发广告等形式大量招揽客户，收取单个投稿人少量稿费，且按照约定组稿并出版、发行假杂志，行为人主观上希望通过经营行为牟利而非骗取投稿人的财产，侵犯客体为出版市场秩序的稳定性而非投稿人的财产权益；且投稿人基于行为人发稿流程、发刊速度、印刷质量、是否校审、版面费数额、能否退款及换刊等情况能够判断行为人系假冒正规出版单位期刊仍然投稿的，即使行为人在非法出版、发行过程中采用假冒正规出版社编辑名称等欺骗行为，也主要是为了吸引投稿，是整个犯罪行为的一部分，不应认定投稿人基于错误认识处分财产，不能认定诈骗罪，应当以非法经营罪追究其法律责任。

关联索引

《刑法》第 225 条第 4 项

《最高人民法院关于审理非法出版物刑事案件具体应用法律若干问题的解释》第 15 条

一审：北京市顺义区人民法院（2022）京 0113 刑初 437 号刑事判决（2022 年 8 月 31 日）

2023-03-1-169-013

易某非法经营案

——非法经营烟花爆竹制品行为的定性

基本案情

2013 年 8 月，马某分别与被告人易某（外国国籍）及艾某（另案起诉）商定：由易某采购玩具枪用 8 发塑料圆盘击发帽；艾某负责储存并联系货运公司、报关中介报关出境到某国。8 月 23 日，易某应马某要求，以人民币 118800 元向江西省万载县甲公司购买玩具枪用 8 发塑料圆盘击发帽 500 件（每件 2 箱，共 1000 箱）。8 月 26 日，该公司将该批物品从江西省上栗县运输到广东省广州市，并存放在艾某联系的广州市白云区某仓库内。之后，艾某联系广州市乙公司业务员黄某某（另案处理），由黄某某联系货运公司、报关中介后，将其中的击发帽 200 箱伪装成鞋子、石棉瓦报关、运输出境。

9 月 9 日，艾某联系黄某某将剩余的击发帽 800 箱报关、运输出境。黄某某联系货运公司、报关中介后，艾某指使被害人吕某等到仓库装货。10 日 12 时许，搬运工人搬运上述爆炸物时发生爆炸，爆炸当量约为 130 公斤（TNT），导致八人当场死亡及多名群众受伤。经检验，在爆炸现场提取的未爆玩具枪用 8 发塑料圆盘击发帽里火药中检出氯酸钾和红磷成分；在爆炸现场提取的已爆 8 发塑料圆盘击发帽碎片中检出氯离子、氯酸根离子、钾离子和磷元素；在爆炸现场提取的集装箱货车车厢碎片中检出氯离子、氯酸根离子、钾离子和磷元素。

被告人易某辩解，其没有和马某、艾某对购买击发帽进行商定，其只是受马某的委托帮忙订货、支付货款，而且购买的击发帽只是小孩玩具，不是爆炸物品，甲公司有合法的生产许可，生意合法。

被告人易某的辩护人提出，涉案物品击发帽正规的名称叫急纸（订单、收据写为击纸），属于玩具类的摩擦型 D 级烟花，不属于刑法意义上的爆炸物，不能以现场勘查检验出有爆炸物成分就认定急纸属于爆炸物；我国法律、法规不认为烟花爆竹属于刑法第一百二十五条所指的爆炸物；本案不能适用最高人民法院、最高人民检察院、公安部、国家安全监管总局《关于依法加强对涉嫌犯罪的非法生产经营烟花爆竹行为刑事责任追究的通知》，该通知中有关爆炸物部分的规定只是针对黑火药、烟火药的法律适用问题，而黑火药、烟火药只是烟花爆竹的部分原材料，不等同于烟花爆竹产品本身；不能以爆炸后果的严重性作为指控易某构成非法买卖爆炸物罪的理由，该罪属于行为犯，不是结果犯，而且爆炸的结果是由于搬运过程中搬运工过失行为造成的，不是买卖行为造成的；被告人没有犯罪的主观故意；本案涉案物品到底是 500 件急纸，还是 45 件急纸和 455 件砂炮引发爆炸存在事实不清的情况，请求法院对被告人易某作出无罪判决。

广东省广州市中级人民法院于 2018 年 12 月 29 日以（2014）穗中法刑一初字第 435 号刑事判决，认定被告人易某犯非法经营罪，判处有期徒刑十年，并处罚金人民币 10 万元，附加驱逐出境。一审宣判后，被告人易某提出上诉。广东省高级人民法院于 2019 年 5 月 6 日作出（2018）粤刑终 453 号刑事裁定，驳回上诉，维持原判。

裁判理由

法院生效判决认为，被告人易某在浙江省义乌市成立的贸易商行经营范围是鞋、服装、五金工具及箱包批发，该商行经营范围不包括烟花爆竹。我国对烟花爆竹的生产、经营、运输、出口等实行许可证制度，易某在未取得《烟花爆竹经营（零售）许可证》情况下购买击发帽 500 箱用于出口属于非法经营行为。击发帽属于易燃易爆物品，但不属于爆炸物。

烟花爆竹制品中含有黑火药或者烟火药成分，但并不能简单就认定为刑法意义上的"爆炸物"。以出口烟花爆竹为目的买卖烟花爆竹制品，需坚持主客观相一致原则，不构成非法买卖爆炸物罪。同时，需正确理解《刑法》第225条第1项和第4项的规定，烟花爆竹制品不属于"专营专卖物品"，也不属于"限制买卖的物品"。

关联索引 》》》

《刑法》第6条、第35条、第52条、第53条、第225条

一审：广东省广州市中级人民法院（2014）穗中法刑一初字第435号刑事判决（2018年12月29日）

二审：广东省高级人民法院（2018）粤刑终453号刑事裁定（2019年5月6日）

2023-03-1-169-007

袁某非法经营案

——非法利用POS机进行信用卡代还款的"养卡"行为的定性规则

基本案情 》》》

2014年至2015年，被告人袁某违反国家规定，使用其本人或他人的商户终端机具POS机，以虚构交易的方式，通过向持卡人的信用卡先还款再使用POS机刷卡将所还款项套出的方式，先后替陈某、朱某、王某等人持有的80余张信用卡进行"养卡"，支付货币资金累计达1100余万元。案发后，公安机关扣押被告人袁某POS机、手机、银行卡、笔记本电脑等物。被告人袁某归案后如实供述了犯罪事实，并退缴违法所得。

江苏省昆山市人民法院于2019年5月16日作出（2017）苏0583刑初752号刑事判决：被告人袁某犯非法经营罪，判处有期徒刑二年三个月，缓刑三年，并处罚金人民币2万元。宣判后，没有上诉、抗诉，判决已发生法律效力。

裁判理由 >>>

法院生效裁判认为，非法利用 POS 机进行信用卡代还款的"养卡"行为，与传统的信用卡套现行为实质相同，都属于在未发生真实交易的情况下变相将信用卡的授信额度转化为其他用途，无非是外在形式有所不同：前者支付给银行用于还款，后者直接支付给持卡人。并且，二者都属于将金融机构的资金置于高度危险之中，均具有实质危害。基于此，对于上述"养卡"行为，亦应当认定为"非法从事资金支付结算业务"。本案中，被告人袁某违反国家规定，使用销售点终端机具，以虚构交易的非法方式向指定付款方支付货币资金，累计金额达 1100 余万元，情节严重，其行为已构成非法经营罪。被告人袁某归案后如实供述自己的罪行，并退缴违法所得，予以从轻处罚。故法院依法作出如上裁判。

裁判要旨 >>>

行为人先垫资替信用卡持卡人归还到期透支款项，后使用 POS 机以虚构交易方式取回垫资款的，属于"非法从事资金支付结算业务"，情节严重的，以非法经营罪定罪处罚。

鉴于非法利用 POS 机进行信用卡代还款的"养卡"行为，与传统的信用卡套现在行为手段与方式上有所不同，在对其决定是否追究刑事责任和如何裁量刑罚时，应当结合"养卡"规模大小、持续时间、资金用途等情节，综合评估社会危害性，确保罪责刑相适应。行为人先垫资替信用卡持卡人归还到期透支款项，后使用 POS 机以虚构交易方式取回垫资款的，属于"非法从事资金支付结算业务"，情节严重的，应以非法经营罪定罪处罚。

关联索引 >>>

《刑法》第 225 条第 3 项

一审：江苏省昆山市人民法院（2017）苏 0583 刑初 752 号刑事判决（2019 年 5 月 16 日）

2017-18-1-156-001

郭某升、郭某锋、孙某标假冒注册商标案

基本案情

公诉机关指控：2013年11月底至2014年6月，被告人郭某升为谋取非法利益，伙同被告人孙某标、郭某锋在未经三星（中国）投资有限公司授权许可的情况下，从他人处批发假冒三星手机裸机及配件进行组装，利用其在淘宝网上开设的"三星数码专柜"网店进行"正品行货"宣传，并以明显低于市场价格公开对外销售，共计销售假冒的三星手机20 000余部，销售金额2000余万元，非法获利200余万元，应当以假冒注册商标罪追究其刑事责任。被告人郭某升在共同犯罪中起主要作用，系主犯。被告人郭某锋、孙某标在共同犯罪中起辅助作用，系从犯，应当从轻处罚。

被告人郭某升、孙某标、郭某锋及其辩护人对其未经"SAMSUNG"商标注册人授权许可，组装假冒的三星手机，并通过淘宝网店进行销售的犯罪事实无异议，但对非法经营额、非法获利提出异议，辩解称其淘宝网店存在请人刷信誉的行为，真实交易量只有10 000多部。

法院经审理查明，"SAMSUNG"是三星电子株式会社在中国注册的商标，该商标有效期至2021年7月27日；三星（中国）投资有限公司是三星电子株式会社在中国投资设立，并经三星电子株式会社特别授权负责三星电子株式会社名下商标、专利、著作权等知识产权管理和法律事务的公司。2013年11月，被告人郭某升通过网络中介购买店主为"汪亮"、账号为play2011-1985的淘宝店铺，并改名为"三星数码专柜"，在未经三星（中国）投资公司授权许可的情况下，从深圳市华强北远望数码城、深圳福田区通天地手机市场批发假冒的三星I8552手机裸机及配件进行组装，并通过"三星数码专柜"在淘宝网上以"正品行货"进行宣传、销售。被告人郭某锋负责该网店的客服工作及客服人员的管理，被告人孙某标负责假冒的三星I8552手机裸机及配件的进货、包装及联系快递公司发货。至2014年6月，该网店共计组装、销售假冒三星I8552手机20 000余部，非法经营额2000余万元，非法获利200余万元。

江苏省宿迁市中级人民法院于 2015 年 9 月 8 日作出（2015）宿中知刑初字第 0004 号刑事判决，以被告人郭某升犯假冒注册商标罪，判处有期徒刑五年，并处罚金人民币 160 万元。被告人孙某标犯假冒注册商标罪，判处有期徒刑三年，缓刑五年，并处罚金人民币 20 万元。被告人郭某锋犯假冒注册商标罪，判处有期徒刑三年，缓刑四年，并处罚金人民币 20 万元。宣判后，三被告人均没有提出上诉，该判决已经生效。

裁判理由 ▶▶

法院生效裁判认为，被告人郭某升、郭某锋、孙某标在未经"SAMSUNG"商标注册人授权许可的情况下，购进假冒"SAMSUNG"注册商标的手机机头及配件，组装假冒"SAMSUNG"注册商标的手机，并通过网店对外以"正品行货"销售，属于未经注册商标所有人许可在同一种商品上使用与其相同的商标的行为，非法经营数额达 2000 余万元，非法获利 200 余万元，属于情节特别严重，其行为构成假冒注册商标罪。被告人郭某升、郭某锋、孙某标虽然辩解称其网店销售记录存在刷信誉的情况，对公诉机关指控的非法经营数额、非法获利提出异议，但三被告人在公安机关的多次供述，以及公安机关查获的送货单、支付宝向被告人郭某锋银行账户付款记录、郭某锋银行账户对外付款记录、"三星数码专柜"淘宝记录、快递公司电脑系统记录、公安机关现场扣押的笔记等证据之间能够互相印证，综合公诉机关提供的证据，可以认定公诉机关关于三被告人共计销售假冒的三星 I8552 手机 20 000 余部，销售金额 2000 余万元，非法获利 200 余万元的指控能够成立，三被告人关于销售记录存在刷信誉行为的辩解无证据予以证实，不予采信。被告人郭某升、郭某锋、孙某标，系共同犯罪，被告人郭某升起主要作用，是主犯；被告人郭某锋、孙某标在共同犯罪中起辅助作用，是从犯，依法可以从轻处罚。故依法作出上述判决。

裁判要旨 ▶▶

假冒注册商标犯罪的非法经营数额、违法所得数额，应当综合被告人供述、证人证言、被害人陈述、网络销售电子数据、被告人银行账户往来记录、送货单、快递公司电脑系统记录、被告人等所作记账等证据认定。被告人辩解称网络销售记录存在刷信誉的不真实交易，但无证据证实的，对其辩解不予采纳。

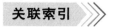

关联索引

《刑法》第 213 条

2023-03-1-169-012

周某非法经营案

——以"现货延期交易"为名非法经营黄金期货业务的行为构成非法经营罪

基本案情

2011 年 5 月，被告人周某未经国家有关主管部门批准，在上海市奉贤区以香港某投资公司在内地的代理公司名义，与施某玲、陆某兵等人签订客户协议书。施某玲、陆某兵等人在某投资公司开户并陆续投入 400 余万元，在某投资公司提供的 MT4 平台上，采取集中标准化合约、保证金、当日无负债结算等制度，进行黄金期货交易。

上海市奉贤区人民法院于 2015 年 12 月 2 日作出（2015）奉刑初字第 875 号刑事判决：被告人周某犯非法经营罪，判处有期徒刑二年，并处罚金人民币十五万元。宣判后，周某以其所从事的是黄金"现货延期交易"，不属于黄金期货交易等为由提出上诉。上海市第一中级人民法院于 2016 年 2 月 26 日作出（2015）沪一中刑终字第 2287 号刑事裁定：驳回周某的上诉，维持原判。

裁判理由

法院生效裁判认为，本案争议焦点为被告人周某从事的业务是否为黄金期货交易。证人施某玲、陆某兵、袁某逸等人的证言证明，投资人在某投资公司提供的 MT4 平台上，采用 T+0 交易形式，可以做多、做空，进行全天 24 小时双向交易，交易需要交纳保证金，保证金不足时系统会强制平仓。由此可见，所谓的黄金"现货延期交易"，实质上属于变相黄金期货交易。周某违反国家规定，未经国家有关主管部门批准，非法经营黄金期货业务，扰乱金融市场秩序，情节严重，其行为已构成非法经营罪。

被告人以提供黄金"现货延期交易"为名，未经批准在国内非法代理境外黄金及其衍生产品交易，投资人采取买空、卖空以及对冲黄金合约等交易手段，利用境外黄金市场价格波动获取投机利益，不关注最终能否真正取得黄金所有权。上述行为属于未经国家有关主管部门批准，变相非法经营黄金期货业务，扰乱金融市场秩序；情节严重的，应按照非法经营罪定罪处罚。

关联索引 ▷▷▷

《刑法》第 225 条

一审：上海市奉贤区人民法院（2015）奉刑初字第 875 号刑事判决（2015 年 11 月 2 日）

二审：上海市第一中级人民法院（2015）沪一中刑终字第 2287 号刑事裁定（2016 年 2 月 26 日）

2023-03-1-072-001

谭某、陈某销售有毒有害食品案
——销售有毒、有害食品罪中"主观明知"的认定及公益诉讼管辖权的确定

基本案情 ▷▷▷

2022 年 3 月至 5 月，被告人谭某向他人购入散装金色减肥胶囊、空塑料瓶、标签等，伙同被告人陈某在韶关市浈江区某小区，将散装金色减肥胶囊重新包装成假冒的华纳兄弟牌茶多酚荷叶胶囊、试用装天使金胶囊等产品。谭某使用被告人陈某的信息在拼多多 App 上注册"某某好身材"网店，通过互联网出售上述减肥药，并承诺每月付给陈某 2000 元工资，由陈某负责打包减肥药并邮寄给消费者。经统计，销售所得金额共计人民币 113 469.05 元，其中 59 049.05 元由被告人谭某支配，其余 54 420 元已由被告人陈某退赃。

2022 年 5 月 9 日，公安民警抓获谭某、陈某，并当场查获散装金色减肥

胶囊4422颗、土黄色粉末状物质87克、华纳兄弟牌茶多酚荷叶胶囊6瓶、试用装天使金胶囊14袋、日译药丸"可沙比啶A"1980颗、黄金海岸清源胶囊11瓶、透明空塑料瓶、标签、快递纸盒等物品一批，于次日对上述物品予以扣押。经检验，在散装金色减肥胶囊、土黄色粉末状物质、华纳兄弟牌茶多酚荷叶胶囊中均检出盐酸西布曲明，其中金色减肥胶囊的盐酸西布曲明含量以西布曲明碱基计 为98.4mg/g，华纳兄弟牌茶多酚荷叶胶囊的盐酸西布曲明含量以西布曲明碱基 计为97.7mg/g。

2021年2月中下旬开始，欧某（已判决）拉拢、纠集谭某等人，合伙以"大风车"赌博方式，分别在广东省仁化县某某镇某某村委某某村 * 号、某某村一废弃房等地组织赌客赌博。其间，谭某负责为欧某保管赌资，拿对讲机与望风人员联系等。经查，欧某、谭某等人组织赌客人数约20人，赌资数额累计达21.6万元。

广东省韶关市浈江区人民法院于2023年1月5日作出（2022）粤0204刑初164号刑事判决：一、被告人谭某犯销售有毒有害食品罪，判处有期徒刑三年，并处罚金人民币15万元；犯开设赌场罪，判处有期徒刑八个月，并处罚金人民币12 000元，决定执行有期徒刑三年四个月，并处罚金人民币162 000元。二、被告人陈某犯销售有毒、有害食品罪，判处有期徒刑一年二个月，并处罚金人民币8万元。三、附带民事公益诉讼被告谭某、陈某连带承担销售有毒、有害食品所得价款10倍惩罚性赔偿金共计人民币1 134 690.5元的赔偿责任。四、扣押在案的OPPOReno手机一部、iPhone7plus手机一部予以没收，由扣押机关上缴国库；扣押在案的赃款54 420元用于执行本判决第三项；继续追缴被告人谭某、陈某违法所得人民币113 469.05元，予以没收，上缴国库。五、扣押在案散装金色减肥胶囊4422颗、土黄色粉末状物质87克、华纳兄弟牌茶多酚荷叶胶囊6瓶、试用装天使金胶囊14袋、日译药丸"可沙比啶A"1980颗、黄金海岸清源胶囊11瓶、透明空塑料瓶、标签、快递纸盒等物品一批予以没收，由扣押机关依法销毁。六、附带民事公益诉讼被告谭某、陈某于本判决发生法律效力之日起十日内对其侵害消费者权益的行为在国家级媒体上公开赔礼道歉。被告人未上诉，判决已生效。

裁判理由 〉〉〉

法院生效裁判认为，被告人谭某、陈某结伙销售明知掺入有毒有害的非食品原料的食品，两被告人的行为已构成销售有毒有害食品罪；被告人谭某伙同他人开设赌场，其行为还构成开设赌场罪，依法对谭某实行数罪并罚。谭某销售涉案减肥胶囊，没有合法有效的购货凭证，不能提供合法来源，且冒用保健品品牌简单分装后即销售，可以认定谭某对所销售的减肥胶囊含有毒有害成分是放任的间接故意，亦属于主观明知。关于谭某的辩护人提出的管辖权异议，根据《最高人民法院、最高人民检察院关于检察公益诉讼案件适用法律若干问题的解释》的规定，人民检察院提起的刑事附带民事公益诉讼案件由审理刑事案件的人民法院管辖。

裁判要旨 >>

（1）销售有毒有害食品罪中"主观明知"的认定问题。在认定销售有毒、有害食品的主观要件时，必须把握"明知"的要件。对被告人主观要素的认定，主要从以下方面综合考虑：货物来源渠道是否正当；被告人对食品的认识程度；买卖双方的成交价格、包装等；是否在有关部门禁止的情况下销售。结合陈某、谭某供述等证据，可认定两被告人明知该减肥药中有国家卫生健康委员会禁止添加的盐酸西布曲明，且进货渠道不正规，无生产日期、生产厂家、质量合格证、国家安全检验的标识，为牟利仍冒用保健品品牌简单分装后即销售，属于明知系有毒、有害食品而销售。

（2）公益诉讼的管辖权问题。根据《最高人民法院、最高人民检察院关于检察公益诉讼案件适用法律若干问题的解释》第 20 条的规定，人民检察院对破坏生态环境和资源保护，食品药品安全领域侵害众多消费者合法权益，侵害英雄烈士等的姓名、肖像、名誉、荣誉等损害社会公共利益的犯罪行为提起刑事公诉时，可以向人民法院一并提起附带民事公益诉讼，由人民法院同一审判组织审理。人民检察院提起的刑事附带民事公益诉讼案件由审理刑事案件的人民法院管辖。

关联索引 >>

《刑法》第 144 条、第 303 条第 2 款

一审：广东省韶关市浈江区人民法院（2022）粤 0204 刑初 164 号刑事判决（2023 年 1 月 5 日）

孙某东非法经营案

基本案情 》》》

2013 年，孙某东对外谎称是某银行工作人员，可以帮助不符合信用卡申办条件的人代办该银行大额度信用卡。因某银行要求申办大额度信用卡的人员必须在该行储蓄卡内有一定存款，孙某东与某银行北京分行某支行负责办理信用卡的工作人员王某君（在逃国外）商议，先帮助申办人办理某银行储蓄卡，并将孙某东本人银行账户中的资金转入该储蓄卡以达到申办标准，审核通过后再将转入申办人储蓄卡的资金转回，随后由孙某东帮助信用卡申办人填写虚假的工作单位、收入情况等信用卡申办资料，再由王某君负责办理某银行大额度信用卡。代办信用卡后，孙某东使用其同乡潘某军（因犯信用卡诈骗罪被判刑）经营的北京君香博业食品有限公司（以下简称博业食品公司）注册办理的 POS 机，以虚构交易的方式全额刷卡套现，并按照事先约定截留部分套现资金作为申办信用卡和套现的好处费，剩余资金连同信用卡交给申办人。通过上述方式，孙某东为他人申办信用卡 46 张，套现资金共计 1324 万元。截至案发时，16 张信用卡无欠款，30 张信用卡持卡人逾期后未归还套现资金共计 458 万余元。

检察机关履职过程 》》》

（一）发现线索

2016 年 9 月，在北京市西城区人民检察院（以下简称西城区检察院）办理史某信用卡诈骗案过程中，史某供称其信用卡系一名为"×××"的男子代办，"×××"帮助其套现 40 万元后截留 10 万元作为好处费。检察机关认为，该"×××"为他人套现信用卡资金的行为可能涉嫌非法经营罪，遂将线索移交公安机关。经公安机关核查，"×××"是孙某东。

2016 年 12 月 24 日，西城区检察院对史某信用卡诈骗案提起公诉的同时，建议公安机关对孙某东涉嫌犯罪问题进行调查核实。公安机关经调取相关银行账户交易流水、信用卡申办材料、交易记录等，证实孙某东为史某等 4 人办理了大额度信用卡，上述信用卡通过 POS 机将卡内额度全额刷卡消费，交易记录显示收款方为顺通货运代理公司。2017 年 6 月 26 日，北京市西城区人民法院以信用卡诈骗罪判处史某有期徒刑五年八个月，并处罚金 6 万元。同年 12 月 19 日，公安机关将孙某东抓获归案。

（二）审查起诉和退回补充侦查

2018 年 3 月 19 日，北京市公安局西城分局将孙某东作为史某信用卡诈骗罪的共犯移送起诉。

在审查起诉期间，孙某东辩称仅帮助某银行工作人员王某君将现金转交给办卡人，没有帮助他人进行信用卡套现。因在案证据不能证明孙某东系套现 POS 机的实际使用人，西城区检察院将案件两次退回补充侦查，要求查明 POS 机开户信息、王某君相关情况、孙某东银行卡交易记录及帮助办卡、套现等相关事实。公安机关经过补充侦查，发现孙某东为 40 余人以同样方式办卡、套现，交易金额达 1000 余万元，交易收款方显示为顺通货运代理公司。因侦查时相关信用卡交易涉及的 POS 机商户信息已超过法定保存期限，无法查询。

公安机关重新移送起诉后，经对补充侦查的证据进行审查，检察机关认为，套现资金去向不明，王某君在逃国外，无法找到交易记录显示的商户顺通货运代理公司，孙某东亦不供认使用该 POS 机套现，证明孙某东使用 POS 机套现的证据尚不符合起诉条件。因相关证据无法查实，西城区检察院就孙某东在史某信用卡诈骗中的犯罪事实先行提起公诉，并要求公安机关对孙某东遗漏罪行继续补充侦查。

（三）自行侦查

根据公安机关补充侦查后移送的相关证据仍无法找到 POS 机对应的商户，西城区检察院结合已有证据和已查清的案件事实对进一步侦查的方向和自行侦查的必要性、可行性进行研判。该院认为，涉案 POS 机对犯罪事实的认定具有重要作用，且根据已查明的事实孙某东仍有遗漏犯罪的重大嫌疑，具有自行侦查的必要性。同时，从缺失证据情况来看，检察机关也有自行侦查的可行性：第一，孙某东为多人办理某银行信用卡，此前该院办理的其他信用卡诈骗案中不排除存在孙某东帮助办理信用卡的情况，从中可能发现 POS 机商户信息的相关证据。第二，可以从已经查明的孙某东相关银行交易记录中，进一步筛查可能包含涉案 POS 机商户信息的线索。研判后，该院决定围绕涉案 POS 机的真实商户和使用人以及套现资金去向等关键问题自行侦查。

西城区检察院对孙某东名下 20 余张银行卡交易记录梳理发现，上述银行卡内转入大量资金，很有可能来自套现 POS 机账户，遂对 20 余张银行卡交易记录进行筛查，发现其中 1 张银行卡涉及的 1 笔交易对手方是博业食品公司名下的 POS 机，检察机关以此为突破口调取了博业食品公司 POS 机开户信息和交易记录，进而证实孙某东使用该 POS 机进行非法套现，套现资金经博业食品公司对公账户流入孙某东名下的银行账户，使用过程中交易记录显示的商户名被违规设置为顺通货运代理公司。同时，西城区检察院对该院近年来办理的涉及某银行大额度信用卡诈骗案件逐案排查，发现已判决的一起信用卡诈骗案中被告人名字与孙某东代办卡中的申办人相同，均为潘某军。经调阅卷宗发现，两起案件中的潘某军为同一人，且潘某军曾供述其信用卡系一名为"孙盼盼"的人代为办理和套现。根据这一线索，检察机关提审潘某军、询问相关证人、调取开户信息及交易明细，证实"孙盼盼"就是孙某东，孙某东曾以潘某军经营的博业食品公司名义办理 POS 机并实际控制使用，博业食品公司对公账户由孙某东代办，该账户接收过大量转账资金，又转至孙某东名下多张银行卡，由此解开了此前侦查中无法找到顺通货运代理公司涉案证据的关键疑问。

根据自行侦查收集的 POS 机信息及相关交易记录，检察机关认定孙某东为史某之外的其他 45 人办理信用卡后，使用以博业食品公司名义开户的 POS 机，以顺通货运代理公司作为代收款方进行刷卡套现。2019 年 8 月 2 日，西城区检察院以孙某东犯非法经营罪补充起诉。

（四）指控和证明犯罪

2019 年 10 月 30 日、12 月 6 日，北京市西城区人民法院两次公开开庭审理。庭审中，孙某东辩称其未办理涉案 POS 机，未帮助他人进行信用卡套现，相关资金系王某君提供，不构成犯罪。孙某东的辩护人提出，没有证据证明孙某东申办 POS 机刷卡套现，也无法确定涉案信用卡申请人与孙某东有关联，孙某东不构成非法经营罪。

公诉人针对上述辩护意见答辩指出，在案证据能够证实，孙某东代办多张信用卡并使用实际控制的他人 POS 机进行非法套现活动，其行为已构成非法经营罪。一是 POS 机开户信息及交易明细、博业食品公司在某银行的开户资料、交易记录、证人证言等证实，孙某东使用博业食品公司名义申办 POS 机并实际使用，但是该 POS 机交易记录显示的商户名称被违规设置为顺通货运代理公司。二是史某等证人证言、POS 机交易记录、孙某东银行卡交易明细、史某信用卡及其他 45 张信用卡交易记录证实，孙某东以虚构交易的方式使用该 POS 机刷卡套现，套现资金进入博业食品公司账户后转入孙某东实际控制的银行账户，再由孙某东转账或者直接取现支付给信用卡申办人。三是潘某军和史某的刑事判决书、某银行提供的催收记录等证据材料证实，孙某东帮助大量无申卡资质的人员办卡套现，多名信用卡持卡人未按期归还欠款给银行造成重大损失，孙某东的行为严重扰乱了市场经济秩序。综上，孙某东违反国家规定，使用销售点终端机具（POS 机），以虚构交易方式向信用卡持卡人直接支付现金，构成非法经营罪，情节特别严重，应当依法追究刑事责任。

（五）处理结果

北京市西城区人民法院认为，孙某东构成非法经营罪，根据《最高人民法院、最高人民检察院关于办理妨害信用卡管理刑事案件具体应用法律若干问题的解释》第 12 条的规定，非法经营数额在 500 万元以上的，属于情节特别严重，于 2019 年 12 月 6 日以非法经营罪判处孙某东有期徒刑六年，并处罚金 15 万元。孙某东提出上诉。2020 年 3 月 10 日，北京市第二中级人民法院裁定驳回上诉，维持原判。

指导意义 >>>

（1）对于为恶意透支的信用卡持卡人非法套现的行为人，应当根据其与信用卡持卡人有无犯意联络、有无非法占有目的等证据，区分非法经营罪与信用卡诈骗罪。使用销售点终端机具（POS 机）等方法，以虚构交易等方式向信用卡持卡人支付货币资金，违反了《商业银行法》第 3 条、第 11 条和 2021 年实施的《防范和处置非法集资条例》第 39 条等规定，系非法从事资金支付结算业务，构成非法经营罪。与恶意透支的信用卡持卡人通谋，或者明知信用卡持卡人意图恶意透支信用卡，仍然使用销售点终端机具（POS 机）等方法帮助其非法套现，构成信用卡诈骗罪的共同犯罪。虽然信用卡持卡人通过非法套现恶意透支，但证明从事非法套现的行为人构成信用卡诈骗罪共同犯罪证据不足的，对其非法经营 POS 机套现的行为依法以非法经营罪定罪处罚。

（2）对二次退回公安机关补充侦查，仍未达到起诉条件的，检察机关应当结合在案证据和案件情况充分研判自行侦查的必要性和可行性。经二次退回补充侦查的案件，虽然证明犯罪事实的证据仍有缺失，但根据已查清的事实认为犯罪嫌疑人仍然有遗漏犯罪重大嫌疑的，具有自行侦查的必要性。检察机关应当结合相关类型金融业务的特点、在案证据、需要补充的证据和可能的侦查方向进行分析研判，明确自行侦查是否具有可行性，决定自行侦查的具体措施，依照法定程序进行自行侦查。

（3）检察机关办理信用卡诈骗案件时发现涉及非法从事金融活动等犯罪线索的，应当依法追诉遗漏犯罪嫌疑人和遗漏犯罪事实。信用卡诈骗案件中，恶意透支与非法套现相互勾结的问题较为突出。检察机关办理此类案件时发现涉及 POS 机套现等非法经营金融业务犯罪线索的，应当对相关线索进行核查，积极运用立案监督、引导取证、退回补充侦查、自行侦查等措施，对犯罪进行全链条惩治。

关联索引 >>>

《刑法》第 225 条

《刑事诉讼法》第 175 条

《商业银行法》第 3 条、第 11 条

《防范和处置非法集资条例》第 39 条

《最高人民法院、最高人民检察院关于办理妨害信用卡管理刑事案件具体应用法律若干问题的解释》第 12 条

《人民检察院刑事诉讼规则》第 345 条、第 423 条

王某军非法经营再审改判无罪案

内蒙古自治区巴彦淖尔市临河区人民检察院指控被告人王某军犯非法经营罪一案，内蒙古自治区巴彦淖尔市临河区人民法院经审理认为，2014 年 11 月至 2015 年 1 月，被告人王某军未办理粮食收购许可证，未经工商行政管理机关核准登记并颁发营业执照，擅自在临河区白脑包镇附近村组无证照违法收购玉米，将所收购的玉米卖给巴彦淖尔市粮油公司杭锦后旗蛮会分库，非法经营数额 218 288.6 元，非法获利 6000 元。案发后，被告人王某军主动退缴非法获利 6000 元。2015 年 3 月 27 日，被告人王某军主动到巴彦淖尔市临河区公安局经侦大队投案自首。原审法院认为，被告人王某军违反国家法律和行政法规规定，未经粮食主管部门许可及工商行政管理机关核准登记并颁发营业执照，非法收购玉米，非法经营数额 218 288.6 元，数额较大，其行为构成非法经营罪。鉴于被告人王某军案发后主动到公安机关投案自首，主动退缴全部违法所得，有悔罪表现，对其适用缓刑确实不致再危害社会，决定对被告人王某军依法从轻处罚并适用缓刑。宣判后，王某军未上诉，检察机关未抗诉，判决发生法律效力。

最高人民法院于 2016 年 12 月 16 日作出（2016）最高法刑监 6 号再审决定，指令内蒙古自治区巴彦淖尔市中级人民法院对本案进行再审。

再审中，原审被告人王某军及检辩双方对原审判决认定的事实无异议，再审查明的事实与原审判决认定的事实一致。内蒙古自治区巴彦淖尔市人民检察院提出了原审被告人王某军的行为虽具有行政违法性，但不具有与《刑法》第 225 条规定的非法经营行为相当的社会危害性和刑事处罚必要性，不构成非法经营罪，建议再审依法改判。原审被告人王某军在庭审中对原审认定的事实及证据无异议，但认为其行为不构成非法经营罪。辩护人提出了原审被告人王某军无证收购玉米的行为，不具有社会危害性、刑事违法性和应受惩罚性，不符合刑法规定的非法经营罪的构成要件，也不符合刑法谦抑性原则，应宣告原审被告人王某军无罪。

内蒙古自治区巴彦淖尔市临河区人民法院于 2016 年 4 月 15 日作出

（2016）内0802刑初54号刑事判决，认定被告人王某军犯非法经营罪，判处有期徒刑一年，缓刑二年，并处罚金人民币2万元；被告人王某军退缴的非法获利款人民币6000元，由侦查机关上缴国库。最高人民法院于2016年12月16日作出（2016）最高法刑监6号再审决定，指令内蒙古自治区巴彦淖尔市中级人民法院对本案进行再审。内蒙古自治区巴彦淖尔市中级人民法院于2017年2月14日作出（2017）内08刑再1号刑事判决：一、撤销内蒙古自治区巴彦淖尔市临河区人民法院（2016）内0802刑初54号刑事判决；二、原审被告人王某军无罪。

裁判理由 >>>

内蒙古自治区巴彦淖尔市中级人民法院再审认为，原判决认定的原审被告人王某军于2014年11月至2015年1月，没有办理粮食收购许可证及工商营业执照买卖玉米的事实清楚，其行为违反了当时的国家粮食流通管理有关规定，但尚未达到严重扰乱市场秩序的危害程度，不具备与《刑法》第225条规定的非法经营罪相当的社会危害性、刑事违法性和刑事处罚必要性，不构成非法经营罪。原审判决认定王某军构成非法经营罪适用法律错误，检察机关提出的王某军无证照买卖玉米的行为不构成非法经营罪的意见成立，原审被告人王某军及其辩护人提出的王某军的行为不构成犯罪的意见成立。

裁判要旨 >>>

（1）对于《刑法》第225条第4项规定的"其他严重扰乱市场秩序的非法经营行为"的适用，应当根据相关行为是否具有与《刑法》第225条前三项规定的非法经营行为相当的社会危害性、刑事违法性和刑事处罚必要性进行判断。

（2）判断违反行政管理有关规定的经营行为是否构成非法经营罪，应当考虑该经营行为是否属于严重扰乱市场秩序。对于虽然违反行政管理有关规定，但尚未严重扰乱市场秩序的经营行为，不应当认定为非法经营罪。

关联索引 >>>

《刑法》第225条

最高人民检察院、最高人民法院联合发布典型案例

最高人民法院、最高人民检察院通报 4 起生产销售假药典型案例之三：张某华非法经营、销售假药案

基本案情

自 2010 年起，被告人张某华在未取得《药品经营许可证》的情况下，从安徽华源医药股份有限公司、安徽省六安市华裕医药有限公司、六安七星医药有限公司、六安市恒丰药业有限公司等购进药品后，在上海市浦东新区川沙新镇虹桥村某队吴家宅×号从事药品批发活动。2011 年 8 月 9 日，公安机关在上述地址抓获被告人张某华，当场查获 500 余种待销售药品。经鉴定，现场查获的药品价值人民币 78 万余元。

2011 年 5 月至 7 月，张某华从他人处购得"人血白蛋白"及"人免疫球蛋白"后，销售"人血白蛋白"2 瓶，销售"人免疫球蛋白"5 瓶。2011 年 8 月 9 日，公安机关从张某华处查获尚未销售的"人血白蛋白"6 瓶、"人免疫球蛋白"35 瓶。经鉴定，上述"人血白蛋白""人免疫球蛋白"均系假药。

裁判理由

本案由上海市公安局浦东新区分局侦查终结后，移送上海市浦东新区人民检察院审查起诉。2012 年 2 月 2 日，浦东新区人民检察院以被告人张某华犯非法经营罪、销售假药罪向浦东新区人民法院提起公诉。

2012 年 2 月 23 日，浦东新区人民法院一审认为，张某华违反国家药品管理法律法规的规定，未经有关国家药品监督管理部门许可，无证经营药品，扰乱市场秩序，情节特别严重，其行为已构成非法经营罪；张某华销售假药的行为又构成销售假药罪。判决张某华犯非法经营罪，判处有期徒刑五年，并处罚金人民币 15 万元；犯销售假药罪，判处有期徒刑一年零三个月，并处罚金人民币 1 万元；决定执行有期徒刑五年零十个月，并处罚金人民币 16 万

元。查获的药品均予以没收。

一审宣判后，张某华未提出上诉，检察机关也未提出抗诉，判决已生效。

最高人民法院、最高人民检察院发布 6 起危害食品安全刑事典型案例之五：崔某等非法经营及陈某某等生产、销售有毒有害食品案

——向食品生产企业销售工业明胶用于加工皮冻

基本案情 ≫

2012 年至 2016 年 5 月，被告人崔某指使他人从河北省、山东省、山西省购进工业明胶 642.25 吨，购进款共计 1188.88 万元。崔某指使被告人殷某某等人在辽宁省沈阳市、黑龙江省哈尔滨市设立销售点，以提供给他人生产、销售食品为目的，将购进的工业明胶销往黑龙江省、北京市等地，销售数量为 640.85 吨，销售金额达 1608.29 万余元，违法所得达 420 万余元。其中，被告人陈某某从崔某处购买工业明胶 6025 公斤，将其中 5970.23 公斤工业明胶用于生产皮冻并销售，销售金额达 63 万余元。被告人高某等 13 人分别从殷某某等人处购买工业明胶用于制作皮冻并销售，销售金额从 1.8 万余元至 53 万余元不等。

裁判理由 ≫

吉林省通化市人民法院审理认为，被告人崔某等人以提供给他人生产、销售食品为目的，违反国家规定，销售禁止用于食品生产、销售的非食品原料，其行为均已构成非法经营罪。被告人陈某某等人在生产、销售的食品中掺入有毒有害的非食品原料，其行为均已构成生产、销售有毒有害食品罪。崔某非法经营数额达 1608 万余元，应认定为"情节特别严重"，处五年以上有期徒刑，并处违法所得一倍以上五倍以下罚金或者没收财产；陈某某等 2 人销售金额达 50 万元以上，应认定为"其他特别严重情节"，处十年以上有期徒刑、无期徒刑或者死刑，并处罚金或者没收财产；另有 4 名被告人销售金额达 20 万元以上，2 名被告人销售金额在 10 万元以上不满 20 万元，但生

产、销售有毒有害食品数量大，且持续时间长，均应认定为"其他严重情节"。据此，以非法经营罪分别判处被告人崔某有期徒刑十五年，并处罚金人民币 1000 万元；以生产、销售有毒有害食品罪判处被告人陈某某有期徒刑十年，并处罚金人民币 60 万元。其他被告人被判处有期徒刑一年三个月至十二年不等刑期，并处罚金。

典型意义 》》》

实践中，大量危害食品安全犯罪都存在上下游不同参与者。只有既打市场，又打源头，才能有效遏制食品犯罪的发生。其中，生产、销售国家禁止用于食品生产、销售的非食品原料，是典型的危害食品安全的上游犯罪。而将这些禁用物质用于食品生产、销售的行为，则是典型的危害食品安全犯罪。工业明胶属于国务院卫生行政部门公布的《食品中可能违法添加的非食用物质名单》上的物质，被明令禁止用于食品生产。被告人崔某等人以提供给他人生产、销售食品为目的，销售工业明胶的行为，构成非法经营罪。被告人陈某某等人在皮冻生产过程中故意添加工业明胶的行为，构成生产、销售有毒有害食品罪，均应依法从严惩处。

最高人民检察院发布第五批 9 件检察听证典型案例之四：
上海市青浦区人民检察院张某某信访检察听证案

基本案情 〉〉〉

2018 年 8 月 10 日，信访人张某某与上海某某美容科技有限公司（以下简称某某公司）在上海市青浦区签订《连锁加盟经营合同书》，后张某某支付加盟费、购货款后在贵州省开展经营活动。2019 年 6 月，贵州省铜仁市市场监督管理局对张某某经营的美容店进行检查，发现店内使用的产品均无检验合格证书等必备证书，遂决定实施扣押、查封，责令停业整顿。2019 年 6 月 26 日，张某某向上海市青浦区市场监督管理局（以下简称青浦区市场监管局）举报某某公司涉嫌违法经营，青浦区市场监管局于 2020 年 12 月 26 日责令该公司整改并没收违法所得 7 万余元。2021 年 5 月，张某某向上海市仲裁委员会申请仲裁，2021 年 6 月 4 日，上海市仲裁委员会裁决张某某与某某公司之间的《加盟合同》解除，某某公司应当向张某某返还损失费共计 40 万元，某某公司未按照仲裁裁决履行支付义务。

自 2021 年 7 月起，张某某多次向上海市公安局青浦分局（以下简称青浦公安分局）控告某某公司非法经营，青浦公安分局经复议、复核均作出不予立案决定。张某某于 2021 年 11 月 2 日向上海市青浦区人民检察院（以下简称青浦区院）申请立案监督。青浦区院于 2021 年 11 月 4 日依法受理，经审查认为，根据现有调取、调查核实的证据情况，无法证实某某公司涉嫌相关犯罪，青浦公安分局不予立案决定正确，于 2022 年 1 月 14 日制作《立案监督审查通知书》送达张某某。

检察机关履职过程 〉〉〉

青浦区院在作出不支持监督意见的结论后，通过书面及电话方式及时告知张某某审查结论并开展释法说理工作。但张某某因案损失较大、情绪难以及时纾解，有抵触情绪并伴有扬言信访的行为。经研判，包案领导迅速指导承办部门开展检察听证，促进矛盾化解。

（1）听证准备。考虑到张某某长期居住在贵州省，无法通过面对面的听证形式对其进行释法说理，青浦区院主动作为、向前一步，践行新时代"枫桥经验"。一是依托"乡亲情"联动开展跨区域情绪疏导。商请张某某的属地乡政府协助开展情绪疏导、代为解读听证功能，主动拉近与其的空间距离与心理距离，成功消除张某某顾虑，使其主动表示愿意参加听证程序。二是借力"兄弟院"联合召开线上听证会。为提高线上听证会的规范性及权威性，并兼顾张某某参加线上听证会的便捷性，商请张某某属地的兄弟检察院召开联合听证会，为张某某参加线上听证会提供专业设备和专门场地，同时协助向张某某提前告知听证权利义务、听证会流程及其他注意事项，切实保障张某某听证权利义务的实质化、提升张某某通过线上听证会表达诉求的参与感。三是兼顾"法理情"优化听证员组成结构。考虑该案需借助检察听证实现加强审查结论释理及当事人郁结情绪疏导等特殊需求，在听证员选择上力求邀请法律实践经验丰富、善于听取人民群众意见以及能够代表群众有效开展监督的人士担任听证员，并邀请律师、人大代表以及人民监督员参与案件听证会，确保理顺法律关系、案件争议及证据事实，突出检察听证以听证促和解、以公开促公正、以公正赢公信的作用和价值。

（2）听证过程。听证会上，主持人介绍争议焦点为立案监督审查结论是否符合法律规定，以及张某某家庭经济状况是否符合司法救助条件。张某某在该兄弟检察院的引导下，逐步打开心扉，表达自身疑惑，以及案发后家庭经济困境，并诉请青浦区院能够对其开展司法救助，帮助其解决子女学费问题。3位听证员围绕争议焦点进行询问与论证，并重点结合张某某对案件办理结论提出的质疑以及司法救助需求，从自身工作经历、专业知识背景等角度答疑解惑、发表意见。

（3）听证结果。三位听证员经评议，一致认为该案立案监督结论符合法律规定；同时，经核查张某某有四名子女在读，家庭经济负担重，且确因本案致贫，可帮助张某某申请司法救助以助其缓解燃眉之急。

（4）后续工作。通过听证会的释法说理和情绪引导，张某某的心结最终得以解开。听证会结束后，青浦区院迅速启动司法救助程序，用5个工作日完成了全部救助流程，让其在子女开学前收到司法救助金，展现检察为民的担当和作为。张某某收到救助金后向青浦区院表达由衷感谢，并出具了书面承诺书，真正实现"案结事了人和"。

典型意义 》》》

（1）弘扬"倾耳听"传统文化，打造检察为民"示范窗"。将倾听群众心声的传统文化与检察听证相结合，秉持"如我在诉、如我在访"的检察为民情怀，以检察听证解法结、化心结。坚持入额院领导直接主持重大疑难复杂信访案件的检察听证，通过院领导亲自释法说理为当事人理解、接受处理决定奠定扎实基础。发扬新时代"枫桥经验"，在检察为民办实事中纾解信访人的急难愁盼，与信访人情同此心、将心比心，换位思考，做到情绪化解、问题解决，实现"法结""心结"一起解。

（2）搭建"一站式"听证平台，构建协同履职"连心桥"。从矛盾纠纷化解需求出发，搭建多方协作平台，同向发力推动"案件事了人和"。一方面，在听证员库建设和听证员抽选中，注重广泛性和专业性相结合，引入律师听证员从专业中立第三方角度为当事人阐明法理、告知合法解决路径，通过人大代表、人民监督员等代表群众的听证员从社会视角为当事人分析利弊、权衡得失，推动当事人息诉罢访。另一方面，搭建内外协作平台，协同履职推动诉源治理，通过主动对接属地乡政府开展情绪疏导，通过与当事人所在地检察机关开展检察听证异地协作，保障当事人合法权益，保证听证顺畅、有效开展。

（3）构建"多元化"化解机制，筑起公平正义"样板间"。摒弃案件"一办了之"理念，推动法律监督"向后多走一步"、司法救助"向前延伸一步"，在答复信访人立案监督案件办理结果及理由时，通过线上公开听证会同步开展释法说理、畅通诉求表达渠道，针对信访人确因案件导致经济困难，且家庭负担较重，需抚养四名在校子女的情形，及时引入司法救助，实现立案监督、司法救助程序的无缝连接，缓解信访人燃眉之急，释放检察温度，让公平正义可见可感，推动实现办案"三个效果"有机统一。

最高人民检察院、国家外汇管理局联合发布 8 件惩治涉外汇违法犯罪典型案例之七：王某良等人非法经营案

基本案情

2015 年至 2020 年，王某良与王某欣（另案处理）、王某军等人为多家农产品公司非法买卖外汇赚取差价。王某良控制的账户兑换外汇，累计折合人民币 5.3 亿余元。王某军控制的账户兑换外汇，累计折合人民币 1.2 亿余元。其中，青岛某农产品公司（另案处理）采取低值高报的方式虚增农产品的出口总价，在境内将人民币汇入王某良等人控制的账户购买外汇，王某良等人按照约定的汇率通过境外账户将美元汇入某农产品公司指定的账户。某农产品公司通过上述方式骗取国家出口退税共计人民币 2126 万余元。

2015 年至 2020 年，臧某与臧某新、秦某共同为王某军、刘某等人非法买卖外汇赚取差价。其中，臧某控制的账户兑换外汇累计折合人民币 3.7 亿余元。臧某新控制的账户兑换外汇共计人民币 1.2 亿余元。秦某为臧某非法买卖外汇提供外汇资金共计美元 1254 万余元，折合人民币 8807 万余元。刘某控制的账户兑换外汇累计折合人民币 6957 万余元。

2022 年 11 月 4 日，山东省青岛市市南区人民法院作出判决，以非法经营罪判处王某良有期徒刑八年，并处罚金人民币 80 万元；判处臧某有期徒刑六年，并处罚金人民币 60 万元；判处王某军有期徒刑六年，并处罚金人民币 50 万元；判处臧某新、秦某、刘某有期徒刑二年，并处罚金人民币 40 万元至 30 万元。宣判后，王某良、臧某、王某军提出上诉。2023 年 5 月 22 日，山东省青岛市中级人民法院裁定驳回上诉，维持原判。

案件办理过程

（一）提前介入

2020 年 1 月 10 日，国家外汇管理局青岛市分局经调查发现，青岛某农产品公司通过地下钱庄实施农产品低值高报骗取国家税款补贴涉嫌犯罪，并将该线索移交山东省青岛市公安局市南分局。公安机关立案侦查后，山东省青岛市市南区人民检察院（以下简称市南区检察院）应邀提前介入。根据检察机关的建议，针对涉案人员及账户众多、资金流转量巨大、境外资金账户取

证难等情况，公安机关重点围绕资金流转脉络、涉案人员关系、外汇买卖与骗取退税的关联等方面侦查取证。（1）以已在外省被刑事处罚的王某欣控制的非法买卖外汇账户为突破口，梳理可疑买卖外汇账户和可疑人员，结合证人证言、即时通信软件聊天记录等证据，公安机关据此排查出涉嫌非法买卖外汇的王某良等 6 人。（2）调取 3000 余个银行账户的 1000 万条银行交易明细，为进一步开展资金分析奠定基础。（3）对关联犯罪同步侦查，形成相互支持的证明体系。对于骗取出口退税部分，针对某农产品公司在骗取出口退税过程中存在真实业务退税，犯罪数额难以认定的情况，确定以某农产品公司购买外汇虚假结汇的数额为基础，根据农产品最低出口退税率，认定骗取出口退税的数额；对于非法买卖外汇部分，出口农产品公司境内账户明细证实向王某良、王某军、臧某等人控制的账户支付人民币购买外汇的事实，结合某农产品公司的虚假出口结汇数额、公司涉案人员的言辞证据，查明王某良等人非法买卖外汇的犯罪事实。

（二）审查起诉

2021 年 5 月 12 日，山东省青岛市公安局市南分局以王某良等 6 人涉嫌非法经营罪移送审查起诉。

市南区人民检察院重点开展了以下工作：一是认定非法买卖外汇犯罪数额。本案犯罪嫌疑人作为外汇掮客赚取差额，境内人民币账户与境外外汇账户不发生直接关联。在境外资金账户查询不到位的情况下，检察机关对犯罪嫌疑人以及控制的他人境内账户之间的往来资金进行重点梳理。根据已经处理的同案犯、犯罪嫌疑人和外汇提供者等人的言辞证据，确定用于非法买卖外汇的账户，对账户的支出数额、收入数额进行汇总、比较，发现支出数额普遍低于收入数额，故将支出数额初步作为非法买卖外汇数额，同时考虑到账户进出资金量大，在没有境外账户直接关联和缺少转账具体用途的前提下，将其中的正常业务往来金额、无证据证明系涉案交易的金额扣除，最终认定非法经营的犯罪数额。二是督促退缴违法所得。检察机关向犯罪嫌疑人重点阐明认罪认罚从宽制度以及积极退缴违法所得对量刑建议的影响，通过辩护人与犯罪嫌疑人及其家属开展沟通，促使臧某新、秦某、刘某 3 人自愿认罪认罚，并在提起公诉前退缴违法所得。

2021 年 10 月 27 日，市南区人民检察院以王某良等 6 人构成非法经营罪向法院提起公诉。

（三）指控和证明犯罪

2021年12月至2022年8月，山东省青岛市市南区人民法院四次公开开庭审理本案。在庭审中，王某良及其辩护人提出无罪辩解及辩护意见，主要包括：同案犯王某欣、王某军作虚假供述；王某良持有的熟人银行卡是协助朋友拉存款或是交给涉案农产品公司走流水；王某良的电脑没有用于作案，调取的电子数据无法证明由其操作等。其他被告人均认罪，但王某军提出应将其服刑期间的银行交易金额从指控犯罪数额中扣除，臧某提出指控犯罪数额中包含的真实交易应予扣除。

公诉人综合事实证据答辩指出，王某欣和王某军的多份供述均证实王某良实施非法买卖外汇的行为，王某良的亲属证言证实将银行卡交给王某良使用，结合王某良控制的银行账户与王某欣、王某军控制的银行账户交易记录，证实王某良与王某欣、王某军共同实施了非法买卖外汇犯罪；侦查机关依法对王某良的电脑、手机进行了电子数据勘验等证据证实，王某良使用自己的电脑、手机进行转账操作非法买卖外汇。关于王某军的犯罪数额，检察机关指控时未将其服刑期间的银行流水数额予以认定。关于臧某的犯罪数额，检察机关指控时已经将正常业务数额从中扣除。

（四）行政处罚

2021年4月至2023年7月，国家外汇管理局青岛市分局对本案涉及的11个地下钱庄交易对手非法买卖外汇行为给予行政处罚，罚款共计7020万元。

典型意义 >>>

（1）依法全链条惩治骗取出口退税犯罪、非法买卖外汇犯罪等关联犯罪。非法买卖外汇为骗取出口退税境内外资金循环提供了支持，不仅破坏了国家外汇管理秩序，而且给国家税收造成了巨额损失，应当注重全链条打击。对于非法买卖外汇人员，应当根据与骗取出口退税人是否事先通谋、主观上是否明知、客观上是否实施其他帮助行为等，判断其是否构成骗取出口退税罪的共犯。对于证明构成骗取出口退税共同犯罪证据不足，但其非法买卖外汇行为情节严重构成犯罪的，应当以非法经营罪定罪处罚。

（2）科学审查海量资金交易记录，依法认定犯罪数额。非法买卖外汇往往涉及海量资金交易数据。检察机关要引导公安机关全面调取可能涉案的银行账户流水基础上，根据外汇出售人、犯罪嫌疑人、提供账户人、换汇人等人的言辞证据等，梳理出用于买卖外汇的银行账户，区分正常资金往来和缺少证据证实的可疑资金交易，为准确计算非法经营数额提供依据。检察机关在引导取证时，要建议侦查机关委托司法审计时明确审计标准，根据在案其他证据分析资金交易记录的特点，分类审计交易数额。

（3）全面惩治非法买卖外汇黑灰产业，整治行业乱象。骗税企业通过地下钱庄买入外汇虚假结算骗取国家退税，扰乱了诚信经营、公平竞争的行业市场秩序，破坏了金融管理秩序和税收征管秩序。检察机关要注重与外汇管理部门、税务部门、公安机关等联合打击非法买卖外汇和骗取出口退税犯罪，形成对行业的警示和示范效应，保障守法企业合法权益和良性发展，优化营商环境。

最高人民检察院、国家外汇管理局联合发布 8 件惩治涉外汇违法犯罪典型案例之五：李某杰非法经营案

基本案情 》》》

自 2004 年 1 月起，于某凯（另案处理）通过暴力、威胁等手段形成以其为组织者、领导者的 22 人黑社会性质组织。该组织在我国澳门特区开设赌场，组织、招揽沈阳市及周边地区人员赴澳门特区赌博，并提供资金担保，通过境外赌博、境内结算的方式非法敛财，赌资累计达人民币 38 亿余元。在经营澳门特区赌场期间，于某凯还利用赌场账户，伙同李某杰为澳门特区赌场游客兑换港币，赚取汇率差价。

2020 年 11 月至 2021 年 6 月，李某杰、于某凯在广东省珠海市成立俊某杰公司，非法从事买卖外汇活动。于某凯负责提供资金，安排该组织成员黄某斌、刘某民、李某等人（均另案处理）在沈阳市多家银行开立 10 余个银行账户并绑定手机卡，交给黄某斌统一保管，用于收转买卖外汇资金；李某杰负责在澳门特区赌场、酒店等场所招揽需要兑换港币的客户并兑换外汇。李某杰招揽客户、谈好兑换汇率后，要求客户将人民币通过手机银行 App 转入黄某斌保管的银行账户，确认资金到账后，在澳门特区赌场将港币现金交付给客户。为获取港币现金用于非法兑换，该组织成员黄某斌、李某、刘某民

等人从自己或他人名下银行账户提取人民币现金后交给李某杰联系的地下钱庄人员,地下钱庄人员在澳门口岸交付港币现金给李某杰,存入该组织成员吴某波澳门特区赌场账户。该组织财务人员黄某负责上述人民币资金周转及账目记载。李某杰等人分工合作,在每日汇率基础上提高兑换汇率,赚取汇率差价,李某杰与于某凯等人非法买卖外汇累计折合人民币1514万余元。

2023年2月9日,辽宁省沈阳市大东区人民法院作出判决,以非法经营罪判处被告人李某杰有期徒刑二年六个月,并处罚金人民币4万元。判决已生效。另案处理的于某凯等人因犯组织、领导黑社会性质组织罪、参加黑社会性质组织罪、非法经营罪等罪名被依法判处刑罚。

案件办理过程

(一)线索发现

辽宁省沈阳市大东区人民检察院(以下简称大东区检察院)在提前介入于某凯等人黑社会性质组织犯罪案件时发现,部分组织成员供述于某凯与李某杰成立俊某杰公司,存在买卖港币获利的行为,检察机关认为上述行为可能构成非法经营罪,遂向公安机关提出继续侦查意见:(1)调取俊某杰公司工商登记材料,查明该公司实际经营范围,以及是否具有兑换外汇资质。(2)讯问该组织成员,查明李某杰、于某凯等人成立公司目的、实际经营活动、与澳门特区赌场联系、兑换外汇方式、人员分工、涉案银行账户及金额、资金去向、获利方式及金额等事实。(3)调取俊某杰公司相关账目、涉案银行账户交易明细、涉黑组织财务人员黄某记载的账目等相关书证,核实提供银行账户人员,并对银行交易明细进行指认,查明该公司的资金来源及流转情况、实际经营内容及获利情况。(4)核实俊某杰公司买卖外汇客户信息,调取客户证言,查明买卖外汇的方式、地点、金额等事实。(5)调取李某杰、于某凯等人及于某凯澳门特区赌场赌客的出入境记录,核实赌客2020年后在于某凯的澳门特区赌场赌博情况及资金来源;核实李某杰、黄某斌等人与何人对接,查明俊某杰公司买卖外汇行为与于某凯澳门特区赌场账户的关联。(6)对涉案银行账户交易明细进行审计,查明涉案账户入账资金来源、去向、买卖外汇金额。

公安机关根据上述意见收集固定相关证据,查明李某杰、于某凯等人在没有兑换外汇资质的情况下,非法买卖外汇获取利润。针对地下钱庄买卖外汇手段隐蔽、地下钱庄人员不固定、买卖外汇客户人员分散、境外赌场账户调取证据难等侦查难点，围绕非法买卖外汇数额的认定，检察机关进一步提出侦查取证重点：（1）比对已调取的涉案人员银行账户交易明细及财务人员黄某记录的账目，查明买卖外汇客户姓名、交易账户、资金去向。（2）复核买卖外汇客户，查明其非法购买外汇的数额、地点、方式、资金用途。（3）组织买卖外汇客户对交易明细进行指认，对向其非法买卖外汇人员进行辨认，印证李某杰等人非法买卖外汇的事实。（4）提取黄某斌等人手机内微信、QQ、短信等数据信息，佐证黄某斌等人参与非法买卖外汇情况、涉案人员日常对账情况。

（二）审查起诉

2022 年 12 月 19 日，辽宁省沈阳市公安局大东分局以李某杰涉嫌非法经营罪移送起诉。

大东区检察院针对涉案账户资金交易记录复杂、关联证据情况不一等特点，结合李某杰等人供述、提供银行卡人员证言、已核实的 34 名买卖外汇客户证言、黄某斌等人手机中提取微信群部分聊天记录、部分接收资金短信截图、买卖外汇客户对银行流水的指认、对李某杰的辨认笔录等证据，比对黄某记录账目、涉案银行账户交易明细，依法认定犯罪数额。（1）对于财务人员黄某记录账目中有记录的交易明细，有李某杰、黄某等人供述、提供银行卡人员证言及银行卡开卡记录证实，记录账目涉及的银行账户系专门用于买卖外汇资金流转，记录的交易明细与银行账户交易明细中客户姓名、转账数额一一对应，另有部分客户证言亦可印证交易过程，故账目中全部交易数额均计入犯罪数额，共计 681 万余元。（2）对于黄某记录账目中未记录的交易明细，进行区分认定：对于有犯罪嫌疑人供述、客户证言等证据证明相关交易记录为买卖外汇交易的部分，计入犯罪数额，共计 833 万余元；对于其他交易金额，不能排除系涉案人员用于其他用途的，未认定为犯罪数额。

2023 年 2 月 2 日，大东区检察院以李某杰构成非法经营罪向法院提起公诉。

典型意义

（1）办理涉跨境赌博等跨境犯罪案件，应当注重依法追捕追诉非法买卖外汇等转移赌博资金关联犯罪。跨境赌博等跨境犯罪经常伴随非法买卖外汇等转移赌博资金的违法犯罪活动，检察机关在办理涉跨境赌博犯罪案件时，要注意对涉案人员及其实际控制公司银行账户交易记录等证据的审查，发现银行账户存在资金频繁大额交易等异常情况的，要注重结合社交软件记录等其他证据，审查发现是否存在非法买卖外汇等关联犯罪线索，依法追捕追诉漏罪漏犯。

（2）根据具体证据情况依法认定犯罪数额。非法买卖外汇案件涉案银行账户资金交易记录、买卖外汇人员数量众多，作案时间长，逃避侦查能力强，案发后难以收集到全部证据，检察机关应当按照事实清楚，证据确实、充分的刑事诉讼证明标准，在涉案银行账户资金交易记录基础上，结合其他证据综合判断认定犯罪数额。用于接收购汇资金的银行账户交易记录，能够与犯罪嫌疑人、被告人供述、客户证言、财务账册记录等其他证据相互印证的，足以认定相关交易金额是非法买卖外汇数额。对于涉案银行账户交易存在其他用途交易的，应当结合收集到的客户证言等证据证明对应的非法买卖外汇行为及数额，对于没有其他证据核实的交易记录不计入犯罪数额。

最高人民检察院发布 5 件检察机关依法惩治制售伪劣农资犯罪典型案例之二：谢某某等人生产、销售伪劣产品，非法经营案

基本案情

2020 年 1 月至 2021 年 7 月，被告人毛某某等人利用网络平台销售百草枯原液，销售金额分别为 120 万余元至 15 万余元不等。被告人谢某某、张某某在未取得农药经营许可证的情况下，从毛某某等人处购进百草枯原液，加工后冒充"敌草快"等除草剂农药销售，销售金额分别为 54 万余元、45 万余元。2020 年 1 月至 2022 年 7 月，被告人宋某某在未取得农药经营许可证的情况下，从谢某某、张某某处购进上述农药后向他人销售，销售金额为 137 万余元。上述被告人均明知百草枯在我国禁止销售和使用，宋某某等人明知上述农药中含有百草枯成分。经江苏省盐城市产品质量监督检验所检测，涉案农药中均含有百草枯成分，不含敌草快或草铵膦成分。

2022 年 8 月 9 日、11 月 14 日，江苏省宝应县人民检察院分别对被告人谢某某、张某某以生产、销售伪劣产品罪，对被告人宋某某以销售伪劣产品罪，

对被告人毛某某等人以非法经营罪向宝应县人民法院提起公诉。2022 年 12 月 16 日，宝应县人民法院作出一审判决，以生产、销售伪劣产品罪分别判处谢某某、张某某有期徒刑七年、六年，以销售伪劣产品罪判处宋某某有期徒刑六年，以非法经营罪分别判处毛某某等人三年至六个月不等有期徒刑，部分被告人适用缓刑（宋某某、毛某某因具有立功、认罪认罚等情节被减轻处罚）。上述被告人均被并处罚金。一审宣判后，各被告人均未上诉，判决已生效。

检察机关履职过程

（1）侦查阶段。2022 年 1 月，经公安机关商请，检察机关派员提前介入，就伪劣农药认定、犯罪数额、全链条打击等问题提出以下建议：一是对扣押在案的农药样品及时送检，并向购买该农药的证人核实情况，查清涉案农药属性。走访农业农村部门，确定国家禁止销售百草枯的具体时间。二是重点调查涉案人员的从业经历，购买、销售伪劣农药的聊天记录、价格等证据，查清其主观明知。三是对涉案人员的微信、银行账户的资金流进行比对，查清销售金额。四是围绕伪劣农药原液提供、生产、销售等环节，结合电子数据等客观证据，深挖彻查，依法追捕 2 名犯罪嫌疑人，确保全链条打击。

（2）审查起诉阶段。检察机关重点开展以下两个方面工作：一是精准认定犯罪数额。检察机关采取以电子交易信息为主，言词证据为辅审查原则，通过宋某某的微信聊天、资金交易等记录，梳理出各犯罪嫌疑人具体销售明细，从而认定各犯罪嫌疑人销售金额。二是准确认定犯罪罪名。本案中，犯罪嫌疑人毛某某等人通过网络销售我国禁止销售和使用的百草枯原液。根据《最高人民法院、最高人民检察院关于办理危害食品安全刑事案件适用法律若干问题的解释》的规定，生产、销售国家禁用农药，情节严重的，以非法经营罪定罪处罚。检察机关经审查，认定毛某某等人构成非法经营罪。

（3）法庭审理阶段。被告人宋某某的辩护人认为其与上游生产者谢某某、张某某系共同犯罪且为从犯。公诉人结合证据进行答辩，宋某某与谢某某、张某某系买卖关系，上游生产者谢某某、张某某将涉案农药销售给宋某某后，宋某某继续对外销售，宋某某获取的收益系其对外销售价格扣除进货价格后部分，而非从谢某某、张某某处分得收益。谢某某、张某某二人按照宋某某要求直接发送给其客户的行为不影响其买卖关系的成立，双方亦不存在共同销售的合意，不应认定为共同犯罪，宋某某不应认定为从犯。法院经审理，采纳了检察机关指控意见。

典型意义 ≫

（1）全链条打击制售伪劣农药犯罪，保障农资安全。制售伪劣农药犯罪危及粮食安全，损害农民合法权益和人民群众生命健康，必须从严惩处。百草枯被列入《禁限用农药目录》，属于禁用农药。近年来，农业农村部门多次开展百草枯专项整治工作。本案中，14名被告人分别实施了销售百草枯原液、使用原液生产假农药、利用网络平台全国性销售等行为，形成完整的犯罪链条。检察机关发挥诉前主导作用，通过引导侦查固定证据，依法追捕假农药生产者，对原材料提供端、假农药生产端、销售端进行全链条打击，跨区域捣毁制假、售假源头，全力保障农资安全。

（2）加强电子数据客观性审查，准确认定犯罪数额。网络销售伪劣农资类案件涉及地域范围广、消费者众多，在侦查取证、数额认定等方面存在困难。检察机关在办理该类案件时，应当加强电子数据的客观性和关联性审查。本案中，检察机关通过对涉案人员的微信聊天记录、物流单据、资金走向等信息进行比对，形成证据闭环，对行为人提出的正常交易、合法收入等合理辩解，查证属实后，依法予以扣除，综合认定销售数额。

（3）能动履职延伸检察职能，实现"治罪"与"治理"并重。打击制售伪劣农资犯罪，需要检察机关、公安机关、行政机关协作配合，推进诉源治理。本案中，检察机关结合办案中发现的问题、隐患，向当地农业农村部门通报案情，推动该部门开展农资生产执法检查，共检查农资经营店248家次，抽检农药45批次，依法对4起涉及无证生产经营农药、经营假农药等违法行为给予行政处罚。同时，针对网络寄递销售的特点，向当地邮政管理部门制发检察建议，推动开展县域寄递行业安全专项整治，完善全链条治理机制，形成社会共治。

最高人民检察院发布10起粮食购销领域职务犯罪
典型案例之一：周某某贪污、受贿、非法经营同类营业案

基本案情 >>>

（1）贪污罪。2020年1月至2021年9月，周某某利用担任响水县某粮库主任、响水县某粮食公司执行董事的职务便利，通过私自销售"升溢粮"[1]、虚构虚增工程设备款、"力资费"[2]等方式，侵吞单位公款合计人民币108.4万余元（币种下同）。

（2）受贿罪。2014年春节前至2021年中秋节前，周某某利用担任响水县某粮库主任、响水县某粮食公司执行董事的职务便利，为粮食经销商陈某甲、陈某乙、陈某丙等人在租赁粮食烘干房、粮食收储、申报国家稻谷风险补贴等方面谋取利益，索取、非法收受陈某甲、陈某乙、陈某丙等人贿送的财物合计71.2万元。

（3）非法经营同类营业罪。2016年9月，周某某与马某某、张某某等人计议通过从事"托市粮"[3]收储业务获利，在响水县双港镇某社区建设私人粮库（以下简称双港粮库），其中周某某出资220万元，占股20%。2016年11月至2021年11月，周某某利用担任响水县某粮库主任、某粮油管理所所长的职务便利，安排不具备"托市粮"收购资格的双港粮库，借用某粮油管理所的资质申报"托市粮"收储业务。双港粮库先后收储"托市粮"4.5万余吨，获取国家支付的保管费共计826万余元，周某某从中获取非法利益148.6万余元。

2022年4月12日，响水县监察委员会将周某某贪污、受贿、非法经营同类营业案移送审查起诉。同年8月10日，响水县人民检察院对周某某以贪污罪、受贿罪、非法经营同类营业罪向响水县人民法院提起公诉。同年12月8日，响水县人民法院以周某某犯贪污罪、受贿罪、非法经营同类营业罪数罪

---

〔1〕 指在粮食收购、入库、仓储、调运、出库过程中，经过扣除水分杂质及烘干、通风、加湿等过程产生的溢余。

〔2〕 指在粮食入库、出库过程中，雇用人员搬运产生的费用。

〔3〕 即按照托市收购政策收购的粮食。托市收购，也叫作最低保护价收购或者最低价收购，是2006年起实行的以国家储备库为依托，烘托粮食最低收购价的收购方式，是为了稳定市场粮价、促进农民增收、调动农民种粮积极性、保护农民利益，防止"谷贱伤民"而采取的调控手段。

并罚，决定合并执行有期徒刑五年九个月，并处罚金43万元。该案判决已生效。

检察机关履职过程 >>>

（1）加强协作，构建完善证据体系。本案案情较为复杂，周某某长期担任粮食企业负责人，犯罪手段较为隐蔽，检察机关与监察机关加强沟通配合，共同研究完善证据体系，从三个方面梳理审查证据。在主体身份方面，周某某任职文件、任职企业工商登记资料及其本人的供述等证据，证实周某某担任粮库主任、法定代表人期间，主持响水县某粮库、某粮油管理所的全面工作，对内掌管企业经营、对外代表企业决策。在双港粮库经营管理方面，合伙协议、经营合同等书证和马某某、孙某某等证人证言，证实双港粮库系由周某某等人发起并由其主导经营，业务范围包括粮食收购、加工、仓储等，周某某占股20%。在"托市粮"收储资质方面，历年最低收购价委托收储库点申报文件及相关规定等证据，证实双港粮库不符合"托市粮"收购点申报条件，亦不符合成为出租仓储企业的条件。

（2）充分论证，依法认定非法经营同类营业行为。本案中，周某某贪污、受贿犯罪事实清楚，证据确实、充分，争议焦点在于其行为是否构成非法经营同类营业罪。检察机关充分听取周某某及其辩护人的意见，全面审查后认为，一是周某某具有国有企业经理的身份。响水县某粮库、某粮油管理所改制前系全民所有制企业，改制后为国有独资公司，均为国有企业。周某某是响水县粮食局聘任的粮库主任并兼任粮油管理所所长，对粮库及粮油管理所工作具有经营决策、财务审批、合同签订、管理监督等职权，与《公司法》第49条规定的"经理"的职权范围一致，可以认定为国有企业的经理。二是周某某实施了非法经营同类营业行为。本案中，周某某利用其担任响水县某粮库主任、某粮油管理所所长的职务便利，与他人合伙投资建设双港粮库，借用某粮油管理所资质，经营与其任职的国有粮库同样的"托市粮"收储业务，与国有粮库形成竞争关系，致使周某某个人利益与国有粮库利益存在冲突，损害国有粮库利益及正常管理秩序，属于经营"与其所任职公司、企业同类的营业"。此外，周某某等人通过双港粮库获取国家支付的保管费共计826万余元，扣除经营成本，其个人非法获利达148万余元。综上所述，周某某身为"国有公司、企业的董事、经理"，其利用职务便利实施非法经营同类营业行为，并从中获取非法利益，构成非法经营同类营业罪。

（3）监检协作，推进粮食领域腐败问题专项治理。针对案件中暴露出的国有粮食企业在内部监督制约、人员管理等方面存在的问题，监察机关拟向主管部门制发监察建议，并专门致函检察机关征求意见，检察机关从涉案国有粮食企业存在集体决策机制不完善、财务管理不规范等方面进行了反馈。后监察机关制发监察建议，提出履行主体责任、抓好排查整治、规范权力运行、延伸监管触角四个方面意见。对此，当地发展和改革委员会及相关单位专门制定了整改落实方案，采取 22 项整改措施。检察机关配合监察机关督促监察建议落实，共同走访涉案国有粮食企业、查看整改落实台账资料、开展座谈交流，推动相关问题整改到位。

（4）一体化履职，聚焦粮食流通领域公共利益。检察机关职务犯罪检察部门发现部分粮食经销商存在经营不规范的问题，可能侵害社会公共利益，根据相关规定向公益诉讼检察部门移送线索，后公益诉讼检察部门以行政公益诉讼案件立案。检察机关通过对全县范围内粮食经营企业进行实地走访、谈话了解、现场取证，发现 13 家粮食经营企业存在仓储设施不符合储存技术要求、未规范公示收购信息等问题，违反《江苏省粮食流通条例》等相关规定，影响粮食收储质量安全，侵害社会公共利益，遂依法向当地发展和改革委员会制发行政公益诉讼诉前检察建议，建议对涉案粮食经营企业不规范行为依法进行检查处理、建立粮食企业经营信用档案、加强粮食储备环节精细化管理。当地发展和改革委员会收到检察建议后，召开专门会议研究整改措施，对全县 50 余家粮食经营企业进行粮食流通政策宣讲，开展粮食收购专项监督检查工作，8 家企业被要求立行立改，5 家企业被书面责令整改。收到回函后，检察机关通过实地核查、座谈交流等方式进行跟进监督，有效排除粮食安全风险隐患，筑牢粮食流通领域安全屏障。

典型意义

（1）行为人利用职务之便，通过贪污、受贿等手段"靠粮吃粮"的，应当依法严厉惩治。国有粮食企业是国家粮食安全的"守门人"，企业管理人员常利用粮食系统封闭性、专业性以及垂直性等特点，在粮食领域购、销、储等重点环节，采用隐蔽手段实施违法犯罪行为，如对内通过侵吞"升溢粮"销售款、虚增虚报"力资费"等方式，贪污公共财物的；对外通过权钱交易进行权力寻租，甘于被围猎，为粮食经销商在粮食收储、申报国家补贴等方面提供便利，扰乱粮食购销秩序的，依法追究刑事责任。

（2）国有粮食企业负责人利用职务便利，安排自己经营的企业借用其任职单位的资质从事粮食收储等经营行为，属于"同类营业"。国有粮食公司、企业的董事、经理等负责人利用职务便利，帮助自己经营的公司、企业借用其任职国有公司、企业的资质，从事与其任职国有公司、企业相同的营业行为，违反竞业禁止义务，抢占、排除任职国有公司、企业的交易机会，具有竞争和利益冲突关系，侵害了国有公司、企业的正常管理秩序，损害了国有公司、企业的利益，应当认定为非法经营同类营业行为。

（3）注重监检协同配合，加强一体化履职工作，提升粮食领域综合治理质效。监察机关就拟制发的监察建议向检察机关征求意见的，检察机关可结合发案原因和特点，提出意见建议，并配合做好督促整改工作。检察机关要通过内部横向协作加强一体化履职，对粮食流通领域可能存在的危害公共利益问题，通过公益诉讼等方式，消除安全隐患，履行好守护国家粮食安全的政治责任、法治责任。

关联索引 >>>

《刑法》第 382 条、第 383 条、第 385 条、第 386 条、第 165 条

《最高人民法院、最高人民检察院关于办理贪污贿赂刑事案件适用法律若干问题的解释》第 2 条、第 19 条

最高人民检察院发布 10 起粮食购销领域职务犯罪典型案例之八：刘某某等五人受贿、贪污、国有公司人员滥用职权、非法经营同类营业案

基本案情 >>>

（一）受贿罪

2010 年至 2021 年，被告人刘某某、赵某某、熊某某、席某利用职务便利，在粮油购销、设备采购、资金折借等业务中为他人谋取利益，单独或共同收受他人钱款 7 万元至 173 万元不等。

（二）贪污罪

2014 年至 2019 年，被告人刘某某利用职务上的便利，先后伙同赵某某、熊某某、陈某某私分通过黄某甲（当地粮商）"以陈顶新"方式套取的"小金库"资金；伙同赵某某平分处置重金属超标稻谷购销差价款；将黄某乙（当地粮商）支付的拆借资金利息款以及黄某甲支付的"托市粮"利润款据为己有。其中，刘某某、赵某某、陈某某、熊某某共同贪污 40 万元；刘某某、赵某某共同贪污 70 万元；刘某某个人贪污 44 万元。

（三）国有公司人员滥用职权罪

2013 年至 2014 年，部分与国某公司有业务关系的粮商提出向国某公司拆借资金并承诺到期支付利息。被告人刘某某、赵某某为规避国有公司不得办理变相借贷融资业务的规定，通过与粮商签订虚假粮食购买合同，采取预付收购款的方式将资金支付至粮商账户。借款到期后，又通过签订虚假粮食销售合同，由粮商将借款本金及利息以购粮款的名义打回至国某公司账户。刘某某、赵某某滥用职权将国某公司资金用于出借共计 4350 万元。截至立案，无法收回的出借资金本息共计 2441 万余元。立案后，收回资金 151 万元。

（四）非法经营同类营业罪

国某公司系中央储备粮某直属库有限公司（以下简称中储粮某直属库）的代储企业，经营范围包括中央储备粮稻谷轮换业务。2019 年，被告人刘某某接到中储粮某直属库通知，要求对代储在国某公司的部分中央储备粮进行轮换。刘某某遂伙同黄某甲、文某某、蔡某某等粮商承揽了该笔本可由国某公司经营的稻谷轮换业务，以 2180 元/吨的价格购买稻谷 2200 余吨，加价后以 2520 元/吨出售给中储粮某直属库，获取非法利益 43.07 万元。

本案由四川省射洪市监察委员会调查终结，于 2022 年 3 月 25 日移送射洪市人民检察院审查起诉。同年 5 月 7 日，射洪市人民检察院以被告人刘某某、赵某某、熊某某、席某、陈某某犯受贿罪、贪污罪、国有公司人员滥用职权罪、非法经营同类营业罪，依法向射洪市人民法院提起公诉。2022 年 11 月 23 日，射洪市人民法院以刘某某犯受贿罪、贪污罪、国有公司人员滥用职权罪、非法经营同类营业罪数罪并罚，决定合并执行有期徒刑十四年六个月，并处罚金 57 万元；以赵某某犯受贿罪、贪污罪、国有公司人员滥用职权罪数罪并罚，决定合并执行有期徒刑十年，并处罚金 45 万元；以熊某某犯受贿罪、贪污罪数罪并罚，决定合并执行有期徒刑三年二个月，并处罚金 30 万元；以受贿罪判处席某有期徒刑二年，并处罚金 15 万元；以贪污罪判处陈某某有期徒刑一年二个月，并处罚金 10 万元；依法对 5 名被告人违法所得 590 余万元予以追缴。该案判决均已生效。

检察机关履职过程 》》》

（一）监检衔接配合，准确查明全案事实

本案系国某公司班子成员集体腐败，涉案金额 3000 余万元，涉嫌多个罪名。应监察机关商请，检察机关成立专案组，高效开展提前介入工作。通过查阅案件卷宗，监检充分沟通协作，就犯罪事实与证据、作案手段与罪名认定、法律适用与涉案款物返还等 6 个方面达成一致意见。特别是对于刘某某利用职务便利，将本该由国某公司承揽的轮换稻谷业务交由自己及黄某甲等粮商共同承揽谋取利益的行为，涉嫌非法经营同类营业罪统一了认识，明确了方向。监察机关收集完善了同案犯、相关参与人员的证言，明确了犯意的提出、承接稻谷轮换业务中各自的分工、获利及分配等情况，为准确全面适用罪名，精准打击犯罪奠定了坚实基础。

（二）围绕争议焦点，有力指控犯罪

围绕庭审争议的刘某某、赵某某是否构成国有公司人员滥用职权罪和非法经营同类营业罪，检察机关认为，一是公司章程规定国某公司不得进行资金拆借业务，二人明知上述规定，仍采取虚构业务的方式拆借资金，截至立案时无法收回资金本息为 2441 万余元，其行为构成国有公司人员滥用职权罪；二是刘某某作为国某公司总经理，利用能够及时掌握中储粮稻谷轮换信息的职务便利，伙同黄某甲等粮商经营本该由国某公司承揽的中储粮稻谷轮换业务，共同获取非法利益 43.07 万元，其行为构成非法经营同类营业罪。经过充分的法庭调查和法庭辩论，公诉机关的指控意见得到法院全面采纳，5 名被告人均无异议，当庭表示认罪服判。

（三）用好警示案例，实现"办理一案、教育一片"

为充分发挥案件庭审的警示震慑作用，推动粮食购销领域腐败问题专项整治工作走深、走实，检察机关和监察机关统筹安排，配合审判机关组织遂宁市、射洪市两级粮食和物资储备系统、国资国企领域领导干部等共计 120 余人到庭观摩庭审。在庭审过程中，深度还原了 5 名被告人作为国企领导班子成员，如何利用监督监管漏洞成为粮仓"硕鼠"，走上犯罪道路的真实过程，用身边人、身边事教育相关从业人员强化底线思维、法纪意识。庭审结束后，旁听人员纷纷表示真切感受到了法律的威严和违纪违法带来的惨痛教训。

（四）社会治理有为，做好后半篇文章

案件审结后，检察机关及时梳理粮食购销领域存在的职工纪法意识淡薄、权力运行不规范、制度执行不到位、监督管理缺失等方面问题，围绕管人、管事、管权、管财以及收购、仓储、销售、检验、资产租赁、财务结算、资金拆借等 11 个重点问题，向国某公司制发检察建议，建议加大财务、审计、跨区交叉检查、领导干部定期轮换、异地任职和巡视、巡查力度。国某公司全面采纳建议内容，专门成立合规督察部，并建立完善《"三重一大"集体决策制度》《粮油出入库制度》《库存粮油数量质量管理办法》等 34 项规章制度，进一步规范国有企业经营管理，督促企业有效维护粮食安全。

典型意义 ≫

（1）检察机关办理粮食购销领域职务犯罪案件，要加强与监察机关的协作配合，确保精准惩处职务犯罪。粮食领域资源密集、资金充沛、拆借资金频发、流转环节多、利润空间大，是职务犯罪易发多发重点领域，检察机关要加强与监察机关协作配合，通过高标准、专业化的调查、审查，形成反腐合力。通过统一认识、规范标准，提升粮食购销领域职务犯罪打击的精度、深度、准度。

（2）检察机关办理粮食购销领域职务犯罪窝串案件，要有效聚焦，确保指控犯罪有力。检察机关要立足共同犯罪事实，从关键人员和重点罪名入手，全面建立证据体系。对于能体现共同犯罪的犯意联络、造成巨大危害后果的非法获利或损失等进行重点指控；对于账簿等关键书证和支撑公诉意见的证据进行重点出示，确保指控犯罪效果。

（3）检察机关办理粮食购销领域职务犯罪案件，要充分发挥检察职能，助力推进社会治理。粮食安全是国家安全的重要基础，粮食购销是保障粮食安全的关键环节。粮食系统治理既重找准"病灶"，又重医治"病根"。检察机关应当能动履职，助力粮食企业在稳经济保民生方面发挥积极作用，认真做好案件办理"后半篇"文章。通过组织庭审观摩、制发检察建议等形式，积极参与社会治理，督促粮食购销领域"以案促改"，不断提升社会治理效果。

关联索引 >>>

《刑法》第 165 条、第 168 条、第 382 条、第 383 条、第 385 条、第 386 条

《刑事诉讼法》第 15 条

《最高人民法院、最高人民检察院关于办理贪污贿赂刑事案件适用法律若干问题的解释》第 2 条

最高人民检察院、国家外汇管理局联合发布 8 件惩治涉外汇违法犯罪典型案例之二：郭某钊等人非法经营、帮助信息网络犯罪活动案

基本案情 >>>

2018 年 1 月至 2021 年 9 月，陈某国（另案处理）、郭某钊等人搭建"TW711 平台""火速平台"等网站，以虚拟货币泰达币为媒介，为客户提供外币与人民币的汇兑服务。换汇客户在上述网站储值、代付等业务板块下单后，向网站指定的境外账户支付外币。网站以上述外币在境外购买泰达币后，由范某抦通过非法渠道卖出取得人民币，再按照约定汇率向客户指定的境内第三方支付平台账户支付相应数量的人民币，从中赚取汇率差及服务费。上述网站非法兑换人民币 2.2 亿余元。其中，范某抦通过操作詹某祥、梁某钻等人提供的虚拟货币交易平台账户及人民币银行账户，从陈某国处接收泰达币 600 余万个，兑换人民币 4000 余万元。

2022 年 6 月 27 日，上海市宝山区人民法院作出判决，以非法经营罪判处郭某钊有期徒刑五年，并处罚金人民币 20 万元；判处范某抦有期徒刑三年三个月，并处罚金人民币 5 万元；以帮助信息网络犯罪活动罪判处詹某祥有期徒刑一年六个月，并处罚金人民币 5000 元；判处梁某钻有期徒刑十个月，并处罚金人民币 2000 元。宣判后，詹某祥上诉，后自行撤诉。2022 年 11 月 10 日，上海市第二中级人民法院裁定准许其撤回上诉。

案件办理过程 >>>

（一）提前介入

2021 年 9 月 18 日，上海市宝山区人民检察院（以下简称宝山区检察院）应公安机关邀请提前介入本案。为准确把握案件定性和侦查方向，检察机关与公安机关、外汇管理部门等相关单位多次会商研判案件性质，认定行为人以泰达币为汇兑媒介，实现本币与外币的跨境转换，属于非法买卖外汇行为。因本案大部分换汇客户及账户在境外，客户证言难以调取，转入资金流水难以查证，检察机关与公安机关研判认为，取证固证的关键在于跨境资金链路的查明，遂以此为重点开展侦查取证工作。

一方面，查明非法买卖外汇的犯罪行为模式及各行为人的参与程度。全面调取汇兑网站后台账户信息、订单记录、银行交易流水、第三方支付平台交易记录，并从海量数据中重点审查订单记录涉虚拟货币相关项目；调取证明范某批、汇兑网站团伙人员等人联系方式、分工内容相关证据，讯问詹某祥、梁某钻等人获利方式、与汇兑网站团伙接触情况、出借银行卡数量、是否操作转账等，确定各环节操作人员的作用、操作方式、盈利情况及涉案资金从"外币—虚拟货币—人民币"的跨境转移转换模式。

另一方面，追踪币流跨境流转过程，查明资金跨境转换过程及犯罪数额。本案涉及三条币流，分别是：（1）外币从"换汇客户付款账户→陈某国等人控制账户→境外虚拟货币出售人员账户"；（2）虚拟货币从"境外虚拟货币出售人员账户→陈某国等人控制账户→范某批等人控制账户"；（3）人民币从"范某批等人控制账户→陈某国等人控制账户→换汇客户指定收款账户"。由于三条币流通常并非同步发生，为确认是否均由同一团伙操控，检察机关建议公安机关调取虚拟货币交易平台充、提币交易记录，并与汇兑网站后台数据中显示的虚拟货币的交易哈希值、交易时间和数量进行比对，最终将外币、虚拟货币、人民币三条币流关联对应。

（二）审查起诉

2022 年 1 月 13 日，上海市公安局宝山分局分别以郭某钊、范某批涉嫌非法经营罪，詹某祥、梁某钻涉嫌帮助信息网络犯罪活动罪移送起诉。

为准确定性并提出量刑建议，宝山区检察院在全面审查证据认定犯罪事实的基础上，重点开展了以下工作：一是与外汇管理部门进一步研究案件定性，明确以虚拟货币为交易媒介，实现外汇与人民币的货币价值转换，包括以人民币兑换虚拟货币、再将虚拟货币兑换为外币，或将外币兑换虚拟货币、再将虚拟货币兑换为人民币的行为，实质属于非法买卖外汇行为。二是综合分析各犯罪嫌疑人的客观行为和主观明知区别处理。郭某钊受主犯陈某国雇用搭建、维护非法汇兑网站，伙同他人非法买卖外汇，已构成非法经营罪，犯罪数额应按照网站汇兑总金额计算，但其在犯罪团伙中提供技术帮助，不参与具体经营活动及违法所得分成，综合考虑可以认定为从犯。范某批长期单向以泰达币为媒介帮助主犯陈某国等人进行外币与人民币的汇兑业务，且双方之间还有投资、帮助解决银行卡冻结问题等其他联系，关系密切，属于非法经营罪的共犯，犯罪数额以其与陈某国等人进行虚拟货币交易记录汇总的人民币金额计算，其在犯罪过程中系听从指令操作交易，可以认定为从犯。詹某祥、梁某钻为牟利，分别向范某批等人提供大量银行账户，詹某祥另提供身份证供范某批等人注册虚拟货币交易账户用于涉案交易，现有证据尚不能证明二人知悉非法买卖外汇的具体犯罪类型，但可以证明二人具有帮助信息网络犯罪活动的概括认识，故认定二人构成帮助信息网络犯罪活动罪。

2022年2月11日，宝山区检察院以郭某钊、范某批构成非法经营罪，詹某祥、梁某钻构成帮助信息网络犯罪活动罪向法院提起公诉。

典型意义 >>>

（1）明知他人非法买卖外汇，以兑换虚拟货币为媒介提供帮助的，属于非法经营罪的共犯。在我国，虚拟货币不具有与法定货币等同的法律地位，但以虚拟货币为媒介帮助他人间接实现本币和外币之间的非法兑换，系非法买卖外汇犯罪链条中的重要环节，应予依法惩治。提供虚拟货币行为人与非法买卖外汇人员事前通谋，或者明知他人非法买卖外汇，仍通过交易虚拟货币等方式为其实现本币与外币转换提供实质帮助的，构成非法经营罪的共同犯罪。向非法买卖外汇人员提供虚拟货币交易服务，但对所帮助犯罪行为只是概括认识，并没有具体认识到帮助非法买卖外汇犯罪的，可以帮助信息网络犯罪活动罪追究刑事责任。

（2）根据以虚拟货币为媒介兑换外汇的技术特征，加强针对性引导取证和证据审查工作。以虚拟货币为兑换媒介的非法买卖外汇行为，虚拟货币交易与资金交易相互独立，境外取证困难，要通过交易信息的多方比对建立联系。虚拟货币具有匿名交易、去中心化、无国界的特点，但交易记录不可变更，办案人员要注意通过虚拟货币交易软件、虚拟货币交易网站和区块链浏览器等提取虚拟货币钱包地址、交易哈希值、账户注册信息等数据，查明虚拟货币的流转过程，再将虚拟货币流转产生的交易哈希值、交易时间、交易数量与银行转账记录、网络后台数据、聊天记录等包含实名信息的数据进行比对，厘清虚拟货币交易平台、法定货币流转平台以及沟通联系平台之间的身份对应关系及币流关联程度。

（3）加强办案协作，合力打击治理涉虚拟货币等新型外汇犯罪。办理涉虚拟货币非法买卖外汇等新型案件过程中，外汇管理部门、检察机关应当与公安机关等加强沟通协作，共同研究解决办案中出现的新情况、新问题，推动完善依法有据、权责明确、配合有力的行刑衔接格局。检察机关办理类型新颖、性质认定疑难的外汇相关犯罪案件，应当注重商请外汇管理部门提供专业协助。

最高人民检察院、国家外汇管理局联合发布 8 件惩治涉外汇违法犯罪典型案例之一：赵某等人非法经营案

基本案情 >>>

（一）非法支付结算

2019 年 3 月至 2020 年 5 月，肖某、尤某、史某等人伙同华某福（另案处理），共同开发、搭建、维护"天天向上"跑分平台，该平台以兼职赚佣金为诱饵，纠集大量的个人或小微商户注册成"跑分客"，利用"跑分客"提供的个人微信、支付宝、银行卡账户等搭建资金通道，为境外赌博网站、"杀猪盘"诈骗等黑灰产提供支付结算服务，从中赚取佣金。该平台纠集了 10 万余名"跑分客"提供的 37 万余个资金账户进行收款转账，经查，2020 年 4 月 1 日至 5 月 18 日，该平台非法支付结算数额达人民币 31.9 亿余元。

2019 年 6 月至 12 月，赵某等人明知尤某钱款来源于非法支付结算平台，仍然使用个人银行账户收取人民币，并向尤某兑换虚拟货币从中获利，交易金额共计人民币 2429 余万元。赵某获利 3.5 万元，赵某鹏、周某凯获利均为 5000 元。

（二）非法买卖外汇

2019 年 2 月至 2020 年 4 月，赵某组织赵某鹏、周某凯等人，在阿联酋和国内提供外币迪拉姆与人民币的兑换及支付服务。该团伙在阿联酋迪拜收进迪拉姆现金，同时将相应人民币转入对方指定的国内人民币账户，后用迪拉姆在当地购入"泰达币"（USDT，与美元锚定的稳定币），再将购入的泰达币通过国内的团伙即时非法出售，重新取得人民币，从而形成国内外资金的循环融通。通过汇率差，该团伙在每笔外币买卖业务中可获取 2% 以上的收益。经查，赵某等人在 2019 年 3 月至 4 月兑换金额达人民币 4385 万余元，获利共计人民币 87 万余元。

2022 年 3 月 24 日，浙江省杭州市西湖区人民法院作出判决，以非法经营罪判处肖某有期徒刑十一年，并处罚金人民币 2000 万元；判处尤某有期徒刑十一年，并处罚金人民币 1000 万元；判处赵某有期徒刑七年，并处罚金人民币 230 万元；判处赵某鹏有期徒刑四年，并处罚金人民币 45 万元；判处周某凯有期徒刑二年六个月，并处罚金人民币 25 万元；判处史某等 7 人有期徒刑四年至一年二个月不等，罚金人民币 200 万元至 25 000 元不等。宣判后，肖某、尤某、赵某、赵某鹏提出上诉。同年 9 月 5 日，浙江省杭州市中级人民法院裁定驳回上诉，维持原判。

案件办理过程 ≫≫≫

（一）审查起诉

2020 年 9 月 30 日，浙江省杭州市公安局西湖区分局将尤某、赵某等人非法从事资金支付结算业务部分的事实以涉嫌非法经营罪移送起诉。

针对赵某等人辩解对尤某从事非法支付结算业务以及所涉资金涉嫌犯罪均不知情等情况，浙江省杭州市西湖区人民检察院（以下简称西湖区检察院）在审查起诉过程中重点开展以下工作：

一是进一步提取分析电子数据中的有效信息。为查清各犯罪嫌疑人的主观明知情况，西湖区检察院检察技术人员对公安机关移送的涉案人员手机数据作进一步恢复、提取，对尤某与赵某团伙、周某凯等人的聊天记录进行分析，足以证实赵某等人明知尤某在从事非法支付结算的事实。

二是依法追诉非法买卖外汇的犯罪事实。西湖区检察院在审查提取的手机聊天记录时发现，赵某团伙还存在利用虚拟货币提供外汇兑换服务的证据，涉嫌非法买卖外汇犯罪。为查清该部分事实，检察机关梳理出赵某团伙聊天记录中与外币兑换相关的成交记录 309 笔，发现每笔记录中均有交易成功的确认单，包含国内收款账户、交易时间、交易总额、买入汇率等信息，共计人民币 4385 万余元。为进一步验证上述交易记录真实性，检察机关通过退回公安机关补充侦查和自行侦查，重点补充了以下证据：（1）调取 15 笔成交记录中涉及的国内银行账户交易明细，银行交易明细在数额、时间上均能够与聊天记录中交易的数据相互印证。（2）对 15 笔交易中的收款人制作询问笔录，证实 15 笔收款记录均为境外人士所支付的外贸相关费用。（3）对赵某及其团伙成员进行讯问，各犯罪嫌疑人均承认赵某等人在迪拜收进迪拉姆现金，向对方提供的国内账户支付人民币，并用迪拉姆买进泰达币，同时让国内团伙将泰达币非法卖出换回人民币的事实。（4）对扣押的电脑、手机等电子数据载体开展针对性勘验，确定了由犯罪团伙控制的虚拟货币钱包地址，再对虚拟货币钱包的交易记录与银行账户流水进行比对，查明了赵某犯罪团伙"外币—虚拟货币—人民币"的资金流转链路。

2022 年 2 月 11 日，西湖区检察院以肖某、尤某、赵某等人构成非法经营罪向法院提起公诉，并追加了赵某、赵某鹏、周某凯非法买卖外汇的犯罪事实。

（二）指控和证明犯罪

浙江省杭州市西湖区人民法院三次公开开庭审理此案。在庭审阶段，对于赵某等人非法买卖外汇构成非法经营罪的指控，赵某及其辩护人辩称赵某等人的行为属于单纯的虚拟货币买卖行为，不属于外汇买卖，不构成非法经营罪。

公诉人答辩指出，赵某团伙手机聊天记录中存有涉及外汇兑换的内容，与国内银行账户交易明细在数额、时间上能够互相印证，多名与兑换记录相关的收款方均为国内人员，且收款方的证言证实收到的款项为外国人支付的款项。各被告人承认团伙成员在迪拜向他人收取迪拉姆现金并按要求向国内账户支付人民币的事实。在案证据足以证明赵某团伙已形成了长期持续的固定模式：在国外收取外币迪拉姆，将人民币转入对方指定的国内收款方账户，之后用迪拉姆购入泰达币，再出售泰达币取得人民币。上述行为表面上是买进、卖出虚拟货币的行为，但实质上利用泰达币为媒介实现了外币和人民币之间的货币价值转换，属于非法买卖外汇，构成非法经营罪。

典型意义 ≫

（1）以虚拟货币为媒介，实现人民币与外汇兑换的行为，构成非法经营罪。行为人以虚拟货币为媒介，通过提供跨境兑换及支付服务赚取汇率差盈利，系利用虚拟货币的特殊属性绕开国家外汇监管，通过"外汇—虚拟货币—人民币"的兑换实现外汇和人民币的价值转换，属于变相买卖外汇，应当依法以非法经营罪追究刑事责任。

（2）围绕虚拟货币钱包地址，查清虚拟货币交易链路。根据大多数虚拟货币的交易特点，掌握虚拟货币钱包地址，可以经公开渠道查询到该钱包地址下的虚拟货币交易记录。办理此类案件，要注重查清犯罪嫌疑人、被告人使用的虚拟货币钱包地址，可通过对犯罪嫌疑人、被告人使用的手机、电脑等电子设备及其存储的软件进行针对性电子勘验，获取钱包地址，在此基础上进一步查证涉案钱包地址的注册人信息及绑定的银行账户等相关信息。

（3）充分运用检察技术辅助办案机制，加强对电子数据的审查。在办理涉虚拟货币交易及外汇买卖的案件中，手机、电脑中的电子数据对查明涉案行为类型、犯罪数额、主观明知具有重要价值。公安机关移送的电子数据包含的信息内容众多，检察机关要注重对与证明犯罪有关的有效信息的提取、梳理和审查。必要时，要通过检察技术辅助办案，对公安机关移送的电子数据中的信息作进一步恢复、提取、检索。

最高人民检察院、国家外汇管理局联合发布 8 件惩治涉外汇违法犯罪典型案例之六：章某虎、章某娴非法经营案

基本案情 ≫

2017 年，章某虎结识从事非法买卖外汇活动的吴某朋等人（均另案处理），产生了居间介绍本地客户通过外省地下钱庄兑换外汇并抽成获利的想法。章某虎负责招揽有购汇需求的客户以及确定合作的地下钱庄，章某娴在章某虎的安排下，负责与吴某朋、地下钱庄沟通联络客户需购汇的币种、金额、外汇收款账户等具体信息。章某虎联系客户将需换汇的人民币先转入其

控制的本人或其亲戚名下银行账户，再由章某娴通过网银转账方式转入地下钱庄指定账户。地下钱庄收款后，向客户指定的境外账户支付对应外币，并将已存入客户外汇账户的银行交易截图经吴某朋发送给章某娴，从而完成跨境"对敲"非法买卖外汇行为。章某虎、章某娴按照约每 10 万美元收取 300 元人民币的比例，采用从客户转账款中扣除或者单独收取的方式赚取差价获利。2017 年 9 月至 2019 年 12 月，章某虎、章某娴通过上述手段非法买卖外汇折合人民币 1.96 亿余元。

2022 年 5 月 23 日，江苏省无锡市惠山区人民法院作出判决，以非法经营罪判处章某虎有期徒刑八年，并处罚金人民币 25 万元；判处章某娴有期徒刑三年，缓刑三年，并处罚金人民币 15 万元。判决已生效。

案件办理过程

（一）提前介入

2021 年 8 月 2 日，江苏省无锡市公安局惠山分局对本案立案侦查，江苏省无锡市惠山区人民检察院（以下简称惠山区检察院）应邀提前介入。章某虎到案后，全盘否认非法买卖外汇事实，后期虽承认有部分非法买卖外汇行为，但辩解通过其控制银行账户转账的资金存在合法往来。针对上述辩解，惠山区检察院综合分析后建议公安机关应重点查明人民币与外汇之间的关联关系及资金性质：（1）调取上线吴某朋案件相关证据材料，同步审查吴某朋、地下钱庄相关人员非法买卖外汇的涉案事实认定情况，查明章某虎、章某娴通过上游地下钱庄进行"对敲"型非法买卖外汇的交易模式。（2）提取扣押的章某娴手机中的电子数据，获取其与吴某朋的微信聊天记录，查明非法买卖外汇的具体时间、币种、汇率、金额及地下钱庄是否向客户指定的账户支付对应外币等事实。（3）讯问章某虎、章某娴及上线吴某朋，查明其通过地下钱庄非法买卖外汇的具体过程，包括金额、人员分工、客户信息、获利方式等。（4）查找非法购买外汇的客户，获取客户证言，查明其购买外汇的币种、金额、用途，证明章某虎与地下钱庄控制银行账户之间的资金性质，以查明非法买卖外汇数额。

（二）审查起诉

2021 年 11 月 24 日，江苏省无锡市公安局惠山分局以章某虎、章某娴涉嫌非法经营罪移送起诉。

惠山区检察院在审查起诉中重点开展以下工作：一是针对章某虎、章某娴为地下钱庄和客户居间介绍，并非独立开展非法买卖外汇犯罪的情况，检察机关对二人主从犯认定进行分析。检察机关认为，章某虎、章某娴以自己的名义承接客户买卖外汇业务，用自己控制银行账户直接向客户收取人民币，自行决定按比例扣点从中赚取差价，其作为境内人民币支付的重要环节具有相对独立性。其中，章某虎负责招揽需换汇的客户，决定通过吴某朋和地下钱庄进行非法买卖外汇交易，在非法买卖外汇中起关键作用，依法认定为主犯；章某娴不直接接触客户，仅根据章某虎的指示与吴某朋联系及操作网银资金转账，依法认定为从犯。

二是针对本案涉案账户资金流水量巨大，但无境外资金交易的直接证据，且犯罪嫌疑人对犯罪数额不具体供述，犯罪数额认定难度大的情况，检察机关根据"对敲"型非法买卖外汇犯罪的特点，以境内相关证据为主体构建证明体系认定犯罪数额：（1）将聊天记录与资金流水相互印证部分认定为犯罪金额。章某娴和吴某朋聊天记录证实，章某娴将客户姓名、购买外汇币种、金额、境外收款账户发送给吴某朋，并将收取客户的人民币转入吴某朋提供的地下钱庄收款账户，地下钱庄将对应外币支付到客户境外收款账户，并提供支付凭证截图。上述内容能够与境内资金交易流水相互印证，可以证明非法买卖外汇交易已完成，据此认定非法买卖外汇累计折合人民币1亿余元。（2）将客户证言与资金流水相互印证部分认定为犯罪金额。部分购买外汇的客户证言及对相应资金流水的辨认记录，证实客户汇入章某虎所控制银行账户资金的时间、金额、用途，上述资金系用于购买外汇，且在国外已收到对应的外币，据此认定非法买卖外汇累计折合人民币9000余万元。（3）对于经由章某虎控制银行账户进入地下钱庄的部分资金，既未在吴某朋等人非法买卖外汇案件中予以认定，又无相关聊天记录、客户证言等证据证明资金的用途、性质，未认定为犯罪数额。最终惠山区检察院认定章某虎、章某娴非法买卖外汇金额折合人民币1.96亿余元。

2022年4月24日，惠山区检察院以章某虎、章某娴构成非法经营罪向法院提起公诉。

（三）行政处罚

2022年3月，惠山区检察院将该案中向章某虎非法购买外汇的客户线索移送国家外汇管理局无锡市中心支局（现为国家外汇管理局无锡市分局），该局调查后对12人给予行政处罚，罚款共计1683万元。

典型意义 》》

（1）行为人为了获取非法利益，居间介绍客户与地下钱庄完成非法买卖外汇交易，构成非法经营罪。在非法买卖外汇产业链中，既存在规模性地下钱庄，也存在居间介绍非法买卖外汇的掮客，对于此类掮客，应根据其与地下钱庄的共谋情况、行为模式、获利方式等综合认定是否构成非法经营罪。对于独立招揽对接非法买卖外汇客户、接收购汇资金、确定收费标准、收取违法所得的人员，虽未参与境外兑付外币环节的活动，仍可以独立构成非法经营罪，根据其自身的犯罪情节、地位作用等确定主从犯。

（2）在无境外证据印证情况下，应当以境内证据为主体构建证明体系。在获取境外账户收到外汇结算凭证或照片截图等证据的情况下，可结合境内人民币资金交易流水，以两者对应为标准直接认定；在无境外账户证据印证的情况下，可通过向境内客户调查取证，结合境内客户资金流水，查明客户购买外汇的人民币资金是否最终流入地下钱庄控制账户，并对其购买外汇用途、是否通过被告人完成交易进行综合判断。

（3）强化行刑衔接，实现对非法买卖外汇行为的全面打击。检察机关办理非法买卖外汇案件，应加强与外汇管理部门的信息共享、顺畅衔接，对于不构成犯罪的非法买卖外汇的客户，可将线索移送至外汇管理部门，由外汇管理部门调查后依法作出警告、罚款等行政处罚，形成对非法买卖外汇行为的全面打击，清理非法买卖外汇滋生土壤。

最高人民检察院发布 6 件检察机关依法惩治医疗美容领域违法犯罪典型案例之一：李某某等人生产、销售假药、假冒注册商标、销售假冒注册商标的商品案

基本案情 》》

2016 年 6 月至 2020 年 9 月，被告人李某某为非法获利，违反国家药品、商标管理法律法规，通过微信、支付宝账户购进假冒肉毒毒素、玻尿酸等美容产品，在朋友圈宣传、招揽客户。从钟某某（另案处理）、被告人张某某等

处购进大量裸瓶大紫盖、小粉盖等冻干粉，从被告人杜某某处购进假冒保妥适、衡力等注册商标的包材。将裸瓶大紫盖冻干粉假冒保妥适牌美容药品，小粉盖冻干粉假冒衡力牌美容药品，白盖冻干粉假冒韩国白肉、粉肉美容药品，共计销售带包装和不带包装的各类美容药品 200 余万元。经对从李某某、张某某处扣押的假冒肉毒毒素进行检验，未检出肉毒毒素成分，与国家药品标准规定的成分不符，河北省邢台市市场监督管理局认定系假药，该部分假冒肉毒毒素销售金额 40 余万元。另外，李某某从被告人邢某某等人处购进假冒瑞蓝牌玻尿酸等产品销往全国各地，销售金额 10 万余元。李某某无法提供商标授权许可，相关商标权利人分别出具情况说明，涉案保妥适牌、衡力牌肉毒毒素、瑞蓝牌玻尿酸等未经授权许可，为假冒注册商标的商品。

2021 年 3 月 18 日，河北省邢台市信都区人民检察院以生产、销售假药罪、非法经营罪、销售假冒注册商标的商品罪对被告人李某某等人提起刑事附带民事公益诉讼。2021 年 11 月 30 日，邢台市信都区人民法院以生产、销售假药罪、非法经营罪、销售假冒注册商标的商品罪数罪并罚，判处李某某有期徒刑十五年，罚金人民币 220 万元；判处其他被告人有期徒刑六年六个月至一年六个月缓刑两年不等；判令附带民事公益诉讼被告李某某、张某某等人召回已出售的假药，进行无害化处理，消除危害，在省级以上公开发行的媒体上公开道歉，支付惩罚性赔偿金。一审判决后，李某某等提出上诉。2022 年 5 月 16 日，邢台市中级人民法院作出二审判决，根据 2022 年 3 月"两高"出台的《关于办理危害药品安全刑事案件适用法律若干问题的解释》精神，依法将判处非法经营罪的原审被告人罪名变更为假冒注册商标罪、销售假冒注册商标的商品罪，其余维持一审判决。

检察机关履职过程 ▷▷▷

（一）侦查阶段

公安机关将本案线索及侦办情况向检察机关通报后，检察机关第一时间抽调刑事检察、公益诉讼检察部门精干力量组成专案组参与案件沟通，围绕案件定性、侦查方向、证据固定和保全等问题提出有针对性的意见，公安机关及时深挖犯罪，全面收集和固定相关证据，为下一步审查起诉的顺利进行奠定坚实基础。检察机关还从邢台市场监督管理局药品检查支队邀请专业人员作为特邀检察官助理参与案件讨论，就肉毒毒素、玻尿酸等医疗美容产品成分、分类、假药认定等专业性问题进行研讨，根据专业性意见准确界定涉案产品属性，及时引导公安机关调整取证方向。同时，检察机关与公安机关、市场监管局共同协作，聘请专门机构对查扣物品进行检验鉴定，准确认定案件性质。

（二）审查起诉阶段

案件移送审查起诉后，检察机关依法开展认罪认罚从宽制度适用工作，针对不同罪名情况，在准确认定销售金额从而确定基准刑的基础上，充分考虑各被告人所处产供销链条上的不同环节、假冒产品类别、销售数量、扩散范围等情节，分别提出确定刑量刑建议。同时，刑事检察、公益诉讼检察部门合力解决公共利益保护和社会治理问题，根据涉案人员行为制作违法行为责任表，在厘清责任的基础上，依法提起刑事附带民事公益诉讼，提出量刑建议，被法院采纳。

（三）法庭审理阶段

一审、二审过程中，李某某对自己犯罪行为所产生的危害性不予认可。在庭审进行释法说理的基础上，检察官与辩护律师充分沟通，再次提审李某某，对其不理解的法律规定进行解释，详细说明制售假冒美容产品导致的危害后果。李某某最终认识到自己行为的危害性，真诚表示认罪悔罪，主动退缴了部分违法所得。

典型意义 >>>

（1）充分发挥特邀检察官助理作用，提升检察履职专业化水平。本案涉及医疗美容注射剂等美容产品，案件类型新且专业性强。检察机关在办案过程中，充分借助"外脑"，邀请特邀检察官助理与办案人员一起研究案件证据。特邀检察官助理从专业视角出发，依托自身药品专业知识和行政执法实践，当好检察办案的"参谋"，为检察机关审查起诉工作提供了有力支持。同时，充分发挥特邀检察官助理的"联络员"作用，深化检察机关与行政执法部门的协作配合，统筹"行政+检察"力量，切实有效提升办案专业化水平。

（2）全链条打击医疗美容领域违法犯罪，充分保障权利人和消费者合法权益。为有效打击涉医疗美容行业违法犯罪，切实加强知识产权保护，检察机关一方面以打源头、斩链条为目标，推进部门融合履职，提起刑事附带民事公益诉讼，在追究行为人刑事责任的同时要求其承担惩罚性赔偿金，并向社会公众公开赔礼道歉、消除危害，提高违法成本，将"四个最严"要求落到实处。另一方面着力强化与市场监管部门、公安机关之间的沟通协调，健全完善个案协作、信息交流、案件通报、联席会议等机制，确保实现从生产源头到销售终端全链条打击，从药品安全到知识产权全方位保护。

（3）依法制发检察建议，积极参与社会综合治理。医疗美容领域涉及化妆品、药品和医疗器械等多种产品，事关人民群众身体健康和生命安全。在办案过程中，检察机关以对人民高度负责的态度，依法能动履职，针对发现的监管漏洞及时制发检察建议，推动市场监管部门加强对医疗美容行业的规范管理。市场监管部门收到检察建议后高度重视，迅即在全市范围内组织开展涉医疗美容服务专项整治工作，对90余家医疗美容机构进行全面检查，并联合相关部门开展法治宣传，提升医疗美容机构依法执业意识，引导人民群众增强对医疗美容产品和服务的辨识能力，有效促进了当地医疗美容行业规范有序发展，取得了良好的法律效果和社会效果。

最高人民检察院、国家外汇管理局联合发布8件惩治涉外汇违法犯罪典型案例之八：张某群、吴某锐等人非法经营、骗取出口退税、虚开增值税专用发票案

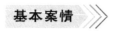

基本案情

（一）骗取出口退税

2018年7月至2019年11月，张某群与郑某华等人实际控制、管理的宝某公司等，以价值低的翻译机、陀螺仪等电子产品冒充高价值货物，串通具有出口经营权的乐某公司、顾某杰共同骗取出口退税。

在具体实施过程中，宝某公司等将上述电子产品以虚高价格销售给乐某公司，并开具增值税专用发票。顾某杰通过乐某公司与张某群等人通过吴某述联系的吴某锐签订虚假购销合同，进行报关出口，并由吴某述负责将货物运输至马来西亚、泰国等地作为废品处理。在资金方面，张某群先将人民币汇至吴某锐控制的境内账户，再由吴某锐通过控制的境外公司将对应的美元汇至乐某公司，作为虚假购买出口产品的货款。顾某杰通过乐某公司结汇，

在申报并骗得出口退税款后，按宝某公司等开具发票的票面金额向张某群方付款，形成资金闭环。经查，张某群等人通过前述方式共骗取出口退税人民币3663余万元，吴某述、顾某杰均从中获取非法利益。

（二）非法经营

吴某锐伙同马某建按照事先约定，在境内收取张某群等人支付的人民币，在扣除佣金后再将其境外贸易获取的美元或从他人处购得美元，通过实际控制的顺某公司等境外公司作为虚假出口购货款转账至乐某公司，完成人民币与美元的跨境非法兑换。经查，吴某锐等人非法兑换人民币1.8亿余元，违法所得18万余元。

（三）虚开增值税专用发票

在虚假出口同时，张某群与郑某华为宝某公司等虚增增值税进项抵扣，安排财务会计王某，在没有实际业务往来情况下，让龚某森实际控制的彭某公司等10家公司虚开522份增值税专用发票，价税合计5625万余元，税款318万余元。

2021年9月22日，江苏省常州市武进区人民法院作出判决，以骗取出口退税罪，判处张某群有期徒刑十四年，并处罚金人民币2800万元；判处郑某华有期徒刑十二年，并处罚金人民币800万元；判处吴某述有期徒刑六年，并处罚金人民币50万元；判处顾某杰有期徒刑六年六个月，并处罚金人民币50万元；以犯虚开增值税专用发票罪，判处龚某森有期徒刑十一年，并处罚金人民币25万元；判处王某有期徒刑三年，缓刑四年，并处罚金人民币15万元；以犯非法经营罪，判处吴某锐有期徒刑五年六个月，并处罚金人民币三十五万元；判处马某建有期徒刑二年，缓刑三年，并处罚金人民币十万元。宣判后，张某群、龚某森等人提出上诉。2022年2月8日，江苏省常州市中级人民法院依法裁定驳回上诉，维持原判。

案件办理过程

（一）提前介入

江苏省常州市公安局武进分局立案侦查后，常州市武进区人民检察院（以下简称武进区检察院）应邀提前介入，建议公安机关围绕虚构外汇资金流、自卖自买骗取出口退税开展侦查取证。（1）全面查清非法买卖外汇链条上的全部犯罪事实，明确各行为人在犯罪链条中充当角色和所起作用，要求对该案所涉及的骗取出口退税、虚开增值税专用发票等犯罪行为一并查处。（2）梳理张某群、吴某锐等人控制的用于实施犯罪的账户资金流向，结合即时通信工具聊天记录等证据区分正常经济往来和非法资金往来，做好资金分类统计工作，查清非法买卖外汇金额及违法所得。（3）查清骗税具体过程，围绕货物流，全面调取宝某公司等原材料进货单，摸清生产工艺及成本，查明关于出口货物的加工过程、价值、用途、去向；围绕资金流，查明涉案资金的来源、人民币与美元兑换的过程、骗得税款的去向、各环节的非法获利情况；围绕发票流，查明宝某公司等进项抵扣增值税专用发票来源，与上游开票公司是否存在真实货物往来。（4）查明吴某锐等人是否构成骗取出口退税共犯，围绕吴某锐等人对外贸易既往交易习惯、是否明知货物具体去向等，调取相关证人证言以及即时通讯工具聊天记录。

（二）审查起诉

2021年2月26日，江苏省常州市公安局武进分局以张某群等人涉嫌骗取出口退税罪、龚某森等人涉嫌虚开增值税专用发票罪、吴某锐等人涉嫌非法经营罪移送起诉。

武进区检察院经审查后认定，张某群等人通过实际控制的宝某公司等，以低劣电子产品作为出口"道具"，让他人为自己虚增增值税进项，再串通乐某公司外贸部经理顾某杰，通过乐某公司实施虚假货物出口，骗取国家出口退税款，数额特别巨大。张某群、吴某述、顾某杰等人均构成骗取出口退税罪，且系共同犯罪。

对于骗税资金流关键环节的吴某锐等人，武进区检察院经审查认为，一是虽在案证据不足以证实吴某锐等人构成骗取出口退税罪，但其境内收取本币、境外兑付外币的行为属于非法买卖外汇行为，应以非法经营罪定罪处罚，且属于情节特别严重。二是因涉外证据难以固定以及汇率变化，导致以吴某锐等人支出的美元作为非法经营数额难以精确认定，且张某群、吴某锐等人控制账户多达70余个，二人对控制账户资金情况供述模糊，犯罪数额难以认定。检察机关调整证据审查思路，以吴某锐所收人民币金额作为认定基础，比对从张某群处扣押的账本所记载的汇兑支出记录，与从各行为人手机提取的汇兑转账截图，结合吴某述、吴某锐等人的供述，认定吴某锐接收的张某群转账钱款均用于非法汇兑，且能够排除系其他经济往来所得。

2021年3月25日，武进区检察院以张某群等人构成骗取出口退税罪，龚某森等人构成虚开增值税专用发票罪，吴某锐等人构成非法经营罪向法院提起公诉。

典型意义

（1）查清资金用途，依法认定非法买卖外汇数额。非法买卖外汇数额通常因涉外证据难以固定、利率变化、交易信息庞杂等因素而难以精准认定。检察机关应注重梳理行为人控制账户的资金流向，引导侦查机关根据取证情况做好资金分类统计工作，综合银行流水、聊天记录、言辞证据等，准确认定非法经营数额。对于境外外币资金难以查证情况下，有证据能够证明境内账户收取的人民币资金均用于非法兑换外币的，应当直接按照境内人民币交易数额认定为非法经营数额。

（2）全面取证，全链条打击金融外汇犯罪黑灰产。非法买卖外汇通常为骗取出口退税、电信网络诈骗、网络赌博、洗钱等犯罪行为的关键环节，成为滋生黑灰产业的土壤。办理相关跨境犯罪时，要注意审查发现非法买卖外汇犯罪线索。外汇行政执法要聚焦涉嫌违法违规资金流，发挥跨境资金监测分析优势，严厉查处利用境外关联公司虚假结汇、通过地下钱庄非法买卖外汇等外汇违法违规行为。检察机关在办理此类案件时，要坚持全链条一体化打击，围绕资金来源、去向、用途等全面引导取证、加强证据审查，尽可能查清犯罪链条上的全部犯罪事实。

最高人民检察院发布4起认罪认罚案件适用速裁程序典型案例之四：成都某印务公司、黄某某非法经营案

基本案情

被告单位成都某印务公司，被告人黄某某，系成都某印务公司法定代表人、实际控制人。成都某印务公司经营范围为印刷品印刷（不含出版物印刷）、包装装潢设计。该公司从2019年开始，违反国家规定，在未取得出版物印刷资质的情况下，为获取非法利益，超越经营范围从事出版物的印刷、装订业务。2019年7月4日，公安机关在该公司厂房及仓库内查获该公司印刷、装订图书等书籍7246册。违法所得人民币13 000元。经鉴定，上述印刷

品均属非法出版物。

2019年7月4日，成都市公安局金牛区分局以成都某印务公司涉嫌非法经营罪立案侦查。同年8月9日，成都市金牛区人民检察院以黄某某涉嫌非法经营罪，但没有逮捕必要性为由，对其不批准逮捕，同日由公安机关变更强制措施为监视居住。同年11月5日，公安机关将案件移送金牛区人民检察院审查起诉。2020年3月5日，金牛区人民检察院对本案提起公诉，并建议适用速裁程序。3月10日，金牛区人民法院适用速裁程序审理本案，采纳检察机关指控和量刑建议，以被告单位某印务公司犯非法经营罪，判处罚金人民币4万元；以被告人黄某某犯非法经营罪，判处有期徒刑一年，缓刑一年，并处罚金人民币15 000元。被告单位及被告人均服从判决，不上诉，并按时缴纳了罚金。

检察机关履职过程 ≫

（一）依法全面客观审查，诉前有效解决案件事实认定、法律适用等疑难问题

检察机关受理本案后经审查发现，涉案图书的数量、被告人是否还有其他犯罪事实以及涉案图书是否含有非法内容、是否侵犯他人知识产权等需进一步核实，故详细列明补证提纲，退回公安机关补充侦查，并就图书内容性质等咨询新闻出版管理部门。检察机关、公安机关密切配合，在审查起诉阶段进一步查清了事实、解决了争议问题。

（二）充分履行权利告知、释法说理、量刑协商等职责，准确适用认罪认罚从宽制度

鉴于被告单位和被告人自愿认罪，检察官充分释明认罪认罚从宽制度法律规定，详细解释非法经营罪的法律规定、犯罪构成、法定刑幅度和认罪认罚后从宽的量刑幅度。被告单位和被告人均同意适用认罪认罚从宽制度后，检察官根据本案的犯罪事实、性质、情节和对社会的危害程度，拟定量刑建议，并就量刑建议的内容、依据等向被告单位和被告人及值班律师详细说明，听取意见。被告单位和被告人及值班律师反映了公司经营的实际情况、面临的困难，表示真诚认罪悔罪，提出希望降低被告人的主刑刑期和罚金数额的意见。检察机关综合考虑被告单位和被告人非法经营数额，具有自首、初犯、认罪认罚等量刑情节，并结合公司的经营情况，参照有关量刑指导意见和同类案件判决后，将量刑建议调整为建议判处被告单位成都某印务公司罚金人民

币 4 万元，被告人黄某某有期徒刑一年，适用缓刑，并处罚金人民币 15 000 元。被告单位和被告人同意量刑建议，在值班律师的见证下，自愿签署了认罪认罚具结书。

（三）适用速裁程序，高效审理案件

2020 年 3 月 5 日，金牛区人民检察院以被告单位和被告人涉嫌非法经营罪向金牛区人民法院提起公诉，并根据案件情况建议适用速裁程序审理本案。金牛区人民法院于 2020 年 3 月 10 日，适用速裁程序公开开庭审理本案，庭审核实并确认了被告单位和被告人认罪认罚的自愿性、真实性、合法性。法庭认为，检察机关指控罪名成立，量刑建议适当，应予采纳，并当庭作出判决。

典型意义 ≫

（1）对符合条件的单位犯罪依法适用认罪认罚从宽制度和速裁程序。犯罪单位作为独立的刑事诉讼主体，依法享有相应的诉讼权利。认罪认罚从宽可以适用于所有刑事案件，对犯罪单位与自然人一样应当平等适用。在适用过程中，应坚持打击和保护并重、实体公正和程序公正并重，对犯罪情节较轻的民营企业经营者慎用人身强制措施，主动听取被告方意见，充分开展量刑协商，并通过建议适用速裁程序，从快从简从宽处理案件，最大限度降低对企业正常经营的影响。

（2）坚持法定证明标准，依法查明案件事实，准确定性求刑，为审判阶段适用速裁程序奠定良好基础。在实践中，一些轻罪案件的事实认定、定性求刑也会遇到诸多难题。检察机关是指控和证明犯罪的主体，应当履行好诉前主导责任，密切与侦查机关相互制约与协作配合，在诉前有效解决事实认定、案件定性等争议问题。同时，加强诉审衔接，为提起公诉后人民法院适用速裁程序快速审理案件创造条件。本案虽然罪行较轻，但公安机关移送起诉时尚有诸多定案疑点，审查起诉期间侦诉有效配合，解决了相关疑点，提起公诉后建议法院适用速裁程序审理，庭审历时仅十多分钟，有效减轻了庭审负担，节约了诉讼资源。

最高人民检察院发布 8 起检察机关打击侵犯消费者权益犯罪典型案例之二：北京孙某、白某双非法经营、销售假药案

基本案情 ▷▷▷

被告人孙某于 2017 年 3 月在北京通过微信联系倒卖药品，并使用化名以"保健品"为名通过某物流公司发货，该物流公司将代收货款打入孙某指定账户，销售金额共计 73 万余元。同年 4 月，白某双从孙某处进购"立普妥""波立维""脑心通"等 10 余种药品，自己也收药并通过微信倒卖药品，其使用陈某的银行卡绑定微信账户并作为某物流代收货款账户，其中微信转账收取药款 9600 元，该物流公司代收 12 万余元，销售金额共计 13 万余元。

2017 年 7 月 10 日，北京市通州区食药监局接到群众举报孙某等人销售假药，执法人员于当日在现场查获 2 种批号的"立普妥"共计 113 盒、在孙某车内发现"波立维"3 盒。经认定，上述药品均为假药。

裁判结果 ▷▷▷

本案由北京市公安局通州分局侦查终结，以孙某、白某双涉嫌销售假药罪，于 2017 年 10 月 17 日移送审查起诉。通州区人民检察院经依法退回补充侦查、延长期限，于 2018 年 4 月 3 日以孙某销售假药、非法经营罪，白某双非法经营罪分别向通州区人民法院提起公诉。通州区人民法院于 2018 年 9 月 11 日以孙某犯非法经营罪，判处有期徒刑六年零六个月，并处罚金 35 万元；犯销售假药罪，判处有期徒刑八个月，并处罚金 1 万元；数罪并罚，决定执行有期徒刑七年，并处罚金 36 万元；以白某双犯非法经营罪，判处有期徒刑一年，并处罚金 6 万元。白某双不服判决提出上诉，后在二审审理期间申请撤回上诉，北京市第三中级人民法院于同年 10 月 26 日裁定准许撤回上诉，一审判决生效。

典型意义 ▷▷▷

本案是一起非法经营与销售假药交织的案件，检察机关的做法给类似案件的办理提供了有价值参考。

第一，追加认定非法经营罪，确立定罪量刑参考。本案在最初仅认定销

售假药罪一罪且现场仅查获少量假药的情况下，检察机关依据手机提取的电子数据、物流发货及收款记录等客观证据，排除被告人卖其他货物的辩解，追加认定被告人倒卖真药的行为构成非法经营罪，且获得法院认可。

第二，确立非法经营数额认定依据，成为可借鉴标准。本案中，对于已销售的药品，虽被告人供述卖过假药，但没有其他证据印证供述真伪。而在没有找到下家、发货单据不全且登记名称为"保健品"的情况下，能否将物流代收货款的数额全部认定为非法经营的数额成为审查难点。检察机关经查阅全国相似案例，分析法院认定标准，最终在排除被告人从事其他经营活动的情况下，对物流代收货款的数额全部认定为非法经营数额，获得法院判决认可，为日后办理同类其他案件提供参考。

第三，制发检察建议，彰显检察监督职能。本案暴露出物流公司在管理方面存在的问题，如未履行实名制要求、未进行严格的开箱验货等，上述管理上的漏洞给违法犯罪分子提供了可乘之机。检察机关整合同类案件向该物流公司制发了检察建议，建议该企业在依法规范经营、落实收寄实名制、加强内部监督等方面进行整改落实，从规范物流企业方面阻断犯罪土壤。

最高人民检察院发布第二届民营经济法治建设峰会检察机关服务民营经济典型案例之三：唐某非法经营案
——公司无证处置危险废物未造成污染后果，检察官依法作出不起诉决定

基本案情 >>>

唐某系 A 公司的实际控制人。A 公司的经营范围是三氯化铁及其溶液的生产销售。该公司持有危险化学品经营许可证，但不具有危险废物经营许可证。

2017 年 9 月至 2018 年 8 月，A 公司与其他 5 家公司合作处理工业废酸。合作模式为：A 公司提供技术工艺和技术人员，5 家公司自行购置设备或使用 A 公司的处理设备，将 5 家公司在生产过程中产生的废盐酸洗液处理成氯化亚铁溶液，处理费用约为 300 元/吨。合作期间，A 公司共收取处理费用 1671.2 万余元。处理后生成的氯化亚铁溶液，5 家公司免费或以 10 元/吨的

价格处理给 A 公司，A 公司租用专业车辆运回本公司作为生产原料。经鉴定，涉案废酸液属于危险废物，危险特征为毒性、腐蚀性。

案件办理过程

案发后，唐某主动投案，2019 年 2 月被公安机关取保候审。侦查机关认为唐某在未办理危险废物经营许可证、不具有危险废物经营资质的情况下，未向行政监管单位申请报备，非法处置废酸牟利，数额巨大，已触犯《刑法》第 225 条之规定，涉嫌非法经营罪，于 2020 年 1 月移送检察机关审查起诉。检察机关在审查起诉过程中，委托专家进行环评工艺检测，确认 A 公司在收集、贮存、利用、处置危险废物过程中，未造成环境污染。检察机关认为，A 公司虽未取得危险废物经营许可证，但没有造成超标排放污染物、非法倾倒污染物或其他违法造成环境污染的后果，不能以非法经营罪论处。2020 年 5 月，检察机关对唐某依法作出不起诉决定。积极与行政机关对接，建议主管部门给予 A 公司、唐某等行政处罚。

典型意义

对本案行为人非法经营危险废物行为的社会危害性应作实质性判断，其虽然未依法取得危险废物经营许可证，但不具有违法造成环境污染情形的，不能简单以非法经营罪论处。根据有关司法解释的规定，无危险废物经营许可证从事危险废物经营活动，有严重污染环境的才按照污染环境罪定罪处罚，同时构成非法经营罪的，依照处罚较重的规定定罪处罚。本案虽依法不作刑事犯罪处理，但仍应根据《固体废物污染环境防治法》《危险废物经营许可证管理办法》等规定，给予行政处罚。

最高人民法院公布5起危害食品安全犯罪典型案例之三：
范某非法经营案
——非法销售"瘦肉精"案件

基本案情 >>>

自 2009 年以来，被告人范某为牟取暴利，从安徽省淮南市倪某昀（另案处理）等人处多次购买盐酸克仑特罗（俗称"瘦肉精"）原粉，并在山东省梁山县等地将"瘦肉精"原粉与一定比例的石粉混合加工成袋装肉用动物饲料添加剂并销售。经层层转手，上述物品销售给牛羊养殖户，导致大量使用"瘦肉精"喂养的肉用牛羊流入各地市场。至 2011 年 9 月，被告人范某共购买"瘦肉精"原粉 25 千克勾兑后销售，销售金额达 200 万余元。

裁判结果 >>>

山东省利津县人民法院认为，被告人范某明知盐酸克仑特罗是国家禁止在饲料中使用的药品，为牟取暴利，用盐酸克仑特罗配制成饲料添加剂出售给养殖户，其行为构成非法经营罪，且情节特别严重，依法应予严惩。考虑到其归案后能如实供述自己的犯罪事实，可对其从轻处罚。据此，法院依法判决：被告人范某犯非法经营罪，判处有期徒刑十年，并处罚金人民币 30 万元。该判决已发生法律效力。

最高人民法院公布3起涉黄涉非犯罪典型案例之三：
张某坤等非法经营案

基本案情 ⟩⟩

2009年下半年，被告人张某坤从同案人张某应手中购进地下"六合彩"码书在湖北省当阳市零售。从2011年2月开始，张某坤便从张某应手中及广东省广州市、汕头市等地购进地下"六合彩"码书资料进行批发和零售，其中通过物流托运的方式向被告人徐某良、同案人黎金某批发销售各类地下"六合彩"码书资料22 222册，销售金额计125 725元。

被告人徐某良及其妻黎金某从2008年开始从湖南省平江县的老曾手中购进地下"六合彩"码书资料；2009年下半年开始又从被告人张某坤处和汕头市等地通过物流运输购进地下"六合彩"码书资料，并于2009年购买了一辆面包车用于地下"六合彩"码书资料的运输。徐某良购进码书资料后，向被告人黎白某及湖北省通城县的黎艳某、李某春、李某云、杨某安，湖北省咸宁的李某杰、崇某，江西修水等地的人进行批发和零售，共计向上述人员批发和零售地下"六合彩"码书资料65 797本、码报500份，销售金额计181 461.40元。

从2008年下半年开始，被告人黎白某采取支付现金和赊账的方式，从被告人徐某良手中购进地下"六合彩"码书资料，在通城县隽水镇菜市场摆摊销售，销售金额计65 625元。

裁判结果 ⟩⟩

本案由湖北省通城县人民法院依法作出判决。

法院认为，被告人张某坤、徐某良、黎白某擅自销售非法出版物，情节严重，其行为侵犯了市场管理秩序，已构成非法经营罪。鉴于被告人徐某良、黎白某有悔罪表现，且主动缴纳了部分罚金，可酌情予以从轻处罚。据此，依法判决如下：被告人张某坤犯非法经营罪，判处有期徒刑二年，并处罚金人民币4万元；被告人徐某良犯非法经营罪，判处有期徒刑二年，并处罚金人民币6万元；被告人黎白某犯非法经营罪，判处有期徒刑十个月，并处罚金人民币2万元。

最高人民法院发布 10 起危害食品、药品安全犯罪 典型案例之三：被告单位海新饲料公司、被告人蔡某田、 黄某宽等非法经营案

——饲料公司实施危害食品安全的上游犯罪获刑

基本案情 >>>

被告单位海新饲料公司营养研发部于 2008 年生产出一种饲料添加剂，即核心料，海新饲料公司将该核心料添加到该公司生产的绿宝 18 大猪预混料中进行销售。2010 年 10 月，因添加了核心料的饲料被检出含有违禁成分，海新饲料公司决定停止生产该核心料。后客户多次向海新饲料公司总经理被告人蔡某田提出购买与绿宝 18 预混料喂养效果类似的饲料。2011 年 1 月初，蔡某田就是否重新生产核心料的相关事宜召集被告人黄某宽、甘某华开会。经商议，三被告人在明知核心料含有有毒有害违禁成分的情况下，仍决定由海新饲料公司营养研发部重新生产该核心料，并确定核心料的价格为 450 元/公斤。由蔡某田负责联系客户，黄某宽掌握专门收取货款的银行账户，甘某华负责取款转账。会后，蔡某田雇用被告人蔡某明、郭某卿负责核心料的销售和中转发货，并告知对方核心料是未经国家批准生产的饲料添加剂，不能公开销售，暗示核心料中含有国家禁止添加的物质。2011 年 1 月至 3 月，海新饲料公司利用硝酸、甲醇、乙酯等化工原料，组织营养研发部工人以化学合成的方式生产核心料原粉，后掺入沸石灰稀释后用无任何标识的白色编织袋包装。其间，海新饲料公司共销售核心料 3000 公斤，销售金额 163 万元，非法获利 20 万元。经鉴定，海新饲料公司销售的核心料中含有苯乙醇胺 A（克伦巴胺），属于国家明确规定禁止在饲料和动物饮用水中添加的物质。案发后，被告人甘某华、郭某卿主动到公安机关投案并如实供述其涉嫌非法经营罪的事实。

裁判结果 >>>

岳阳市云溪区人民法院判决认为，被告单位海新饲料公司违反国家规定，生产、销售国家明令禁止在饲料中添加的物质，销售金额达人民币 163 万元，扰乱市场秩序，情节特别严重，已构成非法经营罪。被告人蔡某田作为海新饲料公司直接负责的主管人员，被告人黄某宽、蔡某明、甘某华、郭某卿作

为其他直接责任人员应依法被追究刑事责任。其中，蔡某田对单位犯罪起主要决策作用，黄某宽、蔡某明、甘某华在犯罪中起到主要作用，均系主犯；郭某卿起次要作用，系从犯，依法应当从轻或者减轻处罚；甘某华、郭某卿构成自首，依法可以从轻或者减轻处罚。法院依法以非法经营罪判处被告单位海新饲料公司罚金人民币100万元；判处被告人蔡某田有期徒刑十二年，剥夺政治权利二年，并处罚金人民币100万元；判处被告人黄某宽有期徒刑六年，并处罚金人民币70万元；判处被告人蔡某明有期徒刑五年，并处罚金人民币60万元；判处被告人甘某华有期徒刑四年，并处罚金人民币50万元；判处被告人郭某卿有期徒刑二年，并处罚金人民币40万元；追缴被告单位海新饲料公司违法所得163万元，上缴国库。宣判后，被告单位及各被告人未上诉，检察机关未抗诉，本判决已于2012年2月15日发生法律效力。

最高人民法院发布10件涉麻精药品等成瘾性物质犯罪典型案例之十：于某涛、贾某文非法经营案
——向未成年人非法销售"笑气"，被依法惩处

基本案情 》》》

2023年5月至8月，被告人于某涛、贾某文以牟利为目的，在未取得危险化学品经营许可证的情况下，以平均每罐150元的价格向包括8名未成年人在内的购买者非法销售一氧化二氮（俗称"笑气"），销售金额共计16万余元（含押金），其中于某涛获利约5.7万元，贾某文获利约3万元。案发后，公安人员从于某涛、贾某文处查获含一氧化二氮的钢瓶50罐。本案经黑龙江省牡丹江市西安区人民法院审理。现已发生法律效力。

裁判理由 》》》

法院经审理认为，被告人于某涛、贾某文未经许可经营危险化学品一氧化二氮，扰乱市场秩序，情节严重，其行为均已构成非法经营罪。在共同犯罪中，二被告人均系主犯，应当按照各自所参与的全部犯罪处罚。于某涛、贾某文到案后如实供述自己的罪行，自愿认罪认罚；贾某文还主动退缴全部

违法所得，依法可从轻处罚。据此，依法对被告人于某涛判处有期徒刑一年四个月，并处罚金人民币 6 万元；对被告人贾某文判处有期徒刑一年，并处罚金人民币 35 000 元。

典型意义

一氧化二氮俗称"笑气"，是一种无色有甜味的气体，常用于医疗、食品加工等领域。2015 年，一氧化二氮被列入《危险化学品目录》。根据《危险化学品安全管理条例》，我国对危险化学品经营实行许可制度，未经许可任何单位和个人不得经营。"笑气"吸入人体后会令人头晕、窒息，严重时会危及生命。长期吸食"笑气"会让人在生理和心理上产生依赖，造成认知功能、记忆力甚至脑神经损害。可见，虽然"笑气"系非列管成瘾性物质，但其同样具有社会危害性。因"笑气"具有轻微麻醉作用，吸入时能让人产生一定的幻觉和愉悦，近年来，"笑气"被伪装成"吸气球""奶油气弹"等，在青少年群体中加速渗透蔓延，逐渐成为不法分子新的牟利工具。部分未成年人在猎奇心理的驱使下，成为"笑气"滥用的主要受害者。本案是一起向未成年人非法销售"笑气"的典型案例。被告人于某涛、贾某文未取得危险化学品经营许可，将未成年人作为消费群体销售"笑气"，其行为既侵害未成年人身心健康，也扰乱市场经济秩序。人民法院对二被告人依法定罪处刑，体现了运用刑法手段惩治涉"笑气"等非列管物质犯罪行为的立场，亦有助于促推相关部门加大对"笑气"的监管力度，合力共治"笑气"滥用问题。同时，提醒青少年增强辨识能力和法治观念，避免因猎奇心理误入歧途。

最高人民法院发布 4 起农资打假典型案例之一：被告人王某成、石某销售伪劣种子、非法经营案

基本案情

北京市顺义区人民法院经审理查明：(1) 被告人王某成于 2003 年 6 月成立北京亚丰公司并担任法定代表人。在未取得农作物种子经营许可证以及超出林木种子经营许可证规定有效区域的情况下，王某成通过北京亚丰公司以

及该公司设在济南、南京、西安等地的分公司，从他处购买农作物种子和林木种子，并将所购种子换装、分装、自行繁育后进行包装或者直接以散装的形式对外销售。自2003年至2006年1月以来，王某成通过上述方式共销售水稻、小麦、豆类、高粱、玉米、谷子、棉花七类种子共计人民币162万余元，销售葡萄苗共计人民币138万余元，销售其他种子共计人民币234万余元。

(2) 2003年9月至2006年1月，被告人王某成多次从其他公司或者个人处购买棉花种，并安排人员对购买的棉种换包装成所谓的亚丰系列"S80"棉花种或者将所购棉种经繁育后包装成"S80"棉花种，该棉种名称系王某成自己编撰，并未经过审定。2004年年初，江苏省东台市农民陈某越与被告人石某担任负责人的北京亚丰公司济南销售处联系购种事宜。石某在明知"S80"为假种子的情况下，仍向陈某越出售"S80"棉种共计1320袋，价格共计人民币29 340元。陈某越将所购棉种除自己种植一部分外，其余大部分棉种均加价后向东台市多位棉花种植户销售。种植户种植后，发现"S80"棉花长势与品种标签上标注的不符，不适宜在东台市种植。经鉴定，当地共种植"S80"棉花种1800亩以上，损失金额人民币90万元以上。

裁判结果

北京市顺义区人民法院以非法经营罪判处被告人王某成有期徒刑四年，并处罚金人民币300万元，以销售伪劣种子罪，判处王某成有期徒刑十年，并处罚金人民币5万元，决定执行有期徒刑十三年，并处罚金人民币305万元；以销售伪劣种子罪，判处被告人石某有期徒刑八年，并处罚金人民币5万元。宣判后，被告人王某成、石某均不服，提出上诉，北京市第二中级人民法院经审理，依法驳回上诉，维持原判。

最高人民法院发布3起食药监管执法司法典型案例之二：李某某等非法经营案

基本案情

自2009年以来，被告人李某某在未取得药品经营资质的情况下，挂靠西安某医药公司，从事药品经营活动。李某某将非法购进的药品存放于其租赁的陕西省西安市新城区三处民房内，后加价销售给药店、个人及其实际控制的西安市某诊所。被告人李某利在明知李某某没有药品经营资质的情况下，受雇于李某某负责管理库房药品发放、记账，帮助其销售药品。2017年2月22日，公安机关在李某某租赁的民房内查获大量未销售的药品及销售账本。经鉴定，李某某、李某利非法经营药品的金额共计1638万余元。

裁判结果

陕西省西安市中级人民法院一审判决、陕西省高级人民法院二审裁定（2018年）认为，被告人李某某、李某利违反国家药品管理法律法规，未取得药品经营许可证，非法经营药品，金额特别巨大，情节特别严重，其行为均构成非法经营罪。在共同犯罪中，李某某作为经营负责人，联系挂靠单位、租赁房屋、购买药品、雇用并指使他人对外销售，起主要作用，系主犯。李某利受雇于李某某，负责药品收发、记账等，起次要作用，系从犯，可依法从轻处罚。据此，依法判处：被告人李某某犯非法经营罪，判处有期徒刑十一年，并处没收财产人民币100万元；被告人李某利犯非法经营罪，判处有期徒刑五年，并处没收财产人民币10万元；扣押在案的药品依法予以没收。

典型意义

食药安全监管要严把每一道防线，不仅要严管生产环节，维护生产秩序，保证食品、药品质量，还要严管流通环节，维护流通秩序，打击非法经营等行为。药品生产、储运、销售、使用等各个环节专业性强，风险性高，加强药品经营许可监管，严管流通秩序，对保证药品安全亦尤为重要。被告人李某某等非法经营一案是发生在药品流通领域的一起重大典型案件。李某某在未取得药品经营资质的情况下，采取挂靠有经营资质企业的方式，从事药品经营活动，从2009年至2017年案发，无资质从事药品经营达8年之久，经营行为长期脱离监管，销售金额达1600余万元，严重破坏药品经营管理秩序，依法惩处各被告人，对有效遏制相关犯罪，具有积极的示范作用。

最高人民法院公布5起危害食品安全犯罪典型案例之二：陈某顺等生产、销售伪劣产品，非法经营，生产、销售不符合安全标准的食品案
——非法经营病死猪肉案件

基本案情 》》》

自2010年11月起，被告人陈某梅到福建省莆田市收购病死猪，并以每月人民币2000元的报酬雇用被告人张某把病死猪运输到被告人陈某顺租用的猪场，由被告人林某霞进行屠宰后销售给被告人陈某顺，总销售金额达30万余元，违法所得12万元。

陈某顺收购病死猪肉后予以销售，销售金额达50万余元，违法所得20万元。其间，其每月以2000元至2500元的报酬雇用被告人李某、陈某辉押车、收账、运输。被告人周某、吴某夫妻从陈某顺处购买病死猪肉制成香肠等销售，销售金额达7万余元，违法所得1.5万余元；被告人周某成从陈某顺处购买病死猪肉达3万余元并转售；被告人孙某然从陈某顺处购买病死猪排骨并转售，销售金额达7000余元，违法所得1000元。2011年7月25日，警方在陈某顺租用的猪场中查获尚未销售的病死猪肉4060斤。经鉴定，送检样品含有猪繁殖与呼吸综合征病毒和猪圆环病毒2型，"挥发性盐基氮"超标。

另查明，被告人陈某顺曾因犯生产、销售伪劣产品罪和收购赃物罪，于2008年4月30日被判处有期徒刑十一个月，并处罚金人民币8.2万元。

裁判结果 》》》

福建省仙游县人民法院认为，被告人陈某顺低价收购病死猪肉并转售；被告人陈某梅、林某霞向他人收购病死猪屠宰后销售；被告人李某、陈某辉、张某明知陈某顺、陈某梅生产、销售的是国家禁止经营的病死猪肉，仍为其提供运输等帮助，各被告人的行为均已构成生产、销售伪劣产品罪，生产、销售不符合安全标准的食品罪，非法经营罪，应择一重罪处断；被告人周某成、孙某然等明知是病死猪肉仍购买，加工后销售或直接销售，构成生产、销售不符合安全标准的食品罪。陈某顺、陈某梅、林某霞系主犯；李某、陈某辉、张某系从犯，应从轻、减轻处罚；陈某顺系累犯，应从重处罚。据此，法院依法判决：被告人陈某顺犯生产、销售伪劣产品罪，判处有期徒刑十二

年，并处罚金人民币100万元；被告人陈某梅犯非法经营罪，判处有期徒刑十年，并处罚金人民币30万元；被告人林某霞犯非法经营罪，判处有期徒刑九年，并处罚金人民币26万元；其余被告人分别以非法经营罪，生产、销售伪劣产品罪，生产、销售不符合安全标准的食品罪被判处四年至一年不等的有期徒刑，并处罚金。该判决已发生法律效力。

最高人民法院发布6件跨境赌博及其关联犯罪典型案例之一：被告人张某宁、钟某新等34人开设赌场、非法经营案
——从严惩处跨境赌博集团犯罪

基本案情 >>>

2007年以来，我国澳门地区某博彩公司股东、董事周某华（已另案判刑）在我国澳门等地区赌场承包赌厅，2015年以来在菲律宾等地先后开设多个网络赌博平台招赌。为牟取巨额利益，周某华招募他人担任赌场代理，逐步形成以周某华为首，以被告人张某宁、钟某新等股东级代理为骨干，成员固定、层级明确、人数众多的跨境赌博集团。通过代理组织中国内地公民前往我国澳门地区赌博或参与跨境网络赌博；在内地成立资产管理公司帮助换取赌博授信或筹码并追讨赌债；利用地下钱庄等第三方结算赌资；设立或通过内地技术服务公司提供技术支持。截至2021年11月，该跨境赌博集团共发展股东级代理480余人（其中中国籍280余人），发展普通代理6万余人（其中中国籍3.8万余人），发展境内参赌人员会员6万余人。至案发，查明涉案跨境网络赌博平台非法赢取境内参赌人员赌资89亿余元。

为替跨境赌博集团牟取非法利益，2018年9月至2020年4月，被告人张某宁在周某华的指使下虚构投资合作协议等，利用所控制的多个代持公司银行账号，多次进行资金跨境兑付，金额共计11.5亿余元，非法获利1700余万元。本案经浙江省温州市中级人民法院一审，浙江省高级人民法院二审，现已发生法律效力。

裁判结果 >>>

人民法院认为，被告人张某宁等受周某华指使在中国境内成立公司，接收跨境赌博集团的赌资、赌债并运营管理；被告人钟某新等入股参加跨境赌

博集团，组织、招揽境内公民赴境外赌博、参与跨境网络赌博，上述被告人的行为均已构成开设赌场罪，且属情节严重。张某宁还违反国家规定，非法买卖外汇，扰乱金融市场秩序，其行为又构成非法经营罪，且属情节特别严重。在跨境赌博犯罪集团中，张某宁、钟某新等是骨干成员，在共同犯罪中系主犯；在非法经营共同犯罪中，张某宁系从犯，可依法减轻处罚。张某宁等归案后主动坦白犯罪事实并认罪认罚，分别予以从轻或者减轻处罚。综上，对被告人张某宁以开设赌场罪判处有期徒刑四年六个月，并处罚金人民币 50 万元，以非法经营罪判处有期徒刑四年，并处罚金人民币 30 万元，决定执行有期徒刑七年，并处罚金人民币 80 万元；对被告人钟某新以开设赌场罪判处有期徒刑六年九个月，并处罚金人民币 300 万元；对其他被告人以开设赌场罪分别判处有期徒刑三年二个月至一年三个月，并处罚金人民币 300 万元至 5 万元不等。追缴、没收各被告人供犯罪所用财物、赌资、违法所得及其收益、孳息。

典型意义 >>>

近年来，部分跨境赌博犯罪集团为牟取不法利益，招募境内人员担任代理，组织、招揽我国公民出境赌博，开发赌博平台及 App 招揽我国公民进行网络赌博，并在境内成立资产管理公司接收管理赌资赌债、买卖外汇进行非法经营。此类跨境赌博集团一般实行公司化专业经营，内部层级明确，分工细致，招揽赌博人数众多，与境内"地下钱庄"配合，致使境内巨额资金流出，社会危害极大。

本案参与人员众多，涉案金额甚巨，社会影响恶劣。被告人张某宁还违反国家规定，非法买卖外汇，扰乱金融市场秩序，情节特别严重。人民法院对跨境赌博犯罪集团首要分子、骨干成员从严惩处，充分发挥了刑罚的震慑作用。同时，考虑张某宁到案后如实供述自己和共同作案人的犯罪事实，协助公安机关调查梳理大量证据材料，人民法院依法予以较大幅度的从宽处罚。

第七章
《刑法》第 303 条
开设赌场罪

开设赌场罪是指开设以行为人为中心、在其支配下使他人赌博的场所的行为。开设赌场罪，不仅侵害了以劳动或其他合法行为取得财产这一国民健全的经济生活方式与秩序，而且导致不特定或者多数人的财产陷入危险，故其法定刑重于赌博罪。

开设赌场，也可谓经营赌场，行为人不仅提供赌博的场所或者空间，而且支配或控制赌博场所或者空间。设置具有退币退分、退钢珠等赌博功能的电子游戏设施设备并以现金、有价证券等贵重款物作为奖品，或者以回购奖品方式给予他人现金、有价证券等贵重款物组织赌博活动的，属于"开设赌场"。至于开设的是临时性的赌场还是长期性的赌场，则不影响本罪成立。开设赌场，既可能是在现实空间开设赌场，也可能是在网络空间开设赌场。开设赌场的行为，虽然事实上一般以营利为目的，但刑法没有将营利目的规定为责任要素。

根据 2010 年 8 月 31 日最高人民法院、最高人民检察院和公安部《关于办理网络赌博犯罪案件适用法律若干问题的意见》（以下简称《办理赌博案件意见》），利用互联网、移动通讯终端等传输赌博视频、数据，组织赌博活动，具有下列情形之一的，属于"开设赌场"行为：（1）建立赌博网站并接受投注的；（2）建立赌博网站并提供给他人组织赌博的；（3）为赌博网站担任代理并接受投注的；（4）参与赌博网站利润分成的。

《办理赌博案件意见》还规定，明知是赌博网站，而为其提供下列服务或者帮助的，属于开设赌场罪的共同犯罪，依照刑法第 303 条第 2 款的规定处罚：（1）为赌博网站提供互联网接入、服务器托管、网络存储空间、通讯传输通道、投放广告、发展会员、软件开发、技术支持等服务，收取服务费数额在 2 万元以上的；（2）为赌博网站提供资金支付结算服务，收取服务费数额在 1 万元以上或者帮助收取赌资 20 万元以上的；[1]（3）为 10 个以上赌博网站投放与网址、赔率等信息有关的广告或者为赌博网站投放广告累计 100 条以上的。实施上述行为，具有下列情形之一的，应当认定行为人"明知"，但是有证据证明确实不知道的除外：（1）收到行政主管机关书面等方式的告知后，仍然实施上述行为的；（2）为赌博网站提供互联网接入、服务器托管、

---

[1]　赌资包括当场查获的用于赌博的款物，代币、有价证券、赌博积分等实际代表的金额，以及在赌博机上投注或赢取的点数实际代表的金额。

网络存储空间、通讯传输通道、投放广告、软件开发、技术支持、资金支付结算等服务，收取服务费明显异常的；（3）在执法人员调查时，通过销毁、修改数据、账本等方式故意规避调查或者向犯罪嫌疑人通风报信的；（4）其他有证据证明行为人明知的。

依照 2014 年 3 月 26 日最高人民法院、最高人民检察院、公安部《关于办理利用赌博机开设赌场案件适用法律若干问题的意见》（以下简称《办理赌博机案件意见》），设置具有退币、退分、退钢珠等赌博功能的电子游戏设施设备，并以现金、有价证券等贵重款物作为奖品，或者以回购奖品方式给予他人现金、有价证券等贵重款物（以下简称设置赌博机）组织赌博活动的，应当认定为开设赌场行为。设置赌博机组织赌博活动，具有下列情形之一的，应当按照开设赌场罪定罪处罚：（1）设置赌博机 10 台以上的；（2）设置赌博机 2 台以上，容留未成年人赌博的；（3）在中小学校附近设置赌博机 2 台以上的；（4）违法所得累计达到 5000 元以上的；（5）赌资数额累计达到 5 万元以上的；（6）参赌人数累计达到 20 人以上的；（7）因设置赌博机被行政处罚后，2 年内再设置赌博机 5 台以上的；（8）因赌博、开设赌场犯罪被刑事处罚后，5 年内再设置赌博机 5 台以上的；（9）其他应当追究刑事责任的情形。明知他人利用赌博机开设赌场，具有下列情形之一的，以开设赌场罪的共犯论处：（1）提供赌博机资金、场地、技术支持、资金结算服务的；（2）受雇参与赌场经营管理并分成的；（3）为开设赌场者组织客源，收取回扣、手续费的；（4）参与赌场管理并领取高额固定工资的；（5）提供其他直接帮助的。

2018 年 12 月 25 日最高人民检察院发布指导性案例 105 号（洪某强、洪某沃、洪某泉、李某荣开设赌场案）的裁判要点是，以营利为目的，通过邀请人员加入微信群的方式招揽赌客，根据竞猜游戏网站的开奖结果等方式进行赌博，设定赌博规则，利用微信群进行控制管理，在一段时间内持续组织网络赌博活动的，属于《刑法》第 303 条第 2 款规定的"开设赌场"。指导案例 106 号（谢某军、高某、高某樵、杨某彬开设赌场案）的裁判要点是，以营利为目的，通过邀请人员加入微信群，利用微信群进行控制管理，以抢红包方式进行赌博，在一段时间内持续组织赌博活动的行为，属于《刑法》第 303 条第 2 款规定的"开设赌场"。

依照 2020 年 10 月 16 日"两高"、公安部《办理跨境赌博犯罪案件若干问题的意见》（以下简称《办理跨境赌博案件意见》）的规定，三人以上为实施开设赌场犯罪而组成的较为固定的犯罪组织，应当依法认定为赌博犯罪集团。对组织、领导犯罪集团的首要分子，按照集团所犯的全部罪行处罚。对犯罪集团中组织、指挥、策划者和骨干分子，应当依法从严惩处。明知他人实施开设赌场犯罪，为其提供场地、技术支持、资金、资金结算等服务的，以开设赌场罪的共犯论处。明知是赌博网站、应用程序，有下列情形之一的，以开设赌场罪的共犯论处：（1）为赌博网站、应用程序提供软件开发、技术支持、互联网接入、服务器托管、网络存储空间、通讯传输通道、广告投放、会员发展、资金支付结算等服务的；（2）为赌博网站、应用程序担任代理并发展玩家、会员、下线的。[1]对受雇佣为赌场从事接送参赌人员、望风看场、发牌坐庄、兑换筹码、发送宣传广告等活动的人员及赌博网站应用程序中与组织赌博活动无直接关联的一般工作人员，除参与赌场、赌博网站、应用程序利润分成或者领取高额固定工资的外，可以不追究刑事责任，由公安机关依法给予治安管理处罚。[2]

根据《刑法》第 303 条第 2 款的规定，开设赌场的，处五年以下有期徒刑、拘役或者管制，并处罚金；情节严重的，处五年以上十年以下有期徒刑，并处罚金。[3]

---

〔1〕 为同一赌博网站、应用程序担任代理，既无上下级关系，又无犯意联络的，不构成共同犯罪。
〔2〕 这一规定虽然是针对跨境赌博案件所作的规定，但也能适用于在境内开设赌场的案件。
〔3〕 关于具体量刑标准，参见《办理赌博案件意见》第 1 条、《办理赌博机案件意见》第 2 条。

2023-06-1-286-007

于某开设赌场案

——为赌博网站担任代理并接受投注，情节严重的，构成开设赌场罪

基本案情 >>>

2020 年 11 月至 2021 年 5 月 7 日，被告人于某在辽宁省沈阳市苏家屯区某麻将社和其家中，通过手机微信接受参赌人员李某某等多人报号，后通过赌博 App 进行投注操作，坐庄 "六合彩" 赌博活动并从中获利。于某在 2020 年 11 月 26 日至 2021 年 5 月 7 日，2021 年 4 月 26 日至 5 月 7 日，2020 年 4 月 16 日至 2021 年 5 月 7 日，2020 年 4 月 25 日至 2021 年 5 月 7 日收取报号后分别通过 "福利彩票" "盈彩极速版" "伍佰彩" "1388 彩集团" 赌博 App 累计赌资 432 560.97 元、11 700 元、30 961.7 元、34 800 元。

辽宁省沈阳市苏家屯区人民法院于 2021 年 12 月 29 日作出（2021）辽 0111 刑初 412 号刑事判决：被告人于某犯开设赌场罪，判处有期徒刑五年六个月，罚金人民币 10 万元。宣判后，于某提出上诉。辽宁省沈阳市中级人民法院于 2022 年 5 月 16 日作出（2022）辽 01 刑终 82 号刑事裁定：驳回上诉，维持原判。

裁判理由 >>>

法院生效裁判认为，被告人于某以营利为目的，通过微信建群，坐庄组织赌博活动，在群内发布赌博信息，设置低于赌博网站的赔率并接受他人投注，通过赌博网站 App 进行操作，情节严重，其行为符合开设赌场罪的犯罪构成。根据证人朱某某、毛某某等多人证言，结合公安机关调取的微信转账

记录、聊天记录、电子物证检查工作记录、彩票明细等证据认定，于某涉案银行账户用于开设赌场过程中接收、流转赌资使用，且于某无法说明账户内资金的合法来源。对涉案银行账户中的金额，应认定为赌资。故法院依法作出上述裁判。

裁判要旨 ▷▷

2010 年《办理赌博案件意见》将为赌博网站担任代理并接受投注，利用互联网、移动通讯终端等传输赌博视频、数据，组织赌博活动，明确认定为开设赌场行为。故利用掌握的赌博网站会员账号行使代理权，聚集多人长期在相对固定的微信群内进行赌博，组织多人并使用同一会员账号在赌博网站投注的，系开设赌场行为，情节严重的，以开设赌场罪定罪处罚。

关联索引 ▷▷

《刑法》第 303 条
《办理赌博案件意见》
《办理赌博机案件意见》
一审：辽宁省沈阳市苏家屯区人民法院（2021）辽 0111 刑初 412 号刑事判决（2021 年 12 月 29 日）
二审：辽宁省沈阳市中级人民法院（2022）辽 01 刑终 82 号刑事裁定（2022 年 5 月 16 日）

2023-16-1-286-001

华某某等人开设赌场再审案
——关于网络赌博中赌资数额的认定

基本案情 ▷▷

上海市松江区人民法院经公开审理查明：2013 年 10 月至 2014 年 4 月，原审被告人侯某 1 从洪某某（已判刑）处获得境外"申博"太阳城赌博网站的百家乐账号，为该网站担任代理，招募侯某 2、王某（另案处理）为下级代理，再由侯某2、王某招募下级代理或会员，接受会员投注。其间，原审被告人朱某某、曹某某协助侯某1收取赌资、开设账号。2014年2月至4月，原审被告人侯某2从侯某1处获得赌博网站账号，与被告人叶某某共同为该网站担任代理，招募被告人华某某等人为下级代理，再由华某某等人招募会员，接受会员投注。其间，投注额累计达人民币1.9亿余元。其中，华某某招募朱某林为会员，并接受投注。该"百家乐"账号电脑显示的"投注金额"为人民币200余万元，电脑显示的"输赢额"为人民币2万元。

上海市松江区人民法院一审认为，赌资是指用于赌博的资金或物品，实践中通常包括3种形式，即赌博犯罪中用作赌注的款物、换取筹码的款物或者通过赌博赢取的款物。在网络赌博中，由于具体赌博行为与资金最终结算之间存在一定的时间延滞，故原则上可以按照在网络上投注或者赢取的点数认定赌资。但是在"百家乐"这种较短时间内可以连续多次多局进行的赌博形式中，其网络系统中所显示的投注金额是每一局投注滚动累计而成，而输输赢赢之间该金额相较于赌博额度或者最终结算赌资之间都可能存在一定的重复计算问题，而本案中投注额累计与最终实际输赢额之间的巨大差异，更显示其中重复计算问题必然存在，检察机关简单地以投注额累计金额认定赌资数额，并据此认定被告人华某某构成情节严重依据不足，予以纠正。被告人侯某1、朱某某、曹某某、侯某2、叶某某为赌博网站招募下级代理，并由下级代理接受会员投注，其行为已构成开设赌场罪，并属于情节严重；被告人华某某为赌博网站做代理，并接受会员投注，其行为已构成开设赌场罪。公诉机关指控的罪名成立。

被告人侯某1系累犯，依法应从重处罚。在被告人侯某1、朱某某、曹某某共同犯罪中，被告人侯某1起主要作用，系主犯；被告人朱某某、曹某某起次要作用，系从犯，均应依法减轻处罚。六名被告人到案后如实供述自己的罪行，当庭认罪态度较好，依法均可从轻处罚。综上，根据被告人犯罪的事实、情节、性质、对社会的危害程度及在共同犯罪中所起的作用等，判决被告人侯某1犯开设赌场罪，判处有期徒刑五年六个月，并处罚金人民币300万元；被告人朱某某犯开设赌场罪，判处有期徒刑一年六个月，并处罚金人民币5万元；被告人曹某某犯开设赌场罪，判处有期徒刑一年三个月，缓刑一年六个月，并处罚金人民币3万元；被告人侯某2犯开设赌场罪，判处有期徒刑三年六个月，并处罚金人民币40万元；被告人叶某某犯开设赌场罪，判处有期徒刑三年六个月，并处罚金人民币40万元；被告人华某某犯开设赌场罪，判处有期徒刑一年，并处罚金人民币10万元。

宣判后，上海市松江区人民检察院提出抗诉认为，根据相关法律、司法解释、规范性意见规定，为赌博网站担任代理并接受投注，赌资数额累计达到30万元以上的，属开设赌场情节严重。赌资数额可以按照在网络上投注或赢取的点数乘以每一点实际代表的金额认定。本案原审被告人华某某担任赌博网站代理并接受投注金额累计达人民币200余万元的事实清楚，证据确实、充分，华某某涉案赌资数额累计达到30万元以上，属于开设赌场罪规定的"情节严重"。原判未认定原审被告人华某某开设赌场行为情节严重，导致量刑畸轻。

上海市人民检察院第一分院认为，原判未将累计投注金额认定为赌资，进而未认定原审被告人华某某开设赌场情节严重，导致量刑畸轻，决定支持松江区人民检察院抗诉。

上海市第一中级人民法院经审理查明的事实和证据与原判相同。

上海市第一中级人民法院认为，原审被告人侯某1、朱某某、曹某某、侯某2、叶某某为赌博网站招募下级代理，并由下级代理接受会员投注，其行为已构成开设赌场罪，并属于情节严重；原审被告人华某某为赌博网站做代理，并接受会员投注，其行为已构成开设赌场罪。关于抗诉意见，证人朱某林使用原审被告人华某某提供的网络"百家乐"账号投注，没有实际投入金钱，赌博结束后与原审被告人华某某结算的依据是"输赢金额"项下的数额。本案中，原审被告人华某某在与证人朱某林结算前，即被公安机关抓获，没有实际结算，没有收取或支付赌资。该网络"百家乐"账号显示的"投注金额"人民币200余万元，系证人朱某林反复多次投注滚动叠加的数字，该数字不能真实客观反映涉案赌资数额。原审法院具体案件具体分析，根据本案的实际情况，发现网络"百家乐"系统中所显示的"投注金额"存在重复计算问题，在依据投注点数不能计算出客观真实赌资数额时，结合本案各方面证据并参考"输赢金额"项下的数额，认为指控原审被告人华某某开设赌场的行为属于情节严重依据不足，并无不当。裁定驳回抗诉，维持原判。

判决生效后，上海市人民检察院按照审判监督程序提出抗诉认为，原一审、二审裁判未认定原审被告人华某某开设赌场的行为构成"情节严重"，属于适用法律错误，导致对华某某量刑畸轻。华某某担任赌博网站代理并接受投注金额累计达人民币200余万元；根据《办理赌博案件意见》第1条、第3条的规定，赌资数额可以按照在计算机网络上投注或者赢取的点数乘以每一点实际代表的金额认定，赌资数额累计达到 30 万元以上的，属于"情节严重"。

华某某及辩护人提出：（1）在本案中网络系统中所显示的"投注金额"与《办理赌博案件意见》中的"投注金额"并不是同一个概念，不能混淆套用。（2）本案中参赌人朱某林并没有实际投入金钱，赌博结束后与原审被告人华某某结算的依据是"输赢金额"项下的数额。而华某某在与朱某林结算前就被公安机关抓获，并没有进行实际结算，也没有收取或支付赌资。（3）对于"赌资数额"的计算，《办理赌博案件意见》中并没有给出网络赌博中重复下注的数额是否可以累计的明确规定。因此，本着对被告人有利的原则，华某某的投注数额不能认定为超过 30 万元而被认定为"情节严重"。

上海市高级人民法院经再审审理查明的事实和证据与原一审、二审相同，并确认原审被告人华某某接受会员朱某林的投注，为朱某林提供了虚拟额度为 10 万元的账户。

上海市高级人民法院认为，原审被告人华某某担任赌博网站代理，接受一名会员投注，其行为已构成开设赌场罪。朱某林使用华某某提供的账号，在虚拟额度内投注，并没有实际投入钱款，其与华某某结算的依据是"输赢额"项下的数额，双方结算前都已被抓获，没有实际交付赌资。该网络"百家乐"账号的"投注金额"人民币 200 余万元，系反复多次投注滚动叠加的数字，存在重复计算问题，不能真实客观反映涉案赌资数额，结合本案其他事实和证据，原裁判不认定原审被告人华某某开设赌场罪的行为属于情节严重并无不当。抗诉机关关于应认定原审被告人华某某开设赌场情节严重，原判量刑畸轻的抗诉意见不予支持。据此，裁定驳回抗诉，维持原判。

裁判理由 ▶▶▶

法院生效裁判认为，本案的争议焦点是原审被告人华某某的开设赌场行为赌资数额应当如何计算，是否达到了情节严重的程度。其中，核心问题是网络赌博犯罪与线下赌博犯罪在赌资数额计算上有何区别。

首先，原裁判适用法律并无不当。《最高人民法院、最高人民检察院〈关于办理赌博刑事案件具体应用法律若干问题的解释〉》（以下简称《赌博案件解释》）第 8 条规定，通过计算机网络实施赌博犯罪的，赌资数额可以按照在计算机网络上投注或者赢取的点数乘以每一点实际代表的金额认定。《办理赌博案件意见》第 3 条规定，网络赌博犯罪的赌资数额，可以按照在网络上投注或者赢取的点数乘以每一点实际代表的金额认定。无论是线下赌博还是线上赌博，《赌博案件解释》和《办理赌博案件意见》均规定了计算赌资数额有两种方式，即投注额及赢取额，但未对两种认定方式的具体计算方法作详细说明。本案中，法院采取的计算方式是以初始投注额作为赌资数额，并无不妥，检察机关采用的方法不具有可操作性，会和线下网络赌博赌资计算方式产生巨大偏差，不利于案件审判公正。

其次，线上网络赌博以初始投注额及赢取数额作为赌资数额的计算方式是妥当的。《赌博案件解释》和《办理赌博案件意见》规定计算赌资数额有两种方式，即投注额及赢取额。如果按照投注额计算，一般有3种计算方式：一是以各个行为人预先投入实际或者虚拟的金钱数额计算投注额，虚拟的金钱数额就像"百家乐"类似的网络赌博系上线向下线提供账户，每一个账户内有虚拟资金数额，按一定周期结算，参赌人员不需要提前投入现实资金；二是本案检察机关意见，即按照网络赌博计算机最终显示的投注额来计算赌资数额（一人多局）；三是根据网络赌博的时空特点，将与行为人平行于网络空间的所有参与该赌局的人投注额整体计算（多人多局）。如果按照赢取额计算，一般有两种计算方式：一是按照网络赌博计算机最终显示的输赢额来计算赌资数额（一人多局）；二是按照网络赌博的时空特点，将与行为人平行于网络空间的所有参与的该赌局的参赌人的输赢额进行相加计算（多人多局）。

（1）线上网络"百家乐"赌博赌资数额不可能采用多人赌资数额相加的计算方式计算。

司法实践中，线下赌博犯罪赌资数额的认定一般是以司法人员当场缴获的资金作为赌资数额，该赌资数额是在同一时空内，多名参赌人员多局赌博累加的数额。而网络"百家乐"赌博是一种新型的网络赌博方式，是一种线上赌博方式。该赌博方式与线下网络赌博的明显区别是，后者参赌人员不在同一空间内参赌，是在平行网络空间同时参与，其他参赌人员互相是未知的、不可见的，一般不可能知晓其他同时参赌人员的投注额或者是赢取额。例如，线下参赌人员4人，每人带10万元现金进入线下赌场进行赌博，最后线下开设赌场的赌资额是缴获的40万元；但是线上网络"百家乐"赌博只能知晓本人的投注额或者是赢取额，故线上网络"百家乐"赌博的赌资数额认定不可能实现网络平行空间所有参赌人员赌资数额相加的计算方式。

（2）线上网络"百家乐"赌博赌资数额也不宜采用一人多局累加计算方式计算。

本案中，检察机关认定的赌资数额，是以计算机最终显示的投注额来计算的。网络"百家乐"赌博中的"投注金额"类似于证券交易中的交易量，该数额的特性就是在账户额度内可以连续、反复投注，并会在结算周期将每次的投注数额正向相加。因此，每次结算时累计投注额可能远远超过参赌人员实际最初投入资金的数额。本案中检察机关指控原审被告人华某某提供的"vnm56688"账号的投注金额 200 余万元，这一数据是参赌人员朱某林利用原审被告人华某某提供的额度为 10 万元的账号中的虚拟点数，在事先约定的投注上、下限之内经过多次反复投注滚动叠加的数字，是多局投注额的相加，赌资数额与初始投注额偏差较大，会对被告人产生极不公正的结果。假设参赌人员 4 人，每人带 10 万元现金进入线下赌场互相进行赌博，最后赌资额计算一般是不会超出 40 万元。但是如果一个参赌人员用 10 万元的赌博账户参与网络"百家乐"赌博，以一人每局投注额累计相加作为开设赌场人员的赌资数额，10 场赌局为基准，没有一次盈利，每局输 1 万元，投注额从 10 万元依次降低，也就是 55 万元，高于线下多人参赌的赌资数额。同样的，若采用赢取额的每局累计计算方式，也是存在数额畸高或者畸轻，以及数额大小会和参赌人员的赌博技术相关联的问题，这也明显不恰当。

（3）线上网络"百家乐"赌博赌资数额宜采用参赌人员最初投入额的方式计算。

线上网络"百家乐"赌博开设赌场的赌资数额我们选择以行为人各个账户内最初实际或者虚拟投注金钱数额相加来计算。这个数据既比较客观地反映了开设赌场的行为人接受投注的资金、账户越多，说明其主观恶性和客观危害性越大；同时该计算方式也不会轻纵犯罪分子，具有实际计算执行的可能性，与同类线下赌博开设赌场的行为有同等严厉处罚，体现公平的裁判价值目标。这种计算方式既可以平衡线上赌博犯罪行为和线下赌博犯罪行为，也能对网络赌博犯罪分子形成威慑力。需要注意的是，这个账户数额不一定等同于投注人数，因为一个投注人可能有多个账户。

此外，从本案现有证据来看，原审被告人华某某为赌博网站担任代理，接受一名成年参赌人员（会员）投注，在与洪某某有关联的案件中属于第四层级代理（洪某某—侯某 1—侯某 2—华某某），时间较短，尚无获利，也不符合《办理赌博案件意见》第 1 条第 2 款规定的情节严重的其他情形，无法认定原审被告人华某某开设赌场的行为属于情节严重。

裁判要旨 》》

《赌博案件解释》第 8 条规定，通过计算机网络实施赌博犯罪的，赌资数额可以按照在计算机网络上投注或者赢取的点数乘以每一点实际代表的金额认定。司法解释对于重复投注的网络赌博如何计算赌资数额未作出规定。如果重复计算，则和线下网络赌博赌资计算方式产生巨大偏差，不利于贯彻体现罪责刑相适应原则。

关联索引 >>>

《刑法》第303条第2款

一审：上海市松江区人民法院（2014）松刑初字第2055号刑事判决（2014年12月25日）

二审：上海市第一中级人民法院（2015）沪一中刑终字第206号刑事裁定（2015年6月29日）

再审：上海市高级人民法院（2016）沪刑再2号刑事裁定（2016年8月4日）

2023-04-1-271-030

史某钟等人组织、领导、参加黑社会性质组织案
——如何认定黑社会性质组织的形成时间

基本案情 >>>

（一）组织、领导、参加黑社会性质组织事实

被告人史某钟原为江西省永新县恶势力团伙头目刘某广的手下。2004年10月，史某钟伙同沈某等人持枪伤害在永新县有名的恶势力头目夏某东，迫使夏某东离开永新县。因此事件，史某钟名声大振，并先后网罗社会闲散人员沈某、尹某民、高某宇、刘某清、张某华、黄某军、尹某华、尹某朵等人听其差遣。2006年刘某广死后，该恶势力团伙演变为分别以史某钟为首和以姜某伟为首的两个犯罪组织，相互之间因争霸立势而产生矛盾，互有摩擦。2006年6月，史某钟为打压姜某伟一方，指使沈某、刘某清等成员携带枪支、刀具在永新县高桥楼镇将姜某伟手下成员龙某涛等人打伤。为此，史某钟手

下的大部分成员入狱服刑，史某钟也于 2007 年 10 月在浙江省宁波市因犯故意伤害罪被判刑入狱。2008 年 8 月，史某钟出狱后，继续网罗先前的组织成员，又发展了刘某武、龙某、龚某、尹某华等骨干成员。该组织通过暴力、威胁或其他手段，实施了大量的有组织犯罪活动，形成了一个以永新县城为主要活动区域，以史某钟为组织者、领导者，以尹某华、龙某、刘某武、龚某、沈某、尹某民、尹某朵、刘某清、高某宇为积极参加者，张某华、皮某林、刘某、李某明、刘某东、雷某、周某维、吕某伟、廖某旗、黄某军（另案处理）、尹某权（另案处理）为一般参与者，组织严密、层级清晰、结构稳定的黑社会性质组织。

该犯罪组织先后在江西省永新县、吉安市，利用组织的恶名和强势地位，有组织地通过暴力、威胁等手段，开设赌场、经营客运班线、插手工程，以获取非法利益。其中，仅在永新县、吉安市开设赌场便获利 300 余万元，还通过入股永新至安福等客运班线和强行夺取永新县站前西路工程获取利益。该组织在聚敛财富的同时，还通过利益纽带维系组织的生存、发展和壮大。一方面，该组织平时作案所用经费、购置作案工具（砍刀、枪支）、车辆的费用，组织成员作案后用于逃匿、摆平关系的费用，交纳取保候审保证金、支付赔偿金等费用均由组织统一支付，总计支出 20 余万元。另一方面，史某钟通过强迫转让方式获取站前西路工程后，安排骨干成员刘某武担任项目经理，负责工程日常建设等事宜；还将班线中的股权分配给刘某武、龙某、尹卫明、刘某等人，形成利益共同体；并通过给沈某、雷某、龚某等人发工资、发红包、食宿全包等方式笼络组织成员。

该犯罪组织为了排除异己、聚敛钱财，使用暴力、威胁和其他手段，或者利用组织的强势地位，大肆实施有组织的违法犯罪活动。其中，故意伤害案 7 起，共造成 1 人死亡，1 人重伤，7 人轻伤；以危险方法危害公共安全案 1 起，造成 1 人重伤，2 人轻伤；开设赌场案 2 起；赌博案 2 起；非法持有枪支案 4 起；非法拘禁案 1 起；强迫交易案 2 起；窝藏案 1 起。另外，该组织还有数起寻衅滋事等违法行为。史某钟利用该组织的势力和影响，指使或纵容组织成员寻衅滋事、冲击赌场、逼取赌债，以达到让赌客到该组织开设的赌场进行赌博的目的；使用暴力、威胁或其他手段插手工程建设，纵容组织成员插手茶麸生意，意图垄断永新县茶麸收购市场；利用组织恶名或强势地位，充当打手，随意插手他人纠纷，在永新县称霸一方，极大地破坏了当地的经济秩序和社会生活秩序，严重危害群众生命财产安全。

（二）故意伤害事实

1. 被告人史某钟与姜某伟素有积怨

自2006年起，分别以两人为首的犯罪组织之间多有矛盾。为打压对方，提高自己威望，史某钟多次纠集组织成员殴打姜某伟。2011年，史某钟以刘某飞拖欠其赌债不还为由，多次安排组织成员刘某武、龚某、尹某华等人找刘某飞索要赌债。刘某飞因与姜某伟系亲戚，便找到姜某伟出面帮忙。史某钟认为是姜某伟从中作梗，多次扬言若姜某伟插手此事，就先将其"搞掉"。随后，史某钟多次指使组织成员龙某、皮某林等人殴打姜某伟直至最终将其伤害致死。具体事实如下：

2011年3月的一天，史某钟在永新县城开心100宾馆安排皮某林（已判刑）去打姜某伟，并给皮某林一把猎枪和一把仿制手枪，还安排吕某伟协同实施，吕某伟带廖某旗从安福县赶至永新县与皮某林会合。3月15日，皮某林和吕某伟持枪、廖某旗持刀蹲守在永新县才丰乡姜某伟女朋友家附近伺机作案。待姜某伟出门后，皮某林、吕某伟先后开枪，由于吕某伟所持枪支未击发，姜某伟随即躲避。皮某林追上后又朝姜某伟连开两枪，击中姜某伟腿部，该伤情经鉴定为轻伤乙级。

2011年10月的一天，史某钟在永新县城开心100宾馆安排龙某去打姜某伟，并交给龙某一把仿六四手枪。龙某与李某明、刘某东下楼准备去打姜某伟时，因姜某伟已开车离去而未实施。此后，史某钟多次交代龙某一定要打到姜某伟。

2011年11月6日，龙某听从史某钟指示，安排李某明、刘某东（二人均已判刑）去打姜某伟。龙某带李、刘二人指认姜某伟后，把史某钟给的仿制手枪交给李某明，并购置了两把不锈钢菜刀交给李、刘二人。随后龙某躲在永新县城茗园街一灯具店附近负责接应，李某明先持枪朝站在店门口的被害人贺某开枪（枪未击发），后李、刘二人分别持刀将贺某砍伤。李、刘二人事后才得知，误将贺某当作姜某伟砍伤。作案后，史某钟安排龙某等人到自己位于吉安市青原区的出租房内躲避。经鉴定，被害人贺某的伤势为轻伤甲级。

2012年1月，史某钟多次指示龙某要在过年前打到姜某伟。1月17日下午，龙某在永新县城茗园街发现姜某伟的行踪后，随即赶到史某钟的哥哥史某明家中纠集尹某朵、龚某去砍姜某伟。龚某找来3把菜刀，后3人驾驶一辆小轿车前往茗园街寻找姜某伟。在"日丰管业"店门口发现姜某伟后，龙某先持刀砍向姜某伟腿部，姜某伟随即往店内躲避，龚某、尹某朵、龙某3

人持刀朝姜某伟头部、背部、手臂、腿部等处乱砍。见姜某伟被砍倒在地，3人驾车逃离。龙某向史某钟报告已经砍到姜某伟，史某钟便要3人先返回史家，然后交给龙某2000元，并先后安排刘某武、尹某华等人帮助3人逃匿。被害人姜某伟经医院抢救无效死亡。经鉴定，姜某伟系失血性休克死亡。

2. 被害人夏某东曾打过被告人史某钟

2004年，夏某东因琐事在史某钟经营的发廊里打了一个人，史某钟要求夏某东赔偿未果，便决意报复。2004年10月10日晚，史某钟纠集被告人沈某和"小飞""飞侠"（二人均另案处理），四人持两把仿六四手枪、一把猎枪、一把砍刀，在永新县城品牌街开枪击伤夏某东。经鉴定，夏某东的伤势为轻伤乙级。

3. 2006年6月，被告人史某钟组织成员被姜某伟手下打伤

6月29日，史某钟邀集沈某、尹某民、高某宇、刘某清（均已判刑）等骨干成员商议报复。在发现被害人龙某涛等人行踪后，尹某民带上一支六连发转盘枪，纠集尹某华、尹某朵、贺某云（均已判刑）驾车跟踪，沈某驾车纠集黄某军（已判刑）等人、刘某清驾车纠集吴小园（已判刑）等人、高某宇驾车纠集尹志权（已判刑）等人均朝高桥楼方向追去。在永新县高桥楼派出所地段，尹某民等人驾车合围被害人黄某康、龙某涛等人驾驶的车辆，尹某民下车持枪威胁黄某康等人，尹某华、贺某云分别持马刀、锁具砍砸被害人驾驶汽车的玻璃，黄某军、尹志权、龙某荣（已判刑）持刀将被害人砍伤。经鉴定，被害人黄某康、龙某涛、刘某平为轻伤甲级，田某强为轻伤乙级。经鉴定，尹某民所持枪支具有杀伤力。（其他故意伤害事实，开设赌场、赌博、非法持有枪支、非法拘禁、强迫交易、窝藏事实以及其他违法事实略）

江西省吉安市中级人民法院于2014年4月15日作出（2013）吉刑一初字第21号一审刑事附带民事判决：被告人史某钟犯组织、领导黑社会性质组织罪，判处有期徒刑九年，并处没收财产人民币5万元；犯故意伤害罪，判处死刑，缓期二年执行，剥夺政治权利终身；犯以危险方法危害公共安全罪，判处有期徒刑十年；犯开设赌场罪，判处有期徒刑三年，并处罚金人民币3万元；犯赌博罪，判处有期徒刑二年，并处罚金人民币2万元；犯非法持有枪支罪，判处有期徒刑四年；犯非法拘禁罪，判处有期徒刑二年；犯强迫交易罪，判处有期徒刑二年，并处罚金人民币1万元。决定执行死刑，缓期二年执行，剥夺政治权利终身，并处没收财产人民币5万元，罚金人民币6万元。（其他被告人判决情况略）

一审宣判后，吉安市人民检察院提出抗诉。被告人史某钟、尹某华、龙某、尹某朵、龚某、刘某武、沈某、尹某民、刘某清分别提出上诉。江西省高级人民法院于2015年1月13日作出（2014）赣刑一抗字第03号二审刑事判决，判决如下：一、维持一审判决对上诉人史某钟的定罪量刑。二、对上诉人史某钟限制减刑。（其他上诉人、原审被告人的定罪处刑情况略）

裁判理由 >>

法院生效裁判认为，被告人史某钟的行为已构成组织、领导黑社会性质组织罪、故意伤害罪、以危险方法危害公共安全罪，开设赌场罪、赌博罪、非法持有枪支罪、非法拘禁罪、强迫交易罪，依法应数罪并罚。史某钟在黑社会性质组织中起组织、领导作用，系首要分子。其在刑罚执行完毕后五年以内再犯应当判处有期徒刑以上刑罚之罪，系累犯，应当从重处罚。

裁判要旨 >>

关于认定黑社会性质组织形成的时间，2015年9月7日，最高人民法院在《全国部分法院审理黑社会性质组织犯罪案件工作座谈会纪要》（以下简称《纪要》）中规定："黑社会性质组织存续的起点，可以根据涉案犯罪组织举行成立仪式或者进行类似活动的时间来认定。没有前述活动的，可以根据足以反映其初步形成核心利益或者强势地位的重大事件发布时间进行审查判断。没有明显标志性事件的，也可以根据涉案犯罪组织为维护、扩大组织势力、实力、影响、经济基础或者按照组织惯例、纪律、活动规约而首次实施有组织的犯罪活动的时间进行审查判断。"但由于黑社会性质组织的成熟程度、严密程度毕竟不同于典型的黑社会组织，通过举行专门仪式来宣告成立的为数很少，故仅此一个判断标准尚不足以应对实践中各类复杂情况。有相当多的黑社会性质组织在发展过程中，都存在对其树立非法权威、争夺势力范围、获取稳定经济来源具有重要意义的违法犯罪活动或其他重大事件。将这些违法犯罪活动或重大事件作为黑社会性质组织的形成起点，不仅易于判断，而且符合黑社会性质组织的成立宗旨和发展规律。但也有一些案件中不存在明显的标志性事件，在此情况下，可以按照《纪要》规定，将首次实施有组织犯罪活动的时间作为形成起点。应当注意的是，"首次实施有组织犯罪活动"并非仅指实施犯罪的方式具有组织性，更重要的是看该犯罪是否为了组织利益、按照组织意志而实施，以及犯罪能否体现该组织追求非法控制的意图。

关联索引 >>>

《刑法》第 26 条、第 65 条、第 294 条

一审：江西省吉安市中级人民法院（2013）吉刑一初字第 21 号刑事附带民事判决（2014 年 4 月 15 日）

二审：江西省高级人民法院（2014）赣刑一抗字第 03 号刑事判决（2015）

2023-06-1-286-012

吴某、樊某开设赌场案

——对使用赌博网站工具、数据进行运营盈利，虽未设置下级账号仍可认定为赌博网站的代理

基本案情 >>>

2021 年 4 月，被告人吴某伙同王某、李某（该两人另案处理）通过中介购买了赌博平台"一言棋牌游戏"具有"上分""下分"功能的代理账号及设备电脑、手机、微信号等，并在吴某家中运营该"一言棋牌游戏"赌博平台。在该赌博平台上打广告邀请赌客在其代理账号上"上分""下分"。邀请赌客成功后，吴某等人用微信添加赌客为好友，在赌客要"上分""下分"时，使用吴某、王某、李某、樊某的银行卡及支付宝向赌客收、付款。吴某、王某、李某通过"上分""下分"形成的差价和平台奖励而获利。

2021 年 9 月中旬，被告人吴某、王某等人又通过中介购买了赌博游戏"越南某某实时彩"的机器人（某雀娱乐），通过建立 QQ 群招揽赌客在机器人里下注参赌，吴某、王某等人自行在后台为赌客"上分""下分"，并用其控制的银行卡、支付宝向赌客收、付款。"越南河内实时彩""上分""下分"价格均为 100 元 100 分，由吴某、王某等人坐庄接受投注并自负盈亏，每赢得 100 元除去给赌客的返点 11 元后获利 89 元。

2021 年 8 月底，被告人樊某受王某雇请帮助吴某、王某等人运营赌博平台，与吴某、王某、李某一起，4 人一天 24 小时轮流负责联系赌客、为赌客提供"上分""下分"兑换服务等，直至 2021 年 12 月 22 日被民警抓获。被

告人樊某在受雇期间，共获得工资收入 23 000 元。

经鉴定，被告人吴某等人在网络上开设赌场期间，通过李某、吴某、王某、樊某的银行卡账户和吴某、王某的支付宝账户累计收取赌资 9 557 590.68 元，累计支出 9 523 796.67 元，非法获利 33 794.01 元。被告人樊某参与开设赌场期间，被告人吴某、樊某等人通过上述银行卡账户和支付宝账户累计收取赌资 6 737 938.10 元，累计支出 6 900 526.19 元。

江西省乐安县人民法院于 2022 年 8 月 25 日作出（2022）赣 1025 刑初 44 号刑事判决：一、被告人吴某犯开设赌场罪，判处有期徒刑五年六个月，并处罚金人民币 12 万元。二、被告人樊某犯开设赌场罪，判处有期徒刑二年六个月，并处罚金人民币 3 万元。宣判后，被告人吴某不服，提出上诉，江西省抚州市中级人民法院于 2022 年 10 月 11 日作出（2022）赣 10 刑终 140 号刑事裁定，驳回上诉，维持原判。

裁判理由 》》》

法院生效裁判认为，被告人吴某伙同他人以非法营利为目的，利用"一言棋牌游戏"和"越南河内实时彩"两个赌博平台在网络上开设赌场，累计收取赌资人民币 9 557 590.68 元，情节严重，其行为已构成开设赌场罪；被告人樊某明知他人利用赌博平台在网络上开设赌场，仍受他人雇请，帮助他人运营赌博平台，联系赌客并为赌客"上分""下分"，在参与开设赌场期间，赌场累计收取赌资 6 737 938.10 元，情节严重，其行为已构成开设赌场罪。吴某伙同他人共同出资购买赌博平台代理权，并共同运营、共同收益，又为赌博平台运营提供场所，在共同犯罪中起主要作用，系主犯，吴某具有坦白情节，依法可从轻处罚；樊某在共同犯罪中起次要作用，系从犯，具有坦白情节，并当庭自愿认罪，依法可减轻处罚。关于吴某是否应认定为赌博网站的代理，经查，吴某等人通过中介购买了赌博网站"一言棋牌游戏"具有"上分""下分"功能的 ID，吴某、王某等人在运营"一言棋牌游戏"赌博网站时，在该网站上打广告邀请赌客在吴某等人购买的 ID 上"上分""下分"参与赌博游戏，赌客看到后便通过广告上打出的微信号与吴某、王某等人添加为微信好友。如赌客要进入该赌博网站参与赌博游戏，必须"上分"（买分），赌客先在微信中联系好吴某、王某等人后，再把自己的游戏账号告知吴某、王某等人，之后把买分金额转到吴某、王某等人指定银行卡账户或支付宝账户内，吴某等人收到赌客转来的买分金额后，再通过其购买的 ID 将相应的游戏分转到赌客的游戏账号上，赌客买到游戏分后才可进入赌博网站"一言棋牌游戏"App 内参赌；如赌客参赌后要"下分"，赌客便将自己游戏账号上的分转到吴某等人的代理账号上，吴某等人收到赌客转来的游戏分后，再通过吴某、王某等人控制的银行卡账户或支付宝账户，将相应的兑换金额转到赌客的账户内。吴某、王某、李某通过"上分""下分"形成的差价和网站的奖励而获利，其运营行为和获利方式本质就是代理行为，应认定为赌博网站的代理。故法院依法作出如上裁判。

裁判要旨 >>>

在实践中，许多涉及开设网络赌场的案件都存在被告人通过向上线购买赌博网站运营工具、数据并在赌博网站进行运营盈利，但其并未发展下一级账号的情况。该类被告人未设置下级账号，但通过其购买的运营工具和数据进行运营并从中利用差价和网站奖励或提成而获利，虽然《办理赌博案件意见》作了"设置有下级账号的，应当认定其为赌博网站的代理"的规定，但并未规定认定赌博网站的代理必须要设有下级账号。也就是说，如果犯罪嫌疑人、被告人的行为符合赌博网站代理特征的，即使没有设置下级账号，同样可以认定为赌博网站的代理。

关联索引 >>>

《刑法》第 303 条第 2 款
《办理赌博案件意见》第 2 条第 1 款第 2 项、第 2 款
一审：江西省乐安县人民法院（2022）赣 1025 刑初 44 号刑事判决（2022 年 8 月 25 日）
二审：江西省抚州市中级人民法院（2022）赣 10 刑终 140 号刑事裁定（2022 年 10 月 11 日）

2023-06-1-286-004

唐某等开设赌场案

——建立聊天群组织他人利用棋牌软件赌博的，构成开设赌场罪

基本案情 >>>

被告人唐某伙同被告人王某、徐某某，利用手机"闲聊"聊天软件建立赌博群纠集参赌人员，唐某在"哈灵麻将"软件内设置亲友圈，参赌人员经唐某审核加入亲友圈，并进入游戏软件内的虚拟房间玩麻将，麻将玩法规则由唐某事先选定。每局结束后，参赌人员根据唐某等人设置的 1 分等同 1 元的比例依照输赢分数在赌博群进行资金结算，输家向赢家支付赌资，赢家向唐某等人支付 4 元、5 元的台费，输家没有按照规则支付赌资时，唐某等人要为其垫付给赢家。唐某等人通过收取台费获利，唐某与王某按照比例分成，徐某某按周领取工资。

唐某系群主，负责建立赌博群、招揽赌博人员、收取台费；王某系群内管理人员，负责收取台费、协调群内矛盾、维持群内秩序。该群累计收取台费共计 24 万余元。

2019 年 10 月 28 日，被告人唐某被公安机关抓获归案，12 月 5 日，被告人王某被公安机关抓获归案，两名被告人到案后均如实供述上述犯罪事实。案发后，唐某退出违法所得 195203 元，王某退出违法所得 45711 元。

上海市浦东新区人民法院于 2020 年 9 月 23 日作出（2020）沪 0115 刑初 923 号刑事判决：一、被告人唐某犯赌博罪，判处有期徒刑一年，缓刑一年，并处罚金人民币 1 万元。二、被告人王某犯赌博罪，判处有期徒刑十个月，并处罚金人民币 8000 元。三、扣押在案的物品、已经退出的违法所得均依法没收。宣判后，上海市浦东新区人民检察院以原判适用法律错误为由提出抗诉。上海市第一中级人民法院于 2021 年 6 月 29 日作出（2020）沪 01 刑终 1701 号刑事判决：一、维持上海市浦东新区人民法院（2020）沪 0115 刑初 923 号刑事判决第三项。二、撤销上海市浦东新区人民法院（2020）沪 0115 刑初 923 号刑事判决第一项、第二项。三、被告人唐某犯开设赌场罪，判处有期徒刑一年，缓刑一年，并处罚金人民币 1 万元。四、被告人王某犯开设

赌场罪，判处有期徒刑十个月，并处罚金人民币 8000 元。

裁判理由 >>>

法院生效裁判认为，被告人唐某、王某以营利为目的，通过邀请人员加入网络聊天群组的方式招揽赌客，依托正规棋牌软件的输赢规则，设定赌博项目和积分兑换规则，并利用聊天群组进行控制管理，在一定时间内持续组织网络赌博活动，符合开设赌场经营性和管理性特征，属于刑法规定的开设赌场行为，其行为已构成开设赌场罪。考虑两名被告人在设置赌博项目时依托网络棋牌软件，每局赌资不大且由赌客自行结算，而且两名被告人到案后均能如实供述罪行，退缴违法所得等，本院综合两名被告人的主观恶性及其行为的社会危害性等裁量刑罚。故法院依法作出如上裁判。

裁判要旨 >>>

开设赌场罪必须以赌场为依托从事营利性活动，赌场一般具有专门场所、面向不特定人群、专设赌博项目、提供资金结算、固定盈利方式等要素。行为人是否构成犯罪，不应片面适用"赌资数额""渔利数额"的单一入罪标准，应综合考虑抽头渔利数额、赌资数额、参赌人数和社会影响等客观情况；当构成开设赌场罪时，还应综合考量上述日均数额、运营时长等，审慎认定"情节严重"，正确量刑。

关联索引 >>>

《刑法》第 303 条

一审：上海市浦东新区人民法院（2020）沪 0115 刑初 923 号刑事判决（2020 年 9 月 23 日）

二审：上海市第一中级人民法院（2020）沪 01 刑终 1701 号刑事裁定（2021 年 6 月 29 日）

2023-05-1-286-001

夏某华等人开设赌场案

——利用微信群抢红包等方式进行赌博的，能否以开设赌场罪定罪处罚

基本案情 ≫≫

2016 年 8 月 1 日，夏某华及其妻子解某兰开设了微信赌博群，先后邀请、招收了陈某贵、崔某博等 10 人参与管理。夏某华等人通过使用赌博软件，给参赌人员"上分""下分"。"上分"前参赌人员需将赌资转入夏某华等人提供的支付宝账号内，赌博结束后，参赌人员可将剩余赌资"下分"转到自己的支付宝账号内。微信赌博群由"发包手"在微信群内发红包，赌博人员以抢到微信红包金额来计算点数，以"牛牛"方式比点数大小进行赌博。夏某华等人从庄家赌资及从赢家中每局按 5% 抽头获利。

夏某华系微信赌博群群主，负责赌博群的总管理，解某兰负责管理"发包手"等。陈某贵主要负责操作"通杀小精灵"手机 App，给赌博人员"上分""下分"，统计赌博押注、输赢、抽头等情况以及结算工作人员、合伙人的工资、分红等。崔某博主要负责"财务"工作，查收赌博人员是否将赌资打进指定账号和接受赌博人员联系"下分"，并通知陈某贵给赌博人员"上分""下分"。赵某华主要负责邀请人员进微信群赌博及在微信群里"顶庄"赌博。张某敏主要负责邀请人员进微信群赌博。卞某威主要负责微信群"财务"工作。江某琪主要负责"兑奖"工作，统计参与赌博人员奖励情况。宋某瑶等 4 人担任"发包手"工作，在微信群中发送用于赌博的微信红包。夏某华等 7 人占有赌博群股份，江某琪等 5 人每日领取 500 元工资。

至 2017 年 2 月案发，夏某华及解某兰夫妻、陈某贵涉案赌资共 2100 余万元，个人非法获利各 20 万元左右。崔某博于 2016 年 11 月初退出管理微信赌博群，涉案赌资 680 余万元，非法获利 6 万元以上。赵某华涉案赌资 700 余万元，非法获利 10 万余元。张某敏涉案赌资 120 余万元，非法获利 2.8 万余元。卞某威涉案赌资 900 余万元，非法获利 7.5 万余元。江某琪等 5 人各非法获利 2 万元左右。案发后及在本案审理过程中，上述人员均已退出了非法所得。

浙江省江山市人民法院于 2018 年 10 月 23 日以（2018）浙 0881 刑初 276 号刑事判决：（1）被告人夏永华犯开设赌场罪，判处有期徒刑三年，缓刑五年，并处罚金人民币 10 万元；（2）被告人陈某贵犯开设赌场罪，判处有期徒刑三年，缓刑四年，并处罚金人民币 7 万元；（3）被告人解某兰犯开设赌场罪，判处有期徒刑三年，缓刑三年，并处罚金人民币 5 万元；（4）被告人赵某华犯开设赌场罪，判处有期徒刑三年，缓刑四年，并处罚金人民币 3 万元；（5）被告人崔某博犯开设赌场罪，判处有期徒刑三年，缓刑四年，并处罚金人民币 3 万元；（6）被告人张某敏犯开设赌场罪，判处有期徒刑三年，缓刑三年，并处罚金人民币 1 万元；（7）被告人卞某威犯开设赌场罪，判处有期徒刑二年，缓刑二年，并处罚金人民币 1 万元；（8）被告人江某琪犯开设赌场罪，判处有期徒刑一年，缓刑一年，并处罚金人民币 5000 元；（9）被告人宋某瑶犯开设赌场罪，判处有期徒刑一年，缓刑一年，并处罚金人民币 7000 元；（10）被告人钱某超犯开设赌场罪，判处有期徒刑一年，缓刑一年，并处罚金人民币 5000 元；（11）被告人方某犯开设赌场罪，判处有期徒刑一年，缓刑一年，并处罚金人民币 5000 元；（12）被告人夏某犯开设赌场罪，判处有期徒刑六个月，缓刑一年，并处罚金人民币 3000 元。宣判后，检察院未提出抗诉，各被告人未提出上诉。判决发生法律效力。

裁判理由 》》

法院生效裁判认为，被告人夏某华、陈某贵、解某兰、赵某华、崔某博、张某敏、卞某威、江某琪、宋某瑶、钱某超、方某、夏某组建微信群进行赌博，其行为均已构成开设赌场罪。其中，夏某华、陈某贵、解某兰、赵某华、崔某博、张某敏、卞某威情节严重。建立微信群组织赌博与建立网站组织赌博性质相同，均属于建立网络赌博平台，故本案定罪量刑可适用网络赌博犯罪案件有关司法解释的规定。对于用于接收赌资的支付宝银行账号内资金，被告人不能说明合法来源的，可认定为赌资。卞某威、江某琪、宋某瑶、钱某超、方某、夏某在共同犯罪中起次要、辅助作用，系从犯，依法予以从轻或减轻处罚。公安机关在掌握了夏某华等利用微信群赌博的犯罪事实后，同时对夏某华进行直接传唤、对赌博场所进行检查及直接传唤陈某贵、赵某华、张某敏、卞某威、江某琪、宋某瑶等人到案，故上述被告人不构成自首。夏某在犯罪后自动投案，如实供述自己的罪行，系自首，依法予以从轻处罚。其他被告人均能如实供述自己的罪行，均系坦白，依法予以从轻处罚。综合本案各被告人的犯罪事实、性质、情节及其认罪、悔罪态度，故作出上述判决。

裁判要旨 >>>

（1）开设微信赌博群，利用抢红包等方式进行赌博的，可以开设赌场罪定罪处罚。在微信红包赌博中，通常由发起者建立赌博微信群，并制定赌博游戏规则，通过分工合作对群成员参与赌博实施严格控制。发起微信红包赌博且对赌博群施以严格控制的行为，符合开设赌场罪的犯罪构成。

（2）组织微信群赌博的"情节严重"如何适用法律呢？我们认为，由于组建微信群赌博，无论是人员规模、公开程度、获利途径和方式、专业化程度，都与网络赌博中的开设赌场具有高度的一致性，因此，可以参照适用《办理赌博案件意见》来认定开设赌场罪的"情节严重"。

（3）凡为赌博目的而投入的资金，均应认定为赌资。对于开设赌场犯罪中用于接收、流转赌资的银行账户内的资金，不能说明合法来源的，可以认定为赌资。

关联索引 >>>

《刑法》第303条

一审：浙江省江山市人民法院（2018）浙0881刑初276号刑事判决（2018年10月23日）

2023-06-1-286-011

宣某某等开设赌场案
——为赌博网站提供资金结算服务的，可认定为开设赌场行为

基本案情 >>>

被告人宣某某、赵某甲、赵某乙均系在校学生。2020年3月，宣某某通过网络认识了"必赢亚洲"赌博网站的工作人员"忠义两难全"等人，通过向"必赢亚洲"赌博网站支付押金的方式获取了在"必赢亚洲"赌博网站使用支付宝账户收取赌资的权限。宣某某安排赵某甲、赵某乙等人提供本人或

者他人的支付宝账号用于收取赌资，后赵某甲、赵某乙继续发展"下线"人员，获取"下线"人员的支付宝账号及密码为"必赢亚洲"赌博网站收取赌资。宣某某、赵某甲、赵某乙安排"下线"人员按照赌博网站工作人员的要求将收取的赌资转至指定的银行卡内，"必赢亚洲"赌博网站按照每收、转1万元赌资支付给宣某某140元至150元不等的"佣金"，宣某某按照每收、转1万元赌资支付给赵某甲、赵某乙等人45元至115元不等的"佣金"，赵某甲、赵某乙再按照每收、转1万元支付20元至45元不等的价格与"下线"人员结算。宣某某2020年3月10日至2020年6月13日共为"必赢亚洲"赌博网站收取赌资 32 193 601.41 元，非法获利 457 106.58 元，除去支付给下线人员的"佣金"之外，宣某某个人非法获利人民币 318 294.58 元。宣某某、赵某甲、赵某乙到案后均如实供述了自己的犯罪事实，均在公诉机关签署了认罪认罚具结书，自愿认罪认罚。

河南省罗山县人民法院于 2021 年 2 月 9 日作出（2020）豫 1521 刑初 305 号刑事判决：一、被告人宣某某犯开设赌场罪，判处有期徒刑三年三个月，并处罚金人民币 5 万元。二、被告人赵某甲犯开设赌场罪，判处有期徒刑三年，缓刑五年，并处罚金人民币 3 万元。三、被告人赵某乙犯开设赌场罪，判处有期徒刑七个月，缓刑一年，并处罚金人民币 5000 元。宣判后，在法定期限内没有上诉、抗诉，判决已发生法律效力。

裁判理由 >>>

法院生效裁判认为，被告人宣某某、赵某甲、赵某乙明知"必赢亚洲"网站是赌博网站，仍然为该赌博网站提供资金结算服务，收取服务费，其行为均已构成开设赌场罪，公诉机关指控罪名成立。本案系共同故意犯罪，三被告人均明知系赌博网站的赌资，仍然为其提供资金结算服务，收取服务费，且三被告人均发展了下线，系积极参与者，均系主犯，对三被告人均应按照各自参与的全部犯罪和在犯罪中的作用处罚；其中赵某甲、赵某乙在共同犯罪中作用相对较小，依法可酌予从轻处罚。三被告人到案后均如实供述了自己的犯罪事实，并自愿认罪认罚，依法可从轻处罚。赵某甲、赵某乙积极退赃、预缴罚金，依法可酌予从轻处罚。赵某甲、赵某乙居住地社区矫正机构出具了二人具备社区矫正条件的调查评估意见。根据被告人赵某甲、赵某乙的犯罪性质、情节及悔罪表现，可以适用缓刑。宣某某在共同犯罪中作用相对较大，依法不宜适用缓刑。故法院依法作出如上裁判。

裁判要旨 >>>

开设"网络赌场"一般是指组建赌博网站接受投注、提供给他人组织赌博、代理赌博网站并接受投注以及参与赌博网站利润分成等行为。明知系赌博网站的赌资，仍然为其提供资金结算服务，收取服务费的，依法以开设赌场罪定罪处罚。

关联索引 >>>

《刑法》第 303 条第 2 款
《办理赌博案件意见》第 2 条第 1 款第 2 项
一审：河南省罗山县人民法院（2020）豫 1521 刑初 305 号刑事判决（2021年 2 月 9 日）

2024-18-1-286-001

尉某平、贾某珍开设赌场宣告无罪案
——无证经营棋牌室，仅收取服务费而未抽头渔利行为的定性

基本案情 >>>

2022 年 4 月 21 日至 6 月 14 日，被告人尉某平在其位于河北省石家庄市长安区某小区底商的租住处，私自开设棋牌室，组织他人以打麻将的方式进行娱乐活动，并向每位参与者收取 50 元的台费。此外，尉某平以每天 200 元的报酬雇用被告人贾某珍为棋牌室工作人员，负责为参与娱乐活动人员提供支付结算及饮水、卫生清扫等服务。自开业至案发，尉某平累计非法获利32 250 元，贾某珍获利 10 000 元。被告人尉某平、贾某珍已退缴全部违法所得。

石家庄市长安区人民检察院指控被告人尉某平、贾某珍犯开设赌场罪，向石家庄市长安区人民法院提起公诉。2023 年 12 月 15 日，长安区人民检察院向长安区人民法院提交撤回起诉决定书。2023 年 12 月 22 日，石家庄市长安区人民法院作出（2023）冀 0102 刑初 466 号刑事裁定，准许石家庄市长安

区人民检察院撤回起诉。

裁判理由 》》

法院经审理认为，本案中，被告人仅收取每人 50 元（6 小时）台费，并无其他"抽头渔利"行为，其收取费用的标准并不高于本地区同类型棋牌室收费标准，缺乏"以营利为目的"提供赌博场所的主观故意，应当认定为提供娱乐活动。被告人虽然提供了"筹码"兑换服务，但提供该服务仅为了便于参与者的结算。打牌结束后，被告人会按照筹码数量退还所对应的钱款，并无其他抽成行为。另外，参与打牌人证实，各参与者输赢数额多在几百元左右，最高数额在 2000 元以下。鉴此，不宜认定被告人存在提供场所供他人赌博的行为。检察机关申请撤回起诉，依法予以准许。

裁判要旨 》》

对于聚众赌博、开设赌场等刑事案件的办理，应当严格把握赌博犯罪与群众文娱活动的界限。根据有关司法解释的规定，不以营利为目的，进行带有少量财物输赢的娱乐活动，以及提供棋牌室等娱乐场所只收取正常的场所和服务费用的经营行为等，不以赌博论处。鉴此，对于无证经营棋牌室，仅收取正常服务费、未抽头渔利的行为，不应以赌博犯罪论处。

关联索引 》》

《刑法》第 303 条

一审：河北省石家庄市长安区人民法院（2023）冀 0102 刑初 466 号刑事裁定（2023 年 12 月 22 日）

2023-06-1-286-009

张某、裴某某等开设赌场罪案

——跨境网络赌博犯罪案件的证据审查

基本案情 》》》

自 2010 年以来，韩国籍人 HONGSEONGMIN（另案处理）在互联网上开设名为 JOABET 的赌博网站，网站域名：www.czw777.com，在我国境内的山东省威海经济技术开发区的金域仕家、乐天世纪等处设立多个赌博工作室，利用各类体育赛事，招揽韩国籍人员通过该网站进行赌博活动。被告人张某、裴某某等人受 HONGSEONGMIN 雇用，在赌博网站工作室从事相关工作，部分赌资从境外通过地下钱庄等方式转移至中国境内，通过裴某名下多个银行账户进行赌资流转。截至 2021 年 6 月 5 日，该赌博网站登记注册参赌人员 2292 名，累计接受投注 555 889 524 065 韩元（折合人民币 3 166 063 899.73 元）。张某为该赌博网站威海地区负责人，主要负责雇用、管理工作人员、发放工资等，非法获利 1000 余万元人民币。裴某某主要负责租赁办公住宿场所以及采购电脑、维修和支付服务器租赁费用等，并将其本人、家人名下多个银行账户供赌博网站用于资金支付、转移等，非法获利 100 余万元。

山东省威海经济技术开发区人民法院于 2022 年 3 月 30 日作出 (2022) 鲁 1092 刑初 9 号刑事判决：一、被告人张某犯开设赌场罪，判处有期徒刑七年，并处罚金人民币 100 万元，驱逐出境。二、被告人裴某某犯开设赌场罪，判处有期徒刑六年六个月，并处罚金人民币 40 万元。宣判后，张某、裴某某提出上诉。山东省威海市中级人民法院于 2022 年 6 月 7 日作出 (2022) 鲁 10 刑终 46 号刑事裁定：驳回上诉，维持原判。

裁判理由 》》》

法院生效裁判认为，被告人张某、裴某某等以营利为目的，为境外赌博网站提供客服管理、收取赌注、提现等服务，情节严重，其行为均已构成开设赌场罪。本案赌博网站服务器处于境外，相关人员多系外国籍人员，但在中国境内开设工作室从事跨境赌博活动，有中国公民参与，扰乱社会治安管理秩序，与中国或者中国公民发生直接联系，造成实际侵害或影响。故中国法院对本案有管辖权。至于具体管辖法院，根据《办理赌博案件意见》第4条的规定，本案管理者所在地、部分网络赌博行为地在威海经济技术开发区，故威海经济技术开发区人民法院对本案有管辖权。张某、裴某某在共同犯罪中起主要作用，系主犯，应当按照其参与的全部犯罪处罚。张某主动投案并如实供述自己的罪行，系自首，自愿认罪认罚，裴某某如实供述自己的罪行，自愿认罪认罚，依法均可从轻处罚。故依法作出上述裁判。

裁判要旨

在办理网络犯罪案件中，一一对应的证据收集标准确实难以达到。确因客观条件限制无法逐一收集相关言词证据的，人民法院可以根据记录被害人数、被侵害的计算机信息系统数量、涉案资金数额等犯罪事实的电子数据、书证等证据材料，在审查被告人及其辩护人所提辩解、辩护意见的基础上，综合全案证据材料，对相关事实作出认定。

关联索引

《刑法》第303条

一审：山东省威海经济技术开发区人民法院（2022）鲁1092刑初9号刑事判决（2022年3月30日）

二审：山东省威海市中级人民法院（2022）鲁10刑终46号刑事裁定（2022年6月7日）

2018-18-1-286-001

洪某强、洪某沃、洪某泉、李某荣开设赌场案

基本案情

2016年2月14日，被告人李某荣、洪某沃、洪某泉伙同洪某1、洪某2（均在逃）以福建省南安市英都镇阀门基地旁一出租房为据点（后搬至福建省南安市英都镇环江路大众电器城五楼的套房），雇用洪某3等人，运用智能手

机、电脑等设备建立微信群 [群昵称为"寻龙诀",经多次更名后为"(新)九八届同学聊天"] 拉拢赌客进行网络赌博。洪某 1、洪某 2 作为发起人和出资人,负责幕后管理整个团伙;被告人李某荣主要负责财务、维护赌博软件;被告人洪某沃主要负责后勤;被告人洪某泉主要负责处理与赌客的纠纷;被告人洪某强为出资人,并介绍了陈某某等赌客加入微信群进行赌博。该微信赌博群将启动资金人民币 300 000 元分成 100 份资金股,并另设 10 份技术股。其中,被告人洪某强占资金股 6 股,被告人洪某沃、洪某泉各占技术股 4 股,被告人李某荣占技术股 2 股。

参赌人员加入微信群,通过微信或支付宝将赌资转至庄家(昵称为"白龙账房""青龙账房")的微信或者支付宝账号计入分值(1 元相当于 1 分)后,根据"PC 蛋蛋"等竞猜游戏网站的开奖结果,以押大小、单双等方式在群内投注赌博。该赌博群 24 小时运转,每局参赌人员数十人,每日赌注累计达数 10 万元。截至案发时,该团伙共接受赌资累计达 3 237 300 元。赌博群运行期间共分红 2 次,其中被告人洪某强分得人民币 36 000 元,被告人李某荣分得人民币 6000 元,被告人洪某沃分得人民币 12 000 元,被告人洪某泉分得人民币 12 000 元。

江西省赣州市章贡区人民法院于 2017 年 3 月 27 日作出 (2016) 赣 0702 刑初 367 号刑事判决:一、被告人洪某强犯开设赌场罪,判处有期徒刑四年,并处罚金人民币 5 万元。二、被告人洪某沃犯开设赌场罪,判处有期徒刑四年,并处罚金人民币 5 万元。三、被告人洪某泉犯开设赌场罪,判处有期徒刑四年,并处罚金人民币 5 万元。四、被告人李某荣犯开设赌场罪,判处有期徒刑四年,并处罚金人民币 5 万元。五、将四被告人所退缴的违法所得共计人民币 66 000 元以及随案移送的 6 部手机、1 台笔记本电脑、3 台台式电脑主机等供犯罪所用的物品,依法予以没收,上缴国库。宣判后,四被告人均未提出上诉,判决已发生法律效力。

裁判理由 >>>

法院生效裁判认为,被告人洪某强、洪某沃、洪某泉、李某荣以营利为目的,通过邀请人员加入微信群的方式招揽赌客,根据竞猜游戏网站的开奖结果,以押大小、单双等方式进行赌博,并利用微信群进行控制管理,在一段时间内持续组织网络赌博活动的行为,属于《刑法》第 303 条第 2 款规定的"开设赌场"。被告人洪某强、洪某沃、洪某泉、李某荣开设和经营赌场,共接受赌资累计达 3 237 300 元，应认定为《刑法》第 303 条第 2 款规定的"情节严重"，其行为均已构成开设赌场罪。

裁判要旨 >>

以营利为目的，通过邀请人员加入微信群的方式招揽赌客，根据竞猜游戏网站的开奖结果等方式进行赌博，设定赌博规则，利用微信群进行控制管理，在一段时间内持续组织网络赌博活动的，属于《刑法》第 303 条第 2 款规定的"开设赌场"。

关联索引 >>

《刑法》第 303 条第 2 款

2018-18-1-286-002

谢某军、高某、高某樵、杨某彬开设赌场案

基本案情 >>

2015 年 9 月至 11 月，向某（已判决）在杭州市萧山区活动期间，分别伙同被告人谢某军、高某、高某樵、杨某彬等人，以营利为目的，邀请他人加入其建立的微信群，组织他人在微信群里采用抢红包的方式进行赌博。其间，被告人谢某军、高某、高某樵、杨某彬分别帮助向某在赌博红包群内代发红包，并根据发出赌博红包的个数，从抽头款中分得好处费。

浙江省杭州市萧山区人民法院于 2016 年 11 月 9 日作出（2016）浙 0109 刑初 1736 号刑事判决：一、被告人谢某军犯开设赌场罪，判处有期徒刑三年六个月，并处罚金人民币 25 000 元。二、被告人高某犯开设赌场罪，判处有期徒刑三年三个月，并处罚金人民币 20 000 元。三、被告人高某樵犯开设赌场罪，判处有期徒刑三年三个月，并处罚金人民币 15 000 元。四、被告人杨某彬犯开设赌场罪，判处有期徒刑三年，并处罚金人民币 10 000 元。五、随案移送的四被告人犯罪所用工具手机 6 部予以没收，上缴国库；尚未追回的四被告人犯罪所得赃款，继续予以追缴。宣判后，谢某军、高某樵、杨某彬

不服，分别向浙江省杭州市中级人民法院提出上诉。浙江省杭州市中级人民法院于 2016 年 12 月 29 日作出（2016）浙 01 刑终 1143 号刑事判决：一、维持杭州市萧山区人民法院（2016）浙 0109 刑初 1736 号刑事判决第一项、第二项、第三项、第四项的定罪部分及第五项没收犯罪工具、追缴赃款部分。二、撤销杭州市萧山区人民法院（2016）浙 0109 刑初 1736 号刑事判决第一项、第二项、第三项、第四项的量刑部分。三、上诉人（原审被告人）谢某军犯开设赌场罪，判处有期徒刑三年，并处罚金人民币 25 000 元。四、原审被告人高某犯开设赌场罪，判处有期徒刑二年六个月，并处罚金人民币 20 000 元。五、上诉人（原审被告人）高某樵犯开设赌场罪，判处有期徒刑二年六个月，并处罚金人民币 15 000 元。六、上诉人（原审被告人）杨某彬犯开设赌场罪，判处有期徒刑一年六个月，并处罚金人民币 10 000 元。

裁判理由

法院生效裁判认为，以营利为目的，通过邀请人员加入微信群，利用微信群进行控制管理，以抢红包方式进行赌博，设定赌博规则，在一段时间内持续组织赌博活动的行为，属于《刑法》第 303 条第 2 款规定的"开设赌场"。谢某军、高某、高某樵、杨某彬伙同他人开设赌场，均已构成开设赌场罪，且系情节严重。谢某军、高某、高某樵、杨某彬在共同犯罪中地位和作用较轻，均系从犯，原判未认定从犯不当，依法予以纠正，并对谢某军予以从轻处罚，对高某樵、杨某彬、高某均予以减轻处罚。杨某彬犯罪后自动投案，并如实供述自己的罪行，系自首，依法予以从轻处罚。谢某军、高某樵、高某到案后如实供述犯罪事实，依法予以从轻处罚。谢某军、高某樵、杨某彬、高某案发后退赃，二审审理期间杨某彬的家人又代为退赃，均酌情予以从轻处罚。

裁判要旨

以营利为目的，通过邀请人员加入微信群，利用微信群进行控制管理，以抢红包方式进行赌博，在一段时间内持续组织赌博活动的行为，属于《刑法》第 303 条第 2 款规定的"开设赌场"。

关联索引

《刑法》第 303 条第 2 款

2020-18-1-286-001

陈某豪、陈某娟、赵某海开设赌场案

基本案情 〉〉〉

2016 年 6 月，龙汇公司设立，负责为龙汇网站的经营提供客户培训、客户维护、客户发展服务，幕后实际控制人为周某坤。周某坤利用上海麦曦公司聘请讲师、经理、客服等工作人员，并假冒上海哲荔公司等在智付电子支付有限公司的支付账户，接收全国各地会员注册交易资金。

龙汇网站以经营"二元期权"交易为业，通过招揽会员以"买涨"或"买跌"的方式参与赌博。会员在龙汇网站注册充值后，下载安装市场行情接收软件和龙汇网站自制插件，选择某一外汇交易品种，并选择 1m（分钟）到 60m 不等的到期时间，下单交易金额，并点击"买涨"或"买跌"按钮完成交易。买定离手之后，不可更改交易内容，不能止损止盈，若买对涨跌方向即可盈利交易金额的 76%~78%，若买错涨跌方向则本金全亏，盈亏情况不与外汇实际涨跌幅度挂钩。龙汇网站建立了等级经纪人制度及对应的佣金制度，等级经纪人包括 SB 银级至 PB 铂金三星级 6 个等级。截至案发，龙汇网站在全国约有 10 万会员。

2017 年 1 月，陈某豪受周某坤聘请为顾问、市场总监，从事日常事务协调管理，维系龙汇网站与高级经纪人之间的关系，出席"培训会""说明会"并进行宣传，发展会员，拓展市场。2016 年 1 月，陈某娟在龙汇网站注册账号，通过发展会员一度成为 PB 铂金一星级经纪人，下有 17 000 余个会员账号。2016 年 2 月，赵某海在龙汇网站注册账号，通过发展会员一度成为 PB 铂金级经纪人，下有 8000 余个会员账号。经江西大众司法鉴定中心司法会计鉴定，2017 年 1 月 1 日至 2017 年 7 月 5 日，陈某娟从龙汇网站提款 180 975.04 美元，赵某海从龙汇网站提款 11 598.11 美元。2017 年 7 月 5 日，陈某豪、陈某娟和赵某海被抓获归案。陈某豪归案后，于 2017 年 8 月 8 日退缴人民币 35 万元违法所得。

江西省吉安市中级人民法院于 2019 年 3 月 22 日作出（2018）赣 08 刑初 21 号刑事判决，以被告人陈某豪犯开设赌场罪，判处有期徒刑三年，并处罚金人民币 50 万元，驱逐出境；被告人陈某娟犯赌博罪，判处有期徒刑二年，并处罚金人民币 30 万元；被告人赵某海犯赌博罪，判处有期徒刑一年十个月，并处罚金人民币 20 万元；继续追缴被告人陈某娟和赵某海的违法所得。宣判后，陈某豪、陈某娟提出上诉。江西省高级人民法院于 2019 年 9 月 26 日作出（2019）赣刑终 93 号刑事判决，以上诉人陈某豪犯开设赌场罪，改判有期徒刑二年六个月，并处罚金人民币 50 万元，驱逐出境；上诉人陈某娟犯开设赌场罪，判处有期徒刑二年，并处罚金人民币 30 万元；被告人赵某海犯开设赌场罪，判处有期徒刑一年十个月，并处罚金人民币 20 万元；继续追缴陈某娟和赵某海的违法所得。

裁判理由 ≫≫

法院生效裁判认为，根据国务院 2017 年修订的《期货交易管理条例》第 1 条、第 4 条、第 6 条的规定，期权合约是指期货交易场所统一制定的、规定买方有权在将来某一时间以特定价格买入或者卖出约定标的物的标准化合约。期货交易应当在期货交易所等法定期货交易场所进行，禁止期货交易场所之外进行期货交易。未经国务院或者国务院期货监督管理机构批准，任何单位或个人不得以任何形式组织期货交易。简言之，期权是一种以股票、期货等品种的价格为标的，在法定期货交易场所进行交易的金融产品，在交易过程中需完成买卖双方权利的转移，具有规避价格风险、服务实体经济的功能。

龙汇"二元期权"的交易方法是下载市场行情接收软件和龙汇网站自制插件，会员选择外汇品种和时间段，点击"买涨"或"买跌"按钮完成交易，买对涨跌方向即可盈利交易金额的 76%~78%，买错涨跌方向则本金即归网站（庄家）所有，盈亏结果与外汇交易品种涨跌幅度无关，实则是以未来某段时间外汇、股票等品种的价格走势为交易对象，以标的价格走势的涨跌决定交易者的财产损益，交易价格与盈亏幅度事前确定，盈亏结果与价格实际涨跌幅度不挂钩，交易者没有权利行使和转移环节，交易结果具有偶然性、投机性和射幸性。因此，龙汇"二元期权"与"押大小、赌输赢"的赌博行为本质相同，实为网络平台与投资者之间的对赌，是披着期权外衣的赌博行为。

被告人陈某豪在龙汇公司担任中国区域市场总监，从事日常事务协调管理，维护公司与经纪人关系，参加各地说明会、培训会并宣传龙汇"二元期权"，发展新会员和开拓新市场，符合《办理赌博案件意见》第 2 条规定的明知是赌博网站，而为其提供投放广告、发展会员等服务的行为，构成开设赌场罪，其非法所得已达到该条规定的"收取服务费数额在 2 万元以上的"5 倍以上，应认定为开设赌场"情节严重"。但考虑其犯罪事实、行为性质、在共同犯罪中的地位作用和从轻量刑情节，对其有期徒刑刑期予以酌减，对罚金刑依法予以维持。陈某娟、赵某海面向社会公众招揽赌客参加赌博，属于为赌博网站担任代理并接受投注行为，且行为具有组织性、持续性、开放性，构成开设赌场罪，并达到"情节严重"。原判认定陈某娟、赵某海的罪名不当，二审依法改变其罪名，但根据上诉不加刑原则，维持一审对其量刑。

裁判要旨 ≫

以"二元期权"交易的名义，在法定期货交易场所之外利用互联网招揽"投资者"，以未来某段时间外汇品种的价格走势为交易对象，按照"买涨""买跌"确定盈亏，买对涨跌方向的"投资者"得利，买错的本金归网站（庄家）所有，盈亏结果不与价格实际涨跌幅度挂钩的，本质是"押大小、赌输赢"，是披着期权交易外衣的赌博行为。对相关网站应当认定为赌博网站。

关联索引 ≫

《刑法》第 303 条

2022-18-1-271-001

龚某文等组织、领导、参加黑社会性质组织案

基本案情 ≫

2013 年以来，被告人龚某文、刘某涛在江苏省常熟市从事开设赌场、高利放贷活动，并主动结识社会闲杂人员，逐渐积累经济实力。2014 年 7 月起，被告人龚某文、刘某涛组织被告人马某波、赵某、王某东、王某运、陈某雷等人，形成了以被告人龚某文、刘某涛为首的较为稳定的犯罪组织，并于 2015 年 4 月实施了首次有组织犯罪。2016 年下半年、2017 年 8 月梁某志、崔某华先后加入该组织。

该组织人数众多，组织者、领导者明确，骨干成员固定。被告人龚某文为该组织的组织者、领导者，被告人刘某涛为该组织的领导者，被告人马某波、赵某、王某东、王某运、陈某雷等为积极参加者，被告人崔某华、梁某志等人为一般成员。该组织内部分工明确，龚某文、刘某涛负责决策和指挥整个组织的运转；被告人马某波、赵某、王某东、王某运、陈某雷受被告人龚某文、刘某涛的指派开设赌场牟取利益，并在赌场内抽取"庄风款""放水"、记账，按照被告人龚某文、刘某涛的指派为讨债而实施非法拘禁、寻衅滋事、敲诈勒索、强迫交易等违法犯罪行为，崔某华、梁某志参与寻衅滋事违法犯罪行为。该组织为规避侦查，强化管理，维护自身利益，逐步形成了"红钱按比例分配""放贷本息如实上报，不得做手脚"等不成文的规约，对成员的行动进行约束。在借款时使用同伙名义，资金出借时留下痕迹，讨债时规避法律。建立奖惩制度，讨债积极者予以奖励，讨债不积极者予以训斥。该组织通过有组织地实施开设赌场、高利放贷等违法手段聚敛资产，具有较强的经济实力。其中，该组织通过开设赌场非法获利的金额仅查实的就达人民币300余万元。另，在上述被告人处搜查到放贷借条金额高达人民币4000余万元，资金流水人民币上亿元。该组织以非法聚敛的财产用于支持违法犯罪活动，或为违法犯罪活动"善后"，如购买GPS等装备、赔付因讨债而砸坏的物品，以及支付被刑事拘留后聘请律师的费用。该组织为维护其非法利益，以暴力、威胁等手段，有组织地实施了开设赌场、寻衅滋事、非法拘禁、强迫交易、敲诈勒索等违法犯罪活动，并长期实施多种"软暴力"行为，为非作恶，欺压、残害群众，严重破坏社会治安，妨害社会管理秩序，在江苏省常熟市及周边地区造成了恶劣的社会影响。该黑社会性质组织在形成、发展过程中，为寻求建立稳定犯罪组织，牟取高额非法利益而实施大量违法犯罪活动。主要犯罪事实如下：

（一）开设赌场罪

2015年4月至2018年2月，被告人龚某文、刘某涛、马某波、王某东、赵某、王某运、陈某雷多次伙同他人在江苏省常熟市海虞镇、辛庄镇等地开设赌场，仅查明的非法获利就达人民币300余万元。

（二）寻衅滋事罪

2014年至2018年，被告人龚某文、刘某涛伙同其他被告人，在江苏省常熟市原虞山镇、梅李镇、辛庄镇等多地，发放年息84%~360%的高利贷，并为索要所谓"利息"，有组织地对被害人及其亲属采取拦截、辱骂、言语威胁，在被害人住所采取喷漆、砸玻璃、拉横幅等方式进行滋事，共计 56 起 120 余次。

（三）非法拘禁罪

2015 年至 2016 年，被告人龚某文、刘某涛、马某波、王某东、赵某、王某运、陈某雷在江苏省常熟市等多地，为索要高利贷等目的非法拘禁他人 10 起，其中对部分被害人实施辱骂、泼水、打砸物品等行为。

（四）强迫交易罪

2013 年 3 月，被告人龚某文向胡某某发放高利贷，张某某担保。为索要高利贷本金及利息，在非法拘禁被害人后，被告人龚某文强迫被害人张某某到王某某家提供家政服务长达一年有余，被告人龚某文从中非法获利人民币 25 500 元。

2014 年 11 月，被告人刘某涛、王某东向陈某某发放高利贷，陶某某担保。在多次进行滋事后，被告人王某东、刘某涛强迫被害人陶某某于 2017 年 4 月至 2018 年 1 月到被告人住处提供约定价值人民币 6000 余元的家政服务共计 80 余次。

（五）敲诈勒索罪

2017 年 8 月 31 日至 2018 年 1 月 21 日，被告人刘某涛、王某东、王某运、陈某雷实施敲诈勒索 3 起，以签订"车辆抵押合同"、安装 GPS 的方式，与被害人签订高出实际出借资金的借条并制造相应的资金走账流水，通过拖走车辆等方式对被害人进行要挟，并非法获利合计人民币 5.83 万元。

江苏省常熟市人民法院于 2018 年 10 月 19 日作出（2018）苏 0581 刑初 1121 号刑事判决，认定被告人龚某文犯组织、领导黑社会性质组织罪，与其所犯开设赌场罪、寻衅滋事罪、非法拘禁罪等数罪并罚，决定执行有期徒刑二十年，剥夺政治权利二年，并处没收个人全部财产，罚金人民币 12 万元；认定被告人刘某涛犯领导黑社会性质组织罪，与其所犯开设赌场罪、寻衅滋事罪、非法拘禁罪等数罪并罚，决定执行有期徒刑十八年，剥夺政治权利二年，并处没收个人全部财产，罚金人民币 11 万元；对其他参加黑社会性质组织的成员亦判处了相应刑罚。一审宣判后，龚某文、刘某涛等人提出上诉。江苏省苏州市中级人民法院于 2019 年 1 月 7 日作出（2018）苏 05 刑终 1055 号刑事裁定：驳回上诉，维持原判。

裁判理由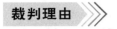

法院生效裁判认为：

（一）关于组织特征

一是该犯罪组织的成长轨迹明确。龚某文与刘某涛二人于 2007 年左右先后至江苏省常熟市打工，后龚某文从少量资金起步，与刘某涛等人合作开设赌场并放高利贷，逐步积累经济实力，后其他组织成员相继加入，参股放贷。在高利放贷过程中，因互相占股分利，组织成员利益相互交织，关系日趋紧密，架构不断成熟，并最终形成了以龚某文为组织者、领导者，刘某涛为领导者，王某东、王某运、陈某雷、马某波、赵某为积极参加者，崔某华、梁某志为一般参加者的较稳定的违法犯罪组织。二是该犯罪组织的行为方式和组织意图明确，该组织通过开设赌场和高利放贷聚敛非法财富，在讨债过程中，以滋扰纠缠、打砸恐吓、出场摆势、言语威胁、围堵拦截等"软暴力"方式为惯常行为手段，实施一系列违法犯罪活动，目的是实现非法债权，意图最大限度地攫取经济利益。由于组织成员系互相占股出资及分利，故无论组织中哪些成员实施违法犯罪活动，相关非法利益的实现均惠及全体出资的组织成员，符合组织利益及组织意图，为组织不断扩大非法放贷规模，增强犯罪能力等进一步发展提供基础，创造条件。三是该犯罪组织的层级结构明确，该组织以龚某文、刘某涛为基础，龚某文吸收发展马某波、赵某，刘某涛吸收发展王某东、王某运、陈某雷，形成二元层级关系，各被告人对所谓"替谁帮忙、找谁商量"均有明确认识。在具体违法犯罪活动中，以共同开设赌场并非法放贷为标志，两股势力由合作进而汇流，互相占股出资放贷，共同违法犯罪讨债，后期又吸收崔某华、梁某志加入，形成三元层级结构。在组织架构中，组织、领导者非常明显，积极参加者和骨干成员基本固定，人员规模逐渐增大，且本案后续所涉及的黑社会性质组织的其他犯罪均是为这些组织成员所为。四是该犯罪组织的行为规则明确，组织成员均接受并认同出资后按比例记公账分利、讨债时替组织出头等行为规则。这些规则不仅有组织成员供述，也与组织的实际运作模式和实际违法犯罪活动情况相吻合，相关行事规则为纠合组织成员，形成共同利益，保持组织正常运转起到重要作用。综上所述，该组织有一定规模，人员基本稳定，有明确的组织者、领导者，骨干成员固定，内部层次分明，符合黑社会性质组织的组织特征。

（二）关于经济特征

一是该犯罪组织通过违法犯罪活动快速聚敛经济利益。该组织以开设赌场、非法高利放贷为基础和资金来源，通过大量实施寻衅滋事、非法拘禁等违法犯罪活动保障非法债权实现，大量攫取非法经济利益。

其中，开设赌场并实施非法高利放贷部分，有据可查的非法获利金额就达人民币300余万元，且大部分被继续用于非法放贷。在案查获的部分放贷单据显示该组织放贷规模已达人民币4000余万元，查实银行资金流水已过亿元，具有较强的经济实力。二是该犯罪组织以经济实力支持该组织的活动。该组织获得的经济利益部分用于支持为组织利益而实施的违法犯罪活动，该组织经济利益的获取过程也是强化组织架构的过程。综上，该组织聚敛大量钱财，又将钱财继续用于维系和强化组织生存发展，符合黑社会性质组织的经济特征。

（三）关于行为特征

该组织为争取、维护组织及组织成员的经济利益，利用组织势力和形成的便利条件，有组织地多次实施开设赌场、寻衅滋事、非法拘禁、强迫交易等不同种类的违法犯罪活动，违法犯罪手段以"软暴力"为主，并体现明显的组织化特点，多人出场摆势、分工配合，并以"硬暴力"为依托，实施多种"软暴力"讨债等违法犯罪活动，软硬暴力行为交织，"软暴力"可随时向"硬暴力"转化。这些行为系相关组织成员为确立强势地位、实现非法债权、牟取不法利益、按照组织惯常的行为模式与手段实施的，相关违法犯罪行为符合组织利益，体现组织意志，黑社会性质组织的行为特征明显。

（四）关于危害性特征

该犯罪组织通过实施一系列违法犯罪活动，为非作恶，欺压、残害群众。在社会秩序层面上，该犯罪组织长期实施开设赌场、非法放贷，"软暴力"讨债等违法犯罪活动，范围波及江苏省常熟市多个街道，给被害人及其家庭正常生活带来严重影响，给部分被害人企业的正常生产经营带来严重破坏，给部分被害人所在机关学校的正常工作和教学秩序带来严重冲击。相关违法犯罪行为败坏社会风气，冲击治安秩序，严重降低群众安全感、幸福感，影响十分恶劣。在管理秩序层面上，该犯罪组织刻意逃避公安机关的管理、整治和打击，破坏了正常社会管理秩序。在社会影响层面上，这些违法犯罪活动在一定区域内致使多名群众合法权益遭受侵害，从在案证据证实的群众切身感受来看，群众普遍感觉心理恐慌，安全感下降，群众普遍要求进行整治，恢复经济、社会生活秩序。

综上所述，本案犯罪组织符合黑社会性质组织认定标准。该组织已经形成了"以黑养黑"的组织运作模式，这一模式使该组织明显区别于一般的共同犯罪和恶势力犯罪集团。龚某文犯罪组织虽然未发现"保护伞"，但通过实施违法犯罪行为，使当地群众产生心理恐惧和不安全感，严重破坏了当地的社会治安秩序、市场经济秩序。对黑社会组织的认定，不能仅根据一个或数个孤立事实来认定，而是要通过一系列的违法犯罪事实来反映。因为以"软暴力"为手段的行为通常不是实施一次就能符合刑法规定的犯罪构成，其单个的行为通常因为情节轻微或显著轻微、后果不严重而不作为犯罪处理或不能认定为犯罪，此时必须综合考虑"软暴力"行为的长期性、多样性来判断其社会影响及是否构成黑恶犯罪。黑社会性质组织犯罪的危害性特征所要求的"造成重大影响"是通过一系列的违法犯罪活动形成的，具有一定的深度和广度，而非个别的、一时的，特别是在以"软暴力"为主要手段的犯罪组织中，要结合违法犯罪活动的次数、时间跨度、性质、后果、侵害对象的个数、是否有向"硬暴力"转化的现实可能、造成的社会影响及群众安全感是否下降等因素综合判断，不能局限在必须要求具体的违法犯罪活动都要造成严重后果或者在社会上造成恶劣影响，也不能简单地以当地普通群众不知晓、非法控制不明显等理由，认为其危害性不严重。本案中从被告人非法放贷后通过"软暴力"讨债造成的被害人及其家庭、单位所受的具体影响和周边群众的切身感受等来看，社会危害性极其严重，构成了组织、领导、参加黑社会性质组织罪。

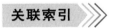

裁判要旨

犯罪组织以其势力、影响和暴力手段的现实可能性为依托，有组织地长期采用多种"软暴力"手段实施大量违法犯罪行为，同时辅之以"硬暴力"，"软暴力"有向"硬暴力"转化的现实可能性，足以使群众产生恐惧、恐慌进而形成心理强制，并已造成严重危害后果，严重破坏经济、社会生活秩序的，应认定该犯罪组织具有黑社会性质组织的行为特征。

关联索引

《刑法》第 294 条

2022-18-1-271-002

史某振等组织、领导、参加黑社会性质组织案

基本案情 >>>

被告人史某振2007年12月即开始进行违法犯罪活动。2014年以来，被告人史某振、赵某、付某刚等人先后实施组织、领导、参加黑社会性质组织，开设赌场，非法拘禁，聚众斗殴，寻衅滋事，妨害公务等违法犯罪行为。公安机关在侦查阶段查扣史某振前妻王某某房产1套及王某某出售其名下路虎越野车所得车款60万元，另查扣王某某工商银行卡1张，冻结存款2221元。河南省修武县人民检察院提起公诉后，王某某就扣押财物权属提出异议并向法院提供相关证据。审理期间，人民法院通知王某某出庭。

法院经审理查明，被告人史某振与王某某2012年9月结婚。2013年7月，王某某在河南省焦作市购置房产1处，现由王某某及其父母、女儿居住；2014年2月，史某振、王某某以王某某名义购买路虎越野车1辆；另扣押王某某工商银行卡1张，冻结存款2221元。2014年12月，史某振与王某某协议离婚，案涉房产、路虎越野车归王某某所有。路虎越野车已被王某某处分，得款60万元，现已查扣在案。

河南省修武县人民法院于2018年12月28日作出（2018）豫0821刑初331号刑事判决，认定被告人史某振犯组织、领导黑社会性质组织罪，聚众斗殴罪，寻衅滋事罪，开设赌场罪，非法拘禁罪，妨害公务罪，数罪并罚，决定执行有期徒刑十六年，剥夺政治权利四年，并处没收个人全部财产（含路虎越野车的全部卖车款60万元及王某某银行卡存款2221元）。本案其他被告人分别被判处有期徒刑七年零六个月至有期徒刑六个月不等的刑罚。宣判后，史某振、赵某、付某刚等被告人提出上诉，河南省焦作市中级人民法院于2019年4月19日作出（2019）豫08刑终68号刑事裁定：驳回上诉，维持原判。

裁判理由 >>>

法院生效裁判认为，被告人史某振、赵某、付某刚等人的行为分别构成组织、领导、参加黑社会性质组织罪，聚众斗殴罪，寻衅滋事罪，开设赌场

罪，非法拘禁罪，妨害公务罪。

被告人史某振前妻王某某名下的路虎越野车系史某振与王某某夫妻关系存续期间购买的，但史某振与王某某均无正当职业，以二人合法收入无力承担路虎越野车的购置费用。史某振因被网上追逃无法办理银行卡，其一直使用王某某的银行卡，该卡流水显示有大量资金进出。综上所述，可以认定购置路虎越野车的费用及该银行卡中剩余钱款均属于违法所得，故已查扣的卖车款 60 万元及银行卡中剩余钱款均应当予以没收。

裁判要旨 >>>

在涉黑社会性质组织犯罪案件审理中，应当对查封、扣押、冻结财物及其孳息的权属进行调查，案外人对查封、扣押、冻结财物及其孳息提出权属异议的，人民法院应当听取其意见，确有必要的，人民法院可以通知其出庭，以查明相关财物权属。

关联索引 >>>

《刑法》第 294 条

2024-06-1-286-002

李某某等开设赌场案
——在赌场内不参与决策及投资分红的赌场服务人员的处理

基本案情 >>>

2010 年 9 月，被告人李某某、朱某、高某某、杨某某共同投资在江苏省镇江市大市口步行街设立某娱乐公司。同年 10 月，李某某、朱某、高某某、杨某某以营利为目的，在该公司营业场所里先后放置了 11 台赌博机供他人赌博。其间，李某某等人先后雇佣冯某某、周某某、张某甲、张某乙、纪某等人参与赌博管理活动，具体负责销售赌博筹码币、在赌博机上为赌客上分以及日常记账、维修机器等。2010 年 12 月 1 日，上述赌博场所被公安机关查处，公安民警当场扣押了参与赌博人员赌资 385 元、赌博机 11 台、用于赌博的筹码币 34 853 枚。经查证，赌资数额累计达 39 万余元，非法获利数额累计达 14 万余元。2011 年 1 月 14 日，李某某向公安机关主动投案并如实供述犯罪事实。案发后，公安机关追缴了李某某、朱某、高某某、杨某某非法获利合计 14 万元人民币。

江苏省镇江市经济技术开发区人民法院于 2012 年 7 月 27 日作出（2011）镇经刑初字第 0056 号刑事判决：一、被告人李某某犯开设赌场罪，判处有期徒刑一年六个月，缓刑二年，并处罚金人民币 5 万元；二、被告人朱某犯开设赌场罪，判处有期徒刑二年，缓刑二年六个月，并处罚金人民币 5 万元；三、被告人高某某犯开设赌场罪，判处有期徒刑一年七个月，缓刑二年，并处罚金人民币 4 万元；四、被告人杨某某犯开设赌场罪，判处有期徒刑一年三个月，缓刑一年六个月，并处罚金人民币 4 万元；五、依法查扣的作案工具赌博机 11 台、筹码币 34 853 枚予以没收，赌资 385 元、违法所得 14 万元予以追缴。宣判后，在法定期限内没有上诉、抗诉，判决已发生法律效力。

裁判理由 ≫

法院生效裁判认为，被告人李某某、朱某、高某某、杨某某共同开设赌场，其行为均已构成开设赌场罪。李某某犯罪后自动投案并如实供述自己的罪行，系自首，可以从轻处罚。李某某、朱某、高某某、杨某某当庭自愿认罪，并积极退出违法所得，有悔罪表现，均可酌情从轻处罚。社区矫正机构表示对四被告人均可实行社区矫正，综合考量其犯罪事实、性质、情节、社会危害程度以及落实帮教、监管措施等情况，对李某某、朱某、高某某、杨某某均可适用缓刑。

关于冯某某、周某某、张某甲、张某乙、纪某等是否构成共犯的问题，《办理赌博机案件意见》规定，办理利用赌博机开设赌场的案件，应当贯彻宽严相济刑事政策，重点打击赌场的出资者、经营者。对受雇用为赌场从事接送参赌人员、望风看场、发牌坐庄、兑换筹码等活动的人员，除参与赌场利润分成或者领取高额固定工资的以外，一般不追究刑事责任，可由公安机关依法给予治安管理处罚。对设置游戏机，单次换取少量奖品的娱乐活动，不以违法犯罪论处。冯某某等虽明知他人开设赌场仍参与经营活动，但不参与赌场的经营决策，只是根据老板的安排分别负责销售赌博筹码币、在赌博机上为赌客上分、退分和退币、日常记账以及维修机器等，在赌场运作中所起的作用有限，且五被告人均未参与赌场投资和分红，所获仅为劳务报酬，故对冯某某等被告人的行为应认定为情节显著轻微危害不大，依法不应认定为犯罪。镇江市经济开发区人民检察院依法撤回了对冯某某、周某某、张某甲、张某乙、纪某等五名被告人的犯罪指控。故一审法院依法作出如上裁判。

裁判要旨

在赌场内不参与决策及投资分红，仅获得普通劳务性报酬的赌场劳务、服务人员，根据案件的具体情节，依法可不认定为开设赌场罪。

关联索引

《刑法》第303条第2款

一审：江苏省镇江市经济开发区人民法院（2011）镇经刑初字第0056号刑事判决（2012年7月27日）

2023-06-1-286-005

梁某甲、陈某甲等开设赌场案
——开设赌场罪主犯的认定

基本案情

2018年3月，被告人梁某甲与陈某丙（在逃）经密谋后决定合伙为境外赌博网站提供资金支付结算服务获利，梁某甲负责注册微信并绑定银行卡，陈某丙负责将梁某甲提供的微信生成二维码并提供给赌博网站由参赌人员扫码付款，梁某甲在收到参赌人员的赌资汇总后转给陈某丙，陈某丙按4.2%的比例提成，然后将款项转给赌博网站，陈某丙随后将1.2%比例的提成交给梁某甲。

2018年4月至5月期间，梁某甲以每月支付1万元工资的条件召集被告人梁某、桂某、王某、梁某乙、朱某某、邓某（较晚参加）及李某某（不起诉）为其工作，陈某丙以每月7000元工资的条件召集被告人陈某甲、陈某乙为其工作。上述人员明知陈某丙和梁某甲为赌博网站提供资金支付结算服务，仍接受该项工作，其中王某负责登录微信号并绑定银行卡，梁某、梁某乙负责将赌资提现至银行卡，朱某某、桂某、邓某负责查单确认赌资是否到账，李某某负责租房和后勤，陈某甲、陈某乙负责制作二维码和将赌资扣除提成后转给赌博网站。被告人梁某丙向梁某甲提供20余张银行卡用于资金流转使用，并按照每张银行卡1500元收取费用。在此期间，上述人员先后在上海市和江西省九江市租用场所，共计为境外赌博网站结算赌博资金34 252 570余元，梁某甲按照约定的1.2%比例获取了所谓的服务费用411 030.84元。梁某甲向朱某某、梁某、桂某、王某、梁某乙及李某某各支付工资1万元，并为李某某购买车辆支付资金17万元。

另查明，2018年5月15日14时许，公安民警在九江市作案现场将被告人梁某甲、陈某甲、陈某乙、梁某、桂某、王某、梁某乙、邓某、朱某某抓获归案，现场扣押作案工具MEIZU牌手机127部、彩色打印机1台、苹果牌笔记本电脑1台等；被告人梁某丙于2018年5月23日14时30分许主动向上海市公安局宝山分局罗店派出所民警投案；上述被告人归案后均如实供述了上述事实经过。梁某丙向瑞昌市公安局上缴违法所得49000元；李某某家属向瑞昌市公安局上缴梁某甲给付李某某的违法所得17万元；梁某甲家属在案件审理过程中主动代为上交违法所得8万元。

江西省瑞昌市人民法院于2019年3月26日作出（2019）赣0481刑初40号刑事判决：一、被告人梁某甲犯开设赌场罪，判处有期徒刑二年六个月，并处罚金人民币8万元。二、被告人陈某甲犯开设赌场罪，判处有期徒刑一年四个月，缓刑二年，并处罚金人民币5万元。三、被告人陈某乙犯开设赌场罪，判处有期徒刑一年四个月，缓刑二年，并处罚金人民币5万元。四、被告人梁某犯开设赌场罪，判处有期徒刑一年六个月，并处罚金人民币5万元。五、被告人桂某犯开设赌场罪，判处有期徒刑一年五个月，并处罚金人民币5万元。六、被告人王某犯开设赌场罪，判处有期徒刑一年六个月，并处罚金人民币5万元。七、被告人梁某乙犯开设赌场罪，判处有期徒刑一年四个月，缓刑二年，并处罚金人民币5万元。八、被告人朱某某犯开设赌场罪，判处有期徒刑一年四个月，缓刑二年，并处罚金人民币5万元。九、被告人邓某犯开设赌场罪，判处有期徒刑一年五个月，并处罚金人民币5万元。十、被告人梁某丙犯开设赌场罪，判处有期徒刑一年，缓刑一年六个月，并处罚金人民币5万元。宣判后，江西省瑞昌市人民检察院提出抗诉称，原审认定事实不当，对陈某甲、陈某乙量刑畸轻。江西省九江市人民检察院支持抗诉意见认为：（1）原审认定梁某甲为从犯，系适用法律错误；（2）原审对陈某甲、陈某乙量刑畸轻。江西省九江市中级人民法院于2019年7月25日作出

（2019）赣04刑终210号之一刑事裁定，驳回抗诉，维持原判。

裁判理由 ≫

法院生效裁判认为被告人梁某甲、陈某甲、陈某乙、梁某、桂某、王某、梁某乙、邓某、朱某某、梁某丙明知是赌博网站，而为其提供资金支付结算服务，并收取服务费用，情节严重，构成开设赌场罪。梁某甲明知是境外赌博网站，而为赌博网站提供资金支付结算服务，属于开设赌场罪的共同犯罪。在共同犯罪中，梁某甲起组织、领导作用，系主犯。原审认定其为从犯有误。但因瑞昌市人民检察院提出抗诉并未针对梁某甲，依法不能加重其刑罚。关于原审对陈某甲、陈某乙判处有期徒刑一年四个月，缓刑二年，并处罚金5万元，是否属量刑畸轻的问题，经查，本案被告人为境外赌博网站结算赌博资金3400余万元，收取服务费40余万元，属于情节严重，应当在有期徒刑三年至十年内判处刑罚。因陈某甲、陈某乙均为从犯，且具有坦白情节，原审适用减轻处罚，在下一个量刑档次内量刑并不违反法律规定，不宜认定量刑畸轻。原审认定事实清楚，证据确实、充分，审判程序合法，但对梁某甲适用法律有误，法院予以纠正，因抗诉机关并未对其提出抗诉，故不得加重其处罚。故法院依法作出如上裁判。

裁判要旨 ≫

被告人为境外赌博网站提供资金结算服务，虽然该行为在开设赌场犯罪过程中起到帮助作用，但其在共同犯罪中却起到组织、领导作用，可以认定为主犯。

关联索引 ≫

《刑法》第303条第2款

一审：江西省瑞昌市人民法院（2019）赣0481刑初40号刑事判决（2019年3月26日）

二审：江西省九江市中级人民法院（2019）赣04刑终210号之一刑事裁定（2019年7月25日）

2023-06-1-286-006

汪某某开设赌场案
——为赌博网站提供资金支付结算服务行为的定性

基本案情 >>>

被告人汪某某通过信某峰（另案处理）了解到名为"wepoder"App软件可以玩德州扑克进行赌博，信某峰为该软件的网站代理并接受投注。汪某某遂向刘某等四人介绍该赌博软件网站，根据刘某等四人玩德州扑克计算得失分，并在信某峰与刘某等四人之间，根据输赢结果以1分相当于1元的比例为双方进行中间结算，并通过微信、支付宝进行转账。汪某某累计收取信某峰、刘某等人支付的赌资212 601元，累计向信某峰、刘某等支付赌资182 353元。

辽宁省沈阳市铁西区人民法院于2021年9月24日作出（2021）辽0106刑初498号刑事判决：被告人汪某某犯开设赌场罪，判处有期徒刑一年六个月，并处罚金人民币10万元。宣判后，在法定期限内没有上诉、抗诉，判决已发生法律效力。

裁判理由 >>>

法院生效裁判认为，被告人汪某某明知信某峰作为赌博网站的代理，介绍刘某等人到该网站从事赌博活动，同时在信某峰与刘某等之间提供资金结算并转账，其行为应以开设赌场罪追究刑事责任。汪某某与信某峰、刘某等的微信、支付宝交易明细证实汪某某收取信某峰、刘某等的赌资共计212 601元，系汪某某提供结算收取赌资的犯罪数额，对支付后剩余款项应认定为非法所得，予以追缴。汪某某系国家工作人员参与赌博活动，酌情予以从重处罚。汪某某能够如实供述主要犯罪事实，积极退缴违法所得，积极交纳罚金，确有悔罪表现，酌情可予以从轻处罚。故法院依法作出上述裁判。

裁判要旨 >>>

明知是赌博网站，为赌博网站提供资金结算服务，收取的服务费或帮助收取赌资数额达到相关法律规定的，属开设赌场罪的共犯，应当以开设赌场罪定罪处罚。

关联索引 >>

《刑法》第 303 条

《办理赌博案件意见》第 2 条第 1 款第 2 项

一审：辽宁省沈阳市铁西区人民法院（2021）辽 0106 刑初 498 号刑事判决（2021 年 9 月 24 日）

2023-04-1-271-027

汪某等组织、领导、参加黑社会性质组织案

——较长时期内暂停实施违法犯罪活动的，是否可以认定黑社会性质组织仍持续存在

基本案情 >>

（一）组织、领导、参加黑社会性质组织事实

1996 年，被告人汪某被解除劳动教养以后，在湖南省沅陵县县城纠集被告人杨某华、李某冬、陈某甲（共同作案人，已被执行死刑）和颜某海等人为非作恶，成为当地的一伙恶势力。1997 年 5 月 7 日，汪某伙同杨某华、李某冬、陈某甲和颜某海（另案处理）等人在沅陵县沅陵镇好吃街巷口将另一恶势力团伙成员陈某乙砍成重伤后，汪某负案潜逃至广东省深圳市。1998 年年初，汪某为了控制深圳至沅陵的长途客运市场以牟取暴利，纠集和网罗了郑某华、陈某甲、颜某海、廖某、张某华、刘某生、杨某（后 4 人均另案处理）等人，通过违法犯罪活动夺取车站的经营权，获取经济利益，严重破坏了深圳至沅陵的长途客运秩序，初步形成了以汪某为组织者、领导者，郑某华、陈某甲、颜某海、廖某、张某华、刘某生、杨某等人为积极参加者的黑社会性质组织。1999 年 10 月，汪某在深圳因抗拒公安机关的抓捕，被民警开枪击伤，双下肢瘫痪。此后，汪某在田某安等人的陪护下在深圳疗伤。2005 年下半年，汪某返回沅陵县。为了重新确立其在沅陵社会上的地位，汪某纠

集田某安、陈某甲、廖某、杨某华等人，同时网罗胡某亮、宋某辉、刘某、粟某华、宋某勤、刘某华、杨某甲、杨某乙、瞿某生、李某武、糜某刚（后3人均另案处理）等刑满释放人员和社会闲杂人员，由汪某将上述成员分为贩卖毒品和充当打手两部分，规定两部分成员之间不准接触，分开居住，统一开餐，违法犯罪所得由汪某统一管理和分配，充当打手的成员不准吸毒。2007年10月，胡某亮、宋某勤、刘某华、杨某甲、杨某乙、廖某、瞿某生、李某武、糜某刚因贩卖毒品罪被判处刑罚。

2007年12月，杨某华、宋某辉、刘某因聚众斗殴罪被判处刑罚。之后，陈某甲因故意杀人罪被执行死刑。汪某为了发展自己的势力，又纠集李某冬和郑某华，并吸纳徐某忠、李某红、谢某、马某杨、丁某松、陆某典、张某园、杨某刚、张某国、姚某英、钟某军、宋某岸、宋某智、赵某军等人为成员。其中，李某红负责管理钟某军、宋某岸、宋某智、张某宇（另案处理）等人，谢某负责管理瞿某权、张某林、向某（均另案处理）等人，马某杨负责管理梁某（外号"福宝"，另案处理）、马某（外号"胖子"，另案处理）等人，张某园、杨某刚、张某国负责管理赵某军和张某、宋某（均另案处理）等人。汪某通过对骨干成员的控制来达到对整个组织的控制，李某红、谢某、马某杨、张某园、杨某刚、张某国带领各自管理的成员，集中住宿，统一开餐，形成了不许吸毒、不许到汪某开设的赌场内赌博等规矩。

汪某黑社会性质组织在形成和发展壮大过程中，为谋取经济利益，打击竞争对手，争夺地盘，大肆进行违法犯罪活动，有组织地实施故意杀人、故意伤害、聚众斗殴、寻衅滋事、贩卖毒品等犯罪，致1人死亡、1人重伤、4人轻伤、2人轻微伤，严重破坏了当地的社会秩序和经济秩序，造成了极其恶劣的社会影响。

（二）故意杀人、故意伤害、聚众斗殴事实

2006年7月底，湖南省衡阳市石鼓区无业人员邬某辉（已判刑）因欠下沅陵县无业人员陈某丙（共同作案人，已判刑）赌债2900元，与陈某丙产生矛盾。2006年8月19日晚，邬某辉与杨某升、尹某钧（已免予刑事处罚）等人来到湖南省长沙市开福区营盘路某网吧找到在此上网的陈某丙，要求免除部分赌债，被陈某丙拒绝后，邬某辉等人打了陈某丙。陈某甲同在网吧上网，为此电话联系上宋某辉，通过宋某辉向汪某求助。汪某遂安排宋某辉、杨某华、刘某、陈某丁（共同作案人，均已被判刑）前往长沙帮陈某甲打架，并提供左轮手枪一把、子弹6发、砍刀4把。汪某要胡某亮为宋某辉四人租了车，并支付了 500 元租车费，还给了杨某华 1000 元用于开支。宋某辉、杨某华、刘某、陈某丁乘坐顾某（共同作案人，已判刑）驾驶的车牌号为湘 N×××的奇瑞轿车来到长沙，于 2006 年 8 月 20 日早上与陈某丙、陈某甲会合。当天上午 9 时许，陈某丙以和解为名，骗邬某辉到长沙市开福区营盘路某饭店。后陈某甲、宋某辉、杨某华、刘某、陈某丁携带工具来到该饭店。邬某辉、尹某钧、杨某升等人明知对方可能有诈，仍携带刀具赴约。同日上午 10 时许，双方在约定饭店门前人行道上见面后，陈某丙向宋某辉等人示意并大喊"砍"，随即带头砍向邬某辉。随即，陈某丁持左轮手枪逼住杨某升，陈某甲持匕首上前刺中杨某升左腹部，杨某华、宋某辉、刘某持砍刀朝杨某升身上乱砍。邬某辉被砍后逃离，陈某丙和陈某甲追赶邬某辉未成返回现场，陈某丙又持刀砍了杨某升的手部。其间，陈某丁将石振华打倒在地。陈某甲等六人行凶后乘坐奇瑞轿车逃离现场。杨某升经送医院抢救无效，于当天死亡。

（其他故意伤害、聚众斗殴的事实略）

（三）寻衅滋事事实

1998 年年初，被告人汪某为了夺取广东省深圳市坂田车站的经营权，提出与李某波合伙经营车站，遭到李某波的拒绝。1998 年 3 月 8 日下午 3 时许，汪某带领陈某甲、颜某海、刘某生等人来到李某波在坂田的住房内，找到正在打麻将的李某波。汪某持匕首朝李某波大腿猛捅一刀。

1998 年，被告人汪某为了夺取广东省深圳市石岩车站的经营权，提出与陈某勇合伙经营车站，遭到陈某勇的拒绝，汪某即指使郑某华、陈某甲、张某华、刘某生等人去砍陈某勇。郑某华等人携带砍刀来到石岩车站，没有找到陈某勇，张某华看见与陈某勇一起经营石岩车站的杨某兵正在车站内打电话，即抽出随身携带的砍刀跑过去砍杨某兵，杨某兵被砍后转身逃跑，郑某华、陈某甲、刘某生等人亦持砍刀在后追砍，造成杨某兵全身多处被砍伤。经法医鉴定，杨某兵的损伤程度已构成轻伤。

（其他寻衅滋事的事实略）

（四）敲诈勒索事实

2008 年，被告人汪某为了垄断沅陵县城的"六合彩"码书销售，一方面安排徐某忠、田某飞与沅陵县城码书经营者底某萍一起销售"六合彩"码书；另一方面安排谢某等人去找沅陵县城码书经营者钱某秋，不准钱某秋经营码书。钱某秋闻讯后来到汪某家求情，汪某要求钱某秋给 30 万元才能经营码书。钱某秋迫于汪某一伙的淫威，答应给汪某18万元。2008年5月3日，钱某秋安排朋友杨某丁将现金18万元送给汪某，杨某丁按照汪某的吩咐将钱存入徐某忠的账户。

2008年，被告人汪某将在沅陵县城南武田巷开设赌场的黄某建叫到家中，要求到赌场入干股。黄某建迫于汪某的淫威，答应让汪某入干股。汪某指使李某冬、谢某到黄某建赌场分多次收取7000元，李某冬、谢某将7000元钱全部交给了汪某。（其他敲诈勒索的事实以及贩卖毒品、开设赌场、妨害作证、非法持有枪支的事实略）

湖南省怀化市中级人民法院判决如下：被告人汪某犯组织、领导黑社会性质组织罪，判处有期徒刑九年六个月；犯故意杀人罪，判处死刑，剥夺政治权利终身；犯故意伤害罪，判处有期徒刑九年；犯聚众斗殴罪，判处有期徒刑五年；犯寻衅滋事罪，判处有期徒刑三年；犯敲诈勒索罪，判处有期徒刑八年；犯贩卖毒品罪，判处死刑，剥夺政治权利终身，并处没收财产10万元；犯开设赌场罪，判处有期徒刑四年，并处罚金人民币20万元；犯妨害作证罪，判处有期徒刑一年；犯非法持有枪支罪，判处有期徒刑二年；数罪并罚，决定执行死刑，剥夺政治权利终身，并处没收财产人民币10万元，罚金人民币20万元。（其他被告人的定罪处刑情况略）

一审宣判后，被告人汪某、徐某忠、胡某亮、李某冬、杨某华、宋某辉、刘某、粟某华、田某安、宋某勤、刘某华、杨某甲、杨某乙、谢某、马某杨、丁某松、张某园、杨某刚、张某国、钟某军、宋某智、赵某军不服，提出上诉。

湖南省高级人民法院经审理认为，原审判决认定的犯罪事实清楚，证据确实、充分，定罪准确，除对汪某所犯贩卖毒品罪量刑过重以外，对其他犯罪的量刑均适当。审判程序合法。湖南省高级人民法院作出以下判决：

一、驳回上诉人徐某忠、胡某亮、李某冬、杨某华、宋某辉、刘某、粟某华、田某安、宋某勤、刘某华、杨某甲、杨某乙、谢某、马某杨、丁某松、张某园、杨某刚、张某国、钟某军、宋某智、赵某军的上诉和上诉人汪某的部分上诉，维持湖南省怀化市中级人民法院（2011）怀中刑一初字第36号刑事判决第二项至第二十八项判决和第一项中对汪某犯组织、领导黑社会性质组织罪，故意杀人罪、故意伤害罪，聚众斗殴罪、寻衅滋事罪，敲诈勒索罪，开设赌场罪，妨害作证罪，非法持有枪支罪的判决及犯贩卖毒品罪定罪部分的判决。

二、撤销湖南省怀化市中级人民法院（2011）怀中刑一初字第36号刑事判决第一项中对上诉人汪某犯贩卖毒品罪量刑部分的判决。

三、上诉人汪某犯贩卖毒品罪，判处无期徒刑，剥夺政治权利终身，并处没收财产人民币10万元，与原判对汪某犯组织、领导黑社会性质组织罪，故意杀人罪，故意伤害罪，聚众斗殴罪，寻衅滋事罪，敲诈勒索罪，开设赌场罪，妨害作证罪，非法持有枪支罪判处的刑罚并罚，决定执行死刑，剥夺政治权利终身，并处没收财产人民币10万元，罚金人民币20万元。

最高人民法院经复核审理，依法核准被告人汪某死刑。

裁判理由 ▷▷▷

法院生效裁判认为，本案黑社会性质组织的违法犯罪活动从时间上看分为两个阶段：前一阶段为1998年至1999年，汪某负案潜逃至深圳，带领组织成员夺取、控制深圳至沅陵长途客运市场。后一阶段为2005年至2010年，汪某重返沅陵县，重新聚合原有成员并不断网罗新的成员，在当地实施敲诈勒索、开设赌场、贩卖"六合彩"码书和贩卖毒品等犯罪活动。在两个阶段之间，即1999年至2005年间，因汪某受伤致使该组织停止实施犯罪活动达5年之久。虽然汪某黑社会性质组织在长达5年的时间里没有实施违法犯罪活动，组织成员也有明显更替，但前后两个阶段在核心成员、非法影响等方面具有延续性，应认定该黑社会性质组织在"较长时期内持续存在"。主要理由是：其一，组织者、领导者具有延续性。汪某在前后两个阶段中均居于组织者、领导者地位，对于犯罪组织的存在、运行都起到了不可替代的核心作用。其二，组织成员具有延续性。2005年汪某回到沅陵后重新聚集的人员，包括前一阶段在深圳所带的骨干成员陈某甲、郑某华、颜某海等人，汪某通过对这些骨干成员的继续控制，实现了对整个犯罪组织的继续控制。更为重要的是，即使是在汪某因拒捕被击伤而停止实施犯罪的5年间，组织成员郑某华、田某安等人仍然追随在汪某身边，虽未实施违法犯罪活动，但仍听从汪某指挥并照顾汪某起居，说明该组织并未真正地分崩离析，始终保持着一定的人员构成。其三，非法影响具有延续性。汪某黑社会性质组织在前一阶段实施犯罪的地点主要是在深圳市，汪某等人使用暴力、威胁手段，控制了深圳市运营相关客运线路的4个车站中的3个，对深圳至沅陵的长途客运市场形成重大影响。由于被该犯罪组织残害的对象主要是沅陵籍群众，故相关犯罪活动所造成的非法影响已经波及沅陵，甚至主要体现在沅陵，汪某黑社会性质组织在沅陵树立了恶名。在后一阶段中，汪某重返沅陵，之所以能够于短时间内迅速纠集和吸纳一大批刑满释放人员、社会闲杂人员，也与该组织之前在深圳的所作所为及其形成的非法影响具有直接关联。汪某黑社会性质组织在深圳是以控制长途客运市场为其核心利益，返回沅陵后则以贩卖毒品、开设赌场及地下"六合彩"等为其主要经济来源。虽然其染指的领域发生明显变化，但其以暴力、威胁为主要手段，有组织地实施违法犯罪活动的行为方式没有变，追求非法控制并借此攫取经济利益的总体犯罪意图没有变，由此造成的非法影响与前一阶段具有延续性和一致性。因此，本案中并不存在前后两个不同的犯罪组织，认定汪某黑社会性质组织在较长时期内持续存在发展是正确的。

裁判要旨 ≫

黑社会性质组织应当是在较长时期内持续存在的犯罪组织。《刑法》第294条第1款尽管没有明文表述黑社会性质组织应当是在较长时期内持续存在的犯罪组织，但该条第5款第1项中所规定的"形成较稳定的犯罪组织"，实际上已经包含了这一要求，"较长时期内持续存在"是认定黑社会性质组织的必然要求。判断犯罪组织是否在"较长时期内持续存在"，主要涉及两个方面问题：一是"较长时期"从何时起算、需要持续多久；二是"持续存在"应当如何认定。关于第一个问题，2015年最高人民法院印发的《全国部分法院审理黑社会性质组织犯罪案件工作座谈会纪要》已有比较明确规定，司法实践中遵照执行即可。关于第二个问题，在确定犯罪组织的形成起点后，只要该犯罪组织以组织名义、为组织利益连续多次实施违法犯罪活动的，就可以认定犯罪组织持续存在。实践中，有以下两种情况值得注意：一是有些黑社会性质组织脱离"打打杀杀"的初级阶段后，往往会以合法行业为主要经济来源，并会为逃避打击而自我"洗白"，有意减少甚至在一定时期内暂时停止实施违法犯罪活动，给人造成犯罪组织已经"转型"或者"解散"的错觉。当需要打击对手、抢夺市场、攫取资源之时，便会恢复本来面目，继续实施违法犯罪活动。二是有些黑社会性质组织在发展过程中，因某些具体的犯罪案件被公安司法机关查破，原有的组织成员或被抓或潜逃，被迫暂时停止实施违法犯罪活动，由此形成组织"溃散"的假象。但经过一段时间以后，组织成员又会重新聚集，或者又有新的成员加入并继续实施有组织的违法犯罪活动。在认定黑社会性质组织是否持续存在时，以上两种情况往往会引发争议。相比较而言，在第一种情况下，由于暂停违法犯罪活动期间，组织成员、结构一般不会发生大的变化，故认定起来相对容易。在第二种情况下，判断黑社会性质组织是否持续存在，应当着重审查组织者、领导者、骨干成员等组织的核心成员是否具有延续性，以及组织的非法影响是否具有延续性。组织的核心成员具有延续性，说明犯罪组织的基本构成是稳定的；非法影响具有延续性，说明犯罪组织的行为方式和犯罪宗旨未发生根本变化。需要说明的是，对于《刑法》第 294 条第 5 款第 1 项中的"骨干成员基本固定"，不能理解为骨干成员不变或基本不变。只要不是时聚时散或者频繁地大面积更换，就可以视为"骨干成员基本固定"。正因如此，在判断组织核心成员的延续性时，也并不要求骨干成员全部或者大部分保持不变。

关联索引 >>>

《刑法》第 128 条第 1 款，第 232 条，第 234 条，第 238 条第 1 款，第 263 条，第 292 条，第 294 条第 1 款、第 4 款、第 5 款

一审：湖南省怀化市中级人民法院（2011）怀中刑一初字第 36 号刑事判决（2012 年 10 月 30 日）

二审：湖南省高级人民法院（2014）湘高法刑三终字第 208 号刑事判决（2014 年 10 月 29 日）

2024-06-1-286-003

王某某等开设赌场案
——平台设立盲盒游戏构成开设赌场罪的认定

基本案情 >>>

2022 年 3 月，被告人王某某、李某某商议并着手筹备、搭建"857skins"网站（以下简称 857 网站），该网站于 2022 年 6 月开始运营。玩家在网站上注册充值后以 1∶1 比例兑换成游戏币参与赌博，且充值兑换的游戏币只能用于赌博游戏而不能直接到网站商城购买道具。网站设置有"盲盒""幸运饰品""拼箱"3 种赌博方式。玩家参与赌博游戏后可获得 CSGO 游戏道具，网站通过回收将游戏道具兑换成商城币，经兑换获得的商城币可继续在平台上进行开盲盒等赌博游戏，或到网站商城上选购道具；玩家可以将游戏道具提

取到自己的 steam 账号上到网易 Buff 等游戏资产交易平台上进行交易变现。该网站通过招聘主播进行直播推广、送 CDK 红包、节日福利等方式，吸引玩家到网站上进行赌博。

857 网站从运营至案发，玩家充值金额共计 50 046 374 元，玩家提取道具金额 25 616 813 元，网站获利 24 429 561 元。其中，王某某系 857 网站股东，负责对接四方支付公司、对接技术、网站运营等，并独立运营 V9 网站，获利 800 余万元；李某某系 857 网站股东，负责推广、客服、网站运营等，获利 560 余万元。

浙江省松阳县人民法院于 2023 年 12 月 11 日作出（2023）浙 1124 刑初 156 号刑事判决：被告人王某某犯开设赌场罪，判处有期徒刑五年六个月，并处罚金人民币 560 万元；被告人李某某犯开设赌场罪，判处有期徒刑五年六个月，并处罚金人民币 390 万元。宣判后，在法定期限内没有上诉、抗诉，判决已发生法律效力。

裁判理由

法院生效裁判认为，涉案网站采用开盲盒获取 CSGO 游戏道具，本质上是赌博行为。涉案网站运营的"盲盒""幸运饰品""拼箱"开盲盒获取 CSGO 游戏道具的抽奖活动，实际上是向玩家提供以小博大的中奖机会，博取中奖结果由偶然性决定，属于射幸行为，具有赌博性质。网站回收玩家开盲盒获取的 CSGO 游戏道具兑换成游戏币继续在平台上循环抽奖，消耗游戏币的同时不断增加开盲盒的次数和价值，平台主要以调高盲盒价值的 7% 抽头获利；且盲盒中仅是 CSGO 游戏道具图标，真实的 CSGO 游戏道具只在玩家离场变现时提供，不是正常的盲盒营销行为，而是变相赌博行为。故一审法院依法作出如上裁判。

裁判要旨

经营者设立盲盒网站，通过开盲盒获取价值大小不等游戏道具的抽奖活动，实际上是向玩家提供以小博大的中奖机会，博取中奖结果由偶然性决定，属于射幸行为，具有赌博性质。玩家在平台能实现"付费投入—随机抽取—放弃奖品获得折价虚拟货币—再次抽盒"的方式，属于赌博行为。平台运营者为赌博行为提供平台，从网站平台中营利，行为构成开设赌场罪。

《刑法》第 303 条第 2 款

一审：浙江省松阳县人民法院（2023）浙 1124 刑初 156 号刑事判决（2023 年 12 月 11 日）

2023-06-1-286-001

王某等开设赌场案

——建立赌博网站并接受投注或为赌博网站担任代理并接受投注的，
属于"开设赌场"行为

基本案情 >>>

2021 年 1 月，被告人王某、王某强因前期参赌造成经济困难，二人共谋通过开设赌博平台接收参赌人员投注的方式谋取利益。后由王某强在网上联系他人购买金铭国际网络赌博平台，二人通过发展代理、邀约等方式纠集参赌人员在该平台下注赌博。平台建立初期将殷某某发展为该平台代理，殷某某组建微信群接受参赌人员赌资后将赌资在金铭国际平台下注并从中抽取提成。赵某东初期在殷某某微信群中参与赌博，后为牟利在金铭国际平台注册账号成为该平台代理，赵某东亦通过组建微信群接受参赌人员赌资并将赌资在金铭国际平台下注的方式从中抽取提成，赵某敏长期给赌博微信群发送开奖结果获取报酬，殷某某、赵某东二人组建赌博微信群后雇佣赵某敏给其赌博微信群发送开奖结果，二人付给赵某敏报酬。

殷某某在金铭国际网络赌博平台充值下注 1 114 684 元，平台返还 653 491.11 元，其中赵某东通过殷某某下注 3431 元，尚某通过殷某某下注 364 270 元，二人共计通过殷某某下注 367 701 元。赵某东在金铭国际网络赌博平台充值下注 601 308 元，平台返还 542 194.4 元，其中尚某通过赵某东下注 141 660 元，闫某某通过赵某东下注 2509 元，吕某某通过赵某东下注 24 730 元，以上三人共计通过赵某东下注 168 899 元。尚某在金铭国际网络赌博平台充值下注 772 539 元，平台返还 367 665.8 元。以上，殷某某、赵某东、尚某三人共在金铭国际平台充值下注 2 488 531 元，平台返还三人共计 1 563 351.31 元。

赵某敏收取殷某某发图费用 13 760 元，收取赵某东发图费用 5280 元。赵某敏自 2020 年 1 月 1 日以来收取殷某某、赵某东二人以外的发图费用共计 348 916.54 元，共计获利 367 956.54 元，被告人王某、王某强、殷某某、赵某东、赵某敏到案后均如实供述了自己开设赌场的犯罪事实。在诉讼过程中，被告人赵某东主动退赃 20 000 元。

山东省滨州市沾化区人民法院于 2022 年 11 月 22 日作出（2022）鲁 1603 刑初 161 号刑事判决：被告人王某犯开设赌场罪，判处有期徒刑五年六个月，并处罚金人民币 30 万元；被告人王某强犯开设赌场罪，判处有期徒刑五年六个月，并处罚金人民币 30 万元；被告人殷某某犯开设赌场罪，判处有期徒刑五年，并处罚金人民币 15 万元；被告人赵某东犯开设赌场罪，判处有期徒刑二年，缓刑三年，并处罚金人民币 10 万元；被告人赵某敏犯开设赌场罪，判处有期徒刑三年，缓刑五年，并处罚金人民币 5 万元。宣判后，王某、王某强、殷某某、赵某东、赵某敏提出上诉。山东省滨州市中级人民法院于 2023 年 3 月 6 日作出（2023）鲁 16 刑终 9 号刑事裁定，驳回上诉，维持原判。

裁判理由 》》

法院生效裁判认为：（1）王某、王某强、殷某某、赵某东为谋取不当利益，在计算机网络上设立赌博网站或者为赌博网站担任代理、接受投注，被告人赵某敏为他人开设赌场提供帮助并谋取非法利益，其五人的行为均已构成开设赌场罪。（2）本案各被告人开设赌场的行为持续到《刑法修正案（十一）》之后，应当适用新修订的刑法。（3）赵某敏在犯罪中起次要作用，系从犯，应减轻处罚。被告人王某、王某强、殷某某、赵某东、赵某敏积极退赃，可酌情从轻处罚；自愿认罪认罚，可以从宽处理。公诉机关的量刑建议适当，予以采纳。

裁判要旨 》》

（1）利用互联网、移动通讯终端等传输赌博视频、数据，组织赌博活动，建立赌博网站并接受投注的、建立赌博网站并提供给他人组织赌博的、为赌博网站担任代理并接受投注的、参与赌博网站利润分成的，属于开设赌场行为。

（2）明知是赌博网站，而为其提供互联网接入、服务器托管、网络存储空间、通讯传输通道、投放广告、发展会员、软件开发、技术支持等服务，收取服务费数额在 2 万元以上的，属于开设赌场的共同犯罪，应当依照《刑法》第 303 条第 2 款的规定处罚。

关联索引 >>>

《刑法》第 303 条第 2 款

一审：山东省滨州市沾化区人民法院（2022）鲁 1603 刑初 161 号刑事判决（2022 年 11 月 22 日）

二审：山东省滨州市中级人民法院（2023）鲁 16 刑终 9 号刑事裁定（2023 年 3 月 6 日）

2023-04-1-271-017

罗某升等组织、领导、参加黑社会性质组织案

——黑恶势力犯罪案件中如何依法处置涉案物

基本案情 >>>

（一）组织、领导、参加黑社会性质组织事实

自 2002 年起，以被告人罗某升为首的犯罪组织，笼络、纠合了广州市白云区钟落潭镇附近一带的社会闲散人员，在广州市白云区钟落潭镇、花都区北兴镇等地实施寻衅滋事、开设赌场等违法犯罪活动。2004 年 1 月，罗某升伙同被告人梁某坚、罗某胜、卓某等人持枪抢劫某赌场后，在白云区钟落潭镇一带名声大噪，成为该黑社会性质组织初步形成非法影响的标志性事件。随后，罗某升因该案被判处有期徒刑八年。被告人林某端通过贿赂罗某升羁押地司法人员的方式，让罗某升于 2008 年 4 月 30 日违规假释出狱。出狱后，罗某升再次组织白云区钟落潭镇大罗村、小罗村等地的社会闲散人员，通过在钟落潭镇陈洞村、良田村等地开设赌场、垄断废品回收、暴力抢夺工程等方式牟取非法利益。罗某升利用由此形成的经济实力，将被告人冯某钊、罗某河（另案处理）、罗某松、梁某坚、罗某洋、罗某威、罗某谦、罗某伟、罗

某海、庾某聪、罗某涛、罗某添、冯某辉、罗某胜、曾某华、罗某锋、冯某亮、罗某1、罗某通、庾某钱等网罗到一起，培养发展成为自己的亲信和打手。

2009年3月，被告人罗某升因犯故意伤害罪再次被羁押后，其夺得的工程、废品回收公司等暂由其哥哥被告人罗某2接手管理，罗某2组织成员继续利用先前形成的影响实施违法犯罪活动。至2011年6月，罗某升刑满释放后，继续纠合上述组织成员实施故意伤害、寻衅滋事、开设赌场等违法犯罪活动，称霸于白云区钟落潭镇一带。另外，该犯罪组织在白云区人和镇高增村选举期间，为保证自己支持的人当选，组织大量不法分子统一佩戴白手套作为标识，在高增村聚集、围堵、恐吓村民，打击竞选对手，破坏基层组织选举。

该犯罪组织以广州市白云区钟落潭镇为活动中心，以钟落潭镇良沙路7号被告人林某兴租赁的办公室为据点，使用猎枪、刀具等工具，大肆实施多起违法犯罪行为，作恶多端，欺压百姓，从中获取经济利益，在一定区域形成重大影响，从而发展壮大，形成一个长期盘踞于广州市白云区钟落潭镇一带，以被告人罗某升为组织、领导者，被告人冯某钊、罗某松、罗某谦、梁某坚、罗某洋等人为积极参加者，被告人罗某威、罗某伟、罗某海、庾某聪、罗某涛、罗某添、冯某辉、罗某胜、曾某华、罗某锋、冯某亮、罗某1、罗某通、庾某钱等人为其他参加者的黑社会性质组织。

(二) 组织的犯罪事实

1. 故意伤害事实

2008年11月25日22时许，被告人梁某坚、罗某松与梁某州、梁某华、梁某微、梁某鹤（均已判刑）等人为了逼迫被害人冯某深偿还在赌场所借的高利贷，将冯某深带至广州市花都区花东镇北兴京塘村溪河坝处，使用铁水管等工具对冯某深进行殴打，致冯某深受伤，后送医院抢救无效死亡。经鉴定，冯某深符合因钝性暴力打击全身造成创伤性休克死亡。

2. 寻衅滋事事实

(1) 2012年6月14日19时许，被告人罗某升获悉其妻曾某桂被广州市白云区钟落潭镇计生办工作人员带至白云区计划生育服务站进行结扎手术后，遂决意报复，纠合被告人冯某钊、冯某亮、罗某威等人，驾驶粤A×××××雷克萨斯小汽车到广州市白云区计划生育服务站外伺机作案。当其妻曾某桂出来后，罗某升安排罗某威护送其妻子回家，其驾驶雷克萨斯小汽车与冯某钊、冯某亮一路跟踪计生办工作人员林某良驾驶的粤 A×××××瑞风商务汽车，并指使罗某河带领组织成员前来实施报复。当晚 9 时许，罗某河按罗某升的指示，纠合被告人庚某聪、罗某添、罗某锋、罗某谦及罗某煊（另案处理）等，携带木棍等作案工具，分乘三辆汽车到广州市白云区钟落潭镇竹三村流溪河河堤桥墩往东约 10 米路段，截停计生办工作人员车辆，并上前打砸该车及车内的林某良、叶某天、汤某宁、杨某洪、刘某坚五名被害人，致该车前后挡风玻璃、前大车灯、前门玻璃等车身多处受损（经鉴定，受损价值人民币 8353 元），被害人林某良、叶某天、汤某宁、杨某洪受伤（经鉴定均属轻微伤）。

（2）2014 年 3 月 24 日，被告人罗某升应戴某航（另案处理）帮助其弟戴某敏竞选村长的请求，指使被告人罗某 1、冯某亮、罗某洋、罗某涛、曾某华、冯某辉、罗某锋、罗某谦及罗某河、罗某龙、刘某雄、罗某其等人，分批前往广州市白云区人和镇高增村，与戴某华、戴某强、骆某贤（均另案处理）等人汇合，由戴某航安排统一佩戴白手套作为标识，分组安排人手围堵村口、巷口和马路，跟踪、恐吓村民，对不合作村民的房子泼红油，打击竞选对手，严重干扰和阻碍村民正常的生产、生活秩序，破坏基层组织选举。

3. 强迫交易事实

2008 年下半年至 2011 年年中，被告人罗某升伙同罗某油、杨某光、宋某旗、周某华、冯某豪等人（均另案处理）在广州市白云区钟落潭镇大罗村合资成立某新废品回收公司。其中，罗某升出资人民币 7.5 万元，占 30%股份；罗某油、杨某光、宋某旗各出资人民币 2.5 万元，各占 10%股份；周某华、冯某豪各出资人民币 5 万元，各占 20%股份。公司由罗某升组织策划与管理经营，其他股东协助。为了垄断广州市白云区钟落潭镇大罗、小罗、乌溪、大纲岭四个村的废品回收业务，以获取不法利益，罗某升指使罗某权（另案处理）等人作为某新废品回收公司的管理员，又指使被告人冯某辉、罗某锋、罗某添及罗某龙、罗某通等人作为打手，再利诱上述四村的治保人员作为耳目负责巡查，当有外来人员收购废品时，即向罗某权等管理员汇报，罗某权再指使被告人冯某辉、罗某锋、罗某添及罗某龙、罗某通等人携带水管等作案工具，对来收购废品的外来人员实施恐吓或打砸等手段进行暴力驱赶。部分外来收购废品的人员以每月向某新废品回收公司交纳人民币 200 元至 500 元"管理费"的方式获得继续收购废品的资格。

被告人罗某升等人在打压外来收购废品人员的同时，还对出售废品的厂家进行打压。罗某升先指使被告人冯某辉、罗某锋、罗某添及罗某龙、罗某通等人，对到某祥盛纸业有限公司、广东某宇塑胶实业有限公司和某雄化工有限公司等公司收购废品的人员进行暴力驱赶，再指使罗某权等管理员到上述公司实施低价收购。上述公司被迫将废品以低价卖给某新废品回收公司，造成一定的经济损失。

4. 开设赌场事实

2003 年年底至 2004 年 6 月，被告人罗某升、卓某伙同冯某祥（另案处理）、罗某垣共同出资人民币 5 万元作为赌本，在广州市白云区钟落潭镇陈洞村的高田庄、荔枝窟及良田村的荔枝林等地以"百家乐"方式开设赌场牟利，其中罗某升占股份 30%、卓某占股份 10%、冯某祥等人合占股份 60%。其间，被告人罗某升指使被告人罗某胜、曾某华、冯某亮及罗某垣等人在赌场内负责派牌、打荷、运送赌资，卓某指使刘某林、"广西坚"（均另案处理）派牌、打荷，冯某祥负责赌场的组织管理，"庄华"（另案处理）等人负责望风、接送赌客。该赌场每天下午、晚上各开一场。罗某升、卓某与冯某祥等人按股份分利，罗某胜、曾某华、冯某亮等人按日领取报酬。（其他违法、犯罪事实略）

广东省广州市中级人民法院认为，以被告人罗某升为首的犯罪组织，符合《刑法》第 294 条规定的黑社会性质组织所要求的四个特征，应当认定为黑社会性质组织。……依照《刑法》第 294 条等相关法律之规定，于 2018 年 12 月 27 日作出（2017）粤 01 刑初 480 号刑事附带民事判决：一、被告人罗某升犯组织、领导黑社会性质组织罪，判处有期徒刑八年，剥夺政治权利三年，并处没收个人财产人民币 1000 万元；犯非法持有枪支罪，判处有期徒刑四年；犯强迫交易罪，判处有期徒刑二年六个月，并处罚金人民币 80 万元；犯聚众斗殴罪，判处有期徒刑五年；犯寻衅滋事罪，判处有期徒刑七年，并处罚金人民币 40 万元；犯开设赌场罪，判处有期徒刑五年，并处罚金人民币 500 万元；犯非法占用农用地罪，判处有期徒刑二年六个月，并处罚金人民币 300 万元。决定执行有期徒刑二十年，剥夺政治权利三年，并处没收个人财产人民币 1000 万元，罚金人民币 920 万元。二、被告人罗某松犯参加黑社会性质组织罪，判处有期徒刑五年，剥夺政治权利一年，并处罚金人民币 500 万元；犯故意伤害罪，判处死刑，缓期二年执行，剥夺政治权利终身；犯聚众斗殴罪，判处有期徒刑三年六个月；犯寻衅滋事罪，判处有期徒刑三年六个月；犯开设赌场罪，判处有期徒刑一年，并处罚金人民币 10 万元。决定执行死刑，缓期二年执行，剥夺政治权利终身，并处罚金人民币 510 万元。（其他被告人判决情况略）

一审宣判后，被告人罗某升等人提出上诉，称其不构成黑社会性质组织，原判财产刑量刑过重。

广东省高级人民法院认为，原审判决认定的主要犯罪事实清楚，证据确实、充分，定罪准确，量刑适当；附带民事判决正确，审判程序合法。据此，于 2019 年 12 月 2 日作出（2019）粤刑终 534 号二审刑事附带民事裁定，驳回上诉，维持原判。

裁判理由 》》》

法院生效裁判认为，以被告人罗某升为首的犯罪组织，符合《刑法》第 294 条规定的黑社会性质组织所要求的 4 个特征，应当认定为黑社会性质组织。被告人罗某升及其成员实施寻衅滋事控制当地工程、开设实体及网络赌场控制当地赌场黑色产业利益链、打击他人控制当地废品回收业务等违法犯罪活动，均是以追求非法经济利益为目的，并攫取了巨额非法经济利益来发展、壮大其犯罪组织，判处较大数额的财产刑可以铲除黑社会性质组织犯罪的土壤，消除其犯罪组织及成员的再犯罪能力，充分发挥刑罚的积极预防和社会治理功能。对其判处较大数额的罚金刑属罪刑相称、罚当其罪，并无过重。

裁判要旨 》》》

在对涉黑恶刑事案件财产处置时，应当贯彻以下原则：一是从严处置原则。确立以摧毁犯罪分子经济基础为目标的量刑原则，注重补偿性和惩罚性刑法手段的运用，突出违法所得的全面追缴及财产刑的判罚，不让犯罪分子通过犯罪获益，并剥夺其再犯的经济能力。实践中，有时被告人的违法所得或被害人的财产损失难以准确认定，对此可结合各被告人供述、证人证言、账目材料、银行流水等综合认定；对被告人拒不供认，亦无其他证据材料证明，导致确实无法查清的，也可在财产刑中予以适当考虑，确保被告人不从犯罪中获益。二是依法处置原则。对财产刑的适用应结合被告人在黑恶势力组织中的地位、作用，所参与实施违法犯罪活动的次数、性质、地位、作用、违法所得额及造成损失数额等情节依法判处，对罚金的判处还应综合考虑被告人的缴纳能力。同时，严格区分财产来源、性质、权属，对有证据证明是被告人或其家庭成员的合法财产的，仅能将属于被告人的部分用于执行财产性判项，剩余部分应发还被告人或其家属。三是平衡处置原则。对被告人判罚的财产刑应尽量与其主刑相适应，兼顾各被告人之间的平衡，同时结合具体案情决定财产刑，避免财产刑数额的畸高畸低。

在涉黑恶刑事案件的财产执行中，应坚持"民事优先"原则，补偿性的刑法手段优于惩罚性的刑法手段，被害人人身损害赔偿优于财产权益补偿。因此，当被执行人承担多种赔偿责任，其财产不足以支付时，应按以下顺序支付：首先，执行附带民事赔偿款和退赔被害人损失。其次，执行追缴违法所得的没收。最后，执行罚金和没收财产刑。对于后续追查到的被告人新的财产线索，亦应按照上述顺序依次执行。对犯罪工具和违禁品的没收，原则上应当独立执行，在有的案件中犯罪工具存在一定价值，可予以变卖，如果涉案财物不足以赔偿被害人人身及财产损失，也可以考虑变卖款作为赔偿被害人损失的执行标的。

关联索引 ▷▷▷

《刑法》第 36 条、第 294 条、第 192 条

一审：广东省广州市中级人民法院（2017）粤 01 刑初 480 号刑事附带民事判决（2018 年 12 月 27 日）

二审：广东省高级人民法院（2019）粤刑终 534 号刑事附带民事裁定（2019 年 12 月 02 日）

2023-06-1-286-002

翁某某开设赌场案
——利用网络棋牌平台开设赌场中"变相牟利"行为的认定

基本案情 ▷▷▷

2017 年左右，被告人翁某某以"明星麻将"App 为平台，开设微信麻将群，拉人进群打麻将。因该 App 需消耗虚拟游戏币"钻石"才能开启"房间"进行游戏，翁某某便自行做代理售卖"钻石"。2020 年 1 月中旬至 3 月，翁某某建立新的麻将群，并组织群内赌客在其建立的"明星麻将"亲友圈内进行赌博。其间，翁某某共通过限定"钻石"购买渠道，制定禁止外购"钻石"在群内消耗的赌博规则的方式，向群内赌客售卖自行代理的"钻石"进

行牟利，并非法获利3.58万元。以上微信群及亲友圈均由翁某某进行管理，翁某某会在微信群中发布关于赌博规则、"钻石"消耗规则以及销售"钻石"链接等群公告，并会协助群内成员转交赌资，处理赌资纠纷。另查明，2017年12月至2020年10月，翁某某通过向微信好友售卖"钻石"的方式获利，售钻金额达17.8万余元。2022年10月14日，翁某某被公安机关传唤，到案后如实供述了上述事实，庭审过程中又翻供。本案审理期间，翁某某家属代为退缴了违法所得人民币2万元。

上海市金山区人民法院于2021年5月20日作出（2021）沪0116刑初248号刑事判决：被告人翁某某犯开设赌场罪，判处有期徒刑一年二个月，并处罚金人民币12000元。宣判后，被告人翁某某提出上诉。上海市第一中级人民法院于2021年6月29日作出（2021）沪01刑终957号刑事裁定，驳回上诉，维持原判。

裁判理由 ≫

法院生效裁判认为：被告人翁某某以营利为目的开设赌场，其行为已构成开设赌场罪。翁某某有退赃表现，可以酌情从轻处罚。针对被告人及辩护人提出的相关辩解、辩护意见，经查：第一，关于客观行为，翁某某利用"明星麻将"App及相关赌博群，在较长时间段内持续组织他人参加赌博活动，参赌人数较多且不特定，其在微信群发布关于虚拟游戏币"钻石"消耗规则、购买链接等事项的公告，制定赌博规则，亦对赌资的收付有一定的管理行为，具有较为明显的组织管理性。第二，关于主观认知，2020年1月中旬至3月，翁某某以限定虚拟游戏币"钻石"购买渠道、消耗规则等方式，向群内参赌人员售卖可供在网络棋牌游戏软件中"开房间"的"钻石"，变相收取"房费"获取非法收益，应视为具有非法营利的主观故意，结合其客观行为，应认定翁某某构成开设赌场罪。第三，关于非法获利金额的认定，由于利用网络棋牌游戏软件进行赌博涉及虚拟游戏币与赌资的换算，加之微信群内赌资结算方式的多样性，对微信群内结算数额难以统计，公诉机关结合翁某某微信、支付宝交易记录、银行卡交易明细等证据综合考虑予以证实，证据充分，相关指控金额应予支持。第四，翁某某当庭对定案的关键事实予以翻供，不应认定为坦白。故法院依法作出如上裁判。

裁判要旨 ≫

利用网络应用开展棋牌活动并收取费用的行为是否属于开设赌场变相牟

利的行为，应结合行为人主观认知和客观行为综合考量。行为人明知参赌人员系为赌博而利用游戏应用，仍为其建立微信群并设定赌博规则，在一定时间内持续组织、管理不特定多数人，通过网络棋牌游戏软件进行赌博，并以限定群内人员虚拟游戏币购买渠道、消耗规则、现金兑换规则等方式变相收取参赌人员费用而非法获利的，属于变相牟利，应视为以营利为目的开设赌场行为。

关联索引

《刑法》第 303 条第 2 款

一审：上海市金山区人民法院（2021）沪 0116 刑初 248 号刑事判决（2021 年 5 月 20 日）

二审：上海市第一中级人民法院（2021）沪 01 刑终 957 号刑事裁定（2021 年 6 月 29 日）

2023-04-1-271-038

贺某某等 16 人组织、领导、参加黑社会性质组织案
——农村家族宗族黑恶势力犯罪法律适用

基本案情

1987 年至 2019 年，贺某某利用其先后担任河北省广平县南贺庄村党支部书记、乡镇干部、建设局局长等职权便利及家族势力影响，打压排除异己，胁迫镇党委改变既定人事安排，先后安排多名亲属、亲信入选、担任村党支部书记、村委会主任、会计、治保主任等职，把持基层政权达 30 多年，为其进行违法犯罪活动，垄断、侵吞集体财产奠定了基础。

贺某某担任广平县建设局局长后，安排近 30 名家族成员及亲属进入建设局及其下属单位工作，并在重要部门、岗位安插亲属、亲信，以家长式作风和一言堂管理代替正常的规章制度，牢牢把控建设局权力，也在家族中树立了绝对权威，形成贺氏家族、南贺庄村和建设局事务均由其一人专断的规约。贺氏家族成员遍布广平县物价局、发展改革局、编办事业单位登记管理局、纪委、交警大队、公安局、法院、国土资源局、民政局等单位，其中多人系

贺某某操控以建设局及其下属单位为跳板向上述党政机关单位渗透。通过违规入党、学历造假、篡改年龄等方式，贺某某和其四弟贺某4得以违规提拔，贺某某还操控贺某1、贺某2、贺某3得以违规入职或提拔。贺某某、贺某1、张某某、贺某3、贺某4、贺某2于2001年以后分别担任了广平县建设局局长、物价局局长、县人大代表、城管局执法大队队长、县人民法院副院长兼执行局局长、县编办事业单位登记管理局副局长等职务。贺某某违规决定建设局下属单位房管所划归自来水公司，使贺某2享有房产管理职权，指使贺某2利用职权伪造房产证件，帮助贺某1违规接管吉利公司和银河公司，为贺某1非法经营加气站、世豪公寓楼提供土地支持。贺某4为贺某某出头辱骂、威胁广平镇书记，为贺某3、张某2平息刑事控告，为贺某5敲诈勒索白某某提供拘留、移送案件材料等职权帮助，为掩盖自己和贺某5不法行为，妨害刘某某如实供述。贺某5受贺某某指使逼迫秦某某撤回涉黑控告。他们相互勾结、依仗、庇护，先后网罗建设局人员、物价局人员、刑满释放和社会闲散人员为其效力。2002年9月，贺某某指使建设局人员20余人赶到广平县原南环路，伙同其家人贺某1、贺某2等，持木棍、砖块等围殴依法执勤的10余名交警，打伤4人。事后所有涉案人员均未受到法律追究，在广平县城造成了恶劣影响，确立了贺氏家族在社会上的强势地位，初步形成以贺某某为组织、领导者，以贺某1、张某某、贺某3、贺某4、吕某1、吕某2、李某某、贺某5为积极参加者，以贺某2、冯某某、王某某、张某2、张某3、周某某、郑某某为一般参加者的黑社会性质组织。

在贺某某的组织领导下，该黑社会性质组织依托南贺庄村优势地理位置，利用操控的基层组织和担任县直部门主要领导的权力影响，通过有组织地实施高利放贷、干预改变城区干道规划路线使其组织成员宅院临街获益、职务侵占、贪污、诈骗、强迫交易、非法转让土地使用权、伪造国家机关证件和公司印章等违法犯罪活动，大肆蚕食、侵吞、占有南贺庄村土地资源、水资源、集体资产、国有财产和他人财物，大肆聚敛钱财，攫取了巨额经济利益，具有较强经济实力。为组织成员安排工作、分配利益、发放工资、给予好处、摆平事端等，以支持该组织的违法犯罪活动。他们有组织地违规经商开办企业、非法经营，对广平县城有关小区供暖、供水等行业形成非法控制和重大影响。他们还进行妨害公务、寻衅滋事、开设赌场、非法拘禁、敲诈勒索等违法犯罪活动，公然藐视行政司法机关执法，拒不履行行政处罚决定，挑战法律权威。以贺某某为首的黑社会性质组织在广平县城通过长期实施违法犯罪活动，称霸一方，为非作恶，欺压、残害群众，造成直接经济损失人民币2000多万元，在社会上造成重大影响，严重破坏了基层政权建设、当地经济和社会生活秩序，严重影响了党政机关和司法部门公信力，被称为广平县的"南霸天"。

邯郸市肥乡区人民法院于2020年9月27日作出（2020）冀0407刑初102号刑事判决：贺某某犯组织、领导黑社会性质组织罪、妨害公务罪、伪造国家机关证件罪、寻衅滋事罪、开设赌场罪、非法转让土地使用权罪、贪污罪、强迫交易罪、职务侵占罪，数罪并罚，决定执行有期徒刑二十五年，剥夺政治权利三年，并处没收个人全部财产；其他15名被告人犯参加黑社会性质组织罪等罪，分别被判处有期徒刑二十二年至二年不等。宣判后，贺某某等提出上诉。邯郸市中级人民法院于2020年11月27日作出（2020）冀04刑终625号刑事裁定，驳回贺某某等上诉，维持原判。

裁判理由 ≫≫

法院生效裁判认为：贺某某等人通过违规入党、学历造假、篡改年龄等方式，得以违规入职、提拔，谋求政治地位并向党政纪单位渗透，利用职权影响和家族势力，长期把持基层政权，他们相互勾结、依仗、庇护，在一定的区域和行业内形成非法控制或者重大影响，严重破坏了经济、社会秩序，符合黑社会性质组织的危害特征。具有以家族势力、南贺庄村两委、建设局人员为基础，人数较多，成员基本固定、内部分工明确的组织特征。组织成员把持基层两委、建设局，利用其控制或者参与的多家经济实体，采取非法经营、贪污、职务侵占、诈骗、伪造国家机关证件、伪造公司印章、非法转让土地使用权、寻衅滋事、强迫交易、开设赌场、高利放贷、干预改变城区干道规划路线等多种手段，大肆蚕食、侵吞、占有南贺庄村土地资源、水资源、集体资产、国有财产和他人财物，以官以商养黑，以黑护官护商，攫取巨额利益，具有较强经济实力，并为组织成员安排工作、分配利益、发放工资、给予好处、摆平事端等，以支持该组织的违法犯罪活动，符合黑社会性质组织的经济特征。自2002年以来，有组织地实施了多起违法犯罪活动，具备黑社会性质组织的行为特征。综上所述，贺某某等16人已构成组织、领导、参加黑社会性质组织罪。

（一）农村家族型黑社会性质组织具备组织特征

农村家族型黑社会性质组织具有组织严密程度强的特点。具体表现为：

第一，组织成员人数较多。2015 年最高人民法院印发的《全国部分法院审理黑社会性质组织犯罪案件工作座谈会纪要》中提出，组织成员一般在 10 人以上。2018 年 1 月，《最高人民法院、最高人民检察院、公安部、司法部关于办理黑恶势力犯罪案件若干问题的指导意见》提出，对黑社会性质组织成员人数问题不宜作出一刀切的规定。第二，组织成员有明确层级。一般分为三级：组织领导者、骨干成员、一般参加者。黑社会性质组织的组织领导者，包括在黑社会性质组织中被公认的、事实上的组织领导者。骨干成员是指直接听命于组织领导者，并多次指挥或者积极参与实施有组织的违法犯罪活动或者其他长时间在犯罪组织中起重要作用的犯罪分子，是积极参加者中地位更高、作用更大的人员。一般参加者，是指按照组织领导者或者骨干成员的安排，实施具体违法犯罪活动的犯罪分子，参加违法犯罪活动的次数可以是一次，也可以是多次。第三，犯罪组织稳定，是指犯罪组织存续时间较长、主要成员固定。存续时间是指自犯罪组织形成到案发的时间。司法实践中，往往以犯罪组织形成过程中的重大事件或者首次实施有组织犯罪活动的时间来确定组织形成的时间。在存续时间上，一般应在 1 年以上。

本案中，以贺某某为首的犯罪组织成员共 16 人。贺某某指挥建设局、村委会及家族 20 余人在县城干道围殴依法执勤交警、打伤四人为标志性事件，认定该犯罪组织自 2002 年 9 月成立，至案发存续长达 17 年，形成稳定的犯罪组织。贺某某是贺氏家族、南贺庄村两委、建设局事务的总操控人，并直接组织实施违法犯罪活动，是组织领导者。贺某 1、吕某 1 等人作为贺某某亲属亲信，或组织实施部分违法犯罪，或管理部分成员，或积极参加违法犯罪活动，均为积极参加者。其他组织成员受贺某某或者贺某 1 指使参加部分违法犯罪活动，系一般参加者。综上所述，从人数、层级、稳定性三个方面综合评判，具备黑社会性质组织的组织特征。

(二) 农村家族型黑社会性质组织具备经济特征

黑社会性质组织主要犯罪目的是追求经济利益，支持组织活动，豢养组织成员。有一定的经济基础是进行违法犯罪活动、维系犯罪组织的必要条件。通常表现为有组织地获取经济利益，具有一定经济实力；组织将部分收入用于违法犯罪活动。农村家族型黑社会性质组织具有把持基层政权、非法控制农村政治经济领域的特征。农村家族势力渗透到农村政治领域，通过干扰、操控基层选举力捧、安插组织成员进入村两委，腐蚀和操控基层政权，力求掌握上级的第一手信息，进而为家族组织控制农村经济领域的自然资源提供便利。

本案中，贺某某黑社会性质组织自成立起就是以追求经济利益为目的。其中，把持基层政权非法占有控制南贺庄村集体土地 27 片，一起强迫交易收回放贷高利息 500 多万元，一起非法经营新区宾馆获利近 700 万元，一起非法经营加气站犯罪获利 200 多万元，一起寻衅滋事犯罪占用他人财物 110 多万元，一起开设赛狗场犯罪获利 60 多万元。该组织通过违法犯罪活动积聚大量财富，具有较强经济实力。且强迫交易、非法经营、寻衅滋事、殴打他人、非法讨债、破坏耕地也是为了维护、实现经济利益而实施。另外，贺某某为组织成员安排工作、分配利益、发工资、给好处、平事端，支持该组织违法犯罪活动。综上所述，从犯罪组织经济来源、成员个人及其家庭生活来源、违法犯罪活动获取非法利益等方面综合判断，具备黑社会性质组织的经济特征。

（三）农村家族型黑社会性质组织具备行为特征

黑社会性质组织的行为特征表现为以暴力或者"软暴力"手段，有组织地多次实施违法犯罪活动，形成对人民群众的欺压、残害。农村家族宗族黑社会性质组织往往以血缘、地缘、同乡等关系为纽带，依仗家族大、人口多，长期称王称霸，其违法犯罪活动通常与农村内部自然资源、集体资源占有、争夺有关，主要在农村、城乡接合部及其周边地区。

本案中，该组织形成后，在长达 17 年内，分别实施妨害公务、伪造国家机关证件、伪造公司印章、强迫交易、聚众斗殴、寻衅滋事、殴打他人、非法拘禁、敲诈勒索、开设赌场、非法经营、非法转让土地使用权、破坏耕地、侵占村集体土地、水资源等违法犯罪活动。例如，对业主李某强迫交易时，以协商为名，辱骂、恐吓、威胁李某，扬言打断腿，采取锁门、驱赶工人影响正常生产的手段，强迫李某低价转让其公司股份和工程。例如，对高某某寻衅滋事时，借故采取威胁手段先逼迫高某某一方签订自动退场的承诺书，后组织 10 余人持械于深夜强制清场。例如，非法拘禁白某某时，搧打白某某耳光，胁迫白某某书写虚高债务的借条并通过虚假诉讼方式追讨。例如，为维护赌场秩序多次殴打辱骂他人、为赌场用地强行迁走村民祖坟。可见，从犯罪组织实施犯罪的手段、违法犯罪次数、组织违法犯罪活动对当地群众的危害程度来看，符合黑社会性质组织的行为特征。

（四）农村家族型黑社会性质组织具备危害性特征

危害特征是黑社会性质组织的本质特征。普通犯罪侵害的对象和危害后果都是直接的、具体的、特定的，而黑社会性质组织犯罪，除侵害对象及侵害后果具体、直接特定外，还要求具有间接的、不特定的、抽象的侵害对象和侵害后果，即在一定区域或者行业内，形成非法控制或重大影响，严重破坏经济、社会生活秩序。本案中的农村家族型黑社会性质组织呈现以下两个方面危害。

1. 侵蚀党的执政基础、危害农村政治安全

农村家族宗族黑恶势力人员采用贿选、暴力、威胁、操控等方式获得村干部资格后，控制基层政权，使得农村基层组织成为黑恶势力的"傀儡"。这严重破坏了农村政治生态，更影响了党的基层组织在人民群众中的形象和执政基础。本案中，贺某某等人通过违规入党、学历造假等方式，得以违规入职、提拔，谋求政治地位并向党政机关单位渗透，利用职权影响和家族势力，长期把持基层政权，仗着家族势力把换届选举变成了形式，严重威胁农村政治安全，严重破坏基层政权建设。

2. 非法控制相关行业、重大影响相关区域、严重扰乱当地经济社会秩序

农村家族宗族黑恶势力多采用暴力胁迫、威胁恐吓、敲诈勒索、强迫交易、强拿硬要等多种手段，在村集体土地资源、水资源、土地承包、建设工程领域强迫企业主、村民与其交易，垄断当地部分领域的经营权，重大影响相关行业，严重破坏当地经济社会秩序，妨害了农村的经济自由，损害村民及相关群体的合法权益。本案中，贺某某黑社会性质组织通过违规经商开办企业、非法经营、经营小区物业，强行断掉建设在南贺庄村地盘上的 3 个住宅小区成百上千住户的低价自来水供水、换成高价的自备井供水，非法开采地热资源用于上述小区住户供暖、不让小区住户使用天然气供暖。对广平县城有关小区供暖、供水等行业形成非法控制。

本案中，贺某某黑社会性质组织通过违规经商开办企业、非法经营、强迫转让公司股份和工程，对广平县城有关小区供暖、供水等行业形成非法控制。他们实施妨害公务、寻衅滋事、开设赌场、非法拘禁、敲诈勒索、高利放贷、暴力或"软暴力"讨债等违法犯罪活动，公然藐视执法机关，挑战法律权威。造成直接经济损失人民币 2000 多万元，在广平县范围内形成重大影响，严重破坏了基层政权建设、当地经济和社会生活秩序，严重影响党政机关和司法部门公信力。从违法犯罪活动的时间、次数、强度、受害人数量、对特定区域内的生产生活秩序的影响程度等方面来看，危害特征明显。

裁判要旨 ≫

农村家族型黑社会性质组织，应重点从人数、层级、稳定性三个方面综

合评判是否具备黑社会性质组织的组织特征；从是否通过把持基层政权，有组织地从农村经济领域获取经济利益，并将部分收入用于违法犯罪活动、豢养组织成员、腐蚀和操控基层政权等方面综合判断是否具备黑社会性质组织的经济特征；从是否以暴力或者"软暴力"为主要手段，依仗家族大、人口多，长期称王称霸，有组织地多次违法犯罪活动，形成对人民群众的欺压、残害综合判断是否构成黑社会性质组织的行为特征；从违法犯罪活动时间、次数、强度、受害人数量、对特定区域内的生产生活秩序影响程度等方面，判断是否侵蚀党的执政基础、危害农村政治安全，对农村经济活动、社会秩序形成非法控制或重大影响、严重扰乱当地经济社会秩序，进而综合认定是否具备黑社会性质组织的危害性特征。

关联索引 ▶▶▶

《刑法》第 294 条

一审：邯郸市肥乡区人民法院（2020）冀 0407 刑初 102 号刑事判决（2020 年 9 月 27 日）

二审：邯郸市中级人民法院（2020）冀 04 刑终 625 号刑事裁定（2020 年 11 月 27 日）

2023-06-1-286-008

辛某某、郑某某等开设赌场案
——通过虚假宣传引诱客户参与竞猜赌博行为的司法认定

基本案情 ▶▶▶

2017 年 6 月 27 日，泓睿集团工商登记注册成立，后被告人郑某某成为实际控制人。2018 年 5 月左右，被告人辛某某将出借给被告人郑某某的人民币 30 余万元折抵出资入股泓睿集团，并参与公司经营、管理、分红。泓睿集团先后在青岛市市北区卓越世纪中心 19 楼、青岛市黄岛区华林广场 6 楼、青岛市黄岛区金石国际广场 A 座设立办公地点，分别被称为市北分公司、华林分公司、金石分公司。泓睿集团层级分明，分工明确，各分公司下设数量不等的战区。被告人辛某某、郑某某管理整个集团事务,其余各被告人分别任分公司总经理、战区总监、部门经理或者实习经理,每个部门均招募数名业务员,负责管理营销等事宜。泓睿集团通过制定严格的考勤制度、奖惩制度、薪酬制度等对员工进行管理。除基本薪资、全勤奖、绩效薪资外,被告人辛某某、郑某某从集团所得渔利中分成,各分公司总经理、各战区总监按月从所在分公司、战区所得渔利中分成,各部门经理、实习经理按周从所在部门及自己发展客户的交易流水总额中提成,业务员按周从其发展客户的交易流水总额中提成。

2018年6月左右,被告人辛某某、郑某某向张某(另案处理)购买HE茶平台软件(后更名为"一起购""藏茗阁""茗品汇")并上线经营。该平台软件以销售商品参与升级为模式,设置了不对等赔率规则,限制单个订单最大下单数、单日下单数、单日最大盈利额等规则。辛某某、郑某某将购买的茶叶、酒水等以市场价10倍左右在平台标注价格,被告人孙某某、娄某某等假冒投资者等,通过微信等发布虚假投资广告、盈利截图等,声称平台可以赚钱,吸引他人到平台注册、充值,并在平台购买高价商品,以猜奇偶的方式参与升级,按"重庆时时彩"开奖结果同步确定升级是否成功;并组建多个微信交流群等,伪装成平台玩家、带单老师等,通过声称跟随带单老师等参与购物升级胜率高,发布虚假跟投、倍投、盈利截图等手段,引诱他人不断参与购物升级、加大投资金额进行倍投等。升级成功可获得所购商品价款一半的奖励金,同时可以退货;升级失败可选择支付运费提货或者按10:1的比率将所购商品价款兑换成银豆等。辛某某、郑某某等人以销售商品为幌子,以私设赔率等方式,组织他人利用重庆时时彩开奖结果进行竞猜赌博,变相接受参与人员的投注,从中获利。经审计,2018年9月1日至2019年1月10日,各被告人共计获取人民币计52 103 753.93元。

江苏省靖江市人民法院于2022年7月7日以(2019)苏1282刑初701号刑事判决:被告人辛某某等39人犯开设赌场罪,分别判处有期徒刑八年至二年二个月不等,并处罚金50万元至1万元不等。宣判后,在法定期限内没有上诉、抗诉,判决已发生法律效力。

裁判理由 >>>

法院生效判决认为,被告人辛某某、郑某某购买网络购物平台软件后以销售商品参与升级为幌子,开设涉案平台,按照重庆时时彩开奖结果同步确定升级是否成功，设置不对等赔率等风险控制规则，通过被告人孙某某、娄某某等人发布投资广告、虚假跟投、倍投、盈利截图等，引诱他人到平台注册、参与升级活动，不断进行倍投，辛某某等从中获利。辛某某等虽通过虚假宣传引诱客户参与购物升级，但涉案平台系按照重庆时时彩开奖结果确定客户升级成功与否，开奖结果是随机的，并非由平台实际控制，客户对于以购物升级方式获得竞猜机会以及平台中奖规则是明知的，并非陷入错误认识，亦非基于错误认识而处分财物。辛某某等实则以营利为目的，以购物升级方式变相接受投注，吸引社会公众参与竞猜赌博，按照重庆时时彩开奖结果确定输赢，系披着购物交易外衣的赌博行为，其行为符合开设赌场罪的构成要件。故法院依法作出上述判决。

裁判要旨 》》》

行为人运用以销售商品为名的网络平台，通过虚假宣传的方式引诱客户参与平台购物升级活动，实际上是以营利为目的，吸引社会公众参与竞猜赌博，以购物升级的方式变相接受社会公众投注，以开设赌场罪定罪处罚。

关联索引 》》》

《刑法》第 303 条第 2 款

一审：江苏省靖江市人民法院（2019）苏 1282 刑初 701 号刑事判决（2022年 7 月 7 日）

2023-04-1-271-026

邓某文等人组织、领导、参加黑社会性质组织案
——组织者、领导者通过赔偿经济损失取得被害人家属谅解的，量刑时应当如何把握

基本案情

（一）组织、领导、参加黑社会性质组织事实

自2005年年底开始，被告人邓某文与他人先后在江西省樟树市洋湖乡晏梁村店前自然村、鹿江街道大路口村老邹坊、大桥街道枧头村黄家脑等地开设赌场非法牟利，并先后收刘某、敖某甲（同案被告人，均已判刑）等人为"小弟"。在此期间，胡某强（同案被告人，已判刑）及严某、朱某林（均另案处理）等人亦曾跟随邓某文。2007年1月，邓某文为了报复竞争对手敖某富，伙同他人持刀、枪将敖某富手下"小弟"聂某涛砍伤，并将聂某涛的女友徐某华刺成重伤。此举极大地提升了邓某文在当地的"名气"，而以邓某文为组织者、领导者的犯罪组织也随之得以快速发展。其中，敖某甲、刘某及王某文、丁某波（同案被告人，均已判刑）为积极参加者，敖某乙、熊某申、游某明、尚某1、杜某远、丰某强、张某、熊某华、胡某生、丁某、彭某军、邹某勇（同案被告人，均已判刑）等人为其他参加者。邓某文通过对骨干成员敖某甲、刘某、王某文的授意和指挥来对整个犯罪组织进行控制、管理，并形成了对组织成员进行管理与奖惩的一系列不成文的组织纪律和行为规则。

自2005年年底以来，邓某文及其组织成员以开设赌场等方式聚敛了巨额经济利益，并用于购买枪支、刀具、对讲机等作案工具，向组织成员发放工资及生活费用，安排部分组织成员集中吃、住等，为该组织的运行、发展提供经济支撑。该组织在樟树市观上镇、江西省丰城市拖船镇（毗邻樟树市观上镇）等地区长期、多次开设赌场，并以暴力手段"护赌"以及强行在他人开设的赌场"入股"，在上述地区的这一非法行业中确立了重要地位。为了扩大势力范围、排除竞争对手、维护非法权威以及插手其他行业，自2007年1月以来，该组织还在樟树市大肆实施故意杀人，故意伤害，故意毁坏财物，

寻衅滋事，非法买卖枪支，非法持有枪支、弹药，敲诈勒索等多种违法犯罪活动，作案 30 余起，致死 1 人，致伤 3 人（重伤 1 人，轻伤 2 人），损毁公民合法财物价值数万元，已在当地形成重大影响，严重破坏了正常的社会生活秩序和经济秩序。

（二）故意杀人、寻衅滋事事实

（1）2011 年 5 月 29 日下午 5 时许，被告人邓某文指使被告人敖某甲带领被告人王某文、敖某乙、丰某强、游某明、胡某生、熊某申、熊某华、尚某甲等人携带枪支、刀具乘车前往樟树市东门菜市场旁"某门老年活动中心"麻将馆，在要求强行入股未果后，朝麻将馆开枪进行恐吓。2011 年 6 月 1 日上午，敖某甲在邓某文的授意下，召集组织成员携带枪支、刀具、雷管到樟树盐矿家属区会合。

邓某文指使敖某甲再次带领王某文、丁某波、敖某乙、熊某申、游某明、丰某强、张某、胡某生、尚某 1 等人分乘由被告人熊某华、丁某驾驶的两辆车前往该麻将馆"砸场子"。到达后，熊某华、丁某未下车。敖某甲、王某文、丁某波、敖某乙、熊某申、游某明 6 人持枪下车，丰某强、张某、胡某生、尚某甲等人持刀下车，敖某乙走在前面。在此麻将馆"守场子"的被害人杨某庭在隔壁某某麻将馆门口见敖某乙等人过来，随即持枪朝敖某乙等人先开一枪，但未击中人。

熊某申、敖某甲、王某文、丁某波、敖某乙、游某明随即朝杨某庭开枪。丰某强、张某、胡某生、尚某甲等人持刀站在一旁。杨某庭中枪后躲入某某麻将馆，丁某波持枪追入，朝坐在地上的杨某庭开了一枪后退出。敖某甲等人朝该麻将馆及旁边店面等处开了十多枪后，携作案工具乘熊某华、丁某的车回到盐矿家属区与邓某文会面。敖某甲、王某文、丁某波向邓某文汇报了枪击事实。案发后，被害人杨某庭随即被送往医院，经抢救无效于 2011 年 6 月 3 日死亡。经鉴定，杨某庭系被散弹枪击伤头面部致重度颅脑损伤，因急性中枢神经功能衰竭而死亡。

（2）2011 年 5 月 5 日，被告人敖某甲带领被告人敖某乙、丰某强、游某明及蔡某、罗某等人在樟树市观上镇巷里村委开设赌场，杨某等人持枪将赌场抄掉，并打伤罗某，砸烂了赌场内的车辆。为此，敖某甲在请示被告人邓某文后，带领敖某乙、丰某强、游某明及蔡某等人携带刀枪开车寻找杨某等人报复。

当行至樟树市老火车站博彩超市旁时发现一辆广本无牌轿车，敖某等人以为杨某等人在车上,便朝汽车开枪、扔自制"雷管",致使晏某、游某受伤。在晏某、游某等人逃走后,敖某甲等人冲上去将未来得及逃跑的"朋朋"拉下车进行殴打,并持刀将广本汽车砸烂。

(3) 被告人邓某文欲参股江西某昊盐化有限公司煤灰煤渣处理承包项目,遭到承包股东之一熊某芽(绰号"大佬")拒绝。邓某文遂在 2011 年 4 月左右指使被告人敖某甲、王某文带人持枪到樟树市洋湖乡晏梁村委店前村找熊某芽未果后,朝天鸣枪示威恐吓。同年 5 月 28 日晚上 6 时许,邓某文指使敖某甲、王某文、丁某波、敖某乙、熊某申、熊某华、丰某强、游某明、胡某生、尚某甲及蔡某携带刀枪乘车再次前往熊某芽家进行恐吓。因不能确认熊某芽家具体位置,便开枪将熊某芽家旁一户村民的窗户打碎,并朝天开枪恐吓后离开。当晚 10 时许,邓某文再次指使被告人敖某甲带领被告人王某文、敖某乙、熊某申、熊某华、丰某强、游某明、胡某生及蔡某携带刀枪乘车前往店前村找熊某芽。在问清熊某芽家位置后,敖某甲等人强行踢开熊某芽家大门,对熊某芽的妻子持刀进行恐吓,并推翻熊某芽家摩托车、电视机、衣柜等物,用刀将摩托车等物砍烂后离开。

(其他寻衅滋事的事实略)

(三) 故意伤害事实

2011 年 3 月至 4 月,被害人陈某甲的朋友带人砍伤被告人丁某后,又在樟树市某酒店 KTV 打了被告人邓某文女友的弟弟。邓某文遂指使被告人王某文带人报复陈某甲。2011 年 4 月 30 日 16 时左右,王某文纠集被告人熊某申、丁某、熊某华、杜某远和陈某乙(另案处理)等人,携带两把枪及数把菜刀在樟树市某 KTV 门口找到陈某甲。王某文、熊某华各持一把枪,熊某申、丁某、杜某远和陈某乙上前抓住陈某甲砍了几刀。陈某甲被砍后挣脱逃跑,王某文遂持枪向陈某甲逃跑的方向开了一枪。经法医鉴定,被害人陈某甲伤情为轻伤乙级。

(其他故意伤害的事实略)

(四) 故意毁坏财物事实

2010 年年底至 2011 年年初,被告人邓某文欲参股江西某昊盐化有限公司煤灰煤渣处理承包项目。在遭到承包股东拒绝后,邓某文对多名承包股东多次采取暴力、威胁手段进行报复。2011 年 1 月 7 日凌晨 2 时许,邓某文指使被告人敖某甲带领被告人敖某乙、丰某强、丰某平、"小猛"等人持刀到樟树市某小区内，将承包股东之一陈某丙的一辆大众迈腾轿车砸烂。经鉴定，车辆损失为 24 897 元。

（其他故意毁坏财物以及开设赌场，非法买卖枪支，非法持有枪支、弹药，敲诈勒索的事实略）

江西省宜春市中级人民法院经审理认为，被告人邓某文的行为已构成组织、领导黑社会性质组织罪，故意杀人罪，故意伤害罪，故意毁坏财物罪，寻衅滋事罪，开设赌场罪，非法买卖枪支罪，非法持有枪支、弹药罪，敲诈勒索罪。被告人邓某文在缓刑考验期限内犯新罪且判决以前还有漏罪，应当撤销缓刑，数罪并罚。被告人邓某文在黑社会性质组织的犯罪活动中起组织、领导作用，系首要分子，应对该组织所犯全部罪行承担责任……据此判决：被告人邓某文犯组织、领导黑社会性质组织罪，判处有期徒刑九年，并处没收财产人民币 10 万元；犯故意杀人罪，判处死刑，剥夺政治权利终身；犯故意伤害罪，判处有期徒刑二年；犯故意毁坏财物罪，判处有期徒刑五年；犯寻衅滋事罪，判处有期徒刑七年；犯开设赌场罪，判处有期徒刑七年，并处罚金人民币 50 万元；犯非法买卖枪支罪，判处有期徒刑三年；犯非法持有枪支、弹药罪，判处有期徒刑五年六个月；犯敲诈勒索罪，判处有期徒刑二年，并处罚金人民币 1 万元。与前罪数罪并罚，决定执行死刑，剥夺政治权利终身，并处没收财产人民币 10 万元，罚金人民币 51 万元。（其他被告人定罪量刑情况略）

一审判决后，被告人邓某文不服，以不构成组织、领导黑社会性质组织罪，二审期间其亲属与被害人亲属自愿达成了民事赔偿及谅解协议等为由向江西省高级人民法院提出上诉，请求二审依法改判。

江西省高级人民法院经审理认为，原判认定的犯罪事实清楚，证据确凿、充分，定罪准确，量刑适当，审判程序合法。裁定驳回邓某文的上诉，维持原判，并依法报请最高人民法院核准。最高人民法院经复核，依法核准被告人邓某文死刑。

裁判理由 》》

法院生效裁判认为，被告人邓某文的行为已构成组织、领导黑社会性质组织罪，故意杀人罪，故意伤害罪，故意毁坏财物罪，寻衅滋事罪，开设赌场罪，非法买卖枪支罪，非法持有枪支、弹药罪，敲诈勒索罪。被告人邓某文在缓刑考验期限内犯新罪且判决以前还有漏罪，应当撤销缓刑，数罪并罚。

被告人邓某文在黑社会性质组织的犯罪活动中起组织、领导作用，系首要分子，应对该组织所犯全部罪行承担责任。鉴于本案的性质和危害后果，法院在审理过程中未组织调解。一审宣判后，邓某文的亲属与死者杨某庭的亲属私下接触，代为赔偿76万元并与被害方达成谅解协议，死者杨某庭的家属还向二审法院明确表示希望得到76万元的经济赔偿，请法院量刑时予以充分考虑。经调查，死者杨某庭家属的谅解意思虽然真实，但其接受经济赔偿的目的是改善生活条件，而非存在特殊困难。邓某文的家属对于赔偿款项的来源既未提供足够的证据予以证明，所作解释也不合情理，不能排除该款与黑社会性质组织的犯罪所得有关。因此，被告人邓某文所犯罪行极其严重，其不仅没有法定从轻情节，且属于缓刑考验期内再犯罪，归案后未能真诚认罪悔罪，家属代赔款项来源存疑，被害人家属虽表示谅解，但不足以据此对邓某文从轻处罚。

裁判要旨 》》

2015年《全国部分法院审理黑社会性质组织犯罪案件工作座谈会纪要》规定："审理黑社会性质组织犯罪案件，应当通过判处和执行民事赔偿以及积极开展司法救助来最大限度地弥补被害人及其亲属的损失。被害人及其亲属确有特殊困难，需要接受被认定为黑社会性质组织成员的被告人赔偿并因此表示谅解的，量刑时应当特别慎重。不仅应当查明谅解是否确属真实意思表示以及赔偿款项与黑社会性质组织违法所得有无关联，而且在决定是否从宽处罚、如何从宽处罚时，也应当从严掌握。可能导致全案量刑明显失衡的，不予从宽处罚。"对于前述规定，审判时应从以下方面来理解和把握：一是被害人谅解必须基于真实意思表示。由于黑社会性质组织体系严密，人员构成复杂，经济实力较强，因此，即便在被司法机关打掉之后，仍有可能残存一定的犯罪能力和社会活动能力。审判时，若被害方对黑社会性质组织犯罪分子表示谅解的，一定要审慎核实背景情况，排除因受到威逼、诱骗而违背真实意愿的情形。二是被告人的赔偿款项应当与黑社会性质组织的违法犯罪所得无关。根据《刑法》第64条的规定，犯罪分子违法所得的一切财物，都应当予以追缴或者责令退赔。但是，在黑社会性质组织犯罪案件中，犯罪分子往往采取各种手段极力掩饰、隐瞒违法犯罪所得的来源、去向，给司法机关的追缴工作制造困难。因此，审判时应当认真甄别赔偿款项的来源，不能让黑社会性质组织犯罪分子利用隐匿的违法犯罪所得在量刑时获利。三是在谅解意思真实、赔偿款项与违法犯罪所得无关的情况下，量刑仍应从严把握。如前所述，黑社会性质组织犯罪具有极大的社会危害，对于此类犯罪分子原则上不能因被害方谅解而予以从宽处罚。如果被害方确因特殊生活困难亟须获得经济赔偿的（如丧失劳动能力以及亟须支付就学、就医费用等），在考虑是否从宽以及确定从宽幅度时，要以保证罪责刑相一致、实现刑罚目的以及全案量刑平衡为底线。

关联索引 >>>

《刑法》第 294 条

一审：江西省宜春市中级人民法院（2012）宜中刑一初字第 59 号刑事附带民事判决（2013 年 5 月 7 日）

二审：江西省高级人民法院（2013）赣刑三终字第 71 号刑事附带民事裁定（2014 年 12 月 15 日）

2023-06-1-286-003

邵某等人开设赌场案
——"百家乐"网络赌博犯罪中可以使用洗码量认定赌资数额

基本案情 >>>

被告人邵某、葛某经商议在上海市杨浦区大连路某室邵某经营的棋牌室内开设"百家乐"赌博盘口。自 2019 年 1 月 16 日起，葛某提供"百家乐"赌博网址、账号、密码及"配钞"，并安排被告人丁某使用该账号为"百家乐"参赌人员进行投注、结算赌资等，葛某根据账号洗码量的一定比例抽头渔利分配给邵某，邵某向丁某每星期支付人民币 3500 元，其间，葛某指使被告人戴某某收取"百家乐"盘口盈利钱款并向被告人丁某提供"配钞"。2019 年 1 月 23 日 21 时许，上海市公安局杨浦分局民警至上址检查，当场抓获邵某、丁某及参赌人员，查获电脑主机及赌资。后葛某、戴某某被民警抓获。4 名被告人到案后均如实供述了自己的罪行。经查，2019 年 1 月 16 日至案发，涉案赌博账号洗码量为 261 万余元。

上海市杨浦区人民法院于 2019 年 8 月 29 日作出 (2019) 沪 0110 刑初 759 号刑事判决：一、被告人邵某犯开设赌场罪，判处有期徒刑三年，并处罚金人民币 3 万元。二、被告人葛某犯开设赌场罪，判处有期徒刑三年，并处罚金人民币 3 万元。三、被告人丁某犯开设赌场罪，判处有期徒刑一年九个月，并处罚金人民币 2 万元。四、被告人戴某某犯开设赌场罪，判处有期徒刑一年六个月，缓刑一年六个月，并处罚金人民币 2 万元。宣判后，葛某以犯罪金额尚未达到情节严重，量刑过重为由提起上诉。上海市第二中级人民法院 2019 年 12 月 12 日作出 (2019) 沪 02 刑终 1358 号刑事裁定，驳回上诉，维持原判。

裁判理由 》》

法院生效裁判认为，被告人邵某、葛某、戴某某、丁某共同以营利为目的，开设赌场，供他人赌博，其行为均已构成开设赌场罪且情节严重。邵某、葛某在共同犯罪中起主要作用，是主犯。丁某、戴某某在共同犯罪中起次要作用，是从犯，依法应当减轻处罚。邵某、葛某、戴某某、丁某到案后能如实供述自己的罪行，依法均可以从轻处罚。原审法院认定邵某、葛某、戴某某、丁某犯开设赌场罪的事实清楚，证据确实、充分，审判程序合法，量刑并无不当。故法院依法作出如上裁判。

裁判要旨 》》

在"百家乐"赌场平台中，洗码量是赌博平台与下级代理之间进行利益分配的基础性数据，可以客观地反映被告人在开设赌场期间操纵参与"百家乐"网络赌博的真实交易量，同时根据行规，账号使用人亦根据洗码量与平台结算。故对于此类案件，应以涉案赌博账号中的洗码量而非最初投入额作为赌资数额及构成"情节严重"的认定依据。

关联索引 》》

《刑法》第 303 条第 2 款

一审：上海市杨浦区人民法院 (2019) 沪 0110 刑初 759 号刑事判决 (2019 年 8 月 29 日)

二审：上海市第二中级人民法院 (2019) 沪 02 刑终 1358 号刑事裁定 (2019 年 12 月 12 日)

2023-06-1-286-013

郑某某、彭某、羊某某开设赌场案

——网络赌博的赌资数额计算

基本案情 >>>

"大亨互娱"等网络赌博平台有"打牛牛""推三公""扎金花"等赌博模式，平台接受赌客充值兑换积分参与赌博，从中抽头渔利，并按比例将抽成返利给平台代理商即合伙人。平台代理商即合伙人逐级发展下线并拉人参与赌博，按照其下线参与赌博盈利金额抽头渔利。被告人郑某某、彭某先后在"大亨互娱""鸿运茶馆""大联盟"等多个网络赌博平台，接受他人投注赌博，为赌客上下分结算，以获取抽头渔利。被告人羊某某明知赌博网站的运作方式，仍拉人参赌，介绍赌客到郑某某、彭某处上下分，以此获取"水钱"。

2020年2月至2021年4月，被告人羊某某拉来的赌客饶某某和谢某通过被告人彭某、郑某某在上述网络赌博平台投注赌博。经司法鉴定，饶某某、谢某二人参赌期间向郑某某、彭某二人实际使用的微信、支付宝转账金额为1 336 586元，涉及美国等地7个赌博平台。饶某某、谢某经平台自动抽取"水钱"，平台按8%~10%的比例返利给郑某某后，郑某某按照75%~80%的比例给彭某，彭某再将其获利的50%返给饶某某，剩余部分再由羊某某、彭某均分。羊某某、彭某由此获利12 565元。案发后，郑某某的家属代为退赃10 000元。

四川省绵阳经济技术开发区人民法院于2022年2月14日以（2021）川0793刑初10号刑事判决：一、被告人彭某犯开设赌场罪，判处有期徒刑五年七个月，并处罚金人民币12 000元。二、被告人郑某某犯开设赌场罪，判处有期徒刑五年二个月，并处罚金人民币1万元。三、被告人羊某某犯开设赌场罪，判处有期徒刑五年，并处罚金人民币1万元。四、追缴被告人彭某的违法所得18 055元、被告人羊某某的违法所得7075元，并上缴国库；五、扣押在案的手机三部，由扣押机关予以没收。宣判后，郑某某、彭某提出上诉。四川省绵阳市中级人民法院于2022年5月20日以（2022）川07刑终85号刑事判决：一、维持四川省绵阳经济技术开发区人民法院（2021）川0793刑初

10 号刑事判决第二项至第五项。二、撤销四川省绵阳经济技术开发区人民法院（2021）川 0793 刑初 10 号刑事判决第一项。三、上诉人（原审被告人）彭某犯开设赌场罪，判处有期徒刑五年三个月，并处罚金人民币 12 000 元。

裁判理由 ▶▶▶

法院生效裁判认为，被告人彭某等的行为均已构成开设赌场罪。关于赌资数额的认定，应当秉持客观原则，网络赌博的投注应从投注的本质去理解，即认定赌资数额累计的计算方法要坚持"主客观一致"的原则。根据《最高人民法院、最高人民检察院、公安部关于办理跨境赌博犯罪案件若干问题的意见》第 5 条"通过网络实施开设赌场犯罪的，赌资数额可以依照开设赌场行为人在其实际控制账户内的投注金额，结合其他证据认定；如无法统计，可以按照查证属实的参赌人员实际参赌的资金额认定。对于将资金直接或间接兑换为虚拟货币、游戏道具等虚拟物品，并用其作为筹码投注的，赌资数额按照购买该虚拟物品所需资金数额或者实际支付资金数额认定"之规定，按照参赌人员陈述、被告人供述所指向的赌博规则和参赌时间节点、频率，因持续时间较长，即便以每天最高的投注额来计算，也明显超出 30 万元的标准。在同一网络赌博平台、同一赌博规则下，频繁收支转账、重复滚动投注的，要充分认定参赌人员、被告人的主客观内容，即双方均"内心认同"的"一次赌博行为终结"，这样才符合刑法意义上"完整的一次行为"评价。结合本案，根据日常作息规律和开支用度、参赌人员及被告人主观表述、赌博平台运营特征及赌博及时性、短促性、持续性的整体逻辑，认定按"参赌人员每天最大投注额+总赢取额"的标准，作为"赌资数额累计的一次资金数额"，最为贴近本案犯罪性质。故法院依法作出上述判决。

裁判要旨 ▶▶▶

实践中，网络赌博对赌资累计的认定应坚持"罪责刑相适应""主客观一致"的原则，不能机械地将其中"实际支付资金数额"扩大理解为"每次转账上分就视为实际支付了一次资金数额"，并以此作为《办理赌博案件意见》第 1 条第 2 款第 2 项中，"《办理赌博案件意见》赌资数额累计的一次资金数额"，更不能将其中"实际支付资金数额"缩小理解为"实际赌本作为赌资数额"，并以此作为"赌资数额累计的资金数额"。

《刑法》第 303 条

一审：四川省绵阳经济技术开发区人民法院（2021）川 0793 刑初 10 号刑事判决（2022 年 2 月 14 日）

二审：四川省绵阳市中级人民法院（2022）川 07 刑终 85 号刑事判决（2022 年 5 月 20 日）

2024-06-1-286-001

郭某峰等开设赌场案
——准确区分开设赌场行为与诈骗行为

基本案情 ▶▶▶

2015 年 8 月至 2017 年 5 月，被告人郭某峰先后成立多家公司，购买"某购"网络购物平台，并对平台功能进行调整修改，将平台更名为某山平台。郭某峰以上述公司为依托，以购物升级为名，以私设赔率等方式，组织他人利用重庆某彩票开奖结果进行竞猜赌博，变相接受参与人员投注，从中获利。被告人郭某仙、江某敬为某山平台下级代理商，利用平台组织人员开展网络赌博活动，形成总负责人、总经理、总监、经理、业务员多个层级的规模化赌博犯罪集团。郭某峰、郭某仙、江某敬等人以公司名义大量招聘业务员，由总监、经理对业务员进行培训，并对赌博犯罪活动进行指导和管理。业务员通过网络寻找有参与赌博意向的人，向其推荐某山平台的购物升级操作模式：在平台促销升级区购买茶叶、红酒等促销商品后，可获得猜奇偶（"江山"或"美人"）或者拆红包的升级机会，升级成功可再获得原价 60% 的商品或现金奖励，可以直接提货或者将本金和奖励金提现盈利，升级失败只能获得原购商品。郭某峰与代理商等各层级人员按事先确定的不同比例分成获利。经司法审计，至 2018 年 4 月，以郭某峰等人为首的赌博犯罪集团利用涉案平台开展网络赌博业务，某山网络平台共计开设发生盈亏的网络赌博账户 32 440 个，郭某峰等人从中共获利 174 769 855.3 元。

安徽省合肥市中级人民法院于 2021 年 12 月 22 日作出（2019）皖 01 刑初 57 号刑事判决：被告人郭某峰犯诈骗罪，判处有期徒刑十五年，并处罚金人民币 500 万元（被告人郭某仙等 26 人的定罪量刑及违法财物处置部分略）。宣判后，郭某峰等 14 人提出上诉。安徽省高级人民法院于 2023 年 7 月 3 日作出（2022）皖刑终 48 号刑事判决：一、撤销安徽省合肥市中级人民法院（2019）皖 01 刑初 57 号刑事判决；二、上诉人郭某峰犯开设赌场罪，判处有期徒刑九年，并处罚金人民币 100 万元（郭某仙等人的定罪量刑及违法财物处置部分略）。

裁判理由 >>>

法院生效裁判认为：在案证据证实郭某峰等人以购物为名，通过网络招揽他人到其搭建的某山网络平台参与购物升级活动，参加者根据升级规则竞猜购买奇偶，网络平台根据重庆某彩票开奖彩票尾号的奇偶性来确定升级成功与否，再根据事先确定的奖惩方案决定升级活动的盈亏。在案参与升级活动的人证实系为了赚钱而参加购物升级活动，并非为了实际购物，参加者也基本知晓升级活动的规则及参考依据。虽然在案证据证实郭某峰等人为引诱他人参与购物升级活动有虚假陈述行为，但在案证据不能证实郭某峰等人在每次升级活动中均有篡改竞猜结果的行为，即使在微信群里制造气氛的"指导老师"也无法猜中结果，只是制造气氛引诱参加者继续参与升级活动。本案竞猜对象的结果是客观明确的，具有随机性、偶然性；参加者对中奖规则以及升级赔率是明知的，并未陷入错误认识而处分自己财物。在案证据显示参加者在升级活动中几乎都有过盈利，且属于多次反复参与活动，审计报告还显示少部分参加者最终获利，故郭某峰等人实施的购物升级行为符合赌博活动的射幸规则。综上，郭某峰等人系以营利为目的，建立赌博网站，接受投注，吸引社会公众参与赌博活动，其行为构成开设赌场罪。故二审法院依法作出如上裁判。

裁判要旨 >>>

应准确区分开设赌场与诈骗行为，注重从参与人主观是否陷入错误认识进而处分财物进行判断。两罪在犯罪构成上有本质区别。从主观方面来看，参与赌博人员明知赌博活动规则，其处分自己财物时未产生错误认识，交付财物时明知处置后果；而诈骗犯罪的被害人对活动规则或内容并不了解，其在处分财物时产生了错误认识，导致主动交付财物给犯罪分子，且有时并不了解处置后果。

关联索引 >>

《刑法》第 303 条第 2 款

一审：安徽省合肥市中级人民法院（2019）皖 01 刑初 57 号刑事判决（2021 年 12 月 22 日）

二审：安徽省高级人民法院（2022）皖刑终 48 号刑事判决（2023 年 7 月 3 日）

2024-04-1-286-001

陈某福、易某福等 34 人开设赌场案
——开设赌场型犯罪团伙的司法认定

基本案情 >>

经审理查明：2016 年 4 月至 2018 年 1 月期间，被告人陈某福、易某福以及郭某德、"方总"（二人均另案处理）经共同商议，四人作为股东成立公司为境外赌博网站充当代理，招揽赌客充值参与赌博从中牟利，其先后在重庆市开设重庆悦某某网络科技有限公司、中某某电子商务有限公司、重庆某某商贸有限公司、重庆悦某某网络科技有限公司分公司、重庆某某商贸有限公司五公司、重庆悦某某网络科技有限公司六公司、重庆悦某某网络科技有限公司七公司。

并通过招聘何某、袁某、陈某兵等工作人员，提供苹果手机，培训通过聊天工具查找附近人员，以女性身份与人聊天的方式，向客户发送赌博网站及各自代理线端口，招揽赌客到指定网站进入"百乐宫娱乐城"等赌博平台注册成会员，并充值参与百家乐、龙虎斗等赌博活动。公司制定了所招聘员工的工资制度，即基本工资加提成，规定提成是以客户充值额为基础计算提成等收入，销售人员按照招揽客户充值金额的 1% 提成，销售组长按照组员招揽客户充值金额的 0.5% 提成，经理按照分公司员工招揽客户充值金额的

0.3%提成。形成了四个层级，第一层级是陈某福、易某福等股东，第二层级是被告人何某、袁某、陈某兵3名经理，第三层级是被告人陈某强、张甲等17名主管及组长，第四层级是被告人张乙、华某等12名业务员。该犯罪集团在近两年的时间内，形成了以陈某福、易某福等人为组织者、领导者，以何某、袁某、陈某兵为重要成员，以李某、陈某强等人为参加者的犯罪集团。该犯罪集团共招揽赌博客户充值共计1.87亿余元，招揽参与赌博会员4000余名。2018年1月16日，被告人易某福在成都被民警抓获，被告人陈某福在河南省信阳市被民警抓获。被告人陈某福、易某福到案后如实供述自己的罪行。2016年至案发，被告人易某福获得分红35万元，被告人陈某福获得分红30万元，2017年被告人陈某福、易某福另各领取工资132 000元。

重庆市九龙坡区人民检察院以被告人陈某福、易某福等34人犯开设赌场罪，向重庆市九龙坡区人民法院提起公诉。公诉机关认为，被告人陈某福、易某福等34人系共同犯罪，应当以开设赌场罪追究其刑事责任。被告人陈某福、易某福组织、领导恶势力犯罪集团进行犯罪活动，是首要分子，按照集团所犯的全部罪行处罚；被告人何某、袁某、陈某兵在共同犯罪中起主要作用，是主犯，应当按照其所参与或者组织指挥的全部犯罪处罚；其余各被告人在共同犯罪中起次要和辅助作用，是从犯，应当从轻、减轻处罚。部分被告人的辩护人提出本案不是恶势力犯罪集团。

重庆市九龙坡区人民法院于2019年8月30日以（2018）渝0107刑初1054号刑事判决：认定被告人陈某福、易某福等34人犯开设赌场罪，分别判处有期徒刑，并处罚金，追缴违法所得，其中陈某福、易某福等9人被判处有期徒刑，刑期自四年六个月至一年七个月不等，其余被告人被判处有期徒刑刑期自一年六个月至十一个月不等，适用缓刑。

一审宣判后，被告人沈某、陈某、梁某不服，提出上诉。陈某、沈某、梁某及其辩护人均提出沈某、陈某、梁某二审期间主动退出全部违法所得，缴纳全部罚金，请求改判缓刑。原审被告人陈某福、易某福及其辩护人均提出陈某福、易某福二审期间退出全部违法所得，缴纳全部罚金，请求从轻判处。重庆市第五中级人民法院于2019年1月20日作出（2019）渝05刑终1118号刑事判决，根据沈某、陈某、梁某、陈某福、易某福等人的新事实、新情节依法减轻五人的刑罚。

裁判理由 ▷▷▷

法院生效裁判认为：被告人易某福、陈某福招募其余被告人，以营利为目的，开设赌场，招揽赌客充值金额累计达人民币1.87亿余元，参赌会员4000余个，形成了以被告人易某福、陈某福为首要分子，被告人何某、袁某、陈某兵为重要成员，其余被告人为组织成员的犯罪集团，其行为均已构成开设赌场罪。被告人陈某福、易某福是犯罪集团的首要分子，按照集团所犯的全部罪行处罚；何某、袁某、陈某兵在共同犯罪中起主要作用，是主犯，应当按照其所参与或者组织指挥的全部犯罪处罚；其余被告人在共同犯罪中起次要作用，是从犯，分别依法应当从轻、减轻处罚。公诉机关指控的基本事实和罪名成立。公诉机关指控本案系恶势力犯罪案件，经查，该案不具备以暴力、威胁或者其他手段，为非作恶、欺压百姓等恶势力犯罪特征，依法不予认定。辩护人提出该案不属于恶势力犯罪案件的意见成立，予以采纳。

（一）本案符合犯罪集团的认定条件，依法应予认定

该犯罪组织具备犯罪集团的基本特征：（1）人数较多（3人以上），重要成员固定或基本固定，公司化管理运营，形成四个层级；（2）经常纠集一起进行一种或数种严重的刑事犯罪活动，在仅两年的时间内，以公司运营吸引不特定对象到其开设或代理的赌博网站赌博，从事开设赌场犯罪活动；（3）有明显的首要分子，陈某福、易某福是公司的股东和幕后老板；（4）有预谋地实施犯罪活动；（5）对社会造成的危害或具有的危险性都很严重。

（二）本案不构成恶势力犯罪

1. 本案不符合恶势力犯罪的行为特征

恶势力犯罪通常在两年之内以暴力、威胁或者其他手段，在一定区域或者行业内多次实施违法犯罪活动，且包括纠集者在内，至少应有2名相同的成员多次参与实施违法犯罪活动，且至少应该包括1次犯罪活动。恶势力组织所实施的违法犯罪活动可以分为主要的违法犯罪活动和附随的违法犯罪活动，主要的违法犯罪活动为强迫交易、故意伤害、非法拘禁、敲诈勒索、故意毁坏财物、聚众斗殴、寻衅滋事，要求具有为非作恶、欺压百姓特征，而附随的违法犯罪活动为可能伴随实施开设赌场、组织卖淫、强迫卖淫、贩卖毒品、运输毒品、制造毒品、抢劫、抢夺、聚众扰乱社会秩序、公共场所秩序、交通秩序，以及聚众"打砸抢"等违法犯罪活动。仅有前述伴随实施的违法犯罪活动，且不能认定具有为非作恶、欺压百姓特征的，一般不应认定为恶势力。

本案中，一方面，被告人陈某福、易某福招募其余被告人开设赌场，其

作案手法是通过招揽赌客的方式吸引赌客参赌，业务人员均是通过网络聊天的方式，向客户推荐赌博网站，招揽过程中并没有采取任何暴力、威胁手段，参赌过程没有对赌客施加影响，即本案中被告人没有采取暴力、威胁或者其他手段。另一方面，开设赌场罪不属于恶势力的主要犯罪活动，是恶势力惯常实施作案中的伴随犯罪行为，仅有伴随实施的违法犯罪活动，且不能认定具有为非作恶、欺压百姓特征的，不应认定为恶势力犯罪处理。

2. 本案不符合恶势力犯罪的危害性特征

恶势力的危害性特征主要表现在为非作恶，欺压百姓，扰乱经济、社会生活秩序，造成较为恶劣的社会影响，通常主要是以暴力、威胁等手段，损害人民群众的人身财产安全以及行业社会的经济稳定发展，对恶势力辐射范围内的群众或者行业从业者形成威慑力，造成恶劣的影响。单纯为牟取不法经济利益而实施的"黄、赌、毒、盗、抢、骗"等或因本人及近亲属的婚恋纠纷、家庭纠纷、邻里纠纷、劳动纠纷、合法债务纠纷而引发以及其他确属事出有因的违法犯罪活动，因不具有为非作恶、欺压百姓特征，不应作为恶势力案件处理。

本案中，被告人陈某福等人以集团化形式实施开设赌场犯罪，实际侵犯的法益集中在公民财产权利以及社会管理秩序方面，从作案手段、造成的影响等来看，其危害性的覆盖面仅针对各被害人的范围，尚未使特定区域的人民群众、行业等对该组织产生恐惧心理，形成威慑力，造成严重的社会影响。故本案对于恶势力犯罪的"为非作恶，欺压百姓"基本特征尚不明显，与典型的恶势力犯罪存在明显差异。

3. 本案是继续犯（持续犯）

继续犯（持续犯）是指行为从着手实行到终止以前，一直处于持续状态的犯罪，对于继续犯，不论其持续时间的长短，均应以一罪论处。结合到本案，陈某福等人从事的开设赌场犯罪行为一直处于持续状态，是单一的犯罪行为，并不具备恶势力犯罪集团要求的三次以上犯罪行为特征。

裁判要旨 ≫

单纯为牟取不法经济利益而开设赌场，没有采取暴力、威胁或者其他手段实施违法犯罪活动，不具有为非作恶、欺压百姓特征的，不应作为恶势力案件处理。

《刑法》第 303 条第 2 款、第 25 条第 1 款、第 26 条、第 27 条

《反有组织犯罪法》第 2 条

《最高人民法院、最高人民检察院、公安部、司法部关于办理黑恶势力犯罪案件若干问题的指导意见》第 14 条、第 15 条、第 16 条

《最高人民法院、最高人民检察院、公安部、司法部关于办理恶势力刑事案件若干问题的意见》第 4 条、第 5 条、第 6 条、第 7 条、第 8 条、第 9 条、第 10 条、第 11 条

一审：重庆市九龙坡区人民法院（2018）渝 0107 刑初 1054 号刑事判决（2019 年 8 月 30 日）

二审：重庆市第五中级人民法院（2019）渝 05 刑终 1118 号刑事判决（2019 年 1 月 20 日）

2023-05-1-300-013

马某掩饰、隐瞒犯罪所得案

——向办案机关伪报涉案账户资金数额的行为属于"窝藏"

2019 年 8 月，江西省南昌市公安局东湖分局在对被告人黄某福等人开设赌场罪一案侦查过程中，发现部分涉案赃款流入犯罪分子在第三方支付平台瀚银公司开设的商户账户中。同月 13 日，东湖分局要求瀚银公司提供涉案账户的余额、流水明细等相关材料并予以冻结。瀚银公司风控部总监马某明知涉案账户中的资金系犯罪所得，仍授意公司员工将涉案账户余额人民币 5 498 948.84 元修改为人民币 20 309.73 元后提供给公安机关。公安机关于 2019 年 12 月、2020 年 6 月分两次对上述商户账户进行续冻，马某仍提供虚假账户数据。2020 年 7 月 8 日，被告人马某被公安机关抓获归案。

江西省南昌市东湖区人民法院于 2021 年 5 月 11 日作出（2020）赣 0102 刑初 1045 号刑事判决：认定被告人马某犯掩饰、隐瞒犯罪所得罪，判处有期

徒刑六年，并处罚金人民币5万元。宣判后，马某提出上诉。江西省南昌市中级人民法院于2021年7月28日作出（2021）赣01刑终365号刑事判决，判决维持南昌市东湖区人民法院（2020）赣0102刑初1045号刑事判决第一项的定罪部分，即被告人马某犯掩饰、隐瞒犯罪所得罪；撤销南昌市东湖区人民法院（2020）赣0102刑初1045号刑事判决第一项的量刑部分，即判处有期徒刑六年，并处罚金人民币5万元；认定马某犯掩饰、隐瞒犯罪所得罪，判处有期徒刑四年，并处罚金人民币5万元。

裁判理由 >>>

法院生效裁判认为：马某的行为应定性为"窝藏"犯罪所得。掩饰、隐瞒犯罪所得、犯罪所得收益罪所侵犯的客体是司法机关追查犯罪、追缴犯罪赃物的活动，对象是犯罪所得的赃款、赃物。犯罪构成中的"隐瞒"，是指当司法机关调查有关财产及其性质和来源时，行为人尽管知情却有意隐藏、瞒报犯罪所得及其产生的收益。根据司法解释的规定，掩饰、隐瞒的手段是多种多样的，其中列举的"窝藏"包括使用各种方法将犯罪所得及其收益隐藏起来，不让他人发现或者替犯罪分子保存而使司法机关无法获取。本案中，涉案账户内的资金数额只有瀚银公司才能提供，公安机关只能通过该公司调取涉案账户的相关证据。马某本人供认公安机关到公司对涉案账户进行冻结时，其知晓涉案账户内资金与犯罪行为相关，故意指使他人将涉案账户余额500余万元修改为2万余元后提供给东湖分局。马某主观上明知其行为可能会造成上游犯罪的违法所得不被或难以查获的后果，具有掩饰、隐瞒犯罪所得的主观故意，客观上实施了伪报涉案账户资金数额的行为，属于窝藏行为，妨害了公安机关追查上游犯罪资金的司法活动，应以掩饰、隐瞒犯罪所得罪定罪处罚。

关于量刑问题。本案中，马某掩饰、隐瞒的犯罪所得价值总额高达540余万元，根据相关司法解释的规定，构成"情节严重"。考虑马某与上游开设赌场犯罪的行为人无犯意联络，其行为的出发点首先是为了公司利益，其实施伪报账户数额行为的同时并没有实际对账户资金进行处理，涉案资金仍在其公司账上，未被转移、流失，马某的主观恶性和行为的社会危害性都具有一定的特殊性。考虑到上下游量刑平衡，本案上游开设赌场犯罪赌资总金额为17亿余元，上游犯罪人犯开设赌场罪，属于"情节严重"，法定刑为五年以上十年以下有期徒刑，相较于上游犯罪的数额及法定刑幅度，一审法院对马某的量刑偏重。二审结合全案证据、情节，依法对量刑予以调整。

裁判要旨 >>

（1）明知公安机关在追查上游犯罪，仍故意向公安机关提供虚假的上游犯罪人的相关银行账户资金数额，应认定为掩饰、隐瞒犯罪所得犯罪中的"窝藏"行为。

（2）掩饰、隐瞒犯罪所得罪应与上游犯罪量刑保持平衡。掩饰、隐瞒犯罪所得罪属于事后帮助犯，其社会危害性对上游犯罪有一定附属性，量刑时应注重与上游犯罪相平衡，综合考虑掩饰、隐瞒犯罪所得及其收益的情节、后果和妨害司法秩序的程度等，审慎量刑。

关联索引 >>

《刑法》第 312 条第 1 款

一审：江西省南昌市东湖区人民法院（2020）赣 0102 刑初 1045 号刑事判决（2021 年 5 月 11 日）

二审：江西省南昌市中级人民法院（2021）赣 01 刑终 365 号刑事判决（2021 年 7 月 28 日）

最高人民检察院发布5件检察机关依法惩治串通招投标犯罪典型案例之五：陈某某、邱某某等9人串通投标案

基本案情

被告人陈某某系广东省江门市江海区A建筑工程有限公司（以下简称A公司）实际控制人，被告人邱某某系A公司总经理，被告人林某某系A公司员工。其他6名被告人基本情况略。

1997年至2005年，被告人陈某某在江门市江海区外海街道办事处一带经营猪肉批发、液化石油气配送期间，通过行贿地方政府人员或纠集邱某某等人采用恐吓、威胁、殴打同业竞争者的方式，垄断猪肉批发和液化石油气配送行业，逐渐形成以其为首的黑社会性质组织。之后，随着势力的不断壮大，该组织的触角进一步延伸到砂石和建筑行业，并从事开设赌场等违法犯罪活动。

2007年陈某某入股A公司，并于2010年成为该公司实际控制人。陈某某等人以A公司为主要实体通过行贿政府工作人员，提前获知辖区内的工程项目和底价等信息，并联合其他建筑公司串标。在实施过程中，陈某某安排林某某等人与一系列建筑企业商议通过约定工程报价、确定后续分包的方式帮忙围标，并由A公司负责制作围标公司的标书等材料。工程中标后，中标公司将工程转包给A公司进行施工，中标公司从工程总价当中收取1.5%~2%不等的工程管理费，A公司同时向其他参与串通投标的公司支付3000元至5000元不等的陪标好处费，被告人邱某某负责审批支付相关费用。2016年至2019年，该组织通过上述非法手段中标工程项目8个，中标金额达7000余万元，逐渐垄断辖区内的建筑、填土等工程。

2020年2月至4月，广东省江门市公安局江海分局、江门市江海区监察委员会分别以陈某某等人涉嫌组织、领导黑社会性质组织罪，串通投标罪，

行贿罪等罪名移送江门市江海区检察院审查起诉。2020年5月，江门市江海区人民检察院以陈某某、邱某某等9人涉嫌组织、领导黑社会性质组织罪，开设赌场罪，串通投标罪，故意伤害罪，行贿罪向法院提起公诉。2020年8月，江门市江海区人民法院对被告人陈某某以组织、领导黑社会性质组织罪，开设赌场罪，串通投标罪，故意伤害罪，行贿罪等罪名数罪并罚判处有期徒刑二十五年，并处没收财产；对邱某某判处有期徒刑二十年，并处罚金165万元；对林某某等人判处有期徒刑一年六个月至十四年不等，并处罚金10万元至30万元不等。被告人陈某某等人不服一审判决提出上诉，二审裁定驳回上诉，维持原判。

检察机关履职过程 》》》

（一）全面审查，侦查协作配合贯穿始终

以陈某某为首的黑社会性质组织形成时间久、跨度长，且在江门市原副市长梁某某为首的保护伞下，对当地工程招投标领域的行业秩序造成严重破坏，影响非常恶劣。该组织反侦查意识强，相关骨干成员订立攻守同盟，拒不交代主要犯罪事实，给侦查取证工作造成极大难度。检察机关提前介入后，按照认定黑社会性质组织犯罪构成要件列出详细的侦查提纲，先从个别重点案件细节入手，引导公安机关对犯罪嫌疑人逐个突破，在确保各到案人员都有基础事实定罪并批准逮捕后，再从拓展线索、罪名、时间段、行业等多角度、全方位列出补充侦查提纲，督促公安机关逐一落实。经过公安机关和检察机关的积极协作配合，顺利认定陈某某团伙从集结到发展壮大为黑社会性质组织的事实，揭露该团伙在招投标领域"以商养黑、以黑护商"形成垄断的犯罪行为。

（二）深挖彻查，助力打掉黑恶势力"保护伞"

以陈某某为首的黑社会性质组织通过围猎国家工作人员，提前获知辖区内的工程信息，然后利用挂靠有资质的企业串通投标，从而达到垄断整个行业的目的。该组织对于国家工作人员的腐蚀手段不仅包括金钱拉拢、收买，甚至还有暴力恐吓等方式，使不肯就范的基层政府工作人员逐渐转变为以默许和放任的方式同流合污，从"局外人"变成"伞骨"。检察机关在审查过程中，注重剖析涉案人员的心理和行为特征，运用宽严相济刑事政策和监检衔接机制，形成有效突破，完善认定"保护伞"事实的证据体系。

（三）能动履职，助推招投标领域乱象综合整治

江海区人民检察院结合办案中发现的陈某某黑社会性质组织染指招投标市场串标围标、抱团围猎等突出问题，针对江海区住房和城乡建设局在市政工程项目招投标活动中出现的监管缺位，向其制发检察建议：一是建议强化监管力量，充分发挥监管职能，对开标、评标环节实现有效监督；二是建立健全管理制度，提高监管人员专业素质。江海区住房和城乡建设局及时回复检察建议，加强执法监督检查力度，畅通投诉举报渠道，完善招投标管理工作制度，强化招标人主体责任，有效提升了发现围标、串标线索的能力。

典型意义 >>>

（1）提前介入引导侦查，准确认定黑恶势力危害性特征。检察机关通过提前介入，在充分了解犯罪组织架构、层级、运行方式等情况的基础上，进一步研究相关法律法规，准确把握黑社会性质组织犯罪的主要特征和证明要素。通过厘清涉案人员、涉案企业在犯罪过程中的"角色"，对不同程度的参与人员进行分类处理，打破攻守同盟，从而准确认定黑社会性质组织的危害性特征。

（2）建立健全协作机制，凝聚合力从严打击黑恶势力。黑恶势力通过抱团围猎、权力开道、暴力控制等非法招投标手段对民生工程巧取豪夺，严重破坏招投标市场经济秩序。检察机关在依法惩治犯罪的同时，应当强化多部门联动协作机制，实现办案、打伞、断财同步推进。积极发挥重大案件协商、联席会议制度作用，加强沟通协调，合力攻坚案件。重视案件信息共享，与相关主管机关建立行刑反向衔接机制，保证涉案财产依法迅速处置到位。

（3）依法延伸检察职能，堵塞招投标活动行政监管漏洞。串通投标是一种恶意竞争，严重妨碍招投标机制应有功能的发挥，导致资质不符的企业乘虚而入，容易形成"劣币驱逐良币"的后果。检察机关在依法惩治黑社会性质组织犯罪的同时，应当积极参与招投标市场行业乱象治理，对暴露出来的行政机关怠于履行职责情况，通过制发检察建议督促行政主管部门建立长效机制，从源头上堵塞招投标市场监管漏洞。

最高人民检察院发布 5 起检察机关依法惩治开设赌场犯罪典型案例之三：宋某某等 11 人开设赌场案

基本案情

马来西亚居民熊某某（原中国籍，在逃）为牟取非法利益，自 2017 年 10 月至 2019 年 8 月以来，实施网络开设赌场犯罪。为方便与境内参赌人员收付结算赌资，被告人宋某某、家某某、卫某某等与在国外的熊某某合谋，雇用被告人万某等人，在山西省运城市、长治市等地开设"网络工作室"，为熊某某的网络赌博平台发送赌博广告信息，提供赌博平台链接，并大量收购银行卡、身份证、网银 U 盾、支付宝（俗称"四件套"），用于为网络赌博平台收取赌资。通过网上银行向境外进行赌资结算，或直接提现，偷越国境将赌资运往境外，涉案资金高达 3 亿余元。另查明，该团伙部分成员还实施了非法拘禁、盗窃，掩饰、隐瞒犯罪所得，贷款诈骗等犯罪。

山西省运城市盐湖区人民法院于 2021 年 6 月 29 日作出一审判决，以开设赌场罪、非法拘禁罪、偷越国境罪分别判处被告人宋某某等 11 人八年六个月至二年六个月不等的有期徒刑，并判处相应的罚金。该判决已生效。

检察机关履职过程

山西省运城市检察机关在办理该案中，准确认定事实，精准适用法律。检察机关认为，网络赌博网站结算赌资过程中收购使用"四件套"，其是为网络赌博结算赌资而实施的，是开设赌场犯罪行为的一部分，应当评价为开设赌场犯罪。

典型意义

借助互联网的便利性，新型赌博犯罪中，赌资收付、变现作为开设赌场犯罪牟取暴利的重要组成部分，已成为一个独立实施的环节。该案中，宋某某等人并没有直接实施开设赌场的行为，但其与组织实施网络赌博的人员事前共谋，代为收付结算赌资并变现，与直接实施开设赌场犯罪的熊某某构成共同犯罪，应当按照开设赌场罪对其进行评价。同时，在新型开设赌场犯罪中，因为犯罪分工更加细化，犯罪链条长，参与人员多，也易衍生、伴生多种犯罪，该案中，涉案人员在实施开设赌场犯罪过程中，该团伙部分成员还实施了非法拘禁、偷越国境等其他犯罪，社会危害性大。

最高人民检察院发布5起检察机关依法惩治开设赌场犯罪典型案例之五：陈某某等14人开设赌场案

基本案情

2018年10月至2020年8月，陈某某伙同他人雇用朱某某、丁某某等人在某国建立工作室，形成较为固定的赌博犯罪集团，下设值班财务、主持、推码手、代理等岗位。该犯罪集团通过国内的即时通信应用软件建立网络赌博平台，组织我国公民在境内通过直播网站观看境外赌博实况视频并接受投注，以赌场洗码返水的方式获利。其中，由值班财务负责为赌客提供赌资充值、提现等资金结算服务，并发送赌场直播网站网址和桌位号；由主持负责接受赌博群内赌客下注，统计下注情况和发布输赢结果；由推码手负责赌场的现场下注。其间，该犯罪集团经手转账赌资达8746万元以上。

浙江省平阳县人民法院于2021年6月25日作出一审判决，以开设赌场罪判处被告人陈某某五年有期徒刑，并处罚金，该判决已生效。其余同案人员尚在审查起诉阶段。

检察机关履职过程

浙江省温州市平阳县人民检察院在办理该案过程中，准确认定犯罪集团成员架构，审慎采取强制措施，坚持分层处理、区分罪责的原则，对该犯罪集团的6名一般参加者不予批准逮捕；针对侦查机关移送起诉时涉案赌资仅为34万元，赌资认定存在难点等问题，通过自行补充侦查，以用于支付结算的黑灰产业链为切入点，倒查赌资结算路径，排查犯罪集团相关人员及亲属的支付结算账号的大额、异常流水，明确涉赌支付结算账户以及赌资数额认定规则，将原认定的赌资从人民币34万元增至8746万元。

典型意义

近年来，跨境赌博犯罪活动向互联网迁移，其中赌资数额的认定，常常需要通过电子证据证实，认定困难。而准确认定该事实，既有利于依法打击赌博犯罪，斩断犯罪分子通过违法犯罪获利的利益链，也有助于摧毁该类犯罪的经济基础，最大限度地剥夺犯罪分子再犯能力。该案中检察机关充分发挥检察职能，通过自行补充侦查，准确认定开设赌场犯罪赌资数额，依法严厉打击此类犯罪，同时积极贯彻少捕慎押的刑事司法政策，实现办案"三个效果"统一。

最高人民检察院发布第三批 6 件社区矫正法律监督典型案例之四：社区矫正对象王某甲漏管法律监督案

基本案情 〉〉

社区矫正对象王某甲，2013 年 10 月 18 日因犯聚众斗殴罪被河南省中牟县人民法院判处有期徒刑三年，宣告缓刑五年。王某甲被法院判处缓刑后，应在中牟县社区矫正机构接受社区矫正。2020 年 8 月，河南省新密市人民检察院在审查一起黑社会性质组织犯罪案件时，发现王某甲在缓刑考验期间，自 2014 年 7 月至 2018 年 7 月多次参加黑社会性质组织犯罪，参加寻衅滋事 8 起、强迫交易 6 起以及开设赌场、敲诈勒索、聚众斗殴、非法拘禁等犯罪活动。11 月 30 日，新密市人民检察院对王某甲等 13 人黑社会性质组织犯罪案提起公诉，同时提出对王某甲撤销缓刑、数罪并罚的量刑建议。12 月 29 日，新密市人民法院判决撤销王某甲缓刑，并对其参加黑社会性质组织罪、聚众斗殴罪、寻衅滋事罪、强迫交易罪、开设赌场罪、敲诈勒索罪、非法拘禁罪等罪名数罪并罚，决定合并执行有期徒刑二十一年，并处没收个人全部财产，罚金人民币 466 000 元，剥夺政治权利四年。2021 年 3 月 31 日，因同案犯上诉，郑州市中级人民法院二审裁定驳回上诉，维持原判。

2021 年 3 月，郑州市检察机关进一步调查核实，发现王某甲由于相关司法工作人员在社区矫正交付执行过程中存在严重渎职行为，在缓刑考验期内，并未依法接受社区矫正。郑州市两级检察机关向有关部门提出监督意见，并协同司法行政机关，共同完善社区矫正交付执行衔接机制。原法院审判人员未按照法律规定履行社区矫正交付执行职责，构成玩忽职守罪被依法追究刑事责任。

检察机关履职过程 ≫

新密市人民检察院在审查王某甲等13人黑社会性质组织犯罪案中，发现王某甲在缓刑考验期内，多次参加涉黑恶暴力犯罪活动，属于应当予以收监执行情形，但社区矫正机构未向法院提出撤销缓刑建议，法院也未裁定予以收监执行，可能存在社区矫正对象漏管问题，遂将监督线索报送至郑州市人民检察院。

接到线索后，郑州市人民检察院组织相关检察机关开展了调查核实等工作。一是查询王某甲缓刑考验期间是否具有社区矫正记录。经调取中牟县社区矫正机构的社区矫正对象登记表、工作台账及卷宗档案，运用河南省社区矫正管理系统核查接收社区矫正对象信息，均未发现王某甲入矫等社区矫正记录。二是调查王某甲交付执行情况。通过实地走访中牟县社区矫正机构及司法所等部门，与当地居民和社区矫正工作人员谈话，了解到王某甲长期在其居住地活动，但未到社区矫正机构报到。中牟县社区矫正机构也未收到交付王某甲执行社区矫正的相关法律文书，中牟县人民检察院及公安机关也均未收到抄送王某某执行社区矫正的相关法律文书。经询问王某甲本人，其被法院宣告缓刑后收到《释放通知书》，但法院未告知其到社区矫正机构报到的时间期限，未按照规定到社区矫正机构报到并依法接受矫正。王某甲在缓刑考验期间，长期处于漏管状态。三是调查核实社区矫正交付执行中存在的违法问题。经调取王某甲原刑事审判案卷，发现原案卷宗材料中缺少《调查评估意见书》《执行通知书》《执行通知书（回执）》《接受社区矫正告知书》等法律文书。原刑事审判庭有关人员证实，该案原审判人员王某乙在审理案件过程中，未对拟判处缓刑的被告人王某甲的社会危险性和对所居住社区的影响进行调查评估，未按照法律规定履行缓刑罪犯交付执行职责，没有制作《执行通知书》等法律文书。

中牟县人民检察院经审查认为，中牟县人民法院违反相关法律规定，未在法定期限内将王某甲交付社区矫正机构执行，遂对法院提出加强社区矫正交付执行衔接和审判执行内部监督机制的检察建议。郑州市人民检察院对社区矫正交付执行衔接问题进行跟踪监督，建议市司法局完善司法协同等相关制度，对王某甲社区矫正漏管背后的司法工作人员职务犯罪线索，指定中原区人民检察院调查核实。2022年9月16日，郑州市人民检察院对王某乙立案侦查。

2021 年 3 月 31 日，经二审裁定，王某甲被撤销缓刑，与所犯新罪数罪并罚，合并执行有期徒刑二十一年。中牟县人民法院针对检察院监督意见，通过警示教育、与司法行政部门召开联席会议、建立院领导定期抽查案件卷宗等形式，规范交付执行程序。郑州市司法局联合有关部门制定规范性文件，进一步细化交付执行衔接程序。2023 年 3 月 29 日，中牟县人民法院原审判人员王某乙因犯玩忽职守罪，被中原区人民法院判处有期徒刑六个月，缓刑一年。

典型意义 >>>

人民检察院开展社区矫正法律监督工作，应加大对交付执行环节的监督力度，严把社区矫正工作起点关。社区矫正交付执行是社区矫正工作依法开展的起始环节，也是决定后续社区矫正工作能否有序开展的关键一环。交付执行涉及不同部门的衔接配合，如果社区矫正对象未被依法及时交付执行或各部门衔接配合不当，将会严重影响社区矫正的执行。人民检察院应当强化对社区矫正交付执行的法律监督，推动社区矫正决定机关和社区矫正机构有效协作配合，依法开展监督，及时发现交付执行中的违法行为，确保社区矫正活动规范有序开展。

在社区矫正法律监督工作中，人民检察院应当注重发现交付执行履职不当等行为背后的职务犯罪线索，并按照有关规定及时将线索移送有关部门或机关处理。社区矫正工作是严肃的刑罚执行活动，事关社会安全稳定大局。人民检察院要用好司法工作人员相关职务犯罪侦查权，通过检察机关内部的协同联动，形成查办职务犯罪的工作合力，对于在社区矫正法律监督工作中发现的职务犯罪，依职权坚决予以查处。对不属于检察机关查办的职务犯罪线索，及时移送有关机关处理。

最高人民检察院关于检察机关开展扫黑除恶专项斗争典型案例选编（第三辑）之五：唐某伟、李某情等 14 人恶势力犯罪案

——不具备非法控制性特征、组织松散的共同犯罪案件不能认定为黑社会性质组织犯罪或恶势力犯罪集团

基本案情

2015 年年底至 2017 年 2 月，被告人唐某伟、李某情通过开设赌场、发红包、提供娱乐消费等手段，先后纠集被告人蒋某、陈某、杨某龙、肖某刚、龙某、骆某、杨某文、龙某、于某杰、张某志、杨某等人，购置砍刀、钢管等作案工具，在重庆市大足区实施故意伤害、聚众斗殴、开设赌场、寻衅滋事、殴打他人等违法犯罪活动，逐渐形成以唐某伟、李某情为首的恶势力，在该地区造成较为恶劣的社会影响。2015 年年底至 2017 年 2 月，该恶势力实施故意伤害、聚众斗殴、开设赌场、寻衅滋事等 11 起犯罪，造成 1 人死亡、7 人轻伤、11 人轻微伤的严重后果。

检察机关履职过程

2017 年 10 月 12 日，重庆市大足区公安局以唐某伟等人涉嫌组织、领导、参加黑社会性质组织罪、故意杀人罪、聚众斗殴罪、故意伤害罪、寻衅滋事罪、开设赌场罪，向重庆市大足区人民检察院移送审查起诉。同年 11 月 3 日，大足区人民检察院将该案报送重庆市人民检察院第一分院审查起诉。

检察机关经审查认为，认定唐某伟等人构成黑社会性质组织犯罪证据不足。唐某伟等人组织结构松散，无明确帮规帮约；获取的经济利益仅来源于赌场收益，且绝大部分由唐某伟、李某情二人用于本人赌博活动及其他消费；全案 11 起犯罪中，有组织实施的仅 2 起，其余犯罪多系偶发，且系临时邀约；开设赌场形成非法控制的证据不足，实施的犯罪形成重大影响的证据不足。为全面查清案件性质，检察机关依法提讯犯罪嫌疑人，听取辩护人及被害人的意见；走访案发现场 20 余处，查明唐某伟等人的行为在当地是否形成非法控制或者重大影响；多次听取公安机关意见；围绕有组织犯罪构成，先后两次向公安机关提出补侦意见 150 余条。

经补查，检察机关认为在案证据仍不足以证明唐某伟等人的行为构成黑社会性质组织犯罪。同时，检察机关审查认为，本案系恶势力犯罪，但该组织稳定性较弱，有预谋实施的违法犯罪行为较少，违法犯罪活动多具有较强的随意性，尚未发展到恶势力犯罪集团。2018 年 5 月 16 日，重庆市人民检察院第一分院以恶势力犯罪对唐某伟、李某情等人提起公诉。

2018 年 7 月 31 日，重庆市第一中级人民法院公开开庭审理了本案。法院审理认为，被告人唐某伟、李某情纠集被告人蒋某、陈某等人在大足地区多次实施违法犯罪活动，为非作恶，欺压百姓，扰乱当地经济、社会生活秩序，造成较为恶劣的社会影响，已形成以唐某伟、李某情为首，蒋某、陈某等人为成员的恶势力，系共同犯罪。被告人唐某伟、李某情二人均以故意伤害罪、聚众斗殴罪、开设赌场罪、寻衅滋事罪被判处无期徒刑；被告人蒋某以故意伤害罪、寻衅滋事罪被判处无期徒刑；其余被告人分别被判处二年至十二年六个月有期徒刑。

2019 年 1 月 25 日，该案由重庆市高级人民法院二审维持原判。

典型意义 >>

本案是公安机关以涉黑犯罪移送，检察机关坚持法治思维，改变定性意见，以恶势力犯罪起诉，法院以恶势力犯罪裁判的典型案例。一是围绕黑社会性质组织犯罪构成，准确判定涉黑涉恶。黑社会性质组织犯罪中，组织特征、经济特征、行为特征、危害性特征是一个有机整体，缺一不可。在围绕"四个特征"审查时，要认真审查、分析"四个特征"之间的内在关系，特别要注重审查危害性特征，危害性特征是本质特征。对于组织成员、违法犯罪事实相对较多，但是组织特征较弱，为组织利益实施的违法犯罪活动较少，非法控制特征不明显的犯罪案件，即使组织成员实施了较为严重的暴力犯罪，也不能认定为黑社会性质组织犯罪。二是围绕犯罪集团的认定标准，准确认定是恶势力犯罪集团还是恶势力。恶势力犯罪集团，是符合恶势力全部认定条件，同时又符合犯罪集团法定条件的犯罪组织，具体表现为有多名组织成员，有明显的首要分子，重要成员较为固定，组织成员经常纠集在一起，共同故意实施多次恶势力惯常实施的犯罪活动或其他犯罪活动。对未形成固定重要成员，成员之间关系相对松散，未多次实施有组织有预谋犯罪的，不宜认定为恶势力犯罪集团。在司法实践中，要依法区分恶势力犯罪集团和恶势力，同时充分运用《刑法》总则中关于共同犯罪的规定，准确区分主从犯，依法惩处。三是准确理解把握"打早打小"和"打准打实"的实质内涵。"打早打小"要求对黑恶势力及早打击，尤其是对恶势力犯罪要及早打击，防止其坐大成势，发展成为黑社会性质组织，产生严重的社会危害。"打准打实"是本着实事求是的态度，在准确查明事实的基础上，构成什么罪，就按什么罪判处刑罚，既不能"降格"也不能"拔高"。特别是在办理涉案人员、涉案事实众多的涉黑恶案件中，要坚持法治标准，防止因降低认定标准而"拔高"认定为涉黑犯罪或者涉恶集团犯罪。

最高人民检察院发布3件依法严惩利用未成年人实施黑恶势力犯罪典型案例之一：谢某某组织、领导黑社会性质组织、寻衅滋事、聚众斗殴、敲诈勒索、开设赌场、故意伤害案

基本案情

2017年2月，谢某某刑满释放后，纠集刑满释放和社会闲散人员詹某某、陈某某等人，先后拉拢、招募、吸收18名未成年人（其中15名在校学生），在福建省宁德市蕉城区城南镇古溪村实施寻衅滋事、敲诈勒索等违法犯罪活动，逐步形成以谢某某为组织、领导者，詹某某等人为骨干成员，陈某某和翁某某（未成年人）、余某某（未成年人），以及16名未满十六周岁的未成年人为参加者的黑社会性质组织。谢某某利用犯罪组织势力，对古溪赌场进行敲诈勒索、安排组织成员在贷款公司上班获取经济利益，支持组织活动。该组织实施寻衅滋事、聚众斗殴、敲诈勒索、开设赌场、故意伤害等一系列违法犯罪活动，欺压、残害群众，为非作恶，称霸一方，在古溪区域内形成重大影响，严重破坏经济和社会生活秩序。

检察机关履职过程

福建省、市、区三级人民检察院分别成立指导组和专案组，依法快捕快诉。审慎认定未成年人涉黑恶势力犯罪，对参加黑社会性质组织时间不长、参与实施违法犯罪活动较少的1名未成年人不认定参加黑社会性质组织罪；对认定参加黑社会性质组织罪的2名未成年人提出从轻处罚的量刑建议，得

到法院支持。

对未达到刑事责任年龄的未成年人，实行"走访摸底、分类帮扶"，积极规劝15名涉案学生及时返校就学。对后续继续升学就读的未成年人，与社工、公益机构共同开展"一对一"精准帮教，通过法治教育、心理咨询、团体辅导、公益志愿活动等形式，多方联动构建有效观护帮教模式。对进入社会的涉案未成年人，依托帮教基地培训职业技能，联系就业单位。

针对涉案未成年人主要来自单亲家庭、留守家庭以及监护缺失家庭的情况，蕉城区人民检察院与社工组织、社区等合作，组织涉案未成年人父母开展亲职教育。

针对涉案未成年在校学生较多的情况，积极推进源头治理。联合8个校园周边治安综合治理领导小组成员单位，对城区11所重点区域中小学校开展专项督查，从学校内部安全管理、周边安全、消防安全、食品安全、校园欺凌等方面，采取现场查验、现场纠正、现场交办、限时整改等方式，开展全方位排查、整改。与区教育局签订《检校共建、推进法治校园建设协议》，向辖区9所中小学校派驻法治副校长，指导学校开展法治教育工作。

2018年12月20日，蕉城区人民法院依法判处谢某某犯组织、领导黑社会性质组织罪、寻衅滋事罪、聚众斗殴罪、敲诈勒索罪、开设赌场罪、故意伤害罪，数罪并罚，决定执行有期徒刑十三年六个月，并处没收个人全部财产。16名未被追究刑事责任的未成年人经帮教后考入中专、中职学校8人，继续在初中部学习2人，就业6人，其中2人在省运会射击项目青少年组竞赛中取得好成绩。

典型意义

成年人利用未成年人实施黑恶势力违法犯罪活动，导致未成年人涉黑恶势力犯罪问题逐渐凸显，严重损害未成年人健康成长，严重危害社会和谐稳定，应引起社会高度重视。

突出打击重点，依法严惩利用未成年人实施黑恶势力犯罪的涉黑恶成年犯罪人。拉拢、招募、吸收未成年人参加黑社会性质组织，实施黑恶势力违法犯罪活动，是利用未成年人实施黑恶势力犯罪的典型行为。利用未达到刑事责任年龄的未成年人实施黑恶势力犯罪的，是利用未成年人实施黑恶势力犯罪应当从重处罚的情形之一，应当对黑社会性质组织、恶势力犯罪集团、恶势力的首要分子、骨干成员、纠集者、主犯和直接利用的成员从重处罚。

切实贯彻宽严相济刑事政策，最大限度保护涉案未成年人合法权益。坚持打击与保护并重、帮教矫正和警示教育并行、犯罪预防和综合治理并举，对涉黑恶未成年人积极开展帮教矫正和犯罪预防工作。积极参与社会综合治理，加强各职能部门协调联动。开展法治宣传教育，为严惩利用未成年人实施黑恶势力犯罪营造良好的社会氛围。

最高人民检察院发布 5 起检察机关依法惩治开设赌场犯罪典型案例之四：唐某某等 9 人开设赌场案

基本案情

"德扑圈"App 是一款网络德州扑克软件。2018 年 3 月，被告人唐某某、王某某在"德扑圈"App 内通过平台的分组功能建立了"云巅俱乐部"，招揽赌客利用该款软件在俱乐部内以德州扑克的形式进行赌博。赌客可以与其他赌客对赌，也可以与系统对赌，唐某某等人用联盟币（该应用软件中的"虚拟币"）为赌客结算，1 个联盟币对应 1 元人民币，赌客充值到客服提供的微信或支付宝，客服就会在赌客俱乐部账户内增加相应的联盟币数量。赌博结束后赌客可以找客服提现，把联盟币转换成真实钱款。2019 年 6 月至 2020 年 5 月，"云巅俱乐部"共接受赌客赌资 697 万余元，唐某某等 9 人非法获利 300 万余元。

江苏省常州市天宁区人民法院于 2021 年 6 月 21 日对该案作出一审判决，以开设赌场罪分别判处唐某某等 9 人四年六个月至十个月不等有期徒刑，并判处相应的罚金。该案经二审审理，判决已生效。

检察机关履职过程

江苏省常州市天宁区人民检察院在办理该案过程中，先后列出多条补充侦查提纲，引导侦查机关调查赃款去向、厘清款项性质，查封房产 2 套、扣押汽车 1 辆、冻结银行账户资金 50 余万元，积极敦促被告人退赃。同时，检察机关积极释法说理，其中 8 名被告人自愿认罪认罚。

典型意义 >>>

近年来，网络赌博犯罪多发、手段花样翻新，犯罪分子通过搭建网络赌博平台，打着网络游戏、虚拟币等"幌子"接受投注，吸引群众参与赌博。该案中，被告人利用网络棋牌游戏应用，通过线下兑换虚拟币，实施开设赌场犯罪，对于该种行为，要透过现象看实质，在游戏过程中是否有资金、实物兑换，是否有抽头渔利行为等来准确认定是娱乐还是赌博。对于以游戏为名，通过缴纳报名费或者现金换取筹码参加游戏的形式，赢取筹码后能够兑换现金、有价证券或者其他财物的，其实质是赌博违法犯罪，也必将为法律所严惩。

最高人民检察院发布5起检察机关依法惩治开设赌场犯罪典型案例之二：吴某等63人开设赌场系列案

基本案情 >>>

1999年至2020年8月，吴某、邓某某等人与许某（另案处理）相互纠合，依托某国外赌场，以开展高尔夫球运动等"商务活动"为名，采取游、住、赌一体化的经营模式，组织我国公民入住位于该赌场所在的酒店并到赌场参与赌博活动。2020年后，该犯罪组织为牟取更多的非法利益，依托该实体赌场发展面向中国公民的网上赌博业务，并将实体赌场的中国籍"洗码"人员发展为赌博网站股东代理，再通过股东代理发展下级代理及会员。股东代理与下级代理利用微信、支付宝、银行卡转账等方式收取赌资，通过与赌博网站五五分成和抽取赌客投注金额0.8%提成的方式获取非法利益。该犯罪组织共发展中国籍股东代理与下级代理51名，发展中国籍赌博会员数百名，涉案赌资达2.5亿元。

检察机关履职过程 >>>

该案由广东省广州市公安机关立案侦查，广州市从化区人民检察院通过提前介入，引导侦查取证，在案件定性、事实认定、证据收集等方面提出引导侦查意见，全面完善案件证据体系。因该案具有主要犯罪行为在国外实施、涉案人员多、陆续到案等特点，检察机关对于在案人员，分案处理，目前已对该系列案全部案件依法提起公诉，对组织中国公民出境赌博、招揽中国公民参与网络赌博人员中的11名赌场高管、骨干成员依法从严惩处，提出有期徒刑六年至三年不等的量刑建议，法院采纳了检察机关的量刑建议并已宣判。

典型意义

（1）一些民营企业主成为境外赌博犯罪集团重点"围猎"的目标。在该案中，犯罪分子以较有经济实力的民营企业主为重点目标群体，利用与"商务公司"合作组织出国或者与旅行社合作吸引高尔夫球客户的名义，组织我国境内民营企业主出国入住赌场所在的酒店，参与赌博，有的参赌人员还被一步步引诱发展为代理，继续组织其他人员出国赌博，实施开设赌场犯罪。该案中的被告人文某某、王某等人原是民营企业主，先是成为赌博会员，后注册成为代理以求快速"翻盘"，最终深陷泥潭，走上犯罪的道路，而自己经营的企业也因群龙无首，面临破产。

（2）部分赴境外务工人员法律意识淡薄，为赚取"快钱"走上犯罪的道路。因疫情原因，境外实施开设赌场犯罪的团伙为继续牟取非法利益，大多开始向网络赌场转型。该系列案中的邓某某等人原是赌场的厨房员工，后兼职"洗码"，从中赚取"快钱"，并注册成为该赌场网站股东代理，招揽中国公民参与网络赌博。牟某某为该赌场人事部主管，明知该犯罪团伙大肆组织我国公民出境赌博并招揽我国境内公民参与网上赌博，仍负责招聘、培训"荷官"（在赌场内负责发牌等事项的人），成为开设赌场犯罪的帮助者。该二人原本都是普通的出国务工人员，但因法律意识淡薄，一直误以为自己在国外从事的是合法工作，最终成为犯罪集团的成员，走上了犯罪的道路。

最高人民检察院发布首批 5 起检察机关贯彻少捕慎诉慎押刑事司法政策典型案例之五：张某等 16 人开设赌场案

——共同犯罪分层处理，发挥政策感召作用敦促投案、退赃，运用电子监控手段有效保障诉讼

基本案情 ≫≫

2018 年 7 月以来，被告人张某、李某在菲律宾共同成立"风云国际"赌博网站，通过网络组织赌博活动。

2019 年 9 月，该赌博网站在广西玉林市设立客服推广平台，由被告人吕某负责赌博平台管理，被告人张某超负责网络设备维护，被告人张某霞、刘某等 9 人负责网站推广、充值、兑换筹码等，被告人梁某建、梁某负责将该赌博网站非法所得提现，提现后将现金交给被告人张某及冯某保管、使用。参赌人员通过接收网站链接，下载安装注册后联系客服人员将人民币兑换为虚拟的游戏币，在虚拟赌博游戏房间参加赌博游戏。自 2018 年 9 月至 2019 年 11 月，该赌博网站违法运营获利共计人民币 685.84 万元。

居住在山东省东营市的参赌人员报案后，山东省东营市公安局于 2019 年 9 月 9 日对本案立案侦查。

检察机关履职过程 ≫≫

（一）介入侦查，引导取证

本案系在境外开设网络赌博网站组织赌博的新型网络犯罪，涉案人数多、层级关系复杂、作案手法专业性强。山东省东营市人民检察院发挥与公安机关的检警协作机制，第一时间介入侦查，协助公安机关明晰侦查思路和取证方向，最大限度地补充完善相关证据，并就贯彻宽严相济刑事政策和少捕慎诉慎押刑事司法政策达成共识。

（二）区分情况、区别对待、分层处理

根据犯罪嫌疑人在共同犯罪中的地位、作用，检察机关提出分层处理，建议将涉案人员分为三类：第一类是张某、李某、吕某，三人负责平台组建、管理，在犯罪中起组织、领导、管理作用，系主犯；第二类是张某超等 11

人，负责赌博网站维护、推广、操作、充值、计分等，系从犯；第三类是梁某等2人，运用银行卡取现的人员，情节较轻。根据三类人员犯罪作用的大小、主观恶性、社会危害性并结合认罪态度、退赃情况，综合判断社会危险性，区分适用强制措施。公安机关将张某、李某、吕某提请检察机关审查批准逮捕，对其余13名从犯采取取保候审强制措施。检察机关于2019年12月23日以涉嫌开设赌场罪对张某、李某、吕某批准逮捕。后公安机关移送审查起诉，东营市人民检察院将案件交东营市东营区人民检察院办理。检察机关审查后根据犯罪嫌疑人的犯罪情节、作用、到案后表现等，于2020年7月、12月对张某等16人依法提起公诉。法院对张某等3名主犯依法判处有期徒刑三年至五年六个月不等，对认罪认罚的冯某等11名从犯依法判处有期徒刑十个月至一年八个月不等，对认罪认罚的梁某等2人依法判处有期徒刑一年缓刑一年。

（三）依托非羁押数字监管手段，实现对异地取保候审的有效监管

该案犯罪嫌疑人居住地多在广西玉林，与案件承办地距离遥远，公安机关、检察机关借助非羁押诉讼电子监管平台，依托手机App数字监管，运用大数据、定位追踪等科技手段，通过外出提醒、违规预警、定时打卡和不定时抽检，对13名犯罪嫌疑人就地采取取保候审强制措施，进行24小时电子监管，实现对异地取保候审的有效监管，保障诉讼顺利进行。检察机关对被取保候审的犯罪嫌疑人充分释法说理，告知取保候审义务及违反规定需承担的法律责任。被取保候审的13名犯罪嫌疑人均自愿认罪认罚，主动配合监管，无一人出现脱管。

（四）发挥政策教育感化作用，敦促其他犯罪嫌疑人投案自首，退赃退赔

经过教育转化，主犯张某规劝多名在境外的同案犯投案自首。案件办理期间，共有11名同案犯在得知本案从犯未被逮捕羁押且获得从宽处理后，受政策感召回国投案自首。主犯张某也因劝返同案犯被依法认定为立功。同时，公安、检察机关积极开展追赃挽损工作，被告人及其家属积极配合侦查，主动退赃退赔，共上交违法所得415.2万元，缴纳罚金45万元，最大限度挽回被害人损失。

典型意义

（1）检警协同推进，深入贯彻少捕慎诉慎押刑事司法政策。跨境网络赌

博等新型网络犯罪存在犯罪嫌疑人多、上下线关系复杂、取证难度大的特点。公安、检察机关应密切检警协作，协同研判侦查方向，确定取证重点，夯实证据基础。通过加强与公安机关沟通交流，促进形成政策共识，以宽严相济为指导，共同落实少捕慎诉慎押刑事司法政策。要围绕网络赌博犯罪的内容、方式、参与人员情况等，结合犯罪事实、嫌疑人地位作用及认罪悔罪表现，用足、用好认罪认罚从宽制度，分层、分策科学处置。对赌博网站的搭建和组织管理者，要依法严惩。对具有初犯、偶犯、自首等情节的一般参加人员和在校学生等，应以教育挽救警示为主。办案中，既要体现对共同犯罪中危害严重、社会危险性大、作用突出的主犯从严逮捕、起诉、惩治的政策取向，也要体现对罪行较轻的从犯予以从宽取保候审、从宽追究刑事责任的态度。

（2）依托电子监管平台，推进扩大适用非羁押强制措施。网络犯罪涉及环节多、人员分散，绝大多数需要跨省办案，为非羁押强制措施适用带来很大困难。随着现代科技手段的应用，以往只有"关起来"才能"管得住"的犯罪嫌疑人，通过运用非羁押电子监管措施，进行全方位、全时段、无死角监管，既保障了刑事诉讼顺利进行，维护了犯罪嫌疑人的诉讼权利，促进了社会和谐稳定，又拓宽了取保候审的便利性，为异地取保候审提供了科技保障，大大节约了司法资源。在本案诉讼期间，又先后有 11 名同案犯因受政策感召回国投案自首，进一步扩大了办理案件的积极效果。

最高人民检察院发布 5 起检察机关依法惩治开设赌场犯罪典型案例之一：刘某某、曾某某等 11 人开设赌场案

基本案情

2018 年，被告人刘某某、曾某某等人经商议后，将原先各自建在国内运营的"极速""鼎鑫"两个网络赌盘的软件服务器移设至某国合并运营，并招纳人员出境负责赌场的运营管理。赌场开设"北京赛车""重庆时时彩""幸运飞艇"等赌博项目，通过电信网络发布信息等方式，在网络上组织招揽包括福建、湖南、江西等 10 余省的 9242 人为会员进行赌博，并以给会员"返水"、客服人员提成、发展代理的方式逐渐做大并陆续新增多个赌盘。截

至2019年11月案发，涉案赌资流水达24亿余元，该犯罪团伙非法获利2400多万元。

福建省连城县人民法院于2021年3月2日以开设赌场罪分别判处刘某某、曾某某等11名被告人七年至一年不等的有期徒刑，并处最高55万元的罚金。该案经二审审理，判决已生效。

检察机关履职过程

福建省连城县人民检察院对该案提前介入，引导公安机关通过技术手段调取相关证据，依法认定该案的涉案赌资及相关人员的非法获利；针对33名涉案人员仅到案11人，大部分涉案人员，尤其是负责赌场财务管理的核心人员滞留境外未归案的情况，检察机关积极履行法律监督职责，与公安机关共同通过加强政策法律宣讲，督促在案人员及其家属动员同案人投案。后部分涉案人员主动从境外回国投案。

典型意义

（1）该案社会危害性大。网络赌博这种新型开设赌场犯罪，严重危害了人民群众财产安全和合法权益，损害了社会诚信和社会秩序，导致受害者深陷泥潭。本案涉及地域广、人员多，涉案金额大，侦查机关调查取证的16名参赌人员，总计输了500多万元，无一人获利。其中，有的参赌人员短短半个月内就输了110多万元，倾家荡产，导致生产经营项目资金链断裂；有的参赌人员经微信好友推荐参与赌博后，从小赌到大赌，整天沉迷于网络赌博，玩物丧志；有的参赌人员是父子，输了数十万元，因债务导致父子反目成仇。

（2）检察机关在办案中坚持贯彻宽严相济刑事政策。为依法严惩该犯罪，检察机关在依法提出的量刑建议中，综合考虑该案社会危害性，对于所有的被告人建议不适用缓刑，并根据各被告人在犯罪中的地位作用以及查明的非法获利数额，建议对各被告人并处相应的罚金刑，以剥夺其再犯的能力。同时，对于认罪悔罪，成功规劝同案人投案的被告人，依法认定为立功，建议对其减轻处罚。法院采纳了检察机关的相关意见。

最高人民检察院发布 20 起检察机关依法严惩侵害未成年人犯罪加强未成年人司法保护典型案例之四：吴某等组织、领导、参加黑社会性质组织、赌博、聚众斗殴、开设赌场、敲诈勒索、非法侵入住宅、强奸案

——严打黑恶犯罪坚决遏制拉拢侵蚀未成年人态势

基本案情 》》

2017 年 2 月至 2018 年 2 月，吴某等人以共同出资成立某实业有限公司为幌子，吸纳形成了包括多名未成年人在内的黑社会性质组织。依托软、硬暴力手段面向未成年人群体开设赌场，引诱未成年人参与赌博并欠下赌债，后对这些未成年人及其家人实施敲诈勒索。在较短时间内实施聚众赌博 29 场，敲诈勒索 19 起，非法敛财人民币百万余元，陷入其中的未成年人 55 名，其中在校学生 13 名。该组织成员还诱骗少女吸食违禁品后实施性侵。

检察机关履职过程 》》

经公安机关侦查终结，浙江省杭州市余杭区人民检察院于 2018 年 10 月，对吴某等人以涉嫌组织、领导、参加黑社会性质组织罪、赌博罪、聚众斗殴罪、开设赌场罪、敲诈勒索罪、非法侵入住宅罪、强奸罪依法提起公诉。2018 年 12 月，法院依法判处吴某等 12 人有期徒刑二十年至三年不等。结合案件办理情况，检察机关向教育部门发出检察建议，推动加强校园管理和学生安全教育。

典型意义 》》

本案中，以吴某为首的黑社会性质组织引诱未成年人参与赌博，并借赌博之名进行多种违法犯罪，将黑恶势力的黑手伸向未成年人和校园，社会影响恶劣。公安机关、检察机关、人民法院对此类犯罪行为严厉打击，坚决遏制黑恶犯罪向未成年人领域蔓延。

最高人民检察院发布 11 起充分发挥检察职能推进网络空间治理典型案例之八：张某勇、张某明等 25 人开设赌场案

基本案情

2018 年 6 月底，张某勇、张某明经共谋后，以"厦门市崇毅投资咨询有限公司"的名义，设立"易淘货栈"手机 App 网购平台，对外名义上是销售茶叶、红酒、玉石等商品，实际上则是开设网络赌场。张某勇、张某明各占股 50%，公司下设四个市场部门，每个部门下设经理或主管、业务组长及业务员，分别按不同比例、按月或季度进行抽成。

公司招聘 60 余名业务员，使用年轻女性照片作为头像，通过网络即时通信工具招揽客户，以"购物即能赚钱""商城有转购活动"为由，吸引客户到"易淘货栈"App 进行购物，平台提前将商品销售价格调整为进价的 10 倍至 40 倍。在客户下单后，诱导客户以其所购的商品作为筹码进行"转购升级"，即以押大小的方式进行赌博，并按正规发售的彩票"重庆时时彩"开奖结果同步确定输赢，5 至 10 分钟开奖一次。客户如果赌赢能把商品退货按原购买价格的 1.6 倍提领现金，赌输只可得到所下单的商品，且不能选择退货。2018 年 9 月 3 日，公安机关查获该赌博平台。平台运行 2 个多月间，涉案赌资共计人民币 810 余万元。

检察机关履职过程

2018 年 11 月 23 日，福建省厦门市公安局思明分局以张某勇等 25 人涉嫌开设赌场罪，移送厦门市思明区人民检察院审查起诉。针对犯罪嫌疑人在侦查阶段拒不认罪，辩解系新型网络购物模式、不具有开设赌场的主观故意的情况，检察机关通过对网站推广方式、运营模式、盈利手段和利益分配等方面的甄别分析，认定行为实质是以吸引客户购买商品作为筹码参与赌博。2019 年 1 月 7 日，厦门市思明区人民检察院以开设赌场罪对张某勇等 25 人提起公诉。同年 1 月 24 日，厦门市思明区人民法院作出一审判决，以开设赌场罪分别判处张某勇、张某明等 25 名被告人拘役四个月至有期徒刑三年八个月不等，并处罚金。

典型意义

（1）准确认定网络赌博本质，依法严惩新型网络开设赌场犯罪。近年来，网络赌博犯罪日益多发隐蔽，手段花样翻新。犯罪分子通过搭建网络赌博平台，打着网上购物、网络游戏等"幌子"，接受投注，吸引社会公众参与赌博。此类犯罪模式新颖，隐蔽性更强，赌客参与便利，危害性更大。要透过犯罪行为表象，通过对其运营模式、盈利手段、资金流向等的分析，认定赌博、开设赌场犯罪本质，依法从严惩处；敦促涉案人员主动退赃，不让犯罪分子从犯罪活动中获利，有力遏制网络赌博犯罪活动。

（2）树立正确的价值观和财富观，远离网络赌博。赌博是社会毒瘤。广大民众要坚持勤劳致富、依法致富的理念，切勿心存幻想参与赌博。在面对层出不穷的网络赌博形式和营销手段时，要擦亮双眼，分清正规的购物、游戏平台与以购物、游戏为名的赌博网站，正常娱乐活动和聚众赌博的界限。一旦误入歧途，轻则遭受财产损失，重则倾家荡产，甚至可能构成犯罪。

（3）加强对网站软件的监管。相关部门要加强对购物网站、游戏平台等各类 App 软件、小程序的日常监管，网络平台要加强技术管控，准确识别新型违法犯罪形式，及时处理举报线索，防止互联网为犯罪分子所利用，侵害社会公众利益，败坏社会风气。

最高人民法院通报 14 起未成年人审判典型案例之八、
最高人民法院发布 98 例未成年人审判工作典型案例之三十：
张某某开设赌场案

基本案情 ≫≫

2013 年 2 月 25 日至 3 月 11 日，被告人张某某被人雇请，负责在租用店面管理赌博机，并负责收银、记账等。2013 年 3 月 11 日 23 时许，公安民警在对该店面进行清查时，当场抓获被告人张某某，并查获赌博机、赌资、账本等。

裁判理由 ≫≫

福建省厦门市海沧区人民法院经审理认为，被告人张某某在供不特定人员参赌的固定场所内受雇从事现场管理，其行为已构成开设赌场罪。被告人张某某犯罪时系已满 16 周岁未满 18 周岁的未成年人，依法应当从轻处罚。依照刑法规定，认定被告人张某某犯开设赌场罪，判处拘役四个月，缓刑八个月，并处罚金。

典型意义 ≫≫

本案中的被告人张某某是海沧区人民法院家事法庭建立外地户籍未成年罪犯监管帮教机制后首位受益的未成年罪犯。一直以来，海沧区外来人口多，外来务工人员子女犯罪率相对较高，但因异地监管与帮教仍存在难度，对外地户籍未成年被告人几乎不适用缓刑。这种情况既造成了本地与外地未成年罪犯缓刑适用的不公平，也有悖于对未成年罪犯"教育为主、惩罚为辅"的刑事司法原则。

为突破这一困境，海沧区人民法院家事法庭大胆创新，与海沧区司法局合作，探索建立了外地户籍未成年罪犯监管帮教机制，并联合签署了《外地户籍未成年罪犯监管帮教工作规范（试行）》，对符合一定条件的外地户籍未成年罪犯依法判处缓刑，并纳入本地社区矫正范围。在未成年罪犯接受社区矫正的同时，海沧区人民法院家事法庭还会推荐他们到监管帮教基地的企业工作，一方面帮助他们解决生活、经济上的困难，一方面通过多角度、全方位的监管帮教有效防止他们再犯罪，改造效果良好。

最高人民法院发布6件跨境赌博及其关联犯罪典型案例之一：被告人张某宁、钟某新等34人开设赌场、非法经营案
——从严惩处跨境赌博集团犯罪

基本案情 >>>

2007年以来，我国澳门特区某博彩公司股东、董事周某华（已另案判刑）在澳门特区等地赌场承包赌厅，2015年以来在菲律宾等地先后开设多个网络赌博平台招赌。为牟取巨额利益，周某华招募他人担任赌场代理，逐步形成以周某华为首，以被告人张某宁、钟某新等股东级代理为骨干，成员固定、层级明确、人数众多的跨境赌博集团。通过代理组织中国内地公民前往澳门特区赌博或参与跨境网络赌博；在内地成立资产管理公司帮助换取赌博授信或筹码并追讨赌债；利用地下钱庄等第三方结算赌资；设立或通过内地技术服务公司提供技术支持。截至2021年11月，该跨境赌博集团共发展股东级代理480余人（其中中国籍280余人），发展普通代理6万余人（其中中国籍3.8万余人），发展境内参赌人员会员6万余人。至案发，查明涉案跨境网络赌博平台非法赢取境内参赌人员赌资89亿余元。

为替跨境赌博集团牟取非法利益，2018年9月至2020年4月，被告人张某宁在周某华的指使下虚构投资合作协议等，利用所控制的多个代持公司银行账号，多次进行资金跨境兑付，金额共计11.5亿余元，非法获利1700余万元。本案经浙江省温州市中级人民法院一审，浙江省高级人民法院二审，现已发生法律效力。

裁判理由 >>>

人民法院经审理认为，被告人张某宁等受周某华指使在中国境内成立公

司，接收跨境赌博集团的赌资、赌债并运营管理；被告人钟某新等参加跨境赌博集团，组织、招揽境内公民赴境外赌博、参与跨境网络赌博，上述被告人的行为均已构成开设赌场罪，且属情节严重。张某宁还违反国家规定，非法买卖外汇，扰乱金融市场秩序，其行为又构成非法经营罪，且属情节特别严重。在跨境赌博犯罪集团中，张某宁、钟某新等是骨干成员，在共同犯罪中系主犯；在非法经营共同犯罪中，张某宁系从犯，可依法减轻处罚。张某宁等归案后主动坦白犯罪事实并认罪认罚，分别予以从轻或者减轻处罚。综上所述，对被告人张某宁以开设赌场罪判处有期徒刑四年六个月，并处罚金人民币50万元，以非法经营罪判处有期徒刑四年，并处罚金人民币30万元，决定执行有期徒刑七年，并处罚金人民币80万元；对被告人钟某新以开设赌场罪判处有期徒刑六年九个月，并处罚金人民币300万元；对其他被告人以开设赌场罪分别判处有期徒刑三年二个月至一年三个月，并处罚金人民币300万元至5万元不等。追缴、没收各被告人供犯罪所用财物、赌资、违法所得及其收益、孳息。

典型意义 >>>

近年来，部分跨境赌博犯罪集团为牟取不法利益，招募境内人员担任代理，组织、招揽我国公民出境赌博，开发赌博平台及App招揽我国公民进行网络赌博，并在境内成立资产管理公司接收管理赌资赌债、买卖外汇进行非法经营。此类跨境赌博集团一般实行公司化专业经营，内部层级明确，分工细致，招揽赌博人数众多，与境内"地下钱庄"配合，致使境内巨额资金流出，社会危害极大。

本案参与人员众多，涉案金额甚巨，社会影响恶劣。被告人张某宁还违反国家规定，非法买卖外汇，扰乱金融市场秩序，情节特别严重。人民法院对跨境赌博犯罪集团首要分子、骨干成员从严惩处，充分发挥了刑罚的震慑作用。同时，考虑张某宁到案后如实供述自己和共同作案人的犯罪事实，协助公安机关调查梳理大量证据材料，人民法院依法予以较大幅度的从宽处罚。

最高人民法院发布 6 件跨境赌博及其关联犯罪典型案例之二：被告人虞某荣等 66 人组织、领导、参加黑社会性质组织、开设赌场、组织他人偷越国（边）境、非法拘禁等案

——从严惩处"以黑护赌""以赌养黑"犯罪

基本案情 >>>

1995 年至 2018 年间，以被告人虞某荣等为组织者、领导者的黑社会性质组织，实施开设赌场、寻衅滋事、非法买卖枪支、组织他人偷越国（边）境、故意伤害、非法拘禁等一系列违法犯罪行为 170 余起。其中 2012 年年底至 2017 年，先后组织数百名参赌人员从我国境内偷渡到老挝波乔省金三角经济特区某赌场赌博，按参赌人员赌资流水提取"洗码"佣金，或者以参赌人员在赌场内所输金额按比例收取提成，后在赌场中承包赌厅，还网络直播赌博活动，组织参赌人员实时线上观看并远程下注，赌资流水共计 30 亿元以上，非法获利 5000 万元以上。为获取非法利益，虞某荣还指使组织成员采取非法拘禁、上门发传单、喷油漆、挂横幅等违法犯罪手段对参赌人员非法催债讨债，致使多名参赌人员倾家荡产、外逃躲避。本案经浙江省金华市中级人民法院一审，浙江省高级人民法院二审，现已发生法律效力。

裁判理由 >>>

人民法院经审理认为，被告人虞某荣等人的行为已构成组织、领导黑社会性质组织罪。虞某荣作为黑社会性质组织的组织者、领导者，应对其组织、领导该组织所犯的全部罪行承担刑事责任。对被告人虞某荣以组织、领导黑社会性质组织、开设赌场、组织他人偷越国（边）境、偷越国（边）境、敲诈勒索、非法拘禁等 26 个罪名数罪并罚，决定执行无期徒刑，剥夺政治权利终身，并处没收个人全部财产。对其他 65 名被告人亦处以无期徒刑等相应刑罚。

典型意义 >>>

近年来，黑社会性质组织实施跨境赌博犯罪时有出现，往往"以黑护赌""以赌养黑"。此类黑社会性质组织通过有组织地开设赌场等违法犯罪活动获取非法经济利益，组织大量人员出境赌博，以暴力、威胁或者其他手段对回

国赌客催讨赌债，为非作恶，欺压、残害群众，在一定区域或者行业内形成非法控制或者重大影响。黑社会性质组织与赌博产业相勾连，严重威胁社会稳定和人民群众生命财产安全。

被告人虞某荣等为组织者、领导者的黑社会性质组织长期在境外赌场承包赌厅，招揽境内人员出国赌博以及进行网络赌博，以"洗码"赚取佣金或抽头等方式赚取巨额非法利益，仅查明的赌资流水共计30亿元以上，非法获利高达5000万元以上。人民法院对虞某荣等人的判决，有力打击了涉赌黑社会性质犯罪集团的嚣张气焰，有力震慑了犯罪分子，实现了政治效果、社会效果、法律效果的统一。

最高人民法院发布6件跨境赌博及其关联犯罪典型案例之三：被告人郑某、刘某开设赌场案
——依法惩处利用网络主播身份招赌犯罪

基本案情 >>>

被告人郑某、刘某为牟取非法利益，为菲律宾某赌博网站担任代理，由郑某负责对接赌博网站"专员"以获取链接及结算佣金，刘某利用其担任某知名体育网络直播平台主播的身份向粉丝发送赌博链接，为赌博网站发展玩家、下线会员。2019年4月至2020年12月17日，郑某、刘某通过上述方式招赌，共发展下线会员635名，收取赌博网站代理佣金145万余元。本案经广东省佛山市禅城区人民法院一审，佛山市中级人民法院二审，现已发生法律效力。

裁判理由 >>>

人民法院经审理认为，被告人郑某、刘某以营利为目的，为赌博网站担任代理并发展下线会员，从中收取佣金，其行为均已构成开设赌场罪。二被告人长期担任赌博网站代理，招揽参赌人数多，违法所得金额大，犯罪情节严重，且在共同犯罪中均系主犯。郑某、刘某归案后如实供述罪行，自愿认罪认罚，依法从轻处罚。综上，以开设赌场罪分别判处被告人郑某、刘某有

期徒刑五年一个月，并处罚金人民币 80 万元。

典型意义 >>>

当前，跨境赌博犯罪手段不断翻新。随着网络直播的兴起和快速发展，个别主播为了"引流吸粉"，借着"直播带货"的商机实施"直播带赌"的非法活动，诱骗粉丝投注，参加网上赌博活动。

本案被告人郑某、刘某借助刘某作为知名体育网络主播的特殊身份，向大量的粉丝群体发送个人微信，再利用微信单向联系粉丝并发送赌博链接，发展下线会员累计 600 余人参与赌博，从中获取巨额佣金，社会危害大。网络空间并非法外之地，更不能成为违法犯罪的温床。人民法院依法惩处利用网络主播身份招赌犯罪行为，警示网络媒体从业者要秉持职业操守，守牢法律底线，共同营造积极向上、健康有序、和谐清朗的网络空间。同时，也提醒广大网友，网络赌博"新招"频出，套路重重，"十赌十骗""十赌十输"，应自觉抵制招赌诱惑，切勿以身试法，后悔莫及。

最高人民法院发布 6 件跨境赌博及其关联犯罪典型案例之四：被告人唐某芬等 11 人开设赌场案

—— 对具有自首、立功情节的涉赌被告人依法从宽处罚

基本案情 >>>

被告人唐某芬于 2018 年 3 月代理境外某赌博网站，同年四五月间转移到菲律宾马尼拉市盈城大楼继续实施代理行为，聘请被告人叶某养等多名人员担任管理人员及客服人员，通过打电话、发微信、QQ 聊天等手段招揽境内的参赌人员进行网络赌博，并聘请技术人员负责"养微信"及提供技术支持。唐某芬获利 700 万余元并支付其他人员的报酬。2019 年 5 月案发后，公安机关冻结涉案银行账户 27 个，涉案资金共计 141 万余元。唐某芬到案后协助规劝 5 名同案被告人回国投案。本案经湖北省荆门市掇刀区人民法院审理，现已发生法律效力。

裁判理由

人民法院经审理认为，被告人唐某芬等 11 人的行为构成开设赌场罪。对于公安机关冻结的 27 个涉案银行账户及其资金，因上述账户主要用于接收、流转赌资，且被告人不能说明合法来源，故依法认定上述账户内的冻结资金 141 万余元为赌资，予以追缴。唐某芬到案后协助规劝 5 名同案被告人回国投案，有立功表现，依法减轻处罚；被告人叶某养等案发后从国外主动回国投案，并如实供述罪行，系自首，依法分别从轻或减轻处罚。唐某芬等 11 人到案后能退清全部赃款并自愿认罪认罚，依法从轻处罚。综上所述，对被告人唐某芬、叶某养等以开设赌场罪分别判处有期徒刑三年至一年不等，均适用缓刑，并处罚金人民币 30 万元至 15 000 元不等。

典型意义

人民法院在坚持总体从严惩处跨境赌博犯罪的同时，也注重贯彻宽严相济刑事政策，做到区别对待，宽以济严，罚当其罪。对于具有自首、立功、从犯、退赃等法定、酌定从宽情节的犯罪分子充分兑现政策，鼓励境外赌博犯罪分子把握机会，悬崖勒马，主动回国投案，如实供述犯罪事实，争取宽大处理。

本案中，被告人唐某芬到案后协助规劝 5 名同案被告人回国投案，有立功表现；被告人叶某养等案发后从国外主动回国投案，并如实供述罪行，系自首。上述行为体现了被告人的认罪、悔罪态度，节约了司法资源。结合全案被告人退清全部赃款并自愿认罪认罚的情况，人民法院依法均予以从轻或者减轻处罚，并适用缓刑。

最高人民法院发布 6 件跨境赌博及其关联犯罪典型案例之五：被告人罗某掩饰、隐瞒犯罪所得、犯罪所得收益案
——依法惩处掩饰、隐瞒跨境赌博犯罪所得犯罪

基本案情

胡某伟（另案处理）在柬埔寨从事网络赌博等犯罪，并将犯罪所得及收

益 12 亿元在国内投资使用。2018 年至 2019 年，被告人罗某明知胡某伟从事跨境赌博犯罪，仍听从胡某伟安排，为其注册成立公司以方便转移、处理犯罪所得。罗某担任法定代表人、总经理，负责该公司的实际管理与运营工作，通过购买资产、出借资金、转账汇款等方式，积极协助胡某伟掩饰、隐瞒跨境赌博的犯罪所得及收益。本案经北京市海淀区人民法院审理，现已发生法律效力。

裁判理由 》》》

人民法院经审理认为，被告人罗某明知是犯罪所得及其产生的收益而予以使用，掩饰、隐瞒钱款性质，其行为已构成掩饰、隐瞒犯罪所得、犯罪所得收益罪，且情节严重，应依法惩处。鉴于罗某当庭认罪，有悔过表现，酌情从轻处罚。对被告人罗某以掩饰、隐瞒犯罪所得、犯罪所得收益罪判处有期徒刑五年，并处罚金。

典型意义 》》》

随着开设赌场等犯罪的多发，为赌博犯罪分子提供掩饰、隐瞒犯罪所得及收益的犯罪行为也随之增加。一些人员通过转账等方式为赌博犯罪提供帮助，犯罪手段隐蔽、形式多样，妨碍了司法机关及时查处赌博犯罪。此类犯罪涉案金额往往较大，常通过线上或线下方式转移犯罪所得及收益出境，还扰乱金融市场秩序，加剧金融风险。

本案被告人罗某明知胡某伟从事赌博犯罪活动，却虚设公司，假借购买资产、出借资金等，为赌博犯罪转移赃款，涉案金额高达 12 亿元。人民法院认定被告人罗某犯掩饰、隐瞒犯罪所得、犯罪所得收益罪并依法判处刑罚，体现对赌博关联犯罪全链条惩处的态度。

最高人民法院发布 6 件跨境赌博及其关联犯罪典型案例之六：犯罪嫌疑人胡某鑫没收违法所得案
——依法没收跨境赌博犯罪违法所得

基本案情 >>>

犯罪嫌疑人胡某鑫（已死亡）系黑社会性质组织的领导者之一。2008 年以来，孙某程（已另案判刑）、胡某鑫等人共同出资 1000 万元，带领史某和、涂某辉（均已另案判刑）等到我国澳门特区赌场开设账户，从事"洗码"业务，并多次邀集江西商人徐某平、何某强等赴澳门特区赌厅赌博，场均输赢数百万元，从中攫取巨额经济利益。2014 年胡某鑫死亡，孙某程等人通过史某和的澳门特区"洗码"账户，向胡某鑫妻子陶某英的银行账户转账共计1500 万元，分配澳门特区"洗码"业务的违法所得。案发后，公安机关冻结陶某英银行账户。本案经江西省九江市中级人民法院审理，现已发生法律效力。

裁判理由 >>>

人民法院经审理认为，胡某鑫、孙某程等人在澳门赌场通过开设账户、"洗码"等方式，组织中国内地公民赴澳门赌博，并提供赌博资金帮助，按比例获取赌场返利，其行为均构成开设赌场罪。胡某鑫已死亡，公安机关所冻结的胡某鑫妻子陶某英银行账户中的 1500 万元，经查明系黑社会性质组织通过实施赌博犯罪活动获取的非法利益的一部分，应当对其违法所得及产生的孳息、投资收益予以没收。

典型意义 >>>

获取非法利益是涉赌黑社会性质犯罪组织由弱到强、做大成势的经济基础。人民法院在对黑社会性质组织实施的赌博犯罪依法定罪量刑的同时，还注重查明黑社会性质组织及其成员财产状况并依法作出处理，实行"打财断血"，有效打击黑恶犯罪。

本案犯罪嫌疑人胡某鑫领导的黑社会性质组织以境外赌场为依托，通过开设账户、"洗码"等方式，组织内地公民跨境赌博并提供资金担保服务，从赌场获取暴利。虽然胡某鑫在本案进入司法程序前已死亡，但相关违法所得仍应通过没收违法所得特别程序依法予以追缴。人民法院依法没收已死亡犯罪嫌疑人的违法所得，有力惩治了赌博犯罪违法敛财行为，是摧毁涉赌博犯罪组织和犯罪分子经济基础的生动实践。

第八章
《刑法》第 307 条之一
虚假诉讼罪

一、虚假诉讼罪的概念与保护法益

虚假诉讼罪，是指自然人或者单位以捏造的事实提起民事诉讼，妨害司法秩序或者严重侵害他人合法权益的行为。

从《刑法》第 307 条之一第 1 款的表述来看，本罪的保护法益具有选择性，即只要行为妨害司法秩序"或者"严重侵害他人的合法权益，便具有违法性。换言之，虚假诉讼行为，要妨害了司法秩序或者严重侵害了他人的合法权益，就可能成立犯罪，而不要求行为同时妨害司法秩序与严重侵害他人的合法权益。只有当虚假诉讼行为既不妨害司法秩序，也没有严重侵害他人的合法权益时，才不构成犯罪。在此意义上说，虚假诉讼罪的保护客体才是真正意义上的"选择客体"。

在真正的"选择客体"的场合，从法条的表述内容来看，两个保护客体完全处于同等地位，难以认为存在主次之分。刑法之所以将虚假诉讼罪规定在刑法分则第六章的妨害司法罪一节，一方面是因为不可能根据虚假诉讼行为对他人合法权益的侵害内容将本罪安排在其他章节中。而且双方当事人恶意串通的虚假诉讼行为，也可能没有侵害其他人的合法权益，所以，将虚假诉讼罪规定在其他章节中，会导致名不副实。另一方面是因为任何虚假诉讼行为，即使是双方当事人恶意串通实施，司法工作人员也知情乃至与当事人共谋，必然妨害司法秩序。在此意义上说，也可以认为，司法秩序是虚假诉讼罪的主要保护客体。[1]

与保护法益相关的问题是，虚假诉讼罪是行为犯还是结果犯？主张本罪属于行为犯的观点，不符合现行刑法关于"严重侵害他人合法权益"的规定；主张本罪属于结果犯的观点，则忽略了提起虚假诉讼的行为与"妨害司法秩序"这一结果之间的关系。本书认为，行为犯是行为与结果同时发生的犯罪，不需要对结果与因果关系进行独立判断；结果犯是行为与结果之间存在距离的犯罪，需要对结果与因果关系进行独立判断。因此，就虚假诉讼行为对司

---

〔1〕 从立法论上说，《刑法》第 307 条之一第 1 款没有必要将"严重侵害他人合法权益"规定为构成要件结果。一方面，不管虚假诉讼行为是否严重侵害他人的合法权益，都必然妨害司法秩序，故不会形成处罚漏洞。另一方面，虚假诉讼行为严重侵害他人合法权益的，完全可能成立想象竞合，从一重罪处罚。

法秩序的妨害而言，本罪是行为犯；但就对他人合法权益的侵害而言，本罪则是结果犯。诚然，行为犯与结果犯是一种对立关系，一个犯罪不可能既是行为犯又是结果犯。但这是针对同一保护法益或同一构成要件结果而言的。例如，就妨害司法秩序而言，虚假诉讼罪不可能既是行为犯又是结果犯；就侵害他人的合法权益而言，虚假诉讼罪也不可能既是行为犯又是结果犯。但由于虚假诉讼罪的保护法益具有选择性，所以，导致虚假诉讼罪针对不同的保护法益分别成立行为犯与结果犯。

二、虚假诉讼罪的犯罪构成

按照《刑法》第 307 条之一第 1 款的规定，虚假诉讼罪的构成要件包括以下内容：行为的主体为自然人或者单位；实行行为是以捏造的事实提起民事诉讼；行为的结果是妨害司法秩序或者严重侵害他人合法权益。

（一）以捏造的事实提起民事诉讼

（1）"提起"民事诉讼，是指行为人将自己作为原告，基于某种事实，向法院提出具体的诉讼请求。其中的诉讼请求没有特别限制，既可以是请求法院确认某种法律关系或者法律事实，如请求法院确认某公民失踪或者死亡；也可以是请求对方当事人履行给付义务，如请求对方赔偿损失；还可以是请求变更或者消灭一定的民事法律关系，如请求离婚。本罪的"提起"既可以表现为以书面方式向法院递交起诉状，也可以表现为口头向法院提起诉讼。行为人以捏造的事实提起反诉的，属于"提起"民事诉讼，仍能成立本罪。由于刑法明文将虚假诉讼行为限定为"提起"民事诉讼，所以，在民事诉讼中，单纯提供虚假证据反驳诉讼请求的，不成立本罪。此外，原告以虚假的事实变更诉讼请求的，属于"提起"民事诉讼。[1]第三人以虚假的事实提起诉讼的，无疑也能成立虚假诉讼罪。

（2）提起"民事诉讼"，是指提起适用《民事诉讼法》的各种诉讼，不包括刑事诉讼与行政诉讼；但是，应当包括刑事附带民事诉讼。这是因为，行为人在提起刑事附带民事诉讼的过程中，包括提起民事诉讼。至于行为人

---

[1] 其一，"提起"民事诉讼，意味着民事诉讼活动由行为人引起。原告变更诉讼请求，意味着放弃原来的诉讼请求，提出新的诉讼请求，不仅在事实上属于重新提起民事诉讼，而且确实引起了民事诉讼活动。所以，可以将这种行为评价为"提起"民事诉讼。其二，倘若认为变更诉讼请求不属于"提起"民事诉讼，必然形成明显的处罚漏洞。即行为人起先以真实事实提起民事诉讼，随后以虚假的事实变更诉讼请求的，却不能以虚假诉讼罪论处，这显然不合适。

所提起的民事诉讼处于哪一种具体程序，以及何种案由，则不影响本罪的成立。《民事诉讼法》规定了第一审普通程序、简易程序、第二审程序、特别程序、审判监督程序与执行程序。行为人在任何一个程序中提起民事诉讼的，都可能构成虚假诉讼罪。例如，在一审判决后，原告或者被告一方在提起上诉时提交所谓"新的"虚假的证据材料的，能够成立虚假诉讼罪。又如，申请强制执行的，也属于提起民事诉讼。根据 2019 年 5 月 21 日最高人民检察院检例第 54 号（陕西甲实业公司等公证执行虚假诉讼监督案），当事人恶意申通、捏造事实，骗取公证文书并申请法院强制执行，侵害他人合法权益，损害司法秩序和司法权威，构成虚假诉讼。依照 2019 年 5 月 21 日最高人民检察院检例第 55 号（福建王某兴等人劳动仲裁执行虚假诉讼监督案），为从执行款项中优先受偿，当事人伪造证据将普通债权债务关系虚构为劳动争议申请劳动仲裁，获取仲裁裁决或调解书，据此向人民法院申请强制执行，构成虚假诉讼。但是，捏造事实单纯提起仲裁的，不成立虚假诉讼罪。

（3）"以捏造的事实"提起民事诉讼，是指行为人将虚假的事实作为案件的真实事实向法院提起民事诉讼。众所周知，任何民事诉讼的提起，都需要有事实和理由，否则就不能满足诉讼请求。所谓事实，是指作为诉讼标的的法律关系发生、变更或者消灭的事实。如合同纠纷中，合同签订、履行的时间、地点，合同内容，一方当事人违反合同约定的情况等，就属于事实；侵权纠纷中，侵权行为发生的时间、地点，造成的损害后果等，也属于事实。[1]"以捏造的事实"提起民事诉讼，既可能表现为行为人自己捏造事实向法院提起诉讼，也可能表现为利用他人捏造的事实向法院提起诉讼。虚假诉讼罪并不是所谓复行为犯，亦即虚假诉讼行为并不是由"捏造行为+起诉行为"所构成。

"以捏造的事实"提起民事诉讼，通常表现为通过伪造书证、物证等证据材料提起民事诉讼。一般来说，单纯就隐瞒事实与捏造事实而言，前者是不作为，后者是作为，隐瞒事实不等于捏造事实。但是，刑法第 307 条之一并没有将虚假诉讼罪的实行行为表述为"捏造事实并提起民事诉讼"，而是表述为"以捏造的事实提起民事诉讼"。所以，问题的关键不在于如何区分隐瞒事实与捏造事实，而在于什么样的事实属于"捏造的事实"。例如，债权人 A 在

---

〔1〕 理由，是指提出诉讼的原因与法律依据，如要求对方赔偿，是因为对方侵害自己的人身，造成健康损害；要求承担违约责任，是因为对方迟延交付货物；等等。显然，理由只是一种价值判断，而不是事实本身。正因如此，即使事实相同，人们提出的理由也可能完全不同。所以，《刑法》第 307 条之一第 1 款没有表述为"以捏造的事实理由提起民事诉讼"，只是要求"以捏造的事实提起民事诉讼"。只要行为人提出的事实是真实的，即使理由是虚假的，也不可能成立本罪。

债务人 B 已经清偿债务后，隐瞒 B 已经清偿债务的事实向法院提起民事诉讼，要求 B 清偿债务。这种情形实际上是以捏造的事实（B 没有清偿债务）向法院提起民事诉讼。

"以捏造的事实"提起民事诉讼，就是虚假诉讼罪的实行行为。至于行为人在提起民事诉讼时，是否与审理案件的法官共谋，是否与对方当事人恶意串通，则不影响本罪的成立。这是因为，不管行为人是否与法官通谋，是否与对方当事人串通，以捏造的事实提起民事诉讼的行为，都必然妨害司法秩序。2012 年修正后的《民事诉讼法》第 112 条规定："当事人之间恶意串通，企图通过诉讼、调解等方式侵害他人合法权益的，人民法院应当驳回其请求，并根据情节轻重予以罚款、拘留；构成犯罪的，依法追究刑事责任。"第 113 条规定："被执行人与他人恶意串通，通过诉讼、仲裁、调解等方式逃避履行法律文书确定的义务的，人民法院应当根据情节轻重予以罚款、拘留；构成犯罪的，依法追究刑事责任。"2016 年 6 月 20 日最高人民法院《关于防范和制裁虚假诉讼的指导意见》第 1 条指出："虚假诉讼一般包含以下要素：（1）以规避法律、法规或国家政策谋取非法利益为目的；（2）双方当事人存在恶意串通；（3）虚构事实；（4）借用合法的民事程序；（5）侵害国家利益、社会公共利益或者案外人的合法权益。据此，《民事诉讼法》中的虚假诉讼以当事人之间的恶意串通为前提。但是，刑法上的虚假诉讼罪，并不以当事人之间的恶意串通为前提。一方面，从刑法的规定来看，只要行为人以捏造的事实提起民事诉讼，就符合了虚假诉讼罪的行为要件。这一要件的满足，显然不以当事人之间的恶意串通为前提。另一方面，在当事人之间没有恶意串通的情况下，一方当事人以捏造的事实提起民事诉讼的行为，不仅会妨害司法秩序，而且会侵害他人合法权益。换言之，不管是妨害司法秩序还是严重侵害他人合法权益，都不以当事人之间的恶意串通为前提。

"捏造的事实"必须是足以对民事诉讼的程序（包括应否受理）与裁判结论产生影响的事实。换言之，"捏造的事实"必须足以影响公正裁决。如果行为人捏造的事实并不会对公正裁决产生任何影响，就不应认定为虚假诉讼罪。联系刑法关于虚假诉讼罪的规定来看，所谓足以影响公正裁决，包括两个方面的内容：一是足以使法院作出直接或者间接侵害他人合法权益的不公正裁决；二是足以影响法院作出公正裁决的诉讼程序（如导致法院审理原本不应受理的案件）。所以，即使行为人仅捏造部分事实，但只要该部分事实足以影响公正裁决，就属于以捏造的事实提起民事诉讼。至于行为人捏造的事实是否足以对公正裁决产生影响，则需要根据行为人提起的民事诉讼的具体案由以及民事诉讼法与实体法的相关规定进行判断，不可一概而论。

但是，2018 年 9 月 26 日 "两高"《关于办理虚假诉讼刑事案件适用法律若干问题的解释》（以下简称《办理虚假诉讼案件解释》）对本罪的成立提出了过于苛刻的要求，导致本罪的适用范围过窄。该解释第 1 条规定："采取伪造证据、虚假陈述等手段，实施下列行为之一，捏造民事法律关系，虚构民事纠纷，向人民法院提起民事诉讼的，应当认定为刑法第三百零七条之一第一款规定的'以捏造的事实提起民事诉讼'：（1）与夫妻一方恶意串通，捏造夫妻共同债务的；（2）与他人恶意串通，捏造债权债务关系和以物抵债协议的；（3）与公司、企业的法定代表人、董事、监事、经理或者其他管理人员恶意串通，捏造公司、企业债务或者担保义务的；（4）捏造知识产权侵权关系或者不正当竞争关系的；（5）在破产案件审理过程中申报捏造的债权的；（6）与被执行人恶意串通，捏造债权或者对查封、扣押、冻结财产的优先权、担保物权的；（7）单方或者与他人恶意串通，捏造身份、合同、侵权、继承等民事法律关系的其他行为。隐瞒债务已经全部清偿的事实，向人民法院提起民事诉讼，要求他人履行债务的，以'以捏造的事实提起民事诉讼'论。向人民法院申请执行基于捏造的事实作出的仲裁裁决、公证债权文书，或者在民事执行过程中以捏造的事实对执行标的提出异议、申请参与执行财产分配的，属于刑法第三百零七条之一第一款规定的'以捏造的事实提起民事诉讼'。"[1]在本书看来，将虚假诉讼限定为"捏造民事法律关系，虚构民事纠纷"明显不合适。

更成问题的是，如前所述，2002 年 10 月 24 日最高人民检察院法律政策研究室《关于通过伪造证据骗取法院民事裁判占有他人财物的行为如何适用法律问题的答复》指出："以非法占有为目的，通过伪造证据骗取法院民事裁判占有他人财物的行为所侵害的主要是人民法院正常的审判活动可以由人民法院依照民事诉讼法的有关规定作出处理，不宜以诈骗罪追究行为人的刑事责任。"[2]在《刑法修正案（九）》增加了虚假诉讼罪之后，这一解释居然还没有被废除。于是，在实践中一些不法行为既不成立虚假诉讼罪，也不成立诈骗罪。例如，一个真实的案情是，甲向 100 多人分别出借 30 万元左右的

---

〔1〕《办理虚假诉讼案件解释》第 7 条规定："采取伪造证据等手段篡改案件事实，骗取人民法院裁判文书，构成犯罪的，依照刑法第二百八十条、第三百零七条等规定追究刑事责任。"

〔2〕《办理虚假诉讼案件解释》第 1 条的规定，似乎旨在维护这一答复的有效性。

现金，在他人尚未归还的情况下，甲伪造或者变造借条，使出借数额变为 80 万元左右。甲向法院提起 50 多起民事诉讼并均胜诉且已执行后被人民法院发现。根据《办理虚假诉讼案件解释》的规定，甲不构成虚假诉讼罪；根据上述答复，甲不成立诈骗罪。这样的处理结论，不可能符合刑法的真实含义。

2021 年《最高人民法院、最高人民检察院、公安部、司法部关于进一步加强虚假诉讼犯罪惩治工作的意见》第 4 条指出，实施《办理虚假诉讼案件解释》第 1 条第 1 款、第 2 款规定的捏造事实行为，并有下列情形之一的，应当认定为"以捏造的事实提起民事诉讼"：（1）提出民事起诉的；（2）向人民法院申请宣告失踪、宣告死亡，申请认定公民无民事行为能力、限制民事行为能力，申请认定财产无主，申请确认调解协议，申请实现担保物权，申请支付令，申请公示催告的；（3）在民事诉讼过程中增加独立的诉讼请求、提出反诉，有独立请求权的第三人提出与本案有关的诉讼请求的；（4）在破产案件审理过程中申报债权的；（5）案外人申请民事再审的；（6）向人民法院申请执行仲裁裁决、公证债权文书的；（7）案外人在民事执行过程中对执行标的提出异议，债权人在民事执行过程中申请参与执行财产分配的；（8）以其他手段捏造民事案件基本事实，虚构民事纠纷，提起民事诉讼的。这一意见似乎旨在扩大虚假诉讼罪的处罚范围，但在本书看来，如果不修改《办理虚假诉讼案件解释》，虚假诉讼罪就难以发挥应有的规制机能。

（二）妨害司法秩序或者严重侵害他人合法权益

就妨害司法秩序而言，本罪属于行为犯。而且，妨害司法秩序这一法益侵害结果，是不可能具体测量的。只要行为人以捏造的事实提起了民事诉讼，就应认定同时造成了妨害司法秩序的结果。问题是，如何具体判断作为既遂标准的"以捏造的事实提起民事诉讼"？例如，是只要行为人向法院递交了民事诉状就构成本罪的既遂，还是以法院受理作为既遂标准，抑或以法院进行了审前准备或者开庭审理乃至作出裁决作为既遂标准？本书倾向于认为，妨害司法秩序类型的虚假诉讼罪，以法院受理作为既遂标准；行为人虽然以捏造的事实提起民事诉讼，但法院并未受理的，则是未遂。（1）由于法院根据行为人捏造的事实作出的错误判决，通常会侵害他人的合法权益，所以，倘若将法院根据行为人捏造的事实作出错误的判决作为认定犯罪既遂的标准，就实际上否认了妨害司法秩序类型的虚假诉讼罪，因而不当。（2）法院对案件的受理、受理后为审理所作的准备，以及开庭审理，都是民事诉讼的必要环节，其中任何一个环节的正常进行，都是司法秩序的内容。所以，即使法院还没有进行审理前的准备，没有开庭审理，虚假诉讼程序也妨害了立案至受理环节的司法秩序，应当以犯罪既遂论处。（3）事实上，法院只要受理了案件，通常就会进行审理前的准备乃至开庭审理，但是，何时进行审理前的准备以及何时开庭审理，常常具有一定的偶然性。而且，何时进行审理前的准备以及何时开庭审理，并非由行为人左右。所以，倘若将法院进行审理前的准备或者开庭审理作为虚假诉讼罪的既遂标准，就会导致偶然因素决定既遂时间，不一定合适。反之，将法院受理案件作为既遂标准，则不存在这一缺陷。（4）如前所述，司法活动中证明过程的客观真实性，是确保司法客观公正的前提。行为人以捏造的事实提起民事诉讼，法院受理了案件时，该行为就侵害了证明过程的客观真实性，当然应当认定为虚假诉讼罪的既遂。

就严重侵害他人合法权益而言，本罪属于结果犯。（1）"他人"不限于对方当事人，而是包括第三人、案外人的合法权益，以及国家利益、社会公共利益。（2）"合法权益"包括一切合法权益，不应当有任何限定。（3）对他人合法权益的侵害必须达到严重程度。这里的"严重"是相较于《民事诉讼法》所规定的虚假诉讼而言，亦即，虚假诉讼行为对他人合法权益的侵害达到了值得科处刑罚的程度，仅予以罚款、拘留尚不足以实现对虚假诉讼的特殊预防与一般预防。

《办理虚假诉讼案件解释》第 2 条规定："以捏造的事实提起民事诉讼，有下列情形之一的，应当认定为刑法第三百零七条之一第一款规定的'妨害司法秩序或者严重侵害他人合法权益'：（一）致使人民法院基于捏造的事实采取财产保全或者行为保全措施的；（二）致使人民法院开庭审理，干扰正常司法活动的；（三）致使人民法院基于捏造的事实作出裁判文书、制作财产分配方案，或者立案执行基于捏造的事实作出的仲裁裁决、公证债权文书的；（四）多次以捏造的事实提起民事诉讼的；（五）曾因以捏造的事实提起民事诉讼被采取民事诉讼强制措施或者受过刑事追究的；（六）其他妨害司法秩序或者严重侵害他人合法权益的情形。"在本书看来，上述条件明显过高，难以实现刑法增设本罪的目的。

（三）本罪只能由故意构成

提起民事诉讼时，过失提交了虚假材料的，不成立本罪。

三、虚假诉讼罪与其他犯罪的关系

《刑法》第 307 条之一第 3 款规定："有第一款行为，非法占有他人财产或者逃避合法债务，又构成其他犯罪的，依照处罚较重的规定定罪从重处罚。"本款规定属于注意规定，而不是法律拟制。

首先，可以肯定的是，行为人通过伪造证据等方法提起民事诉讼欺骗法官，导致法官作出错误判决，使他人交付财物或者处分财产，行为人非法占有他人财产或者逃避合法债务的，应当以诈骗罪论处。这是典型的三角诈骗。在这种场合，法官是受骗者但不是受害人；遭受财产损失的人虽然是受害人但不是受骗者。[1]顺便指出的是，行为人没有提起民事诉讼，而是作为民事被告提供虚假证据欺骗法官，导致法官作出错误判决，进而非法占有他人财产或者逃避合法债务的，同样成立诈骗罪。例如，甲于 2010 年向乙借款 50 万元，并于 2011 年 5 月 1 日归还。乙于同日将手写的"甲于 2011 年 5 月 1 日归还了 50 万元欠款"的收条交给甲。2013 年甲又向乙借款 50 万元，但一直不归还。乙于 2016 年 3 月向法院提起民事诉讼要求甲归还欠款时，甲将先前的收条篡改为"甲于 2014 年 5 月 1 日归还了 50 万元欠款"。两审法官均信以为真，驳回了乙的诉讼请求。乙随后向公安机关报案，公安机关查明了事实真相。甲虽然没有向法院提起虚假民事诉讼，但依然构成诈骗罪（也可谓诉讼诈骗）。此外，即使按照《办理虚假诉讼案件解释》的规定，行为人提起虚假诉讼的行为不成立虚假诉讼罪，也不妨碍其行为成立诈骗罪。千万不要认为，只有构成虚假诉讼罪的行为才可能同时构成诈骗罪。

其次，国家工作人员利用职务上的便利，通过虚假民事诉讼非法占有公共财物的，应以贪污罪论处。[2]此即国家工作人员利用职务上的便利骗取公

---

[1] "刑法修正案（九）草案曾经规定，有虚假诉讼行为，侵占他人财产或者逃避合法债务的，依照刑法第二百六十六条的规定从重处罚，即认定为诈骗罪并从重处罚。在草案审议过程中，有的意见提出，这种情况通常会同时构成诈骗罪，但也有可能构成其他犯罪。如国家工作人员利用职务便利，与他人串通通过虚假诉讼侵占公共财产的，可能构成贪污罪；公司、企业或者其他单位的工作人员利用职务便利，与他人串通通过虚假诉讼侵占单位财产的，可能构成职务侵占罪。一律规定按诈骗罪处理的不尽合理。为此，草案二审稿对有关规定作了修改，形成了本款规定。"参见臧铁伟主编：中华人民共和国刑法修正案（九）解读》，中国法制出版社 2015 年版，第 243~244 页。在德国、法国、日本、韩国等国，之所以认为诉讼诈骗行为仅成立诈骗罪，是因为其职务侵占等罪中并无利用职务上的便利骗取财物的行为类型。

[2] 不过，向人民法院提起虚假诉讼的行为本身与职务没有关系。所以，以贪污罪论处的情形应当比较罕见。

共财物的情形。但是，按照本书的观点，公司、企业等单位的工作人员（非国家工作人员），利用职务上的便利，通过虚假民事诉讼非法占有本单位财物的，仍成立诈骗罪。[1]

最后，由于诈骗罪以及贪污罪中的骗取行为，都需要具有处分权限的人产生认识错误并且基于认识错误而处分财产，如果普通公民甲针对丙提起虚假民事诉讼，办案法官乙明知甲捏造事实（或者甲与法官乙相勾结），作出有利于甲的裁判，从而使甲非法占有丙的财产或者逃避合法债务的，不可能认定为诈骗罪。诚然，法官乙的行为成立民事枉法裁判罪，在甲唆使乙作出枉法裁判的情形下，对甲也可以按民事枉法裁判罪的共犯论处。但是，仅评价为此罪并不合适。一方面，甲与乙的行为侵害了丙的财产，对此必须作出评价；另一方面，倘若丙遭受数额特别巨大的财产损失，对甲与乙仅认定为民事枉法裁判罪，明显导致罪刑之间不协调。本书的看法是，当甲提起虚假民事诉讼，法官乙没有受骗却作出枉法裁判，导致丙遭受财产损失的，法官乙同时触犯民事枉法裁判罪与侵犯财产罪（其中的财产罪只能在盗窃罪与敲诈勒索罪两个罪之间选择，一般来说认定为盗窃罪较为合适），由于只有一个行为，应当认定为想象竞合，从一重罪处罚。甲的行为既可能仅触犯虚假诉讼罪与盗窃罪（在没有与法官乙勾结的场合），也可能还触犯民事枉法裁判罪（唆使法官乙枉法裁判的场合），一般来说也属于想象竞合，从一重罪处罚。[2]

《办理虚假诉讼案件解释》第 6 条规定："诉讼代理人、证人、鉴定人等诉讼参与人与他人通谋，代理提起虚假民事诉讼、故意作虚假证言或者出具虚假鉴定意见，共同实施刑法第三百零七条之一前三款行为的，依照共同犯罪的规定定罪处罚；同时构成妨害作证罪，帮助毁灭、伪造证据罪等犯罪的，依照处罚较重的规定定罪从重处罚。"

四、虚假诉讼罪的共犯认定

根据《刑法》第 307 条之一的规定，本罪的行为主体既可以是自然人，也可以是单位。其中的自然人与单位，都只需要符合一般主体条件，而不需

---

[1] 《办理虚假诉讼案件解释》第 4 条规定："实施刑法第三百零七条之一第一款行为，非法占有他人财产或者逃避合法债务，又构成诈骗罪，职务侵占罪，拒不执行判决、裁定罪，贪污罪等犯罪的，依照处罚较重的规定定罪从重处罚。"

[2] 《办理虚假诉讼案件解释》第 5 条规定："司法工作人员利用职权，与他人共同实施刑法第三百零七条之一前三款行为的，从重处罚；同时构成滥用职权罪，民事枉法裁判罪，执行判决、裁定滥用职权罪等犯罪的，依照处罚较重的规定定罪从重处罚。"

要具有特殊身份与特殊性质。刑法第307条之一第4款规定，"司法工作人员利用职权，与他人共同实施前三款行为的，从重处罚"。本款内容显然属于注意规定。亦即，即使没有本款规定，对于与他人共同实施虚假诉讼的司法工作人员，也应以虚假诉讼罪的共犯论处。由于行为的内容是"以捏造的事实提起民事诉讼"，所以，直接提起虚假民事诉讼的人是正犯。鉴定机构、鉴定人以及其他帮助捏造事实的人，均可以成为本罪的共犯。律师、司法工作人员帮助行为人捏造证据的，成立虚假诉讼罪的帮助犯或共同正犯（也可能同时触犯其他罪名）。任何人胁迫或者引诱他人以捏造的事实提起民事诉讼的，成立虚假诉讼罪的教唆犯或者共同正犯。例如，法官乙唆使甲以捏造的事实提起民事诉讼，进而受理案件的，对于乙与甲均以虚假诉讼罪论处。

当法官以原告身份提起民事诉讼时，当然可以成为虚假诉讼罪的正犯。审理案件的法官本人虽然并不能成为虚假诉讼的直接正犯（因为法官不可能向自己提起民事诉讼），但可以成立共同正犯或者间接正犯。一般来说，只要法官与提起民事诉讼的当事人通谋，就可以认定法官为共同正犯。法官或者其他人员利用捏造的事实诱使不知情的他人提起民事诉讼的，成立虚假诉讼罪的间接正犯。

在通常情况下，只要法官明知行为人以捏造的事实提起诉讼，并且在民事审判活动中故意违背事实作枉法裁判，就会构成民事枉法裁判罪。于是产生了以下两个问题：其一，在没有通谋的情况下，法官乙明知行为人甲提供了捏造的证据却故意作枉法裁判的，在对乙以民事枉法裁判罪论处的情况下，对提起虚假民事诉讼的甲能否认定为民事枉法裁判罪的教唆犯？本书持肯定回答。其二，在没有通谋的情况下，法官B对A捏造的事实信以为真，在客观上作出了枉法裁判时，对B不可能以犯罪论处（因为缺乏有责性要素），对A能否认定为民事枉法裁判罪的教唆犯？本书也持肯定回答。

五、虚假诉讼罪的处罚

根据《刑法》第307条之一的规定，犯本罪的，处3年以下有期徒刑、拘役或者管制，并处或者单处罚金；情节严重的，处3年以上7年以下有期徒刑，并处罚金。[1]单位犯本罪的，对单位判处罚金，并对其直接负责的主管人员和其他直接责任人员，依照前款的规定处罚。司法工作人员利用职权，与他人共同实施上述行为的，从重处罚。

---

〔1〕 关于情节严重的认定，参见《办理虚假诉讼案件解释》第3条。

2023-05-1-293-007

傅某甲、吴某甲等人虚假诉讼罪案

——虚构借条骗取民事调解书构成虚假诉讼罪

基本案情 >>>

中国银行股份有限公司金华市某支行诉浙江省金华市某酒店管理有限公司金融借款合同纠纷一案，经金华市婺城区人民法院判决生效，于2016年进入执行阶段。被告人傅某甲作为金华市某酒店管理有限公司股东、法定代表人，为将其夫妻个人债务转嫁给公司，于2016年6月联系债权人吴某甲、吴某乙、傅某乙、楼某甲等人，策划以公司名义捏造虚假债权债务关系，并通过诉讼从公司的房地产拍卖执行款中分得款项。其间傅某甲向吴某甲、楼某乙、吴某乙、傅某乙、蒋某、楼某甲、张某某（已死亡）出具虚假借条或借款结算单共计人民币703万元，其中吴某甲223万元、楼某乙150万元、吴某乙110万元、傅某乙80万元、蒋某50万元、楼某甲40万元、张某某50万元。上述人员分别于2016年6、7月以签订的虚假债权债务凭证向法院提起民事诉讼，并与公司法定代表人傅某甲达成协议，由法院制作了民事调解书，确认了上述债权债务本金及利息。其后，吴某甲、吴某乙、蒋某、傅某乙等人向金华市婺城区人民法院执行局申请参与执行分配。因房产拍卖所得价款尚不能满足优先受偿权，普通债权人无法获得实际利益。

本案7名被告人先后向公安机关主动投案。其中被告人傅某甲经公安机关电话通知主动到案后，以及在公安机关掌握其主要犯罪事实的情况下，均未如实供述。

浙江省金华市金东区人民法院于2021年7月23日作出（2021）浙0703刑初200号刑事判决：对被告人傅某甲以虚假诉讼罪判处有期徒刑一年六个

月，并处罚金人民币 4 万元；对被告人吴某甲以虚假诉讼罪判处有期徒刑七个月，缓刑一年三个月，并处罚金人民币 13 000 元；对被告人楼某乙以虚假诉讼罪判处有期徒刑七个月，缓刑一年，并处罚金人民币 1 万元；对被告人吴某乙以虚假诉讼罪判处有期徒刑七个月，缓刑一年三个月，并处罚金人民币 13 000 元；对被告人傅某乙以虚假诉讼罪判处有期徒刑七个月，缓刑一年，并处罚金人民币 1 万元；对被告人蒋某以虚假诉讼罪判处有期徒刑七个月，缓刑一年，并处罚金人民币 1 万元；对被告人楼某甲以虚假诉讼罪判处有期徒刑七个月，缓刑一年，并处罚金人民币 1 万元。

一审宣判后，各被告人均未提出上诉，检察院未提出抗诉，本案判决已生效。

裁判理由 》》》

法院生效裁判认为，被告人傅某甲、吴某甲、楼某乙、吴某乙、傅某乙、蒋某、楼某甲恶意串通，以捏造的事实提起民事诉讼，妨害司法秩序，其行为均已构成虚假诉讼罪。吴某甲、楼某乙、吴某乙、傅某乙、蒋某、楼某甲各自辩护人提出的吴某甲、楼某乙、吴某乙、傅某乙、蒋某、楼某甲向公安机关自动投案，归案后自愿如实供述自己犯罪事实，系自首，且自愿认罪认罚，依法可以从轻处罚的意见，予以采纳。傅某甲当庭表示认罪认罚，酌情给予从轻处罚。故一审法院依法作出如上裁判。

裁判要旨 》》》

债权人与债务人恶意串通，捏造事实，出具虚假债权债务凭证，逃避法院生效裁判文书确定的履行义务的行为，依法构成虚假诉讼罪。债务人以公司名义与多人签订虚假债权债务凭证，向法院提起民事诉讼，在诉讼中达成调解协议，骗取承办法官出具民事调解书，后以该调解书参与公司执行分配，企图稀释其他合法债权人利益，多分款项冲抵个人借款，最终因房产拍卖所得价款尚不足以满足优先受偿权，故普通债权人未能获得实际利益，但已妨害了司法秩序，依法构成虚假诉讼罪。

关联索引 》》》

《刑法》第 307 条之一第 1 款

一审：浙江省金华市金东区人民法院（2021）浙 0703 刑初 200 号刑事判决（2021 年 7 月 23 日）

2023-05-1-293-009

刘某春、杨某勇虚假诉讼案
——通过虚假诉讼阻碍执行被查封财产

基本案情 >>>

被告人刘某春系某房地产开发公司法定代表人，负责公司日常经营管理。2013 年，某房地产开发公司在开发某楼盘期间，因资金紧张，刘某春向刘某良借款 600 万元并约定了借款利息，由某房地产开发公司提供担保。后刘某春到期无力偿还刘某良的债务，刘某良于 2016 年向某区人民法院起诉刘某春及某房地产开发公司承担还款责任，并申请保全某房地产开发公司开发的某楼盘房产。某区人民法院根据刘某良的申请，依法查封某楼盘房产 27 套。2016 年 11 月 29 日，某区人民法院作出民事判决，由刘某春偿还刘某良借款 600 万元及相应利息，某房地产开发公司承担连带责任。刘某良于 2017 年 7 月 5 日向某区人民法院申请强制执行。刘某春为逃避执行被查封的房产，与公司法律顾问杨某勇（被告人）预谋，以杨某勇、杨某勇的妻子梁某梅、哥哥杨某江以及杨某勇的朋友韦某军、孙某和喜某的名义，伪造上述 6 人与某房地产开发公司签订的商品房买卖合同、商品房销售协议书、购房款收据、抵押协议等 6 套虚假购房手续，并伪造了电费票据、取暖费票据、入住证明等材料，虚构上述人员购买某楼盘商品房并已办理房屋入住的事实，以捏造的商品房买卖合同关系和已办理房屋入住事实向某区人民法院提出执行异议。致使某区人民法院基于捏造的事实先后作出 6 份民事裁定，中止对涉案 6 套房产的执行。刘某良不服裁定，向某区人民法院提起民事诉讼，请求准许执行涉案 6 套房产，某区人民法院判决驳回刘某良的诉讼请求，刘某良提出上诉，二审法院以原审判决认定基本事实不清为由发回重审。发回重审后，某区人民法院先后作出民事判决和裁定，准许执行涉案部分房产。刘某春、杨某勇的上述行为致使刘某良的债权无法实现。经估价，涉案 6 套房产总价为 162.79 万元。

辽宁省沈阳市辽中区人民法院于 2021 年 12 月 17 日作出 (2021) 辽 0115 刑初 203 号刑事判决：以虚假诉讼罪判处被告人刘某春有期徒刑三年二个月，并处罚金人民币 3 万元；判处被告人杨某勇有期徒刑三年，并处罚金人民币 3

万元。一审宣判后无抗诉、上诉，判决已发生法律效力。

裁判理由 >>>

法院生效裁判认为，被告人刘某春、杨某勇在民事执行过程中以捏造的事实对执行标的提出异议，妨害司法秩序，严重侵害他人合法权益，情节严重，行为均已构成虚假诉讼罪，且系共同犯罪。刘某春、杨某勇有坦白情节，认罪认罚，依法可以从宽处罚。

裁判要旨 >>>

（1）民事执行程序是实现司法裁判等确定的民事权益的法定程序。民事执行中的执行异议和执行异议之诉也是虚假诉讼相对多发的领域。在被执行人与提出执行异议或者执行异议之诉的案外人存在亲属关系或者其他利害关系的情况下，人民法院要依法加大审查力度，综合考虑案件情况，着重审查判断是否存在虚假诉讼行为。

（2）对于存在虚假诉讼犯罪线索的，在通过民事程序进行纠正的同时，还要依照有关规定及时移送公安机关立案侦查。

关联索引 >>>

《刑法》第307条之一、第25条、第67条、第52条、第53条

一审：辽宁省沈阳市辽中区人民法院（2021）辽0115刑初203号刑事判决（2021年12月17日）

2023-05-1-293-011

周某云虚假诉讼案
——虚构职工工资提起虚假诉讼逃避履行债务

基本案情 >>>

被告人周某云系某电子科技公司实际控制人和经营人。2019年4月至5月，某电子科技公司获得拆迁补偿款223.7万元，公司股东郑某因与该公司

存在合同纠纷，于同年 5 月向某区人民法院提起民事诉讼，某区人民法院判决某电子科技公司返还郑某投资款 100 万元，并根据郑某的申请冻结了该公司银行账户内资金 100 万元。

2019 年 9 月，周某云为捏造某电子科技公司职工工资优先受偿权、达到转移公司银行账户内被冻结资金的目的，找到周某丽、晏某红、陈某伟、李某鑫（均另案处理），指使周某丽、陈某伟、李某鑫在其伪造的涉及职工工资款项的相关材料上签名，并指使晏某红在某电子科技公司的授权委托书上签名，充当公司的诉讼代理人。其后，周某云、周某丽、陈某伟、李某鑫持上述伪造的材料向某区劳动人事争议仲裁委员会申请仲裁。仲裁过程中，双方进行虚假的劳动仲裁调解，致使某区劳动人事争议仲裁委员会于同年 10 月 25 日作出仲裁调解书。周某云又指使周某丽、陈某伟、李某鑫向某区人民法院申请执行上述仲裁调解书。后股东郑某向检察机关申请检察监督，检察机关发出检察建议，某区劳动人事争议仲裁委员会于 2020 年 1 月 21 日作出仲裁决定，撤销上述仲裁调解书。2020 年 4 月 1 日，某区人民法院作出罚款决定书，对周某云、周某丽、晏某红、陈某伟、李某鑫予以罚款。

广东省深圳市坪山区人民法院于 2021 年 9 月 13 日作出（2021）粤 0310 刑初 348 号刑事判决：以虚假诉讼罪判处被告人周某云有期徒刑一年，缓刑二年，并处罚金人民币 1 万元。一审宣判后无抗诉、上诉，判决已发生法律效力。

裁判理由 》》》

法院生效裁判认为，被告人周某云伙同他人以捏造的事实提起民事诉讼，妨害司法秩序，严重侵害他人合法权益，其行为已构成虚假诉讼罪。周某云自愿认罪认罚，依法可以从宽处罚；案发后取得了被害人郑某的谅解，可以从宽处罚。

裁判要旨 》》》

实践中，少数企业控制人、股东为逃避履行债务，与他人恶意串通，捏造劳动合同关系，以虚构的劳动者名义起诉企业要求支付工资和劳动报酬，以达到转移企业资产、逃避履行债务的目的，应依法承担相应法律责任。根据《最高人民法院、最高人民检察院、公安部、司法部关于进一步加强虚假诉讼犯罪惩治工作的意见》的规定，民事诉讼当事人、其他诉讼参与人实施虚假诉讼，人民法院向公安机关移送案件有关材料前，可以依照民事诉讼法的规定先行予以罚款、拘留；对虚假诉讼刑事案件被告人判处罚金、有期徒刑或者拘役的，人民法院已经依照民事诉讼法的规定给予的罚款、拘留，应当依法折抵相应的罚金或者刑期。

在审理民事诉讼案件中，人民法院发现民事诉讼当事人有虚假诉讼行为后，在公安机关对虚假诉讼刑事案件立案侦查的同时，可以先行依照民事诉讼法的规定对虚假诉讼当事人处以罚款，以充分利用民事、刑事等多种手段，及时有效地惩治虚假诉讼违法犯罪行为。

关联索引 ≫≫

《刑法》第 307 条之一第 1 款、第 72 条、第 73 条、第 67 条第 3 款、第 52 条、第 53 条

一审：广东省深圳市坪山区人民法院（2021）粤 0310 刑初 348 号刑事判决（2021 年 9 月 13 日）

2024-03-1-293-001

周某某虚假诉讼案

——虚假诉讼罪的捏造事实的认定

基本案情 ≫≫

2017 年至 2020 年，被告人周某某在经营被告单位山东某达公司、山东某能源公司期间，捏造不存在的业务关系或借贷关系，向人民法院提起民事诉讼：

（1）2017 年 10 月 18 日，青岛某石油化工有限公司与被告单位山东某能源公司串通，捏造"青岛某石油化工有限公司向山东某能源公司转账 2645.79024 万元购买汽油，但山东某能源公司收款后未发货，退回货款 815 万元后其余货款未退回"的虚假事实，青岛某石油化工有限公司向山东省博兴县人民法院提起民事诉讼；2017 年 11 月 29 日，博兴县人民法院作出民事判决，妨害了司法秩序。

（2）2018 年 7 月 6 日，为查封被告单位山东某达公司持有的山东某商业

银行 10 151 461 股股金或公司账户资产，被告人周某某安排他人捏造"大连某石油化工有限公司向山东某达公司转账 766 万元购买车用汽油，但山东某达公司收款后未发货"的虚假事实，大连某石油化工有限公司向博兴县人民法院提起民事诉讼；2018 年 9 月 4 日，山东省博兴县人民法院作出民事判决，妨害了司法秩序。

（3）2020 年 6 月 1 日，大连某石油化工有限公司和被告单位山东某能源公司串通，捏造"大连某石油化工有限公司向山东某能源公司出售 175.31662 万元车用汽油，但发货后山东某能源公司未付款"的虚假事实，大连某石油化工有限公司向博兴县人民法院提起民事诉讼；2020 年 8 月 25 日，山东省博兴县人民法院作出民事判决，妨害了司法秩序。

山东省博兴县人民法院于 2023 年 4 月 21 日作出（2022）鲁 1625 刑初 105 号刑事判决：被告人周某某犯虚假诉讼罪，判处有期徒刑三年，并处罚金人民币 20 万元。宣判后，被告人周某某提出上诉。山东省滨州市中级人民法院于 2023 年 8 月 10 日作出（2023）鲁 16 刑终 77 号刑事判决，维持对其虚假诉讼罪的定罪处刑。

裁判理由 ≫

法院生效判决认为，被告人周某某犯虚假诉讼罪的事实清楚、证据确实、充分，一是证人李某证实，周某某安排其通过诉讼程序查封山东某能源公司的相关房产，另有民事诉讼材料、银行转账电子回单、业务凭证等证据佐证青岛某石油化工有限公司与被告单位山东某能源公司通过虚假走账方式捏造买卖业务提起民事诉讼的事实。二是证人李某证实，周某某安排其办理大连某石油化工有限公司起诉被告单位山东某达公司的业务，并保全山东某达公司在某农商行持有的 10 151 461 股股金。三是证人王某某的证言，能证实周某某电话通知其有诉讼需要配合李某签字以及李某找其签字的过程，同时证实大连某化工有限公司并无任何实际经营，仅在大连当地找了代理记账公司每个月整理账目。在案书证诉讼材料、银行转账明细、证人证言等证据亦能印证，故在案证据能够证实大连某化工有限公司在没有实际经营的情况下，捏造"向山东某公司转账 766 万元购买车用汽油，但山东某公司收款后未发货"的虚假事实，提起民事诉讼。在案书证诉讼材料、证人证言，能够证实大连某化工有限公司无任何实际经营，仅在大连当地找了代理记账公司每个月整理账目情况下，捏造与山东某能源公司虚假的买卖业务并提起民事诉讼。

上述行为致使人民法院基于捏造的事实作出裁判文书，妨害了司法秩序，构成虚假诉讼罪。故法院依法作出如上裁判。

裁判要旨 >>>

对于虚假诉讼罪的捏造事实应当坚持实质性判断，不能进行形式化、简单化认定。"事实"是指据以提起民事诉讼的，对启动民事诉讼具有决定性作用的事实，"捏造"是指无中生有、凭空虚构特定事实的行为。

关联索引 >>>

《刑法》第 307 条之一

《办理虚假诉讼案件解释》

一审：山东省博兴县人民法院（2022）鲁 1625 刑初 105 号刑事判决（2023 年 4 月 21 日）

二审：山东省滨州市中级人民法院（2023）鲁 16 刑终 77 号刑事判决（2023 年 8 月 10 日）

2023-05-1-293-008

周某琼等虚假诉讼案

——通过虚假诉讼转移财产逃避履行债务

基本案情 >>>

被告人周某琼和邓某泉系夫妻关系，二人因欠下高额债务，经济状况恶化，于 2015 年 3 月 12 日与邓某泉的亲属周某成（被告人）签订虚假借款协议，捏造周某琼和邓某泉向周某成借款 220 万元的事实。同年 3 月 16 日和 17 日，周某琼将筹集到的资金 220 万元通过亲属银行账户转入周某成的银行账户，再由周某成的银行账户转回到周某琼的银行账户，制造周某成向周某琼交付 220 万元的资金流水记录。周某琼和邓某泉后又于 3 月 16 日将二人名下的两套房产抵押给周某成。

2018 年，债权人余某勤提起民事诉讼，要求周某琼、邓某泉偿还借款

300万元及相应利息，法院作出民事判决，由周某琼、邓某泉限期偿还余某勤借款及利息共计约580万元，周某琼、邓某泉遂唆使周某成以此前捏造的借款协议等材料为依据，于2019年1月8日向某区人民法院提起民事诉讼，并出资为周某成聘请律师担任诉讼代理人参加诉讼。某区人民法院基于三人捏造的债权债务关系，先后出具民事调解书和多份执行法律文书。其后，周某琼、邓某泉将之前抵押给周某成的二人名下两套房产抵偿给周某成，并伙同周某成以358万元的价格将房产出售给他人，导致余某勤等债权人的债权无法实现。

四川天府新区成都片区人民法院于2021年8月27日作出（2021）川0192刑初226号刑事判决：以虚假诉讼罪判处被告人周某琼有期徒刑三年六个月，并处罚金人民币4万元；判处被告人邓某泉有期徒刑三年，并处罚金人民币4万元；判处被告人周某成有期徒刑二年，缓刑四年，并处罚金人民币3万元。一审宣判后无抗诉、上诉，判决已发生法律效力。

裁判理由 ▶▶▶

法院生效裁判认为，被告人周某琼、邓某泉与被告人周某成恶意串通，捏造债权债务关系，向人民法院提起民事诉讼，妨害司法秩序，严重侵害他人合法权益，情节严重，行为均已构成虚假诉讼罪，且系共同犯罪。周某琼、邓某泉起主要作用，系主犯；周某成在周某琼、邓某泉安排下配合二人提起虚假诉讼，起辅助作用，系从犯，依法应当从轻、减轻处罚。三被告人归案后如实供述犯罪事实，系坦白，且自愿认罪认罚，依法可以从轻、减轻处罚。本案赃款在案发后得以追回，且案件审理过程中债权人余某勤出具谅解书，表示对被告人的行为予以谅解，对各被告人可以酌情从轻处罚。

裁判要旨 ▶▶▶

行为人与他人恶意串通，捏造债权债务关系向人民法院提起虚假民事诉讼转移财产，以达到逃避履行债务的非法目的，属于刑法规定的虚假诉讼行为。此类行为直接侵害债权人合法权益，极大干扰司法秩序，社会危害严重。对于共同实施虚假诉讼行为的多个被告人，要坚持宽严相济刑事政策，突出打击重点，正确区分责任，妥当裁量刑罚。对于其中的犯意提起者、主要实施者和犯罪收益获得者，要依法予以严惩。在对被告人决定是否适用缓刑时，应考虑其犯罪的事实、性质、情节及对社会的危害程度等。

《刑法》第 307 条之一第 1 款，第 312 条，第 305 条，第 25 条第 1 款，第 26 条第 1 款、第 4 款，第 27 条，第 67 条第 3 款，第 52 条，第 53 条，第 47 条，第 72 条第 1 款、第 3 款，第 73 条，第 64 条

《刑事诉讼法》第 15 条

一审：四川天府新区成都片区人民法院（2021）川 0192 刑初 226 号刑事判决（2021 年 8 月 27 日）

2024-05-1-222-001

周某飞等诈骗案
——"套路贷"案件的常见行为方式及罪名认定

基本案情

法院经审理查明：2017 年 8 月，被告人周某飞、贺某亚、黄某辉（2017 年 9 月加入）、包某剑结伙唐某杰（另案处理），在浙江省海盐县武原街道宜家花城小区开设"胜天典当"，从事"套路贷"犯罪活动。该犯罪集团以出借高利贷为名，乘借款人急需用钱之际，以家访费、押金、手续费等扣款名目减少本金支出，以利息、保证金等项目虚增借条金额，诱使借款人签订借款额虚高的借款合同，并制造虚假资金走账流水。为促使借款人违约，设置不允许向他人借款等不合理违约条款，在借款人还款过程中以还款超时、另有外债等理由单方面肆意认定违约，并以通知家人、扣车等手段迫使借款人支付高额违约金或者按照借条金额一次性还款，在借款人无力还款时即通过被告人朱某斌等人强行转单平账，由此达到非法占有他人财产的目的。具体事实如下：

（1）2017 年 8 月 4 日，被告人周某飞、贺某亚在何某锋借款 1.5 万元的情况下，扣除相应费用后实际给付对方 9800 元，并诱使对方签署 1.5 万元的借款合同。同月 28 日接受被害人何某锋还款 13500 元，从中非法获利 3700 元。

（2）2017 年 8 月 11 日，被告人周某飞、贺某亚、黄某辉（事中加入）、

包某剑结伙唐某杰，在蒋某超借款 9 万元的情况下，扣除相应费用后实际给付对方 82 100 元，并诱使对方签署 13 万元的借款合同。至同年 12 月，共接受被害人蒋敏超还款 109 460 元及支付违约金 2 万元，从中非法获利 47 360 元。

（3）2017 年 12 月 25 日、2018 年 1 月 2 日，被告人周某飞、贺某亚、黄某辉、包某剑结伙唐某杰、朱某伟，在吴某借款 4 万元的情况下，扣除相应费用后实际给付对方 35 180 元，并诱使对方签署借款总额为 6.6 万元的借款合同 2 份。后吴某还款 2000 元，支付违约金 1.6 万元。2018 年 1 月 25 日，被告人周某飞、朱某斌经事先通谋后，以扣车、到家里摊牌、要辛苦费等为要挟，迫使被害人吴某向张某借款 11 万元（实得 9 万元），并将其中 8.9 万元用于归还上述债务及支付介绍费。在此过程中，被告人贺某亚、黄某辉结伙唐某杰、朱某伟诈骗得款 71 820 元；被告人周某飞、朱某斌敲诈勒索得款 71 820 元，后被告人朱某斌作为介绍人从中分得好处费 1 万元。其余犯罪事实略。

浙江省海盐县人民法院于 2018 年 8 月 20 日作出（2018）浙 0424 刑初 240 号刑事判决：被告人周某飞犯诈骗罪，判处有期徒刑四年五个月，并处罚金 4 万元；犯敲诈勒索罪，判处有期徒刑二年三个月，并处罚金 2 万元，数罪并罚决定执行有期徒刑五年十个月，并处罚金 6 万元。被告人朱某斌犯诈骗罪，判处有期徒刑二年，并处罚金 1.2 万元；犯敲诈勒索罪，判处有期徒刑二年三个月，并处罚金 2 万元，数罪并罚决定执行有期徒刑三年六个月，并处罚金 3.2 万元。以诈骗罪，分别判处被告人贺某亚有期徒刑五年，并处罚金 5 万元；判处被告人黄某辉有期徒刑四年四个月，并处罚金 5 万元；判处被告人包某剑有期徒刑四年，并处罚金 5 万元；判处被告人张某锋有期徒刑一年八个月，并处罚金 1 万元。宣判后，被告人周某飞以量刑过重为由提出上诉。浙江省嘉兴市中级人民法院于 2018 年 10 月 31 日作出（2018）浙 04 刑终 361 号刑事裁定，驳回上诉，维持原判。

裁判理由

被告人周某飞、贺某亚、黄某辉、包某剑"套路贷"犯罪集团，以非法占有为目的，结伙被告人朱某斌、张某锋等人采用"套路贷"的形式诈骗他人钱财。其中，周某飞、贺某亚、包某剑、黄某辉的诈骗数额均属巨大，朱某斌、张某锋、徐某杰诈骗数额均属较大。另，被告人周某飞、朱某斌以威胁、要挟手段强索他人现金 71 820 元，数额较大。综上所述，贺某亚、黄某辉、包某剑、张某锋、徐某杰的行为均已构成诈骗罪；周某飞、朱某斌的行为均已构成诈骗罪、敲诈勒索罪。周某飞、朱某斌分别犯二罪，应实行数罪并罚。

裁判要旨 ▷▷▷

"套路贷"是指通过签订虚高借款协议、制造资金走账流水、肆意认定违约、转单平账等方式，采用欺骗、胁迫、滋扰、敲诈勒索、虚假诉讼等手段，非法占有公私财物的犯罪。对于此类案件的定性，一般应以侵财类犯罪来认定。其中，未采用明显暴力或者威胁手段的，一般可以认定为诈骗罪；如果采用了暴力、威胁、虚假诉讼等手段的，应当数罪并罚或者按照处罚较重的罪名定罪处罚。对于以犯罪集团形式实施"套路贷"犯罪的，对首要分子应当按照集团所犯的全部罪行处罚；对于参与人员，如果明知他人实施"套路贷"犯罪的，应当以共同犯罪论处。

关联索引 ▷▷▷

《刑法》第 166 条、第 274 条

一审：浙江省海盐县人民法院（2018）浙 0424 刑初 240 号刑事判决（2018 年 8 月 20 日）

二审：浙江省嘉兴市中级人民法院（2018）浙 04 刑终 361 号刑事裁定（2018 年 10 月 31 日）

2023-07-2-470-001

宋某某诉王某某、张某某第三人撤销之诉纠纷案
——通过虚假诉讼确定债权的债权人不能作为适格原告提起第三人撤销之诉

基本案情 ▷▷▷

宋某某诉称：河南省汝州市人民法院作出的（2015）汝民初字第 854 号民事判决和平顶山市中级人民法院作出的（2016）豫 04 民终第 1298 号民事判决，认定王某某善意取得错误，漏列重大利害关系人宋某某程序违法。故请求判令：撤销（2015）汝民初字第 854 号、（2016）豫 04 民终第 1298 号民

事判决；本案诉讼费由王某某、张某某承担。

王某某辩称：宋某某不是（2015）汝民初字第 854 号民事判决及（2016）豫 04 民终第 1298 号民事判决涉案房产的利害关系人。王某某自 2005 年 4 月 25 日起就善意取得并实际占有了该房产。宋某某与李某之间相互串通，制造虚假借贷关系，恶意提起虚假诉讼。宋某某的起诉没有事实及法律依据，应予驳回。

张某某辩称：案涉房产是王某某善意取得的，不存在恶意串通。宋某某与案涉房产没有任何利害关系，没有资格起诉撤销两份民事判决书，应依法予以驳回。

法院经审理查明：1996 年至 1998 年，李某为借款将案涉房产的权利证明与土地使用证抵押给段某某，未办理抵押登记。后李某又将该房产交付给张某某用于抵偿欠款。2005 年 4 月 25 日，王某某通过中介与张某某签订《卖房契约》1 份，从张某某处购买了该房产，占有居住至今。2012 年年底，李某为了从段某某处要回房产证和土地使用证，与宋某某虚构借贷关系，并将上述房产作为抵押，由宋某某以债权人身份多次提起民事诉讼，并申请查封上述房产（李某与宋某某因构成虚假诉讼罪于 2020 年被追究刑事责任）。2015 年 4 月 21 日，王某某以张某某为被告、段某某、丁某某为第三人提起诉讼，请求确认上述房屋买卖协议有效，王某某对该房产构成善意取得，并判令张某某协助王某某办理过户手续。经审理，生效判决支持了王某某的诉讼请求。2016 年 10 月 12 日，宋某某以上述生效判决损害其利益为由提起本案撤销之诉。

河南省平顶山市中级人民法院于 2017 年 9 月 5 日作出（2017）豫 04 民初 53 号民事判决：驳回宋某某的诉讼请求。宋某某不服提起上诉。河南省高级人民法院于 2018 年 7 月 30 日作出（2018）豫民终 12 号民事判决：一、撤销河南省平顶山市中级人民法院（2017）豫 04 民初 53 号民事判决；二、撤销河南省汝州市人民法院（2015）汝民初字第 854 号民事判决和河南省平顶山市中级人民法院（2016）豫 04 民终第 1298 号民事判决。王某某不服申请再审，最高人民法院于 2019 年 6 月 27 日作出（2019）最高法民申 1879 号民事裁定：提审本案。最高人民法院于 2021 年 2 月 2 日作出（2019）最高法民再 364 号民事裁定：一、撤销河南省高级人民法院（2018）豫民终 12 号民事判决及河南省平顶山市中级人民法院（2017）豫 04 民初 53 号民事判决；二、驳回宋某某的起诉。

裁判理由 ≫

法院生效裁判认为，《民事诉讼法》第 119 条规定，起诉必须符合原告是与本案有直接利害关系的公民、法人和其他组织的条件。本案宋某某据以提起第三人撤销之诉的河南省汝州市人民法院（2013）汝民初字第 122 号民事调解书系其与李某以捏造的事实提起民事诉讼所形成。宋某某与本案没有直接利害关系，其并非提起本案诉讼适格的原告，其起诉不符合法定起诉条件。

裁判要旨 ≫

当事人捏造事实、虚构债权并通过虚假诉讼得到确认后提起第三人撤销之诉，因其实际上对已发生法律效力的判决所涉及的财产和权益并不真正享有民事权益，无请求权，故不属于与案件有直接利害关系的原告，该起诉不符合法定起诉条件，应当驳回起诉。

关联索引 ≫

《民事诉讼法》第 122 条（本案适用的是 2017 年 7 月 1 日实施的《中华人民共和国民事诉讼法》第 119 条）

一审：河南省平顶山市中级人民法院（2017）豫 04 民初 53 号民事判决（2017 年 9 月 5 日）

二审：河南省高级人民法院（2018）豫民终 12 号民事判决（2018 年 7 月 30 日）

再审：最高人民法院（2019）最高法民再 364 号民事裁定（2021 年 2 月 2 日）

2023-04-1-222-015

庞某某、徐某某诈骗案

——"套路贷"中诈骗罪与虚假诉讼罪的竞合

基本案情 >>>

2017 年 4 月 24 日,被告人庞某某趁被害人夏某某急需资金向其借款之时,以民间借贷为诱饵,以"平台费""手续费""押金""行业惯例"等名义诱骗夏某某等人签订了金额虚高的共计 220 万元两份格式化的借款合同。同日,庞某某先转账给夏某某 60 万元,要求夏某某从中取现 50 万元,并指使徐某某将这 50 万元以"平台费""手续费"等名义收取。之后再转账给夏某某 120 万元,转账给丁某某 20 万元,并在未交付现金的情况下,于借款合同上备注"收到现金 20 万元",制造夏某某等人已全部取得借款的痕迹,但夏某某方实际收取到的金额共计 150 万元。

借贷期满后,因夏某某无法偿还被虚高的高额本息,庞某某便指使徐某某诱骗夏某某签下总计 60 万元的多份借款格式合同,并备注现金收取,但这 60 万元并未实际支付给夏某某,导致债务被继续垒高。为准备针对上述虚假合同提起民事诉讼,庞某某指使徐某某安排他人制造对应虚假借款合同金额的银行取现凭证,以伪造夏某某从其处取得借款的事实。

2018 年年初,被告庞某某方分别以上述借款合同为依据,分五案向法院提起民事诉讼,要求夏某某等借款人、担保人偿还上述借款合同涉及的 280 万元本金及利息。其间,庞某某向法院提交了之前伪造的银行取现凭证作为证据。在庞某某提起民事诉讼前,夏某某方已经实际归还了 146 万元。

浙江省宁波市鄞州区人民法院于 2021 年 8 月 19 日作出(2021)浙 0212 刑初 647 号刑事判决:一、被告人庞某某犯诈骗罪,判处有期徒刑三年,缓刑三年六个月,并处罚金人民币 10 万元;二、被告人徐某某犯诈骗罪,判处有期徒刑二年六个月,并处罚金人民币 5 万元。一审宣判后,二被告人均未提起上诉,判决已生效。

裁判理由 >>>

法院生效裁判认为，庞某某、徐某某以非法占有为目的，采用虚构事实、隐瞒真相的方法，利用"套路贷"手段诈骗他人钱财金额 96 万元，其中既遂部分为 29.01 万元，未遂部分为 66.99 万元，属于数额特别巨大，其行为已构成诈骗罪。两人在实施"套路贷"诈骗犯罪过程中，庞某某将后续垒高的虚假债务 60 万元向法院提起民事诉讼，致使法院作出错误的判决，又以该判决为依据申请法院强制执行，借用公权力以实现非法占有被害人财物的目的，该行为构成虚假诉讼罪；徐某某唆使他人制造银行流水的假象，将现金取款凭证作为证据提交法院，为庞某某的虚假诉讼行为服务，该行为构成帮助伪造证据罪或虚假诉讼罪共犯。纵观全案，庞某某、徐某某帮助伪造证据、虚假诉讼的行为系"套路贷"诈骗犯罪的有机组成部分，不能简单地割裂予以单独评价，同时两人的上述手段行为与全案诈骗目的行为存在刑法上的牵连关系，依法应当择一重罪以诈骗罪追究其刑事责任。

两被告人已经着手实施犯罪，因意志以外的原因而未得逞，是犯罪未遂，依法可以比照既遂犯减轻处罚。在共同犯罪过程中，被告人庞某某起主要作用，是主犯，应当按照其所参与的全部犯罪处罚；被告人徐某某起次要作用，是从犯，依法应当减轻处罚，徐某某辩护人对此提出的辩护意见予以采纳。被告人庞某某虽自动投案，但到案后未如实供述自己的罪行，不能认定为自首，其辩护人提出庞某某有自首情节的辩护意见与法律规定不符，不予采纳。案发后，被告人庞某某亲属代为赔偿了被害人损失，且取得对方的谅解，可以酌情从轻处罚，其辩护人提出的该辩护意见予以采纳。

裁判要旨 >>>

行为人在实施"套路贷"犯罪中，未采用明显的暴力或者威胁手段，主要通过伪造证据等手段垒高、虚增债务，后又借助虚假诉讼达到非法占有被害人财物的目的，其行为同时构成诈骗罪、虚假诉讼罪、帮助伪造证据罪的，应择一重罪以诈骗罪定罪处罚。

关联索引 >>>

《刑法》第 266 条、第 307 条之一、第 307 条第 2 款

一审：浙江省宁波市鄞州区人民法院（2021）浙 0212 刑初 647 号刑事判决（2021 年 8 月 19 日）

2023-05-1-293-002

张某光、张某荣虚假诉讼案

——虚假诉讼犯罪案件中如何正确适用从旧兼从轻原则

基本案情 》》

被告人张某光系浙江某阀门有限公司（以下简称阀门公司）法定代表人，由于公司经营不善，无力归还中国农业银行股份有限公司临海市支行（以下简称农行临海支行）的抵押贷款本息，农行临海支行 2015 年 8 月 17 日向临海市人民法院提起民事诉讼，临海市人民法院于同年 10 月 16 日作出判决，由阀门公司偿付农行临海支行本金人民币 15 289 750 元及相应利息，农行临海支行对阀门公司所有的坐落在临海市东部区块管委会北洋十一路某号的厂房折价或者拍卖、变卖该财产所得价款在判决确定的债权范围内享有优先受偿权。

为避免阀门公司的厂房被折价或者拍卖、变卖抵付给农行临海支行，被告人张某光于 2015 年 5 月和 6 月预先伪造了该公司 3 号、5 号厂房和 X 射线探伤室的两份建设工程施工合同，造价分别为 420 万元和 67 万元，后指示被告人张某荣以承包人名义在合同上签名，并委托律师代理，以阀门公司拖欠张某荣两笔分别为 420 万元和 67 万元的工程款为由，向临海市人民法院提起民事诉讼。同年 8 月 20 日，临海市人民法院作出（2015）台临杜民初字第 1019 号、第 1020 号民事调解书，认定张某荣为工程承包人，由阀门公司支付张某荣两笔工程款合计 487 万元，张某荣有权就工程款对涉案阀门公司 3 号、5 号厂房和 X 射线探伤室折价或者拍卖、变卖所得价款享有优先受偿权，并有权要求阀门公司支付逾期利息损失。2016 年 3 月 18 日，被告人张某荣在浙江省温州市龙湾区某某中学附近被抓获归案，被告人张某光于同年 4 月 7 日向临海市公安局自动投案并如实供述了犯罪事实。

浙江省临海市人民法院于 2016 年 8 月 23 日作出（2016）浙 1082 刑初 555 号刑事判决：被告人张某光犯虚假诉讼罪，判处有期徒刑一年四个月，并处罚金人民币 15 万元；被告人张某荣犯虚假诉讼罪，判处有期徒刑一年，并处罚金人民币 10 万元。一审宣判后，被告人张某光、张某荣分别提出上诉。浙江省台州市中级人民法院于 2016 年 12 月 5 日作出（2016）浙 10 刑终 943 号刑事裁定：驳回上诉、维持原判。

裁判理由 ≫

法院生效裁判认为：被告人张某光、张某荣实施犯罪行为时《刑法修正案（九）》尚未公布施行，因为虚假诉讼罪的主刑中增加了管制，并可单处罚金，相较于妨害作证罪和帮助伪造证据罪而言法定刑较轻，根据从旧兼从轻原则，本案应以虚假诉讼罪定罪处罚。张某荣以承包人名义参与整个虚假诉讼过程，在共同犯罪中作用相对较小，但并非仅起辅助作用，可酌情从轻处罚。故一、二审法院依法作出如上裁判。

裁判要旨 ≫

《刑法》第 12 条和《最高人民法院关于〈中华人民共和国刑法修正案（九）〉时间效力问题的解释》第 7 条规定中"处刑较轻"的判断标准，是我国刑法针对各个罪名规定的法定刑，而非人民法院判决确定的宣告刑。如果刑法规定的某一罪名的法定刑比另一罪名的法定刑轻，即使人民法院最终判决确定的宣告刑由于存在附加刑而对被告人更为不利，也不能认定法定刑较轻的罪名属于重罪。即在具体判断轻重罪的过程中，应当首先比较不同罪名的主刑，主刑相同的，再比较附加刑。

关联索引 ≫

《刑法》第 307 条之一第 1 款、第 25 条第 1 款、第 67 条第 1 款

《最高人民法院关于〈中华人民共和国刑法修正案（九）〉时间效力问题的解释》第 7 条

《最高人民法院关于适用刑法第十二条几个问题的解释》第 1 条、第 2 条

一审：浙江省临海市人民法院（2016）浙 1082 刑初 555 号刑事判决（2016 年 8 月 23 日）

二审：浙江省台州市中级人民法院（2016）浙 10 刑终 943 号刑事裁定（2016 年 12 月 5 日）

2023-06-1-196-002

张某某侮辱案

——网上散布他人隐私信息的法律定性

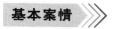 **基本案情**

自2015年以来，被告人张某某与被害人殷某某长期保持不正当男女关系。其间，张某某以殷某某与他人之间存在暧昧关系等为由，经常与殷某某发生争吵，后出于泄愤并欲破坏殷某某名誉，张某某自2021年以来先后以"林""细水长流"等昵称，在"合肥横埠汤沟专线""合肥工作招聘群"等QQ群和陌陌软件等网络社交媒体上发布殷某某的裸照、视频及有关殷某某隐私信息的文字，捏造并散布殷某某的招嫖信息并附殷某某的手机号码，上传虚假的殷某某性爱视频截图，编造殷某某女儿在中学期间恋爱怀孕的虚假信息等，导致上述照片、视频及相关信息被广泛传播，引发上述QQ群内及××县境内熟悉殷某某的群众的大量负面评价，对殷某某及其女儿等亲属的生活、工作、学习等造成严重影响。

安徽省枞阳县人民法院于2023年2月10日作出（2022）皖0722刑初191号刑事判决：被告人张某某犯侮辱罪，判处有期徒刑一年三个月（与犯虚假诉讼罪判处有期徒刑九个月，并处罚金人民币1万元并罚，决定执行有期徒刑一年九个月，并处罚金人民币1万元。）宣判后，张某某提出上诉。安徽省铜陵市中级人民法院于2023年6月12日作出（2023）皖07刑终34号刑事判决：维持原判。

裁判理由

法院生效裁判认为：被告人张某某在网络上发布他人裸照、视频及隐私信息，公然贬损他人人格、破坏他人声誉，情节严重，构成侮辱罪。张某某主观上系出于泄愤欲损毁殷某某名誉而非起哄闹事的目的，发布的信息大多数并非虚假信息，针对的是特定的对象而非不特定的社会公众，且其行为引发公共秩序混乱，应以侮辱罪追究刑事责任。故法院依法作出如上裁判。

裁判要旨 >>>

诽谤罪与侮辱罪都是以特定的自然人为犯罪对象，侵犯的客体都是他人的名誉。网络环境下，两罪的区别是诽谤罪的明知标准更高、所散布信息的真伪有别、认定情节严重的侧重不同。在衡量网络侮辱行为是否达到"情节严重"时，应重点考虑侮辱行为对被害人名誉及其社会评价的损害程度，以伤害后果、侮辱次数、侮辱信息的传播范围、深度、时长等作为认定标准。

关联索引 >>>

《刑法》第 246 条

《最高人民法院、最高人民检察院关于办理利用信息网络实施诽谤等刑事案件适用法律若干问题的解释》第 3 条

一审：安徽省枞阳县人民法院（2022）皖 0722 刑初 191 号刑事判决（2023 年 2 月 10 日）

二审：安徽省铜陵市中级人民法院（2023）皖 07 刑终 34 号刑事判决（2023 年 6 月 12 日）

2023-05-1-293-003

张某民虚假诉讼案
——如何认定虚假诉讼罪中的"情节严重"

基本案情 >>>

被告人董某红（另案处理）长期从事非法吸收公众存款违法犯罪活动，无力偿还债务，部分债权人向法院提起民事诉讼，法院依法查封了董某红的部分资产。2013 年 5 月，董某红为将自己被法院查封的资产优先用于偿还拖欠亲友的债务，与被告人张某民合谋，由董某红伪造其向张某民借款 470 万元的借条，张某民冒充董某红的债权人，向江苏省宜兴市人民法院提起民事诉讼，要求董某红归还欠款。同年 5 月 28 日，宜兴市人民法院对该案进行开庭审理，董某红和张某民委托的诉讼代理人竺某新到庭参加诉讼，经法院主

持调解，双方达成调解协议。同年 6 月 3 日，宜兴市人民法院作出（2013）宜民初字第 1267 号民事调解书，张某民依据此调解书获得法院执行款 60.468 万元后交给董某红，董某红将上述款项用于归还亲友债务。2016 年 2 月 24 日，张某民接到公安人员电话通知后，主动到公安机关投案，如实供述了上述事实，并在本案审理过程中退出赃款 60.468 万元。

江苏省宜兴市人民法院于 2016 年 8 月 4 日作出（2016）苏 0282 刑初 636 号刑事判决；对被告人张某民以虚假诉讼罪判处有期徒刑一年，缓刑一年六个月，并处罚金人民币 3 万元。宣判后，在法定期限内没有上诉、抗诉。判决已发生法律效力。

裁判理由 >>>

法院生效裁判认为：被告人张某民伙同他人以虚假的借条向人民法院提起民事诉讼，导致法院作出错误的民事调解书，并依据该调解书取得执行款，妨害司法秩序并严重侵犯他人合法权益，其行为符合虚假诉讼罪的构成要件。张某民的行为发生在 2015 年 11 月 1 日前，根据修正前《刑法》的有关规定，其行为构成帮助伪造证据罪，根据《最高人民法院关于〈中华人民共和国刑法修正案（九）〉时间效力问题的解释》第 7 条的规定，适用《刑法修正案（九）》规定的虚假诉讼罪处刑较轻，故对张某民的行为应以虚假诉讼罪定罪处罚，公诉机关指控罪名成立，应予采纳。张某民的行为不属于情节严重，依法应判处三年以下有期徒刑、拘役或者管制，并处或者单处罚金，其作案后主动向公安机关投案并如实供述自己的犯罪事实，依法构成自首，应予以从轻处罚；案发后退出全部违法所得，庭审中自愿认罪，予以从轻处罚。在共同犯罪中，张某民积极主动实施犯罪，不属于从犯。综合以上情节，结合社区评估意见，张某民符合缓刑适用条件，依法可以宣告缓刑。故一审法院依法作出如上裁判。

裁判要旨 >>>

对于欺诈侵财类虚假诉讼犯罪，行为人实施虚假诉讼犯罪行为，非法占有他人财产数额达到 10 万元以上的，可以认定为"情节严重"，适用第二个法定刑幅度。对于逃避债务类虚假诉讼行为，致使他人债权无法实现，数额达到 100 万元以上的，或者在无证据证实他人无法实现的债权具体数额的情况下，法院生效裁判确定的义务人自动履行裁判确定的财产给付义务或者人民法院强制执行财产权益数额达到 100 万元以上的，可以认定为"情节严重"，适用第二个法定刑幅度。对于行为人出于其他目的实施虚假诉讼行为的情形与逃避债务类行为类似，义务人自动履行财产给付义务或者人民法院强制执行的财产权益数额达到 100 万元以上的，可以认定为"情节严重"，适用第二个法定刑幅度。

关联索引 >>>

《刑法》第 307 条之一

《办理虚假诉讼案件解释》

一审：江苏省宜兴市人民法院（2016）苏 0282 刑初 636 号刑事判决（2016 年 8 月 4 日）

2023-05-1-222-008

朱某春、李某乐诈骗案

——"单方欺诈型"虚假诉讼行为的定罪处罚

基本案情 >>>

被告人朱某春在丽水市投资开办浙江某某投资有限公司，从事帮助他人临时资金周转等方面业务，并从借贷活动中收取高额利息作为盈利，被告人李某乐参与合作并从中获取利益。2013 年 4 月中旬，被害人徐某亮因一笔总额为 200 万元的贷款到期急需资金，遂通过朋友项某清找到李某乐、朱某春借款。同月 14 日，徐某亮在朱某春提供的格式借条上填写了无出借人、无借款利息、借款总额为 200 万元的借条，借款时间为同月 15 日，约定同月 30 日前归还全部借款，并加盖了自己经营的丽水市某亮贸易有限公司的公章，徐某亮的妻子毕某作为借款人在借条上签名。徐某亮填好借条后，找到朋友方某斌、项某清、季某云在借条上签名担保。同月 15 日，徐某亮将办妥借款担保手续的借条交给朱某春，朱某春预先扣除借款利息后，从自己在浦发银行丽水支行的个人账户中转账 145 万元至李某乐在该银行开立的个人账户，朱某春、李某乐以及吴某宏等人凑足 200 万元后，当日下午由吴某宏代为办理，从李某乐的个人账户中同行转账支付给徐某亮。之后，朱某春在徐某亮出具的借条上，分别在方某斌、项某清、季某云的签名前擅自加注"借款人（1）、（2）、（3）"字样，将上述三位担保人的身份篡改为共同借款人。同月 28 日，徐某亮将全部 200 万元欠款转账归还至朱某春的浦发银行丽水支行账户，向朱某春讨要借条时，朱某春以徐某亮之前为他人担保的另一笔借款 300 万元尚未归还为由拒绝归还。徐某亮经与朱某春多次争吵、协商，朱某春对借条进行彩色复印后，将复印件交给徐某亮。之后，项某清得知朱某春等人欲持借条起诉的消息，要求朱某春将借条上其名字划去。

2013 年下半年至 2014 年 2 月，被告人朱某春的律师根据其要求，以被告人李某乐为原告，徐某亮、方某斌、季某云、毕某以及丽水市同亮贸易有限公司为被告撰写民事起诉状，要求上述被告归还原告借款本金 200 万元并支付利息 40 万元。同月 9 日，李某乐在朱某春的要求下，在律师准备好的特别授权委托书和起诉状上签名，并在徐某亮出具的借条原件上原无出借人和无利息处，分别写上"李某乐"和"2"字样。同年 5 月 14 日，律师以李某乐为原告，向丽水市莲都区人民法院起诉。丽水市莲都区人民法院审查立案后，经公告送达和审理，于同年 11 月 6 日作出民事判决，判令被告徐某亮、方某斌、季某云、毕某以及丽水市同亮贸易有限公司于判决生效后十五日归还原告李某乐借款 200 万元，并支付自 2013 年 4 月 15 日起按月利率 2% 计算至判决确定的履行期限届满之日止的利息。

一审判决作出后，民事被告方某斌、季某云不服，向丽水市中级人民法院提起上诉。二审期间，方某斌、季某云经与李某乐的特别授权代理人协商，于 2015 年 3 月 18 日达成和解协议，约定由季某云、方某斌在 2015 年 8 月 30 日前每人向李某乐支付 10 万元，剩余的 180 万元与方某斌、季某云无关，方某斌、季某云撤回上诉。之后，方某斌、季某云向丽水市中级人民法院申请撤回上诉，丽水市中级人民法院于同月 19 日作出民事裁定，裁定准许方某斌、季某云撤回上诉，双方均按原审判决执行。2015 年 4 月 9 日，丽水市公安局莲都区分局对季某云、方某斌等人被诈骗案立案侦查。

浙江省丽水市莲都区人民法院于 2016 年 3 月 2 日作出（2015）丽莲刑初字第 878 号刑事判决：一、被告人朱某春犯虚假诉讼罪，判处有期徒刑三年，缓刑五年，并处罚金人民币 10 万元；二、被告人李某乐犯虚假诉讼罪，判处有期徒刑二年，缓刑三年，并处罚金人民币 5 万元。宣判后，丽水市莲都区人民检察院提出抗诉。浙江省丽水市中级人民法院于 2016 年 12 月 9 日作出

(2016) 浙 11 刑终 69 号刑事判决：一、撤销丽水市莲都区人民法院（2015）丽莲刑初字第 878 号刑事判决；二、被告人朱某春犯诈骗罪，判处有期徒刑四年六个月，并处罚金人民币 15 万元；三、被告人李某乐犯诈骗罪，判处有期徒刑二年，缓刑五年，并处罚金人民币 10 万元。

裁判理由 ≫

法院生效裁判认为：被告人朱某春、李某乐明知借款人所欠借款已经归还，仍然捏造事实起诉借款人及担保人，要求对方归还借款及利息，具有非法占有他人财产的主观目的，客观上实施了虚构事实、隐瞒真相行为，致使人民法院作出错误裁判处分被害人的财产，符合诈骗罪的构成要件。《最高人民法院关于〈中华人民共和国刑法修正案（九）〉时间效力问题的解释》第 7 条第 2 款规定，通过虚假诉讼，非法占有他人财产或者逃避合法债务，根据修正前《刑法》应当以诈骗罪等追究刑事责任的，适用修正前《刑法》的有关规定。《最高人民检察院法律政策研究室关于通过伪造证据骗取法院民事裁判占有他人财物的行为如何适用法律问题的答复》不属于司法解释，且与上述司法解释相冲突，不予适用。原判认定朱某春、李某乐的行为构成虚假诉讼罪属适用法律错误，抗诉机关的抗诉理由成立。朱某春、李某乐因意志以外的原因未得逞，系诈骗犯罪未遂。

裁判要旨 ≫

（1）在"单方欺诈型"虚假诉讼的情况下，因行为人捏造事实而被骗的是人民法院，人民法院在受蒙蔽的情况下处分的是民事被告的财产，遭受损失的是民事被告，受骗人（财产处分人）与被害人并非同一主体，发生了分离。对于这种情况，理论上一般称为"三角诈骗"，可以以诈骗罪论处。

（2）"单方欺诈型"虚假诉讼行为发生在《刑法修正案（九）》施行之前，《刑法修正案（九）》施行之日尚未处理的，应当适用修正前《刑法》规定，以诈骗罪定罪处罚。

关联索引 ≫

《刑法》第 23 条，第 25 条第 1 款，第 26 条第 1 款、第 4 款，第 27 条，第 67 条第 3 款，第 72 条第 1 款、第 3 款，第 73 条第 2 款、第 3 款，第 266 条

《最高人民法院关于〈中华人民共和国刑法修正案（九）〉时间效力问

题的解释》第 7 条第 2 款

《刑事诉讼法》第 236 条第 1 款第 2 项

一审：浙江省丽水市莲都区人民法院（2015）丽莲刑初字第 878 号刑事判决（2016 年 3 月 2 日）

二审：浙江省丽水市中级人民法院（2016）浙 11 刑终 69 号刑事判决（2016 年 12 月 9 日）

2023-05-1-293-004

某轴承厂诉单某强虚假诉讼案
——虚假诉讼犯罪被害人应当依照法律规定行使自诉权

基本案情 >>>

浙江省嘉善县某镇某村某经济合作社（以下简称某村合作社）2014 年 8 月 22 日向人民法院起诉某轴承厂，同时提交了财产保全申请书。人民法院根据某村合作社的申请，裁定查封、扣押、冻结某轴承厂价值数百万元的机器设备和银行存款。之后，某村合作社未按规定缴纳诉讼费用，亦未提出减、缓、免交诉讼费用申请，人民法院于同年 9 月 4 日作出民事裁定，以某村合作社未在规定时间内及时缴纳案件受理费及保全费用为由，解除了对某轴承厂财产的查封、扣押、冻结措施，但某轴承厂的财产始终下落不明。某轴承厂向浙江省嘉善县人民法院提起自诉，认为某村合作社社长、法定代表人单某强作为合作社直接负责的主管人员，以捏造的事实提起民事诉讼，妨害司法秩序，致使自诉人某轴承厂遭受重大经济损失，严重侵害了某轴承厂的合法权益，行为涉嫌构成虚假诉讼罪，请求依法追究单某强的刑事责任。

浙江省嘉善县人民法院于 2015 年 12 月 2 日作出（2015）嘉善刑受字初字第 00002 号刑事裁定，对自诉人某轴承厂的刑事自诉不予受理。一审宣判后，某轴承厂提出上诉。浙江省嘉兴市中级人民法院于 2015 年 12 月 28 日作出（2015）浙嘉刑受终字第 00010 号刑事裁定，裁定驳回上诉、维持原判。

裁判理由 >>>

法院生效裁判认为：自诉人某轴承厂提起的刑事自诉不属于《最高人民法院关于适用〈中华人民共和国刑事诉讼法〉的解释》第1条规定的人民法院直接受理的自诉案件的受案范围，依法应不予受理。某轴承厂请求二审撤销一审裁定、对本案直接管辖或者指令辖区内其他法院管辖的理由不足，依法不予采纳。故依法作出如上裁判。

裁判要旨 >>>

根据有关法律的规定，虚假诉讼案件的被害人享有向人民法院提起刑事自诉的权利。为避免刑事自诉权被滥用、成为部分民事诉讼当事人用以恶意干扰民事诉讼进程的工具，对虚假诉讼犯罪案件的被害人行使自诉权的条件应当依法严格把握。虚假诉讼犯罪案件中的被害人提起刑事自诉，应当同时满足三个方面的条件：第一，自己的人身、财产权利遭到虚假诉讼犯罪行为侵害，这是提起自诉的主体条件。第二，有证据证明对被告人通过虚假诉讼侵犯自己人身、财产权利的行为应当依法追究刑事责任，这是提起自诉的证据条件。第三，有证据证明被害人曾向公安机关或者人民检察院控告被告人实施虚假诉讼犯罪行为，而公安机关或者人民检察院不予追究被告人刑事责任。这是提起自诉的程序条件。

关联索引 >>>

《刑法》第307条之一
《刑事诉讼法》第210条
一审：浙江省嘉善县人民法院（2015）嘉善刑受字初字第00002号刑事裁定（2015年12月2日）
二审：浙江省嘉兴市中级人民法院（2015）浙嘉刑受终字第00010号刑事裁定（2015年12月28日）

2023-05-1-293-001

柯某某等虚假诉讼案

——虚假诉讼罪中"严重干扰正常司法活动或者
严重损害司法公信力"的认定

基本案情 ▷▷▷

2017 年 4 月 21 日，某丰公司与政府签订协议，表示愿意退出烟花爆竹产业，政府补偿人民币 523.04448 万元。经调解，被告人柯某某与彭某某达成还款协议，被告人柯某某承诺某丰公司拿到奖励资金后偿还彭某某货款人民币 6 万元。2017 年 6 月 29 日，政府向某丰公司拨付奖励资金人民币 300 万元。同日，因法院冻结该款项人民币 85.1913 万元，被告人柯某某将余款人民币 214.8087 万元通过他人银行账户分别转给其他债权人，并未依照约定偿还彭某某货款人民币 6 万元。后法院扣留某丰公司在政府的奖励资金 252.6778 万元。除政府预留奖励资金 30 万元外，余款人民币 194.9070 万元被法院依法提取。被告人柯某某为套取上述奖励资金，捏造被告人刘某某、汪某某向某丰公司提供货物的事实，并以某丰公司的名义分别向被告人刘某某、汪某某出具差欠人民币 30 万元、31 万元货款欠条。

被告人柯某某将事先制作的民事起诉书及虚假欠条交给被告人刘某某及被告人汪某某，让其到法院提起民事诉讼。经法院组织调解，确认某丰公司差欠刘某某货款人民币 30 万元，定于 2019 年 11 月 10 日前一次性还清，差欠汪某某货款人民币 31 万元，定于 2020 年 6 月 30 日前一次性还清。2020 年 6 月 11 日，彭某某向法院起诉要求被告人柯某某及配偶陈某某偿还货款人民币 6 万元。

2020 年 6 月 19 日，被告人柯某某以某丰公司的名义向政府提供民事调解书，向政府申请将剩余奖励资金人民币 30 万元分别支付刘某某人民币 12 万元、支付汪某某人民币 12 万元、支付他人的人民币 6 万元。后被告人柯某某取走政府拨付给被告人刘某某、汪某某合计人民币 24 万元的款项。

2020 年 8 月 10 日，法院判决柯某某和陈某某向彭某某给付货款人民币 6 万元及利息。后彭某某找到被告人柯某某一同前往政府申请在剩余奖励资金人民币 30 万元中拨付人民币 6 万元偿还债务，得知某丰公司的奖励资金已全部拨付完毕。

2020 年 9 月 17 日，法院组织刘某某及汪某某等多名某丰公司债权人对法院提取的奖励资金进行分配，制作执行财产分配方案。2020 年 11 月 19 日，被告人刘某某依据该分配方案收到人民币 13.126429 万元。2020 年 10 月 29 日，被告人汪某某依据该分配方案收到人民币 13.56397 万元。被告人柯某某及陈某某先后将上述款项取走。

彭某某因多次向被告人柯某某催讨欠款无果，遂于 2020 年 10 月 20 日向法院申请执行。法院依法划扣被告人柯某某银行账户人民币 2691.47 元。执行过程中，彭某某及其配偶柯某甲多次向被告人柯某某讨要债务，但被告人柯某某拒不配合还款。2022 年 4 月 19 日，柯某甲到被告人柯某某家中讨要债务无果，后在被告人柯某某家中自缢身亡。

湖北省大冶市人民法院于 2022 年 8 月 11 日作出（2022）鄂 0281 刑初 412 号刑事判决：一、被告人柯某某犯虚假诉讼罪，判处有期徒刑五年，并处罚金人民币 2 万元；二、被告人刘某某犯虚假诉讼罪，判处有期徒刑二年，缓刑三年，并处罚金人民币 1 万元；三、被告人汪某某犯虚假诉讼罪，判处有期徒刑二年，缓刑三年，并处罚金人民币 1 万元；四、对被告人刘某某、汪某某分别已缴纳的退赔款人民币 251 264.29 元、255 639.7 元依法制作分配方案，对债权人进行案款分配。

宣判后，被告人柯某某提出上诉。湖北省黄石市中级人民法院于 2022 年 10 月 27 日作出（2022）鄂 02 刑终 147 号刑事裁定，驳回上诉，维持原判。

裁判理由

湖北省大冶市人民法院经审理认为：被告人柯某某、刘某某、汪某某恶意串通，以伪造证据、虚假陈述等手段，捏造民事法律关系，虚构民事纠纷，向人民法院提起民事诉讼，致使人民法院基于捏造的事实作出错误的裁判文书，严重干扰正常司法活动，情节严重，且严重侵害其他债权人合法权益，其行为均已构成虚假诉讼罪，公诉机关指控的罪名成立。被告人柯某某到案后如实供述其犯罪事实，系坦白，可以从轻处罚。被告人刘某某、汪某某经公安机关传唤自动投案，并如实供述其犯罪事实，系自首，且认罪认罚，均可以从轻或减轻处罚。在共同犯罪中，被告人刘某某、汪某某所起作用较小，系从犯，应当从轻或减轻处罚。被告人刘某某、汪某某分别向本院缴纳退赔款人民币 25. 126429 万元、25. 56397 万元，可以酌情从轻处罚。根据本案的犯罪事实及被告人刘某某、汪某某具有自首、从犯、认罪认罚、退赔等量刑情节，结合公诉机关的量刑建议，可以对被告人刘某某、汪某某适用非监禁刑。对辩护人提出的相关辩护意见，予以采纳。

湖北省黄石市中级人民法院经审理认为：原审被告人柯某某、刘某某、汪某某恶意串通，以伪造证据、虚假陈述等手段，虚构民事纠纷，向人民法院提起民事诉讼，严重干扰正常司法活动，严重影响司法公信力，且损害他人合法权益造成严重后果，达到"情节严重"。

裁判要旨 >>>

被告人虚构债务，转移财产，致使债权人自缢身亡的行为妨害司法秩序，严重损害司法权威和尊严，同时也严重侵害其他债权人的合法利益，社会影响恶劣，严重影响司法公信力，属于情节严重情形。

关联索引 >>>

《刑法》第 307 条之一

一审：湖北省大冶市人民法院（2022）鄂 0281 刑初 412 号刑事判决（2022 年 8 月 11 日）

二审：湖北省黄石市中级人民法院（2022）鄂 02 刑终 147 号刑事裁定（2022 年 10 月 27 日）

2024-05-1-222-004

毛某、时某诈骗案
——伪造劳动合同签名进行"劳动碰瓷"的定性分析

基本案情 >>>

2015 年 7 月，被告人毛某、时某分别进入被害单位亨某公司工作。此后，被告人毛某、时某在被害单位亨某公司提供劳动合同供其签名时未予当场签署，后在劳动合同上伪造不是其所写的签名。2015 年 9 月，被告人毛某、时某离职，并于此后以亨某公司未与其订立劳动合同为由，请求劳动仲裁委裁令亨某公司支付二倍的工资等。经劳动仲裁委裁决，亨某公司因未订立劳动合同而支付被告人毛某、时某二倍的工资分别为9100元、8092元。2016年1月，被告人毛某、时某据此向法院申请执行并于同年4月取得被害单位亨某公司的上述款项。

2015年9月，被告人毛某、时某进入被害单位圣某公司工作并以相同手段申请劳动仲裁分别索要二倍工资赔偿51 257.71元、41 711.69元，后因案发而未得逞。

公诉机关指控认为，被告人毛某、时某以非法占有为目的，结伙诈骗他人财物，数额较大，其行为已构成诈骗罪。被告人及其辩护人辩称，本案不存在被害单位自愿交付财物的情况，不符合诈骗罪的构成要件。

浙江省温州市瓯海区人民法院于2017年11月23日作出（2017）浙0304刑初481号刑事判决：一、被告人毛某犯诈骗罪，判处有期徒刑一年九个月，并处罚金3000元。二、被告人时某犯诈骗罪，判处有期徒刑一年九个月，并处罚金3000元。三、责令被告人毛某、时某共同退赔违法所得17192元返还被害单位亨某公司。宣判后，被告人毛某、时某提出上诉。浙江省温州市中级人民法院于2018年7月23日作出（2017）浙03刑终1913号刑事裁定，驳回上诉，维持原判。

裁判理由

法院生效裁判认为：关于被告人有无伪造劳动合同签名的问题。亨某、圣某公司劳动合同的发放和回收均发生在公司内部，知道案件情况的公司员工具备证人资格。根据亨某公司员工谭某证言，其有将劳动合同发放给毛某、时某等人并及时收回，谭某的证言亦能与在案的其他证人的证言及相关证据相互印证。同时，根据圣某公司员工徐某证言，其有将劳动合同发放给毛某、时某等人并及时收回，徐某的证言亦能与在案的其他证人证言及相关证据相互印证。因此，本案的直接证据和间接证据能够相互印证，形成完整的证明体系，足以证明毛某、时某收到劳动合同后，上交了非本人签名的劳动合同。关于被告人诈骗行为与亨某公司损害后果是否存在因果关系的问题。亨某公司向被告人毛某、时某赔付二倍工资的损害后果，从表面上看系因亨某公司在仲裁阶段没有及时提供劳动合同原件，但实际上系毛某、时某基于诈骗目的伪造劳动合同签名，采取虚假仲裁的方式所致，该损害结果发生在虚假仲裁中，为被告人犯罪目的追求。退言之，即便亨某公司提供了劳动合同原件，同样存在因合同非被告人本人签名而承担赔偿责任的风险。因此，亨某公司没有提供劳动合同的情节不能阻断毛某、时某因虚假仲裁而获得二倍工资赔偿的因果关系。故二被告人行为与亨某公司经济损失具有法律上的因果关系。关于被告人是否成立共同犯罪的问题。被告人毛某、时某系夫妻关系，具备犯意联络的客观条件，且二人均在相同单位务工，并对多家用人单位同时申请仲裁、提起诉讼，要求赔付二倍工资。因此，毛某、时某存在共同犯罪的意思联络，且共同实施、相互配合，构成共同犯罪。综上，被告人毛某、时某结伙在劳动合同上伪造不是其所写的签名，再以被害单位未与其订立劳动合同为由，通过劳动仲裁等途径获取二倍工资；被告人毛某、时某的上述行为是结伙以非法占有被害单位财物为目的，采取欺诈手段，致使劳动仲裁委等机关基于错误认识而运用法律强制措施将被害单位的财物交付给被告人，数额较大，其行为均已构成诈骗罪。故一、二审依法作出如上裁判。

裁判要旨 〉〉〉

"劳动碰瓷"案件中，被告人在主观上以非法占有二倍工资为目的，在客观上以提起民事诉讼等手段，通过欺骗仲裁委、法院而间接地占有公私财物，系三角诈骗，应以诈骗罪判处。同时符合虚假诉讼构成要件时，属于想象竞合犯，依法择一重罪判处。

关联索引 〉〉〉

《刑法》第25条第1款、第64条、第266条

一审：浙江省温州市瓯海区人民法院（2017）浙0304刑初481号刑事判决（2017年11月23日）

二审：浙江省温州市中级人民法院（2017）浙03刑终字1913号刑事裁定（2018年7月23日）

2023-05-1-292-005

王某炎帮助伪造证据、胡某光妨害作证案

——"部分篡改型"行为不构成虚假诉讼罪

基本案情 >>>

被告人胡某光对多人负有债务无力偿还。2013年4月1日，债权人周某森向浙江省江山市人民法院起诉要求胡某光偿还借款，并在600万元的债权范围内保全了胡某光的别墅，江山市人民法院同年9月24日作出判决，由胡某光归还周某森借款本金4 279 050元及相应利息。同年11月26日和2014年1月20日，债权人徐某发和宋某祥先后向江山市人民法院提起民事诉讼，分别要求胡某光偿还借款560万元和300万元及相应利息，经江山市人民法院主持调解，双方当事人达成调解协议，由胡某光限期偿还徐某发和宋某祥的借款。2014年5月8日，江山市人民法院对胡某光的别墅进行拍卖，得款831万元，并依法冻结胡某光银行账户内存款50余万元。

被告人胡某光另负有对胡某琳和被告人王某炎的债务，金额分别为71万元和56万元。为逃避履行对周某森、徐某发和宋某祥等人所负债务，胡某光于2013年年初找到王某炎，提出将胡某光对胡某琳和王某炎所负债务的总金额由127万元虚增至350万元，并由王某炎出面，分别以王某炎名义和胡某琳诉讼代理人的名义提起民事诉讼，要求胡某光偿还借款。为证明上述虚假诉讼请求，胡某光于同年4月24日提供资金180万元，指使王某炎、胡某琳通过多个银行账户间循环转账等方式，制造王某炎以出借人和经办人身份，向胡某光分别转账出借170万元和180万元的假象，并伪造了胡某光向王某炎借款350万元、落款日期为2013年4月24日的借条1张。同年12月23日，胡某光指使王某炎向浙江省江山市人民法院提起民事诉讼，要求胡某光偿还借款350万元及相应利息。诉讼过程中，王某炎向人民法院提交了伪造的借条和银行账户转账凭证等证据材料。

2014年1月6日，经人民法院主持调解，王某炎与胡某光达成调解协议，约定胡某光于同年1月13日前归还借款350万元及相应利息。浙江省江山市人民法院于同日作出（2014）衢江商初字第14号民事调解书。截至本案案

发，该民事调解书尚未执行。2014 年 7 月 15 日，江山市公安局对胡某光等人立案侦查，先后将胡某光和王某炎抓获归案。

浙江省江山市人民法院于 2016 年 5 月 27 日作出 (2015) 衢江刑初字第 547 号刑事判决：一、撤销 (2013) 衢江刑初字第 369 号刑事判决中对被告人胡某光的缓刑部分；胡某光犯妨害作证罪，判处有期徒刑九个月，与前罪未执行的有期徒刑一年六个月、罚金人民币 10 万元并罚，决定执行有期徒刑一年十个月，并处罚金人民币 10 万元；二、被告人王某炎犯帮助伪造证据罪，判处拘役五个月，缓刑七个月。一审宣判后，胡某光提出上诉。浙江省衢州市中级人民法院于 2016 年 7 月 12 日作出 (2016) 浙 08 刑终 163 号刑事裁定，驳回上诉、维持原判。

裁判理由 >>>

法院生效裁判认为：被告人胡某光指使他人在诉讼过程中作伪证，其行为已构成妨害作证罪；被告人王某炎受他人指使，在诉讼过程中帮助伪造证据，严重侵害正常司法秩序，情节严重，其行为已构成帮助伪造证据罪。胡某光在缓刑考验期内又犯新罪，依法应当撤销缓刑，对新罪作出判决后与前罪未执行的刑罚并罚。王某炎归案后如实供述自己的罪行，可以从轻处罚，根据其犯罪情节和悔罪表现，依法可以适用缓刑。故依法作出如上裁判。

裁判要旨 >>>

根据《刑法》第 307 条之一的规定，虚假诉讼罪的惩治对象，是在不存在民事法律关系的情况下凭空捏造民事法律关系、虚构民事纠纷并向人民法院提起民事诉讼的"无中生有型"行为。"部分篡改型"行为不符合虚假诉讼罪的构成要件，依法不应认定为虚假诉讼罪。首先，从对刑法条文进行文义解释的角度分析，《刑法》第 307 条之一第 1 款规定的"捏造"一般是指完全没有依据、无中生有，仅靠自己的凭空想象臆造根本不存在的事物，与"杜撰""虚构"等基本属于同义词。其次，从立法原意的角度分析，刑法增设虚假诉讼罪的目的，是依法惩治不具有合法诉权的行为人故意捏造事实，制造自己具有诉权的假象，意图骗取人民法院裁判文书、达到非法目的的行为，如果民事法律关系客观存在，则行为人依法享有诉权，其对部分证据材料弄虚作假，对债权债务的具体数额、履行期限等进行部分篡改，不属于虚假诉讼罪的处罚对象。再次，将"部分篡改型"行为排除在虚假诉讼罪之外，符合民事诉讼的客观规律，现阶段民事诉讼案件数量巨大，且具体情况比较复杂，部分民事原告采取虚假陈述、伪造证据等手段故意提高诉讼标的额，实际上是出于更好地维护自身合法利益等诉讼策略方面的考虑，如果对这种情况不加区别地认定为虚假诉讼罪，可能会侵害部分民事当事人享有的合法诉权，导致刑罚打击面过大。最后，将"部分篡改型"行为认定为虚假诉讼罪，难以确定明确的定罪标准。综上，将"部分篡改型"行为排除在虚假诉讼罪之外，既符合刑法增设虚假诉讼罪的立法原意，也具有司法实践上的合理性。本案二被告人分别作为民事诉讼的被告和原告，相互恶意串通，在提起民事诉讼之前和民事诉讼过程中，共同实施伪造证据、虚假陈述等弄虚作假行为，骗取人民法院裁判文书，行为构成妨害作证罪或者帮助伪造证据罪。

关联索引 >>>

《刑法》第 307 条、第 307 条之一、第 77 条第 1 款

一审：浙江省江山市人民法院（2015）衢江刑初字第 547 号刑事判决（2016 年 5 月 27 日）

二审：浙江省衢州市中级人民法院（2016）浙 08 刑终 163 号刑事裁定（2016 年 7 月 12 日）

2023-16-2-091-002

石某诉余某某、陈某某房屋买卖合同纠纷案
——生效刑事判决认定构成虚假诉讼罪的，其诉讼请求依法应当驳回

基本案情 >>>

石某诉称：2015 年 3 月 27 日，余某某、陈某某将自己一套位于利通区某小区的某某号住房出售给石某。同时，双方签订了《售房协议书》。并对房屋总价、付款方式、税费承担、交房时间、违约责任等进行了约定。交房时间到期后，石某多次催余某某、陈某某办理房屋产权证，余某某、陈某某推托不予办理。故石某诉至法院，请求依法判令：（1）余某某、陈某某将吴忠市

利通区某小区的房屋产权手续办理至石某名下；（2）本案诉讼费由余某某、陈某某承担。2015 年 9 月 14 日，石某申请追加宁夏某房地产开发有限公司为本案第三人。

被告余某某、陈某某辩称，石某的诉讼请求没有事实和法律依据，不能成立。余某某、陈某某没有见过石某本人，不认可双方之间的房屋买卖合同。当时是余某某、陈某某借了石某父亲石某某 60 万元。石某某为了确保借款的安全，要求余某某借款的时候，做了四套手续，第一是出具了借款借条，第二是签订了房屋买卖合同，第三是签订了房屋抵押合同，第四是签订了房屋租赁合同。但双方之间是民间借贷关系，房屋买卖合同不是余某某、陈某某的真实意思。

宁夏某房地产开发有限公司述称：余某某、陈某某和石某的房屋买卖合同与本公司无关，本公司不承担任何责任。本公司已经将涉案房屋的售房发票开具给陈某某，陈某某怠于履行过户义务并非本公司原因，因此本公司不承担责任。

法院经审理查明：2015 年 3 月 27 日，石某与余某某、陈某某签订了《售房协议书（合同）》。该合同约定：甲方（余某某、陈某某）将自己一套位于吴忠市利通区某小区的某某号住房（建筑面积为 138.36 平方米）出售给乙方（石某）；房屋总价为 50 万元，付款方式为一次性付清……房屋交付时间为 2015 年 4 月 25 日前甲方将钥匙和房屋交付到乙方手中，使用权归乙方所有；如果有一方违反以上条款，由一方赔偿另一方总房款的 15% 作为违约金。当天，石某将房款 50 万元转入到陈某某账户。余某某、陈某某至今未向石某交付房屋，也未将房屋产权证变更登记在石某名下。另查，2015 年 3 月 26 日，第三人宁夏某房地产开发有限公司向陈某某出具销售不动产统一发票。现案涉房屋登记在第三人公司名下。

2021 年 7 月 27 日，宁夏回族自治区吴忠市中级人民法院作出（2021）宁 03 刑终 36 号刑事判决，载明："2015 年 3 月 26 日，余某某因银行贷款到期无力还款，向被告人石某某借款。当日余某某按照石某某的要求，分别向石某某、杨某、杨某某、石某乙出具了金额为 60 万元的借条，并出具了一份房屋抵押合同和一份房屋租赁合同，又让余某某在一张空白纸的左下角签了自己的名字，后石某某指使石某在签有余某某、陈某某名字的空白纸上伪造了一份售房协议书。

3 月 27 日，石某某在宁夏某某塑胶管业股份有限公司的办公室，哄骗余某某向其出具收到石某房款 50 万元的收条一张。3 月 26 日至 27 日，马某某、石某某、杨某共同出资向余某某的妻子陈某某的银行账户中转账 564 000 元，该转账已扣除砍头息 36 000 元。余某某偿还部分利息后便无力偿还。2015 年 9 月 10 日，被告人石某某以石某名义用伪造的售房协议和余某某书写的 50 万元的收条，将余某某起诉至利通区人民法院，提起本案诉讼，要求余某某将位于吴忠市利通区某小区的某号房屋登记在石某名下。"

宁夏回族自治区吴忠市利通区人民法院于 2016 年 1 月 28 日作出（2015）吴利民初字第 2739 号民事判决：限余某某、陈某某、宁夏某房地产开发有限公司于判决生效后十日内将位于吴忠市利通区某小区的某某号房屋产权证办理至石某名下，因过户产生的契税费用由余某某、陈某某承担。余某某不服，提起上诉。宁夏回族自治区吴忠市中级人民法院于 2016 年 5 月 30 日作出（2016）宁 03 民终 270 号民事判决：驳回上诉，维持原判。宁夏回族自治区人民检察院向宁夏回族自治区高级人民法院提起抗诉。宁夏回族自治区高级人民法院裁定提审本案，并于 2022 年 2 月 21 日作出（2022）宁民再 2 号民事判决：一、撤销宁夏回族自治区吴忠市中级人民法院（2016）宁 03 民终 270 号民事判决和宁夏回族自治区吴忠市利通区人民法院（2015）吴利民初字第 2339 号民事判决；二、驳回石某的诉讼请求。

裁判理由

法院生效裁判认为，根据宁夏回族自治区吴忠市中级人民法院（2021）宁 03 刑终 36 号刑事判决认定的事实，本案原审认定的余某某、陈某某与石某签订的《售房协议书（合同）》，系石某的父亲石某某指使石某伪造形成、余某某向石某某出具的收到石某房款 50 万元的收条亦不真实，故石某与余某某、陈某某之间并不存在真实的房屋买卖合同关系。因此，原审法院依据案涉《售房协议书（合同）》及余某某出具的 50 万元收条，认定石某与余某某、陈某某房屋买卖合同关系成立并生效，进而支持石某的诉讼请求，基本事实认定错误、判决结果错误，应予纠正。石某故意隐瞒案件事实，提起本案诉讼，属于虚假诉讼，其诉讼请求依法应当驳回。综上所述，检察机关的抗诉意见和余某某、陈某某的再审理由成立，应予支持。

裁判要旨

《民事诉讼法》第 115 条规定，当事人之间恶意串通，企图通过诉讼、调解等方式侵害他人合法权益的，人民法院应当驳回其请求，并根据情节轻重予以罚款、拘留；构成犯罪的，依法追究刑事责任。本案中，生效的刑事判决认定石某某的行为构成虚假诉讼罪，石某与其父石某某串通，故意隐瞒案件事实，提起的本案诉讼，属于虚假诉讼，按照法律规定，其诉讼请求依法应当驳回。

关联索引 >>>

《民事诉讼法》第 115 条

一审：宁夏回族自治区吴忠市利通区人民法院（2015）吴利民初字第 2739 号民事判决（2016 年 1 月 28 日）

二审：宁夏回族自治区吴忠市中级人民法院（2016）宁 03 民终 270 号民事判决（2016 年 5 月 30 日）

再审：宁夏回族自治区高级人民法院（2022）宁民再 2 号民事判决（2022 年 2 月 21 日）

2023-16-2-103-003

甲公司诉乙公司、丙公司、丁公司及陈某某借款合同纠纷案

——企业实际控制人捏造企业间借款事实构成虚假诉讼

基本案情 >>>

2016 年 10 月，陈某某捏造其实际控制的甲公司（法定代表人为其岳母王某某）在 2012 年 4 月 8 日到 2014 年 3 月 24 日期间借款 50 048 767.00 元给其实际控制的乙公司（法定代表人为其妹妹陈春某）的事实，以乙公司持有的与甲公司间的 23 笔银行转账回单作为依据，伪造《借款协议》《授权委托书》、由陈某某实际控制的丙公司（法定代表人为其妹妹陈春某）和丁公司（法定代表人为其父亲陈某）以及陈某某本人承担连带保证责任的《债务确认及担保协议书》，捏造在云南省迪庆州辖区签订《债务确认及担保协议书》的

事实，于 2016 年 10 月 27 日向人民法院提起企业借贷纠纷的民事诉讼。法院立案受理后，陈某某安排其公司员工金某代表丁公司、吴某代表乙公司、徐某代表丙公司、李某代表甲公司在昆明签订了《案件和解协议书》。后经被告人陈某某安排，金某代表丁公司、吴某代表乙公司、被告人陈某某本人代表丙公司、甲公司委托张某律师参加了该民事诉讼的调解，云南省迪庆藏族自治州中级人民法院于调解当日作出了（2016）云 34 民初 15 号民事调解书，确认乙公司欠甲公司借款本金 50 048 767.00 元以及丙公司、丁公司、陈某某对全部借款本金及利息承担连带保证清偿责任的事实。经执行，截至 2021 年 7 月 30 日共计执行到位 19 729 604.59 元，其中扣除诉讼费、执行费 255 610.85 元，执行款 9 687 948.74 元已支付到甲公司及王某个人账上，尚余已执行款 9 786 045.00 元因本案暂缓执行。检察机关于 2022 年 3 月 1 日对陈某某涉嫌虚假诉讼罪提起公诉，法院经审理判决认定陈某某犯虚假诉讼罪，对其判处有期徒刑四年，并处罚金人民币六万元。2022 年 10 月 20 日，检察机关提出检察建议，建议对本案民事诉讼部分启动再审。原审法院决定对本案进行再审。

云南省迪庆藏族自治州中级人民法院于 2023 年 2 月 17 日作出（2022）云 34 民再 8 号民事判决，判决驳回甲公司的起诉。该院于 2023 年 2 月 23 日作出（2023）云 34 司惩 1 号决定书，对甲公司罚款 20 万元；对乙公司、丙公司、丁公司分别罚款 10 万元。鉴于陈某某已在本院刑事判决书中对虚假诉讼承担刑事责任并进行了经济处罚，不再重复惩戒。

裁判理由

法院生效裁判认为：原审被告陈某某犯虚假诉讼罪一案的刑事判决书表明，调解书中的原审原告甲公司与原审被告乙公司、丙公司、原审被告丁公司的法定代表人与原审被告陈某某均为亲属关系，陈某某为三公司的实际控制人，其利用实际控制人的便利，利用甲公司与乙公司之间的 23 笔银行转账回单，伪造《借款协议》《授权委托书》《债务确认及担保协议书》，捏造《债务确认及担保协议书》在云南省迪庆州辖区内某酒店签订的事实，以虚构的事实向人民法院提起诉讼，导致人民法院错误地对该民事调解协议进行确认。经再审查明，原审原告甲公司提起的诉讼，承办法院无管辖权，应按照《民事诉讼法》第 124 条的规定，立案后发现不符合受理规定情形的，裁定驳回起诉。本案中，原审原告甲公司在明知陈某某签订虚假协议，还积极配合其向人民法院起诉，其他三被告公司在调解书的执行过程中，未如实向人民法院反映虚假的内容，虽未构成刑事犯罪，但当事人之间恶意串通，通过诉讼、调解的方式干扰国家司法机关审判活动，妨害正常司法活动，损害司法权威和司法公信力，占用和浪费司法资源，侵害其他债权人的合法权益，属于妨碍民事诉讼的行为。

裁判要旨 ▶▶▶

当事人之间恶意串通，通过诉讼、调解的方式干扰国家司法机关审判活动，妨害正常司法活动，损害司法权威和司法公信力，占用和浪费司法资源，侵害其他债权人的合法权益，属于妨碍民事诉讼的行为。

关联索引 ▶▶▶

《刑法》第 307 条第 1 款

《民事诉讼法》第 114 条、第 115 条、第 118 条、第 122 条、第 157 条第 1 款

《最高人民法院关于适用〈中华人民共和国民事诉讼法〉的解释》第 184 条、第 208 条第 1 款第 3 项

一审：云南省迪庆藏族自治州中级人民法院（2016）云 34 民初 15 号调解书（2016 年 12 月 19 日）

二审：云南省迪庆藏族自治州中级人民法院（2022）云 34 民再 8 号民事判决（2023 年 2 月 17 日）

妨碍民事诉讼惩戒：云南省迪庆藏族自治州中级人民法院（2023）云 34 司惩 1 号决定书（2023 年 2 月 23 日）

胡某利、陶某云虚假诉讼案

——以捏造的事实提出执行异议和执行异议之诉

基本案情 >>>

被告人胡某利与他人存在民间借贷纠纷，某县人民法院一审和某市中级人民法院二审均判决胡某利败诉，案件进入执行程序。某县人民法院执行局依法对胡某利所有的宾馆和健身房一、二层房产以及一辆越野车组织进行拍卖。胡某利为防止名下房产被拍卖，逃避履行债务，于2017年年初与妹夫陶某云（被告人）经预谋后签订一份虚假的房屋租赁合同，约定胡某利以60万元的价格将其名下宾馆和健身房的使用权出租给陶某云，出租期限14年，合同签订日期确定为2016年6月15日（一审法院作出民事判决前），并指使他人伪造了租赁交割物资清单、租金收条等证据材料，意图干扰某县人民法院强制执行其名下房产。

2017年6月15日，胡某利指使陶某云依据二人签订的虚假房屋租赁合同向某县人民法院提出执行异议，某县人民法院同年6月29日以案外人未实际占有涉案房产为由裁定驳回执行异议。同年8月1日，陶某云向某县人民法院提起执行异议之诉，某县人民法院裁定中止对涉案执行标的的处分，导致胡某利名下房产长时间未进入拍卖程序。

河南省新县人民法院于2018年2月11日作出（2018）豫1523刑初31号刑事判决：以虚假诉讼罪分别判处被告人胡某利和被告人陶某云有期徒刑六个月，分别并处罚金人民币5000元和人民币2000元，并对陶某云宣告缓刑。一审宣判后无抗诉、上诉，判决已发生法律效力。

裁判理由 >>>

法院生效裁判认为，被告人胡某利、陶某云共同故意以捏造的事实提起民事诉讼，妨害司法秩序，二人行为均构成虚假诉讼罪。二被告人构成共同犯罪，地位、作用相当，不区分主从犯；到案后均如实供述犯罪事实，依法可以从轻处罚；均系初犯，悔罪态度较好，且陶某云主观恶性较小。

案外人在民事执行过程中以捏造的事实提出执行异议或者执行异议之诉，均属于虚假诉讼行为。通过虚假诉讼方式干扰人民法院正常执行活动、为自己或者帮助他人逃避人民法院生效裁判文书确定的执行义务的行为，严重妨害司法秩序，侵害其他债权人合法权益，社会危害严重。此类行为往往以双方恶意串通的形式出现，隐蔽性强，甄别难度大。人民法院要加大审查力度，提高甄别判断能力，重视对被害人报案和控告、群众举报等线索来源的审查，及时发现虚假诉讼违法犯罪并依法惩处。

关联索引

《刑法》第 307 条之一第 1 款、第 3 款，第 25 条第 1 款，第 67 条第 3 款，第 72 条第 1 款

一审：河南省新县人民法院（2018）豫 1523 刑初 31 号刑事判决（2018年 2 月 11 日）

2023-05-1-293-012

郑某等虚假诉讼案
——利用虚假诉讼申报虚假破产债权

基本案情

2019 年 3 月，被告人郑某与被告人陈某滨、丁某预谋，捏造郑某向陈某滨借款 210 万元，并由陈某滨实际控制的某服饰公司承担连带责任的虚假事实，由丁某提供面额为 210 万元的虚假承兑汇票作为证明材料，并由陈某滨作为原告以上述捏造的事实向法院提起民事诉讼，以达到以法院民事裁判为依据，在某服饰公司司法拍卖过程中申请参与财产分配，获得一部分执行款的目的。同年 3 月 18 日，陈某滨以其与郑某、某服饰公司存在民间借贷纠纷为由，向某市人民法院提起民事诉讼，某市人民法院同年 5 月 30 日作出民事判决，判决郑某偿还陈某滨借款 210 万元及相应利息，某服饰公司承担连带

清偿责任。民事判决生效后，陈某滨向某市人民法院申请执行，因某服饰公司进入破产程序，陈某滨于2020年10月19日向破产管理人申报债权，后在被发觉后主动撤回了申报。公安机关立案侦查后，郑某、陈某滨、丁某经公安机关电话通知后，相继自行到公安机关投案。

江苏省常熟市人民法院于2022年11月2日作出（2022）苏0581刑初1259号刑事判决：以虚假诉讼罪判处被告人郑某有期徒刑七个月，缓刑一年，并处罚金人民币1万元；判处被告人陈某滨有期徒刑七个月，缓刑一年，并处罚金人民币8000元；判处被告人丁某有期徒刑六个月，缓刑一年，并处罚金人民币5000元。一审宣判后无抗诉、上诉，判决已发生法律效力。

裁判理由 >>>

法院生效裁判认为，被告人郑某、陈某滨、丁某经预谋，以捏造的事实提起民事诉讼，妨害司法秩序，行为均已构成虚假诉讼罪。在共同犯罪中，郑某、陈某滨、丁某均起主要作用，均系主犯，应当按照所参与的全部犯罪处罚。三人均自动投案并如实供述自己罪行，依法构成自首，可以从轻处罚；承认指控犯罪事实，愿意接受处罚，可以从宽处理。

裁判要旨 >>>

行为人故意捏造债权债务关系提起民事诉讼，并以法院基于捏造的事实作出的生效法律文书为依据，在企业破产程序中申报虚假债权，意图达到多分配企业财产或者非法转移企业财产、逃避履行债务之目的的，应当认定为刑法第307条之一第1款规定的"以捏造的事实提起民事诉讼"，是典型的虚假诉讼行为。

关联索引 >>>

《刑法》第307条之一第1款，第25条第1款，第26条第1款、第4款，第67条第1款，第72条第1款、第3款，第73条第2款、第3款，第64条

《刑事诉讼法》第15条

一审：江苏省常熟市人民法院（2022）苏0581刑初1259号刑事判决（2022年11月2日）

2024-05-1-293-001

陈某甲、郑某甲虚假诉讼案
——虚假诉讼罪中"情节严重"的认定

基本案情 >>>

2012年，被告人陈某甲、郑某乙（另案处理）夫妇为上海宁某物资有限公司对外担保借款。为避免后续因承担担保责任处置二人共有房产，陈某甲于同年9月虚构了被告人郑某甲向上海宁某物资有限公司出借资金人民币200万元的债权债务关系，其中陈某甲夫妇为保证人，并办理了陈某甲夫妇名下上海市宝山区××路×××弄××号301室房产的抵押登记。为将房产变现，陈某甲、郑某乙于2013年3月11日通过房产中介公司与冯某波、朱某夫妇签订房地产买卖合同，约定以240万元的价格将上述房产出售给冯某波、朱某夫妇。冯某波、朱某夫妇知晓上述200万元虚假抵押债权，仍于当日支付首付款80万元，并缴纳了契税等税款22万元，上述房产由陈某甲交冯某波、朱某夫妇实际居住。在房产交易过程中，江西省吉安市中级人民法院、福建省宁德市中级人民法院先后因上海宁某物资有限公司债权债务纠纷案件，查封了保证人陈某甲、郑某乙的上述房产，导致该房产无法过户。

2019年3月，陈某甲见房价上涨有利可图，指使郑某甲以上述200万元虚假债权债务关系提起民事诉讼。上海市宝山区人民法院受理后，郑某甲、上海宁某物资有限公司法定代表人陈某乙、陈某甲（郑某乙代理）、郑某乙到庭参加诉讼。基于陈某甲、郑某甲提交的虚假证据材料及当庭所作虚假陈述，上海市宝山区人民法院于2019年6月14日作出（2019）沪0113民初9698号民事判决，判令上海宁某物资有限公司归还郑某甲借款本金200万元及逾期利息，郑某甲对陈某甲、郑某乙名下上海市宝山区某路×××弄××号301室房产折价、拍卖、变卖所得款项享有优先受偿权。案件生效后，郑某甲申请强制执行，上海市宝山区人民法院于2019年10月11日作出拍卖上述房产的（2019）沪0113执4297号公告。冯某波发现张贴的拍卖公告后，向上海市宝山区人民法院提出执行异议，执行异议被驳回后又以申请再审、提起案外人执行异议之诉等方式表达诉求，并于2020年3月向公安机关报案，郑某甲于

2020年9月28日接民警通知至公安机关陈述了上述虚假诉讼事实。在此情形下，郑某甲仍受陈某甲的指使于2021年6月将上述虚假债权转让给他人，导致上海市宝山区人民法院依申请变更了上述执行案件的申请执行人。现上述房产未实际拍卖变现。

被告人陈某甲于2022年8月16日被抓获，被告人郑某甲于同年9月8日接民警电话通知后投案，二人到案后均如实供述了上述犯罪事实。

上海市宝山区人民法院于2023年3月30日作出（2023）沪0113刑初281号刑事判决：被告人陈某甲犯虚假诉讼罪，判处有期徒刑三年六个月，并处罚金人民币4万元；被告人郑某甲犯虚假诉讼罪，判处有期徒刑三年，缓刑三年，并处罚金人民币2万元。宣判后无上诉、抗诉，判决已生效。

裁判理由 >>>

法院生效裁判认为，被告人陈某甲、郑某甲结伙以捏造的事实提起民事诉讼，妨害司法秩序，二被告人的行为均已构成虚假诉讼罪，且情节严重。在案证据显示，江西省吉安市中级人民法院2016年裁定终结相关案件执行程序，二被告人于2019年提起涉案虚假诉讼，且涉案房产尚未被拍卖，二被告人亦未实际获利，故他人债权无法实现并非系二被告人提起虚假诉讼造成，亦无法以造成他人经济损失数额或非法占有他人财产数额标准认定为属于情节严重之情形。但综合全案事实，二被告人以制造的虚假债权债务关系提起民事诉讼并申请强制执行，致使利害关系人多次对人民法院的审判、执行工作表示异议，又在接受公安机关调查后转让上述虚假债权，致使人民法院依申请变更相关案件的申请执行人。故二被告人的行为严重干扰了正常司法活动，严重损害了司法公信力，依法应当认定为情节严重。涉案虚假诉讼犯罪活动中，郑某甲参与制造虚假债权、提起民事诉讼、申请强制执行、转移虚假债权等全部活动，虽系受陈某甲指使，但所起作用重要，故不宜对二人区分主从犯，量刑时可酌情考量区分。陈某甲有坦白情节，郑某甲有自首情节，依法均可从轻处罚；陈某甲、郑某甲自愿认罪认罚，依法均可从宽处理。故依法作出上述判决。

裁判要旨 >>>

以捏造的事实提起民事诉讼，致使人民法院多次启动民事诉讼、执行等程序，造成他人强烈质疑人民法院司法权威，特别是在被司法机关发现后仍通过转移债权等方式继续实施虚假诉讼行为，严重干扰正常司法活动、严重损害司法公信力的，应认定为虚假诉讼罪中的"情节严重"。

对虚假诉讼共同犯罪人，应区分犯罪动机、主观恶性、地位作用、悔罪态度等，贯彻宽严相济刑事政策，判处与罪行相适应的刑罚，确保罪责刑均衡。

关联索引 ▶▶▶

《刑法》第 307 条之一第 1 款
《办理虚假诉讼案件解释》第 2 条、第 3 条
一审：上海市宝山区人民法院（2023）沪 0113 刑初 281 号刑事判决（2023 年 3 月 30 日）

2023-05-1-293-006

高某虚假诉讼案
——区分普通共同诉讼和必要共同诉讼，正确认定民事共同诉讼案件中的虚假诉讼罪

基本案情 ▶▶▶

被告人高某 2011 年至 2012 年多次以个人名义向严某红借款，并以其投资成立并担任法定代表人的浙江某建材装饰有限公司（以下简称某建材公司）作为借款担保人。借款到期后，高某无力偿还，严某红向浙江省长兴县人民法院提起民事诉讼，要求高某和某建材公司承担连带清偿责任。2013 年 7 月，浙江省长兴县人民法院作出一审判决，由高某限期偿还全部借款及相应利息，某建材公司承担连带清偿责任。判决生效后，高某和某建材公司在规定期限内未能履行清偿责任，案件进入执行程序。高某为转移某建材公司资产、逃避浙江省长兴县人民法院判决确定的清偿责任，于 2014 年年底至 2015 年年初找到倪某、陈某、陈某兵等人，指使其收集江某、沈某、陈某雷等 10 人的身份信息资料，将江某、沈某、陈某雷等 10 人虚构成为某建材公司员工，并通过伪造工资表等方式，捏造某建材公司对上述 10 人的虚假欠薪合计 800 082

元，又伪造某建材公司员工倪某、李某松、程某香等 12 人的工资表，上调倪某、李某松、程某香等 12 人的工资数额，形成某建材公司对上述 12 人的虚假欠薪合计 414 150 元。之后，高某以上述虚假欠薪事实为依据，指使倪某等人以自己名义或者担任诉讼代理人，以上述 22 人为原告向浙江省长兴县人民法院提起民事诉讼，要求某建材公司支付劳动报酬。案件审理过程中，经人民法院主持调解，双方达成调解协议，浙江省长兴县人民法院作出民事调解书，后倪某等人根据该民事调解书申请强制执行某建材公司的财产。

浙江省长兴县人民法院于 2016 年 10 月 17 日作出（2016）浙 0522 刑初 412 号刑事判决，以虚假诉讼罪判处被告人高某有期徒刑八个月，并处罚金人民币 2000 元。一审宣判后，高某提出上诉，后在二审过程中申请撤回上诉。浙江省湖州市中级人民法院于 2016 年 12 月 12 日作出（2016）浙 05 刑终 263 号刑事裁定，准许高某撤回上诉。

裁判理由

法院生效裁判认为被告人高某以捏造的事实提起民事诉讼，其行为已构成虚假诉讼罪，鉴于其归案后自愿认罪，酌情予以从轻处罚。高某二审期间申请撤回上诉的要求确系合法、自愿，依法予以准许，故依法作出上述裁判。

裁判要旨

实践中，民事案件的具体情况各不相同，对于行为人实施的行为是否属于捏造民事法律关系、虚构民事纠纷的虚假诉讼犯罪行为，应当结合民事诉讼理论和案件具体情况，进行实质性判断，不能作形式化、简单化处理。《民事诉讼法》第 52 条规定："当事人一方或者双方为二人以上，其诉讼标的是共同的，或者诉讼标的是同一种类、人民法院认为可以合并审理并经当事人同意的，为共同诉讼。"根据是否具有共同的诉讼标的，可将民事共同诉讼区分为普通共同诉讼和必要共同诉讼两种。普通共同诉讼，是指当事人一方或者双方为二人以上，其诉讼标的属于同一种类，人民法院认为可以合并审理，并经当事人同意而共同进行的诉讼；必要共同诉讼，是指当事人一方或者双方为二人以上，具有共同诉讼标的的诉讼。认定某一行为是否构成虚假诉讼罪，需要以普通共同诉讼和必要共同诉讼的区分为基础进行判断。具体来讲，必要共同诉讼人具有共同的权利或义务，属于不可分之诉，因此，对于行为人实施的某一行为是否属于刑法规定的虚假诉讼行为，只能进行整体评价。

但是，在普通共同诉讼中，参加诉讼的各个原告均享有独立的诉权，属于可分之诉，由于一方多个当事人间没有共同的权利或者义务关系，既可以作为共同诉讼合并审理，也可以作为多个独立的诉讼分别审理，即使合并审理，法院也需要作出分别确认各自民事权利义务的判决，共同诉讼人的诉讼权利和义务与独立进行的诉讼完全相同。可以看出，在多个原告共同提起普通共同诉讼的情况下，各原告均享有独立的诉权。虚假诉讼罪的惩治重点，是行为人捏造事实行使虚假诉权的行为，对于普通共同诉讼中各原告行使各自诉权的行为，原则上应当分别进行评价，确定其中是否存在捏造民事法律关系、虚构民事纠纷的情形，如果答案是肯定的，则应认定该部分行为属于《刑法》规定的虚假诉讼犯罪行为。不能因为其中部分原告的行为属于部分篡改案件事实行为，就对全案均认定为"部分篡改型"行为。

被告人高某指使他人，以22人为原告起诉某建材公司，要求该公司支付劳动报酬，各原告均享有对该公司的独立诉权，仅因诉讼标的属于同一种类，人民法院依法立为一个民事案件进行合并审理，属于普通共同诉讼。在22名原告中，有12人确系某建材公司员工，享有对该公司的劳动报酬追索权，高某通过伪造工资表等方式上调上述人员的工资数额，属于"部分篡改型"行为，不构成虚假诉讼罪。另有10名原告与某建材公司不存在劳动合同关系，无权向该公司索要劳动报酬，高某伪造上述人员的工资表，捏造劳动合同关系和双方因追索劳动报酬产生民事纠纷的事实，属于"无中生有型"行为，依法构成虚假诉讼罪。

关联索引 >>>

《刑法》第307条之一

一审：浙江省长兴县人民法院（2016）浙0522刑初412号刑事判决（2016年10月17日）

二审：浙江省湖州市中级人民法院（2016）浙05刑终263号刑事裁定（2016年12月12日）

最高人民检察院发布指导性案例

李某俊等"套路贷"虚假诉讼案

基本案情 》》》

2015年10月以来，李某俊以其开设的江苏省常州市金坛区汇丰金融小额贷款公司为载体，纠集冯某陶、王某、陆某波、丁某等多名社会闲散人员，实施高利放贷活动，逐步形成以李某俊为首要分子的恶势力犯罪集团。该集团长期以欺骗、利诱等手段，让借款人虚写远高于本金的借条、签订虚假房屋租赁合同等，并要求借款人提供抵押物、担保人，制造虚假给付事实。随后，采用电话骚扰、言语恐吓、堵锁换锁等"软暴力"手段，向借款人、担保人及其家人索要高额利息，或者以收取利息为名让其虚写借条。在借款人无法给付时，又以虚假的借条、租赁合同等向法院提起民事诉讼，欺骗法院作出民事判决或者主持签订调解协议。李某俊等人通过申请法院强制执行，逼迫借款人、担保人及其家人偿还债务，造成5人被司法拘留，26人被限制高消费，21人被纳入失信被执行人名单，11名被害人名下房产6处、车辆7辆被查封。

检察机关履职过程 》》》

（一）提起公诉追究刑事责任

2018年3月，被害人吴某向公安机关报警，称其在向李某俊等人开办的小额贷款公司借款时被骗。公安机关对李某俊等人以涉嫌诈骗罪立案侦查。经侦查终结，2018年8月20日，公安机关以李某俊等涉嫌诈骗罪移送江苏省常州市金坛区人民检察院审查起诉。金坛区人民检察院审查发现，李某俊等人长期从事职业放贷活动，具有"套路贷"典型特征，有涉嫌黑恶犯罪嫌疑。办案检察官随即向人民法院调取李某俊等人提起的民事诉讼情况，发现2015年至2018年，李某俊等人提起民事诉讼上百起，多为民间借贷纠纷，且借条均为格式合同，多数案件被人民法院缺席判决。经初步判断，金坛区人民检察院认为该犯罪集团存在通过虚假诉讼的方式实施"套路贷"犯罪活动的情形。检察机关遂将案件退回公安机关补充侦查。经公安机关补充侦查，查清"套路贷"犯罪事实后，2018年12月13日，公安机关以李某俊等涉嫌诈骗罪、敲诈勒索罪、虚假诉讼罪、寻衅滋事罪再次移送审查起诉。

2019年1月25日，金坛区人民检察院对本案刑事部分提起公诉，金坛区人民法院于2019年1月至10月4次开庭审理。经审理查明李某俊等人犯罪事实后，金坛区人民法院依法认定其为恶势力犯罪集团。2019年11月1日，金坛区人民法院以诈骗罪、敲诈勒索罪、虚假诉讼罪、寻衅滋事罪判处李某俊有期徒刑十二年，并处罚金人民币28万元；其余被告人分别被判处有期徒刑八年至三年六个月不等，并处罚金。

（二）开展虚假诉讼案件民事监督

针对审查起诉中发现的李某俊等人套路贷中可能存在虚假诉讼问题，常州市金坛区人民检察院在做好审查起诉追究刑事责任的同时，依职权启动民事诉讼监督程序，并重点开展了以下调查核实工作：一是对李某俊等人提起民事诉讼的案件进行摸底排查，查明李某俊等人共向当地法院提起民间借贷、房屋租赁、买卖合同纠纷等民事诉讼113件，申请民事执行案件80件，涉案金额共计400余万元。二是向相关民事诉讼当事人进行调查核实，查明相关民间借贷案件借贷事实不清，金额虚高，当事人因李某俊等实施"软暴力"催债，被迫还款。三是对民事判决中的主要证据进行核实，查明作出相关民事判决、裁定、调解确无合法证据。四是对案件是否存在重大金融风险隐患进行核实，查明包括本案在内的小额贷款公司、商贸公司均存在无资质经营、团伙性放贷等问题，金融监管缺位，存在重大风险隐患。

经调查核实，检察机关认为李某俊等人主要采取签写虚高借条、肆意制造违约、隐瞒抵押事实等手段，假借诉讼侵占他人合法财产。人民法院在相关民事判决中，认定案件基本事实所依据的证据虚假，相关民事判决应予纠正；对于李某俊等与其他当事人的民事调解书，因李某俊等人的犯罪行为属于利用法院审判活动，非法侵占他人合法财产，严重妨害司法秩序，损害国家利益与社会公共利益，也应当予以纠正。2019年6~7月，金坛区人民检察院对该批50件涉虚假诉讼案件向人民法院提出再审检察建议42件，对具有典型意义的8件案件提请常州市人民检察院抗诉。2019年7月，常州市人民检察院向常州市中级人民法院提出抗诉，同年8月，常州市中级人民法院裁定将 8 件案件指令金坛区人民法院再审。9 月，金坛区人民法院对 42 件案件裁定再审。10 月，金坛区人民法院对该批 50 件案件一并作出民事裁定，撤销原审判决。案件办结后，经调查，2020 年 1 月，金坛区纪委监委对系列民事案件中存在失职问题的涉案审判人员作出了相应的党纪政纪处分。

（三）结合办案参与社会治理

针对办案中发现的社会治理问题，检察机关立足法律监督职能，开展了以下工作。一是推动全市开展集中打击虚假诉讼的专项活动，共办理虚假诉讼案件 103 件，移送犯罪线索 12 件 15 人；与人民法院协商建立民事案件正副卷一并调阅制度及民事案件再审信息共享机制，与纪委监委、公安、司法等相关部门建立线索移送、案件协作机制，有效形成社会治理合力。二是针对发现的小微金融行业无证照开展金融服务等管理漏洞，向行政主管部门发出检察建议 7 份；联合公安、金融监管、市场监管等部门，在全市范围内开展金融整治专项活动，对重点区域进行清理整顿，对非法金融活动集中的写字楼开展"扫楼"行动，清理取缔 133 家非法理财公司，查办 6 起非法经营犯罪案件。三是向常州市人大常委会专题报告民事虚假诉讼检察监督工作情况，推动出台《常州市人大常委会关于全市民事虚假诉讼法律监督工作情况的审议意见》，要求全市相关职能部门加强协作配合，推动政法机关信息大平台建设、实施虚假诉讼联防联惩等 9 条举措。四是针对办案中发现的律师违规代理和公民违法代理的行为，分别向常州市律师协会和相关法院发出检察建议并获采纳。常州市律师协会由此开展专项教育整顿，规范全市律师执业行为，推进加强社会诚信体系建设。

指导意义 》》》

（1）刑民检察协同，加强涉黑涉恶犯罪中"套路贷"行为的审查。检察机关在办理涉黑涉恶案件存在"套路贷"行为时，应当注重强化刑事检察和民事检察职能协同。既充分发挥刑事检察职能，严格审查追诉犯罪，又发挥民事检察职能，以发现的异常案件线索为基础，开展关联案件的研判分析，并予以精准监督。刑事检察和民事检察联动，形成监督合力，加大打击黑恶犯罪力度，提升法律监督质效。

（2）办理"套路贷"案件要注重审查是否存在虚假诉讼行为。对涉黑涉恶案件中存在"套路贷"行为的，检察机关应当注重审查是否存在通过虚假诉讼手段实现"套路贷"非法利益的情形。对此，可围绕案件中是否存在疑似职业放贷人,借贷合同是否为统一格式,原告提供的证据形式是否不合常理,被告是否缺席判决等方面进行审查。发现虚假诉讼严重损害当事人利益,妨害司法秩序的,应当依职权启动监督,及时纠正错误判决、裁定和调解协议书。

(3)综合运用多种手段促进金融行业治理。针对办案中发现的非法金融活动、行业监管漏洞、诚信机制建设等问题,检察机关应当分析监管缺位的深层次原因,注重运用检察建议等方式,促进行业监管部门建章立制、堵塞管理漏洞。同时,还应当积极会同纪委监委、法院、公安、金融监管、市场监管等单位建立金融风险联防联惩体系,形成监管合力和打击共识。对所发现的倾向性、苗头性问题,可以通过联席会议的方式,加强研判,建立健全信息共享、线索移送、案件协查等工作机制,促进从源头上铲除非法金融活动的滋生土壤。

相关规定 >>>

《民事诉讼法》第 208 条

《刑法》第 238 条、第 266 条、第 274 条、第 293 条、第 307 条之一

《最高人民法院关于审理民间借贷案件适用法律若干问题的规定》第 19 条

杨某涉嫌虚假诉讼不批捕复议案

基本案情 >>>

犯罪嫌疑人杨某,四川资阳某生态旅游开发有限公司法定代表人,2018 年 3 月 8 日,杨某为扩大公司经营项目,引种柑橘树,经中间人介绍,与贺某等 4 名农户就购买 6.3 万株柑橘苗事宜协商一致。后由公司员工钟某以个人名义与上述农户分别签订协议。协议约定柑橘苗的订购数量、价格、质量和交付时间、方式及违约责任,但对交付标准、解除协议的条件及后果未约定。其中,对违约责任约定"如有违约,违约方应向守约方支付违约金(按照每株柑橘苗 5 元的标准计算)"。3 月 9 日,杨某安排钟某通过公司账户使

用公司资金,按照每株 1 元的标准向上述农户支付预付款 6.3 万元。后因中间人死亡,其原承诺的由农户负责办理检验检疫手续迟迟未果,直至 2018 年 6 月 30 日履约期满,该协议仍未实际履行,柑橘苗未移挖。

因柑橘苗市场价格持续下降,且公司资金短缺,2020 年年初,杨某向贺某等提出退还预付款 6.3 万元。在多次协商未果后,杨某将原协议甲方由"钟某"改为"四川资阳某生态旅游开发有限公司",增加"植物检疫证书"为交付标准,伪造"如不能出具植物检疫证书,有权解除协议"以及"已收取的定金、柑橘苗款、其他任何款项应全额返还"等内容,于 2020 年 9 月 23 日向四川省简阳市人民法院起诉,请求判令"解除原协议""返还购苗款 6.3 万元及资金占有利息""支付违约金 2.52 万元"。法院两次组织开庭审理。庭审中,杨某未实际主张违约金问题。后因贺某等农户向法庭提交了原始协议,致使杨某篡改协议的行为被发现。法院认为,杨某提供的协议与原始协议在合同主体、合同内容方面存在差异,可能涉嫌虚假诉讼犯罪,于 2020 年 11 月 8 日将线索移送简阳市公安局。

检察机关履职过程

(一)审查逮捕

简阳市公安局于 2020 年 11 月 11 日立案侦查,于 2021 年 3 月 22 日对杨某刑事拘留,于 4 月 2 日以杨某涉嫌虚假诉讼罪向简阳市人民检察院提请批准逮捕。

简阳市人民检察院审查认为,杨某作为公司法定代表人代表公司与农户协商并支付预付款,柑橘苗的购买方名为钟某实为公司,贺某等农户对此是明知和认可的。因此,公司与农户之间存在真实的民事法律关系;杨某与农户协商退还预付款而未果,是属于发生在公司与农户之间的民事纠纷,农户对此也是明知和认可的;杨某虽然客观上实施了伪造协议履约人等行为,但主观上是为了能够有权起诉,并非无中生有捏造虚假诉讼侵害他人合法权益。因此,杨某的行为不符合《刑法》第 307 条之一"以捏造的事实提起民事诉讼"的规定,不构成虚假诉讼罪。

2021 年 4 月 9 日,简阳市人民检察院依法对杨某作出不批捕决定,并向公安机关送达了不批捕理由说明书,阐释了不批捕的理由。同日,杨某被释放。

（二）不批捕复议审查

2021年4月14日，简阳市公安局认为杨某篡改民事合同主体，导致民事法律关系主体发生变化，并致使法院两次开庭审理，妨害正常司法秩序，已涉嫌构成虚假诉讼罪，检察机关作出不批捕决定有错误，向简阳市人民检察院提出复议。

简阳市人民检察院另行指派检察官办理。检察官调阅原案卷宗、讯问犯罪嫌疑人、询问关键证人，对证据进行了全面审查核实。经审查认为，根据《刑法》第307条之一和《办理虚假诉讼案件解释》的规定，虚假诉讼罪的客观表现为采取伪造证据、虚假陈述等手段捏造民事法律关系，虚构民事纠纷，向人民法院提起诉讼的行为。根据查明的有关权利义务归属、资金支付主体等事实，可以认定原始协议中的甲方（即钟某）实际上并非民事法律关系主体，杨某篡改履约人，只是使原始协议形式上发生变化，并没有导致实际的民事法律关系主体发生变化。协议双方未实际履约、期满近两年后协商退还预付款但未果等事实，可以认定民事纠纷真实发生，并非虚构。杨某篡改协议，目的是能够通过提起诉讼解决纠纷，其"返还购苗款6.3万元"的主张，实为争议内容。因此，杨某的行为不符合虚假诉讼罪的规定。

2021年4月21日，简阳市人民检察院经检察委员会研究维持原不批捕决定。简阳市人民检察院在办理复议案件过程中，与公安机关座谈，主动加强沟通。公安机关对复议决定表示认可，未再提请复核。5月11日，公安机关依法撤销杨某涉嫌虚假诉讼案。

（三）综合履职

对办案中发现的杨某故意篡改证据的违法行为，简阳市人民检察院跟进监督，向简阳市人民法院提出依法给予杨某司法处罚的检察建议。2021年5月25日，法院对杨某作出罚款2万元的司法处罚决定。杨某接受处罚，按期缴纳了罚款。

典型意义 >>>

（1）办理虚假诉讼刑事案件应当审查行为人是否属于"以捏造的事实提起民事诉讼"。虚假诉讼罪的本质特征在于，行为人与他人之间不存在民事法律关系和民事纠纷，无中生有捏造民事法律关系和民事纠纷并提起民事诉讼。判断是否属于"无中生有"捏造民事法律关系和民事纠纷，应当坚持实质判断。如果行为人与他人之间实际上存在民事法律关系和民事纠纷，为了达到胜诉的目的，篡改了部分证据，并没有从实质上改变原民事法律关系和民事纠纷的，不认定为虚假诉讼罪。如果构成其他违法犯罪的，按照有关规定追究法律责任。

（2）办理复议案件应当注重沟通，促进公安机关对复议决定的理解认同。人民检察院办理审查逮捕案件，经审查认为不构成犯罪的，应当依法作出不构成犯罪的不批捕决定。办理公安机关要求复议案件时，要注重听取公安机关的意见，充分阐明案件事实、不批捕及复议决定的理由和法律依据，促进形成共识。

（3）应当强化综合履职，提升检察监督质效。虚假诉讼行为侵害其他民事主体的合法权益，妨害司法公信、司法秩序。人民检察院在办案中应当强化综合履职，对虽然不构成犯罪，但破坏正常民事诉讼秩序，需要给予司法处罚的，应当依法及时将线索移送人民法院，并提出检察建议。

相关规定 》》》

《刑法》第 307 条之一第 1 款

《刑事诉讼法》第 92 条

《人民检察院刑事诉讼规则》第 290 条

《办理虚假诉讼案件解释》第 1 条、第 2 条

《最高人民法院、最高人民检察院、公安部、司法部关于进一步加强虚假诉讼犯罪惩治工作的意见》第 2 条、第 3 条、第 4 条、第 23 条

最高人民检察院发布 10 起民事检察促进民营经济发展
壮大典型案例之五：菏泽市甲置业有限公司与临沭县
乙食品有限公司、临沭县丙食品有限公司等金融借款
合同纠纷虚假诉讼监督案

基本案情 》》》

临沭县乙食品有限公司（以下简称乙食品公司）成立于 2002 年，法定代表人为陈某江，股东为陈某江与陈某柱，经营范围包括肉类、冷藏销售。临沭县丙食品有限公司（以下简称丙食品公司）法定代表人为英某，实际控制人为陈某龙。陈某龙与陈某江原为朋友关系，二人共同商定由乙食品公司为丙食品公司借款提供抵押担保。

2015 年 5 月 26 日，因丙食品公司向山东临沭农村商业银行股份有限公司（以下简称临沭农商行）借款，乙食品公司作为抵押人与临沭农商行作为抵押权人签订《最高额抵押合同》，约定乙食品公司以其名下的工业用房和集体土地使用权，为临沭农商行对丙食品公司的债权提供最高额为 300 万元的抵押担保，最高额抵押担保债权确定期间为 2015 年 5 月 27 日至 2020 年 5 月 25 日。同日，临沭农商行与乙食品公司到临沭县房产和住房保障局、临沭县国土资源局办理抵押登记手续。

2016 年 5 月 27 日，临沭农商行与丙食品公司签订《流动资金借款合同》，约定丙食品公司向临沭农商行借款 300 万元用于购买生猪，借款期限自 2016 年 5 月 27 日至 2017 年 5 月 26 日止，借款年利率为 6.525%。同日，临沭农商行作为债权人与乙食品公司、陈某江、陈某柱、英某、陈某霞（陈某龙妹妹）、孟某（陈某龙妻子）共同作为保证人签订《最高额保证合同》，约定保证人为丙食品公司提供连带责任保证，担保的主债权本金最高额为 300 万元，最高额担保债权确定期间为 2016 年 5 月 27 日至 2017 年 5 月 26 日，保证担保

的范围包括主债权本金、利息、罚息、复利、违约金、损害赔偿金以及实现债权的费用（包括但不限于诉讼费、律师费、评估费）。贷款期限届满后，丙食品公司仅向临沭农商行归还借款利息至2017年4月，未偿还借款本金。

菏泽市甲置业有限公司（以下简称甲置业公司）法定代表人陈某东系陈某龙儿媳的舅舅。2017年7月31日，陈某龙向甲置业公司借款3 056 282.58元，由甲置业公司出面与临沭农商行签订《债权转让合同》，约定临沭农商行将其通过《流动资金借款合同》《最高额保证合同》《最高额抵押合同》形成的债权转让给甲置业公司。当日，陈某龙通过甲置业公司向临沭农商行转账支付3 056 282.58元，临沭农商行出具丙食品公司贷款还款凭证。2017年8月7日，临沭农商行在《山东法制报》上发布债权转让通知公告，通知债务人及各保证人其已将相关债权转让给甲置业公司。

2017年9月29日，临沭农商行与甲置业公司针对2017年7月31日签订的《债权转让合同》又签订补充协议，明确将乙食品公司最高额抵押合同项下的抵押权随流动资金借款合同项下的担保债权转让给甲置业公司，并由其自行主张权利。

2017年8月8日，陈某龙伪造甲置业公司公章和委托手续，以甲置业公司名义向山东省临沭县人民法院（以下简称临沭县法院）提起诉讼，请求法院判令丙食品公司立即偿还借款3 056 282.58元及利息，乙食品公司、陈某江、陈某柱对丙食品公司的上述债务承担连带清偿责任，甲置业公司对乙食品公司名下工业用房和集体土地使用权享有抵押权，就拍卖、变卖、折价后所得价款享有优先受偿的权利。临沭县法院于2017年11月10日作出民事判决，判令丙食品公司于判决生效后十日内偿还甲置业公司借款本息3 056 282.58元及利息；乙食品公司、陈某江、陈某柱对前述借款本息承担连带清偿责任，并在承担责任后有权向丙食品公司追偿；甲置业公司就上述款项对乙食品公司设定抵押的房屋所有权、集体土地使用权享有以该财产折价或者拍卖、变卖所得价款的优先受偿权。

2018年1月25日，陈某龙伪造甲置业公司公章并以甲置业公司职工身份办理特别授权委托手续，以甲置业公司委托代理人身份向临沭县法院申请强制执行乙食品公司和陈某江、陈某柱财产。经法院委托第三方评估机构评估，案涉乙食品公司名下房屋、土地使用权价值为3 993 345元。前述抵押房屋、集体土地使用权因另案被执行拍卖后流拍，陈某龙冒用甲置业公司名义同意该抵押物以流拍价3 800 000元价格以物抵债，并以甲置业公司名义向法院支付 743 717.42 元差价。2018 年 7 月 10 日，案涉乙食品公司用于抵押的工业用房、集体土地使用权被执行交付，此后陈某龙在原乙食品公司厂房中，利用原乙食品公司的生产设备开展生产经营。

检察机关履职过程

（1）受理情况。山东省临沭县人民检察院（以下简称临沭县检察院）在办理陈某龙等人涉嫌生产、销售不符合安全标准的食品罪，虚开增值税专用发票罪一案过程中，发现陈某龙除上述犯罪行为外，还存在虚假诉讼犯罪线索，遂将虚假诉讼犯罪线索移交公安机关办理，并依职权对本案启动监督程序。

（2）调查核实。检察机关依法行使调查核实权，主要开展以下工作：一是依职权调取甲置业公司诉丙食品公司、乙食品公司、陈某江、陈某柱金融借款合同纠纷的民事案件卷宗和执行卷宗，固定陈某龙以甲置业公司名义提起民事诉讼并申请强制执行的相关证据；二是对法院卷宗中甲置业公司起诉以及申请执行材料上所盖的甲置业公司印章与甲置业公司提供的唯一企业印章进行鉴定，证实法院卷宗中起诉及申请执行材料上所盖甲置业公司印章与甲置业公司唯一印章存在明显不同，不是同一枚印章；三是询问甲置业公司法定代表人及相关工作人员有关债权转让情况，确认甲置业公司对甲置业公司诉丙食品公司、乙食品公司、陈某江、陈某柱金融借款合同纠纷案，以及甲置业公司申请强制执行案并不知情，该民事案件和执行案件系陈某龙于 2017 年 8 月至 2018 年 1 月通过伪造甲置业公司印章和委托手续，冒用甲置业公司名义所为，目的为最终通过执行程序将乙食品公司财产据为己有。

（3）监督意见。2022 年 8 月 20 日，临沭县检察院向临沭县法院提出再审检察建议，认为陈某龙捏造身份并以捏造的事实提起民事诉讼、申请强制执行，妨害司法秩序，损害司法权威，且陈某龙主张的事实与案件真实情况不符，构成虚假诉讼，应予再审纠正。

（4）监督结果。临沭县法院采纳检察机关再审检察建议，对上述案件裁定予以再审。临沭县法院再审采纳检察机关建议，撤销原判，驳回甲置业公司的起诉。因执行依据被撤销，乙食品公司案涉抵押房屋、集体土地使用权被依法执行回转。陈某龙因犯虚假诉讼罪被判处有期徒刑三年六个月。

典型意义

担保可为民营企业融资增信，但同时也是民营企业风险多发领域，常见民营企业及民营企业家出于善意为同行企业或朋友提供抵押或保证担保，却因债务人的不诚信而陷入经营困境。本案中，乙食品公司法定代表人陈某江以公司厂房土地为陈某龙实际控制的丙食品公司提供抵押担保，并与公司另一股东陈某柱共同为丙食品公司提供连带责任保证，贷款期限届满后，陈某龙以甲置业公司购买银行债权之名，行清偿银行贷款之实，使乙食品公司、陈某江、陈某柱无法从抵押担保责任中脱身，并且单方采取假冒甲置业公司名义、使用伪造公章等方式提起民事诉讼、申请强制执行，最终将乙食品公司财产据为己有。检察机关在发现虚假诉讼线索后，民事、刑事检察部门综合履职同步研判，对虚假诉讼进行穿透式监督，实现虚假诉讼民事监督和刑事追责同步，通过再审检察建议的方式监督法院纠正错误裁判及执行回转，挽回了乙食品公司损失，有力震慑了"无信者"对民营企业合法财产的恶意不法"觊觎"，为民营企业"有信者"间互助增信保驾护航。

最高人民法院发布 10 起人民法院整治虚假诉讼
典型案例之七：张某某虚假诉讼案
——捏造事实骗取民事调解书，据此申请参与执行财产分配的，
构成虚假诉讼罪

基本案情 >>>

2019 年 5 月至 2020 年 1 月间，易某分多次陆续向被告人张某某借款共计 200 余万元，后相继归还其中的 100 余万元，尚欠 90 余万元。易某另外还向郭某某等人大额借款未能归还，郭某某将易某起诉至某市人民法院。2020 年 3 月 26 日，该市人民法院判决易某偿还郭某某借款 132.6 万元，后该案进入执行程序，该市人民法院准备强制执行易某名下房产。张某某为达到在强制执行过程中多分执行款的目的，与易某进行了预谋。同年 4 月 2 日，张某某和易某恶意串通，张某某隐瞒易某已经偿还借款 100 余万元的事实，以易某拖欠其借款共计 182.5 万元不还为由，向该市人民法院提起民事诉讼。该市人民法院经开庭审理后，在法庭主持下，易某与张某某达成调解协议，由易某支付张某某欠款 182.5 万元，该市人民法院据此作出民事调解书。张某某以该民事调解书为执行依据，申请参与分配被执行人易某的财产。债权人郭某某报案后，公安机关将张某某抓获。人民法院依法以虚假诉讼罪判处张某某有期徒刑一年，并处罚金人民币一万元。

裁判理由 >>>

根据《办理虚假诉讼案件解释》第 1 条规定，采取伪造证据、虚假陈述等手段，捏造民事法律关系，虚构民事纠纷，向人民法院提起民事诉讼的，应当认定为《刑法》第 307 条之一第 1 款规定的"以捏造的事实提起民事诉讼"；向人民法院申请执行基于捏造的事实作出的仲裁裁决、公证债权文书，或者在民事执行过程中以捏造的事实对执行标的提出异议、申请参与执行财

产分配的，属于"以捏造的事实提起民事诉讼"。实施上述行为，达到《刑法》和司法解释规定的定罪标准的，应当以虚假诉讼罪定罪处罚。上述司法解释第 2 条第 3 项规定，以捏造的事实提起民事诉讼，致使人民法院基于捏造的事实作出裁判文书、制作财产分配方案，或者立案执行基于捏造的事实作出的仲裁裁决、公证债权文书的，应当认定为《刑法》第 307 条之一第 1 款规定的"妨害司法秩序或者严重侵害他人合法权益"。

本案中，张某某先后多次向易某出借款项，共计 200 余万元。二人之间实际上形成了数个债权债务关系。后易某向张某某偿还借款 100 余万元，二人之间的一部分债权债务关系已经消灭。在易某名下财产面临人民法院强制执行的情况下，张某某与易某恶意串通，隐瞒一部分债权债务关系已因债务人易某的清偿行为而消灭的事实，以该部分债权债务关系仍然存在为由提起民事诉讼，致使人民法院基于捏造的事实作出民事调解书，并以骗取的民事调解书为执行依据，申请参与分配易某的财产，符合《刑法》和司法解释规定的虚假诉讼罪的行为特征和定罪条件。故人民法院依法以虚假诉讼罪判处张某某有期徒刑，并处罚金。

典型意义 >>>

通过虚假诉讼方式干扰人民法院正常执行活动、为自己或者帮助他人逃避人民法院生效裁判文书确定的执行义务的行为严重妨害司法秩序，侵害其他债权人的合法权益，社会危害严重。此类行为往往以债权人和债务人恶意串通的形式出现，且多数在民事诉讼过程中自行达成调解协议，隐蔽性强，甄别难度大。司法机关要加大审查力度，提高甄别能力，重视对被害人报案和控告、群众举报等线索来源的调查审查工作，及时发现虚假诉讼犯罪，依法从严惩处。

最高人民法院发布 10 起人民法院整治虚假诉讼
典型案例之十：杜某虚假诉讼案
——律师多次为当事人出谋划策，共同伪造证据进行虚假诉讼
并在民事诉讼中担任代理人的，构成虚假诉讼共同犯罪

基本案情 〉〉〉

被告人杜某系某律师事务所律师。2017 年至 2019 年，杜某与多人通谋，先后 4 次共同采取伪造证据、虚假陈述等手段，捏造民事法律关系，虚构民事纠纷，并担任诉讼代理人向人民法院提起民事诉讼，致使人民法院基于捏造的事实先后作出 4 份民事调解书并进行强制执行。杜某通过实施上述行为，意图帮助他人规避住房限售、限购政策，实现违规办理房产过户手续等非法目的，自己谋取非法经济利益。2020 年 5 月 13 日，公安机关在杜某执业的律师事务所内将其抓获。案件审理过程中，杜某自愿退缴违法所得 12.5 万元。人民法院依法以虚假诉讼罪判处杜某有期徒刑一年三个月，并处罚金人民币 3 万元。

裁判理由 〉〉〉

根据《办理虚假诉讼案件解释》第 2 条第 3 项的规定，以捏造的事实提起民事诉讼，致使人民法院基于捏造的事实作出裁判文书、制作财产分配方案，或者立案执行基于捏造的事实作出仲裁裁决、公证债权文书的，应当认定为《刑法》第 307 条之一第 1 款规定的"妨害司法秩序或者严重侵害他人合法权益"。上述司法解释第 6 条规定，诉讼代理人、证人、鉴定人等诉讼参与人与他人通谋，代理提起虚假民事诉讼、故意作虚假证言或者出具虚假鉴定意见，共同实施《刑法》第 307 条之一前三款行为（虚假诉讼犯罪行为）的，依照共同犯罪的规定定罪处罚。

本案中，杜某系执业律师，与他人通谋，捏造民事法律关系，虚构民事纠纷，并担任诉讼代理人向人民法院提起民事诉讼，欺骗人民法院作出裁判文书以获取非法利益。杜某实施虚假诉讼行为，致使人民法院基于捏造的事实作出民事调解书，已经达到刑法和司法解释规定的虚假诉讼罪的定罪条件。故人民法院依法以虚假诉讼罪判处杜某有期徒刑，并处罚金。

典型意义 》》》

我国《律师法》规定，律师应当维护当事人合法权益，维护法律正确实施，维护社会公平和正义；律师执业必须遵守宪法和法律，恪守律师职业道德和执业纪律；律师执业必须以事实为根据，以法律为准绳。律师作为从事法律服务工作的专业人员，具有娴熟的法律专业知识，熟悉相关法律规定和民事诉讼程序，应当严格遵守法律。律师利用自己的法律专业知识故意制造和参与虚假诉讼，将导致虚假诉讼违法犯罪更加难以甄别，造成更加严重的社会危害。本案的判决结果，有力威慑了虚假诉讼违法犯罪，警醒律师、基层法律服务工作者等法律从业人员要依法执业，严格依照法律规定开展法律咨询、诉讼代理等业务活动，不能知法犯法、玩弄司法。

最高人民法院发布10起人民法院整治虚假诉讼典型案例之八：林某某组织、领导黑社会性质组织、诈骗、敲诈勒索、寻衅滋事、虚假诉讼案
——依法严厉打击"套路贷"虚假诉讼违法犯罪

基本案情 》》》

2013年9月至2018年9月，被告人林某某通过其实际控制的两个公司，以吸收股东、招收业务人员等方式发展组织成员并大肆实施"套路贷"违法犯罪活动，逐步形成以林某某为核心的层级明确、人数众多的黑社会性质组织。林某某主导确定实施"套路贷"的具体模式，策划、指挥全部违法犯罪活动，其他成员负责参与"套路贷"的不同环节、实施具体违法犯罪活动、负责以暴力和"软暴力"手段非法占有被害人财物，并长期雇佣某律师为该组织规避法律风险提供帮助。该黑社会性质组织及成员在实施"套路贷"违法犯罪过程中，以办理房屋抵押贷款为名，诱使、欺骗多名被害人办理赋予借款合同强制执行效力、售房委托、抵押解押的委托公证，并恶意制造违约事实，利用公证书将被害人名下房产过户到该黑社会性质组织或组织成员名下，之后再纠集、指使暴力清房团伙，采用暴力、威胁及其他"软暴力"手

段任意占用被害人房产，通过向第三人抵押、出售或者与长期雇佣的律师串通、合谋虚假诉讼等方式，将被害人房产处置变现以谋取非法利益，并将违法所得用于该黑社会性质组织的发展壮大、组织成员分红和提成。该黑社会性质组织通过采取上述方式，有组织地实施诈骗、寻衅滋事、敲诈勒索、虚假诉讼等一系列违法犯罪活动，攫取巨额非法经济利益，并利用获得的非法收入为该组织及成员提供经济支持。该黑社会性质组织在长达5年的时间内长期实施上述"套路贷"违法犯罪活动，涉及多个市辖区、70余名被害人及家庭，造成被害人经济损失高达上亿元，且犯罪对象为老年群体，致使部分老年被害人流离失所、无家可归，严重影响社会稳定。其中，2017年4月至2018年6月间，林某某为将诈骗所得的房产处置变现，与他人恶意串通，故意捏造抵押借款合同和债务人违约事实，以虚假的债权债务关系向人民法院提起民事诉讼，欺骗人民法院开庭审理并作出民事裁判文书。

人民法院依法对林某某以组织、领导黑社会性质组织罪判处有期徒刑十年，剥夺政治权利二年，并处没收个人全部财产；以诈骗罪判处无期徒刑，剥夺政治权利终身，并处没收个人全部财产；以敲诈勒索罪判处有期徒刑十一年，并处罚金人民币22万元；以寻衅滋事罪判处有期徒刑九年，剥夺政治权利一年，并处罚金人民币18万元；以虚假诉讼罪判处有期徒刑六年，并处罚金人民币12万元，决定执行无期徒刑，剥夺政治权利终身，并处没收个人全部财产。

裁判理由

根据《最高人民法院最高人民检察院公安部司法部关于办理"套路贷"刑事案件若干问题的意见》的规定，"套路贷"，是指以非法占有为目的，假借民间借贷之名，诱使或迫使被害人签订"借贷"或变相"借贷""抵押""担保"等相关协议，通过虚增借贷金额、恶意制造违约、肆意认定违约、毁匿还款证据等方式形成虚假债权债务，并借助诉讼、仲裁、公证或者采用暴力、威胁以及其他手段非法占有被害人财物的相关违法犯罪活动的概括性称谓；对于在实施"套路贷"过程中多种手段并用，构成诈骗、敲诈勒索、非法拘禁、虚假诉讼、寻衅滋事、强迫交易、抢劫、绑架等多种犯罪的，应当根据具体案件事实，区分不同情况，依照刑法及有关司法解释的规定数罪并罚或者择一重处；三人以上为实施"套路贷"而组成的较为固定的犯罪组织，应当认定为犯罪集团，对首要分子应按照集团所犯全部罪行处罚；符合黑恶势力认定标准的，应当按照黑社会性质组织、恶势力或者恶势力犯罪集团侦查、起诉、审判。

本案中，林某某纠集、指挥多人实施"套路贷"违法犯罪，行为符合《刑法》规定的组织、领导黑社会性质组织罪的构成要件；在实施"套路贷"过程中诈骗、敲诈勒索、寻衅滋事、虚假诉讼等多种手段并用，行为还构成诈骗罪、敲诈勒索罪、寻衅滋事罪、虚假诉讼罪等多种犯罪，故人民法院对林某某依法予以数罪并罚。

典型意义 >>>

"套路贷"违法犯罪严重侵害人民群众合法权益，影响社会大局稳定，且往往与黑恶势力犯罪交织在一起，社会危害极大。司法机关必须始终保持对"套路贷"的高压严打态势，及时甄别、依法严厉打击"套路贷"中的虚假诉讼、诈骗、敲诈勒索、寻衅滋事等违法犯罪行为，依法严惩犯罪人，切实保护被害人合法权益，满足人民群众对公平正义的心理期待。

最高人民法院发布 10 起人民法院整治虚假诉讼典型案例之六：彭某某等虚假诉讼案
——故意捏造债权债务关系和以物抵债协议，向人民法院提起民事诉讼，致使人民法院开庭审理，干扰正常司法活动的，构成虚假诉讼罪

基本案情 >>>

2019 年 5 月至 9 月间，被告人彭某某与他人恶意串通，故意捏造债权债务关系和以物抵债协议。后彭某某又与被告人赵某通谋，委托赵某担任诉讼代理人，向某区人民法院提起民事诉讼，致使人民法院开庭审理，干扰正常司法活动。彭某某、赵某于 2020 年 6 月 19 日被公安机关抓获。

人民法院依法以虚假诉讼罪判处彭某某有期徒刑七个月，并处罚金人民币 7000 元；判处赵某有期徒刑六个月，并处罚金人民币 6000 元。

裁判理由 >>>

虚假诉讼罪是指自然人或者单位以捏造的事实提起民事诉讼，妨害司法秩序或者严重侵害他人合法权益的行为，核心行为要件是"捏造事实"和"提起民事诉讼"。"捏造事实"包括行为人自己捏造的事实和利用他人捏造的事实；"提起民事诉讼"包括利用自己捏造的事实和利用他人捏造的事实向人民法院提起民事诉讼。《刑法》第307条之一第1款规定："以捏造的事实提起民事诉讼，妨害司法秩序或者严重侵害他人合法权益的，处三年以下有期徒刑、拘役或者管制，并处或者单处罚金；情节严重的，处三年以上七年以下有期徒刑，并处罚金。"根据《办理虚假诉讼案件解释》第1条第1款的规定，采取伪造证据、虚假陈述等手段，捏造民事法律关系，虚构民事纠纷，向人民法院提起民事诉讼的，应当认定为《刑法》第307条之一第1款规定的"以捏造的事实提起民事诉讼"。上述司法解释第2条第2项规定，以捏造的事实提起民事诉讼，致使人民法院开庭审理，干扰正常司法活动的，应当认定为《刑法》第307条之一第1款规定的"妨害司法秩序或者严重侵害他人合法权益"。

本案中，彭某某与他人恶意串通，捏造债权债务关系和以物抵债协议，后又与赵某通谋，委托赵某担任诉讼代理人，向人民法院提起民事诉讼，致使人民法院开庭审理，干扰正常司法活动，符合《刑法》和司法解释规定的虚假诉讼罪的行为特征和定罪条件。故人民法院依法以虚假诉讼罪分别判处彭某某、赵某有期徒刑，并处罚金。

典型意义 >>>

实践中，故意捏造债权债务关系和以物抵债协议的行为多发生在离婚等类型民事诉讼和民事执行过程中，行为人往往意图通过上述行为，达到多分配夫妻共同财产或者非法转移被执行财产的目的。此类行为不仅要受到道德的谴责，更会受到法律的严惩。司法机关要及时甄别、发现、惩处此类虚假诉讼违法犯罪行为，依法追究行为人的刑事责任，保护人民群众合法权益。

第九章

《刑法》第 313 条

拒不执行判决、裁定罪

拒不执行判决、裁定罪是指对人民法院的判决、裁定有能力执行而拒不执行，情节严重的行为。本罪的主体为被执行人、协助执行义务人、担保人等负有执行义务的自然人或者单位。根据立法解释，"人民法院的判决、裁定"是指人民法院依法作出的具有执行内容并已发生法律效力的判决、裁定；既包括刑事判决与裁定，也包括民事、经济、行政等方面的判决与裁定。人民法院为依法执行支付令、生效的调解书、仲裁裁决书和公证债权文书等所作的裁定属于该条规定的裁定。所谓"有能力执行而拒不执行，情节严重，致使判决、裁定无法执行的"，是指下列情形：（1）被执行人隐藏、转移、故意毁损财产或者无偿转让财产、以明显不合理的低价转让财产，致使判决、裁定无法执行的；（2）担保人或者被执行人隐藏、转移、故意毁损或者转让已向人民法院提供担保的财产，致使判决、裁定无法执行的；（3）协助执行义务人接到人民法院协助执行通知书后，拒不协助执行，致使判决、裁定无法执行的；（4）被执行人、担保人、协助执行义务人与国家机关工作人员通谋，利用国家机关工作人员的职权妨害执行，致使判决、裁定无法执行的；（5）其他有能力执行而拒不执行，情节严重的情形，具体包括：①具有拒绝报告或者虚假报告财产情况、违反人民法院限制高消费及有关消费令等拒不执行行为，经采取罚款或者拘留等强制措施后仍拒不执行的；②伪造、毁灭有关被执行人履行能力的重要证据，以暴力、威胁、贿买方法阻止他人作证或者指使、贿买、胁迫他人作伪证，妨碍人民法院查明被执行人财产情况，致使判决、裁定无法执行的；③拒不交付法律文书指定交付的财物、票证或者拒不迁出房屋、退出土地，致使判决、裁定无法执行的；④与他人串通，通过虚假诉讼、虚假仲裁、虚假和解等方式妨害执行，致使判决、裁定无法执行的；⑤以暴力、威胁方法阻碍执行人员进入执行现场或者聚众哄闹、冲击执行现场，致使执行工作无法进行的；⑥对执行人员进行侮辱、围攻、扣押、殴打，致使执行工作无法进行的；⑦毁损、抢夺执行案件材料、执行公务车辆和其他执行器械、执行人员服装以及执行公务证件，致使执行工作无法进行的；⑧拒不执行法院判决、裁定，致使债权人遭受重大损失的。有能力执行而拒不执行判决、裁定的时间从判决、裁定发生法律效力时起算。暴力抗拒人民法院执行判决、裁定，杀害重伤执行人员的，应以故意杀人罪、故意伤害罪论处。国家机关工作人员收受贿赂或者滥用职权，实施本罪行为，同时又构成受贿罪、滥用职权罪的，从一重处罚。犯本罪的，根据《刑法》第313条的规定处罚。

2024-18-1-301-001

刘某海拒不执行判决案

——在被起诉前转移财产构成拒不执行判决罪的认定规则

基本案情 》》

2017年7月18日，被告人刘某海驾驶小型普通客车，搭乘欧某等人在湖南省郴州市桂阳县桂阳大道某路段发生车祸，致欧某等人受伤，桂阳县公安局交通警察大队认定刘某海承担此次事故的全部责任。2018年1月22日，刘某海与其妻谭某办理离婚手续，约定3个子女由刘某海抚养并承担全部抚养费用，婚姻关系存续期间的共同财产，即1间门面房及1辆小型普通汽车归谭某所有，4万元债务由刘某海负责偿还。同年3月20日，欧某向湖南省桂阳县人民法院提起诉讼，要求刘某海赔偿损失。同年8月6日，湖南省桂阳县人民法院作出（2018）湘1021民初384号民事判决，判决刘某海赔偿欧某损失22.74993万元。同年10月18日，欧某申请强制执行。2019年4月25日，湖南省桂阳县人民法院依法向刘某海发出执行通知书、报告财产令。刘某海收到文书后未履行生效判决，亦未申报财产。同年8月14日，刘某海因拒不履行生效法律文书被处以司法拘留十五日。刘某海至案发仍未履行上述生效判决。

另查明，被告人刘某海与谭某离婚后一直共同居住生活，二人利用门面房经营洗车店，使用谭某名下汽车从事"跑租"业务，均有较为稳定的收入，具有部分履行上述生效判决的能力。

湖南省桂阳县人民法院于2020年7月17日作出（2020）湘1021刑初141号刑事判决：被告人刘某海犯拒不执行判决罪，判处有期徒刑一年六个月。宣判后，没有上诉、抗诉，判决已发生法律效力。

裁判理由 >>>>

法院生效裁判认为，被告人刘某海对人民法院的生效判决有能力执行而拒不执行，情节严重，其行为已构成拒不执行判决罪。

对于《刑法》第313条规定的"对人民法院的判决、裁定有能力执行而拒不执行"，通常应当从判决、裁定发生法律效力时起算。不过，司法实践中，有的行为人在债务产生后即转移、隐匿财产，以规避日后生效判决、裁定的执行，在判决、裁定生效后以无履行能力为由拒不执行。此类行为在性质上与判决、裁定生效后转移、隐匿财产的行为无异，并且，判决、裁定生效后，行为人转移、隐匿财产的行为仍然在持续。因此，此类行为符合情节严重认定标准的，应当构成拒不执行判决、裁定罪。本案中，刘某海为了逃避赔偿责任，在事故发生后与其妻谭某办理离婚手续，约定刘某海负责孩子的所有抚养费用，承担夫妻共同债务的偿还责任，谭某享有夫妻存续期间的财产利益，试图制造家庭经济困难、无履行能力的假象。事实上，刘某海与谭某办理离婚手续后仍居住生活在一起，共同生产经营，刘某海与其妻谭某利用购买的门面房经营洗车店，购买车辆对外出租，均有较为稳定的收入，具有一定的执行能力。在判决生效后及执行阶段，刘某海依旧拒不执行。尽管刘某海仅有部分执行能力，但不影响对《刑法》第313条规定的"对人民法院的判决、裁定有能力执行而拒不执行"的认定。故法院依法作出如上判决。

裁判要旨 >>>>

（1）对于《刑法》第313条规定的"对人民法院的判决、裁定有能力执行而拒不执行"，通常应当从判决、裁定发生法律效力时起算。但是，负有执行义务的人在判决、裁定发生法律效力前，为逃避执行，通过"假离婚"等方式转移、隐匿财产并持续至执行阶段，致使判决、裁定无法执行，情节严重的，亦应以拒不执行判决、裁定罪论处。

（2）《刑法》第313条规定的"对人民法院的判决、裁定有能力执行而拒不执行"，包括有部分执行能力而拒不执行的情形。经综合考量执行能力的大小、拒不执行的金额、造成的后果等情节，符合"情节严重"认定标准的，构成拒不执行判决、裁定罪。

关联索引 >>>

《刑法》第 313 条

一审：湖南省桂阳县人民法院（2020）湘 1021 刑初 141 号刑事判决（2020 年 7 月 17 日）

2024-05-1-301-001

彭某等拒不执行判决案

——达成执行和解能否构罪以及强制执行的范围

基本案情 >>>

2021 年 7 月 14 日，安徽省庐江县人民法院以（2021）皖 0124 民初 4540 号民事判决，判决某铜业公司支付某铸造公司货款 153330 元及利息。该民事判决生效后，因某铜业公司未自觉履行该判决确定的义务，2021 年 8 月 18 日某铸造公司向庐江县人民法院申请强制执行，庐江县人民法院于 2021 年 10 月 13 日立案执行并于同日要求某铜业公司向庐江县人民法院报告财产。2021 年 12 月 21 日，某铜业公司与某铸造公司达成执行和解协议。执行和解协议履行期间，彭某（系某铜业公司的法定代表人）明知某铜业公司的对公账户已被庐江县人民法院冻结的情况下，为使该公司的收入款项不被执行，分别于 2022 年 10 月 8 日、18 日用彭某 1 的私人账户接受、转移甘某转入的某铜业公司铜精砂预付款 170 万元，且未向庐江县人民法院报备，致使庐江县人民法院生效的（2021）皖 0124 民初 4540 号民事判决无法执行。彭某在庐江县公安局侦查某铜业公司拒不支付劳动报酬案期间，如实供述庐江县公安局未掌握的本案犯罪事实，是自首。

安徽省庐江县人民法院于 2023 年 8 月 9 日作出（2023）皖 0124 刑初 206 号刑事判决：一、被告单位某铜业公司犯拒不执行判决罪，判处罚金人民币 10 万元，限于本判决生效后十日内缴纳；二、被告人彭某犯拒不执行判决罪，判处有期徒刑八个月。宣判后，被告单位某铜业公司、被告人彭某均提出上诉。安徽省合肥市中级人民法院于 2023 年 11 月 3 日作出（2023）皖 01 刑终

760号刑事裁定，驳回上诉，维持原判。

裁判理由 》》》

　　法院生效裁判认为，拒不执行判决罪是指对人民法院的判决有能力执行而拒不执行，情节严重的行为。《全国人大常委会关于〈中华人民共和国刑法〉第三百一十三条的解释》规定，人民法院的判决是指人民法院依法作出的具有执行内容并已发生法律效力的判决。《最高人民法院关于适用〈中华人民共和国民事诉讼法〉的解释》第188条规定，《民事诉讼法》第114条第1款第6项规定的拒不履行人民法院已经发生法律效力的判决、裁定的行为，包括在法律文书发生法律效力后隐藏、转移、变卖、毁损财产或者无偿转让财产、以明显不合理的价格交易财产、放弃到期债权、无偿为他人提供担保等，致使人民法院无法执行的。在案证据可以证实某铜业公司作为执行义务人，对法院生效民事判决有能力执行而拒不执行，情节严重，其行为构成拒不执行判决罪，彭某作为某铜业公司直接负责的主管人员，明知某铜业公司是生效民事判决的被执行人，有能力执行却故意隐藏、转移财产，致使判决无法执行，其行为构成拒不执行判决罪。彭某作为直接负责的主管人员，在公安机关侦查某铜业公司拒不支付劳动报酬案期间，如实供述本案的犯罪事实，某铜业公司及彭某均构成自首，依法可以从轻处罚。彭某羁押期间表现得好，可酌情从轻处罚。故一、二审法院依法作出如上裁判。

裁判要旨 》》》

　　（1）关于转移、隐藏财产等行为发生于执行和解阶段是否构罪的问题。拒不执行判决、裁定罪中规定的"有能力执行而拒不执行"的行为起算时间一般应从民事判决发生法律效力时起算，而不是从执行立案时起算。根据举轻以明重的原则，本案是在执行阶段达成执行和解，被申请执行人在此阶段转移、隐藏财产，应属于"有能力执行而拒不执行"的情形。

　　（2）关于案涉170万元是否属于强制执行的范围问题。根据法庭调查情况，170万元本质上是债权，属于执行的范围。人民法院要严格区分账户内被执行人自有资金与客户交易资金，并对被执行人自有资金予以执行。司法实践中，一般不区分经营性收入和非经营性收入，除非被执行单位专款专用的钱款或者涉及第三人的财产等，才不会被强制执行。

关联索引 >>>

《刑法》第 313 条

一审：安徽省庐江县人民法院（2023）皖 0124 刑初 206 号刑事判决（2023年 8 月 9 日）

二审：安徽省合肥市中级人民法院（2023）皖 01 刑终 760 号刑事裁定（2023年 11 月 3 日）

2016-18-1-301-001

毛某文拒不执行判决、裁定案

基本案情 >>>

浙江省平阳县人民法院于 2012 年 12 月 11 日作出（2012）温平鳌商初字第 595 号民事判决，判令被告人毛某文于判决生效之日起 15 日内返还陈某银挂靠在其名下的温州宏源包装制品有限公司投资款 200 000 元及利息。该判决于 2013 年 1 月 6 日生效。因毛某文未自觉履行生效法律文书确定的义务，陈某银于 2013 年 2 月 16 日向浙江省平阳县人民法院申请强制执行。立案后，浙江省平阳县人民法院在执行中查明，毛某文于 2013 年 1 月 17 日将其名下的浙C×××××小型普通客车以 150 000 元的价格转卖，并将所得款项用于个人开销，拒不执行生效判决。毛某文于 2013 年 11 月 30 日被抓获归案后如实供述了上述事实。

浙江省平阳县人民法院于 2014 年 6 月 17 日作出（2014）温平刑初字第 314 号刑事判决：被告人毛某文犯拒不执行判决罪，判处有期徒刑十个月。宣判后，毛某文未提起上诉，公诉机关未提出抗诉，判决已发生法律效力。

裁判理由 >>>

法院生效裁判认为，被告人毛某文负有履行生效裁判确定的执行义务，在人民法院具有执行内容的判决、裁定发生法律效力后，实施隐藏、转移财产等拒不执行行为，致使判决、裁定无法执行，情节严重，其行为已构成拒不执行判决罪。公诉机关指控的罪名成立。毛某文归案后如实供述了自己的罪行，可以从轻处罚。

本案的争议焦点为，拒不执行判决、裁定罪中规定的"有能力执行而拒不执行"的行为起算时间如何认定，即被告人毛某文拒不执行判决的行为是从相关民事判决发生法律效力时起算，还是从执行立案时起算。对此，法院认为，生效法律文书进入强制执行程序并不是构成拒不执行判决、裁定罪的要件和前提，毛某文拒不执行判决的行为应从相关民事判决于 2013 年 1 月 6 日发生法律效力时起算。主要理由如下：第一，符合立法原意。《全国人大常委会关于〈中华人民共和国刑法〉第三百一十三条的解释》规定，该条中的"人民法院的判决、裁定"，是指人民法院依法作出的具有执行内容并已发生法律效力的判决、裁定。这就是说，只有具有执行内容的判决、裁定发生法律效力后，才具有法律约束力和强制执行力，义务人才有及时、积极履行生效法律文书确定义务的责任。生效法律文书的强制执行力不是在进入强制执行程序后才产生的，而是自法律文书生效之日起即产生。第二，与民事诉讼法及其司法解释协调一致。《民事诉讼法》第 111 条规定：诉讼参与人或者其他人拒不履行人民法院已经发生法律效力的判决、裁定的，人民法院可以根据情节轻重予以罚款、拘留；构成犯罪的，依法追究刑事责任。《最高人民法院关于适用〈中华人民共和国民事诉讼法〉的解释》第 188 条规定，《民事诉讼法》第 111 条第 1 款第 6 项规定的拒不履行人民法院已经发生法律效力的判决、裁定的行为，包括在法律文书发生法律效力后隐藏、转移、变卖、毁损财产或者无偿转让财产、以明显不合理的价格交易财产、放弃到期债权、无偿为他人提供担保等，致使人民法院无法执行的。由此可见，法律明确将拒不执行行为限定在法律文书发生法律效力后，并未将拒不执行的主体仅限定为进入强制执行程序后的被执行人或者协助执行义务人等，更未将拒不执行判决、裁定罪的调整范围仅限于生效法律文书进入强制执行程序后发生的行为。第三，符合立法目的。拒不执行判决、裁定罪的立法目的在于解决法院生效判决、裁定的"执行难"问题。将判决、裁定生效后立案执行前逃避履行义务的行为纳入拒不执行判决、裁定罪的调整范围，是法律设定该罪的应有之意。将判决、裁定生效之日确定为拒不执行判决、裁定罪中拒不执行行为的起算时间点，能有效地促使义务人在判决、裁定生效后即迫于刑罚的威慑力而主动履行生效裁判确定的义务，避免生效裁判沦为一纸空文，从而使社会公众真正尊重司法裁判，维护法律权威，从根本上解决"执行难"问题，实现拒不执行判决、裁定罪的立法目的。

裁判要旨 》》

有能力执行而拒不执行判决、裁定的时间从判决、裁定发生法律效力时起算。具有执行内容的判决、裁定发生法律效力后，负有执行义务的人有隐藏、转移、故意毁损财产等拒不执行行为，致使判决、裁定无法执行，情节严重的，应当以拒不执行判决、裁定罪定罪处罚。

关联索引 》》

《刑法》第 313 条

2023-05-1-301-001

杨某荣、颜某英、姜某富拒不执行判决、裁定案
——为逃避执行，在民事裁判前转移财产并持续至
执行阶段的行为的定性

基本案情 》》

2015 年 1 月 17 日，被告人杨某荣委托他人邀请郑某宏为杨某荣、颜某英夫妻拆除位于衢州市衢江区××镇李某村的养殖用房，在工作过程中郑某宏摔伤，之后在医院治疗。2015 年 2 月，杨某荣、颜某英见郑某宏伤势严重需大额医药费，并发现郑某宏家人在打探自己位于衢州市衢江区××镇房产的消息，为了避免该房产在之后的民事诉讼中被法院拍卖执行，杨某荣、颜某英多次找到朋友被告人姜某富，劝说其帮忙，欲将涉案房产抵押给姜某富。姜某富在自己和杨某荣夫妻的真实债务仅为 30 余万元的情况下，由杨某荣出具了共计 300 万元的借条给姜，同时姜某富出具了一张 300 万元的收条给杨某荣、颜某英，以抵销该 300 万元的债务。后杨某荣、颜某英及姜某富以该笔虚构的 300 万元债务，于 2015 年 2 月 25 日办理了抵押登记，姜某富为杨某荣所有的涉案房产的抵押权人，债权数额为 300 万元，抵押期限自 2015 年 2 月 15 日至 2033 年 2 月 14 日。

2015年4月15日郑某宏死亡，共花费医药费20余万元，被告人杨某荣、颜某英前后共支付郑某宏家属约20万元，其他损失双方未达成协议。郑某宏家属向衢江区人民法院提起民事诉讼，法院于2015年10月8日作出民事判决，判决杨某荣、颜某英赔偿郑某宏家属因郑某宏死亡的各项损失共计375 526.66元（不包括杨某荣、颜某英已赔偿的部分）。判决生效后，杨某荣、颜某英未按判决履行赔偿义务，郑某宏家属向衢江区人民法院申请强制执行，法院于2015年11月16日立案受理。

衢江区人民法院在对该案执行过程中，查询到被告人杨某荣、颜某英夫妻名下存款仅数千元，但杨某荣名下有一套位于衢州市衢江区××镇的房产，已于2015年2月25日抵押给姜某富。法院执行人员多次联系作为被执行人的杨某荣、颜某英了解房产情况，并在向姜某富了解其与杨某荣、颜某英借款及抵押情况时，杨某荣、颜某英表示无财产无能力全额赔偿，姜某富表示其享有杨某荣、颜某英300万元的债权真实，杨某荣、颜某英位于衢州市衢江区××镇××路的房产已抵押给其，导致涉案民事生效判决无法执行到位。

2016年4月5日，法院以被告人杨某荣等人伪造证据涉嫌刑事犯罪将案件移送衢州市公安局衢江分局。衢州市公安局衢江分局于同年5月3日立案侦查，在2016年4月至10月期间，多次找杨某荣、颜某英、姜某富做询问及讯问笔录，三人仍坚称300万元的借款真实存在，直至2016年10月15日，姜某富、杨某荣、颜某英开始如实供述。

2017年1月，被告人杨某荣、颜某英履行了涉案民事生效判决确定的全部义务，杨某荣、颜某英取得了郑某宏家属的谅解。

浙江省衢江区人民法院于2017年7月24日作出（2017）浙0803刑初90号刑事判决：被告人杨某荣犯妨害作证罪，判处有期徒刑六个月；被告人颜某英犯妨害作证罪，判处拘役五个月，缓刑六个月；被告人姜某富犯帮助伪造证据罪，判处拘役三个月，缓刑四个月。一审宣判后，被告人杨某荣提出上诉。浙江省衢州市中级人民法院于2017年9月30日作出（2017）浙08刑终193号刑事裁定：撤销原判，发回重审。浙江省衢江区人民法院又于2018年1月5日作出（2017）浙0803刑初238号刑事判决：一、被告人杨某荣犯拒不执行判决、裁定罪，判处有期徒刑六个月，缓刑一年；二、被告人颜某英犯拒不执行判决、裁定罪，判处拘役五个月，缓刑六个月；三、被告人姜某富犯拒不执行判决、裁定罪，判处拘役三个月，缓刑四个月。宣判后，被告人杨某荣、颜某英提出上诉。衢州市中级人民法院于2018年2月12日作出

（2018）浙 08 刑终 33 号刑事裁定：驳回上诉，维持原判。

裁判理由 ≫

　　法院生效裁判认为：被告人杨某荣、颜某英在其雇用的郑某宏摔伤后，二人正是考虑到日后可能会面临民事赔偿诉讼，涉案房产会被人民法院拍卖用以执行，才起意、预谋转移该房产，以达到抗拒人民法院执行的目的；为此，二人多方游说被告人姜某富，串通虚构了双方之间存有高额债务的事实，以此为由将房产抵押给姜某富，还吩咐姜某富帮其隐瞒真相以应对人民法院的调查核实。之后，杨某荣、颜某英在相关民事诉讼中败诉后未履行赔偿义务，2015 年 11 月，郑某宏家属向衢江区人民法院申请强制执行，衢江区人民法院对该案立案后，执行法官多次找二人核实财产状况，二人虽表示愿意和解，但一直隐瞒其有能力执行却以虚构高额债务为名将涉案房产转移的真相，又指使姜某富按事先预谋在执行法官面前作伪证，妨碍人民法院查明其实际财产状况，致使涉案判决长期无法执行。直至杨某荣等人涉嫌犯罪被立案侦查，交代了相关犯罪事实后，才于 2017 年 1 月履行了涉案判决所确定的赔偿义务。杨某荣、颜某英按其事先预谋、精心设计的方式转移财产，还指使他人作伪证，妨碍人民法院查明其财产情况，致使人民法院判决无法执行，拒不执行人民法院判决的故意和行为，显然，应以拒不执行法院判决、裁定罪论处；财产转移的时间不能成为二人构罪的阻却因素，事后的履行行为仅可作为量刑情节予以考虑。相关上诉意见，不予采纳。

裁判要旨 ≫

　　从时间上看，构成拒不执行判决、裁定罪的行为应当是从裁判生效后开始计算，但对于在民事裁判生效前，甚至在进入民事诉讼程序前，转移、隐匿财产等行为是否构成拒不执行判决、裁定罪有争议。应当认为，只要转移、隐匿财产等行为状态持续至民事裁判生效后，且情节严重的，即可构成拒不执行判决、裁定罪。概言之，隐藏、转移财产等行为延续至民事裁判生效后，属于执行阶段中的拒不执行判决、裁定行为，应以拒不执行判决、裁定罪论处。

关联索引 ≫

　　《刑法》第 25 条第 1 款，第 26 条第 1 款、第 4 款，第 27 条，第 72 条第 1 款，第 73 条，第 313 条第 1 款

《刑事诉讼法》第236条第1款第1项

第一次一审：浙江省衢江区人民法院（2017）浙0803刑初90号刑事判决（2017年7月24日）

第一次二审：浙江省衢州市中级人民法院（2017）浙08刑终193号刑事裁定（2017年9月30日）

第二次一审：浙江省衢江区人民法院（2017）浙0803刑初238号刑事判决（2018年1月5日）

第二次二审：浙江省衢州市中级人民法院（2018）浙08刑终33号刑事裁定（2018年2月12日）

2023-16-1-301-001

某钢铁公司、林某某拒不执行判决、裁定案
——拒不执行判决、裁定罪中"情节严重"的把握

基本案情

某钢铁公司于2004年12月31日注册成立，法定代表人林某某，2015年3月变更为薛某某。

2006年3月1日，原审自诉人某仓储商贸公司作为出租方，与承租方某仓储管理公司、担保方原审被告单位某钢铁公司签署租赁合同一份，合同约定某仓储管理公司租用某仓储商贸公司厂房、土地、相关租金、租赁期限以及合同解除条件，合同中还约定某钢铁公司对某仓储管理公司全部合同义务承担连带担保责任。合同签订后，因发生拖欠租金以及擅自拆除地上建筑物等纠纷，广东省佛山市顺德区人民法院、广东省佛山市中级人民法院对上述三方系列纠纷案件作出民事判决，系列判决于2010年4月至2015年2月相继发生法律效力。生效法律文书确定某钢铁公司需连带承担822.49万元的支付责任。上述案件生效后，佛山市顺德区人民法院根据某仓储商贸公司申请立案执行，并依法向某钢铁公司发出执行通知，责令其履行法律文书确定的义务及申报财产，某钢铁公司没有在指定期限内履行，也没有向法院申报财产。佛山市顺德区人民法院依法执行部分财产。在执行过程中，因（2010）佛中

法民一终字第 57 号被发回重审、再审，广东省高级人民法院于 2012 年 8 月 15 日中止案件执行，2015 年 2 月（2014）佛中法民一终字第 3197 号民事判决生效，案件恢复执行。截至自诉时，某钢铁公司需向某仓储商贸公司支付租金、滞纳金、利息等费用合计 1238.74 万元，至本案一审法庭辩论终结前，尚有 663.54 万元未执行。

自 2010 年 4 月开始，某钢铁公司在明知其公司尚有执行案件确定的义务未履行的情况下，以林某某个人名义与案外人陈某某等人签订租赁合同，将上述大部分土地及地上建筑物转租给陈某某等人，收取大量租金差价收益，并将该收益以某钢铁公司或林某某的名义收取后存进林某某或其他人的账户。

2015 年 4 月 21 日，佛山市顺德区人民法院向某钢铁公司、林某某发出《通知书》，责令其在 2015 年 4 月 27 日前退出自 2010 年 4 月以来的租金收益，至本案一审判决前，某钢铁公司、林某某未予执行。

2015 年 4 月 22 日，佛山市顺德区人民法院向佛山市顺德区公安局发出《移送公安机关侦查函》，佛山市顺德区公安局立案侦查后，于 2015 年 8 月 4 日对该案作撤案处理。自诉人于 2015 年 8 月 17 日向顺德区人民法院提起控诉，顺德区人民法院于 2015 年 8 月 25 日立案。

广东省佛山市顺德区人民法院于 2016 年 2 月 23 日作出（2015）佛顺法刑初字第 2785 号刑事判决：一、被告单位某钢铁公司犯拒不执行判决、裁定罪，判处罚金人民币 50 万元；二、被告人林某某犯拒不执行判决、裁定罪，判处罚金人民币 20 万元。宣判后，原审自诉人某仓储商贸公司，原审被告单位某钢铁公司、原审被告人林某某均提出上诉。广东省佛山市中级人民法院于 2016 年 7 月 15 日作出（2016）粤 06 刑终 377 号刑事裁定：驳回上诉，维持原判。

某钢铁公司、林某某向佛山市中级人民法院提出申诉，该院于 2016 年 9 月 12 日作出（2016）粤 06 刑申 29 号驳回申诉通知。某钢铁公司、林某某不服，向广东省高级人民法院提出申诉，广东省高级人民法院于 2019 年 9 月 17 日作出（2018）粤刑再 28 号刑事裁定：维持广东省佛山市中级人民法院（2016）粤 06 刑终 377 号刑事裁定和佛山市顺德区人民法院（2015）佛顺法刑初字第 2785 号刑事判决。某钢铁公司、林某某不服，向最高人民法院提出申诉。最高人民法院于 2020 年 12 月 22 日作出（2020）最高法刑申 29 号再审决定书，指令广东省高级人民法院对本案进行再审。广东省高级人民法院于 2023 年 9 月 6 日作出（2021）粤刑再 2 号刑事判决：某钢铁公司、林某某均无罪。

裁判理由 >>>

法院生效裁判认为，本案争议焦点有，一是关于原一审法院直接受理本案是否程序违法；二是关于某钢铁公司、林某某是否构成拒不执行判决、裁定罪。

（一）关于原一审法院直接受理本案是否程序违法

经查，原一审法院于2015年4月22日以涉嫌构成拒不执行判决、裁定罪向顺德公安机关移送立案，顺德公安机关于2015年5月7日作出立案决定书，但于同年8月4日作出撤销案件决定。某仓储商贸公司遂于2015年8月17日直接向原一审法院提起自诉，原一审法院受理本案。依照《最高人民法院关于审理拒不执行判决裁定刑事案件适用法律若干问题的解释》第3条的规定，申请执行人曾经提出控告，而公安机关或者人民检察院对负有执行义务的人不予追究刑事责任时，人民法院认为对于符合《刑事诉讼法》第204条第3项规定的，以自诉案件立案审理。上述规定的立法本意是当公安机关或检察机关怠于行使侦查权可能损害自诉人利益的情况下，法院有权以自诉案件直接立案审查以保护自诉人的合法权益。本案顺德法院已向公安机关移送，公安机关立案后又撤销立案，故自诉人在未经向公安机关提出控诉的情况下直接向法院提出自诉，原一审法院直接受理本案，符合前述司法解释的规定，程序合法。

（二）关于某钢铁公司、林某某是否构成拒不执行判决、裁定罪

经查，（1）某钢铁公司在明知有生效裁判文书确定的义务需要履行的情况下，将该公司承租的土地和建筑以林某某个人名义出租，将应进入公司账号的租金以林某某名义收取或转入其他指定账号，长期收取转租收益，但未用于履行生效判决确定的义务，在法院向其发出通知书要求其交出上述租金收益的情况下仍不执行，有能力而不履行法院生效判决。但在案证据显示，该公司在获得转租收益期间，本案涉案民事案件曾中止执行，该公司在中止执行前、中止执行期间以及恢复执行后均没有改变转租土地方式、租金数额和收取方式，认定其在规避执行的主观故意下转移财产，并致使判决、裁定无法执行的事实不清、证据不足。

（2）原执行法院广东省佛山市顺德区人民法院发现某钢铁公司获得转租收益线索后，未对该线索进行详细核查，未采取查封、冻结、扣押等查控措

施，也未对被执行人采取罚款或拘留等处罚措施，仅于 2015 年 4 月 21 日向某钢铁公司、林某某发出《通知书》，责令其在 2015 年 4 月 27 日前退出自 2010 年 4 月以来的租金收益，该《通知书》未明确本案执行标的的总额、已执行到位数额、还需执行的数额以及要求交纳的具体金额，执行法院的执行行为不规范，执行措施不充分，客观上存在一定程度的难以配合和协助执行，据此认定某钢铁公司拒不交付法律文书指定交付的财物，致使判决、裁定无法执行依据不足。综上，某钢铁公司虽实施了拒不履行生效判决的行为，但尚不足以认定其行为严重妨害司法，达到情节严重应予追究刑事责任的程度。

裁判要旨 ≫

拒不执行判决、裁定罪中如何把握是否达到"情节严重"程度。《全国人大常委会关于〈中华人民共和国刑法〉第三百一十三条的解释》以及最高人民法院关于拒不执行判决、裁定罪的司法解释对"有能力执行而不执行情节严重"作出解释，明确"情节严重"是指"致使判决、裁定无法执行"。"无法执行"是指即使负有执行义务的人具有阻碍、抗拒执行的行为，而人民法院在穷尽一切强制执行措施后，仍然无法实现判决、裁定所确定的结果。实践中，负有执行义务的人抗拒执行或消极执行的情形大量存在，生效法律文书是否能得到充分执行一定程度上还取决于执行法院是否采取足够的执行措施，不能仅以有抗拒执行或消极执行的行为就认定行为人构成犯罪。

关联索引 ≫

《刑法》第 313 条

一审：广东省佛山市顺德区人民法院（2015）佛顺法刑初字第 2785 号刑事判决（2016 年 2 月 23 日）

二审：广东省佛山市中级人民法院（2016）粤 06 刑终 377 号刑事裁定（2016 年 7 月 15 日）

再审：广东省高级人民法院（2018）粤刑再 28 号刑事裁定（2019 年 9 月 17 日）

再审：广东省高级人民法院（2021）粤刑再 2 号刑事判决（2023 年 9 月 6 日）

2024-05-1-301-002

苏州市某公司、艾某拒不执行裁定案

——拒不执行判决、裁定罪与非法处置查封、扣押、冻结的财产罪的界分

基本案情 ⟫⟫

2020 年 9 月 11 日，宁波市某公司因买卖合同纠纷将被告人艾某及其经营的苏州市某公司诉至宁波市北仑区人民法院，同年 9 月 24 日，法院将苏州市某公司的 12 台机器设备保全查封。同年 10 月 10 日，经法院主持调解，双方达成调解协议：（1）苏州市某公司欠宁波市某公司货款及利息等费用共计 171.7 万元，2020 年 10 月 31 日前支付 10 万元，余款于 2021 年 11 月底前分期支付；（2）被告人艾某对前述付款义务承担连带清偿责任。该协议于当日发生法律效力。2020 年 11 月 4 日，宁波市某公司向北仑区人民法院申请强制执行，法院于 2020 年 11 月 4 日向被告单位及被告人艾某发出执行通知书，责令被告单位及被告人艾某履行前述民事调解书确定的法律义务，并于同月 6 日作出（2020）浙 0206 执 3150 号执行裁定书，裁定被告单位及被告人艾某履行付款义务。2021 年 3 月 3 日，被告人艾某、苏州市某公司与宁波市某公司达成执行和解协议，承诺分期付款。后被执行人艾某未如约履行，且将法院查封的 12 台机器设备变卖、处置，将所得款项 53 万元以上挪作他用，导致该案无法执行。在法院审理过程中，被告单位缴纳执行款 10 万元。

浙江省宁波市北仑区人民法院于 2022 年 4 月 28 日作出（2022）浙 0206 刑初 488 号刑事判决：一、被告单位苏州市某公司犯拒不执行裁定罪，判处罚金人民币 5 万元；二、被告人艾某犯拒不执行裁定罪，判处有期徒刑一年二个月。宣判后，没有上诉、抗诉，判决已发生法律效力。

裁判理由 ⟫⟫

法院生效裁判认为：被告单位苏州市某公司对人民法院的裁定有能力执行而不执行，情节严重，其行为已构成拒不执行裁定罪；被告人艾某作为被告单位直接负责的主管人员，其行为亦构成拒不执行裁定罪，依法均应予惩

处。公诉机关指控的罪名成立。被告人艾某到案后如实供述自己的罪行，依法对被告人艾某及被告单位均从轻处罚。被告单位已缴纳部分履行款，对被告单位及被告人艾某均酌情从轻处罚。故法院依法作出如上裁判。

裁判要旨 >>>

在案件进入强制执行阶段，人民法院查封、扣押、冻结的财产被非法处置导致不能执行的，属于拒不执行判决、裁定罪与非法处置查封、扣押、冻结的财产罪的竞合。对此，基于全面评价和罪责刑相适应原则的考量，可以适用拒不执行判决、裁定罪。

关联索引 >>>

《刑法》第 313 条

一审：宁波市北仑区人民法院（2022）浙 0206 刑初 488 号刑事判决（2022 年 4 月 28 日）

2023-05-1-301-002

苏某拒不执行判决、裁定案

——拒不执行判决、裁定罪中转移、隐匿财产
"情节严重"的认定

基本案情 >>>

2021 年 3 月 12 日，山东省汶上县人民法院作出（2021）鲁 0830 民初 396 号民事判决，判决苏某、高某某、王某某支付拖欠何某某的租赁费 32.607 万元及违约金；苏某、高某某、王某某将改用的西大门墙体恢复原状，并将所租赁的土地交付给何某某。被告人苏某及高某某、王某某收到判决书后上诉，济宁市中级人民法院于 2021 年 5 月 14 日作出（2021）鲁 08 民终 2945 号民事判决书，判决驳回上诉，维持原判。后被告人苏某等人提出再审，山东省济宁市中级人民法院于 2022 年 1 月 17 日作出（2021）鲁 08 民申 725 号民事裁定，裁定驳回苏某、高某某、王某某的再审申请。2021 年 7 月 14 日，何某某

向汶上县人民法院申请执行，被执行人为苏某、高某某、王某某，汶上县人民法院于2021年8月2日立案，2021年8月5日作出（2021）鲁0830执1736号执行通知书、（2021）鲁0830执1736号报告财产令，并依法送达。2021年8月，汶上县人民法院对被执行人的财产状况进行查询，被告人苏某名下车辆二辆、房产一处；高某某名下车辆一辆、房产一处；王某某名下车辆一辆。2020年8月18日，汶上县人民法院判决王某（王某某1）偿还苏某借款本金50万元及利息。该案执行期间，王某于2021年10月18日将50万元本金及60万元利息转至苏某指定的苏某某1在汶上县农商银行账户内。2021年10月23日，苏某某1将该款项取出。至案发时，被告人苏某仍未履行执行义务。2022年1月18日上午10时许，被告人苏某被公安机关抓获归案。案发后，另两名被执行人高某某、王某某分别向汶上县人民法院交纳部分执行款。

2022年3月3日，汶上县人民法院因冻结了苏某银行存款60万元，高某某、王某某分别交纳租赁费5万元，苏某被刑事立案，裁定终结本案的执行。2022年5月18日，高某某、王某某与申请人何某某就租赁费、违约金、滞纳金达成和解，已履行完毕，并约定高某某、王某某继续租赁涉案土地。高利转贷罪相关案情略。

山东省泗水县人民法院于2023年4月19日作出（2022）鲁0831刑初271号刑事判决：一、被告人苏某犯高利转贷罪，判处有期徒刑一年六个月，并处罚金人民币124万元。二、追缴被告人苏某违法所得人民币1 230 871.34元，予以没收，上缴国库。一审宣判后，被告人针对高利转贷罪部分提出上诉，请求改判无罪；公诉机关未提出抗诉。济宁市中级人民法院于2023年7月10日作出（2023）鲁08刑终240号刑事裁定，驳回上诉，维持原判。

裁判理由

法院生效裁判认为，对公诉机关关于被告人犯拒不执行判决、裁定罪的指控，依照《刑法》第313条的规定，对人民法院的判决、裁定有能力执行而拒不执行，情节严重的，构成拒不执行判决、裁定罪。《全国人大常委会关于〈中华人民共和国刑法〉第三百一十三条的解释》规定，"有能力执行而拒不执行，情节严重"包括以下情形，"（一）被执行人隐藏、转移、故意毁损财产或者无偿转让财产、以明显不合理的低价转让财产，致使判决、裁定无法执行的；……（五）其他有能力执行而拒不执行，情节严重的情形"。即"情节严重"系构成拒不执行判决、裁定罪的法定条件。根据本案查明的事实，在民事判决生效后，被告人苏某为逃避法律义务实施了转移财产的行为，但除被告人苏某外，该执行案件中尚有其他两名被执行人，且经办案机关查询，被告人苏某及其他被执行人名下有房产、车辆等财产可供处置，但公诉机关未提交证据证实办案机关依法运用强制措施的情况，以及被告人苏某是否实施了其他拒不执行判决、裁定行为的情况，故公诉机关提交的证据不足以证实被告人转移财产的行为导致了判决、裁定无法执行的后果，综合被告人的主观恶性程度、执行案件处理结果，不应认定为情节严重，依法不构成拒不执行判决、裁定罪，公诉机关指控被告人苏某犯拒不执行判决、裁定罪，证据不足，不能成立。

裁判要旨 》》

拒不执行判决、裁定罪是情节犯，情节尚不属于严重，即使行为人实施了拒不执行的行为，也不应以拒不执行判决、裁定罪论处。针对转移、隐匿财产型拒执行为，立法解释将"致使判决、裁定无法执行"作为"情节严重"的标准，要求被执行人实施了隐藏、转移、故意毁损财产等行为，该行为致使判决、裁定无法执行的后果，两者应同时具备，且具有因果关系。

"致使判决、裁定无法执行"，是指因债务人抗拒或逃避执行的行为，致使人民法院无法运用法定强制执行措施，或者虽运用了强制执行措施，仍无法执行判决、裁定内容，致使债权人的合法权益无法实现，破坏了司法秩序和司法权威。对此，应从两方面理解：一方面，从债权人是否最终实现债权角度看，当行为人的拒执行为导致债权人权利最终无法得以实现时，应认定拒执行为达到了"情节严重"的程度，依法定罪处罚；另一方面，从人民法院执行工作的角度看，由于该罪侵犯的法益主要是司法秩序和司法权威，对于因拒执行为致使人民法院无法运用强制措施，或运用强制措施无法继续执行的，仍可认定"致使判决、裁定无法执行"的结果，依法追究刑事责任。

关联索引 》》

《刑法》第 313 条

《全国人大常委会关于〈中华人民共和国刑法〉第三百一十三条的解释》

一审：山东省泗水县人民法院（2022）鲁 0831 刑初 271 号刑事判决（2023年 4 月 19 日）

二审：山东省济宁市中级人民法院（2023）鲁 08 刑终 240 号刑事裁定（2023年 7 月 10 日）

最高人民检察院发布指导性案例

上海甲建筑装饰有限公司、吕某拒不执行判决立案监督案

基本案情

被告单位上海甲建筑装饰有限公司（以下简称甲公司）。

被告人吕某，甲公司实际经营人。

2017 年 5 月 17 日，上海乙实业有限公司（以下简称乙公司）因与甲公司合同履行纠纷诉至上海市青浦区人民法院。同年 8 月 16 日，青浦区人民法院判决甲公司支付乙公司人民币 3 250 995.5 元及相关利息。甲公司提出上诉，上海市第二中级人民法院判决驳回上诉，维持原判。2017 年 11 月 7 日，乙公司向青浦区人民法院申请执行。青浦区人民法院调查发现，被执行人甲公司经营地不明，无可供执行的财产，经乙公司确认并同意后，于 2018 年 2 月 27 日裁定终结本次执行程序。2018 年 5 月 9 日，青浦区人民法院恢复执行程序，组织乙公司、甲公司达成执行和解协议，但甲公司经多次催讨仍拒绝履行协议。2019 年 5 月 6 日，乙公司以甲公司拒不执行判决为由，向上海市公安局青浦分局（以下简称青浦公安分局）报案，青浦公安分局决定不予立案。

检察机关履职过程

（1）线索发现。2019 年 6 月 3 日，乙公司向上海市青浦区人民检察院提出监督申请，认为甲公司拒不执行法院生效判决，已构成犯罪，但公安机关不予立案，请求检察机关监督立案。青浦区人民检察院经审查，决定予以受理。

（2）调查核实。针对乙公司提出的监督申请，青浦区人民检察院调阅青浦公安分局相关材料和青浦区人民法院执行卷宗，调取甲公司银行流水，听取乙公司法定代表人金某意见，并查询国家企业信用信息公示系统。查明甲公司实际经营人吕某在同乙公司诉讼过程中，将甲公司更名并变更法定代表人为马某某，以致法院判决甲公司败诉后，在执行阶段无法找到甲公司资产。

为调查核实甲公司资产情况，青浦区人民检察院又调取甲公司与丙控股集团江西南昌房地产事业部（以下简称丙集团）业务往来账目以及银行流水、银行票据等证据，进一步查明：2018 年 5 月至 2019 年 1 月，在甲公司银行账户被法院冻结的情况下，吕某要求丙集团将甲公司应收工程款人民币 2506.99 万元以银行汇票形式支付，其后吕某将该银行汇票背书转让给由其实际经营的上海丁装饰工程有限公司，该笔资金用于甲公司日常经营活动。

（3）监督意见。2019 年 7 月 9 日，青浦区人民检察院向青浦公安分局发出《要求说明不立案理由通知书》。青浦公安分局回复认为，本案尚在执行期间，甲公司未逃避执行判决，没有犯罪事实，不符合立案条件。青浦区人民检察院认为，甲公司在诉讼期间更名并变更法定代表人，导致法院在执行阶段无法查找到甲公司资产，并裁定终结本次执行程序。并且在执行同期，甲公司舍弃电子支付、银行转账等便捷方式，要求丙集团以银行汇票形式向其结算并支付大量款项，该款未进入甲公司账户，但实际用于甲公司日常经营活动，其目的就是利用汇票背书形式规避法院的执行。因此，甲公司存在隐藏、转移财产，致使法院生效判决无法执行的行为，已符合《刑法》第 313 条规定的"有能力执行而拒不执行，情节严重"的情形，公安机关的不立案理由不能成立。2019 年 8 月 6 日，青浦区人民检察院向青浦公安分局发出《通知立案书》，并将调查获取的证据一并移送公安机关。

（4）监督结果。2019 年 8 月 11 日，青浦公安分局决定对甲公司以涉嫌拒不执行判决罪立案侦查，同年 9 月 4 日将甲公司实际经营人吕某传唤到案并刑事拘留。2019 年 9 月 6 日，甲公司向乙公司支付了全部执行款项人民币 371 万元，次日，公安机关对吕某变更强制措施为取保候审。案件移送起诉后，经依法告知诉讼权利和认罪认罚的法律规定，甲公司和吕某自愿认罪认罚。2019 年 11 月 28 日，青浦区人民检察院以甲公司、吕某犯拒不执行判决罪向青浦区人民法院提起公诉，并提出对甲公司判处罚金人民币 15 万元，对吕某判处有期徒刑十个月、缓刑一年的量刑建议。2019 年 12 月 10 日，青浦区人民法院判决甲公司、吕某犯拒不执行判决罪，并全部采纳了检察机关的量刑建议。一审宣判后，被告单位和被告人均未提出上诉，判决已生效。

典型意义 >>>

（1）检察机关发现公安机关对拒不执行判决、裁定的行为应当立案侦查而不立案侦查的，应当依法监督公安机关立案。执行人民法院依法作出并已发生法律效力的判决、裁定，是被执行人的法定义务。负有执行义务的单位和个人有能力执行而故意以更改企业名称、隐瞒到期收入等方式，隐藏、转移财产，致使判决、裁定无法执行的，应当认定为《刑法》第313条规定的"有能力执行而拒不执行，情节严重"的情形，以拒不执行判决、裁定罪予以追诉。申请执行人认为公安机关对拒不执行判决、裁定的行为应当立案侦查而不立案侦查，向检察机关提出监督申请的，检察机关应当要求公安机关说明不立案的理由，认为公安机关不立案理由不能成立的，应当制作《通知立案书》，通知公安机关立案。

（2）检察机关进行立案监督，应当开展调查核实。检察机关受理立案监督申请后，应当根据事实、法律进行审查，并依法开展调查核实。对于拒不执行判决、裁定案件，检察机关可以调阅公安机关相关材料、人民法院执行卷宗和相关法律文书，询问公安机关办案人员、法院执行人员和有关当事人，并可以调取涉案企业、人员往来账目、合同、银行票据等书证，综合研判是否属于"有能力执行而拒不执行，情节严重"的情形。决定监督立案的，应当同时将调查收集的证据材料送达公安机关。

（3）办理涉企业犯罪案件，应当依法适用认罪认罚从宽制度。检察机关应当坚持惩治犯罪与保护市场主体合法权益、引导企业守法经营并重。对于拒不执行判决、裁定案件，应当积极促使涉案企业执行判决、裁定，向被害方履行赔偿义务、赔礼道歉。涉案企业及其直接负责的主管人员和其他直接责任人员自愿如实供述自己的罪行，承认指控的犯罪事实，愿意接受处罚的，对涉案企业和个人可以提出依法从宽处理的确定刑量刑建议。

关联索引 >>>

《刑法》第313条

《刑事诉讼法》第113条

《全国人大常委会关于〈中华人民共和国刑法〉第三百一十三条的解释》

《人民检察院刑事诉讼规则》第557—561条、第563条

《最高人民法院关于审理拒不执行判决、裁定刑事案件适用法律若干问题的解释》第1条、第2条

《最高人民检察院、公安部关于刑事立案监督有关问题的规定（试行）》第4条、第5条、第7—9条

郭某甲、林某甲拒不执行判决、裁定立案监督案

基本案情

2011年至2012年，债权人林某乙陆续借给郭某甲、林某甲夫妇214万元。债务到期后，郭某甲、林某甲未能偿还借款及利息，被林某乙起诉至福建省福清市人民法院。经法院调解，郭某甲、林某甲承诺分期偿还借款本息，但始终未履行还款义务。2013年3月14日，林某乙向福清市人民法院申请强制执行，后因当事人达成执行和解，福清市人民法院于12月18日终结本次执行程序。2014年3月，林某乙因郭某甲、林某甲未履行执行和解协议，且发现林某甲有房产待拆迁，遂申请法院恢复执行。

2015年1月26日，林某甲位于福清市某街道的房屋被福清市人民政府列入征收拆迁范围，随后在街道办事处组织下开展房屋面积和权属确认工作。其间，郭某甲、林某甲为隐藏、转移财产，让不知情的吴某甲持双方此前因借贷关系签订的房屋抵押条，与街道办事处签订征收拆迁补偿协议。

2015年6月23日，福清市人民法院作出查封该房屋、扣留征收拆迁补偿款的《执行裁定书》，同时向街道办事处发出《协助执行通知书》，要求其协助执行扣留、提取上述补偿款，并汇至法院执行账户。而街道办事处未履行协助执行义务，于同年7月28日将146万元房屋征收拆迁补偿款发放至吴某甲账户，吴某甲在扣除25万元债权后，将剩余的征收拆迁补偿款121万元汇入林某甲指定的银行账户。随后，郭某甲、林某甲将该账户内钱款全部予以转移，致使生效裁定无法执行。

检察机关履职过程

（1）线索发现。2019年4月12日，债权人林某乙以原民事案件历时6年仍未执行到位，福清市人民法院怠于执行为由，向福清市人民检察院申请监督。福清市人民检察院控告申诉检察部门受理后，经审查申请材料、听取林某乙诉求，认为该申请符合民事执行活动监督受理范围，移送民事检察部门办理。

（2）调查核实。因该案可能涉嫌构成拒不执行判决、裁定罪，为整合内部力量、提升监督质效，福清市人民检察院民事检察部门与检察侦查部门抽调人员联合成立专门办案组，经调卷审查、实地调查、走访行政部门后发现：郭

某甲、林某甲在房产征收拆迁过程中，通过案外人吴某甲向街道办事处提交借条、抵押条等材料的方式，要求街道办事处将房屋征收拆迁补偿款直接汇给案外人吴某甲；同时，街道办事处未履行福清市人民法院《协助执行通知书》关于扣留征收拆迁补偿款的要求，将征收拆迁补偿款直接发放至吴某甲账户。

为进一步查清案件事实，办案组通过调取银行流水、查询公安户籍系统、询问相关人员等方式对相关款项的流向进行了深入调查，发现146万元征收拆迁补偿款流入吴某甲账户后，有121万元汇出至郭某甲、林某甲实际控制、使用的他人账户，再从该账户汇转至周某某等十余名郭某甲、林某甲的亲友账户。调查中还发现，福清市人民法院执行人员在获知林某甲的征迁补偿款已被转移给吴某甲的情况下，未依法责令街道办事处相关责任人员限期追回财产，未将郭某甲、林某甲拒不执行判决、裁定的相关线索移送公安机关。

（3）监督意见。福清市人民检察院办案组调查期间，多次与刑事检察部门沟通案件情况，并共同就案件是否涉嫌拒不执行判决、裁定犯罪进行分析研判。2019年6月3日，福清市人民检察院民事检察部门将犯罪线索书面移送刑事检察部门。刑事检察部门经审查后，向公安机关通报线索情况、移送证据材料，并持续跟踪督促公安机关及时立案侦查。

2019年6月26日，福清市人民检察院向福清市人民法院发出检察建议，建议及时追回执行款；7月19日，向街道办事处发出检察建议，建议针对征迁工作中的失职行为开展自查自纠，健全规章制度，强化法律意识，依法规范行政。

（4）监督结果。经福清市人民检察院依法监督，福清市公安局对郭某甲、林某甲涉嫌拒不执行判决、裁定罪一案立案侦查。2020年1月，福清市人民法院以郭某甲、林某甲犯拒不执行判决、裁定罪，均判处二人有期徒刑一年六个月，二人未上诉。同时，福清市人民法院追回征收拆迁补偿款146万元发还林某乙，并更换执行承办人继续跟进后续执行情况。街道办事处认真开展自查自纠、健全相关管理制度。

典型意义 》》》

（1）发挥检察监督一体化优势，加强对拒不执行判决、裁定罪的立案监督工作。民事检察部门在开展民事执行活动监督工作中，要注意发现、移送涉嫌拒不执行判决、裁定犯罪线索。对转移财产型拒不执行判决、裁定的案件线索，刑事检察、民事检察等部门要协同加强对监督线索的调查核实，围绕被隐藏、转移财产的来源和具体走向等，综合采取询问、查询、勘验、委托鉴定、调取证据材料等手段，全面查明是否存在"有能力执行而拒不执行，情节严重"情形，高质效开展拒不执行判决、裁定罪的监督立案工作。

（2）充分履行法律监督职责，助力解决法院"执行难"问题。依法履行人民法院作出并已发生法律效力的判决、裁定，是被执行人的法定义务。以监督办案确保国家法律正确统一实施，是宪法法律赋予检察机关的重要职责。针对司法实践中突出存在的"执行难"问题，检察机关要加强对民事执行活动的法律监督，在督促人民法院依法开展执行工作的同时，对于违反法律规定，逃避裁判执行义务，情节严重的被执行人，要通过加强线索移送、监督立案、批捕起诉等履职办案工作，依法及时追究被执行人拒不执行判决、裁定的刑事责任，发挥刑罚的惩治、警示、教育作用，助力推动解决"执行难"问题，维护司法权威。

（3）能动、综合履行检察职能，推动"执行难"问题的社会治理。检察机关在办理拒不执行判决、裁定案件过程中，发现法院怠于履行执行职责的，可以以纠正违法、检察建议等方式监督纠正消极执行问题，督促法院及时追回执行款；发现行政机关有不当履职行为的，可以以社会治理检察建议方式督促依法行政，推动堵漏建制。

相关规定 >>>

《刑法》第 313 条

《刑事诉讼法》（2018 年修正）第 113 条

《民事诉讼法》（2017 年修正）第 210 条、第 235 条（现适用 2023 年修正后《中华人民共和国民事诉讼法》第 221 条、第 246 条）

《人民检察院刑事诉讼规则（试行）》（2013 年 1 月 1 日起施行）第 553 条、第 555 条、第 558 条（现适用 2019 年修订后《人民检察院刑事诉讼规则》第 557 条、第 559 条、第 561 条）

《人民检察院民事诉讼监督规则（试行）》（2013 年 11 月 18 日起施行）第 65 条、第 66 条、第 102 条（现适用 2021 年 8 月 1 日起施行的《人民检察院民事诉讼监督规则》第 62 条、第 63 条、第 104 条）

《最高人民检察院、公安部关于刑事立案监督有关问题的规定（试行）》（2010 年 10 月 1 日起施行）第 4 条、第 5 条、第 7 条、第 8 条、第 9 条

《人民检察院检察建议工作规定》（2019 年 2 月 26 日起施行）第 9 条、第 11 条

最高人民法院发布 10 起人民法院依法打击拒不执行判决、裁定罪典型案例之一：曹某某拒不执行判决、裁定案

基本案情 >>>

李某与曹某某侵权责任纠纷一案，贵州省正安县人民法院于 2013 年 8 月作出（2013）正民初字第 1313 号民事判决，判令被告曹某某赔偿李某因提供劳务而遭受人身损害赔偿的各项费用共计 20 余万元。判决生效后，曹某某未在判决确定的期限内履行义务，李某于 2014 年 3 月向正安县人民法院申请强制执行。在执行过程中，被执行人曹某某与李某达成分期履行的和解协议，曹某某先后共计履行了 10 万元后，尚余 10 余万元一直未履行。

法院执行过程中查明，正安县城建设工程指挥部于 2013 年 7 月拆迁被执行人曹某某的房屋 433.50m²，门面 101.64m²，拆迁返还住房 4 套、门面 3 间。2014 年 5 月 28 日法院查封了曹某某安置房一套。为逃避债务履行，曹某某与贾某某于 2014 年 8 月办理了离婚登记，离婚协议约定所有返还房产均归贾某某所有。2014 年 12 月曹某某、贾某某与向某某夫妇签订房屋转让协议，将法院查封的住房以 20.50 万元转让给向某某。其后，曹某某继续不履行判决确定的义务，且下落不明，致使该判决长期得不到执行。

正安县人民法院遂将曹某某涉嫌拒不执行判决、裁定罪的线索移交正安县公安局立案侦查。被执行人曹某某于 2017 年 3 月 30 日向正安县公安局投案自首，当天被刑事拘留。在拘留期间，被执行人的前妻贾某某于 2017 年 4 月 5 日主动到法院交纳了欠款及迟延履行期间的债务利息。经检察机关提起公诉，2017 年 8 月 8 日正安县人民法院以拒不执行判决、裁定罪，判处曹某某有期徒刑一年。

典型意义 >>>

本案被执行人具有履行能力，以和妻子协议离婚的方法，将其名下全部

财产转移到妻子名下，并私自将法院查封的房产予以出售，致使判决无法执行，情节严重，构成拒不执行判决、裁定罪。法院将其犯罪线索依法移交公安机关启动刑事追究程序，并依法定罪判刑，有效惩治了拒执犯罪，维护了司法权威。同时促使被执行人的前妻主动帮助被执行人全部履行债务，有效保障了申请执行人的合法权益，法律效果和社会效果良好。

最高人民法院发布10起人民法院依法打击拒不执行判决、裁定罪典型案例之九：陈某、徐某某拒不执行判决、裁定案

基本案情 》》》

2013年10月9日，陈某驾驶闽B×××××小型普通客车在莆田市荔城区西天尾镇龙山村路段将行人柯某、陈某崇撞倒致伤，形成纠纷。莆田市荔城区人民法院（以下简称荔城法院）于2014年10月14日分别作出（2014）荔民初字第2172号民事判决书、（2014）荔民初字第2563号民事判决书，分别判决被告陈某赔偿柯某经济损失共计人民币119 070.95元，赔偿陈某崇经济损失共计人民币705 514.92元，判决均于2014年11月4日发生法律效力。

判决生效后，陈某未主动履行赔偿义务，陈某崇、柯某分别于2014年12月22日、2014年12月24日向荔城法院申请强制执行，荔城法院于同日立案执行。立案后，荔城法院依法向被执行人发出执行通知书及财产报告令，督促其履行法律文书所确定的义务，但陈某仍未主动履行赔偿义务。荔城法院在执行过程中，亦未能查到被执行人陈某名下可供执行的财产。后经法院进一步调查查明，被执行人陈某为保全名下房屋，伙同其母亲徐某某私下签订房屋买卖协议书，约定将被执行人陈某所有的位于莆田市涵江区霞徐片区A3幢108的安置房及A2#地下室56号柴火间以人民币10万元的低价转让给徐某某，且未实际交付房款。2015年1月4日，被执行人陈某、徐某某办理了房屋所有权转移登记，致使判决无法执行。被执行人陈某、案外人徐某某转移房屋的行为涉嫌拒不执行法院判决、裁定罪，荔城法院将该线索移送公安机关立案侦查。随后，公安机关立案侦查后依法对陈某、徐某某采取强制措施。在此期间，被执行人陈某主动履行了赔偿义务，申请人柯某、陈某崇于2016

年11月30日向荔城法院书面申请执行结案。2017年4月26日，荔城法院根据公诉机关的指控，作出（2017）闽0304刑初179号刑事判决，以拒不执行法院判决、裁定罪，分别判处被告人陈某有期徒刑九个月，缓刑一年；被告人徐某某拘役六个月，缓刑八个月。

典型意义 》》》

本案被执行人陈某有履行能力而拒不履行法院生效判决，并与案外人恶意串通，以虚假交易的方式将自己名下的财产转移至其亲属名下，逃避履行义务，致使法院判决无法执行。不仅被执行人的行为构成拒不执行判决、裁定罪，案外人也构成拒不执行判决、裁定罪的共犯。法院依法追究被执行人及案外人拒执罪的刑事责任，促使被执行人履行了义务，惩治了此种恶意串通拒不执行生效裁判的行为，起到了很好的教育和警示作用。

最高人民法院发布10起人民法院依法打击拒不执行判决、裁定罪典型案例之十：蓉泰公司、刘某设拒不执行判决、裁定案

基本案情 》》》

翔宇公司与蓉泰公司因建筑工程施工合同纠纷一案，经重庆市合川区人民法院一审，蓉泰公司上诉后，重庆市第一中级人民法院终审，判决蓉泰公司在判决生效后五日内支付翔宇公司工程款1 424 801.2元及利息。2015年11月10日，因蓉泰公司未按期履行义务，翔宇公司向合川区人民法院申请强制执行。执行立案后，合川区人民法院依法向被执行人送达执行通知书、报告财产令等执行文书，并将被执行人法定代表人刘某设传至法院，告知其翔宇公司申请强制执行的相关情况及蓉泰公司要如实申报财产等义务，并对公司账户采取了查封措施。但蓉泰公司及法定代表人刘某设仍未履行义务。2015年12月10日，刘某设与案外人林渝公司协商好后，指派公司员工冯某某与林渝公司签订了厂房租赁协议，以364 607元的价格将公司某厂房租赁给林渝公司使用三年。后刘某设在明知蓉泰公司和自己私人账户均被法院冻结的情

况下，指示林渝公司将此笔租房款转至其子刘某彬的账户，后取出挪作他用，未履行还款义务，致使法院生效判决无法执行。

合川区人民法院将被执行人蓉泰公司及刘某设涉嫌构成拒不执行判决、裁定罪的线索移送至合川区公安局立案侦查。同月 21 日刘某设主动向合川区公安局投案自首，同日被合川区公安局刑事拘留。案件审理过程中，蓉泰公司及刘某设主动履行了部分义务。2017 年 4 月 17 日，合川区人民法院作出判决，认定被告单位蓉泰公司及该单位直接负责的主管人员即被告人刘某设对判决有能力执行而拒不执行，情节严重，其行为均已构成拒不执行判决、裁定罪。鉴于刘某设有自首情节，且蓉泰公司主动履行部分义务，决定对蓉泰公司及刘某设从轻处罚，以犯拒不执行判决、裁定罪，对被告单位蓉泰公司判处罚金 10 万元，对刘某设判处有期徒刑一年，缓刑一年六个月，并处罚金 5 万元。

典型意义

被执行人蓉泰公司及公司负责人刘某设在法院强制执行过程中，明知公司账户被法院冻结的情况下，指使他人将本应进入公司账户的资金转移至他人账户，挪作他用，隐匿公司财产，逃避法院强制执行，致使法院生效裁判无法执行，情节严重，其行为构成拒不执行判决、裁定罪。本案属于单位构成拒执罪的典型案例。法院依法认定被告单位及其直接负责的主管人员构成犯罪并分别判处刑罚，对于作为被执行人的单位具有很好的警示作用。

最高人民法院发布 6 起涉民生执行典型案例之二：杨某道拒不执行判决、裁定案

基本案情

杨某道在湖北省老河口市长期从事个体装修，长期聘请农民工朱某某、薛某某、杨某某、袁某某、韩某某、历某等人为其打工。杨某道因拖欠上述 6 人劳动报酬 20 余万元发生纠纷。上述 6 人分别诉至老河口市人民法院。该院于 2014 年 10 月 15 日分别作出（2014）鄂老河口民初字第 02193、02194、02195、02196、02197 号民事调解书，确定杨某道于 2015 年 6 月 30 日前分期

分别偿还朱某某 3.85 万元、薛某某 4000 元、杨某某 3.1 万元、袁某某 1 万元、韩某某 1.8 万元。该院又于 2015 年 6 月 26 日作出 (2015) 鄂老河口民初字第 00880 号民事判决书，判决被告人杨某道于判决生效后十日内一次性偿还历某 12 万元。

2015 年 1 月 6 日，朱某某等 5 人向老河口市人民法院申请强制执行，该院于同年 2 月 11 日向杨某道送达了执行通知书及报告财产令，但杨某道未按执行通知书履行生效法律文书确定的义务，未报告本人财产状况。在法院主持下，双方当事人于同年 4 月 30 日就第一期债务 5.075 万元达成执行和解协议。杨某道除执行 1.1 万元外，余额 3.975 万元及第二期债务 5.075 万元未执行。杨某道长期从事建筑装修业务，其拥有位于老河口市洪山嘴镇洪山嘴村 2 栋 2 间三层楼房。

历某于 2015 年 8 月 3 日向老河口市人民法院申请强制执行，该院于 2015 年 8 月 8 日向杨某道送达了执行通知书及报告财产令，但杨某道未按执行通知书履行生效法律文书确定的义务，未报告财产。老河口市人民法院于 2015 年 8 月 15 日对杨某道实施司法拘留 15 日，但杨某道在法院对其拘留后仍拒不履行法定义务。

老河口市人民法院遂将杨某道以涉嫌拒不执行判决、裁定罪移送公安机关侦查，并由检察机关提起公诉。杨某道被逮捕后，与历某协商自愿用老河口洪山嘴镇洪山嘴村 1 栋房屋抵清拖欠历某的全部劳动报酬，同时给朱某某、薛某某、杨某某、袁某某、韩某某出具还款保证书，分期偿还朱某某等 5 人劳动报酬，上述被害人对杨某道表示谅解。老河口市人民法院审理认为，被告人杨某道有执行能力却拒不执行人民法院生效裁判，构成拒不执行判决、裁定罪，于 2016 年 11 月 15 日判决杨某道犯拒不执行判决、裁定罪，判处有期徒刑一年一个月。

典型意义 >>>

被执行人拖欠农民工劳动报酬，有履行能力却拒不执行人民法院生效判决，且未如实报告其财产情况，属于有执行能力而抗拒执行情形，依法应予以刑事处罚。人民法院通过办理拒执罪案件，既打击了犯罪，又维护了农民工合法权益，实现了法律效果和社会效果有机统一。

最高人民法院发布6起涉民生执行典型案例之一：姜某龙拒不执行判决、裁定案

基本案情

2012年3月17日，姜某龙驾校雇员任某国驾驶驾校所有的吉A×××××号大型普通客车载学员于某等人，沿302国道由北向南行驶至639公里处，越过道路中心线逆向驶入道路左侧，与由南向北行驶的吉J×××××号中型仓栅式货车相撞，致于某等人受伤。任某国负事故全部责任。于某经吉林大学第一医院诊断为双侧胫腓骨粉碎性骨折、左踝关节粉碎性骨折、骨盆多发骨折、尾骨骨折、骶骨右侧骨折、腹部闭合性损伤、脾脏周围血肿、局限性腹膜炎、双肾周血肿，住院治疗37天，共发生各种费用合计287 890.52元，姜某龙在于某住院期间支付了104 500元，其余183 390.52元，双方未能自行解决，于某遂向农安县人民法院提起诉讼。农安县人民法院受理后，于2014年12月9日作出（2013）吉农民初字第352号民事判决，判令：一、中国人民财产保险股份有限公司松原市支公司于判决生效后十日内在交强险限额内赔偿于某11 000元。二、姜某龙、刘某志于判决生效后十日内赔偿于某医疗费、伙食费、鉴定费、二次手术费等共计172 390.52元。判决生效后，保险公司自动履行了给付义务，姜某龙、刘某志未能自动履行。于某于2015年3月10日向农安县人民法院申请强制执行。农安县人民法院受理后，于2015年3月31日向被执行人下发了执行通知书及报告财产令，查封了被执行人姜某龙名下两台轿车（一台现代、一台捷达）的车籍。2015年6月30日因被执行人姜某龙既不履行义务，亦不申报财产，对其实施了拘留，拘留时在其衣袋内搜出人民币3000元。拘留期间，被执行人提出和解。在法院主持下，双方达成执行和解协议：被执行人拘留被释放后一次性给付申请执行人赔偿款130 000元。被执行人姜某龙被释放后，未履行和解协议，农安县人民法院欲对查封其名下的两台轿车进行评估拍卖时发现已被其转卖一台，遂于2016年5月3日对其实施了第二次拘留。拘留时，姜某龙极不配合，声称要钱没有，要命一条。此次拘留期届满后，姜某龙仍拒不履行给付义务。后申请执行人于某于2016年5月17日向公安机关提起控告，公安机关不予受理。

2016年6月28日，申请执行人于某向农安县人民法院提起自诉，要求追

究被执行人姜某龙拒不执行判决、裁定的刑事责任。该院经审查后于 2016 年 7 月 4 日立案,7 月 28 日对姜某龙予以逮捕。同年 8 月 17 日公开开庭进行审理。庭审过程中,姜某龙认罪态度较好,主动提出和解一次性给付 150 000 元,并当庭履行完毕。姜某龙的认罪悔罪表现,取得了于某的谅解,于某当庭要求撤回自诉申请,农安县人民法院当庭准许自诉人于某撤诉,释放了被告人姜某龙。

典型意义

本案被执行人对生效判决确定的赔偿义务有能力履行而拒不履行,被施以拘留后仍不思悔改,擅自转卖法院查封财产,致使生效判决无法完全履行,应追究其刑事责任。本案以自诉方式启动追诉程序,最终促使被执行人履行了赔偿义务,取得了申请执行人的谅解。

最高人民法院发布 6 起拒执罪自诉案件典型案例之一: 郭某存拒不执行判决、裁定自诉案

基本案情

2014 年 3 月至 2014 年 12 月,刘某龙带领 17 名农民工在郭某存的窑场为其务工,郭某存拖欠农民工工资 11.8 万元,刘某龙多次催要无果,遂将其诉至河南省商丘市睢阳区人民法院。2015 年 1 月 13 日,该院作出 (2015) 商睢民初字第 139 号民事调解书,确认郭某存于 2015 年 1 月 15 日前支付 9800 元,同年 1 月 20 日前支付 2 万元,剩余 8.82 万元于同年 4 月 15 日前付清。郭某存于 2015 年 1 月 14 日向刘某龙实际支付 9800 元,其余款项在协议约定的期限内未履行。2015 年 2 月 2 日,刘某龙向商丘市睢阳区人民法院申请强制执行,该院于当日立案执行。执行法院向郭某存送达了执行通知书,责令其申报财产状况。由于郭某存拒不履行支付义务并拒绝报告财产状况,2015 年 5 月 18 日,执行法院对郭某存拘留 15 日。采取拘留措施后,郭某存仍拒不履行支付义务,2015 年 6 月 2 日,执行法院向郭某存送达了执行裁定书,限其于 2015 年 6 月 30 日前依照生效民事调解书确定事项履行义务。因郭某存拒绝

履行，执行法院于 2015 年 11 月 20 日再次对其拘留 15 日。截至 2015 年 11 月 24 日，郭某存仍拖欠刘某龙等农民工工资 10.82 万元及迟延利息。后刘某龙向公安机关提起控告，公安机关不予受理。

2015 年 11 月 24 日，刘某龙向商丘市睢阳区人民法院提起自诉，要求追究郭某存拒不执行判决、裁定的刑事责任，该院于当日立案。同年 12 月 4 日，该院决定对郭某存予以逮捕。同年 12 月 9 日，该院对本案公开开庭审理并当庭宣判，以拒不执行判决、裁定罪判处郭某存有期徒刑二年六个月。一审宣判后，郭某存不上诉。执行法院已对申请执行人刘某龙等农民工提供司法救助 2 万元。

典型意义 》》》

本案被执行人经营窑场，对欠付的农民工工资有支付能力，故意拖欠而不予履行，执行法院曾两次对其实施拘留措施，但其仍不思悔改，继续逃避执行。进入审判程序后，仍置多名农民工的生活困难于不顾，拒不履行生效裁定确定的支付义务，无认罪悔罪的实际表现，最终以拒不执行判决、裁定罪被判处有期徒刑二年六个月，为其拒不执行行为付出了应有的法律代价。

最高人民法院发布 10 起人民法院依法惩处拒执罪
典型案例之二：王某峰拒不执行判决、裁定案

基本案情 》》》

2011 年 8 月，浙江省舟山市普陀区人民法院对郭某朴与王某峰民间借贷纠纷一案作出民事判决，判令王某峰归还郭某朴借款 500 万元及相应利息。判决生效后，王某峰仅归还 50 万元。郭某朴遂向舟山市普陀区人民法院申请强制执行。执行立案后，执行法院查封了王某峰与案外人黄某君共有的房产一套。2013 年 4 月，王某峰与申请执行人郭某朴协商，王某峰与黄某君承诺以该房产作为抵押向银行贷款 200 万元用于支付执行款。经郭某朴同意后，执行法院将该房产予以解封。但在申请抵押贷款过程中，王某峰因信用记录不良未能成功办理。2013 年 7 月，在未获得法院及申请执行人同意的情况下，

王某峰擅自将该房产以 350 万卖给他人，所得款项被用于归还个人其他债务及开支。因王某峰名下无其他财产，致使生效判决无法执行。

执行法院将被执行人王某峰规避执行、涉嫌犯罪的线索移送公安机关立案侦查后，王某峰自动到公安机关投案，并作了如实供述。2015 年 3 月 13 日，舟山市普陀区人民检察院指控王某峰犯拒不执行判决、裁定罪，向普陀区人民法院提起公诉。案件审理期间，王某峰向申请执行人偿还了 20 万元欠款。3 月 30 日，舟山市普陀区人民法院经开庭审理后作出判决，认为被告人王某峰对人民法院的判决有能力执行而拒不执行，情节严重，其行为已经构成拒不执行判决、裁定罪。鉴于其犯罪后有自首情节，依法可从轻处罚；其部分履行了执行款，可酌情从轻处罚。据此，以犯拒不执行判决、裁定罪判处被告人王某峰有期徒刑一年。

典型意义 >>>

本案中，被执行人王某峰名下被法院查封的房产，系用于履行其与申请执行人郭某朴借款纠纷执行案的财产。其请求法院解封后，将房屋出售所得款项本应用于履行生效判决确定的义务，但其将款项用于其他开支，导致判决无法执行，属于拒不执行判决、裁定的行为，情节严重，应追究相应的刑事责任。

最高人民法院发布 10 起人民法院依法惩处拒执罪典型案例之四：李某拒不执行判决、裁定案

基本案情 >>>

2009 年 2 月，王某晨委托李某办理其名下位于北京市西城区一套房产的房屋买卖及产权转移手续。同年 5 月，李某将该套房屋卖给第三人并办理了过户手续，收取购房款 68 万元，但未交付王某晨。王某晨多次催要未果，向北京市东城区人民法院提起诉讼。2011 年 11 月，北京市东城区人民法院作出民事判决，判令李某返还王某晨购房款 68 万元及利息。判决生效后，李某未履行还款义务，王某晨遂向法院申请强制执行。

北京市东城区人民法院立案执行后向李某发出履行通知,并通过多种方式要求其来法院谈话,李某接到通知后均未前往。2012年3月15日,李某在委托律师到法院接受谈话的当天,将其个人银行账户中26万余元存款提现,并于当年9月以个人名义购买宝马K33型轿车一辆,致使生效判决无法执行。后执行人员多次联系李某并寻找其下落,均无收获。2014年12月,北京市东城区人民法院将李某提取存款购置豪华汽车、逃避执行的相关证据材料移送公安机关。2015年1月19日,北京市公安局东城区分局对李某以涉嫌拒不执行判决、裁定罪立案侦查。李某被公安机关抓获后,在其家属的配合下将68万元执行款全部履行到位。2015年3月30日,北京市东城区人民法院对被告人李某被指控犯拒不执行判决、裁定罪一案进行公开审理并当庭宣判,认定检察机关对被告人李某的指控罪名成立,依法判处其拘役六个月。

典型意义 》》》

本案是一起典型的拒不执行判决、裁定罪案件。被执行人李某在明知案件进入执行程序后,拒不到法院接受谈话,亦不履行判决确定的义务,且将其名下银行存款取出购置豪华汽车,显然属于有能力执行而拒不执行,情节严重,符合拒不执行判决、裁定罪的构成要件。虽然李某在被公安机关抓获后,将68万元执行款全部履行到位,但由于其逃避执行情节严重,仍被依法提起公诉。法院综合考虑其犯罪事实、性质、情节和危害程度,依法以拒不执行判决、裁定罪判处其拘役六个月,属于罚当其罪。李某为其失信和抗拒执行行为付出了应有的法律代价。

最高人民法院发布10起人民法院依法惩处拒执罪 典型案例之七:徐某峰拒不执行判决、裁定案

基本案情 》》》

2011年2月21日,江苏省新沂市人民法院对原告刘某太与被告徐某峰民间借贷纠纷一案作出民事判决,判令徐某峰偿还刘某太借款20万元及利息。判决生效后,徐某峰未如期履行义务。2013年7月3日,刘某太向新沂市人

民法院申请强制执行。执行中，新沂市人民法院依法查询了被执行人徐某峰的银行账户、房屋、土地、工商及车辆登记等财产信息，发现其名下有苏C××××号昌河车一辆，遂应申请人请求对该车辆作出了查封裁定，并于2014年4月在新沂市高流镇高流街将该车依法扣押。2014年6月，徐某峰以被扣押的昌河车即将进行年审为由，申请将该车开出办理年审手续，并出具书面保证，保证年审之后将车辆及时送回法院。新沂市人民法院考虑该车如脱审会降低价值，遂同意将车交给徐某峰办理年审。徐某峰将车辆开走后将车隐匿，经法院多次催要，拒不交还，导致该案判决无法执行。2014年10月，新沂市人民法院以被执行人徐某峰涉嫌构成拒不执行判决、裁定罪，将有关线索移送公安机关立案侦查。

新沂市公安局对徐某峰立案侦查后，于2014年12月11日将其抓获。徐某峰归案后，如实供述了隐藏涉案的苏C××××号昌河车的事实。后该车被追回，移交给新沂市人民法院。2015年1月30日，新沂市人民检察院指控徐某峰犯拒不执行判决、裁定罪，向新沂市人民法院提起公诉。新沂市人民法院经开庭审理后认为，被告人徐某峰故意隐藏财产，对人民法院的判决有能力执行而拒不执行，情节严重，其行为已构成拒不执行判决、裁定罪。考虑其到案后能如实供述犯罪事实，并履行了民事判决书中确定的全部还款义务，对其可酌情从轻处罚。据此，该院于2015年3月18日，以徐某峰犯拒不执行判决、裁定罪，判处其有期徒刑十个月，缓刑一年。

典型意义

实践中，有的被执行人为逃避履行生效判决确定的义务，千方百计转移、隐匿财产。本案中被执行人徐某峰就是采取欺骗的手段，将法院已扣押车辆借故开走后隐匿起来，致使法院生效判决无法执行，不仅侵害了申请执行人的合法权益，而且在一定程度上破坏了人民法院正常的执行秩序，情节严重，必须依法追究相应的刑事责任。

最高人民法院发布 10 起人民法院依法惩处拒执罪典型案例之五：郝某荣拒不执行判决、裁定案

基本案情

2004 年 12 月，郝某荣雇用的司机郝某清驾驶郝某荣所有的甘 D×××××号重型货车，在甘肃省嘉峪关市迎宾路附近发生交通事故，致行人张某娥左下肢截肢、右下肢大腿高位截瘫，经鉴定为二级伤残，驾驶员郝某清负事故全部责任。其后，张某娥向法院起诉，要求车主郝某荣和驾驶员郝某清赔偿有关损失。2006 年 1 月，甘肃省高级人民法院终审判决郝某荣、郝某清连带赔偿张某娥各项损失共计 490 977.43 元。判决生效后，张某娥向原嘉峪关市人民法院申请强制执行。执行过程中，郝某荣于 2006 年 4 月支付 6.7 万元后即长期下落不明。

执行法院经调查了解到，事故发生后，郝某荣曾于 2005 年 6 月 22 日从中国人保白银分公司转账领取保险赔偿款 218 686 元，其中含第三者损失 16 万元；同年 6 月 28 日，郝某荣将肇事货车以 13 万元的价格转卖给他人，并办理了过户手续。法院认为，郝某荣的行为涉嫌构成拒不执行判决、裁定罪，遂于 2014 年 11 月将有关线索向当地公安机关移送。公安机关决定立案侦查后，将郝某荣列为上网追逃对象，并迅速将其抓获。慑于法律威严，郝某荣在被公安机关抓获后、检察机关对其提起公诉前，将剩余未履行的 528 012 元赔偿款全部支付。

2015 年 2 月 9 日，嘉峪关市城区人民法院对郝某荣被指控犯拒不执行判决、裁定罪一案作出判决，认定被告人郝某荣有能力执行法院判决而拒不执行，情节严重，其行为已构成拒不执行判决、裁定罪，考虑其归案后认罪态度较好，并已将赔偿款履行完毕，依法可从轻处罚，判处有期徒刑二年，缓刑二年。

典型意义

本案被执行人郝某荣作为交通事故车辆的车主，经生效判决确认应与驾驶员共同对伤者承担连带赔偿责任，但其领取保险理赔款后，还将肇事车辆予以转卖，携款隐匿行踪，应认定为有能力执行而拒不执行。郝某荣转移资

产、逃避执行时间长达十年,终究不能逃脱法律对其应有的制裁。

最高人民法院发布4起典型案例(2015)之三: 赵某连申请执行张某昊机动车交通事故案

基本案情 >>>

2010年7月31日21时41分,李某胜驾驶三轮车(后乘申请人赵某连)与被执行人张某昊发生机动车交通事故。事故造成赵某连脑外伤精神分裂,一级伤残,丧失诉讼能力,经交管部门鉴定,张某昊负事故全部责任。2011年3月,赵某连之夫李某胜代其向北京市丰台区人民法院提起诉讼。北京市丰台区人民法院一审判决:张某昊赔付赵某连医疗费、误工费、残疾赔偿金、住院伙食补助等共计129万余元。判决作出后,张某昊向北京市第二中级人民法院提起上诉,北京市第二中级人民法院作出民事调解书,该调解书确定张某昊分期给付赵某连各项赔偿款共计90万元。张某昊于调解书作出当日给付赵某连20万元,其后,对剩余赔偿款便不再按调解书继续给付。故李某胜代赵某连于2012年7月23日向北京市丰台区人民法院申请强制执行,该院依法受理。

在执行过程中,法院及时发出执行通知并多次传唤被执行人张某昊,张某昊拒不露面、隐匿行踪,承办法官多次到被执行人住所地查找张某昊,亦未发现其下落。张某昊名下的肇事车辆被依法查封,但无法查找到该车,其名下七个银行账户余额为零或只有几十元钱,名下也无房产登记信息,案件未能取得实际进展。该案申请执行人赵某连丧失劳动能力且生活不能自理,被执行人拒不执行的行为致使申请执行人一家的生活陷入困境。为维护申请执行人的合法权益,法院加大了对被执行人张某昊财产线索的查找力度,承办法官先后到保险公司、银行等机构查询张某昊的保险理赔金支取情况和资金往来状况,发现张某昊在二审调解后申请执行前将保险公司赔付的10万元商业第三者责任险保险理赔金领取但未支付给申请执行人。同时,发现其银行账户虽无存款但之前每月有5000余元的流水记录。查明上述情况后,承办法官立即与被执行人张某昊的父亲取得联系,要求张某昊尽快履行义务,张某昊的父亲声称张某昊不在北京且其无能力履行，张某昊本人则仍旧拒不露面。鉴于张某昊转移财产、规避执行的上述行为，依据法律有关规定，2014年10月18日，北京市丰台区人民法院以涉嫌犯拒不执行判决、裁定罪将案件移送北京市公安局丰台分局立案侦查。

北京市丰台区人民法院受理案件后，被执行人张某昊拒不露面，转移财产，规避执行，涉嫌构成拒不执行判决、裁定罪。北京市丰台区人民法院将案件证据、线索移送公安机关立案侦查后，张某昊主动交纳10万元案款，其被刑事拘留后，张某昊的亲属将剩余60万元执行款交到法院，该案得以顺利执结。同时，北京市公安局丰台分局以涉嫌犯拒不执行判决、裁定罪将张某昊移送到北京市丰台区人民检察院提起公诉。2015年2月4日，北京市丰台区人民法院依法判处张某昊有期徒刑六个月，缓期一年执行。

典型意义

本案是一起因被执行人拒不执行而将其犯罪线索移送公安机关追究其刑事责任的典型案例。本案标的额较大，所以在考虑被执行人履行能力的情况下，二审法院调解书确定被告张某昊分期履行。但被告张某昊在调解书生效后并没有积极地履行义务，无视法院判决，蔑视司法权威。申请执行人赵某连申请执行后，被执行人张某昊又故意隐匿行踪，转移财产规避执行，主观恶意明显，并导致申请执行人因事故造成的损害进一步扩大，使其家庭生活陷入极度的困顿。在法官掌握被告转移财产、规避执行的证据后再次要求被执行人履行义务，并告知其如果继续规避执行将要承担刑事责任，但被执行人依旧拒不露面，抗拒法院执行，无视司法权威。鉴于被执行人的上述行为，承办法官依据相关法律规定，将其拒不执行法院生效判决的证据和线索移送公安机关，由公安机关立案侦查，追究其刑事责任。最终在刑事处罚的威慑下，被执行人主动履行了判决义务，这也从另一个方面证明了其实际具有履行能力，被执行人张某昊必将因其损害司法权威、妨害司法秩序的行为而付出沉重的代价。该案通过追究被执行人刑事责任，维护了申请人的合法权益，捍卫了法律和司法的尊严，警示和威慑了所有意图拒不履行义务，拒不履行法院判决、裁定确定义务的被执行人。

最高人民法院发布10起人民法院依法惩处拒执罪典型案例之六：刘某拒不执行判决、裁定案

基本案情

2010年9月19日，湖南省娄底市中级人民法院对原告胡某琳、付某诉被告曾某杰、刘某交通事故损害赔偿纠纷一案作出终审判决，判令刘某、曾某杰连带赔偿胡某琳、付某经济损失109 044.66元。同年11月10日，娄底市娄星区人民法院经胡某琳、付某申请，对该案立案执行，但曾某杰、刘某一直不予履行。2012年9月至2013年，刘某位于娄底市娄星区万宝镇芭蕉村新屋组的房屋因征地拆迁可获得一笔征收款，刘某为逃避连带赔偿责任，先后二次将其应分得的121 234.4元征收款转移至其兄长刘某江名下，致使该案无法执行到位。娄底市娄星区人民法院调查了解到上述事实后，以刘某涉嫌构成拒不执行判决、裁定罪移送当地公安机关立案侦查。

2014年9月28日，刘某被公安机关抓获，其归案后如实供述了上述转移财产逃避执行的事实。2014年10月27日，娄底市娄星区人民检察院向娄星区人民法院提起公诉，指控刘某犯拒不执行判决、裁定罪。娄底市娄星区人民法院经开庭审理认为，被告人刘某在对人民法院的判决有能力执行的情况下，采取隐藏财产的方式逃避执行，致使判决无法执行，情节严重，其行为已构成拒不执行判决、裁定罪。鉴于其到案后能如实供述犯罪事实，将应付的执行款项全部履行到位，依法可酌情从轻处罚。据此，该院于2015年1月26日以拒不执行判决、裁定罪判处被告人刘某有期徒刑十个月，缓刑一年。

典型意义

本案被执行人刘某显然具有履行能力，但其采取隐匿、转移财产至其亲友名下的方式，逃避应承担的交通损害赔偿义务，致使法院判决无法执行，情节严重。公安机关以涉嫌构成拒不执行判决、裁定罪对刘某立案侦查并将其抓获，促使刘某履行了生效判决确定的赔偿义务，有效维护了申请执行人的合法权益。同时，刘某也因具有认罪悔罪的实际表现，最终被法院酌情从轻处罚，判处缓刑，效果良好。

最高人民法院发布10起人民法院依法惩处拒执罪典型案例之一：孙某恩拒不执行判决、裁定案

基本案情

孙某桂早年迁居我国香港地区，1994年回乡探亲时出资 27 500 元委托其侄子孙某恩在安徽省霍邱县岔路镇开发区购地建房。孙某恩接受委托后，在霍邱县岔路镇开发区购地建门面房两间、后小房两间及院落。房屋建成后，经孙某桂许可，由孙某恩一家居住。其后，当孙某桂打算回乡养老居住时，孙某恩拒绝将房屋交还，双方因产权问题发生争议。2007年8月，孙某桂为此向霍邱县人民法院提起诉讼。2011年11月，安徽省六安市中级人民法院终审判决孙某恩将房屋及院落交付孙某桂。判决生效后，孙某恩拒绝履行交付义务，孙某桂遂向霍邱县人民法院申请强制执行。执行立案后，霍邱县人民法院发出公告，责令孙某恩在2012年6月30日前迁出房屋，但孙某恩不仅不履行，还威胁执行人员，使得案件执行陷入僵局。2014年年初，孙某恩竟擅自将房屋拆除，在原址上重新建房，导致执行标的物灭失，生效判决无法执行。

因孙某恩的行为涉嫌构成拒不执行判决、裁定罪，执行法院将有关证据线索向公安机关移送。公安机关立案侦查后，将其抓获。2015年1月8日，霍邱县人民法院对孙某恩被指控犯拒不执行判决、裁定罪一案依法作出判决，认为被告人孙某恩对人民法院的判决、裁定有能力执行而拒不执行，故意将人民法院生效判决确定应交付他人的房屋拆除，致使执行标的物灭失，情节严重，其行为构成拒不执行判决、裁定罪。据此，对其依法以拒不执行判决、裁定罪判处有期徒刑一年。

典型意义

本案被执行人孙某恩完全有能力执行生效判决，交付房产，但其不仅拒绝、阻碍执行，甚至将房屋拆除，另建新房，直接导致标的物灭失，生效判决无法执行。孙某恩的行为表明其抗拒执行的主观故意明显，情节严重，性质恶劣，社会危害性较大，依法应予惩戒。该判例警示所有被执行人要依法配合执行，任何人试图挑战司法权威和法律底线，都将受到法律制裁。

最高人民法院发布10起人民法院依法惩处拒执罪典型案例之三：郭某欣拒不执行判决、裁定案

基本案情

2012年5月15日，河南省宁陵县人民法院对刘某利诉郭某欣借款合同纠纷一案作出民事判决，判令郭某欣归还刘某利21万元及利息。判决生效后，郭某欣未履行义务，刘某利向宁陵县人民法院申请强制执行。宁陵县人民法院受理执行申请后，依法向郭某欣送达了执行通知书及财产报告令，但在法院指定的期限内，郭某欣拒不履行义务，也未报告财产状况。

执行法院在执行过程中查明，郭某欣自2013年以来相继在河南省商丘市公交公司御景新境界、运河景苑、康城花园等工地承包建筑工程，获工程款共计200余万元，完全有能力履行生效判决确定的还款义务。后执行人员根据申请执行人提供的线索，在商丘市某咖啡馆内将郭某欣司法拘留。拘留期间，执行人员反复做劝导工作，动员郭某欣还款，但郭某欣仍拒不履行。宁陵县人民法院遂以被执行人郭某欣涉嫌构成拒不执行判决、裁定罪，将案件线索移交公安机关侦查。

2014年12月16日，宁陵县人民法院对郭某欣被指控犯拒不执行判决、裁定罪一案作出判决，认为被告人郭某欣有能力履行法院已生效的民事判决而拒不执行，情节严重，其行为构成拒不执行判决、裁定罪。鉴于郭某欣与刘某利在案件审理期间，达成了执行和解协议并已履行完毕，取得了刘某利的谅解，对其可从轻处罚。据此，对郭某欣依法以拒不执行判决、裁定罪判处有期徒刑九个月。

典型意义

本案中，被执行人郭某欣获工程款共计200余万元，完全有能力履行生效判决确定的21万元还款义务，但其一直不履行生效判决，被司法拘留后，仍不悔改，继续对抗执行，情节严重，依法应当以涉嫌拒不执行判决、裁定罪追究刑事责任。如果郭某欣在被执行法院司法拘留期间，能及时悔悟，自动履行判决确定的义务，可能不会被移送公安机关追究刑事责任。正是由于其存在一定的侥幸心理，误判了形势，最终被严格依法追究了刑事责任，受

到法律的惩处。

最高人民法院发布10起人民法院依法打击拒不执行判决、裁定罪典型案例之八：藏某稳拒不执行判决、裁定案

基本案情 》》》

原告于某某、袁某芳、袁某雪、袁某飞与被告藏某稳、杨某、刘某某机动车交通事故责任纠纷一案，北京市房山区人民法院于2013年12月10日作出（2013）房民初字11987号民事判决，判令被告藏某稳在机动车交通事故强制保险限额内，于判决生效后15日内赔偿原告于某某、袁某芳、袁某雪、袁某飞死亡赔偿金、医疗费、丧葬费等共计人民币12万元，被告杨某、刘某某承担连带赔偿责任；被告藏某稳在机动车交通事故强制保险限额外，于判决生效后15日内赔偿原告于某某、袁某芳、袁某雪、袁某飞死亡赔偿金、医疗费、精神损害抚慰金等共计人民币202 023元。判决生效后，于某某、袁某芳、袁某雪、袁某飞向房山区人民法院申请强制执行，其间杨某已缴纳执行案款人民币12万元。在强制执行期间，执行人员通过电话联系、前往户籍地等方式查找藏某稳，均未能与其取得联系。

2015年8月21日，藏某稳与北京京西阳光投资有限公司签订《北京高端制造业基地04街区01地块项目工程征地项目房屋拆迁补偿回迁安置协议》。2015年10月14日，藏某稳的北京银行账户收到拆迁款人民币53.86万元。次日，藏某稳将上述款项中的人民币40万元转入其妹妹藏某莲的北京银行账户，并将剩余人民币13.86万元全部现金支取。

2017年6月，在多位律师的见证下，袁某飞等人就藏某稳涉嫌拒不执行判决、裁定罪向北京市公安局房山分局提出控告，公安机关不予受理，但并未出具不予受理通知书。2017年6月28日，袁某飞等人以藏某稳犯拒不执行判决罪，向北京市房山区人民法院提起自诉，并提交了律师见证书，用以证实自诉人曾向公安机关报案但未予受理。该院经核实律师见证书后，确认公安机关不予立案属实，依法立案。在法院审理期间，被告人藏某稳亲属应其要求已代为缴纳执行案款人民币205 088元，被告人藏某稳对此事表示

认可。

　　房山区人民法院经审理认为，被告人藏某稳在获得足以执行生效判决的拆迁款后，转移财产，逃避执行的行为，致使判决长达三年无法执行，严重侵害了自诉人的合法权益及人民法院的司法权威，情节严重，其行为已构成拒不执行判决罪。鉴于其到案后如实供述自己的犯罪事实，且在判决宣告前积极缴纳执行案款，确有悔罪表现，可酌予从宽处罚。该院以拒不执行判决、裁定罪判处藏某稳有期徒刑八个月，缓刑一年。

典型意义 》》

　　被告人藏某稳在明知案件进入执行程序后，隐匿行踪，转移财产，拒不履行判决确定的义务，致使生效判决无法执行，情节严重，构成拒不执行判决、裁定罪。在申请执行人向公安机关控告时，尽管公安机关没有出具不予立案通知书，但人民法院根据律师见证书等证据确认公安机关不予立案的事实，依法受理申请执行人自诉，及时审理，依法判决，促使被执行人履行了义务，有效惩治了拒执犯罪。

最高人民法院公布5起拒不执行生效判决、裁定典型案例之五：庞某发拒不执行判决、裁定案

基本案情 》》

　　桦南县农村信用社因被告人庞某发贷款75 000元到期未归还而诉诸法院，经桦南县人民法院调解双方达成调解协议：庞某发于2011年11月30日归还借款。协议到期后，庞某发未履行调解协议，桦南县农村信用社申请法院强制执行。2014年10月21日桦南县人民法院裁定依法对庞某发家50吨水稻予以查封，同年11月，庞某发私自将被查封的水稻变卖，销售得款11万余元，除归还桦南县农村信用社借款2万元外，其余款项用于偿还个人债务，致使裁定无法执行。

　　另查明，被告人庞某发到案后已经将执行款人民币90 000元交到桦南县人民法院执行局。

黑龙江省桦南县人民法院经审理认为，被告人庞某发有能力执行裁定而拒不执行，情节严重，其行为已经构成拒不执行裁定罪，依法应予惩处。公诉机关指控被告人庞某发犯拒不执行裁定罪，事实清楚，证据确实、充分，指控罪名成立。被告人庞某发到案后能如实供述犯罪事实，并主动履行了部分执行义务，且此次犯罪系初犯，故对其可从轻处罚并适用缓刑。依照《刑法》第 313 条，第 67 条第 3 款，第 72 条，第 73 条第 2 款、第 3 款之规定，判决如下：被告人庞某发犯拒不执行裁定罪，判处有期徒刑六个月，缓刑一年。

典型意义

近年来，全国法院生效文书执行难的情况日益严重，失信被执行人以各种方法逃避执行，使权利受到侵害的债权人，拿着法院的生效判决，却得不到实际履行。人民法院用刑事审判这把利剑，惩处了一批拒执案件，有效地保障了债权人的合法权益得到履行，也有效地整治了诚信缺失的不良社会风气。

最高人民法院发布 8 起依法惩戒规避和抗拒执行典型案例之八：韩某某等拒不执行判决、裁定案

基本案情

申请执行人某融资租赁公司与被执行人唐山某实业集团有限公司、韩某某等融资租赁合同纠纷一案，依照山东省青岛市中级人民法院（以下简称青岛中院）作出的生效民事判决书，被执行人需向申请执行人支付 3800 万元及利息。后被执行人未能自觉履行，申请人申请执行。青岛中院立案执行后，法院通过线上查控、线下走访等方式查明：被执行人将其名下所有的 14 套房产在法院查封后出售给公司员工，且被执行人通过设立新公司继续销售产品、收取货款，逃避法院的执行。青岛中院及时将本案拒不执行生效判决书的犯罪线索移送相关公安部门，追究其刑事责任。公安部门立案后对被执行人韩某某采取了刑事拘留措施，在强大的威慑力下，被执行人已将全部案款约 4500 万元交至法院，该案件得以顺利执结。

因被执行人及相关案外人拒不配合法院执行工作，故意逃避执行，青岛中院对此重拳出击，及时移交公安机关追究其拒不履行裁判、裁定罪的法律责任，面对巨大的威慑力，被执行人主动联系法院及案件申请人，及时履行其全部巨额债务，保障了当事人的合法权益，也体现了司法机关对拒不执行行为坚决打击的态度，切实维护了法律的尊严与司法权威。

最高人民法院公布 9 起反规避执行典型案例之八：陈某欢、洪某成拒不执行判决、裁定案

基本案情 >>>

2008 年 4 月 3 日，福建省建瓯市人民法院对原告建瓯市立伟塑料有限公司与被告深圳市德扬塑胶电木有限公司、陈某欢、洪某成买卖合同纠纷一案依法作出判决，判令深圳市德扬塑胶电木有限公司向建瓯市立伟塑料有限公司支付货款人民币 509 250 元及违约金，陈某欢、洪某成个人对上述欠款承担保证责任。

该判决生效后，陈某欢、洪某成夫妇于 2008 年 5 月 8 日将两人名下位于深圳市宝安区松岗街道塘下涌社区一村新区三巷某号的房产以 220 万元的价格出售；同年 7 月，二人又将深圳市德扬塑胶电木有限公司的机器设备以 11.5 万元的价格出售。二人并未将获得的款项用于履行生效判决所确定的债务，而是将款项转至别处，致使法院判决无法执行。

2009 年 4 月 8 日，陈某欢被建瓯市公安机关刑事拘留；同月 27 日，洪某成主动投案自首。案发后，二被告人与申请执行人建瓯市立伟塑料有限公司达成和解协议并于同年 6 月履行完毕。

福建省建瓯市人民检察院以陈某欢、洪某成涉嫌构成拒不执行判决、裁定罪提起公诉后，建瓯市人民法院经开庭审理认为，被告人陈某欢、洪某成在法院民事判决已发生法律效力的情况下，为逃避债务，故意将可执行财产予以变卖转移，造成法院判决无法执行，情节严重，其行为均已构成拒不执

行判决、裁定罪。鉴于二人在案发后认罪态度好，全部履行了义务，洪某成还具有自首情节，可分别从轻处罚。据此，以拒不执行判决、裁定罪分别判处陈某欢、洪某成有期徒刑二年，缓期三年执行和有期徒刑一年六个月，缓期二年执行。

典型意义 》》》

实践中，被执行人为逃避履行生效判决确定的义务，千方百计转移、隐匿财产，其中常见的手法是将名下房产予以变卖、处置，对这种行为必须予以严厉制裁。本案中，被执行人夫妇在判决生效后，出售房屋并转移售房得款，显然属于有能力执行而拒不执行，依法应当追究刑事责任。而且本案还从另一个角度说明，对于那些涉嫌构成拒不执行判决、裁定罪的被执行人，只要能认清形势，主动投案并积极履行义务，依照宽严相济的刑事政策，可以得到从轻处罚。

第十章

《刑法》第 343 条

非法采矿罪

一、非法采矿罪的概念与犯罪构成

非法采矿罪是指自然人或者单位违反矿产资源法的规定，未取得采矿许可证擅自采矿，擅自进入国家规划矿区、对国民经济具有重要价值的矿区和他人矿区范围采矿，或者擅自开采国家规定实行保护性开采的特定矿种，情节严重的行为。

违反矿产资源法的规定，是指违反《矿产资源法》《水法》等法律、行政法规有关矿产资源开发、利用、保护和管理的规定。2016 年 11 月 28 日"两高"《关于办理非法采矿、破坏性采矿刑事案件适用法律若干问题的解释》（以下简称《办理非法采矿案件解释》）第 2 条规定，具有下列情形之一的，应当认定为"未取得采矿许可证"：（1）无许可证的；（2）许可证被注销、吊销、撤销的；（3）超越许可证规定的矿区范围或者开采范围的；（4）超出许可证规定的矿种的（共生、伴生种除外）[1]；（5）其他未取得许可证的情形。

行为人在未取得采矿许可证的前提下，实施的下列行为均属于本罪的构成要件行为（非法采矿行为）：（1）擅自采矿；（2）擅自进入国家规划矿区采矿；（3）擅自进入对国民经济具有重要价值的矿区采矿；（4）擅自进入他人矿区采矿；（5）擅自开采国家规定实行保护性开采的特定矿种。违反《矿产资源法》的规定，非法开采石油、天然气资源的，属于非法采矿。在河道管理范围内采砂，具有下列情形之一的，属于非法采矿行为：（1）依据相关规定应当办理河道采砂许可证，未取得河道采砂许可证的；（2）依据相关规定应当办理河道采砂许可证和采矿许可证，既未取得河道采砂许可证，又未取得采矿许可证的。未取得海砂开采海域使用权证，且未取得采矿许可证，采挖海砂，属于非法采矿。

成立本罪需要情节严重。依照《办理非法采矿案件解释》第 3 条的规定，实施非法采矿行为，具有下列情形之一的，应当认定为"情节严重"：（1）开采的

---

[1] 非法开采的矿产品价值，根据销赃数额认定；无销赃数额，销赃数额难以查证，或者销赃数额认定明显不合理的，根据矿产品价格和数量认定。矿产品价值难以确定的，依据下列机构出具的报告，结合其他证据作出认定：（1）价格认证机构出具的报告；（2）省级以上人民政府国土资源、水行政、海洋等主管部门出具的报告；（3）国务院水行政主管部门在国家确定的重要江河、湖泊设立的流域管理机构出具的报告。

矿产品价值或者造成矿产资源破坏的价值在 10 万元至 30 万元以上的；(2) 在国家规划矿区、对国民经济具有重要价值的矿区采矿，开采国家规定实行保护性开采的特定矿种，或者在禁采区、禁采期内采矿，开采的矿产品价值或者造成矿产资源破坏的价值在 5 万元至 15 万元以上的；(3) 2 年内曾因非法采矿受过 2 次以上行政处罚，又实施非法采矿行为的；(4) 造成生态环境严重损害的；(5) 其他情节严重的情形[1]。非法实施采矿行为情节严重的，即构成本罪的既遂。

本罪只能由故意构成。取得采矿许可证的行为人，过失超过许可范围采矿的，或者过失进入他人矿区采矿的，不成立本罪。行为人虽未取得采矿许可证，但地方政府要求或者同意行为人采矿并缴纳相关费用的，不宜认定为非法采矿罪。

二、非法采矿罪的认定

根据《办理非法采矿案件解释》第 11 条的规定，对受雇佣为非法采矿、破坏性采矿犯罪提供劳务的人员，除参与利润分成或者领取高额固定工资的以外，一般不以犯罪论处，但曾因非法采矿、破坏性采矿受过处罚的除外。

行为人所取得的采矿许可证上的坐标与实际界标不一致时，行为人按实际界标采矿或者按许可证上的坐标采矿的，不应认定为非法采矿罪。

依照 2011 年 12 月 30 日《最高人民法院关于进一步加强危害生产安全刑事案件审判工作的意见》，违反安全生产管理规定，非法采矿行为，造成重大伤亡事故或者其他严重后果，同时构成危害生产安全犯罪和破坏环境资源保护犯罪的，依照数罪并罚的规定处罚。例如，非法采矿行为构成犯罪，并造成重大伤亡事故或者其他严重后果，同时构成本罪和《刑法》第 134 条或《刑法》第 135 条规定之罪的，依照数罪并罚的规定处罚。非法采矿情节严重，同时非法排放、倾倒、处置有害物质严重污染环境的，以非法采矿罪与污染环境罪实行数罪并罚。

未取得采矿许可证擅自采矿的，擅自进入国家规划矿区、对国民经济具有重要价值的矿区和他人矿区范围采矿的行为，符合盗窃罪的犯罪构成的，属于想象竞合，应从一重罪处罚。非法采矿行为同时触犯非法占用农用地罪的，按想象竞合处理。

---

[1] 多次非法采矿构成犯罪，依法应当追诉的，或者 2 年内多次非法采矿未经处理的，价值数额累计计算。

三、非法采矿罪的处罚

根据《刑法》第 343 条第 1 款与第 346 条的规定，犯本罪的，处三年以下有期徒刑、拘役或者管制，并处或者单处罚金；情节特别严重的，处三年以上七年以下有期徒刑，并处罚金。单位犯本罪的，对单位判处罚金，并对其直接负责的主管人员和其他直接责任人员，依照上述规定处罚。实施非法采矿犯罪，不属于"情节特别严重"，行为人系初犯，全部退赃退赔，积极修复环境，并确有悔改表现的，可以认定为犯罪情节轻微，不起诉或者免予刑事处罚。

2023-11-1-349-006

曹某波、欧阳某武非法采矿刑事附带民事公益诉讼案
——对环境资源损害鉴定意见的审查适用

基本案情 》》

2013 年至 2015 年，被告人曹某波通过他人参与竞标的方式，向取得鄱阳湖 01 号采区采砂资格的鄱阳县某砂石有限公司缴纳相应价款，在鄱阳湖 01 号采区从事采砂作业。因实际采砂量未达许可开采量，曹某波曾于 2015 年 8 月 12 日向鄱阳县相关部门出具"关于鄱阳湖 01 号采区 2013—2015 年度开采情况的反映和请示"，以未达许可期限和年度采量为由，要求延期至 2016 年至 2018 年开采，补足采量。2016 年 5 月末，曹某波在未取得采矿许可证的情况下，擅自纠集宝盛工 789、九江采 1569、九江采 2011、九江采 1788、赣南昌采 0186、湘岳阳挖 1696 等吸砂王采砂船到鄱阳湖 01 号采区进行采砂，曹某波和吸砂王采砂船船主按三七分账，即曹某波得三成，各吸砂王采砂船船主按各自销售额得七成。同时，曹某波安排其弟弟欧阳某武、其舅舅欧阳某火（另案处理）等人在采区现场做事。其中欧阳某武负责采区的工作调度和日常管理，欧阳某火负责管账。曹某波销售砂石的流程是：各吸砂王采砂船将砂石从鄱阳湖 01 号采区开采上来，运力船来购买砂石时，吸砂王采砂船的负责人和曹某波方对运力船进行量方，之后，运力船到采区平台上交款，采区平台上的欧阳某武和欧阳某火等人收钱后，将收款票据交至运力船主，运力船主凭收款票据到吸砂王采砂船处装运砂石，运力船出港时按照载货吨数到上饶市港航局、海事局设立的执法点缴纳货物港务费。

2016 年 5 月 29 日至 6 月 6 日，宝盛工 789、九江采 1569、九江采 2011、九江采 1788、赣南昌采 0186、湘岳阳挖 1696 等吸砂王采砂船均因非法偷采砂

石被鄱阳县河沙资源管理局处以罚款。此后，宝盛工789、九江采1569、九江采2011、九江采1788、赣南昌采0186、湘岳阳挖1696等吸砂王采砂船继续采砂作业至2016年8月底未被相关监管部门责令停止采砂作业或行政处罚。

2016年6月至12月，上饶市港航局在鄱阳湖瓢山水域01号采区按照每吨1元收取货物港务费276.7万元，2016年9月1日至2016年12月27日收取的货物港务费87.53万元，其中收取过往船只货物港务费约占10%，计18.917万元，2016年6月至8月底，上饶市港航局在鄱阳湖01号采区收取砂石运力船货物港务费约170.253万元。

2016年5月底至8月底，曹某波纠集吸砂王采砂船在01号采区共采砂约170.253万吨，并以每吨砂石13元左右的价格对外销售，销售金额约2 213.289万元。在此过程中，欧阳某武明知曹某波未取得采砂许可资质，却仍然在鄱阳湖01号采区全面负责采砂平台日常事务，帮助曹某波非法获利。在曹某波非法采砂期间，鄱阳县双港镇长山村村民杨某喜（已判刑）等数人和莲湖乡朱家村村民朱某水（已判刑）等数人以索要渔业资源补偿款为由向曹某波敲诈勒索，经曹某波同意，由欧阳某武按每天实际采砂销售量每吨0.6元的标准支付，2016年杨某喜、朱某水等数人共计在曹某波处敲诈勒索约200万元。

刑事附带民事公益诉讼起诉人提出：曹某波的非法采矿侵权行为对生态环境造成损害，侵害国家利益和社会公共利益，需要对被破坏的生态环境进行修复。经江西求实司法鉴定中心鉴定，非法采砂对江西省鄱阳湖01号采区矿产资源损失数额为3000万元；造成的水污染补偿费用为6 757 812.5元；造成鄱阳湖生物资源量降低的损害评估值为1 173 954元。为维护国家利益、社会公共利益，打击并制裁非法采矿及破坏生态环境行为，曹某波应当承担相应的生态环境修复的民事责任，请求法院：（1）判决曹某波赔偿非法采砂对生态环境造成的修复费用37 931 766.5元；（2）判决曹某波在公开发行的媒体上向社会公众赔礼道歉；（3）由曹某波承担本案的鉴定费用。

江西省鄱阳县人民法院于2021年12月30日作出（2021）赣1128刑初410号刑事附带民事判决，判决：一、曹某波犯非法采矿罪，判处有期徒刑四年，并处罚金50万元，犯开设赌场罪，判处有期徒刑一年，并处罚金10万元，决定执行有期徒刑四年六个月，并处罚金60万元。二、欧阳某武犯非法采矿罪，判处有期徒刑三年，缓刑四年，并处罚金10万元。三、追缴被告人曹某波违法所得2213.289万元，依法予以没收，上缴国库。四、曹某波于判决生效之日起三十日内支付生态环境损害修复费450.1356万元；五、曹某波于判决生效之日起十日内，在鄱阳县县级以上新闻媒体向社会公众公开赔礼道歉。六、驳回刑事附带民事公益诉讼起诉人的其他诉讼请求。宣判后，曹某波提出上诉。江西省上饶市中级人民法院于 2022 年 4 月 29 日作出（2022）赣 11 刑终 88 号刑事附带民事裁定，裁定驳回上诉，维持原判。

裁判理由 》》》

法院生效裁判认为：曹某波、欧阳某武违反矿产资源法的规定，未取得采矿许可证擅自采矿，金额达 2213.289 万余元，情节特别严重，犯罪事实清楚，证据确实、充分，其行为已经构成非法采矿罪。曹某波在明知自己无采矿许可的情况下，为了牟取利益，仍然组织多条吸砂王采砂船在鄱阳湖瓢山水域 01 号采区非法采砂，破坏了鄱阳湖水生物资源和矿产资源，损害社会公共利益，应当承担民事赔偿责任。

公诉机关基于鄱阳县双港镇长山村村民杨某喜等数人和莲湖乡朱家村村民朱某水等数人以索要渔业资源补偿款为由向曹某波敲诈勒索，按每天实际采砂销售量每吨 0.6 元的标准，共计敲诈勒索约 200 万元，从而认定被告人非法采砂 300 万吨左右，销售金额达 3000 万元左右。

经查，（1）公诉机关的上述指控认定系利用间接证据，以敲诈勒索约 200 万元进行推算而得出的结论，且没有证据证实鄱阳县双港镇长山村杨某喜等村民和莲湖乡朱家村朱某水等村民敲诈勒索时，确实是以每天实际采砂销售量每吨 0.6 元的标准收取敲诈勒索款的，公诉机关提交的该部分证据和待证事实之间，尚不能达到证据确实、充分的程度。（2）本案中，有证据证实 2016 年 6 月至 2016 年 12 月，上饶市港航局在鄱阳湖 01 号采区按照每吨 1 元收取货物港务费 276.7 万元，2016 年 9 月 1 日至 2016 年 12 月 27 日收取的货物港务费 87.53 万元，其中收取过往船只货物港务费约占 10%，计 18.917 万元，2016 年 6 月至 8 月底，上饶市港航局在鄱阳湖瓢山水域 01 号采区收取砂石运力船货物港务费约 170.253 万元，从而可以推算出曹某波非法采砂量为 170.253 吨，销售金额约达 2213.289 万元，与证人欧阳某火的证词、欧阳某武的供述相互印证。

综上，根据现有确实、充分的证据，按照有利于被告人的原则，应认定被告人曹某波非法采砂量约为 170.253 万吨，销售金额约为 2213.289 万元。

本案由江西求实司法鉴定中心出具鉴定结论，该鉴定结论系根据鄱阳县公安局起诉意见书认定曹某波非法采砂 300 余万吨，销售金额达 3000 余万元，结合各吸砂王参数数据进行计算评估而得出的鉴定结论：矿产资源损失3000万元、水污染补偿费用6 757 812.5元、鄱阳湖生物资源量降低的评估值1 173 954元，合计生态环境损害修复费为37 931 766.5元。

经查，鄱阳县公安局起诉意见书认定曹某波非法采砂300余万吨，销售金额达3000余万元缺乏证据证实，综合本案证据应认定被告人曹某波非法采砂170.253万吨，销售金额为2213.289万元；江西求实司法鉴定中心以曹某波非法采砂300余万吨，销售金额达3000余万元为参数，结合各吸砂王采砂船参数数据进行计算评估显然不妥。

鉴于，江西求实司法鉴定中心在未进行实地勘查、勘验的情况下，仅按鄱阳县公安局起诉意见书认定的非法采砂量估算得出的鉴定结论，与审理查明事实不符，缺乏科学性、唯一性、合理性，故对其出具的鉴定结论不能完全采信，但该鉴定中的计算方法可行合理，应予以采信。民事公益诉讼起诉人索赔标的应以本案认定的曹某波非法采砂170.253万吨，销售金额达2213.289万元为参数作调整，且矿产资源损失已经在刑事部分作为违法所得进行追缴，不宜在民事公益诉讼部分再进行索赔。

综上，曹某波实际非法采砂170.253万吨，非起诉指控的300万吨，故民事公益诉讼起诉人索赔标的应作调整。按照江西求实司法鉴定中心的计算方法，本案中，水污染补偿费用应为383.5126万元（170.253万吨÷300×6 757 812.5），造成鄱阳湖生物资源量降低的损害评估值应为66.6230万元（170.253÷300×1 173 954），生态环境损害修复费为450.1356万元（383.5126万元+66.6230万元）。

裁判要旨

人民法院审理环境资源案件查明的事实与作为鉴定意见变量参数的事实不一致，但不是必须重新鉴定的，可以按照相应比例依法调整后，依据审理查明的事实作出认定。

关联索引

《刑法》第303条第2款、第343条第1款

一审：江西省鄱阳县人民法院（2021）赣1128刑初410号刑事附带民事判决（2021年12月30日）

二审：江西省上饶市中级人民法院（2022）赣11刑终88号刑事附带民

事裁定（2022 年 4 月 29 日）

2023-11-1-349-012

邓某某非法采矿案
—— 对非法采砂犯罪破坏河道环境判决进行修复的问题

基本案情 >>>

被告人邓某某家住安义县石鼻镇联合村胜利村小组，村庄前有一条南潦河，河岸上筑有防洪河堤，堤外有数十米河滩，堤内有种植水稻的农田及一处水塘。被告人邓某某为牟利，在未按规定取得河道采砂许可证的情况下，自 2016 年 11 月至 2017 年 9 月，在其居住的胜利村小组南潦河北侧新邓家段非法经营砂石场，利用铲车、挖机、洗砂机等工具在河道开采砂石，用于销售牟利。至案发时，被告人邓某某已销售价值五万余元的砂石。2017 年 4 月 8 日、同年 9 月 24 日，安义县水务局两次向被告人邓某某送达《责令停止违法行为通知书》，责令邓某某立即停止违法行为、进行整改、接受调查处理。同年 9 月 28 日，经委托有关部门实地勘测，被告人邓某某经营的新邓家段砂场堆料有砂砾混合料 17 294.6 立方米、砾石 1001.8 立方米、粗砂 664.2 立方米，共计砂石 18 960.6 立方米。经鉴定，以上砂石价值共计人民币 588 810 元。2017 年 10 月 20 日，安义县水务局将本案移送安义县公安局侦查，同日被告人邓某某主动向安义县公安局投案，如实供述了主要犯罪事实。同年 10 月 22 日，安义县公安局对本案立案侦查。2018 年 4 月 2 日，被告人邓某某向安义县人民检察院缴纳了人民币 20 万元。被告人邓某某对被占用的农田自行进行了初步修复，2018 年 7 月耕地已经种上了水稻。

经委托，江西省环境保护科学研究院出具了涉案砂场非法采砂对当地生态环境影响的评估报告，认定：涉案砂场占用河道和在圩堤保护范围内取砂，破坏了河床的完整性和稳定性，阻碍水流运行，影响行洪速度及行洪能力，影响水生生态；采砂过程中随意丢弃废石废料，堆放在堤坝内外坡面，致植被损害，易水土流失，影响交通特别是防洪车辆通行；占用堤坝附近的耕地，破坏土地资源和当地的生态环境。另经委托，江西省修江水利电力勘察设计有限责任公司出具了《安义县石鼻镇联合村河道生态修复方案》，提出：河道生态修复范围包括受采砂影响的堤防段及河床，应清理堤面及堤脚覆盖的沙石料，挖除坡堤路，恢复堤防原貌；对清理后的堤防加固；对河床采砂造成的沙坑采用砂石料进行回填恢复等。修复工程预算总投资29.57万元。

在本案审理过程中，经调解，附带民事公益诉讼双方就生态环境修复的方式达成一致意见：由被告人邓某某在2019年3月15日前按照上述修复方案自行组织对被破坏的河道、堤防进行修复施工，期满不能自行组织修复的，应在2019年3月30日前交纳修复费用29.57万元，以支付修复费用。

江西省安义县人民法院于2018年12月28日作出（2018）赣0123刑初32号判决：被告人邓某某犯非法采矿罪，判处有期徒刑一年六个月，缓刑二年；退缴在案的违法所得人民币5万元，支付专家咨询、评估费用，并按照修复方案，对所破坏的河道、堤防、占用的耕地进行修复，恢复原有状况和功能。

裁判理由

法院生效裁判认为：被告人邓某某违反国家法律规定，在未取得河道采砂许可证的情况下，非法从河道采挖砂石，且经行政机关责令停止开采仍拒不停止，至案发时已销售砂石5万余元，尚有已采挖未销售的价值人民币588 810元的河砂18 960.6立方米，情节严重，其行为已构成非法采矿罪。被告人邓某某犯罪后能够自动投案，如实供述犯罪事实，是自首，可依法从轻减轻处罚；其案发后已退缴非法所得，可酌情从轻处罚。被告人邓某某非法在河道管理范围内采挖砂石，在河堤和农田随意弃置、堆放砂石，影响河势稳定，危害堤防安全，使非法采砂区域河道管理范围内生态环境和所占用的耕地种植条件遭到破坏，损害了社会公共利益。安义县人民检察院据此提起刑事附带民事公益诉讼，依法应予支持。故法院依法作出如上裁判。

裁判要旨

行为人违反国家法律规定，在未取得河道采砂许可证的情况下，非法从河道采挖砂石，情节严重的，构成非法采矿罪。行为人非法在河道管理范围内采挖砂石，使非法采砂区域河道管理范围内生态环境和所占用的耕地种植条件遭到破坏，损害了社会公共利益，检察机关据此提起附带民事公益诉讼的，依法应予支持。

《刑法》第 343 条

《办理非法采矿案件解释》第 2 条、第 3 条、第 4 条。

一审：江西省安义县人民法院（2018）赣 0123 刑初 32 号刑事判决（2018 年 12 月 28 日）

2023-11-1-349-018

范某某非法采矿案

——借清理垃圾为名擅自采挖砂石对外销售行为的定性

基本案情

山东省泰安市某区人民检察院指控：2020 年 6 月至 8 月，被告人范某某、高某（已判决）、冯某（已判决）、张某（已判决）在未取得采矿许可的情况下，在泰安市岱岳区龙湾别墅北侧场地、天平村河南岸垃圾清运施工过程中擅自采挖砂、风化料对外销售，销赃数额共计 304 960 元。被告人范某某系总负责人，高某、张某、冯某为具体实施人。公诉机关认为，被告人范某某的行为构成非法采矿罪，应当依法追究其刑事责任。

被告人范某某对指控的犯罪事实没有异议。其辩护人提出以下辩护意见：被告人范某某非法采矿是在清理垃圾的过程中临时起意，系无偿清理垃圾；如果构成非法采矿罪，其自愿认罪认罚，可以依法从轻处罚。

法院经审理查明，2020 年 5 月 26 日，被告人范某某以泰安市某路桥工程有限公司的名义与泰安市某经济开发区签订拆迁垃圾清运合同，免费为该经济开发区清运垃圾。被告人范某某在清运垃圾的施工过程中，伙同高某、张某、冯某（均已判刑）从龙湾别墅北侧的场地、天平村河南岸施工现场将垃圾清除后，在未办理采矿许可证的情况下，从地下挖出砂、风化料销售后牟利，共计销售收入 304 960 元，除部分用于支付施工机械、人工费用外，范某某分配给高某、冯某、张某 8000 元，范某某非法占有 260 506.09 元。案发后，被告人范某某在逃，2021 年 8 月 22 日在淄博市张店区某酒店门口被公安机关民警抓获。范某某归案后退缴违法所得304 960元。

山东省泰安市岱岳区人民法院于2022年7月22日作出（2022）鲁0911刑初27号刑事判决，判决如下：一、被告人范某某犯非法采矿罪，判处有期徒刑一年六个月，并处罚金人民币5万元。二、被告人范某某违法所得280 960元予以追缴，由泰安市某区人民检察院上缴国库。宣判后，被告人范某某提出上诉，山东省泰安市中级人民法院作出（2022）鲁09刑终166号刑事裁定，裁定驳回上诉，维持原判。

裁判理由 》》》

法院生效判决认为：被告人范某某、高某（已判决）、冯某（已判决）、张某（已判决）在未取得采矿许可的情况下，在泰安市岱岳区龙湾别墅北侧场地、天平村河南岸垃圾清运施工过程中擅自采挖砂、风化料对外销售，销赃数额共计304 960元，违反矿产资源法的规定，未取得采矿许可证擅自采矿，情节严重，其行为构成非法采矿罪。被告人范某某案发后逃匿，于2021年8月22日被公安机关抓获到案，范某某亲属在泰安市某区人民检察院审查批准逮捕阶段退缴304 960元。被告人范某某归案后认罪态度较好，积极退缴违法所得，可以依法从轻处罚，遂判处被告人范某某有期徒刑一年六个月，并处罚金人民币5万元，同时对被告人范某某违法所得280 960元予以追缴，上缴国库。

裁判要旨 》》》

借清理垃圾之名，在施工过程中擅自实施非法采挖砂、风化料对外销售，符合《刑法》第343条规定的，应当以非法采矿罪定罪处罚。

关联索引 》》》

《刑法》第64条、第67条第3款、第343条第1款

《矿产资源法实施细则》第2条

一审：泰安市岱岳区人民法院（2022）鲁0911刑初27号刑事判决（2022年7月22日）

二审：泰安市中级人民法院（2022）鲁09刑终166号刑事裁定（2022年9月13日）

2023-11-1-349-016

黄某某非法采矿刑事附带民事公益诉讼案

——未经许可在河道管理范围内采砂应当承担
生态环境损害赔偿责任

基本案情 >>>

山东省某县人民检察院以被告人黄某某犯非法采矿罪提起公诉，同时提起刑事附带环境资源民事公益诉讼。某县人民检察院指控，2019年上半年，被告人黄某某在未办理河道采砂许可证的情况下，出资在某县李集镇高才刘村窑厂北侧黄河滩区内建设沉砂池2个，并购买抽砂船、管子和电源等抽砂设备，以每方2元钱的价格雇佣张某从黄河河道内抽砂。经山东某诚房地产评估有限公司测量，属于黄某某所有的5号沉砂池长98米，宽56.5米，高2.4米，体积为13 288.8立方米；6号沉砂池长65米，宽47米，高2.6米，体积为7943立方米，2个沉砂池合计体积为21 231.8立方米。经山东某富房地产资产评估有限公司评估，2个沉砂池河砂价值为708 081元。某县人民检察院认为，被告人黄某某擅自在黄河河道内采砂，构筑成的砂场均高于地面高程2~3米，在一定程度上形成了阻水障碍，影响行洪安全，危及沿黄群众生命安全，损害了国家利益和社会公共利益。依据2010年7月1日施行的《侵权责任法》第4条、第15条之规定，应当承担环境资源侵权的民事责任。

被告人黄某某对指控其非法采砂的事实无异议，自愿认罪认罚并愿承担清除砂场、恢复河道原貌的责任。

法院经审理查明，被告人黄某某于2019年上半年在未办理河道采砂许可证的情况下，出资在某县李集镇高才刘村窑厂北侧黄河滩区内建设沉砂池2个，并购买抽砂船、管子和电源等抽砂设备，雇用他人通过抽水淤砂的方式，从黄河河道管理范围内抽取河砂。经山东某诚房地产评估有限公司测量，属于黄某某所有的5号沉砂池长98米，宽56.5米，高2.4米，体积为13 288.8立方米，6号沉砂池长65米，宽47米，高2.6米，体积为7943立方米，2个沉砂池合计体积为21 231.8立方米。经山东某富房地产资产评估有限公司评估，被告人黄某某采砂价值共计人民币708 081元。该采砂行为被举报至郓城县公安局李集派出所，郓城县公安局于2019年11月7日决定立案侦查。被告人黄某某于2019年11月21日到李集派出所投案，如实供述其非法采砂事实，并供认其从中出售所采部分沉砂非法获利28 000元。

另查明，2020年3月17日某县人民检察院组织郓城黄河河务局的专家对黄某某非法采矿行为对黄河生态环境的影响进行了论证。与会专家认为：黄某某非法采砂行为的采砂量相比黄河年均输沙量较小，引发原有河床发生较大变化的可能性较小。非法采砂行为发生时段不在主汛期，河道内水沙条件较汛期稳定，因此对下游河势较汛期引发河势变化的物理条件影响较小。黄某某采砂区距杨集险工及堤防较远不足以改变两处工程的原有河势稳定状态。黄某某所造沉淀池构筑成的砂场均高于地面高程2~3米，在一定程度上形成了阻水障碍，影响行洪安全，建议诉讼时增加清除砂场，恢复河道原貌。经郓城黄河河务局核算，清理黄某某建设的2个沉砂池，恢复黄河河道原貌，需要花费39 600元。

山东省郓城县人民法院于2020年7月15日作出（2020）鲁1725刑初211号刑事附带民事判决：一、被告人黄某某犯非法采矿罪，判处有期徒刑一年三个月，缓刑二年，并处罚金人民币2万元（缓刑考验期限，从判决确定之日起计算。罚金限判决生效十日内缴纳）；二、被告人黄某某违法所得2.8万元，予以没收，上缴国库；三、被告人黄某某于本判决发生法律效力后十日内，在郓城黄河河务局的监督下清除所建砂场，恢复河道原貌，逾期未清除或验收不合格，则由郓城黄河河务局强制清除，由被告黄某某承担清除费用3.96万元；四、禁止被告人黄某某在缓刑考验期限内从事采砂活动。宣判后，没有上诉、抗诉，判决已发生法律效力。

裁判理由

法院生效裁判认为，被告人黄某某未取得河道采砂许可证，在河道管理范围内采砂，情节严重，其行为触犯了《刑法》第343条第1款之规定，已构成非法采矿罪，公诉机关指控的犯罪事实及罪名成立，应予以支持。关于辩护人提出的"山东某富房地产资产评估有限公司对刑事涉案资产不具有评估鉴定主体资格、专家意见书不符合有效证据法律要件"的辩护意见，经查，行政执法机关、司法机关办理行政、刑事、民事、经济案件涉及的扣押、没收、追缴物品及纠纷财物等物品的价格评估，按照原国家计划委员会、最高人民法院、最高人民检察院、公安部有关规定执行。上述范围之外的价格评估，可以委托社会价格评估机构进行。最高人民检察院规定，"人民检察院在对公益诉讼案件决定立案和调查收集证据时，就涉及专门性问题的证据材料或者专业问题，可以指派、聘请有专门知识的人协助开展下列工作：……（二）对涉案专门性问题进行评估、审计"。该案中的专家意见书是根据上述规定作出。故本案中的资产评估报告、专家意见书可以作为证据，经查证属实的，予以采信。被告人黄某某主动投案，如实供述犯罪事实，系自首，依法可从轻处罚。其自愿认罪认罚，依法可以从宽处罚。公诉机关量刑建议与本案事实情节相符，予以采纳。根据被告人的犯罪情节、认罪态度、悔罪表现，依法可以对其适用缓刑。对于公益诉讼人郓城县人民检察院提起的公益诉讼请求，法院认为，被告人黄某某的非法采矿行为，经专家论证，沉砂池构筑成的砂场高度在一定程度上形成阻水障碍，影响行洪安全，为了保障河道行洪安全，应当清除砂场，恢复河道原貌。

裁判要旨 >>

违反国家法律法规规定，未经许可在黄河河道管理范围内非法采砂，沉砂池构筑成的砂场高度在一定程度上形成阻水障碍，影响行洪安全的，构成非法采矿罪。被告人除应依法承担刑事责任之外，还应就其非法采砂行为造成生态环境损害承担侵权责任。就侵权责任的承担方式而言，为保障河道行洪安全，应当清除砂场，恢复河道原貌。

关联索引 >>

《刑法》第 67 条第 1 款、第 72 条、第 343 条第 1 款

《民法典》第 179 条、第 187 条（本案适用的是 2010 年 7 月 1 日施行的《侵权责任法》第 4 条、第 15 条）

一审：山东省郓城县人民法院（2020）鲁 1725 刑初 211 号刑事附带民事判决（2020 年 7 月 15 日）

2024-11-1-349-003

李某宝等非法采矿刑事附带民事公益诉讼案
——非法采矿罪中共同犯罪及其责任的认定

基本案情

2020年10月，被告人李某宝、洪某贵、李某顺分别按照40%、40%、20%的占股比例共出资875.8万元购买"皖迎河××××"内河散货船，共谋贩运非法盗采的海砂牟利。其中，李某宝负责联系海砂买卖事宜，洪某贵负责收付砂款、支付工资，李某顺负责指导船舶维修。2021年2月，李某宝等3人以每月2万元工资雇用王某雷任船长，以每月1.2万元（2021年9月工资调整为每月2万元）雇用被告人桂某光任轮机长。

2021年6月2日，被告人李某宝、洪某贵、李某顺提前与盗采海砂的人员联系后，指使桂某光及王某雷等人驾驶"皖迎河××××"散货船前往福建省西洋岛海域向盗采海砂的采砂船收购接驳海砂。同月6日凌晨，"皖迎河××××"散货船及船载海砂返航途经浙江省普陀附近海域被舟山海警局查获，王某雷被处行政拘留十日并处罚款1000元。经鉴定，该批扣押海砂共计4636.33吨，总价190 089.53元。2021年7月26日，舟山海警局依法以468 269.33元的价格对上述海砂进行拍卖。

2021年10月2日，被告人李某宝、洪某贵、李某顺提前与盗采海砂的人员联系后，再次指使桂某光及王某雷等人驾驶"皖迎河××××"散货船前往东海某海域向在该海域盗采海砂的采砂船收购接驳海砂。接驳海砂过程中王某雷失踪（至今下落不明），10月6日，桂某光接替驾驶"皖迎河××××"散货船及船载海砂返航途经某附近海域时被福建省宁德海警局查获。经鉴定，该批扣押海砂共计9747.19吨，总价311 904元。2021年12月3日，宁德海警局依法以76.5万元的价格对该批次海砂进行拍卖。

案发后，经自然资源部海岛研究中心评估，涉案二次非法采砂行为造成海洋生态资源环境损害价值损失578 442.11元，其中海域生态服务功能损失价值25 142.11元，生态修复费用553 300元。

福建省福鼎市人民法院于2022年10月19日作出（2022）闽0982刑初

217号刑事附带民事判决：一、被告人李某宝犯非法采矿罪，判处有期徒刑三年，并处罚金人民币10万元；二、被告人洪某贵犯非法采矿罪，判处有期徒刑二年五个月，并处罚金人民币9万元；三、被告人李某顺犯非法采矿罪，判处有期徒刑二年二个月，缓刑三年，并处罚金人民币6万元；四、被告人桂某光犯非法采矿罪，判处有期徒刑一年十一个月，缓刑二年六个月，并处罚金人民币3万元；五、禁止桂某光在缓刑考验期限内从事海上作业；……；八、刑事附带民事公益诉讼被告李某宝、李某顺、洪某贵应于判决生效之日起三十日内共同支付生态损害赔偿金578 442.11元。宣判后，李某宝提出上诉。

福建省宁德市中级人民法院于2023年3月21日作出（2022）闽09刑终260号刑事附带民事判决：一、维持一审判决第三至第八项；二、撤销一审判决第一项、第二项；三、被告人李某宝犯非法采矿罪，判处有期徒刑二年五个月，并处罚金人民币10万元（已预缴）；四、洪某贵犯非法采矿罪，判处有期徒刑二年二个月，并处罚金人民币9万元（已预缴）；五、上述生态损害赔偿金，上缴福建省宁德市级国库［按照《福建省生态环境损害赔偿资金管理办法（试行）》执行，用于宁德市域内生态环境、自然资源的修复、保护］。

裁判理由 》》》

法院生效判决认为：被告人李某宝、洪某贵、李某顺以牟利为目的，共同出资购买"皖迎河××××"散货船，联系非法采砂人，指使他人驾驶"皖迎河××××"散货船前往指定海域，二次过驳、收购明知系他人非法采挖的海砂，对非法采挖海砂之非法采矿行为人存在事前通谋和事中共犯故意，参与非法采矿犯罪行为，其行为已与他人构成共同非法采矿犯罪。被告人桂某光受李某宝等指使驾驶内河散货船从采砂船接驳盗采的海砂，其虽是雇员，在第一次参与接驳盗采海砂行为已被执法机关查获的情况下，为获取高额报酬，又再次接受指使从事接驳采砂船盗采的海砂，亦应认定已与他人构成共同非法采矿犯罪，予以处罚。

被告人李某宝、洪某贵、李某顺、桂某光参与海上非法采砂，二次矿产资源犯罪的价值数额累计达501 993.53元，参与非法采矿共同犯罪情节特别严重。四被告人参与非法采矿共同犯罪采销一体化的紧密度弱，作案次数较少，二次过驳、收购明知系他人非法采挖的海砂之矿产价值数额累计501 993.53元超过"情节特别严重"数额标准不大，较直接实施非法采矿行为人在共同犯罪中的地位、作用相对较弱，对李某宝、洪某贵、李某顺、桂某光可按非法采矿共同犯罪的从犯予以认定，可以从轻、减轻处罚或者免除处罚。李某宝在四被告人参与非法采矿共同犯罪中，处于组织、指挥核心地位，作用最大；其在侦查机关讯问中不如实陈述犯罪事实，到案不具有主动性、自愿性，不予认定具有自首情节。李某宝在一审庭审中如实陈述犯罪事实，是在其他证据和同案犯如实供述，已经形成证据链的情况下，其坦白作用小；其在2021年6月被舟山海警局查处中故意隐瞒真实情况、骗逃处罚，领回返还的"皖迎河××××"散货船，后再次组织作案，对其不能适用缓刑。其在一审当庭自愿认罪，二审中主动预交罚金、生态环境损害赔偿金，符合愿意接受处罚的审查要件，可以从宽处罚。洪某贵、李某顺自动投案，并如实供述自己的罪行，属自首，可以从轻或减轻处罚。洪某贵自愿认罪认罚，二审中主动预交罚金、生态环境损害赔偿金，符合愿意接受处罚的审查要件，可以从宽处罚。结合洪某贵、李某顺的犯罪情节及悔罪表现，予以减轻处罚。但是，洪某贵在2021年6月被舟山海警局查处中故意隐瞒真实情况、骗逃处罚，领回返还的"皖迎河××××"散货船，后再次参与作案，故不能排除重新犯罪可能，且在四人参与非法采矿共同犯罪中，其负责财务收支，属于骨干成员、作用较大，对其不应适用缓刑。桂某光经口头传唤自动到案，如实供述自己的罪行，属自首，可从轻处罚或减轻处罚；其认罪认罚，可从宽处罚。综合李某顺、桂某光的犯罪情节并参考其所在社区的评估意见，二人符合缓刑适用条件。本案非法开采海砂行为造成采砂区域海洋生态资源环境损害价值共计578 442.11元，侵害了社会公共利益，包括四被告人在内的相关侵权人均应当承担连带民事赔偿责任。故法院依法作出如上裁判。

裁判要旨 ⟫⟫

被告人事先与非法采矿的犯罪分子联系确定交易时间、地点、价格和交易方式等，指使或者驾驶运输船前往指定地域直接从采砂船过驳并运输销售的，属于事前通谋，应当认定为非法采矿罪共同犯罪。

人民法院应当结合被告人参与非法采矿共同犯罪采销一体化的紧密程度、作案次数及涉案矿产价值等因素，综合评价各被告人在共同犯罪中的地位、作用，确定其刑事责任和附带民事公益诉讼赔偿责任。

2024-11-1-349-005

李某非法采矿案

——对非法开采矿石行为非法性的认定

基本案情 ≫≫

2019 年 3 月，被告人李某在未办理相关建房手续及采矿许可证的情况下，擅自在湖南省邵东市灵官殿镇某村某房某地范围内、外开采花岗岩风化层砂土，将矿石私自出售给某建材有限公司。2019 年 7 月 29 日，被告人李某之父建房手续经政府审批，但仍未办理采矿许可证。2019 年 11 月 25 日、2019 年 12 月 31 日，被告人李某因分别在邵东市某镇非法采矿（无矿产资源价值鉴定），两次被邵东市自然资源局作出责令立即停止非法开采行为并处罚款的行政处罚。

2020 年 8 月，因自然灾害暴雨等影响，李某房屋屋后发生山体滑坡，导致李某房屋门窗、墙体损坏。李某向邵东市灵官殿镇某村村委会请求排除安全隐患并进行整改，该村村委会请示邵东市灵官殿镇人民政府给予支持清理房屋后泥沙障碍，并加固做斜坡状，要求渣土不得出村及妨碍他人。后被告人李某将山体滑坡及其排险加固工程产生的花岗岩矿石 9000 吨予以出售。

2020 年 11 月至 12 月，被告人李某未办理采矿许可证，在李某房屋侧面的山坡开采花岗岩风化层砂土，并将矿石部分予以出售获利。

被告人李某非法采矿行为自 2019 年 3 月至 2020 年 12 月，共获利约人民币 35 万元，其中，出售山体滑坡及排险加固所产生的矿石获利 19.8 万元，其余非法获利 15.2 万元。2022 年 4 月，湖南省某勘查院出具的估算报告，被告人李某开挖动用花岗岩全强风化层探明资源量 30 962 吨。2022 年 5 月，湖南某会计师事务所有限责任公司、邵阳某资产评估有限公司出具评估报告认定，以花岗岩风化层矿石当地市场平均价格每吨 20 元计算，开采的花岗岩风化层 30 962 吨原矿市场价值评估值为人民币 619 240 元。剔除山体滑坡及排险加固所产生的矿石，被告人李某非法开采的 21 962 吨矿石价值 439 240 元。

湖南省邵东市人民法院于 2023 年 4 月 6 日作出 (2022) 湘 0521 刑初 749 号刑事判决，认定被告人李某犯非法采矿罪，判处有期徒刑二年六个月，并处罚金人民币 5 万元；依法追缴被告人李某违法所得人民币 15.2 万元，上缴国库；对被告人李某作案工具三一牌挖掘机一台予以没收，上缴国库。宣判后，没有上诉、抗诉，判决已发生法律效力。

裁判理由

法院生效裁判认为：被告人李某违反矿产资源法的规定，未取得采矿许可证擅自采矿，情节严重，其行为已构成非法采矿罪。本案的争议焦点在于如何认定李某为避险所实施的开采行为的性质。

法院认为，被告人李某采矿中存在因山体自然滑坡而排险加固的情节，因此避险产生的矿石不宜认定为非法采矿。首先，被告人李某之父房屋周围山体滑坡产生的矿石，系自然灾害暴雨导致，无充分证据证明山体滑坡的产生与被告人李某此前的建房采矿行为之间有因果关系；其次，被告人李某在进行排险加固时，其父向当地村委会进行了报告，并取得了镇里同意，其目的在于消除安全隐患，保护财产安全；最后，为排险加固而开采矿石的行为具有正当性和紧迫性，不具有社会危害性。综上，不能认定李某的该行为系"非法采矿"。

对于被告人李某未按村委会渣土不得出村的要求，而将矿石私自出售的行为，不宜由刑法进行评价。

裁判要旨

在非法采矿案件中，应当准确认定被告人开采矿石行为的非法性。若被告人开采矿石是为了保护财产、排除安全隐患的避险行为，则应当认定其为刑法允许实施的合法开采行为，不具有社会危害性和非法性，不构成非法采矿罪。但是，对于同一案件中同一被告人既有避险行为又有非法开采行为的，应当作出明确区分，分别依法进行裁判。

关联索引 >>

《刑法》第 343 条

一审：湖南省邵东市人民法院（2022）湘 0521 刑初 749 号刑事判决（2023年 4 月 6 日）

2023-11-1-349-003

梁某德、梁某明非法采矿案
——超范围采矿的数量及价值认定

基本案情 >>

2013 年下半年，被告人梁某德和浙江省温岭市箬横镇某村村委会商定，由梁某德出面以村委会的名义办理该村某矿场的边坡治理项目。2013 年 11月、2014 年 9 月台州市国土资源局审批同意其开采建筑用石料共计 27.31 万吨。被告人梁某明受梁某德指使在该矿负责管理日常事务，所采宕碴矿销售给温岭市东海塘用于筑路。至案发，该矿场超越审批许可数量采矿，经浙江省国土资源厅鉴定，该治理工程采挖区界内采挖量合计 415 756 吨（包括岩石381 396 吨，风化层 19 523 吨，土体 12 209 吨），界外采挖量合计 829 830 吨（包括岩石 814 289 吨，风化层 9843 吨，土体 5698 吨），两项共计 1 245 586吨。扣除台州市国土资源局审批许可的 27.31 万吨及风化层、土体、建筑废料等，二被告人共非法采矿 822 585 吨，价值 13 161 360 元。

浙江省温岭市人民法院于 2016 年 6 月 24 日作出（2015）台温刑初字第1751 号刑事判决：一、被告人梁某德有期徒刑四年六个月，并处罚金 35 万元；二、被告人梁某明有期徒刑二年，缓刑三年，并处罚金 15 万元；三、梁某德、梁某明的犯罪所得 13 161 360 元，予以追缴没收，上缴国库。宣判后，被告人梁某德提出上诉。浙江省台州市中级人民法院于 2016 年 8 月 25 日作出

（2016）浙 10 刑终 674 号刑事裁定，驳回上诉，维持原判。

裁判理由 》》》

　　法院生效裁判认为：被告人梁某德和梁某明均供述采挖量在 100 万吨以上，证人王某云、叶某德、江某通证明采挖量在 140 万吨以上，过磅记录记载采挖量为 150 万多吨，上述证据能够相互印证一致，证明二被告人共开采了 124 万多吨矿石的事实。同时，台州市国土资源局仅批准同意了 27.31 万吨的采挖量，而二被告人实际采挖数量远超这一批准量，系明显的超范围采矿行为。至于二被告人非法采矿的矿产价值，该价值系温岭市价格认证中心作出，该机构系有资质的鉴定机构，目前没有证据证明该鉴定结论存在问题，故应予认定。

　　综上，被告人梁某德、梁某明违反矿产资源法的规定，未取得采矿许可证擅自采矿，情节特别严重。在共同犯罪中，梁某德起主要作用，系主犯，梁某明起次要、辅助作用，系从犯，依法可以从轻或减轻处罚。鉴于梁某明系从犯，归案后能如实供述其犯罪事实，且当庭自愿认罪，确有悔罪表现，决定对梁某明依法予以减轻处罚并适用缓刑。故一、二审法院依法作出如上裁判。

裁判要旨 》》》

　　被告人实际采挖数量远超国土资源主管部门的批准量的，系超范围采矿行为，符合《刑法》第 343 条规定的情形，应当以非法采矿罪定罪处罚。

关联索引 》》》

《刑法》第 343 条

　　一审：浙江省温岭市人民法院（2015）台温刑初字第 1751 号刑事判决（2016 年 6 月 24 日）

　　二审：浙江省台州市中级人民法院（2016）浙 10 刑终 674 号刑事裁定（2016 年 8 月 25 日）

刘某斌等非法采矿刑事附带民事公益诉讼案
——多份生态环境修复方案的选定

基本案情 》》》

2020 年 4 月至 11 月，被告人刘某斌等人在未取得采矿许可证的情况下，擅自在河北省灵寿县郝某河村非法开采风化砂进行销售。经评估认定，开采方量为 6277 立方米，价格为 100 432 元。2021 年 3 月至 10 月，被告人司某芳伙同刘某斌等人在未取得采矿许可证的情况下，擅自在灵寿县南某川村非法开采风化砂进行销售。经评估认定，开采方量为 11 450 立方米，价格为 171 750 元。河北省公益诉讼技术专家库专家出具的咨询意见显示，案涉两处非法开采建筑用砂治理措施费用分别为 500 838.39 元、351 087.64 元。

河北省灵寿县人民法院于 2023 年 4 月 28 日作出（2022）冀 0126 刑初 144 号刑事附带民事判决：刘某斌、司某芳等人犯非法采矿罪，分别判处有期徒刑一年二个月、缓刑一年六个月至拘役四个月、缓刑六个月不等，罚金人民币 1 万元至 2 万元不等（已缴纳）；没收违法所得等。但对于附带民事公益诉讼部分，该院以刘某斌、司某芳等人已对非法开采建筑用砂区域实施生态修复并验收合格为由，判令其承担非法采矿破坏生态环境的专家咨询意见费 2500 元，驳回附带民事公益诉讼起诉人的其他诉讼请求。宣判后，灵寿县人民检察院对附带民事公益诉讼部分提出上诉。

二审期间，为查清生态环境修复的专门性问题，二审法院依职权另行委托国土空间规划、农业资源利用和土壤学领域的专家组成专家组出具案涉非法开采建筑用砂案件环境影响和治理措施的咨询意见，认为：（1）矿山地质环境保护与土地复垦有关方案编制对资质无明确要求；（2）刘某斌、司某芳等人提交的两份实施方案对矿山地质环境影响和土地损毁评估深度不够，复垦目标、质量要求不明确，工程量测算、工程预算有关过程和数据表格缺失；（3）施工过程中没有施工管理的书面材料；（4）验收标准不明确，验收组专家的专业构成不全；（5）附带民事公益诉讼被告刘某斌、司某芳等人已经采取的恢复治理措施一般不会造成二次生态环境或土地损害的问题，可以根据已发生的工程内容按比例适当认可。

河北雄安新区中级人民法院于 2023 年 9 月 28 日作出（2023）冀 96 刑终 38 号刑事附带民事判决：一、维持一审判决附带民事公益诉讼被告刘某斌、司某芳等人连带承担非法采矿破坏生态环境的专家咨询意见费 2500 元；二、撤销一审判决驳回附带民事公益诉讼起诉人其他诉讼请求；三、附带民事公益诉讼被告司某芳等人连带承担南某川村采坑修复费用 385 844.39 元，于判决发生法律效力后十日内支付至石家庄市财政局设立的生态环境损害赔偿资金账户；四、附带民事公益诉讼被告刘某斌等人连带承担郝某河村采坑修复费用 291 841.64 元，于判决发生法律效力后十日内支付至石家庄市财政局设立的生态环境损害赔偿资金账户。

裁判理由 >>>

法院生效裁判认为：被告人刘某斌、司某芳等人自行修复的结果是否达到恢复生态环境的标准是本案争议的焦点。

关于灵寿县人民检察院委托公益诉讼技术专家出具的咨询意见是否比附带民事公益诉讼被告刘某斌、司某芳等人提交的实施方案更科学、合理的问题。刘某斌、司某芳等人非法采砂的行为不仅造成国家矿产资源损失，更为严重的是影响当地的地质结构，增加水土流失、次生地质灾害的风险。因此，在修复方案中除回填平整外，还要恢复原地形地貌，修建护脚墙。刘某斌、司某芳等人实施方案的修复目标是对被破坏的地形地貌、挖损的土地资源进行恢复，而没有考虑恢复原有地貌景观、地质环境、生态环境。灵寿县人民检察院委托公益诉讼技术专家出具的咨询意见全面考虑了对采坑进行回填平整、覆土、绿化、修建护脚墙等有利于恢复良好地质环境的措施，更有助于恢复生态环境，更加具有科学性、合理性。

关于附带民事公益诉讼被告刘某斌、司某芳等人是否完成修复工作的问题。虽然灵寿县自然资源和规划局对案涉项目组织相关专家验收、委托第三方制作验收报告，并将土地交付相关权利人，但是，该验收是以实施方案的修复目标为导向。刘某斌、司某芳等人虽然完成了实施方案中的修复工作，但未达到恢复生态环境的标准。故刘某斌、司某芳等人应当继续履行生态环境修复义务或支付相应费用。

关于后续修复费用问题。鉴于灵寿县自然资源和规划局对刘某斌、司某芳等人已经实施的修复工程验收，并认可修复结果是按照刘某斌、司某芳等人委托编制的实施方案完成，且修复结果对恢复生态环境起到了一定作用，故对附带民事公益诉讼被告刘某斌、司某芳等人完成的工程量予以认可，并对其支付的修复费用进行相应抵扣。

裁判要旨

公益诉讼起诉人、生态环境侵权人分别委托有关机构出具生态环境修复方案的，法院应当着重对方案的生态修复效果进行审查，必要时可以参考专家意见，采纳更加科学、合理，更有利于实现生态环境修复效果的方案。

关联索引

《刑法》第 343 条
《民法典》第 1229 条、第 1234 条、第 1235 条
《环境保护法》第 64 条
一审：河北省灵寿县人民法院（2022）冀 0126 刑初 144 号刑事附带民事判决（2023 年 4 月 28 日）
二审：河北雄安新区中级人民法院（2023）冀 96 刑终 38 号刑事附带民事判决（2023 年 9 月 28 日）

2024-11-1-349-001

刘某江非法采矿案
——借合法承包工程之机非法采砂应认定为非法采矿

基本案情

2011 年 6 月至 2011 年 11 月，被告人刘某江在北京市密云区石城镇西湾子村东湾子自然村蛇鱼川水域东湾子段河道内，通过与西湾子村东湾子小组股份合作形式，承建石城镇西湾子村蛇鱼川生态涵养流域项目工程，借实施该项目之机，在无采矿资质的情况下，开采河道内砂石，加工后，部分沙子、石子销售给张某1，销售金额为 1 279 734.6 元。经北京市地质工程设计研究院认定，刘某江所开采矿产资源为建筑用砂。

北京市密云区人民法院于 2020 年 9 月 14 日作出（2020）京 0118 刑初 138 号刑事判决：被告人刘某江犯非法采矿罪，判处有期徒刑三年三个月，并处罚金人民币 10 万元；继续追缴刘某江违法所得 1 279 734.6 元，依法没收。宣判后，被告人刘某江提出上诉。北京市第三中级人民法院于 2020 年 11 月 27 日作出（2020）京 03 刑终 593 号刑事裁定，驳回上诉，维持原判。

裁判理由 >>>

法院生效判决认为：被告人刘某江违反矿产资源法的规定，未取得采矿许可证擅自采矿，已构成非法采矿罪，情节特别严重。刘某江作为项目联系人，向发展和改革委员会等部门申请建设蛇鱼川生态涵养流域项目立项时，申请内容是对河道进行清淤及疏通，挖掘土方，对河道进行衬砌、护坡，在河堤及周围栽树种草，并没有加工砂石料的申请；在水务局同意实施蛇鱼川生态涵养流域项目时，明确要求"请具有水利专业施工资质单位建设该项目，同时聘请具有资质的监理单位进行项目监理"，虽然西湾子村民委员会委托北京某某镜泊旅游开发有限公司建设，但刘某江或北京某某镜泊旅游开发有限公司均无水利专业施工资质，刘某江也未聘请具有资质的监理单位进行项目监理；西湾子村民委员会虽然向水务局提出"清淤、整修、堤岸护坡等工程建设动用土石方，需加工沙石料，沙石料大部分在村内建设使用，其余部分用于镇域内新农村建设"的申请，但未得到水务局的批准。同时，村民委员会向国土资源分局提出"进行河道清淤、整修、堤岸护坡等工程建设动用土石方，需加工沙石料，沙石料大部分在村内建设使用，其余部分运走消纳"的申请，也未得到批准，虽然石城镇人民政府在申请上签章"同意此项工程"，但明确要求"必须有专业部门设计及相关部门审批"；刘某江施工时，因在蛇鱼川河道内建砂石加工设备，水务局多次责令停止违法行为，刘某江应当明知其行为违法；在刘某江向张某 1 销售砂石料后，张某 1 拒付货款，刘某江向法院提交西湾子村民委员会出具的"经村委会研究决定，此项目由刘某江自行投资建设，建设施工过程中，清淤所出的砂石等废料，经加工后施工中使用，余下部分由刘某江进行销售，所得资金用于项目建设"的证明，此份证明与村民委员会向水务局、国土资源分局申请"其余部分用于镇域内新农村建设""其余部分运走消纳"不一致，刘某江作为项目立项、审批的联系人，明知加工销售砂石料应由具有审批权限的机关审批，而村民委员会无审批权；刘某江向张某 1 销售砂石料是 2011 年，而刘某江为西湾子村民委员会加工砂石混料是 2013 年，时间上并不重合；辩护人认为应扣除刘某江犯罪的人工费、成本费，无法律依据；辩护人提供的证据材料，证明刘某江进行了项目施工，不能证明刘某江无罪。综上，刘某江作为项目联系人，明知立项中不包含加工砂石料，且在村民委员会向水务局、国土资源局提出申请未获批准的情况下，借实施生态涵养流域项目之机，在未取得开采砂石许可证的情况下，架设砂石料加工设备，将从河道内开采的建筑用砂加工后大量外销，价值已达到情节特别严重标准，符合非法采矿罪的犯罪构成要件，刘某江无罪的辩解及其辩护人认为不构成犯罪的辩护意见，均与事实和法律相悖，不予采纳。鉴于刘某江自筹资金，实施了部分河道清淤工程，对其酌情从轻处罚。故法院依法作出如上裁判。

裁判要旨 》》

在合法承建项目工程施工中，超出项目工程范围，违反矿产资源法的规定，未取得采矿许可证而擅自大量采挖项目工程所在地的砂石等矿产资源牟利的，属于非法采矿。

关联索引 》》

《刑法》第 343 条第 1 款

一审：北京市密云区人民法院（2020）京 0118 刑初 138 号刑事判决（2020 年 9 月 14 日）

二审：北京市第三中级人民法院（2020）京 03 刑终 593 号刑事裁定（2020 年 11 月 27 日）

2023-11-1-349-010

彭某强等非法采矿案

——参与非法采矿犯罪共同管理、通风报信行为的处理

基本案情 》》

2014 年 4 月至 2017 年 6 月，被告人彭某强、彭某平等人在未取得采矿许可证的情况下，采用毁损河堤、农用地等方式非法采砂。2017 年 4 月，湘乡

市水利局责令其停止违法行为。2017年6月，湘乡市国土局责令其15日内自行平整被破坏的农田，恢复种植条件，彭某强、彭某平等人均未理睬。2017年10月，彭某强拉拢涉案河段新石村原支书被告人吴某光非法采砂。吴某光在政府查处沙场时，多次给彭某强通风报信。非法采矿期间，彭某强、彭某平等人获利155万元。彭某强、吴某光采掘砂石价值32.54万元，非法占用农用地5.96亩，造成其中4.89亩农田无法恢复，毁损河堤恢复原状工程价格经评估为177.29万元。

湖南省湘乡市人民法院于2019年5月21日作出（2019）湘0381刑初130号刑事判决：一、被告人彭某强犯非法采矿罪，判处有期徒刑六年，并处罚金20万元。二、被告人彭某平犯非法采矿罪，判处有期徒刑五年，并处罚金10万元。三、被告人吴某光犯非法采矿罪，判处有期徒刑一年五个月，并处罚金5万元。宣判后，三被告人均提出上诉。湖南省湘潭市中级人民法院于2019年7月9日作出（2019）湘03刑终269号刑事裁定，驳回上诉，维持原判。

裁判理由 >>>

法院生效裁判认为，关于辩护人提出吴某光的违法所得与采矿价值相差甚远，不能作为认定吴某光犯罪的依据。经查，本案虽未进行矿产品价值评估，但依据被告人的记账本记录的各被告人的采砂收入、支出及分红情况，从有利于被告人的原则出发，销赃数额认定32.54万元符合法律规定。因此辩护人所提该项辩护意见，不能成立。

关于辩护人提出被告人彭某平、吴某光系从犯的意见。经查，彭某强与彭某平在共同犯罪中，彭某强系犯意提起者，其提起犯罪即得到共同作案人的响应，共同投资、共同管理，平均分配利润，在共同犯罪中二被告人作用均等；彭某强与吴某光共同出资购买挖机，约定利润均分，共同管理，在共同犯罪中作用亦相当，均应认定为主犯。因此辩护人所提该项辩护意见，不能成立。

综上，被告人彭某强、彭某平、吴某光违反矿产资源法的规定，未取得采矿许可证擅自采矿，其中被告人彭某强、彭某平情节特别严重，被告人吴某光情节严重，三被告人的行为均构成非法采矿罪。彭某强、彭某平、吴某光在共同犯罪中，均起主要作用，系主犯，应当按照其所参与的全部犯罪处罚。吴某光犯罪后自动投案并如实供述犯罪事实，系自首，彭某强、彭某平归案后如实供述犯罪事实，系坦白，可从轻处罚。故一、二审法院依法作出如上判决。

在他人拉拢下，为非法采砂活动通风报信，且参与共同管理和利润分成的，综合全案情节，可以认定为主犯。

关联索引

《刑法》第 343 条

一审：湖南省湘乡市人民法院（2019）湘 0381 刑初 130 号刑事判决（2019 年 5 月 21 日）

二审：湖南省湘潭市中级人民法院（2019）湘 03 刑终 269 号刑事裁定（2019 年 7 月 9 日）

2023-11-1-349-004

奇台县某服务部、林某非法采矿案
——仅获得探矿许可但进行采矿行为的定性

基本案情

2008 年，被告人林某收购新疆维吾尔自治区奇台县某服务部，该服务部名下有某县喀腊马依勒金矿探矿许可证，林某一直在申请办理探矿权的延续手续，但未办理采矿许可证。2015 年至 2017 年，林某雇佣杨某在矿区进行打钻作业，某爆破公司进行爆破作业，董某及其他工人将爆破、破碎后的矿石加工提炼成合质金。林某将非法开采、提炼的合质金出售给河南洛阳某黄金冶炼公司，销售金额共计 15 309 083.64 元。其间，新疆维吾尔自治区某县国土资源局于 2015 年 5 月 27 日、2016 年 6 月 16 日、2017 年 6 月 14 日三次对该服务部作出行政处罚决定，分别罚款 6 万元、5 万元、2 万元。

新疆维吾尔自治区青河县人民法院于 2021 年 7 月 26 日作出（2021）新 4325 刑初 21 号刑事判决：一、被告单位奇台县某服务部犯非法采矿罪，判处罚金 50 万元；二、被告人林某犯非法采矿罪，判处有期徒刑四年六个月，并处罚金 15 万元；三、依法追缴被告人林某的违法所得 15 309 083.64 元；四、没收喀腊马依勒金矿矿部电解车间及附属四合院，上缴国库。宣判后，没有上诉、抗诉，判决已发生法律效力。

裁判理由 >>>

法院生效裁判认为，被告单位奇台县某服务部违反《矿产资源法》的规定，未取得采矿许可证擅自采矿，开采黄金 15 309 083.64 元，情节特别严重。被告人林某作为单位的法定代表人和直接负责的主管人员，具体组织实施了上述非法采矿行为。被告单位及被告人的行为均已触犯刑律，构成非法采矿罪，依法应当追究被告单位某服务部、被告人林某的刑事责任。公诉机关指控被告单位及被告人的罪名成立，法院予以支持。辩护人辩称，被告人涉嫌的非法采矿不同于刑法所指的非法采矿即"私挖滥采行为"，被告人主观恶性较小，是对法律政策的无知和由于行政单位告知"永久征用"概念的误导，没有积极办理探矿权证转采矿权证手续，被告人的采矿行为是在"探矿"的过程中实施的，并非专门的非法采矿行为，应当对被告人减轻处罚。根据《矿产资源法》和《矿产资源法实施细则》的规定，探矿权是指在依法取得勘查许可证规定的范围内，勘查矿产资源的权利。取得勘查许可证的单位或个人称为探矿权人。探矿权人有权优先取得勘查作业区内矿产资源的采矿权。采矿权是指在依法取得的采矿许可证规定的范围内，开采矿产资源和获得所开采的矿产品的权利。取得采矿许可证的单位或个人称为采矿权人。本案中，作为被告单位某服务部的法定代表人及主要负责人林某在明知没有采矿权的情况下实施了非法开采矿产资源的行为，对该辩护意见不予采纳。被告单位对指控的犯罪事实和罪名无异议、被告人林某认罪认罚并自愿签署认罪认罚具结书，可以依法从宽处理。故一审法院依法作出如上裁判。

裁判要旨 >>>

对仅获得探矿许可的采矿行为，在认定行为性质时应综合考量行为人主观恶意、开采矿产品价值或者造成矿产资源破坏的价值、开采时间长短等因素。被告人在取得探矿许可的情况下，未办理采矿权证手续，擅自采矿，开采的矿产品价值大，符合《刑法》第 343 条规定的情形，应当认定为构成非法采矿罪。

关联索引 >>>

《刑法》第 343 条第 1 款、第 30 条、第 31 条、第 52 条、第 53 条、第 64 条

《办理非法采矿案件解释》第2条、第3条、第12条、第13条

一审：新疆维吾尔自治区青河县人民法院（2021）新4325刑初21号刑事判决（2021年7月26日）

2023-11-1-349-005

山西某能源投资集团有限公司、陈某志等非法采矿案
——非法采矿单位犯罪的认定

基本案情 >>>

2015年上半年至2018年7月，被告单位山西某能源投资集团有限公司作为黑社会性质组织首要分子被告人陈某志的控制企业，在陈某志的指使下，集团下属企业和集团子公司越界进入他人矿区范围开采煤炭，并统一洗选、销售牟取非法利益，为陈某志黑社会性质组织犯罪提供了巨额经济支持。经山西省自然资源厅认定，本案非法越界开采破坏可采煤炭资源总量655.31万吨，价值423 679.35万元。

山西省长治市中级人民法院于2019年11月4日作出（2019）晋04刑初41号刑事附带民事判决：被告单位山西某能源投资集团有限公司、被告人陈某志均构成非法采矿罪，判处山西某能源投资集团有限公司罚金30亿元；判处陈某志有期徒刑六年，并处罚金1000万元，与其他犯罪并罚；追缴、没收违法所得及其收益。宣判后，山西某能源投资集团有限公司、陈某志提出上诉。山西省高级人民法院于2019年12月30日作出（2019）晋刑终376号刑事裁定，驳回上诉，维持原判。

裁判理由 >>>

法院生效判决认为，被告单位山西某能源投资集团有限公司、被告人陈某志违反矿产资源法的规定，擅自进入他人矿区范围采矿，均构成非法采矿罪，情节特别严重，判处山西某能源投资集团有限公司罚金30亿元；判处陈某志有期徒刑六年，并处罚金1000万元，与其他犯罪并罚；追缴、没收违法所得及其收益。

　　关于被告单位山西某能源投资集团有限公司及其辩护人所提原审认定其构成非法采矿罪的依据不足，且 30 亿的罚金明显过高且未释明依据的上诉理由和辩护意见，经查：（1）山西某能源投资集团有限公司每年年底通过召开采掘规划大会的方式，布置安排下属煤矿下年度的开采计划、生产任务。山西某能源投资集团有限公司下属煤矿采掘计划及开采图纸的设计，生产计划及生产任务的制定均由该集团公司总工办和生技处审核与下达，并由生技处检查督促实施，生产出来的煤炭由集团统一调配到下属洗煤厂，统一销售，收益归集团所有。在案证据足以证实山西某能源投资集团有限公司违反矿产资源法的规定，越界盗采其他单位矿区煤层的行为，符合非法采矿罪的犯罪构成。（2）山西某能源投资集团有限公司非法越界开采煤炭资源破坏可采煤炭资源总量 655.31 万吨，价值 423 679.35 万元，严重破坏矿产资源和生态环境，犯罪情节特别严重；原审根据山西某能源投资集团有限公司的犯罪情节，并综合考虑其缴纳罚金的能力，依法对其判处 30 亿元罚金，并无明显不当。

裁判要旨 ▷▷▷

　　集团公司每年年底通过召开采掘规划大会的方式，布置安排下属煤矿下年度的开采计划、生产任务；集团公司下属煤矿采掘计划及开采图纸的设计，生产计划及生产任务的制定均由该集团公司审核、下达，并由集团公司检查督促实施；生产出来的煤炭由集团公司统一调配到下属洗煤厂，统一销售，收益归集团所有。在上述情形之下，集团公司应当对下属企业所具体实施的非法采矿犯罪承担刑事责任，成立单位犯罪。

关联索引 ▷▷▷

《刑法》第 343 条第 1 款、第 34 条

　　一审：山西省长治市中级人民法院（2019）晋 04 刑初 41 号刑事附带民事判决（2019 年 11 月 4 日）

　　二审：山西省高级人民法院（2019）晋刑终 376 号刑事裁定（2019 年 12 月 30 日）

2023-11-1-349-007

宋某友非法采矿案
——在承包的农村集体土地上非法采砂构成非法采矿罪

基本案情 >>>

2018 年 12 月，被告人宋某友以售砂获利为目的，承包河南省濮阳市经济技术开发区某村 15 户村民的集体土地。2019 年 1 月至 11 月，在未取得采砂许可证的情况下，宋某友在承包的土地内挖砂，通过胡某、靳某龙等人销售获利。经鉴定，宋某友非法采砂 19 955.37 立方米，造成矿产资源破坏价值518 840 元。其间，濮阳市国土资源局经济技术开发区分局对宋某友的非法采砂行为进行了查处，给予罚款 65 997 元的行政处罚。2020 年 12 月，宋某友到公安机关投案，主动退缴违法所得 3 万元。经评估，涉案土地复垦费用为342 816.72 元，宋某友已缴纳该款项。检察机关提起附带民事公益诉讼。

河南省南乐县人民法院于 2021 年 12 月 2 日作出 （2021）豫 0923 刑初163 号刑事判决：一、被告人宋某友犯非法采矿罪，判处有期徒刑一年，并处罚金人民币 6 万元。（刑期从判决执行之日起计算。判决执行以前先行羁押的，羁押一日折抵刑期一日，即自 2020 年 12 月 3 日起至 2021 年 12 月 2 日止。罚金已缴纳完毕。）二、被告人宋某友退缴的违法所得人民币 3 万元予以没收，上缴国库。三、附带民事公益诉讼被告人宋某友赔偿生态环境修复费用人民币 342 816.72 元 （已缴纳）。

裁判理由 >>>

法院生效裁判认为，被告人宋某友违反矿产资源法的规定，未取得采矿许可证擅自采砂，情节严重，构成非法采矿罪。宋某友构成自首，依法可以从轻或者减轻处罚。其自愿认罪认罚，主动缴纳生态环境修复费用，依法可以酌情从轻处罚。宋某友被行政主管机关处罚，与本案系同一事实，行政罚款 65 997 元予以折抵罚金。宋某友非法采矿破坏生态环境，损害国家和社会公共利益，应当承担民事赔偿责任。判处宋某友有期徒刑一年，并处罚金 6 万元；没收退缴的违法所得 3 万元；赔偿生态修复费用 342 816.72 元 （已缴纳）。

行为人未取得采矿许可证，在其承包的集体土地上非法采砂，破坏矿产资源和生态环境，符合《刑法》第 343 条第 1 款规定的情形，构成非法采矿罪。

关联索引 ▷▷▷

《刑法》第 343 条第 1 款

《矿产资源法》第 3 条

《环境保护法》第 6 条、第 64 条

《民法典》第 187 条、第 1235 条

《办理非法采矿案件解释》第 1 条、第 2 条、第 3 条第 1 款第 1 项

《最高人民法院、最高人民检察院关于检察公益诉讼案件适用法律若干问题的解释》第 20 条

《关于检察公益诉讼案件适用法律若干问题的解释》第 13 条

一审：河南省南乐县人民法院（2021）豫 0923 刑初 163 号刑事判决（2021 年 12 月 2 日）

2023-04-1-271-028

黄某等 196 名被告人黑社会性质组织犯罪案

——准确认定重大涉黑犯罪的组织者、领导者，实现依法精准打击

基本案情 ▷▷▷

海南省人民检察院第一分院指控：被告人黄某、黄某甲、黄某乙、黄某丙组织、领导人数众多、骨干成员基本固定的犯罪组织，有组织地通过违法犯罪活动或者其他手段获取经济利益，为非作恶，欺压、残害群众，称霸一方，在一定区域和行业内形成非法控制和重大影响，严重破坏经济、社会生活秩序，被告人黄某、黄某甲、黄某乙、黄某丙的行为已构成组织、领导黑社会性质组织罪，应当按照其所组织、领导的黑社会性质组织所犯的全部罪行处罚。公诉机关并指控其他被告人犯参加黑社会性质组织罪等。

被告人及辩护人辩称：本案不构成组织黑社会性质组织罪；黄某、黄某甲、黄某乙、黄某丙并非组织者、领导者；2009 年 6 月 14 日发生打架斗殴一案应认定为聚众斗殴犯罪，不构成故意杀人罪等。

法院经审理查明：20 世纪 80 年代末，黄某与其兄黄某甲、黄某乙、黄某丁（已死亡）在其父黄某丙（时任海南省昌江县建委建安组组长）带领下，在昌江县逞强争霸、打架斗殴。90 年代起，黄某、黄某乙、黄某丙、黄某甲等通过开设赌场、盗采铁矿，并拉拢恶势力、招揽社会闲散人员、组建打手队伍，增强经济实力和非法影响，逐步形成以黄某、黄某乙、黄某丙、黄某甲为组织者、领导者，以吴某、李某、符某等 18 人为骨干成员，以史某、陈某等 40 人为积极参加者，以王某、刘某等 91 人为一般参加者的黑社会性质组织。

1995 年 3 月，黄某指使多人砍伤竞争对手，垄断昌江县地下赌场经营，确立了该组织在昌江县的强势地位。该组织崇尚暴力，非法持有多把枪支、砍刀等凶器，以某茶庄、某茶艺馆等为据点，通过实施故意伤害、聚众斗殴、寻衅滋事、敲诈勒索、强迫交易等犯罪及违法活动，并控制当地赌场、混凝土、砂场、废品回收、啤酒销售、烟花爆竹、农贸市场、娱乐场所、土建工程、摩托车销售、典当行、驾校等行业，攫巨额非法经济利益达 20 余亿元，用于支持组织运行发展，并收买原昌江县公安局局长麦某等 7 人充当保护伞，在昌江县为非作恶，欺压、残害群众，称霸一方，实施违法犯罪活动 90 余起，致 2 人死亡、3 人重伤、13 人轻伤、5 人轻微伤，严重破坏了当地的经济、社会生活等秩序。

该组织实施的具体犯罪事实：

组织成员赵某因琐事殴打组织成员李某等人，引起黄某的不满。黄某为维持组织稳定、维护自己的领导地位，起意教训赵某。2009 年 6 月 14 日 21 时许，黄某得知李某再次被赵某殴打，立即带领钟某、符某、文某等人赶到昌江县人民医院，查看李某伤情后大怒，要求符某、文某、钟某带人教训赵某，明确授意 3 人"爱怎么做就怎么做"。钟某、文某当场分别联系刘某、陈某召集人手。随后，符某、文某、钟某等人召集大量成员持刀、棍、砖头等到达爱群路赵某家，与赵某一方的被害人林某甲（男，殁年 24 周岁）、江某、林某乙等人进行斗殴。打斗中，林某甲在爱群路巷口被砍倒当场死亡。陈某、王某等人从左侧巷口冲入，砍伤江某、周某后，陈某将赵某所持砍刀打掉，文某遂指挥陈某甲、陈某乙、郭某、史某等人持砍刀、铁棍追打赵某。此外，吴某甲等数十人到现场积极参与斗殴。经鉴定，林某甲系生前头部被钝器（如砖头类）打击造成颅脑损伤及肢体所受到锐器（如砍刀类）砍击造成的血管、神经等断裂所致疼痛、失血性休克等综合性原因引起死亡；赵某肢体损伤程度为轻伤一级；江某头部、腰部、臀部和右下肢损伤为轻伤；周某左腕关节、左腋后损伤为轻伤。

（其他犯罪事实略）

海南省第一中级人民法院于2020年1月10日作出（2019）琼96刑初195、196、197、198号刑事判决：以组织、领导黑社会性质组织罪判处黄某有期徒刑十五年，剥夺政治权利五年，并处没收个人全部财产；以故意伤害罪，判处死刑，剥夺政治权利终身；以聚众斗殴罪，判处有期徒刑五年；以聚众扰乱社会秩序罪，判处有期徒刑六年；以寻衅滋事罪，判处有期徒刑六年，并处罚金人民币6万元；以敲诈勒索罪，判处有期徒刑十一年，并处罚金人民币40万元；以开设赌场罪，判处有期徒刑十年，并处罚金人民币2000万元；以盗窃罪，判处无期徒刑，剥夺政治权利终身，并处没收个人全部财产；以非法采矿罪，判处有期徒刑七年，并处罚金人民币1000万元；以强迫交易罪，判处有期徒刑七年，并处罚金人民币150万元；以故意毁坏财物罪，判处有期徒刑一年；犯非法拘禁罪，判处有期徒刑一年；以非法持有枪支、弹药罪，判处有期徒刑六年；以妨害作证罪，判处有期徒刑五年；以帮助毁灭证据罪，判处有期徒刑一年；以窝藏罪，判处有期徒刑五年；数罪并罚，决定执行死刑，剥夺政治权利终身，并处没收个人全部财产。以组织、领导黑社会性质组织等罪判处黄某乙死刑，缓期二年执行，剥夺政治权利终身，并处没收个人全部财产，同时决定限制减刑；以组织、领导黑社会性质组织等罪判处黄某甲有期徒刑二十五年，剥夺政治权利五年，并处没收个人全部财产；以组织、领导黑社会性质组织等罪判处黄某丙有期徒刑二十五年，剥夺政治权利五年，并处没收个人全部财产；其他被告人判决情况略。

海南省高级人民法院于2020年3月9日作出（2020）琼刑终48、49、50、51号刑事裁定，裁定驳回上诉，维持原判。最高人民法院于2020年7月14日裁定核准对被告人黄某的死刑判决。

裁判理由 >>>

法院生效判决认为，被告人黄某组织、领导人数众多、骨干成员基本固定的较为稳定的犯罪组织，有组织地以暴力、威胁等手段实施违法犯罪活动

80 余起，攫取巨额非法经济利益用于支持该组织运行发展，为非作恶，欺压、残害群众，称霸一方。该组织非法持有枪支、弹药及管制刀具等，恣意实施故意伤害、聚众斗殴、寻衅滋事等暴力犯罪，甚至聚众扰乱社会秩序对抗国家执法机关，行为极其嚣张，手段残忍，情节恶劣，造成 2 人死亡、3 人重伤、13 人轻伤，严重影响人民群众安全感，致使当地百姓"闻黄色变"，严重破坏当地社会生活秩序；该组织通过实施大量的敲诈勒索、强迫交易、盗窃国矿等犯罪活动，侵吞大量国有资产和人民群众的合法财产，非法打击其他合法经营者，影响多个行业正常的准入、经营、竞争活动，攫取巨额经济利益达 20 余亿元，对昌江地区多个行业、领域形成非法控制，严重破坏当地的经济秩序；该组织无视国家强制性法规及政令，长期非法采挖石矿、铁矿、砂矿，犯罪数额特别巨大，危害严重，破坏当地的生态环境；该组织腐蚀、拉拢多名国家机关领导干部，还利用组织的势力帮助他人获取更高的政治地位，行贿数额达 2000 余万元，利用"保护伞"的庇护，称霸一方近 30 年，实施多起重大犯罪活动均未被司法机关有效打击，四名组织、领导者始终未受到刑事追究，大量受害群众无法通过正常途径检举、控告，严重破坏当地政府及司法机关公信力。该组织已严重破坏当地的社会生活、经济、生态环境以及政治秩序，犯罪情节极其恶劣，犯罪后果极其严重。依法已构成组织、领导、参加黑社会性质组织等罪，均应依法定罪处罚。本案争议焦点是：

（一）黑社会性质组织是否存在多个组织者、领导者

法院生效裁判认为，对于时间跨度长、规模大的黑社会性质组织，在黑社会性质组织发起、创建、重组等不同时期起到决策、指挥、协调、管理作用，对组织具有控制力和影响力的被告人，均可以认定为组织者、领导者，一个黑社会性质组织可能存在多个组织者、领导者。

本案中，被告人黄某带领组织成员实施组织成立的标志性事件姜某苏重伤案，自此黄家垄断了昌江地区的地下赌场经营。后黄某利用家族通过开赌场取得的资金，有组织地窃取国有公司矿产，成立公司非法盗挖铁矿，以超低价格竞得国有水泥厂，非法开采砂、石，形成全产业链条，进一步攫取经济利益，并以安排进组织开办的赌场及其他经济实体工作、占股分红等为诱饵，笼络、招揽昌江地区原多股黑恶势力成员加入该组织。为维护组织的非法权威、扩大非法影响，黄某指使骨干成员等人招揽社会闲散人员，组建"打手队伍"。

黄某为了树立其在组织中的绝对权威，组织实施了 2009 年聚众斗殴案致

1 人死亡、3 人轻伤。黄某直接控制管理组织成立的公司，以非法收益为组织成员发放工资、福利。黄某还通过行贿等方式，拉拢、腐蚀国家机关工作人员，编织关系网，为组织谋取更大经济利益，为组织成员开脱罪责。黄某为组织的发展壮大起到最主要的作用，并实际控制、管理组织的运营，系该黑社会性质组织公认的、毋庸置疑的组织、领导者。

被告人黄某丙系被告人黄某、黄某甲、黄某乙的父亲，身为国家机关干部，却作风蛮横、崇尚暴力，从 20 世纪 80 年代末就放纵四子打架斗殴，与副县长家斗殴，逞强斗狠，并直接组织黄某甲等人殴打与其有工作矛盾的领导，造就黄氏家族在昌江县恶名初显，逐渐树立了黄氏家族在"县子弟帮"中的强势地位。在黄某甲从广东引进"跑马机"赌博设备后，黄某丙统筹管理，让具有大学学历且有公职身份的黄某丁接管赌场，扩大规模，为黄氏家族奠定非法经济基础，垄断昌江地下赌场后，树立了黄氏家族非法权威，涉黑组织因而形成。

其后，黄某丙任涉黑公司董事长，持有 53.83% 的股份，实际控制该公司；为了非法控制昌江第三市场的运营，组织黄某、黄某乙等人带领组织成员上百人对抗公安、工商、法院等国家机关的联合执法活动，公然扰乱社会公共秩序。因此，黄某丙对组织的发起、创建、发展、运行及部分重大违法犯罪活动均起到了决策、指挥、协调的作用，对黄某、黄某乙、黄某甲等人的分工、矛盾起到协调、管理的职能，对该组织具有控制力和极大影响力，致使该组织存续、发展近 30 年，应认定为黑社会性质组织的组织、领导者。

被告人黄某乙作为黄某丙第四子，依仗其家族强势地位，多次参与或者组织打架斗殴，于 1990 年伙同他人持刀行凶致一死、一重伤，是该组织早期暴力性犯罪的代表人员，该案性质恶劣且指证黄某乙犯罪的证据充分，黄某乙却未被司法机关处理，更是为黄氏家族积累恶名，树立了极高的非法权威。黄某乙于 1995 年管理组织赌场并扩大规模，为黑社会性质组织的原始资金积累起到重要作用，后期虽退出组织管理，但在组织成立的公司中仍然占有较大股份，坐享组织非法利益并进行挥霍。在组织中，一直有多个直接听命于黄某乙的下属，在组织中享有权威地位，并间接引发了该组织后期影响最大的犯罪活动 2009 年 6 月 14 日聚众斗殴案。黄某乙属于该组织创建阶段的"灵魂人物"，对于组织的创建和积累（暴力积累、非法影响力积累、非法经济利益积累）具有极强的控制力和影响力，应认定为组织、领导者。

被告人黄某甲作为黄某丙第三子，领导他人参与 1994 年致黄氏家族恶名远扬的殴打事件，之后率先购置"跑马机"等赌博设备在昌江开设赌场，再按照黄某丙的指示将设备和经验传授给黄某乙、黄某，从而黄氏家族陆续在昌江地区开设多家赌场，为该组织的发起、创建提供了原始资金，也为该组织从"暴力型"向"牟利型"成功转型奠定基础。后来黄某甲虽未参与组织的管理、经营，仍然在组织成立的公司中占有股份，分享非法利益，并为实施组织犯罪活动的组织成员提供庇护，维护组织稳定，腐蚀、拉拢领导干部，为组织编织关系网，扩大组织的影响力。黄某甲对组织的成立起到关键作用，可以视为对组织的发起、成立具有控制力和影响力，应认定为黑社会性质组织的组织、领导者。

（二）黑社会性质组织实施聚众斗殴致人死亡的，如何定罪

《刑法》第292条第2款规定："聚众斗殴，致人重伤、死亡的，依照本法第二百三十四条、第二百三十二条的规定定罪处罚。"即在聚众斗殴致人死亡的情况下，依法转化为故意伤害罪或故意杀人罪。

本案中，被告人黄某直接指使的2009年6月14日聚众斗殴案，造成1人死亡、3人轻伤，公诉机关以危害后果论指控为故意杀人罪，但法院根据犯罪构成论，依犯罪的具体情节来区分犯罪构成，认为本案构成故意伤害罪，理由：第一，聚众斗殴致人死亡的转化必须具体分析行为人的主观故意，本案中被告人聚众实施打击报复是以伤害立威为目的而非追求致人死亡；第二，本案还有多起命案构成故意伤害罪，定故意伤害一罪比定故意杀人和故意伤害数罪并罚更能体现罪责刑相适应原则，实现精准打击；第三，适用犯罪构成理论以及主客观相一致的原则，更能厘清哪些被告人适用转化原则，并非公诉机关指控的仅黄某一人转化，也非全案转化，而是实施了具体伤害行为的被告人才转化。其他一般参加者基于聚众斗殴的故意，只实施了聚众斗殴的行为，不应当转化。组织、召集、指挥实施聚众斗殴的犯罪分子，虽未直接实施故意伤害或故意杀人的行为，但其在组织、召集、指挥时对造成伤亡具有概括的故意，也应当依法进行转化，方符合共同犯罪的基本原理。

（三）对黑社会性质组织的组织者、领导者如何量刑

在黑社会性质组织犯罪中，对组织者、领导者的量刑应当首先总体把握该黑社会性质组织的恶劣程度；其次考虑该组织者、领导者对组织造成的重大危害所起的作用；再次考虑该组织者、领导者本人直接实施的犯罪行为；最后还需考虑该组织者、领导者的主观恶性及人身危险性，是否存在累犯、

前科等情节。根据宽严相济的刑事政策，对于黑社会性质组织犯罪等严重影响人民群众安全感的犯罪，应依法从重处罚；对于罪行十分严重、社会危害极大，依法应当判处重刑或死刑的，要坚决地判处重刑或死刑。

本案中，黄某罪行极其严重，社会危害极大，系犯罪集团中罪责最为突出的主犯，依法应当适用死刑。黄某乙罪行严重，主观恶性深，系犯罪集团中罪责较为突出的主犯，判处死刑不立即执行更为适当。虽然黄某乙所触犯罪名并非刑法中可以适用限制减刑的罪名，但其判处死缓的罪名故意伤害罪，属于刑法中规定可以适用限制减刑的情形"有组织的暴力性犯罪"，根据《关于办理黑恶势力犯罪案件若干问题的指导意见》之规定：对于因有组织的暴力性犯罪被判处死刑缓期执行的黑社会性质组织犯罪分子，可以依法同时决定对其限制减刑。本案对黄某、黄某乙组织、领导的黑社会性质组织的依法判决，既体现了总体把握案件性质、恶劣程度，又依法做到了突出重点、区别对待，达到法律效果与社会效果的统一。

裁判要旨 >>

（1）一个黑社会性质组织可能存在多个组织者、领导者。对于时间跨度长、规模大的黑社会性质组织，在黑社会性质组织发起、创建、重组等不同时期起到决策、指挥、协调、管理作用，对组织具有控制力和影响力的被告人，均可以认定为组织者、领导者。

（2）聚众斗殴犯罪中致人死亡的，并非都转化为故意杀人罪，应分析其中犯罪构成、区别不同犯罪行为分别认定为聚众斗殴罪、故意伤害罪或者故意杀人罪。

（3）在黑社会性质组织犯罪中，对实施严重暴力犯罪行为负主要责任，罪行极其严重的组织者、领导者，可以依法判处死刑或者死缓限制减刑。

关联索引 >>

《刑法》第 294 条、第 292 条

一审：海南省第一中级人民法院（2019）琼 96 刑初 195、196、197、198 号刑事判决（2020 年 1 月 10 日）

二审：海南省高级人民法院（2020）琼刑终 48、49、50、51 号刑事裁定（2020 年 3 月 9 日）

孟某某等人组织、领导、参加黑社会性质组织、寻衅滋事等犯罪再审抗诉案

基本案情 》》》

2014年至2016年5月，被告人孟某某等人在没有办理采砂许可证的情况下，在微山湖水域前程子段（可采砂区域，需持有采砂许可证）租用他人鱼塘私自开挖航道，利用砂泵船非法采砂共29万余吨，价值人民币800余万元；2014年11月至2016年5月，被告人孟某某等人在明知南四湖水域系国家禁止采砂区域的情况下，仍在南四湖水域刘香庄段开辟非法采砂区域，非法采砂共23万余吨，价值人民币749余万元。

2014年3月3日，被告人孟某某等人阻碍渔政站执法人员查获采砂船上用于非法采砂的两桶柴油和一些维修工具，用汽车将执法车辆前后堵住，言语辱骂、威胁执法人员，抢走被依法扣押的柴油和维修工具。2014年4月3日，被告人孟某某等人驾车将在微山县张楼水域执法的警车截停，言语威胁执法民警，整个过程持续约10分钟，后孟某某等人见目的无法达到遂离去。2015年3月12日，被告人张某等人驾驶多艘摩托艇冲撞在微山湖张楼水域执法巡逻的船只，并在执法船周围快速行驶盘旋，形成巨大波浪，阻碍执法船接近采砂船。张某还驾驶摩托艇冲撞执法船，造成执法船进水，并向执法船投掷石块、泥块等。

2016年2月26日，被告人孟某某等人驾驶快艇围堵在微山湖水域张楼湖面捕鱼的韩某某、李某某，并在湖面的一个土堆上，使用竹竿等对二人进行殴打，致韩某某轻伤、李某某轻微伤。

2016年12月7日，江苏省徐州市沛县人民检察院以非法采矿罪、妨害公务罪、寻衅滋事罪对孟某某等12人提起公诉。沛县人民法院经审理认为，检察机关指控的非法采矿罪不构成禁采区的从重规定；3起妨害公务犯罪事实仅

能够认定 1 起；寻衅滋事罪定性不当，应当认定为故意伤害罪。2017 年 6 月 26 日，沛县人民法院对孟某某等 12 人以非法采矿罪、妨害公务罪、故意伤害罪判处十个月至四年十个月不等的有期徒刑。一审宣判后，有两名被告人提出上诉，后又申请撤回上诉。2018 年 2 月 9 日，徐州市中级人民法院裁定准许撤回上诉，一审判决自裁定送达之日起生效。

检察机关履职过程 ▷▷▷

（一）提出抗诉

徐州市人民检察院在对同级人民法院作出的裁定进行审查时发现，原审判决事实认定、法律适用错误，量刑畸轻，且存在遗漏犯罪事实、遗漏同案犯的重大线索，2018 年 3 月 15 日，按照审判监督程序向徐州市中级人民法院提出抗诉。

（二）抗诉意见和理由

徐州市人民检察院认为，原审判决事实认定、法律适用错误，量刑畸轻。具体理由如下：

（1）原审判决未认定禁采区情节不当。行政机关依法公告微山湖水域为禁采区，并多次开展执法检查，同期多起类似案件的生效判决亦认定该区域为禁采区。

（2）原审判决未认定妨害公务犯罪部分事实不当。证人证言、执法记录仪以及执法人员陈述能够证实孟某某等人多次抗拒执法，纠集多人威胁、辱骂执法人员，驾车逼停执法车辆，破坏执法船只，抢夺被扣押物品，导致执法活动无法正常进行。

（3）原审判决改变寻衅滋事定性不当。被害人韩某某、李某某陈述称案发当天去湖里逮鱼时，遭到孟某某等人围堵、殴打，强迫下跪并被录像。不能因为此前双方存在纠纷就将孟某某等人的围堵、殴打行为认定为故意伤害罪。孟某某等人为谋取不法利益或者形成非法影响，有组织地非法划定水域采砂，追逐、拦截、殴打渔民，致人轻伤，严重破坏社会秩序，情节恶劣，应认定为寻衅滋事罪。

2018 年 9 月 21 日，徐州市中级人民法院指令沛县人民法院再审。2019 年 4 月 1 日，因沛县人民法院存在不适宜继续审理的情形，徐州市中级人民法院裁定撤销原判，指定云龙区人民法院按照第一审程序审判。

（三）检察机关自行侦查

徐州市人民检察院组织专门力量，调取关联案件，审查发现以孟某某为首的非法采矿团伙成员共20余人，已有多起案件在山东、江苏的法院审查处理，另有多起犯罪事实、多条犯罪线索未查证，还存在公职人员入股经营等问题，很可能是涉及自然资源领域的黑社会性质组织犯罪，于是开展了自行侦查工作。

（1）走访行政执法人员、周边群众等相关证人56人，调取禁止非法采砂通告、渔政部门执法录像、未有效处理报警记录、伤情鉴定等证据32份，补强了微山湖水域系禁采区及孟某某等人妨害公务犯罪的证据。

（2）围绕该团伙暴力抗拒执法、争夺采砂区域、组织架构层次、"保护伞"线索等方面，查实了孟某某等人利用组织势力和影响力强行购买渔民的鱼塘，与其他非法采砂势力争夺地盘、聚众斗殴，拉拢腐蚀执法人员、基层组织人员，随意殴打、辱骂村民，在禁渔期内非法捕捞水产品等未处理的违法犯罪事实和线索。

（3）向公安机关通报案件情况，对孟某某等人组织、领导、参加黑社会性质组织、对非国家工作人员行贿等犯罪行为监督立案，对遗漏的楚某等人非法采矿、寻衅滋事等犯罪要求侦查并移送起诉，共涉及漏犯16人、新增罪名7个、新增犯罪事实18起。

（4）深挖职务犯罪并向纪委监委移送违法违纪线索。

（四）裁判结果及职务犯罪线索查处情况

2019年6月，云龙区人民检察院对孟某某等28人以涉嫌组织、领导、参加黑社会性质组织罪，抢劫罪，强迫交易罪，聚众斗殴罪，非法捕捞水产品罪，行贿罪，对非国家工作人员行贿罪等补充、追加起诉。2020年9月29日，云龙区人民法院采纳人民检察院抗诉意见和指控意见，对被告人孟某某以组织、领导、参加黑社会性质组织罪，抢劫罪，非法采矿罪，强迫交易罪，聚众斗殴罪，寻衅滋事罪，妨害公务罪，非法捕捞水产品罪，行贿罪，对非国家工作人员行贿罪，数罪并罚，决定执行有期徒刑十九年，其余27名被告人分别被判处二年三个月至十二年六个月不等的有期徒刑。一审宣判后，孟某某等人提出上诉。2021年3月15日，徐州市中级人民法院裁定驳回上诉，维持原判。

该组织的"保护伞"沛县公安局原民警张某、郑某，沛县国土资源局矿管科原科长李某等 5 人,分别犯受贿罪、徇私枉法罪被判处五年六个月至一年六个月不等的有期徒刑,另有 11 名公职人员被给予党纪政纪处分。

(五)依法能动履职,推进诉源治理

在案件办理期间,云龙区人民检察院对孟某某等人非法采矿、非法捕捞水产品行为,依法提起刑事附带民事公益诉讼。2021 年 4 月 6 日,云龙区人民法院判决孟某某等人承担生态环境修复费用 451 万元。同时,针对案件反映出来的基层治理问题,云龙区人民检察院与沛县人民检察院沟通后发出检察建议,推动政府职能部门从加强廉政教育、基层组织建设等方面进行整改;沛县人民检察院牵头公安、水利、环保、南四湖下级湖水利管理局等单位联合召开"打击破坏环境犯罪,保护微山湖生态座谈会",与山东省微山县人民检察院建立扫黑除恶专项斗争协作机制,开展沛微"南四湖自然保护区生态环境保护暨公益诉讼专项活动"协作,以个案办理推动微山湖周边综合治理。

典型意义 >>>

(1)法院裁定准许撤回上诉后,生效的第一审裁判确有错误应当提出抗诉的,作出裁定的人民法院的同级人民检察院有权依照审判监督程序提出抗诉;法院指令再审后,人民检察院发现漏罪漏犯的,应当补充、追加起诉。依据《最高人民法院关于适用〈中华人民共和国刑事诉讼法〉的解释》,在上诉期满后要求撤回上诉的,二审法院经审查作出准许被告人撤回上诉裁定后,第一审判决、裁定自准许撤回上诉裁定书送达上诉人之日起生效。法院对案件作出实体处理并发生法律效力的判决是第一审判决,如果上一级人民检察院认为该判决确有错误的,有权依照审判监督程序提出抗诉。抗诉后人民法院指令按照第一审程序再审的案件,人民检察院发现原案遗漏犯罪事实的,应当补充起诉;发现遗漏同案犯罪嫌疑人的,应当追加起诉,并建议人民法院对指令再审的案件与补充、追加起诉的案件并案审理,数罪并罚。

(2)检察机关要强化监督意识,充分发挥监督职能,加强自行侦查,积极引导侦查取证。对同案不同判、漏罪漏犯的审判监督线索,人民检察院应当以必要性、适度性、有效性为原则,开展自行侦查。灵活运用多种取证手段,通过实地勘查、调取书证、走访询问证人等方式,增强办案亲历性,完善指控证据体系;对事实、证据存在问题的案件,检察机关应当及时退回侦查机关开展补充侦查,列明详细的补充侦查提纲,督促及时补充完善证据。强化检警协作和监检衔接,通报研判案情,准确列明补充侦查提纲,与侦查、调查人员充分沟通查证要点，深挖彻查漏罪漏犯，全面、准确打击犯罪。

（3）人民检察院应当以个案的能动履职、融合履职，助推诉源治理。人民检察院在办案过程中，要全面深入履行法律监督职责，加强立案监督、侦查活动监督和审判监督，深挖漏罪漏犯，监督纠正确有错误的判决，做到罚当其罪；要强化能动履职，将检察办案职能向社会治理延伸，针对个案发现的社会治理问题，通过提出检察建议、开展司法救助、做好普法宣传、开展区域联合、部门协作等方式，促进相关行业、领域健全完善规章制度，推进源头防治；对环境资源领域的犯罪行为，要融合发力，同步提起刑事附带民事公益诉讼，助力生态环境保护，实现"治罪"与"治理"并重，服务经济社会发展大局。

相关规定 》》》

《刑法》第 277 条、第 293 条、第 343 条

《刑事诉讼法》第 113 条、第 254 条

《最高人民法院关于适用〈中华人民共和国刑事诉讼法〉的解释》（2013年 1 月施行）第 308 条（现为 2021 年施行的《最高人民法院关于适用〈中华人民共和国刑事诉讼法〉的解释》第 386 条）

《人民检察院检察建议工作规定》第 3 条、第 11 条

刘某桂非法采矿刑事附带民事公益诉讼案

基本案情

2021年9月5日，被告人刘某桂（住湖北省武穴市）将其所有的鄂银河518号运力船租赁给另案被告人刘某（已判刑，住江西省九江市浔阳区），后二人商定共同在长江盗采江砂。采砂前，刘某与另案被告人何某东（已判刑，住江西省九江市柴桑区）事前通谋，由何某东低价收购刘某盗采的江砂。

2021年9月10日至9月26日，被告人刘某桂三次伙同另案被告人刘某、熊某、杨某（均已判刑）在位于湖北省的长江黄梅段横河口水域盗采江砂约4500吨，后运至江西省九江市柴桑区某码头出售给何某东，后何某东在江砂中掺杂机制砂后对外出售。采砂期间，熊某明知上述情况，仍为刘某提供驾驶车辆等帮助，一起参与盗采江砂活动，并从中获取非法利益约15 000元。杨某受刘某雇请在鄂银河518号运力船上负责监督卸砂，获取非法利益3000余元。

2021年9月30日零时许，长江航运公安局水上分局九江派出所接群众举报后，在长江黄梅段横河口水域将正在进行盗采作业的鄂银河518号运力船查获。经过磅称重，鄂银河518号运力船装有盗采江砂1443.09吨。根据《湖北省人民政府关于加强河道采砂管理的通告》规定，湖北省长江中游干流段禁采期定为6月1日至9月30日以及相应河段河道水位超警戒水位时。本案非法采砂的作案地点长江黄梅段横河口水域位于长江中游干流湖北省新州水域。

经江西省九江市发展和改革委员会认定，盗采的江砂市场交易价为80元/吨。被告人刘某桂与刘某、熊某、何某东、杨某非法采砂5943.09吨，价值为475 447.2元。经鉴定，刘某桂、刘某等人非法盗采长江江砂行为对非法采砂区域的生态环境造成的影响分为水环境质量受损、河床结构受损、水源涵养受损和水生生物资源受损。其中，造成的长江生态服务功能损失35 823.41

元，长江生态环境损害所需修复费用 26 767.48 元，共计 62 590.89 元。

另查明，刘某、熊某、何某东、杨某因非法采矿罪已被江西省瑞昌市人民法院先行判决。被告人刘某桂于 2022 年 6 月 8 日被抓获归案。

九江市中级人民法院指定江西省瑞昌市人民法院审理本案。经江西省瑞昌市人民检察院依法公告，公告期满未有法律规定的机关和有关组织提起民事公益诉讼。瑞昌市人民检察院遂依法向瑞昌市人民法院提起刑事附带民事公益诉讼。

江西省瑞昌市人民法院于 2022 年 12 月 22 日以（2022）赣 0481 刑初 304 号刑事附带民事判决，认定被告人刘某桂犯非法采矿罪，判处有期徒刑三年，并处罚金人民币 110 000 元；责令被告人刘某桂在判决生效十日内与刘某、熊某、何某东等人共同退赔国家矿产资源损失 135 000 元（已扣除其他被告人赔偿的金额）；被告人刘某桂已退赔的国家矿产资源损失 50 000 元上缴国库；附带民事公益诉讼被告刘某桂在判决生效后十日内与刘某、熊某、杨某、何某东连带赔偿因非法采砂造成的长江生态服务功能损失 35 823.41 元、长江生态环境损害修复费用 26 767.48 元，共计 62 590.89 元；附带民事公益诉讼被告刘某桂在判决生效后十日内在九江市市级新闻媒体上刊登公告，向社会公众赔礼道歉。宣判后，没有上诉、抗诉，判决已发生法律效力。

裁判理由 〉〉〉

法院生效裁判认为，被告人刘某桂与刘某等人违反矿产资源法规定，未取得采矿许可证，经事先通谋，共同在长江河道禁采期内非法盗采江砂，价值 475 447.2 元，情节特别严重，应当以非法采矿罪追究其刑事责任，且属共同犯罪。公诉机关指控的罪名成立。

关于管辖权问题，经查，被告人刘某桂犯罪行为实施地及其居住地均不在江西省九江市，但共同犯罪中同案犯的行为发生在九江市辖区范围内，且同案犯已先行被江西省瑞昌市人民法院判决。共同犯罪中一人犯罪行为或一环节犯罪属于管辖法院审理的，则该构成共同犯罪的采售一体采砂刑事案件均可由该法院审理。考虑到实践中非法采砂行为的系统破坏性，基于有利于查明犯罪事实、便于生态环境修复的原则，九江市中级人民法院指定本案由瑞昌市人民法院审理，符合法律规定。

被告人刘某桂直接安排实施采砂行为，在共同犯罪中起主要作用。刘某桂在庭审中如实供述了其犯罪事实，具有坦白情节，依法可以从轻处罚。但其曾因非法采矿受过刑事处罚，现又犯非法采矿罪，酌情从重处罚。刘某桂部分退赔国家矿产资源损失，酌情从轻处罚。刘某桂等人在长江非法盗采江砂的犯罪行为，造成国家矿产资源损失，应共同予以退赔。除去同案犯已退赔金额及刘某桂已退赔金额，刘某桂还需退赔矿产资源损失135 000元。

同时，非法采矿行为还破坏了长江水域生态环境，损害了社会公共利益，应承担相应的民事侵权责任。绿水青山就是金山银山，长江流域经济社会发展，应当坚持生态优先、绿色发展，共抓大保护、不搞大开发的原则。附带民事公益诉讼被告刘某桂应与另案被告人刘某、熊某、何某东、杨某等人共同承担非法采矿造成的生态功能损失、生态修复费用，并负连带赔偿责任。附带民事公益诉讼起诉人要求上述被告赔偿相关长江生态服务功能损失、生态修复费用的诉请，符合法律规定，予以支持。关于附带民事公益诉讼起诉人要求上述被告在九江市级新闻媒体上向社会公开赔礼道歉的诉请，符合法律规定，予以支持。

裁判要旨

（1）跨行政区划的非法采砂刑事案件，可以由非法开采行为实施地、矿产品运输始发地、途经地、目的地等与犯罪行为相关的人民法院管辖。

（2）对于采售一体的非法采砂共同犯罪，应当按照有利于查明犯罪事实、便于生态环境修复的原则，确定管辖法院。该共同犯罪中一人犯罪或一环节犯罪属于管辖法院审理的，则该采售一体非法采砂刑事案件均可由该法院审理。

（3）非法采砂造成流域生态环境损害，检察机关在刑事案件中提起附带民事公益诉讼，请求被告人承担生态环境修复责任、赔偿损失和有关费用的，人民法院依法予以支持。

关联索引

《长江保护法》第28条、第93条
《刑事诉讼法》第25条
《最高人民法院关于适用〈中华人民共和国刑事诉讼法〉的解释》第2条

最高人民法院、最高人民检察院联合发布 9 起海洋自然资源与生态环境检察公益诉讼典型案例之六：山东省无棣县人民检察院诉何某等非法采矿刑事附带民事公益诉讼案

基本案情

渤海北部辽东湾某海域海底沉积物以沙、砾砂、砂砾为主，是优质海砂资源地。何某、梁某雇佣朱某改装船舶，在未取得海砂开采海域使用权证和采矿许可证的情况下在该海域进行非法采砂，后至滨州港海域出售时被海警当场查获。海砂经鉴定测量称重为 7821.51 吨，另有过驳的 2000 吨去向不明，盗采行为造成矿产资源和生态环境破坏，损害了社会公共利益。

检察机关履职过程

山东省无棣县人民检察院在办理何某、梁某、朱某非法采矿刑事案件过程中发现该公益诉讼案件线索后于 2021 年 3 月 1 日立案。该院委托山东海洋资源环境司法鉴定中心对海洋矿产资源和生态环境受损情况进行鉴定。2022 年 5 月 9 日，无棣县检察院以非法采矿罪对何某、梁某、朱某提起公诉。经依法公告后，该院提起刑事附带民事公益诉讼，诉讼请求为：（1）判令被告何某、梁某、朱某采取增殖放流等替代性方式修复受损的海洋资源与生态环境；如不能修复，应赔偿矿产资源损失 108.0366 万元，修复海洋生态环境费用 12.4352 万元。（2）判令被告何某、梁某、朱某支付鉴定费用 8 万元。

一审判决作出后，无棣县人民检察院认为法院未认定 2000 吨去向不明海砂属于事实认定不清，依法启动二审程序，并与山东省滨州市人民检察院共同派员出席二审庭审。二审法院作出的民事调解书生效后，无棣县人民检察院通过召开联席会议、提供咨询等方式支持相关部门开展生态环境替代性修复工作。

山东省无棣县人民法院作出刑事附带民事判决认为，何某、梁某、朱某违反矿产资源法的规定，未取得采矿许可证擅自采矿，其非法采矿的行为致使海洋资源和生态环境遭受损失，依法应予赔偿，判决被告人何某、梁某、朱某犯非法采矿罪并判处相应刑罚，没收违法所得；何某、梁某、朱某赔偿矿产资源损失费和生态环境损害修复费及鉴定费 106.4718 万元。

二审山东省滨州市中级人民法院开庭调查并主持调解，由何某、梁某、朱某赔偿案涉矿产资源和生态环境损失费、鉴定费共计 1 284 718.1 元，除一审期间已缴纳的 106.4718 万元之外，剩余款项分期缴纳。二审法院经公告出具民事调解书确认了调解协议的效力。截至 2023 年 12 月，已执行到位 118 万元。

典型意义 >>>

非法开采海砂不仅破坏国家矿产资源，更对海底生态系统造成不可逆转的损害。检察机关在依法打击犯罪的同时，充分发挥职能作用，通过提起刑事附带民事公益诉讼依法追究行为人责任。法院在认定被告人刑事责任的同时，判令其对生态环境损害修复费用承担民事赔偿责任，让破坏生态环境者付出代价。本案判决后，在充分征求专家意见并研究论证的基础上，因不适宜在原地直接修复受损海洋生态环境，案涉法院、检察院依托建立的涉海洋保护联动机制，启动在渤海近海海域生态系统服务功能区用已执行到位的相关案款补植复绿、增殖放流等环境替代修复方式，使受损的海洋生态环境得到有效修复，有助于维护渤海海域生物多样性。

最高人民检察院发布第二批 10 件督促整治非法采矿检察公益诉讼典型案例之十：广西壮族自治区防城港市防城区人民检察院诉胡某某等人非法采砂刑事附带民事公益诉讼系列案

基本案情

2021 年 4 月，第二轮中央生态环境保护督察组指出"茅岭江流域、茅尾海海域存在十分突出的非法采砂问题"，并向广西发出"1 号督办单"。在随后开展的专项整治打击行动中，公安机关查获胡某某、梁某某、陈某某及何某某等 4 人在未取得采矿许可证和海域使用权证，且没有采取任何生态保护措施的情况下，故意规避海洋执法检查，分别在广西壮族自治区防城港市防城区茅尾海、茅岭江流域长期利用抽砂船非法开采海砂，并销售给经营砂厂的管某某、丁某某。管某某、丁某某明知胡某某等人出售的海砂为非法盗采，仍予收购并加价出售，且在入海河流茅岭江沿岸租用村民的水田、林地等非法占用土地用于堆放盗采的海砂。

检察机关履职过程

广西防城港市防城区人民检察院（以下简称防城区院）成立"刑事+公益诉讼"办案组，分别于 2021 年 5 月 12 日、7 月 15 日、8 月 10 日以刑事附带民事公益诉讼立案，提前介入引导侦查，从非法开采海砂及购砂行为人的定性、涉案人员违法犯罪金额认定、海砂价格确定、卖砂购砂共责等方面，引导侦查机关收集证据，并委托江西求实司法鉴定中心鉴定，鉴定结论为：胡某某等 4 人非法开采海砂共计 17 721.73 立方米，造成的矿产资源损失、水污染补偿、海洋生物资源损害等共计 2 959 535.7 元。防城区院分别于 2021 年 6 月 23 日、8 月 2 日、8 月 18 日发出诉前公告，期满后没有适格主体提起诉讼。

防城区院审查认为，购砂人对于收购的海砂来源具有明确的认知和判断，采砂、卖砂、购砂行为人均为非法获利，处于非法采砂行为的一体链条，具有高度协同性，采砂与购砂行为人构成共同侵权。该院分别于 2021 年 9 月 17 日、10 月 18 日、11 月 5 日依法向防城区人民法院提起刑事附带民事公益诉讼 3 件，请求判令胡某某、梁某某、陈某某、何某某 4 人赔偿矿产资源损失、水污染补偿、海洋生物资源损害等共计 2 959 535.7 元，鉴定费 70 000 元。管某某、丁某某分别在其共同侵权范围内承担连带责任。

2021 年 12 月 22 日，防城区人民法院作出一审判决，支持检察机关全部诉讼请求。部分被告不服，提出上诉，防城港市中级人民法院二审裁定驳回上诉，维持原判。

防城区院针对案件办理过程中发现的砂场违法占用水田、林地等线索，于 2022 年 9 月 6 日对防城区自然资源局以行政公益诉讼立案。通过诉前磋商，促请防城区自然资源局依法关停整治非法堆砂砂场 58 个，对被非法占用的海岸、水田等进行水泥硬化破除，并补植复绿。茅岭江流域生态修复工程被列入 2022 年防城港市十大为民办实事项目，项目总投资 3257.9 万元，目前项目进入配套设施建设结尾阶段，即将建成生态环境整治公园。

防城港市人民检察院结合办案形成专题调研报告，并促推市人大将出台《防城港市人民代表大会常务委员会关于禁止开采海砂的决定》纳入立法计划。目前该决定已经防城港市人大常委会审议通过，正报请自治区人大常委会批准。

典型意义 >>>

检察机关综合发挥刑事、公益诉讼检察职能，既打击非法盗采海砂行为，又追偿生态环境和资源损失，推动全链条整治非法采、卖、购砂产业。同时，针对办案中发现的非法占地堆砂问题，通过行政公益诉讼督促责任部门依法履职，实现海洋、海岸、河岸等生态环境全方位、立体化保护，并结合办案促推地方立法。

最高人民检察院、中国海警局联合发布 5 件办理海上非法采砂相关犯罪典型案例之四：王某某、孙某某、谢某某等人非法采矿案

基本案情

2020 年 10 月，王某某、孙某某、谢某某伙同陈某、孙某、朱某某（均另案处理）合资购买"宏运 611"号船用于运输非法开采的海砂。2020 年 10 月至 2020 年 12 月，王某某、孙某某等人在明知王某等人（均另案处理）系非法开采海砂的情况下，六次向王某等人预约购买海砂，安排"宏运 611"号船舶在闽江口附近海域现场等待王某等人的采砂船非法开采海砂后，再从采砂船上过驳海砂，并将海砂运至指定码头出售给陈某某等人（均另案处理），前三次向王某等人转账支付购砂款合计 118 万元。经认定，后三次非法开采的海砂价值 337.88 万元。2020 年 12 月至 2021 年 3 月，王某某、孙某某等人在明知采砂船系非法开采海砂的情况下，四次接受"黄总"委托，安排"宏运 611"号船舶在闽江口附近海域现场等待采砂船非法开采海砂后，再从采砂船上过驳海砂，并将海砂运至指定的码头交给指定人员。2021 年 3 月 17 日，王某某、孙某某、谢某某第四次接受"黄总"委托，使用"宏运 611"号船舶运输非法开采的海砂前往舟山途中，被莆田海警局当场查获，缴获海砂 18 506.74 吨。经认定，王某某、孙某某、谢某某等人使用"宏运 611"号船舶为"黄总"运载的海砂价值合计 377.03 万元。

检察机关履职过程

（一）侦查协作

2021 年 3 月 17 日，莆田海警局查获非法运输海砂的"宏运 611"号船后，遂予以立案侦查。经传唤讯问当场查获的王某某，锁定孙某某、谢某某及孙某、陈某、朱某某 5 名运砂船出资人，并先后对王某某等 6 名犯罪嫌疑人执行刑事拘留。鉴于该案系有证船舶运载非法开采的海砂且案值较大，莆田海警局即主动商请莆田市人民检察院派员提前介入侦查。通过调取通话记录、微信聊天记录、银行账户流水、船舶挂靠协议书、船舶登记材料等，重

点就涉案船舶是否为作案工具进行全面调查，初步掌握王某某等人购买"宏运611"号船舶的主要目的系运输海砂，并在笔录中予以固定。经查证，陈某出资比例为35%，王某某出资比例为15%，同时担任"宏运611"号船船长，孙某某和谢某某出资比例各占10%，孙某和朱某某出资比例各占15%。王某某、孙某某、谢某某等人先后十次利用"宏运611"号船舶运输非法开采海砂，从中非法获利135万元。

（二）审查起诉

2021年6月28日，莆田海警局以王某某等人涉嫌非法采矿罪移送莆田市人民检察院审查起诉，莆田市人民检察院将该案交由莆田市秀屿区人民检察院办理。承办检察官在审查中发现该案证据未达到确实、充分的证明标准，遂向海警机构制发详尽的补充侦查提纲，要求补充犯罪嫌疑人购买船舶的用途、提取手机内电子数据、调取关键人员的转账记录、梳理核实资金交易记录及去向等证据。海警机构根据检察机关补充侦查提纲，进一步收集固定犯罪嫌疑人购买"宏运611"号船舶目的、团伙犯罪分工及查实涉案海砂价值等证据。承办检察官综合分析现有证据足以认定王某某、孙某某、谢某某等人涉嫌非法采矿罪，同时认为该犯罪团伙为降低转移涉案海砂成本而合伙出资购买"宏运611"号船舶，在不到半年的时间内多达十次用运砂船从事运输海砂的犯罪活动，涉案金额高达800多万元，该船舶与非法开采海砂的犯罪行为存在密切关联，应当认定为"供犯罪所用的本人财物"，依照《刑法》第64条规定，应当予以没收。2022年1月4日，莆田市秀屿区人民检察院对王某某、孙某某、谢某某以非法采矿罪向莆田市秀屿区人民法院提起公诉。

（三）指控与证明犯罪

2022年3月11日，莆田市秀屿区人民法院依法公开开庭审理本案。检察机关根据该团伙犯罪特点，重点围绕犯罪谋划联络、人员分工、船舶管理与使用、资金去向等问题进行举证、质证，详细出示了王某某、孙某某等人在微信"股东群"中商议倒卖非法开采的海砂后，共同出资购买"宏运611"号船舶用于转移海砂的聊天记录、银行转账记录、"宏运611"号船舶的13条船舶识别系统记载的航行轨迹、船员的陈述等关键性证据，锁定"宏运611"号船舶系"供犯罪所用的本人财物"的重要事实。在被告人手机内提取的电子数据证据运用上，检察机关通过出示鉴定意见、鉴定机构资质、鉴定人资质证明，结合被告人供述，形成完整的证据链，有力指控犯罪事实。被告人王某某、孙某某、谢某某当庭表示对指控事实及罪名均无异议。

（四）审理结果

2022年10月24日，莆田市秀屿区人民法院作出一审判决，采纳了秀屿区人民检察院指控的犯罪事实和意见，以非法采矿罪判处王某某有期徒刑三年九个月，谢某某有期徒刑三年六个月，孙某某有期徒刑三年，均并处8万元至15万元不等罚金，判决没收作案工具"宏运611"号船舶及船载设备六台。一审判决后，被告人王某某、谢某某、孙某某不服判决提出上诉。二审期间，被告人孙某某通过其家属退出违法所得，并主动缴纳罚金。2023年3月6日，莆田市中级人民法院作出终审判决，判处孙某某有期徒刑二年十个月，其余二人均维持原判。

典型意义

（1）准确认定涉案船舶为"供犯罪所用的本人财物"。《办理非法采矿案件解释》第12条第2款规定，对用于非法采矿、破坏性采矿犯罪的专门工具和供犯罪所用的本人财物，应当依法没收。运输海砂的船舶能否认定为"供犯罪所用的本人财物"，应当结合船舶权属、主要用途和行为人的客观行为、主观明知等因素综合判断。实践中，对于行为人以非法运输海砂为业，明知是非法采挖海砂仍一年内多次实施非法运输海砂犯罪活动，构成共同犯罪或者相关犯罪的，可以将运砂船认定为"供犯罪所用的本人财物"予以没收。本案中，王某某等人共同出资购买涉案船舶并非用于合法运输经营活动，而是为了将非法开采的海砂顺利转移，将船舶用于犯罪的主观目的明确。王某某等人不仅使用该船舶多次转移本团伙非法开采的海砂，还接受他人委托，先后四次使用该船舶协助他人转移非法开采的海砂并收取相应运输费用，该涉案船舶符合仅用于犯罪活动、没有其他合法用途的特征，应当作为"供犯罪所用的本人财物"依法予以没收。

（2）全面收集能证明涉案船舶为作案工具的证据材料。案件办理过程中，检察机关应当引导侦查机关及时全面收集能够证明涉案船舶属于专门用于运输海砂的作案工具的证据材料。在提取言词证据时，应注意查清行为人购买船舶的目的及用途，是否以非法运输海砂为业，是否存在合法经营情形等；在扣押相关物证、书证时，应注意查扣航次航图、航海日志、卫星电话及通话记录等，提取船舶识别系统、卫星定位系统数据，分析判断涉案船舶非法运输海砂的动态行驶轨迹；同时，注意向相关部门调取船证材料、进出港申报记录、行政处罚记录等，查清涉案船舶权属及以往经营情况。

关联索引 ⟫⟫

《刑法》第 25 条第 1 款、第 64 条、第 343 条第 1 款

《办理非法采矿案件解释》第 2 条、第 3 条、第 12 条第 2 款

最高人民检察院和水利部联合发布 11 件检察监督与水行政执法协同保护黄河水安全典型案例之八：河南省灵宝市姚某强非法盗采黄河支流河砂刑事公诉案

基本案情 ⟫⟫

2016 年至 2022 年 5 月，被告人姚某强在未取得采砂许可证的情况下，雇佣刘某某、胡某某等人（均另案处理）采用水泵、采砂船抽砂等手段，在河南省灵宝市西闫乡沙河（黄河支流）河道非法采砂，严重危害黄河流域生态及河势稳定。姚某强将非法采挖的河砂对外销售，销售金额 398 万余元。公安机关在案发现场另查获尚未出售的黄河河砂 490.24 吨，价值 2.7 万余元。

检察机关履职过程 ⟫⟫

在 2021 年 9 月开展的为期一年的河南省河道非法采砂专项整治行动期间，三门峡市河长办根据前期掌握线索，充分发挥"河长+"工作机制作用，2022 年 5 月 18 日晚，组织市检察院、豫西黄河河务局、灵宝市森林公安分局联合对沙河下游三门峡库区段进行蹲点暗访巡查，现场发现 2 人正在实施非法采砂。2022 年 5 月 24 日，三门峡市河长办联合市纪委监委、市检察院对灵宝市河长办、灵宝市沙河县级河长、灵宝市西闫乡沙河乡级河长进行约谈。2022 年 5 月 27 日，灵宝市公安局以 5 月 18 日晚非法采砂嫌疑人为突破口，进行立案侦查。经初步侦查发现，本案作案时间跨度长，姚某强案发前任乡人大代表、村干部等职务，自恃身份特殊心存侥幸，仅承认现场查扣的河砂系其盗采，拒不供述既往盗采及销售行为。为准确认定犯罪时间、河砂价值，灵宝市公安局根据河南省环境资源犯罪案件集中管辖规定，邀请洛阳铁路运

输检察院（以下简称洛阳铁检院）提前介入，引导侦查取证。洛阳铁检院建议公安机关，通过走访证人查明姚某强非法采砂大概时间跨度，通过查询姚某强及其家属案发时间段的全部银行交易明细筛选确认可疑交易，通过向购买人员逐一核实河砂交易情况，查清所有盗采河砂的销售数额。在审查批准逮捕环节，洛阳铁检院综合姚某强非法开采河砂数额高达400万元且拒不供述罪行的情况，依法对姚某强采取批捕强制措施。同时，对姚某强充分释法说理，向其阐明保护黄河生态环境的形势、盗采河砂的危害，结合案例宣讲法律知识以及认罪认罚从宽制度。最终，姚某强表示已深刻认识到自己的行为对环境资源产生的危害，在审查起诉环节认罪认罚，并主动退缴了部分违法所得。

2023年1月11日，洛阳铁检院按照河南省环境资源审判集中管辖规定，对姚某强以非法采矿罪向郑州铁路运输法院提起公诉。1月17日，郑州铁路运输法院一审对本案作出判决，采纳检察机关指控的全部事实和量刑建议，判处姚某强有期徒刑三年，并处罚金人民币3万元，对于非法采砂的船只等作案工具由扣押机关依法处理。姚某强当庭表示认罪认罚。

针对本案反映出的监管不到位、查处不及时等问题，洛阳铁检院依法向灵宝市西闫乡人民政府发出社会治理检察建议，建议加大巡查力度，加强协作配合形成监管合力，建立长效监管机制。目前，该地持续多年的采砂乱象已得到有效遏制。

典型意义

在河道内非法采砂给河道生态环境及行洪安全留下巨大安全隐患。本案存在取证难、证明难等问题，证据链条的不完整也给检察机关指控犯罪带来难题。案件办理中，检察机关积极发挥诉前引导作用，就证据收集、事实认定、法律适用等问题，引导公安机关全面、客观收集证据，积极开展释法说理，促使被告人自愿认罪。针对犯罪分子牟取非法利益的犯罪目的，检察机关不仅注重对各类证明销售过程、矿产资源价值的证据的收集、提取，而且会同侦查机关全面追缴违法所得。有力惩戒犯罪的同时，充分发挥法律监督职能，以个案办理推动类案整治，达到"办理一案、治理一片"的效果，彰显了检察机关在黄河生态保护中的担当和作为。

最高人民检察院发布检察公益诉讼协同推进中央生态环境保护督察整改 10 个典型案例之六：北京市昌平区人民检察院诉某石材公司非法占用农用地、非法采矿刑事附带民事公益诉讼案

基本案情

北京某石材公司成立于 2002 年 5 月，经营范围为来料加工生产销售石材。自 2002 年 9 月起，该公司在未办理任何用地审批手续的情况下，违法占用集体土地和国有土地进行房屋搭建、场地硬化、堆料、生产等活动。2004 年至 2020 年 9 月，该公司在未取得采矿许可证的情况下，擅自在燕山山脉牛蹄岭开采白云岩矿产资源，造成山体形成陡峭边坡，岩面裸露，开采废料堆积而成的渣堆严重破坏原生植被，增加区域水土流失风险，生态破坏严重。

检察机关履职过程

本案线索由中央生态环境保护督察办公室向最高人民检察院移送。最高人民检察院将该案逐级交由北京市昌平区人民检察院（以下简称昌平区院）办理。昌平区院经初步调查认为，该公司非法占地、非法采矿的行为违反土地管理法、矿产资源法等相关规定，构成刑事犯罪，损害了国家利益和社会公共利益，应当依法承担生态环境损害责任。2020 年 12 月 16 日，昌平区院以刑事附带民事公益诉讼案件立案。

调查期间，昌平区院成立刑事和公益诉讼联合办案组，多次前往涉案地点现场勘查，介入侦查，引导公安机关调查取证，并加强与规划自然、生态环境、园林绿化及属地政府的沟通配合，调取该公司工商登记信息、行政处罚材料，涉案地块租赁合同、规划用途、现状地类、历年遥感影像图，土地破坏鉴定意见以及相关证明材料 50 余份，全面梳理了该公司历年经营及非法占地、非法采矿行为。经委托鉴定评估，该公司非法开采白云岩矿产资源总方量为 152 097 立方米，矿石量为 41.07 万吨，矿石市场价格为 397.11 万元。该公司非法占地、非法采矿破坏行为导致评估区域原有植被、土壤遭到破坏，生态系统服务功能丧失，造成生态环境损害面积 177.79 亩。

2021 年 3 月 10 日，昌平区院发布诉前公告。同年 8 月 26 日，昌平区院

向北京市昌平区人民法院提起刑事附带民事公益诉讼，依法追究该公司刑事责任的同时，诉请判令该公司承担赔偿生态环境修复费、生态环境受到损害至修复完成期间服务功能损失费等共计 2500 余万元。同年 11 月 20 日，昌平区人民法院开庭审理本案。2022 年 4 月 27 日，昌平区人民法院作出一审判决，昌平区院诉讼请求获得全部支持。后该公司不服一审判决，提出上诉。同年 8 月 19 日，北京市第一中级人民法院裁定驳回上诉，维持原判。判决生效后，昌平区院积极推动赔偿金的执行，首批赔偿金 1300 余万元已执行到位。目前，涉案地块修复工程已完成，同时建设了生态修复教育基地。

典型意义 >>>

检察机关高度重视中央生态环境保护督察反馈问题，在办案中坚持"恢复性司法"理念。发挥"公益+刑事"横向一体化办案优势，介入侦查，引导取证，并加强与相关行政机关的协作配合，打好维护公益的"组合拳"。在有效打击违法犯罪的同时，要求违法主体承担生态环境损害责任，切实维护了国家利益和社会公共利益，为深入推进生态文明建设贡献了检察力量。

最高人民检察院发布 4 件依法惩治盗采矿产资源犯罪典型案例之二：吴某斌、李某军等非法采矿、行贿案

基本案情 >>>

2011 年至 2018 年，被告人吴某斌为获取非法利益，在贵州省黔西县注册成立某生物有机肥公司，公司业务所涉矿产资源为泥炭矿，由吴某斌担任公司法定代表人，被告人李某军担任公司副总经理并负责管理公司日常事务、协调办理泥炭矿手续事宜。公司成立后，吴某斌向毕节市国土资源局原局长王某某（另案处理）行贿，取得黔西金马骆岩泥炭矿等 5 家矿山的采矿许可证。之后，吴某斌先后注册成立 5 家泥炭矿公司，以发包、转让、合作开采等方式，分别将 5 家泥炭矿公司的采矿权交由被告人杨某等人经营。吴某斌、李某军、杨某等人在没有依法办理土地使用手续、没有依法取得煤炭采矿许可证的情况下，以开采泥炭为幌子，越过浅层地表大肆盗采煤炭资源并销售。

为逃避国土部门对非法采矿的监管，吴某斌授意李某军多次向黔西县国土资源局原局长罗某某和黔西县国土资源局执法监察大队原大队长汤某（均另案处理）行贿。2019年，因泥炭矿公司被省委巡视组发现有盗采矿产、破坏环境等系列违法犯罪行为，吴某斌寻求时任贵州省纪委省监委原正处级监察员广某（另案处理）的帮助，并向广某行贿。经查，吴某斌等人非法销售煤炭数量为267万余吨，销售总金额逾3.6亿元；非法占用项目用地2714亩，造成其中的1378亩农用地被严重破坏，无法恢复原耕种条件；为牟取不正当利益，向王某某、罗某某、汤某、广某行贿383万余元现金和价值29万余元的茅台酒。

检察机关履职过程

2019年11月，贵州省黔西县公安局以非法采矿罪、非法占用农用地罪，分别对吴某斌、李某军等人立案侦查。因案情重大、疑难、复杂，黔西县人民检察院同步介入侦查，引导取证。围绕案件罪名适用及量刑情节认定，黔西县人民检察院提出"对矿种属性进行认定，确认吴某斌等人开采矿种是否超出泥炭矿采矿许可范围，开采的矿产是否存在共生或伴生泥炭矿；对已开采矿产资源的价值进行认定"等取证意见。经公安机关侦查，最终确认：涉案矿山开采的矿层是含煤地层，煤的共（伴）生矿无泥炭矿分布；实际开采矿种与采矿权载明矿种不一致；被破坏矿产资源价值3.6亿余元。针对吴某斌等人的辩解，黔西县人民检察院引导公安机关收集了燃料采购、运输、销售明细表等客观性证据，以及开采人员、运输方、收购方的证言，进一步夯实了证据基础。由于本案给国家矿产资源造成了巨大损失，黔西县人民检察院与黔西县公安局紧密配合，将查明和追缴违法所得列为重点工作，依法查封、扣押、冻结吴某斌等人的涉案财物。与此同时，黔西县检察院及时向纪检监察机关移送了公职人员涉嫌职务犯罪的线索。2020年11月，黔西县公安局、毕节市监察委以吴某斌、李某军涉嫌非法采矿罪、非法占用农用地罪、行贿罪，向黔西县人民检察院移送审查起诉。2021年8月，黔西市公安局以杨某涉嫌非法采矿罪、非法占用农用地罪向黔西市人民检察院（注：2021年5月，撤销黔西县，设立黔西市，黔西县人民检察院改名为黔西市人民检察院）移送审查起诉。黔西市人民检察院审查认为，占用农用地是吴某斌等人非法采矿的手段行为，根据法律规定，对吴某斌、李某军、杨某非法占用农用地采矿的行为，应以非法采矿罪从一重罪处罚，非法占用农用地的行为可

的违法性。

水利局专业人员参与调查后提出，鉴于采砂水域的特殊性，应当对河床结构、水生生物、生态服务功能等进行全面量化评估。经委托南京大学环境规划设计研究院技术评估，非法采矿行为造成江砂资源损失估算体积 23 382.52 立方米，矿产资源和生态环境损害评估数额 5 157 476.86 元，其中江砂资源和河床结构损失 4 910 329.2 元；鱼类资源损失 96 146.02 元；底栖生物恢复费用 14 884.62 元；生态服务功能损害 101 557.02 元；监测费用 34 560 元。另查明，张某某曾因犯非法采矿罪被判处刑罚，鲍某某因涉嫌非法采矿罪被取保候审期间再次实施非法采矿行为。

2021 年 12 月 29 日，江苏省建湖县公安局以张某某、章某某等 32 人涉嫌非法采矿罪、马某某涉嫌掩饰、隐瞒犯罪所得罪移送审查起诉。2022 年 1 月 28 日，建湖县院向江苏省东台市人民法院提起公诉。2022 年 2 月 11 日，根据涉案人员的具体分工、作用不同，对 33 名被告人中的采砂船船主、运砂船船主等 14 人提起附带民事公益诉讼，诉其在各自参与采砂数量范围内连带赔偿生态环境损害 5 157 476.86 元、技术评估费用 280 000 元，在国家级媒体公开赔礼道歉。同时对有前科劣迹的张某某、鲍某某 2 人，依据《民法典》第 1232 条规定，诉请对其参与部分另行承担 1 倍的生态环境损害惩罚性赔偿责任分别为 135 445.02 元、12 688.88 元。

2022 年 3 月 1 日，经江苏省东台市人民法院审理并当庭宣判，33 名被告人被依法判处一年至四年六个月不等有期徒刑，并处罚金；同时，法院支持检察机关的全部公益诉讼请求。目前判决已生效。

典型意义 》》

长江江砂不仅是宝贵的自然资源，也是长江鱼类和底栖动植物赖以生存的生态栖息地，兼具经济资源属性和生态功能价值。本案中，建湖县院通过跨部门协作和跨区域配合，针对采砂水域的特殊性，借助水利部门支持，进行专业规范调查和系统全面评估。据此突破传统补偿性责任诉求，以水生态功能损害造成的损失为基数，适用《民法典》《最高人民法院关于审理生态环境侵权纠纷案件适用惩罚性赔偿的解释》等规定，对有前科劣迹的 2 名被告单独诉请承担惩罚性赔偿，实现公益诉讼的惩戒和预防功能，放大警示效果。

最高人民检察院发布 8 件检察机关督促整治非法采矿公益诉讼典型案例之一：安徽省东至县人民检察院诉安徽省某新材料科技有限责任公司非法采矿刑事附带民事公益诉讼案

基本案情

大历山毗邻长江，是安徽省省级风景名胜区，是东至县的生态屏障，具有重要的生态价值。安徽省某新材料科技有限责任公司（以下简称 A 公司）开采的石灰石矿山位于大历山省级风景名胜区内，该公司长期超规模开采，造成大面积生态破坏，严重损害社会公共利益。

检察机关履职过程

《2020 年长江经济带生态环境警示片》披露了 A 公司非法采矿问题，最高检将该线索逐级交至安徽省池州市东至县人民检察院办理，东至县人民检察院于 2021 年 3 月 5 日立案后，多次联合县自然资源和规划局、公安部门实地勘察，查明：第一轮中央生态环境保护督察整改要求 2017 年年底前关闭该矿山并开展矿山地质环境治理，但 A 公司治理过程中仍然非法开采。

经安徽省地质矿产勘查局 324 地质队核算，A 公司超采矿石 93.27 万吨，东至县价格认证中心认定价格 2798.1 万元。安徽大学作出的生态现状调查报告指出，A 公司非法采矿导致矿坑土地生态系统结构和功能失调，生物生产能力下降，易发生山体滑坡、泥石流等地质灾害。江苏省岩土工程公司等机构出具了《A 公司地质环境恢复治理提升工程设计预算书》，对 A 公司非法采矿行为造成的生态环境修复、"景观提升"费用进行了评估。

东至县人民检察院审查认为，A 公司非法采矿行为损害后果严重且行为人具有明显故意，可以按照民法典规定提出惩罚性赔偿，遂以东至县价格认证中心认定的 A 公司超采矿石财产损失 2798.1 万元为基数，结合被告人认罪认罚情况、经济状况等因素，提出 5% 的惩罚性赔偿金共计 139.91 万元。

2021 年 5 月 11 日，东至县人民检察院向东至县人民法院提起刑事附带民事公益诉讼，在依法追究 A 公司、邵某平非法采矿刑事责任的同时，诉请判令 A 公司及其实际控制人邵某平连带赔偿因非法采矿行为导致的生态修复、评估鉴定、惩罚性赔偿金等共计 2872.6667 万元。10 月 15 日，东至县人民法院作出刑事判决，A 公司、邵某平犯非法采矿罪追究刑事责任并处罚金，追缴 A 公司违法所得 2798.1 万元；同时作出刑事附带民事判决，支持了检察机关刑事附带民事公益诉讼请求。A 公司不服一审判决，提出上诉，2022 年 2 月 7 日，池州市中级人民法院裁定驳回上诉，维持原判。

在该案调查阶段，东至县人民检察院考虑诉讼时间长，如不及时进行修复，环境损害将进一步扩大，遂与有关职能部门通过圆桌会议的方式，督促 A 公司加快环境治理工程进度，促成政府垫资 890 万元用于应急修复治理，在本案起诉前完成了矿山基础修复和部分生态复绿。2021 年 12 月，池州市人民检察院组织部分省人大代表、人民监督员、专家视察涉案现场修复情况。目前，案涉矿山修复治理工程经验收合格。

典型意义 >>>

检察机关确定民事公益诉讼请求时，综合考虑生态环境损害情形、行为人主观故意等多方面因素提起惩罚性赔偿请求，并依据生态修复成本、被告人认罪态度及经济情况确定了惩罚性赔偿金比例，体现了民法典严格保护环境资源的立法精神。检察机关充分发挥公益诉讼职能，在刑事证据固定后，灵活运用圆桌会议等方式，促成职能部门和行为人及时开展生态环境修复工作，有效保护受损生态环境。

最高人民检察院发布 8 件检察机关督促整治非法采矿公益诉讼典型案例之二：河南省南乐县人民检察院诉吴某坤等人非法采矿刑事附带民事公益诉讼案

基本案情 >>>

擅自在耕地上挖砂，破坏种植条件的行为是我国土地管理法明确禁止的行为之一。2019 年 7 月至 9 月，吴某坤、吴某存、吴某胜共谋以吴某胜的名义承包了河南省濮阳市经济技术开发区新习镇西别寨村 14 亩集体农用地。三人违反矿产资源法的相关规定，在未取得采矿许可证的情况下，从该土地挖砂售卖。2019 年 10 月至 2020 年 1 月，马某某支付吴某坤等人相关费用后，继续在该土地内挖砂售卖。吴某坤等四人违法行为造成农用地地表耕植层明显受损，土地原有功能被破坏，原始地形地貌改变严重。

检察机关履职过程 >>>

河南省南乐县人民检察院刑事检察部门在履行审查批准逮捕职责时，发现公益诉讼案件线索并移送该院公益诉讼检察部门。南乐县人民检察院于2021年2月2日立案并发出诉前公告。

南乐县人民检察院随即开展调查核实，会同县公安局、省煤炭地质勘察研究总院、省自然资源厅等部门工作人员多次到案涉地块实地勘察，测量受损土地面积，查看受损状态，走访周边群众。由于非法采砂破坏面积较大，部分区域回填有建筑垃圾，为得出更加严谨的测量数据，办案人员与河南省煤炭地质勘察研究院沟通后决定在回填建筑垃圾区域采用钻探方案测量数据，并邀请自然资源、农业、水利、土壤方面专家进行现场指导。经河南省国土资源科学研究院鉴定，吴某坤等人非法采砂2.2万立方米，造成矿产资源破坏价值人民币60.6万元。综合测量数据、走访调查情况，南乐县人民检察院与相关行政机关研究制订了土地复垦方案，并经省煤炭地质勘察研究总院组织专家评估，确定案涉地生态环境修复费用为344.7万元。

公告期届满，没有法律规定的机关和组织向人民法院提起民事公益诉讼。2021年7月5日，南乐县人民检察院依法向南乐县人民法院提起刑事附带民事公益诉讼，诉请判令吴某坤等四人共同承担生态环境修复费用344.7万元。9月15日，南乐县人民法院围绕损害认定、生态修复等问题召开庭前会议，并于2021年11月23日、2022年1月10日公开开庭审理，四被告人当庭认罪并表示愿意承担生态修复费用。2022年1月17日，南乐县人民法院作出一审判决，被告人吴某坤、吴某存、吴某胜、马某周分别被判处一年至一年三个月不等的有期徒刑，并处人民币2万元至4万元不等的罚金，没收违法所得人民币42万元；被告吴某坤等4人连带承担生态环境修复费用人民币344.7万元，支持了检察机关全部诉讼请求。吴某坤等4人均未提出上诉，判决已生效。

南乐县人民检察院结合案件办理情况及时向上级检察机关报告，濮阳市人民检察院联合市中级人民法院、市自然资源和规划局联合发布《关于在土地执法、司法领域加强协作配合的意见》，为濮阳地区遏制、打击非法采矿行为奠定了基础。

典型意义 >>>

办理非法采砂案件时，检察机关充分发挥公益诉讼检察职能，采取"刑事追诉+公益诉讼"一体监督模式。与公安机关、行政机关密切配合，借助第三方鉴定机构、专家力量，客观认定矿产资源损害事实，科学评估矿产资源破坏价值及生态环境修复费用，既依法惩治非法采矿犯罪行为，又依法追究违法行为人的生态修复责任，加大了行为人的违法犯罪成本，有效避免了"个人违法、政府买单"现象发生。

最高人民检察院发布第二批 10 件督促整治非法采矿检察公益诉讼典型案例之七：山东省济南市市中区人民检察院诉左某某等人非法采矿刑事附带民事公益诉讼案

基本案情 >>>

2019 年，左某某等未经许可在山东省济南市市中区东渴马村北侧鲍家峪山体开采建筑石料用灰岩售卖牟利，造成该处山体大面积不可逆性损坏。该地长期存在非法采矿现象，违法犯罪分子夜间作业，隐藏机械，和执法人员打"游击战"，大量违法犯罪行为未被查处，而且引发"破窗效应"，该地山体破坏、扬尘污染、水土流失、植被破坏等环境问题愈演愈烈。

检察机关履职过程 >>>

山东省济南市市中区人民检察院（以下简称市中区院）在办理左某某等非法采矿刑事案件中，发现本案线索，依法启动刑事附带民事公益诉讼程序，于 2020 年 4 月 10 日立案，4 月 13 日发出诉前公告。

因受损山体系不同侵权人在不同时间段累积造成，为确保过责相当，明确左某某等的侵权责任，市中区院聘请专业人员现场勘验，对受损山体进行区块划分，并经左某某等现场确认具体破坏面积后，依法委托专门机构鉴定评估，确定因本案违法行为造成的环境治理工程费用为 522 781.5 元。

2020 年 9 月 1 日，市中区院向济南市市中区人民法院（以下简称市中区法院）提起刑事附带民事公益诉讼，诉请左某某等对其破坏的山体进行生态环境修复，如不能修复，连带承担环境治理工程费用522 781.5元。2021年1月13日至15日，市中区法院对本案公开开庭审理，左某某等表示认罪认罚。8月4日，市中区法院作出一审判决，判决左某某等连带赔偿生态环境修复费用522 781.5元。左某某等未上诉。判决生效后，左某某等积极履行了赔偿责任，将生态环境修复费用上缴至指定账户。

受损山体处于所在山脉的主要排水通道，坡面裸露，存在稳定性差、水土流失等地质问题，不及时治理极易发生次生灾害。为此，诉讼期间，市中区院多次与自然资源和规划部门、地质专家到现场实地勘察、座谈交流，共同商议制定修复方案。由于其他山体破坏责任人已无法确定，市中区院依据《矿山地质环境保护规定》第16条第2款"矿山地质环境治理恢复责任人灭失的，由矿山所在地的市、县自然资源主管部门，使用经市、县人民政府批准设立的政府专项资金进行治理恢复。"以及《济南市山体保护办法》第22条"山体修复治理应当按照'谁管理谁负责，谁开发谁修复、谁破坏谁治理'的原则确定责任人。无法确定的，由所在地县、区人民政府负责组织修复治理"之规定，主动与自然资源和规划部门进行磋商，督促其对案涉受损矿山在内的山体进行整体修复治理，以渣石内倒、毛石挡土墙砌筑方式稳定边坡，消除地质灾害，并种植乔木、灌木、地被等，受损山体的地质环境现状得到极大改善。

山体修复完成后，市中区院与林业部门召开座谈会，督促林业部门加强受损山体的植被种植，增加植被覆盖率，并会签《市中区关于建立"林长+检察长"工作机制的意见》，建立协作机制，增强共护绿水青山的工作合力。

典型意义 》》》

环境破坏现状系不同侵权人在不同时间段累积造成的，检察机关区分并明确被告侵权责任，保证过错与责任相当，在打击犯罪、震慑不法行为的同时，依法维护被告合法权益，有助于被告认罪认罚并积极履行赔偿责任。生态环境损害责任人无法确定的部分，检察机关积极督促政府履行先行修复职责，对受损生态环境进行及时、有效、整体修复。

最高人民检察院发布 4 件检察机关依法保护黑土地典型案例之一：王某等人非法采矿、李某非法采矿掩饰、隐瞒犯罪所得案

基本案情

黑龙江省黑土地面积占全国黑土地总面积的 45.7%，享有"北大仓"的美誉。五常市、尚志市地处东北黑土区核心区，均为全国产粮大县，蕴藏着丰富的泥炭土资源。泥炭土作为分布在黑土表层以下富含有机质的不可再生矿产资源，具有重要的战略意义和经济价值，被广泛应用于农业、工业等领域。

2019 年 3 月，王某得知尚志市老街基乡青川村有泥炭土资源后，从当地村民手中租用农用地采挖泥炭土，通过李某为其晾晒后出售，供买家用于制作有机肥原料，违法所得人民币 200 余万元。2020 年 1 月，尚志市自然资源局依据《矿产资源法》《矿产资源法实施细则》的相关规定，责令王某停止非法开采，没收其违法所得，并处以人民币 16 万余元罚款。2021 年 1 月，王某又伙同马某、许某、李某等人在五常市沙河子镇福太村等地租用农用地，采挖泥炭土出售牟利。五常市自然资源局掌握王某等人涉嫌犯罪线索后移送公安机关，公安机关以涉嫌非法采矿罪对王某等人立案侦查。王某等人非法采挖的 34 464 立方米泥炭土尚未销赃，被公安机关依法扣押，经鉴定，有机质含量大于 50%，评估价值人民币 70 余万元。经勘察、测量，王某等人在五常市非法采挖泥炭土致使 90 余亩基本农田种植条件遭到严重毁坏。

检察机关履职过程

（一）适时介入引导侦查

2021 年 3 月，王某等人非法采挖泥炭土引起社会关注。公安机关立案侦查后，五常市人民检察院适时介入，对证据的收集、提取、固定、鉴定以及案件的侦查方向、法律适用等提出具体意见，建议公安机关从销售记录和销售渠道寻找突破口，并会同侦查人员就泥炭土的形成、标准、类型、功能、价值等多次听取自然资源部门及相关鉴定机构意见，为侦查环节依法全面有

效收集、固定证据打下基础。

（二）审查起诉

案件移送检察机关审查起诉后，承办检察官对照《矿产资源法实施细则》及其附件《矿产资源分类细目》，结合物证、书证、鉴定意见、检测报告和评估报告等证据材料，认定王某等人非法采挖的泥炭土属于《矿产资源分类细目》中的"泥炭"；根据《办理非法采矿案件解释》规定，结合被查扣的泥炭土数量、市场价格以及销赃记录确定的已销售泥炭土金额，认定王某等人在五常市的犯罪数额为人民币 118 万余元；经审查发现，王某在尚志市非法采挖泥炭土的行为亦涉嫌非法采矿罪，要求侦查机关补充证据后，合并认定王某涉嫌非法采矿犯罪数额共计人民币 320 余万元。办案过程中，还发现李某参与了王某在尚志市作案后的销赃，其明知泥炭土系王某犯罪所得，仍代为销售的行为涉嫌掩饰、隐瞒犯罪所得罪。承办人及时与侦查人员进行沟通，依法追加了李某掩饰、隐瞒犯罪所得的犯罪事实。

检察机关经审查，认为王某等四人非法占用基本农田，实施非法采挖泥炭土的行为，同时触犯了非法占用农用地罪和非法采矿罪。根据《刑法》第342 条规定，非法占用并且造成农用地大量毁坏的，处五年以下有期徒刑或者拘役，并处或者单处罚金；根据《刑法》第 343 条规定，非法采矿情节特别严重的，处三年以上七年以下有期徒刑，并处罚金。按照从一重罪处断的原则，认定王某、马某、许某涉嫌非法采矿罪，李某涉嫌非法采矿罪和掩饰、隐瞒犯罪所得罪。

（三）提起公诉和对附带民事诉讼支持起诉

2021 年 4 月 28 日，五常市人民检察院向五常市人民法院提起公诉。鉴于王某在共同犯罪中发起犯意，在被行政机关依法处罚后，仍继续实施非法采矿行为，情节特别严重；马某、许某、李某积极参与实施非法采矿，在共同犯罪中均起主要作用，五常市人民检察院依法提出对王某判处有期徒刑七年，对马某判处有期徒刑五年六个月，对许某、李某各判处有期徒刑五年，并分别处罚金人民币 50 万元、20 元不等的量刑建议。五常市自然资源局、尚志市自然资源局作为土地资源、矿产资源的行政主管部门，依法提起刑事附带民事诉讼，请求法院判令 4 名被告人承担回填、修复以及评估鉴定等费用共计人民币 190 余万元。五常市人民检察院依法支持五常市自然资源局、尚志市自然资源局提起刑事附带民事诉讼。2021 年 6 月 17 日，五常市人民法院作出一审判决，采纳检察机关指控的罪名和量刑建议，以非法采矿罪判处王某有期徒刑七年，并处罚金人民币 50 万元；以非法采矿罪判处马某有期徒刑五年六个月，并处罚金人民币 30 万元；以非法采矿罪判处许某有期徒刑五年，并处罚金人民币 20 万元；以非法采矿罪、掩饰、隐瞒犯罪所得罪判处李某有期徒刑五年，并处罚金人民币 20 万元；支持附带民事诉讼原告人的诉讼请求。一审宣判后，王某等 4 人以量刑过重为由提出上诉。同年 7 月 22 日，哈尔滨市中级人民法院作出二审裁定，驳回上诉，维持原判。

（四）提出社会治理检察建议

结合案件办理，五常市人民检察院对近年来非法采挖泥炭土犯罪进行了调研分析，深入剖析犯罪特点、案发原因以及暴露出的监管漏洞，针对自然资源部门履行监管责任不到位、执法检查力度不够、查处不够及时等问题，向自然资源部门提出检察建议：一是完善制度机制建设，落实属地监管责任；二是采取有效行政手段，及时修复受损耕地；三是加大执法检查力度，强化行政执法与刑事司法衔接，及时移送涉嫌犯罪案件；四是加强黑土地保护法治宣传，提高群众法治意识。自然资源部门高度重视落实检察建议，对辖区内违法占地和各类破坏自然资源的行为开展全面摸排，使非法采挖、加工、运输、贩卖泥炭土等违法犯罪得到有效遏制，当地群众保护黑土地的意识明显提升，有力促进了犯罪预防和诉源治理。

典型意义

（1）依法严厉打击非法采挖、贩卖泥炭土犯罪，严守黑土地保护红线。党的十八大以来，党中央高度重视黑土地保护工作。近年来，一些不法分子在利益的驱动下非法采挖、贩卖泥炭土，严重影响生态安全和农业可持续发展。检察机关要坚决贯彻党中央决策部署，落实最严格的耕地保护制度，依法严厉惩治盗挖、滥挖和非法出售泥炭土违法犯罪，切实保障黑土区生态环境和国家粮食安全。对于行为人违反法律规定，采挖泥炭土资源、破坏耕地种植条件，同时构成非法占用农用地罪和非法采矿罪的，应当按照想象竞合犯从一重罪处断的原则，依照处罚较重的规定定罪处罚。对于行为人对泥炭土属于矿产资源的主观明知，应当结合当地对泥炭土的禁采政策，行为人的职业、经历、犯罪手段，销售渠道的隐蔽性，是否受过行政处罚等情况综合认定。对于行为人明知泥炭土是犯罪所得，仍实施窝藏、转移、收购、代为销售等行为的，依法以掩饰、隐瞒犯罪所得、犯罪所得收益罪论处；事前通谋的，以共犯论处。办案过程中，要全面审查案件事实证据，依法追诉漏罪漏犯，强化对非法采挖、贩卖泥炭土黑灰产业链的"全链条"打击。

（2）依法对行政机关提起刑事附带民事诉讼支持起诉，共同维护国有财产和黑土地生态环境公共利益。泥炭土作为矿产资源，依照法律规定属于国家所有的财产。非法采挖泥炭土的犯罪行为不仅致使国家财产遭受损失，也破坏自然资源和生态环境，损害社会公共利益，依照《刑事诉讼法》《民事诉讼法》和《最高人民法院、最高人民检察院关于检察公益诉讼案件适用法律若干问题的解释》等有关规定，人民检察院可以在提起公诉的同时提起附带民事诉讼或者附带民事公益诉讼。自然资源部门作为土地资源、矿产资源的行政主管部门，依法可以代表国家提起附带民事诉讼或者附带民事公益诉讼。对于自然资源部门已经提起附带民事诉讼或者附带民事公益诉讼的，人民检察院依照《民事诉讼法》第15条、第58条第2款的规定可以对附带民事诉讼或者附带民事公益诉讼支持起诉，合力推动生态环境损害赔偿和修复，共同维护国家和社会公共利益。

关联索引

《土地管理法》第75条

《矿产资源法》第39条

《刑法》第342条、第343条

《刑事诉讼法》第101条

《民事诉讼法》第15条、第58条

《矿产资源法实施细则》第2条

《办理非法采矿案件解释》第1条、第2条、第3条、第7条、第8条、第13条

《最高人民法院关于审理破坏土地资源刑事案件具体应用法律若干问题的解释》第3条

最高人民检察院、中国海警局联合发布5件办理海上非法采砂相关犯罪典型案例之一：王某明等4人非法采矿案

基本案情

2020年5月，王某明、汪某某、宋某某、王某顺等人共同出资购买一艘运输船，欲通过从事买卖海砂的方式牟利。同年7月至8月，王某明与非法采砂方（另案处理）事先联系订购海砂事宜，指使船员驾驶运输船先后五次前往福建闽江口附近海域购买海砂，运往江苏常熟销售。汪某某作为船长，收到王某明发出的地理坐标及高频呼号后，联系非法采砂方过驳海砂。宋某某作为财务人员，负责支付购砂款。2020年9月9日，王某明、汪某某、宋某某、王某顺等人再次以上述方式购买海砂后，返程途中被海警执法人员查获。经检测评估，被查扣的海砂属于细砂，共计12407吨。

检察机关履职过程

（一）侦查协作

2020年9月14日，宝山海警局以王某明等人涉嫌非法采矿罪立案侦查，上海铁路运输检察院应邀同步派员介入侦查。检察人员通过梳理分析询问、讯问笔录、通信聊天记录、记账单、银行流水及船舶识别系统轨迹等证据材料，针对涉案海砂批次、成分、数量和价值，涉案人员范围以及与采砂方是否存在事前通谋等焦点问题，提出具体的侦查建议：一是委托价格鉴定机构认定涉案海砂价值；二是进一步查明涉案人员在各个环节中的地位和作用；三是及时调取船舶航行轨迹、涉案人员手机电子数据、银行转账记录、码头卸货记录等证据，进而查证既往犯罪事实，确定涉案人员与非法采砂方是否存在事前通谋。

2020年10月16日、2021年3月22日，宝山海警局先后对起主要作用的王某明、汪某某、宋某某提请批准逮捕。检察机关依法作出批准逮捕决定后，围绕其他涉案人员是否构成犯罪等问题提出继续补充侦查意见：一是核实其他运输船出资人是否参与非法采砂。对于仅有证据证明出资并参与利润分成，但无法证明其知晓船舶实际被用于海砂运输，也无法证明其参与非法采砂的运输船出资人，不宜作为犯罪处理。二是核实船员是否单纯提供劳务，是否

参与利润分成或者领取高额固定工资。三是对于构成犯罪的运输船出资人，应结合涉案人员的供述及电子数据等证据，区分在共同犯罪中的地位、作用，准确认定主犯、从犯。

（二）审查起诉

2021 年 3 月 22 日、4 月 19 日，宝山海警局先后以王某明、汪某某、宋某某、王某顺涉嫌非法采矿罪移送上海铁路运输检察院审查起诉。

检察机关经审查认为，提取的微信聊天记录及运砂船上多人言词证据能够证实，经部分出资人商议，由王某明与非法采砂方在出海前进行联系，商定过驳地点、重量、价格以及联系所使用的高频号，汪某某、宋某某等人按照事先约定驾船到达驳点后，汪某某通过高频呼叫并指挥采砂方装卸现场采挖的海砂，并由宋某某根据事先约定支付购砂款。据此，可以认定王某明等人与采砂方存在事先通谋，应当以非法采矿罪追究刑事责任。同时，检察机关着重审查犯罪嫌疑人有无既往非法购买、运输海砂的犯罪事实。根据船舶航行记录，承办检察官发现涉案船舶还存在五次往返江苏和福建的航行轨迹，存在既往从事非法采砂的犯罪嫌疑。检察机关认为，虽然各犯罪嫌疑人的供述和辩解不尽一致，但有船舶航行轨迹可以证明涉案船舶到过采砂地、有账单及码头卸货记录等客观证据可以证明购买、运输海砂的事实，且能够与部分犯罪嫌疑人的供述相互印证，综合全案证据，能够形成完整的证据链，足以排除合理怀疑。据此，检察机关追加认定犯罪嫌疑人五起非法采购海砂事实，查明其中四起的销售数额共计 272.24 万元，另一起海砂的购买价格为 11.2 万元。此外，当场查获的 12 407 吨海砂，根据"到岸价"及有关机构出具的评估报告，认定价值为 52 万余元。检察机关根据各犯罪嫌疑人在海砂订购、过驳、支付、利润分配等不同环节所起的作用大小区分主犯、从犯，综合考虑各犯罪嫌疑人的犯罪事实和情节、认罪态度、主动退赔等情况，对王某明等四人提出有期徒刑一年三个月至三年五个月不等，并处罚金的量刑建议，对其中参与犯罪较少、出资比例较低的王某顺提出适用缓刑的量刑建议。四名犯罪嫌疑人均自愿认罪认罚。

2021 年 4 月 22 日，上海铁路运输检察院以王某明、汪某某、宋某某、王某顺涉嫌非法采矿罪向人民法院提起公诉。

（三）指控与证明犯罪

2021 年 6 月 22 日，上海铁路运输法院依法公开开庭审理本案。庭审中，四名被告人及其辩护人对基本犯罪事实无异议，但在法庭辩论阶段，汪某某的辩护人提出，其并非盗采海砂行为的直接实施者，不应认定为主犯。

公诉人当庭答辩：第一，认定主犯、从犯应当根据被告人在共同犯罪中起主要作用还是次要或者辅助作用，不应因被告人未直接参与非法开采海砂就认定为从犯。对于"以销促采"的非法采砂犯罪，虽然运砂方不是盗采海砂的直接实施者，但是订购、运输行为直接推动采砂方更频繁地实施盗采活动，购砂方通过"低买高卖"的方式牟取暴利，是盗采海砂的参与者和获利者，不应被认定为从犯。第二，对于非法采砂案件中的运输船出资人和船长，不应以身份作为主犯、从犯的区分标准，应当综合考虑主观明知、参与程度以及获利情况予以认定。本案中，四名被告人虽均为运输船出资人，但参与作用不同，王某明作为运输船实际控制人，负责事先联络采砂方订购海砂，汪某某负责在过驳点附近通过高频呼叫联络采砂方，并指挥过驳海砂，在共同犯罪中起主要作用，应认定为主犯；宋某某仅负责根据王某明的指示支付购砂款，王某顺仅负责杂务，所起作用较小、所获利润分成较少，应认定为从犯。

（四）审理结果

2021年6月22日，上海铁路运输法院作出一审判决，采纳上海铁路运输检察院指控的犯罪事实和量刑建议，以非法采矿罪分别判处王某明等三名被告人有期徒刑三年五个月至二年不等，并处罚金80 000元到40 000元不等；以非法采矿罪判处王某顺有期徒刑一年三个月，缓刑二年，并处罚金30 000元。一审宣判后，被告人均未上诉，判决已生效。

典型意义 》》》

（1）根据有无事前通谋，准确区分非法采矿罪和掩饰、隐瞒犯罪所得罪。在审查案件时，应通过已查明的犯罪事实，根据行为人与非法采挖海砂犯罪分子具体联系交易时间、地点、数量、价格、交易方式等，认定购砂方与采砂方是否存在事前通谋。有证据证明在非法采砂行为发生前或者非法采砂过程中，行为人通过无线电、卫星电话、互联网通信工具等联系购买海砂，指使或者驾驶运输船前往约定的海域直接从采砂现场过驳和运输、销售的，属于事前通谋，构成非法采矿罪。对于没有事前通谋，非法采砂已经完成后购买并运输销售海砂的，以掩饰、隐瞒犯罪所得罪定罪处罚。

（2）根据不同环节销赃以及被查获的情况，准确认定海砂价值。对于涉案海砂价值，有销赃数额的，一般根据销赃数额认定；无销赃数额、销赃数额难以查证，或者根据销赃数额认定明显不合理的，根据海砂市场价格和数量认定。非法开采的海砂在不同环节销赃，非法开采、运输、保管等过程中产生的成本支出，在销赃数额中不予扣除。因销售、灭失等原因导致海砂价值难以确定，但有销售记录、记账凭证、同案犯供述以及证人证言等予以证实的，可以依据当地价格认证机构或者省级以上人民政府自然资源、水行政、海洋等主管部门出具的报告，结合相关证据作出认定。需要对海砂价值进行评估、鉴定的，一般应当以实施犯罪行为终了时当地海砂市场交易价格或者非法采砂期间当地海砂的平均市场价格为基准，犯罪行为存在明显时段连续性的，可以分别按不同时段实施犯罪行为时当地海砂市场交易价格为基准。例如，在非法采砂现场、运输过程中被查获的海砂价值，以出水价格认定；完成运输、卸货尚未销售的海砂价值，以到岸价格认定。如当地县（市、区）无海砂市场交易价格，可参照周边地区海砂市场交易价格。

关联索引

《刑法》第 25 条第 1 款、第 26 条、第 27 条、第 343 条第 1 款
《办理非法采矿案件解释》第 3 条、第 5 条、第 8 条、第 11 条、第 13 条

最高人民检察院发布 12 件检察机关服务保障长江经济带发展典型案例（第四批）之三：四川省宜宾市廖某贵等 3 人非法采矿刑事公诉案

基本案情

2015 年，四川省宜宾市发布禁令，自 2015 年 7 月至 2019 年 7 月，长江河道宜宾境内 91 公里江段禁止采砂。2018 年 3 月至 2019 年 2 月，被告人廖某贵明知上述禁令且未取得采砂许可证，仍伙同被告人吴某军以承建散货码头和港池清淤为掩护，在长江禁采段宜宾港散货码头对面的长江边，非法挖采砂夹石 21 923.14 立方米，价值 761 851 元；伙同被告人鲁某刚在长江禁采段宜宾港散货码头下游长江边，非法挖采泥夹石 2119 吨和黄沙 10 966.15 吨，

价值共计 244 732.55 元。

检察机关履职过程 ⟫

2019 年 3 月 29 日，长江航运公安局泸州分局（以下简称长航泸州分局）接到群众举报，对本案立案侦查。公安机关发现，案发地虽然禁止采砂但属宜宾港在建工程范围，作为工程承包方，廖某贵和鲁某刚挖采泥夹石和黄沙的行为是否属于非法采矿，存在疑问。为此，长航泸州分局商请四川省宜宾市翠屏区人民检察院（以下简称翠屏区院）介入侦查。办案检察官通过审查施工合同和图纸，赴现场查看，引导侦查人员从工程项目的时间、案发地点的位置、合同的规定等方面进一步取证，夯实了廖某贵和鲁某刚涉嫌非法采矿犯罪的证据基础。同时，检察官发现不同工人对采挖地点的描述存在细微差异。为准确认定案件事实，检察官联合侦查人员实地查看，发现廖某贵在散货码头对面另有一个因水位上涨、已被江水淹没的非法采挖点。针对新发现的犯罪事实，检察官提出强化现场指认、固定现场证据等补充侦查意见。鉴于案发地位于长江上游珍稀鱼类国家级自然保护区核心区，翠屏区院建议公安机关开展生物资源以及生态价值损害鉴定，以准确评估行为的危害后果。公安机关采纳了检察机关全部意见。2019 年 11 月，廖某贵、吴某军和鲁某刚迫于压力，向公安机关投案。2020 年 2 月 14 日，公安机关将廖某贵等 3 人涉嫌非法采矿案移送翠屏区院审查起诉。经检察机关释法说理，廖某贵等人主动缴纳了矿产资源损失费、生态修复款、专家调查评估等费用，共计 101 万元；鲁某刚签署了认罪认罚具结书。7 月 28 日，翠屏区院向翠屏区人民法院提起刑事附带民事公益诉讼。

2020 年 12 月 29 日，翠屏区人民法院一审判决廖某贵等三人犯非法采矿罪，其中廖某贵、吴某军情节特别严重，依法应处三年以上七年以下有期徒刑；鲁某刚情节严重，依法应处三年以下有期徒刑，鉴于三被告人均有自首情节且全额履行了附带民事公益诉讼请求，法院对廖某贵、吴某军减轻处罚，对鲁某刚从轻处罚，分别判处廖某贵有期徒刑二年，并处罚金 10 万元；吴某军有期徒刑一年六个月，缓刑三年，并处罚金 3 万元；鲁某刚有期徒刑一年缓刑三年，并处罚金 2 万元；追缴没收廖某贵违法所得人民币 2 万元。宣判后，被告人廖某贵以量刑过重为由，提出上诉。鉴于案发已两年，等待二审宣判还需要一段时间，非法采挖砂石在河床上形成的两个大坑凼边坡不稳定，随时可能垮塌，并且坑凼内常有江水倒灌，给附近群众的生命财产安全造成了较大威胁。为防止发生次生灾害，翠屏区院联合法院、自然资源和规划局等单位召开座谈会，决定对受损河道先予修复回填。与会单位就修复生态方案，形成一致意见，决定参照《民事诉讼法》相关规定，委托有资质的企业立即修复受损河道，待判决生效后再向施工方支付费用。施工完成后，检察机关、法院对工程验收合格报告进行了审查。经修复，河道的抗冲刷能力得到大幅提高，有效确保了航运安全和附近群众生命财产安全。2021 年 4 月 12 日，宜宾市中级人民法院裁定驳回廖某贵上诉，维持原判。

判决生效后，翠屏区院就案件暴露出的问题，分别向沙坪街道办事处、宜宾市自然资源和规划局三江新区分局、宜宾市三江新区城乡融合发展局发出检察建议，要求更加重视群众举报，提升及时发现违法行为的能力；加强日常巡查；制订进一步修复涉案河道生态的方案。三家单位收到检察建议后，立即按要求进行了整改。

典型意义 ≫

近年来，长江河砂价格持续走高，一些不法分子利用监管漏洞疯狂盗采砂石，且作案手段和反侦查意识越来越强。实践中，盗采河砂的犯罪案件普遍存在客观证据相对缺乏、证据整体证明力不强、价值鉴定难等问题。检察机关应公安机关商请，介入这类案件的侦查，不仅就案件定性、证据收集等提出意见建议，还在审查中发现证据间的疑点，通过深挖细查，确保了打击犯罪的精准和及时。盗采、滥采长江河砂是对国土资源的严重破坏，不仅影响长江生态，也影响航道安全和防洪安全。为避免公共利益遭受不可恢复的损失，在刑事二审诉讼终结前，赔偿人明确表示对生态损害赔偿没有异议的前提下，检察机关推动有关部门对受损河道先予修复，既有利于防止损失的进一步扩大，也能避免诉讼时间过长给公共利益造成新的损失。

关联索引 ≫

《刑法》第 25 条第 1 款、第 26 条、第 27 条、第 343 条第 1 款
《办理非法采矿案件解释》第 3 条、第 5 条、第 8 条

最高人民检察院、水利部联合发布 10 起涉水领域检察公益诉讼典型案例之十：广东省佛山市顺德区人民检察院诉林某泉等 9 人非法采砂刑事附带民事公益诉讼案

基本案情

2000 年至 2018 年，林某泉、林某明等 9 人在广东省佛山市三水区通过组织、领导黑社会性质组织，实施违法犯罪行为，长期在北江干流三水河段、北江支流芦苞涌等河段流域，非法盗采河砂 1238 万余立方米，导致河床下降、河岸边坡不稳甚至坍塌，部分河段堤围出现明显地质灾害隐患。北江大堤是国家一级堤防，也是广州、佛山等粤港澳大湾区防御北江洪水的重要屏障，林某泉等 9 人的非法采砂行为导致北江大堤多处出现安全隐患，危害堤防稳固安全。

检察机关履职过程

林某泉等人涉嫌组织、领导黑社会性质组织罪、行贿罪、非法采矿罪等罪名的刑事案件经依法指定由广东省佛山市顺德区人民检察院（以下简称顺德区院）审查起诉。2020 年 8 月 5 日，顺德区院决定对非法采矿部分进行刑事附带民事公益诉讼立案，指定专门办案组开展诉前审查。广东省人民检察院、佛山市人民检察院明确专人跟进指导。顺德区院派员多次开展实地调查，前往佛山市三水区住房城乡建设和水利局等单位调查取证。生态环境部华南环境科学研究所接受委托，指派专家对本案生态环境损害结果进行评估，依据"恢复原状、价值替代"的原则，采取价值等值分析方法，通过计算实施修复的费用作为生态损失量化的重要组成，评估核算损失合计 29.6 亿余元。

诉前公告期满后，经报请批准，顺德区院依法提起刑事附带民事公益诉讼。佛山市顺德区人民法院一审判决支持检察机关全部诉讼请求，判处林某泉等人三年至二十四年六个月不等有期徒刑，剥夺政治权利，没收个人全部财产或并处罚金等刑罚，同时判令被告林某泉等 9 人限期连带赔偿生态环境修复等各项费用共计 29.6 亿余元，连带支付环境损害评估费用 96 万元，并在佛山市市级以上新闻媒体向社会公开赔礼道歉。判决同时写明上述费用支付至佛山市公益诉讼专项资金账户，并在随案财物处理意见中注明优先履行

公益诉讼判项。一审判决后林某泉等人提起上诉，2021 年 3 月 12 日，佛山市中级人民法院裁定驳回上诉，维持原判。判决生效后，佛山市财政局已完成对案涉被查扣财物"实物入库"工作，相关款项已被划入佛山市公益诉讼专项资金账户。

典型意义 >>>

检察机关在办理涉水公益诉讼案件时，与水利部门密切协作，充分发挥水利部门专业特长和熟悉当地水利工作实情的优势，为有效查明案情和准确适用法律打下坚实基础，也为后续水生态修复、水利设施保护等相关工作的高效有序开展奠定良好基础，实现了案件办理的政治效果、社会效果和法律效果相统一。

最高人民检察院发布 23 起检察公益诉讼起诉典型案例之七：江苏省灌南县人民检察院诉李某兴等人非法采矿刑事附带民事公益诉讼案

基本案情 >>>

2017 年 3 月 29 日至 5 月 11 日，被告李某兴、苏某冬、杨某春、苏某兰等人为牟取非法利益，在未取得海砂开采海域使用权证、采矿许可证的情形下，以航道清淤的名义，用采砂船多次在连云港市赣榆区海头镇东侧海域采挖海砂，累计采砂 22 944.15 立方米，销售 22 200 立方米，销赃数额为人民币 865 800 元，尚有 744.15 立方米海砂（经鉴定价格为人民币 39 440 元）因被查处未能销售。被告时某某在明知苏某冬、李某兴等人系非法采矿的情况下，事前通谋，并以人民币 60 万元多次收购海砂 10 300 立方米用于销售。

检察机关履职过程 >>>

2018 年 12 月，在办理李某兴等人非法采矿刑事案件中，江苏省连云港市灌南县人民检察院（以下简称灌南县院）发现行为人盗采海砂持续时间长、损害数额大，可能对海床造成破坏，进而导致海洋生物损害，破坏海洋生态，损害社会公共利益，于 2019 年 1 月 11 日以刑事附带民事公益诉讼立案调查。经公告，未有适格主体提起民事公益诉讼。灌南县院针对海床损害和海洋生物资源损害两个方面分别委托生态环境部环境规划院和江苏海洋水产研究所两家专业鉴定机构进行了鉴定。经鉴定，李某兴等人行为破坏海床结构稳定性和水源涵养功能，并对海洋生物资源和受损海床生物多样性造成强烈损害，损失共计 90.8 万元。

2019 年 5 月 23 日，灌南县院向灌南县人民法院提起刑事附带民事公益诉讼。诉请判决被告赔偿损失 90.8 万元，承担评估费用 12 万元，在江苏省省级以上媒体赔礼道歉。2019 年 6 月 11 日该案公开开庭审理。庭审过程中，被告方认为，本案所采海砂并非海洋海床结构海砂，采砂行为未对海洋生态环境造成损害。检察机关从本案非法采砂所处地点、采砂行为对水文环境造成的损害、采样方法、采样程序等方面进行了举证和辩论。2020 年 10 月 20 日，灌南县人民法院作出一审判决，认为行为人在海砂禁采区和生态红线保护区海域采砂，采砂行为影响该区域水文动力环境，冲砂洗砂过程中形成局部区域含沙量骤升会对海洋水质产生影响，危害海洋生态系统，判决支持灌南县院全部诉求。

灌南县院通过办理本案发现，灌河流域存在大量非法小码头，客观上加剧了盗采海砂行为，相关监管部门存在履职不到位问题。2018 年 10 月 31 日，灌南县院向本县港口建设管理局发出行政公益诉讼诉前检察建议，督促拆除非法小码头 56 处，恢复灌河岸线 22.2 公里。

典型意义 》》

盗采海砂不仅会对海床造成破坏，而且破坏海洋浮游生物和微生物资源，会对脆弱的海洋生态造成毁灭性打击，损害社会公共利益。检察机关在依法打击盗采海砂犯罪行为的同时，应当对盗采海砂行为造成的海洋生态损失进行调查，通过委托专业鉴定机构对盗采海砂造成的生态损害、盗采海砂行为与损害后果之间因果关系进行鉴定评估，制定科学合理的生态修复方案，依法提起刑事附带民事公益诉讼，由盗采海砂行为人对遭受破坏的海洋生态进行修复。检察机关办案中注重发现行政监管漏洞，通过行政公益诉讼促进社会治理。

最高人民检察院、中国国家铁路集团有限公司联合发布 10 起铁路安全生产领域公益诉讼典型案例之十：河北省邢台市非法采砂危害高铁大桥运输安全公益诉讼系列案

基本案情 》》》

河北省邢台市开发区的大沙河是重要的行洪河道之一，受利益驱使，盗采河砂违法犯罪行为屡禁不止。特别是位于邢台市开发区范围内的京广高速铁路、京港澳高速公路大桥河道附近禁采区，发生多起非法采砂案件，多处砂石被盗采，临近的高铁大桥下及两侧砂土被挖后形成众多砂坑，严重影响行洪和堤防安全。部分大桥桥墩基础裸露，可能导致桥梁变形、塌陷，严重危及高铁大桥运输安全和高铁运行安全。

检察机关履职过程 》》》

2019 年 5 月，河北省邢台市经济开发区人民检察院（以下简称开发区检察院）收到石家庄铁路运输检察院移送的相关线索。该院经实地勘查发现，高速铁路大桥、高速公路大桥附近多处砂石被非法盗采，河道内千疮百孔，部分桥墩基础裸露，在雨季即将来临之际，存在桥墩偏斜的风险，高铁大桥防洪安全存在重大隐患。2019 年 6 月初，开发区检察院正式立案调查，对高速铁路大桥、高速公路大桥下非法采砂现场进行拍照取证，询问沿线村民、铁路部门等相关人员，调取行政机关职权清单及执法相关证据材料。同年 6 月 12 日，开发区检察院向邢台市水务局发出诉前检察建议，建议邢台市水务局作为该市河道采砂活动的监督管理机关，针对开发区高铁大桥附近禁采区存在违法采砂问题，加强对河道采砂活动的监督检查，及时查处违法采砂行为，对已经存在的安全隐患尽快处理。

收到检察建议后，邢台市水务局多次召开会议研究部署工作，联合开发区农业办进行现场调查核实，从四个方面进行整改。一是针对高铁大桥、高速公路大桥桥墩基础裸露问题，京港澳高速公路管理单位已于 6 月底完成了加固处理；二是针对高速与高铁之间的一处盗采遗留砂坑，经调查此盗采河砂行为公安机关已立案侦查，盗采人已被开发区公安机关刑事拘留，将积极配合后续的调查工作；三是责成开发区经济发展局将现有砂坑限期进行平整，

加大河道巡查和监管力度，确保河道行洪能力和桥梁安全；四是针对河道非法采砂行为，联合市自然资源和规划局、市林业局、市公安局开展了全市集中治理非法采砂专项活动，有效遏制河道私挖滥采现象，维护河道采砂秩序。

2019年6月24日，邢台市公安局开发区分局以犯罪嫌疑人武某某、曹某某涉嫌非法采矿罪，移送开发区检察院审查起诉。经审查查明：2018年8月至2019年3月，翟某某（在逃）租用武某某、曹某某在开发区留村镇南阳村南侧500米处，京广高速铁路与京港澳高速公路间的河道内开荒占有的土地非法采砂。经邢台市国土资源测绘中心测定，非法采砂地块面积共计9528.58平方米，违法开采三类建设用砂共计57 171.48立方米；经邢台市价格认证中心认定，砂石价格共计2 858 574元，回填费用共计1 435 825元。翟某某、武某某、曹某某三人的非法采砂行为，导致高速铁路大桥、高速公路大桥桥梁基础埋置深度已经无法达到设计要求，基础承载力受到极大影响，严重危及高速铁路和高速公路的行车安全。

2019年11月30日，开发区检察院以非法采矿罪对武某某、曹某某提起公诉。2020年3月4日，开发区检察院对武某某、曹某某提起刑事附带民事公益诉讼，诉请判令：（1）被告武某某对被盗采砂坑恢复原状，如无法恢复则承担沙坑修复费用1 286 843.11元；（2）被告曹某某对被盗采砂坑恢复原状，如无法恢复则承担沙坑修复费用148 981.89元。

2020年7月30日，开发区人民法院判令武某某犯非法采矿罪，判处有期徒刑一年六个月，没收违法所得2万元并处罚金人民币2万元；武某某在判决生效后一月内将盗采砂坑恢复原状，如无法恢复则承担砂坑修复费用1 286 843.11元；曹某某犯非法采矿罪，判处有期徒刑一年四个月，没收违法所得8000元，并处罚金人民币1万元；曹某某在判决生效后一月内将盗采砂坑恢复原状，如无法恢复则承担砂坑修复费用148 981.89元。一审判决生效后，各被告均未上诉。

典型意义 》》》

在高速铁路大桥附近河道禁采区内非法采砂，不仅使国家矿产资源遭到破坏，也给高铁运输安全、河道行洪安全造成重大隐患。本案中，检察机关立足法律监督职能，一方面，督促行政机关积极履职，实现了保护国家矿产资源和铁路基础设施的双重目的；另一方面，充分发挥刑事附带民事公益诉讼职能，使犯罪嫌疑人得到应有的刑事惩罚，并依法承担生态环境修复责任，切实维护国家利益和社会公共利益。

最高人民检察院发布3件依法严惩利用未成年人实施黑恶势力犯罪典型案例之二：黎某甲寻衅滋事、妨害作证、故意伤害、非法采矿案

基本案情

2015年至2017年，以黎某甲为首，毛某某、骆某甲（未成年人）等6人为固定成员的恶势力犯罪集团，以暴力、威胁等手段，在广东省清远市阳山县多次实施违法犯罪活动，欺压当地百姓，扰乱社会生活秩序，造成较为恶劣的社会影响。2016年7月，黎某甲因与被害人李某某发生纠纷，遂纠集毛某某、骆某甲等人到李某某的烧腊店进行报复。黎某甲指使毛某某、骆某甲等人利用其事先准备的铁桶等工具撬开烧腊店铁闸门，对店内物品进行打砸，并将烧腊店内的摩托车推到附近小河涌，造成财物损失价值人民币5881.96元。事后，黎某甲为逃避法律制裁，要求骆某甲电话联络黎某乙和骆某乙，并让三人提供身份证等资料。黎某甲在山庄宴请三人，指使三人到公安机关自首，并作三人实施打砸李某某烧腊店的假口供，以包庇其及其他同案犯。2017年3月27日，被告人骆某甲到阳山县公安局刑侦大队投案，并作假口供包庇黎某甲及其他同案犯。

检察机关履职过程

阳山县人民检察院经认真审查和引导补证后，认为黎某甲领导的犯罪组织，符合恶势力犯罪集团的特征，同时增加认定黎某甲部分故意伤害犯罪事实。黎某甲为逃避法律责任，利用骆某甲心智不成熟、社会阅历浅、法治意识淡薄的特点，指使未成年人录假口供、作伪证的妨害作证行为，不仅妨害正常司法活动，而且严重侵害了未成年人合法权益。检察机关精准指控，增加认定了首要分子黎某甲的部分故意伤害犯罪事实，同时依法认定该犯罪组织为恶势力犯罪集团，对利用未成年人实施黑恶势力犯罪的，体现了依法从严打击。

针对骆某甲实施的违法行为，检察机关一方面通过庭审教育的方式，与其援助律师共同开展法治教育。另一方面通过与其家庭成员联系，深入分析家庭教育对未成年人的重要性，强调加强家庭教育和关心关爱，帮助其改过自新，重新回归社会。

2019年12月30日，阳山县人民法院对黎某甲等7人作出判决，依法判处黎某甲犯寻衅滋事罪、妨害作证罪、故意伤害罪、非法采矿罪，数罪并罚，决定执行有期徒刑六年六个月，并处罚金人民币5万元。

典型意义 >>>

黑恶势力犯罪分子利用未成年人自我保护能力弱、辨别能力低、易于控制指挥的特点，常常有意拉拢、引诱、欺骗未成年人加入黑恶势力，实施黑恶势力违法犯罪活动。未成年人被利用参与黑恶势力犯罪的，应当重在切断"毒源"，防止低龄未成年人"积小恶成大患"。

一些黑社会性质组织和恶势力犯罪集团、恶势力，利用《刑法》第17条关于刑事责任年龄的规定，有意将未成年人作为黑恶势力的发展对象，以此规避刑事处罚。成年犯罪人利用未成年人心智尚未成熟的特点，伙同未成年人实施黑恶势力犯罪，并在犯罪后为逃避法律责任，指使未成年人作伪证、顶罪，包庇其他成年人的犯罪事实，行为恶劣，应当予以严惩。

最高人民检察院发布16起检察机关服务保障长江经济带发展典型案例（第三批）之六：安徽省铜陵市郊区人民检察院诉李某某等非法采矿刑事附带民事公益诉讼案

基本案情 >>>

2016年，安徽淮北某公司（后更名为某勘探公司）在金华石片厂及福光联合石料厂矿山生态环境治理工程中，成立工程项目部并聘请未取得采矿许可证的李某某、陶某为工程项目部负责人。李某某、陶某违反施工设计和施工合同，私自变更施工方案，超红线范围施工，至案发时共非法开采石料达268万吨，价值7135万元，造成国家矿产资源和生态环境严重破坏。安徽某爆破公司明知某勘探公司工程项目部、李某某、陶某在矿山治理过程中违反施工设计和施工合同进行施工，仍为其提供爆破作业服务。

检察机关履职过程 》》

2018年12月，安徽省铜陵市郊区人民检察院（以下简称铜陵郊区院）在办理李某某、陶某等涉嫌非法采矿罪审查起诉案中发现，李某某、陶某等非法采矿行为可能破坏生态环境、损害社会公共利益，依法立案审查。经检察机关与铜陵市国土资源局共同委托安徽开成地矿勘查有限公司、铜陵华诚工程咨询有限公司及有关专家进行评估鉴定，确定本次非法采矿共产生生态环境修复费用3 803 832.22元，评估鉴定费38 800元。

2018年12月26日，铜陵市郊区人民检察院以李某某、陶某等涉嫌非法采矿罪向郊区人民法院提起公诉，同时对李某某、陶某提起刑事附带民事公益诉讼，并依法追加某勘探公司、安徽某爆破公司为刑事附带民事公益诉讼被告，诉请判令四被告连带承担因本次非法采矿产生的生态环境修复费用共3 803 832.22元及评估、鉴定费用38 800元。2019年7月4日，铜陵市郊区人民法院依法判令李某某、陶某因非法采矿罪分别处有期徒刑六年并处罚金和有期徒刑四年并处罚金，同时支持了全部公益诉讼请求。附带民事公益诉讼被告不服上诉，铜陵市中级人民法院于2019年11月1日裁定驳回上诉，维持原判。2020年1月2日，涉案款项全部执行到位。现案涉矿山生态环境已修复完毕。

在办理公益诉讼案件的同时，铜陵市人民检察院针对行政主管机关对矿山资源日常监管不到位、矿山生态修复治理过程中工作不规范等问题，向行政机关发出社会治理检察建议，督促加强管理、堵塞漏洞。行政机关对检察建议全部采纳，促进矿山资源管理和环境整治隐患问题有效解决。检察机关在办好案件的同时，主动配合纪检监察机关查处工程责任主体单位、工程实施主体单位相关责任人员贪污贿赂、渎职犯罪问题，现已有两人因受贿罪和玩忽职守罪被判处有期徒刑以上刑罚，一人被处撤销党内职务、行政降级处分。

典型意义 》》

本案中检察机关对不构成犯罪但构成民事侵权的相关主体依法作为刑事附带民事公益诉讼被告一并提起诉讼，要求其承担连带赔偿责任，有利于受损社会公共利益得到及时救济和保护。检察机关在公益诉讼办案中积极发挥一体化办案机制优势，就案件事实认定、生态环境损害鉴定、生态环境修复方案及费用等问题加强上下、内外协作配合，与行政机关共同委托专业机构对因非法采矿导致生态环境修复费用进行了评估、鉴定，同步跟进生态环境修复方案制定，同步跟进生态环境恢复成效，避免了传统诉讼流程"先赔偿、后修复"模式下，生态环境损害问题持续扩大的负面影响。

最高人民法院发布典型案例

最高人民法院发布 12 起涉民营企业产权和企业家合法权益保护再审典型案例之二：汤某珍等非法采矿再审改判无罪案

基本案情 》》》

2015 年，被告人汤某珍、王某强、卢某超三人合伙经营大同司采石场，采矿许可证有效期限至 2017 年 3 月 12 日。2017 年 2 月，大同司采石场向蕲春县国土资源局提交了采矿权延续申请。同年 3 月 13 日，该局下发通知，要求大同司采石场停止生产，否则按无证采矿处理。7 月 20 日，该局又下发通知，称受全省石材行业综合整治及该县矿产资源规划等因素影响，对大同司采石场提交的采矿权延续申请暂缓办理。大同司采石场在采矿许可证到期后至 2018 年案发时，开采、加工矿石共计价值 700 余万元。

大同司采石场对上述两个通知不服，提起行政诉讼。在行政诉讼中，一审法院于 2019 年 4 月判决撤销蕲春县国土资源局停产通知的行政处罚，限该局在判决生效十日内对大同司采石场的采矿权延续申请重新作出行政行为。二审法院于同年 8 月维持原判。2021 年 12 月 24 日，该局为大同司采石场颁发延续后的采矿许可证，有效期限自 2021 年 12 月 24 日至 2022 年 8 月 24 日。

一审法院于 2019 年 12 月以非法采矿罪分别判处被告人汤某珍、王某强、卢某超二年以下不等的有期徒刑，并处罚金。三被告人提出上诉后，二审法院裁定驳回上诉，维持原判。根据当事人的申诉，湖北省高级人民法院决定予以再审并提审。

裁判理由 》》》

经再审审理，湖北省高级人民法院认为，大同司采石场在采矿许可证有效期届满前提出了采矿权延续申请，蕲春县国土资源局受理后未在法定期限内作出是否准予延续的决定，却在逾期后先后作出停产通知和暂缓通知，并因此被法院判决限期重新作出行政行为，故大同司采石场的采矿权延续申请在本案一、二审期间实际处于行政机关逾期未作出是否准予延续决定的状态。根据《行政许可法》第 50 条第 2 款的规定，行政机关逾期未作决定的，视为准予延续，故三被告人在采矿许可证到期后的开采行为，不属于《刑法》第 343 条规定的非法采矿行为。据此，湖北省高级人民法院于 2022 年 12 月 30 日作出再审判决，宣告汤某珍、王某强、卢某超无罪。

典型意义 >>>

法治政府建设是全面依法治国的重点任务和主体工程。人民法院应当充分发挥职能作用，以公正审判助推行政机关依法行政。本案中，被告人在采矿许可证到期后继续开采矿石，与行政机关未依法履职、不及时作为有关，不属于违反刑法规定应当追究刑事责任的非法采矿行为。本案再审改判被告人无罪，依法保障了涉案企业经营者合法权益，对于监督支持行政机关依法行政，一体推进法治国家、法治政府、法治社会建设，切实优化民营经济发展环境具有积极意义。

最高人民法院发布 10 起人民法院服务保障新时代生态文明建设典型案例之二：被告人梁某德、梁某明非法采矿案

基本案情 >>>

2013 年下半年，被告人梁某德和温岭市箬横镇下山头村村委会商定，由梁某德出面以村委会的名义办理该村杨富庙矿场的边坡治理项目。2013 年 11 月、2014 年 9 月台州市国土资源局审批同意其开采建筑用石料共计 27.31 万吨。被告人梁某明受梁某德指使在该矿负责管理日常事务，所采宕碴矿销售给温岭市东海塘用于筑路。至案发，该矿场超越审批许可数量采矿，经浙江省国土资源厅鉴定，该治理工程采挖区界内采挖量合计 415 756 吨（包括岩石 381 396 吨，风化层 19 523 吨，土体 12 209 吨），界外采挖量合计 829 830 吨（包括岩石 814 289 吨，风化层 9843 吨，土体 5698 吨），两项共计 1 245 586 吨。扣除台州市国土资源局审批许可的 27.31 万吨及风化层、土体、建筑废

料等，二被告人共非法采矿 822 585 吨，价值 13 161 360 元。

裁判理由 >>>

浙江省温岭市人民法院一审认为，被告人梁某德、梁某明违反矿产资源法的规定，未取得采矿许可证擅自采矿，情节特别严重。在共同犯罪中，梁某德起主要作用、系主犯，梁某明起次要、辅助作用，系从犯，依法可以从轻或减轻处罚。鉴于梁某明系从犯，归案后能如实供述其犯罪事实，且当庭自愿认罪，确有悔罪表现，决定对梁某明依法予以减轻处罚并适用缓刑。一审法院以非法采矿罪，判处梁某德有期徒刑四年六个月，并处罚金人民币 35 万元；判处梁某明有期徒刑二年，缓刑三年，并处罚金人民币 15 万元；对梁某德、梁某明的犯罪所得人民币 13 161 360 元，予以追缴没收，上缴国库。浙江省台州市中级人民法院二审维持原判。

典型意义 >>>

本案系非法采矿刑事案件。矿产资源是国家自然资源的重要组成部分，各地滥采、盗采矿产现象较为严重，对此类非法采矿的行为应予严惩。司法实践中，对于被告人非法采矿的数量及价值的认定往往成为案件审理的焦点。本案通过委托有资质的鉴定机构进行鉴定，较为合理地确定了非法采矿数量及价值，为准确量刑奠定了较好基础。本案在判处主犯有期徒刑四年六个月并处罚金的同时，追缴二被告人的犯罪所得 1300 余万元，有力地震慑了此类犯罪，维护了国家利益，对于增强社会公众对矿产资源的保护意识和守法意识、促进自然资源的有序开发及合理利用具有积极的示范作用与现实意义。

最高人民法院发布 10 件国家公园司法保护典型案例之一：郑某成、高某进、叶某东非法采矿案

基本案情 >>>

被告人郑某成与他人共同承包位于福建省光泽县鸾凤乡某山场的林地，该山场位于武夷山国家公园范围内。郑某成与被告人高某进系朋友关系，二

人预谋在该山场合伙开采稀土牟利。2016年9月至2017年5月，郑某成、高某进组织冯某安、钟某明（均另案处理）和被告人叶某东等人在无采矿许可证的情况下，到该山场采用在山体打溶洞注入硫酸铵等，再对析出液体进行沉淀的方式开采稀土矿，现场查获疑似稀土半成品9300千克。经鉴定，案涉稀土矿均属离子吸附型稀土，属国家规定实行保护性开采的特定矿种，郑某成等人非法开采行为还造成稀土矿点矿产资源破坏。此外，另查明叶某东于2018年3月与他人因琐事争执并打斗，犯有故意伤害致人轻伤的犯罪事实。福建省光泽县以郑某成、高某进、叶某东犯非法采矿罪，叶某东犯故意伤害罪提起公诉。

裁判理由 >>

福建省光泽县人民法院经审理认为，被告人郑某成、高某进、叶某东等人违反矿产资源法的规定，无采矿许可证擅自开采国家实行保护性开采的特定矿种离子吸附型稀土矿，情节特别严重，已构成非法采矿罪。郑某成、高某进是主犯，叶某东是从犯。遂以非法采矿罪分别判处郑某成、高某进有期徒刑四年九个月，并处罚金15万元；以非法采矿罪、故意伤害罪，数罪并罚，判处叶某东有期徒刑三年，并处罚金10万元；扣押在案的稀土半成品予以没收。宣判后，被告人高某进不服，提出上诉。福建省南平市中级人民法院二审裁定：驳回上诉，维持原判。

典型意义 >>

武夷山国家公园是我国目前唯一一个既是世界人与生物圈保护区，又是世界文化与自然双遗产的国家公园，储有众多不可再生的宝贵矿产资源。其中的稀土是我国的重要战略资源，是新兴产业、高端制造业、现代国防科技工业的关键元素。近年来，武夷山国家公园周边地区出现了非法开采稀土的犯罪行为，损害国家稀土资源储备，严重威胁国家公园环境资源安全。本案被告人以原地浸矿法开采稀土矿，危害到武夷山国家公园的生态服务功能和生态系统稳定性，容易导致植被破坏、山体裸露、水源污染、水土流失、山体滑坡、地面裂缝和沉降等严重后果发生。人民法院在开采的矿产品价值和造成矿产资源破坏的价值均已查明的情况下，以造成矿产资源破坏的价值认定被告人非法采矿行为情节特别严重，依法严厉惩处非法开采稀土犯罪，在法定刑幅度范围内从严处罚，并严格控制缓刑的适用，有利于保障国家战略性资源的开发利用，守护国家公园生态安全。

最高人民法院发布 10 件人民法院依法惩处盗采矿产资源犯罪典型案例之四：谢某俊等人非法开采砂金案

基本案情 》》》

2011 年 3 月，被告人谢某俊之兄谢某有（另案处理）以给石头峡水电站等地提供砂石料为由，成立了门源县石头峡水电站扎麻图大红沟砂石料场，获得了河道采砂许可证及相关手续，谢某俊为该砂石料场法定代表人。同年 5 月起，谢某有、谢某俊购置帐篷等物品，租赁机械设备，雇佣冶某某、谢某新、谢某云、谢某硕、马某贵，以采砂石料为幌子，擅自在该砂石料场内采挖国家规定实行保护性开采的砂金，共计 170 余千克，并将砂金以每克 290 元至每克 300 元的价格，分多次出售给马某元。马某元将砂金价款转入谢某有、谢某俊、谢某录的银行账户，共计 44 599 340 元。

检察机关提起附带民事公益诉讼，在法院主持下，公益诉讼双方当事人达成调解协议。谢某俊承诺根据非法开采地矿山地质环境综合治理方案的要求履行生态修复义务，并登报向当地牧民赔礼道歉；若不能按期按要求恢复治理，则赔偿治理费用 1 040 668 元。

裁判理由 》》》

青海省门源县人民法院认为，被告人谢某俊违反矿产资源法的规定，以开采砂石料为名擅自采挖砂金，构成非法采矿罪，情节特别严重，判处有期徒刑五年六个月，并处罚金 300 万元；依法追缴全部违法所得。宣判后，谢某俊提出上诉。青海省海北藏族自治州中级人民法院裁定驳回上诉，维持原判。

典型意义 》》》

该案盗采地点位于青藏高原东北部边缘，属祁连山国家公园青海省片区。祁连山是黄河流域和河西内陆河流域重要水源产流地，是我国西部重要生态安全屏障，也是我国生物多样性保护优先区域。谢某俊等人以合法的砂石料场和采砂许可证为掩饰，超出许可范围盗采国家实行保护性开采的砂金，不仅给特种矿产资源造成严重损失，也给生态环境造成严重损害。人民法院充分发挥环境资源审判职能作用，加强青藏高原和黄河流域环境资源司法保护，依法严惩谢某俊非法采矿犯罪行为，同时积极运用恢复性司法规则，支持谢某俊主动承担生态修复责任，对引导当地群众增强环境资源保护意识具有重要意义。

最高人民法院发布 10 件青藏高原生态保护典型案例之六：康定某水泥有限责任公司、四川省甘孜藏族自治州康定市某村民委员会及孟某安等 8 人非法采矿案

基本案情 >>>

2019 年年初，被告单位康定某水泥有限责任公司（以下简称某水泥公司）总经理、副总经理为解决公司生产原材料紧缺困难，在明知公司未取得采矿许可证的情况下，与时任被告单位四川省甘孜藏族自治州康定市某村民委员会（以下简称某村委会）主任的被告人孟某安协商，达成向同样不具备采矿许可资格的某村收购石灰石的意向，并分别于 2019 年 3 月至 8 月、2020 年 4 月至 11 月在该村非法采挖石灰石 1 196 042.82 吨，价值 21 528 770.76 元，造成案发地多处大面积原始植被毁损。四川省康定市人民检察院以非法采矿罪对某水泥公司、某村委会及孟某安等八人提起公诉。

裁判理由 >>>

四川省康定市人民法院一审认为，某水泥公司和某村委会及二单位直接负责的主管人员和直接责任人员在未取得采矿许可证的情况下，非法挖采石灰石，造成矿产资源破坏，情节特别严重，二被告单位与八被告人均已构成非法采矿罪。根据犯罪事实、社会危害程度、罚金履行能力及主动到案、认罪认罚情节，分别判处某水泥公司、某村委会罚金 200 万元、100 万元，追缴违法所得；判处八被告人有期徒刑五年至二年不等，对部分被告人适用缓刑，

并处罚金18万元至5万元不等。宣判后，某水泥公司不服提出上诉，后撤回上诉，一审判决已发生法律效力。

典型意义 >>>

青藏高原各类自然资源丰富，但资源环境承载能力较弱，必须坚持生态优先、绿色发展，严守国家生态安全边界。本案案发地四川甘孜地处青藏高原东南区域，被称为"川西高原"，拥有丰富的矿产资源及地热温泉等其他自然资源。被告公司与当地村委会共同犯非法采矿罪，非法采挖数量巨大，造成严重矿产资源破坏和巨大经济损失。人民法院严厉打击非法采矿犯罪，对于规范企业生产经营活动、提升当地群众生态环境保护法治意识具有警示教育意义。同时，考虑到当地经济发展水平以及各被告人主动到案、认罪认罚等情形，对部分被告人依法适用缓刑，有效发挥了宽严相济刑事政策优势。

最高人民法院发布人民陪审员参审十大典型案例之二：人民陪审员参加七人合议庭审理林某某等人黑社会性质组织犯罪案

基本案情 >>>

20世纪90年代开始，被告人林某某通过在广东省佛山市三水区经营渔港、夜总会、洗涤用品厂，积累经济实力，并招揽社会闲散人员，实施违法犯罪活动。以被告人林某某为组织者、领导者的黑社会性质组织先后实施了寻衅滋事、聚众斗殴、串通投标、非法采矿等一系列违法犯罪活动，利用组织的非法影响力和国家工作人员的包庇、纵容，对北江干流三水河段河砂开采业形成非法控制，同时与其他黑社会性质组织勾结，垄断北江干流清远河段河砂开采项目，严重破坏了当地的经济、社会生活秩序和生态环境，在当地造成极其恶劣的社会影响。2020年10月，佛山市顺德区人民检察院依法提起刑事附带民事公益诉讼。佛山市顺德区人民法院随机抽取四名人民陪审员，与三名法官组成七人合议庭审理本案。经审理判决，被告人林某某等人犯组织、领导黑社会性质组织罪、参加黑社会性质组织罪、非法采矿罪等，并连带赔偿生态环境修复费用、生态服务功能期间损失、环境损害评估费用共计人民币 29.6 亿元。一审判决后被告人不服上诉，佛山市中级人民法院二审裁定驳回上诉，维持原判。

人民陪审员发挥的参审作用 》》》

四名人民陪审员在法官指引下充分认识党中央关于开展扫黑除恶专项斗争的重大意义，严肃认真参与到案件审判中。一是在陪审身份意识上体现一个"主"字。面对多达 600 卷案卷，超 700 项待处理财产，连续 6 天、每日近 10 个小时庭审，人民陪审员始终以案件审理者的"主人翁"心态和高度的责任感、使命感，做到全面参与阅卷、全过程参与庭审、全方位参与合议发表意见。二是在参审行动上体现一个"助"字。为在事实查明方面充分发挥作用，人民陪审员一一核对公诉机关移交的讯问录像与庭审举证的讯问笔录，反复观看案件所涉的视频、图片资料。人民陪审员还仔细研究控辩双方的理由和依据，在庭前会议、庭审发言等方面提供了详尽可行的解决方案。三是在确保审理效果上体现一个"补"字。在合议庭的尊重和支持下，人民陪审员主动收集相关案例与法官交流，在法律适用方面充分发表自己的意见供合议庭参考。此外，还以人民陪审员特有的身份优势缓和各方冲突矛盾，确保了庭审顺利进行。

典型意义 》》》

本案是全国开展扫黑除恶专项斗争工作以来，佛山市乃至广东省内的一起重大涉黑案件，案件涉及扫黑除恶、生态文明保护等社会重大关切问题，社会影响重大。人民法院依法组织人民陪审员参与审理，把扫黑除恶与审判工作紧密结合，打好了一场扫黑除恶人民战争。合议庭在审判中，准确适用我国《人民陪审员法》七人合议庭事实认定和法律适用区分的规定，充分发挥人民陪审员"主""助""补"作用，是发挥人民陪审员参审主观能动性、明晰人民陪审员参审作用与范围、强化人民陪审员与法官协作的典型案例。

最高人民法院发布 10 件人民法院依法惩处盗采矿产资源犯罪典型案例之八：王某章、康某川等人非法采砂案

基本案情

被告人王某章、康某川商定盗采海砂，将共有船舶改装成采砂船，另购买船舶改装成具备屯砂、出砂功能的过驳船；雇佣被告人康某杰为船长，被告人康某河、康某强、姜某、康某滨等人为船员，并商定采砂超过 30 船，每多采一船，船员就可以多拿到 1550 元的奖金补贴，拿到的奖金按工资比例划分。2018 年 5 月至 2019 年 1 月，王某章、康某川等人多次驾乘采砂船，到闽江口和西犬岛附近海域盗采海砂，以每吨 6 元至每吨 25 元的价格出售给沙场或海上运砂船。经统计，王某章、康某川等人盗采海砂共计 30 余万吨，除 3000 余吨被公安机关查扣外，其余均被销售，造成矿产资源破坏价值 319.5 万元。

裁判理由

福建省连江县人民法院认为，被告人王某章、康某川等人违反矿产资源法的规定，未取得采矿许可证擅自开采海砂，均构成非法采矿罪，情节特别严重。在共同犯罪中，王某章、康某川系主犯，分别判处有期徒刑四年并处罚金 15 万元、有期徒刑三年四个月并处罚金 10 万元；其他被告人虽受雇佣为盗采海砂犯罪提供劳务，但参与利润分成，系从犯，分别判处有期徒刑十一个月至一年四个月，并处罚金 2000 元至 1 万元；没收犯罪所用的船舶。宣判后，王某章、康某川提出上诉。福建省福州市中级人民法院裁定驳回上诉，维持原判。

典型意义

海砂在我国分布广泛，是仅次于石油天然气的海洋资源。近年来，建筑市场对砂石需求旺盛，受利益驱使，沿海省份盗采海砂现象日益突出，严重威胁海洋地形地貌和海洋生态。王某章、康某川经精心组织、策划，为盗采海砂而专门改造船舶、雇用人员，采取连续作业方式，在闽江口等海域盗采海砂，严重破坏海砂资源和海洋生态。人民法院依法认定和区分主犯与受雇人员的责任并予以相应的刑事处罚，依法认定和处理用于犯罪的专门工具船

舶，保障了依法严惩盗采矿产资源犯罪的总体效果，落实了宽严相济的刑事政策，体现了人民法院围绕国家海洋战略、以司法审判护航海洋生态文明建设的立场和导向。

最高人民法院发布 10 件人民法院依法惩处盗采矿产资源犯罪典型案例之十：严某洋、严某虎非法开采鹅卵石案

基本案情 >>>

2017 年 4 月至 12 月，被告人严某洋、严某虎在未取得采矿许可证也未经水务行政部门批准的情况下，擅自在贵州省兴义市清水河镇联丰村泥溪河段开采鹅卵石。由严某洋负责召集、联系买主并雇用挖机、货车，由严某虎负责找工人及现场生产、管理、登记等事宜。二被告人将采出的鹅卵石运送至安龙县木咱镇，卖给徐某某用于铺设人工河道，严某洋与徐某某商定以每立方米 200 元的价格进行结算。二被告人非法开采的鹅卵石共计 1146 立方米，收到徐某某支付的款项 115 000 元。案发后，二被告人到公安机关投案，严某洋退缴赃款 115 000 元。

裁判理由 >>>

贵州省兴义市人民法院认为，被告人严某洋、严某虎违反矿产资源法的规定，未取得采矿许可证擅自开采鹅卵石，情节严重，均构成非法采矿罪。二被告人在共同犯罪中分工、合作，均为主犯。二被告人均构成自首，依法可以从轻或者减轻处罚。严某洋犯罪情节较轻，有悔罪表现，依法可以宣告缓刑。判处严某洋有期徒刑十个月，缓刑一年六个月，并处罚金 2 万元；判处严某虎有期徒刑八个月，并处罚金 1.5 万元，与其他犯罪并罚；没收违法所得 11.5 万元。该判决已生效。

典型意义 >>>

鹅卵石属于非金属矿产，与老百姓一般认识中的"捡鹅卵石"等行为不同，未经许可擅自有组织、大规模地盗采鹅卵石属于犯罪行为，不仅侵犯了

国家矿产资源管理制度，导致矿产资源被破坏和无序利用，而且会对河滩地貌产生不利影响，造成地质结构和生态环境被破坏等后果。该案盗采地点位于贵州省兴义市清水河镇泥溪河段、国家级风景区马岭河峡谷旁，当地保留有布依族百年老屋和石板小道，民俗文化特征明显，留存有红军长征品甸战斗、泥溪河战斗革命遗迹，与马岭河峡谷景区自然景观浑然一体，是独具特色的人文历史资源、红色教育资源和绿色生态资源。人民法院坚持"像保护眼睛一样保护生态资源"理念和宽严相济刑事政策，在严格依法认定二被告人构成犯罪的同时，根据案情总体从宽处理，取得较好效果，在警示非法开采鹅卵石行为、引导当地群众增强法治意识和环保意识、推动矿产资源与"绿水青山""红色文化""民俗历史"一体保护等方面，均具有重要意义。

最高人民法院发布 5 起平安中国建设第一批典型案例之四：蒋某某重大责任事故、非法采矿、非法储存爆炸物案
——涉公共安全典型案例

基本案情 ≫≫

　　蒋某某 2008 年 4 月购得金山沟煤矿所有权，相继取得采矿许可证、安全生产许可证和工商营业执照，后于 2015 年年底动员他人共同投资入股煤矿，蒋某某占金山沟煤矿 80% 股份，其他股东占 20% 股份，双方约定共同生产、经营和管理煤矿，蒋某某履行董事长职责并担任法定代表人，负责组织煤矿生产和技改、组织开展安全生产工作和正常经营活动，其他股东给予支持和配合。金山沟煤矿采矿许可证载明的合法开采范围为大石炭煤层和二连子煤层，开采深度由 410 米至 207 米标高，有效期至 2016 年 11 月 23 日。2013 年年初，蒋某某决定超层越界开采大石炭煤层下部的 K13 煤层，联系私人钻井队对 K13 煤层进行钻探，同年 8 月底探到煤点后，指使矿长邹某某等人负责巷探，2013 年年底至 2014 年年初从两个方向向 K13 煤层掘进，后分别于 2014 年年底和 2015 年年底掘见 K13 煤层。2015 年 5 月 22 日，当地地质矿产勘查开发局地质队到金山沟煤矿进行实地勘查，发现了越界布置巷道问题，形成矿山实地核查报告提交当地国土资源和房屋管理局，当地国土资源和房

屋管理局同年6月17日和8月7日分别下达《责令停止违法行为通知书》和《行政处罚决定书》，责令金山沟煤矿退回本矿区范围内开采、密闭越界布置的巷道，蒋某某遂安排工人将越界布置的巷道用砖墙封闭。同年8月11日，当地国土资源和房屋管理局地矿科、执法大队联合地质矿产勘查开发局地质队、煤矿所在镇安监办到金山沟煤矿开展实地检查，确定两处越界巷道已被密闭。检查人员离开后，蒋某某随即命人拆除密闭砖墙，继续进行越界巷道掘进。2016年年初，蒋某某指使矿长邹某某组织人员非法开采K13煤层。至2016年10月31日事故发生为止，金山沟煤矿越界巷道共计2679.36米，井下越界动用煤炭资源储量17 580吨，按该矿最低售价每吨186.93元计算，全矿累计非法开采矿产品价值3 286 229.4元。

蒋某某组织、指使矿长邹某某等人非法开采K13煤层期间，严重违反安全管理规定，在K13煤层南北两翼工作面未形成正规通风系统的情况下，采用局部通风机供风采煤；采掘工作放炮时未执行"一炮三检"和"三人连锁爆破制度"，未使用水泡泥和泡泥封堵炮眼，将未使用完的炸药、雷管违规存放在井下；采用国家明令淘汰的"巷道式采煤"工艺以掘代采。2016年9月7日，因当地发生一起爆炸刑事案件，为防止民爆物品被封停导致停产，蒋某某指使邹某某在公安机关封库前将部分民爆物品转移至井下。同年9月下旬，因临近国庆节，为防止民爆物品被封停导致停产，蒋某某再次决定将部分民爆物品转移至井下，指使邹某某安排人员分两次将大量炸药和雷管违规转移至煤矿井下和地面浴室更衣室柜子内储存，后于同年10月15日前使用完毕。2016年10月11日至12日，当地煤监局对金山沟煤矿开展检查，发现12条违法违规行为和事故隐患，责令其继续停止井下一切采掘作业，立即改正，经验收合格、完善复工复产手续后方能采矿。金山沟煤矿在未实施任何改正、未完善复工复产手续的情况下，仍然继续违法采掘。同年10月31日11时24分，金山沟煤矿K13煤层一采煤工作面在实施爆破落煤时发生瓦斯爆炸，造成33名井下作业人员死亡。

经国务院事故调查组调查认定，金山沟煤矿"10·31"特大瓦斯爆炸事故是一起生产安全责任事故。造成事故的直接原因为：金山沟煤矿在超层越界违法开采区域采用国家明令禁止的"巷道式采煤"工艺，不能形成全风压通风系统，使用一台局部通风机违规同时向多个作业地点供风，风量不足，造成瓦斯积聚；违章"裸眼"爆破产生的火焰引爆瓦斯，煤尘参与了爆炸。金山沟煤矿作为事故主体责任单位，存在长期超层越界违法开采K13煤层、违规使用民爆物品、安全管理规定和制度不落实和拒不执行安全监管监察指令等问题。

一审法院判决：蒋某某作为金山沟煤矿直接负责的主管人员，违反矿产资源法的规定，未取得采矿许可证擅自开采煤炭资源，行为构成非法采矿罪，情节特别严重；作为对生产、作业负有组织、指挥、管理职责的企业负责人、投资人，在组织、指挥、管理生产、作业过程中违反有关安全管理的规定，导致发生重大事故，行为构成重大责任事故罪，情节特别恶劣；违反规定非法储存民爆物品，行为构成非法储存爆炸物罪，且系非法储存爆炸物共同犯罪中的主犯，应依法并罚。对蒋某某以重大责任事故罪判处有期徒刑七年；以非法采矿罪判处有期徒刑六年，并处罚金人民币 150 万元；以非法储存爆炸物罪判处有期徒刑八年，决定执行有期徒刑二十年，并处罚金人民币 150 万元。一审宣判后，蒋某某未上诉，同案其他被告人提出上诉。二审法院裁定：驳回上诉，维持原判。

裁判理由 ≫

《刑法》第 125 条第 1 款规定，非法制造、买卖、运输、邮寄、储存枪支、弹药、爆炸物的，处三年以上十年以下有期徒刑；情节严重的，处十年以上有期徒刑、无期徒刑或者死刑。《刑法》第 134 条第 1 款规定，在生产、作业中违反有关安全管理的规定，因而发生重大伤亡事故或者造成其他严重后果的，处三年以下有期徒刑或者拘役；情节特别恶劣的，处三年以上七年以下有期徒刑。《刑法》第 343 条第 1 款规定，违反矿产资源法的规定，未取得采矿许可证擅自采矿，擅自进入国家规划矿区、对国民经济具有重要价值的矿区和他人矿区范围采矿，或者擅自开采国家规定实行保护性开采的特定矿种，情节严重的，处三年以下有期徒刑、拘役或者管制，并处或者单处罚金；情节特别严重的，处三年以上七年以下有期徒刑，并处罚金。

本案中，蒋某某超越采矿许可证规定的范围开采煤炭资源，开采的矿产品价值已经达到《刑法》第 343 条第 1 款规定的情节特别严重标准；在生产、作业中违反有关安全管理的规定，导致发生重大伤亡事故，造成 33 人死亡的严重后果，且负事故主要责任，符合《刑法》第 134 条第 1 款规定的情节特别恶劣认定标准；将炸药、雷管等民爆物品非法存放在煤矿井下和地面浴室更衣室柜内，符合《刑法》第 125 条第 1 款规定的非法储存爆炸物罪的构成要件。故人民法院依法对蒋某某所犯非法采矿罪和重大责任事故罪均适用三年以上七年以下有期徒刑的量刑幅度，与其所犯非法储存爆炸物罪并罚，决定执行有期徒刑二十年，并处罚金。

典型意义 >>>

煤矿井下开采生产作业活动危险性高，必须坚持最严格的安全标准。煤矿安全是我国安全生产的重中之重，近年来，我国煤矿安全形势持续稳定好转，但形势依然严峻复杂。部分煤矿企业对安全生产工作重视不够，事故隐患排查不清，安全生产措施落实不到位，煤矿井下生产安全事故时有发生，造成恶劣社会影响。司法机关要依法严厉打击煤矿井下非法违法生产、作业行为，特别是对于在非法盗采煤炭资源过程中发生的违法冒险采掘、非法制造、买卖、储存民用爆炸物品等违法犯罪行为，要充分体现从严惩处总体原则，该判处重刑的要坚决判处重刑，推动安全生产形势持续稳定好转。

最高人民法院发布 10 件人民法院依法惩处盗采矿产资源犯罪典型案例之五：缪某林、郭某晶非法开采稀土案

基本案情 >>>

2015 年年初，被告人缪某林从江西赣州带探矿工人与周某生、张某光一起到江西省黎川县德胜镇某山场探矿，达成了在该山场共同开采稀土矿的口头协议，并约定了赣州股东与黎川股东的分工。周某生、张某光又邀请了朱某清、潘某根参与开采。在没有取得采矿许可证的情况下，缪某林、周某生、张某光等人在该山场擅自开采稀土矿，直到 2016 年年初才停止，产出的稀土绝大部分被缪某林等人出售。其间，被告人郭某晶到该山场负责矿山工人出工记数、发放工资、稀土产出及运出记数等管理性事务，每月领取 5000 元固定工资。案发前，该非法采矿点被政府有关部门先后捣毁二次。经储量调查和估算，该非法开采区属轻稀土，矿床离子相平均品位 0.037%，开采区范围内破坏稀土资源储量（SRE2O3）氧化物 27 吨。经鉴定，矿产资源破坏价值为 337.5 万元（含税）。案发后，郭某晶到公安机关投案。

案件审理过程中，缪某林、郭某晶为修复生态环境，分别委托黎川县樟村

生态林场在丰戈分场造林约 10 亩，并抚育三年，确保造林成活率 90% 以上。

裁判理由 >>>

江西省黎川县人民法院认为，被告人缪某林、郭某晶违反矿产资源法的规定，未取得采矿许可证擅自开采国家规定实行保护性开采的特定矿种，均构成非法采矿罪，情节特别严重。在共同犯罪中，缪某林系主犯，但自愿认罪，可酌情从轻处罚；郭某晶虽受雇佣为盗采稀土犯罪提供劳务，但领取高额固定工资，系从犯，且构成自首，依法减轻处罚。缪某林、郭某晶均能委托造林，主动承担替代性修复生态环境责任，亦可酌情从轻处罚。判处缪某林有期徒刑四年，并处罚金 5 万元；判处郭某晶有期徒刑一年六个月，缓刑二年，并处罚金 3 万元。该判决已生效。周某生、张某光、朱某清、潘某根均已另案判刑。

典型意义 >>>

稀土是重要的战略性矿产资源，广泛运用于高新技术制造和国防军工产品研发、生产，被称为"工业黄金"。国务院于 1991 年将离子型稀土列为国家实行保护性开采的特定矿种之一。依法严惩盗采稀土犯罪，既是保护矿业生产管理秩序的需要，更是维护国家战略性矿产资源安全的需要。本案属于跨行政区划非法探矿、采矿，多名犯罪分子内外勾结、分工明确，情节特别严重。人民法院综合考量案件矿产资源和生态环境因素，严格依法追究缪某林、郭某晶的刑事责任，正确落实宽严相济刑事政策，积极贯彻保护优先、损害担责原则，探索运用恢复性司法规则，教育引导二被告人主动承担生态环境修复责任，取得较好的审判效果。

最高人民法院发布人民陪审员参审十大典型案例之八：人民陪审员参加七人合议庭审理"3·07"长江特大非法采砂案

基本案情 >>>

2021 年 3 月至 7 月，张某某、章某某等人出资，由洪某某等人提供采砂船，章某某等人提供运砂船，在未取得采砂许可证的情况下，在长江安徽铜陵段淡水豚国家级自然保护区河段上下断面（长江禁采区）使用采运一体的方式共同非法采运江砂 4.6 万余吨，价值 289.3 万余元。马某某明知江砂系盗采，仍收购 1700 吨并出售。经评估，张某某等人非法采砂行为造成的长江生态环境损失为 515 万余元。江苏省建湖县人民检察院在提起公诉的同时提起附带民事公益诉讼，要求被告人对长江生态环境损害价值在各自参与犯罪部分承担连带赔偿责任。东台市人民法院根据具体案情和审判工作需要，在随机抽取两名人民陪审员的基础上，再从具有环保专业知识的人民陪审员名单中随机抽取两名，与三名法官组成七人合议庭审理本案。东台市人民法院经审理，以非法采矿罪，掩饰、隐瞒犯罪所得罪判处张某某、章某某等 33 名被告人有期徒刑四年六个月至一年不等，并处 20 万元至 1.5 万元不等罚金；判决张某某、章某某等十四名被告对其非法采砂行为造成的长江生态环境损害按照各自参与犯罪部分承担连带赔偿责任，并在国家级媒体上公开赔礼道歉。该判决已生效。

人民陪审员发挥的参审作用 》》》

本案系《长江保护法》实施后仍顶风作案的一起严重破坏长江生态资源案件。为保障审理工作顺利进行，合议庭制定了详细的庭审预案，并对人民陪审员进行指导，鼓励人民陪审员围绕争议事实积极发问。人民陪审员认真履行陪审职责，发挥了积极作用。一是认真阅卷做好参审准备。本案人民陪审员参与查阅案件卷宗四十余册，逐项核实被告人基本信息，逐条梳理各被告人参与的犯罪脉络，将其有疑虑的犯罪情节进行系统整理。二是结合专业知识发问助力庭审查明事实。人民陪审员围绕被告人非法采砂行为造成的长江生态环境破坏、惩罚性赔偿责任等问题从专业角度向公益诉讼起诉人进行发问。三是充分发表合议意见切实履职尽责。合议前，法官围绕公益诉讼概念、环境保护相关法律法规等内容为人民陪审员进行释明。合议时，人民陪审员就采砂监管等行业技术问题进行详细介绍，并与合议庭其他成员充分讨论，就案件事实部分结合庭审感受发表意见，指出被告人的行为直接导致案发长江水域生态系统受损，对长江水生动植物的丰富度和多样性造成不利影响，为准确认定案件事实提供了重要参考意见和帮助，该观点被合议庭采纳。

典型意义 》》》

本案由最高人民法院指定管辖，公安部、最高人民检察院联合挂牌督办，人民群众关注度高，社会影响重大。人民法院积极吸收人民陪审员参加案件审理工作，并在个案随机抽取规则方面进行了积极探索，从人民群众的常识常理与专业知识背景两个方面与法官形成思维和智识上的优势互补，帮助法官拓宽审理工作思路，为准确认定事实提供了重要的参考和有益的帮助，维护了司法公信，增进了司法权威。案件审判工作取得良好的社会反响，实现了法律效果、政治效果与社会效果的有机统一。

最高人民法院发布 10 件青藏高原生态保护典型案例之三：杨某平等非法开采若尔盖湿地泥炭案

基本案情 ▷▷▷

2021 年 11 月至 12 月，被告人杨某平等六人在四川省阿坝藏族羌族自治州若尔盖县、红原县非法采挖泥炭并出售牟利。经鉴定，六被告人采挖土壤为泥炭土，共采挖 1614.65 立方米，价值 797 694.32 元。四川省若尔盖县人民检察院以非法采矿罪对杨某平等六人提起公诉。

裁判理由 ▷▷▷

四川省若尔盖县人民法院一审认为，杨某平等六人违反矿产资源法律法规，擅自进入若尔盖、红原高原高寒沼泽湿地盗采泥炭，牟取非法利益，均构成非法采矿罪。根据各被告人的犯罪事实、性质、情节、认罪认罚和社会危害程度，分别判处拘役三个月至有期徒刑三年三个月不等，并处罚金 2 万元至 10 万元不等，追缴违法所得。宣判后，各方均未上诉、抗诉，一审判决已发生法律效力。

典型意义 ▷▷▷

若尔盖湿地位于青藏高原东部，湿地总面积约 55 万公顷，是长江、黄河上游的重要水源涵养地，也是青藏高原的重要碳库。这里蕴藏着 70 亿立方米的高原泥炭，是世界上面积最大、保存最完好的高原泥炭沼泽湿地。泥炭作为非金属矿产资源，在调节气候、保持水土、水源涵养、固碳增汇等方面具有不可替代的作用。本案中，六被告人在若尔盖国家公园禁采区盗挖泥炭，严重影响若尔盖湿地生态服务功能发挥，破坏青藏高原自然生态系统的原真性和完整性。人民法院依法严惩盗采高原泥炭犯罪行为，加强青藏高原高寒湿地生态系统司法保护，以最严格制度、最严密法治筑牢长江、黄河上游生态屏障，有力守护了雪域高原生态安全。

最高人民法院发布3起危害生产安全犯罪典型案例之二：刘某平、刘某杰、楚某葵重大劳动安全事故、非法采矿、单位行贿案
——湖南省湘潭县立胜煤矿"1·5"特大火灾事故

基本案情 》》

（一）非法采矿、重大劳动安全事故事实

2008年11月15日，被告人刘某平、刘某杰、楚某葵共同承包了湖南省湘潭县立胜煤矿的采矿权。立胜煤矿采矿许可证核准的开采范围约为0.0362平方公里，深度为-100米至-124米，有限期为2008年4月至2009年4月。2009年1月13日，因立胜煤矿安全生产许可证、煤炭生产许可证均已过期，湘潭县煤监局下达停产通知；同年4月，因立胜煤矿采矿许可证到期，且存在越界开采行为，湘潭县国土资源局责令立即停产。但刘某平、刘某杰、楚某葵多次采取封闭矿井、临时遣散工人等弄虚作假手段，故意逃避管理部门实施监督检查，拒不执行停产监管决定，长期以技改名义非法组织生产。至2010年1月，立胜煤矿东井已开采至-640米水平，中间井已拓至-420米水平，西井已采至-580米水平，严重超越采矿许可证核准的-124米水平。经湖南省国土资源厅鉴定，立胜煤矿2009年5月1日至2009年12月25日，累计盗采原煤29 958.72吨，破坏矿山资源价值9 046 634.68元。

2010年1月5日12时5分，立胜煤矿中间井（又名新井）三道暗立井（位于-155米至-240米之间）发生因电缆短路引发火灾事故。事故当日有85人下井，事故发生后安全升井51人，遇难34人，造成直接经济损失2962万

元。经鉴定，造成事故的直接原因是立胜煤矿中间井三道暗立井使用非阻燃电缆，吊箩向上提升时碰撞已损坏的电缆芯线，造成电缆相间短路引发火灾，产生大量有毒有害气体，且矿井超深越界非法开采，未形成完整的通风系统和安全出口，烟流扩散造成人员中毒死亡。被告人刘某平、刘某杰、楚某葵作为立胜煤矿负有管理职责的共同投资人和实际控制人，未认真履行职责，在生产经营过程中未采取有效安全防范管理措施，对于立胜煤矿未采用铠装阻燃电缆、未按规定安装和使用检漏继电器、矿井暗立井内敷设大量可燃管线和物体、无独立通风系统、在矿井超深越界区域无安全出口和逃生通道、无防灭火系统、避灾自救设施不完善等安全隐患均负有责任。

（二）单位行贿事实

被告人刘某平、刘某杰、楚某葵为了三人投资和实际控制的立胜煤矿逃避监管部门监督检查，牟取不正当利益，先后向湘潭县煤监局局长郭某洋、湘潭县国土资源管理局主管副局长谭某荣（均另案处理，已判刑）等人行贿共计29万元。另外，刘某平为给其投资的湘潭县新发煤矿牟取不正当利益，先后向湘潭市煤炭工业行业管理办公室安全生产科科长刘某松（另案处理，已判刑）等人行贿51.5万元。

裁判理由 >>>

湖南省湘潭县人民法院一审判决认为，被告人刘某平、刘某杰、楚某葵作为立胜煤矿投资人和实际控制人，违反矿产资源法的规定，未取得采矿许可证即擅自采矿，情节特别严重，行为均已构成非法采矿罪；在立胜煤矿安全生产设施及安全生产条件不符合国家规定的情况下组织生产，因而发生重大伤亡事故，情节特别恶劣，行为均已构成重大劳动安全事故罪；为给自己控制的煤矿牟取不正当利益和逃避监管，向国家机关工作人员行贿，情节严重，行为均已构成单位行贿罪，应依法并罚。刘某杰系累犯，依法应当从重处罚；刘某平、刘某杰、楚某葵在事故发生后均积极组织抢救，配合政府职能部门关闭整合当地其他违规开展生产的煤矿，并对事故遇难者家属进行了足额经济赔偿，可以酌情从轻处罚。综上，对被告人刘某平以重大劳动安全事故罪判处有期徒刑五年，以非法采矿罪判处有期徒刑六年，并处罚金人民币300万元，以单位行贿罪判处有期徒刑二年，决定执行有期徒刑九年，并处罚金人民币300万元；对被告人刘某杰以重大劳动安全事故罪判处有期徒刑四年，以非法采矿罪判处有期徒刑四年，并处罚金人民币300万元，以单位行贿罪判处有期徒刑一年，决定执行有期徒刑七年，并处罚金人民币 300 万元；对被告人楚某葵以重大劳动安全事故罪判处有期徒刑四年，以非法采矿罪判处有期徒刑四年，并处罚金人民币 300 万元，以单位行贿罪判处有期徒刑一年，决定执行有期徒刑六年六个月，并处罚金人民币 300 万元。

一审宣判后，检察机关以一审判决对单位行贿部分事实认定错误、量刑畸轻为由提出抗诉；被告人刘某平、刘某杰、楚某葵以不构成重大劳动安全事故罪和非法采矿罪为由提出上诉。

湖南省湘潭市中级人民法院二审裁定认为，一审判决认定被告人刘某平、刘某杰、楚某葵行贿 29 万元有误，3 人行贿数额应认定为 34 万元，但不足以影响量刑，依法驳回检察机关部分抗诉，驳回三被告人上诉，维持原判。

典型意义 》》》

安全生产许可证过期后从事生产经营活动，或者采用封闭矿井口、临时遣散工人等弄虚作假手段和行贿方法故意逃避、阻挠负有安全监督管理职责的部门实施监督检查的，均应当从重处罚。

最高人民法院发布 10 件 2022 年度人民法院环境资源审判典型案例之五：朱某华、王某涵非法采矿、污染环境刑事附带民事公益诉讼案

基本案情 》》》

2019 年 10 月至 2020 年 12 月，被告人朱某华在未取得采矿许可证的情况下，擅自开采砂卵石并非法销售，获利 30 余万元。被告人王某涵与朱某华事前通谋，帮助朱某华运输、销售砂卵石和逃避执法检查，从中获利 5 万元。经探查鉴定，涉案砂卵石开采量为 95 675.45 立方米，重 181 783.36 吨，价值 2 549 714 元。2020 年 3 月至 2021 年 9 月，朱某华为掩盖其非法采矿行为，指使他人向其开采坑内回填建筑垃圾和生活垃圾。经鉴定评估，回填垃圾属有害物质，数量为 98 692.29 立方米，造成生态环境损失 7 515 698.88 元；根据专家意见，采坑治理费用为 3 335 860.99 元。以上清除污染、修复生态环境

费用共计 10 851 559.87 元。

　　河北省涞水县人民检察院提起附带民事公益诉讼，请求判令朱某华承担上述全部费用、王某涵对其中采坑治理费用承担连带责任、二人在市级以上的新闻媒体公开道歉。

裁判理由

　　河北省涞水县人民法院认为，被告人朱某华违反矿产资源法的规定，未取得采矿许可证而擅自开采砂卵石，构成非法采矿罪；其违反国家规定，指使他人向开采坑内回填建筑垃圾和生活垃圾，严重污染环境，又构成污染环境罪。被告人王某涵与朱某华事前通谋，帮助朱某华运输、销售非法开采的砂卵石和逃避执法检查，亦构成非法采矿罪。朱某华、王某涵非法开采砂卵石情节特别严重，朱某华污染环境情节严重，均应依法惩处。对朱某华所犯数罪，依法并罚。朱某华自愿认罪认罚，依法可以从宽处理。王某涵系从犯，且构成自首，依法可以减轻处罚。朱某华、王某涵因犯罪行为对生态环境造成损害，均应承担相应的民事赔偿责任，二人承担连带赔偿责任。依法对朱某华决定执行有期徒刑七年，并处罚金 7 万元；判处王某涵有期徒刑一年四个月，并处罚金 1.5 万元；判决朱某华承担消除污染、修复生态环境费用 10 851 559.87 元，朱某华、王某涵对其中采坑治理费用 3 335 860.99 元承担连带赔偿责任；朱某华、王某涵在市级以上新闻媒体公开道歉。该判决已生效。

典型意义

　　本案系非法采矿、污染环境引发的刑事案件。砂卵石属于矿产资源，受法律保护。朱某华以牟利为目的擅自大量采挖砂卵石，为掩盖罪行又使用大量建筑垃圾和生活垃圾等有害物质对采坑进行回填，不仅侵犯了国家矿产资源管理制度、破坏周边生态环境，还造成了严重污染，对生态环境和资源造成双重破坏，生态环境损害后果叠加，社会危害大。人民法院落实宽严相济刑事政策和损害担责、全面赔偿原则，综合利用刑事、民事法律手段，依法定罪量刑、认定生态环境损失和修复费用，让破坏环境资源者承担相应的法律责任，切实以强有力的司法手段惩治破坏环境资源犯罪行为、用最严格制度最严密法治筑牢维护矿产资源和生态环境安全的司法屏障。

最高人民法院发布 10 件人民法院依法惩处盗采矿产资源犯罪典型案例之七：王某等人非法开采泥炭土案

基本案情

2018 年，被告人王某租用黑龙江省尚志市老街基乡某村村民家耕地 83 亩。2019 年 3 月起，王某在未向有关部门申请批准的情况下，雇用挖掘机在租用的耕地里开采泥炭土。同年 7 月，王某雇用被告人李某森为其晾晒、看管非法开采的泥炭土，李某森明知泥炭土"来路不正"仍帮王某销售。至 2020 年 3 月，王某共销售泥炭土 301 车、金额 2 399 785 元，其中，李某森销售泥炭土 12 车、金额 95 000 元。尚未销售的 3618.6 立方米泥炭土被查获。经评估，回填资产价值为 86 846.40 元。

2021 年，被告人王某伙同被告人马某坤、许某刚、李某森，在黑龙江省五常市沙河子镇某村，租用土地非法开采泥炭土。马某坤、王某共同预谋，四被告人分工配合，于当年 2 月 20 日至 3 月 8 日，采挖黑土 78 890.28 平方米，获得泥炭土 34 464 立方米、价值 718 920 元。经评估，回填及道路修复资产价值为 1 898 140.80 元。

黑龙江省尚志市自然资源局、黑龙江省五常市自然资源局提起刑事附带民事诉讼。

裁判理由

黑龙江省五常市人民法院认为，被告人王某、马某坤、许某刚、李某森违反矿产资源法的规定，未取得采矿许可擅自开采泥炭土，均构成非法采矿罪，情节特别严重，分别判处有期徒刑七年至五年，并处罚金 50 万元至 15 万元；李某森明知泥炭土是犯罪所得而代为销售，又构成掩饰、隐瞒犯罪所得罪，依法并罚；追缴王某、许某刚违法所得；王某等 4 名被告共同赔偿五常市自然资源局经济损失 1 898 140.80 元，王某赔偿尚志市自然资源局经济损失 86 846.40 元。宣判后，王某等人提出上诉。黑龙江省哈尔滨市中级人民法院裁定驳回上诉，维持原判。

典型意义

黑土地是珍贵的土壤资源，黑土耕地是重要的农业资源和生产要素。王某等人租用他人耕地盗采泥炭土,不仅对珍贵矿产资源造成不可恢复的损害,也严重破坏了黑土地的土壤结构和大面积基本农田,且容易诱发同类犯罪、加剧弃耕现象。人民法院贯彻落实习近平总书记关于"采取有效措施切实把黑土地这个'耕地中的大熊猫'保护好、利用好"的重要指示精神,坚持上下游犯罪一并惩治,综合运用刑事、民事法律手段,依法从严追究王某等人的刑事责任,依法判决其赔偿经济损失,对震慑盗采黑土犯罪、引导人民群众提高黑土地保护意识具有重要意义。

最高人民法院发布 10 个长江流域生态环境司法保护典型案例之二:被告人赵某春等 6 人非法采矿案

基本案情 》》》

2013 年春节后,被告人赵某春与被告人赵某喜共谋,由赵某春负责在长江镇江段采砂,赵某喜以小船每船 1500 元、大船每船 2400 元的价格予以收购。2013 年 3 月至 2014 年 1 月,赵某春在未办理河道采砂许可证的情况下,雇用被告人李某海、李某祥在长江镇江段 119 号黑浮下游锚地附近水域使用吸砂船将江砂直接吸到赵某喜的货船上。赵某喜雇用被告人赵某龙、徐某金等将江砂运输至其事先联系好的砂库予以销售。经鉴定,赵某春、赵某喜、李某海、李某祥非法采砂 38 万余吨,造成国家矿产资源破坏价值 152 万余元。赵某龙参与非法采砂 22 万余吨,价值 90 万余元;徐某金参与非法采砂 15 万余吨,价值 62 万余元。

裁判理由 》》》

江苏省镇江市京口区人民法院一审认为,被告人赵某春、赵某喜等 6 人违反矿产资源法的规定,未取得采矿许可证非法采矿,情节特别严重,均已构成非法采矿罪,分别判处赵某春、赵某喜有期徒刑三年六个月,并处罚金 20 万元;李某海、李某祥有期徒刑六个月,缓刑一年,罚金 2 万元;赵某龙罚金 1.8 万元、徐某金罚金 1.6 万元;追缴被告人违法所得,并没收吸砂船。江苏省镇江市中级人民法院二审维持一审判决。

典型意义 >>>

本案系在长江河道非法采砂引发的刑事案件。长江河道砂石资源具有维持河道潜流、稳定河道形态、提供生物栖息地、过滤河流水质等重要功能，非法采砂行为不仅导致国家矿产资源的流失，还严重影响长江航道和防洪堤坝安全，危害社会公共利益。本案中，人民法院加大对非法采砂犯罪行为的惩处力度，对六名被告人依法予以严惩，斩断"盗采、运输、销售"一条龙犯罪产业链条，有力震慑了非法采砂行为，彰显了人民法院用最严格制度、最严密法治保护长江流域生态环境、维护沿岸人民群众的生命财产安全的坚强决心。

附 录

附录1 北京市高级人民法院打击治理洗钱
犯罪审判白皮书

（2021~2023年）

前 言

洗钱罪助推上游犯罪资金流转，不仅妨碍司法机关依法追缴犯罪所得及其收益，而且破坏金融管理秩序，威胁国家经济与金融安全，不利于法治化营商环境的建设。近年来，洗钱犯罪案件数量逐年上升，手段不断翻新、隐蔽性不断增强，涉案金额越来越大，为加大对洗钱行为的惩治力度，加强国际合作，我国多次以刑法修正案的形式对洗钱罪进行修订、完善。特别是2021年3月1日实施的《刑法修正案（十一）》修改洗钱罪罪状表述，将"自洗钱"行为纳入洗钱罪入罪范围，细化完善有关洗钱行为方式，加大罚金刑的处罚力度，为有效预防、惩治洗钱犯罪及境外追逃追赃提供了有力的法律保障。

2021年以来，北京法院深入贯彻中央、市委关于加强反洗钱工作部署，将反洗钱工作作为一项重大的政治任务和法治任务，充分发挥刑事审判职能作用，认真落实《打击治理洗钱违法犯罪三年行动计划（2022~2024）》，不断提升惩治洗钱犯罪的力度和效果。为此，我院对近三年来全市法院审结的洗钱罪案件进行梳理，总结归纳当前洗钱罪案件的主要特征，并提出相应的洗钱罪治理路径，以期进一步防范和化解金融风险，为助推和护航经济金融安全提供有力的司法保障，全力打造优质法治化营商环境。

一、2021年以来洗钱罪案件审判的基本情况

（一）洗钱罪案件的总体数量：稳中有升、数量偏低，与庞大的上游犯罪数量形成明显反差

2021年3月1日实施的《刑法修正案（十一）》首次将自洗钱行为作为犯

罪处理。2021 年以来（截至 2023 年 10 月 31 日），北京法院共审结一审洗钱罪案件 40 件 44 人，其中自洗钱案 8 件（占 20%），他洗钱案 32 件（占 80%），审结二审案件 1 件。其中 2021 年审结 13 件，2022 年审结 12 件，2023 年前 10 个月审结 15 件（如图 1）。从统计数据来看，虽然洗钱罪案件近 3 年来呈增长态势（2020 年仅 2 件），但总体数量偏低，与庞大的 7 类上游犯罪的数量不成比例。

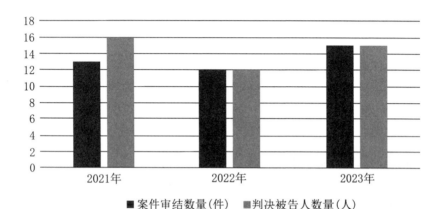

图 1　2021~2023 年北京法院审结洗钱罪案件数量情况

（二）洗钱罪被告人主体特征明显：年轻化、职业化、专业化，文化程度普遍较高

从被告人主体来看，呈现年轻化特征，年龄在 40 岁以下的占六成（26 人），年龄最大的 70 岁（1953 年生），最小的 24 岁（1999 年生）；从文化程度来看，大专以上的被告人占六成（26 人），且一例上游犯罪为贪污贿赂案件的洗钱行为人文化程度为博士（如图 2、图 3）。

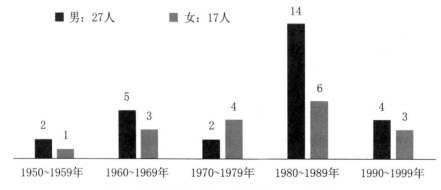

图 2　洗钱罪案件被告人自然情况（出生年份）

■人数（人）

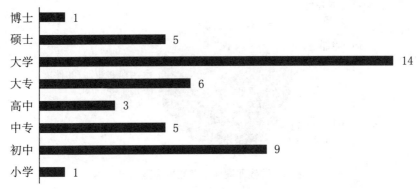

图3 洗钱罪案件被告人文化程度

从职业来看，半数以上洗钱行为人系国企、公司高管或员工（上游犯罪为贪污贿赂犯罪或破坏金融管理秩序犯罪），6起案件中涉案公司从事投资相关业务，另有6起案件涉案公司系科技公司，洗钱行为人作为投资、信息网络领域从业人员，通过不同的方式和渠道对犯罪所得进行处理，实施复杂的交易活动掩饰犯罪行为；无业人员比例占1/4左右，且涉及上游犯罪类型多样；从有无前科劣迹（是否初犯）来看，案件中洗钱行为人中有前科的8起9人（约占20%），其中4起案件的前科罪名与洗钱罪上游犯罪（贪污贿赂、金融犯罪）有关。

（三）洗钱罪案件的上游犯罪：类型相对集中，以贪污贿赂、金融犯罪为主

《刑法》第191条规定的洗钱罪的上游犯罪包括7类：掩饰、隐瞒毒品犯罪、黑社会性质的组织犯罪、恐怖活动犯罪、走私犯罪、贪污贿赂犯罪、破坏金融管理秩序犯罪、金融诈骗犯罪。从统计数据来看，上游犯罪为贪污贿赂犯罪20件（占50%）、破坏金融管理秩序犯罪11件（占27.5%）、金融诈骗犯罪4件（占10%）、毒品犯罪3件、黑社会性质的组织犯罪、走私犯罪各1件。洗钱罪的上游犯罪以贪污贿赂犯罪、破坏金融管理秩序犯罪为主，其他类型的犯罪较少（如图4）。

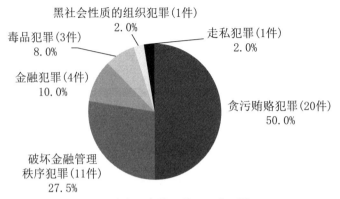

图 4　洗钱罪案件上游犯罪类型情况

（四）洗钱罪案件的犯罪数额：跨度大，主要集中于千万元以下

从统计情况来看（如图5），洗钱案件的涉案金额跨度非常大，低则不足万元，高则达上亿元（其中一起上游犯罪为贪污贿赂犯罪的洗钱案件，涉案金额高达6亿余元）。

图 5　洗钱罪案件涉案金额情况

具体来看，涉案金额10万元以下的4件（占10%），10万元以上100万元以下的11件（占27.5%），100万元以上1000万元以下的16件（占40%），1000万元以上1亿元以下的8件（占20%），1亿元以上的1件（占2.5%）。

（五）洗钱罪案件的作案方式：多发于为亲友洗钱，行为类型相对集中

从统计数据来看（如图6），大多数系上游犯罪本犯关系密切的人甚至直

系亲属，如多起洗钱罪的行为人与上游犯罪的本犯系亲子、兄妹/弟、姻亲等。基于亲子、兄弟姐妹、夫妻、同居人、朋友等身份，法律意识淡薄，明知上游行为人正在犯罪或已被立案侦查，行为人仍不惜冒险实施洗钱犯罪。

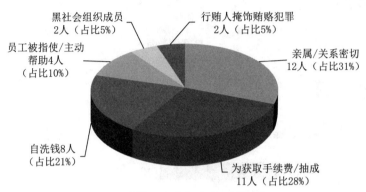

图6　洗钱行为人与上游犯罪人关系

根据《刑法》第191条及相关司法解释的规定，洗钱罪的行为方式主要是提供资金账户、将财产变现、转账、跨境转移、投资、虚构交易等。从洗钱行为来看，最为常见的是《刑法》第191条第1项规定的"提供资金账户"和第3项规定的"通过转账方式转移资金"（共25件案件涉及28人，占62.5%）。少量案件涉及代持违法所得（如房产、股权等）并以投资理财的方式协助转移、转换获利，犯罪所得赃物仍收购并对外销售获利，签订虚假股权转让协议的方式虚构交易、隐匿资产。

《刑法修正案（十一）》将自洗钱行为纳入洗钱罪的打击范围。"自洗钱"是指行为人在实施上游犯罪之后，对犯罪所得及其产生的收益进行"清洗"以使之合法化的行为。统计情况显示，自洗钱的方式主要表现为被告人使用他人资金账户接收赃款并取现（将资产转化为现金），或通过转账等方式转移资金，用于个人消费等。

（六）洗钱罪案件的判决：刑期主要集中于五年有期徒刑以下，罚金刑力度大，认罪认罚比例高

根据统计数据，被告人被判处五年以上有期徒刑（系《刑法》第191条规定的"情节严重"，应当判处五年以上十年以下有期徒刑）6人，判处五年以下有期徒刑38人，宣告缓刑的案件共11起涉及12人（案件占比25%以上），被判处拘役、单处罚金或免予处罚的均为0人。刑期最高为有期徒刑6年（系非法吸收公众存款类自洗钱案件，涉案金额2000余万元）。

40 起案件中，共有 33 起（占 82.5%）案件 37 人认罪认罚，仅有 1 起上诉。上述案件共计判处 4685.7 万元罚金，其中罚金最高为 3100 万元（上游犯罪系贪污贿赂案件，洗钱行为人汇往境外钱款人民币 6 亿余元）。具体情况如图 7 所示。

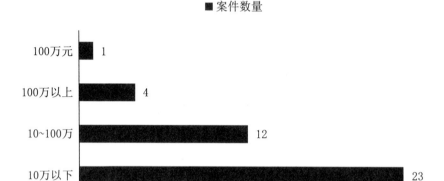

图 7　洗钱罪案件判处罚金情况

二、洗钱犯罪的主要特点

随着社会经济和信息技术的发展，各类洗钱行为与其他犯罪相互交织，呈现手段多样化、规模复杂化、行为大众化、对象特定化等特征，具体而言，主要表现为：

（一）洗钱手段多样化，追踪打击难度加大

为逃避法律追究和制裁，实现非法资金的合法化，犯罪分子通过各种隐蔽的手段来进行非法收益的洗白。传统的洗钱手段，主要集中在提供银行账户、协助转移现金、购买不动产、将资产转化为现金等方面。伴随着信息网络技术的发展和金融发展模式的创新，以及国家对洗钱犯罪打击力度的加强，犯罪分子洗钱手段越来越多样化、智能化，衍生出诸如专业网络"跑分"支付平台、证券交易、互联网交易等新型洗钱方式。如唐某洗钱案中，唐某多次接收曹某以现金形式给予的受贿款共计 300 余万元，后唐某将现金存入其名下银行账户用于购买理财产品。再如，张某在明知王某的资金来源和性质是非法集资犯罪所得的情况下，仍协助王某以 A 公司名义与银行签订债权转让协议，投资收购该银行的相关债权及所涉资产。王某在张某等的协助下通过张某控制的公司账户将非法集资犯罪所得人民币 1600 余万元转账至 A 公司账户，并由 A 公司账户转账给银行账户用于支付债权转让款。后张某等又通过公司法定代表人及股东等方式虚构上述公司及资产的实际控制人，帮助王某代持、隐匿上述资产。传统与现代洗钱手段、方法的杂糅，使洗钱活动变得更加复杂和隐蔽，增加了监管部门和司法机关对资金来源、性质、去向进行有效追踪和识别的难度，客观上加大了反洗钱工作的难度。

（二）洗钱规模扩大化，社会风险隐患较大

近年来，随着洗钱上游犯罪案件种类的变化，以及案件数量和涉案金额的攀升，洗钱犯罪的案件数量日趋增多，涉案金额也越来越大，助长了更大规模的洗钱犯罪活动。尤其是上游犯罪中贪污贿赂犯罪、非法集资犯罪的犯罪数额屡刷新高，与非法集资、贪污贿赂等贪利性犯罪相关的洗钱犯罪所涉资金也越来越大，严重损害了国家、社会和人民群众的利益。如房某洗钱案中，房某明知王某实施了贪污贿赂犯罪（挪用公款罪）仍协助其将 1 亿美元（约合人民币 6.14 亿元）汇往香港，转移资金，造成国有资产巨额损失，房某因犯洗钱罪被判处有期徒刑五年，罚金人民币 3100 万元。

再如，丁某洗钱案中，丁某明知收购众某公司股权所用款项 7000 万元系白某非法集资所得，仍指使他人以签订虚假股权转让协议的方式虚构交易，协助白某变更众某公司法定代表人和股权，将白某持有的上述公司股权转移到他人名下，帮助白某对隐匿资产进行掩盖。洗钱犯罪数额的增大，为上游犯罪活动提供了进一步支持，助长更大规模和更严重的犯罪活动，既严重影响了司法机关对相关案件的依法查处和追赃挽损，也危及金融市场的安全和稳定。

（三）洗钱行为大众化，犯罪活动渗透度较高

洗钱行为的实施，离不开银行账户等基本工具，为逃避监管，犯罪分子往往需要收集或利用各类账户，他们利用普通民众法律意识淡薄或贪图小利等因素，通过给予小额利益等方式诱使他人帮助完成洗钱过程。如会通过直播打赏、刷单及租借、租售银行账户、低价出售赃物等形式诱骗普通民众参与洗钱犯罪活动。部分被告人为获得高额手续费、"好处费"等不正当利益帮助他人从事洗钱活动，往往从"洗白"的资产中抽成。例如，李某洗钱案中，李某为牟取私利，在明知徐某的资金来源和性质是非法集资犯罪所得的情况下，将其本人实名开办的工商银行卡、浦发银行卡提供给徐某用于接收并以

取现的方式转移非法集资犯罪所得资金 20 余万元，李某因此获利 1 万余元。

再如，林某明知是谢某等的贿赂犯罪所得，仍提供个人银行账户代为收受贿赂款共计 200 余万元，并从上述贿赂款中提取 10% 作为自己的好处费，后将剩余贿赂款转账至谢某等指定的他人银行账户内，林某因此获利 20 余万元。

（四）洗钱对象特定化，资金流转频繁

洗钱对象是资金和财产，这些资金和财产无一例外地与犯罪活动紧密相联。全球经济一体化、资本流动国际化是大势所趋，资金使用具有高度开放性和流通性，洗钱行为就是利用金融市场活动中高自由度的特性，将犯罪所得及其收益"合法化"，转移不法资产使其流入市场，从而阻断其与上游犯罪之间的关联。随着科学技术发展，利用金融机构转账、网络支付平台交易也在洗钱行为中使用普遍。如孙某帮助转移毒资案中，孙某明知刘某实施毒品犯罪，仍向其提供绑定梁某实名信息的银行卡 1 张、手机卡 1 张，刘某利用梁某手机号码注册微信并绑定银行卡，收取毒资 7 万余元。

三、关于加强洗钱犯罪治理的工作举措

为加强洗钱犯罪治理，完善打防结合工作机制，提高反洗钱工作成效，有效维护金融市场秩序，保障国家经济安全，下一步北京法院将采取以下措施：

（一）依法严惩洗钱犯罪，持续加大惩治力度

进一步加大反洗钱工作力度，强化洗钱刑事案件证据的收集、审查和运用，准确把握洗钱罪的法律适用，依法准确认定洗钱犯罪。准确区分洗钱罪与掩饰、隐瞒犯罪所得、犯罪所得收益罪，改变"重上游犯罪，轻洗钱犯罪"的传统习惯。认真审查犯罪所得来源、性质、转移等证据，挖掘、发现线索，对通过投资、提供资金账户、协助转账等方式，协助上游犯罪掩饰、隐瞒犯罪所得来源、性质的行为，同时符合洗钱罪和掩饰、隐瞒犯罪所得、犯罪所得收益罪两罪构成要件的，根据司法解释依照处罚较重的规定定罪处罚。法院在审理上游犯罪案件时，发现遗漏下游洗钱犯罪情形的，应建议检察机关补充起诉或者追加起诉。在办理涉获利型洗钱案件过程中，不仅要查清洗钱手段，还要尽可能查清洗钱后资金的实际去向，及时查封、扣押、冻结被转移、隐匿、转换的上游犯罪所得及其收益，依法追缴洗钱行为人的违法所得，

不让任何人从犯罪行为中获取经济利益。用好用足财产刑，加大经济处罚力度，不仅打击洗钱犯罪，而且遏制上游犯罪的发生，形成全链条打击的严惩态势。

（二）加强反洗钱合作，建立健全执法司法协作机制

认真落实《打击治理洗钱违法犯罪三年行动计划（2022~2024年）》和《关于在办理贪污贿赂犯罪案件中加强反洗钱协作配合的意见》，完善办案协作机制，形成工作合力，建立部门参与、职责清晰、配合有力、运转高效的打击治理洗钱违法犯罪协作机制；推动系统治理、综合治理和源头治理，进一步健全洗钱违法犯罪风险防控体系，切实维护国家安全、社会稳定和人民群众切身利益。落实"一案双查"工作机制，同步审查贪污贿赂犯罪的犯罪所得及收益的去向和转移过程，切实履行打击洗钱犯罪主体责任；加强反洗钱协查和线索移送，凝聚打击洗钱犯罪工作合力。

（三）搭建大数据平台，建立信息共享机制

加强信息化、智能化建设，运用大数据等技术逐步推进跨部门大数据协同办案。加强反洗钱工作重要数据和情况的分析研判，建立健全业务信息、简报、通报、重大案件、工作举措等共享交换机制。推动建立涉洗钱犯罪案件银行账户交易、第三方支付、数字人民币交易快速查询通道，服务支撑基层执法办案。

（四）加强反洗钱法治宣传，积极参与反洗钱治理

洗钱案件中存在大量出于情感因素而帮助他人隐瞒、藏匿不法财产的情况，受利益诱惑参与洗钱活动的问题也较为突出，反映出行为人法律意识淡薄。公众应当增强防范意识，小心洗钱陷阱，不要出租、出借自己的身份证件、银行卡等身份识别信息，不要用自己的账户替他人转账或提现，注意识别洗钱行为，避免成为犯罪分子的帮凶。认真落实普法责任，以传统媒体、门户网站、"两微一端"等为依托，采取召开新闻发布会、发布典型案例、发放反洗钱宣传产品、开展普法讲座等方式，开展形式多样的反洗钱宣传，引导社会公众树立和强化反洗钱意识，营造良好的舆论氛围。

（五）深化源头治理，做好办案"后半篇文章"

坚持标本兼治，坚持源头治理、系统治理。在办理洗钱犯罪及相关上游犯罪案件过程中，发现金融机构、非银行支付机构等反洗钱义务机构存在管

理漏洞和风险隐患的，应及时向中国人民银行及其分支机构、金融监督管理部门、证券期货监督管理部门、外汇管理部门等负有监管职责的部门通报情况，从组织领导、制度机制、方法举措等方面提出整改建议，实现办理一案、警示一片、治理一域的综合效果。

《北京市高级人民法院打击治理洗钱犯罪审判白皮书》附件

洗钱罪典型案例

案例 1 非法集资犯罪+自洗钱

基本案情 》》》

北京某投资顾问有限公司通过散发传单、组织讲座等公开形式向不特定社会公众非法募集资金5000余万元。陈某于2017年3月至2018年8月受公司实际控制人丁某（另案处理）指使担任该公司法定代表人、财务主管，负责审核员工工资、投资人本息等财务工作，并提供其银行账户用于公司募集资金使用。陈某在职期间，公司使用其银行账户非法募集资金人民币14 536 311.11元，个人违法所得人民币264 240.92元。2018年10月至2019年4月，公司实际控制人丁某（另案处理）使用上述非法募集的资金授意被告人陈某以陈某父母名义在山东省曹县购买房产、车位等不动产累计支出100余万元。

法院经审理认为，陈某为非法吸收公众存款行为提供帮助，扰乱了金融管理秩序，其行为已构成非法吸收公众存款罪，且系共同犯罪；陈某明知是破坏金融管理秩序犯罪所得，为掩饰、隐瞒其来源和性质，提供资金账户，并通过买卖、投资方式协助转移、转换犯罪所得及其收益，其行为已构成洗钱罪，均应依法惩处。鉴于陈某系非法吸收公众存款行为的帮助犯，系从犯，依法可从轻处罚；到案后如实供述犯罪事实、自愿认罪认罚，可从宽处理。法院遂以非法吸收公众存款罪、洗钱罪判处陈某有期徒刑，并处罚金。

典型意义 》》》

本案系自洗钱案件，陈某系上游非法吸收公众存款犯罪的帮助犯。本案中，陈某提供其银行账户用于公司募集资金使用，并根据公司实际控制人授意以母亲的名义购买房产、车位等，将钱款转化为财物，显然将犯罪所得的性质进行了转变、转换，用于掩饰、隐瞒犯罪所得的来源和性质，属于《刑法》第191条第1款规定的"以其他方法掩饰、隐瞒犯罪所得及其收益的来源和性质"。被告人为非法吸收公众存款罪提供便利条件的行为，与自洗钱行为系两个行为，应当按照非法吸收公众存款罪与洗钱罪数罪并罚，不属于重复评价；洗钱行为切断了上游犯罪行为与违法犯罪所得及收益之间的联系，阻碍了司法机关对上游犯罪的查处，故洗钱行为不是上游犯罪行为的自然延伸，自洗钱行为应当独立评价。将洗钱行为与上游犯罪进行并罚处理，符合全面评价的要求，也是依法加大对洗钱行为打击力度的体现。

案例2　贿赂犯罪+自洗钱

基本案情 >>>

2018年至2021年，杨某利用其担任国家工作人员的职务便利，多次为他人谋取不正当利益，收受巨额费用。2021年3月至6月，杨某为掩饰、隐瞒其收受他人贿赂钱款的来源和性质，要求其开办的养发馆员工房某提供名下的工商银行卡接收钱款，后杨某通过ATM机取现方式支取人民币10万元，用于个人消费（本案还涉及洗钱以外的其他事实，略）。

法院认为，杨某身为国家工作人员，利用职务上的便利，非法收受他人财物，为他人谋取利益，数额特别巨大，其行为已构成受贿罪……杨某为掩饰、隐瞒受贿犯罪所得的来源和性质，将财产转换为现金，其行为已构成洗钱罪，应依法对其数罪并罚。鉴于杨某到案后能如实供述自己的罪行，自愿认罪认罚，可依法对其从轻处罚。法院遂以受贿罪、利用影响力受贿罪、洗钱罪判处杨某有期徒刑，剥夺政治权利，并处罚金。

典型意义 >>>

本案系贪污犯罪上游犯罪人自洗钱的典型案件。本案中，杨某作为受贿人，为掩饰、隐瞒犯罪所得指使他人提供名下的银行卡账户接收贿赂款，且后续自行取现，应当认定为刑法规定的"通过转账或者其他支付结算方式转移资金的"洗钱方式，该自洗钱行为应当与受贿行为系两个不同的行为，应予数罪并罚。贪污贿赂犯罪的性质决定了腐败行为和洗钱行为的关系极其密切，洗钱已成为腐败行为的继续和延伸。"贪官"基于身份、职业等约束，收受的贿赂无法正常使用，需要他人帮助转移犯罪所得及其收益，将"黑钱、脏钱"洗白。洗钱行为降低了贪污腐败的犯罪成本，使"贪官"没有了后顾之忧，很大程度上助长了腐败犯罪，同时增加了贪污腐败案件的查办难度。对洗钱行为进行惩治，加大腐败犯罪的成本，充分发挥刑罚震慑作用，有助于全链条遏制腐败犯罪的发生。

案例 3　为近亲属洗钱

基本案情 >>>

2016 年至 2017 年，孙某在北京市朝阳区等地，为掩饰、隐瞒其子张某（另案处理）非法集资所得的来源和性质，以其个人银行账户收取张某向其支付的款项共计人民币 1360 万元，后将上述款项用于购买房产。在张某因涉嫌非法集资犯罪案发后，孙某将上述所购房产出售并将部分所得资金取现后用于退赔亲友投资款项及为张某向司法机关缴纳退赔款项等。

法院经审理认为，孙某明知是其子张某非法集资犯罪所得，仍为其提供自己的银行账户并通过转账购买房产及提现等方式为其掩饰、隐瞒来源和性质，情节严重，其行为已构成洗钱罪。鉴于孙某收到张某的非法集资犯罪所得后将部分资金用于向集资参与人兑付投资款项及给张某进行退赔，同时系主动投案，在量刑时酌情考虑。法院遂以洗钱罪判处孙某有期徒刑，并处罚金。

典型意义 >>>

本案洗钱行为人系上游犯罪人的近亲属。洗钱案件中存在不少出于朋友、情感等因素帮助隐瞒、藏匿、转换不法财产的情况，反映出行为人法律意识淡薄。司法实践中，行为人往往辩称其主观上不明知上游犯罪。对此，法院不仅依据行为人的供述，对其身份背景、职业经历、认知能力，与上游犯罪行为的关系、交往情况，涉嫌洗钱的资金数额、去向等多方面的因素进行综合评判，依法认定洗钱犯罪行为。结合在案证据可以认定孙某主观上认识到涉案款项是刑法规定的上游犯罪及其产生的收益，客观上实施了掩饰、隐瞒张某非法集资犯罪所得资金来源的行为，故其行为构成洗钱罪。

案例 4　为贷款诈骗犯罪洗钱

基本案情 ≫

肖某（已判决）长期以帮助他人向金融机构申请办理各种贷款为业，于 2017 年起以付某（已判决）等人的名义注册多家公司，在北京市顺义区承租一个庭院作为办公地点。2020 年 3 月起，肖某伙同付某等人，通过互联网等途径对外宣称能够帮助他人零首付购车贷款，以在北京某汽车销售服务有限公司等购置汽车的名义，安排中介人员组织不符合贷款条件的张某、魏某、代某、隋某等多名社会人员前往并居住在上述办公地点，采用伪造贷款申请人的工作证明、收入证明等文件的方式，对不符合贷款条件的上述人员进行包装，以上述人员购置汽车的名义向银行申请汽车分期贷款。肖某等人领走贷款申请人的汽车后，通过低价对外出售或抵押，在扣除垫付的首付款及办理其他事项的手续费、服务费和给中介人员的好处费等费用后，将剩余款项支付给贷款申请人。

2020 年 4 月，李某经介绍认识肖某。后肖某为向李某借款，将通过诈骗银行贷款的方式取得的登记在张某、魏某、代某、隋某名下的 4 辆汽车抵押给李某。肖某将有张某、魏某、代某、隋某单方签名的，关于该 4 人名下车辆抵押借款合同、买卖协议、转让协议、车辆出售委托书等材料交给李某，前述 4 辆汽车分期贷款本金共计人民币 57.6 万元。李某明知相关车辆系肖某伙同他人用银行贷款购买，且肖某等人在取得银行贷款过程中存在开具虚假证明文件的欺骗行为，仍接受该 4 辆车作为抵押（其中 3 辆存放于李某处），向肖某出借 50 万元。2020 年 6 月 3 日，肖某、付某等人在办公地点被民警查获，同日李某前往该地点将上述 4 辆汽车中的剩余 1 辆开走。李某于 2020 年 6 月 22 日将上述 4 辆汽车出售给他人，非法所得共计人民币 57.8 万元。

法院经审理认为，李某明知系他人实施破坏金融管理秩序犯罪、金融诈骗犯罪的所得，仍协助将财产转换为现金，掩饰、隐瞒犯罪所得的来源和性质，其行为已经构成洗钱罪。法院遂以洗钱罪判处李某有期徒刑，并处罚金。

典型意义 ≫

本案上游犯罪系贷款诈骗案件。李某明知涉案车辆系肖某伙同他人用银行贷款购买，且肖某等人在取得银行贷款过程中存在开具虚假证明文件的欺骗行为，仍接受该四辆车作为抵押并向肖某出借 50 万元，在肖某被抓获后，李某还将涉案车辆进行转移，后全部出售给他人。涉金融诈骗洗钱的犯罪人员经常以"不知是诈骗所得"为由否认"明知"，否认洗钱罪。实践中，行为人需要认识到存在该犯罪行为，在七类上游犯罪范围内，将其中的一种犯罪误认为另一种犯罪，不影响主观明知的认定。司法机关对金融犯罪案件中的洗钱行为严厉惩处，有助于遏制洗钱及相关犯罪的蔓延，构建完善的洗钱风险防控体系，维护金融安全。

附录2 最高人民法院、最高人民检察院联合发布《关于办理洗钱刑事案件适用法律若干问题的解释》

2024 年 8 月 19 日，最高人民法院、最高人民检察院联合举行新闻发布会，发布《关于办理洗钱刑事案件适用法律若干问题的解释》（以下简称《解释》），自 2024 年 8 月 20 日起施行。最高人民法院刑三庭庭长陈鸿翔、副庭长陈学勇，最高人民检察院经济犯罪检察厅副厅长张建忠、副厅长王新出席发布会并回答记者提问。发布会由最高人民法院新闻局副局长姬忠彪主持。

一、《解释》的制定背景

洗钱犯罪与毒品犯罪、有组织犯罪、金融犯罪、腐败犯罪等上游犯罪有着紧密联系，严重破坏金融管理秩序，危害国家经济金融安全，社会危害性大，应依法惩处。1997 年刑法对洗钱罪作了规定。《刑法修正案（三）》《刑法修正案（六）》先后对洗钱罪进行了修改完善。为依法惩治洗钱犯罪活动，最高人民法院于 2009 年制定了《关于审理洗钱等刑事案件具体应用法律若干问题的解释》（以下简称《2009 年解释》），"两高一部"于 2020 年出台了《关于办理洗钱刑事案件若干问题的意见》，明确了洗钱犯罪的定罪处罚标准和相关法律适用问题，确保刑法得到正确实施。

从 2021 年 3 月 1 日起施行的《刑法修正案（十一）》对洗钱罪刑法条文作了重大修改，删除了原刑法条文中的"明知"和"协助"等术语，将"自洗钱"纳入打击范围，同时取消了罚金刑的限额，对洗钱罪的定罪量刑产生重大影响，迫切需要对现行洗钱刑事司法解释进行修改。同时，金融行动特别工作组在对我国反洗钱工作进行评估的基础上，指出了我国反洗钱工作在合规性和有效性方面存在的问题，迫切需要修改完善相关法律、司法解释和司法政策，更好地满足反洗钱工作需要。最高人民法院于 2021 年将制定《解释》纳入司法解释立项计划，并正式启动《解释》起草工作。

起草制定《解释》历时二年多时间。最高人民法院牵头会同最高人民检察院，经深入调研论证和广泛征求意见，结合司法实践，制定了本《解释》。其间，征求了全国法院、检察院系统以及国家监察委员会、公安部、中国人民银行等有关部门的意见，组织召开专家论证会听取意见建议，并征求全国人大常委会法工委的意见，数易其稿，不断修改完善。《解释》经最高人民法院审判委员会第 1880 次会议、最高人民检察院第十四届检察委员会第二十八次会议通过，自 2024 年 8 月 20 日起施行。

二、《解释》的主要内容

在制定《解释》过程中，始终坚持罪刑法定原则，坚持宽严相济刑事政策，坚持以问题为导向，在总结司法实践经验的基础上，《解释》就洗钱罪相关法律适用问题作出规定。

本《解释》共 13 条，主要内容包括：一是明确"自洗钱"、"他洗钱"犯罪的认定标准，以及"他洗钱"犯罪主观认识的审查认定标准。二是明确洗钱罪"情节严重"的认定标准。洗钱数额在五百万元以上，且具有多次实施洗钱行为；拒不配合财物追缴，致使赃款赃物无法追缴；造成损失二百五十万元以上；或者造成其他严重后果情形之一的，应当认定为"情节严重"。三是明确"以其他方法掩饰、隐瞒犯罪所得及其收益的来源和性质"的七种具体情形。四是明确洗钱罪与掩饰、隐瞒犯罪所得、犯罪所得收益罪的竞合处罚原则。掩饰、隐瞒刑法第一百九十一条规定的上游犯罪的犯罪所得及其产生的收益，构成洗钱罪，同时又构成掩饰、隐瞒犯罪所得、犯罪所得收益罪的，依照洗钱罪定罪处罚。五是明确罚金数额标准。规定了在不同法定刑幅度判处罚金的最低数额。六是明确从宽处罚的标准。行为人如实供述洗钱犯罪事实，认罪悔罪，并积极配合追缴犯罪所得及其产生的收益的，可以从轻处罚；犯罪情节轻微的，可以依法不起诉或者免予刑事处罚。

需要说明的是，《2009 年解释》从"大洗钱"的角度，明确了刑法第一百九十一条、第三百一十二条、第三百四十九条和第一百二十条之一相关法律适用问题。考虑"两高"正在修订《关于审理掩饰、隐瞒犯罪所得、犯罪所得收益刑事案件适用法律若干问题的解释》，为了更好协调两个司法解释的关系和内容，《2009 年解释》与刑法第一百九十一条、第三百一十二条相关的规定分别被吸收到两个司法解释中，本《解释》只规定第一百九十一条洗钱罪的相关法律适用问题。

三、下步工作

党中央高度重视反洗钱工作，中央领导同志多次就反洗钱工作作出重要批示指示。最高人民法院成立反洗钱工作领导小组，及时研究部署反洗钱重大事项、重大问题、重要工作，扎实有效推进反洗钱工作。人民法院将始终坚持以习近平新时代中国特色社会主义思想为指导，深入贯彻习近平法治思想，深入学习贯彻党的二十届三中全会精神，切实提高政治站位和政治能力，贯彻落实党中央部署要求，充分发挥审判职能作用，依法惩治洗钱犯罪，为推进国家治理体系和治理能力现代化、维护国家经济金融安全和社会稳定提供更加有力的司法服务保障。

（一）依法严惩犯罪。切实贯彻从严惩处洗钱犯罪的立法精神，依法从重从严惩处洗钱犯罪，加大对涉地下钱庄洗钱犯罪、利用虚拟币、游戏币等洗钱犯罪的打击力度。依法惩处"自洗钱"犯罪。加大罚金刑判处和执行力度，依法追缴洗钱行为人的违法所得，不让任何人从犯罪行为中非法获利。同时，切实贯彻宽严相济的刑事政策，区分情况、区别对待，确保取得最佳的政治效果、社会效果和法律效果。

（二）严格依法办案。始终坚持以事实为根据，以法律为准绳，严格依照刑法和司法解释认定洗钱犯罪，准确定罪处罚，确保罪责刑相适应。坚持证据裁判原则，坚持以审判为中心，强化洗钱刑事案件证据的收集、审查和运用，确保办案质量。进一步加强洗钱犯罪问题研究和调研总结，适时发布典型案例或者指导性案例，加强业务指导，统一裁判标准，确保刑法和司法解释得到正确实施。

（三）加强犯罪治理。切实加强与公安机关、检察机关、金融监管等部门的协同配合，继续深入开展打击治理洗钱违法犯罪专项行动，健全完善执法司法协作机制，严格落实"一案双查"工作机制，及时发现、有效预防和惩治洗钱犯罪。坚持治罪和治理并重，做实办案就是治理，推动系统治理、综合治理、源头治理，大力推动反洗钱法修订工作，健全完善洗钱违法犯罪风险防控体系，切实提高打击治理洗钱违法犯罪效能。

（四）加强反洗钱国际合作。用足用好法律武器，依法打击跨国（境）洗钱犯罪，积极探索打击跨国洗钱犯罪的有效路径和方式，健全完善反洗钱国际合作制度机制，形成便捷查明跨国犯罪及跨国资产转移的良好合作机制，依法有力惩治跨国洗钱犯罪。大力加强国际司法协助，积极参与打击洗钱犯罪国际合作，加强国际追逃追赃，维护我国经济金融安全和发展利益。

附司法解释全文

最高人民法院　最高人民检察院关于办理洗钱刑事案件适用法律若干问题的解释

法释〔2024〕10 号

（2023 年 3 月 20 日最高人民法院审判委员会第 1880 次会议、2024 年 3 月 29 日最高人民检察院第十四届检察委员会第二十八次会议通过，自 2024 年 8 月 20 日起施行）

为依法惩治洗钱犯罪活动，根据《中华人民共和国刑法》、《中华人民共和国刑事诉讼法》的规定，现就办理洗钱刑事案件适用法律的若干问题解释如下：

第一条　为掩饰、隐瞒本人实施刑法第一百九十一条规定的上游犯罪的所得及其产生的收益的来源和性质，实施该条第一款规定的洗钱行为的，依照刑法第一百九十一条的规定定罪处罚。

第二条　知道或者应当知道是他人实施刑法第一百九十一条规定的上游犯罪的所得及其产生的收益，为掩饰、隐瞒其来源和性质，实施该条第一款规定的洗钱行为的，依照刑法第一百九十一条的规定定罪处罚。

第三条　认定"知道或者应当知道"，应当根据行为人所接触、接收的信息，经手他人犯罪所得及其收益的情况，犯罪所得及其收益的种类、数额，犯罪所得及其收益的转移、转换方式，交易行为、资金账户等异常情况，结合行为人职业经历、与上游犯罪人员之间的关系以及其供述和辩解，同案人指证和证人证言等情况综合审查判断。有证据证明行为人确实不知道的除外。

将刑法第一百九十一条规定的某一上游犯罪的犯罪所得及其收益，认作该条规定的上游犯罪范围内的其他犯罪所得及其收益的，不影响"知道或者应当知道"的认定。

第四条　洗钱数额在五百万元以上的，且具有下列情形之一的，应当认定为刑法第一百九十一条规定的"情节严重"：

（一）多次实施洗钱行为的；

（二）拒不配合财物追缴，致使赃款赃物无法追缴的；

（三）造成损失二百五十万元以上的；

（四）造成其他严重后果的。

二次以上实施洗钱犯罪行为，依法应予刑事处理而未经处理的，洗钱数额累计计算。

第五条　为掩饰、隐瞒实施刑法第一百九十一条规定的上游犯罪的所得及其产生的收益的来源和性质，实施下列行为之一的，可以认定为刑法第一百九十一条第一款第五项规定的"以其他方法掩饰、隐瞒犯罪所得及其收益的来源和性质"：

（一）通过典当、租赁、买卖、投资、拍卖、购买金融产品等方式，转移、转换犯罪所得及其收益的；

（二）通过与商场、饭店、娱乐场所等现金密集型场所的经营收入相混合的方式，转移、转换犯罪所得及其收益的；

（三）通过虚构交易、虚设债权债务、虚假担保、虚报收入等方式，转移、转换犯罪所得及其收益的；

（四）通过买卖彩票、奖券、储值卡、黄金等贵金属等方式，转换犯罪所得及其收益的；

（五）通过赌博方式，将犯罪所得及其收益转换为赌博收益的；

（六）通过"虚拟资产"交易、金融资产兑换方式，转移、转换犯罪所得及其收益的；

（七）以其他方式转移、转换犯罪所得及其收益的。

第六条　掩饰、隐瞒刑法第一百九十一条规定的上游犯罪的犯罪所得及其产生的收益，构成刑法第一百九十一条规定的洗钱罪，同时又构成刑法第三百一十二条规定的掩饰、隐瞒犯罪所得、犯罪所得收益罪的，依照刑法第一百九十一条的规定定罪处罚。

实施刑法第一百九十一条规定的洗钱行为，构成洗钱罪，同时又构成刑法第三百四十九条、第二百二十五条、第一百七十七条之一或者第一百二十条之一规定的犯罪的，依照处罚较重的规定定罪处罚。

第七条　认定洗钱罪应当以上游犯罪事实成立为前提。有下列情形的，不影响洗钱罪的认定：

（一）上游犯罪尚未依法裁判，但有证据证明确实存在的；

（二）有证据证明上游犯罪确实存在，因行为人逃匿未到案的；

（三）有证据证明上游犯罪确实存在，因行为人死亡等原因依法不予追究刑事责任的；

（四）有证据证明上游犯罪确实存在，但同时构成其他犯罪而以其他罪名定罪处罚的。

第八条 刑法第一百九十一条规定的"黑社会性质的组织犯罪的所得及其产生的收益"，是指黑社会性质组织及其成员实施相关犯罪的所得及其产生的收益，包括黑社会性质组织的形成、发展过程中，该组织及组织成员通过违法犯罪活动聚敛的全部财物、财产性权益及其孳息、收益。

第九条 犯洗钱罪，判处五年以下有期徒刑或者拘役，并处或者单处罚金的，判处一万元以上罚金；判处五年以上十年以下有期徒刑的，并处二十万元以上罚金。

第十条 符合本解释第一条、第二条的规定，行为人如实供述犯罪事实，认罪悔罪，并积极配合追缴犯罪所得及其产生的收益的，可以从轻处罚；犯罪情节轻微的，可以依法不起诉或者免予刑事处罚。

第十一条 单位实施洗钱犯罪的，依照本解释规定的相应自然人犯罪的定罪量刑标准，对单位判处罚金，并对其直接负责的主管人员和其他直接责任人员定罪处罚。

第十二条 本解释所称"上游犯罪"，是指刑法第一百九十一条规定的毒品犯罪、黑社会性质的组织犯罪、恐怖活动犯罪、走私犯罪、贪污贿赂犯罪、破坏金融管理秩序犯罪、金融诈骗犯罪。

第十三条 本解释自 2024 年 8 月 20 日起施行。《最高人民法院关于审理洗钱等刑事案件具体应用法律若干问题的解释》（法释〔2009〕15 号）同时废止。